ALLE · ZEIT · WACH
SJ
1842

Léon Wurmser

Das Rätsel des Masochismus

Psychoanalytische Untersuchungen von Über-Ich-Konflikten und Masochismus

Geleitwort von Martha Eicke

Springer-Verlag
Berlin Heidelberg New York
London Paris Tokyo
Hong Kong Barcelona
Budapest

Léon Wurmser, M. D., P. A.
904 Crestwick Road, Towson, MD 21286, USA

ISBN 3-540-54767-3 Springer-Verlag Berlin Heidelberg New York

Die Deutsche Bibliothek – CIP-Einheitsaufnahme
Wurmser, Léon: Das Rätsel des Masochismus: psychoanalytische Untersuchungen von Über-Ich-Konflikten und Masochismus/Léon Wurmser. Geleitw. von Martha Eicke. – Berlin ; Heidelberg ; New York ; London ; Paris ; Tokyo ; Hong Kong ; Barcelona ; Budapest : Springer, 1993
ISBN 3-540-54767-3 (Berlin . . .)

Umschlaggestaltung: Design Concept, Emil Smejkal, Heidelberg
Umschlagillustration: Michael Rittstein
Datenkonvertierung: Appl, Wemding
Druck: Mercedesdruck, Berlin
Bindearbeiten: Luderitz & Bauer, Berlin

26/3130-5 4 3 2 1 0 – Gedruckt auf säurefreiem Papier

„Ну, разве можно, разве можно хоть сколько-нибудь уважать себя человеку, который даже в самом чувстве собственного унижения посягнул отыскать наслаждение?“ (Записки из подполья, стр. 144). (Nu, razvě možno, razvě možno chot' skol'ko-nibud' uvažat' sebja čelověku, kotory daže v samom čuvstvě sobstvěnnovo uniženija posjagnul otyskat' naslažděnije)

„Nun, wie wäre es denn überhaupt möglich, wie wäre es etwa einem Menschen möglich, sich selbst zu achten, wenn er sogar im Gefühl seiner eigenen Erniedrigung versucht, Lust zu finden?“ (Dostojevski, *Aufzeichnungen aus dem Untergrund*)

Geleitwort

Mit der Veröffentlichung seines vierten Werkes in deutscher Sprache legt uns Leon Wurmser eine weitere Arbeit über das Wesen und die psychoanalytische Behandlung schwerer Neurosen vor. In dieser Monographie über „Das Rätsel des Masochismus" läßt er seiner bisherigen Reflexion über das Scham-Schuld-Dilemma eine umfassende Darstellung der Verknüpfungen mit Formen des Sadomasochismus, einer Flucht vor seelischem Schmerz, folgen. Als Quintessenz dieser Studien muß die von ihm ganz eigentlich geschaffene zusammenhängende Lehre über Theorie und Technik der Analyse von Über-Ich-Übertragung und -Gegenübertragung gewertet werden.

Was Wurmsers Werke zu einem Lese- und Denkabenteuer macht, ist auch hier wiederum erfüllt:

In minutiös dargelegten langen Behandlungssequenzen gibt er uns Einblick in seine Begegnung mit dem Patienten, in seine Reflexionen über dessen Verhalten und Assoziationen und in seine daraus abgeleiteten Deutungsschritte. Er zeigt uns auch seine Irrtümer und reflektiert über die Gründe eines Mißlingens, eines Rückfalls in frühere Abwehrmuster. Diese unter Analytikern so seltene offene Darlegung des tatsächlichen Geschehens in einer Analyse und der Befindlichkeit des Analytikers selbst als Instrument seiner Arbeit gibt Wurmser auch Anlaß, anhand seiner Erfahrungen eingeschliffene theoretische Positionen kritisch zu hinterfragen und, für den Leser nachvollziehbar, durch sachgerechtere zu ersetzen.

Es ist nicht zuletzt dieser achtungsvolle Umgang auch mit seinem Leser, der Wurmsers Werke zu erfolgreichen Lehrbüchern werden ließ. Sein didaktisches Vorgehen gemahnt an die altehrwürdige Schulung durch Meister-Schüler-Gespräche, in welchen der Lernende in einer ihm angemessenen, nachfragenden und begründenden Redeweise auf das Essentielle eines Sachverhalts hingewiesen wird.

Wiederum, diesmal anhand der so komplexen Problematik der vielfältigen masochistischen Leidenszustände, betont Wurmser, daß für die Deutungsarbeit eine Beschreibung der Phänomene nicht ausreicht, daß es vielmehr um die Suche nach der dynamisch wirksamen Ursachenkonstellation geht. Das vorliegende Werk befaßt sich denn auch mit den im Laufe der Abwehrdeutung sich entfaltenden Ursachenketten von Varianten des Masochismus, die uns der Autor anhand von Patientenschicksalen, aber auch anhand von Dramenfiguren Ibsens, von Lebens- und Werkzeugnissen Nietzsches und seines Kritikers Thomas Mann aufzeigt. Manns schöpferische Verwandlungen erweisen sich als Gegenposition zu Nietzsches destruktivem Kampf gegen die Scham.

Wurmsers Erfahrung geht dahin, daß zur erfolgreichen Therapie dieser schweren Neurosen allgemeine psychoanalytische Kompetenz zwar unabdingbar notwendig, jedoch nicht zureichend ist. Sie muß sich bewähren in einem langwierigen gemeinsamen Erkenntnisprozeß des Analytikers und seines Patienten, der die verschlungenen Wege der Selbstzerstörung und Dehumanisierung des Andern aufzudecken vermag und im geglückten Fall zu einem affektiven Wiedererleben des Traumas und zur Einsicht in die individuellen Weisen der Schmerzabwehr führt. Dazu ist aber nur die klassische, langdauernde und hochfrequente Psychoanalyse imstande, gerade sie hält der Autor für die Methode der Wahl zur Behandlung dieser Neuroseformen – eine Auffassung, der heutzutage nicht überall zugestimmt wird.

Dies ist jedoch nicht der einzige Konfliktbereich, mit dem sich der Autor auseinandersetzt. Der Leser seiner Bücher gerät mit ihm mitten in den aktuellen internationalen Disput über zentrale Fragen der analytischen Theorie der Technik, der Psychoanalyse als Wissenschaft, den Stellenwert der Metapsychologie und vieles andere mehr.

Darüber hinaus setzt sich Wurmser auch anhand der Behandlungsverläufe mit verschiedenen anderen neuesten Theorien des Masochismus auseinander.

Besonders wesentlich, da praxisnah, dünkt mich die Art, wie uns Wurmser an einzelnen Deutungsschritten zeigt, was dem Patienten dazu verhilft, aus dem circulus vitiosus seines „Über-Ich-Zwangs" hinauszutreten und seinen Analytiker als Mensch und neuen Begegnungspartner zu erleben. Er macht uns begründete Vorschläge, wie wir es vermeiden können, in die Falle von Gegenübertragungsreaktionen und -deutungen zu geraten, welche die „Über-Ich-Gefangenschaft" des Patienten, seinen Masochismus bestätigen und verstärken. Gerade mit diesen Erläuterungen über das Wesen und die Dynamik der Traumatisierung, die verzweigten Dimensionen der Über-Ich-Abwehr und der verschwiegenen Komplizenschaft des Analytikers nimmt Wurmser das Gespräch mit seinen erfahrenen Kollegen auf.

Der sorgsame, ausdauernde Leser wird von diesem einzigartigen Erfahrungsschatz und denkerischen Lebenswerk eines zeitgenössischen Analytikers Einsichten gewinnen, die seinen Patienten zugute kommen, und er wird eine Bereicherung seiner selbst erleben, wofür er Léon Wurmser Dank schuldet.

Zürich, im Januar 1993 *Martha Eicke*

Vorwort

Ein Vorwort mag dazu dienen, den Standort des Autors zur Zeit der Verfassung des vorliegenden Werkes zu bestimmen und zugleich, all den Freunden und Mitarbeitern persönlich und insgesamt den gebührlichen Dank abzustatten.

Dieses vierte in der Reihe meiner auf deutsch erschienenen Bücher ist aufs innigste mit den vorausgehenden verknüpft, mit tausend Fäden klinischer, theoretischer, philosophischer und literarischer Bezüge. Die vier bilden eine Einheit, und deshalb gebe ich im vorliegenden Buch nur spärliche Zusammenfassungen dessen, worauf hingewiesen wird, eben genug, um dem Leser den Fortgang zu erlauben, ohne immer in jenen nachschauen zu müssen. Am nächsten schließt sich dieses vierte Werk inhaltlich aber dem ersten, der *Flucht vor dem Gewissen,* an, ist es doch ebenfalls hauptsächlich und unmittelbar der detaillierten Schilderung von Einzelfällen, ihrer Behandlung über lange Zeiten hinweg, gewidmet. Mehrfach sind es sogar Fälle, die dort zu Beginn der Behandlung geschildert wurden und jetzt in der veränderten Perspektive der langen, doch nun abgeschlossenen Behandlung wieder erscheinen.

Dabei habe ich auch hier viel Wert auf die eingehenden Schilderung des therapeutischen Dialogs, wie er sich aus meinen stenographischen Notizen rekonstruieren ließ, gelegt, um die Dynamik so lebendig wie möglich allmählich vor dem inneren Auge des Lesers neuerstehen zu lassen. Dabei wiederhole ich ein schon zu Beginn der Tetralogie ausgesprochenes Caveat: die Ausschnitte zeigen in ihrer Verdichtung eine größere Aktivität meinerseits, als sie dem großen Teil der Behandlungsstrecken eigentümlich ist. Bestimmt bin ich aktiver, gerade bei manchen der hier dargestellten Fälle, als es manche meiner Kollegen wünschen oder wären. Dennoch verschiebt die Methode der Darstellung das Schwergewicht noch weiter. Ich hielt es dabei, wie es dem „Dichter" ergeht:

> „By dialogue I do not mean the pages of ,Yes' and ,No' of platitudes and repetitions, of which most actual talk is composed, and which any writer with a photographic mind and a good memory can set down by the yard (and does, in most modern fiction). The vital dialogue is that exchanged by

> characters whom their creator has really vitalized, and his instinct will be to record only the significant passages of their talk, in high relief against the narrative, and not uselessly embedded in it."

Dies schrieb die amerikanische Romanschriftstellerin Edith Wharton in ihrer Autobiographie vor über 60 Jahren: „innerlich belebt" und „in hohem Relief", mithin *verdichtet,* – so möchte ich die Wiedergabe des faktisch Erlebten verstanden wissen, um eben das *Wesen* von Technik und Dynamik zu vermitteln. Das Problem ist doch eigentlich: Wie kann die unerhörte Kompliziertheit jedes einzelnen Falles plastisch und faßbar mitgeteilt werden? Die Darstellung des Wesentlichen *wirklicher* Fälle, im Gesamtverlauf von langen Behandlungen, nicht bloßer Vignetten, verlangt solche Verdichtung.

Ein dritter Punkt, nach denen der inneren Einheit der Bücher und der Verdichtung in der Darstellung, ist das Herausarbeiten dessen, was ich hier mit Cooper *die masochistische Dimension* nenne: ein Aspekt des menschlichen Erlebens, das ubiquitär, uns allen gemein ist, doch bei den hier Dargestellten sehr schroff und beschwerlich herausragt: ihnen zum Problem, uns zur Aufgabe. Es ist mithin mehr, etwas anderes, als lediglich eine Diagnose.

Kritisch wird man meinen (Behandlungs-)Stil zuweilen als belehrend, als dem Suggestiven mich annähernd empfinden. Dabei möchte ich zu bedenken geben, daß es sich hier um äußerst schwierige, äußerst lange dauernde Behandlungen von Menschen mit Charakterproblemen handelt, die zumeist als der analytischen Behandlung nicht zugänglich angesehen werden. Dabei mußte *die analytische Technik modifiziert,* den klinischen Erfordernissen der „schweren Neurosen" angepaßt werden, hoffentlich ohne daß dadurch das Ziel der Konfliktbearbeitung und langfristigen tiefen Veränderung kompromittiert wurde. Dabei bemühte ich mich, es durchaus zu vermeiden, als Über-Ich-Figur, als verbrämt moralische Autorität zu wirken, sondern vielmehr ein *Lehrer des selbst-beobachtenden Teils* der Persönlichkeit zu sein, also *Hilfe für die Ichfunktion der Selbstprüfung,* wobei es mir immer um die *Spontaneität,* zusammen mit der ihr gegensätzlichen, doch ebenso unerläßlichen *Zurückhaltung,* als um zwei wesentliche, wenngleich unspezifische therapeutische Agentien, geht. Die Tatsache, daß es sich bei den meisten um erfolgreich abgeschlossene Behandlungen handelt, spricht für die Berechtigung solcher Modifikation. Für jede Technik, natürlich spezifisch für die psychoanalytische Technik gilt, daß sie immer nur Mittel zum Zweck ist. D. h., Deutung und Einsicht sind Mittel zum Ziel der Behandlung: der Minderung der Zwanghaftigkeit, der Vermehrung der inneren Freiheit.

Es sei übrigens auch angemerkt, daß alle meine Patienten ihre Erlaubnis zu dieser Darstellung gegeben haben. Dies wird natürlich dadurch erleichtert, daß Geographie und Sprache einen kaum überbrückbaren Graben von Diskretion aufreißen.

Schließlich habe ich auch hier mich bemüht, Zeugnisse aus dem schöpferischen Bereich einzuflechten, die für die bearbeiteten Themen direkt relevant sind: Ibsen, Nietzsche, Mann. Ein vierter, wichtiger Exkurs war der chinesischen Haltung gegenüber innerem Konflikt und „Über-Ich"-Problematik gewidmet. Aus platzökonomischen Gründen erwies es sich jedoch als notwendig, den Großteil davon aus diesem Buch zu resezieren. Damit die darin enthaltenen Betrachtungen nicht völlig unter den Tisch fielen, entschlossen wir (der Verlag und ich) uns dazu, sie als Anhang der Neuauflage des Schambuches anzufügen.

*

Zum Schluß möchte ich noch meinen herzlichen Dank all denen ausdrücken, die dem Buch oder Einzelteilen davon ihre Hilfe und mir bei dessen Ausarbeitung über die Jahre ihre Freundschaft angedeihen ließen: die Kollegen Günter und Traude Reich, Günter Seidler, Nelia und Wolfhard König, Peter und Marianne Buchheim, Frau Heidi Gidion, Frau Hildegard Adler, Herbert Fingarette, Steve Owen, Paul Gray, Joseph Lichtenberg, Martha Eicke, Rosmarie und Jack Berna, Vreni Wenger, André und Véronique Haynal, Friedrich und Elisabeth Eickhoff, Wolfgang Loch, Christian Eggers, Sven-Olaf und Ingeborg Hoffmann, Annegret Eckhardt und Visja Obermann, Mats und Eva Fridell, Gunnar und Mona Windahl, Anders und Monica Nilsson, Agneta Sandell, Marianne Faxén, Anders und Kerstin Ryberg, Peter und Agneta Molin, Amalia und Urs Wagner-Partel, Ingeborg Zimmermann, H. Kayser, Carmen und Reinhard Herold und Marion M. Oliner.

Ganz besonderer Dank gebührt aber meinen Mitarbeitern im Springer-Verlag, v. a. Frau Heike Berger und ihrem Stab, sowie Frau Löffler. Doch ohne die ursprüngliche, großzügige Unterstützung durch Toni Graf-Baumann, Horst Kächele und Helmut Thomä wäre die Tetralogie überhaupt nicht zustande gekommen.

Und schließlich danke ich mit besonderer Herzlichkeit meiner Familie: meiner Frau Zdeňka, meinen Kindern Daniel, David und Meyrav, und Yory, sowie meinen Geschwistern: Werner und Claude, Esther und Hannes, Peter und Marlies, die in sehr direkter Weise mir immer wieder bei meinen Vortragsreisen und der Vorbereitung dieser Arbeiten zur Seite gestanden sind.

Towson, im Januar 1993 *Léon Wurmser*

Inhaltsverzeichnis

Teil 1: Der „äußerliche Masochismus“

Teil 3: Sadomasochistische Perversion

1 „Was quälst du, Mutter, meine Seele?"

> „Ihr führt ins Leben uns hinein,
> Ihr laßt den Armen schuldig werden,
> Dann überlaßt ihr ihn der Pein;
> Denn alle Schuld rächt sich auf Erden"
> (*Wilhelm Meisters Lehrjahre,* 2, 13, dtv Bd. 15, S. 120)

1.1 Das Rätsel

Das Dostojevski-Zitat auf der Titelseite, die Frage des „Autobiographen" in den „Aufzeichnungen aus dem Untergrund", ist ein wichtiges, doch mehrschichtiges Rätsel.

Eine Schicht besteht in der Frage, die die Psychoanalyse von Anbeginn an begleitet hat: Wie läßt es sich verstehen, daß jemand Befriedigung und sogar sexuelle Lust aus Schmerz und Leid, aus Erniedrigung und Scham ziehen kann und deshalb sogar direkt solches Leiden aufsucht, es auf sich zieht und herausfordert? Widerspricht dies nicht allem, was wir auf Grund der schon von Plato im *Protagoras* vorgebrachten und dann von Freud zum Grundprinzip des Seelischen erhobenen Lehre von der Lustsuche und der Unlustvermeidung erwarten würden? Widerspricht es nicht ebenso anderen psychologischen Theorien: daß das primäre Motiv des Menschen der Förderung des Nutzens oder der Selbstbehauptung gelte? Dies ist das oberflächliche Rätsel des Masochismus. Es ist relativ leicht beantwortbar und wurde im Verlauf der Literatur immer wieder gelöst.

Viel schwieriger ist schon die zweite Schicht, die zweite offenkundige Frage: Wie kann der Schmerzsüchtige sich selbst achten? Sollte er sich nicht dafür schämen, daß er gerade in seiner Beschämung Lust findet? Ist die Scham über die Scham – genauer: die Scham über die in der Scham versteckten Lust – nicht noch ein zusätzliches Leiden, das in einen nicht endenden Circulus vitiosus hineinführt, einen unendlichen Regreß von Selbsterniedrigung?

Darüber hinaus können wir darin auch ein Problem dessen sehen, was wir heute Gegenübertragung nennen: Wie können wir anderen etwa jemanden achten, der dies tut? (Tatsächlich hat die englische Übersetzung dieser Passage den Sinn entsprechend verschoben: „How can one, after all, have the slightest respect for a man who tries to find pleasure in the feeling of humiliation itself?").

Doch für uns als Therapeuten liegt das Rätsel noch tiefer, ist noch wesentlich schwieriger zu lösen als die beiden eben aufgedeckten Schichten der Frage. Dostojevski stellt sie nicht im Zitat, sondern, wenigstens implicite, im Rest der Novelle: Wie wäre ein solcher Geisteszustand heilbar? Wie kann man einem derartig Schmerzenssüchtigen helfen?

Für uns heißt also das Rätsel: Wir wissen, wie überaus schwer die masochistische Charakter-, Symptom- und Sexualproblematik anzugehen und grundlegend zu verändern ist, wieviel Geduld die Behandlung sowohl vom Patienten wie vom Analytiker oder Therapeuten verlangt, wie regelmäßig jeder Erfolg zu einem Rückschlag führt, durch diesen quasi „bezahlt“ werden muß, welch Quälerei im Verhältnis zwischen beiden entsteht. Das wirkliche Rätsel ist also: Was müssen wir tun, wie können wir die zugrundeliegende Dynamik besser verstehen, um verändernd eingreifen zu können?

Bei der Lösung *dieses* Rätsels sind wir uns des Wortes Nietzsches gewahr, obwohl er dies im Gegensatz zum Selbstverständnis der alten Griechen sagte: „Wollten und wagten wir eine Architektur nach *unserer* Seelen-Art (wir sind zu feige dazu!) – so müßte das Labyrinth unser Vorbild sein!“ (*Morgenröte*, 169, S. 145 f.).

Wir werden nun den Mut haben, das Labyrinth zu betreten.

1.2 Die Heiligung der Grausamkeit

Agnes ist eine Ärztin in ihren 30er Jahren, die wegen Depressionen und nach zwei schweren, von ihr selbst verursachten Autounfällen mir überwiesen wurde. Sie hatte nicht lange zuvor eine langewährende intime Beziehung zu einem Vorgesetzten, der sie körperlich, beruflich und seelisch ausgenutzt und schwer erniedrigt hatte, abgebrochen. Beruflich ist sie außerordentlich erfolgreich, eine bekannte Forscherin, tüchtige Klinikerin und geschätzte Lehrerin. Doch ihr Innenleben ist von Selbstverurteilung, von Schuld und Scham, von Angst und Depression beherrscht.

Einige Angaben aus ihrer Geschichte: Sie stammt aus Deutschland, wuchs auch dort auf und emigrierte in ihrer Adoleszenz mit ihrer Familie nach Amerika. Ihr Vater war Soldat im Krieg, dann in russischer Gefangenschaft gewesen und sei auch heute noch ein Nazi und Antisemit. Alles, was er in seinem Leben aufgebaut hat, mußte er wieder zerstören, als ob ein unbewußtes Schuldgefühl ihn dazu gezwungen hätte. Seine Frau, Agnes' Mutter, starb, als Agnes, die mittlere von 5 Kindern, 5jährig war, und zwar infolge einer illegalen Abtreibung durch den Vater. Diese Tötung wurde vom Vater auf die Schwester seiner Frau geschoben; immer sei jemand anderer daran schuld, was ihm geschehe, sagt Agnes. Nicht lange danach verheiratete er sich mit einer Prostituierten, die die Kinder aufs schwerste mißhandelte und gegeneinander hetzte. Sie war ein Ausbund von Sadismus und ist auch heute noch ganz überzeugt von der Wahrheit des Nazismus, verleugnet den Holocaust und schiebt die Ursache alles Elends den Juden zu. Agnes selbst distanziert sich entschieden von der von ihren Eltern vertretenen Ideologie, ist besonders pflichtbewußt, nimmt sich mit großer Verantwortlichkeit der Leidenden an, wendet sich oft auf eigene Gefahr und mit viel Zivilcourage gegen den Erwerbs- und Profitgeist in der modernen Medizin. Sie ist eine feinsinnige, warmherzige, gebildete, obgleich sehr einsame Frau.

Im Alter von 9 Jahren kam sie, nach schlimmen Mißhandlungen, für 6 Jahre in die Pflege eines Pastors in einem anderen Teile Deutschlands, der sich ihrer freundlich, aber auch sehr rigid annahm. Er hielt sie dazu an, dem Vorbild Marias zu folgen:

> Ich bin die Magd des Herrn, du kannst mit mir tun, was du willst. Daß Christus gehorsam war bis zum Tod, das war die größte Tugend. Überhaupt Mensch zu sein war dreckig, bös und

schlecht, das mußte ganz unterdrückt werden. Alles Menschliche wird verurteilt, außer wenn man gehorcht und sich demütigt und die Gnade Gottes von außen her annimmt. Und man hat das Recht, die anderen zu verurteilen, da sie nicht die Gnade empfangen haben. Er verurteilte mich, da ich meine eigenen Gedanken hatte, daß ich störrischer sei als andere. Das war für ihn die große Sünde (42).[1]

Er sprach später darüber, wie er an der Sonderung von Frauen und Kindern im Warschauer Ghetto zu derer Vernichtung teilgenommen hatte. Er äußerte kein Bedauern darüber, sondern lediglich: „Es mußte halt so sein", und rechtfertigte den Holocaust aus religiösen Gründen, eben auf Grund der Ablehnung der göttlichen Gnade durch die Juden, der trotzigen Behauptung ihrer Identität:

Es wurde mir ganz früh klar gemacht, daß die Juden schlimmer als die Heiden seien, schmutzig und verworfen, da sie herrisch, nicht demütig genug seien. Der katholische Glaube lehre die strenge Demut, nämlich daß man keinen eigenen Willen haben dürfe und daß man dann nicht würdig sei, wenn man seinen eigenen freien Willen habe und sich selbst nicht aufgebe (57).

Es war *die Heiligung der Grausamkeit.*

Agnes sagt von ihrem Vater:

Nach dem Tode durften wir nicht wissen, was vorgefallen war. Wir durften es nicht mehr erwähnen. Ich wurde behandelt, als ob ich dumm, wie ein Tier, war. Ich wußte, daß etwas Schreckliches passiert war, aber man war mit mir fröhlich; ich sollte weiter spielen, man vertuschte es. Ich fühlte, daß etwas mit mir nicht stimmte, da ich zuviel wußte. Wie ich hörte, als die Tante dem Onkel in der Nacht im Bett sagte, daß meine Mutter gestorben war, wollte ich es dem älteren Bruder anvertrauen, als wir allein waren, ihm das Geheimnis sagen, worüber ich nicht Bescheid wissen sollte. Er glaubte mir das aber nicht, sondern wurde böse auf mich und sagte, daß ich lüge: ‚Du lügst doch immer!' und er spielte weiter. *Ich wußte zuviel, und ich war ganz allein mit meinem Wissen.* Sie hatten mir die Mutter weggenommen und versteckt und taten dann so, als ob ich es nicht gemerkt hätte. Dann fand ich das versteckte Photoalbum mit den Bildern der Sterbenden, mit ganz verschorftem Gesicht, und dann von der Leiche. Man versteckte es wieder, aber ich fand es wieder, und ich sah es mir heimlich an, um mich der Wahrheit zu vergewissern. Allmählich beherrschte mich das Gefühl, daß das, was ich selbst wußte, nicht wirklich war, es war unreal. Niemand wollte über ihren Tod reden, auch viel später nicht, auch der Herr Pastor nicht. Auch er konnte mir nicht in die Augen sehen (65) ... Mein Vater war nicht daran interessiert, was ich fühlte. *Er brauchte mich, aber konnte mich nicht sehen.* Nur wenn ich seinen Schmerz erleichterte, würde er mich bemerken. Da war immer der Strick mit der Schlinge im Estrich, mit der er drohte. Er war ganz in seine eigene Schuld verstrickt. Und dann brachte er die Stiefmutter heim, und hinter ihr verbarg er sich, sie war nun der Sündenbock. Sie wurde zum Ursprung alles Bösen, damit wir nicht herausfänden, daß er unsere Mutter getötet hatte. Und sie ist riesig, massig und so böse. Hinter ihr verschanzte er sich. Da war diese große große Lüge, hinter der er sich verbarg, und plötzlich sah ich, was er getan und wie die Mutter umgekommen war. Es war, als ob ich nun meinen Vater in meinem eigenen Inneren umbrachte.

Sie versuchte, mit der schweren Traumatisierung durch Gefühlsblockierung (numbing) fertig zu werden:

Ich hatte dies Idealbild von mir, wie ich am besten funktionieren könnte: daß ich ohne Gefühle, nur durch Logik reagieren müsse. Ich hatte keine Fähigkeit, mit dem Erlebten fertig zu

---

[1] Die Zahlen in Klammern geben die Anzahl der Therapiesitzungen an.

werden. Erst jetzt beginne ich zu fühlen. So lange suchte ich durch äußere Aktivitäten, wie skifahren, Kajakrudern oder Filme glücklich zu werden. Oder ich schaute für die magische Person, die mir erlauben würde, etwas zu empfinden, statt daß ich es in meinem Inneren suchte. Oder es war die frenetische Arbeit. Erst jetzt finde ich allmählich heraus, wie man wirklich traurig sein kann und doch wirkliches Glück zu empfinden vermag ... Beim Pfarrer galt dann nur das völlige Selbstopfer. Ist man dazu nicht bereit, ist man nicht willens, alles aufzugeben, ist es nicht genug: sich völlig hinzugeben wie eine Nonne, unfähig umzukehren. Man muß sich ganz diesem selbstopfernden Teil hingeben, wie bei einem Baum alle anderen Äste abgeschnitten worden sind ... Und daheim hatte ich stets Angst zu zeigen, wer ich wirklich bin – da das nicht annehmbar war.

Wir entschlossen uns zunächst, die schwer traumatische Lebenserfahrung psychotherapeutisch, etwa 2mal wöchentlich, zu behandeln, die Depression, die masochistische Sexualbeziehung und die ständige Selbstverurteilung mit den furchtbaren Erlebnissen und der damit verknüpften Brutalität ihres Gewissens, des „inneren Richters“, in Verbindung zu setzen, und v. a. in kathartischer Weise die damit verknüpften Emotionen durchzuarbeiten. Zunächst fühlte sie sich wirklich sehr erleichtert darüber, ihre fürchterlichen Erlebnisse, gerade auch die damit verbundenen Gewissenskonflikte, zum ersten Mal mit jemandem außerhalb der Familie teilen zu können und so dem Über-Ich-Druck entgegenzuwirken; sie kam gerne zu den Stunden. Dabei fragten wir uns auch über das Ausmaß der unbewußten Schuld beim Vater und der *„geborgten Schuld“* bei ihr selbst. Wie sie später einmal sagt:

Ich habe das Gefühl, daß er seine Hände nicht mehr sauber kriegt, daß er sie immer wieder schrubben muß. Er muß sich immer rein waschen, kann keine Schuld auf sich nehmen; es lastet eine Blutschuld auf ihm (65).

*

Nach einigen Monaten brachte sie in eine Stunde (18), unmittelbar vor meiner Abreise nach Europa, folgenden Traumausschnitt:

... Ein Mann steht verborgen in der Ecke eines langen Korridors, ein schwarzer Mann mit sehr grausamen Augen; er hüllt sich in die Kapuze, daß man das Gesicht nicht mehr sehen kann. Er kommt auf mich zu und versucht, mich mit einer Decke oder einem Kissen zu ersticken. Ich kann ihm nicht entrinnen, bin in der Falle, gegen die Wand gestellt, es gibt keinen Ausweg außer einem kleinen Gitterfenster hoch oben, das ich nicht zu erreichen vermag. Ich kann nicht einmal schreien.

Sie kam zunächst darauf zu sprechen, wie sie sich von Schuld und Scham gefangen, in der Falle fühle, spricht hernach davon, wie sie sich gegenüber der Frau ihres früheren Geliebten schuldig gefühlt habe, danach aber besonders, wie ihr Vater, nach der Abtreibung, die Kinder dazu angehalten habe, für die Mutter zu beten. Als sie dann trotzdem starb, fühlte sich Agnes persönlich mitschuldig dafür, da sie sich nicht genügend angestrengt habe. Ich erwähnte, wie jedes Kind auch aggressive Gedanken gegen seine Eltern hege, aus Eifersucht und Neid z. B. das Verschwinden von Geschwistern oder Eltern wünsche, aber sich vor solchen Wünschen zutiefst fürchte, da es doch so abhängig gerade von den Eltern sei, und wie schrecklich es sei, wenn sich solche verhohlenen Wünsche plötzlich in grausamer Weise bewahrheiten. Sie reagierte auf diese Einsichten mit Panik und Verzweiflung und nach einigem Zögern entschloß sich, mich anzurufen und mich um eine Extrastunde an jenem Abend zu bitten. Sie sagte, sie wolle sich töten, alles, was sie bis jetzt gesagt habe, komme ihr wie eine große Lüge vor, es werde ihr nie besser gehen, sie verdiene nichts Besseres. Sie hatte den Eindruck, daß ich sie verurteile und daß sie nicht lebenswert sei; alles in ihrem Leben, alles, was sie aufgebaut, all ihr Erfolg seien nur Schein und Lüge, nur Oberfläche. Sie war nicht sicher, ob sie mich je wieder sehen sollte. Als ich ihr sagte, daß dahinter tiefe innere Konflikte verborgen lägen und der intensiven (4mal wöchentlichen), psychoanalytischen Bearbeitung bedürften, war sie sofort dazu bereit.

1.3 „Der Weg führt von der Oberfläche in die Tiefe“

Ich kann nicht genug betonen, daß es gerade die schwer kranken Patienten, die von schwerer Traumatisierung Geschädigten sind, die ganz besonders der intensiven Behandlung, 4 oder 5 Stunden in der Woche, bedürfen. Gerade bei ihnen ist die Kombination der spezifischen technischen Mittel mit den unspezifischen Einwirkungen guter Behandlung unerläßlich. Unter dem Spezifischen verstehe ich das genaue gemeinsame Verständnis der inneren Konflikte. Damit meine ich das Ausgehen von den zentralen Phänomenen des neurotischen Prozesses, nämlich von der zwangshaften, unwiderstehlichen Wiederholung dessen, was man nicht will und nicht soll und worunter man selbst zutiefst leidet, von dem globalen Erleben, der Absolutheit und „Spaltung“ in Extreme. Ich meine das sorgfältige Fortschreiten durch die vorbewußten Konflikte, die überwältigenden, aber unverständlichen Affekte zu den Kernphantasien, und von diesen aus zu den unbewußten inneren Konflikten, die ihrerseits auf die zugrundeliegenden, zwar oft bewußt erinnerten, aber nicht bewältigten Traumata und die damit verbundenen traumatogenen Affekte zurückweisen.

Umgekehrt formuliert: Je schwerer und früher und länger dauernd die Traumatisierung, um so archaischer und übermächtig sind die Affekte und desto weniger in Worte und Symbole faßbar. Je massiver solche, oft präverbalen Affekte, um so massiver die inneren, zumeist unbewußten Konflikte. Je schwerer die inneren Konflikte, um so radikaler die Abwehrbemühungen, um so brutaler das Gewissen, um so gewaltiger die Idealforderungen, aber auch um so größer die Anmaßung, die Größenansprüche, die verzweifelte Suche nach äußeren Idealen, also die narzißtischen Stigmata. Je extremer diese Teile der Konflikte, um so mehr beherrschen primitive Phantasien das Innenleben, – Phantasien narzißtischer Forderungen, masochistischer Macht durchs Leiden, des Ressentiments usw. Je wichtiger diese Phantasien, um so stärker der Druck der Zwanghaftigkeit und der Spaltung in absolut Gut und Böse. All dies manifestiert sich natürlich besonders in der Übertragung, namentlich in verschiedenen Formen der Über-Ich-Übertragung.

Eine bei meinen eigenen Erfahrungen grundlegende Erkenntnis in der intensiven psychotherapeutischen Arbeit mit diesen schweren Neurosen ist es, daß es gerade das Verständnis der Gewissenskonflikte, der Über-Ich-Konflikte ist, das den Einstieg von der Oberfläche des Erlebens her in das Seelische erlaubt: Gefühle von Scham und Schuld, Loyalitätskonflikte, Fragen von Ressentiment, also das Gefühl der Ungerechtigkeit, und schließlich auch Abwehr gegen das Über-Ich. Dabei ist immer wieder frappant, zu welchem Ausmaß sich die Brutalität der Traumatisierung in oft recht spezifischer Weise im Über-Ich niedergeschlagen hat.

1.4 Über-Ich-Übertragung und intrasystemische Über-Ich-Konflikte

Wir hörten eben ein Beispiel der Über-Ich-Übertragung: nämlich daß ich sie verurteile, nicht mehr lebenswert fände, wirklich die Übertragung eines *naziähnlichen Über-Ichs*.

In der ersten analytischen Stunde, gleich nach meiner Rückkehr, entschloß sich Agnes, die Sprache vom Englischen ins Deutsche zu wechseln, da das Englische für sie mehr der Selbsttäuschung und der Oberflächlichkeit dienen könnte. Zunächst war sie noch nicht bereit, sich auf die Couch zu legen. Ihre Scham veranlaßte sie, ständig auf mein Gesicht zu achten, damit sie sich davon vergewissern könne, daß ich sie nicht verurteile. Nach etwa einem Monat fühlte sie sich imstande, mutig genug, sich hinzulegen.

Als kleines Beispiel für die Arbeit gerade an den Über-Ich-Problemen wähle ich 2 Erinnerungen aus einer Stunde aus:

> Ich glaube, es war, als die Mutter noch lebte; ich war mit meiner älteren Schwester und dem Bruder beim Vater, als er den Stall ausmistete. Schwester und Bruder verspotteten mich, ich hätte nicht den Mut, meine Hände in den Mist zu stecken, daß ich doch zu fein dafür sei. Sie reizten und reizten mich, indem sie mich einen Feigling schalten. Schließlich griff ich, trotz meines Ekels, mit beiden Händen hinein. Dann lachten sie mich aus, daß ich so dumm gewesen sei, ihnen zu glauben.

Darin sehen wir eine Zwickmühle, zwischen der Scham darüber, zu feige zu sein, wenn sie sich weigerte, und der gegenläufigen Scham darüber, ein leichtgläubiger Trottel zu sein, als sie sich überwand. Kurz danach, in derselben Stunde, erwähnt sie, wie sie nach 3 Monaten beim Herrn Pastor wieder nach Hause geschickt wurde. Sie fand die Mißhandlungen, die Armut, den Schmutz daheim so schrecklich, daß sie jeden Nacht verzweifelt weinte. Ihre ältere Schwester, die selber noch schlimmer daran war als sie, versuchte, sich beim Vater dafür einzusetzen, Agnes zum Pfarrer zurückgehen zu lassen. Auch erkundigte sich der lokale Geistliche danach, wie es ihr gehe. Vater und Stiefmutter stellten sie zur Rede, warum sie weine.

> Ich wußte mir keinen Ausweg: Sagte ich, daß alles so schmutzig war und wie die Stiefmutter, die ja breit dasaß, mich mißhandelte, würde sie mich wieder schlagen, und ich hatte eine unheimliche Angst vor ihr, und auch eine so große Angst vor dem Vater. Hätte ich die Wahrheit gesagt, hätte ich sie gekränkt und nur wieder wütend gemacht. Ich stand wie vor dem Gericht. So schob ich es alles auf die Schwester und log, daß diese mich immer auslache, und daß ich deshalb weine. So konnte ich wirklich zurückgehen. Aber ich fühlte mich so schreck-

lich darüber, als ich später erfuhr, daß die Schwester noch schlimmer mißhandelt wurde, da sie ihr nun die Schuld daran gaben, daß ich wegkommen mußte.

Hier war es der Konflikt zwischen der Angst und auch der Schuld darüber, ihrem Unglück über die Lage bei den Eltern Ausdruck zu geben, und der tiefen Schuld, ihre einzige Beschützerin daheim verraten zu haben (53).

Wenn ich nichts zu essen bekam, was oft als Strafe benutzt wurde, war ich nicht auf die Stiefmutter böse, sondern auf meine Geschwister, die essen durften. Ich war auf sie neidisch: als ob sie mir das Essen wegnähmen. Sie hat es uns auch gesagt: Da ist nicht genug für euch alle. Du hast zuviel genascht. Du bekommst nichts. Dabei war sie selbst über 300 Pfund und arbeitete überhaupt nichts, sondern zwang uns dazu, alles selbst zu tun und strafte uns für unsere Faulheit (55).

Ein anderes traumatisches Erlebnis: als sie die Stiefmutter für einen ganzen Nachmittag bis tief in die Nacht hinein in die Räucherkammer einsperrte.

Der Grund war, daß die Stiefmutter einige Zeit zuvor ihr befohlen hat, den Kochlöffel aus der Küche in die Stube zu bringen. Das Kind gehorchte. Die Stiefmutter verprügelte sie dann damit. Nun forderte sie dasselbe, aber Agnes war „frech“: „Nein, du kannst den selber holen. Ich weiß, du wirst mich damit schlagen, das tue ich nicht. Es war der Widerspruch, der sie ganz wütend machte. Sie war zitternd vor Wut, und riegelte mich ein.“ Es gab kein Fenster, fast völlige Dunkelheit, sehr eng. Sie hatte große Angst, sie würde nun ganz vergessen werden. Am Schluß lachte die Stiefmutter sie aus: ob sie nun wisse, wer der Herr sei? „Ich konnte mich nicht mehr gegen sie wehren. Es ist, als ob man einen Hund so lange schlägt, bis er ganz demütig wird.“ Die Rachephantasie war: sie einzusperren, zu fesseln und ihr nichts zu essen zu geben, wie einer Hexe. „Jetzt bin ich stolz darauf, daß ich ihr damals widersprochen habe.“

Da sie nicht mehr spielen durfte, erdachte sie sich Geschichten, wo sie im Walde war und Tiere als ihre Verbündeten hatte. Auch der Wunsch, zur Schule zu gehen, mehr zu wissen, war so ein Freiheitswunsch (69, 70).

Später, als die Familie auswandern wollte, weigerte sich die Schwester mitzugehen. Der Vater schlug ihren Kopf gegen die Zementwand und versuchte sie zu erwürgen, bis die Stiefmutter einschritt und sagte, die Tochter sei es doch nicht wert, daß er ins Gefängnis käme, wenn er sie umbrächte. Agnes hat es auch heute noch nicht ihrer Schwester eingestehen können, was sie selbst ihr durch ihre ungerechtfertigten Anschuldigungen angetan hatte, doch ist sie sich nicht nur ihrer eigenen Schuld darüber sehr bewußt, sondern gerade auch, daß die ältere und auch die ganz kleine Schwester so oft noch viel schlimmer mißhandelt wurden als sie selbst, obwohl auch sie sehr oft Schläge erhielt, mit Nahrungsentzug bestraft und in die dunkle Kammer oder den nassen Keller eingesperrt oder mit Hohn, Spott und Vorwürfen überschüttet wurde. Besonders schlimm war es, als die jüngere Schwester unter Schlägen und Anschuldigungen der Stiefmutter beinahe an einem geplatzten Blinddarm starb und nur dank der heftigen Intervention der älteren Schwester ins Spital gebracht und so gerettet wurde.

Sie bekennt auch tiefe Schuld über einen Vorfall, der sich ereignete, bevor sie siebenjährig war: Sie spielte mit ihren jüngeren Geschwistern Verstecken in der Scheune. Der Vater hatte ihnen streng verboten, sich auf den Heuboden zu begeben, da das Heu nur dünn dort liege und das Dach durchbrechen könne. Wie ihr um etwa 2 Jahre jüngerer Bruder nach ihr suchte, sah sie aus ihrem Versteck zu, wie er sich auf die gefährliche Tenne begab. Sie hielt sich stille, verriet sich nicht, und plötzlich verschwand der Bruder in der Tiefe. Wie sie nachschauen ging, lag er „schlafend“ auf dem Steinboden in der Tiefe. Sie schüttelte ihn, um ihn zu wecken. Es stellte sich heraus, daß er einen Schädelbasisbruch erlitten hatte und dauernd geschädigt war. Auch hier schob sie alle Schuld sich selbst zu, und es dauerte einige Zeit, bis sie erst in der Analyse einsehen konnte, wie fahrläßig ihre Eltern wirklich gewesen waren.

Hinter all den Gewissenskonflikten gab es aber auch sehr tiefe Neid- und Eifersuchtsgefühle ihrer älteren Schwester gegenüber, da diese als die Ältere viel mehr mit der Mutter tun konnte – kochen, putzen, lesen, spielen –, als diese noch am Leben war. Diese bösen Gedanken vermochte sich aber nur gegen großen inneren Widerstand einzugestehen. So tief sie beschämt worden war, so hilflos sie bei allen Schlägen und Essensverweigerung gewesen sei, so schrecklich die Mißhandlung ihrer Geschwister war und so schuldig sie sich gefühlt, wenn ein Kind gegen das andere aufgehetzt wurde, – so vermag sie sich doch selbst nicht an Wut und Empörung zu erinnern oder diese sich selbst einzugestehen. Aller Zorn und Haß ist gegen ihr eigenes Selbst gerichtet.

Damit stehen auch jetzt noch die Probleme der Über-Ich-Angst und der Über-Ich-Übertragung ganz im Vordergrund:

Sie spricht, kurze Zeit später, über ihre Abscheu vor dem Schmutz, ihrer Scham und Schande über ihr Bettnässen als kleines Kind. Die ganze Kindheit hindurch mußte sie das Bett der älteren Schwester teilen:

Sie: Ich habe immer Angst, als nicht gut, als unvollkommen und schmutzig angesehen zu werden, viel schlechter, als ich sein möchte, viel weniger wert ... Die unbewußte Schuld: was ich den Eltern über die ältere Schwester gesagt hatte, das hatte ich vorher nicht anerkannt.. Das war sehr schwer, es hat mich innerlich wieder sehr aufgewühlt. Noch heute fühle ich den Ärger gegen mich selber, daß ich damals keinen Ausweg finden konnte, und auch gegen die Eltern, daß sie mich in eine so unmögliche Lage versetzten.

Ich: Es war ein totalitäres System im kleinen.

Sie: Es ist das Wichtigste für den Menschen: frei zu sein, selber über sich bestimmen zu können, und die Verzweiflung, wenn man dazu nicht in der Lage ist. Das ist das Schrecklichste: wenn man keinen Ausweg finden kann. Das ist das, was mich an den KZ am meisten berührt, wie die Menschen damals überhaupt nicht in der Lage waren, frei zu handeln.

Die Stunde darauf (59), die letzte vor meiner Abfahrt, beginnt sie mit einem Traum: „Im Traum kommt wieder aller Schmutz aus dem Brunnen in der Badewanne hoch, alles ist überschwemmt mit Dreck. Ich dachte, jetzt habe ich soviel Geld ausgegeben, um alles sauber zu machen, und jetzt stehe ich wieder da vor diesem Dreck. Wie kann ich das wieder sauber machen? Dabei stand nun meine Kollegin und sah alles mit an ... Die Angst, daß das gesehen wird und ich dafür getadelt und beschämt werde.“

„Es steht so klar im Zusammenhang mit der gestrigen Stunde. Wie würden Sie das deuten im Zusammenhang mit der Analyse?“

„Gestern, als ich über den Schmutz redete, hatte ich auch das Gefühl dabei, die Angst: wenn ich das zeige, was in mir schmutzig ist, könnten Sie, und auch ich selbst, mit mir nichts zu tun haben wollen; daß ich wieder allein weiter machen muß ...“

„Ich bin zum Träger Ihres Gewissens geworden, und zwar des bösen Richters, eben in dieser Phantasie.“

„Eben weil ich sage, was ich denke, habe ich die Vorstellung, daß Sie abwerten, was ich bin und was ich denke, und ich möchte unbedingt, daß Sie nichts Schlechtes über mich denken, und darum möchte ich, was ich selber an mir schmutzig und schlecht finde, nicht raus lassen ... Ich möchte nur den guten Menschen in mir haben, nicht den schlechten. Das Problem ist, daß man die beiden nicht voneinander trennen kann. Wenn man den schlechten Menschen vernichten will, vernichtet man den ganzen Menschen ... Es ist wahr daß ich mich sehr verurteile."

„Für vieles, das menschlich ist. Ein Aspekt davon ist, daß die Grenze zwischen dem Inneren und dem Handeln verwischt ist."

Denken, Fühlen und Phantasien werden beurteilt und verdammt, als ob sie Handlungen werden. Diese paulinische Gleichsetzung, daß das Denken eben so böse sei wie das Handeln, daß die Grenze zwischen Innen und Außen im ethischen Urteil aufgehoben wird, hat psychisch die verheerendsten Folgen. Genau das ist ja auch eine der Prämissen des Totalitarismus.

„Es ist eben gerade das, wovor ich Angst habe: *obwohl ich nicht schlecht handle, denke ich, es ist eine Lüge, da ich innerlich weiß, daß ich schlecht bin,* und solange ich das verberge, ist das eine Lüge. Ich zeige den anderen nur diese Maske, die gut zu sein scheint ..."

Sie wollte den Vater als Heiligen sehen, „ich wollte ihn nicht als Mitschuldigen sehen ... Ich fühlte, daß ich ihn zerstören könnte, wenn ich über sein Geheimnis sprechen würde, daher die Schuld." Wie in jenem Traum (18) sein Gesicht verdeckt war, in einer Umkehrung, daß sie ihn nicht sehen sollte:

> Er drehte sich um und sah mich ganz häßlich an, als ob er mich umbringen wollte. Er hat mich dann erstickt. Als ob das angenehmer wäre, als immer diese Angst zu haben, so mußte es eben sein ... daß die Schuld des Vaters auf mir lastet und daß ich alles wieder gutmachen muß, was der Vater versteckt hat vor mir, daß da wirklich ein großes Verbrechen war (72, 73).

Sie gibt in diesem Zusammenhang ein anderes gutes Beispiel für einen Gewissenskonflikt: Als sie mit 15 Jahren den Priester verließ, um sich der Familie zur Auswanderung anzuschließen, gab ihr der Herr Pastor 100 Mark für sie selbst, unter der Bedingung, sie dürfe es dem Vater nicht sagen, sondern für sich selbst, für einen eigenen Notfall aufsparen. Der Vater fragte sie dann, ob ihr der Pastor nicht Geld mitgegeben habe. Sie zögerte: „Er war sehr freundlich. Ich konnte nicht lügen, und ich sagte: ‚Ja, er hat mir doch etwas gegeben.' Er: ‚Siehst du denn nicht, daß wir das unbedingt brauchen?' Er versprach, es mir wieder zurückzugeben, was er natürlich niemals getan hat." Es war ein anderes Beispiel für den *Konflikt zwischen Schuld und Schuld.* „Man fühlt sich *von beiden Seiten auseinandergezogen, innerlich zerrissen, man kann sich nicht richtig zusammenhalten*" (73).

> Er hat so lange gelogen, daß er das wirklich glaubt und er die Wahrheit nicht mehr erkennen kann. Oder er muß sich das Bild so zusammengestellt haben, daß er der Unschuldige sei, und daß alle anderen Schuld haben. Und wenn man den Mut hat und den Mund aufmacht und sagt, was nicht zu dieser Lüge paßt, dann wird er wütend. ... Für mich war es das Schlimmste, daß ich immer Angst haben mußte, daß etwas geschehen würde, wofür ich dann bestraft würde. Es war wirklich so, das war nicht nur Phantasie: So oft geschah es, daß ich, ohne es zu wissen, etwas tat, was nicht richtig war, auch wenn ich mich unheimlich darum bemühte,

> alles so zu tun, wie ich sollte, und es kam immer so heraus, daß die Stiefmutter doch Grund fand, mich zu bestrafen, und mein Vater hat ihr immer Recht gegeben (76).

Sie spricht über den Harfner in *Wilhelm Meisters Lehrjahren* und wie er von der Schuld, die er unwissentlich auf sich geladen hatte, schließlich erdrückt wurde:

> Ich weiß jetzt, daß ich selber auch dieses dumpfe Gefühl mit mir herum trug, seit ich sehr klein war, und ich bin nicht sicher, womit es zu tun hat. Wenn ich mir den Augustin (den Harfner) ansehe, der sich wie ein tolpatschiges Kind in die Schuld hineingestürzt hat, so ist das bei mir dasselbe ... als ob sich diese Schuld abgefärbt hat, daß sie sich vom Vater her übertragen hat. Er hat sie abgewehrt und seinen Kindern aufgeladen (80).
>
> Ich weiß, ich hatte Angst, über die Mißhandlungen zuhause zu sprechen. Ich erinnere mich an eine Szene: Als ich in der ersten Klasse zur Schule ging, mußte ich 5 km zur Schule gehen. Ich hatte kein Fahrrad wie die anderen. Ich mußte ganz alleine zu Fuß gehen, und es war bitter kalt. Auch hatte ich keine Handschuhe. So wurden die Hände ganz durchfroren, und als ich zur Schule und in die Wärme kam, taten sie mir so unheimlich weh, daß ich zu weinen begann. Die älteste Schwester hielt meine Hände zwischen die ihren, um mir zu helfen. Aber es war so schmerzhaft, daß ich mir nicht helfen konnte und weinen mußte. Dann erkundigte sich die Lehrerin, warum ich so weinte, und als ich es ihr erzählte, sagte sie: ‚Wie kann man ein Kind den weiten Weg zur Schule schicken ohne Handschuhe!‘ Aber da schämte ich mich so, daß ich es nicht hatte unterdrücken können, so daß man merkte, daß die Eltern etwas getan hatten, das nicht richtig war: es war nicht so, daß ich selber entrüstet war, sondern daß ich mich schämte. Ich hatte immer das Gefühl, daß ich niemals zeigen konnte, wie schlecht es wirklich zuhause war

– die Brutalität, der Schmutz, wie die Stiefmutter sich nie wusch und fürchterlich stank und unförmig dick wurde.

> Es ist so, als ob alle Kinder sich verschworen hätten, das Geheimnis zu wahren, den Schein aufrecht zu halten, daß äußerlich alles gut war. Hätte man davon gewußt, wäre es ein persönliches Versagen gewesen: daß man sich selber dafür schämte (82).

Die Unvermeidlichkeit des Schuldigwerdens unter dem Terrordruck unbarmherziger, grausamer Eltern erinnert an die Perfidie totalitärer Gewaltherrscher, der Nazis, der Faschisten, der Kommunisten, der islamischen Fanatiker: der Quäler bedient sich kunstvoller Kniffe, um das Opfer selbst schuldig werden zu lassen, um dem Opfer der Mißhandlung die Wahl nur zwischen zwei unvermeidlichen horrenden Übeln zu geben: du rettest dein Leben und verurteilst damit deine Familie oder deine Freunde zur Folterung und zum Tod; du verrätst deinen Freund, um dein Kind zu schonen. Keiner, der die Gewaltherrschaft überlebt, ist ohne Schuld, und noch schlimmer: keiner hat sich so verhalten, daß er sich nicht schämen müßte.

1.5 „Nicht gesehen zu werden“

Im Zusammenhang mit all den Akten der schweren Gefährdung oder Schädigung sagt Agnes: „Wenn man kleine Kinder auf dem Dachboden spielen läßt, dann sind nicht die Kinder daran schuld.“

„Die Stiefmutter gab der kleinen, 5jährigen Schwester eine große spitze Scherbe, damit sie diese auf den Müllhaufen werfe. Die Schwester fiel hin und verletzte sich damit lebensgefährlich. Sie gibt sich selbst auch noch heute daran die Schuld, sie sei eben zu dusselig gewesen. Aber das einem kleinen Kind zu geben, ist *dasselbe, als ob man es ermorden möchte.*“

„Ob da nicht unbewußte Schuld seinerseits mit im Spiele war?“ frage ich. „Es ist beinahe so, als ob er selbst das Leben von Frau und Kindern für verwirkt gehalten hätte (75).

Sein Benehmen gegenüber den Kindern, als wir so schwer mißhandelt wurden, schien zu sagen, daß er das nicht für wichtig genug hielt. Sonst hätte er nicht alles geschehen lassen. Oder als die kleine Schwester fast am Blinddarm gestorben ist. Und wie er dann immer wieder und in allem die Schuld umgedreht hat, immer wieder gelogen hat. Auch wir haben ihm dazu geholfen, seine Schuld zu verstecken, ihm das Leben wieder herzustellen. Als er von seinem Beruf verjagt wurde wegen der Mißwirtschaft und der Betrügereien und er das Gewehr ergriff, um den Arbeitgeber zu töten, versteckten wir ihn, gaben ihm recht und kauften ihm sogar ein Haus: ‚Der arme Vater konnte es selbst nicht erreichen, da andere es ihm immer verpfuscht haben‘, sagte ich mir, als ich ihm das Geld gab. Ich habe nicht gemerkt, wie sehr er seine Kinder geschädigt hat, uns behandelt hat, *als ob wir überhaupt nicht existierten,* als ob nur für ihn die Sachen wichtig waren, daß nur er gelitten hat, weil meine Mutter gestorben ist. Er hat es überhaupt nicht gemerkt, wie schrecklich das für uns war. Ich habe das geglaubt, daß es mein Vater war, der soviel gelitten hat, nicht ich, als die Mutter starb, daß ich es nicht wert war. Es machte nichts aus, wie weh es mir tat, nur mein Vater war wichtig. Ich glaubte das, bis vor 6 Monaten, als ich hierher kam: daß mein Vater das Opfer sei, und daß es meine Verantwortung sei, ihm das Leben zu verbessern (63).

Sie durfte niemandem in Deutschland schreiben, außer dem Pastor, weder Freundin noch Großmutter noch Schwester, denn die Adresse mußte aus unbekannten Gründen geheim gehalten bleiben. Ihre Briefe wurden von der Stiefmutter zerrissen. Sie durfte auch nicht die Post abholen, und als sie das am Tag der Examensergebnisse getan hatte und sie stolz verkündete, daß sie im Französischen die beste in der ganzen Provinz gewesen sei,

wurde die Stiefmutter unheimlich böse auf mich. Ich war enttäuscht, daß man gar nicht merkte, worüber ich so froh war. Und der Vater wollte gar nicht zuhören, sondern sagte nur: ‚Warum mußt du immer den Frieden hier im Hause stören?‘ Dieses Große, das ich geschafft hatte, wurde so behandelt, als ob es gar nicht geschehen wäre. Fortab hatte ich ein seltsames Gefühl: als ob ich gar nicht mehr zur Familie gehörte, sondern weit weg wäre (68).

Die Zwillinge, die er umgebracht hat, es war 3 auf einen Schlag – oder was schien wie der Mord aus Gleichgültigkeit, wenn er uns gefährdete: so scheint mir, daß ich selbst gar nicht wichtig bin, daß ich selbst sehr leicht auch hätte nicht dasein können. *Wenn man ganz allein ist, ohne einem anderen Menschen wichtig zu sein, hat das keinen Sinn.* Es ist, als ob man überhaupt nicht zu leben braucht. Und so denke ich manchmal: das Töten meiner Mutter – es war so, als ob sie gar nicht wichtig war, als ob ihr Leben einfach nur so ausgelöscht werden konnte, ohne daß es etwas gestört hätte. Denn als Kinder waren wir ja auch nicht wichtig. Das war alles gleichgültig. Das kommt auch wieder auf die Vernichtung der Juden zurück. Das ist genau dasselbe: daß ein Mensch bestimmen kann, ob ein anderer existiert oder nicht, als Seele und als Körper. Wenn ich an mich selber denke: wirklich wütend zu werden, das ist fast gar nicht möglich. Ich möchte nicht, daß andere mich als böse oder als einen Mensch sehen, der andere zerstören möchte.

„Es ist das Gegenteil.“

„Deshalb ist es so leicht für andere, von mir alles zu verlangen; ich sage niemals Nein. Auch wenn ich empört bin ...“ (77).

Seit 22 Jahren ist sie von Zuhause fort und hat kein einziges Mal eine Karte oder einen Brief oder Telephonanruf von ihrem Vater gekriegt. „Er will von uns hören, aber er selbst kann es nicht selber tun“ (71).

Bei jedem Unfall der Kinder war die erste Reaktion des Vaters Verprügeln; als sich der Bruder die Hände mit Teer verbrannt hatte, war die unheimliche Angst, es jemandem zu zeigen größer als der schreckliche Schmerz; als die verbrannten Hände entdeckt wurden, wurde das Kind verhauen. Als Agnes von dem vom Traktor gezogenen Heuwagen gestürzt war, da die Lade nicht richtig vom Vater befestigt worden war, und zunächst bewußtlos auf der Staße liegen geblieben war, wurde auch sie vom Vater verprügelt, sobald sie wieder zum Bewußtsein kam. So war es bei allen Verletzungen. Jeder Unfall wurde als Verbrechen geahndet, und niemand gab im Schmerz Trost. Davon komme das Unterdrücken aller Gefühle, aller Schwächen. Ja, es sei wirklich der *innere Nazi,* der keine Schwächen duldet und diese unbarmherzig ausrotten will (66)[2].

Und daneben ist es die tote Mutter: „Gespensterhände, die mich ersticken, fesseln, mich zerreißen ... *bei mir ist die Liebe mit diesem Gräßlichen verknüpft*“ (64). „ ... in den Träumen ist die Mutter immer fern. Auch in früher Kindheit war sie mir nie nahe. Ich hatte das Gefühl, daß sie sehr böse auf mich war, daß ich ihr wehgetan habe, daß sie mich nicht wollte und abscheulich fand. Ich war verzweifelt, da ich sie nicht erreichen konnte“ (61). Auch hier war die Eifersucht ihre große Sünde, für die sie sich von der Mutter verstoßen gefühlt hatte und die sie dann den grausigen Tod als ihre eigene Schuld erleben ließ.

1.6 Die Flucht vor dem inneren Schmerz, die Suche nach dem äußeren Quäler

Über ein Jahr lang lebte sie während ihres Studiums mit einem jüdischen Kollegen zusammen, dem Sohn einer Überlebenden des Holocausts (einer Nacht für Nacht von Angstträumen gequälten und schreiend erwachenden Frau). Mit großer Bewegung schildert sie, wie sie selbst eingeladen wurde und am Freitag abend mit seiner Familie den Beginn des Schabbat feierte und wie die Mutter des Freundes die Kerzen segnete.

Schließlich verließ sie ihn, „da ich nicht daran denken konnte, wie meine Eltern dasitzen und darüber lachen würden. Das ist der Hauptgrund, warum wir nicht geheiratet haben. Ich konnte das einfach nicht.“

Doch dann erinnerte sie sich weiter:

„Ich habe ihn abgewiesen, da ich seinen inneren Schmerz fühlte: daß es ihm genau so innerlich weh tat wie mir.“

---

[2] Dazu schreibt Berliner: „The child’s feeling of guilt, then, takes the place of what may be called its unconscious sense of the guilt of the parent. It is the *defense against realizing the guilt of the parent for fear of losing him as a love object*“ (1947, S. 467, meine Betonung).

„Sie haben Ihren inneren Schmerz in seinem inneren Schmerz vermieden."

„Das habe ich mein Leben lang so gemacht: wegzukommen von dem, was schmerzhaft ist. Das Menschliche, die Schwächen oder was ich als das ansah, habe ich immer abgewiesen. Dazu kommt, daß ich mehr mit Menschen zusammen zu sein suchte, die so wie mein Vater waren, die alles in sich verschlossen und nichts mehr des Innerlichen sichtbar werden ließen."

So war es denn auch später bei dem sie mißhandelnden und sexuell ausbeutenden Vorgesetzten: „Als ob er ganz erfolgreich war und von nichts angerührt werden könne. Da lag viel Brutalität darin." Der von ihr verlassene Freund hatte hingegen etwas Sanftes: „Und gerade das war es, wovor ich Angst hatte – daß er seine Schwäche zeigte, seine Verwundbarkeit" (86, 87).

In folgendem Gedicht spricht sie zu uns:

1.7 Das unsichtbare Kind

„Wie ein Hammer fallen die Schläge mit unaufhaltsamer Gewalt.
Weich seidene Haut wandelt sich zu Flecken und blutender Wunde.
Grausame Worte zerschmettern das werdende Selbst,
  schlagen es zu Boden, versklaven und binden es.

Die Welt rundum wächst ins Riesenhafte,
schließt ein, zermalmend und erstickend.

Werde du nun winzig, ungesehen,
schwinde ins warm beruhigende Nichts.
Gibt es nichts, vermag dann der Hammer sein Ziel zu finden?
Können Fesseln binden, was nicht ist?
Können Mütter zertrampeln, was entschwunden ist?"[3]

---

[3] The invisible child

Like a hammer, blows fall with unstoppable force
Soft and silk turned to bruised bleeding flesh
Brutal words strike down down down
That which might form into self
Enslaved, bound

The world around grows to vast size
Moves close, to crush and suffocate

Become small then, unseen
Shrink back into warm soothing nothing
If there be nothing the hammer cannot find its mark
Bonds cannot bind what is not
Mothers cannot trample what does not exist

1.8 Die doppelte Wirklichkeit

Als meine Mutter noch lebte, geschah es einmal, als wir das Moos zwischen den Ziegelsteinen auf dem Weg wegkratzten, daß mir meine Mutter direkt in die Augen blickte. Da war es mir für ein paar Sekunden, daß sie mit mir ganz verbunden war, daß ich allein wichtig war für sie, daß sie froh war, ich war da. Das überraschte mich. Das geschah sonst nie. Und obwohl die Geschwister auch mit dabei waren, waren es in dem Moment nur meine Mutter und ich ... Nach dem Tod der Mutter tat man so, als ob der Tod schnell vergessen werden sollte. Man sagte überhaupt nichts darüber. Es war, als ob es überhaupt nicht passiert wäre. Einen oder zwei Tage nach der Beerdigung gingen wir alle aufs Grab. Das war noch ganz voll Blumen, und ich sollte wissen, daß meine Mutter darunter war. Aber man hat es mir nicht gesagt. Ich wußte es irgendwie, aber man hat nicht darüber gesprochen. Ich wußte es, es ist offensichtlich, aber ich durfte den Mund nicht aufmachen oder fragen.

„Es war eine *doppelte Realität, ja und nein, Wissen und Verleugnung*“ ...

Ich erwähne das Lao-Tse-Zitat: „Wenn man stirbt und man wird nicht vergessen, ist das nicht wirklich langes Leben, Unsterblichkeit?“

Sie antwortet: „Dann gilt auch: wenn man es unbedingt vergessen will, heißt das, daß das gerade den Tod bedeutet.“

„Es ist ein Totschweigen.“...

Ihr Leben scheint so von Verlust begleitet und überschattet zu sein.

„Ich dachte immer, ich habe es verursacht, daß alles so verfällt ...“ (89).

Sie schreibt für sich an einem Buch, das sich mit ihrer traumatischen Kindheit auseinandersetzt und hört dabei Verdis Requiem: „als ob das Buch selber das Requiem ist ... Ich sollte immer tapfer sein, sagten mir meine Oma und mein Vater. Aber das wollte ich nicht. Im geheimen stellte ich mir vor, daß *meine Mutter doch wieder da sein werde,* und das war mein Geheimnis, das ich nicht der Oma, nicht dem Vater und auch den Geschwistern nicht erzählen konnte; 6 oder 7 Jahre lang habe ich es nicht einsehen wollen, daß sie nicht wiederkommen werde. Es war wie ein Trotz. Es ist immer noch heute sehr schmerzhaft, wenn ich an die Zeit denke.“

„Die unabgeschlossene Trauer ...“ (91).

Ich hatte Angst über die Mutter hier zu sprechen, über die Trauer: daß ich sie verlieren würde und daß Sie sie mir wegnehmen wollten. Und dann sagten Sie, daß es die Erinnerungen seien, die die Unsterblichkeit ausmachen, und ich spürte, daß es gerade *die Wiederherstellung der Erinnerung ist,* um die es hier geht, nicht um ihr Wegnehmen ... Die Erinnerung ist eine Zuflucht für mich, und ich habe Angst, daß diese Zuflucht nicht bestehen bleiben wird. Das ist der Richter, der Zerstörer in mir, der es nicht erlauben will, daß ich mich erinnere ... Wenn ich weiß, daß es das Schweigen ist, das mich zerstört, kann man es ändern. Es ist ein innerer Kampf ... Ich dachte daran, wie früh ich mich schuldig fühlte. Ich war vielleicht vierjährig. Es war also noch vor dem Tod der Mutter. Mein Vater hatte einen wichtigen Zettel verlegt und konnte ihn nicht mehr finden. Er vermutete, daß wir etwas damit getan haben, und er rief uns zusammen und war furchtbar zornig. Wir mußten daran schuld sein und sollten damit herausrücken. Er schrie, er *werde uns totschlagen.* Er war ganz außer sich. Plötzlich hatte ich das Gefühl in mir, obwohl ich wußte, daß ich ihn nicht weggenommen hatte, *daß er vielleicht Recht hatte und daß ich ihn vielleicht doch weggenommen* hatte. *Ich wußte nicht wo, nur, daß ich schuldig war.* Es war nicht wahr, und doch spürte ich, daß ich daran schuld war. Dann war er so wütend, daß er das Hackbrett auf dem Tisch zerschmetterte und wegrannte. Später fand er den Zettel, sagte aber nicht, es tue ihm leid. Das Wichtige ist: daß *ich mich selbst überredete, daß es meine Schuld war.*

„Die doppelte Wirklichkeit."

„Ich kannte nichts anderes, es war so richtig. Immer Angst zu haben, immer nach einer Erklärung zu suchen. Und die Erklärung war immer, daß ich es war oder meine Geschwister. Manchmal habe ich die Schuld auf die Geschwister geschoben."

„Die doppelte Realität: die Realität der Wahrnehmung und die Realität des inneren Richters, und der hat schließlich Recht."

„Es war fast unmöglich – auf der einen Seite wußte ich, daß es so war. Dann aber war ich mir so sehr böse, daß ich nicht wußte, wo der Zettel war. Und dann die Angst, die damit zusammenging."

„Sie waren damit die Verbrecherin, die den Tod verdiente."

„Und ich glaubte das ... Es ist, als ob der Zerstörer in mir wäre, das Gefährlichste bin ich, daß diese große Kraft gegen mich gewendet wird ..."

Wir werden dies bei fast allen hier geschilderten Patienten wieder antreffen: daß es zu einer *Spaltung des Wirklichkeitserlebens,* zu einer *Verdoppelung der Realität* kommt: zur wahrgenommenen Wirklichkeit, also der *vom Ich bestätigten* Wahrheit, und zur Realität, die entweder das Trauma verleugnet, wie im Falle Agnes' den Tod der Mutter, also eine auf der *Verleugnungsphantasie aufgebaute Realität,* oder aber eine *vom Über-Ich geforderte* Wirklichkeit. Es ist ganz besonders der *Konflikt zwischen der Wahrnehmungsrealität und der Über-Ich-Realität,* der zur oft dramatischen Spaltung von Selbst und Welt führt, mit all deren Folgen.

1.9 Seelenblindheit, Verdinglichung und Scham

Aus all dem von Agnes Erlittenen spricht etwas sehr Wichtiges – das Bedürfnis, in ihrer Individualität geachtet, als Selbstzweck anerkannt und als Subjekt gewürdigt zu werden, im tiefsten Sinne *gesehen oder erkannt* zu werden.

Erwartet man dies und erfährt man dessen Gegenteil, empfindet man Scham, und diese ist desto tiefer, desto umfassender, je schroffer die Individualität mißachtet, je rücksichtsloser der andere einen zu seinen Zwecken mißbraucht und je mehr man als Objekt, als Gegenstand behandelt wird.

Im ähnlichen Sinne schreibt C. Rohde-Dachser: „,Willst Du denn nicht wissen, wer ich bin und woher ich komme?' In diesem Satz verdichtet sich ... nun aber auch das zentrale Anliegen aller hier geschilderten Patienten, ein Anliegen, das man vielleicht am ehesten als *Wunsch nach ,Gesehenwerden', nach ,Verstandenwerden',* oder – um mit Michael Balint (1968) zu sprechen – als *,Wunsch nach Erkanntwerden'* bezeichnen könnte" (S. 47, meine Betonung).

Es muß „bei der Analyse der masochistischen ,Deckphantasie' darum gehen, den durch sie signalisierten und gleichzeitig abgewehrten ,eigentlichen' seelischen Schmerz dem Patienten vorstellbar und erlebbar zu machen, ohne ihn damit zu zerstören. Dieser seelische Schmerz will gesehen werden, und zwar von einem *unaufdringlichen Zeugen,* der auch nicht das voreilige Bedürfnis hat, den Kummer zu stillen ...“ (S. 55). „Masochistische Phantasiegebilde sind ... oft der Versuch, frühe Erfahrungen mit einem gleichgültigen, nicht ansprechbaren und auch nicht irritierbaren, also letztlich ‚immunen‘ Objekt durch die Imagination einer Gestalt zu korrigieren, die *absichtlich* leiden läßt, und/oder die auf Leiden reagiert“ (S. 56).

Ähnliches wird durch Kohuts Begriff der Empathie und dem Glanz im Auge angesprochen.

In besonders eindrücklicher Weise hat dies neuerdings Francis J. Brouček dargestellt:[4] „Das Thema, das wie ein roter Faden dieses Buch durchzieht, ist die Beziehung zwischen Scham und mannigfachen Vergegenständlichungen.“[5] Mit „Vergegenständlichung“, „Verdinglichung“ oder „Objektivierung“ versteht er die Erfahrung, „wenn der eigene Status als Subjekt ignoriert, mißachtet, verleugnet oder verneint wird.“[6] Er schlägt vor, „die früheste Quelle des Schamgefühls bestehe in frühkindlichen Erlebnissen der eigenen Wirkungslosigkeit, namentlichen solchen im Umgang mit anderen, der Erfahrung des scheiternden Versuchs, wirkungsvoll gegenseitig befriedigende Intersubjektivität und gemeinsames Bewußtsein einzuleiten und aufrechtzuerhalten. Die zweite Quelle in der Entwicklung ist die Selbstobjektivierung [oder Selbstverdinglichung], ein Vorgang, der eine Art der Selbstentfremdung und primären Dissoziierung herbeiführt ... Eine dritte Quelle ist die episodische oder chronische Erfahrung, von wichtigen anderen, v. a. von den Eltern, ungeliebt, verworfen oder als Sündenbock behandelt zu werden. Im Verlauf der Entwicklung führen diese Quellen der Scham zu einer Überbesetzung des idealisierten Selbstbildes und einer Entwertung des tatsächlichen Selbst ....“[7] Der Narzißt behandelt den anderen nicht als Subjekt, sondern eben als Ding, als Gegenstand lediglich für seine eigenen Zwecke, nicht, im Kantschen Sinne als Selbstzweck.[8] Man sieht den anderen nicht nur als Instru-

---

4 Francis J. Brouček: *Shame and the Self.* Guilford, New York, 1991.

5 „... the theme that runs like a thread throughout this book is the connection between shame and objectifications of various kinds“ (S. 151).

6 „... shame as a response to objectification, that is, as a response to having one's status as a subject ignored, disregarded, denied, or negated. Such objectifications sever what Kaufman (1985) has called ‚the interpersonal bridge‘ “ (S. 8).

7 „I propose that the earliest source of shame is the infant's experiences of inefficacy, particularly interpersonal inefficacy, the exprience of failure to competently initiate and sustain mutually gratifying intersubjectivity or shared consciousness. The second source of shame, developmentally speaking, is self-objectification, a process that brings about a kind of self-alienation or primary dissociation ... A third source of shame is the episodic or chronic experience of being unloved, rejected, or scapegoated by important others (parents, primarily). In the course of development these sources of shame bring about the self's overinvestment in the idealized self-image and a devaluation of the actual self ...“ (S. 24).

8 „Respect for the true ‚otherness‘ of the other is obviously a developmental achievement and not something we are born with. The other as SUBJECT-object does not exist for the pathological narcissist. He can only treat the other as object, or subject-OBJECT at best. It is not only the other whom the narcissist objectifies, it is himself as well. His own subjectivity is sacrificed to this object self“ (S. 53).

ment, sondern als Bild. So sei die Kamera das Hauptmittel der Verdinglichung, ein wirkliches Emblem der Moderne; gerade indem die Photographie objektiv ist, lügt sie.[9]

Vor mehr als 30 Jahren schrieb Felix Schottländer einen auch heute noch lesenswerten Aufsatz mit dem Titel „Blendung durch Bilder". Er unterscheidet Neurotiker, die „bildgebunden", gefesselt durch gewisse an sie gerichtete Suggestionen sind, letztlich also nicht in ihrem Eigenwert erkannt worden sind, da ihre Eltern durch ihre Projektionen geblendet waren, von solchen, „die überhaupt noch niemals ‚gesehen' worden sind und daher sozusagen blind und völlig ungesteuert in unsere Behandlung gelangen" (S. 226). „Wenn ein Patient, der niemals eine lebendige Beziehung erlebt hat, in der Analyse erstmals gesehen wird und darauf mit einem starken Gefühl reagiert, ist das nun ‚nur Übertragung'?" (S. 233).

Meiner Erfahrung nach spielen beide Vorgänge gewöhnlich eine Rolle – die „Blendung" durch Bilder, also Verzerrungen durch Projektionen, und das Nichterkennen, Nichtsehen der Individualität. Es fällt mir eigentlich schwer, dies als Gegensatz zu betrachten. In milder Form finden sich beide ubiquitär. Was uns interessiert, ist deren schwere Form, manchmals mehr im Sinne der Blendung, manchmal mehr im Sinne des völligen Nichtsehens. Beiden ist eben die mehr oder weniger starke Verkennung gemeinsam, ja die Verachtung des Subjekts als ein Selbst, als ein Selbstzweck und damit die das Wesen treffende *Beschämung*.

Ich glaube, diese Vergegenständlichung, diese Objektifizierung und Dehumanisierung kann als Ergebnis der *Seelenblindheit* des anderen angesehen werden. Der Begriff der Seelenblindheit findet sich bereits, wenigstens in seiner subjektiven Form, im Ausspruch des Sehers Teiresias im Sophokleischen Oedipus: „Denn blind bist du an Ohren, an Verstand und Augen – τυφλὸς τά τ' ὦτα τόν τε νοῦν τά τ' ὄμματ' εἶ."[10] Das Wichtige für uns ist, wie das *Erlebnis der Seelenblindheit beim anderen* und das *der Scham im eigenen Selbst* zusammengehören, ein *Erlebnispaar* bilden.

1.10 Das starrende Auge

Der folgende Ausschnitt stammt aus der Analyse einer 30jährigen Frau, Nelly, einer Sekretärin, die deswegen zur Behandlung gekommen ist, weil sich einerseits all ihre Beziehungen mit Männern mit großer Regelmäßigkeit unglücklich gestaltet haben, gewöhnlich indem sie sich ausgenutzt und zurückgewiesen, ausgelacht oder betrogen gefühlt habe. Das galt besonders auch für ihre frühgeschlossene und früh wieder aufgelöste Ehe zu einem Alkoholiker. Sie selbst hatte Episoden von Drogenmißbrauch und Alkoholismus. Andererseits leidet sie unter zunehmend offensichtlicher werden-

[9] „... the camera is the leading symbol of the triumph of objectification in the modern era ... ‚It used to be said that the camera cannot lie. But in fact it always does lie' ..." (S. 117).

[10] „typhlos ta t' ota ton te noun ta t' ommata ei", Sophokles, *König Oedipus*, Vers 371.

den Episoden großer Angst und depressiver Verstimmung, die sich zu Weinanfällen und Suizidbeschäftigungen steigern, während sie einem äußerlich als eine sehr frische und tatkräftige, ja kühne und forsche, hübsche und gescheite junge Frau imponiert.

Sie berichtet, sie sei in ihrer Jugend körperlich und psychisch, auch sexuell mißbraucht worden. Ihre Mutter wird als eiskalt und geizig geschildert; oft schlug sie ihre Kinder heftig ab und verwundete sie. Ihr Vater hatte ein Loch in den Boden ihres Badezimmers gebohrt und sie jeweils beobachtet. Wie sie sich über ihren Zwist mit einem ihrer Brüder bei ihrer Schwester beklagt, fühlt sie, wie die Schwester ihr gar nicht zuhöre, es nicht anerkenne, was geschehen sei, es verleugnen müsse. Es sei wie in Lagerkvists *Barabbas*: wie sie aus der Grube ans Tageslicht heraufstiegen, war es zu schmerzhaft, das Licht zu sehen. „So ist es in meiner Familie. Sie lebten so lange in der Finsternis, nun ist es zu schmerzhaft zu sehen, was wirklich vorgefallen ist. Und für mich ist es schrecklich, denn ich bin im Licht und sehe, doch niemand will auf mich hören.“ In der ganzen Familie herrsche diese Seelenblindheit. „Die Mutter ist grausam und kalt und fern, blind gegenüber den Gefühlen; bei ihr findet man keine Zärtlichkeit, kein Verstehen; immer muß sie die anderen beschämen. Sie hat keine Seele, die ist zerstört worden ... Man kann nicht menschlich sein; keine Schwäche ist verziehen. Gefühle zu haben, Gefühle zu zeigen ist eine Schande“ (100–104).

Ihre Eltern haben jeden Erfolg von ihr gehaßt und geneidet, „da ich meine eigene Person war und mich nicht eingeschränkt durch ihre Gesetze fühlte. Sie waren eifersüchtig. Ich wollte ausbrechen ... Immer hieß es: ‚Wofür hältst du dich eigentlich?! (Who do you think you are?!)‘ Ich durfte keinen Wert haben. Und auch jetzt höre ich diese gleiche Stimme in mir, wenn immer ich Erfolg habe. Ich werde betreten (selfconscious), scheu, neige den Kopf und erröte“ (114).

> Alles war unser Fehler. Dort saß sie beim Frühstück, bohrte in ihrer Nase und furzte. Immer wieder hieß es: Wir seien undankbare, ekelhafte Schweinchen, und böse Kinder (ungrateful disgusting little pigs ... what bunch of rotten kids I have!). Ich dachte: Ist es unser Fehler, daß wir hier sind? Sie wollte uns nicht haben. Daher die tiefe Angst, verlassen zu werden, da ich wertlos und schlecht bin ... Ich war im Badezimmer und komfortabel in meiner Nacktheit. Und plötzlich spürte ich etwas. Ich sah mich um und entdeckte, wie ein Auge aus dem Loch am Boden mich anglotzte und sich bewegte. Erschreckt sprang ich beiseiten und versuchte mich zu verbergen. Vor Angst konnte ich nachher nicht einmal sprechen. Jedes Mal, wenn eines von uns Mädchen eine Dusche nahm, mußte mein Vater plötzlich mit einer Ladung Wäsche in den Keller gehen ... Er haßte und verachtete Frauen“ (115).

Sie spricht mit Entrüstung darüber, wie sie am Tag zuvor bei einer medizinischen Untersuchung wegen einer Verletzung ihres Handgelenks von einem dabeisitzenden Arzt die ganze Zeit mit großen Augen angestarrt worden sei, „von einem Jagdhund mit weit aufgerissenen Augen (a hound-dog with gaping eyes staring at me all the time).“

> Ich fürchtete mich vor meinen Brüdern und meinem Vater; ich hatte mein ganzes Leben lang Angst vor den Männern, und ich mußte immer die Türen daheim verrammeln; man war nie sicher. Und doch klagte mich die Mutter an. Sich immer geschändet (violated) zu fühlen, und doch den Vorwurf zu hören, daß ich die Hure sei! Seitdem ich ein kleines Mädchen war, war ich im Wettstreit mit der Mutter. Ich wollte selbst die Mutter und beim Vater sein und die Mutter weg haben (get rid). Und sie war eifersüchtig auf mich. Und dann den Vater zu haben, der mich in der Adoleszenz mißbraucht! ...

So wichtig die (kathartische) Wiederholung der Erinnerungen an die Traumata ist, kann man nicht dabei stehen bleiben. Ich bemerke: „Es hilft vielleicht, von den Geschehnissen wegzurücken (shift), hin zu den (durch die traumatischen Erlebnisse verursachten oder intensivierten) Konflikten.“

Es bestand dauernd die sexuelle Spannung zugleich mit dem Gefühl, daß es sündhaft böse war. Die Schuld, die Angst und die Scham dabei ... Sicher gibt es Lust dabei, als Frau angeschaut zu werden, aber wenn die Blicke durchbohren und entmenschlichen, schlägt es um in Scham und Wut. Und mein Vater durchbohrte mich mit seinem Auge. Da gab es keine freudvolle Spannung (excitement), sondern nur Furcht: ich wollte mich verbergen, um mich vor seinem Auge zu schützen. Und auch jetzt ist es so, wenn ich in der Nähe von Männern bin, als ob ich mich in einem Wirbelsturm befände, einem Sturm gegensätzlicher Gefühle“ (158).

Sie träumt davon, von zwei wilden Hunden angegriffen zu werden. Es sind die zwei Seiten in ihr, die gegensätzlichen Gefühle. Das ist richtig, aber nicht spezifisch genug. Sie fühlt sich von einem Mann angezogen, aber zugleich ist es das Verbot, die *Gleichsetzung von Sexualität mit Gewalt und Grausamkeit,* was an ihr zerrt. „Du willst mit ihm ausgehen. Nein, du sollst nicht!“ Und beide Befehle zerren sie in gegensätzliche Richtungen, reißen sie entzwei, wie es die beiden Hunde zu tun drohen (160).

Wird das Wechselspiel zwischen ihr und einem möglichen Freund mikroskopisch untersucht, wird es ersichtlich, wie ihr Interesse rapid in die Wahrnehmung umschlägt, sie werde von ihm nicht ernst genommen, er lache sie aus, spiele mit ihr; sie wird sarkastisch, „kastrierend“, d. h. beschämend. Er zahlt ihr in gleicher Münze heim, und sehr rasch entwickelt sich ein *volles sadomasochistisches Muster* im Verhältnis, das in Unglück und Abbruch der Beziehung endet: gegenseitige Aggression, doch all dies in sexueller Verkleidung: „Ich fühle mich gefesselt (trapped) dadurch. Ich fühle mich schwach und machtlos, versuche dann, mir Macht zu verschaffen, um nicht verlacht zu werden und nicht meine Gefühle zu enthüllen, wie es in meiner Kindheit der Fall war: die Gefühle zu zeigen, zu weinen, hieß, ein Schwächling zu sein.“ So wandeln sich Anziehung zum Mann, die Furcht vor der Beschämung und ihr tiefer Haß dem Mann gegenüber rasch zu einem „Wirbelwind“, zu einem *unlösbaren Gefühlskonflikt.* Was diesem *sadomasochistischen Sturm* von Qual, Quälen und Begehren zugrundeliegt, schildert sie selber:

Es geht zurück zu den sexuellen Gefühlen für meinen Vater und dem Gefühl, nichts zu sein vor seinem wachenden Auge, nur ein Gegenstand für seine Lust. Ich wollte früher meine Mutter weghaben (out of the picture), sie tot wissen, um mit dem Vater zu sein, die Frau in seinem Leben, daß ich so anders als meine Mutter wäre, obwohl ich ihr ähnlich sehe. Mein Vater würde mich mehr lieben, da ich eine bessere Frau wäre, gescheiter und fähig, mit ihm über Literatur und Politik zu diskutieren. Das war mehr als Phantasie: das war ein Wunsch. Schon als kleines Kind übernahm ich die Funktionen der Mutter gegenüber meinen jüngeren Geschwister. So war es leicht, die Flamme am Leben zu halten. Sie erlosch, als ich sah, wie er mich bespähte. Ich hielt meinen Kopf in der Dusche gesenkt und wagte mich nicht zu berühren und kauerte in der Ecke, wo man mich weniger sähe.

Er erwiderte offenbar ihre sexuellen Wünsche und besaß nicht die Kontrolle darüber. Oder noch eher: er stachelte zeitlebens die ödipalen Begehren des Töchterchens an, aus seinem eigenen Bedürfnis heraus.

> Und jetzt ist es jedesmal so, wenn ich einen Mann gern habe, daß ich den Haß in mir hochkommen fühle, die Angst, daß ich überwältigt (overpowered) würde, daß ich mich nicht schützen könne, daß ich wiederum so hilflos und beschämt, entwürdigt (discounted) und verdinglicht (objectified) würde. Die freudvolle Erregung (excitement) wurde zermalmt (squelched) von beiden Eltern: als ich aufblühte, genoß es mein Vater, und meine Mutter verprügelte mich dafür, daß ich eine Hure sei, denn sie war eifersüchtig auf das Einvernehmen zwischen dem Vater und mir. Nun reiße ich in jedem beginnenden Verhältnis sofort die Macht an mich, ehe ich bloßgestellt und zermalmt werde.

Die Liebe wird zum Machtkampf, wo es nur noch zur Frage wird: Wer erniedrigt wen zuerst? (161)

> Namentlich die Mutter spielte uns Geschwister gegeneinander aus, mich immer gegen meine (um ein Jahr jüngere) Schwester: „Schau, wie sie, die jüngere, spart, fleißig zur Schule geht, den Führerschein und nette Freunde, aber kein Make-up an hat. Schau auf dich! Du hast keine Anstellung, keinen Führerschein, bist faul und nur ein ‚punky teenager‘ “. Sie lachte mich aus, und die Schwester schwieg betreten; sie konnte mir nicht helfen. Das Gefühl der Wertlosigkeit war immer so stark. Und dazu kam in mir die Schuld: denn als Kleine verprügelte ich die kleinere, schwächere Schwester, da ich so eifersüchtig auf sie war. Sie war schlank, und ich war plump; sie war fleißig und gescheit, und ich war der Idiot; sie war die Madonna und ich die flammende Hure, die üble Versucherin; sie war blond und ich dunkel (162).

Wenn sie eine freundliche, gute Unterhaltung mit einem Mann hat, der ihr gefällt, wird ihr unerklärlich traurig zumute, und sie bricht in Tränen aus: „Ich verdiene es ja nicht. Wenn er nur wüßte, wer ich wirklich bin!“ Es ist das tiefe Gefühl sowohl der Wertlosigkeit, der Scham, wie der Schuld für all die Eifersucht und den Neid, die tiefverwurzelte Notwendigkeit der „competition“, die sie in sich birgt.

1.11 „Seelenmord“

Dieses Phänomen der „Seelenblindheit“ kann wohl am besten als ein Teil des weiteren Bereichs dessen angesehen werden, was in den letzten Jahren wiederum als „Seelenmord“ herausgegriffen und analytisch erfaßt wurde.

Der Begriff des „Seelenmordes“ könne, so glaubte ich bis vor kurzem, auf Goethes *Dichtung und Wahrheit* zurückgeführt werden. Über den Familienfreund und Arzt Zimmermann sagt er, in den Worten der jugendlichen Tochter, „von dessen Härte und Tyrannei man sich keinen Begriff machen könne“, und Goethe selbst fährt fort: „Denn auch jene Härte gegen seine Kinder war Hypochondrie, ein partieller Wahnsinn, ein fortdauerndes *moralisches Morden,* das er, nachdem er seine Kinder aufgeopfert hatte, zuletzt gegen sich selbst kehrte“ (dtv, Bd. 24, *Dichtung und Wahrheit,* Bk 15, S. 196). Das Wort „moralisch“ wurde zu der Zeit etwa im Sinne von „psychisch, seelisch“ gebraucht. Auf den Gebrauch des Begriffs durch Anselm von Feuerbach in seinem Werk über Kaspar Hauser (1832) hat schon Shengold hingewiesen (1989).

Doch nun hat mich Dr. Eickhoff darauf aufmerksam gemacht, daß Jakob Michael Reinhold Lenz (1751–1792) das Wort im *Neuen Menoza* gebraucht habe: „Gustav (der sich später tötet) sagt über den (blutschänderischen) Grafen Camäleon: ‚Sein Eingeweid will ich ihm aus dem Leib reißen, dem seelenmörderischen Hunde ...‘ “

Strindberg brauchte den Begriff in seiner Besprechung von Ibsens *Rosmersholm* in 1887.

Die bedeutsamste literarische Quelle dafür stellen indes die späten „Gegenwartsdramen“ („nutidsdramaer“) Ibsens dar, besonders die letzten beiden Werke *John Gabriel Borkman* und *Wenn wir Toten erwachen – Når vi døde vågner.* Auf diese werde ich im vierten, Ibsen gewidmeten Kapitel eingehen.

Shengold[11] definiert „Seelenmord“ als „den absichtlichen Versuch, die besondere Identität eines anderen Menschen auszulöschen oder zu kompromittieren ... das Opfer der Fähigkeit zu berauben, Freude und Liebe als getrennte Person zu empfinden“.[12] Der Begriff bezeichnet „eine bestimmte Kategorie traumatischen Erlebens: von Zeiten wiederholter und chronischer Überstimulierung, die mit solcher emotioneller Versagung abwechseln und absichtlich von einem anderen herbeigeführt wurden“.[13] Diese Überstimulierung führt zu traumatischer Angst und Wut, aber auch zur Grausamkeit, Unmenschlichkeit und doch auch wieder Unverläßlichkeit des Gewissens, in Shengolds Worten: „ ... es bestanden widersprüchliche, gleichzeitige oder alternierende Überich-Ich-Beziehungen: ein sadistisches Über-Ich mit einem masochistischen Ich (ausgedrückt durch das Strafbedürfnis ...) und daneben ein nachsichtig gewährendes Überich, das die unbezähmte Ichbefriedigung jedes Verlangens gestattet (bezeugt durch eine Haltung unbeschränkter Ansprüche).“[14]

„Die typischen Themata, die bei Opfern von Seelenmord angetroffen werden, sind: ein außerordentliches Ausmaß an Dissoziierung von Fühlen und Erleben, autohypnotische Trancezustände, beeinträchtigte Identität, mit vertikaler Ichspaltung, die zu Phänomenen analog dem Doppeltdenken und Verbrechensstop in Orwells 1984 führt; eine paranoide Persönlichkeit (wem kann man noch trauen, wenn man nicht seinen Eltern trauen kann?); Über-Ich-Abwehr mit gleichzeitiger Laxität und einem starken unbewußten Strafbedürfnis (‚der Moralität abzusagen und sie gleichzeitig in Anspruch zu nehmen‘, Orwell, 1949). In Verhüllung oder nackter Gegenwart geht es um die Unterwerfung unter eine grausame Moralität; im Innern muß ausgedehnter Raum für Verleugnung geschaffen werden, damit der seelenmörderische Elternteil beschützt wird.“[15]

---

[11] *L. Shengold:* „Soul Murder. The effects of childhood abuse and deprivation“, Yale University Press, 1989.

[12] „The deliberate attempt to eradicate or compromise the separate identity of another person ... depriving the victim of the ability to feel joy and love as a separate person“ (S. 2).

[13] „A certain category of traumatic experience: instances of repetitive and chronic overstimulation, alternating with emotional deprivation, that are deliberately brought about by another individual“ (S. 16).

[14] „ ... there were contradictory, simultaneous, or alternating superego-ego relationships: a sadistic superego with a masochistic ego (expressed in the need for punishment ...), and alongside this the compliant superego that allows the rampant ego fulfillment of every impulse (manifested in an attitude of total entitlement)“ (S. 57).

[15] „ ... the typical themes found in victims of soul murder: an extraordinary power of disassociation from feeling and experience; autohypnotic states; compromised identity, with vertical ego splitting allowing for phenomena analogous to the doublethink and crimestop of Orwell's

„Traumatische Überstimulierung bedeutet ein passiv kannibalistisches Erlebnis ... Ich sehe das Bild der Ratte als eine Art Kennzeichen für kannibalistische Impulse und die Gegenwart des Übermäßigen (daß man zuviel zu ertragen hatte)."[16]

Damit besteht unbändige, obgleich „verklemmte" Wut: „Die Wut stammt sowohl von der Identifizierung mit dem mörderischen, kannibalistischen Angreifer (der Sphinx) wie von den überwältigend stimulierenden Traumata."[17]

Die Wahrnehmung der Wirklichkeit muß radikal verändert werden: „Das Nichtwissen wird zustande gebracht durch massive Isolierung, durch vorübergehende Ichspaltungen und chronische autohypnotische Zustände. Oft findet sich eine Kombination dieser Elemente mit teilweiser Einschränkung der intellektuellen Funktionen als Resultat, da diese zum Teil triebbesetzt bleiben ... Das erfolgte Brainwashing, das Verleugnung schafft, heißt, daß die Identität kompromittiert ist."[18]

Er spricht von der *„anal-narzißtischen Abwehrhaltung"*: „Hier funktioniert ein Teil der Seele als eine Art emotionelles Gegenstück zum analen Sphinkter, indem er Kontrolle durch das Abschalten der Gefühle ausübt ... eine massive Isolierung des Fühlens, die durch Brainwashing aufrechterhalten wird (einer Mischung von Verwirrtheit, Verleugnung und Identifizierung mit dem Aggressor)."[19] Wir können sagen, es handle sich um eine Art des *Abklemmens* aller Gefühle.

„Das Brainwashing, das auf der Verleugnung der überstimulierenden Erlebnisse durch das Kind beruht, entwickelt sich leicht zu charakterologischem Lügen ... Seelenmord bedeutet Schaden für das Gewissen des Kindes."[20] „Selbsthypnose wirkt sowohl als Abwehr wie als Bahnung im Dienste der Verleugnung: was geschehen darf, zählt nicht."[21]

1984; a paranoid potentiality (if you can't trust your parents, whom can you trust?); superego defenses with simultaneous overpermissiveness and a strong unconscious need for punishment (‚to repudiate morality while laying claim to it' [Orwell 1949, 36]). In disguise or nakedly present is a submission to a cruel morality; some massive place in the mind is dedicated to denial in the service of protecting and preserving the soul-murdering parent" (S. 136).

16 „... traumatic overstimulation involves a passive, cannibalistic experience" (S. 130). „I view the image of the *rat as a kind of hallmark indicating cannibalistic impulses and the presence of too-muchness* (having had to bear the unbearable) ..." (S. 86).

17 „The rage is there both through identification with the murderous, cannibalistic aggressor (the Sphinx) and as the legacy of overwhelmingly stimulating traumata" (S. 67).

18 „The not knowing is accomplished by massive isolation, transient ego splits ..., and chronic autohypnotic states. Frequently a combination of these is present, with a resultant (partial) impairment of intellectual functioning that remains in part instinctualized ... The brainwashing that creates denial implies a compromised identity" (S. 98).

19 „Anal-narcissistic defensiveness": „Here part of the mind functions as a kind of emotional counterpart to the anal sphincter, supplying control by shutting down feeling ... a massive isolation of feeling, which is maintained by brainwashing (a mixture of confusion, denial, and identification with the aggressor)" (S. 25).

20 „The brainwashing that is produced by the child's denial of the overstimulating experiences easily develops into characterological lying ... Soul murder means damage to the child's conscience" (S. 99).

21 „Autohypnosis in both its defensive and facilitating effects works in the service of denial: what is allowed to happen does not count" (S. 151).

„Seelenmord führt zum Zerbrechen der Identität des Opfers in einander widersprechende Fragmente, die unabhängig voneinander, ohne gültige Synthese, funktionieren."[22] „Mit Hilfe von Isolierung und Autohypnose finden vertikale Spaltungen des Ich statt ... die Persönlichkeit ist durch vertikale Ich-Spaltungen abgeteilt ... ‚Hypnoid-Zustände', Bewußtseinsstörungen und Autohypnose halten diese ‚seelischen Organisationen' gesondert, zwischen denen diese Patienten hin und herwechseln können."[23]

*

Noch eine Anmerkung: Der Begriff „Seelenmord" wird zuweilen selektiv für sexuellen Mißbrauch in der Kindheit angewendet. So wichtig diese Art der Traumatisierung ist, muß man heute sehr vorsichtig sein, sexuellen Mißbrauch nicht zu überdiagnostizieren und nun umgekehrt die Eltern zu Opfern zu machen, wie das heute nur all zu häufig geschieht. Manche naive Therapeuten stellen sich auf den in einem entsprechenden Populärbuch vertretenen Standpunkt: „Wenn man denkt, man ist mißbraucht worden und das Leben zeigt die Symptome, dann ist man mißbraucht worden."[24] Jeder Verdacht darauf wird als Beweis dafür behandelt. Ich habe selbst eine Reihe von Fällen erlebt, wo die Tochter von einer Therapeutin in diese Richtung gewiesen wurde und allen Verkehr mit ihren Eltern mit der Anschuldigung abbrach, daß der Vater mit ihr in frühester Jugend Geschlechtsverkehr gehabt und die Mutter ihn gedeckt habe. Innere Wirklichkeit wird dabei mit äußerer Wirklichkeit verwechselt, das Verständnis der Komplexität von innerem und äußerem Konflikt völlig außer acht gelassen. Mit anderen Worten: Zu welchem Ausmaß Traumata verändert und durch Konflikte und Reparativphantasien verhüllt werden, wird völlig mißachtet. Die Folgen für Individuum und Familie können dramatisch, ja entsetzlich sein.

Auch scheint es mir, daß das Stigma des sexuellen Mißbrauchs mit dem damit verbundenen Horror dazu dient, der genauen und tiefen Erfassung umfangreicher Traumatisierung durch sonstige körperliche und psychische Mißhandlung aus dem Weg zu gehen. Die Wirksamkeit dieser Interventionen ist dann die der von Glover so bezeichneten „inexakten Deutung": die Teilwahrheit oder die Scheinwahrheit, die zur Alleinwahrheit erhoben wird, hilft der Abwehr gegen die Erkenntnis der vollen Wahrheit, die oft weit schmerzlicher, weit stärker konflikthaft und weit mehr von Schuld und Scham beladen ist.

---

22 „Soul murder results in breaking the victim's identity into contradictory fragments that function independently, without effective synthesis" (S. 256).

23 „By means of isolation and autohypnosis, vertical splits of the ego take place ... the personality is compartmentalized in vertical splits of the ego ... ‚hypnoid states', alterations of consciousness, and autohypnosis keep separate these ‚psychological organizations', between which these people can shift" (S. 109 f.).

24 „If you think you were abused and your life shows the symptoms, then you were." Dies entnehme ich einem sehr wertvollen und mutigen Leitartikel im „Philadelphia Inquirer", 11/24/91, von Darrell Sifford, auf den mich Donald Nathanson aufmerksam gemacht hat.

1.12 „Der geborgte Unhold“

Agnes, wie auch die anderen hier zu schildernden Patienten, gehört zu jenen vielen Persönlichkeiten, die unter einer besonders unerbittlichen Gewalt eines grausamen Gewissens leiden, unter einer oft fast unheilbar anmutenden Form der Selbstverurteilung sowohl im Sinne der Scham wie dem der Schuld. Seit Freud setzen wir diese Phänomene zusammen mit der als masochistisch bekannten Form der Perversion, nämlich als „innerlichen“ oder „moralischen“ Masochismus. Wie bei Agnes und bei Nelly erscheint diese verinnerlichte Form des Masochismus in zustärkst ausgeprägter Form auf dem Boden einer besonders schweren, besonders andauernden Traumatisierung, gewöhnlich seit frühester Kindheit. Es scheint wirklich, als ob nun die ganze Grausamkeit ihres Schicksals und ihres eigenen unstillbaren Schmerzes, der Scham und der Wut über das Erlittene im Über-Ich hausen würde und, einem Drachen gleich, immer wieder herausbräche.

Diese Gewissensmacht wirkt sich dann umgekehrt in der *Schicksalswiederholung* aus: „Selbstbestimmte Niederlage und Sieg werden gleichsetzt,“ heißt es in einer neueren Studie des Masochismus von Großman (1991, S. 41). Dabei seien es oft dissoziative Zustände, die bezwecken, die Erinnerung an traumatische Erlebnisse abzuspalten (wall off), die nicht durch Phantasie verwandelt werden können, sondern ständig, wieder und wieder, in monotoner Wiederholung, inszeniert werden müssen.

Bei dieser Gruppe handelt es sich nun um Patienten, deren chronische Depression fast unbehandelbar schwer und therapieresistent ist, bei denen auf jede Besserung, jeden erfolgreichen Durchbruch in Einsicht, ja jeden Erfolg überhaupt sogleich eine neue Verschlechterung folgt, in dem nämlich, was Freud als „negative therapeutische Reaktion“ beschrieben und auf das Wirken *unbewußter Schuld* zurückgeführt hat. Alles Gute muß zerstört werden, da sie keinen Erfolg „verdienen“, sich selbst gönnen können. Ihr ganzes Verhältnis zur Welt ist das eines masochistischen Opfertums, bei dem alle Aggression gegen das Selbst eingesetzt wird: Liebe, Respekt und Macht scheinen nur dann erhältlich zu werden, wenn zuerst ein ganz exorbitanter Betrag an Qual und Demütigung entrichtet worden ist.

Masochismus heißt nicht einfach, man suche Schmerz als etwas Lustbringendes. Vielmehr zeigt die klinische Erfahrung, daß *jede Lust und Freude nur gegen diesen furchtbaren Preis des Leidens* erkauft werden darf. Ein brutales Gewissen, ein ganz unbarmherziger innerer Richter übt eine Art absoluter, totalitärer Gewalt aus. Der Vernunftanteil, jedes realistische Abwägen wird von diesem ruchlosen inneren Despoten überspielt, schließlich immer wieder erdrückt. Äußerlich scheinen diese Patienten oft angepaßt, ja übermäßig brav zu sein, leisten mehr als es ihre Kräfte erlauben und quälen sich doch stets dabei. Unberechenbar bricht jedoch wieder und wieder eine dämonische Figur des Hasses, der rasenden Wut und v. a. eines zuweilen fast verbrecherisch anmutenden Trotzes durch, wo alles in Momenten der Empörung vernichtet wird, was in Jahren an Respekt und Würde aufgebaut worden ist. Dabei erscheint der unbarmherzige innere Richter wie etwas Fremdes, mit dem sich aber das Selbst völlig zu identifizieren sucht: nur die Unterwerfung und absolute Treue dieser inneren Macht gegenüber scheint mit dem Überleben vereinbar zu sein. Zuweilen sprach ich von dieser Gestalt als dem „geborgten Unhold", da es sich dabei um verdrängte Schuld oder Scham als dämonischer Gewalt in der Familiengeschichte handelt – zudem als Dämon, der voll brennenden Ressentiments alle Freude und Befriedigung ahndet. (Literarisch wurde er in der Gestalt des „Zwergen" von Pär Lagerkvist am überzeugendsten dargestellt.)

Entweder fügt man sich ihm, und dann ist man ganz „arg lieb und gut", aber ein unwürdiges Häufchen oder Würstchen, schwach und abhängig; vor Scham möchte man im Erdboden versinken. Oder aber man bäumt sich gegen diesen Unhold in verzweifeltem Trotz auf, und dann ist man lebensunwert, völlig dreckig und absolut böse, man verdient die Todesstrafe, denn die Schuld für die Rebellion kann nur so gesühnt werden. Die dabei mitspielenden „Grundgleichungen" werden bei den Fallbeispielen klarer werden.

Eng damit verwandt ist aber auch ein Charakterbild, das dessen Gegensatz vorzustellen scheint: das eines frechen Überschreitens aller Grenzen, einer *narzißtischen* Selbstsucht, die allen gesellschaftlichen Normen boshaft trotzt, die Rechte der anderen scheinbar mutwillig verletzt. Dabei sticht das *Ressentiment* als Motiv hervor: die Rechte der andern darf und muß man mit Füßen treten, da man selbst Unrecht erlitten hat. Nur so kann die Balance des Rechtes wieder hergestellt werden. Gewöhnlich hat die Suche nach Befriedigung und Vergnügen etwas durchaus Süchtiges, schafft eine verzweifelte Abhängigkeit und führt regelmäßig zum Verderben. Die Analyse zeigt, wie sich hinter dieser manifest narzißtischen Besessenheit ein stetes Provozierenmüssen von Erniedrigung und Schande, von Leid und Schmerz finden läßt, also ein Ausspielen desselben masochistischen Szenarios, das ich zuerst skizziert habe, doch nun in völlig verhüllter, vertuschter Form.

Oft finden wir beide Charakterbilder abwechselnd im gleichen Patienten vor – in Form einer gespaltenen Identität.

1.13 Das Scham-Schuld-Dilemma

Ehe ich mich auf eine dynamisch vertiefte Diskussion des Masochismus einlasse, möchte ich kurz zusammenfassen, was ich in meinen früheren Werken über die Bedeutung von Scham und Schuld geschrieben habe.

> Das Gewissen vertritt zwei Skalen der Bewertung und damit des Rechts; man soll zugleich stark und schwach sein, zugleich sich als Mitglied der Gemeinschaft unterordnen und sein Selbst unwesentlich machen, und man soll unabhängig, selbstvertrauend, tüchtig und verantwortungsvoll sein. In der ersten Skala des Rechts – der der Gerechtigkeit – vermeidet man es, gegen die Rechte und die Integrität der anderen zu handeln und damit zum „Verbrecher" zu werden, man beugt der Bestrafung vor oder beugt sich ihr, und man erringt das Lob des Gutseins für den geleisteten und immer wieder bekräftigten Selbstverzicht. Die Belohnung dafür ist in ihrem Kerne Liebe. In der zweiten Skala – der der Ehre – erringt man sich Respekt für die Selbstbehauptung und Selbstbestätigung, die Autonomie von Willensentschluß und Tatkraft, von Leistung und Macht. Man vermeidet es, schwach und abhängig, passiv und

„faul" zu erscheinen, man darf kein Versager sein, man fürchtet sich vor der Gefahr der Unwichtigkeit, des Mangels an Respekt, des Verlusts der Anerkennung und zuletzt der Unehre und der Schmach. Die zentrale Strafe für die Verletzung des ersteren Wertsystems ist die Beraubung von Freiheit und körperlicher Integrität, die zentrale Strafe für die Verletzung des letzteren ist Schimpf und Schande, Beschämung, Entehrung.

Oft werden für dieselbe Tat oder Haltung beide Skalen trotz ihrer inneren Gegensätzlichkeit gleichzeitig angewandt. Dieselbe Handlung wird sowohl zur Sünde wie zur Entehrung gestempelt, sowohl als Schwäche gebrandmarkt wie als eigenwilliges Verbrechen geahndet. Sie ist sowohl Verletzung der Rechte der anderen wie „Beschmutzung" der Ehre, des idealen Selbstbildes. Sie bringt Schuld wie Scham mit sich.

Doch kann diese grobe Gegenüberstellung verfeinert werden:

Einerseits finden wir einen Bereich der Innerlichkeit und des Innenwertes, der von niemandem von außen her, selbst nicht von anderen Teilen der eigenen Persönlichkeit verletzt werden darf. Erfolgt ein Eindringen in diesen *Bereich von Integrität und Selbstrespekt,* den Bereich der *Würde,* kommt es zur Reaktion der Scham und oft überdies zu heftigem Ressentiment – zu Wut und Rachsucht, gekoppelt mit dem Gefühl der Hilflosigkeit. Die Machtsphäre um eine Person ähnelt dem Territorium der Tiere. Eine Art innerer Grenze umschreibt diese Intimsphäre, die man nicht zeigen will.

Andererseits gibt es nun aber auch eine Art äußerer Grenze, über die hinaus man seine Macht nicht ausdehnen darf. Wenn man diese äußere Grenze, die die Rechte einer anderen Person oder der Gesellschaft als Ganzes umschreibt, so überschreitet und verletzt man deren Integrität, deren soziales Prestige und Macht; man kränkt sie und fügt ihr Schmerz zu.

Der Überschreitende fühlt Schuld. Die *innere Grenze* könnte die *Grenze der Privatheit* genannt werden, die *äußere* die der *Machtausdehnung und Geltung.* Das Schuldgefühl hält uns davon ab, mit unserer Machtausdehnung die Sphäre eines anderen verletzen zu lassen, während unser Schamgefühl den anderen davon abhält, unsere innere Grenze zu verletzen. *Das Schuldgefühl setzt der Stärke Schranken; Scham verdeckt und verhüllt Schwäche.* Das Schuldgefühl folgt der Ausdehnung der Macht und gebietet ihr Einhalt. Scham wird durch die Verminderung der Macht verursacht und sucht diesen Machtverlust innezuhalten. Ganz allgemein können wir sagen, daß ein aggressiver Schritt, der den anderen behelligt oder ihn überwältigt, Schuld in uns hervorrufen kann und soll. Wenn ein Schritt der Zuwendung, der an sich überhaupt nicht als solches Eindringen gedacht worden ist, nun eben als Aggression abgewehrt, mit Hohn abgewendet oder ignoriert wird, dann wird dies zum Anlaß heftiger Beschämung und Schmach.

Die beiden Angstarten begrenzen also den Machtbereich. Schamangst markiert die Grenze, innerhalb derer man keinen Eindringling dulden mag; Schuldangst signalisiert die Grenzen, die man selbst in seinem Handeln mit Rücksicht auf die anderen nicht überschreiten darf. Im Laufe der Entwicklung werden diese „Grenzen" und die dazu gehörenden Affekte teilweise verinnerlicht, aber sie behalten ihre außerordentliche soziale Bedeutung. Eine gerade Linie führt von der äußeren Gefahr zu inneren Gefahrensituationen, von der Furcht vor dem Richter in der äußeren Realität zur Angst vor dem „inneren" Richter.

Es gibt, wie Hugh Lloyd-Jones jüngst ausgeführt hat,[25] keine Kultur, „in der nicht beides, Schande und Schuld, eine Rolle spielt" (S. 1). „So existierte selbst in der von Homer beschriebenen Welt das Wertgefüge, das seinen Mittelpunkt in der Ehre hatte, zusammen mit einem Wertgefüge, das seinen Mittelpunkt in der Schuld hatte ..." (S. 3). So spielen in der Odyssee Gerechtigkeit und Schuld nicht weniger eine Rolle als Schande und Ehre (S. 7). „Hybris ist ... das Ergebnis, wenn das Streben nach Ehre zu weit getrieben wird, so daß Ehre verloren

[25] „Ehre und Schande in der griechischen Kultur", 1987, in „Antike und Abendland"; ich bin Dr. Seidler sehr dafür dankbar, mir diese Arbeit zugänglich gemacht zu haben.

gehen kann. Dike, Gerechtigkeit, wird über Hybris triumphieren, die etwas Schändliches ist" (S. 8, in bezug auf Hesiod). „Daraus ergab sich, daß ‚Tugenden des Zusammenlebens' nicht weniger als ‚Tugenden des Wetteiferns' notwendigerweise wichtig waren" (S. 9).

1.14 Eine Grunddialektik im Seelischen

Bezogenheit, Miteinanderseinwollen, „caring", im höchsten: *Liebe*, steht vom Anfang des Lebens an im Wettstreit mit dem Selbstseinmüssen, dem unreflektierten Sichdurchsetzenmüssen, dem kräftigen Daseinwollen, im höchsten: dem Willen zur Macht und zur eigenen, selbstreflektierten *Identität*. Beides sind Grundkräfte des Menschen. Beide sind an sich weder gut noch böse. Dieses Urteil, das Ethische, kommt mit dem Gewissen, das uns gewisse Arten der Liebe wie gewisse Arten des Machtwillens verpönt und die große Dialektik zwischen diesen Grundbedürfnissen des Menschen mit Schuld und Scham, mit Reue und Ressentiment belädt und zu unlösbaren Konflikten umwandelt. Aus der Dialektik der Gegensätze wird so die Unlösbarkeit von innerem Konflikt und damit das Problem des neurotischen Prozesses. Dabei werden weite Bereiche dieser Grundkräfte und ihrer Symbolisierungen abgespalten, unbewußt, mit Gewalt weggeschoben.

Die Therapie stellt sich die Aufgabe, aus unlösbarem, nun weitgehend unbewußtem, innerem Konflikt wieder eine *Komplementarität* der Gegensätze zu machen und den inneren Richter aus einem Henker zu einem Brückenbauer und Versöhner umzuformen, zum Garanten einer tieferen Ordnung und Gesetzlichkeit.

„Liebe heißt: ich will, daß du bist", soll Augustinus gesagt haben. Nach Vollkommenheit strebt sie, und doch ist sie wieder und wieder zu Gram und Scheitern verurteilt.

Der Liebe Feind ist die Vorherrschaft von Macht, das Überwältigenwollen, die rücksichtslose Selbstbezogenheit, die pathologische, eben zwanghafte Übersteigerung des Narzißmus.

Ich knüpfe an das Ende meines Buches *Die Maske der Scham* an, wo ich beschrieb, wie Scham die verhüllte Begleiterin des Narzißmus sei. Wo der Lärm um Narzißmus herrsche, sei Scham immer schweigend präsent.

> Überwältigendes, das Selbstgefühl zutiefst unterwühlendes Gefühl der Demütigung, der Beschämung tritt ein, wenn man sich mißachtet, nicht gesehen fühlt, wenn beim andern anstelle von Respekt und „caring", Berechnung und Neid, Vergleichen, Rivalisieren und Aufrechnen überhand nehmen, wenn der seelische Geiz eintritt und die Ansprüche, was einem nun zu Recht zukomme, laut angemeldet werden, wenn das Gefühl „ich bin verletzt" wichtiger wird als die Frage „was mag ich falsch gemacht haben?" Doch v. a. übernimmt Scham die zerstörerische Herrschaft dann, wenn man sich völlig hingegeben hat, aber nur selbstsüchtige, berechnende Ansprüche, Falschheit, ein kalter Blick oder eine sarkastische Bemerkung zurückkommen. Es gibt keine größere Demütigung, als wenn man sich vollständig und vertrauensvoll geöffnet hat und dann auf Selbstsüchtigkeit und Verrat stößt. Dann wird die von den Mauern der Scham beschützte Privatheit die einzige Zuflucht in einer solch verküm-

merten Beziehung. Scham ist dann die Nachtseite der Liebe. Wenn die Liebe durch Macht verfinstert wird, dann verdüstern die dunklen Farben der Scham das Leben.

Doch ist das Problem der Scham nur *ein* Anspekt der Gewissensproblematik, die sowohl klinisch wie kulturkritisch bedeutsam ist, und die Gewissensproblematik selbst ist nur ein Teil, wenngleich ein sehr wichtiger Teil des weitgefächerten Spektrums dessen, was wir in den letzten 100 Jahren als Masochismus zusammenzufassen gelernt haben.

Im folgenden versuche ich dieses breite Spektrum der masochistischen Phänomene in beiden Bezügen – im Psychopathologischen wie im Bereich des Allgemein-Menschlichen, des Schöpferischen – in ihren dynamischen Bezügen, in ihrer großen Komplexität und individuellen Vielfalt zu untersuchen und damit unser Verständnis von „Schmerzenssucht und Gewissensqual“ zu vertiefen.

*

Zum Schluß möchte ich eine mythisch-künstlerische Transformierung der für dieses Kapitel in den Mittelpunkt gerückten Idee geben: wie wichtig es ist, als Individuum erkannt zu werden, die in der Beschämung erlebte Entpersönlichung zu überwinden, und umgekehrt die durch die Entmenschlichung erzeugte, alldurchdringende Scham zu verwinden:

Der Midrasch *Bereschit Rabba* spricht vom „Licht im Gesicht des Menschen“ (or pnaw schel adam). Dieses Licht sei anders während der Woche als während des Schabbat. Adam, der Mensch schlechthin, sei ganz in Licht gehüllt, in „Gewänder von Licht“ (kotnot or) gekleidet gewesen, bis er aus dem Garten Eden verstoßen worden sei (Kap. 11, 20, 21). Nach dem Grunderlebnis der Scham: entdeckt und bloßgestellt, verworfen und ausgeschlossen worden zu sein, steht er nun da, seiner Lichtgestalt beraubt. Doch bei jedem einzelnen findet sich die Spur dieses ursprünglichen Lichtes, der Ebenbildlichkeit des Göttlichen, im Antlitz wieder: im Gesicht als dem persönlichsten und individuellsten Ausdruck des Menschlichen.[26]

---

[26] Micha Odenheimer, Jerusalem Report, 30. Juli, 1992. Zit. R. Yitzhak Hutner: „Our personal uniqueness – most fully expressed physically in our faces – is our reminder of our rootedness in God.“

2 *Einige theoretische Voraussetzungen: Die Psychoanalyse der schweren Neurosen und das Problem der masochistischen Dimension*

צא וראה איזהו דרך מביאה את אדם לחיי העה"ב
...[1] זו מדת יסורין

„Geh hin und sieh: Welcher Weg führt den Menschen zum Leben der künftigen Welt? ... Es ist das Ausmaß des Leidens." (Midrasch *Bereschit Rabba, 9,8)*

2.1 Die weitergefaßte Psychoanalyse

Um den Hintergrund für den Rest des Buches zu skizzieren, hole ich zunächst etwas weiter aus.

Seit vielen Jahren hat mich, wie ich es in den früheren Büchern auseinandergesetzt habe, die Frage, die Herausforderung beschäftigt, wie das wunderbare Instrument der Psychoanalyse gerade bei den Patienten angewendet werden könnte, die heutzutage gewöhnlich als „unanalysierbar" angesehen werden: Was sind die minimal notwendigen Modifizierungen der psychoanalytischen Technik, die so weit wie möglich den vollen Nutzen analytischer Erkenntnis und des Durcharbeitens der unbewußten Konflikte gewährt, ohne daß dabei die oft schweren Regressionen in bezug auf Affekte, Impulse, Charakterhaltungen und Bewußtseinszustände sowie die globale Natur von Abwehr- und Über-Ich-Prozessen unüberwindliche Hindernisse in den Weg von Einsicht und tiefer Veränderung legen? Mit Psychoanalyse meine ich, wie schon kurz erwähnt, auch äußerlich die Behandlung 4 oder 5 Stunden in der Woche, gewöhnlich auf der Couch. Wie können wir die beiden Anfordernisse miteinander versöhnen: dauerhafte tiefe Veränderungen durch Einsicht, durch Deutungen zu erzielen, während wir gleichzeitig dem Patienten die nötige Stützung durch psychotherapeutische Mittel zuteil werden lassen, Mittel, wie Erziehung, Einschreiten gegen selbstgefährliche Formen der Regression und eine Haltung von Spontanität und Freiheit, die das Schöpferische im Patienten freisetzen kann? Ja, in manchen Fällen mag es nötig sein, eine solche volle psychoanalytische Behandlung mit Medikamenten, besonders antidepressiven Drogen, und mit anderen Modalitäten der Behandlung zu kombinieren.

Mein Ausgangspunkt ist dabei eine Frage der Technik, die m. E. ebenso zentral ist wie die der Vermeidung der Übertragungsliebe – nämlich wie es der Analytiker weitmöglichst vermeiden könne, in der Behandlung zu einer Über-Ich-Figur in *Wirklichkeit* zu werden und damit einer *realen* sadomasochistischen Beziehung Vorschub zu leisten, anstatt diese in der Übertragung beobachten und durcharbeiten zu können.

Eine grundlegende Erkenntnis in der intensiven psychotherapeutischen Arbeit mit allen Patienten, namentlich auch den schweren Neurosen, die oft als unbehandelbar oder wenigstens als unanalysierbar angesehen werden, ist es, daß es gerade die Arbeit an Gewissenskonflikten ist, mit der oft solche Fälle sehr wohl erfolgreich behandelt

[1] Tze ur'eh eizehu derech mevia et ha'adam lechaje haolam habba ... zo middat jessurin.

werden können. In diesem Zusammenhang dürfen dann aber gerade die Unterschiede zwischen einem mehr psychotherapeutischen und dem strenger gefaßten psychoanalytischen Vorgehen nicht übersehen werden. Fordert man, wie es heute oft vertreten wird, die Aufhebung dieser Unterscheidung, so vernachlässigt man etwas, dessen klinische Wichtigkeit gerade bei der Behandlung der sadomasochistischen und der Über-Ich-Problematik groß ist.

Damit steht in Zusammenhang, daß in den letzten Jahren besonders von Paul Gray wieder mehr Aufmerksamkeit der Frage gezollt wurde, wie man psychoanalytische von psychotherapeutischen Elementen besser unterscheiden könne. So kann man sagen, daß die Psychoanalyse sich auf die Prüfung und Klärung von innerem Konflikt und dessen tieferen, weitgehend unbewußten Schichten konzentriere, während die Psychotherapie ihre Hauptaufgabe eher in der Lösung äußerer Konflikte und der Behebung der schädlichsten Folgen davon erblicke. Eine genauere Formulierung dieses Unterschiedes ist jedoch die, daß bei der psychotherapeutischen Intervention Gebrauch von Suggestion gemacht werde, während der Brennpunkt bei der Psychoanalyse auf der Beobachtung der intrapsychischen Vorgänge durch das Ich liege und dieses dabei eben zu solcher Selbstbeobachtung erzogen werde.

Allgemeiner soll an die Stelle der Selbstverurteilung, der Angst, des Schmerzes, der Wut und der Getriebenheit das Sichprüfen, die Innenschau und die wirkliche, nicht eine autoritativ durch Deutungen auferlegte Selbsterkenntnis treten: „Exploring instead of judging."

Eine andere und dynamisch noch bessere Weise, dasselbe zu sagen: bei der ersteren übe der Therapeut vermehrt seinen Einfluß als Über-Ich-Gestalt aus, während bei der psychoanalytischen Arbeit im eigentlichen und besten Sinne besondere Achtung der Bearbeitung der Über-Ich-Übertragung geschenkt werde. Daher sei es ganz besonders wichtig, bei dieser versteckte Formen der Über-Ich-Auferlegung in der Gegenübertragung zu erkennen und ihnen vorzubeugen. Die Über-Ich-Übertragung müsse *analysiert*, nicht zur Änderung *ausgenützt* werden:

> Ich wies nach, wie die in den ersten Jahrzehnten psychoanalytischer Arbeit benutzte Technik, die auch heute noch oft angewandt wird, die genaue Konfliktanalyse dadurch kompromittierte, daß sie die autoritäre Macht des übertragenen Über-Ichs dafür *ausnutzte*, den Patienten in entscheidender Weise davon zu *überzeugen*, auf die Deutung anzusprechen.[2]

Dabei sind es eben gerade die feinen, kaum bemerkbaren Formen des Ausagierens von Über-Ich-Elementen in Übertragung und Gegenübertragung, die besonderer Sorgfalt und Gewahrwerdung bedürfen. Wie es in einem bislang nicht publizierten Manuskript von 1989 heißt:

> Geben wir unbewußter Befriedigung eine bedeutsame oder sogar gleich gewichtige Rolle in der analytischen Situation, wenden wir leicht wertvolle Aufmerksamkeit davon ab, die spezifischen Maßnahmen des Ich zu analysieren, die den Patienten davon abhalten, die bewußte Befriedigung des betreffenden Triebderivates in Betracht zu ziehen. So ist es mein Eindruck,

---

[2] „I showed how technique in the early decades of psychoanalytic practice – and often continuing today – compromised precise conflict analysis by *using* the transferred superego authoritarian power in order to crucially *persuade* the patient to respond to interpretation" (Gray 1991, S. 2).

daß Bemerkungen des Analytikers, die sich auf ‚unbewußte Befriedigungen' beziehen, leicht Über-Ich-Vorgänge auslösen und zu einer *subtil moralisierenden Beeinflussung* des analytischen Prozesses führen können, ein Einfluß, den man dann schwer als Übertragungsphänomen aufweisen kann ... Mein Argument besteht darin, daß der Analytiker, soweit es die klinischen Umstände gestatten, eine möglichst vollständig nicht-moralische Einstellung einnehmen soll, damit die Analyse der Über-Ich-Funktionen nicht zum Scheitern verurteilt ist ... Nur die konsequente Analyse der Übertragung Einfluß ausübender Autorität vermag unseren Patienten angemessenere Auswahlsmöglichkeiten aus einer etwas größeren Garderobe zu geben, obwohl auch sie nicht das *Potential* zur Einschränkung der Triebenergien durch die einzwängenden Über-Ich-Jacken der Kindheit ganz beseitigen kann.[3]

Dabei ist das Über-Ich selbst eine Abwehrstruktur von besonders großer Bedeutung. Die Technik der Analyse mannigfacher Über-Ich-Aspekte ist somit eine Sonderform der Technik der Abwehranalyse – eine ganz besonders wichtige, doch auch sehr vernachlässigte. Sonderformen der Über-Ich-Übertragung bestehen darin, daß der Therapeut als verurteilend, auslachend oder anschuldigend oder aber als ungerecht erlebt werden *könnte* und daher als allmächtige, idealisierte Autorität, als allwissendes Orakel und das Unbewußteste deutender Gott erlebt und gefürchtet wird.

Dabei trifft Paul Gray in einer späteren Arbeit (1991) eine wichtige Unterscheidung zwischen der „eigentlichen Psychoanalyse" („essential psychoanalysis"), also der strikt durchgeführten Widerstandsanalyse, und der „weitergefaßten Psychoanalyse, der Psychoanalyse mit breiterer Anwendung" („wider-scope psychoanalysis"), die gewisse Übertragungen der Abwehr beibehalten müsse, um ihre klinischen Ziele zu erreichen:

Es sollte nun klar geworden sein, daß ich die Analyse der Über-Ich-Aktivitäten des Ichs von zentraler Bedeutung für die Widerstandsanalyse halte. Das Ausmaß, zu dem Über-Ich-Analyse möglich oder wünschbar ist, kann eine sehr praktische Trennungslinie oder -zone dafür bilden, diejenigen Patienten, die sich klinisch zur eigentlichen Psychoanalyse eignen, von den dafür weniger oder nicht geeigneten zu sondern, die statt dessen Elemente in der Behandlung bedürfen, die in der Übertragung stützend wirken. Dieses letztere Vorgehen *muß von Natur aus die Wiederstandsanalyse beeinträchtigen (kompromittieren).* Ich plädiere dafür, daß wir einer Art der Kennzeichnung für die Art der ausgeübten psychoanalytischen Praxis bedürfen, um uns darauf einstellen zu können, daß es sich dabei um qualitative Unterschiede handelt: die Ansicht von einem lediglich quantitativen Kontinuum verwischt manches, das klinisch entscheidend ist. Ich schlage daher vor, daß *eigentliche Psychoanalyse*

---

[3] „When we give unconscious gratification a significant or even equal role in the analytic situation we may distract valuable attention away from analyzing the ego's specific measures that prevent the patient from considering conscious gratification of that drive derivative. It is my impression that comments by the analyst referring to ‚unconscious gratifications' easily stimulate superego activities and bring about a *subtle moralizing influence* in the analytic process, one which is difficult to demonstrate as a transference phenomenon ... My argument ... is that, clinical conditions permitting, the analyst must achieve close to a completely non-moral analytic stance, or the goal of analyzing the patient's ego's superego functions is doomed to fail ... Only consistent analysis of the transference of influencing authority, while it cannot remove the *potential* for restriction of instinctual energies within the tight superego jackets of childhood, may provide our patients with more adequate choices from a somewhat larger wardrobe."

sich auf eine im Wesentlichen uneingeschränkte Widerstandsanalyse beziehe, während die *weitergefaßte Psychoanalyse,* einschließlich der ,Objektbeziehungsanalyse' solche Methoden bezeichnet, die gewisse Übertragungen der Abwehr beibehalten müssen, um ihre Ziele erreichen zu können.[4]

Ein wichtiger Schlüssel zu einheitsschaffenden Begriffen finde sich im besseren Verständnis der Analyse der Über-Ich-Tätigkeiten des Ichs.

Mit dem Wort ,einheitsschaffend' meine ich keineswegs ein Kontinuum, das die Unterschiede bagatellisieren würde, sondern vielmehr eine qualitative Hervorhebung der Differenzen in Methodologie und klinischer Anwendung im Rahmen einer einzigen Theorie – der Struktur- und Triebtheorie.[5]

Das beinhalte ganz besonders auf seiten des Analytikers eine stärkere Rolle als billigendes, unterstützendes Über-Ich, eine klare Abwendung von dem, was als verurteilend oder beschämend erlebt werden könnte.

Meine eigenen Patienten fallen eigentlich fast ohne Ausnahme in diese zweite Gruppe, die der weiteren Anwendung der Psychoanalyse also, wie wohl die eingehende Beschreibung der Behandlungsauszüge zeigen wird.

2.2 Das Problem des Sadomasochismus inner- und außerhalb der Behandlung

Wie schon erwähnt sind es gerade die feinen, kaum bemerkbaren Formen des Ausagierens von Über-Ich-Elementen in Übertragung und Gegenübertragung, die besonderer Sorgfalt und Gewahrwerdung bedürfen: Direkte Triebdeutungen, also direkt deutende Bemerkungen über Aggression, Narzißmus, sexuelle Befriedigung, statt ihrer Beobachtung als Teil eines Konfliktes, d. h. der Angst vor diesen Strebungen, werden vom Patienten als Vorwurf erlebt, führen zur Intensivierung des „Widerstan-

---

[4] „By now it should be clear that I believe that analysis of the ego's superego activities is central to the analysis of resistance. The extent to which superego analysis is possible or desirable can provide a very practical dividing line or zone, dividing those patients who are clinically suitable for essential psychoanalysis from those who are not, or are less so, and who instead need to be permitted transferentially supportive elements, a concession that *naturally compro mises resistance analysis* ... I argue that we need some kind of designation as to the kind of psychoanalysis being practiced, in order to keep alive the issue that qualitative differences are involved: a mere quantitative continuum obscures much that is clinically crucial. I propose that *essential psychoanalysis* refer to an essentially uncompromised resistance analysis and that *wider-scope* psychoanalysis, including ,object relations' analysis, refer to methods that need to preserve certain transferences of defense in order to achieve their goals" (S. 18, 19).

[5] „... an important key to some unifying concepts ... lies in better comprehension of the analysis of the ego's superego activities. By unifying, I do not mean seeing a continuum that minimizes differences, but instead a qualitative highlighting of the differences in methodology and clinical application within the framework of a single theory – the structural and instinctual drive theory" (l.c.).

des" und der sadomasochistischen Über-Ich-Übertragung. Beharrt man auf diesem Weg des Deutens, neigt die therapeutische Beziehung mehr und mehr dazu, in *Wirklichkeit zur sadomasochistischen* zu werden, nicht nur als *übertragene* zu verbleiben und kann als solche nicht mehr „aufgelöst" werden: „Manchmal wiederholen konfrontierende Deutungen einfach die Schlagephantasie in anderer Form, so daß der Patient insgeheim befriedigt wird, indem er *mit Deutungen geschlagen wird*" (Bach, 1991, meine Betonung).[6]

Dies führt nun zur Beobachtung, daß Fragen des Masochismus in der einen oder anderen Form die meisten Behandlungen beherrschen und daß ein vertieftes Verständnis der ihm zugrundeliegenden Dynamik viel, das bei der Behandlung der „schweren Neurosen" am schwierigsten und unnachgiebigsten (recalcitrant) ist, einsichtig zu machen vermag.[7]

2.3 *Weitere technische Empfehlungen*

Ein Panel der American Psychoanalytic Association war auf dem Kongreß in Washington vor kurzem (am 2. Mai 1992) gerade diesem Thema der psychoanalytischen Behandlung solcher schwer erkrankter, oft als „unanalysierbar" erachteter Patienten gewidmet. Von allen Sprechern wurde die Notwendigkeit der Flexibilität betont und das Prinzip der Versagung in Frage gestellt. Die Abwesenheit von Befriedigung kann zum Stillstand der Behandlung führen, sagte z. B. Rosenblum. *Statt des Prinzips der Abstinenz bedürfe es der weisen Titrierung der Befriedigung,* wieviel davon nötig und daß sie weder zu viel noch zu wenig sei. Scott Dowling betonte, Abstinenz heiße, nicht mehr, aber auch nicht weniger zu tun, als nötig ist, um den analytischen Prozeß zu befördern. Er beschrieb die erfolgreiche Analyse eines eindrücklichen Falles von Drogensucht, bei dem er selbst dadurch, daß er die Deutungen weit ausführlicher als gewöhnlich erklärte, ja zuweilen erzieherisch wirkte, Ersatz für eine unzugängliche und emotionell abwesende Mutter war. Lifshutz sagte, Abstinenz beziehe sich bei Freud spezifisch auf die Befriedigung infantiler Bedürfnisse, nicht auf Befriedigung überhaupt. Alle Sprecher betonten, wie einerseits das Defizitmodell als Ersatz für das Konfliktmodell den Patienten und den Behandlungsmöglichkeiten nicht gerecht werde, daß, was als Defizit erscheine, gewöhnlich weitgehend Ausdruck von Abwehr, namentlich durch Regression, oder von Phantasien der eigenen Mangelhaftigkeit sei. Selbst wenn wir Entwicklungsstörungen defizitärer Natur erkennen, enthebe uns das keineswegs der Arbeit an den massiven Konflikten. Regelmäßig handle es sich um komplexe Kompromißbildungen, was sich zunächst als scheinbare Defizite vorgestellt

---

[6] „Sometimes confrontational interpretations simply repeat the beating fantasy in another form, so that the patient is secretly gratified while being beaten with interpretations" (S. 90).

[7] Der direkte Stimulus zu meiner vertieften Auseinandersetzung mit diesem Problem kam von einer Reihe von 4 Panel-Diskussionen über den Masochismus an der Winter-Konferenz der American Psychoanalytic Association in New York, 1988.

habe, sagte Martin Willick. Die erzieherischen Eingriffe dienten auch in seiner Behandlung solch schwer traumatisierter Fälle der Zugänglichmachung konflikt- und phantasiebedingter unbewußter Einstellungen. In dem von ihm dargestellten Fall einer chronisch schweigenden Patientin, eines seinerzeit adoptierten Mädchens, entpuppte sich die Bedeutung ihres hartnäckigen Schweigens als das unbewußte Bedürfnis, gefragt zu werden, statt daß sie selbst dafür fragen müßte, und somit als Ausdruck ihres Schuldgefühls, ihre eigenen Bedürfnisse auszudrücken. Die ungewöhnliche Aktivität des Analytikers, der eben, ohne gefragt zu werden, von sich aus redete, erlaubte ihr allmählich, ihre Gefühle in Worte zu fassen, namentlich gerade auch die schwere, doch völlig verleugnete Eifersucht gegenüber dem später geborenen Bruder, dem „richtigen" Kind ihrer Eltern.

2.4 Die Verschiebung der Analysierbarkeit – die Revolution der Psychoanalyse als therapeutischer Methode

Ich sprach eingangs von der Wichtigkeit, psychotherapeutische und psychoanalytische Elemente voneinander zu unterscheiden. Als Folge einer solchen Unterscheidung muß auch das tiefere Problem behandelt werden, wie und warum sich das, was als „neurotisch" und damit als „psychoanalytisch behandelbar" angesehen wurde, sehr verengert hat und weshalb diese Verengerung so weitgehend zum Postulat neuer Theorien und radikal modifizierter therapeutischer Techniken geführt hat. Ich gebe hier lediglich eine kurze Zusammenfassung und teilweise Neuformulierung dessen, was ich in meinen früheren Büchern eingehend dargelegt habe.

Ich ging davon aus, was Freud 1905 schrieb:

> In Wirklichkeit habe ich meine therapeutische Methode nur an schweren und schwersten Fällen ausarbeiten und versuchen können; mein Material waren zuerst nur Kranke, die alles erfolglos versucht und durch Jahre in Anstalten geweilt hatten ... Die psychoanalytische Therapie ist an dauernd existenzunfähigen Kranken und für solche geschaffen worden, und ihr Triumph ist es, dass sie eine befriedigende Anzahl von solchen dauernd existenzfähig macht. Gegen diesen Erfolg erscheint dann aller Aufwand geringfügig (GW V, S. 20).

Sehen wir indes auf die Wirklichkeit psychoanalytischer Praxis, erkennen wir nicht so sehr die oft behauptete Erweiterung der Indikation, „a widening scope", als vielmehr deren Einengung, „a narrowing scope". Es werde heute häufig vergessen, führte ich damals aus, daß die Psychoanalyse spezifisch für schwer kranke Patienten geschaffen wurde, nicht für einigermaßen gut funktionierende, obzwar neurotisch unglückliche Individuen, daß Analyse nichts weniger als eine *Frage von Leben und Tod* sein könne, und zum mindesten eine solche von schwerer Invalidität und erhoffter Wiederherstellung sei.

Im Laufe der letzten Jahrzehnte seien Beschreibung, Diagnostik und Behandlung weiter Bereiche der Psychopathologie näher und näher an die der Psychosen gerückt.

Mehr und mehr werden Formen, die ehedem zum Kerngebiet der Neurosen zu gehören schienen und als solche auch behandelt wurden, zu Grenzerscheinungen, namentlich zur Schizophrenie, gestempelt und dementsprechend behandelt. In weiten Bereichen analytischen Theoretisierens wird auf manische, depressive, paranoide oder autistische Zustände oder Entwicklungsphasen als erklärende Elemente zurückgegriffen. Dabei bekomme man doch immer wieder den Eindruck, daß man versuche, etwas Unbekanntes durch etwas noch Unbekannteres zu erklären. Wo man überall Psychotisches finde, sehe man dann leicht auch bei vielen Neurosen „Grenzbedingungen“ und die Sonderdynamik des Narzißmus.

Das Bedenkliche sei dabei aber auch, daß sich diese diagnostischen Begriffe i. allg. besonders gut dazu eignen, die „psychosennahen“ Patienten von den üblichen Neurotikern (also „uns“) scharf zu trennen, ihnen eine gesonderte und übervereinfachte, überschematisierte Pathologie zuzuschreiben und damit das von Freud so wesentlich etablierte Kontinuum von Normalpsychologie und Neurosenverständnis wieder zu zerbrechen. Das Unbehagen werde dadurch verstärkt, wenn man dann sehe, wie diese Diagnostik ganz folgerichtig zur Kritik und Verurteilung der Patienten angewendet werde.

Was sich bei den schweren Neurosen abspiele, – und zwar mit spezifischen Unterschieden, die den hauptsächlichen Neurosenformen entsprechen –, sei nicht grundsätzlich verschieden von dem, was sich bei den milderen Formen beobachten lasse. Es war mir ein großes Anliegen, dieses *Kontinuum* zu betonen und nicht eine scharfe und prinzipielle Differenz zwischen den leichteren und den schwereren Formen herauszuarbeiten.

Wenden wir uns nun dem geschichtlichen Hintergrund dieser erstaunlichen Verschiebung zu, und zwar einer historischen Feststellung aus dem Werke von Johannes Cremerius: Am erstaunlichsten ist in seiner Ansicht die enorme *Diskrepanz* zwischen Freuds technischen Schriften und seinem praktischen Handeln (S. 350), – seiner ungescheuten Anwendung von Suggestion und Provokation, von Manipulation, von symbolischer Wunscherfüllung und Wiedergutmachung, von Tröstung und ganz allgemein, wie er sich immer wieder scharf von einer Haltung der Neutralität und Abstinenz absetzte. Cremerius betont dabei insbesondere „die Umkehrung des Heilungsvorganges“ in dieser De-facto-Technik Freuds: „Anstatt den Weg über Deutung, Einsicht, Durcharbeiten, Veränderung zu nehmen, nimmt er gelegentlich den über Veränderung, Durcharbeiten, Deuten, Einsicht“ (S. 161). Seine Handlungen waren pragmatisch bestimmt. Aktiv stimulierte er die Übertragung von Patienten durch eine Art bewußter „Verführung“. Beispielsweise riet er Reik „bei einer Patientin, bei der sich keine Übertragungsgefühle einstellen wollten, ... sie eifersüchtig zu machen: Er solle bei nächster Gelegenheit, wenn die Patientin hinausginge, eine andere Patientin im Wartezimmer besonders herzlich begrüßen, so daß die andere dies noch hören könne.“ Der Erfolg dieser Manipulation sei „durchschlagend“ gewesen. Oder er empfahl sowohl Reik wie auch Weiss die „Technik der Analysenunterbrechung aus therapeutischen Gründen“ oder „frakturierte Analyse“: „Aus den Träumen Ihrer Patientin ist zu erschließen, daß sie Ihnen durchgehen will, und ich glaube, daß sie es auch tun wird. Ich würde ihr zuvorkommen und ihr eine Unterbrechung von etwa 6 Monaten vorschlagen ...“ (S. 348).

Weshalb diese Spaltung? Die Antwort läßt sich z. T. darin finden, daß Freud einen scharfen Unterschied zwischen der wirklichen Beziehung und der Übertragungsbeziehung machte. Die Schriften zur Theorie der Technik beschäftigen sich nur mit der letzteren. – Zum Teil hatte sie (die Spaltung) mit dem wissenschaftlichen Ideal des unbeteiligten Beobachters und dem Wunsch, seiner Behandlungsmethode ein solides methodologisches und naturwissenschaftliches Fundament zu verleihen. Teilweise wurde eine Idealtechnik postuliert, um den Angriffen einer feindseligen Umgebung und möglichen gerichtlichen Drohungen widerstehen zu können (S. 358). Wahrscheinlich war diese proklamierte Strenge auch z. T. geschichtlich bedingt. So entnehmen wir den Arbeiten von Cremerius und Haynal, daß die technischen Schriften Freuds Regeln aufstellen, die der einen großen Gefahr der Behandlung zu steuern versuchen: dem Ausagieren sexueller Liebe in Übertragung und Gegenübertragung, wie dies in so verheerender und für alle Beteiligten, inklusive Freud, tragischer Weise sowohl bei Jung mit Sabine Spielrein wie auch bei Ferenczi mit Elma Palos eingetreten war. Es gibt wohl wenige unter uns, die sich immer sicher gegen diese Anfeindung gefühlt haben. Hier schildere ich nur kurz die zweite.

Der Genfer Analytiker und Forscher André Haynal hat jüngst ein bedeutendes Buch über die Geschichte der Auseinandersetzung zwischen Freud und Ferenczi veröffentlicht – einer Auseinandersetzung, die auch unser Denken und Handeln als Analytiker noch immer mitbestimmt.

Ergibt die verschiedene Akzentsetzung von Interesse und Temperament die wissenschaftliche Dialektik zwischen diesen beiden großen Entdeckern, so ist es die im Grunde tragische Verstrickung der Lebensgeschichten, die als persönliche Auseinandersetzung die Gefühlsmächte, das intime Mißverstehen und die Bitterkeit, in der die so schöpferische und bewegende Freundschaft schließlich endete, beitrug:

> Ferenczi verliebte sich in Gizella Palos ... er war auch 2 oder 3 Jahre lang in deren Tochter Elma verliebt. Im Oktober teilte Ferenczi Freud mit, er habe sich in Elma verliebt ..., die wegen einer Depression bei ihm in Analyse war (infolge des Selbstmords ihres Freundes): „Die kühle Überlegenheit des Analytikers konnte ich Elma gegenüber nicht bewahren“ ..., gesteht er, um am Ende des Jahres ... sogar die Wahrscheinlichkeit einer Heirat anzukündigen ... Er befindet sich also in einer echten Dreieckssituation zwischen seiner Geliebten und der jungen Frau, seiner Patientin, und was noch schlimmer ist, wird vom Zweifel gequält, „daß hier nicht von Verheiratung, sondern von Krankenbehandlung gesprochen werden darf“ ... Im gleichen Brief fordert Ferenczi Freud gebieterisch auf, die Analyse dieser jungen Frau, nun seiner Verlobten, zu übernehmen ... es gibt einen erstaunlichen Austausch von privaten Mitteilungen zwischen Freud und Ferenczi, wobei ersterer unverblümt die intimsten Dinge beschreibt, die er von seiner Analysandin erfährt. Ferenczi gewinnt nach und nach Abstand, er spricht von dem „Malheur“ ..., das ihm die „Zügel der Selbstbeherrschung“ aus den Händen genommen habe ... Nach einem Analyseabschnitt, den Elma zwischen Neujahr und Ostern 1912 bei Freud macht, nimmt Ferenczi sie zur Fortsetzung der Analyse *wieder auf*, unter sehr schwierigen Umständen ... und mit dem Mut, den er jedesmal bewies, wenn es um das Eingeständnis ging, daß er sich geirrt hatte. Diese Episode hinterließ in ihm eine schwer zu bewältigende Trauer – die er vielleicht nie ganz überwand.

Er heiratete Gizella Palos 1919; ihr früherer Ehemann, Palos, starb am Tag ihrer Heirat an einem Herzanfall. „Dieser Aspekt des persönlichen Lebens von Ferenczi ist von großer Bedeutung ..., um so mehr, als Freud dabei eine Rolle spielt.“ In einem Brief an Groddeck schreibt er 1922: „Prof. Freud beschäftigte sich mit meinen Zuständen 1–2 Stunden lange; er beharrte bei seiner früheren Meinung, die Hauptsache bei mir sei der Haß gegen *ihn*, der (gleich wie seinerzeit der Vater) meine Ehe mit der jüngeren Braut (jetzige Stieftochter) verhindert hat. Darum also meine Mordabsichten gegen ihn" (S. 50 f.). „Ich wollte ja von Freud geliebt werden" (1921). – „Die psychische Ursache des Niederganges war, nebst der Erschöpfung, auch die Dir bekannte Enttäuschung in Freud" (1933)(S. 56 f.). Zsofia Dénes beschrieb „die extreme Kälte Freuds", seine „gereizte Ungeduld", als Ferenczi ihm seine neuen Ansichten darlegte und „wandte Ferenczi, als dieser sich verabschieden wollte und ihm die Hand hinstreckte, den Rücken zu und verließ hastig den Raum" (S. 58). Das Ende kam im bösartigen, nicht wieder gutzumachenden Anwurf, der dann ja auch an Ferenczi hängen blieb, daß er seinen Verstand verloren habe.

„Die entscheidendsten Fragen der psychoanalytischen Technik stellten sich also in einer Atmosphäre von Konflikten, manchmal Traurigkeit, von verletzten Narzißmen und heftigen Empfindlichkeiten. Die Zukunft wird nicht anders sein; sie wirft ihre Schatten bereits voraus" (S. 60).

Man kann sich dabei auch nicht des Eindrucks erwehren, daß es gerade das „Ausagieren" seiner beiden nächsten Mitarbeiter war, die Freud zur notwendigen Korrektur der Lehre der Technik veranlaßte – das gefährliche und niederträchtige Verhalten Jungs gegenüber Sabine Spielrein und die tragische Verstrickung Ferenczis mit Elma Palos – und damit zu der im späteren Verlauf verhängnisvollen Kodifizierung einer Haltung der distanzierten Kälte beitrug, zur zwanghaften Vermeidung all dessen, was „Parameter" sein könnte, zur immer enger gefaßten Bestimmung der analytischen Standardtechnik und der Kriterien der Analysierbarkeit und damit zum Ausschließen immer weiterer Kreise von Patienten vom Verständnis und der konfliktorientierten Behandlung der Neurosen.

Die Metapher der Spiegelhaltung und das Bild des Chirurgen wurden zuerst im Berliner Institut zur Standardtechnik erhoben, betont Cremerius; diesen wurde dann mehr und mehr die Monopolstellung der Richtigkeit, des Rechtdenkens und Rechthandelns, zugesprochen (S. 387).

Es läßt sich vermuten, daß die auf den 5 technischen Schriften Freuds aufgebaute Normativtechnik sehr viel mit diesem historischen Zusammenhang zu tun hat.

Die darauf sich aufbauende Idealtechnik rigoroser Zurückhaltung, also der „Neutralität" und „Abstinenz" hat zu einer immer stärker werdenden Regelgebundenheit und Einschränkung der Indikationsstellung zur Analyse geführt, derzufolge das ganze weite Gebiet der Neurosen zum größten Teil ausgeklammert und den Kategorien von „Borderlines" und „Narzißmus" übergeben wurde.

Cremerius wie auch Thomä und Kächele haben betont, daß es sich bei dieser Technik um eine künstliche, konstruierte „Idealnorm" handle, die sich ganz einseitig auf jene ausgewählten Schriften stütze und zu einem rigiden System und Katalog von erlaubten und verbotenen Interventionen geführt habe. Das Standardmodell stehe in stetem Widerspruch zur Wirklichkeit der Behandlung. Diese „Disproportion zwischen der angebotenen Technik und der Realität" versetze den Analytiker in einen Identitätskonflikt. Die Unversöhnlichkeit jener „normativ-idealen Vorstellungen" mit der klinischen Notwendigkeit und der tatsächlich erforderlichen klinischen Tätigkeit mit Kranken müsse verleugnet werden; sie erfordere eine Ich-Spaltung zwischen dem, was als richtig postuliert, und dem, was als wahr erkannt wird. Zudem führe diese

Idealtechnik zu einer solchen Einengung der Indikation, daß weniger und weniger Patienten als analysierbar gelten (S. 178).

Was sich also historisch wohl verstehen und auch als notwendige Korrektur annehmen läßt, nämlich daß eine zwangsähnliche Form der Selbstdisziplin eingenommen wird, um die Behandlung gegen eine Zentralgefahr unserer analytischen Arbeit, das Ausagieren von Übertragungs- und Gegenübertragungsliebe, zu schützen, kann dann umgekehrt zu einem Panzer werden, hinter dem sich alles Persönliche, Schöpferische, Warme verbirgt. Die *Szylla der Übertragungs- und Gegenübertragungsliebe* ist ja doch nur die eine große Gefahr. Die *Charybdis der Über-Ich-Übertragung und Über-Ich-Gegenübertragung* ist die andere. In Folge der weitgehenden Außerachtlassung dieser zweiten Gefahr lassen die Regeln und die korrekte analytische Technik die meisten neurotischen Patienten unanalysierbar erscheinen und den neuen Kategorien der „Borderlines“ und „Narzißten“ zuteilen, die angeblich anderer Behandlungsformen bedürfen. Über–Ich–Problematik und Fragen des Masochismus sind aber 2 Seiten derselben Münze.

2.5 *Die verschiedenen Bedeutungen des Masochismusbegriffs*

Was verstehe ich jedoch unter diesem Begriff des Masochismus?

„... der Begriff hat eine verwirrende Menge von Bedeutungen und Ankläge, die von verschiedenen Abstraktionsebenen und aus verschiedenen Epochen psychoanalytischen Denkens herstammen, angenommen. Es besteht nur geringe Übereinstimmung und Präzision im heutigen Gebrauch“[8], stellt Maleson fest.

Der klinische Masochismus ist eines der wichtigsten, doch auch schwierigsten, oft rätselhaften Probleme in der psychoanalytischen und psychotherapeutischen Praxis. Kurz gesagt ist es das unbewußte Bedürfnis, *Leiden, Schmerz und Erniedrigung zu suchen und die Chancen auf Erfolg zu sabotieren, in der Hoffnung, auf diese Weise Liebe und Respekt zu erreichen.*

Es ist klar, daß der Begriff „Masochismus“ rein beschreibend ist. Als solcher erklärt er noch gar nichts. Die Arbeit beginnt mit dem weiten Spektrum der masochistischen Erscheinungen; sie kann und darf nicht dabei stehen bleiben. Die mit diesem Wort umschriebenen Phänomene sind das Ergebnis komplexer innerer Vorgänge auf allen Entwicklungsebenen:

> „Gegenwärtig ist es klar geworden, daß der Masochismus ein ungenauer Begriff ist und sein Wert in der Beschreibung und in den Anklängen liegt ... Masochismus taugt nicht dazu, komplexe klinische Phänomene zu erklären. Er stellt einen Aspekt verschiedener Arten der Pathologie dar, der seinerseits der Erklärung bedarf“.[9]

---

[8] „... the term has acquired a confusing array of meanings and connotations drawn from varied levels of abstraction and from different eras in psychoanalytic thought. There is little consistency or precision in its current usage“ (Maleson 1984, S. 325).

[9] „At present, it has become evident that masochism is a term of little precision and that its

Dies wirft die später genauer zu behandelnde Frage auf nach der Unterscheidung dessen, was beschreibend, gegenüber dem, was wirklich erklärend, also kausal erfassend ist. Wenn wir wirkungsvoll deuten oder überhaupt eingreifen wollen, müssen wir uns immer wieder über die für uns relevante Ursachenkonstellation klar werden.

Ganz in Begriffen von „Objektbeziehungen" gefaßt, können wir mit Berliner sagen: „Masochismus bedeutet, jemanden zu lieben, der mit Haß und Mißhandlung antwortet."[10] Dies ist offenbar nur eine Weise, dem Begriff handgreiflichen Inhalt zu verleihen, doch eine, die noch zu eng ist.

> „Masochistische Phantasien sind dadurch gekennzeichnet, daß etwas Lustvolles mit etwas Unlustvollem kombiniert wird ... das Wesentliche dabei ist, daß diese Kombination in der Phantasie obligatorisch ist ... Die Austauschbarkeit der Rollen zwischen Subjekt und Objekt ist auch charakteristisch für solche Phantasien, und ebenso ist es die Bindung an Objekte, die ambivalent geliebt oder gehaßt werden, aber nicht aufgegeben werden können."[11]

ist die Definition Grossmans. Der Begriff Masochismus wird am brauchbarsten und verständlichsten in dem Sinne auf die Aktivitäten angewendet, die durch Phantasien organisiert sind, welche die *obligatorische Verknüpfung von Lust und Unlust* aufweisen, oder auf die Phantasien selbst" (meine Betonung).[12]

Alles, was ich bis jetzt damit umfaßt habe, ist eine weite Begriffsfassung. Denn manche betonen, daß man kaum über Masochismus sprechen könne, wenn das so gesuchte Leiden nicht auch eine *sexuelle Mitbedeutung* (connotation) besitze; in Arlows Ansicht sollte der Begriff „nur dann benutzt werden, wenn Schmerz und Unlust als notwendige Bedingungen für die sexuelle Befriedigung auftreten" (Maleson, 1984, S. 337). Im selben Sinn faßt heute Grossman seinen früheren Artikel (von 1986) folgendermaßen zusammen:

> ... Der Begriff ‚Masochismus' ermangelt der Spezifität, wenn man ihn nicht auf einen *Ablauf bezieht, der eine Art sexueller Befriedigung mit etwas, das allgemein als schmerzhaft oder unlustvoll angesehen wird, kombiniert und sich in bewußter oder unbewußter Phantasie oder aber in Form manifester Perversionen darstellt, die das Ausspielen solcher Phantasien sind.*[13]

---

value is descriptive and evocative ... Masochism cannot be usefully invoked to explain complex clinical phenomena. It is an aspect of various kinds of pathology that also requires explanation" (Grossman 1986, S. 381).

[10] „Masochism means loving a person who gives hate and ill-treatment" (Berliner 1947, S. 460).

[11] „Masochistic fantasies are recognized by a preoccupation with combining something the subject regards as pleasurable with something he regards as unpleasurable ... the essential point is that in the fantasy the combination is obligatory ... The interchangeability of roles between subject and object is also characteristic of such fantasies, as is the attachment to objects that are loved ambivalently or hated, but cannot be given up" (Grossman, l.c., S. 387, 388).

[12] „The term masochism will be most usefully and understandably applied to *those activities organized by fantasies involving the obligatory combination of pleasure and unpleasure, or to the fantasies themselves*" (S. 408, meine Betonung).

[13] „... the term ‚masochism' lacks specificity except when used to refer to a *scenario combining some kind of sexual gratification with something (generally thought to be painful or) unpleasurable, and presented in conscious or unconscious fantasy, or in manifest perver sions that are the enactment of such fantasies*" (Grossman 1991, S. 33).

Helen Meyers (1988) unterscheidet demnach eine enge Definition des Masochismus: „Zustände des Leidens mit klarer Bindung an bewußte oder unbewußte sexuelle (genitale) Lust“ von der weiteren Bestimmung:

> „Die Befriedigung muß nicht nur sexuell sein ... zwar kann es sich dabei um die Befriedigung sexueller oder aggressiver Triebe handeln; aber es mag sich auch um eine Ich-Befriedigung, z. B. im Sinne der Aufrechterhaltung von Objektbeziehungen oder der Selbstabgrenzung oder der Steigerung der Selbstachtung handeln; oder es gilt der Besänftigung der Strafforderungen eines grausamen Über-Ichs. In der Kompromißbildung des Masochismus zahlt der Preis des Schmerzes für die Befriedigung und vermeidet so die gegenwärtige Angst oder Drohung von Schädigung, Objektverlust oder Verlust von Selbstachtung oder Identität. Es ist noch eine Sache der Kontroverse, ob der Schmerz selbst auch als Lust empfunden werde, entweder durch Libidinisierung des Destruktionstriebes oder einfach auf Grund der physiologischen Prototypen der Erregung, die mit jedem starken Reiz verknüpft ist (Freuds ‚erotogener Masochismus‘, 1924) ... Es ist die Motivierung, *Unlust zu suchen* und die damit verbundene Befriedigung, die dabei der Schlüssel ist ... Der Schmerz dient einer unbewußten Funktion in der Erzielung einer gewissen Bedürfnisbefriedigung.“[14]

Ich vermute hingegen, daß diese Unterscheidung zwischen der engeren und der weiteren Definition mehr scheinbar als wirklich ist: Während die erotische Qualität oft zu fehlen scheint, erbringt dann die vertiefte Untersuchung der Zeichen eines anscheinend nichtsexuellen Suchens nach Leiden reichliche Evidenz für sexuelle oder wenigstens sinnliche Bedeutung. Dies ist wohl auch, was Brenner meint, wenn er schreibt, daß

> „der Masochismus sich am besten als eine Annahme von Schmerz und Leiden als Bedingung für libidinöse Befriedigung definieren läßt, ob bewußt, unbewußt oder beides ... Selbstauferlegte Unlust ist für das Kind ein Mittel, Objektverlust, Liebesverlust oder Kastration durch die Besänftigung (appeasing) der Eltern zu vermeiden, oder er ist ein Mittel, ihre Liebe zu gewinnen, oder er ist beides zugleich ... Masochismus spielt eine gewichtige Rolle in der normalen Bildung und Funktion des Über-Ich“.[15]

---

14 „states of suffering with a clear linkage to sexual (genital) pleasure, conscious or unconscious“ versus „the gratification need not be only sexual ... It may indeed be gratification of sexual or aggressive drives or their derivatives; or it may be an ego gratification, such as maintenance of object relations or self-definition or self-esteem enhancement; or it may be appeasement of the sadistic superego's needs to punish. In the compromise formation of masochism, the price of pain pays for gratification and avoids attendant anxiety and dangers of damage, object loss or loss of self-esteem or identity. Whether the pain itself also is experienced as pleasure, either by libidinization of the destructive instinct or simply based on the physiologic prototypes of excitement associated with any strong stimulus (Freud's, 1924, ‚erotogenic masochism‘), or whether the pain is only the prerequisite for pleasure is still a matter of debate ... It is the motivation of *seeking the unpleasure* and the satisfaction in it that is the key ... pain serves an unconscious function in achieving some need satisfaction“ (S. 178, 179).

15 „Masochism is best defined as an acceptance of pain and suffering as a condition of libidinal gratification, conscious, unconscious, or both ... Self-imposed unpleasure is, in a child's mind, a way of avoiding object loss, loss of love, or castration by appeasing the parents, or it is a way of winning their love, or it is both at once ... Masochism plays an important role in normal superego formation and functioning“ (Brenner 1982, S. 127).

Seine Definition von 1959 weist auf die Bedeutsamkeit der unbewußten Gleichsetzung von Leid und Lust hin:

> Das Wesen des Masochismus scheint in einer innigen Beziehung zwischen Lust und Schmerz zu bestehen. Vielleicht läßt es sich am besten definieren als das Suchen von Unlust zum Zweck sexueller Lust, wobei es sich um körperlichen oder seelischen Schmerz, um Unbehagen oder Unheil handeln kann – mit der Qualifizierung, daß entweder das Suchen oder die Unlust oder beide oft unbewußt sein können.[16]

Besonders wichtig ist es festzuhalten, daß, wie schon Fenichel bemerkte, der Schmerz, das Leiden nicht an und sich Zweck und Ziel ist. Brenner formulierte es so: „... bei allen Fällen von Masochismus, die analytisch studiert worden sind, ist der Schmerz eher die Bedingung als die Quelle sexueller Lust".[17] Damit sind wir aber schon über einen rein beschreibenden Gebrauch der Begriffs hinausgegangen und haben eine dynamische Erklärung vorgeschlagen. Doch möchte ich, bevor ich einige neuere Versuche, Licht auf die zugrundeliegende Dynamik zu werfen, darstellen werde, den phänomenologischen Teil mit der Feststellung abschließen, daß ich es nützlich finde, in einer beschreibenden Gruppierung die folgenden 4 Formen masochistischer Pathologie zu unterscheiden:

1. Den *„äußerlichen Masochismus"*: die hauptsächlichen mitmenschlichen Beziehungen zeigen eine starke Färbung des Opfertums und der Erniedrigung; sie sind Ausdruck eines unbewußten Suchens nach quälenden Partnern.

2. Den *„innerlichen oder moralischen Masochismus"*: die Quälerei ist v. a. gegen das Selbst gerichtet, und zwar ausgeübt durch das Gewissen; Schmerzenssucht und Gewissenszwang überdecken sich.

3. Den *„sexuellen Masochismus, die masochistische Perversion"*: die sexuelle Befriedigung ist manifest an symbolische oder wirkliche Qual und Erniedrigung gebunden.

4. *„Den durch eine sadistisch-narzißtische Fassade verdeckten Masochismus"*: was als gegen außen gerichtete Grausamkeit und Selbstsucht erscheint, verbirgt das Ausagieren einer masochistischen Kernphantasie.

Diese 4 Formen manifester Pathologie sind nicht scharf von einander unterschieden; sie bestehen wirklich fast immer nebeneinander, wenngleich in unterschiedlicher Stärke. Dynamisch bilden sie *einen* Zusammenhang, *ein* Gewebe mit verschiedenen Mustern. Die im folgenden dargestellten Fälle werden zwar dieser Gruppierung folgen, halten sich aber nicht zu strikt an die Abgrenzungen zwischen den Formen.

Die Muster selbst sind universell; ihre Pathologie liegt erst in ihrer Zwangshaftigkeit. Da es v. a. dies letztere Merkmal ist, das einen psychischen Prozeß zu einem pa-

---

16 „The essence of masochism appears to consist in an intimate relationship between pleasure and pain, or more generally between pleasure and unpleasure. It may perhaps best be defined as the seeking of unpleasure, by which is meant physical or mental pain, discomfort or wretchedness, for the sake of sexual pleasure, with the qualification that either the seeking or the pleasure or both may often be unconscious rather than conscious" (S. 197).

17 „... in all cases of masochism which have been observed analytically, pain is the condition rather than the source of sexual pleasure" (Brenner 1959, S. 205).

thologischen stempelt, können wir sehr wohl von *„normalem" oder „nichtpathologischem" Masochismus* (analog zum Begriff des „normalen Narzißmus") sprechen: dann nämlich, wenn *aus bewußten und rationalen Gründen Schmerz gesucht*, besser gesagt: *in Kauf genommen* wird, um einen höheren Zweck zu erreichen: Der Besuch beim Zahnarzt, medizinische Eingriffe, Examina, manche nötigen Opfertaten und Unterwerfungen auch im normalen Sozial- und Liebesleben würden unter diese Rubrik fallen; offensichtlich wird er dabei im weiteren Sinne verstanden; doch spielt dabei wohl in verhüllter (unbewußter) Form gemeinhin auch der engere, auf libidinöse Befriedigung bezogene Sinn mit.

So stimme ich also Brenner zu, wenn er 1959 ausführte, daß

> masochistische Phänomene in unser aller Leben eine Rolle spielen, beim Normalen wie beim Neurotiker ... ein *Bedürfnis* oder ein *Wunsch* zur Bestrafung ist, im Gegensatz zur *Angst* vor der Bestrafung, schon an sich eine masochistische Erscheinung ... doch ist ein Strafbedürfnis, ob nun bewußt oder unbewußt, unweigerlich schon Teil der normalen Über-Ich-Funktion. Daraus ist zu schließen, daß ein gewisser Grad an Masochismus ubiquitär ist.[18]

Kernberg kommt vom anderen Ende der seelischen Struktur her, nämlich von der Triebseite aus, zum selben Ergebnis:

> Sadomasochismus ist ein Bestandteil der kindlichen Sexualität und bildet einen wesentlichen Teil des normalen sexuellen Funktionierens und der Liebesbeziehungen. Er ist ein Wesenzug der Natur der sexuellen Erregung überhaupt. Sexuelle Erregung ist ein Grundaffekt: sie ist ein fundierender Bestandteil der Libido, die ich als einen hierarchisch übergeordneten Trieb verstehe.[19]

Somit steht es auch mit dem Masochismus nicht anders als mit dem Narzißmus: dies sind weite, beschreibende, normalpsychologische Begriffe, die universelle Phänomengruppen zu erfassen, recht eigentlich zusammenzufassen suchen. Sie vereinigen, was anscheinend disparat ist, und deuten auf diese Weise auf etwas Unterliegendes, Gemeinsames, auf etwas „Darüberhinausgehendes" und „Jenseitiges", hin, das diese dann zu erklären vermöchte.

Der Begriff ist insofern weniger als ideal, da er natürlich ganz der Pathologie entnommen ist. „Schmerzenssucht" und „Opferwilligkeit" könnten allenfalls dafür eingesetzt werden, sind jedoch dafür wohl zu eng.

*

Was ist die „masochistische Dimension"? Es ist die Bereitschaft, bewußt oder unbewußt Opfertum auf sich zu nehmen, um Liebe und Respekt zu erringen. Ist diese

---

18 „... masochistic phenomena play a part in the lives of all of us, the normal as well as the neurotic ... a *need* or *wish* for punishment, as opposed to a *fear* of punishment, is in itself a masochistic phenomenon ... a need for punishment, whether it be a conscious or an unconscious one, is invariably a part of normal superego functioning. It follows therefore that some degree of masochism is ubiquitous" (Brenner 1959 S. 206).

19 „Sadomasochism, an ingredient of infantile sexuality, is an essential part of normal sexual functioning and love relations. It is an essential part of the very nature of sexual excitement. Sexual excitement is a basic affect: it is a fundamental constituent of libido, which I see as a hierarchically supraordinate drive" (Kernberg, S. 333).

Bereitschaft weitgehend unbewußt, aus ungelösten inneren Konflikten stammend und zwangshaft, handelt es sich um dessen pathologische Form, den neurotischen Masochismus. Doch wie steht es mit der Notwendigkeit der Sexualisierung dieses Opfertums? Ich glaube, hier hat sich eine Zweideutigkeit eingeschlichen, die sehr viel Unsicherheit verursacht hat. Es ist die weite Bedeutung, die Freud dem Libidobegriff zumaß. Wird Sexualisierung mit Libidinisierung gleichgesetzt, dann ist das Spektrum der als masochistisch zu verstehenden Prozesse sehr weit. Alles Leiden, das mit Liebe verbunden, um der Liebe willen erlebt wird, würde dazu gehören – eben als sublimierter Masochismus. Wird Sexualisierung aber nur als triebnahe sexuelle Erregung verstanden, schrumpft das Ausmaß des Masochismus gehörig zusammen. Gerade beim „moralischen" Masochismus ist solche Sexualisierung in diesem Sinn oft sehr schwer aufzufinden.

Vergleiche dazu die Kritik Grossmans:

> ... in der heutigen Literatur ist der moralische Masochismus gleichsam zum neuen Prototypus für Masochismus geworden, und damit ist es dazu gekommen, den Masochismus im üblichen Gebrauch zu *desexualisieren.* Infolge dessen wird die Untersuchung der Probleme von Schuld und Leiden zur Frage des Verstehens von Masochismus gestempelt, als ob der Masochismus das *übergeordnete* Konzept wäre ... Die damit verknüpften Probleme der Über-Ich-Bildung, der Aggression und der Objektbeziehungen sind zentral gewesen für die neueren Entwicklungen in der Psychoanalyse. Sie können daher als die Fortsetzung und Ausarbeitung der Begriffe von Überwertung, Idealisierung, Identifizierung und Autorität, die ursprünglich dem Problem des Masochismus *untergeordnet* wurden, erkannt werden (meine Betonung).[20]

Das unbewußte Aufsuchen von Leiden als Bestrafung durch eine geliebte Elternfigur, die nun im eigenen Innern in der Beziehung zur inneren Autorität, dem Über-Ich, aufgesucht und immer wieder neu erlebt wird, hat sehr viel mit Liebe, oft aber wenig mit „Sexualität" zu tun. Das Dilemma kann dadurch entschieden werden, wenn wir mit Freud annehmen, daß die Liebe zu den Eltern, also auch die davon abgeleitete innere Bezogenheit zum Über-Ich, immer starke sexuelle Komponenten in Form des Ödipuskomplexes mit beinhalte, daß also „libidinöse Besetzung" eo ipso immer auch solche der sexuellen Erregung mittrage, ursprünglich ganz auf diese zurückzuführen sei, wobei diese erst allmählich teilweise „neutralisiert" werde. Je stärker die Straf- und Leidenswilligkeit, je regressiver die dabei „benutzte" Libido, je offensichtlicher damit auch die nicht- sublimierte, direkt sexuelle Art der Libido, desto leichter ist es, dabei von innerem Masochismus im pathologischen Sinn zu sprechen.

---

[20] „... in the current literature, moral masochism has in a sense become the new prototype for masochism, and there has been a concomitant tendency to desexualize masochism in common usage. Consequently, the exploration of problems of guilt and suffering is generally classified as a problem of understanding masochism, as though masochism were the superordinate concept ... the problems of superego formation, aggression, and object relations associated with the shift have been central to recent developments in psychoanalysis. They can therefore be recognized as the continuation and elaboration of the concepts related to overvaluation, idealization, identification, and authority which were originally *subordinated* to the problem of masochism" (1986, S. 398, 399).

2.6 Die Dynamik des klinischen Masochismus

2.6.1 Gruppierungen

Die große, die masochistischen Phänomene begründende Komplexität der Dynamik wird von mehreren Autoren erwähnt.[21]

Cooper (1988) gibt eine gute Zusammenfassung der von Freud aufgestellten Theorien, die „diese rätselhaften Erscheinungen" erklären sollen; ich gebe sie in verkürzter Form wieder:

1. Übermaß an Stimulierung = Schmerz und Lust,
2. Sadismus als primär, gewendet gegen das Selbst,
3. Masochismus als Primärtrieb, als Komponente des Todestriebes,
4. Strafbedürfnis, infolge übermäßiger Strenge des Über-Ichs,
5. Leiden als Bedingung für Lust, nicht als ihre Quelle,
6. Masochismus, der sich auf weibliche Eigenschaften und auf Passivität bezieht.

Freud unterscheidet 3 Ausdrucksformen des Masochismus: als eine Bedingung, unter welcher sexuelle Erregung entstehe („der erotogene Masochismus"), als Ausdruck der weiblichen Natur („eine stärkere erotische ‚konkave' Neigung") und als Verhaltensnorm.[22]

In bezug auf die erste Form schreibt Loewenstein:

> Der *erotogene Masochismus* bezieht sich hauptsächlich auf die Grundeigenschaft der Menschenseele, gewisse schmerzliche Vorgänge mit Lust zu empfinden. Die sehr frühen Mechanismen der Wendung der Aggression gegen das eigene Selbst oder ihrer passiven Inwärtsrichtung, mit oder ohne Dazwischentreten von Schuldgefühlen, und der Mechanismus der Verführung des Angreifers bedienen sich dieser Grundeigenschaft ... Die passiven Formen, d. h. der erotogene Masochismus, nehmen je nach Stadium der Libido-Entwicklung die Gestalt von Wunsch (oder Angst) an: verschlungen zu werden, kastriert zu werden oder die Rolle der Frau im Geschlechtsverkehr einzunehmen.[23]

---

[21] So sagt Brenner 1959: „As Brenman pointed out, masochistic character formation ... serves many functions ... It serves the id as a source of instinctual gratification; the superego as a means of punishment, expiation, or restriction of pleasure; and the ego as a defense and even, in many instances, as a means of adapting more or less successfully to external reality" (S. 202 f.).

[22] [For Freud masochism] „comes under our observation in three shapes: as a condition under which sexual excitation may be roused; as an expression of feminine nature; and as a norm of behavior" (S. 197). Loewenstein selbst unterscheidet: erotogenic masochism, the masochistic component in the normal sex life of women („a stronger erotic ‚concave' striving"), and masochistic perversions.

[23] „*Erotogenic masochism* expresses mainly the fundamental property of the human mind, of experiencing as pleasurable some painful processes. The very early mechanisms of turning aggression against the self or passively bending it inward, with or without intervention of guilt feelings, and the mechanism of seduction of the aggressor make use of this property ... the passive forms, i.e., the erotogenic masochism, according to the stage of libidinal development, take on the shape of the wish (or fear): to be devoured, to be beaten, to be castrated, to play the role of a woman in intercourse" (S. 226).

Sich spezifisch auf die Perversion beziehend bemerkt Loewenstein (1957):

Die masochistischen Perversionen sind modifizierte Wiederholungen von Kindheitssituationen und -szenen, in denen sexuelle Phantasien, erotische Spiele oder indirekte sexuelle Annäherungsversuche an verbotene Objekte, namentlich an die Mutter, auf Mißbilligung oder Ablehnung, zugleich mit wirklichem oder eingebildetem Auslachen, Drohen oder Bestrafen, gestoßen sind. In der Perversion nimmt das Objekt (d. h. der Elternteil), statt zurückweisend zu sein, daran teil; Drohung und Strafe finden sich bloß in umgrenzter Form. Der wesentliche, der masochistischen Perversion zugrundeliegende Mechanismus besteht also darin, daß der Masochist dadurch, daß er den Sexualpartner zur Ausführung einer Szene von Kastrationsdrohung oder Bestrafung verleitet, den verbietenden, drohenden Elternteil dazu zwingt, die Abweisung und die Kastrationsdrohung ungültig und ungeschehen zu machen. Dabei wird einerseits diese nur im Spiel wiederholt, und andererseits nimmt der Andere in Wirklichkeit an der verhüllten inzestuösen Befriedigung mit teil. Daher ist die masochistische Szene ein Mittel zum Zweck der Befriedigung verdrängter, inzestuöser Phantasien, wobei gleichzeitig die Kastrationsdrohung beseitigt wird.[24]

Wenn ich vom spielerischen oder Vortäuschungscharakter redete, die die masochistischen Inszenierungen prägen, wollte ich damit nicht die Intensität des Leidens und der Angst, mit der es der Masochist zu tun hat, bagatellisieren. Ganz im Gegenteil ist diese Spielerischkeit ein Mittel zum Zweck, nämlich um sich selbst Mut zu geben, daß trotz seiner Ängste und Schuldgefühle keine wirkliche Zurückstoßung oder wirkliche Kastration geschehen werde.[25]

Dieses Spiel diene dazu

jene liebevolle Komplizität herzustellen, die es sich angelegen sein läßt, die Gefahr, der Liebe verlustig zu gehen, zu beseitigen ... diese *Verführung des Angreifers*, die sich bei allen Kindern finden läßt, enthält bereits die Elemente künftigen, schon wirklich masochistischen Verhaltens: das Aufsuchen von Situationen, die Gefahr, Angst und Unlust hervorrufen, und ihre Milderung durch eine liebevolle, erotische Komplizität der drohenden Person.[26]

---

[24] „The masochistic perversions are modified repetitions of childhood situations and scenes in which sexual fantasies, erotic games, direct or indirect attempts at sexual rapprochement toward forbidden objects, particularly the mother, have met with disapproval or rebuff coupled with actual or imaginary ridicule, threat or punishment. In perversion the object (i.e., parent) participates instead of rejecting; threat and punishment are only limited. The essential mechanism underlying the masochistic perversion is that, by inducing the sexual partner to enact a scene of castration threat or punishment, the masochist forces the prohibiting, threatening parent to annul and undo the rebuff and the castration threat through its simulated repetition while actually participating in the veiled incestuous gratification. The masochistic scene is thus a means of gratifying the forbidden, repressed incestuous fantasies, but with the castration threat undone" (S. 201 f.).

[25] „When I spoke of the playful or make-believe character underlying the masochistic devices, I did not mean to underestimate the intensity of suffering and anxiety with which the masochist has to deal. On the contrary, this playfulness is his means of reassuring himself that despite his fears and guilt, no real rejection or real castration is forthcoming" (S. 213).

[26] „... to create that affectionate complicity which undoes the prohibition and eliminates the danger of not being loved ... this *seduction of the aggressor* which one can find in all children, already contains elements of future, actually masochistic behavior: the seeking for situations that entail danger, fear and unpleasure, and their attenuation through a loving, erotic complicity of the threatening person" (S. 214 f.).

Wenn ich ihn richtig verstehe, unterteilt er die dritte Form – das „masochistische Verhalten" – in 3 weitere Unterformen: den masochistischen Charakter, die Sklavenmentalität und den moralischen Masochismus. Bei allen drei sei die Beziehung zur Sexualität gelockert.[27]

Während bei der Perversion bewußter Schmerz gesucht werde, um bewußte sexuelle Befriedigung zu erreichen, beobachten wir bei masochistischem Verhalten eine unbewußte Libidinisierung des Leidens, das von Aggressionen von außen und innen herrühre.[28]

Helen Meyers vertritt die den Phänomenen unterliegende dynamische Komplexität und die Komplementarität der verschiedenen Modelle der Erklärung:

> So sind meines Erachtens gerade die Verschiedenheiten der vielen Beiträge zur Masochismustheorie keineswegs verschleiernd und widersprüchlich (Maleson 1984), sondern sie bringen wertvolle Teilstücke zum Gesamtbild hinzu. Jeder Beitrag, der klinisch begründet ist, aber eine andere Funktion des Masochismus betrifft, die genetisch von einer anderen Entwicklungsebene stammt, fügt ein anderes Stück zum Zusammensetzspiel ... Doch ist jedes Stück zur Vervollständigung des Rätsels notwendig.[29]

Sie schlägt für die Behandlungstechnik verschiedene, doch einander ergänzende Perspektiven vor:

Masochismus und Schuld:

> ... Bestrafung für verbotene, unannehmbare ödipale Begehren und Aggression ... Das sadistische Über-Ich wird versöhnt und ist über seine Strafhaltung stolz, das Ich fühlt Lust in seinem Leiden – moralischer Masochismus.[30]

Aufrechthaltung von Objektbeziehungen:

> die quälende Mutter zu beschwichtigen und ihre Liebe durch Leiden zu erkaufen ... Verführen des Aggressors;[31] Besserung würde den Verlust einer vitalen mitmenschlichen Beziehung bedeuten.

---

[27] „We can distinguish three forms of *masochistic behavior:* the masochistic character, the behavior caused by what is called the ‚mentality of a slave', and the moral masochism. In all three the connection with sexuality is loosened, though in a unequal degree" (S. 228).

[28] „In the perversion, conscious pain is sought in order to reach conscious sexual gratification. In the masochistic behavior we observe an unconscious libidinization of suffering caused by aggressions from without and within" (S. 230).

[29] „Thus, to my way of thinking, the very differences in the many contributions to the theory of masochism, rather than being obscuring and contradictory (Maleson, 1984), add valuable components to the whole picture. Each contribution, clinically valid, yet addressing a different function of masochism derived genetically from a different developmental level, adds another piece to the puzzle ... Each piece is necessary for completion of the puzzle ..." (Meyers 1988, S. 175).

[30] *Masochism and guilt* ... „payment for forbidden, unacceptable oedipal desires and aggression". „The sadistic superego is appeased and feels pride in its punishing, the ego feels pleasure in its suffering – moral masochism" (1988, S. 179).

[31] *Maintenance of object relations:* „appeasing the aggressor mother and buying her love with suffering", „seduction of the aggressor" (S. 180).

Masochismus und Selbstachtung:

> Es liegt Stolz darin, wenn man seinen eigenen Kurs bestimmt und durchhält, selbst wenn er Leiden bedeutet. Es liegt Stolz darin, etwas Besonderes zu sein als Opfer des Schicksals. ‚Ich bin in Kontrolle. Ich will gequält werden. Ich habe danach gefragt. Ich genieße es. Ich kann damit fertig werden. Ich habe mehr Unglück als jeder andere.'[32]

Masochismus und Selbstabgrenzung:

> Die Beteuerung des erwachsenen Masochisten: ‚Ich will es auch, selbstzerstörerisch zu sein, und du kannst mich nicht daran hindern', bekräftigt seine Kontrolle, bestimmt ihn damit aber auch als einen unabhängig Handelnden, als getrennt, autonom und als Individuum. ‚Ich bin der Leidende' definiert seine Identität, wenngleich diese negativ ist;[33]

diese Identitätsbestimmung richtet sich gegen den Wunsch zur Verschmelzung mit dem anderen und dient der Angst vor solchem Selbstverlust.

Eine umfassende dynamisch-erklärende Definition versucht das Ehepaar K. K. und J. Novick:

> *Masochismus ist das aktive Verfolgen von psychischem oder physischem Schmerz, Leiden oder Erniedrigung zum Zweck der Anpassung, Abwehr und Triebbefriedigung auf oraler, analer und phallischer Ebene.*[34]

2.6.2 *Allmachtsphantasie*

In der dynamischen *Erklärung* wird nun schon seit langem immer wieder besonderes Gewicht auf den der masochistischen Pathologie innewohnenden *Narzißmus* gelegt. Schon 1947 bemerkt Berliner folgendes zum überaus wichtigen Thema des „Allmachtswahnes" – wie er später von den Novicks genannt wurde – als Teil der masochistischen Dynamik:

> Die folgenden beiden Kräfte und ihr ambivalentes Zusammenspiel sind für die große Hartnäckigkeit des masochistischen Charakters verantwortlich: das Bedürfnis für die Liebe von einem versagenden Objekt und der Trieb, das Objekt zu bestrafen. Der geliebte Partner oder sein Stellvertreter, der bestraft werden soll, muß provoziert und in den Fehler versetzt werden, während gleichzeitig die Illusion, von ihm geliebt zu werden, aufrechterhalten werden muß. Es ist dieses *magische, jede Realitätsprüfung verunmöglichende Denken,* das die Krankheit so unzugänglich macht (meine Betonung).[35]

---

[32] *Masochism and self-esteem:* „There is pride in pursuing one's own course even if it is painful. There is pride in being special as a victim of fate. ‚I am in control. I want to be pained. I asked for it. I enjoy it. I can handle it. I have more discomfort than anyone'" (S. 182).

[33] *Masochism and self-definition:* „The adult masochist's ‚I will, too, be self-destructive and you can't stop me' asserts his control, but also defines him as an independent agent, separate, autonomous, and individuated. ‚I am the sufferer' defines his identity, though a negative one" . . . against their wish and fear for merger (S. 184).

[34] „Masochism is the active pursuit of psychic or physical pain, suffering, or humiliation in the service of adaptation, defense, and instinctual gratification at oral, anal, and phallic levels" (Novick u. Novick 1987, S. 381).

[35] „These two forces and their ambivalent interplay are responsible for the great perseverance of

Dies wird erweitert und vertieft in den Arbeiten des Ehepaars Jack und Kerry Kelly Novick:

> Die masochistische Phantasie besteht aus mehr als dem Allmachtswahn, aber dieser ist ein notwendiger Teil davon. Die klassische Ansicht ist die, daß das Versagen der Allmacht das Kind dazu zwingt, sich der Wirklichkeit zuzuwenden. Unserer Ansicht nach ist es hingegen das *Versagen der Wirklichkeit, das das Kind dazu zwingt, sich Allmachtslösungen zuzuwenden.* Kompetenz ist in der Entsprechung und Eingestimmtheit (attunement) zwischen den Signalen des Kindes und den Antworten der Pflegeperson verwurzelt. Wiederholtes Versagen davon ist frustrierend, und ruft, wie die Säuglingsforschung gezeigt hat, Kundgebungen von Hilflosigkeit und Verwirrung hervor (Papoušek u. Papoušek 1975). Innerhalb eines Monats nach der Geburt läßt es sich feststellen, daß derartige Fehleinstimmungen Anzeichen von Unbehagen oder psychischem Schmerz bewirken; ihnen folgen sehr rasch Zeichen von Wut, wie Abwendung des Blickes. Darauf folgt Verleugnung der Quelle des Schmerzes, und die Verleugnung wird aufrechterhalten durch die Umwandlung des Schmerzes zuerst in ein Zeichen der Bezogenheit (attachment), dann zusätzlich in ein Zeichen der Einzigartigkeit (specialness) und unbeschränkten Zerstörungsmacht, dann in das Zeichen davon, daß es [das Kind] nun in jeder Hinsicht den ödipalen Eltern gleich sei und die allmächtige Fähigkeit besitze, die Eltern zu zwingen, alle kindlichen Wünsche zu befriedigen. Im Schulalter ist das magisch-allmächtige System beisammen; die Möglichkeit eines Alternativsystems für ein kompetentes Zusammenspiel mit der Wirklichkeit wird vom Kind dadurch verhindert, daß jede realistische Leistung so erlebt wird, als ob sie durch allmächtig-magisches Verhalten zustande gekommen wäre.[36]
>
> Ein hauptsächlicher Widerstand gegen Veränderung und Behandlungsabschluß besteht im Bedürfnis, sich bis ganz zum Ende an einen Allmachtswahn zu klammern. Die Arbeit an den Determinanten des Masochismus und deren Durcharbeitung auf jeder Ebene sind ungenügend, wenn der Faden der Allmachtsphantasie nicht auch zurück bis auf ihre Wurzeln verfolgt wird und der Patient nicht anfangen kann, ein Alternativsystem der Befriedigung durch kompetente Interaktion herzustellen ... Der Wahn destruktiver Allmacht wird gleichzeitig

---

the masochistic character: the need for the affection of a frustrating love object and the drive to punish the object. The beloved partner, or his proxy who is to be punished, has to be provoked and put in the wrong and simultaneously the illusion of being loved by him has to be maintained. It is this *magic thinking, obstructing any test of reality,* that makes the condi tion so persistent" (Berliner 1947, S. 467, meine Betonung).
Ähnlich Brenner 1959, in Bezug auf „Allmacht": „his ability to produce failure and to provoke punishment as proofs of magical control of the environment" (S. 215).

36 „There is more to a masochistic fantasy than omnipotence, but the delusion of omnipotence is a necessary part of it. The classical view is that the failure of omnipotence forces the child to turn to reality. In our view it is the *failure of reality that forces the child to turn to omnipotent solutions.* Competence is rooted in the attunement between the child's signals and the caretakers' responses. Repeated failures are frustrating and, as research with infants has demonstrated, soon lead to expressions of helplessness and confusion (Papousek and Papousek, 1975). Within a month from birth, it can be observed that such failures produce signs of discomfort or psychic pain and are soon followed by signs of anger, such as gaze aversion. This is followed by denial of the source of pain, and denial is maintained by the transformation of pain into first a sign of attachment, then additionally a sign of specialness and unlimited destructive power, then a sign of equality in every way with oedipal parents and omnipotent capacity to coerce parents to gratify all infantile wishes. By school age the magic omnipotent system has been established and the possibility of an alternate system of competent interactions with reality is undermined by the child as each realistic achievement is experienced as due to omnipotent magical behavior. . ." (Novick u. Novick 1991, S. 320, 321).

zur Abwehr gegen Gefühle hilfloser Wut und Demütigung und zu einer pathologischen Quelle des Selbstgefühls ... In der Mittelphase der Behandlung, wenn bedeutsame Veränderungen vor sich gehen, konzentriert sich der Widerstand auf die Gefahr der Lust und auf die Bedrohung, die dadurch dem Allmachtssystem erwächst. Dies geht über eine negative therapeutische Reaktion, im Sinne von Schuldgefühlen über den Erfolg, hinaus; es handelt sich vielmehr um ein verzweifeltes Sichanklammern an den Schmerz. Schmerz ist der Affekt, der die Abwehr durch Allmacht auslöst; Schmerz ist das magische Mittel, durch das alle Wünsche befriedigt werden; und Schmerz rechtfertigt die allmächtige Feindseligkeit und Rache, die in der masochistischen Phantasie enthalten ist.[37]

Diese Patienten verbanden ihre Mütter mit Leiden. So sagte ein Patient: ‚Unglücklichsein riecht nach zuhause'. Unter dem Einfluß so extremer und häufiger Enttäuschung wandten sich diese Patienten in ihrer frühen Kindheit schon von ihren angeborenen Fähigkeiten, wirksam mit der wirklichen Welt in Wechselwirkung zu treten, ab und fingen stattdessen an, die Erfahrung der hilflosen Wut und des Schmerzes dafür zu benutzen, ihre chaotischen Erlebnisse voraus zu sagen und zu kontrollieren. Das Versagen der an der Wirklichkeit orientierten Kompetenz, empathische Einstimmung zu erzielen, zwang das Kind, sich in eine innere Welt der Einbildung zurückzuziehen, wo Sicherheit, Nähe und allmächtige Kontrolle sich magisch mit Schmerz verbanden ... Bei masochistischen Patienten verursachten in der Periode beginnenden Gehens und Sprechens die Abwendung und der Zorn als Antwort auf den Mangel an Empathie von seiten der Mutter beständig zunehmende Spiralen von Wut, Schuld und Vorwurf, so daß sich schließlich diese Kinder allmächtig verantwortlich für die Wut, die Hilflosigkeit und das Ungenügen der Mutter fühlen mußten ... Angriffe auf das Selbst wurden eine machtvolle Waffe zum Angriff auf die Mutter.[38]

Die phallische Erregung dieser [phallischen] Phase und der Wunsch, am sadistischen Verkehr der Eltern teilzunehmen, verwandeln sich von einem Mittel zum Zweck zu einem

---

[37] „A major resistance to change and to termination is the need to cling, to the very end, to an omnipotent delusion. Working on and working through the determinants of masochism at every level are insufficient unless the thread of the delusion of omnipotence is also followed back to its roots and the patient can begin to construct an alternative system of gratification from competent interactions ... (Novick u. Novick 1991, S. 321, 322)
„... the delusion of destructive omnipotence becomes simultaneously a defense against feelings of helpless rage and humiliation and a pathological source of self-esteem" (l.c., S. 322).
„At the midphase of analysis, when significant change occurs, the resistance will focus on the danger of pleasure and the threat this poses to the omnipotent system. This is more than a negative therapeutic reaction, i.e. guilt because of success; it is a desperate clinging to pain. Pain is the affect which triggers the defense of omnipotence, pain is the magical means by which all wishes are gratified, and pain justifies the omnipotent hostility and revenge contained in the masochistic fantasy" (l.c., S. 323, 324).

[38] „...these patients came to associate their mothers with pain. As one patient said: ‚Unhappiness is the smell of home'. Under the impact of such extreme and frequent disappointment, these patients, in infancy, turned away from their inborn capacities to interact effectively with the real world and instead began to use the experience of helpless rage and pain magically to predict and control their chaotic experiences. The failure of reality-oriented competence to effect empathic attunement forced the child into an imaginary world where safety, attachment, and omnipotent control were magically associated with pain ... In the toddler period of the masochistic patients, aversive or angry responses to mother's lack of empathy occasioned ever-increasing spirals of rage, guilt, and blame, so that in the end these children were made to feel omnipotently responsible for mother's pain anger, helplessness, and inadequacy" (S. 313).
„... attacks on the self became a powerful weapon for attacking mother" (S. 314).

Selbstzweck. Sich zu unterwerfen, zu leiden, geschlagen und erniedrigt zu werden, werden nun dazu benutzt, die weiblich-rezeptive Haltung beim elterlichen Verkehr einzunehmen. Der Wunsch, sich in dieser Stellung zu befinden, wird nun zum Triebmotiv für den Masochismus, zum Antrieb und zur Begleitung der phallischen Masturbation. Eine entscheidende Umwandlung ereignet sich während dieser Phase, wenn die schmerzlichen Erlebnisse in der präödipalen Beziehung zwischen Eltern und Kind libidinisiert werden und für die Teilnahme des Kindes am elterlichen Verkehr zu stehen kommen ... Diese Kinder verwendeten die Schlagephantasie zum Zweck der Kontrolle und Beschränkung der Triebentladung und der Befriedigung von Allmachtswünschen. Die fixierte Schlagephantasie funktionierte an der Stelle des Über- Ich.[39]

„In den Phantasien ist das Subjekt ein unschuldiges Opfer, das mittels des Leidens Vereinigung mit dem Objekt, Abwehr gegen zerstörerische Aggression und Objektsverlust, Vermeidung narzißtischen Schmerzes und Triebbefriedigung in Gestalt von Phantasieteilnahme an der ödipalen Situation erzielt.[40]

Dies stimmt weitgehend mit der Formulierung überein, die Arnold M. Cooper (Cooper 1991, S. 23, 24, 26; vgl. auch Cooper 1988) neulich gegeben hat, wenn er die „narzißtische Basis der perversen Entwicklung“ betont:

... das Kerntrauma in manchen, wenn nicht allen Perversionen ist das Erlebnis einer schreckerregenden Passivität gegenüber der präödipalen Mutter, die als gefährlich böse, übelwollend und allmächtig gesehen wird und sowohl Gefühle der Ehrfurcht wie der Unheimlichkeit weckt. Die Entwicklung einer Perversion ist eine mißlungene Heilung dieser Verwundung, im Grunde durch Dehumanisierung des Körpers und der Konstruktion von drei Kernphantasien, die darauf angelegt sind, die Unerträglichkeit der hilflosen Passivität aufzuheben.[41]

Diese 3 Grundphantasien sind, weiterhin nach Cooper:

1. „Ich muß keine Angst haben, denn meine Mutter existiert nicht wirklich, denn sie ist tot oder mechanisch, und ich bin in völliger Kontrolle.“ 2. „Ich muß keine Angst haben, denn ich

---

[39] „The phallic excitement of this phase and the wish to participate in sadistic parental intercourse turn what had been a means to an end into an end in itself. To submit, to suffer, to be beaten, to be humiliated now come to represent the feminine receptive position in parental intercourse. The wish to be in this position becomes the instinctual motive for the masochism, the spur and the accompaniment to phallic masturbation. A crucial transformation occurs during this phase, when the painful experiences in the preoedipal parent-child interaction become libidinized and represent for the child participation in parental intercourse“ (1987, S. 371).
„... these children used the beating fantasy to control and limit drive discharge and gratification of omnipotent wishes. The fixed beating fantasy functioned in place of a superego ...“ (S. 377).

[40] „In the fantasies the subject is an innocent victim, who achieves through suffering reunion with the object, defense against aggressive destruction and loss of the object, avoidance of narcissistic pain, and instinctual gratification by fantasy participation in the oedipal situation“ (Novick u. Novick 1987, S. 382).

[41] „... the core trauma in many if not all perversions is the experience of terrifying passivity in relation to the preoedipal mother perceived as dangerously malignant, malicious, and all-powerful, arousing sensations of awe and the uncanny. The development of a perversion is a miscarried repair of this injury, basically through dehumanization of the body and the construction of three core fantasies designed to undo the intolerable sense of helpless passivity.“

bin davor geschützt, von meiner übelgesinnten Mutter beherrscht zu werden, da ich selber nicht menschlich bin – d. h. tot und unfähig, Schmerz zu spüren – oder doch weniger als menschlich, ein Sklave, der nur unter der Einwirkung anderer steht und nicht selbst handelt." 3. „Ich triumphiere und bin in vollständiger Kontrolle, denn gleichgültig, mit welcher Grausamkeit meine zerschmetternde, kastrierende, riesengroße Mutter, dieses ungeheure Unwesen, sich auf mich stürzt, vermag ich Genuß daraus zu ziehen, und auf diese Weise führt sie aus, was ich möchte."[42]

In anderen Worten:

„1. Sie existiert nicht. 2. Ich existiere nicht. 3. Ich zwinge sie, nun als ein nicht-menschliches Es, mir Lust zu geben." Dies stellt offenbar den Kern der Perversion dar: zum passiven, manipulierten, toten und verformten Gegenstand der übelwollenden Frau zu werden.[43]

So definiert er denn auch, was pervers ist, als „das Ausmaß, zu dem gegenwärtige Beziehungen entmenschlicht werden (the extent to which they dehumanize actual relationships)" (1991, S. 31). „Insofern narzißtisch-masochistische Abwehrformen benutzt werden, bezwecken sie nicht eine Phantasievereinigung mit einer liebenden und fürsorglichen Mutter; vielmehr handelt es sich dabei um eine *Phantasiekontrolle über eine grausame und schädigende Mutter*" (1988, S. 128; meine Betonung).[44]

Er fügt nun etwas ganz Wichtiges hinzu: *„Statt einer kategorialen Sicht der Perversion nehme ich eine dimensionelle ein"* (1991, S. 33). Dabei handelt es sich weniger um eine Diagnose als um die Beschreibung einer Dynamik, die sehr viel weiter verbreitet ist als nur bei ausgeprägten „masochistischen Perversionen" oder „masochistischen Charakterstörungen":

Ich habe den gemeinsamen psychologischen Mechanismus in den Vordergrund gestellt, der in all jenen Situationen wirksam ist, wo der Körper verdinglicht (dehumanisiert) wird und wo Mischungen der drei Abwehrphantasien – daß die Mutter nicht menschlich ist, daß ich nicht menschlich bin und daß ich das Opfertum genieße – gebildet werden, mit der Absicht, der Angst vor kindlicher Passivität zu entgehen ... Die Perversionsdynamik ist immer dann gegenwärtig, wenn eine Handlung oder Phantasie von der Verleugnung unbewußter Passivität beherrscht wird, und zwar mittels der dreifachen Phantasien von der Verdinglichung des Objekts, der Verdinglichung des Selbst und der Bewerkstelligung masochistischer Lust.[45]

---

[42] 1. „I need not be frightened because my mother is really nonexistent; that is, she is dead or mechanical, and I am in complete control." 2.: „I need not be frightened because I am beyond being controlled by my malicious mother because I am myself nonhuman – that is, dead and unable to feel pain – or less than human, a slave who can only be acted upon rather than act." 3. „I triumph and am in total control because no matter what cruelty my squashing, castrating, gigantic monster mother-creature visits upon me, I can extract pleasure from it, and therefore she (it) is doing my bidding."

[43] „1. She doesn't exist, 2. I don't exist, 3. I force her – now a nonhuman ‚it' – to give me pleasure." „This is obviously the core of perversion – to become the passive, manipulated, dead, and deformed object of the malicious female."

[44] „To the extent that narcissistic-masochistic defenses are used, the aim is not a fantasied reunion with a loving and caring mother; rather it is fantasied control over a cruel and damaging mother" (1988, S. 128).

[45] „I have taken a *dimensional rather than a categorical view* of perversion" (meine Betonung, 1991, S. 33): „I have stressed the common psychological mechanism at work in all those situations in which, however briefly, the body is dehumanized and in which mixtures of three

Auch Kernberg (1991) spricht von der Mechanisierung des Geschlechtlichen in der Perversion und davon, daß dabei die Liebe in den Dienst von Aggression, namentlich von Entwertung gestellt werde.[46]

2.6.3 Sexualisierung als Abwehr

Sexualisierung als Abwehr gegen Traumatisierung von außen und gegen angstauslösende Aggression von innen wird von Robert Stoller und von Stanley Coen betont. In diesen Zusammenhang gehört Stollers Ansicht, daß Perversion ganz allgemein „die erotische Form des Hasses" sei: „Die Feindseligkeit in der Perversion erscheint in der Gestalt einer Rachephantasie, die sich in den perversen Handlungen versteckt und dazu dient, das Kindheitstrauma zum Triumph des Erwachsenen zu verwandeln ... Der bewirkte Schaden besteht in einem Akt der Demütigung, der als Rache dafür ausgeführt wird, daß man selbst gedemütigt wurde."[47] Er spricht von „*Phantasien* von Schädigung, Erniedrigung, Rache und Triumph, ohne daß aber in Wirklichkeit Schädigung, Erniedrigung, Rache und Triumph über andere wirklich ausgeführt wurden."[48]

Coen betont dasselbe: „Erotisierung zähmt die Zerstörkraft – erotization tames destructiveness" (1988, S. 45); „Haß treibt das Paar auseinander; Angst vor Getrenntsein und Einsamkeit zwingt es zusammen"[49] – eine Erfahrung, der wir in den folgenden Fällen immer wieder in dramatischer Weise begegnen werden, namentlich in den beiden „Grundgleichungen" (Kap. 3). Coen spricht auch von der „Verführung des Kastrators", als Variante der von Loewenstein (1957) beschriebenen „Verführung des Aggressors" (S. 53).

Er hält dafür, den Begriff der Sexualisierung nur zur Beschreibung jener Aspekte sexuellen Verhaltens zu benützen, deren Ziele und Funktionen nicht sexuelle Erregung und Lust, sondern Abwehr bezwecken.[50] Genetisch handle es sich um folgendes:

> Sowohl Mutter wie Kind konzentrieren sich auf die Körperoberfläche, dessen Aussehen, dessen Empfindungen, auf hypochondrische Ängste und sexuelle Gefühle, statt darauf, was in-

---

defensive fantasies – mother is not human, I am not human, and I enjoy victimization – are constructed in the effort to avoid the fear of infantile passivity" (l.c., S. 33). „The perversion dynamic is present whenever an action or fantasy is dominated by the denial of unconscious passivity through the triple fantasies of dehumanizing the object, dehumanizing the self, and securing masochistic pleasure" (S. 34).

46 „I defined perversion as the recruitment of love in the service of aggression" (S. 153); it „transforms the depth of sexual intimacy into the mechanization of sex that derives from the radical devaluation of the personality of the other" (S. 165).

47 „The hostility in perversion takes form in a fantasy of revenge hidden in the actions that make up the perversion and serves to convert childhood trauma to adult triumph ... the harm done is an act of humiliating in revenge for one's having been humiliated" (Stoller 1991, S. 37).

48 „... *fantasies* of harm/humiliation/revenge/ triumph without actually harming/humiliating/ revenging/triumphing over others" (S. 54).

49 „Hatred drives the couple apart; fear of separateness and loneliness forces them together" (S. 46 f.).

50 „I propose that the term sexualization be used only to designate phenomenologically that aspect of sexual behavior and fantasy whose goals and functions are not sexual arousal and pleasure, but defense" (Coen 1981, S. 907).

nerlich ist, was beide wirklich fühlen. Verführerische Körperstimulierung hilft der Mutter besonders, sich wieder belebt zu fühlen, und sie sucht dies beim Kind. Intensive Körperstimulierung bewirkt bei der Mutter, daß den Gefühlen von Lethargie, Depression und Leblosigkeit gesteuert werden kann.[51]

Entsprechend richtet dann das Kind sein Augenmerk darauf, ein *allmächtiger, unwiderstehlicher Verführer* zu sein, um so mit seiner Wut über das Gefühl, von der Mutter für ihre eigenen Bedürfnisse ausgebeutet worden zu sein, Herr zu werden – der Wut eben darüber, was ich zuvor als „Seelenblindheit" bezeichnet habe: „nicht als einzigartige, differenzierte Person anerkannt zu werden. Diese auf Abwehr ausgerichtete Selbstrepresentation wird unterstützt und verstärkt mit Hilfe von Masturbation" und Manipulation von andern, namentlich zur Validierung der Grandiosität.[52] Die Illusion magischer Fähigkeit verteidigt gegen die erlebte Hilflosigkeit und das Ungenügen der Verführungserlebnisse.[53] Coen faßt sein Modell für die Entwicklung der Sexualisation als Hauptabwehr in folgenden 3 Punkten zusammen: „daß sinnliche Empfindungen von früh an intensiv und weit über das Übliche hinaus verfügbar waren; die Prominenz der Sexualisationsabwehr in der Mutter-Kind-Beziehung, und die Brauchbarkeit dieser Abwehr für die Bewältigung großer Mengen feindseliger Aggression".[54] Dies spiele namentlich bei depressiven Müttern eine große Rolle.

2.6.4 Bindung an traumatogene Affekte

Die meisten Autoren erwähnen, daß der klinische Masochismus immer mit schwerer Traumatisierung kausal verknüpft sei, im Sinne von „lieber mit Schmerzen zu leben als das Objekt zu verlieren" (Bach, S. 84): „Der Schmerz des Leidens wehrt den größeren Schmerz des Verlusts ab."[55] In der Formulierung der Novicks:

---

51 „Mother and child both focus on the external surface of the body, its appearance, its sensations, as well as on hypochondriacal anxieties and sexual feelings, instead of on what is inside, what each really feels. Seductive bodily stimulation particularly helps the mother to come alive, and she seeks this from the child. Intense bodily stimulation has the eeffect of countering the mother's feelings of lethargy, depression, and deadness" (Coen 1981, S. 909).

52 „The child focuses on his self-representation as an omnipotent, irresistible seducer to counter his rage at feeling exploited and manipulated by mother for her own needs without significant recognition of himself as a unique, differentiated person. This defensively elaborated self-representation is preserved and enhanced through masturbation fantasies. The ability to manipulate others, especially by sexual seduction, is also used to validate this grandiose self-repesentation" (l.c., S. 910).

53 „The illusion of magical ability defends against felt helplessness and inadeqacy, as usually occurs with childhood seduction experiences" (Coen 1985, S. 46).

54 „My own model for the development of sexualized defense as a predominant defensive operation involves three principal factors: that sensual feelings have been intensely available early in life, far in excess of what is ordinarily experienced; the prominence of sexualized defense in the mother-child relationship; the usefulness of sexualized defense for mastering large quantities of hostile aggression" (Coen 1985, S. 48).

55 „The pain of suffering defends against the greater pain of loss" (Bach, S. 86).

Schmerzsuchendes Verhalten stellt einen Versuch dar, einen Ersatz für den Rückzug der Besetzung durch die Mutter zu finden ... [in einem der Fälle] beherrscht das Bedürfnis für das Objekt das Bedürfnis für Lust ... Sicherheit findet sich in einem Objekt, das Schmerz zufügt, nicht Lust gibt".[56]

Die besondere Bedeutsamkeit *früher und schwerer Traumatisierung*, die sich als *Schwere des psychischen Schmerzes* kundgibt, wird von Arthur Valenstein, Peter Blos Jr. and William Grossman geschildert:

In Valensteins Worten (1973):

Zustände primitiven Affekts während Perioden verstärkter Regression sind am ehesten das, was sich therapeutisch von den Geschehnissen und Umständen der präverbalen Periode eruieren läßt. Und solche primitiven Affektzustände scheinen der Neigung solcher Individuen zuzuschreiben zu sein, im späteren Leben und in starker Übertragung das wieder zu erleben, was sie nicht kognitiv erinnern können, nämlich die Aura früher Erfahrung, namentlich das *Gefühl* für das Selbst und das Selbstobjekt. Dies ist ganz besonders so, wenn sie, wie es üblicherweise der Fall ist, stark an frühes Trauma fixiert sind, das mit Schmerz verbunden ist; dann regredieren sie sehr leicht auf primitive Affektzustände, die für ein solches Trauma charakteristisch sind ... Ich glaube, daß solche Affekte besonders stark festgehalten werden, da sie das frühe Selbst und Selbstobjekt vertreten. Solche Affekte im Gefolge richtiger, aber ungenügend tiefer Deutungen aufzugeben, würde das Gleiche bedeuten wie das Im-Stich-Lassen eines Teiles des Selbst und/oder des Selbstobjekts, und zwar eben auf *der* Ebene, welche diese Affekte repräsentieren ... *In dieser Hinsicht vertritt der negative Affektzustand das primäre Objekt, d. h. die Mutter.*[57]

Wir werden im folgenden die große Bedeutung dieser Affektwiederholung durch den masochistischen Charakter bei den zu schildernden Fällen erkennen; namentlich bei Albert und Thomas (Kap. 7 und 6) ist dieses zwangsmäßige Wiederauftauchen archaischer Affektzustände von großer Wichtigkeit gewesen.

Peter Blos (1991) verknüpft die *zentrale Allmachtsphantasie mit der Abwehr gegen schmerzlichen Affekt:*

[56] „Pain-seeking behavior represents an attempt to substitute for the withdrawal of cathexis by the mother ... [in one of the cases presented] the need for the object overrides the need for pleasure ... safety resides in an object that induces pain rather than pleasure" (Novick u. Novick 1987, S. 359).

[57] „Primitive affect states occurring during periods of marked regression are likely to be as far as it is possible to go therapeutically toward the recovery of the events or circumstances of the preverbal period. And such primitive affect states appear to be consequent to the propensity of such individuals to relive in later life and in the intense transference recrudescence what they cannot cognitively remember, namely, the aura of early experience including the *sense* of self and self-object. This is especially so if, as is usually the case, they are strongly fixated to early trauma associated with pain; then they readily regress to primitive affect states characteristic of such trauma" (Valenstein 1973, S. 375). „I believe that such affects are emphatically held to because they represent the early self and self-object. Giving up such affects, coincident with mostly correct, but insufficiently deep interpretations would be equivalent to relinquishing a part of the self and/or self-object at the level which those affects represent" (l.c., S. 376)„In this regard the negative affect state represents the primary object, i.e., the mother" (l.c., S. 387).

... die regressiv verschobene Libidinisierung des Analbereiches zusammen mit dem besonderen Denkmodus der analen Phase – ja/nein, Magie, Allmacht und Allwissenheit – kann dem fortgesetzten Widerstand gegen die Auflösung der ödipalen Konflikte dienen, eine Auflösung, die dem Aufgeben der Phantasie von der Bisexualität und der unbeschränkten Potentialität gleichkäme ... Es kommt daher zu einem dem Trauerprozeß sehr ähnlichen Vorgang, der Trauer nämlich über den Verlust einer Illusion, die so wesentlich, wirklich und wahr geschienen hatte. Sind diese Konflikte besonders prominent, scheint die anale Position ein Refugium zu bieten, in dem nichts aufgegeben werden muß, wo Bisexualität noch immer möglich ist, Ambivalenz regiert und das Festhalten Befriedigung und ein Sicherheitsgefühl verleiht. Das aber heißt: *alles ist noch immer möglich.*[58]

Er konzentriert sich daher in der Behandlung darauf, wie

der Patient den Sadomasochismus in der Analyse als eine Übertragungsabwehr dagegen benützt, schmerzliche Affekte wieder zu erleben und zu erinnern ... Diese phantasierte Hoffnung auf Umkehrbarkeit kann nur so lange beibehalten werden, wie die sadomasochistische Position aufrechterhalten wird. Wird diese als Phantasie, als Unwirklichkeit analysiert, erlebt der Patient einen Verlust, als ob etwas Wertvolles ihm weggenommen worden wäre. Es ist dieser schmerzhafte Affekt des Verlusts, der, begleitet von beängstigender Wut, durch die sadomasochistische Position abgewehrt wird und dann, zusammen mit der damit verbundenen Schuld, in den Symptomen wieder erscheint."[59]

Am umfassendsten und klarsten wird die Verknüpfung von *Trauma und gegen das Selbst gerichteter Aggression* in einem unlängst erschienenen Artikel von William Grossman hervorgehoben (1991):

... Schmerz und schmerzvolle Affekte sind die „Quellen" der Aggression ... die psychologischen Wirkungen von Traumatisierung, ob in früher Kindheit oder im Erwachsenenalter, können am besten im Zusammenhang mit der Entwicklung und dem Funktionieren der Phantasierfähigkeit verstanden werden ... Ich schlage vor, daß in dem Ausmaß, wie Phantasiebildung möglich ist, auch die Umwandlung und Meisterung traumatischer Erlebnisse zustandekommen kann. *Schweres Trauma beeinträchtigt die Phantasiefähigkeit* ... und führt dazu, daß die Umwandlung der traumatischen Erfahrung durch seelische Tätigkeit versagt. Stattdessen sind dann Verhaltenswiederholungen und Besessenheit durch Bilder, die das traumatische Erleben wiederholen und ungeschehen zu machen suchen, mögliche Folgen.

---

58 „... the regressively displaced libidinization of the anal area along with the particular modality of anal-phase thinking – yes/no, magic, omnipotence, and omniscience – can serve as a continued resistance to the resolution of oedipal conflicts", i.e. to the „relinquishment of the fantasy of bisexuality and omnipotentiality" (Blos 1991, S. 419).
„... there is a process very like mourning over the loss of an illusion that had seemed so essential, real and true. When these conflicts are preeminent, the anal position appears to provide a haven wherein nothing has to be given up, bisexuality is still possible, ambivalence reigns, and holding on gives satisfaction and a sense of security. That is – *all is still possible*" (S. 420).

59 „... the patient's utilization of sadomasochism in the analysis as a transferential defense against reexperiencing and remembering painful affects ... This fantasied hope of reversibility is sustainable only so long as the sadomasochistic position is maintained. When this is analyzed as fantasy, not reality, the patient experiences a loss as though something valuable has been taken away. It is this painful affect of loss, with its accompanying fearful rage, that the sadomasochistic position defends against and that reappears with its associated guilt in the symptoms" (S. 421).

Zusätzlich oder an deren Stelle können Hemmungen, Vermeidungen und Rückzug Versuche sein, schmerzhaften Wiederholungen eines traumatischen Zustands zu entgehen. Wiederholungen in der Phantasie können zur Meisterung des Traumas beitragen, eine Funktion, die Freud (1920) dem traumatischen Traum zuschrieb ... Die Probleme des Sadomasochismus werden begrifflich am nützlichsten als Probleme von Entwicklung und Kontrolle der Aggression in Bezug auf psychosexuelle Bindungen und der Entwicklung psychischer Struktur erfaßt ... *von früher Kindheit an besteht die Neigung, auf traumatische Behandlung mit zerstörerischem und selbstzerstörerischem Verhalten zu reagieren* ...[60]

„Die von mir vorgebrachte Hypothese behauptet", fährt Grossman fort,

daß Schmerz und schmerzlicher Affekt, wie Angst, Scham, Schuld, Demütigung und Furcht, gewöhnlich vorkommende Quellen des aggressiven Triebes sind, obgleich sie nicht die einzigen sein müssen ... Entsprechend kann jeder körperliche Schmerz als somatische Quelle des Aggressionstriebes aufgefaßt werden, ähnlich wie die Stimulierung der erotogenen Zonen als Quellen der Libido zu verstehen ist ... Schmerz und schmerzvoller Affekt rufen Aggression gegen die Leute hervor, die sie anscheinend verursacht haben. Um aber die Beziehung zu bewahren, ist es nötig, den Ausdruck der aggressiven Impulse, die gegen andere gerichtet sind, irgendwie zu modifizieren, wenn diese anderen mächtiger, befriedigender oder aber gefährlicher, bedrohlicher und in Kontrolle sind. Manchmal wird dafür sexuelle Aktivität, zusammen mit anderen lustvollen Erfahrungen, gebraucht. Zuweilen kann die sexuelle Tätigkeit selbst schon Teil einer erzwungenen Beziehung bilden, und deren lustvolle Qualität mag zweideutig sein. In der Kindheit wie in den traumatischen Situationen des späteren Lebens werden Lust-Unlust-Phantasien zu einem anderen Vehikel für das Management und die Ableitung von Aggression und führen so zu gewissen wohl bekannten Formen sadomasochistischer Phantasien.[61]

---

60 „... pain and painful affects are ‚sources' of aggression" (p. 26). „... the psychological effects of trauma, whether in infancy or adult life, are best understood in connection with the development and functioning of the capacity to fantasize ... I suggest that to the extent that fantasy formation is possible, some transformation and mastery of traumatic experience is possible. Severe trauma impairs the capacity for fantasy ..., leading to a failure to transform the traumatic experience through mental activity. Instead, repetitive behavior and intrusive imagery that repeat or attempt to undo the traumatic experience are possible consequences. In addition, or alternatively, inhibitions, avoidances, and withdrawal may be attempts to avoid painful, repeated occurrences of a traumatic state. Repetitions in fantasy may contribute to the mastery of trauma, a function ascribed by Freud (1920) to the traumatic dream ... The problems of sadomasochism are more usefully conceptualized as the problems of the development and management of aggression in relation to psychosexual attachments and the development of psychic structure" (S. 26, 27). „... from early infancy on, there is a capacity to respond to traumatic treatment with destructive and self-destructive behavior" (S. 28).

61 „The hypothesis I suggest is as follows: pain and painful affect (anxiety, shame, guilt, humiliation, fear) are ordinarily occurring sources of the aggressive drive, though perhaps not the only ones ... Accordingly, any somatic pain might be thought of as a somatic source of the aggressive drive, much as stimulation of the erotogenic zones can be regarded as sources of libido ... Pain and painful affect evoke aggression toward those people who are perceived as the perpetrators. To preserve the relationship, the expression of aggressive impulses directed against other people who are more powerful, gratifying or dangerous, threatening, and in control must be modified in some way. In some cases, sexual activity is utilized, as are other pleasurable experiences. Sometimes, the sexual activity itself may be a part of an enforced relationship, and its pleasurable quality may be ambiguous. In childhood, as well as in the

Er postuliert sogar das Vorkommen von sehr frühem innerem Konflikt (im Gegensatz etwa zu Lichtenberg):

> Bei den frühen Fällen scheint es sich um eine Frage der angstbewirkten Selbstkontrolle im Konflikt mit der bemutternden Person zu handeln ... Die frühe Selbstkontrolle, die durch Furcht und Schmerz motiviert wird, kann als Vorläufer von innerem Konflikt betrachtet werden, der sich auf einer vorsymbolischen, sensorimotorischen Entwicklungsebene abspielt. Dies mag zwar nicht Konflikt im Sinne des dreiteiligen Strukturmodells sein, doch Konflikt kann es sehr wohl sein.[62]

Grossmans Ansichten stimmen sehr gut mit meinen eigenen überein und werden, glaube ich, durch die Erfahrungen der Patienten in den folgenden Kapiteln gestützt werden.

2.7 *Erklärung und Beschreibung*

> „Wenn schon kurieren, dann nicht die Krankheiten, sondern ihre Ursachen ... Die Hauptsache ist, das Leben umzugestalten; alles übrige ist unnütz."[63]

Wiederholt erwähnte ich, daß der Begriff des Masochismus lediglich beschreibend sei und an sich noch gar nichts erkläre; ich berief mich dabei auf Autoren wie Grossman und Maleson. Ihrer Argumentation gebe ich nun noch etwas spezifischeren Ausdruck.

Zunächst William I. Grossman:

> Die Unlust oder der Schmerz besitzt für den Masochisten immer Wert und deutbaren Sinn und wird deshalb gesucht, – liege nun dieser Sinn in [sexueller] Erregung (Freud 1915), in Erleichterung von der durch solche Erregung geschaffenen Spannung (Reich 1933), in Vermeidung einer anderen Art Schmerz (Eidelberg 1934), in einer anderen Art von Befriedigung (Horney 1939), oder in einer Vermeidung von „wirklichem" Schmerz und von Passivität (Keiser 1949). Jeder einzelne dieser Gründe, Lust und Unlust zu verknüpfen, mag im Einzelfall gelten. Ich glaube indes, daß diese Autoren darauf bestehen müssen, daß Masochisten nicht „wirklich" Schmerz wollen, da sie davon überzeugt sind, daß das Erstreben von Unlust dem Lustprinzip zuwider laufe. Ihre Art der Begründung liefert ein weiteres Beispiel für das Herumrutschen zwischen verschiedenen Erklärungsebenen.[64]

---

traumatic situations of later life, pleasure-unpleasure fantasies become another vehicle for the management and channeling of aggression leading to some familiar forms of sadomasochistic fantasies" (S. 39, 40).

[62] „In the early cases, the issue seems to be self-control out of fear in conflict with the caretaker ... The early self-control generated out of fear and pain may perhaps be considered to be the precursor of inner conflict occurring at a presymbolic, sensorimotor level of development. It may not be conflict at the level of tripartite structure, but it may be conflict" (S. 45).

[63] A. Tschechow, in: Th. Mann, *Essays*, Bd. I, S. 161.

[64] „The unpleasure or pain always has some value and interpretable meaning to the masochist, and is sought for this reason, whether the reason is excitement (Freud, 1915), a relief from the tension of the excitement (Reich, 1933), an avoidance of some other pain (Eidelberg, 1934), a different kind of satisfaction (Horney, 1939), or an avoidance of ‚real' pain and passivity (Keiser, 1949). Any of these reasons for coupling pleasure and unpleasure may be relevant in

> ... manche der Schwierigkeiten im Gebrauch, in der Definition und in der Nosologie, die sich an den Masochismusbegriff knüpfen, stammen vom Versuch, das „Wesen" eines klinischen Begriffs zu erfassen, und zwar in Form eines einzelnen auszeichnenden Merkmals, Faktors oder Grundes. Statt dessen habe ich vorgeschlagen, der Masochismus stelle einen Begriff dar, der einer bestimmten Ebene der Komplexität angehöre und sich nicht ohne Sinnverlust weiter reduzieren lasse. *Es ist ein klinischer Begriff, der sich auf eine Gruppe von Phantasien bezieht.* Die masochistischen Perversionen sind konkrete Ausführungen solcher Phantasien und *dienen als Prototypen* für die klinische Deutung.[65]

Franklin G. Maleson beleuchtet die *Zirkularität* in der Verwendung des Masochismusbegriffs und dringt auf scharfe Unterscheidung zwischen engen und weiten Fassungen, zwischen Beschreibung und dynamischer Erklärung:

> Freuds Ausgangspunkt war die *klinische* Beschreibung der sadomasochistischen Perversionen, mit besonderer Betonung ihres regelmäßigen Auftretens als Gegensatzpaar im selben Individuum ... Von diesen klinischen Beobachtungen und Synthesen aus postulierte Freud (1905) die Existenz zugrundeliegender Gegensatzpaare der sadistischen und masochistischen Teiltriebe ... Freud steigerte dann die Bedeutsamkeit der Teiltriebe, indem er den Prozeß umkehrte und von den klinisch manifestierten sadomasochistischen Perversionen sprach, als ob sie durch die Wirkung dieser Gegensatzpaare von Teiltrieben *verursacht* würden, obwohl diese ja lediglich hypothetische Konstruktionen waren ... Diese Verdinglichung (Reifizierung) der Teiltriebe bewirkte es, daß Sadismus und Masochismus Begriffe wurden, die eine Doppelbedeutung aufwiesen, nämlich sowohl als Triebe wie als Verhaltensformen ... Die gleichen Worte wurden nun dafür gebraucht, sowohl das klinisch beobachtbare Ergebnis von Konflikt wie die hypothetisch angenommenen Triebquellen von Konflikt zu bezeichnen: masochistisches Verhalten wie masochistische Triebe.[66]

---

a particular case. I believe that these authors need to insist that masochists do not ‚really' want pain because of their belief that striving for unpleasure goes against the pleasure principle. Their reasoning provides another example of the slippage between levels of explanation" (Grossman 1986, S. 389).

65 „... some of the difficulties of usage, definition, and nosology associated with the concept of masochism result from the effort to get at the ‚essence' of a clinical concept, that is, a single distinguishing characteristic, factor, or cause. I have suggested instead that masochism is a concept belonging to a certain level of complexity and is not reducible without loss of meaning. *It is a clinical concept having to do with a group of fantasies.* The masochistic perversions are concrete enactments of such fantasies and *serve as prototypes* for clinical interpretation" (S. 389 f., meine Betonung).

66 „His starting point was the *clinical* description of sadomasochistic perversions, with particular emphasis on their regular occurrence as paired opposites within the same individual ... From these clinical observations and syntheses, Freud (1905) postulated the existence of underlying, paired opposite component instincts of sadism and masochism, i.e., it was ‚*plausible* to trace them back' in this manner ... Freud then elevated the importance of the component instincts by reversing the process, speaking of the clinically manifested sadomasochistic perversions as if they were *caused* by the operation of these paired opposite component instincts, which were in actuality no more than hypothetical constructions ... This reification of the component instincts established sadism and masochism as terms with double meanings (i.e., as instincts and behaviors). ... The same words were used to denote both the clinically observable outcome of conflict and the hypothesized instinctual sources of conflict (e.g., masochistic behavior; masochistic drives)" (S. 347, 349).

Maleson schlägt dann die schon früher geschilderte Trennung in den breiten, unspezifischen, rein deskriptiven Gebrauch des Konzepts und in die engere Definition, bei der eine größere dynamische und damit erklärende Spezifität behauptet werde, vor. Die erstere Begriffsanwendung beziehe sich „auf Verhaltensweisen, Gedanken, Phantasien, Symptome oder Syndrome, die durch subjektiv erlebten Schmerz oder Leiden, die unnötig, übermäßig oder selbst verursacht sind, charakterisiert werden, und zwar beurteilt dies der Analytiker auf Grund seiner Ansichten von Normen für Verhalten und Affekt.[67]

In der engen Definition beziehe sich der Begriff auf „Zustände von körperlichem oder seelischem Leiden jeder Art, bei dem es eine klare Verknüpfung mit sexueller Erregung oder Lust gebe. Sexuelle oder sinnliche Lust würde genitale Erregung oder ihre verschobenen oder regressiven Äquivalente bedeuten; andere Formen von Lust, Bedürfnis und Befriedigung müßten davon unterschieden werden.[68]

> Wenn der Begriff des Masochismus im weitesten Sinn verwendet wird, kann er fälschlich auf eine dynamische Ähnlichkeit zwischen ganz verschiedenen Phänomenen hinweisen und ist oft in der Hinsicht zweideutig, ob es sich dabei um erotische oder perverse Erregung handle oder nicht.[69]

*

Jede rationale Behandlung psychischen oder somatischen Leidens muß sich zumindest die Frage stellen: Was ist die *Konstellation der Ursachen,* die am wahrscheinlichsten einer vorliegenden Symptomatik zugrunde liegt, Ursachen, die weiterwirken und das Leiden aufrechterhalten? Ich habe mich in *Die zerbrochene Wirklichkeit* eingehend mit dieser Frage auseinandergesetzt und behauptet, daß die für die psychoanalytische Arbeit zentrale Kausalität die der Konflikte sei. Doch sprach ich im vorgehenden auch über die Wichtigkeit von Traumatisierung, und im folgenden werde ich dies noch vertiefen; ich erwähnte die Bedeutung archaischer Affekte und bedeutsamer Phantasien.

Wollen wir also wirkungsvoll deuten oder überhaupt eingreifen, müssen wir uns immer wieder klar darüber werden, was denn eigentlich beschreibend und was wirklich erklärend ist. Wir müssen uns also nun diesem Thema von Erklärung und Beschreibung wenigstens kurz zuwenden, obwohl ich mich damit schon sowohl in *Flucht vor dem Gewissen* wie auch in *Die zerbrochene Wirklichkeit* ausführlich beschäftigt habe. In beiden habe ich eingehend dargestellt, was *beschreibend* die Kriterien des *neurotischen Prozesses* ausmache:

---

67 [The non-specific broad term use of the term, purely descriptive referring to] „behavior, thoughts, fantasies, symptoms, or syndromes characterized by subjectively experienced pain or suffering which seems unneccessary, excessive, or in some way self-induced in the judgment of the analyst, as based on his notions of behavioral and affective norms" (S. 351).

68 „... states of physical or mental suffering in any form in which a clear linkage to sexual excitement or pleasure is demonstrable. Sexual or sensual pleasure would refer to genital excitement or its displaced or regressive equivalents; other pleasures, needs, and gratifications would have to be differentiated from it" (S. 352).

69 „When used in its broadest sense, masochism may falsely suggest dynamic similarity between diverse phenomena, and is often ambiguous with respect to the presence or absence of underlying erotic or perverse excitement" (S. 354).

„Willentlich, mit eigener Hand, hab' ich's getan, und doch war es unfreiwillig, gezwungen", heißt es in den Ödipus-Tragödien. Bei all den schwerer erkrankten Neurotikern stoßen wir auf diese *zwingende Gewalt* des Fühlens, Denkens und Handelns, auf eine dämonisch anmutende „Besessenheit" der seelischen Vorgänge. Es ist ein *„Gegenwille"*, wie Freud jene Kraft in der ersten sich auf die Psychotherapie der Hysterie beziehenden Schrift genannt hat, die Kraft, welche die Absichten der bewußten Persönlichkeit durchkreuzt. Späterhin beschrieb er sie in weit breiterem und tieferem Verstehen als *Wiederholungszwang.* Er versuchte, diesen auf einen primären Masochismus oder auf den Todestrieb zurückzuführen.

Demgegenüber wurde der Standpunkt von Kubie vertreten, daß das entscheidende Merkmal der Neurose überhaupt dieser Charakter der Unveränderlichkeit, der zwangsmäßigen Wiederholung sei. Je schwerer die neurotischen Konflikte, um so tiefer sei diese subjektive Empfindung und um so drastischer auch die objektive Manifestation der Gezwungenheit oder *„compulsiveness"*. Darin liege das Wesen der Neurose überhaupt: Wo sich ein Vorwiegen bewußter und vorbewußter Systeme finde, da erledige sich ein begonnener psychischer Akt, wenn das Ziel entweder faktisch erreicht wird oder aber als unmöglich aufgegeben werden muß. Das Verhalten werde nicht unersättlich und stereotyp. Im Gegensatz dazu sei das von vorwiegend unbewußten Kräften bestimmte Verhalten automatisch, sich endlos wiederholend und unkorrigierbar. Die Ziele seien vorwiegend unbewußte Symbole, und unbewußte Ziele können nie erreicht werden. Die Automatizität, die Stereotypie, die unveränderliche, durch Erfahrung unbeeinflußbare, zwangsmäßige Wiederholung bilde Kern und Wesen des neurotischen Prozesses.

Ich pflichte Kubies Ansicht weitgehend bei und füge lediglich hinzu, daß es spezifisch der unerledigte, nun vorwiegend unbewußt gewordene *Konflikt* ist, der Konflikt, der nicht entschieden werden kann und daher vom Bewußtsein abgehalten, abgesperrt wird und so der inneren Unwahrhaftigkeit verfallen ist.

Dieses Konzept der Verknüpfung von innerem Zwang und unbewußtem inneren Konflikt ist klinisch von großer Hilfe: Das Ziel der analytischen Behandlung kann *nicht* in der „Angepaßtheit", einem jedenfalls in mancher Hinsicht höchst fragwürdigem Wert und Zweck liegen, sondern in *größerer innerer Freiheit,* mithin der Verminderung der subjektiv empfundenen Gezwungenheit. Wo die zwingend unkontrollierbaren, d. h. durch Erfahrung und Willensentscheidung unkorrigierbaren Mächte des Es – der Triebe und wohl auch der ursprünglichen Affekte – *und* des Über-Ich herrschten, sollen nun die Leit- und Entscheidungskraft und das bewußte Abwägen des Ich mehr und mehr bestimmend werden.

Das zweite Merkmal ist die Polarisierung der Gegensätze, das Erleben von Selbst und anderen in schroffen Extremen, die Absolutsetzung von Idealen und vom Verworfenen, von Gut und Böse, von Rein und Unrein. Diese „Spaltung" wird also als rein phänomenologisch erfaßt.

Das dritte Oberflächenmerkmal ist das der Überwertung und Globalität des Erlebens, die überflutende Qualität von Affekten und Impulsen. Auf diese „narzißtische" Überwertung werde ich noch zurückkommen.

Als viertes können wir nun auch das scheinbar immer wieder innerlich herbeigezwungene Leiden mitanfügen, das Suchen nach Versagen und quälendem Gegenüber.

Sieht sich der Patient damit konfrontiert, daß ihm diese 4 Kriterien als letzte Einsichten angeboten werden, wird er protestieren: „Was Sie mir da sagen, weiß ich sehr wohl. Das ist es ja gerade, worunter ich leide, gerade darum komme ich zu Ihnen und möchte Hilfe damit, und Sie sagen mir, das ist, was ich eben annehmen müsse. Das Problem liegt doch gerade darin, daß ich es nicht annehmen kann, und ich weiß nicht warum. Ich bitte Sie ja, mir zu helfen, daß ich den Grund dafür finde, *warum ich mich so getrieben und gezwungen fühle, warum ich in so radikalen Gegensätzen lebe und innerlich so zerrissen bin und warum ich so von Gefühlen, von Wünschen und Ängsten, von einer inneren Sturmwoge überflutet werde und jeden Erfolg zunichte machen muß.*"

Dem gegenüber zeigt uns, wie gesagt, die Erfahrung, daß die eigentliche, durch die psychoanalytische Methode erreichbare Kausalität in den *Konflikten,* namentlich den inneren, spezifisch den *unbewußten* inneren Konflikten besteht; sie stellen den Anfang der psychischen Reihen dar, die wir zu erreichen vermögen und deren sorgfältige Betrachtung sowohl zur Erklärung als auch damit zur wirksamen Einsicht führt.

Relevante Erklärung vermeidet mehr und mehr die Wege der Abkürzung, auf denen man unser Innenleben auf einige große Faktoren zu reduzieren sucht: Weder Triebe noch Entwicklungsphasen noch Abwehrformen, weder Traumata noch Affekte noch Ich- oder Über-Ich-Strukturen an sich können als Ursachen bezeichnet werden. Das Innehalten der Kausalerklärung findet auf der Ebene des jeweilig zugänglichen, am besten die jeweils gegenwärtigen Daten ordnenden Konflikts statt. Das besagt freilich, daß Begriffe wie Narzißmus, Libidoökonomie, Masochismus, Todestrieb, Wiederholungszwang und Spaltung lediglich einen *beschreibenden,* keinen *erklärenden* Wert beanspruchen können. Erklärung, also das Verstehen der relevanten Kausalität, konzentriert sich auf inneren, unbewußten Konflikt und die diesen begleitenden überwältigenden Gefühle. Psychoanalytisches Verstehen beruht auf einer Erklärung durch *Konfliktkausalität.*

Dies ist das Zentrum des Interesses bei unserer Arbeit, alles andere rückt zur Peripherie. Es wird damit nicht bedeutungslos, aber es ist lediglich Teil des Feldes, das den Brennpunkt umgibt.

Dabei besteht Konflikt nicht einfach zwischen Trieben und Ich, zwischen Über-Ich und Trieben, zwischen Ich und äußerer Wirklichkeit, sondern auch zwischen gegensätzlichen Ichaspekten, zwischen unstimmigen Über-Ich-Anteilen, wie zwischen gegensätzlichen Idealen und Werten oder zwischen einander schroff entgegengesetzten Loyalitäten, auch zwischen gegensätzlichen Triebstrebungen sowie zwischen Ideen und Affekten. Es ist also keineswegs so, daß Konfliktpsychologie synonym mit der Untersuchung ödipaler Probleme oder auch mit dem Strukturmodell wäre, so wichtig beide für die Konfliktpsychologie sind: bei beiden handelt es sich lediglich um Spezialformen von Konflikt.

Freilich bedeutet dieser Fokus auf die Konfliktkausalität zugleich, daß unser Verständnis eine viel breitere, reichere Konstellation mit einbeziehen muß – und hier gehe ich über das in den früheren Werken Ausgeführte hinaus: Von der Zentralität gewisser Konflikte zu sprechen, aber von der nachwirkenden Macht massiver Traumatisierung und der damit verbundenen, oft schon präverbal angelegten Affekte abzusehen, kann sehr wohl Teil der Verleugnung bilden, die Patienten oft mit ihren Familien teilen. Und umgekehrt ist der Zugang zu den tiefen unbewußten Konflikten immer indirekt, muß gerade von jenen *beschreibenden* Kernphänomenen oder von bewußten und vorbewußten Konflikten oder von sich immer wiederholenden Leitaffekten ausgehen, bedarf der Brücken wesentlicher, weitgehend unbewußter Phantasien, um dem beobachtenden Ich des Patienten es allmählich möglich zu machen, den Zugang zu den dynamisch entscheidenden, unbewußten, inneren Konflikten zu gewinnen. Alle 5 Faktoren zusammen bilden recht eigentlich erst die *Gesamtkonstellation der Kausalität.* Trotz der Zentralität der Konflikte in dieser Konstellation bedarf es des Verstehens und des Durcharbeitens aller fünf Schichten. Dabei hat sich für mich folgendes ordnendes Schema für die Schichtung im Verständnis am brauchbarsten erwiesen, von der Oberfläche (von Erleben und Beschreiben) fortschreitend zur Tiefe der Unbewußtheit oder wenigstens „Ursprunghaftigkeit":

1. die *Kernphänomene des neurotischen Prozesses:* Zwangshaftigkeit, Globalität, Polarisierung, Leiden;
2. die als Brücken zum dynamisch Unbewußten dienenden hauptsächlichen oder *Kernphantasien;*
3. die *zentralen unbewußten inneren Konflikte;*
4. die leitenden, dramatisch überwältigenden, archaisch globalen, oft wohl präverbalen oder desymbolisierten, resomatisierten *Kernaffekte;* und schließlich als eigentlich nie fehlende Grundschicht:
5. die *Traumata,* gewöhnlich in sich immer wiederholender Form; man könnte sie auch als *äußere Konflikte* zwischen dem Selbst und der Umwelt (zumeist natürlich den hauptsächlichen Personen der Umgebung und der Familie als ganzer, aber auch Traumatisierungen infolge schwerer körperlicher Störungen) bezeichnen. Diese schweren, pathogenen Traumatisierungen sind zwar gewöhnlich frühkindlicher Art, aber sind nicht auf diese beschränkt.[70]

In den folgenden detaillierten Fallbeschreibungen habe ich das Augenmerk darauf gerichtet, diese Konstellationen in ihrer Spezifität, wie sie sich während langer Analysen herausarbeiten ließen, so sorgfältig, „lebens- und naturgetreu" und ordentlich darzustellen, wie es möglich ist. Ich glaube immer noch, daß wirklichkeitsnahe Schilderungen der Dynamik ausgesuchter, besonders illustrativer Einzelbehandlungen eine wichtigere Hilfe für Theorie und Praxis bedeuten, als allgemeingefaßte Behauptungen, die universelle Gültigkeit beanspruchen würden. Illustrativ wofür? Eben für das Kausalverständnis, das sich *pragmatisch am wahrsten,* also klinisch immer wieder am brauchbarsten erwiesen hat. Was mir jeweils hilft, dürfte eben auch anderen helfen.

Es ist wichtig zu erkennen, daß dieses analytische, konfliktzentrierte, partikularistische Menschenverständnis ein fundamentales theoretisches Paradigma darstellt. Antithetisch steht es einem holistischen, synthetischen, teleologischen Paradigma gegenüber (s. *Zerbrochene Wirklichkeit,* Kap. 10, *Maske der Scham,* Anhang, sowie später in diesem Werk: Kap. 12).

In den folgenden Fallanalysen werden wir den Hauptformen von Kernphänomenen und -phantasien, zentralen Konflikten und der Substruktur traumatogener Affek-

[70] Siehe dazu insbesondere. die wichtigen Arbeiten von Krystal und Niederland.

te und Erinnerungen immer wieder begegnen, doch in mannigfachen individuellen Variationen und vielfältigen Kombinationen, in idiosynkratischen Formulierungen und in oft literarisch anmutender Metaphorik. Dies ist gerade beim nächsten Patienten eindrücklich.

2.8 *„Die blutige Fußspur im Schnee“*

In einer ihrer verfolgend eindrücklichen Erzählungen, *Herr Arnes penningar* („Herr Arnes Schatz“), gebraucht Selma Lagerlöf das Bild der blutigen Fußspuren im Schnee, um die Blutschuld, die gespenstisch von außen her das Gewissen ängstigt, zu symbolisieren („att han går med nakna fötter och satter blodiga fotspår på snön“) – der Geschichte eines Mädchens, das als einzige das Massaker der Familie überlebt, die sie beherbergt hat. Unwissentlich verliebt sie sich in einen der drei Mörder, und wie sie die schreckliche Wahrheit langsam herausfindet, eben durch die gespenstische Spur im Schnee (den Geist ihrer Pflegeschwester), fühlt sie sich hin- und hergerissen durch ihre Treue gegenüber der ermordeten Pflegeschwester und die Liebe zum Geliebten. Sie verrät den Mörder, versucht ihm aber zuerst zur Flucht zu verhelfen, zieht jedoch dann die Waffen an sich, um ihm durch ihren eigenen Tod die Flucht zu verwehren – Liebe gegen Liebe, Treue gegen Treue, Verrat gegen Verrat, Schuld gegen Schuld.

Dieser blutigen Spur im Schnee wollen wir nun nachgehen, einer Gewissensspur, die, wie in der Erzählung, nicht so sehr von Taten bestimmt, sondern von Absichten und Neigungen, von verhüllten und zerrissenen Loyalitäten, von gegensätzlichen Stimmen im Gewissen geleitet, nein, vielmehr erzwungen wird.

Teil 1: Der „äußerliche" Masochismus

„. . . že jsem prostě věděl, že mezi mnou a mým okolím je jakási neviditelná zeď' a že jsem se – což se může zdát paradoxní – cítil za touto zdí jaksi osamělý, méněcenný, ztracený, posmívaný . . .

Někdy si dokonce říkám, jestli jsem prapůvodně nezačal psát a vůbec o něco usilovat vlastně jen proto, abych nějak překonal svůj základní zážitek nepatřičnosti, trapnosti, nezařazenosti, prostě absurdity, respektive abych s ním dokázal žít . . .

. . . pořád o sobě pochybuji a každou chvíli se na něco téměř masochisticky obviňuji a proklínám . . .

. . . vždyť já se vlastně pořád něčeho bojím a dokonce i ta moje údajná odvaha a výdrž pramení ze strachu: totiž ze strachu z vlastního svědomí, které mne tak rádo trýzní za selhání skutečná i domnělá!"

Václav Havel, *Dálkový výslech* (str. 9, 10, 176, 177)

„. . . daß ich einfach wußte, daß zwischen mir und meiner Umwelt sich eine solch unsichtbare Wand befand und daß ich mich hinter dieser Wand – so paradox dies auch scheinen mag – recht einsam, minderwertig, verloren, verhöhnt fühlte . . .

Zuweilen frage ich mich sogar, ob ich nicht ursprünglich nur deswegen zu schreiben begonnen habe oder ob ich mich überhaupt um etwas nur deshalb bemühe, um irgendwie meine Grunderfahrung, nicht dazu zu gehören, das Gefühl des Peinlichen, das Erlebnis, außerhalb der Ordnung zu stehen, einfach: die Erfahrung der Absurdität, zu bewältigen, – oder eher, um es fertig zu bringen, mit ihr zu leben . . .

. . . stetsfort zweifle ich an mir, und jederzeit beschuldige und verwünsche ich mich für etwas auf eine beinahe masochistische Weise . . . tatsächlich habe ich eigentlich ständig vor etwas Angst und sogar meine angebliche Tapferkeit und Durchhaltekraft entspringen der Angst: nämlich der Angst vor meinem eigenen Gewissen, das mich so gerne für wirkliches und eingebildetes Versagen quält!"

(*Einvernahme aus der Ferne*, 1989)

3 *„Sich selbst zu wählen, so wie man ist" – Die Analyse eines Falles von „äußerem Masochismus"*

„Men Vår Herre har satt en skärm för ögona på'n, så att han inte ska behöva se det, som han inte tål ve å se."[1]

3.1 *„Der goldleuchtende Dolch"*

Ein 30jähriger Wissenschaftler, Reinhold, seit Oktober 1989 in Analyse, beschreibt ein momentanes angstausgelöstes Bild in der Stunde:

> Als die Angst in mich fuhr, daß Cornelia [seine Freundin] schwanger sein könnte, folgte der die Wut und der fast eine Erleichterung: daß ich die Bestrafung verdiene. Dann dachte ich, Sie würden mir sagen, ich arbeite nicht genug. Ich hoffte, bei Ihnen Erlösung zu finden, aber daß Sie mich dann auslachen, da ich verwirrt sei. Dann sehe ich das Bild eines leuchtenden goldenen Dolches („a brilliant golden dagger") über meiner Brust. Wenn es zu übel wird, wird der Degen herunterfallen und mich durchbohren. Die Schneide ist in Kreuzesform und auch der Knauf ... (82)

Dies ist Ausdruck einer momentanen masochistischen Übertragung. Viel später bekennt er:

> Die Analyse wird selbst zum vollkommenen masochistischen Zyklus: ich werde zum Opfer, um mich zu heilen. Ich muß mich auf Ihrem Altar opfern, um mich zu retten. Wie jeder Gott, den ich gekannt, fordern auch Sie ungeheure Opfer, um mir die Heilung zu gewähren (211).

Insbesondere ist es so von Anfang an die Schwere und die archaische Natur der Verurteilung, ja der Verlachung, die er von mir befürchtet – daß er vor mir als einer brutalen Gewissensgestalt Angst hat. Es handelt sich also v. a. um eine Über-Ich-Übertragung. Er versucht diese archaische Gestalt in mir dadurch zu besänftigen, daß er mich idealisiert und mit mir die Welt der Ideale zu teilen sucht. In welcher Weise dies geschieht, werden wir gleich sehen.

Jede Beziehung zu einer Frau hat sich für Reinhold zur Hölle verwandelt – in der gegenwärtigen z. B. einer Hölle von Anschuldigungen durch die Frau, daß er sie nicht genügend liebe, von verzweifelt wütender Selbstverteidigung und von selbstmörderischen Anklagen. Doch ist es ihm unmöglich, sich von ihr zu lösen. „Wir können nicht miteinander sein, wir können nicht ohne einander sein."

---

[1] „Aber Unser Herr hat ihm einen Schirm vor die Augen gesetzt, damit er das nicht sehen muß, was er nicht erträgt zu sehen" [Selma Lagerlöf, *Kejsarn av Portugallien (Der Kaiser von Portugal)*, S. 188].

Er hatte im Oktober 1989 die Therapie v. a. wegen des Wiederholungscharakters qualvoller Beziehungen mit Frauen aufgesucht – jetzt in seinem Verhältnis zu Cornelia, einer sehr angesehenen Managerin.

Obgleich er selber erfolgreich in Studien und Forschung war, wurde der Erfolg oft schwerer Angst abgerungen. Stunden verbrachte er zu Beginn seiner Anstellung im Keller der Universität, um sich mit seiner Angst und Scham verborgen zu halten.

Er ist ein großer Mann, anziehend, stark gebaut, mit einem treuherzig offenen Gesicht und etwas verträumt blickenden, äußerst kurzsichtigen Augen.

Einige Daten zur Geschichte: Er ist das älteste von 4 Kindern aus einer schlechten Ehe, die geschieden wurde, als er 5jährig war. Die Eltern lebten in Übersee, wo der Vater Universitätsprofessor war. Die Mutter versuchte mehrmals, sich das Leben zu nehmen und bekam mehrere der Kinder, um den Vater wieder an sich zu binden und von seiner Freundin zu lösen. Als sie mit den Kindern abreiste, sollte Reinhold beim Vater gelassen werden. Im letzten Augenblick wurde er für seinen nächst jüngeren Bruder ausgetauscht; er selbst mußte mit der Mutter nach Amerika zurück. Der Bruder kam etliche Jahre später nach. Der Vater blieb für den Patienten eine leuchtende Gestalt, ein Held, den er nur dadurch verloren habe, daß er selbst nicht gut genug gewesen sei, während die Mutter als äußerst inkompetent und verachtenswürdig erlebt wurde:

> Ich erinnere mich, wie mich meine Mutter in der Kindheit (im Alter von 8–10 Jahren) in Weisen beschämte, die ich nicht verdiente: wenn sie in ihrer Erregung wegfuhr und drohte, sie werde sich umbringen: ‚Ihr Kinder seid besser daran ohne mich‘, und dann bis tief in die Nacht nicht zurückkam. Ich schämte mich zutiefst darüber, eine solche Mutter zu haben, die derart unfähig war, menschlich zu sein.

Sie ließ sich einige Jahre nach der Rückkehr mit einem Pfarrer, einem mehr und mehr verkommenden Alkoholiker, ein, der die Kinder ernsthaft mißhandelte. Mehrfach kam es zu Faustkämpfen des Stiefvaters sowohl mit Reinhold wie mit dem Bruder – Kämpfen, wobei es schließlich haarscharf an der Ausführung einer Mordtat vorbei ging. Er sah sich besonders als Beschützer und Retter seiner jüngeren Geschwister, zu dem sich noch ein Stiefbruder aus des Mutters neuer Ehe gesellt hatte und dem gegenüber er sich ganz besonders verpflichtet fühlte. Er bekannte sich zu einer fundamentalistisch-christlichen Sekte.

Reinhold war 21jährig, als er sich entschloß, zu seinem Vater in einem arabischen Land zurückzukehren. Mit der Stiefmutter, Maja, stellte sich nicht nur ein vertrautes Verhältnis ein, sondern sie begann mehr und mehr direkte sexuelle Spiele mit ihm:

> Sie kam in mein Bett und legte meine Hand auf ihre Brust und sagte mitleidig: „Du hast noch nie die Brust einer Frau berührt?“ Sie manipulierte mich durch Demütigung, oder so war es wenigstens, wie ich es empfand: Würde ich die Brust nicht berühren, wäre ich ein unvollständiger Mann, ein „nerd“. Lange Zeit danach war ich ihr dafür dankbar, daß sie mich in die Sexualität eingeführt hatte ... Einmal war ich bei ihr in ihrem Schlafzimmer und hatte meine Hände auf ihren Brüsten. Plötzlich kam mein Vater herein. Ich zuckte zurück. Ich schämte mich, daß er etwas hätte sehen können. Sogar jetzt, in der Wiedererzählung, schäme ich mich ... Maja beschämte den Vater öfters in bezug auf Sex, verkündigte vor der ganzen Familie, er möchte sie gern sexuell haben, oder sie möchte, er hätte Affären mit anderen Frauen; es würde ihn interessanter machen. Maja beherrschte meinen Vater durch Beschämung, und sie versuchte es auch bei mir (271).

„Ihr bewußter Plan war, sie wolle mich in die Sexualwelt einweihen, um mir damit bei meiner bevorstehenden Rückkehr nach Amerika zu helfen, und damit werde dann alles sicher und vorüber sein."

Sie suchte bei Reinhold Tröstung von ihrem ständig alkoholisierten Ehemann, während sie sich ihm als die gute, nährende Mutter gab, eine Mutter, die weit liebevoller und kompetenter als seine eigene wäre. Schließlich kam es dazu, daß er, verhüllt durch die Bettdecke, in ihre Vagina ejakulierte, während die Stiefschwestern und sein jüngerer Bruder im selben Zimmer beim Fernsehen saßen. Sie verneinte später das volle Ausmaß des Zwischenfalls;[2] er aber fühlte sich von Schuld und Scham überwältigt. Er sah sich seiner moralischen Basis beraubt und manipuliert.

Nicht lange darauf reiste er in die Staaten zurück. Als er dann seine Heimatstadt besuchte, traf er seine erste Freundin an, und er wollte mit der Lektion, die er von Maja gelernt hatte, ernst machen. „Denn sie, Maja, war schockiert (appalled) gewesen, daß ich noch jungfräulich war. So begann ich, die alte Freundin zu betasten. Sie aber schob mich dezidiert weg. Noch nach Jahren fühlte ich mich gedemütigt darüber und entschuldigte mich bei ihr. Es war eine Demütigung, die ich mit Maja identifizierte."

So war es für ihn eine doppelte und *sich selbst widersprechende Scham:* vor der Stiefmutter schämte er sich dafür, daß er sexuell unerfahren, ein „nerd", jungfräulich war, und vor der früheren Freundin im Gegenteil darüber, daß er sexuell so zudringlich war.

Einige Jahre später heiratete er ein hochbegabtes und beruflich überaus erfolgreiches Mädchen aus Europa, Julia, die immer wieder beteuerte, er solle sich frei fühlen, außereheliche Liaisons einzugehen; sie selber könne sich nicht zur Monogamie verpflichten.

> Und das gleiche, was ich mit Maja erlebt hatte, wiederholte sich mit Julia: als ich das erste Mal mit ihr schlief, sagte ich, ich sei zuvor noch nie mit einer Frau gewesen. Es war eine Lüge, denn für mich zählte es nicht, was sich mit Maja abgespielt hatte. Ihre erste Antwort war: „Ich dachte nur, du seiest so langsam und nehmest dir Zeit." Sie war enttäuscht, daß ich so unerfahren war: „Was fange ich mit diesem unerfahrenen Kerl an?" Dann stachelte sie mich an, mit einer Freundin von ihr zu schlafen und später mit einer Arbeitskollegin von mir, Helena, indem sie fortwährend meinen Mangel an Erfahrung kritisierte. Sie hatte mit 20–30 Männern geschlafen. Sie vertiefte meine Scham über meine Unerfahrenheit dadurch, daß sie mich dazu drängte, mit den anderen zu schlafen und mich dumm schalt, als ich zögerte.

So reizte sie ihn ständig zur Eifersucht. Es dauerte lange, bis er selber vom selben Recht Gebrauch machte, doch dann war es auch das Ende der Ehe. Noch immer fühlt er sich indessen an seine ehemalige Frau gebunden. Obwohl sie wieder verheiratet ist und nun ein Kind hat, das sie „häßlich, wie ein Tier" findet, sucht sie immer wieder Kontakt und Rat bei Reinhold, zumeist geheim vor ihrem jetzigen Gatten. Dies war, sagt er, das zweite Mal, daß seine moralische Basis zerschlagen worden sei.

---

[2] Er sagte einmal von ihr: „the voyage into masked reality led by Maya . . . with her forced logic" (373). Er war es, der das eingangs gegebene Zitat aus Lagerlöfs Buch *(Der Kaiser aus Portugal)* über einen wahnsinnigen Vater mit großem Eifer besprochen hat.

Auch die Beziehung zur fast immer verführerisch-verlockend-abweisenden Helena war erschütternd für ihn:

„Ich dachte daran, wie tief mich Helena demütigte. Ich möchte es ihr zuschreien: ‚Während zwei Jahre ergoß ich meine Seele vor dir; du warst mehr als irgend eine andere Frau die Empfängerin meiner schöpferischsten Arbeit, und es bedeutete dir kaum etwas.' "

Sie erinnert ihn an seine Mutter:

Sie ist selbstsüchtig und beachtet die Bedürfnisse der anderen nicht, und doch wandert sie herum wie ein verängstigtes Kind, das jeden Augenblick erwartet, vergestoßen zu werden. Ich sagte ihr, sie sei eingeklemmt (caught) zwischen zwei Bildern von Männern: der Mann müsse stark wie ihr Vater sein und sie verabscheue bei ihm jedes Zeichen der Schwäche, doch hege sie zugleich das Verlangen, daß es jemand sein soll, der im Gegensatz zum Vater liebevoll und freundlich (gentle) wäre. Die beiden Ideale lassen sich in der Form nicht versöhnen.

Es ist ein ganz wesentlicher Teil des Masochismus überhaupt – was ursprünglich als „weiblicher Masochismus" bezeichnet worden ist (s. Kap. 12 und 13).

Jetzt bin ich wütend auf mich selbst, daß ich wie ein Süchtiger von einer Frau, von Helena, abhängig (addicted) war, die mich ständig von sich stieß. Doch als ich sie endlich das eine Mal „besaß", wollte ich sie nicht: ich erkannte, daß ich sie idealisiert hatte, daß sie eine Ikone war, keine Realität, ein hölzernes Bild der Göttin. Doch ich war ehrlich ergrimmt (enraged), daß dieser Holzgötze mich nicht annahm. Ich nahm von Anfang an eine Situation an, die nur in Scham enden konnte. Das erste Mal, als ich Majas Brust berührte, begann etwas, das zur Beschämung führen mußte. Die Bilder dieser Scham sind überdeutlich, und das kam von außen, nicht von innen (271).

Enkidu und Gilgamesch zeigen im Verhältnis zur Frau den Gegensatz von Idealisierung und Kritik – die zivilisierende Macht der sexuellen Liebe gegenüber der Treulosigkeit und Verräterei von Ischtar, – dasselbe, was ich in Helena gefunden habe, die gleiche Doppelzüngigkeit. Es ist der gleiche Konflikt bei allen Frauen – Verführung und Verrat: Ich denke mir zum voraus aus, was Gilgamesch der Ischtar sagen wird, ehe ich den Text selbst lese; es ist, was ich noch heute Helena sagen möchte: „Jeden Mann, mit dem du dich eingelassen hast, wolltest du kontrollieren, und als Zeichen dafür verlangst du etwas von ihm und brauchst ihn für etwas." Und auf der anderen Seite wird Enkidu durch die Sexualität zivilisiert, durch eine priesterliche Hure (270).

3.2 „Die Bändigung des Tigers"

Eine immer wiederkehrende Phantasie: er steige in eine Tigergrube und bezwinge das Tier mit seinen bloßen Händen. Er wolle die Bestie beruhigen und zu seinem Freund machen.

Die Phantasie ist es eben, Schrecken und Grauen zu etwas Herrlichem zu verwandeln – die Tigerin zur liebevollen Mutter zu bezaubern. Doch es folgt sogleich das Bild: daß er sich die Augen ausreiße. Die Beziehung auf Ödipus entgeht ihm zunächst (149) – wie er beinahe den Stiefvater erschlagen und wie er wirklich mit der Stiefmutter geschlafen hat.

Die *ödipale* Wunscherfüllung mit der Stiefmutter wird unmittelbar vom Todeswunsch abgelöst:

> Die Mutter für mich zu haben, und dann muß sie sterben. Ich sah meinen Wunsch zweimal erfüllt – zuerst mit meiner Mutter, als sie meinen Vater verließ, und dann mit meiner Stiefmutter, und beide Male wurde ich zum Schluß äußerst wütend auf die Frau. Denn beide Male errichtete die Frau eine Schranke gegen meinen Vater, so daß ich für immer von ihm getrennt bin und schuldig, da ich ihn nie um Verzeihung bitten kann.“

Er beschreibt einen ähnlichen Zwischenfall der Verführung mit der Schwägerin seiner Stiefmutter: „Ich erlebte sie als eine hassenswerte Verführerin, meine Stiefmutter als schreckliche Manipulatorin und meine Mutter als ein äußerst unfähiges, verachtungswürdiges Weib. Dann muß auch ich mich töten, wegen der Transgression meinem Vater gegenüber und des Hasses gegen die Mutter.“ Ich erinnere ihn an seine panische Angst vor dem „besessenen Kind“ – einer fürchterlichen, mörderischen Traumgestalt: „Wenn du tötest, wirst du getötet.“

„Die Entstehung des inneren Richters wird auf einmal viel klarer – wie innerlich es ist. Meine Mutter versuchte, sich zu töten – mein Grauen darüber, die nährende Gestalt (provider) zu verlieren. Und mein Vater sähe, daß ich es getan hatte, da ich den Wunsch gehegt hatte. Er würde mich töten, da ich sie wirklich getötet hatte.“

„Das besessene Kind.“

„Richtig. So wurde der Richter weit harscher und schrecklicher als sonst. Die Wünsche waren heftiger, und so mußte der Richter stark genug sein, um gegen sie aufzukommen. Sie waren um so heftiger mit der Verzweiflung darüber, nicht die Liebe zu erhalten, die ich brauchte, da die Mutter so völlig von sich selbst absorbiert war und der Vater sich ganz vor ihr fürchtete und sich ebenso in sich selbst zurückgezogen hatte. Die eine Seite sagt: ich brauche Liebe, selbst auf die Gefahr des Todes hin. Die andere Seite will mich zurückhalten: Wir müssen uns mäßigen. Und ich sitze dort und hoffe auf eine erfolgreiche Lösung. Es sind zwei Tiger, die miteinander um die Macht kämpfen.“

Doch jetzt fühle er sich von seiner depressiv-quängelnden, ihn stets neu bedrängenden Freundin abhängig, wie ein Heroinsüchtiger von der Droge. Dabei ist jedoch seine Angst, die Freundin aufzugeben, überwältigend; der Tod scheine das kleinere Übel zu sein. Die Alternative steht vor ihm: *entweder zuweilen unerträgliche Qual mit ihr, oder aber absolute Verlassenheit ohne sie,* ohne die Gestalt, in der er ebenso absolute Hoffnung auf Beziehung und Lebenssinn investiert hat. Es handelt sich um die Totalität: „Wenn ich sie verliere, verliere ich alles.“

Damit ist es aber die Wiederholung der frühen Beziehung zur Mutter, und zwar eben zu jener Mutter, die entweder depressiv-abgewandt und in sich selbst versunken oder aber grausam war. Dabei ist das Entscheidende der frühe, *präödipale* Grundkonflikt: *entweder eine Beziehung mit Qual, aber doch wenigstens eine Beziehung, oder die Verlassenheit und damit der Tod.* Damit wird aber eine absolute Abhängigkeit geschaffen.

Er beschreibt das damit verknüpfte, sadomasochistische Dilemma mit Cornelia sehr scharf:

> Entweder ist sie oder bin ich erniedrigt: *sie verachtet mich, wenn ich schwach bin, aber haßt mich, wenn ich stark bin,* und dasselbe tue ich: *ich bin voll von Verachtung für sie,*

wenn sie schwach ist, und ich hasse sie, wenn sie stark ist. Ist sie leidend, nehme ich mich ihrer an, habe aber keinen Respekt für sie.

„Ich lebe mit dem Gespenst meiner Mutter“, sagt er im Anklang an Ibsens *Gespenster;* er meint das Schattenbild der Mutter seiner frühen Kindheit – obwohl die Mutter ihn auch heute noch dazu drängt, ihr Retter zu sein und sein Leben ihr zu widmen.

Auf einen beiläufigen Hinweis von mir auf Ibsens *Wildente* hin (in bezug auf die Gefahr, den Schleier der Lüge wegzureißen – *„livsløgnen“, Lebenslüge,* gerade im Hinblick auf sein furchtbares Geheimnis vor seinem Vater), geht er nun systematisch durch alle Dramen Ibsens durch und bedient sich ihrer zur Selbstanalyse zwischen den Stunden – da er von weither zur Analyse herreist, sehen wir uns nur einmal wöchentlich, für 4 konsekutive Stunden (zunächst 2 am Abend, 2 am Morgen; seit 1 Jahr alle am selben Tag).

> Wie Rebekka sich ihren Weg ins Haus Rosmersholm wühlte durch die Tötung der Beate, so stieß meine Stiefmutter meine Mutter aus dem Haus. Wie Rebekka ist sie so in ihren eigenen Machinationen befangen, daß sie [Wahrheit und Täuschung] nicht mehr auseinander zu halten vermag und sich im Garn verstrickt (154, 155).

*

Die masochistische Beziehung zum Partner ist die Wiederherstellung dieses *Dilemmas von quälend symbiotischer Beziehung und tödlicher Verlassenheit,* aber in der immer wieder erneuerten Hoffnung, die Gebundenheit unter eigene Kontrolle zu bringen, „den Tiger zu bezwingen und zum Freund zu machen“, und so einer erfolgreichen Lösung zuzuführen (151). Doch kommt es so heraus, wie in einem anderen Stück Ibsens, das er gelesen hat, *Wenn wir Toten erwachen (Når vi døde vågner):* Trennung ist eine Form des Todes; aber auch das Zusammensein führt zur gegenseitigen Tötung, zum gemeinsamen Sterben: „So wollen wir beiden Toten ein einziges Mal das Leben bis auf die Neige kosten – bevor wir in unsere Gräber zurückkehren.“[3]

Liebe, sexueller Sieg über den Rivalen, Schuld, Tötung und Selbstquälerei sind fortan ineinander verschlungen und wiederholen sich in jeder intimen Beziehung zu einer Frau. Die masochistische Beziehung wie die innere Selbstqual, der „moralische Masochismus“, haben damit bei ihm eine klare *ödipale* Prägung wie auch diese *präödipale* der *Trennung und Individuation.* Was Rosmer angesichts des Selbstmordopfers seiner Freundin sagt: „Der er en lokkende gru i dette – es liegt ein lockendes Grauen darin“, trifft auch auf Reinholds Zerschellen in der Liebe zu.

Das Gleiche findet er in *Die Frau vom Meere (Fruen fra Havet)* wieder: daß das Grauen eine unbegreifliche Macht über die Seele besitze („Det grufulle, mener jeg. Denne ubegripelige makt over sinnet“, 2. Akt, S. 349). Und am wesentlichsten: „Das Grauenvolle – das ist *das,* was ängstigt und anzieht – Det grufulle, – det er *det* som skremmer og drager“ („Fruen fra havet“, 4. Akt, S. 370).

---

[3] „Så la oss to døde leve livet en eneste gang til bunns før vi går ned i våre grave igjen!“; am Schluß von „Når vi døde vågner“.

Dieselbe Anziehung des Gefährlichsten sieht er in Hilde Wangel, einer Gestalt, die sowohl in *Die Frau vom Meere* wie im *Baumeister Solness* auftritt.[4] Es sei seine Bindung an die Tigerin, seine furchtvolle Faszination mit seiner Freundin – das Wesen der masochistischen Hörigkeit. Er wolle und müsse diese Gestalt begreifen, die die Gefahr sucht und an sie sexuell gebunden ist, sie idealisiert, aber selbst auch umgekehrt diese Gefahr verkörpert und dem zur Todesgestalt wird, der sich ihr hingibt, wie es Solness tat. Es ist die doppelte Gestalt Solness' in der er sich selbst wiederfindet: „Ehe ich [in den Nahen Osten] ging, hielt mich mein Gewissen gebunden. Mein ‚schwaches Gewissen' (delicate conscience) zwang mich, von meinem eigenen Leben abzustehen, mich verantwortlich für meine Geschwister zu fühlen. Es hielt mich gefangen."

Er bezieht sich darauf, was bei Ibsen so heißt: „en skranten samvittighet ... samvittigheten er svært skral hos Dem – das sieche Gewissen, ... daß das Gewissen bei Ihnen überaus schwächlich ist ..." (s. Kap. 4, wo ich diese Stellen viel eingehender zitiere).

„Dann, als ich in den Nahen Osten kam, kam die Wut zum Vorschein. Ich zeigte ein sehr robustes Gewissen" („at samvittigheten skulle være sånn – sånn riktig robust").

> Ich kannte keine Moralität, schlief mit meines Vaters Frau, spielte mit ihrer Brust und dachte, er war mir das schuldig, es war eine gerechte Rückzahlung. Einzig mein Zorn würde mir erlauben, etwas derartiges zu tun. Erst später kam die Schuld, wie bei Solness, sein Troll, über das Brennen und das Molestieren (156, 157).

Solness' Troll, das seien die bewußten, schadenbringenden Wünsche, der „Nazi" in ihm (Reinhold) – die Teufel seien die unbewußten Auswirkungen und Mitteilungen eben dieser Wünsche.

Der Konflikt müsse für Hilde in der Katastrophe enden: der Erfolg führe, wie bei Rosmersholm, zur Tötung und zur Vernichtung des Erhofften – ganz entsprechend dem, was seinem eigenen (Reinholds) ödipalen Siege folgen mußte: die Verachtung der Frau gegenüber, die Schuld dem Vater gegenüber.

> Meine primäre Absicht ist es, meine Freundin zu besiegen (defeat), wie zuvor meine Frau und wie es Hilde gegenüber Solness wollte. Ich sehe die Wut (anger) in ihr (der Freundin), ihre unbarmherzige (unforgiving) Natur, den Mangel an Sympathie für die anderen, ihre Selbstbezogenheit – alles, was ich am meisten an meiner Mutter hasse. Ich bringe sie dazu, mich zu lieben, und dann besiege ich sie. Doch der Konflikt ist, daß ich sie auch brauche und nicht verlieren kann. Die Begeisterung Hildes am Schluß, und dann das Grauen, die Ratlosigkeit, was zu tun ist.

Es handelt sich um eine *sexualisierte Form der Rache,* sowohl bei Hilde wie bei Reinhold. Wie Hilde sich von ihrem Vater ignoriert gefühlt, so sei es ihm selbst bei seiner Mutter geschehen, und seine frühere Frau, Julia, hasse und verachte ihr kleines Kind:

> Das ist ein Akt, der verzweifelte Rache verdient: ein hilfloses Kind der Angst des Alleinseins zu überlassen. Wenn ich Cornelia telephoniere, hoffe ich jedes Mal, die liebende, sanfte, warme Seite zu spüren, statt der bösen, ihrer Selbstabsorption, der frustrierten Ungeduld (158, 159).

---

4 Meines Wissens die einzige Gestalt Ibsens, die in 2 verschiedenen Dramen auftritt.

Frau Solness verkörpere die *völlige Unterwerfung unter das Gewissen, unter Schuld und Pflicht,* Hilde die ebenso radikale Befreiung davon, eine *Flucht vor dem Gewissen,* und Solness oszilliere zwischen diesen beiden Extremen. Hilde sei wie seine frühere Frau und seine Stiefmutter – die haben auch alle Grenzen und Verpflichtungen verpönt, um angeblich einem Ideal freier und großzügiger Liebe näher zu kommen. Doch warfen sie den Vogel immer wieder aus dem Gefängnis, bis er nicht mehr zurückkam. Dabei waren sie doch eigentlich nicht weniger unfähig, wirklich Menschen zu lieben, als es die Frau Solness war, die den Puppen, aber nicht den kleinen Knaben nachtrauerte – oder seine, Reinholds, eigene Mutter. Er selbst habe die Verwerfung des Gewissens durch seine Stiefmutter respektiert, dann aber Angst davor gekriegt und ihr gezürnt, da sie ihm dann doch nicht das „Königreich“ gegeben habe.

Die Freiheit, die der Gebundenheit an das Gewissen entgegen gestellt wird, heißt im Grunde, daß die *ödipalen Tabus gebrochen* werden können, sowohl bei Hilde wie bei Solness, sowohl bei Reinhold wie bei seiner Stiefmutter. Das „robuste Gewissen“ ist ein Gewissen, das sich nicht um die ödipalen Tabus schert, das einem Ideal ungebundener Freiheit und phantastischer Liebe frönt und doch schließlich zu Zorn und Verderben führt. „Die ödipale Schranke schien mir bei der Stiefmutter ungerecht; sie gestattete mir nicht, die Liebe zu empfangen, die mir zu Recht zukam, da ich niemals eine richtige Mutter gehabt hatte. Ich sah die Schranke als eine falsche Moralität.“

3.3 „Die Festung der Güte“

Sich selbst möchte er als eine „Festung der Güte“ (a bastion of good) sehen, und so wurde er auch immer behandelt: als Retter und als Heiler der anderen. Hinter den Mauern jener Festung lauern indes intensive Rachewünsche und Wutgefühle, ganz nahe am Bewußtsein. Doch weit tiefer verborgen sind es mörderische *Rivalitäts*strebungen gegenüber seinen Geschwistern und dem Vater.

Ein erstaunlicher Zusammenhang enthüllt sich nämlich allmählich: Ehe seine Eltern sich trennten, war er sich undeutlich dessen gewahr, daß sein Vater ein Verhältnis mit seiner späteren zweiten Frau angeknüpft hatte. Es scheint, Reinhold habe sie sich küssen gesehen, mußte das aber als großes Geheimnis bei sich selbst verwahren. Auch fiel ihm auf, daß der Vater ein Verhältnis der Mutter mit seinem Freund, einem Geistlichen, aktiv ermutigt hatte, wohl um sich selbst ein Alibi zu verschaffen.

Als Reinhold sich viel später, mit 20 Jahren, beim Vater erkundigen wollte, was sich denn eigentlich vor der Scheidung abgespielt habe, wies ihn dieser kalt ab, das gehe ihn nichts an. Reinholds Wut war so stark, daß er auf das Sofa einschlug. Es war nicht viel später, daß er sich in den Nahen Osten begab und das Verhältnis mit seiner Stiefmutter, also der gleichen Frau, die er damals mit seinem Vater gesehen hatte, einging. Es handelte sich also beide Male um ein *Geheimnis, an dem er Teil hatte,* das erste Mal jedoch ein Geheimnis vor seiner Mutter und mit dem Gefühl des Verrates durch seinen Vater, wobei er der *passive Zuschauer* war, und das zweite Mal vor seinem Vater und als Verrat gegen diesen, wobei er diesmal der *aktive Täter* war: Statt daß er der eifersüchtige Außenstehende ist, wie es das erste Mal der Fall war und durch die spätere Abweisung durch den Vater nur noch bekräftigt und vertieft wurde, ist er nun in der Lage, den Vater zu hintergehen und auf diese Weise eifersüchtig zu machen. Es ist aber auch eine Art der *Umdrehung und Rachenehmung*, die eine unaufhebbare Schranke zwischen ihm und beiden Eltern aufrichtete. „Geheimnis bedeutet Trennung“, sagt er.

„Die Wahrheit ist die: die einzige Frau, die meinen Wunsch nach Rache am Vater befriedigen konnte, war seine Frau. Im Grunde war es ein lebenslängliches Begehren nach dem Vater. Das Ganze der Affäre mit Maja bestand in dieser Rache am Vater.“

„Die *Umwendung der Eifersucht*.“

„Ich war so krank, daß ich wünschte, mein Vater würde sterben, damit ich die Stiefmutter ganz für mich hätte“ (226).

Überdies, und noch wichtiger und tiefer: „Die Wut gegen den Vater war selbst das Ergebnis eines enorm intensiven Begehrens für ihn.“ Sehr tiefe Liebe, doch verletzte Liebe. „Es war nicht nur akute Rache an ihm, sondern *das Begehren für ihn* – allein sie erwiderte es, er nicht“ (230).

„Die Frau ist der sexuelle Weg, um Zugang zu den Gefühlen des Mannes zu finden (the woman is the sexual outlet for reaching the man's emotions). Meines Vaters Frau ist der sexuelle Teil einer einzigen Wesenheit, und der Mann ist der emotionelle Teil davon (father's wife is the sexual part of a single entity and the man is the emotional part).“ (238)

Dieses Muster wiederholt sich nun aber auch bei seinen Freunden: daß er völlig unschuldig und naiv sich mit deren Frauen einläßt und die Männer dabei elegant sich in Eifersucht verzehren läßt. In der Phantasie entlädt sich diese natürlich seiner Ansicht nach völlig unbegründete Eifersucht dramatisch darin, daß er als Unschuldiger verhauen werde und nun seine Zuflucht als Leidender und in züchtiger Liebe bei einer gewährenden, duldenden Frau finde.

Anders ausgedrückt ist die große innere Gefahr die der *Eifersucht* – gegenüber dem Vater, für den Vater, gegenüber den Geschwistern für die Mutter. Diese ist scheinbar völlig und erfolgreich verdrängt und durch *Reaktionsbildung* verhüllt, nämlich durch seinen Opfermut, seine Großzügigkeit, seinen heldenhaften Einsatz für alle Leidenden, gerade auch für seine Geschwister und Eltern (so hat er immer wieder seinen Schwestern und seiner Mutter Tausende von Dollars gegeben, à fonds perdu, um sie vor den Folgen ihrer Unbedachtsamkeit zu schützen).

Dabei findet aber diese Eifersucht einen neuen Ausweg, nämlich den, daß er nun *umgekehrt den andern eifersüchtig macht* und selbst nun unter dessen rachevollen Angriffen bitter leidet. So setzt sich der verdrängte innere Konflikt durch *Projektion, Umkehrung und Externalisierung unter dem Schutzmantel der Idealisierung* fort.

Er spricht über die Züchtung von Schlangen, die er in seiner Kindheit auch wirklich unternommen hatte. Er verbindet die Erinnerung mit seiner Sehnsucht nach dem phallischen Vater. Er idealisiert mich sehr, doch denkt und fürchtet er, auch ich werde ihn wegsenden. Maßlose Wut liege, den Schlangen unter den Steinen gleich, unter der Idealisierung bereit.

In der Übertragung wiederholen sich so beide Seiten der Beziehung zum Vater: einerseits die tiefe Sehnsucht und Idealisierung, sogar die sexuellen Wünsche für ihn; anderseits Verletzung, Enttäuschung, Wut und Rachsucht. Offenbar ist nur die erste.

Doch ist es leicht, die Steine aufzuheben und unter ihnen die verborgenen Schlangen zu entdecken: „Beim kleinsten Zeichen der Sterblichkeit oder der Schwäche stürzt er sogleich in die Tiefe und wird wertlos. Er ist *entweder vollkommen oder wertlos*“ (238). Der Falke (hawk) begleitet ihn auf dem Weg zu mir – Symbol des Vaters: „Der gottgleiche Vater, der über die Meere fliegen kann, um mich zu holen.“

In der Idealisierung identifiziert er sich mit dem Vater, mit mir, mit seinen Lehrern, will sich dasselbe Wissen aneignen; doch steckt die Rivalität verborgen dahinter: sie auszustechen, besser zu werden. Der Gedanke ängstigt ihn aber: Einsicht, Wissen und die Frau des Vaters sich zu erringen, bringen mit sich die Strafe, daß sein Sohn ihm dasselbe antun werde: „Insight and incest!“

3.4 „Das versteckte Schwert“

Aus einem früheren Gedicht, das er vor Zeiten verfaßt hat, zitiert er: „The hidden sword cut far into the heart/ Severing the dreams of life/ From unknown reality!“

Er spricht über die masochistischen Beziehungen in Kafkas *Verwandlung*, deren dehumanisierende Qualität (236), über sein *verheerendes Strafbedürfnis, die zwangshaft verfolgte Hervorrufung von Verwerfung und Verzeihung:* die große Schuld wegen der Tat mit der Stiefmutter, aber auch die schweren, sich nun immer wiederholenden *Loyalitätskonflikte* (jetzt im Ehezwist von Freunden, bei wissenschaftlicher Konkurrenz; früher zwischen den beiden Müttern, den beiden Eltern). Wie bei Regula in *Flucht vor dem Gewissen* ist es die *Frage der Loyalität* zwischen Vater und Mutter, daß er sie nicht beide zur gleichen Zeit lieben konnte: „Das Schreckliche war: wenn ich loyal zum einen war, mußte ich die Loyalität zum andern aufgeben.“ Loyalität ist gleichzeitig Disloyalität. Es ist eine „no-win situation“ und völlig verwirrend.

In einem flüchtigen Wahngedanken tief in der Nacht fürchtet er sich, seine Freunde, ein Ehepaar, setzten ihm Menschenfleisch statt Hühnchensalat vor; es stinke in ihrer Wand von einem verfaulenden Tier. Sind sie etwa psychotische Mörder? In der Nacht erwacht er, wundert sich, ob sie kämen, ihn auch umzubringen und sein Fleisch als Salat zu bereiten, wie er von einem nächtlichen Streit auf der Staße geweckt wird. Es erinnert ihn an den heftigen, unaufhörlichen Streit zwischen seinen Eltern in seiner frühen Kindheit. „Doch warum die Angst, getötet und gefressen zu werden?“ fragt er sich. „Nehme ich die Seite des einen, schaffe ich Eifersucht im andern. Verbünde ich mich mit der Mutter, als der Schwachen, Verwundbaren, und versuche, ihr zu helfen, so geht sie doch jede Nacht zurück zum Bett des Vaters. So muß ich jede Nacht befürchten, daß sie sich wieder gegen mich verbünden und zu meinem Bett kommen und mich umbringen. Es ist ein merkwürdiges Ding darum: *daß ich mich selbst als das Opfer anbiete* – wie die seltsame Sitte im alten Babylon, wo sich jede verheiratete Frau einen Tag im Tempel jedem Fremdling feilbieten und ihm zu Diensten sein mußte. Ich würde vom Vater vergewaltigt, wie die Frau im Tempel, oder vom einen getötet für meine Treue dem anderen gegenüber.“

„Daß die beiden *gleichgesetzt* würden: *das Sexuelle und das Gewalttätige*.“

„Es erinnert mich an den Traum, in dem ich von einer Frau, die auf einer ungeheuren Bühne in einem beleuchteten Käfig eingeschlossen war, heraufgelockt wurde. Ich sagte ihr, ich werde sie vergewaltigen, und ich tat es auch; ich war zornig auf sie, daß sie es mir erlaubte. Ich erkenne in mir die Begierde, meinen Zorn als Vergewaltigung auszudrücken. Es beunruhigt mich, daß ich einen solchen Wunsch hegte, wie Proteus gegen Silvia (in *The Two Gentlemen of Verona*) ... im Traum ist sie voll Liebe und erlaubt mir, sie zum Opfer zu machen – in der Vergewaltigung. Das wäre das vollkommene Opfer für mich. Wie Julia im Drama – sie war das perfekte Opfer.“

„Das die Macht besaß.“

„Auch im Traum hat die Frau die Macht über mich. Ich kann dem vollkommenen Opfer nicht widerstehen. Ich spiele beide Seiten dieses Spieles von Sklave und Meister. Das vollkommene Opfer (victim) ist es: getötet (sacrificed) und gegessen zu werden.“

Dabei scheinen ihm alle Leute, auch ich, sehr viel größer als er ist, ganz im Gegensatz zur jetzigen Wirklichkeit. Er ist ein Hüne. Er spricht über oralen Sex, fragt sich wieder, ob er als Kind sich gefürchtet habe, von seinen Eltern verschlungen zu werden. Werde er vom Dolch durchbohrt, bleibe er doch auch im Tode noch ein Individuum, noch er selbst. Nicht so, wenn er verzehrt werde. Dann verschwinden alle Spuren seiner Individualität.

„Es ist eine Verschmelzungsphantasie, in der Sie im anderen weiterleben.“

„Ich erinnere mich, wie ich einmal sagte, es sei ein herrlicher Tod (a glorious death), von einem wilden Tiger oder einem Kronosaurus verschlungen zu werden. Man wird ein Teil des Tieres, ein Teil dieser riesenhaften Wesenheit (huge entity). In der Phantasie der *Verschmelzung* würde ich meine Identität absolut und vollständig einbüßen, sie ganz opfern, um Teil der beiden anderen [d. h. der Eltern] zu werden, wie im Bild in der Apokalypse, wo man, obzwar unsterblich, im Meer der Menschheit, im Körper von Christus, untergeht und sein Selbst verliert. So konstruierte ich es als Kind, daß ich von dem Leben der Eltern gegessen und ihnen assimiliert würde; ich war so unwichtig, daß mein Leben völlig von dem ihren überwältigt wurde. Meine Identität spielte keine Rolle – ob ich im Orient bleiben wollte oder in eine bestimmte Schule gehen möchte. Besonders die Bedürfnisse und die Verzweiflung meiner Mutter nahmen völlig den Vorrang vor den meinen. Ich war ohne Namen, ohne Identität, hatte nicht einmal meine eigenen Kleider. Mein Leben wurde verzehrt (consumed) von dem ihren. Ich fand keine Rettung in mir selbst.“

„Ihr Selbst wurde getötet. Was die Dichter als Seelenmord bezeichneten.“

„Und ich versuchte seither unentwegt, mir mein Leben zurückzuholen, meine Seele wieder zur Auferstehung zu bringen, meine Identität wieder zu gewinnen. Daher wohl auch mein Interesse an der Paläontologie ...“ (254, 255).

Doch handelt es sich nicht nur um den seine ganze Kindheit begleitenden *Schuld-Schuld-Konflikt in Folge gegensätzlicher Loyalitäten,* sondern auch um einen viel näher an die Gegenwart heranreichenden:

Die Schuld, das Geheimnis vor dem Vater zu wahren – die Schuld, ihm dessen Offenbarung zuzumuten. Wie Gregor Samsa fühlte ich mich angesichts meines Schuldgefühls *dehumani-*

siert; ich fühlte mich untermenschlich, unterwürfig. Es ist *die wirkliche Schuld, die mich meiner Menschlichkeit beraubt* hat, daß meine Handlungen mich dazu verurteilt hätten, weniger als menschlich zu sein.

Das Ideal steht vor ihm als unentrinnbare Forderung: „Die kleinste Beeinträchtigung vollkommenen Verhaltens (the smallest infraction of perfect performance) würde in dieser schrecklichen Verwandlung und Entmenschlichung enden.“ In Worten, die denen ähnlich sind, die wir bei Lao Tse antreffen, fügt er hinzu:

> „Der perfekte Mensch ist wie ein Glasmann, stark, aber zerbrechlich; ein Sprung zerstört ihn. Der unvollkommene Mensch ist wie Wasser; er kann alles absorbieren, oder wie Erde (mud), die dort sitzt. Die Bürde der Schuld zerstört den Vollkommenen völlig.“ Ebenso beraube ihn die Scham seiner Menschlichkeit (shame must be dehumanizingly crushing ...) (242).

Es bleibt *„die wohltuende Selbstpeinigung“*, die er von Solness zitiert (in Beziehung zu Aline, seiner Frau – „velgjørende selfpinsel – beneficial selftorment“, worüber mehr im Kapitel über Ibsen).

3.5 *Eine Wurzel der Schuld: das Ausnützen des Anderen – und das Wegreißen der Maske*

Er bemerkt, wie Medeas Wort zu Jason sowohl für seinen eigenen Vater wie auch für ihn selbst zutreffe: „Dein Schweigen tötet mich“ (your silence is killing me) (258).

Depression als der Schmerz unbewußter Eifersucht wird dadurch aktuell, daß er von seinem Chef, der ihn zum Schreiben eines Forschungsantrags brauchte, zunächst zum Abendessen eingeladen, dann aber völlig ignoriert und wortlos ausgeladen wurde. Er war entrüstet und so niedergeschlagen, daß er an Selbstmord dachte.

„Ich kann mich sehr mit Solness identifizieren, er ist mir vertraut, ich verstehe ihn. Aber Hilde scheint mir sehr bekannt (familiar) und zugleich rätselhaft. Sie ist wie die Stiefmutter. Meine Mutter erzählt mir, wie diese sie und den Vater zu ihren Eltern eingeladen habe – so wie Hilde schamlos mit Solness vor seiner Frau flirtet, –“

„– die moralischen Tabus bricht.“

„– was in Rosmersholm angedeutet wird. Und das Brechen führt zum Tod ... Ich gehe in meinen Beziehungen durch den gleichen Zyklus: ich verliebe mich, ich töte die Beziehung, um den Schmerz zu fühlen, die Vergeltung, von der Solness spricht: die muß kommen. Und die Erleichterung, wenn sie endlich kommt. Ich schwelge darin. In der Bibel heißt es die Reinigung durch das Feuer der Prüfung (trial). Es ist der Schmerz der Tragödie, wie im *Herakles* des Euripides ... Auch zwischen mir und meiner Freundin ist es die Tragödie von ‚Seelenmord‘ und ‚Seelenselbstmord‘. Die gleiche Seele kann 1000 Tode sterben, und jeder ist gleich schmerzlich. Das ist die Sucht: die Läuterung durch den Tod: ‚Wer das Leben aufgibt, rettet es‘.“

„Geläutert wovon?“

„Von der Schuld. Aber wofür? So wie Solness nicht wirklich weiß, wofür er so schuldig ist – das Abbrennen des Hauses, seiner Frau Unglück, sein Profit vom Unglück, oder sein Sicheinlassen mit Hilde und anderen Frauen. Er hatte sie viele Male geküßt: er tut es, dann, er habe es nur gewünscht, dann hat er es ganz vergessen. Alles ist so versteckt vor ihm selbst. Er läßt sich ein mit Kaja Fosli, um sich der Dienste Ragnars zu versichern. Er benutzt ihre Zuneigung für seine Ziele."

„Ist es nicht eben das, wofür er sich so schuldig zu fühlen hat: nicht so sehr die oberflächlichen Lügen, sondern die tiefe Verlogenheit, *die Verleugnung der Rechte, der Individualität, der Bedürfnisse aller anderen,* und wie er alle anderen für sich selbst braucht. Ist das nicht im Grunde jeder Seelenmord: daß man den anderen für sich selbst ausnützt, ohne sich seiner Bedürfnisse zu achten?"

„Eine *Seelenlüge.*" Es war dieser Ausdruck von ihm, der mich auf den Gedanken brachte, von *„Seelenblindheit"* zu sprechen.

Er fährt fort: „Auch ich – ich nutze die anderen aus. Ich tat es wieder und wieder. Mit 8 Jahren sagte ich mir: ‚Ich werde überleben. Zum Teufel mit der Welt!' Doch es ist wie für Solness: *wenn man immer die Leute ausnutzt, schreit das nach Vergeltung.* Man macht sich selbst Vorwürfe und erwartet die Rache, ja man zwingt sie herbei, um geläutert zu werden. Ich war grausam mit meiner Frau, ich hielt mich zurück mit Cornelia, verleugnete meine Versprechen, nahm zurück, was ich ihr zugesagt, wollte ihr nicht zugestehen, daß ich sie liebe. Ich machte sie zu meiner Sklavin, zwang sie, mir gefügig zu sein und an mir zu verzweifeln."

„Sie brauchen andere, wie Sie gebraucht worden sind."

„Meine Mutter ist eine Expertin darin, jedermann auszunutzen (take advantage of)."

„Und Ihr Vater verleugnet, vermag nicht zu sehen, was die anderen brauchen. Wie Sie sagten: er tötet durch Schweigen."

„Er nimmt, aber gibt nicht. Das ist Seelenmord, wie bei Solness, bei Borkman, bei Bernick, die es ganz bewußt, fürs Geld, tun. Jede Linie spricht zu mir. Mein Vater bemerkt nicht einmal seinen Mangel an Wärme (affection) für seine Kinder. Und ich brauchte lange Zeit, bis ich einsah, wie ich die Leute benutze. Mein Vater und ich tun es aber doch ganz unbewußt. Ist das nicht ein großer Unterschied – ob es absichtlich, aus Berechnung geschieht, oder unbewußt?"

„Bei den meisten ist der größte Teil dieser Unwahrhaftigkeit und dieses Ausnutzens unbewußt, auch in den Gestalten Ibsens. Es wird rationalisiert."

„Für das Wohl der Familie."

„Oder wie bei Bernick: für das Wohl der Gemeinschaft: ‚Darf ich nicht das Leben eines Menschens opfern, um das Wohlergehen von Tausenden zu sichern?' fragt er Rørlund."

„Das macht viel Sinn: daß die Schuld allgemeiner Natur ist; daß ich mich im Grunde wegen meiner egozentrischen Eifersucht schuldig fühle, einer Eifersucht, die mich veranlaßt, andere Menschen zu übervorteilen – von Kindheit an. Das ist der Nazi, der Troll, vor dem ich mein ganzes Leben lang Angst gehabt: meine Neigung dazu, andere für meine Zwecke zu gebrauchen. Wie glücklich ich bin, daß ich all das jetzt erkennen kann, und nicht weitere 30 oder 50 Jahre so fortfahre und den Leuten um mich herum Schmerz zufüge. Es gibt in der *Medea* eine Zeile, wo der Chor sagt: *‚Kein Zorn ist so groß wie wahre Liebe, die verraten wurde'* ..."

Er erwähnt Jesu Wort in Matthäus 5,27 ff., daß der Wunsch von Ehebruch schon so schlimm wie die Tat sei: „Wie kann ich nicht wünschen? Wie kann ich so rein sein, daß ich nicht begehre, daß das Wünschen nicht durch meinen Kopf gehe? Das Wort verleugnet meine Menschlichkeit!“

Er kehrt zum *Herakles* zurück:

> Er kam als göttlicher Held vom Hades, er rettete seine Familie vor Lykos. Dann überfällt ihn der Wahnsinn, und er erschlägt, die er eben errettet. Wieder klarsinnig geworden, will er sich selbst töten, doch besinnt er sich darauf, Selbstmord wäre Feigheit und es brauche wahrhaften Mut, mit der Tragödie zu leben. Das war sein menschlicher Heroismus. Für den Rest seines Lebens mußte er mit dem Wissen von seiner Untat leben, wie ich damit leben muß, daß ich mit meines Vaters Frau geschlafen habe. Das war ein viel größerer Triumph für ihn als seine Rückkehr aus dem Hades. Mein Selbstmord wäre für mich der leichtere Ausweg. Zu leben mit der Schuld und nicht die Vergeltung herbeizuführen, braucht Mut und ist Stärke.

Er klagt sich seiner Selbstsucht an und wie er diese immer wieder vor sich selbst verhülle. Es sei ein Familienfluch. Wo nutze er andere aus, ohne es zu merken? Die Selbstsucht vergifte alles.

Ich bemerke, die Frage sei vielleicht eher: „Wo bin ich blind vor den Bedürfnissen der anderen?“ Denn alles, was wir tun, habe unvermeidlich eine selbstgerichtete und eine auf die anderen gerichtete Seite.

Er klagt weiter, und ich verschärfe die Frage: „Die Frage ist doch eigentlich nicht: ‚Wie brauche ich die anderen?‘ Sondern: ‚Wie brauche ich die anderen, ohne sensitiv für das zu sein, was sie brauchen?‘ Und vielleicht ebenso wichtig: ‚Wie fürchte ich mich, daß ich von anderen gebraucht werde, ohne daß sie darauf achten, was ich brauche?‘ “

Seine Frau habe ihn als Schlagbrett (pounding board) benutzt. Sie beschrieb sich selbst als Hammer. Er selbst sei der Schwache gewesen, der sich an sie angelehnt und sich an ihrer Schulter ausgeweint habe. Sie und die Freundin haben ihn immer wieder gefragt: „Warum bleibst du mit jemandem, der so häßlich ist?“

Er vergleicht seinen eigenen inneren Kampf mit seinen egoistischen Strebungen und ausbeuterischen Neigungen mehrfach mit Herakles' heroischer Überwindung von Verzweiflung und mörderischem Selbst, gegenüber dem Erliegen von Solness angesichts von Versuchung und Schuld. Er spüre, er selber werde Erfolg haben und mit diesen inneren Trolls und Dämonen fertig werden.

> Ich erzähle die alte jüdische Legende von Moses: Ein arabischer König hatte von Moses' Wundertaten gehört und wollte mehr über eine Persönlichkeit wissen, die solcher Macht fähig gewesen sei. Er beauftragte einen Maler, ihm das Bild dieses göttlichen Menschenführers zu bringen. Dies geschah denn auch, und der König zeigte das Porträt den Weisen und Deutern seines Hofes, damit sie es ihm auslegten. Das übereinstimmende Urteil lautete dahin, der Abgebildete sei rachsüchtig, gierig, sinnlich und hochmütig. Der König empörte sich über diese Deutung eines so heiligen, gottergebenen Mannes, und die Deuter schoben die Schuld auf den Maler, er habe ihnen ein falsches Bild gegeben. Der aber verteidigte sich, es sei völlig naturgerecht.
>
> Der König vermochte keine Klarheit zu erlangen und entschloß sich selber dazu, Moses zu besuchen. Er fand einen Mann vor, dem das Porträt in wunderbarer Weise gerecht geworden war. Es konnte kein Zweifel daran bestehen, daß die Regeln der physiognomischen Deutungskunst leer und sinnlos sein mußten. Er erzählte Moses, was geschehen war. Doch Moses antwortete ihm: „Dein Künstler und deine Gelehrten sind Meister, jeder auf seine Weise. Wären meine guten Eigenschaften naturgegeben, wäre ich nicht besser als ein Stück Holz,

das immer so bleibt, wie es von der Natur hervorgebracht wurde. Ich schäme mich nicht darüber zu bekennen, daß ich von Natur aus alle die tadelnswerten Züge besitze, die deine Weisen in meinem Bild erkannten, und wohl noch mehr, als sie selber dachten. Doch bezwang ich meine bösen Wünsche mit meinem starken Willen, und der Charakter, zu dem ich durch harte Disziplin wurde, ist das Gegenteil der Anlage geworden, mit der ich geboren wurde. Durch diese Wandlung, die ich durch meine Anstrengung bewirkte, habe ich mir Ehre und Ansehen auf Erden und im Himmel erworben.[5]

Ich fügte bei, für uns sei es nicht so sehr Sache der Verurteilung und willentlicher Unterdrückung, als eine des tieferen Verstehens, doch der Gedanke der Wandlung sei sehr ähnlich, mehr auch eine Sache des Lernens, wie man sensitiv gegenüber den Bedürfnissen der anderen sein könne als des inneren Kämpfens gegen die Begehren, die anderen auszunützen (using others).

3.6 Das „zarte Gewissen“ und das „robuste Gewissen“

Die Furcht vor mir als einer übermäßig idealisierten, immer wieder besänftigten, doch auch stets drohenden Autorität widerspiegelt, als *narzißtische Übertragung,* die Angst vor seinem eigenen Gewissen. Dieses veräußerlichte Gewissen besteht indes aus zwei sich widerstreitenden Gestalten.

Er: Ich denke an Hilde; sie kam vom Gebirge herab, vom höheren moralischen Grund; sie gab ihre Moralität auf, ihr Gewissen.

Ich: Ich denke eher, sie brach die Fesseln, ihr altes Gewissen, indem sie das Daheim in Lysanger verließ, um ein freier Geist zu sein in den Bergen. Zurück in die Stadt zu kommen hieß, sie wollte die Botschaft davon den Menschen bringen, wie Zarathustra, der von den Bergen kam, um die Menschen zu verbessern. – Die Ähnlichkeit ist dort; auch bei Nietzsche ist es der freie gegenüber dem gebundenen Geist, und in intensiverer Form der Konflikt zwischen Stärke und Schwäche – das Gleiche wie in der Gestalt von Solness. Die Freiheit von der traditionellen Moralität wird bei beiden (Ibsen und Nietzsche) im Extremen zu einem Gewissen, das der Macht, dem Leben und der Schöpferischkeit dient.

Er: Wie Platons Wagenlenker, das gebundene und das freie Gewissen, das auseinanderstrebt. Es ist ein Grundkonflikt, zwischen Freiheit und Sicherheit in der Gebundenheit, denn Frau Solness war sicher in der Ausführung ihrer Pflichten. Ich verwarf es in der Kirche und wollte konstant die Moralität in Frage stellen, sonst folgt man der Regel, wo es moralisch ist, wie im Holocaust, die Juden zu töten, oder wenn man sich als Herde von Schafen unter Jesus als Hirten sieht, oder wenn Israel fraglos als richtig angesehen wird (163).

Sowohl die Stiefmutter Maja wie seine erste Frau Julia glichen so ganz Hilde Wangel:

[Sie warfen mir vor,] daß auch ich eine schwächliches Gewissen habe und mich an so stupide moralische Regeln (wie eheliche Treue und sexuelle Enthaltsamkeit) klammere, die keinen Sinn haben. Ebenso wie Solness konnte auch ich ihre Argumente nicht entkräften (271).

---

[5] Diese Legende wird oft zitiert. Ich entnahm sie dem Buch von Joel Covitz, *Visions of the Night. A Study of Jewish Dream Interpretation*, der sie seinerseits aus Louis Ginzberg, *The Legends of the Jews*, I, S. 275 f., zitierte.

Ich sagte also, auch Reinholds Gewissen bestehe aus zwei solch widerstreitenden Über-Ich-Gestalten: einerseits dem archaischen Gewissen, das als *drakonische* Schutzmacht gegenüber ödipaler und präödipaler Transgression und Aggression brutal, radikal und rücksichtlos dreinschlägt – also *extremer Schuld,* und anderseits dem „freien“ oder „robusten“ Gewissen, das, scheinbar „schamlos“, der ungebändigten Macht, dem Leben, der Schöpferischkeit, dem Ideal der Stärke nachjagt, also jeder Scham vorzubeugen sucht und *„jenseits von Gut und Böse“* ist (wie wir es bei *Nietzsche* sehen werden).

Seine Identität ist gespalten infolge des Konfliktes zwischen diesen beiden Gewissensgestalten – in Ibsens Metaphern: zwischen dem „schwindeligen Gewissen“ („en svimmel samvittighet“) und dem „robusten Gewissen“ („så fri og stolt“). Die Freiheit, die der Gebundenheit an das Gewissen entgegen gestellt wird, heißt im Grunde, daß die ödipalen Tabus gebrochen werden können, sowohl bei Hilde wie bei Solness, sowohl bei Reinhold wie bei seiner Stiefmutter.

Nun gibt es aber überdies eine dritte Gestalt, die zwischen diesen beiden Gewissensfiguren vermitteln soll, die einer rational abwägenden, einer tieferen Gerechtigkeit der Gleichberechtigung dienenden Form, dem großen Gesetzgeber *Solon* (oder König Salomon) gleich. So sind es denn, allgemeiner gesprochen, drei Über-Ich-Gestalten, denen wir bei ihm, und so manchen anderen wie ihm, begegnen: *Drakon, Nietzsche und Solon.* In mir befürchtet er die erste, versucht, mich dank seiner weitschweifenden Interessen zur zweiten zu bewegen, und findet in der Behandlung die dritte.

Das erste ist die Unterwerfung unter das „schwache, das schwindelige Gewissen“; das zweite ist die Revolution gegen alle Schranken und Tabus, ein Aufstand, der vom Ideal des „robusten Gewissens“ geleitet, wir würden sagen, von einem narzißtischen Ich-Ideal bestimmt wird.

3.7 Nicht gesehen zu werden

Er kommt zurück auf seine Identifizierung von Hilde mit seiner Stiefmutter, wie sie beide darauf beharren und stolz insistieren, sie haben das Recht auf ihre Trolls: „Warum soll ich nicht? Was ist falsch damit?“ Er denkt v.a. an das verräterische Gastmahl, zu dem seine künftige Stiefmutter seinen Vater und seine Mutter bei ihren Eltern geladen hatte. Ob sie es nicht auf die Konfrontation zwischen ihrem Geliebten (Reinholds Vater) und ihrem (Majas) Vater abgesehen habe, daß sie auf diese flagrante Weise ihren künftigen Mann zu bestrafen suchte, wie es auch Hilde Wangel getan. Ich frage, ob es nicht eher sei, wie wir früher schon vermutet: daß es sich bei beiden um das Zerbrechen der ödipalen Tabus gehandelt habe, und zwar auf mehreren Ebenen: Maja, seine Stiefmutter, habe den älteren Mann und Lehrer für sich erobern und dessen Frau beseitigen, ja in den Tod schicken wollen, und das angesichts ihres eigenen Vaters und ihrer Mutter, bei denen das Drama sich wohl ursprünglich abgespielt habe (had been enacted), und zum dritten Mal habe sie es ausgeführt im Inzest mit ihm gegen ihren Gatten.

Ja, die Stiefmutter habe ihm lachend geschildert, wie ihr Vater immer fast völlig nackt, außer in Unterhosen, herumparadiert sei; mit Scotchtape habe er deren Öffnung verklebt. Seine Schamlosigkeit spiegle sich in der ihren.

Er vergleicht das Brechen der ödipalen Tabus durch seine Stiefmutter mit der Hildes, wie sie in *Die Frau vom Meer* ihre Stiefmutter beseitigen will, um den Vater für sich zu haben, auch von ihm nicht erkannt, nicht gesehen worden sei, und spricht, im Zusammenhang mit seinem Inzest, über das Ausmaß von „Seelenblindheit" zuhause. Er bezieht sich darauf, was dort (in Ibsens *Die Frau vom Meer,* von Bolette, Hildes Schwester) über die Stiefmutter Ellida gesagt wird: „Es gibt so mancherlei, was die nicht *sieht.* Oder was sie vielleicht nicht sehen *will,* – oder was ihr *gleichgültig* ist" (S. 51). Hilde weigert sich, mit Ellida (ihrer Stiefmutter) zu sprechen und haßt sie: „Du kannst nicht meine Mutter sein." Dann habe sie das Tabu wieder gebrochen, als sie Solness „viele Male" küßte. Doch warum versuche sie, trotz ihres „robusten Gewissens", dem jungen Ragnar zu Hilfe zu kommen, den Solness ausgenutzt habe? War es Wiedergutmachung für alles, was sie sich selbst zu Schulden habe kommen lassen?

Ich frage: „Vielleicht ist es mehr im Zusammenhang des Grundanliegens von Ibsen zu verstehen, das durch seine Dramen hindurch geht: die *Aufdeckung der versteckten, umfassenden Unwahrhaftigkeit.* Erscheint Hilde nicht beinahe wie eine metaphysische Gestalt, die die Schleier der Lügen wegreißt, etwa wie Gregers Werle [in *Die Wildente*], auch von ihren eigenen ehrgeizigen und idealisierenden Begehren, und ohne Achtung dafür, wie zerstörerisch diese Enthüllung sein möge?"

Er antwortet:

> Sie zerrt die Masken weg, wie sie auch schonungslos Aline Solness' Pflichtwahn entlarvt: Aline hatte die Kinder mit ihrer Pflicht getötet, dadurch daß sie darauf beharrte, sie selbst an der Brust zu ernähren, trotz ihrer Krankheit. Aline benutzte ihre *Pflicht als mörderische Waffe.* So war es ja auch bei meiner Mutter: sie mordete die Seele meines Bruders, indem sie ihn vom Vater wegriß, ihn aus dem Orient zurückzukehren zwang, dann völlig vernachläßigte und ihn immer negativ mit mir verglich. Auch sie brauchte die Pflicht als eine stechende Waffe, „plikt, plikt!". Und Solness war willens, seine Söhne für die große Karriere aufzugeben, – gleich Jason, der seine Frau und die Kinder ins Exil gesandt, – wie es mein Vater mit uns getan. Oder ich mit der Abtreibung meines Kindes, des einzigen Kindes, das ich je gezeugt. Auch ich sandte mein Kind weg.

An diesem Punkt fällt ihm ein langer Traum ein, den er vergangene Nacht geträumt hat: Unter anderem war darin seine Freundin zu Unrecht eingekerkert. Er fühlte sich hilflos wütend und suchte in einer Kirche Trost. Ein Vater las die Stelle aus Matthäus 5, 27 ff. seiner Familie vor. Reinhold hörte ihm aus seinem Versteck zu und empörte sich so über die Passage, daß er sich wegstahl und etwas Wissenschaftliches zu lesen begann. Dann fand er sich in der Luft schwebend, über einem Ausstellungskasten. „Ich konnte alles sehen, aber niemand vermochte mich zu sehen." Hernach versuchte er, eine Turnhalle zu betreten, wurde aber nicht eingelassen, sprach mit einer befreundeten Kollegin, die ihm lachend sagte (wie es sich auch in Wirklichkeit ereignet hatte), er nutze sie aus, aber sie gebe ihm die Erlaubnis dazu. Seine Kontaktlinsen waren entzwei gebrochen, sodaß seine Sicht gespalten war, halb verschwommen, halb klar. Zum Schluß kroch er aus dem Fenster einer Mitarbeiterin, vor aller Augen und wurde verhöhnt, obwohl er sich nichts zu Schulden habe kommen lassen.

Ja, letzte Nacht habe er bei den Freunden, bei denen er zu Gast war, einen Haufen „Playboy“magazine entdeckt und, trotz seinem Mißbehagen, dabei masturbiert. Er habe sich schuldig gefühlt, sei es [das Magazin] doch ein Ausnützen der Frau und dessen Besitz [durch den Kollegen] eine Beleidigung seiner Frau, der Gastgeberin.

„Sie fliegen hoch über dem Ausstellungskasten – die Masturbation; und das Matthäuszitat ist die ausdrücklichste Antimasturbationsproklamation –“

„Reiße das Auge aus, schneide deine Hand ab, wenn du in deinem Herzen begehrst. Das Denken ist so schlimm, als hättest du gehandelt und in Wirklichkeit Ehebruch begangen. Es fehlt nur noch der Penis. So wird jeder Teil der Menschlichkeit verleugnet“ (260–264).

Anzumerken ist noch die doppelte Sicht, die Spaltung in Klarheit und Verschwommenheit, in Anerkennung und Verleugnung. Nun gibt es aber sehr viele Bezüge darauf, was ihm „gespalten“ erscheint.

Einer bedeutenden, derartigen Spaltung wendet er sich nun zu.

3.8 „Schattenmythos und Schönheitsmaske“ – Seelenblindheit, Entmenschlichung und Scham

Er denkt besonders über die „Helena“ des Euripides nach und fragt sich, warum er so davon beeindruckt sei: „Was treibt mich wieder und wieder zu dem Spiel?“ Er schlägt 3 sich aufeinander folgende Gründe dafür vor:

> 1. ist es der *Mythos der schönen Frau.* Was mich daran beschäftigt, ist meine Unruhe darüber, warum ich selbst so mit der Schönheit in Frauen besessen bin; ich möchte davon loskommen ... 2. ist es die *Dehumanisierung von Helena durch Menelaos* ... Niemals vermag er seine eigene Frau zu erkennen, ihre Menschlichkeit, nur die Maske der Schönheit, nichts darüber hinaus ... Wie seine Frau durch einen Schatten ersetzt wird, der einzig dieses Merkmal vollkommener Schönheit aufweist, ist er noch immer zufrieden damit. Ganz bewußt *wählt er den Schatten seiner wirklichen Frau,* nicht Helena selbst ... Er verleugnet ihre Menschlichkeit ... Und der 3. Punkt besteht darin, daß sie selbst vom Wettstreit der Göttinnen spricht: Frauen wetteifern miteinander um den Preis der Schönheit, und auf diese Weise machen sie an ihrer eigenen Dehumansierung mit ... Sie muß ihre Seele auf einen zweiten Rang relegiert haben, ihr wahres Selbst; sie entmenschlichte sich selbst. *Sie spielt ihre Rolle im Schattenmythos, indem sie selbst der Schönheitsmaske huldigt.* – Doch was bedeutet das für mich? War es denn etwas anderes bei meinen Eltern, als daß sie uns dehumanisierten, mich als Pfand benutzten, als Waffe gegeneinander? Da ich des Vaters Liebling war, mußte die Mutter mich von ihm wegnehmen; ich war ihre Trophäe ... Ich war für sie, was Helena für Menelaos war, lediglich „un objet d'art“, unschätzbar, und doch weniger als ein Mensch ... *das Überwältigende dabei ist die Scham.* Meine Besessenheit mit schönen Frauen ist mein Versuch, die Frau zur Rache dafür zu dehumanisieren, daß ich selbst dehumanisiert worden bin ... Ich fürchte mich vor meiner Besessenheit. Ich *will meine eigene Scham überwinden, und dabei entmenschliche ich sie* (die Frauen), und das macht mich schuldig ...“

Er vergleicht sich mit Giovanni in Lagerkvists *Pilgrim på havet (Pilgrim auf dem Meer)*:

Seine Mutter hatte ihn bei seiner Geburt Gott geweiht, damit Gott sie aus ihrer Einsamkeit erlöse. Giovanni wurde Priester und verging sich, indem er die Liebe bei einer verheirateten Frau, die vor ihm beichtete, suchte. Er war von ihr angezogen, da er wütend war auf seine Mutter. So wie ich wollte er eine Frau berühren und Liebe kennen. Das aber machte die Mutter rasend, da er ihr Opfer zuschanden gemacht und ihre Identität zerstört hatte, alles, wofür sie gearbeitet. Das war eine vollständige Verdinglichung von ihm, und Giovanni war wütend über diese Entmenschlichung. Was ihn zur Affäre trieb, war die Rache an der Mutter. Mein Vater machte mich zum Objekt, zum Tauschobjekt (barter) für die Scheidung. Als meine Mutter mich einige Stunden vor der Abreise zurück verlangte, warf er mich hin auf den Wechseltisch, nur damit die Mutter schon weggehe und er Maja für sich habe. Ich war nichts mehr als ein Austauschstück (bargaining chip), um das Verschwinden der Mutter zu sichern. Er handelte mich ein für Maja. Dadurch daß ich die Affäre mit Maja hatte, entehrte und schändete ich denselben Gegenstand, für den ich eingehandelt worden war. Ich machte sie unheilig und vergewaltigte sie, um sie wertlos zu machen. Danach vermochte ich ihr nicht mehr zu trauen. Ich tat, was Giovanni tat, als er die Priestergelübde schändete: er griff das an, wofür ihn seine Mutter geopfert hatte. Ebenso machte mich meine Mutter in ihrer Einsamkeit zum Gegenstand. Von dem Tag, da ich geboren war, war ich dazu da, ihr ihren Gatten an sich zu binden; ich wurde für ihre Ehe geopfert, nicht für mich geliebt. Die Ironie bei Giovanni ist es, daß das Kind ihr die Einsamkeit gelindert hätte, wäre sie imstande gewesen, sein Lächeln zu sehen: *geliebt statt geopfert zu werden.* Und ich versagte in meiner Aufgabe, Vater und Mutter zusammenzuhalten. So war meine Affäre ein doppelter Angriff auf meinen Vater und auf meine Mutter, eine unwiderstehliche Rache an beiden Eltern. Giovannis Erzählung endet damit: „Wähle dich selbst, so wie du bist."

Das ganze Zitat lautet:

Gerade die Ungewißheit und Unsicherheit zu wählen ... *Sich selbst zu wählen, so wie man ist.* Es zu wagen, so zu sein, wie man ist, ohne sich dafür Vorwürfe zu machen. Und das Meer zu wählen, die unzuverläßige, grenzenlose, unbekannte See, und eine endlose Fahrt ohne irgendein bestimmtes Ziel, ohne überhaupt irgendein Ziel ... (meine und Reinholds Betonung).[6]

So war es für Giovanni die Verzeihung in Gestalt der Indifferenz des Meeres, doch für den Pilgrim Tobias war das nicht genug: er suchte die Verzeihung, nicht in der Auslöschung der Identität, sondern im Handeln und in der Liebe. Ich suchte Rache am Vater eben für seine Indifferenz, und dasselbe tat Maja selbst. Auch sie rächte sich an ihm. Als ich zurückkehrte und Maja vor meiner Mutter verteidigte, machte ich sie schrecklich wütend. Sie schaute mich so seltsam an und sagte: „Du bist wie dein Vater." Ich fürchtete jene Nacht für mein Leben, daß sie mich umbrächte. Sie schaute durch mich hindurch und erblickte meinen Vater und richtete ihre Wut durch mich auf ihn. So wie Giovanni mit Verachtung auf seine Mutter schaute, so sah ich auf meine Mutter. Beide Mütter benutzten das Menschliche ihres Sohnes einzig für ihre eigenen Zwecke. Und wie Tobias, der Pilgrim, das Heilige Land sucht, ohne zu wissen warum, außer in der Hoffnung, Verzeihung zu erlangen, so suchte ich die Analyse aus der Hoffnung heraus auf, daß mir vergeben werde (348, 349).

*

In der unmittelbar folgenden Nacht läßt er, ganz gegen seine Gewohnheit, u. a. seinen Computer mit den Disks, an denen er mit den letzten Einsichten gearbeitet hat,

---

6 „Att vara nöjd med ovissheten, nöjd och lycklig med den ... med osäkerheten ... att välja *det.* Välja själva ovissheten och osäkerheten ... *Välja sig själv, sådan man är.* Att våga vara sådan man är, utan att förebrå sig något för det. Och välja havet, det opålitliga, gränslösa, okända havet, och en ändlös färd utan något bestämt mål, utan något mål alls ..." (S. 111).

in seinem Auto. Sonst hat er ihn immer überall mitgenommen, wohin er auch ging. Am Morgen findet er, daß sein Wagen aufgebrochen und ausgeraubt worden ist. Er ist verzweifelt und bezichtigt sich unglaublicher Dummheit. Er selbst setzt es dann in Zusammenhang mit den Selbstvorwürfen über die Affäre mit Maja, seinem eigenen Anteil daran, statt der früheren Bezichtigung der Verführung durch Maja. Daran habe er eben am Computer die ganze Woche hindurch gearbeitet. Ob er sich nicht vor der Wahrheit gefürchtet habe, fragt er sich? Oder sich bestrafen mußte, werfe ich ein, die Wirkung *der unbewußten Schuldgefühle?* Er spricht über die Sehnsucht danach, daß ihm die Sünde von seinem Vater verziehen werden könnte, wie er eben seine Rache gegen Vater und Mutter in perfekter Weise in der Affäre ausagiert habe. Ich bemerke, wie er nun dafür symbolisch niedergeschmettert werde (struck down) durch den Verlust des Computers, eine Art symbolischer Kastration und Blendung, – „nicht dumm, sondern geblendet“. Er habe den Bildschirm den *elektronischen Spiegel seiner Gedanken genannt,* entgegnet er. Er findet schon die Affäre an sich verheerend, und ich frage, ob diese selbst nicht schon Ausdruck des Bedürfnisses für Selbstbestrafung gewesen sein könnte: daß es sicherer und tolerabler war, sich mit einer konkreten, bewußten Schuld zu belasten, als nicht zu wissen, wofür er sich schuldig fühle. Wofür? Einerseits spricht er über seinen Anteil am Geheimnis des Ehebruchs beider Eltern: habe er sich schuldig gefühlt für sie? Habe er ihre Schuld auf sich genommen, indem er am Geheimnis teilhatte? Und dann an beiden dafür Rache genommen, daß sie ihn in ihre Schuld verstrickt hatten? Anderseits bekennt er, daß er jeweils, von 6 bis über 12 Jahre, seine etwa $1^1/_2$ Jahre jüngere Schwester an ihren Geschlechtsteilen gekitzelt habe. Dabei wird ihm äußerst unbehaglich zumute, und er schweigt lange. Die Schuld werde ihm zu groß, zu unerträglich. Ich bemerke, wie er selbst schwer traumatisiert gewesen sei und die Nähe und Stimulierung bei seiner Schwester gesucht habe, – zwei einsame Kinder, die nur einander hatten und Trost im Sexuellen suchten, und wie beides, das Sichvergreifen an der Schwester wie die Affäre mit Maja, Ausdruck und Folgen jener Traumatisierung seien. „Mein ganzes Leben stand unter dem Druck, mich der Familie zum Opfer zu bringen. Ich gab allen Geld, wenn sie in Schulden waren und zahlte auch meiner Mutter alle Rechnungen“ (350–353).

Wäre er vollkommen gewesen, hätte ihn doch der Vater nicht weggeschickt. Sei dies nicht der *tiefere Sinn der Schuld: daß er nicht die Spaltung zwischen den Eltern und die Depression der Mutter heilen gekonnt?* Das Verhältnis von Vater und Mutter war höllisch, unablässiges Streiten, und dies wiederholt sich jetzt in unheimlicher Weise mit der Geliebten: „Als die Freundin mich gestern verließ, weinte ich, und doch hoffte ich, sie würde nicht mehr zurückkehren ... Lieber als eine kurze Flamme zu leben, als zu verrosten“ (367).

> Ich wollte mich der Mutter entledigen, um mit dem Vater zu sein, und dann wollte ich mich des Vaters entledigen, um mit Maja zu sein ... Er hatte sich meiner angenommen, er war mütterlich gewesen, nicht sie; er hatte mir Faeces aus meinem Anus mit Zahnstochern gezogen. Ich absorbierte seine Schuld.

Zuvor sei es die Schuld gewesen, nicht die Mutter in ihrer Depression geheilt zu haben, ihr Unglücklichsein. „Es war so viel leichter, die Schuld des Vaters zu übernehmen, da ich ihr nicht geholfen hatte und ich den geheimen Wunsch hegte, sie los zu werden, sie zu töten. Wirklich wollte ich bei ihm im Nahen Osten bleiben, nicht mit ihr nach Amerika zurückkehren."

Und damit wird ihm nun der Zusammenhang und der Ablauf plötzlich ganz klar:

> Zuerst war ich der kleine Soldat (musketeer), der versuchte, alles zusammenzuhalten, mich zu versichern, daß niemand sich aufregte, der Wunder vollbrachte, um die Familie als Ganzes zu retten – wie ich jetzt an der Arbeit versuche, alle glücklich zu machen und miteinander zu versöhnen. Dann gab ich im zweiten Stadium diesen Wunsch, die Familie beisammen zu halten, auf, lebte in Angst und Zorn, und plante ganz selbstsüchtig, nun beim Vater zu bleiben und bei ihm, ohne die Mutter, ein normales Leben zu führen. Und das Dritte war dann, als ich mich auf einmal im Flugzeug fand, absolut zerschmettert, verstoßen: ich hatte alles verloren. Es war ein Weg vom 1. Plan, wo ich der *machtvolle Held und heilige Retter* war, zum 2., wo ich insgeheim der *mächtige Bösewicht* war, indem ich mich während Monaten meiner Mutter zu entledigen und den Vater dazu zu bewegen suchte, mich dort zu behalten, wie Rebekka West es mit Beate versuchte, ein Wolf im Schafspelz, zum 3. Stadium, wo ich vor mir selbst dastand als *der entlarvte und aller Macht beraubte Verbrecher*, in vernichtender Niederlage, und nun 4. zum Schluß zum Märtyrer werde, der immer wieder für seine Sünde büßt, – der Verbrecher, der es verdient, geschlagen, gegeißelt und bloßgestellt zu werden. So bestrafe ich mich immer wieder von neuem ... (382).

3.9 Die beiden Grundgleichungen

Er lebt nun mit Cornelia, die ihre Stellung an der anderen Küste aufgegeben hat und zu ihm gezogen ist. Doch unverzüglich brechen die Zwistigkeiten mit alter Schwere und Schärfe aus. Ist er mit ihr, müsse er sich ihr unterordnen, könne nur im Frieden leben, wenn er sein Selbst, seine Identität, seinen Willen und sein eigenes Urteil aufgäbe. Das fülle ihn aber mit unheimlicher Wut, in der er sie zu töten bereit sei. Er versucht, diese wilde Empörung hinter einer „Steinmauer" zu verbergen, was umgekehrt die Freundin zur Weißglut reizt. Trennt sich jedoch die Geliebte während dieser Spannung auch nur für ihre Tagesarbeit, fühlt er sich völlig verlassen, fast unfähig, seinen eigenen Aufgaben nachzugehen und kehrt vorzeitig nach Hause zurück, um sich bitterlich auszuweinen.

Dies führt nun zur vertieften Einsicht in die beiden Grundgleichungen, die schon früher ansatzweise ausgesprochen wurden:

Getrenntsein, ein Individuum mit eigenem Willen zu sein, ist absolut böse: *Trennung = Verwundung und Tötung des anderen = tödliche Vergeltung durch den anderen und damit eigenes Sterben* = ungeheure *Schuld.* Jede Selbstbestätigung ist eo ipso Trotz und damit etwas ganz Schlimmes. Umgekehrt ist *Unterwerfung = Passivität = Abhängigkeit und Schwäche = Selbstverlust = Beschämung und Erniedrigung;* solches *Sichschämen* ist aber der Preis, den er entrichten muß, um überhaupt geliebt zu werden.

Dynamisch finden wir diese beiden (allgemein-menschlich wichtigen) Grundgleichungen sowohl bei Reinhold wie bei allen hier wegen ihrer prominenten masochistischen Problematik dargestellten Patienten besonders kennzeichnend.

Das Gewissen wird damit aber zum Exekutor dieser Schuld und Scham und ist damit selbst zutiefst gespalten. Während sonst Schuld und Scham oft zusammenwirken, erscheinen sie hier, wie ursprünglich, antithetisch: Scham bezieht sich auf Schwäche und Ohnmacht, und Schuld auf Stärke und Macht. *Trennungsschuld und Abhängigkeitsscham stehen zueinander im Gegensatz.* Dies bedingt die ganz wichtige und tiefe *Spaltung des Überichs*.

Daß aber noch weitere Glieder zu diesen Grundgleichungen kommen können, werden uns die späteren Fälle klarer zeigen.

Es scheint mir, daß die beiden eben skizzierten Gleichungen typische Folgen des von Shengold beschriebenen Bildes des „Seelenmordes“ sind.

Es ist aber wichtig zu sehen, daß diese beiden Grundgleichungen ihrerseits nur Teile eines größeren, sich immer wiederholenden Kreisvorganges sind. Die Sequenz bei Reinhold ist: Trennung → Todesangst: ich kann das Verlassensein nicht überleben → unbändige Wut, Tötungswunsch → unerträgliche Schuld und Angst → Suche nach Nähe, Liebe, Aussöhnung → notwendige Selbstaufgabe (symbolisiert in der „Gleichgültigkeit der See“), Identitätsverlust, Abhängigkeit → Verlust des Selbstrespekts, Demütigung, Scham → mörderischer Zorn („Schamwut“, „narcissistic rage“) → Distanzierung („Steinmauer“, „stonewall“), Trennung, usw. (370).

Es ist ein Drama, das massivste Selbstverurteilung auf mehreren Ebenen in sich enthält und sich in einem verzweifelten Versuch der Heilung, der Konfliktlösung, wieder und wieder neu abspielt. Er führt es auf die traumatische Trennung von seinem Vater zurück. Ich denke, es gelte ebensosehr den dramatischen Trennnungen von seiner Mutter anläßlich ihrer Suizidversuche und überhaupt ihrer depressiven Grundhaltung und läßt sich während der ganzen Jugend Reinholds immer wieder in den Auseinandersetzungen mit ihr rekonstruieren.

Der *Circulus vitiosus* ist, in gedrängter Fassung, der folgende:

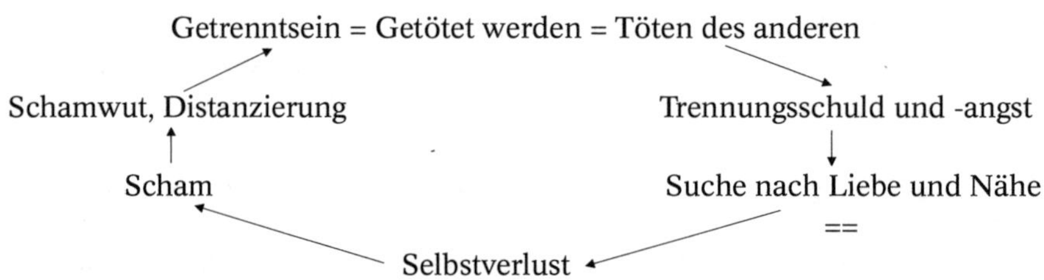

Dabei gilt die von Asch gemachte dynamische Differenzierung: „Der Masochist projiziert sein Über-Ich und stellt es so an, daß die Umgebung ihn ‚bestrafe‘. Der Depressive behält den Konflikt zum größten Teil in seinem Inneren und führt selbst den Angriff auf sich.“[7] Reinhold lehrt uns, daß beides zusammen, oft in Alternation, gilt, und daß die Strategie des „äußeren“ Masochismus als Abwehr der depressiven Problematik eingesetzt wird.

*

[7] „The masochist projects his superego and arranges for the environment to ‚punish‘ him. The depressive retains most of the conflict internally and does his own attacking of himself“ (Asch 1988, S. 107).

Ich erwähnte aber überdies die beiden Gewissensprototypen: das sich in extremer Selbstverurteilung, v.a. Schuld ergehende, und das Gewissen, das keine Schwäche, also keine Beschämung duldet, nur die Stärke und Freiheit fordert – das Gewissen, das in diesen Circulus vitiosus gebannt ist, und seinen Widerpart, der gewaltsam daraus ausbrechen möchte. Und dann erwähnte ich die Milderung dieses Kreisprozesses, die Versöhnung der beiden Extremfiguren in der dritten Gestalt, die ich mit Salomon oder Solon symbolisiert habe.

Was heißt es aber, wenn wir scheinbar nur der Spaltung zwischen den ersten beiden beiwohnen – wenn die Versöhnung durch das Dritte einfach nicht gelingen will?

Dieser Form des nun in extremer Verinnerlichung und Radikalisierung auftretenden Masochismus werden wir uns in den nächsten Kapiteln zuwenden, nachdem wir, Reinholds Führung folgend, uns eingehend mit dem für ihn so hilfereichen „Idealanalytiker" Ibsen auseinandergesetzt haben.

Doch zuvor ist es vonnöten, zuerst die dynamische Formulierung zu vertiefen und hernach ein prinzipielles Problem aufzugreifen: die Rolle „erzieherischer" Elemente in der Behandlung masochistischer, schwer traumatisierter Patienten, namentlich das Heranziehen *literarischer Analogien,* wie wir das mehrfach in dieser Behandlung beobachten konnten.

3.10 Spaltung als Gleichzeitigkeit von Anerkennung und Verleugnung

Ich habe Reinhold als Beispiel für den sog. „äußeren" Masochismus genommen, obwohl es natürlich klar geworden ist, daß bei ihm wenigstens die zweite Form, der „innere" oder „moralische" Masochismus dynamisch ebenfalls eine ganz wesentliche, wenngleich etwas weniger gegen außen sichtbare Rolle spielt.

Wir erinnern uns aber auch an den Traum mit der zerbrochenen Brille und der gespaltenen Wahrnehmung, wir erinnern uns an die „Spaltung" von Schatten und Wirklichkeit, von schöner Maske und schmerzvoller Wahrheit, von idealisierender Täuschung und Erwartung und mörderischer Wut, wenn die Enttäuschung zu stark wird, von übersteigertem Anspruch (entitlement) und abgrundtiefer Selbstdemütigung. Ich führe nun einige Kommentare aus der Literatur an, die für dieses Thema relevant sind.

Shengold schreibt in Bezug auf einen Fall von Mutter-Sohn-Inzest: „Eine der Wirkungen des ausgeführten Inzests war diese *Spaltung im Gewissen meines Patienten*" (meine Betonung).[8] Vergegenwärtigen wir uns, was wir von Reinhold gehört haben, ist diese *Über-Ich-Spaltung* in der Tat eines der bemerkenswertesten Phänomene – eines, das von ihm selbst im Zusammenhang mit der Lektüre von *Baumeister Solness*

[8] „One of the effects of the consumated incest was this *split in my patient's conscience*" (S. 171).

erkannt und in Worte gefaßt wurde. Doch ist es auch wahrscheinlich, daß diese Spaltung des Über-Ich viel tiefer geht und viel älter ist, als das Geschehnis mit Maja. Ich glaube vielmehr, daß sie einerseits auf die uralten Loyalitäts- und Geheimniskonflikte mit beiden Eltern und andererseits auf *Ich-Spaltungen* im Wahrnehmungsbereich zurückzuführen ist, sagt er doch selbst, zu welchem Ausmaß er an seinen Wahrnehmungen der Realität zweifeln gelernt habe. Keiner Wirklichkeit könne Vertrauen geschenkt werden. Selbst an der Analyse, an mir zweifle er zuweilen: „Ich machte Sie zum Gott. Meine Erwartungen sind Alles-oder-Nichts. Ich kann keiner Realität trauen, denn der geringste Sprung darin bedeutet einen absoluten, völligen Mangel, und ich muß es ganz und gar verwerfen. Jeder ist entweder göttlich oder vollständig verächtlich. So kann ich mich selbst nicht annehmen, so wie ich bin“ (374).

Zu diesem Thema möchte ich nun eine Reihe von Beobachtungen und Deduktionen aus einer unlängst erschienenen Arbeit von Sheldon Bachs zitieren: „Dieser Defekt im Realitätssinn, *diese Spaltung im Ich,* die bei den klassischen Perversionen durch den Fetisch oder das Ritual überbrückt wird, wird durch die Art des Verhältnisses in sadomasochistischen Beziehungen überbrückt.“[9]

Doch was ist der dynamische Hintergrund dazu – ist doch jede Spaltung lediglich ein Resultat, ein Phänomen? Ich glaube, die allgemein gehaltene Erklärung Bachs dafür trifft sehr gut auf unseren Patienten zu:

> Sadomasochistische Beziehungen lassen sich als eine Art *verleugneter oder pathologischer Trauer* verstehen, als ein wiederholter Versuch, den Verlust abzustreiten oder ihn in Phantasie aufzuheben. Doch ist es ein Versuch, der zu keiner Lösung führt, da in einem abgespaltenen Teil der Seele dieser Verlust in verleugneter Form bestehen bleibt.[10]

Es kommt zu einer „Abwechslung, einem Alternieren zwischen Realität und deren Verleugnung“:

> ... in seinem *Erleben* ist es so, als ob der Sadomasochist in zwei Welten lebte: in der Phantasiewelt, in der er das Spiel des idealisierten, allmächtigen Selbst und Objekts mitmacht, und der wirklichen Welt, die zu gefährlich scheint, daß man darin leben könnte. In der phantasierten Welt der idealisierten Verschmelzung sind die Gesetze von Raum, Zeit und Logik, welche die Differenzierung begünstigen, aufgehoben: Trennung, Tod und Trauer existieren nicht.“[11]
>
> Vom Standpunkt der Objektbeziehungen aus kann man vermuten, daß in manchen Fällen die *ganze* Mutter, nicht nur ihre Genitalien als traumatisch erlebt wurde. Um es konkreter

---

[9] „This defect in reality sense or split in the ego, which is bridged by the fetish or ritual in the classical perversions, is bridged by the mode of relating in sadomasochistic relationships“ (S. 85).

[10] „... sadomasochistic relations are seen as a kind of denied or pathological mourning, a repetitive attempt to disclaim the loss or to repair it in fantasy, but an attempt that does not lead to resolution because in some dissociated part of the psyche that loss remains disavowed“ (S. 76).

[11] „... in his *experience* the sadomasochist feels himself to be living in two worlds: the fantasy world, where he plays the game of the idealized omnipotent self and object, and the real world, which seems too dangerous to live in. In the fantasied world of the idealized merger, the laws of space, time, logic, which promote differentiation, are suspended: separation, death, and mourning do not exist“ (S. 81).

> auszudrücken: manche dieser Kinder, die den Anblick traumatisch finden, haben *nicht allein ein furchtbares Loch (Spalte) in der Genitalarea* entdeckt, sondern auch *ein furchtbares Loch in der Beziehung*. Die ganze Seele des Kindes ist mobilisiert worden, um dieses Loch (oder Spalte) zu verneinen und zu flicken (meine Betonung).[12]

Ich glaube, dies trifft genau auf Reinholds Erleben aller 4 Elternfiguren vollständig zu, vermutlich am stärksten auf das der Mutter seiner Frühzeit, aber kaum viel weniger auf das seines Vaters.

Was ich in den beiden *Grundgleichungen verdichtet und anschaulich* gemacht habe, wird, wenigstens zum Teil, von Bach im folgenden Ablauf dargestellt:

> Wir können wiederum feststellen, wie der Liebesversuch mißlingt und durch *fetischistische Substitute* ersetzt wird, sich dann in einer *Vereinigungsphantasie* verkörpert, deren Verwirklichung aber blockiert wird, und schließlich sich dem Sadomasochismus zuwendet, in einem gequälten Versuch, die Wut zu entladen und *neuen Kontakt durch die Veranstaltung gegenseitig sexualisierten Unglücks* zu finden: ‚Wenn ich dich so unglücklich machen kann, wie ich mich fühle, dann weiß ich, daß du mich liebst, und wir können unsere verlorengegangene Zusammengehörigkeit wieder herstellen!' (meine Betonung).[13]

Ich habe keine Hinweise auf fetischistische Substitute bei Reinhold gefunden (im Gegensatz zu Fällen, die ich später bringe); doch der Rest der Sequenz trifft zu – außer daß ich dem Über-Ich dabei eine sehr viel bedeutendere, ja zentrale Rolle zuspräche.

Ebenso führt Bach weiter aus:

> Es ist genau diese schmerzlichen Trennungen, die der Sadomasochist nicht zu ertragen vermag, denn seine Wut wird als unerträglich zerstörerische Trennung vom Objekt erlebt. So sagt der Masochist: ‚Tu mir an, was immer du willst, aber verlaß mich nicht', und das ‚was immer du willst' wird als lustvoll empfunden, da es heißt, der Partner ist noch immer gegenwärtig. *Der Schmerz des Leidens verteidigt gegen den größeren Schmerz des Verlusts.*[14]
>
> So verleugnet der Sadist seine Bedürfnisse für Objektbeziehungen, indem er die Wichtigkeit seiner Triebentladung überwertet, während der Masochist seine Triebbedürfnisse verleugnet, indem er die Wichtigkeit seiner Objektbindungen überbetont ... Sadomasochismus kann als ein pathologisches Oszillieren zwischen Überschätzung der Triebe und Überschätzung des Objekts aufgefaßt werden.[15]

---

12 „From an object relations perspective, one may surmise that in some cases the *whole* mother and not only her genitals has been traumatic or, to put it more concretely, that some of those children who find the sight traumatic have discovered *not only a horrifying gap in the genital area* but also *a horrifying gap in relatedness,* and that the child's entire psyche has been mobilized to deny and patch over this gap" (S. 82).

13 „We may note again how the attempt to love miscarries, is replaced by *fetishistic substitutes,* becomes embodied in a *merger fantasy* that is thwarted, and finally turns to *sadomasochism* in a tormented attempt to discharge the rage and regain contact through the induction of a mutual sexualized misery: „If I can make you feel as bad as I feel, then I know that you love me and we can retrieve our lost togetherness!" (S. 83).

14 „It is precisely these painful detachments that the sadomasochist is unable to tolerate because his anger is experienced as an unbearably destructive separation from the object. Thus the masochist says: ‚Do anything you want to me but don't leave me,' and the ‚anything you want' feels pleasurable, because it means that this partner is still with him. *The pain of suffering defends against the greater pain of loss*" (meine Betonung; S. 86).

15 „Thus the sadist denies his object needs by overvaluing the importance of his drive discharge,

Hier wäre lediglich kritisch einzuwenden, daß Objektbeziehungen selbst Ausdruck von Wünschen und Begehren, also von Triebbedürfnissen darstellt. Die Beobachtungen sind gültig und wertvoll, die Formulierung stützt sich m. E. auf ein falsches Entweder-Oder.

> Man kann es auch so ausdrücken: um eine wirkliche Abhängigkeit von einem tatsächlichen, aber nicht vollkommenen Objekt zu vermeiden, setzt der Sadomasochist an ihre Stelle eine Phantasieabhängigkeit von einem idealisierten vollkommenen Objekt.[16]

Diese letzte Erfahrung, die mit der bei unserem Patienten gemachten völlig übereinstimmt, verbindet sich nun mit einem letzten Thema, das in meiner Zusammenfassung dieses Behandlungsberichts wichtig ist.

3.11 Die literarische Erweiterung des Deutungsbereiches

Dies ist ein besonderes technisches Problem, das mir selbst viele Fragen stellt und wohl auch manchem Leser als beunruhigend aufgefallen ist: der freie Gebrauch literarischer Anspielungen in der therapeutischen Arbeit. Spielt er nicht gerade jener eben erwähnten Phantasieabhängigkeit in die Hände, unterstützt also eine künstlich idealisierende Realbeziehung? Dies trifft bestimmt teilweise zu, behauptet er doch selbst einmal: „Ich habe ein Problem mit dem Lesen. Ich schreibe und lese eigentlich nur für Sie, für Ihr Lob. Ich warte auf Ihr Lob, daß ich ein bedeutender Schriftsteller sei“ (371).

Und doch glaube ich, daß diese Modifikation eben gerade die Behandlung bei diesen schwer neurotischen Patienten erleichtert, zuweilen diese überhaupt erst ermöglicht.

Ich würde es so ausdrücken, daß diese Arbeit im *„schöpferischen Raum“* eine Spezialform der *Übertragungssublimierung* darstellt, die es dem Patienten u. a. erlaubt, den unerbittlichen Zwang zum Leiden durch Einsicht und Erkenntnis zu überwinden – gerade bei diesen schwer traumatisierten Patienten, der Ersetzung nämlich durch weniger zwangshafte und realitätsgerechtere Formen von Macht und Befriedigung.

Der Weg geht im Psychopathologischen, wie ich schon eingangs ausgeführt habe, von den Traumata, mit den ihnen innewohnenden überwältigenden Affekten, zu den daraus resultierenden inneren, ungelösten, unlösbaren und weitgehend unbewußten Konflikten, die sich umgekehrt dann in mannigfachen Phantasien niederschlagen, die ihrerseits nun fort und fort im Leben in verhüllter Form neu inszeniert werden und sich in den Kernphänomenen des neurotischen Prozesses kundtun – der steten Wie-

---

whereas the masochist denies his drive needs by overemphasizing the importance of his object attachments ... sadomasochism may be viewed as a pathological oscillation between overvaluation of the drives and overvaluation of the object“ (S. 86).

16 „One might say that in searching to avoid a real dependence upon an actual fallible object, the sadomasochist substitutes a fantasied dependence upon an idealized infallible object“ (S. 91).

derholung und Zwangshaftigkeit, der Polarisierung des Erlebens und dessen Absolutheit sowie der Macht durch das Leiden. Dieser Weg wird in vielfältiger Weise in der Therapie rückschreitend wieder begangen. Das Schöpferische ist v.a. eine Umgestaltung der Phantasiewelt – eine neue Formung von Konfliktlösungen in der Auseinandersetzung mit Traumatisierung und überwältigendem Affekt.

Konkret bedeutet es, bei diesen chronisch schwer traumatisierten, charakterologisch masochistischen Patienten das endlose Ausagieren des *selbstquälerischen Circulus vitiosus* zu *unterbrechen, „aus dem masochistischen Karussel auszusteigen“*, wie ich es zuweilen genannt habe, „innere Distanz zu gewinnen“, wie es ein Patient (Albert, s.unten) gesagt hat. Es ist eine Art *schöpferisch-therapeutischer Ich-Spaltung*. In anderen Worten: Es handelt sich um den Versuch, die Autonomie durch eine spezielle Form der Einsicht zu stärken. Was ist diese Form?

Erstens handelt es sich offenkundig um die Ausdehnung der Deutungsmöglichkeiten, indem die mehrfachen Wirklichkeitsebenen und Gefühlskonstellationen in gewaltigen neuen Gleichnissen kondensiert und bildhaft gemacht werden können. *Dichtkunst lebt in der Macht der Metaphorik; Deutungskunst wirkt durch die Metaphorik; Übertragung selbst ist, wie die Etymologie besagt, eine Art Metaphorik.* Die Kombination dieser drei gibt uns, so scheint es mir, ein gewaltiges Mittel für innere Wandlung in die Hand.

Diese Idee der erweiterten Deutungs- und Einsichtskraft liegt im Wort des Torquato Tasso beschlossen – von der naturgegebenen Gewalt des Ausdrucks:

„Sie ließ im Schmerz mir Melodie und Rede,/ Die tiefste Fülle meiner Not zu klagen:/ Und wenn der Mensch in seiner Qual verstummt,/ Gab mir ein Gott zu sagen, wie ich leide.“

Das Zweite knüpft daran an: Das innere Geschehen, die inneren Konflikte, die Macht von Angst und Leiden ordnen sich dem allgemein menschlichen Zusammenhang ein. Statt der schamerfüllten Vereinzelung in der Neurose erlebt der Patient die universelle Natur dieser Konfliktproblematik.

Reinhold spricht (im Zusammenhang mit dem Film, *Europa, Europa*) über die Frage von ethnischer Identität gegenüber der auf Athen zurückgehenden kosmopolitischen Gegenströmung: „Ich selbst kenne meine ethnische Herkunft nicht. Was für mich zählt, ist die Bruderschaft mit Ibsen und Euripides, mit denen ich die Gedanken gemeinsam habe –“

„– und die Gefühle und Ideen und das Schöpferische –“

„– oder mit Kafka in seiner Qual, sogar mit Nietzsche, trotz meines Ärgers über ihn, oder vielmehr gerade in meinem Ärger über ihn“. . . (270).

Dies klingt an ein Wort aus den *Gespenstern* an, das Reinhold selbst mehrfach angeführt hat, wenn er die enorm machtvollen literarischen Symbole in seiner analytischen Arbeit braucht:

Das ist nämlich das Seltsame, Herr Pastor, – eigentlich steht gar nichts Neues in diesen Büchern; es steht nur das darin, was die Welt im allgemeinen denkt und glaubt. Nur, daß die Welt im allgemeinen sich nicht klar darüber wird oder es sich nicht eingestehen will.“[17]

[17] „Ja for *det* er det underlige, pastor Manders, – der er egentlig slett ikke noe nytt i disse bøker;

Das Dritte ist eine breitere Formulierung dessen, was ich zuerst erwähnt habe. Einer der wichtigsten Vorgänge in der psychoanalytischen Behandlung ist m. E. die *Wiederaufnahme des sublimatorischen Prozesses.* Ich glaube, daß dies eine ganz entscheidende Rolle gerade in der sadomasochistischen Charakterproblematik spielt, die ich in diesem Werk ins Zentrum rücke. Es ist etwas, das auch in den Arbeiten des Ehepaars Novick besonders betont wird: die Spaltung zwischen *phantasierter Allmacht und Idealisierung* gegenüber *wirklicher Kompetenz und Meisterung.* Eine besonders wichtige Landbrücke, die aus der Hilflosigkeit und der dafür kompensierenden Allmachtsphantastik zur Ausübung wirklicher „Macht“ (im besten Sinne des Wortes) führt, ist das Reich des Schöpferischen. Es ist ein Zwischenreich, ein Übergangskontinent gemeinsamer Teilnahme, in der Phantasie und Wirklichkeitserfassung, Konflikt und Komplementarität, Leiden und Bewältigung in einer Form zusammenkommen, die etwas allgemein Gültiges, etwas Wahres vorstellt, im konkreten Beispiel der Behandlung gerade auch im Sinne psychologischen Verstehens. An die Stelle der narzißtischen Übertragung tritt *eine Übertragung der Teilnahme am Schöpferischen,* – nota bene: als eines wichtigen Aspektes, nicht daß damit das Ganze erfaßt wäre.

Dabei war es gerade bei Reinhold frappant, daß es nahezu gleichzeitig zu einem dreifachen Aufblühen seiner schöpferischen Fähigkeiten kam: in Form der Einsichten in sein Innenleben, als Durchdenken und Durcharbeiten, auch in schriftlicher Weise, seiner literarischen Entdeckungen, und v. a. in seiner Stellung als junger Naturwissenschafter. Nach Ablauf des ersten Jahres der Analyse brach das Schöpferische gerade in diesem Bereich mit großem Ungestüm und bedeutendem Erfolg durch. Er ist heute in seinem Gebiet bereits national anerkannt.

Das Vierte ist die Identifizierung mit dem Analytiker, und zwar einem quasi überpersönlichen Idealanalytiker, der meine Gegenwart und mein Leben überdauern wird. Es ist etwas, das die Übertragungskonflikte überragt.

Wie angedeutet ist diese Identifizierung mit einer Welt der Ideale selbst aber auch eine Weise, die Rivalität mit der Vaterfigur und die damit verbundene mörderische Gewalt in einer Art Reaktionsbildung *bewußt* zu überwinden. An die Stelle des Betrugs am Vater im Inzest und des Mordes am Vater tritt die Versöhnung in der Welt des Geistes: im Reiche der Vernunft, der Einsicht und des Schöpferischen. Es ist ein Bündnis mit dem idealen Vater, das ihm in der Wirklichkeit wieder und wieder verwehrt worden ist – das tatsächlich mehrmals aufs schmerzlichste zerschmettert worden ist: der Verrat bei der überstürzten Abreise, die Enttäuschung am Stiefvater, die brutale Ernüchterung bei der Rückkehr in den Nahen Osten und besonders anläßlich der Affäre mit Maja.

Das stellt aber als Fünftes die Frage nach dem Wert der Abstinenz, nach der Neutralität in der Behandlung.

Gewiß – keine Behandlung kann in völliger Versagung durchgeführt werden. So gefährlich das Ausleben sexueller und aggressiver Wünsche seitens Patient und Therapeut in der Behandlung ist und so sehr dies der Aufgabe, die wir uns stellen, zuwiderläuft, so groß ist, wie schon erwähnt die gegenläufige Gefahr: daß gerade die

---

der står ikke annet enn det som de fleste mennesker tenker og tror. Det er bare det at de fleste mennesker ikke gjør rede for det eller ikke vil være ved det“ (S. 122).

hartnäckig versagende, schweigsame, als kalt erlebte, starr durchgeführte Technik dem Ausagieren der masochistischen Übertragung und der Inszenierung der sadistischen Über-Ich-Gegenübertragung dient.

Gerade in diesem Zusammenhang der Abstinenz erhebt sich auch die dringende Frage: Wird nicht die Abwehr durch *Intellektualisierung*, und damit der Widerstand gegen die analytische Arbeit an den konfliktbedingten Affekten, durch diese „erzieherischen" Maßnahmen gefördert? Die Antwort ist: Das mag zwar unter Umständen geschehen, doch handelt es sich wirklich um ein doppeltes Problem: Neben der sicher immer bestehenden Gefahr, daß die Affekte durch solche intellektualisierenden Eingriffe abgehalten werden können, müssen wir bedenken, daß wir es hier mit überwältigenden, eben globalen Affekten zu tun haben, die aus schweren Traumata stammen, aus Affekten, die z. B. im Falle Reinholds mehrfach zu Akten gefährlicher Gewalttat geführt haben. Dazu kommt eben die von Grossman geschilderte und von Valenstein wenigstens angetönte weitgehende Einengung der Affektverarbeitung durch Phantasietätigkeit und Symbolisierung. Die erwähnten Maßnahmen helfen, diese gewaltigen Affekte in den Griff zu bekommen, *um damit die Konflikte lösbar zu machen*. Sie sind, glaube ich, eher taktischer als strategischer Art – Hilfsmittel für die Konfliktbearbeitung, nicht therapeutischer Hauptzweck. Die überwältigenden Affekte werden als Teile der Konflikte angegangen, sie stehen nicht jenseits davon, in einem weiten, schummrigen Feld von „Defiziten".

Alles, was der Durcharbeitung der Konflikte durch Affekt und Einsicht dient, ist von Wert. Ich bin überzeugt, daß die individuell und vorsichtig gehandhabte Erweiterung der Technik durch dieses Mittel von unschätzbarem Wert sein kann.

Vielleicht ist dies die eine wirksame Gegenmacht gegen die erlittene Dehumanisierung: das Wiedererleben des Schöpferischen, und zwar nicht in der Einsamkeit, sondern im seltsamen Dialog der Psychoanalyse.

*

Zum Schluß dieses Abschnittes möchte ich wiederum auf einen Midrasch (*Bereschit Rabba* 8,5, zu Genesis 1;1,26) zurückgreifen:

Als Gott den Menschen schaffen wollte, gab es unter den Engeln scharfe Meinungsverschiedenheiten. Manche rieten zu, andere rieten ab. Daher heiße es in Psalm 85,11: „Liebe und Wahrheit stritten miteinander, Geradheit (Rechtbarkeit) und Frieden kämpften gegeneinander, Wahrheit erhebe sich von der Erde, und Gerechtigkeit ist vom Himmel her zu sehen".[18] Wahrheit und Frieden wandten sich gegen die Schöpfung des Menschen, die beiden anderen traten dafür ein. „Was tat Gott? Er nahm die Wahrheit und schmetterte sie zu Boden. Da sagten die Engel dem Heiligen: „,Herrscher der Welt! Weshalb verachtest du dein Siegel? Laß die Wahrheit sich von der Erde erheben!' Daher steht geschrieben: ‚Laß die Wahrheit aufstehen von der Erde!' (Psalm 85,12)".[19]

---

[18] „Chesed we'emet nifgaschu, tzedek weschalom naschaku. Emet meeretz titzmach, wetzedek mischamajim nischkaf." Die vom Midrasch gebrauchte Übersetzung weicht von der üblichen ab, ist aber weit faszinierender, ist sie doch selbst ein wunderbares Bild für inneren Konflikt.

[19] Wahrheit als das Siegel Gottes: es ist die von Raschi gegebene Erklärung des schwierigen aramäischen, doch ursprünglich griechischen Ausdrucks: „taksis altiksia", des „Leiters der Hofzeremonien" (der Ordnungen) (Jastrow, Midrasch übers. Freedman).

4 „*Ein einsamer Krieger auf seiner Fahrt*"
(„*En enlig kriger på sitt tog*"; *Brand*)
Einsicht in Konflikt und Verwandlung – Ibsens Psychologie in psychoanalytischer Perspektive

„Det er øyet som forvandler handlingen.
Det gjenfødte øye forvandler den gamle handling"
(*John Gabriel Borkman*, S. 550)[1]

4.1 *Die große Revolution*

Georg Brandes sagt von Ibsen, „er sei der Ansicht, der hauptsächliche Fortschritt des Zeitalters bestehe darin, daß die Dichtung mehr und mehr psychologisch werde, und nicht allein die Dichtung, sondern die Literatur überhaupt ... ‚Lies mich so, daß du *mich* kennen lernst!' Er dachte, darin bestehe die große, von ihm unternommene literarische Revolution" (Meyer, S. 362). Obwohl der Biograph Meyer in einer Fußnote warnend hinzufügt, dieses Zitat zeige Ibsens mangelhafte Kenntnis der Literaturgeschichte, kommen wir nicht um die Erkenntnis herum, daß in der Tat in Ibsens Werk etwas Revolutionäres im psychologischen Bereich geschieht, im ganz gegenwärtigen Sinn.

In einem Gespräch sagt Ibsen, er schreibe nicht allegorisch, nicht symbolisch, sondern „nur über das *Innenleben* der Leute, wie ich es kenne, *Psychologie,* wenn man so will ... Ich zeichne wirkliche, lebende Menschen" (Meyer, S. 695). „Unser ganzes Wesen ist nur ein Kampf gegen die dunklen Kräfte in uns", bekennt er Helene Raff (Meyer, S. 632).

„Innad; innad! Det er ordet!
Dit går veien. Det er sporet." („Nach innen; nach innen! Das ist die Losung! Dorthin führt der Weg. Das ist die Spur." Brand, S. 44)

Es könnte sich daher lohnen, diese dichterisch vorgestellte Psychologie nachzuzeichnen und sie mit unserer klinischen Erfahrung und der psychoanalytischen Theorie zu vergleichen.

Ibsen gibt uns selber die Perspektive, in der die folgende Konfliktanalyse gelesen werden muß, wenn er in einem Brief an Passarge, 1880, schreibt: „Alles, was ich geschrieben habe, ist bis ins einzelne mit dem, was ich innerlich durchlebt habe, verbunden, selbst wenn ich es nicht persönlich erlebt habe; jedes neue Werk hatte für mich den Zweck, einem Prozeß der geistigen Befreiung und Läuterung zu dienen; denn jeder Mensch teilt

---

[1] „Das Auge ist's, was die Taten wandelt. Das neugeborene Auge wandelt die alte Tat" (S. 451). Wo immer es mir möglich ist, folge ich dem Originaltext im Norwegischen. Entsprechend habe ich die meisten Übersetzungen modifiziert, einfach, um mich der für uns als Analytiker relevanten Bedeutung zu nähern, ohne mich dabei zu sehr um die Flüssigkeit des Stiles und die Darstellungsfähigkeit zu kümmern, wie das die üblichen Übersetzungen anstreben. Eine Ausnahme von der angestrebten direkten Übersetzung sind die biographischen Zitate (namentlich aus Briefen oder Gesprächen), die ich dem englischen Werk Michael Meyers entnehmen muß.

die Verantwortung und die Schuld mit der Gesellschaft, der er angehört" (Meyer, S. 273 f.). Alle Gestalten seiner Dichtung verkörpern Seiten seiner eigenen Persönlichkeit, sind Ausdruck seiner inneren Wirklichkeit, wenn auch verhüllt und verwandelt.

Was ich im folgenden skizzieren werde, ist eine Anordnung dieser inneren Gestalten als Polaritäten, Antithesen, wie es im Verlauf unserer analytischen Arbeit geschähe, obgleich wir natürlich hier nur sehr spärliche Kunde von der zurückliegenden, erlebten Vergangenheit besitzen, der Frühgeschichte des Dichters. Deshalb werde ich mich der Spekulationen über den historischen Hintergrund dieser Antithesen weitgehend enthalten; ich finde es methodologisch sicherer, bei der „Dynamik" zu verweilen – der Dynamik im Sinne des Spieles gegensätzlicher Kräfte und Mächte, von Gestalten, Idealen und Werten im Widerstreit.

Tatsächlich ist Ibsens Psychologie selbst auf dem *Wissen um den inneren Konflikt* aufgebaut. Bereits in bezug auf sein frühestes Drama *Catilina* hieß es in der Kritik durch Paul Botten Hansen, der Held werde mehr als „Ergebnis eines inneren geistigen Konfliktes zerstört als infolge äußerer Umstände" (Meyer, S. 56).

Diese dynamische Sicht bedeutet sofort aber eine ungeheure Vielfältigkeit von widerstreitenden Faktoren, auf manchen Ebenen. Zugleich ist es eine Psychologie des Innenlebens, die das Äußere, die soziale wie die politische, ökonomische und kulturelle Wirklichkeit ganz entscheidend mitbestimmt: die auf der Bühne ausgetragenen inneren Konflikte spiegeln sich in scheinbar gesellschaftlichen oder zwischenmenschlichen Konflikten von gegensätzlichen Werten und Wahrheiten. Es ist eine *psychologisch orientierte Weltanschauung*, die wie Nietzsches durch das Wissen um die *Zentralität von innerem Konflikt* geprägt ist.

Was gehört zu dieser intuitiv vieles der Psychoanalyse vorwegnehmenden Psychologie?

Zuerst und vor allem findet sich eine Art umspannender Polarität: die zwischen innerem Konflikt überhaupt, Zerrissenheit einerseits, Entschlossenheit (determination), Entscheidungsfähigkeit, Wille zur Synthese der gegensätzlichen Kräfte unter der Führung durch *ein* Ideal oder „Prinzip", das individuell richtig und spezifisch ist, anderseits.

Damit wird aber der innere Konflikt zum Konflikt zwischen der Persönlichkeit, dem „Willen" des einzelnen, der sich für ein Prinzip entschieden hat, und der Masse, die sich durch „eine alte vererbte Volkslüge" („en gammel arvtatt folkeløgn", S. 201), durch „veraltete Wahrheiten" („alderstegne sannheter", S. 199) beherrschen läßt.

Dann ist es der gewaltige Gegensatz zwischen dem Wert von *Wahrheit* und Entschleierung (avsløring) und der Gegenmacht, dem „Unwert" der Lüge und der mannigfaltigen Weisen von *Täuschung, Verlogenheit und Hypokrisie.* Dabei handelt es sich zwar um mannigfache Schichten der Täuschung; doch finden wir eigentlich durchgehend vor allem einen großen Gegensatz: zwischen oberflächlichen Lügen und einer tiefen, alldurchdringenden, doch weitgehend unbewußten Verlogenheit.

Weiter gefaßt ist es drittens der Konflikt zwischen Idealen, die auf Sublimation im Dienste von *Selbstverwirklichung und Gemeinwohl oder Rücksicht und Respekt* für sich selbst und den anderen beruhen, gegenüber Idealen, die Ausgestaltungen der *Selbstvergrößerung und der Machtausweitung* sind. Diese letzteren schließen die rücksichtslose Ausübung der *Macht des Schöpferischen* mit ein.

Dabei führt die Erkenntnis, daß die Ausschließlichkeit der Verfolgung bestimmter Ziele todbringend sein kann, zum Verständnis für die Bedeutsamkeit bestimmter Formen von Traumata, besonders von solchen, die mit „Seelenmord" zu tun haben – im Sinne einer besonders intensiven *Beschämung* und *Entwürdigung* des einzelnen. Dabei handelt es sich immer um verschiedene Formen von *Machtmißbrauch* als zentraler Traumatisierung.

Viertens ist es, im Rahmen einer solchen Konfliktpsychologie, die Hauptrolle, die den Begriffen, den Gestaltungen von *Gewissen und Idealen* beigemessen wird. Im analytischen Sinne ist es daher u. a. eine *Über-Ich-Analyse,* die so ganz erstaunlich modern und klinisch höchst relevant erscheint. Spezifischer finden wir eigentlich bei allen Hauptpersonen, daß sie unter einem gewaltigen Gewissensdruck in einer oder andern Form stehen, mit gegensätzlichen inneren und nach außen gerichteten Gewissensforderungen, mit gegensätzlichen Idealen. Diese Über-Ich-Konflikte schaffen eine ungeheure Spannung *innerhalb* der Persönlichkeit.

Dahinter erkennen wir die versteckten inneren Kräfte, die sich der Zähmung durch die Sozialinteressen immer wieder entwinden und in ihren Ansprüchen entweder angehört und in kontrollierter Form befriedigt werden oder aber, als unheimliche Feinde, als *„Trolle und Teufel"*, als verhohlene Motive auf rasende Zerstörung ausgehen. Liebe und Sexualität, Ressentiment und Rache, Angst, Schuld und Scham und ganz besonders das tiefe Bedürfnis nach Anerkennung als Individuum sind solche Urkräfte, die geachtet werden müssen oder aber, wenn verkannt, vernichtend durchbrechen.

Fünftens und zum Schluß ballen sich diese Antithesen zusammen im Bilde des ödipalen Dreiecks, der Rivalität in Eifersucht und Neid, mit den Attributen von Zwangshaftigkeit, Polarisierung und Globalität, die wir als Kernphänomene des neurotischen Prozesses kennen. Dabei gilt, was Relling in *Die Wildente* bemerkt: „Die Leute sind leider ungefähr alle zusammen krank – Folk er syke omtrent alle i hop, dessverre" (S. 269).

4.2 Die hauptsächlichen Antithesen

4.2.1 Zerrissenheit und Entschlossenheit

> „I shall be telling this with a sigh
> Somewhere ages and ages hence:
> Two roads diverged in a wood, and I –
> I took the one less traveled by,
> And that has made all the difference"
> (Robert Frost, *The road not taken*, S. 105)

a) Selbstverwirklichung und Flucht vor sich selbst

Im 5. Akt vergleicht Peer Gynt sich selbst mit einer Zwiebel, die er schält – er, der sich noch eben dessen gerühmt hat, daß er „er selbst" gewesen sei („salig Peer Gynt ble seg selv til det siste", S. 120). Alle seine Identitäten – Kaiser, Schiffbrüchiger, Goldgräber, Pelzjäger, Geschichtsforscher und Prophet, Lebemann und Neger- und Götzenhändler[2] – werden als Schalen, als unwesentlich weggeworfen. „Kommt denn nicht bald der Kern an den Tag? Herrgott nein! Bis zum innersten Kern ist alles zusammen Schale, nur geringer und geringer."[3]

Der Knopfgießer („Knappestøperen") sagt ihm: „Du selbst bist du bis jetzt nie gewesen – Deg selv har du aldri været før" (S. 129). Sein Befehl laute: „Peer Gynt sollst du einfordern. Er hat seiner Lebensbestimmung Trotz geboten. In den Gießlöffel mit ihm, denn er ist mißlungene Ware."[4] Der Dovregubben (der Alte vom Dovregebirge) sagt ihm: „Als Troll hast du gelebt, aber stets das heimlich gehalten – Som troll har du levet, men støtt holdt det hemmelig" (S. 132), nur um sich selbst genug zu sein: „Vårt nok", statt sich selbst zu verwirklichen, er selbst zu sein (S. 133). Voll Schrecken realisiert er es nun: „Ich befürchte, ich war tot, lange ehe ich starb – Jeg er redd jeg var død lenge førenn jeg døde" (S. 142).

Zuvor, bei seinem prahlerischen Gelage mit einer Bande internationaler Abenteurer in Marokko, läßt er die Quintessenz einer Philosophie *„kompromittierter Integrität"* laut werden: „Der Schlüssel zur Lebenskunst besteht ganz einfach darin, sich das Ohr dicht gegen das Eindringen eines gefährlichen Wurmes zu verschließen."

„Was für eine Echse ist denn das, teurer Freund?"

„Eine kleine, doch eine, die ganz dazu verführt, daß man sich überhaupt, ein für allemal, entscheidet. Der Wert der ganzen Wagekunst, der Kunst, den Mut zur Tat zu besitzen, besteht darin: mit wahlfreiem Fuß mitten drin in den verräterischen Fallen des Lebens zu stehen, –, sich dessen bewußt zu sein, daß der Tag des Kampfes noch bei weitem nicht das Ende bedeutet, – zu wissen, daß immer noch eine Brücke hinter dir offen steht, die dich zurück tragen kann. Diese Theorie hat mich vorangebracht; die hat meinen ganzen Handel und Wandel gefärbt."[5]

Dieser Mangel an Verpflichtung und Prinzipien, die schillernde Identität und die *scheinbare* Konfliktlosigkeit kulminieren im Wunsch, allmächtig zu sein und alle Grenzen überschreiten zu dürfen: „Von Großem bist du gekommen, und zu Großem sollst du eines Tages werden – av stort est du kommen,/ og til stort skalst du vorde en gang" (S. 33), dem Wunsch, der unter dem Motto steht: „Dichtung und verdammte Lüge! – Dikt og forbannet løgn!" (S. 32). Das Ziel ist: „... Kaiser zu werden – å blive keiser" (S. 67).

Dieses Erstreben von Allmacht, und damit der Verrat seiner Integrität, stehen gegen den Hintergrund seines *Kampfes gegen die Scham, gegen Lächerlichmachung*

---

2 „Mest jeg gjorde/ i negere til Karolina og gudebilleder til China" (S. 63).

3 „Kommer ikke kjernen snart for en dag?/ Nei-Gud om den gjør! Til det innerste indre/ er alt sammen lag, – bare mindre og mindre" (S. 122).

4 „Peer Gynt skal du fordre./ Han har budt sitt livs bestemmelse tross. /I støppeskjeen med ham som mislykket gods" (S. 129).

5 „... Kunstens nøgle/ i livets sak er simpelt hen/ å holde øret tett igjen/ for innpass av en farlig øgle."/
„Hva for en øgle, dyre venn?"
„En liten en, en fult fortførende/ til det i ett og alt avgjørende./ Hva hele vågekunsten gjelder,/ den kunst å eie dådens mot, –/ det er: å stå med valgfri fot/ imellom livets lumske feller, – / å vite visst at alle dage/ er ikke slutt med stridens dag, –/ å vite deg står åpen bak/ en bro som bære kan tilbake./ Den teori har holdt meg frem; den har min hele vandel farvet ..." (S. 66).

und Schande: „Immer grinsen sie hinter dem Rücken und flüstern, so daß es einen durch und durch brennt... Etwas wirklich Starkes wäre das Beste, damit das Gelächter nicht mehr beißen würde.“[6]

Die einzige Stelle, wo er er selbst gewesen war, war im innern Bild der Geliebten, Solveig, die, obwohl von ihm im Stich gelassen, ihn nie aufgegeben hat: „Wo war ich ich selbst, ganz, wahrhaftig? Wo war ich mit Gottes Prägung auf meiner Stirne?“

Und sie antwortet: „In meinem Glauben [Treue], in meiner Hoffnung und in meiner Liebe“.[7]

Dies ist eigentlich eine zentrale Frage, die durch alle Werke hindurch gestellt wird: Wer bin ich wahrhaft selbst? Das heißt aber: Was ist mein Wille, meine innerste Bestimmung, die ich ausführen will, der ich treu sein muß? Wo habe ich meine Bestimmung verraten, und was sind die Folgen solcher Verlogenheit, eines solchen Selbstverrates? Das heißt aber: Was geschieht, wenn ich mir selbst treu bleibe? Kann diese Selbstloyalität nicht selbst wieder zu einer Art Verrat am anderen werden?

Stockmann sagt am Ende des Schauspiels *(Volksfeind):* „Die Sache ist die, seht mal: *der* ist der stärkste Mann auf der Welt, der allein steht – Saken er den, ser I, at den sterkeste mann i verden, det er han som står mest alene“ (S. 298, bzw. S. 216).

„Selbstverwirklichkung ist des Menschen höchste Aufgabe und sein größtes Glück“, sagt er Helene Raff 1889 (Meyer, S. 633).

Als Antithese zu Peer Gynt finden wir die Extremformulierung des Menschen, der allein steht und die Absolutheit seiner Mission gegen jeglichen Kompromiß verficht: den Pastor *Brand,* „einen einsamen Krieger auf seiner Fahrt – en enlig kriger på sitt tog“ (S. 173). Gerade so rücksichtslos und fatal Peer Gynts grenzenloser *Relativismus* ist, so mörderisch und fatal ist sein Gegenstück, Brands unerbittlicher *Absolutismus,* seine harte Selbstaufopferung und Darbringung des Lebens der anderen, Nächsten. In der Tat erweist sich gerade diese unbedingte Unterwerfung unter das eigene Ideal und Gewissen als eine *Extremform von Masochismus:* „Wisse dies: Hast du *alles* hingegeben außer deinem Leben, so hast du nichts gegeben.“[8] Daher ist es denn auch sein immer wiederholtes Motto der Unbeugsamkeit: *„Nichts oder alles!* – Intet eller allt!“ [z.B. S. 56, 61, 82, 158 (in der norwegischen Ausgabe)], – dies in schroffem Gegensatz zu jeglichem Kompromiß: „Nur kein feiges Zugeständnis! – ingen feig akkord!“ (S. 62; ähnlich S. 158, 162, 166, 182). Ganz in Übereinstimmung damit steht die doppeltgerichtete These: „der größte Sieg ist Niederlage – at største seir er nederlag“ (S. 77), und ähnlich: „Zum Sieg im Sturz – Til seir i fall!“ (S. 167). „Die Hauptsache ist es gerade, den Kreuzestod leiden zu *wollen,* mitten in die Fleischesnot [treten] zu *wollen,* mitten in der Geistesangst [sein] zu wollen.“[9]

---

6 „Støtt så flirer de bak ens rygg,/ og tisker, så det tvers igjennom en brenner ... Noe riktig sterkt/ var best, for så biter latteren ikke“ (S. 14).

7 „Hvor var jeg som meg selv, som den hele, den sanne?/ Hvor var jeg med Guds stempel på min panne?“
„I min tro, i mitt håp og i min kjærlighet“ (S. 144).

8 „Hvis *alt* du ga foruten livet,/ da vit at du har intet givet“ (S. 39).

9 „... først *det å ville* korsets død,/ å *ville* midt i kjødets nød,/ å *ville* midt i åndens angst“ (S. 64, 67).

Selbstaufopferung, Bereitschaft zum Martyrium und zur Hinopferung dessen, was einem am liebsten ist, im Dienste dessen, was man als das grimme Gottesgesetz erlebt, das ist unveränderlicher Befehl: „Gerade das Opfer steht mit Flammenschrift als die Forderung des Herrn hinter dem Riß in den Wolken";[10] er spricht vom grausamen Habicht und Falken des Gesetzes – „lovens grumme høk og falk" (S. 98).

Der Unbedingtheit Brands steht die Konventionalität, die Hingabe an einen prinzipienlosen Opportunismus gegenüber, der vom Bürgermeister und dem Propst vertreten wird. So sagt der letztere: „... und Schick und Brauch sind doch das Erste, wenn nicht eigentlich das Größte – og skikk og bruk er dog det første, om ikke egentlig det største" (S. 144). „Wen Gott will im Lebenskampf erschlagen, den macht er zuerst zum Individuum ... verrückt und allein zu sein sind dasselbe."[11]

b) Innerer Zwang und innere Freiheit

„Zwischen Feuer und Wasser – midt imellem ild og vann"
(*Die Frau vom Meer*, S. 75, bzw. S. 366)

Selbstloyalität und Selbstverwirklichung sind nur möglich, wenn äußerer und innerer Konflikt in ihrer ganzen Klarheit und Schärfe erfaßt werden. Das Problem des *bewußten* inneren Konflikts wird mehrfach scharf ausgesprochen und ist in allen Dramen zumindest implizit vorhanden. Ich wähle 2 explizite Beispiele:

Rebekka spricht gegen Ende des 3. Aktes von *Rosmersholm* von *„zwei Arten Willen – to slags vilje"*, wenn sie sich Rechenschaft darüber gibt, wie sie die kranke Frau (Beate) ihres Arbeitsgebers und geheim geliebten Mannes, Rosmer, allmählich in den Selbstmord getrieben hat – zwei Arten Willen, geleitet entweder vom Wunsch oder vom Gewissen:

> Und dann gibt es doch auch, sollte ich meinen, zwei Arten Willen in einem Menschen. Ich wollte Beate weg haben! Auf irgend eine Art. Aber ich glaubte doch nicht, es würde jemals dahin kommen. Bei jedem Schritt, den es mich reizte vorwärts zu wagen, war es mir, als schriee etwas in mir: Nun nicht weiter! Keinen Schritt mehr! – Und doch *konnte* ich es nicht lassen. Ich mußte noch ein winziges Spürchen weiter. Nur noch ein einziges Spürchen. Und dann noch eins – und immer noch eins –. Und *so* ist es geschehen. – Auf diese Weise geht so etwas vor sich" (S. 500).[12]

Allmers sagt in *Klein Eyolf* in Hinsicht auf den Konflikt zwischen seiner inneren Aufgabe, sein theoretisches Werk über die menschliche Verantwortung zu beenden,

---

[10] „Just ofret står med lueskrift,/ som Herrens krav bak skyens rift!" (S. 169).

[11] „Den Gud vil slå i livets strid,/ ham gjør han først til individ/ ... gal og ensom er det samme" (S. 147 f.).

[12] „Og så er der da vel to slags vilje i et menneske, skulle jeg mene! Jeg ville ha Beaten vekk. På den ene måten eller på den annen. Men jeg trodde aldri at det skulle komme allikevel. Ved hvert skritt som jeg fristet og vovet fremad, syntes jeg liksom noe skrek inneni meg: Nu ikke lenger! Ikke et skritt lenger! – Og så *kunne* jeg ikke la være enda. Jeg *måtte* friste et bitte lite grann til. Bare et eneste et. Og så ett til – og alltid ett til. – Og så *kom* det. – Det er på den vis slikt noe går for seg" (S. 318).

und der ebenso innerlichen Verpflichtung, sich seinem durch seine Mitschuld verkrüppelten Sohn Eyolf ganz zu widmen: „Ich sage Euch ja, zwischen zwei Aufgaben kann ich mich nicht zersplittern – Jeg kan ikke splitte meg selv mellem to oppgaver, sier jeg jo“ (S. 334, bzw. S. 492). Er gibt das Buch auf, und nimmt sich die Erziehung des Sohnes als Lebenswerk vor. Was ihm dabei aber völlig unklar, ja unbewußt bleibt, ist der brisante Konflikt zwischen Rita, seiner Frau, die ihn eifersüchtig ganz und ausschließlich für sich beansprucht und ihre Mordgedanken gegenüber allen Konkurrenten (auch dem Kinde) und ihm selbst nicht ganz zu unterdrücken vermag, und seiner Halbschwester Asta, der er seit ihrer Kindheit in besonderer Innigkeit zugetan gewesen war und die ihn immer als ihren Beschützer verehrt und geliebt hatte – einer geliebten „Halbschwester“, die, wie es sich herausstellt gar nicht blutsverwandt ist. Eyolf geht in den Tod, sich den gegensätzlichen Willenskräften dieses intrapsychischen wie intrafamiliären Konfliktes opfernd.

„Für mich ist der Wille immer das Wichtigste“, vertraut Ibsen Helene Raff an (Meyer, S. 633). Erst wenn die Natur des inneren Konflikts erkannt wird, kann der Mensch er selbst werden, sich selbst verwirklichen, sich selbst treu bleiben. Eine Folge des unbewußten Konfliktes ist die *masochistische Bindung* („trellbunden, *trelldom*“), wie sie in vielen Gestalten dargestellt wird.

Die große Antithese, die z. B. in der „Frau vom Meer“ hervortritt, ist die zwischen ihrer Hörigkeit gegenüber dem fremden Seefahrer und ihrer Wahlfreiheit, zwischen der Zwangshaftigkeit der masochistischen Bindung und der Ausübung des eigenen Willens. Ich werde darauf am Ende dieses Kapitels darauf zurückkommen.

4.2.2 Wahrheit und Lüge

> „Sannhetens og frihetens ånd – *det* er samfunnets støtter – der Geist der Wahrheit und der Freiheit, – das sind die Stützen der Gesellschaft“ (S. 553, bzw. S. 65)

„Bei jedem einzigen Manne, wer es auch sei, wirst Du, wenn Du ihm ins Herz schaust, wenigstens *einen* dunklen Punkt entdecken, den er verbergen muß“ (S. 508),[13] sagt Konsul Bernick zu seiner Rechtfertigung *(Die Stützen der Gesellschaft)*.

Das Ethos der Entlarvung der Lügen bestimmt alle realistischen Dramen Ibsens. In tiefer Ironie steht es zu Eingang der *Stützen der Gesellschaft:* „Jene vergoldete und geschminkte Außenseite, die die große Gesellschaft zur Schau trägt, was steckt im Grunde dahinter? Hohlheit und Fäulnis, wenn ich so sagen darf. Kein moralisches Fundament, auf dem man stehen kann. Mit einem Wort, diese große Gesellschaft von heutzutage ist ein übertünchtes Grab“ (S. 443).[14] Wer es sagt, ist Rørlund, ein selbsternannter Wächter der Moralität („det samfunn hvis moral og seder jeg er

[13] „Se inn i hvilken mann du vil, og du skal finne i hver eneste en *ett* mørkt punkt i det minste, som han må dekke over“ (S. 43).

[14] „Denne forgylte og sminkede ytterside som de store samfunn bærer til skue, – hva dølger den egentlig? Hulhet og råttenskap, om jeg så må si. Ingen moralsk grundvoll under føttene. Med *ett* ord, – de er kalkede grave, disse store samfunn nu til dags“ (S. 10).

satt til å være en vokter for"), der, triefend mit Selbstgerechtigkeit, die große verderbte Gesellschaft des Staates der heilen, ehrlichen und moralisch aufrechten Gesellschaft in der Küstenstadt entgegensetzt, und besonders deren Säule und Stütze, Konsul Bernick („dette samfunns grunnpille", S. 544, bzw. S. 61). Erst allmählich enthüllt es sich, zu welchem Ausmaß der Konsul seinen Erfolg auf Lügen aufgebaut hat und die Entwicklung des Gemeinwesens selbst in Täuschung, Selbstsucht und Kleinlichkeit begründet ist. Seine Entlarvung droht nun das ganze Gebäude seines eigenen Lebens und der Wirtschaft der Stadt zum Einsturz zu bringen. Seine aus Amerika zurückkehrende Schwägerin, Lona Hessel, weist auf die Lügen hin. Verblüfft fragt er mehrmals: „Die Lüge?" Wie ein geschickter Therapeut bringt sie Klarheit in die unter Selbstrechtfertigungen und Beschönigungen verborgenen Unwahrheiten und appelliert dann an ihn:

> Ist nicht etwas in Deinem Innern, das aus der Lüge herauszukommen begehrt? ... Du bist der reichste und mächtigste Mann der Stadt; keiner wagt es, sich Deinem Willen zu widersetzen, weil Du für makellos und unantastbar giltst; Dein Haus gilt als ein Musterhaus. Dein Wandel als ein Musterwandel. Doch diese ganze Herrlichkeit steht *wie auf schwankendem Moorgrund,* und Du mit ihr. Ein Augenblick kann kommen, ein Wort kann fallen, – und Du gehst unter und die Herrlichkeit mit, wenn Du Dich nicht beizeiten rettest (S. 496 f.).[15]

Es gibt *oberflächliche Lügen,* und es gibt eine *tiefe Verlogenheit,* die sich in den Mantel der Rechtschaffenheit und Ehrlichkeit hüllt. Die unschuldig verfemte Dina sagt es im selben Drama: „Wie mir graut vor dieser ganzen Sittsamkeit! – Jeg har en redsel for all denne skikkelighet!" (S. 530, bzw. S. 54). Ihr redet ihre ältere Freundin, die Schwester des Konsuls, Mut zu: „... du skal blott bli som du er, – sann og tro imot deg selv" (S. 55). Dies wird sehr richtig übersetzt: „Du sollst nur bleiben, wie Du bist, – wahr und treu gegen Dich selbst" (S. 532). „Bli" bedeutet auf Norwegisch aber nicht nur „bleiben", sondern auch „werden". Es erinnert somit auch an Pindars: „Werde, der du bist ..."

Und Bernick selbst bekennt zum Schluß:

> Die alte Zeit mit ihrer Schminke, mit ihrer Heuchelei und Hohlheit, mit ihrer erlogenen Sittsamkeit und ihren jämmerlichen Rücksichten soll vor uns dastehen als ein Museum – offen zur Belehrung ... Ich will heraus aus der Verlogenheit; es hat nicht viel gefehlt, und die Lüge hätte jeden Blutstropfen [wörtlich: Faden, Fetzen] in mir vergiftet ..." (S. 549).[16]

Und entsprechend sagt er seinem Sohn:

---

[15] „Er der ikke noe inneni deg som krever å komme ut av løgnen? ... Du er byens rikeste og mektigste mann; under din vilje tør de ikke annet enn bøye seg, alle, fordi du gjelder for å være uten plett og lyte; ditt hjem gjelder for et mønsterhjem, din ferd for en mønsterferd. Men all denne herlighet, og du selv med, står som *på en gyngende myr.* Et øyeblikk kan komme, et ord kan bli uttalt, – og både du og hele herligheten går til bunns hvis du ikke berger deg i tide" (S. 37, meine Betonung).

[16] „Den gamle, med sin sminke, med sitt hykleri og med sin hulhet, med sin løyede skikkelighet og med sine jammerlige hensyn, skal stå for oss som et museum, åpent til belærelse ... jeg vil ut av usannheten: den har vært ved å forgifte hver eneste trevl i meg" (S. 63).

> Fortan sollst Du aufwachsen dürfen nicht als Erbe *meiner* Lebensaufgabe, sondern als ein Mensch, der seine eigene Lebensaufgabe haben wird ... du sollst Du selbst werden, Olaf (S. 551 f.).[17]

Die durch seine Einsicht in diesen Kernkonflikt bewirkte Verwandlung mag vom Gesichtspunkt der Dramaturgie aus erkünstelt erscheinen, wie Meyer behauptet – psychologisch berührt die tiefe Veränderung den psychoanalytischen Leser als etwas Echtes.

Ein anderes, noch in schärferem Relief erscheinendes Beispiel für diese Doppelschichtigkeit der Lüge findet sich im *Puppenheim.* So stoßen wir zunächst auf die von Nora geübte Betrügerei aus Liebe und auf Krogstads Betrug aus verratener Liebe. Es ist, um es etwas paradox zu formulieren, ein manifestes „offenes“ Lügen.

Dem gegenüber gibt es aber die viel tiefere, allgemeine, alles durchdringende, doch nicht anerkannte und wohl zumeist auch nicht bewußte Verlogenheit, womit die Selbständigkeit und Würde des Menschen verleugnet wird, der Wert von einem selbst wie der des anderen aberkannt, ausgeblendet, verraten wird, das, was ich schon in den vorgängigen Kapiteln als *Seelenblindheit* beschrieben habe, – z. B. wenn der unausstehlich selbstgefällige (smug) Torvald Helmer gegen Ende des selben Dramas in perverser Ironie ihr „verzeiht“:

> Du kennst das Herz eines wirklichen Mannes nicht. Für den Mann liegt etwas unbeschreiblich Holdes und Befriedigendes in dem Bewußtsein, seiner Frau vergeben zu haben, – ihr aus vollem, aufrichtigem Herzen vergeben zu haben. Ist sie doch gewissermaßen in doppeltem Sinn sein Eigentum geworden; als hätte er sie zum zweiten Mal in die Welt gesetzt. Sie ist sozusagen sein Weib und sein Kind zugleich geworden. Das sollst du mir fortan sein, Du ratloses, hilfloses Persönchen. Fürchte nichts, Nora; sei nur offenherzig gegen mich, dann werde ich Dein Wille und auch Dein Gewissen sein (S. 87).[18]

Sein *Eigentum,* sein *Kind,* er *ihr Willen und Gewissen?* Welche Anmaßung, welch totalitäres System – unter die Lupe genommen!

Während Nora zunächst ein verlogenes Leben auf beiden Ebenen führt, ist es die Verkennung des anderen, von ihr v. a., durch ihren Mann, seine *Blindheit gegenüber ihrer Individualität und Bedürfnisse,* die die wirkliche Sünde darstellt. Er vermag sie nur als Spielzeug zu sehen, ohne Persönlichkeit, als kleinen, verängstigten Sing- und Ziervogel – „du min litte forskremte sangfugl“ (S. 109) – und „meinen teuersten Besitz – min dyreste eiendom“ (S. 105).

Paradoxerweise sind es gerade ihre manifesten Lügen, womit sie die Geldschuld zunächst eingeht und nun allmählich abzuzahlen versucht, welche die Echtheit ihrer Liebe durch die Schonung der beiden Männer, die sie liebt, Vater und Gatten, bezeu-

---

17 „Herefter skal du få lov til å vokse opp, ikke som arvetager til *min* livsgjerning, men som den der selv har en livsgjerning i vente ... Du skal bli deg selv“ (S. 65).

18 „Å, du kjenner ikke en virkelig manns hjertelag, Nora. Det er for en mann noe så ubeskrivelig søtt og tilfredsstillende i dette å vite med seg selv at han har tilgitt sin hustru, – at han har tilgitt henne av fullt og oppriktig hjerte. Hun er jo derved liksom i dobbelt forstand blitt hans eiendom; han har liksom satt henne inn i verden på ny; hun er på en måte blitt både hans hustru og hans barn tillike. Således skal du være for meg her efter dags, du lille rådville, hjelpeløse vesen. Engst deg dog ikke for noen ting, Nora; bare åpenhjertig imot meg, så skal jeg være både din vilje og din samvittighet“ (S. 110).

gen. Dabei sind es eben diese beiden Männer, die sie einzig und allein als Spielzeug lieben können:

> Nie habt ihr mich geliebt. Ihr glaubtet bloß, daß es ein Vergnügen sei, in mich verliebt zu sein ... Er [ihr Vater] nannte mich sein Puppenkind, und er spielte mit mir, so wie ich mit meinen Puppen spielte ... So ging ich dann von Papas Händen in die deinen über (S. 88).[19]

Am Ende schlägt sie die Hüllen beider Verlogenheiten zurück, der oberflächlichen und der tiefen, und zerreißt sie; sie will sie nicht mehr, auch wenn sie alles, das sie bisher geliebt und verehrt hat, für diese neue Wahrhaftigkeit opfern muß. Für sie macht die Bedeutung der inneren Verlogenheit alles andere unwesentlich. Für Helmer zählt hingegen nur die äußere Lüge als Sünde und Verbrechen.

Diese Grundsünde der *tiefen Verlogenheit,* die in scharfem Gegensatz zum oberflächlich moralischen Gebahren steht, doch im tiefen Sinne alles vergiftet, ist es, die eigentlich jedes Drama kennzeichnet. Sie schafft „einen schwankenden Sumpf" („en gyngende myr"), wie wir es in den „Stützen der Gesellschaft" schon angetroffen haben. So heißt es auch im „Volksfeind", daß „alle geistigen Lebensquellen vergiftet sind und daß unsere ganze bürgerliche Gesellschaft auf dem pestschwangeren Boden der Lüge lebt".[20] Diese *Haltung der Unwahrhaftigkeit, der tieferen, wichtigeren Verleugnung,* einer Art *Seelenblindheit,* muß aufgedeckt und ausgerottet werden: „Ausgerottet wie Raubtiere sollen alle die, die in der Lüge leben – Utryddes som skadedyr bør de, alle de som lever i løgnen!" („Volksfeind", S. 271, bzw. S. 202).

Vielleicht am dramatischsten wird das Paradox, die tiefe Ironie dieser Doppelbödigkeit der Lüge, in *Die Wildente* herausgearbeitet: Der Fanatiker der Wahrheitsliebe, Gregers Werle, der mit „denne brysomme rettskaffenhetsfeberen – diesem lästigen Rechtschaffenheitsfieber" (S. 268, bzw. S. 402) herumwandert und die Leute von den Lügen, in denen sie befangen sind, befreien will, dabei aber völlig blind vor der psychologischen Wahrheit steht – vor der der anderen wie vor seiner eigenen. Ob all der ihn besessen haltenden Ideale verkennt er völlig, daß das prekäre psychische Gleichgewicht seines Freundes Hjalmar Ekdal und dessen Familie von gewissen Fiktionen abhängt, verkennt, wie sehr sein Eingreifen zerstörerisch, ja schließlich mörderisch sein *muß,* und verkennt, zu welchem Ausmaß sein eigener Wahrheitsfanatismus von *Rachsucht gegen seinen Vater für das angebliche Leiden seiner Mutter* getrieben wird. So sagt ihm der Arzt Relling: „... Sie taumeln fortwährend in einem Vergötterungsdelirium; immer müssen Sie etwas zu bewundern haben außerhalb Ihrer eigenen Angelegenheiten ... Aber Sie täuschen sich schandbar in den großen Wunderfliegen, die Sie um sich zu sehen und zu hören glauben. Sie sind wieder einmal in eine Häuslerstube geraten mit der idealen Forderung; hier im Hause wohnen keine solventen Leute ... So ungefähr alle Menschen sind krank; leider."

„Und welche Kur wenden Sie bei Hjalmar an?"

---

19 „I har aldri elsket meg. I har bare syntes det var fornøyelig å være forelsket i meg ... Han kalte meg sitt dukkebarn, og han lekte med meg som jeg lekte med mine dukker ... så gick jeg fra pappas hender over i dine" (S. 110).

20 „... at alle våre åndelige livskilder er forgiftet, og at hele vårt borgersamfunn hviler på løgnens pestsvangre grunn" (S. 196).

„Meine gewöhnliche. Ich sorge dafür, die Lebenslüge in ihm aufrecht zu erhalten.“

„Die Lebens-Lüge? Habe ich recht gehört –?“

„Ja, ich sagte: die Lebenslügen. Denn sehen Sie, die Lebenslüge, die ist das stimulierende Prinzip“ (S 402/3).[21]

„Nehmen Sie einem Durchschnittsmenschen die Lebenslüge, und Sie nehmen ihm zu gleicher Zeit sein Glück“ (S. 404).[22]

Und schließlich ganz ins Schwarze treffend: „Brauchen Sie doch nicht das Fremdwort: Ideale. Wir haben ja doch das gut norwegische Wort: Lügen – Bruk ikke det utenlandske ord: idealer. Vi har jo det gode norske ord: løgne“ (S. 404, bzw. S. 269).

Gregers gleicht durchaus einem schlechten Psychotherapeuten oder Analytiker (im Sinne der „wilden Analyse“), der die Wahrheit seinen Patienten unbarmherzig und taktlos an den Kopf wirft, ungeachtet der „Oberfläche“, ungeachtet der inneren Notwendigkeit der Abwehr, ungeachtet der Angst und der Scham und der Schuld. Dabei braucht er die gleichen Worte der Enthüllung, wie sie in andern Dramen für die Entschleierung der tiefen Unwahrheit benutzt werden – den „Sumpf des Verschweigens – fortielsens sump“, „ein Zusammenleben in Wahrheit und ohne alles Verschweigen – et samliv i sannhet og uten all fortielse“ (S. 258). Zu Recht nennt der Arzt diesen forsch entlarvenden Psychotherapeuten einen „kvacksalvere“.

4.2.3 Respekt und Ausnützung

a) Selbstloyalität und Selbstverrat, Seelenblindheit und Verrat gegenüber dem Anderen

„Ich will nicht eine Sache sein, die man einfach an sich nimmt – Jeg vil ikke være en ting som tas“ (S. 531, bzw. S. 55), sagt Dina in *Die Stützen der Gesellschaft*.

Es handelt sich um die Frage, ob der Mensch geachtet, als „Selbstzweck“ behandelt werde, oder zu anderen Zwecken gebraucht, geopfert, unter rigide Kategorien und Verallgemeinerungen gestellt werde, – also um den Konflikt zwischen *Achtung und Ehrfurcht* vor sich selbst und dem Anderen, in ihrer Individualität, und anderseits dem oft moralisch verbrämten Verlangen, *rücksichtslos* bestimmte Ansprüche, ohne Respekt für die Bedürfnisse anderer, durchzusetzen.

---

21 „... alltid går De og ørsker i tilbedelsesdelirium; alltid skal De ha noe å beundre utenfor Deres egne greier ... Men De tar så skammelig feil av de store vidunderfluene som De tror å se og høre omkring Dem. De er atter igjen kommet in i en husmannstue med den ideale fordringen; her bor ikke solvente folk her i huset ... Folket er syke omtrent alle i hop, dessverre.“

„Og hva kur bruker De så for Hjalmar?“

„Min sedvanlige. Jeg sørger for å holde livsløgnen oppe i ham.“

„ Livs-løgnen? Jeg hørte ikke riktig –?“

„Jo, jeg sa livsløgnene. For livsløgnen er det stimulerende prinsipp, ser De.“ (S. 268 f.).

22 „Tar de livsløgnen fra et gjennemsnittsmennske, så tar De lykken fra ham med det samme“ (S. 269).

So steht auf der einen Seite die Treue des Menschen sich selbst gegenüber, – „die Pflichten mir selbst gegenüber – pliktene imot meg selv“ (*Puppenheim*, S. 111) –, die tiefe innere Verpflichtung zu den eigenen Idealen: „Ich will mir selbst gegenüber treu sein“, schreibt Ibsen seiner Schwester und rechtfertigt so die Distanz seiner eigenen Familie gegenüber (Meyer, S. 294).

In negativer Form sagt es z. B. Dr. Stockmann im *Volksfeind*: „Es gibt nur eine allereinzige Sache in der Welt, die ein freier Mann nicht darf ... Ein freier Mann darf sich nicht beschmutzen wie ein Lump; er darf sich nicht so benehmen, daß er sich selbst in die Augen spucken müßte.“[23]

Auf der anderen Seite stehen alle die kleinlichen Interessen, die diesem Leitideal und Prinzip der Achtung und Selbsttreue widersprechen:

Bernick sagt in seinem öffentlichen Bekenntnis am Ende des Schauspiels (*Stützen der Gesellschaft*, S. 547): „... so bin ich jedenfalls doch jetzt davon überzeugt, daß das brennende Verlangen nach Macht, Einfluß und Ansehen bei den meisten meiner Handlungen die Triebfeder war ...“[24]

Solche Ansprüche und Ziele, die der Achtung für die Individualität, für den Selbstzweck des einzelnen entgegenstehen und damit Lüge und Täuschung erzwingen, sind: soziale Konventionen und versteinerte Traditionen des Denkens und Müssens; Faulheit, Primitivität und Dummheit; Engstirnigkeit und Kleinlichkeit des Herzens; überzogene Furcht vor Beschämung und damit Machtsucht und Ehrsucht; die Jagd nach Profit und die rücksichtslose Ausnützung von Mensch und Natur; die Tyrannie von Parteidisziplin und von Erfolgsstreben; die Haltung von Opportunismus in ihren vielen Schattierungen und damit der schleichende Selbstverrat, der immer auch bedeutet, daß man die Würde und das Interesse des anderen verrät. Diese Liste ließe sich bestimmt noch verlängern. Ein ganz besonders wichtiges Motiv für die Selbsttäuschung und die Täuschung der anderen ist die *Angst vor der Macht der Gesellschaft*, im Sinne der öffentlichen Meinung, die Angst vor der Verhöhnung durch die Allgemeinheit: „Man darf nicht (han tør ikke; hun torde ikke)“ – also die durchdringende Macht der *Sozialscham*. Es handelt sich um die *veräußerlichte Macht des Gewissens*, um das, was Nietzsche die *Herde* und Heidegger das *Man* genannt hat:

> Der gefährlichste Feind der Wahrheit und Freiheit bei uns – das ist die kompakte Majorität. Jawohl, die verfluchte, kompakte, liberale Majorität, – die ist es! ... Die überwiegende Mehrheit in unserer Gesellschaft ist es, die mich meiner Freiheit beraubt und mir verbieten will, die Wahrheit auszusprechen ... Die Mehrheit hat nie das Recht auf ihrer Seite. Nie, sag' ich! ... Wir sind, denke ich, uns wohl darin einig, daß die Dummen in geradezu überwältigender Mehrheit rings auf der weiten Erde vorhanden sind. Aber zum Teufel noch mal, es kann doch nie und nimmer in Ordnung sein, daß die Dummen über die Klugen herrschen ... Ja, ja; ihr könnt mich wohl niederschreien, aber ihr könnt mich nicht widerlegen. Die Mehrheit hat die *Macht*, – leider –; aber das *Recht* hat sie nicht. Das Recht habe ich und noch ein paar andere.

---

23 „Det er bare en eneste ting i verden som en fri mann ikke tør ... En fri mann tør ikke svine seg til som en lurv; han tør ikke bære seg ad slik at han måtte spytte seg selv i øynene!“ (S. 209).

24 „... så er jeg meg iallfall dog nu bevisst at et begjær og en higen efter makt, innflytelse, anseelse, har vært drivkraften i de fleste av mine handlinger“ (S. 62).

> Die Minorität hat immer das Recht ... Ich gedenke Revolution zu machen gegen die Lüge, daß die Mehrheit im Besitz der Wahrheit ist ... Diese ganzen Majoritätswahrheiten kann man mit Rauchfleisch vom vorigen Jahr vergleichen; sie sind so etwas wie ranzige, verdorbene, neugesalzene Schinken (*Volksfeind*, S. 263 ff.).[25]

Oder in den *Gespenstern* (in auch heute unveränderter Aktualität): „O ja, Gesetz und Ordnung! Zuweilen meine ich, *die* stiften hier in der Welt alles Unheil an – Ja, dette med lov og orden! Jeg tror mangen gang det er *det* som volder alle ulykkene her i verden" (S. 136, bzw. S. 135).

b) Seelenmord

Schon Brand proklamiert: „Soll der Mann benutzt werden, muß er getötet werden – Skal mannen brukes, må han dødes" (S. 149).

Ein tiefes Paradox zieht sich durch manches der Werke: die Verfolgung eines hohen Wertes, das Leben für ein Ideal, das Bestehen auf einem hohen ethischen Prinzip wird selbst zur tödlichen Gefahr, zerstört sowohl den Protagonisten wie seine unmittelbare Umgebung. Das *Ideal selbst wird mörderisch,* dadurch daß es in einseitiger Weise alle anderen Bedürfnisse überschattet und auslöscht, so daß die anderen zu bloßen Mitteln im Dienste dieses Zieles werden: Der Mitmensch wird dem Hauptziel aufgeopfert. Es handelt sich um eine besondere Art der *Seelenblindheit* – die Bedürfnisse des anderen werden nicht gesehen, er wird als Gegenstand, als Objekt behandelt („ob-jectum" ist die Etymologie von „Gegen-stand"), d. h. aber: die Grenze zwischen Belebtem und Unbelebtem wird unscharf (s. J. S. Kafka, *Multiple realities*), der Mensch wird mehr und mehr zum Ding.

Die Ausschließlichkeit des Liebesverlangens auf Ritas, der Frau, Seite, wie die ähnliche Besessenheit mit seiner Aufgabe auf Allmers Seite – beide werden schließlich zum Mord am Kind in „Klein Eyolf." Es ist die *eifersüchtige Absolutheit,* mit der ein Ziel, ein Zweck verfolgt wird, die zur Todsünde wird.

Schon in den ersten realistischen Dramen (wie auch in *Peer Gynt* und *Brand*) ist die Grundsünde eine Art Seelenmord, obgleich dieser Begriff erst in den letzten 2 Dramen Ibsens explizit gebraucht wird: daß der andere nicht in seiner Identität, in seinem Selbst, als *Selbstzweck,* anerkannt und behandelt wird.

---

[25] „Sannhetens og frihetens farligste fiender iblant oss, det er den kompakte majoritet. Ja, den forbannede, kompakte, liberale majoritet, – *den* er det! Nu vet I det.... Det er det store flertall i vårt samfunn som berøver meg min frihet, og som vil forby meg å uttale sannheten ... Flertallet har aldri retten på sin side, sier jeg! ... Jeg tenker vi får være enige om at dumme mennesker er til stede i en ganske forskrekkelig overveldende majoritet rundt omkring på den hele vide jord. Men det kan da vel, for fanden, aldri i evighet være rett at de dumme skal herske over de kloke ... I kan nok overskrike meg; men I kan ikke motsi meg. Flertallet har *makten* – dessverre –; men *retten* har det ikke. Retten har jeg og de andre få, de enkelte. Minoriteten har alltid retten ... Jeg akter å gjøre revolusjon imot den løgn at flertallet sitter inne med sannheten ... Alle disse flertallssannheter er å ligne med fjordgammel spekemat; de er liksom harske, ulne, grønnsaltede skinker" (S. 198 f.).

Der Macht und des Vorteils wegen, besonders um die Stellung als Bankdirektor, mit Hilfe des Rivalen um die Hand von Ella Rentheim, zu erhalten, hat Borkman auf Ellas Liebe und auf seine eigene Liebe zu ihr verzichtet und ihre Schwester Gunhild an ihrer statt geheiratet. Spät im Leben, nachdem er seine ganze Stellung und all sein Vermögen in einem Skandal eingebüßt hat und entehrt dasteht, konfrontiert ihn Ella:

> ... damals kannte ich ja nicht dein großes, furchtbares Verbrechen ... Ich meine das Verbrechen, für das es keine Vergebung gibt ... du bist ein Mörder! Du hast die große Todsünde begangen! Du hast das Liebesleben in mir gemordet. Verstehst du, was das heißt? Die Bibel redet von einer geheimnisvollen Sünde, für die es keine Vergebung gibt. Ich habe früher nie verstehen können, was darunter gemeint war. Jetzt verstehe ich es. Die große, unverzeihliche Sünde, – das ist die Sünde, die man begeht, wenn man das Liebesleben mordet in einem Menschen ... Du ließest das Weib sitzen, das du *liebtest!* Mich, mich, mich! Was dir das Teuerste war auf der Welt, das warst du bereit zu veräußern, um des Vorteils willen. Das ist der Doppelmord, den du auf dem Gewissen hast! *Der Mord an deiner eigenen Seele und der meinen*" (S. 438 f.).[26]

Und ganz am Ende:

> „Und dieses Herz hast du zertreten ... Du hast es verkauft um – um –" Er beendigt den Satz: „Um des Reiches – und der Macht – und der Ehre willen, – meinst du?" (S. 477).[27]

Im letzen Drama Ibsens, *Wenn wir Toten erwachen – Når vi døde vågner*, sagt Irene, das Modell des Bildhauers Rubek, der ihr Liebesangebot mißachtet, nicht erkannt, ihre Selbstdarbietung als nacktes Modell nur für sein Künstlertum gebraucht, sie zwar als Idealbild verehrt, aber als Menschen nicht gesehen hatte: *„Du hast meine Seele gemordet,* – und dann modellierst du dich selber in Reue und Buße und Selbstanklage – und damit, meinst du dann, sei deine Rechnung beglichen" (S. 530):[28] „Aber *ich war damals ein Mensch!* Und hatte *auch* ein Leben zu leben – und ein Menschenschicksal zu erfüllen. Sieh, all das ließ ich liegen, – warf ich hin, um Dir untertänig zu sein.– O, das war ein Selbstmord, ein unverzeihliches Verbrechen an mir selbst. Und dies Verbrechen kann ich nimmermehr sühnen" (S. 531).[29]

„Du sagtest, du willst mich mit dir auf einen hohen Berg nehmen und mir die Herrlichkeit der ganzen Welt zeigen", sagt Maja ihrem Mann, dem Bildhauer Rubek, im

---

[26] „For den gang kjente jeg jo ikke din store, forferdelig forbrytelse ... Jeg sikter til den forbrytelse som der ingen tilgivelse er for ... Du er en morder! Du har begått den store dødssynd! ... Du har drept kjærlighetslivet i meg. Forstår du hva det si? Der tales i bibelen om en gåtefull synd som der ingen tilgivelse er for. Jeg har aldri før kunnet begripe hva det var for noe. Nu begriper jeg det. Den store nådeløse synd, – det er den synd å myrde kjærlighetslivet i et menneske ... Du svek den kvinne du *elsket!* Meg, meg, meg! Det dyreste du visste i verden, det var du rede til å avhende for vinnings skyld. *Det* er dobbeltmordet som du har gjort det skyldig i! Mordet på din egen sjel og på min!" (S. 543, 544).

[27] „Og dette hjerte, det knuste du ... Du *solgte* det for – for –" „For rikets – og maktens – og ærens skyld, – mener du?" (S. 562).

[28] „Du har drept min sjel, – og så modellerer du deg selv i anger og bot og bekjennelse, – og dermed er ditt regnskap oppgjort, mener du" (S. 590).

[29] „Men *jeg* var et menneske – den gang! Og *jeg* hadde også et liv å leve – og en menneskesjebne å fullbyrde. Se, alt det lot jeg ligge, – ga det hen for å gjøre meg deg underdanig. Å det var et selvmord. En dødsens brøde imot meg selv. Og den brøde kan jeg aldri gjøre bot for" (S. 590).

selben Drama[30] – in einem Bild, das wir von Hilde Wangel in *Baumeister Solness*, von Alfred Allmers in *Klein Eyolf* – „das Gold und die grünen Wälder – gullet og de grønne skoger“ (S. 365, bzw. S. 508) – und von John Gabriel Borkmann kennen.

„So habe ich es dir also auch versprochen?“ Auch? Das war es, was sein Model für sein Meisterwerk „Der Auferstehungstag“, Irene, von ihm erwartet hatte, als sie sich ihm mit ihrer ganzen Seele, in ihrer körperlichen Nacktheit ihm anbot: „die Herrlichkeit der Welt“ – im Sinne der völligen Liebe, Annahme und sexuellen Erfüllung. Daß er sie der Kunst aufgeopfert hatte, war die unverzeihliche Sünde, der Seelenmord: „Du begingst gegen das zuinnerst Angeborene in mir ein Verbrechen – Du forbrøt deg imot det innerst medfødte i meg“ (S. 577). „Ich gab dir meine junge, lebende Seele. So stand ich dort und war innerlich leer. – Seelenlos. Es war *das,* woran ich starb, Arnold“ (vgl. S. 510).[31]

> Als ich Dir mit meiner Seele und meinem Leib gedient hatte – und die Statue fertig dastand, unser Kind, wie Du sie nanntest, – da hab' ich Dir mein teuerstes Opfer zu Füssen gelegt – und mich selbst ausgelöscht für alle Zeit ... [es war Haß wider Dich] wider den Künstler, der so ganz unbekümmert und sorglos einen warmblütigen Leib nahm, ein junges Menschenleben, und ihm seine Seele stahl, – weil er ein Kunstwerk draus schaffen wollte ... Ich habe Dich gehaßt, weil Du so unberührt dastehen konntest“ (S. 526 f.).[32]

Rubeks Schuld ist überwältigend; er sagt Irene: „Du hast einen Schatten, der dich quält. Und *ich* habe mein lastendes Gewissen – Du har en skygge som piner deg. Og *jeg* har min tyngende samvittighet“ (S. 525 Übs.; S. 587). Diese Schuld hat sein Leben seiner Eigentlichkeit beraubt, seine Schöpferkraft vernichtet und sein Leben mit anderen Menschen entleert und erniedrigt: die Menschen erscheinen ihm „als Tierschnauzen hinter Masken – med dyrefjes bak maskene“ (S. 584 f.).

> Aber nun höre auch, wie ich mich selbst in die Gruppe hineingestellt habe. Vorn an einer Quelle, wie hier, sitzt ein schuldbeladener Mann, der von der Erdrinde nicht ganz loszukommen vermag. Ich nenne ihn die Reue über ein verwirktes Leben. Er taucht und taucht seine Finger in das rieselnde Wasser – um sie rein zu spülen – und krümmt sich und leidet bei dem Gedanken, daß es ihm nie, nie gelingen wird. In alle Ewigkeit wird er nicht frei werden, leben und auferstehen. Immer und ewig bleibt er sitzen in seiner Hölle“ (S. 530).[33]

---

30 „Du sa at du ville ta meg med deg opp på et høyt berg og vise meg all verdens herlighet“ (S. 570).

31 „Jeg ga deg min unge, levende sjel. Så sto jeg der og var tom invendig. – Sjelløs. Det war *det* jeg døde av, Arnold“ (S. 580).

32 „Da jeg hadde tjent deg med min sjel og med mitt legeme, – og billedstøtten sto ferdig, – vårt barn, som du kalte den, – da la jeg for din fot det dyreste offer – ved å utslette meg selv for alle tider. ... Jeg tror det nærmest var hat ... Ja, til deg, – til kunstneren, som så helt sorgløs og ubekymret tok et blodvarmt legeme, et ungt menneskeliv og slet sjelen ut av det, fordi du hadde bruk for det til å skape et kunstverk ... Jeg hatet deg fordi du kunne stå der så ube/rørt –“ (S. 588).

33 „Ja men hør nu også hvorledes jeg har stillet *meg selv* hen i gruppen. Foran ved en kilde, liksom her, sitter en skyldbetynget mann, som ikke kan komme helt løs fra jordskroppen. Jeg kaller ham angeren over et forbrutt liv. Han sitter der og dypper sine finger i det rislende vann – for å skylle dem rene, – og han nages og martres ved tanken om at det aldri, aldri lykkes ham. Han når i all evigket ikke fri opp til oppstandelsens liv. Blir evindelig sittende igjen i sitt helvede“ (S. 590).

„Was nicht wieder gutgemacht werden kann, sehen wir erst, wenn – . . ., wenn wir Toten erwachen – Det uopprettelige ser vi først når – . . . når vi døde vågner“ (S. 537, bzw. 593), sagt Irene. „Wir sehen, daß wir niemals gelebt haben – Vi ser at vi aldri har levet“ (l.c., bzw. S. 594).

4.2.4 Die Macht des „inneren Richters“ und der Widerstreit gegensätzlicher Gewissensgestalten

> „Der er ingen dommer over oss. Og derfor så får vi se å holde justis selv.“ (*Rosmersholm*, S. 326)[34]

Von besonderer Wichtigkeit für die Vergegenständlichung des Menschen ist die *Verleugnung der Individualität unter einem übersteigerten, unmenschlich gewordenen Pflichtbewußtsein.* Damit entpuppt sich *das Moralische als eine Hauptquelle der Lüge* – eine Überzeugung, die er in erstaunlichem Maß mit Nietzsche und Freud teilt, eine These, die auch heute nichts an Relevanz eingebüßt hat. Schon im frühesten Stück sah ein zeitgenössischer Kritiker, M. J. Monrad, die zentrale Idee im „Konflikt zwischen dem Trieb zum Guten und zur Pflicht und ‚dem dunklen Drange des einzelnen zur Unabhängigkeit‘ “ (Meyer, S. 57).

Der Aufstand gegen diese Gewissenslast wird paradoxerweise sowohl zu einem Appell zu vertiefter Wahrhaftigkeit und Echtheit wie zu einer neuen Quelle des Seelenmordes, zu einer neuen Rechtfertigung der Verkennung der Rechte des Anderen.

a) Gewissensdruck und Lebensfreude (livsglæde)

„Men ei én blant tusen øyner,/ hvilket *skyldberg* der seg høyner/ fra det lille ord: å leve – Doch nicht einer unter tausend erkennt, welch *Schuldenberg* sich aus dem kleinen Wort: zu leben, erhebt“, sagt Brand angesichts des Mordes, den der verhungernde Vater an seinem sterbenden Kind begeht.

Schon a priori stehen viele der Gestalten Ibsens unter einem gewaltigen Gewissensdruck – wie wir es eben bei Rubek gehört haben. In *Klein Eyolf* sind es die starren offenen Augen, die aus der Tiefe des Wasser emporstarren – „de store, åpne øyne“ (S. 504). Der Inhalt der Schuld und des Strafbedürfnisses muß dabei gar nicht bewußt sein, ist es auch in dem eben gegebenen Beispiel bei Rubek gar nicht.

Es ist gerade dieser Gewissens- und Pflichtdruck, der zum Lügen zwingt. So sagt es Frau Alving in den *Gespenstern* dem Pfarrer Manders, diesem selbstgefälligen Repräsentanten einer konventionellen Moralität, der die früher geliebte Frau dazu bewogen hatte, in ihrer katastrophal zerstörerischen Ehe auszuharren, und der sich dadurch zum Werkzeug des Seelenmordes par excellence gemacht hatte: „Ja, ich stand unter dem Zwang von Pflichten und Rücksichten; deshalb belog ich meinen Jungen jahraus,

---

[34] „Es steht kein Richter über uns. Und darum müssen wir sehen, wie wir selbst Justiz üben“ (S. 519).

jahrein“ (S. 137).[35] Und über die folgenschwere, unglückliche Ehe bekennt sie ihrem Sohn: „Man hatte mich etwas gelehrt von Pflichten und dergleichen, und ich hatte lange und fest daran geglaubt. Alles lief da auf Pflichten hinaus, – auf *meine* Pflichten und auf *seine* Pflichten und –. Ich fürchte, Osvald, daß ich Deinem armen Vater das Haus unerträglich gemacht habe“ (S. 169).[36] Die Folge ist, daß „wir alle zusammen Gespenster, Wiederkehrende, sind – vi er gjengangere alle sammen“ (S. 139, bzw. S. 137). Die innere körperliche Verwüstung durch die vererbte Syphilis sowohl bei Osvald (in den *Gespenstern*) wie bei Dr. Rank (im *Puppenheim*) ist nicht so sehr ein Symbol für die Lust, das Freidenkertum und deren verderbliche und verdammenswerte Einwirkungen, wie es der Pfarrer sehen will („*da* leuchtet das Strafgericht über diesem Haus der Verirrung – *der* lyser straffedommmen over dette forstyrrelsens hus!“, S. 161, bzw. S. 147), sondern vielmehr für die vergiftende Wirkung dieser übersteigerten und *lebensfeindlichen Gewissenstyrannie*.

Hinter Gregers Werles „Rechtschaffenheitsfieber“ und der „idealen Forderung“, mit der er Verwüstung um sich sät, steht sein eigenes schlechtes Gewissen darüber, geschwiegen zu haben, als sein Vater Unrecht gegenüber dem alten Ekdal geübt hatte: „... ich werde fortwährend gejagt und benagt von einem schuldbeladenen Gewissen ... Ich hätte mich gegen dich wenden sollen, als dem alten Leutenant Ekdal die Falle gestellt wurde“ (*Die Wildente*, S. 369).[37]

Rosmersholm lebt unter der Düsternis des Gewissensdruck von Generationen – nicht nur des jetzt begangenen Verbrechens:

Auf Rosmers Einwand gegen die nun offen vor ihm liegende „schöne große Aufgabe – den store, skjønne oppgave“: „Weil der Sieg nie einer Sache werden kann, die ihren Ursprung im Verbrechen hat“ (S. 487),[38] bricht Rebekka aus: „Oh, das ist Familienzweifel, – Familienangst, – Familienskrupel. Man schwatzt hier davon, daß die Toten zurück kämen als jagende, weiße Pferde“ (mod., S. 487, auch S. 475).[39] „Hier auf dem Gut hatten die kleinen Kinder nie die Gewohnheit zu schreien, – so lange die Leute denken können“ (S. 482).[40] So sieht denn Rosmer das „Glück zuerst und vor allem als das stille, frohe, sichere Gefühl der *Schuldlosigkeit*“ (S. 485, auch S. 475).[41]

„Sie haben erreicht, was Sie gewollt haben,“ sagt Kroll, der Bruder der in den Tod getriebenen Beate (S. 490) („De har nådd hva De ville“, S. 313). Doch nun spürt Rebekka: „Rosmersholm hat mich zerbrochen.“

„Wie meinst Du?“ fragt Rosmer.

---

[35] „Ja; jeg var under plikten og hensynene; derfor løy jeg for min gutt år ut og år inn“ (S. 136).

[36] „De hadde lært meg noe om plikter og slikt noe, som jeg har gått her og trodd på så lenge. All ting så munnet det ut i pliktene, – i *mine* plikter og i *hans* plikter og –. Jeg er redd jeg har gjort hjemmet uutholdelig for din stakkars far, Osvald“ (S. 151).

[37] „... jeg går og jages og nages under en skyldbetynget samvittighet ... Jeg skulle ha trådt opp imot deg den gang der ble stillet snarer for løytnant Ekdal“ (S. 253).

[38] „Fordi der aldri vinnes seier for en sak som har sitt utspring i brøde“ (S. 312).

[39] „Å, dette her er slektstvil, – slektsangst, – slektsskrupler. De snakker her om at de døde kommer igjen som jagende, hvite heste“ (S. 312).

[40] „Her på gården har de små barn aldri brukt å skrike så lenge folk kan minnes“ (S. 309).

[41] „Lykke, – kjære Rebekka, – lykke, det er først og fremst den stille, glade, trygge følelse av *skyldfrihet*“ (S. 311, meine Betonung).

„Hat mich zerbrochen, – vollständig, rettungslos. – Ich hatte so einen frischen und mutigen Willen, als ich hierher kam. Nun aber habe ich mich unter ein fremdes Gesetz gebeugt“ (S. 505).[42]

Was wurde durch die Schuld zerbrochen?

„... damals hatte ich noch meinen mutigen, freigeborenen Willen. Ich kannte keine Rücksichten. Keine Beziehungen, die mir ein Hindernis gewesen wären auf meinem Wege. – Aber dann allmählich ist *das* eingetreten, was den Willen in mir gebrochen – mich fürs ganze Leben mit so kläglicher Angst erfüllt hat“ (S. 507).[43] Es sei ein „wildes, unbezwingliches Gelüst – et vild ubetvingelig begjær“ (S. 321), nicht Liebe gewesen, „einem Meeressturm gleich – som et vær ved havet“. Nun sei ihr Wille geknechtet worden durch Gesetze, die zuvor für sie nicht gegolten haben, Gesetze einer Lebensanschauung, die zwar adelt, aber das Glück tötet (S. 510).[44] Es ist gerade der Erfolg, der zur Selbstbestrafung führen *muß:*

> „... *das* ist doch eben das Furchtbare: jetzt, da alles Glück der Welt mir mit vollen Händen geboten wird, – jetzt bin ich eine solche geworden, daß meine eigene Vergangenheit mir den Weg zum Glück versperrt ... Und die Schuldfreiheit? Wo nehme ich die her?“ (S. 511).[45]

Diese Schuld, die sie beide auf sich geladen haben, diese Schuld *für die Zerbrechung der ödipalen Verbote* (wie es Freud in seinem Essay über das Drama ausgeführt hat), kann nur durch den Freitod gesühnt werden: „Es liegt ein lockendes Grauen darin – Der er en lokkende gru i dette –!“ (S. 518, bzw. S. 326). „Aber jetzt stehe ich unter der Rosmersholmschen Lebensanschauung – *jetzt.* Was ich verbrochen habe, – das sühne ich, wie es sich gebührt“ (S. 519).[46]

Ein anderes, besonders markantes Beispiel, sowohl für den unablässigen Druck eines unbarmherzigen Gewissens wie für die rücksichtslose Befreiung von diesem Druck, eine Befreiung, die aber zur nun tödlich gewordenen Schuldbeladenheit führen *muß,* finden wir in *Baumeister Solness*:

So steht zu Anfang, im Gespräch zwischen dem alternden Baumeister und dem Arzt, nachdem Aline, seine Frau, ihren Verdacht über seine Treue geäußert hat, wie Solness zu erklären versucht, warum er die falsche Anklage stehen lasse, ja, ihr noch scheinbare Berechtigung verleihe:

---

42 „Rosmersholm har knekket meg.“
„Sier du det?“
„Knekket meg sønder og sammen. – Jeg hadde så frisk og så modig en vilje da jeg kom hit. Nu er jeg bøjet inn under en fremmed lov“ (S. 320).

43 „For da hadde jeg ennu min modige, fribårne vilje. Jeg kjente ikke hensyn å ta. Ikke forhold å vike av veien for. Men så kom begynnelsen til *det* som har knekket viljen i meg – og skremt meg så ynkelig for hele livet“ (S. 321).

44 „Trellbundet den under love som før ikke gjaldt for meg ... Det rosmerske livssyn adler ... men det dreper lykken, du“ (S. 322).

45 „Ja du – *det* er jo det forferdelige at nu da all livets lykke bydes meg med fulle hender, – nu er jeg blitt slik at min egen fortid stenger for meg ... Enn skyldfriheten da? Hvor tar jeg *den* fra“ (S. 322).

46 „Men jeg er under det rosmersholmske livssyn – *nu.* Hva jeg har forbrutt, – det bør det seg at jeg soner“ (S. 326).

„Weil mir ist, als liege darin gewissermaßen – etwas wie eine *wohltuende Selbstpeinigung,* wenn ich mir von Aline unrecht tun lasse.“

Der Arzt ist weder der erste noch der letzte, auf eine so entscheidende Enthüllung zu antworten: „Davon verstehe ich überhaupt kein Wort.“

Doch Solness wagt sich weiter: „Ja, sehen Sie, – denn so trage ich doch gewissermaßen ein klein wenig ab von der bodenlosen unermeßlichen Schuld –“

„ – Ihrer Frau gegenüber?“

„Jawohl. Und das verschafft doch immerhin dem Gemüt etwas Erleichterung. Man kann sich eine Weile mal verschnaufen, verstehen Sie“ (S. 233, etwas korrigiert).[47]

Im 2. Akt sagt Solness seiner Frau: „Die Sache ist die, daß ich manchmal fast zusammenbreche unter dieser entsetzlichen Last der Verschuldung.“

„Verschuldung, sagst Du! Aber Du stehst ja doch bei keinem Menschen in Schuld, Halvard!“

„Doch – in unermeßlicher Schuld und Verbindlichkeit bei Dir, – bei Dir, bei Dir, Aline.“

„Dahinter steckt etwas! Nur gleich heraus mit der Sprache!“

„Aber es *steckt* ja doch nichts dahinter! Ich habe Dir nie etwas Böses zugefügt. Jedenfalls *nicht mit Wissen und Willen.* Und trotzdem – habe ich die Empfindung, als ob eine erdrückende Schuld andauernd auf mir lastete.“[48]

Es ist also eine weitgehend *unbewußt begründete Schuldlast,* die ihn in derart fataler Weise bedrückt – eine Schuld darüber, wie es Reinhold erklärt hat: *den anderen für Zwecke zu benutzen,* die jenseits seiner Individualität liegen.

Parallel dazu fragt ihn seine Frau um Verzeihung, da sie sich von entgegengesetzten Loyalitäten zerrissen fühlt – den toten Kindern gegenüber und ihm gegenüber, – und so ihre eigene unheilbare Schuld auf sich geladen hat:

> . . . denn ich hatte ja zweierlei Pflichten, sowohl dir gegenüber wie auch den Kleinen. Ich hätte mich hart machen sollen. Es nicht zulassen sollen, daß der Schrecken eine derartige Macht über mich gewänne. Auch nicht die Trauer darüber, daß das Haus mir abgebrannt war.“[49]

---

[47] „Fordi jeg synes der ligger liksom – liksom en slags *velgjørende selfpinsel* for meg i *det* å la Aline få gjøre meg urett.“
„Dette her forstår jeg ikke det guds skapte ord av.“
„Jo, ser De, – for det er da liksom en smule avdrag på en bunnløs, umåtelig gjeld –“
„Til Deres hustru?“
„Ja. Og det letter jo alltid litt opp i sinnet. En kan få puste friere ut en stund da, forstår De“ (S. 445, meine Betonung).

[48] „Det er *det* at jeg mangen gang holder på å segne under denne forferdelige gjeldsbyrden –“
„Gjeld, sier du! Men du står jo ikke i gjeld til noen, Halvard!“
„I bunnløs skyld og gjeld til deg, – til deg, – til deg, Aline.“
„Hva er der bakved alt dette her? Si det likså godt straks.“
„Men der *er* jo ingenting bakved! Jeg har aldri gjort deg noe ondt. *Ikke med vitende og vilje iallfall.* Og så allikevel – så kjennes detsom om en knugende skyld lå og tynget på meg“ (S. 457, meine Betonung).

[49] „Ja, for jeg hadde jo plikter til to sider. Både imot deg og imot de små. Jeg skulle ha gjort meg hård. Ikke latt skrekken få slik makt over meg. Ikke heller sorgen fordi hjemmet var brent for meg“ (S. 456).

Doch im Kontrast dazu, trotz diesem unablässigen, unerbittlichen Druck, finden wir wieder und wieder das Sichsehnen nach der *„Lebensfreude – livsglæde“*; z.B. in „Brand“: „... med løv i håret de oss lyste/ som *gledens børn* i kull og kjønn – mit Blättern im Haar leuchteten sie uns als echte und wahrhaftige *Kinder der Freude*“ (S. 16). Gleich hernach werden einander gegenübergestellt „hele vektens ve – das Weh der ganzen Last“ „der Erlaubnis zu tanzen – derfor har I lov å danse“ (S. 18).

b) Das „kränkliche“ und das „robuste“ Gewissen

Über dieses Thema haben wir schon im vorigen Kapitel einiges gehört, aber vom klinischen Gesichtspunkt aus: dem Erleben dieses Werkes durch meinen Patienten. Hier ist natürlich die Perspektive die vom Gesamtwerk Ibsens aus.

Die eben gegebene Analyse des Gewissens wird in *Baumeister Solness* sehr dadurch vertieft, daß 2 Formen des Gewissens einander gegenüber gestellt werden – das eine, das sich der Übermacht der Pflichten beugt, das andere, das einem neuen Stolz und dem Recht zur Lebensfreude, zur Lust wie zur Macht wie zum schöpferischen Selbstausdruck das Wort gibt, doch sich dann sehr rasch zu einem Gewissen, das „jenseits von Gut und Böse“ stehen will, wandelt:

In meiner Schilderung von Reinholds Dynamik bezog ich mich schon auf die großartige Unterscheidung, wo das von Vater und Stiefmutter „nicht gesehene“, nicht in seiner Individualität erkannte Kind, Hilde Wangel (in der *Frau vom Meere*) nun als aufrührerisch-anarchische Frau der Träume und wilden Gebirge[50] auftaucht und an den gedrückten Baumeister Solness das verlockende Ansinnen richtet, sein überstrenges, pflichtbeladenes Gewissen wegzuwerfen und an seine Stelle ein neues, „freies“, raubvogelgleiches Gewissen zu stellen. Wenn er seine „Pflicht“ erwähnt, protestiert sie: „... Denn es war ihre *Pflicht,* sagte sie. Ach, ich kann das häßliche, abscheuliche Wort nicht ausstehen!“

„Warum denn nicht?“

„Aber nein, denn es tönt so kalt und spitzig und stechend. Pflicht – Pflicht – Pflicht. Finden *Sie* das nicht auch? Daß das einen gleichsam sticht.“[51]

„Ich möchte gerne wissen, ich, ob Sie nicht mit einem kränklichen Gewissen zur Welt gekommen sind.“

„Einem kränklichen Gewissen? Was für ein Teufelszeug ist nun das?“

„Ich meine, das Gewissen ist bei Ihnen ganz schwächlich. So zart gebaut. Es kann nicht recht zupacken. Kann nicht aufheben und tragen, was schwer ist.“

„Hm! Wie sollte denn da das Gewissen sein, möchte ich fragen?“

---

[50] „Gullet og de grønne skoge – das Gold und die grünen Wälder“, wie ich schon die ähnliche Lebens- und Weltsicht in „Lille Eyolf“ zitiert habe.

[51] „... Fordi det var hennes *plikt,* – sa hun. Å, jeg kan ikke utstå det stygge fæle ordet!“
„Hvorfor ikke det da?“
„Nei, for det høres så koldt og spisst og stikkende. Plikt – plikt – plikt. Finner ikke *De* også det? At det liksom stikker en?“ (S. 458).

„Bei Ihnen möchte ich es am liebsten, daß das Gewissen so – so richtig robust wäre."[52]

„. . . Oder einer hätte ein richtig üppiges, überschwänglich gesundes Gewissen. So einer *dürfte* das tun, was er am liebsten *möchte*."[53]

„Sie sind wie ein wilder Waldvogel, Sie . . ." sagt Solness.

„Und warum nicht ein Waldvogel! Weshalb sollte *ich* nicht auch auf Raubzug gehen. Mir die Beute nehmen, auf die ich Lust habe? Wenn es mir so wirklich gelingt, meine Klauen da hinein zu bekommen. Mich seiner zu bemächtigen."[54]

Und später:

(Hilde) „Der Waldvogel will nie in den Käfig hinein."

(Solness) „Sondern lieber in der freien Luft jagen –"

„Der Raubvogel jagt am liebsten –"

„Wer den Vikingertrotz im Leibe hätte –"

„Und das andere? Sag, was *das* ist!"

„Ein robustes Gewissen."[55]

Und höhnisch, provozierend, gegen den mörderischen Schluß hin: „ . . . für die Baumeister, die ein – ein schwindeliges Gewissen haben" („for de byggmesterne som har en – en svimmel samvittighet"; S. 476).

Doch was steht hinter diesem Schulddruck?

c) „*Trolle und Teufel*"

Solness spricht darüber, wie der Brand seines Hauses, der ihm zwar finanziell sehr viel Glück gebracht, aber zum Tod seiner beiden Söhnchen geführt hatte, einem tiefen Wunsch entsprochen habe, doch nun zu endloser Gewissensqual werde, eben zu der Selbstquälerei, „selfpinsel", die ich zuvor schon erwähnt habe. Doch wie verwandeln sich Wünsche indirekt in Handlungen, die indes vom Gewissen in ihrer direkten Ausführung verwehrt worden sind? so scheint er sich zu fragen.

---

52 „Jeg gad vite, jeg, om De ikke er født til verden med en skranten samvittighet."
„Skranten samvittighet? Hva er det for noe dævelskap?"
„Jeg mener at samvittigheten er svært skral hos Dem. Sånn finbygget. Tåler ikke å ta tak. Ikke løfte og bære det som tungt er."
„Hm! Hvorledes skulle så samvittigheten være da, må jeg spørre?"
„Hos Dem ville jeg helst at samvittigheten skulle være sånn – sånn riktig robust" (S. 465).

53 „Eller en hade en riktig frodig, struttende sunn samvittighet. Så en *torde* det en helst *ville*" (S. 466).

54 „De er liksom en vill skogfugl, De . . ."
„. . . Og hvorfor ikke rovfugl! Hvorfor skulle jeg ikke gå på rov, *jeg* også. Ta det bytte jeg har lyst til? Hvis jeg så sant kan få klørne i det da. Vinne bukt med det" (S. 467).

55 „Skogfuglen vil aldri inn i buret."
„Heller jage i den frie luften –"
„Rovfuglen jager helst –"
„Den som hadde vikingtross i livet –"
„Og det annet? Si hva *det* var!"
„Robust samvittighet" (S. 475).

„Glauben Sie nicht auch, Hilde, daß es einzelne auserkorene, auserwählte Menschen gibt, denen die Gnade verliehen wurde und die Macht und die Fähigkeit, etwas zu *wünschen,* etwas zu *begehren,* etwas zu *wollen,* – so beharrlich und so, – so unerschütterlich – daß sie es zuletzt erreichen *müssen.* Glauben Sie das nicht auch?" (S. 275).[56]

Dieser Wunsch habe sich erfüllt, indem er helfende Kräfte durch seinen Willen magisch herbei gerufen habe: „*Allein* wirkt man so große Dinge nicht. Oh nein, – die Helfer und die Diener – die müssen auch mit dabei sein, die auch, wenn etwas draus werden soll. Aber die, die kommen nie von sich aus. Man muß sie recht beharrlich rufen. So tief aus dem Inneren heraus, verstehen Sie" (im 2. Akt, S. 275).[57]

Was seien denn diese Helfer und Diener, fragt Hilde. Solness weicht aus: „Darüber können wir ein ander Mal reden." Doch statt dessen nimmt er kurz danach seine Selbstanklage wieder auf:

> Wer hat die Helfer und Diener gerufen? Das habe *ich* getan! Und da sind sie gekommen und haben sich meinem Willen unterworfen. Und *das* nennen die Leute „Glück haben". Aber ich will Ihnen sagen, wie das Glück sich fühlbar macht. Es macht sich fühlbar wie eine große hautlose Stelle hier auf der Brust. Und die Helfer und die Diener kommen her und reißen Hautfetzen von andern Menschen herunter, um *meine* Wunde damit zu schließen! – Aber die Wunde heilt doch nicht zu. Nie, – niemals! Ach, wenn Sie wüßten, wie das zuweilen zieht und brennt . . .

Und Hilde bemerkt: „Ob die Sache nicht *die* ist, daß Sie mit einem siechen Gewissen zur Welt gekommen sind?!"(S. 276).[58]

So ist es offenkundig, daß die dank dieser „Diener und Helfer" ausgeführten Taten zu unheilbarer Gewissensqual führen und daß alle Versuche, diese zu stillen, nur wieder auf Kosten anderer Menschen gehen, also stets neue Gewissensbisse schaffen, die Wunde nur immer wieder von neuem öffnen und nach neuer Vergeltung rufen. So hat er denn auch früher gesagt: „Die Jugend – das ist die Vergeltung, sehen Sie das! Die schreitet dem Rückschlag voran. Gewissermaßen unter einer neuen Fahne" (S. 251).[59]

Doch die Frage bleibt offen: Was sind jene Kräfte, „diese Diener und Helfer", die Wunsch und Wille in schuldhafte, ja verbrecherische Tat verwandeln?

---

56 „Tror ikke De også det, Hilde, at der finnes enkelte utkårne, utvalgte mennesker som har fatt nåde og makt og evne til å *ønske* noe, *begjære* noe, *ville* noe – so iherdig og så – ubønnhørlig – at de *må* få det til slutt. Tror De ikke det?" (S. 465).

57 „Det er ikke en selv *alene* som virker så store ting. Å nei, – hjelperne og tjenerne, – de får nok være med, de også, hvis det skal bli til noe. Men de kommer aldri av seg selv, de. En må rope riktig iherdig på dem. Sånn invendig da, skjønner De" (S. 465).

58 „Hvem ropte på hjelperne og tjenerne? Det gjorde *jeg!* Og så kom de og føyet seg under min vilje ... Det er *det* som godtfolk kaller å ha lykken med seg. Men jeg skal si Dem jeg, hvorledes den lykken kjennes! Den kjennes som et stort, hudløst sted her på brystet. Og så går hjelperne og tjenerne og flår hudstykker av andre mennesker for å lukke *mitt* sår! – Men såret heles ikke enda. Aldri, – aldri! Å, om De visste hvor det kan suge og svi iblant". . .
„Jeg gad vite, jeg, om De ikke er født til verden med en skranten samvittighet" (S. 465).

59 „Ungdomen, – det er gjengjeldelsen, det, ser De. Den kommer i spissen for omslaget. Liksom under en ny fane" (S. 453).

Hilde sagt kurz nach ihrer Frage nach den „Dienern und Helfern“: „Das *war* etwas in mir drin, das mich hierher jagte und herpeitschte. Und es hat mich auch angelockt und hingezogen.“
„Da haben wir's! Da haben wir's, Hilde! Gleich wie in mir drin. Denn da gibt es den Troll in einem, sehen Sie, – das ist eben das, was die Mächte von außen herbeiruft. Und dann muß man sich ergeben, ob man da will oder nicht.“
„Ich glaube fast, Sie haben recht, Baumeister.“
„Ach, es gibt in der Welt unglaublich viele Teufel, die man nicht *sieht,* Hilde!“
„Auch Teufel noch?“
„Gute Teufel und böse Teufel. Blondhaarige Teufel und schwarzhaarige. Wüßte man nur immer, ob es die lichten oder die dunklen sind, die einen in Gewalt haben! ...“(S. 277).[60]

Die vorläufige Antwort ist also: Diese Kräfte sind Trolle und Teufel. Was sind nun aber diese?

Solness spricht gegen das Ende zu über die Unzufriedenheit Gottes mit ihm: „*Er* zufrieden mit *mir!* Wie können Sie so schwatzen, Hilde? Er, der dem Troll gestattete, in mir herumzutoben aus allen Kräften. Er, der ihnen gebot, zur Stelle zu sein Tag und Nacht, um mir zu dienen, – allen diesen – diesen –“
„Teufeln –“
„Ja, den Teufeln jeglicher Gestalt. O nein, da bekam ich schon zu fühlen, daß er mit mir nicht zufrieden war“ (S. 305).[61]

Doch was meint nun also Ibsen mit diesen „Trollen und Teufeln“, die einem zu Diensten stehen?

Ganz eindeutig und klar fällt die Antwort nicht aus. Doch scheint mir die Lösung darin zu liegen, was Solness in einer der ersten Begegnungen mit Hilde sagt: Als er in Lysanger oben auf dem Turme stand, da habe er ein „weißgekleidetes Teufelchen – en av disse her hvitkledde dævelungene“ gesehen, das ihm da zugeschrieen habe, so daß ihm fast schwindelig wurde und er in die Tiefe gestürzt wäre. Das Teufelchen war Hilde („Den dævelungen, – det var *meg* det“) (S. 449). Sie war die Macht, die ihn mit Begeisterung und Tatkraft erfüllt, die ihm neue Liebe und Jugend verspricht, die er stets ersehnt und der er nahe, auch sexuell verbunden zu sein hofft, – und zugleich die Macht, die seine Selbstbestrafung, die Vergeltung von Seiten der Jugend, vor der er sich immer tiefer fürchtet, und schließlich seinen Tod herbeiführt.

---

60 „Det *var* dette her inneni meg som jog og pisket meg hit. Lokket og dro meg også.“
„Der har vi det! Der har vi det, Hilde! Lissom i meg. For det er trollet i en, ser De, – det er *det,* som roper på maktene utenfor. – Og så *må* en gi seg, – enten en så vil eller ikke.“
„Jeg tror nesten De har rett, byggmester.“
„Å, der er så urimelig mange dævler til i verden som en ikke *ser,* Hilde!“
„Dævler også?“
„Snille dævler og onde dævler. Lyshårede dævler og svarthårede. Visste en bare alltid om det er de lyse eller de mørke som har tak i en! ...“ (S. 466).

61 „*Han* fornøyet med *meg!* Hvor kan De snakke så, Hilde? Han som ga trollet i meg lov å romstere slik som det selv ville. Han som bød dem være på pletten både natt og dag for å tjene meg, – alle disse – disse –“
„Dævlene –“
„Ja, både den ene og den annen slags ...“ (S. 479).

Die *„Teufel“* sind also die menschlichen Versucher, die wie Hilde, wie Rebekka, wie Hedda, wie Rita Allmers und Irene, ja, auch wie der „Fremde“, der Mörder in der *Frau vom Meere, das Verbotene zum Erlaubten machen, die das Joch des überstrengen Gewissen zerbrochen haben* und es nun der Hauptgestalt des Dramas zu gestatten scheinen, alle diese Rücksichten („hensyn“) abzuschütteln – die Rivalen zu beseitigen und dem „wilden, unbezwingbaren Gelüste“ („vilt, obetvingelig begjær“) stattzugeben. Das Interessante ist, wie für Ibsen immer wieder, fast immer, diese verlockende, doch mörderische Gestalt, die die Tabus bricht und die Stelle des tyrannischen Gewissens usurpiert, eine Frau ist. Und wieder und wieder ist auch deren Gegengestalt, die starre Verkörperung der Pflicht („plikt, plikt, plikt!“), hart und unzugänglich, eine Frau, und zwar eine ältere, strafende Mutterfigur, wie schon früh die alte Åse in *Peer Gynt.* In seinem eigenen Leben ist es die Suche nach dem ewig jungen, verlockenden Mädchen, das seine Schöpferkraft entzündet, gegenüber der unverbrüchlichen Beschränkung, die ihm die Ehe zur barschen, disziplinierten, häßlichen und gichtigen Frau Susanne auferlegt.

Der *„Troll“* indes ist die Macht der *tiefen, gefährlichen und verbotenen,* nur teilweise sich zugestandenen, weitgehend *unbewußten Wünsche.* Es ist die Stoßkraft, die Gewalt, die dem unbändigen Willen zur Selbstdurchsetzung innewohnt. Und was sind diese Wünsche, diese Trolle? Eben die tiefen sexuellen Begehren, die Sehnsucht nach schuldloser Liebe und unbedingtem Verstandenwerden, nach Erfolg und trotziger Selbstdurchsetzung – Wünsche und Triebe, die letztlich unter Aufhebung der ödipalen Tabus frei werden. Es sind die Verlangen, die Schranken der Wirklichkeit aufzuheben und in ein Reich „jenseits von Gut und Böse“ zu gelangen.

Das Verständnis der Trollsymbolik kann vertieft werden, wenn wir die Bedeutung des Trolls im *Peer Gynt* mit heranziehen:

Dort sind es die Wünsche nach Absolutheit und Grenzenlosigkeit, die wir analytisch „narzißtisch“ nennen würden – „die unterwühlenden Leidenschaften und Egoismen“, schreibt Meyer („our undermining passions and egocentricities“; S. 272). Er zitiert Francis Bull, daß die Trolle „die bösen Naturkräfte darstellen, die in der Seele des Menschen verborgenen Mächte des Bösen, die zeitweise den bewußten Willen unterdrücken und seine Handlungen bestimmen können.“ Es seien geheimnisvolle Mächte, die ihm Angst vor sich selbst machen (l.c.). Daniel Haakonsen spricht von „sansenes og selvtilstrekkelighetens underverden – der Unterwelt von Sinnlichkeit und Selbstsucht“ und von „driftsliv, egoisme, maktbrynde – Triebleben, Egoismus, Machtlust“ (im Nachwort zu *Peer Gynt*).

Anders gesehen, korrigiert sowohl durch den weiteren Zusammenhang wie durch unser klinisches Wissen, ist es eben die Maßlosigkeit und narzißtische Phantastik von Peer Gynt, mit deren Hilfe der vom Gewissen gequälte, der Liebe und Gemeinschaft unteilhaftige Mensch aus der Einsamkeit auszubrechen sucht – ins radikal andere aufsteigt und tödlich abstürzt oder heillos verkommt. Gerade dadurch, daß er diese Grenzen überschreitet, versucht er, der Bindung an den grausamen inneren Richter (dem „sadistischen Über- Ich“, dem „moralischen Masochismus“) und der damit verbundenen Einsamkeit zu entrinnen.

Nachdem Peer Gynt im Trollreich, im Königssaal des Dovre-Alten, selbst trollgleich geworden ist, begegnet er dem großen „Bøygen“, dem „Geist des Abbiegens“, dessen Befehl lautet: „Gå utenom, Peer! – Weiche aus, Peer!“ Es ist der Rat, der Wirklichkeit auszuweichen. Am Ende sagt ihm der Trollkönig: „Als Troll hast du gelebt, doch stets hast du das heimlich gehalten“ („Som troll har du levet, men støtt holdt det hemmelig“; S. 132). In Worten hat Peer zwar immer von neuem behauptet, er lebe nach dem höchsten Gebot des Menschseins und wolle er selbst sein: „Mann, vær deg selv!“ (S. 36). In Wirklichkeit aber wich er dem aus und folgte dem Motto der Trolle: „Troll, vær deg selv – nok!“ („Troll, sei dir selbst – genug“), im Sinne der nackten Selbstsucht, und gerade damit, im tiefen Sinn, des Selbstverrates.

Um aber wieder zu *Baumeister Solness* zurückzukehren: Die „Teufel“ sind die Wesen in der Außenwelt, Menschen und Dinge, v. a. aber die anderen, die auf diese unbewußten Wünsche antworten, ihnen entsprechen und sie erfüllen, ob sie nun gute oder böse, großartige oder mörderische, belohnende oder bestrafende Strebungen sind, die sich da aus innerer Wirklichkeit in äußere zu verwandeln suchen.

4.2.5 Hörigkeit und Aufstand

> „For resten kan jeg nok forstå den tvingende og dragende makt ... Ensomheten oppe mellem tindene og på de store vidder har noe av det samme.“
> (*Lille Eyolf*, S. 491)[62]

a) Die wirkliche Schuld

Doch die Natur der „Trollene“, dieser nordischen Dionysgestalten, birgt bedeutend mehr in sich: In Schauspiel nach Schauspiel zeigt sich die *Gewalt von Eifersucht und Neid; Strebungen mörderischer, im Grunde ödipaler Rivalität* unterwühlen das mitmenschliche Zusammenleben, wie es Freud in so eindrücklicher Weise für *Rosmersholm* nachgewiesen hat.

Die Gestalt von Hedda Gabler kann nur dadurch verstanden werden, wenn wir sie in einem ständigen untergründigen Eifersuchtsdrama verstrickt sehen. Hinter der Verlogenheit einer gut bürgerlichen Ehe und „Liebe“ geht ein untergründiger, vielfältiger Rivalitätskampf vor sich: „der stikker noe under med deg, Hedda!“ – „Du führst etwas im Schilde, Hedda!“ (S. 173, bzw. S. 415). Ich denke, wir können Hedda beim Wort nehmen, wenn sie ihre grausam-impulsiven Handlungen als zum guten Teil unbewußt motiviert und als zwangshaft bezeichnet: „Ja, sehen Sie, so was kommt über mich, ehe ich mich dessen versehe. Und dann *kann* ich nicht widerstehen ... Oh, ich weiß selbst nicht, wie ich es mir erklären soll“ (S. 152).[63] Was spielt sich bei diesem grausam-mörderischen Spiel ab?

---

[62] „Übrigens begreife ich die zwingende und verführerische Macht, [von der sie redete], ganz gut. Die Einsamkeit oben zwischen den Gipfeln und auf den Hochebenen [den großen Weiten] hat etwas Ähnliches“ (S. 329).

[63] „Ja, ser De, – slikt noe kommer over meg rett som det er. Og så *kan* jeg ikke la det være ... Å, jeg vet ikke selv hvorledes jeg skal forklare det“ (S. 405).

Drei Männer umwerben sie: Zunächst ist es ihr Gatte Jørgen Tesman, ein vertrockneter, selbstunsicherer Pedant, der ihr *masochistisch unterworfen* ist: „... der er så svært morsomt å oppvarte deg" („Weil es mir so riesigen Spaß macht, Dich zu bedienen" S. 164, bzw. S. 411) und den sie immer wieder in subtiler Weise verhöhnt und erniedrigt. Er stellt die vorwiegend *sexuelle Form des Masochismus* dar.

Dann ist es ihr früherer Geliebte, ein schöpferischer, aber undisziplinierter, immer wieder der Trunksucht verfallender Künstler und Gelehrter, Eilert Løvborg, der in sie gleichfalls sein Gewissen und Ideal gesetzt hat und der er seine Ausschweifungen zugestehen mußte: „...Ach, Hedda, – was war doch für eine Macht in Ihnen, die mich zwang, so etwas zu gestehen?",[64] um von ihr Absolution zu erlangen („som om De ville tvette meg ren – als ob Sie mich reinigen würden" S. 166, bzw. S. 412), doch der nun *sie* für ihren Selbstverrat beschämt, also die Rolle des Urteilenden (der „Über-Ich-Übertragung") umdreht: „Ach, Hedda, Hedda, – wie konntest Du Dich so wegwerfen!" (S. 163).[65] Er repräsentiert gleichsam den *„moralischen Sadomasochismus"*, wenngleich sich bei ihm ebenfalls starke sexuelle Hinweise finden.

Und dann ist es drittens der sorgfältig seine Intrigen planende, spinnengleich seine Netze webende Assessor Brack, der sie zum Schluß durch sein Wissen in seine Macht bekommt: „Ich habe durchaus nichts gegen versteckte Wege – Jeg har ikke noe imot bakveie" (S. 188, bzw. S. 422). Ihn können wir als Repräsentanten einer *„sozialen Form des Sadomasochismus"* bezeichnen.

Gebunden an ihren verstorbenen, machtvollen Vater, den General Gabler, versucht sie, jeden Mann sowohl an sich zu binden und jede Rivalin auszustechen wie zugleich höhnisch jeden der drei Männer zu entwerten und zu vernichten. Ihr Lebenswert, ihr Selbstwertgefühl besteht nur darin, daß sie die Macht über die Männer auszuüben vermag, sie gegeneinander ausspielt und deren Lebenswerk oder Leben zerstört und indem sie einem sinnlosen Leben den Genuß von „Schönheit" und „Mut" abzugewinnen versucht: sie gibt Eilert die Pistole, damit er sich umbringe, – ich glaube, nicht zuletzt als Rache dafür, daß *er* sie beschämt hatte. Grausamkeit und Scham zerbrechen die schöne Fassade und bringen die Rache, mit dem Ziel sowohl der Eifersucht wie der Beseitigung der Scham, zu mörderischer Wirkung.

Ganz entscheidend ist dabei aber der von Brack gebrauchte Begriff des „Dreiecks" – „et sånt trekantet forhold" (ein solches Dreiecksverhältnis), „trekanten" (das Dreieck) (S. 404, 421/2) – bewußt in Kontrast gesetzt zur Paarbeziehung, „på tomannshånd" (S. 403 f.). Sie sagt: „Ich will in der Mitte [zwischen euch, Thea und Eilert] sein – Jeg vil være midt imellem" (S. 168, bzw. S. 413). Während Brack selbst darauf baut, der „einzige Hahn im Korb" („eneste hane i kurven", S. 421) zu werden, spielt sie grausam das Spiel aus, wobei sich in der Bedrohung und Vernichtung des Mannes (zunächst des Eindringlings, dann des Gatten wie des Geliebten) ihre Macht über ihn bestätigt – *der Sieg des Neides*. Gleichzeitig sticht sie ihre Rivalinnen in grausamer Weise aus (Tante Julle, Thea Elvsted) und „tötet das Kind" – indem sie selbst andeutet,

---

64 „Å, Hedda, – hva var det dog for en makt i Dem som tvang meg til å bekjenne slikt noe" (S. 411).

65 „Å Hedda, Hedda,– hvor kunne du dog kaste deg slik vekk!" (S. 410).

daß sie selbst kein Kind haben will,[66] und ganz konkret, indem sie das Buch-Manuskript, die gemeinsame Schöpfung von Eilert und Thea, vernichtet: „Nun verbrenne ich Dein Kind, Thea! – du Krauskopf, Du! ... Dein Kind und Eilert Løvborgs ... Jetzt verbrenne, – jetzt verbrenne ich das Kind“,[67] (S. 194), wobei aber die Schuld scheinbar an ihm, dem „Vater“, haftet: „... som om du hadde drept et lite barn – als ob du ein kleines Kind getötet hättest“ (S. 191, bzw. S. 424), sagt Thea Eilert, und er gesteht, er habe eine Art Kindsmord („barnemord“) begangen. Dies ist *der Sieg der Eifersucht.*

Der Sinn, den sie einem sinnlosen Leben – einem Leben des Selbstverrats und damit der Scham – zu geben sucht, ist also an der Oberfläche zwar ästhetischer Art: die Beobachtung der „mutigen Tat“. Doch das bedeutet im Grunde, daß sie dies auf Kosten des Rivalen und der Rivalin erreicht. So sagt sie Thea Elvsted, der es gelungen war, Eilert Løvborg zu „rehabilitieren“ („gjenoppreist“, S. 397), zur schöpferischen Leistung zu begeistern („beånde“): „Ich will ein einziges Mal in meinem Leben die Herrschaft haben über ein Menschenschicksal ... Ach, könntest Du nur begreifen, wie arm ich bin. Und *Dir* soll es vergönnt sein, so reich zu sein“ (S. 173 f.).[68] Kunstvoll treibt sie Eilert durch die Macht der Beschämung in den Tod und versengt Theas Haar, („svir håret av deg“, S. 415), kunstvoll versagt sie sich emotionell wie auch vermutlich körperlich ihrem Gatten und nützt ihn aus, und kunstvoll spielt sie mit den Ansinnen und sexuellen Anspielungen des Assessors.

All das ist aber nur dann möglich, wenn sie systematisch die Ansprüche des Gewissens entkräftet, mit ihrer wiederholten, höhnischen Frage oder Bemerkung: „Du durftest nicht, darfst du nicht?“ („... da De ikke torde gå ... Tør du ikke?“, S. 413, 419).

Es ist, als ob sie selbst beständig in einem Kampf gegen Beschämung und Demütigung stände (wie wir das soeben auch in deren Verwirklichung gegenüber Eilert bemerkt haben). Ihre Langeweile ist Ekel („gruelig kjedelig“, S. 147, bzw. S. 403; auch: „jeg kjeder meg“, S. 406), ihr Ekel ist äußerstes Gefühl des Unwertes, die Angst vor der Scham: „løyerlig – lächerlich“ zu sein: „*Solche* Angst habe ich vor dem Skandal – *Så* redd er jeg for skandalen“ (S. 166, bzw. S. 412). Dies ist eben die andere Seite zur *Grausamkeit im Dienste von Neid und Eifersucht: der Aufstand gegen das Gewissen, die Flucht vor der Scham* (ganz ähnlich, wie wir es bei Nietzsche antreffen werden).

Doch muß sie schließlich erkennen, daß „das Lächerliche und Gemeine sich wie ein Fluch auf alles legt, das ich nur anrühre“ (S. 208),[69] – daß Aufstand wie Flucht mißlungen sind. Das verhaßte Gewissen setzt sich durch: Wie sich der „schöne Selbstmord“ Eilerts als ekelhafter Schuß in den Unterleib im Boudoir einer Dirne enthüllt und wie Brack ihr verkündet, nur er vermöge sie vor einem Skandal zu

66 Meiner Ansicht nach ist es offen gelassen, ob sie selbst schwanger sei, obzwar Meyer dies emphatisch beteuert.

67 „Nu brenner jeg ditt barn, Thea! – Du med krushåret! ... Ditt og Eilert Løvborgs barn ... Nu brenner, – nu brenner jeg barnet“ (S. 425).

68 „Jeg vill for en eneste gang i mitt liv ha makt over en menneskeskjebne ... Å, dersom du kunne forstå hvor fattig jeg er. Og *du* skal ha lov til å være så rik!“ (S. 415).

69 „Å det latterlige og det lave, det legger seg som en forbannelse over alt *det* jeg bare rører ved“ (S. 432).

schützen, sieht sie, daß ihr Spiel für Macht und Geltung in Ohnmacht und Beschämung geendet hat.

Zum Schluß hat Assessor Brack scheinbar absolute Macht über sie, während ihr Mann und Thea sich vereinigen, um das von ihr vernichtete Lebenswerk Eilerts zusammen zu rekonstruieren. Erneut ist sie somit die Ausgeschlossene: Damit stellt sich ihr Sieg in der Rivalität, ihr geschicktes Durchsetzen der Ziele von Neid und Eifersucht, als hohler Erfolg heraus; ihre Willensmacht verwandelt sich zur erbärmlichen Niederlage, der Lebenssinn, den sie sich gesetzt, wird als Leere und Jämmerlichkeit entschleiert: „Ich bin also in Ihrer Hand, Herr Assessor. Mit Haut und Haar bin ich in Ihrer Gewalt fortan ... Abhängig von Ihrem Wunsch und Willen. Unfrei. Unfrei also! ... Nein, – den Gedanken ertrage ich nicht! Nie und nimmer" (S. 211).[70]

Nach der Zerstörung dessen, was sie, getrieben von Eifersucht und Neid, zu erreichen versucht hat, bleiben nur Scham und Verlassenheit: „Aber wie soll *ich* mir denn hier draußen die Abende vertreiben?" (S. 213).[71]

Das heißt, nichts außer der Macht und dem Willen zur letzten Tat: sie erschießt sich.

b) Die masochistische „Lösung" und deren Heilung

Zum Schluß wähle ich Ellida, die „Frau vom Meer" – eine Art Gegenfigur zu Hedda Gabler; wie Hedda, um in Nietzsches Worten zu sprechen, die „Freiheit wovon" vertritt, geht es Ellida um die „Freiheit wozu". *Ellida zeigt die masochistische Hälfte des Phänomens, Hedda die sadistische.* Beide gehören sie zusammen. Die letztere bedeutet Zerstörung und Mord, die erstere Wahl und Versöhnung.

„Ich habe kein Recht, meinen Mann ganz und allein für mich zu beanspruchen ... Ich selbst lebe ja auch in etwas, – was den anderen verschlossen ist" (S. 26),[72] bemerkt Ellida über ihre Unfähigkeit, ihrem Mann und Stieftöchtern nahe zu sein.

Sie liebt ihren Mann, sagt sie, und doch geschehe ihr etwas Entsetzliches und völlig Unerklärliches („Og just derfor er det så forferdelig, – så uforklarlig", S. 26, bzw. S. 342) – „dieses Heimweh, das mich nach dem Meer hinzieht – denne dragende hjemve efter havet" (S. 35, bzw. S. 346). „Was über mich gekommen ist, das, –. O, ich glaube: man wird sich im Leben nicht darüber klar werden" (S. 43).[73] Sie liebe ihren Mann, könne aber nicht mit ihm zusammen sein „wegen des Entsetzens, das von dem fremden Mann ausgeht ... Ein Entsetzen, so grauenvoll, wie es, glaube ich, nur das Meer haben kann" (S. 43).[74]

---

70 „Jeg er altså i Deres makt, assessor. De har hals og hånd over meg fra nu av ... I Deres makt likefullt. Avhengig av Deres krav og vilje. Ufri. Ufri altså! ... Nei, – den tanke holder jeg ikke ut! Aldri" (S. 433).

71 „Men hva skal så jeg fordrive aftenene med her ute?" (S. 434).

72 „Jeg har ingen rett til å kreve min mann helt og alene for meg ... Jeg selv lever jo også i noe, – som de andre står utenfor" (S. 342).

73 „Det som er kommet over meg, – Å, jeg tror det er aldri i verden til å få rede på" (S. 350).

74 „Det er for den redsels skyld som står av den fremmede mann ... En redsel så grufull som jeg synes bare havet kan ha den" (S. 350).

Sie hatte sich seinerzeit, lange vor ihrer Ehe mit dem verwitweten Arzt Wangel, mit einem wegen des Mordes an seinem Kapitän flüchtigen Steuermann verlobt. In seiner Gegenwart hatte sie gleichsam keinen eigenen Willen. Dem Meer habe er sie angetraut, indem er den Bund mit ihrer beider Ringe in die Tiefe geworfen (etwas, das Ibsen selbst in seiner Jugend getan hatte; Ibsen setzt damit den flüchtigen, einsamen, hilflos an eine ferne Geliebte, die sich ihm versagt und doch hörig ist, gebundenen Mörder mit sich selbst gleich, identifiziert sich mit ihm).

Von einem anderen Seefahrer vernimmt sie, wie der Flüchtige auf ihre Heiratsnotiz in der Zeitung reagiert habe: „Verheiratet. Mit einem andern. Während ich fort war ... Aber mein ist sie, und mein soll sie bleiben. Und mir soll sie folgen, und sollte ich auch heimkommen und sie holen als ein Ertrunkener aus der schwarzen See“ (S. 24).[75] Und der „Bote“, der die Nachricht bringt, sieht die makabre Szene nun selbst als Künstler vor sich: „Die treulose Seemannsfrau sehe ich leibhaftig vor mir. Und dann den Rächer, der ertrunken ist und doch heimkehrt von der See.“[76]

„Dieser Mann hat eine ungewöhnliche Macht über Dich gehabt, Ellida“, sagt ihr Mann, der tief verstehende, mit Sympathie ihr zuhörende Arzt. Sie antwortet: „Ach ja, ja. Der grauenvolle Mensch“ (S. 42).[77] Die Last könne sie nie und nimmer loswerden: „Das Grauenvolle ... diese unbegreifliche Macht über das Gemüt –“ (S. 42).[78]

„Am deutlichsten sehe ich seine Brustnadel mit einer großen, blauweißen Perle darin. Die Perle gleicht dem Auge eines toten Fisches. Und das stiert mich so an ... Denn ich fühle, wie sich's mehr und mehr um mich zusammenzieht“ (S. 45).[79] In den Augen ihres verstorbenen Kindes sieht sie die Augen des Verschollenen und die Farben des Meeres; ihre Angst ist unaussprechlich – „det uutsigelige“.

Ihre Stieftochter Bolette sagt über sie (ich habe es schon in Kap. 3 zitiert, im Zusammenhang mit Reinhold's Beobachtung der „Seelenblindheit“ daheim): „Es gibt so mancherlei, was die nicht *sieht.* Oder was sie vielleicht nicht sehen *will,* – oder was ihr *gleichgültig* ist“ (S. 51).[80]

Die Freude über Sommer und Licht, die berge schon Ahnung und Erinnerung von der kommenden Dunkelheit in sich, klagt Ellida, und diese Erinnerung werfe ihren Schatten über die menschliche Freude (S. 54).[81] Sei ihr Mann nicht gegenwärtig,

---

75 „Giftet seg. Med en annen mann. Mens jeg var borte ... Men min er hun, og min skal hun bli. Og meg skal hun følge, om jeg så skal komme hjem og hente henne som en druknet mann fra svarte sjøen“ (S. 341).

76 „Den troløse sjømannskonen ser jeg så lebendig for meg. Og så hevneren, som er druknet, og som allikevel kommer hjem fra sjøen“ (S. 341).

77 „Den mann har hatt en uvanlig makt over deg, Ellida.“
„Å ja, ja. Det grufulle menneske“ (S. 349).

78 „Jeg får ikke veltet det av meg der ute heller ... Det grufulle, mener jeg. Denne ubegripelige makt over sinnet“ (S. 349).

79 „Aller tydeligst ser jeg hans brystnål med en stor, blåhvit perle i. Den perlen ligner et dødt fiskeøye. Og det liksom stirrer på meg ... For jeg føler at det trekker seg mer og mer sammen om meg“ (S. 351).

80 „Der er så mangt og meget som denne her ikke *ser.* Eller som hun kanskje ikke *vil* se, – eller ikke *bryr seg om*“ (S. 354).

81 „Den har minnelsen om den kommende mørketid over seg. Og den minnelsen kaster sin skygge over menneskegleden“ (S. 355).

könne sie sich plötzlich nicht mehr darauf besinnen, wie er aussehe, und es sei ganz so, als ob sie ihn schon verloren hätte.

Wie der Verschollene auftaucht, sind es seine Augen, die sie zusammenzucken und aufschreien läßt: „Die Augen!" – „Øynene! – Øynene!" (S. 356). „Sieh mich nicht so an", bittet sie ihn wieder und wieder. „Se ikke sånn på meg!" „Er läßt mich nie mehr los – Han slipper meg aldri" (S. 59, bzw. S. 357).

Sie fleht ihren Mann an: „O Wangel, – rette mich vor mir selbst!"

„Ellida! Ich ahne es, – dahinter ist etwas."

„Ein etwas ist dahinter, das zieht und lockt."

„Das zieht und lockt –?"

„Der Mann ist wie das Meer" (S. 63).[82]

Sie beschreibt es genau: „... Aber das ist ja gerade das Grauenvolle ... Darum ist mir auch, als ob ich da hinein müßte."

„Weil es Dir vor Augen steht als etwas Grauenvolles?"

„Ja. Eben darum."

„Hör' einmal, Ellida, – was verstehst Du denn eigentlich unter dem Grauenvollen?"

„*Das* ist das Grauenvolle, – was abschreckt und anzieht" (S. 82 f.)[83]... Es ist genau diese Gleichsetzung von sexueller Anziehung, Erregung und Hörigkeit mit Schreck, Qual und Todesangst, die für die bewußt *sexuelle Form des Masochismus,* also die *masochistische Perversion,* so bezeichnend ist. Und ganz richtig führt sie den inneren Zwang dabei an, wie Wangel ihr seinen Schutz anbietet: „Schützen? Was gibt es denn da, wogegen ich Schutz brauche? Es droht mir ja keinerlei rohe Gewalt von außen her. Das Grauenvolle liegt tiefer, Wangel! Das Grauenvolle, – das ist jenes Ziehen und Locken in meinem eigenen Gemüt" (S. 84).[84]

Angesichts solcher übertragungsähnlicher Hörigkeit ist der Ehemann selbst zunächst völlig ratlos:

> Ach, wenn Sie wüßten, wie schwierig das ist für einen Arzt, ein richtiges Urteil zu gewinnen über einen Kranken, der ihm so nahe steht! Und das hier ist doch auch keine gewöhnliche Krankheit. Hier hilft kein gewöhnlicher Arzt, – und keine gewöhnlichen Mittel ... Aber hinter allen ihren Stimmungen ist etwas verborgen, über das ich mir durchaus nicht klar werden

[82] „Å, Wangel, – frels meg for meg selv."
„Ellida! Jeg aner det, – her er noe bakved."
„Det dragende er bakved."
„Det dragende –?"
„Den mann er som havet" (S. 360).

[83] „Men *det* er nettopp det grufulle ... Derfor synes jeg også at jeg liksom *må* inn i det."
„Fordi det står for deg som noe grufullt?"
„Ja. Nettopp derfor."
„Hør her, Ellida, – hva forstår du da egentlig ved det grufulle?"
„Det grufulle, – det er *det* som skremmer og drager" (S. 369 f.).

[84] „Verge? Hva er da her å verge imot? Det er jo slett ikke noe vold og makt utenfra som truer meg. Det grufulle ligger dypere, Wangel! Det grufulle, – det er dragningen i mitt eget sinn" (S. 370).

kann. Und dann ist sie so unbeständig, – so unberechenbar, – so überraschend veränderlich“ (S. 71).[85]

In seiner Verliebtheit habe er zu sehr an sich selbst gedacht, und das fülle ihn nun mit großer Schuld; auch könnte er dem Alter nach ihr Vater sein. Doch die Macht, die der Fremde über sie ausübe, sei ihm etwas völlig Unerkärliches: „Ich glaube nicht, ich bestreite nicht. Ich weiß nur nicht – Jeg hverken tror eller benekter. Jeg bare vet ikke“ (S. 73, bzw. 365).

Vor die Möglichkeit gestellt, ihren Stiefkindern wirklich eine Mutter zu sein, ihnen Zärtlichkeit zu bezeigen, fragt sie sich: „Sollte *hier* eine Aufgabe für mich sein!“ („Skulle *her* være gjerning for meg!“) (S. 86, bzw. S. 371), und die Szenenanweisung lautet: „Sie faßt sich mit den Händen an den Kopf und sieht unbeweglich vor sich hin, als ob widerstreitende Gedanken und Stimmungen sie durchkreuzten – liksom gjennemkrysset av stridende tanker og stemninger.“

*

Die große *Antithese,* die hervortritt, ist die *zwischen der Hörigkeit gegenüber dem Fremden und der Freiheit der Wahl,* zwischen der *Zwangshaftigkeit der masochistischen Bindung* und der Ausübung des eigenen *Willens.*

Einerseits: „Ich habe es weder gewollt, noch habe ich es nicht gewollt“ (ihre bisherige innere Teilnahmslosigkeit) (S. 89) („Jeg har verken villet det eller ikke villet det“, S. 373).

Anderseits: „Denn in Freiheit soll ich ja doch meine Wahl treffen ... Die Wahl kannst Du nimmermehr verhindern. Weder Du noch sonst jemand ... daß ich wähle, – im Innersten meines Herzens wähle, – ihn wähle und nicht Dich, – wenn ich so wählen will und muß, – das kannst Du nicht verhindern“ (S. 88 f.).[86]

Es räche sich jetzt, daß sie sich auf das Leben mit ihrem Mann eingelassen, mit dem sie nichts gemeinsam habe, so den anziehenden und schreckenden Mächten getrotzt und ihr eigenes Leben verlassen und verraten habe. „Nun kommt er und bietet mir – zum letzten und einzigen Male – an, das Leben von neuem zu leben – mein eigenes, richtiges Leben, das Leben, das abschreckt und anzieht – und dem ich nicht entsagen *kann*“ (S. 90).[87]

Wangel sagt in stillem Schmerz: „Ich sehe wohl, Ellida! Schritt für Schritt entgleitest Du mir. Das Verlangen nach dem Grenzenlosen und dem Endlosen – und nach dem Unerreichbaren, – das treibt Deinen Geist zuletzt noch ins nächtige Dunkel hinein.“

---

[85] „Å, dersom De bare visste hvor vanskelig det er for en læge å dømme riktig om en syk som han holder inderlig av! Og dette her er jo ikke noen alminnelig sykdom heller. Her hjelper ingen alminnelig læge, – og ingen alminnelige lægemidler ... Men bak alle hennes stemninger ligger der noe dulgt, som det er meg umulig å komme på det rene med. Og så er hun jo så foranderlig, – så uberegnelig, – så plutselig vekslende“ (S. 364).

[86] „For det er jo i frivillighet at jeg skal treffe mitt valg ... Valget kan du aldri hindre. Hverken du eller noen annen ... Men at jeg velger, – velger innerst inne i mitt sinn, – velger ham og ikke deg, – ifall jeg vill og må velge således, – det kan du ikke hindre“ (S. 372 f.).

[87] „Nu kommer han og byr meg – for siste og eneste gang – å få leve livet om igjen, – få leve mitt eget riktige liv, – det liv som skremmer og drager – og som jeg ikke *kan* gi slipp på“ (S. 373).

„Ach, ja, ja, – ich fühle es über mir – wie schwarze, lautlose Schwingen!" (S. 104).[88]
In dem Augenblick, da er sie freigibt, da er ihr völlig die Wahl überläßt, aus Liebe geschehen läßt, was immer sie beschlösse, „in Freiheit und unter eigener Verantwortung – i frihet og under eget ansvar", da schlägt es um, da kommt die Peripetie: „Unter eigener Verantwortung auch? – Darin liegt – die Kraft der Verwandlung – Under ansvar også? – Der er – forvandling i dette her!" (S. 105, bzw. 380).
Nach dem Verschwinden des Fremden sagt sie Wangel:

> „Ach, begreifst Du denn nicht, daß die Wandlung gekommen ist, – daß die Wandlung kommen *mußte* – in dem Augenblick, da ich in Freiheit wählen durfte?"
> „Und das Unbekannte, – das lockt und zieht Dich nicht mehr?"
> „Weder zieht es mich an, noch schreckt es mich ab. Ich hätte ins Unbekannte hinein schauen – hätte hinein gehen können, – wenn ich selbst nur gewollt hätte. Ich hätte es ja doch wählen können. Und darum konnte ich auch darauf verzichten" (S. 106).[89]

Was als bezwingende Macht, was als Hörigkeit und Zwang erschien, was sich als unlösbarer innerer Konflikt und als masochistische Bindung kundtat, wird von Wangel zu Recht als Ausdruck einer tiefen und berechtigten Lebenskraft erkannt:

> „Du denkst und empfindest in Bildern – und in sichtbaren Vorstellungen. Dein Sehnsuchtsdrang nach dem Meer, – jenes Etwas, das Dich lockend hinzog zu ihm, – dem fremden Manne, – das war der Ausdruck für den Freiheitstrieb, der in Dir erwacht und gewachsen war. Nichts andres."
> „... Du bist mir ein guter Arzt gewesen. Das rechte Mittel, das hast Du nicht nur *gefunden,* – Du hast auch gewagt, es zu *gebrauchen,* – das *einzige,* das mir helfen konnte."
> „Ja, – in der äußersten Not und Gefahr wagen wir Ärzte so viel" (S. 106).[90]

Freilich steht in diesem Drama dahin, was sie dieser inneren Freiheit beraubt, was ihr die Lebenskraft und Lebensfreude erstickt hat, und damit, was zur Zwangsbindung und zur Zerrissenheit geführt hat. Die Antwort wird aus dem Rest des Lebenswerks Ibsens klar: es ist der Druck des Gewissens und der Aufstand gegen diesen unerbittlichen inneren Richter.

In anderen Worten: der äußere, namentlich der sexuelle Masochismus ist innig verbunden mit dem moralischen Masochismus. In der Phänomenologie des Dramas läßt sich die manifeste Hörigkeit, die bewußte masochistische Bindung an eine spezifische

---

88 „Jeg ser det vel, Ellida! Skritt for skritt glir du fra meg. Kravet på det grenseløse og endeløse, – og på det uoppnåelige, – det vil drive ditt sinn helt inn i nattemørket til slutt."
„Å ja, ja, – jeg føler det – som sorte lydløse vinger over meg!" (S. 380).

89 „Å, forstår du ikke at forvandlingen kom, – at forvandlingen *måtte* komme – da jeg fikk velge i frihet."
„Og det ukjente, – det drager deg ikke lenger?"
„Hverken drager eller skremmer. Jeg har kunnet få se inn i det, – få gå inn til det, – ifall jeg bare selv hadde villet. Jeg har kunnet velge det nu. Derfor kunne jeg også forsage det" (S. 381).

90 „Du tenker og fornemmer i bilder – og i synbare forestillinger. Din lengsel og higen efter havet, – din dragning imot ham, – imot den fremmede mann, – det har vært uttrycket for et våknende og voksende frihetskrav i deg. Annet ikke."
„... du har vært en god læge for meg. Du *fant,* – og du vovet å *bruke* det rette middel, – det *eneste* som kunne hjelpe meg."
„Ja, – i den ytterste nød og fare vover vi læger så meget" (S. 381).

Person, die „Liebessucht“, auf die Tyrannie des Gewissens zurückführen. Wie sich im weiteren zeigen wird, stimmt die *absolut zentrale Rolle des „moralischen Masochismus“* sowohl für den „äußeren“ wie für den „sexuellen“ Masochismus (der perversen Bindung) mit unserer klinischen Erfahrung überein.

Die Einsicht in diese Konflikte, die unvermeidlich das Gewissen in seinen gegensätzlichen Konfigurationen, in seinen Wertgegensätzen, in seinem Scham-Schuld-Dilemma und in seinen widerstreitenden Loyalitäten miteinbeziehen, bringt die tiefe innere Wandlung, wie Ellida sagt: „Der er forvandling i dette her.“

4.3 Ibsens „Krieg gegen die Schuld“

„... nicht die Welt um ihn herum habe er darlegen wollen, sondern er habe nur sich selbst seinen Lesern enthüllt“, sagte er, wie Meyer in der Biographie berichtet, 1885 in Kopenhagen anläßlich eines Dinners zu seinen Ehren (S. 556). „Es gibt viel Selbstanatomie in diesem Buch“, hatte er über das Werk *Kaiser und Galiläer* geschrieben (Meyer, S. 380).

Zwar ist die Rolle der Scham sowohl in den Gestalten der Schauspiele Ibsens wie in seinem eigenen inneren Leben sehr bedeutsam. So wird er als „unnatürlich scheu“ beschrieben (Meyer, S. 118). Jatgeir sagt in den „Thronfolgern“ („Kongs-emnerne“): „Meine Seele ist scheu“ (Meyer, S. 210). Der Biograph erwähnt seine tiefe Scham über seine Familie und seinen persönlichen Hintergrund (S. 285), seine sexuelle Scham (S. 381, 421), seine eigene Angst (wie die Hedda Gablers) vor Skandal und Lächerlichkeit, seine Versessenheit auf Medaillen und Orden und seine Furcht vor Armut. Dennoch denke ich, sein Werk als Selbstanalyse läßt sich besser verstehen als ein unablässiger *Kampf gegen die Schuld* – im Kontrast mit Nietzsches ebenso unaufhörlichem *Kampf gegen die Scham.* Ich meine dies nicht als ein Entweder-Oder, sondern als ein Sowohl-Als auch.

Was die Wurzeln solch zwingender (obsessiver) Schuld sein mögen, kann nur eine Sache der Spekulation sein: der Tod seines älteren Bruders zur Zeit seiner eigenen Geburt und die Verkrüppelung eines anderen, jüngeren, die immer wiederkehrende und sich angesichts der Schicksalsschläge vertiefenden Depression der Mutter, das überhaupt tief unglückliche Leben der ganzen Herkunftsfamilie, später die Wunden, die er selbst seiner Frau mit seinem eigenen schwierigen, ja, zwangshaften Charakter zufügte, – und natürlich ganz besonders auch die unselige Geschichte mit der Schwängerung und kaltherzigen Mißachtung seiner ersten Freundin und dem Dasein eines illegitimen Sohnes. Dazu kommt die im ganzen drückende Atmospäre des skandinavischen Lutheranismus. Alle diese finden symbolischen Ausdruck in seinem Werk.

Mir scheint es aber, daß hinter allen anderen aufgezählten und durch dieses Kapitel hindurch eingehend beschriebenen Konflikten und auf dem Grund seines überwältigenden Schuldgefühls die sich tief widersprechenden Gefühle seiner Mutter gegenüber finden lassen – die Sehnsucht nach der jugendlich schönen, zärtlichen, sogar ihn verehrenden, und hoch idealisierten Mutter, – der Haß gegen die schimpfende, schmollende, fordernde und abweisende Mutter und die Fucht vor ihr, – die Spaltung zwischen Åse und Solveig in *Peer Gynt*, die zwischen Brands Mutter und Agnes in *Brand*, zwischen Aline und Hilde in *Baumeister Solness*. Diese Doppelnatur der Bindung an die Mutter schafft eine tief masochistische Gebundenheit und Hörigkeit („Trelldom“), in der das Subjekt (sowohl Ibsen selbst wie auch manche seiner Hauptgestalten) nur in der Katastrophe auf Liebe und Annahme hoffen kann, im tragischen Ausgang fast all seiner Werke – dem *masochistischen Triumph*.

Was ich im 3. Kapitel über die 2 Grundgleichungen gesagt habe, gilt denn auch in besonderem Ausmaß für Ibsen: Wir finden die intensive, ja extreme Betonung des „Selbstseins“ (*„vær deg selv“*), – im scharfen Gegensatz zum Gewicht des von außen Auferlegten; z. B. in *Brand*: „Ganz man selbst zu sein? Doch das Gewicht des eignen Erbes und der Schuld von der Familie?“[91]

Ich vermute, daß diese tiefe, starke Verbindung von Selbstsein und Schuld, diese immer wieder beteuerte, trotzige Verteidigung der eigenen Identität gegen den Hintergrund der früher geschilderten Grundgleichungen gesehen werden muß: *Trennung bedeutet Tötung,* während *Abhängigkeit Selbstverrat gleichgesetzt wird.* Die von Ibsen bevorzugte Lösung dieses Dilemmas ist die *grollend-aufrührerische Abwendung von der symbiotisch-masochistischen Bindung an die Mutter,* – in dem, was in *Solness „vikingtross* – Vikingertrotz“ genannt wird (S. 475). In *Brand* sagt der Protagonist seiner Mutter: „Jeg har fra gutt av vist deg tross – von Klein auf habe ich dir Trotz gezeigt“ (S. 48). Doch hängt damit stets drohend der *Schatten von Schuld und Depression* über dem inneren Raum, ebenso wie der Habicht *(„høken“)* über den Felsen in *Brand.* Dieser Schatten wird im Schauspiel von der wahnsinnigen Gerd erschossen; in seinem Leben hat ihn Ibsen mit der Hilfe von Alkohol zu verscheuchen versucht und in seinem Werk schöpferisch und gewaltig umgestaltet und gemeistert.

Was bedeutet aber die Zentralität des Kampfes gegen Lug und Trug, die ständige Beschäftigung mit dem, was Rangell „den Kompromiß der Integrität“ nennen würde? Ich glaube, die diesem Kampf zugrundeliegende Dynamik läßt sich auf die grauenerregende Gefahr zurückverfolgen: sich der eigenen wie der *Seelenblindheit* der anderen zu unterwerfen, der Forderung, sich dehumanisieren und verdinglichen zu lassen, des eigenen „wahren Selbst“ beraubt zu werden, und die damit verbundene unerträgliche Scham, die wir bei Agnes angedeutet, bei Reinhold deutlich angetroffen haben, und in den beiden Fällen von Thomas und Albert ganz im Mittelpunkt stehen wird.

Ibsens Streben nach Einsicht in inneren Konflikt und nach Befreiung von erdrückender Schuld und lähmender Scham ist die Macht, welche die in seinem Lebenswerk durchgeführte Selbstanalyse vorantreibt. Diese *heroische Transzendenz von Konflikt* ist für uns so paradigmatisch wie Freuds *Traumdeutung* und wie Nietzsches Selbstenthüllung durch den Aphorismus (der später ein eigenes Kapitel gewidmet werden wird). Deshalb stellte ich an den Anfang dieses Kapitels das Zitat von John Gabriel Borkman, und ich ende damit: „Das Auge ist's, was die Taten wandelt. Das neugeborene Auge wandelt die alte Tat – Det er øyet som forvandler handlingen. Det gjenfødte øye forvandler den gamle handling“ (*John Gabriel Borkman*, S. 451, bzw. S. 550).

---

91 „Være helt seg selv? Men vekten/ av ens arv og gjeld fra slekten?“ (S. 45).

5 „Wächterin der Träume – Tochter des Verhängnisses"

„... und ihm war, als wandelte er auf durchsichtigem Grunde, der aus unendlich vielen, ins Unergründliche hinabführenden Kristallschichten bestand, durchhellt von Lampen, die zwischen ihnen brannten"
(Mann, *Joseph und seine Brüder*, S. 188)

5.1 Der „äußere" Masochismus als Reexternalisierung des „moralischen" Masochismus und die „dreifache Schichtung"

In Kap. 3 schilderte ich ein recht typisches Beispiel für das, was ich als „äußeren" Masochismus bezeichnet habe: die zwanghaft erfolgende Wandlung der bedeutendsten mitmenschlichen Beziehungen, namentlich der Intimbeziehungen, zu solche von Quäler und Opfer, wobei in offenkundiger Weise der Patient zwar gewöhnlich das Opfer ist, doch in subtilerer Form sich in den Angreifer wandelt. Vom dynamischen Standpunkt war das hingegen nicht das Entscheidende, sondern: wie sekundär diese sichtbaren „Objektbeziehungen" erscheinen. Was nämlich für die psychoanalytische Arbeit nicht nur wichtig, sondern in einem tieferen Sinn *verändernd* wirkt, ist die immer wiederholte Beobachtung, daß die heutigen zwischenmenschlichen Konflikte, sei es im Verhältnis zur Geliebten oder zu den Vorgesetzten oder zu den Eltern und Stiefeltern, sei es im Übertragungsverhältnis mit mir der *Wiederveräußerlichung (Reexternalisierung) eines inneren Konfliktes* zuzuschreiben ist: die Beziehung zum äußeren Quäler widerspiegelt getreulich die zum „inneren Dämon", dem verurteilenden, höhnischen inneren Strafgeist – in technischen Begriffen dem archaischen, sadistischen Über-Ich. Woher diese Strafwut stammt, diese Verurteilungssucht, diese Notwendigkeit der Selbstbestrafung, ist dann freilich nicht so ohne weiteres ersichtlich, außer daß sie irgendetwas mit der Schwere der erlittenen Traumatisierung und der dadurch mobilisierten Aggression zu tun hat. Theoretisch gilt damit natürlich, daß sich auch diese inneren Konflikte ursprünglich wieder auf äußere reduzieren lassen – ursprünglich. Doch die Zentralität der aus diesen Traumata stammenden *inneren Konflikte* ist einfach unumgehbar, unausweichlich, für die analytische Bearbeitung in jedem Augenblick der Analyse unerläßlich. Einfach gesagt: *Der äußere Masochimus läßt sich auf den „inneren oder moralischen Masochismus" zurückführen,* muß als dieser durchgearbeitet und allmählich aufgelöst werden. Die Über-Ich-Pathologie kommt logisch *vor* der „Objektbeziehungspathologie" (precedes it) in der aktuellen Arbeit, und die Reduktion dieser Über-Ich-Pathologie auf die ursprüngliche Störung in der Beziehung zur Umwelt ist hochkompliziert, nur in massiver Refraktion durch inneren Konflikt zu rekonstruieren. Wir finden damit wiederum und auch in dieser sehr breiten Hinsicht das, was Fenichel so treffend (wenngleich in notwendiger Übervereinfachung) als die *„dreifache Schichtung"* beschrieben hat.

Im Anschluß an diese wichtige Erkenntnis wandten wir uns der von Reinhold wiederholt in den Mittelpunkt gerückten Konfliktproblematik bei Ibsen zu. Auch dort sind es gerade die klinisch so bedeutsamen intrasystemischen Über-Ich-Konflikte, die in großartiger Weise in die dargestellte Dramatik der Innenwelt miteinbezogen werden.

Ich möchte nun im Detail einen weiteren Fall, der wegen des durch solch äußeren Masochismus „verursachten“ Leidens in Behandlung gekommen ist, darstellen.

5.2 *„Die Fassade des Unberührtseins“ und der „weibliche“ Masochismus*

Layla, eine zu Beginn der Therapie von ihrem Mann getrennt lebende Laborantin in der Mitte der 30er Jahre, kommt zur Behandlung, da sie sich seit Jahren in einem unlösbaren und für sie quälenden und erniedrigenden Dreiecksverhältnis zwischen ihrem Mann und einem Geliebten befinde. Zudem leide sie unter „Panikattacken“ und mannigfachen phobischen Ängsten, z. B. im Auto mit ihrem Mann zu fahren oder den Lift zu benutzen. Auch ihre allgemeine Lebensangst habe sie davor zurückgehalten, je ein Studium erfolgreich abzuschließen und sich ihren Fähigkeiten entsprechend auszubilden. Ihre jetzige Arbeit schätze sie, aber sie befriedige sie nicht.

Sie stammt aus dem Nahen Osten, von einer von großen Spannungen zerrissenen Familie und aus einem Land voll Unruhe, Revolution und Bürgerkrieg. Ihr Vater ist ein hochbegabter, vielseitig interessierter Geschäftsmann und Erfinder, der jedoch das ererbte Geschäft zugrunde gerichtet und den erheblichen Familienbesitz vertan hatte. Während der Jugend von Layla, der 2. von 5 Geschwistern, lebte die Familie daher ständig unter schweren Schulden und am Rand der Katastrophe.

Der Vater hatte aber gleichzeitig manche außerehelichen Affären, in die er seine Tochter schon in ihrer Kindheit und noch mehr in ihrer Pubertät als seine Vertraute und Zwischenträgerin einweihte. Es gab üble Kämpfe zwischen den Eltern, und Layla sah sich zerrissen zwischen den Loyalitäten gegenüber einer getäuschten, entwürdigten und verachteten Mutter und gegenüber dem Vater, der sie, das junge Mädchen, als seine Seelenkameradin behandelte und sich recht verführerisch ihr gegenüber verhielt. So zog er sie zu sich aufs Bett und fing an, sie zu küssen, wobei er sie fragte: „Was tätest du, wenn ich dich sexuell streichelte?“ „Dabei schien ein Licht in seinen Augen. Hätte er es getan, hätte ich mich ihm hingegeben. Ich war vielleicht 13, vielleicht weniger. Und ich wußte, daß es unrecht war, und doch wünschte ich es.“ (379) Dann wieder habe er ihr gegenüber seine Leidenschaft beteuert, die wirklich einer seiner Freundinnen galt. Er erzählte ihr, wie er für ein Päcklein Zigaretten ein Dienstmädchen verführt habe. „So soll man nicht mit einem Menschen umgehen“, bemerkt Layla. Sie fühlte sich von ihm gebraucht. „Mit 14 Jahren machte er mich zur Wächterin seiner Mätresse, als er nach Übersee ging: ‚Behalte ein Auge auf sie für mich, lese mit ihr ein gutes Buch, geh mit ihr ins Kino!‘ “ (313).

Sich selbst zwang er dazu, bis tief in die Nacht nicht schlafen zu gehen, – wie er der Tochter bekannte, – um so den sexuellen Ansprüchen seiner Frau aus dem Weg zu gehen. Die ganze Atmosphäre um den Vater war sexualisiert, während Mutter und Großmutter sehr prüde waren.

Layla spürt, daß sie entsprechend der Familienatmosphäre wohl selbst schon von früh an *das Geschlechtliche als Schutz gegen Einsamkeit und Schmerz* benutzt habe. Dabei bewunderte und verehrte sie trotz aller Verwundungen und Demütigungen den Vater zutiefst und hatte für ihre Mutter, die sie als nörglerisch und immer wegen der Geldnöte keifend ansah, nur Verachtung.

Es gab andere Anzeichen inzestuöser Beziehungen: So teilten Vater und Großvater die gleiche Mätresse; eine andere Geliebte des Vaters war die tief geliebte, auch jetzt noch mit Anhänglichkeit bedachte Gouvernante des Mädchens (Layla liebte diese mehr als ihre Mutter). Und dann gab es die noch frühere Geschichte, wonach der Vater angeschuldigt wurde, er habe ein Kindermädchen geschwängert, während es wahrscheinlicher gewesen sei, daß dies der Großvater auf dem Gewissen gehabt habe (180).

Es liege ein *Fluch* auf der Familie: Sie erinnert sich, wie einst ihre Tante, ihres Vaters Schwester, mit Laylas Großvater einen bösen Streit über ihr Liebesverhältnis mit einem jungen Mann gehabt habe, worauf der Großvater auf und davon gefahren und tödlich verunglückt sei. Die Tante habe das nie verwunden (468) und bezichtigte sich der Schuld an seinem Tod. Sie wurde zur Alkoholikerin. Sie heiratete einen Engländer, der sie nicht glücklich machte und immer herabsetzte; er sei ein gewalttätiger Trinker gewesen, der seine Frau vor den Kindern vergewaltigte. Und als ob der Fluch weiterwirkte: ihre Tochter starb an einem Hirntumor (90).

Die Patientin hatte bereits in ihrer Kindheit schwere Angstanfälle, besonders klaustrophober Art, fürchtete sich aber auch vor Insekten und Fischen, näßte das Bett bis in die spätere Kindheit und hatte gelegentlich auch in der Schule „Zwischenfälle“, die zu furchtbaren Beschämungen geführt haben; so sei ihr zuhause die nasse Unterwäsche über das Gesicht gestülpt worden. Überhaupt sei das Gefühl der Scham sehr intensiv und dauernd gewesen. Auch habe sie in ständiger Sorge und Angst vor einer Familien- oder allgemeinen Katastrophe gelebt, sehr unter der Ungerechtigkeit der Welt gelitten und alle Lügen und Hypokrisie verabscheut, in sich wie bei anderen.

Schon in der ersten Stunde, und immer wieder durch die Assoziationen braucht sie die Metapher, sie sei *amputiert,* ihr Leben, ihre Selbstachtung seien amputiert, ihre Ängste haben sie amputiert. Sie sei nie ein glückliches, freudvolles Kind gewesen, sondern ängstlich, scheu, empfindlich, schmerzbewußt und traurig.

In den Schulen war sie den anderen gewöhnlich weit voraus und hervorragend, studierte sowohl die Naturwissenschaften wie die Literatur, und war in drei Kulturen zuhause: der arabischen, französischen und englischen. Doch ist es seltsam, daß sie kein Studium abzuschließen vermochte und am Ende nur eine recht untergeordnete Stellung als Technikerin in einem biologischen Laboratorium einnehmen konnte. Obwohl ausgezeichnet in ihrer Arbeit, ist es offensichtlich, daß sie weit unter ihrem Niveau beschäftigt ist, ohne indes die Qualifikationen für eine höhere Form der Anstellung zu besitzen.

Sie hatte vor ihrer Heirat, im Alter von etwas über 20 Jahren, mehrere Verhältnisse, wobei die erste dieser Beziehungen im plötzlichen Tod des Freundes endete, entweder infolge Drogen oder durch Selbstmord. Vom Anfang an stand ihre Ehe unter dem

Schatten ihrer eigenen Hemmungen gegenüber dem Mann und seiner vielen Liaisons mit andern Frauen. Manche Jahre lang mußte sie jedoch Samir, den Ehemann, durch ihre Arbeit in seinem Studium und seiner Karriere unterstützen und ihm ihre eigenen Interessen unterordnen. Obwohl sie ihn anscheinend liebte, hegte sie von Anfang an eine tiefe Reservation gegenüber der Ehe und sah sich außerstande, mit ihm Kinder zu haben. Dabei war seine Untreue, die sie schweigend und mit tolerantem Lächeln duldete, keineswegs die einzige Ursache der Eheprobleme, sondern umgekehrt schon deren Ausdruck.

Als es in ihrer Heimat zum Bürgerkrieg kam, stellten sie und ihr Gatte sich auf die Seite der Gegenpartei von der ihrer Herkunftsfamilien, verblieben dort unter schwerer Gefahr und Aufopferung und halfen in Krankenhäusern, die Not der Verwundeten zu lindern, bis sie endlich flüchten mußten. Die ganze Familie lebt nun, in viele Länder zerstreut, eine Randexistenz.

Etwa 4 Jahre vor Aufnahme der Behandlung verliebte sie sich in einen hiesigen Arbeitskollegen, Seamus, und fand sich bald in eine schwer masochistische Bindung ihm gegenüber verstrickt. Obwohl es ihr völlig klar war, wie viel er trank, wie emotionell versagend und kalt, ja grausam und unehrlich, vielleicht sogar in Kriminalität verwickelt er war, also alle die Untugenden, die sie sonst haßt, in sich vereinigte, verließ sie ihren Mann für den Freund und versuchte ehrlich, aus dem Liebesverhältnis eine dauerhafte Bindung zu schaffen. Als ihr das nach mehreren Anläufen mißlang, suchte sie den Fehler fast ausschließlich bei sich selbst, fühlte sich aber zugleich ratlos über ihre scheinbar unverbrüchliche Abhängigkeit von ihm und suchte deshalb Hilfe in der Psychotherapie, zunächst auf nichtintensiver Basis: 2mal wöchentlich.

Es gelang ihr zwar, die Verleugnung seiner Mängel und Charakterstörungen einzusehen und zu überwinden, aber die *masochistische Hörigkeit* ihm gegenüber wankte nicht. Es seien Faszination und Furcht, ganz ähnlich wie bei ihrem Vater, der auch eine Art Doppelleben geführt habe. Überhaupt habe er manches mit „Kalid the creep“, wie sie ihren Vater nannte, gemeinsam. Sie verglich sich mit der „Seejungfrau“ in Andersens Märchen: von schmerzhaft-blutender Treue und Hingabefähigkeit. Dachte sie hingegen an eine Rückkehr zu ihrem Ehemann, so sehr er sie auch dazu anflehte und ihr die Treue versprach, wurde sie von Angst überwältigt und schrak zurück.

Nach 6 Monaten entschlossen wir uns daher, die Therapie in Analyse, 4mal wöchentlich, umzuwandeln, obwohl das mit großen praktischen Schwierigkeiten verbunden war (und ist): Da sie kein Auto besitzt und überdies unter einer Fahrphobie leidet, ihr Einkommen sehr gering ist, die Krankenversicherung nur sehr bescheidene und zeitbefristete Leistungen erlaubt und ihre prekäre Position als Ausländerin in subordinierter Stellung auf die Dauer keine häufigen Abwesenheiten gestattet, war dies ein unerreichbares Desiderat, blieb die Analyse ein Torso: mit häufigen Unterbrechungen, mit langen Perioden, wo wir uns mit weniger als 4 Stunden pro Woche begnügen mußten. Das hat unweigerlich den Erfolg der Arbeit sehr kompromittiert.

*

Zuerst fürchtete sie sich, sich überhaupt auf die Couch zu legen, aus Angst, sie verliere die Kontrolle, sie stelle sich bloß, und am meisten: „Ich fürchte mich davor, abhängig zu werden.“ Dazu: „Wie ist es moralisch berechtigt, in die Seele anderer einzudringen? Es ist ein Angriff.“ Das ist schon selbst ein Kernstück der generalisierten *masochistischen Übertragung:* die Angst vor dem *Penetriertwerden* und der Wunsch für eine solche Penetration, die *lustvoll-beängstigende Rezeptivität* (*der „weibliche“ oder „feminine Masochismus“*, wie ihn Freud bezeichnete).

Erst 3 Monate nach Beginn der Analyse (in der 91. Stunde) legte sie sich hin, hielt zuerst aber immer noch einen Fuß auf dem Boden: „Ich habe ein tiefes Bedürfnis, abhängig zu bleiben, und zugleich den Wunsch zu fliehen.“

Im Laufe der Behandlung, die nun über 4 Jahre und etwa 470 Stunden gedauert hat, war sie allmählich fähig, ihre suchtartige Abhängigkeit von ihrem Geliebten aufzulösen und ihn zu verlassen. Dieser Schritt wurde in dramatischer Weise erleichtert, als er sie schwängerte, sie aber dann weder dabei noch hernach bei der Schwangerschaftsunterbrechung unterstützte (er begleitete sie nicht einmal zum Eingriff). Auch infizierte er sie mit dem Papillomavirus, indem er ihr seine Erkrankung verheimlichte. So erleichterte seine grausam-harte Einstellung ihr die Aufgabe, den Vorhang der *Verleugnung* zu erkennen, den sie nicht nur um ihn herum, sondern um manches andere Schmerzliche in ihrem Leben gehüllt hatte. Dieser Vorhang wurde auch dramatisch sichtbar in der Weise, wie sie ihre *Trauer nach dem Verlust des Kindes unter Intellektualisierungen und ästhetischen Formulierungen verbarg* (81). „Das ideale Selbst ist das, das seine Emotionen kontrolliert und der Welt ein harmonisches Gesicht zeigt. *Nicht zu lieben und nicht zu trauern* ist doppelter Schutz – *die Fassade des Unberührtseins.*“ Diese Fassade suchte sie in dem emotionell kalten Geliebten: *unrührbar, undurchdringlich, unverletzlich* zu sein, – das ist das *Ideal,* das sie in dem Geliebten sieht und mit dem sie *eins werden will* (82). Was ist die große Gefahr, die durch dieses „Begehren und Suchen“ („la quémandeuse“, sagt sie) nach dem *Idealselbst im anderen* abgewehrt werden soll? Sie betont den Verlust, also die *Trauer,* und sie kommt immer wieder auf die Herabsetzung, das Gebrauchtwerden, die Entwürdigung, also die *Scham* zurück und die Angst vor beiden.

Aber tiefer ist es auch eine große Angst, *sich selbst zu verlieren,* „die *Panik, mein Bewußtsein zu verlieren,* daß *gewisse Gefühle mich überwältigen könnten,* daß ich die Kontrolle über mich selbst verliere.“ Als Kind fürchtete sie sich einzuschlafen, und sie will keine Anästhesie bei Eingriffen (118). Auch das ist eine viel allgemeinere Form des Penetriertwerdens.

Hinter mannigfachen phallischen Interessen, die sich in vielen Träumen ausdrückt, finden wir, nicht überraschend, die gefährliche Übererregtheit, *Überstimulierung,* – einer Kindheit und Adoleszenz, die sich in einer Familie abspielte, wo keine Grenzen zwischen den Generationen noch die Würde der Weiblichkeit respektiert wurden und wo sie sich selbst ganz von Wünschen und Ängsten (den eigenen wie denen der anderen) überschwemmt fühlte. Dieses *Verschwimmen der Grenzen* stellt sich denn auch symbolisch in hysterischen Wahrnehmungs- und kognitiven Störungen dar: Links-rechts-Vertauschung, Rechenfehler, Unschärfe der Syntax. In Träumen treten immer wieder bedrohliche Sturmfluten, die rasende See oder aber beißende Tiere, Ratten und Schlangen auf.

Das *archaische Ideal der Undurchdringlichkeit, Unverletzlichkeit und Stärke,* das sie in dem sie mißhandelnden Mann suchte, entstand demnach nicht allein auf Grund ihres Schutzbedürfnisses gegen die Trauer und Bloßstellung, sondern eben ganz besonders als Schutzwehr in Phantasie gegen die *beängstigende Überstimulierung einer traumatischen Kindheit,* eine Überstimulierung, die sowohl in ungezähmter Aggression wie in sexueller Erregung bestand und sie in *tiefe Hilflosigkeit und „Lebenspanik – panique de vivre"* versetzte. *Je größer die Angst, um so stärker ist das Bedürfnis nach Idealisierung und Allmacht* (121). Die Frage ist bis jetzt unbeantwortet, ob sie auch körperlich sexuell mißbraucht worden sei, vom Vater und ganz besonders vom älteren Bruder.

5.3 „Spaltung" und „doppeltes Dasein"

Wie es für die masochistische Charakterpathologie typisch ist, besteht eine wichtige Wurzel der Stärke von „Verhängnis und Fluch *(doom and curse, harâm)*", in ihrer weitgehend unbewußten *Illusion der Allmacht:* daß sie am Unglück ihrer Familie schuld sei, namentlich an der unglücklichen Ehe ihrer Eltern. Entsprechend ist sie ständig in Hilfe- und Rettungsmissionen gegenüber Fremden und Verwandten verwickelt, ist die „rescue manager" (91). Sie rettet sich dadurch selbst vor den Erniedrigungen (66).

Doch ist diese *Allmachtsphantasie* viel weiterreichend: sie will die *gegensätzlichen Wirklichkeiten* beide wahrhaben: sie will sowohl die Geliebte des Vaters sein wie das gute kleine Mädchen der Mutter, die Grenzen überschreiten und das Verbotene tun, doch die Billigung und die Liebe des Betrogenen nicht verlieren, – aber auch: *Rettung und Rache, Liebe und Haß, Verehrung und Entwertung.* Diese *doppelte Wirklichkeit,* eben das Kennzeichen der *Spaltung zwischen Anerkennung und Verleugnung,* drückt sich auch, wie kurz erwähnt, in subtilen kognitiven Problemen aus: daß sie links und rechts nur mit Mühe zu unterscheiden vermag, daß Zählen und Zeit für sie unbestimmt, verschwommen, bleiben. Was auch bei dieser sehr artikulierten Frau besonders auffällt: sie läßt eigentlich fast alle Sätze hängen, beendigt sie nicht, sondern bricht sie mittendrin ab, fängt von neuem an, korrigiert, was sie eben gesagt hat, es sei das auch nicht ganz, verneint eigentlich fast alles, was sie eben ausgesprochen, ohne daß diese Verneinung ihrerseits stehen bliebe. Am Schluß scheint dann die Kombination der widersprochenen Fragmente die Wahrheit zu bieten: „Ich habe ein *tiefes Bedürfnis, die Wirklichkeit zu revidieren"* (129, 131).

5.4 Doppelte Loyalität

Beiden Eltern und beiden Großmüttern gegenüber fühlte sie *Loyalität,* was sie in einen unheilbaren Zwiespalt und *unausweichliche Schuldhaftigkeit* stürzen mußte: „Ich klammerte mich an beide an und versuchte eine Versöhnung zu erzwingen, und beider Freundin zu bleiben. Dasselbe wiederholt sich jetzt im Loyalitätskonflikt gegenüber Samir und Seamus" (87).

Durch die Analyse tauchen immer wieder beinahe groteske Geschehnisse auf: „In meiner Adoleszenz war ich mit einem Jungen eng befreundet. Seine Mutter war hübsch, geschieden. Wir alle hatten Dinner in einem Restaurant. Mein Vater saß ihr gegenüber. Unter dem Tisch streichelte er sie mit seinem Fuß, arbeitete seinen Weg empor, bis zu ihren Pubes (crotch). Das ist die Geschichte, mit der er mich danach traktierte. Ich fühlte lustvolle Erregung, Eifersucht, Wut dabei. Es war die Demütigung darin, der Verrat meiner Mutter und von mir. Er übervorteilte (took advantage of) meine Mutter in sexueller Weise. Ich mußte alle meine Gefühle unterdrücken. Ich konnte es mir nicht leisten, mich zu empören, ich konnte es mir nicht erlauben, ihm zu sagen, daß es nicht recht und nicht fair war. Und dabei war ich selbst in ihren Sohn verliebt, wie jetzt in Seamus. Auch er glich meinem Vater in seiner Jugend“ (327).

Sie hat einen Angsttraum, ihre Poinsettas haben alle ihre Farbe verloren: Zur Strafe sei sie beschädigt und unfähig, doch noch ein Kind zu haben (88), oder eher: daß ihr dies fortan verwehrt sei, – wiederum die Wiederholung einer frühen Überzeugung:

> Als Mädchen bin ich beschädigt, wohl wegen meines Masturbierens, und ich muß mich nun für die Mangelhaftigkeit schämen; und für meinen Kinderwunsch dem Vater gegenüber, der zugleich die Beseitigung meiner Mutter bedeutet, werde ich dadurch bestraft, daß ich kinderlos bleiben und, in der Liebe unerfüllt, dauernd leiden muß (88).

Ein zusätzlicher und wichtiger Loyalitätskonflikt war der zwischen der Mutter und der geliebten Gouvernante, die aber zugleich auch die geheime Geliebte des Vaters war. „Es war so demütigend, eine Frau zu sein“ (186).

Von früher Kindheit an war die Familie von ständiger Existenzangst, einer „Lebenspanik – *panique de vivre*“, und damit mit ständigem Zank und Schreien zwischen den Eltern erfüllt:

> Stunde um Stunde hörte ich ihr Streiten, und ich fühlte mich so ängstlich und unsicher über die Zukunft des Lebens. Ich spürte, daß wir Kinder für unseren Vater eine Last bedeuteten. Ich wünschte, ich wäre ihm aus dem Weg, und doch wollte ich leben. Ich konnte nicht meine eigene Existenz annehmen: wäre ich nicht mehr dort, wäre er frei, seine Träume zu verfolgen. Auch das war eine *Rettungsmission: mein eigenes Leben für das seine hinzugeben, mich ihm zu opfern.* Und dasselbe spürte ich wieder bei meinem Geliebten. Auch bei ihm, in meinen Gefühlen für ihn, spielt die Rettungsmission eine große Rolle (115).

5.5 *Die doppelte Identifizierung*

Sie identifiziert sich mit der Überlegenheit des Vaters und teilt seine Verachtung gegenüber der Mutter, fühlt sich aber zugleich bedroht als Mädchen, gedemütigt und entwürdigt von ihm: „Die Verehrung (adoration) für den Vater war so tief vermischt mit Ressentiment und Schmerz“ (83). Ihr Zwang, den Ehemann zu zerstören, indem sie ihn mit dem unerreichbaren Idealhelden vergleicht, und ihre Schuldgefühle dafür, bedeuten die Wiederholung dieses tiefen, unbewußt machtvollen Familienmusters (171).

Weil sie die Mutter mit ihrer lauten Stimme und Zudringlichkeit verabscheut habe und sie beseitigen wollte, und weil sie ja zudem stets des Vaters Komplizin gewesen war, mußte sie nun dafür büßen, indem ihr Freund und Geliebter sich ihr gegenüber ähnlich verhielt, wie ihr Vater gegenüber der Mutter.

Neben der gespaltenen Loyalität bestand somit eine *doppelte Identität:* Einerseits fühlte sie sich als „Prinzessin“, „Liebling“, ja Retterin des Vaters; sie idealisierte und unterstützte ihn. Gleichzeitig war sie die machtvolle, phallische, rachsüchtige Frau, die Zerstörerin der Männer, die nur darauf aus sind, die Frauen zu demütigen. Als Racheengel war sie dazu verurteilt, in der Liebe und im Geschlechtsleben, bestraft für ihren Zorn, unglücklich zu bleiben und den Fluch, unter dem ihre Familie zu stehen scheint, weiterzutragen. Sie sei eine *„bint al harâm – Tochter des Verhängnisses* (Fluches)“ (75), sagt sie, nachdem sie von dem Geliebten bei und nach der Abtreibung verlassen wurde.

5.6 *„Warum ist Liebe Schmerz?“*

„Ich fürchte mich vor mir selbst. *Was ist es an mir, das mich zum Opfer macht?* Wenn ich das überwinde, kann er mich nicht mehr berühren. Es ist ein Zwang, wie eine Sucht.“ Warum ist ihre *Leidenschaft so an Erniedrigung geknüpft?* Das ist die Rätselfrage des Masochismus: *„Warum ist Liebe Schmerz?“* Es besteht eine wilde Sehnsucht nach etwas Absolutem. Und dieses romantische Verlangen ist verbunden mit dem „Rettungswunsch“ (76). Was ist die verborgene Fracht, die unter der Flagge der Liebe segelt?

> Dies ist ein Begriff, den mir mein Vater eingedrillt hat: daß Schmerz etwas sei, das man begehre, daß alle große Liebe unglücklich sei, und was sei das Leben ohne Mühsal? (81)

Erst viel später berichtet sie, wie sie offen und regelmäßig in ihrer Präpubertät, von 9–12, sadomasochistischen Sexualphantasien gehuldigt habe:

> Szenen, wo *Geschlechtsorgane, – Brüste und Penisse – zerschnitten und in Kesseln gekocht* wurden; es waren nordische Hexenszenen, *castration en masse,* häßlich, mit Folterungen. Andere Phantasien betrafen die ‚visites médicales‘ in der Schule: daß ich vom Arzt und den Schwestern sexuell angegriffen würde, ihre Hand in meiner Vagina. Ich würde Widerstand leisten. Doch später, mit 15, als ich mehr unterrichtet wurde, war ich erstaunt, daß ich selbst durch meine Kindheit nicht masturbiert hatte. Das waren alles intellektuelle Phantasien gewesen ... Jetzt sehe ich aber den Zusammenhang zu meinen sadomasochistischen Erfahrungen: *alles konzentriert sich auf Penetration und Quälen* ... Jene Bilder waren sexuell erregend, als ob es meine Rache am Bruder und an meiner Mutter gewesen wäre ... Doch schon früher dachte ich, daß arme Nachbarn, vor denen wir gewarnt worden waren, uns kidnappen und kochen würden (235, 236).

5.7 *Die „hysterische Spaltung" – das verdoppelte Liebesleben*

Die Ambivalenz gegenüber beiden Eltern ist sehr tief, und sie bewältigt sie mit der *charakteristischen hysterischen Spaltung* von *Idealisierung und Entwertung:* Enttäuschung, Haß, Verachtung richten sich auf den einen Partner, hier auf ihren Mann, und damit geht die verbotene Beziehung, v.a. die abgelehnte Sexualität, einher. Verehrung, Stolz und Beseitigung der eigenen Unwürdigkeit in der Vereinigung, Abhängigkeitswünsche wenden sich dem zweiten zu, dem Geliebten (97). Dem ersten gegenüber ist sie phallisch-eindringend, „männlich", aggressiv, sogar *sadistisch;* dem anderen gegenüber ist sie gefügig und unterwürfig, empfindet sein Eindringen in sie und ihre passive Einstellung mit Lust, „weiblich", *masochistisch.*

In der Beziehung mit den beiden Männern läßt sie den einen schuldig und beschämt, gleichsam „mit heruntergelassenen Hosen", dastehen, während sie den anderen zum äußeren Richter erhebt, der sie erniedrigt und drangsaliert, also das Urteil ihres eigenen inneren Richters, ihres Gewissens, ausführt (184). *Den Freund fürchtet sie, den Gatten verachtet sie* (62).[1]

Doch wiederum die Doppelheit: neben der Identifizierung mit der nährenden Mutter steht ihre Identifizierung mit dem verachtungsvollen Vater: dies spielt sich gegenüber dem Ehemann aus, der nun der von ihr Verachtete ist und auf dem sie herumtrampelt (464).

Samir versucht ihr durch seine sexuellen Abenteuer zu beweisen, daß sie ihn bei allen Erniedrigungen nicht kastriert habe (145). Dies spielt sich gegen seinen eigenen Hintergrund von schweren homosexuellen (Kastrations)ängsten ab, die sich in seiner quälenden Eifersucht paranoider Vehemenz offenbaren. Entsprechend weigert er sich resolut, sich in irgendwelche psychotherapeutische Behandlung zu begeben. Sie wäre Beweis seiner Niederlage, seiner Kastration. *Ihre Rache am Mann* und *seine Verachtung für die Frau* bilden ein hochexplosives, tödliches Gebräu (152); sie fürchtet sich vor dem mörderischen Ausmaß ihrer Wut, wenn er sie wieder betrüge: „Unterstehe dich, mich nochmals zu demütigen! Ich würde dir die Kehle durchschneiden!" Sie habe zuvor nicht gewußt, daß sie diese Gewalttätigkeit in sich trage (155).

Eine ähnliche Spaltung besteht gegenüber der Mutter: Auf der einen Seite steht der machtvolle Wunsch, sich mit ihr zu verschmelzen, ganz von ihr abhängig zu sein, die Geschwister, namentlich die nächst jüngere Schwester zu beseitigen. Zudem bedeutet es aber auch, selber wie die Mutter zur Ernährerin zu werden, die Beschützerin und Retterin der Gefährdeten und Leidenden. Sie sei ein menschlicher Bernhardinerhund (108). Doch ist es auch Teil der Identifizierung mit der Mutter, daß sie sich für alle erlittenen Demütigungen der Weiblichkeit rächen möchte.

Auf der anderen Seite verachtete sie das Fischweib in ihr:

> Mein Vater hatte eine solche Fähigkeit, Menschen zu demütigen und zu verletzen, mit seinem kalten mépris. Meine Mutter litt sehr darunter. Sie sagte mir oft: ‚Warum mußt du mich wie dein Vater immer so schlecht fühlen lassen? Als ob ich ein Nichts wäre!' (148)

---

[1] Also ganz ähnlich dem, was Reinhold über sein Verhältnis zu Cornelia sagte (Kap. 3), oder was Hedda Gabler in den Verhältnissen zu den drei Männern erlebte.

Die Identifizierung mit der Mutter ist entwertet, beschämend, verachtet: „Ich bin wie meine Mutter, für die ich mich schäme" (246). Sie habe ihr sehr Unrecht getan.

Infolge dessen ist es denn auch das Bedürfnis, stark, männlich, erfolgreich und v.a. unabhängig und unberührbar zu sein, das sie wesentlichst bestimmt. Damit geht einher, daß sie bis jetzt nie Kinder haben wollte: „Ich weigerte mich, Kinder zu haben, da ich nicht wie meine Mutter werden wollte." Doch dahinter ist es sogleich der ödipale Konflikt: „Ein Kind zu haben, nähme mich weg von ihm, es sei denn, das Kind stamme von ihm oder von einem Mann, der ihm sehr ähnlich ist" (99).

5.8 *Neid und Ressentiment und die reparative Doppelheit und Allmacht*

Der Widerstand dagegen, sowohl ihren Ehemann zu lieben wie auch ihn zu verlassen, hat offensichtlich sehr viel mit den ungelösten ödipalen Konflikten zu tun, aber auch damit, daß ihr Vater ihren Mann immer mit unverhohlener Verachtung behandelte, selbst heute noch, wo dieser teilweise die flüchtige Familie mitunterstützt. Der Vater nutzt auch ihn aus, wie er das allen gegenüber tue (152). Bestimmt war auch ein gehöriges Stück *Eifersucht auf seiten des Vaters* gegenüber dem Schwiegersohn, der ihm seine Tochter geraubt hat, mit im Spiel (153). Daß Layla Samir heiratete, war für den Vater ein Verrat, und sie schämt sich darüber, daß der Gatte „nicht besser" sei: sie hat sich mit dem Urteil des Vaters identifiziert. Daß auf seiten des Vaters etwas Sexuelles ihr gegenüber mitgespielt haben könnte, fällt ihr besonders schwer zu akzeptieren, oder auch, daß sie sein Urteil über Samir übernommen habe (154).

Von früher Kindheit war es ihr aber auch immer klar gewesen, daß sowohl in der Familie wie in der weiteren Kultur das Mädchen weit weniger wertvoll war als der Junge, daß der Mann unbegrenzte Privilegien besaß und daß man von der Frau erwartete, sie nehme die Last der Unterworfenheit willig auf sich. Doch war es ihr ebenso klar, wie brennend das Ressentiment der unterdrückten Frau in der arabischen Kultur und bei ihr zuhause war:

> *Daß ich kein Mann war und keinen Penis hatte, wurde als Schande erlebt,* als Unvollkommenheit. Durch meine Kindheit weigerte ich mich, mich wie ein Mädchen zu verhalten. *Dieser Mangel und diese Schande würden erst dann behoben,* die Wunden erst dadurch geheilt, wenn ich ein Paar zusammen mit einem Mann bilde, der *das idealisierte Abbild meines Vaters* wäre. Der Verlust des Geliebten bedeutet daher einen derart tiefen Verlust, den eines wichtigen Teiles meiner selbst" (99).

So sei es auch für ihre verachtete Mutter, die ihren Mann für seine Lektüre, seine vielfältigen Interessen und Fähigkeiten beneidete und gegen ihre Kindern für ihn eifersüchtig war, so gewesen, daß erst ihr Sohn den Paß bedeutete, der ihr Zugang und eine gewissen Achtung in der väterlichen Familie gewährte (476).

Auch sie, wie eigentlich alle hier dargestellten Patienten, spricht von dem seit ihrer Kindheit in ihr nagenden Gefühl, sie sei *betrogen* (cheated) worden: das *Ressenti-*

ment oder Ungerechtigkeitsgefühl (s. *Zerbrochene Wirklichkeit,* Kap. 4, und *Flucht vor dem Gewissen,* Kap. 3 und 4).

Doch verschob sie viel Neid und Ressentiment auf ihre beiden Brüder, den ältern und nächst jüngern; den jüngsten, 8 Jahre jüngeren hingegen betrachtete sie als ihr eigenes Kind, das sie zu bemuttern hatte (233). So (d. h. durch diese Verschiebungen) schützte sie den Vater vor ihrer Wut.

Auch hier war die *Seelenblindheit* im Umfeld der Kindheit von großer Bedeutung:

> Ich wurde als kleiner Bub behandelt und gekleidet. Darin bestand für mich eine Mischung von Befriedigung und Enttäuschung. Ich war froh, daß ich als das galt. Aber tiefer in mir war ich gekränkt, daß ich nicht als das hübsche Mädchen angesehen und bemerkt werden konnte. *Ich versagte sowohl als Knabe wie als Mädchen.* Ich wünschte und versuchte, beides zu sein, und beides mißlang mir (I can't be either)“ (208).

Diese Blindheit gegenüber den Rechten und der Individualität der anderen, namentlich der Frauen, haßt sie nicht nur in Kalid, sondern auch in Samir: „cette désinvolture!“ – die Mißachtung (475).

Auch hier stellen wir wieder die *Phantasie, beides, also doppelt zu sein,* und damit die *notwendige Gespaltenheit ihres Selbstbildes* fest. Das bedeutet aber theoretisch: *Doppelheit und Spaltung sind abwehrbegründete Kernphantasien,* die (in diesem Fall) mit dem *Ressentiment und den dieses verursachenden Affekten von Neid und Eifersucht fertigwerden* sollen. Mit anderen Worten: Der *Narzißmus* in Form von Idealisierung, Größenidee (grandiosity) und Anspruchsstellung (entitlement) erscheint hier als *Abwehr durch Phantasie* gegen *traumatische Beschämung, ödipale Verführung und (dadurch verursachte) intensive Neid- und Eifersuchtsproblematik.*

Und auch bei ihr ist das Quälen *sexualisiert:* „Erniedrige mich, aber verlaß mich nicht. Im Schmerz bin ich wenigstens im Kontakt mit ihm“ (234), – die *Schamvariante der Schlagephantasie.*

Es besteht deshalb ein tiefer Wunsch, den Mann zu verhöhnen und zu kastrieren, während gleichzeitig die ebenso wichtige Hoffnung besteht, daß er sich als unverwundbar erweise, stark genug, ihren Angriffen zu widerstehen (145). Was den Geliebten so attraktiv mache, sei gerade sein *Widerstand* (core of resistance) gegen sie. Es besteht eine archaische *Phantasiegleichsetzung: emotionelle Unberührbarkeit und Unverwundbarkeit, Härte und Kälte = Macht = Penis.* Umgekehrt ist das Zeigen von Schmerz, Trauer und damit von Abhängigkeit ein Beweis der *Schwäche (99).*

Ihre *phallozentrische* Orientierung wird von ihr sehr gut dargestellt:

> Der Penis hat einen ungewöhnlichen Wert; er ist *das Instrument der Erniedrigung und der Macht.* Ich besaß ihn nicht, ich hatte den nicht bekommen, sondern ich bin dessen Opfer. So kämpfe ich dagegen, indem ich bestimmte Eigenschaften des Mannes mir einverleibe und deren Träger, deren Besitzer zu zerstören suche (148).

Es kommt daher zur folgenden doppelten Mikrosequenz:

> Ich fühle mich *verwundet und beschämt;* ich suche mich deshalb durch *Kastration des Mannes an ihm zu rächen;* wenn ich damit Erfolg habe, verachte ich ihn und fühle mich *schuldig* dafür. Demgegenüber, wenn sich der Mann nicht kastrieren läßt, sich also als *unverwundbar* erweist, muß ich ihn als mein Ideal behalten; er hilft mir damit, *meine Verwun-*

dung, meinen Schmerz und meine Scham zu verleugnen, und ich muß mich auch *nicht schuldig* für die Rachewünsche, für meinen Neid und mein Ressentiment fühlen (126).

Wie sind aber die beiden Entwicklungen zu versöhnen?
Hier kommt es wieder zur entscheidenden Rolle der *Allmachtsphantasie:*

Ich kann den Mann durch meine *Magie,* durch meine Worte und meinen Körper, *vom einen zum anderen verwandeln,* sowohl meinen Ehemann wie meinen Geliebten: *vom Vater, wie er wirklich war, zum Vater, wie er sein sollte,* vom Schwachen und Kastrierten zum Unverwundbaren, Starken, Idealen, *vom Vater der Verachtung zum Vater der Verehrung.* Und wie ist das möglich? Indem ich leide, indem ich mich demütigen lasse. Daher bleibe ich beiden Männern treu (Quasizitat).

Eigentlich spielt diese Hoffnung auf *magische Transformation* in den Beziehungen mit beiden Männern die zentrale Rolle: sie machte es ihr schwer, sich vom Geliebten zu lösen; sie hat es ihr bis heute verunmöglicht, ihren Ehemann ganz zu verlassen.

Es handelt sich um den Grundkonflikt gegenüber dem Mann (generisch) und seiner Geschlechtlichkeit: *Verehrung und Liebe* im Widerstreit mit einer Unterströmung von *Scham, Neid, Rachsucht und Kastrationswunsch.*

5.9 *Anti-Scham-Magie*

Eine Lösung der beschriebenen Scham- und Neidkonflikte ist die *Antischammagie:* „Ich wollte gar nicht wie meine Mutter sein. Der Mann sollte mich von dieser Unvollkommenheit retten", auf Grund der *magischen Gleichsetzung: mit ihm zu sein = mit ihm eins zu werden = wie er zu werden = er selbst und vollständig zu sein.* Es ist das *Ungeschehenmachen, die Verleugnung der Identifizierung mit der entwerteten Mutter durch die Überbetonung der Identifizierung mit dem idealisierten Vater* (241) und beruht auf der alten Gleichung des mythischen Denkens: *Nähe = Verschmelzung = Identität* (s. Cassirer, passim, und *Zerbrochene Wirklichkeit*). Damit würde sie der Macht und des Phallus des idealisierten Mannes teilhaftig (244).

Mit der Phantasie, daß sie magisch fähig wäre, den ungetreuen und schwachen Mann, Samir, der so sehr zum *Träger der entwerteten Mutteridentifizierung* geworden war, in einen herrlichen, dem *Idealvater ähnlichen* Helden zu verwandeln, der ihr seine Stärke einflößte, kommt auch die Scham darüber, daß sie in dieser Absicht scheitern muß, daß ihre Allmachtsphantasie immer wieder zur Wirklichkeit der Ohnmacht zurückführt (142).

Ich will keine Schwäche zeigen. Wie Nietzsche muß ich alles zerschmettern (crush), was schwach ist, als Kompensation für meine eigene Schwäche (244).

Ich sehe alles in dem Sinne (in terms), ob ich jemandem Macht über mich gebe, und ich gebe niemandem das Recht dazu (267).

Sie fürchtet darum auch von mir Verrat. Samir, der verachtete Ehemann, ist die Vergegenständlichung ihres *Schamselbsts.*

Sie selbst möchte „ganz speziell, einzigartig, die Prinzessin“ sein, und damit auch abgesondert von den anderen, wie ihr Vater „gefeit gegen die Wirklichkeit (impervious to reality)“ (474).

*

Etwa anderthalb Jahre nach dem Bruch mit dem Geliebten, während dessen sie weiterhin auch von ihrem Ehemann getrennt lebt, aber sehr intensiv an den Eheproblemen arbeitet,– etwa $2^1/_2$ Jahre nach Beginn der Behandlung, – entschließt sie sich, mit schweren Bedenken, das Zusammenleben mit ihm wieder aufzunehmen:

> Es ist, als ob ich ein geheimes Versprechen, das ich mir selbst geschworen habe, bräche, daß ich die *Hoffnung auf die magische Liebe* aufgäbe, auf den Kern von mir verzichtete. Ich habe mit dem Schmerz gelebt und mich nach der Erfüllung jenes magischen Bundes (magic covenant) durch den Tod gesehnt. Mit dem Geliebten, mit dem Vater wäre es himmlisch: alle Schuld wäre verziehen, all mein Leiden wäre es wert gewesen. Er hat mich verraten, und doch verrate ich mich selbst, wenn ich diese Hoffnung aufgebe (322, 323).

Durch die Bearbeitung ihrer inneren Probleme fühlt sie sich ihrem Ehemann gegenüber viel aufgeschlossener, toleranter, auch emotionell und sexuell offen (responsive). Zudem würde sie sich nun freuen, selbst ein Kind zu haben.

Doch auch in der Hinsicht lebt sie in einer doppelten Wirklichkeit: Einerseits leidet sie unter Samirs häufigen, schweren, wahnhaft anmutenden Eifersuchtsausbrüchen. Provoziert sie diese, um die Lust im Leiden zu empfinden?

Andererseits gehe es dazwischen eigentlich zumeist nicht schlecht in der Ehe. Sie fühlt sich auch ganz praktisch abhängig von ihm, wegen der prekären rechtlichen Lage, sind doch beide nur provisorisch in den Vereinigten Staaten zugelassen, und auch finanziell ist ihr Zustand sehr karg. Überdies hat sie sich entschlossen, ihre lebenslange Angst und Hemmung zu überwinden und ihrem wirklichen Potential mehr gerecht zu werden: gegenwärtig ist sie dabei, ein neues Studium in „public health“ zu beginnen.

Dabei ist auch interessant zu beobachten, wie ihre Neigung, *alle Grenzen zu überschreiten,* es ihr hier zum Problem macht, eine wissenschaftliche Arbeit in ihrem vorbereitenden Studium zu beendigen: sie will keine Grenzen zwischen Psychologie und Biologie anerkennen und die erstere völlig auf die letztere reduzieren; doch empfindet sie die Unmöglichkeit, diese magische Gleichsetzung zu bewerkstelligen, diese grandiose Forderung zu erfüllen, als ihr eigenes schmerzliches Scheitern. Die Arbeit bleibt ihr stecken; sie selbst ist wie gelähmt (478).

5.10 Die masochistische Perversion und die Spaltung von Selbst und Welt

Ich beschrieb schon eingehend, wie sie Samir schuldig werden läßt und ihn beschämt, und wie sie umgekehrt an den Geliebten dadurch gebunden war (und insgeheim noch immer ist), daß er *sie* schuldig werden ließ und beschämte. Doch das *primäre Prob-*

lem ist ihr eigener, innerer Ankläger und Verächter. Er ist der Familienfluch (184). Auch hier ist also die Hauptgefahr innerlich, nicht äußerlich. Die ständige *Wiederholung in Form des äußeren Masochismus* ist, wie bei Reinhold, *eine Reexternalisierung der Über-Ich-Thematik.*

Ich gebe nun hier 2 Ausschnitte, in denen es besonders um die *Verknüpfung von sexueller Lust mit der Aufhebung des Schuldgefühls, bei gleichzeitigem äußeren Leiden,* die dazu spiegelbildliche Verknüpfung der *sexuellen Entfremdung mit der Macht des sie blockierenden Schuldgefühls* geht, also eigentlich schon (wenigstens ansatzweise) um das, was wir als die *manifest sexuelle Form des Masochismus, die masochistische Perversion,* kennen, und wie sich in dieser (angedeuteten) manifesten Perversion die *Spaltung des Erlebens* darstellt. Dabei wird wiederum deutlich, wie sehr auch diese manifest masochistisch-sexuelle Perversion, genau wie der „äußere" Masochismus, als Abwehr gegen den „moralischen" Masochismus fungiert. *Die manifeste Perversion ist sekundär zur Gebundenheit an den inneren Richter;* auch sie ist eine *Reexternalisierung des „moralischen Masochismus"* und fungiert als *wirksame Abwehr gegen die Über-Ich-Verurteilung.*

„Während des Verkehrs mit meinem Mann spürte ich wieder die emotionelle Distanz, die Spalte (gap)."

„Zwischen real und ideal."

„Und das wirklich Störende (disturbing) dabei war: Dies wird nicht zustande kommen (work), ich kann nicht den Rest meines Lebens mit ihm verbringen, es ist weniger, als ich will. Ich genieße es physisch, aber emotionell ist es nicht gültig (not working)."

„Sie verbieten es sich aus Schuld: Dies ist nicht erlaubt, dies ist verboten. Bei dem Geliebten ist es nicht so, da er selbst schon so abweisend (forbidding) war."

[„Wirklich war es mit ihm gewöhnlich sehr mühsam; er war nicht mit dabei (sharing), nicht selbstlos, gar kein angenehmer Liebender"] (diese Bemerkung wurde einige Minuten vorher gemacht).

Eines der wenigen Male, daß sie guten Sex mit dem Geliebten gehabt habe, sei nach dem Film *Die letzte Versuchung von Christus* gewesen, wo alle Tabus verletzt worden seien. Unter diesem Drapeau sei es ihr möglich gewesen: „Er war Jesus und ich war die verbotene Frau, in seinem und in meinem Geist; so genossen wir es. Es trug seine eigene Phantasie, sein eigenes Verbotensein mit sich. Mit dem Ehemann muß ich es hinzufügen. Ich verstehe, daß die Schuld mich das zu tun verlangt. Er ist mein Vater."

„Daß Sie ihn (den Vater) begehren, dazu die Wut über Ihre Enttäuschung und sein Versagtsein [der triumphierend-heroische gegenüber dem entwertet-beschämenden Vater], Ihre Rachewünsche, sowie die Schuld gegenüber Ihrer Mutter."

„Mir träumte letzte Nacht, wie ich bei einem Picknick in der Distanz an einer Bergseite drei Frauen sehe, die auf mich zukommen. Sie sind alle fett. Ich dachte beim Erwachen an Schwangerschaft ..."

„Und Ihre Mutter war dreimal schwanger nach Ihnen."

„Beim Verkehr gestern hatte ich sowohl Furcht darüber wie auch den Wunsch, schwanger zu sein – der Konflikt."

„Auch darüber, was es bedeutete, daß der Vater weiterhin Kinder erzeugte mit der Mutter."

Sie spricht über die Affären ihres Mannes: „Es brachte alle die Demütigung und Wut über die Situation zwischen Vater und Mutter zurück, bei der ich nicht allein Zeuge war, sondern woran ich selbst mit teilnahm, und nun wurde es sowohl bei Samir neugeschaffen wie auch bei Seamus. Das erinnert mich an die Atmosphäre im Traum: es war dunkel, hinten war der Zugang zu einer Höhle, wie auf dem Bild der Küste, Klippen, le relief, Höhlen.“

„Körperbilder.“

„Uterus.“

„Und Vagina, Mutters Körper.“

„Und hinter den Felsen lagen die geheimen Eingänge.“

„Die verbotenen Eingänge.“

„Was mich zurückbringt zum ‚love making‘ mit dem Ehemann.“

„‚Es ist weniger als ich will‘ heißt vielleicht eher: ‚Es ist zuviel von dem, was ich will; ein Felsen muß in den Weg treten.‘“

Zu Recht spricht sie danach über Machtkämpfe mit ihrer Mutter, Kampf über „Körperkontrolle“, Reinlichkeitserziehung. Gestern abend habe sie mit einer sehr kontrollierenden Freundin, die sofort ihre Küche in Beschlag nahm, einen scharfen Wortwechsel gehabt, geschrieen, auch gedroht, sie werde nun ganz die Kontrolle verlieren, „hysterisch werden“ („*lacha haster aleike*“, ein Ausdruck, den sie gelegentlich braucht).

Am Abend darauf kritisiert sie Samir, er sei kein guter Versorger (wie ihr Vater!), worauf er sich tief in seinen Finger schneidet. In der Nacht danach hat sie einen Traum, wo eine große, schwere Axt in einem Holzschuppen ihrem Gatten auf den Fuß fällt und ihm diesen völlig abschneidet. Entsetzt schreit sie nach Hilfe und erwacht. Sie kommt auf ihr Bettnässen zu sprechen; es sei eine Art Trotz gewesen. In einem, der Kontrolle über den Stuhlgang, habe sie zwar nachgegeben, nicht aber im anderen. Es sei wohl der Protest gewesen, daß sie keinen Penis habe:

> Wie kannst du mir etwas vorenthalten (deprive), das so wichtig ist? Das Bild der herunterstürzenden und dreinhauenden Axt hat mich heute die ganze Zeit über verfolgt. Es war eine unheimliche, düstere Stimmung, und ich empfand das Bild als zwingend, real. Und so ist wohl auch mein Verlangen, andere zu kastrieren, besonders Samir, und ihn nicht nur dafür haftbar zu machen, was mir fehlt, sondern auch dafür, was mir Vater und Mutter angetan haben ... Ich flüchtete mich in die Welt der Träume, der Idealisierung. *Meine Wirklichkeit war gespalten.*

Wie ihr Vater in den heroischen, idealen Kalid, den sie verehrt, bewundert und mit dem sie eins werden möchte, und den grausam-höhnischen, ausbeuterischen Kalid, an dem sie sich rächen möchte, gespalten ist, so ist *die ganze Welt gespalten,* – wie jetzt in die Sternennacht mit dem Geliebten und in die eingeschrumpfte, klägliche Gestalt ihres Mannes (337, 338).

*

Dazu nun aus einer späteren Periode der Analyse das Gegenstück:

Der Gatte hat einen Traum, in dem er ein Gedicht deklamiert: „Leg deine Liebe auf den Boden, so daß ich darauf gehen kann und daß sie mich wie mit Messern durchdringt." Drückt das nicht ganz den die Beziehung noch immer stark bestimmenden Sadomasochismus aus? fragt sie nicht nur sich selbst, sondern auch ihn. Er ist über ihre Deutung nicht vergnügt (464).

Sie fragt sich wieder über ihre rätselhafte Angst davor, mit ihrem Mann Auto zu fahren, oder auch nur schon, wenn er ohne sie sich ein Auto ausleiht und damit fährt (das Ehepaar besitzt die Mittel nicht dafür, sich ein Auto anzuschaffen). Das seien gewiß Todeswünsche ihm gegenüber, vermutet sie.

Dabei sei es seinerzeit mit ihrem Geliebten geschehen, daß er einmal mit großer Geschwindigkeit auf einer Überlandstraße direkt auf eine Kollision mit einem Lastwagen zugefahren sei; es sei gewesen, als ob er momentan in einen Dämmerzustand geraten sei. Sie weckte ihn durch eine kleine Bewegung, und er wich im letzten Augenblick dem Hindernis aus. „Es ist so seltsam, daß ich ganz fraglos mich ihm anvertraute und ihm fast freie Hand gab, uns zu töten. Obwohl er ein Alkoholiker war, hatte ich nie Angst bei ihm im Auto. Einmal fuhren wir über eine Brücke, und ich stellte mir vor, daß wir über das Geländer hinaus führen und in die Tiefe stürzten. Und auch dieses Mal hatte ich keine Angst. Ich *wollte* sogar mit ihm sterben."

„Liebestod."

„Ja. Es ist genau das Umgekehrte bei meinem Mann, aber ich verstehe beides nicht."

Immerhin ist es auffällig, bemerke ich, daß es sich bei beiden Situationen, wo sie Angst vor dem Autofahren des Mannes hat, darum handelt, daß der Ehemann etwas mit einer anderen, jüngeren Frau zu tun hat (anscheinend ohne sich mit dieser intim einzulassen). Sie ist sich dabei keiner Eifersucht bewußt.

Sie berichtet von ihrer eigenen großen Angst, das Auto zu steuern, wegen der anderen Fahrer. Das sei schon die Konkurrenz, aber auch die Nähe von Sexuellem und Aggression, die verbotene Beziehung mit dem Vater. Beim Fahren sei sie vollständig abhängig vom anderen. Es sei nicht nur beängstigend, sondern auch sehr vertraut, da ihr Vater ein begeisterter Fahrer und Automechaniker gewesen sei (468).

*

So finden wir eine ganze Skala von *Spaltungen ihres Erlebens:* zwischen der äußeren Anpassung, „dem Zwang zu tun, was getan werden soll", und ihren *„eigentlichen Emotionen,* dem Gefühl innerer Echtheit, wie es sich in der Liebe und dem Schmerz bezeugt hat"; damit in der Kluft zwischen dem *Verhältnis mit dem Geliebten und mit dem Ehemann,* wie es symbolisiert wird durch den Gegensatz zwischen dem Verkehr unter dem Sternenhimmel im Feld und dem kläglich eingeschrumpften und blutenden Gatten; dann die Spaltung innerhalb beider Beziehungen, analog der *Doppelheit ihres Vaterbildes:* des heroischen und des ausbeuterischen Kalid, und damit v. a. die ungeheuer wichtige Gegensätzlichkeit von *Anziehung und Verbot;* und schließlich ist es der Riß zwischen *grenzen- und maßloser („narzißtischer") Phantasiewelt und eng beschränkter, qualvoller („sadomasochistischer") Realität.*

5.11 Die Übertragung

Ehe ich die Dynamik tiefer zu erfassen versuche, ist es an der Zeit, etwas eingehender über die Übertragung zu sprechen. Wie ich in *Flucht vor dem Gewissen* ausgeführt habe, hüte ich mich davor, das Material „in die Übertragung zu zwingen“: Wenn die Andeutungen für Bezüge auf mich deutlich genug sind, besonders in Träumen, weise ich darauf hin, forciere aber das Thema nicht, wenn die Patientin es nicht selbst weiterführt, indem sie neues, erweiterndes Material dazu beiträgt, außer daß ich sie natürlich auf Verschiebungen und Vermeidungen aufmerksam mache. Es ist gerade bei ihr evident, zu welchem Ausmaß *Realitätsfaktoren dem Widerstand gegen die Bearbeitung der Übertragung* dienen.

Ein Übertragungselement, das erst nach Ablauf des ersten Analysejahres eine größere Rolle zu spielen begann, besteht darin: da die Versicherung immer zurückhaltender mit der Deckung wird, braucht sie mich zwar, kann aber nicht für die Analyse zahlen und *schuldet* mir immer mehr Geld, – ganz so, wie es der Vater zeitlebens gehalten hat. Sie fürchtet sich zutiefst, in dieser Weise ihrem Vater zu gleichen, der andere immer schamlos ausgenützt hat, versucht deshalb, die Stundenzahl immer wieder herabzusetzen, was natürlich gerade die Wirksamkeit unserer Arbeit beeinträchtigt.

Ein anderes zeigt sich in der *Verleugnung als Abwehrübertragung:* sie vermeidet es, darüber zu sprechen, daß die Versicherung nicht die Behandlung deckt (204): „Ich bin nun von Ihrer Großzügigkeit abhängig und muß Ihr Opfer rechtfertigen, indem ich besser werde. Es bedeutet einen Leistungsdruck (to produce)“ (209); die anale Mitbedeutung ist evident und explizit. Scham und Schuld lassen daher die *Analyse selbst zur masochistischen Situation* werden. Diese wird wiederholt, sie wird in ihrer Bedeutung erkannt, doch kann sie nicht vermieden werden.

Zugleich hegt sie *Ressentiment und Zorn* darüber, daß ich sie nicht unbeschränkt, ohne alle finanziellen Rücksichten sehe. Sie glaubt, ich habe ihr versprochen, daß ich ungeachtet aller Schulden und Versicherungseinbußen die Analyse unverändert und unbegrenzt weiterführen werde (253). Es sei eine Tragödie, daß Geld überhaupt eine Rolle spiele, und sie hätte gehofft, ich wäre dem enthoben. Es ist klar, daß sie *mich* hier in die masochistische Rolle versetzt. Es ist ein weiteres Beispiel dafür, wie die *narzißtisch-sadistische Seite* bei jedem Patienten mit prominentem Masochismus erscheint, und zwar auch in diesem Beispiel als Schutz gegen Schmerz, Beschämung, Schuld und Hilflosigkeit, also wiederum *sekundär.*

Ein viertes, schwieriges Übertragungsgebiet ist die *politisch-kulturelle* Tatsache, daß sie Araberin, ich aber Jude bin und mit Israel identifiziert werde. Sie hegt mir gegenüber deswegen immer wieder Verdacht und Mißtrauen, besonders zur Zeit des Golfkrieges. Es dauerte sehr lange, wohl anderthalb Jahre, bis sie sich überhaupt getraute, den Namen ihrer Schwester, die wegen politischer Akte verfolgt worden war, in der Stunde auszusprechen. Auch hier ist es oft nicht leicht, die Wirklichkeitsaspekte anzuerkennen und zu bearbeiten, während gleichzeitig die Übertragungsverzerrungen und -affekte untersucht werden.

Und sie vermeidet es ebenso eifrig, über ihre Gefühle der *Sehnsucht nach mir* offen zu sprechen, sich selbst Phantasien einzugestehen, in denen ich der Vater ihres

Kindes wäre und sie mit der Liebe bedächte, die ihr Kalid zwar angeboten, doch auch immer wieder verwehrt hat, wie sie mich umarmen und die „Masse der anderen Patienten beseitigen“, also auch für mich „ganz speziell“ sein möchte (477). Auch das, daß sie ihren „Bauch“ entblöße, während ich mich verhülle, erwecke in ihr Ressentiment.

In anderen Worten spielt sich die tiefe *Spaltung ihres Liebeslebens von Begehren und Verbot* auch in der Übertragung ab, doch in verhüllter, eben *verleugneter* Weise. Dabei bemerke ich relativ wenig Über-Ich-Übertragung, außer in Form der *Idealisierung* und des Bedürfnisses, mich durch intellektuelle Leistungen und ihr Wissen ähnlich zu beeindrucken und für sich zu gewinnen, wie das bei ihrem Vater nötig gewesen war. Sie spricht es aus:

> Ich spürte flüchtige (fleeting) Impulse Ihnen gegenüber. Die Gedanken an den Geliebten stellen einen günstigen Schutz (a convenient shield) gegen diese schamerregenden (embarrassing) und unannehmbaren Impulse dar ... die Sehnsucht nach Ihnen persönlich ... Es ist mir klar, daß ich Sie für mich einnehmen möchte, wie es mir aus meiner frühen Kindheit erzählt wird, wie ich es meinem Vater gegenüber getan habe.

Worauf sie dabei anspielt, werde ich in kurzem schildern.

5.12 „Streite nicht, sondern opfere dich!“ – Die Kernkonflikte

All dies sind entweder offenkundig phänomenologische Feststellungen, nämlich so weit sie die „Spaltungen“ betreffen, d. h. eines der im theoretischen Abschnitt gekennzeichneten *Kernphänomene,* oder es handelt sich um *Kernphantasien,* besonders in Gestalt der aufgezeigten *Grundgleichungen.* Diese Beobachtungen vermögen noch nicht der zugrundeliegenden Dynamik gerecht zu werden. Dieser wende ich mich nun zu.

In der „Lähmung“, dem „Verbot“, ein eigenes Kind zu haben, zeigt sich besonders offensichtlich die tiefe Angst vor der *3fachen ödipalen Rivalität:* 1. vor dem Wunsch, *die entwertete Mutter zu eliminieren, um den idealisierten Vater ganz für sich zu besitzen* und durch ihn *vollständig, ihm gleich* zu werden; aber auch damit den Parallelwünschen: 2. *die Mutter für sich zu haben und die Geschwister zu beseitigen;* und 3. *den Penis und die Macht an sich zu reißen, und Rache am Vater* für seinen Machtmißbrauch und die Beschämung zu nehmen, die er den Frauen überhaupt zugefügt hat, indem sie ihn also *kastrieren* möchte: „Ich möchte einen ganzen Kessel von Penissen kochen und essen, um selber vollständig zu werden“ (256, 258).

Die *Schuld,* die ihr kein Glück zu behalten erlaubt, geht auf alle drei Versionen des Dreieckskonflikts zurück. Doch müssen wir noch dazu nehmen, was wir schon früher gehört haben: „Ich habe es nicht vermocht, die Eltern miteinander zu versöhnen. Ihr Streit ist meine Schuld. Ich fürchte mich vor meiner Macht. Es ist der Familienfluch“ (157). Entsprechend möchte sie, daß die magische Stärke des Mannes größer wäre als ihre Zerstörungskraft, also diese in Schranken zu halten vermöchte: Kann *der Mann sie gegen den auf der Familie lastenden Fluch schützen* – gegen diese veräußerlichte Rachsucht und Schuld? „Ich verstehe, wie sehr ich wollte, daß Samir den Fluch beseitige, doch zugleich fürchtete, er würde unter dem Gewicht meiner Schuld zusammenbrechen, und wie ich ihm die Aufgabe unmöglich machte" (159).

Um dieser Schuld im allgemeinen, doch v.a. der Schuld über den zweiten Wunsch, den des Kindermords, entgegen zu wirken, muß sie immer wieder die Ernährerin und Retterin sein, ist stetsfort hilfsbereit, großzügig mit Mitteln, die sie nicht besitzt, und wiederum die Vertraute und Helferin. Sie wird zur ernährenden Mutter. Es bietet *mehr Sicherheit, sich mit der nährenden Mutter zu identifizieren, als z.B. die Schwester zu töten.* Rachsucht und Eifersucht sind völlig hinter dieser *Reaktionsbildung* verborgen. Doch wie sie z. B. in der Übertragung die Nennung des Namens der Schwester vermied, drückte dies eine Projektion ihrer Tötungswünsche (auf mich) aus.

Das Gebot: *„Streite nicht, sondern opfere dich! (Don't compete, sacrifice!)"* ist so prominent, die Reaktionsbildung so umfassend und derart stark, daß sie zu Recht und von sich aus hinzufügt: *„Sonst, wenn ich drum streite, kann es mörderisch werden"* – ihre Eifersucht ist im Grunde so vehement und wild. Um so frappanter ist es, wie sie Samir alle seine amurösen Abenteuer durchgelassen und ihn noch dabei unterstützt hat, und wie *er* jetzt ihr gegenüber diese Eifersuchtsseite vertritt. Demgegenüber hätte sie den Geliebten sehr wohl in leidenschaftlicher Wut aus Eifersucht umbringen können. Auch hier war es wieder die Spaltung in die zwei Männer, die zwei Beziehungen, die zwei Selbstgestalten, die sie vor dem Bewußtwerden und der mörderischen Wut bewahrte.

> Ich will so sehr konkurrieren (compete) und den anderen herabsetzen, da ich Angst habe, daß ich am Ende doch wieder die beschämte Bettnässerin bin und vollständig herabgesetzt werde (465).

Die Lernhemmung und die anderen *Lebenssabotagen* sind Ausdruck des auf jenen *drei Eifersuchts- und Neidkonflikten beruhenden Verbots:* „Du darfst nicht in Wettstreit treten! *(Don't compete!)*: nicht mit der Mutter, indem du keine Kinder haben sollst; nicht mit dem Vater und den Brüdern, indem du weder intellektuell noch in deiner Karriere erfolgreich sein darfst, und nicht mit Samir, indem du in der Ehe nicht glücklich werden darfst!" (259). Ihr Leben scheint unter diesem Gebot zu stehen: „Du sollst nicht mitstreiten – *Thou shalt not compete!*", wegen der Angst, daß *Wettstreit = Töten* bedeutet. Oder vielleicht ist es eher die Kompromißbildung: „Streit nur, aber es ist dir nicht erlaubt, Erfolg zu haben!" (260).

„Dadurch, daß ich mich abhängig verhalte, wehre ich die Angst vor möglicher Rivalität (competition) ab" (261). Auch die erstaunliche Passivität angesichts des „Philanderns" ihres Gatten läßt sich durch dieses innere Verbot gegen den Wettstreit verstehen: „Es setzte der Mörderischkeit meiner Eifersucht in der Rivalität den Deckel auf" (261), nämlich durch Reaktionsbildung.

Ein ganz wesentliches Motiv für dieses Verbot ist der Mißerfolg des Vaters: *„Wie darf ich erfolgreich sein, wenn es ihm nicht gelungen ist? Wie darf ich es überhaupt versuchen?* (How can I succeed when he has failed? How dare I try?)" (386).

Dabei gibt es eigentlich *zwei Formen des Wettkampfes* (competition): die, die auf die *Eliminierung des Rivalen* – das *„Schlachten der Nebenbuhler"* – aus ist und die, welche dem Rivalen *Macht oder Penis wegnehmen* will. Der erste ist ein *Eifersuchts-*

streit, der zweite dreht sich um *Neid* (272). „Etwas Besonderes zu sein, die kleine Prinzessin: es gibt vor, daß ich weder neidisch noch eifersüchtig zu sein brauche. Es ist eine Selbsttäuschung“ (273), „und ich stillte (placating) meine Aggression, indem ich sie in Sexualität verwandelte (converting)“ (275).

Bei beiden Konfliktformen herrscht das tiefe Gefühl der Ungerechtigkeit vor. Neid und Eifersucht nähren ihr intensives *Ressentiment.* Gleichzeitig identifiziert sie sich mit den Opfern von Ungerechtigkeit und versucht, wenigstens im bescheidenen Rahmen, die Folgen von Unrecht zu beseitigen (373).

Die *Klaustrophobie* symbolisiert sowohl den Gewissensdruck und die Gewissenskonflikte (das Scham-Schuld-Dilemma wie die Loyalitätskonflikte) wie auch die der lebenslangen Überstimulierung zuzuschreibende „panique de vivre“, und ganz konkret die beängstigenden Todeswünsche gegen die Geschwister im Mutterleib, die Angst vor ihrer eigenen Eifersucht gegen sie (241).

5.13 Die Spaltung zwischen Phantasie und Realität als Schutz gegen Aggression

Ich erwähnte früher ihren anakoluthenreichen Stil. Eine zusätzliche Bedeutung liegt nun aber darin, daß sie durch diesen *elliptisch-fragmentierenden Stil mysteriös* wird, und wir fragen uns, ob es sich dabei nicht um eine Umkehrung handle: „Ich bin von ihrem Geheimnis ausgeschlossen gewesen; jetzt bin ich geheimnisvoll, also mächtig“, ob nun die elterlichen Geheimnisse sexueller oder aggressiver Natur waren (278). *Wer Geheimnisse wahrt, hat die Macht.* „Dann bin ich nicht mehr hilflos.“ „Ich stopfe andauernd die Löcher meiner Wirklichkeit mit sehr machtvollen Phantasien aus meiner Traumwelt. Jeder tut das zu einem gewissen Grad. Für mich aber ist es etwas Überwältigendes“ (279). Dann muß sie sich nicht mehr hilf- und wehrlos zu fühlen. Aber viel wichtiger ist dabei: daß sie sich dann aus jenen Rivalitätsdreiecken, aus der mörderischen Eifersucht und dem bitteren Neid heraushalten kann: „Sie, Léon Wurmser, nehmen mich auf eine Höllenfahrt mit. Wie sehr mußte ich diese rasende Wut vor mir selbst verbergen? Wenn ich diese *sichere Teilung zwischen Phantasiewelt und realer Welt zerbreche,* bricht die Furie durch, ein Bild von Messer und Blut“ (284). Die Dämonen, die sie nun face à face erblickt, „die Ungeheuer der Hölle“, stehen in direkter Proportion zur Hilflosigkeit und Angst, der kreischenden Mutter, dem unehrlichen Vater, den eifersüchtig-herabsetzenden Geschwistern, dem sie brutal beschämenden Kindermädchen, die sie zwang, die genäßten Unterhosen auf dem Kopf zu tragen. Je hilfloser sie war, um so stärker mußten die Phantasien von Rache und Macht werden. „Und jetzt sehen Sie in Samir, Ihrem Mann, dieses schwache, abhängige, flennende Kind, das in die Hosen macht, und Ihre ganze Wut richtet sich auf ihn“ (284). Er ist ihr *Scham-Selbst,* während der Geliebte ihr *mörderisches Selbst* repräsentierte (288). Beide sind aber Teile von ihr. „Ich selbst spüre die Spaltung in mir, spüre, wie ich doppelt bin“ (311). Es ist die Doppelheit von grandiosen Erwartungen und ebenso extremer Selbstverurteilung und Selbsteinschränkung: *Sie erlaubt sich in der Phantasie mehr, als sie haben kann, und verbietet sich in der Realität mehr, als sie haben könnte* (435, 442).

Die magische Macht in der Phantasie verbündet sich dabei mit Abhängigkeit und Ohnmacht in der Realität. War das nicht eigentlich auch bei ihrem Vater, „Kalid the creep“, der Fall?

> Hinter seiner Verkleidung als Grand Seigneur und Lebemann war er doch ein kläglich abhängiger Versager, passiv und unfähig, mit der Wirklichkeit fertig zu werden. Er verleugnete sie einfach ... Er behielt alle diese Täuschungen und Lügen: „Ich opfere alles für die Kinder!“ Ich haßte es als Kind und hasse es jetzt zu hören. Er hat gar keine Opfer gebracht, sondern das Leben seiner Kinder zerstört (messed up). Diese Selbstgerechtigkeit und Heuchelei läßt mich aufschreien: „Ich habe nicht danach gefragt, auf die Welt zu kommen. Du bist für mein Leben verantwortlich. Fang jetzt nicht noch an, als Märtyrer zu posieren!“ ... Es ist dieselbe Spaltung der Wirklichkeit ... Es ist nicht so, daß ich faul bin, sondern es ist die überwältigende Furcht vor dem realen Leben.

Wir können hinzufügen: da das Leben eben immer Konkurrenz bedeutet. „Und es ist Teil der Prinzessinnen- und Grandseigneurtradition, daß ich das Geld verschmähe und verachte“ (281, 388, 449). Und in ihrer Phantasiewelt war sie eben seine Retterin:

> Kalid schenkte mir nicht viel Aufmerksamkeit. Er sah nur meinen ältesten Bruder. Sobald er von der Arbeit heimkam, stürzte er sich auf den Sohn und experimentierte mit ihm und probierte seine Theorien über die Kindheitsentwicklung aus, stellte die Musik an oder zeigte ihm die Buchstaben. Als Mädchen mußte ich mich besonders anstrengen, ihn an mir zu interessieren (win him over). Ich würde mich an ihn anschmiegen, mich auf seinen Schoß setzen, mich ihm aufdrängen, bis es mir gelang. Doch mein Sieg war erst viel später vollständig, als ich recht eigentlich seine Vertraute und kleine Mätresse wurde, *die Wächterin seiner Träume.* Ich fürchtete mich äußerst stark vor seiner Mißbilligung, mußte furchtbar vorsichtig sein, ihn nicht zu ärgern. So schleckte ich all seine anvertrauten Geheimnisse (confidances) auf, über sein Liebesleben, seinen Ehrgeiz, seine Pläne und Träume. Ich hatte ein schreckliches und wildes Verlangen (fearsome and fierce need), Kalid zu beschützen. Auch die Angst war groß dabei. *Ich mußte sicher sein (make sure), daß seine Träume beschützt* würden, denn dann *wäre auch ich in Sicherheit.* Doch dabei war ich gefroren in Angst: zu spüren, wie seine ganze Welt in mich eindrang. *Ich mußte stark genug sein, alles zu ertragen, und dazu noch ihn zu beschützen* gegen alle Drohungen der Welt, sein Scheitern in den Liebesabenteuern, seine Selbstmorddrohungen, z. B. als er die Verlobung seiner letzten Geliebten zu verhindern suchte, was ihm auch in der Tat gelang. Und immer wieder über seine Erfindungen und Geschäftsunternehmen: daß in 6 Monaten alles wunderbar und von dann an die Zukunft für immer gesichert sein werde. Es war so verwirrend für mich. Ich mußte diese Überrumpelungen (assaults) ertragen und dabei sehr viel Mut zeigen, ich mußte seine starke kleine Frau sein, die all das mit Gleichmut auf sich nehmen konnte. Ich mußte ihn schützen und ihn auf diese Weise für mich gewinnen“ (471).

*

So dienen *die grandiosen Phantasien der Abwehr gegen die schmerzliche Wahrnehmung des ursprünglichen Konflikts: wie sie die Rivalen in blutiger Eifersucht beseitigen möchte und dafür bestraft würde.* Das ist die „Anziehung des Abgrunds – les abîmes ont leur magnétisme.“ *Als Opfer ist sie die machtvolle Retterin* (295):

„Jetzt entrichte ich den Preis und werde geheiligt durch die Schmerzenstaufe, die mich veredelt. *Der Schmerz ist das Lösegeld für die Schuld*" (346).

Oder gewendet zur Farce, wie es überaus vieldeutig in einem Traum heißt, wo der Bruder zu den Klängen eines Trauermarsches und angesichts des Tannensargs des Großvaters, ausruft: „Laissons passer le cortège de la gaieté!" (Wir wollen den Trauerzug der Fröhlichkeit vorüberziehen lassen!) (405).

Dabei leuchtet eine Art Grundgleichung auf: *Je näher und je abhängiger* (in einer Beziehung), *um so stärker sind die sexuellen Wünsche und die Spannung, um so beängstigender werden diese, und um so größer wird die Angst vor Gewalt: Überstimulierung = unerträglich schmerzliche Spannung = Sexualität = Gewalt.*

Mit einem arabischen Wort sagt sie es: sie leide unter einem *Achu-Scharmuta-Konflikt,* einem höllischen Konflikt: „Achu sharmuta" bedeutet „Hurenbruder" (314). Sie zitiert ein Lieblingslied ihrer späteren Kindheit: „Combien de temps il me faudra pour guérir de cet amour-là? ... Jamais il n'y aura une pierre à mon chemin qui soit plus dure que toi."

*

Ein Lied über Jeanne d'Arc höre sie jetzt immer wieder, in dem es heiße: „‚Ist er das Feuer, muß ich das Holz sein.' Ich habe das Bild gerne. Es bedeutet das *leidenschaftlich-verzweifelte Verschmelzen mit dem anderen.*"

„Mag es nicht etwas zu tun haben mit der *Gleichsetzung von Liebe mit Leiden?*"

„Offensichtlich ist das so. Und noch mehr: es bedeutet Vernichtung, man vergeht in dieser brennenden (searing) Liebe und existiert nicht mehr als eigenes Wesen."

Dieser Selbsthingabe und Selbstauflösung kommt nun eine besondere Bedeutung in dem, was ich im Kapitel über Konfuzius und Lao Tse (jetzt *Anhang, Maske der Scham*) beleuchten werde, zu, – in gedämpfter Form im ersten Teil, in ganz offenbarer Weise im zweiten. Doch werde ich mich zunächst eingehender mit drei Fällen, bei denen der „innere" oder „moralische" Masochismus die Vorherrschaft (center stage) einnimmt, befassen.

Auch im Fall Layla läßt sich *der „äußere" auf den „inneren" Masochismus,* und dieser auf einen komplexen Versuch *zurückführen,* tiefe Traumatisierung mit den damit verknüpften überwältigenden Affekten zu bewältigen – einen Versuch, bei der das *Trauma im Über-Ich* gleichsam weiterlebt, also *„introjiziert"* worden ist, und wobei die *traumatische Überstimulierung zur Sexualisierung* sowohl der äußeren Beziehungen wie des Verhältnisses zum „inneren Richter" geführt hat. Während sich die Hauptproblematik bei Reinhold mehr und mehr auf Konflikte von Trennung und Selbstsein verlagerte, ist es bei Layla mehr die Dreiecksproblematik, die, einem aufziehenden Sturm gleich, alles durch ihr Wetterleuchten in scharfen Konturen abzeichnet.

Welch große Komplexität mit dem eben Angedeuteten verbunden ist, wird v. a. der nächste, besonders eingehend studierte Fall mit *vorwiegend „innerem" oder „moralischem" Masochismus* bezeugen.

2. Teil: Das innere Gericht – Zur Analyse des „moralischen Masochismus“

„Å leve er – krig med troll i hjertets og hjernens hvelv. Å dikte, – det er å holde dommedag over seg selv.“[1]

[1] „Leben ist – Krieg [führen] mit Dämonen [mit Trollen] im Gewölbe von Herz und Hirn. Dichten, das ist Gerichtstag halten über sich selbst“ (Ibsen, Brief an Passarge, zit. Meyer, S. 274; Cassirer 1944, in etwas anderer Schreibweise, S. 52; auch Norsk-Engelsk Ordbok, E. Haugen, dessen Orthographie ich folge).

6 „Die Scham darüber, überhaupt zu sein"

„Sjel, vær trofast til det siste!
Seirens seir er alt å miste.
Tapets *alt* din vinning skapte; –
evig eies kun det tapte!"[2]

6.1 Ein Plädoyer für die notwendige Dauer und Intensität der Analyse

Aus der Analyse des Falles Thomas habe ich schon in *Die Flucht vor dem Gewissen* und *Die zerbrochene Wirklichkeit* Ausschnitte gebracht. Hier soll aber nun die nach einer ungewöhnlich langen und schwierigen Psychoanalyse ($9^1/_2$ Jahre, 1550 Stunden) weitgehend gelungene analytische Auflösung der masochistischen Grundhaltung und Charakterstruktur im Einzelnen dargestellt werden. Es handelt sich bei ihm um ein Paradebeispiel für den „inneren" oder „moralischen" Masochismus, doch fehlen Zeichen der anderen 3 Formen keineswegs.

Er ist auch ein gutes Beispiel für die Erfahrungen anderer Therapeuten und Analytiker: wie lange die Lege-artis-Behandlung masochistischer Charakterstörungen dauere, wie ungeheuer viel Beharrlichkeit, Ausdauer, Geduld sowohl Patient wie Analytiker brauchen, wie sehr die „negative therapeutische Reaktion" einen integralen Bestandteil der Arbeit mit den meisten dieser Patienten ausmache, doch auch dies, daß der Zustand nicht hoffnungslos sein müsse, aber besonderer Sorgfalt und Umsicht in der Abwehr- und Über-Ich-Analyse bedürfe. Es ist genau die *masochistische Grundhaltung* im Sinne des „moralischen" Masochismus, die nicht kurzfristig anzugehen ist, die gewöhnlich der hochfrequenten Behandlung über manche Jahre hinweg bedarf, und es ist diese Problematik, wo in der Gegenübertragung besonders leicht Über-Ich-Haltungen und autoritäre Eingriffe provoziert werden, – wobei dann umgekehrt gerade auch die Analyse selbst die Gefahr läuft, zum Teil des masochistischen Problems, statt zu dessen Lösung zu werden.

---

[2] „Seele, bleib bis zum Letzten treu!
Der Siege Sieg ist: alles zu verlieren.
Das *Ganze* des Verlorenen bestimmte deinen Gewinn; –
ewig kann nur besessen werden, was verloren wurde!"
Brand, S. 128 (Ende des 4. Akts)

6.2 *Der Zwang zu werden, was man nicht ist*

„In der Geschichte jedes masochistischen Patienten finden wir eine unglückliche Kindheit, oft zu einem derart extremen Grad, daß wir uns fragen müssen, ob die Entwicklung eines masochistischen Charakters einen Schutz gegen eine schizophrene oder depressive Psychose darstellte", stellte Berliner fest.[3] Die chronische, schwere Traumatisierung spielte gerade auch in der Pathogenese und deshalb der Psychodynamik beim folgenden Patienten eine gewaltige Rolle.

Thomas, ein damals 35jähriger, geschiedener und kinderloser Arzt, wurde mir im Frühjahr 1983 zugewiesen, und zwar wegen Problemen mit chronisch schwelender Depression und Angst, die seit vielen Jahren seinen Lebensgenuß, den vollen Gebrauch seines beruflichen Potentials und seiner Entscheidungsfähigkeit sowie seine mitmenschlichen Beziehungen stark beeinträchtigt hatten. Er hatte sich einer Reihe von Therapieversuchen nichtanalytischer Art, auch medikamentöser Behandlung mit Antidepressiva wie Anxiolytika unterzogen, ohne je damit Erfolg gehabt zu haben. Auch zeigte er sich besorgt über die Schwere symptomatischer Handlungen der Selbstsabotage und Selbstzerstörung, die nicht allein seine Sicherheit, sondern zuweilen auch die seiner Mitmenschen, namentlich auch seiner Patienten gefährdeten. Seine näheren Beziehungen wandelten sich durchwegs zu masochistischen Bindungen, wo er sich als das Opfer von Ungerechtigkeit empfand oder wo er auch tatsächlich übervorteilt, gebraucht oder betrogen wurde. Seine Sozialangst konnte ein lähmendes Ausmaß erreichen, und diese Panikanfälle führten nicht selten zu frenetischen Versuchen, sexuelle Befriedigung in pornographischen Filmen zu finden. In seiner Adoleszenz war er als Voyeur tätig gewesen: er wanderte durch die Straßen auf der Suche nach Ausblikken in Wohnungen, wo er Frauen sich entkleiden sehen könnte.

Er berichtet auch über mannigfache Zwangsgedanken und -handlungen, wie des „Erschießen" und „Wiederbeleben" mit Bewegungen seines Zeigefingers bei Konzerten, oder das „Absägen" des Beines seiner Partnerin während des Geschlechtsverkehrs.

In den Zuständen von Verzweiflung und Panik fühlte er sich, wie ich in der *Flucht vor dem Gewissen* eingehender beschrieben habe, vollständig verwirrt, unfähig, klar zu denken, und zu wilden Handlungen der „Pseudostupidität" veranlaßt.

Die Mutter scheint eine schwer phobisch-anankastische Frau gewesen zu sein, die den Haushalt mit ihren Wutausbrüchen und Todesdrohungen, mit Mürrischkeit und bizarren Ängsten beherrschte. Nachdem sie eine ungewöhnlich erfolgreiche Karriere als hochgestellte Buchhalterin aufgegeben hatte, um sich in Armut und Einschränkung der Aufziehung der Kinder zu widmen, zeigte sie der Welt fast unausgesetzt ein traurig-zorniges, böses Gesicht. Der Vater, schwach, nachgiebig, ganz unter ihrem Pantoffel, litt unter einer angeborenen Sehstörung, die ihn fast blind und nur untergeordneter Arbeit fähig sein ließ. Besonders während der späteren Kindheit von Tho-

---

[3] „In the history of every masochistic patient we find an unhappy childhood, often to such an extreme that we are led to wonder if the development of a masochistic character was not a protection against a schizophrenic or depressive psychosis." (1947, S. 461)

mas, mit der Ankunft von mehr und mehr Kindern , wurde auch er immer jähzorniger und mißhandelte die Kinder auch körperlich.

Die Kinder wurden viel zu lange in ihren Kinderbettchen (cribs) gehalten: Thomas bis er 5jährig war, der jüngste Sohn gar, bis er 8 Jahre alt war.

Beide Eltern forcierten ihn und seine 3 jüngeren Brüder in einer einseitigen und blinden Weise von früher Kindheit an dazu, Ärzte zu werden. Die Einseitigkeit, mit der diese Berufswahl und andere Vorurteile und Besessenheiten von beiden Eltern den Söhnen aufgezwungen wurde, mutet beinahe wahnhaft an und hatte für alle jüngeren Brüder und die einzige (nächstjüngere) Schwester katastrophale Folgen. Die Familie befand sich in den gedrängtesten Umständen (die 7köpfige Familie lebte in einer Wohnung mit einem Schlafzimmer).

Es ist noch anzumerken, daß er nicht lange nach Beginn der Analyse sich wieder verheiratete. Er hat heute 2 Töchter, denen er sich emotionell besonders nahe fühlt und um deren Erziehung er sich auch stark bemüht. Als Arzt ist er besonders gewissenhaft und gut, doch spürt er tiefes Ressentiment gerade darüber, daß er in einem ihm aufgezwungenen Beruf Erfolg hat, nicht in dem, was er von sich aus gewählt hätte (er denkt namentlich an die Mathematik, die ihn immer angezogen hatte).

6.3 *Zur Spaltung des Über-Ichs*

Eine der wesentlichsten Erkenntnisse in der Analyse bestand darin, wie in seinem Erleben von frühester Zeit an jeder Wunsch und jede Willensäußerung als böse behandelt wurden, daß also *der Wille mit der Tötung der Eltern gleichgesetzt* wurde: „Du treibst mich in den Tod und sprichst dann noch das Kaddisch über das offene Grab, du Heuchler!" war ein recht typischer Fluch daheim. Dies geschieht selbst heute noch, z. B. wenn seine Kinder ihrer Großmutter zu widersprechen wagen oder sich nicht ihren Zwangsritualen oder phobischen Befürchtungen fügen wollen.

> Sie hat ihre fixen Ideen, die ans Wahnhafte grenzen, und wenn man mit ihr nicht einverstanden ist, hat sie diese schrecklichen Wutausbrüche: „Nach all dem, was ich für dich tue, schau, was du sagst! Du bist ein Stück Unrat!" Und das Ausmaß des Schmerzes, den ich hatte, wenn sie mich ein Stück Unrat nannte, war sehr groß. Statt wütend zu sein, fühle ich Trauer und Schmerz, den Verlust... Das war die einzige Wahl, die ich hatte: entweder gefügig zu sein oder total zu rebellieren (974).

Dabei ist die Scham über seine Abhängigkeit gerade von der Mutter sehr tief, und je beschämter, um so unbeholfener und um so mehr muß er seine Wut gegen sich selbst richten (976). „Dann das Gefühl der ‚Leichtigkeit' (lightness, im Sinne der Unwirklichkeit, also der Depersonalisierung), das ich oft habe, daß alles ohne Bedeutung sei. Ähnlich: daß ich wegtrete von mir und mich beobachte, meine Schultern zucke und mich nicht mehr kümmere. Das ist auch ein passives Gefühl", das genau im Zusammenhang mit Scham und Bloßstellung eintritt: er müsse in allem versagen, auch in der Analyse (977). „Ich fühlte, ich existierte nicht. Als ob ich das meiste von dem, was ich wirklich bin, verloren hätte, und alles von außen mir auferlegt worden wäre. Darum das lebenslange tiefe Gefühl des Verlusts“, des Selbst- und Identitätsverlusts. Seine Zwangsvorstellung des Todes seiner Kinder stelle den Tod seiner eigenen Person vor. Die Scham überhaupt zu *sein*, ist alldurchdringend (932). Seine Gedanken, Gefühle, Wünsche und Entscheidungen zählen auch heute vor seinen Eltern nicht (948).

Auf seine Weise drückt er das aus, was ich schon zuvor, im 3. Kapitel, als die beiden Grundgleichungen beschrieben habe: *„Scham darüber, kein Selbst zu haben – Schuld darüber, mich selbst durchsetzen zu wollen, Nein zu sagen, Widerstand zu leisten, da es mörderisch ist“* (981, 982). Und ganz ähnlich: „Ich selbst zu sein, mich für mich einzusetzen (standing up), ist mörderisch und bringt schwerste Vergeltung.“ In der Öffentlichkeit aufzustehen (als Vortragender oder in der Diskussion) verursacht dementsprechend einen Angstanfall (949). Daß aber sehr viel mehr dazu gehört, ist daraus ersichtlich, daß diese Einsichten keineswegs eine Verminderung der Symptomatik zu bewirken vermochten.

Die *anale Bedeutung* des Themas, dieser beiden Gleichungen, ist ersichtlich: „Im Machtkampf möchte ich es zurückhalten und es nur herausgeben, wann ich will. Und wenn es mir jemand wegnehmen will, habe ich einen Wutanfall.“ Alle analen Deutungen erscheinen ihm hingegen erlebnisfern, logisch, aber ungefühlt. Es sei wie eine Steinwand (986).

Das weist auch auf seine frühkindliche Verstopfung zurück, die zu stundenlangen Anstrengungen führte, über die sein Vater präsidierte. Krank und verstopft zu sein, hieß, des Vaters Aufmerksamkeit, Sorge und Liebe zu erhalten, um so wichtiger, da auch der Vater endlose Zeit auf der Toilette zubrachte (1039). Statt der Wut und der Rebellion ergab er sich dem Vater in liebevoller Unterwerfung (949). „Ich war unfähig, mich von ihm zu trennen und meinen eigenen Stuhlgang zu haben ... Das Bild dabei: er steht über mir, dann denke ich aber an meine Mutter; ihre Kleidung umgibt mich. Ich wünsche, mit ihr zu verschmelzen, zurück in ihren Leib zu gehen“, derart nicht nur die Trennung ungültig zu machen, sondern auch den Platz der Rivalen einzunehmen (1040). Ebenso fühle er sich jetzt „blockiert, eingeschlossen (boxed in) – wie die schmerzhafte Verstopfung“ (1045) – was mich ganz in die Lage des geduldig und liebevoll wartenden Vaters versetzt.

(In erstaunlicher Parallele, als einer Art der unbewußten Symptomtradition, etwa im Sine des „intrafamiliären Wiederholungszwangs“, wie sie E. Sperling beschrieben hat, ist seine ältere Tochter auch mit $3^1/_2$ Jahren unfähig, in die Toilette zu defäzieren; sie fürchte sich, das Loch sei zu klein oder es existiere gar nicht; der Stuhlgang werde nicht herauskommen.)

Wut und Rache wurden mit Stuhlgang und Schmutz gleichgesetzt. Kontrollierte er das eine, beherrschte er das andere (891). Die Verwirrung (muddle) stellte sie beide zugleich graphisch dar (954).

Sein Körper war ebenso nicht seine eigene Provinz: noch sehr spät wusch und badete ihn seine Mutter, steckte ihre Finger in seinen Mund, um ihm die Zähne zu putzen oder mit Zahnseide zu reinigen, pinselte ihm die Kehle mit Merthiolate, schnitt ihm die Haare mit Hilfe einer Schüssel, die den Rand bezeichnete und während er splitternackt unter einer durchsichtigen Plastikhülle steckte. Sein Vater fingerte, wie gesagt, lange in seiner Analregion herum (820). Die Intimfunktionen gehörten ihm einfach nicht.

Dementsprechend war die eigene Willensausübung und -entscheidung von Grauen begleitet. Wir sprachen über das „training in irrationality", die „Zerschmetterung seiner Individualität", die sowohl Abhängigkeit und Unterwerfung, Passivität und Hilflosigkeit im manifesten Verhalten, wie geheime Wut, Aufstand und Trotz veranlaßte (965). „Wenn ich mir selbst überlassen bin, fühle ich, daß ich kein Selbst habe; jedes Selbst bezieht sich auf etwas, das ein anderer mir aufgezwungen hat," das er sich von der Mitwelt definieren läßt (968). Die Phantasie, die damit einhergeht, ist: „Wenn ich versuche, ich selbst zu sein, muß ich meine Mutter töten, v. a. sie, doch dann auch meinen Vater. Dann aber werden diese *mörderischen Wünsche völlig unwirklich* – und so wird *mein Wille und mein Selbst*" (968).

Daher war denn auch bei ihm die Gleichstellung von Trennung (oder Unabhängigkeit, Selbstbehauptung) mit Tötung und Sterben von entscheidender Bedeutung, und damit die Radikalität des Konfliktes von *Trennungsschuld vs. Abhängigkeitsscham* (824). Dabei ist die Belohnung der Fügsamkeit ebenso groß wie die Ahndung jeder Eigenwilligkeit übersteigert ist und diese fast todeswürdig macht (828): „Als ich für die Eltern zur Bank ging, hatte ich eine schreckliche Furcht, man klage mich an, ich wolle die Bank berauben." Das Weinen in der Stunde bedeutet u. a. sein Beteuern, daß er doch nur ein unschuldiges, kleines Kind, ein „cry baby", sei, das *weder Rivalität noch Schuld, weder Verpflichtung noch schlechtes Gewissen* kenne.

Das drückt sich wiederum in der *Pseudostupidität,* im Dasein als „Mr. Blizzard", wie ihn sein Vater zu nennen pflegte, aus (829): „Die Pseudostupidität ist ein Mechanismus, um Erniedrigung herbeizuführen, besonders angesichts einer männlichen Autorität, um Sympathie zu gewinnen – die Liebe der Mutter und die Verzeihung vom Vater zu erreichen." Hinzuzufügen wäre: um des Vaters kastrierende Grausamkeit zu besänftigen (837). Es ist eine Art symbolischer *Selbstkastration.*

Seine vielschichtigen *Ambivalenzkonflikte* kristallisieren sich denn auch in Phantasien über die „Abschneidung" des Penis, anläßlich der Beschneidung des jüngeren Bruders und des Ausgeschlossenseins aus dem elterlichen Schlafzimmer – und bei den Genitaluntersuchungen oder -beobachtungen bei seiner Schwester wie heutzutage bei seinem Töchterchen: „Es erscheint wie eine ungeheilte, rohe Wunde" (840, 864).

6.4 Die Magie

In seiner Kindheit lernte er magische Tricks und versuchte, durch seine Fertigkeit Bewunderung zu erregen und damit das Bild von ihm, das sowohl seine Geschwister wie auch die Schulkameraden von ihm besaßen, nämlich das eines unbeholfenen, lächerlichen Außenseiters, zu verändern und den Spott seines Vaters, der ihn „Mr. Fog" oder „Mr. Blizzard" nannte, ungültig zu machen. Durch diese Magie konnte er sowohl Penis wie Geschwister wie Eltern zum Verschwinden bringen („andauernd erschienen die Babies aus dem Nichts, so konnte ich sie wieder zum Verschwinden bringen") (888), durch die Magie konnte er aber auch, was fehlte, wieder herbeizaubern (797).

In seiner Masturbationsphantasie als Kind stellte er sich als Doktor vor, der die kranken Mädchen entkleidete, tröstete und heilte – und sich selbst den Trost und die Macht als Retter zusprach. Er konnte damit die Depression seiner Mutter wie auch den Zorn auf seinen Vater, seine eigenen kastrierenden Wünsche ungeschehen machen (864).

War also die *Magie der Heilung und Wiederbelebung* allmächtig, mußte auch die *Magie der Zerstörung,* d.h. aber auch die der Wut und der Rache allmächtig, und damit die *Angst vor Verlassenheit und Vergeltung global* sein. Und ebenso allmächtig stellte sich die *masochistische Phantasie- und Verhaltenskonstellation* des Leidens, der Abhängigkeit und Passivität, der Pseudostupidität und des Weinens und schließlich der vorwurfsvollen Klagesucht (blaming) heraus (929).

6.5 In der Falle des Gewissens

Doch konkretisierte sich das Thema von allmächtiger Aggression und ebenso globaler Vergeltungsangst plötzlich in ganz ungeahnter Weise: Nachdem er seiner Furcht Ausdruck gegeben, daß eine Katastrophe ihn ereilen könnte, ein Autounfall, Leukämie, der Verlust der Kinder (877), erkrankte er etwa einen Monat später (900) an einer *zervikalen Diskopathie,* die ihn äußerst quälte und kaum mehr aus ihren Krallen freiließ. Alle konservativen Eingriffe (Physiotherapie, Akupunktur, Hypnose) und medikamentösen Behandlungen, inkl. Narkotika, erwiesen sich als unzureichend. Nach einem halben Jahr unterzog er sich einer Operation, die aber auch nicht viel Erleichtung gewährte, da offenbar nicht die richtige Ebene angegangen worden war. Erst nach manchen Monaten ließen die Schmerzen allmählich soweit nach, daß er ohne Drogen zu schlafen und mehr oder weniger wieder normal zu arbeiten vermochte. Die Befunde sind unzweideutig dafür, daß Schäden bestehen; doch sind sie nicht lokalisiert genug, daß man sich zu einem neuen Eingriff entschließen könnte.

Gleichzeitig verschlechterte sich seine Depression unter den Hammerschlägen der Schmerzen so sehr, daß er mich schließlich bat, ihm ein Antidepressivum (Prozac) zu verschreiben.

Es läßt sich leicht vorstellen, wie sehr die chronische physische Erkrankung gerade die beschriebene Problematik verstärkte und die darin enthaltenen Konflikte nicht nur regressiv belebte, sondern erneut in der Wirklichkeit bestätigte.

Eine andere Konsequenz dieser Konfliktkonstellation ist die *masochistische Überzeugung: „Nur wenn ich das Opfer bin, nur wenn ich mich geschlagen gebe, kann ich geliebt werden und Lust erleben"*, doch finden wir keine manifest masochistische Perversion vor noch eine explizite, sexuell erregende Schlagephantasie (992). Alles muß indes enttäuschend sein – Analyse, Chirurgie, Beruf, Frau, Kinder – und nun scheint die Realität auch die Erwartung und masochistische Grundhaltung zu bestätigen: wie wichtig es ist, die Opferstellung zu bewahren (1020). Immer wieder die Phantasien, daß seine Kinder getötet würden – wie seine Geschwister (im Wunsch) und sein Selbst (im Erleben). Ein wichtiger Zusammenhang:

> Ich dachte auf dem Weg hierher an Masturbation und an meine Phantasie, Kinder zu töten. Ich dachte an den Samen, und wie ich [als Kind] fürchtete, daß die Samen in der Toilette verloren gingen, und wie ich in verzweifeltem Bemühen (frantic effort) in die Schüssel hineinlangte, um ihn zurück zu bekommen, sie gar auszupumpen, dachte ich doch an alle diese Samen von Kindern. Aber auch an den Wunsch, des Vaters Penis abzuschneiden, als ich herausfand (figured it out), daß die Kinder von daher kämen. Masturbation war eine Weise, meinen eigenen [Penis] festzuhalten.

„Und Krankheit und Operation passen da hinein – als Bestrafung für diese Phantasien" (1029), – und die Depression als Ausdruck der Schuld.

Ganz besonders tief ist aber seine Schuld, daß er selbst nicht zum Retter seines Vaters von seiner Augenkrankheit wurde. Dies wird im Zusammenhang mit einem Traum bewußt, in dem sein Vater während der Mahlzeit plötzlich von ihm verlangt, ihn rektal zu untersuchen, und auch sogleich seinen Hintern auspackt und ihm ins Gesicht steckt. „Ich sagte: Geh weg! Wie unpassend! Jetzt esse ich." Dies hat einen direkten Gegenwartsbezug: Als sein Vater sich unlängst einer Prostataoperation unterziehen mußte, besuchte ihn Thomas erst einige Tage später, da er seine Ferien mit seinen Kindern in den Bergen nicht abbrechen wollte. Die Operation hinterließ schwere Folgen, namentlich Inkontinenz; Thomas beschuldigt sich nun, daß er vielleicht hätte helfen können, wenn er dabei gewesen wäre. Dies geschah nur einige Monate vor dem Einsetzen seines eigenen Nackenschmerzes und des ganzen Zervikalsyndroms. Es ist gleichsam eine Bestrafung: der Vater hatte eine erfolglose Operation, Thomas fühlt sich schuldig darüber, so muß auch er selbst eine erfolglose Operation haben. Wir fragen uns, ob nicht eine unbewußte Beihilfe in dem Mißerfolg mitspielt? Und ob dies nicht auch in der Übertragung ausgespielt werde? Dies alles natürlich gegen den Hintergrund seiner ganz massiven Ambivalenz gerade dem Vater gegenüber – von Liebe und Bewunderung, von Haß und Todeswunsch. Sein Rennen von Arzt zu Arzt habe die Mitbedeutung, von seiner Schuld erlöst zu werden.

„Immer das Gefühl als Kind: Was tat ich jetzt? Wessen werde ich jetzt angeklagt?" Die Strafe mobilisiert nur noch mehr Selbstanklage: „Die Bestrafung bedeutet, ich bin wirklich böse, und es gibt noch viel mehr, wofür ich mich schuldig wissen soll." Jede Lösung, jede Einsicht entschwindet sofort: „Ich verdiene es gar nicht, die Antwort zu wissen" (1032).

Eine weitere Quelle der Schuld öffnet sich dank eines Telephonanrufs einer Verwandten seiner ersten Frau, die von seiner Erkrankung gehört hatte und sich nach ihm erkundigen wollte. Es ist uns bekannt gewesen, daß seine erste Frau, die sich inzwischen wieder verheiratet hat, vor ungefähr anderthalb Jahren, während ihrer ersten Schwangerschaft und trotz ihres jugendlichen Alters, einen Schlaganfall erlitten hat und seither linksseitig gelähmt ist.

„Ich fragte mich gestern: ihr linker Arm ist total gelähmt und mein linker Arm ist es, der so schmerzt. Als mir vor einem Jahr mein früherer Schwager das erzählte, realisierte ich etwas anderes: als ich nämlich vernahm, sie sei schwanger, war ich versucht, sie wissen zu lassen, daß sie wegen ihres Mitralklappenprolapses während der Schwangerschaft unter Antibiotikaschutz gestellt werden sollte und daß dies wegen der Gefahr der Septizämie allgemein empfohlen werde. Die meisten Chirurgen nehmen den Ton (click) des Mitralklappenprolapses nicht wahr. Dann aber entschloß ich mich, es nicht zu tun. Und dann war es wirklich eine Endokarditis an der Mitralklappe, die ihren Hirnschlag verursachte.“

„Daher dachten Sie, daß es in Ihrer Macht gelegen wäre, den Schaden bei ihr wie bei Ihrem Vater zu verhüten.“

„Und letzte Nacht, nach dem Telephon, mußte ich die ganze Zeit urinieren, genau wie das Symptom meines Vaters. Und gestern bemerkte ich zum ersten Mal, daß ich fähig war, den Schmerz unter der Selbsthypnose verschwinden zu lassen. Das war das erste Mal, und vielleicht war es ein Zufall, daß es beim Hinlegen war ...“

„Die zeitliche Verbindung mit überwältigender Schuld besitzt große Bedeutung.“ Ich beziehe mich hierbei sowohl auf das Einsetzen der chronischen Schmerzen gleichzeitig mit der massiven Mobilisierung teilweise unbewußter Schuld wie auch auf das Nachlassen des Schmerzes im Moment, da er sich dieser Zusammenhänge bewußt geworden.

„Als ich seinerzeit trotz meiner Befürchtungen in Bezug auf Sandra (der ersten Frau) nicht anrief, dachte ich: ich sei nicht jedermanns Arzt, besonders nicht der ihrer Familie, und der Herzton sei ja doch so laut, wie er nur sein könne, der lauteste systolische Click, den ich je gehört. Sie wußten davon, aber nicht dessen Wichtigkeit ... Ich hätte es sagen sollen, und ich war gemein.“

„‚Meine Todeswünsche erfüllten sich z. T., und jetzt muß ich dafür büßen.‘ “

„Und gestern war das auch der erste Gedanke, als ich den Anruf erhielt: sie sei nun wohl gestorben; und ein Teil mag es mein Wunsch gewesen sein.“

„Und das gegen den Hintergrund von Todeswünschen aus Ihrer Kindheit: das Umstürzen des Wäschebeckens [mit etwa 4 Jahren pflegte er diese umzuwerfen, wofür dann die kleinere Schwester bestraft wurde; s. *Zerbrochene Wirklichkeit*, S.319–322], die Furcht, daß Ihr Haus verschwunden sei [wenn er aus der Schule nach Hause kehrte, stellte er sich eine Leere vor, wo das Wohngebäude seiner Familie stand], das zwangshafte Bedecken des Kopfes [als Gebetzeremoniell bei dem Anflehen Gottes, daß seine Familienmitglieder nicht sterben sollten].“

„Und das Verlieren des Samens in der Toilette. Ich bin sicher, daß ich jedermann töten wollte.“

„Daher ist es Ihnen auch *unmöglich, die Analyse [erfolgreich] zu beendigen: Sie dürfen nicht Erfolg haben, Sie müssen leiden.*“

„Wie kann man das lösen? Mehr Analyse? Es bringt ein Gefühl von Angst und Übelkeit, ganz ähnlich, wie wenn ich mich mehr und mehr in eine Beziehung verstrickt fand, bei Sandra und Selma [der ersten und der jetzigen Frau]. Ich wollte sie, und doch wollte ich ausbrechen, ins Freie ... Denken Sie wirklich, daß dies Schmerzproblem ein psychiatrisches Problem sei?“

„Ein Problem *unbewußter Schuld*.“

„Es scheint lächerlich, aber das zeitliche Zusammentreffen (timing) weist in der Tat daraufhin.“

„Bestimmt ist es das nicht allein, aber es fragt sich, ob es dabei nicht eine Komponente gebe, die es sehr viel schlimmer mache.“

„Ich sehe viele Patienten mit Schmerzen, und die meisten werden nicht so depressiv wie ich.“

„Es ist keine Frage, daß die Depression sich auf Schuld und Wut bezieht. Die Frage ist, ob dies auch für die Schwere der Schmerzen gelte.“

„Die ich durch Hypnose verändern kann; daß der Geisteszustand einen Einfluß darauf hat, wie ich mich fühle. Es ist erstaunlich, wie ich fähig bin, den Schmerz verschwinden zu lassen, auch wenn es nur für einige Minuten ist. Es ist eine Art Wunder. Ich hoffe, ich kann es wiederholen (duplicate)."

„Das ist eine wichtige Verbindung."

„Doch ich verliere ja alle Verbindungen immer wieder, die wir hier finden."

„Das ist die *Sache der Schuld: keinen Erfolg zuzulassen.* Und daran arbeiten wir" (1052).

6.6 *Zur Übertragung der Abwehr: die Umkehrung (Rollenaustausch, Externalisierung, Projektion)*

In der folgenden Stunde klagt er wiederum darüber, wie schlecht es ihm gehe, und daß auch die neue Medizin (das von mir notfallmäßig empfohlene Fluoxetin [Prozac]) nichts helfe, ihm nur Übelkeit verursache, er habe einen anderen Neurologen um eine Untersuchung ersucht, doch führe alles nur immer in eine Sackgasse (dead end). Er habe geweint und daran gedacht, tot zu sein, daß das Elend erst dann aufhöre. Er möchte aufhören zu arbeiten und in jemandes Arme fallen, in meine Arme oder in die seiner Frau oder der Mutter, doch sei dabei das Gefühl der Falle (to be trapped). Ich erwähne, wie die unbewußte Schuld ein überzeugendes Motiv dafür sei, daß alles zu einem „dead end" und zum Versagen kommen müsse, und daß er sich *in der Falle seines Gewissens gefangen* fühle. Dann füge ich bei, daß er einen Monat vor Ausbruch seiner Krankheit gesagt habe: alles sei so gut, und doch fühle er, eine Katastrophe werde hereinbrechen – ein Autounfall oder Leukämie oder daß die Kinder stürben. Und das andere: wie er auch schon vor der Erkrankung die Stunde regelmäßig mit der Klage begonnen habe, wie schlecht es ihm gehe. Und als Drittes, auch schon lange zuvor, daß keine Einsicht helfe, alles versage. Es sei ein unbewußtes Bedürfnis, mich so ohnmächtig und hilflos fühlen zu lassen, wie er selbst sich gefühlt habe. Da sei natürlich die Erkrankung ein gutes Werkzeug, da ich selbst ja machtlos sei in bezug auf seinen Nacken.

„Sie sagen, daß der Nacken etwas Konkretes sei für etwas anderes, daß ich etwas wiederhole? Ich hörte die 3 Dinge. Und sofort sind sie alle wieder vergessen. Es ist wohl die Angst."

„Ja – die Pseudostupidität: ‚*Aus Schuld kann ich keine Deutung annehmen.*'"

„Damit ich stecken bleibe."

„Aus Schuld und aus Wut – *aus Wut müssen Sie mich erledigen (demolish), und aus Schuld bestrafen Sie sich.*"

„Auch wenn Sie es mir vorstellen (point out), kann es den Zyklus nicht brechen."

„Das ist Teil davon – es kann den Zyklus nicht brechen."

„So: was vermag das zu tun (den Zyklus zu brechen)?"

„Was denken Sie?"

„Meine Antwort: es einfach zu sehen. Aber wenn Sie es sagen, kann ich es nicht sehen. Vielleicht in Worten, in Sätzen, aber nicht in Wirklichkeit (in terms of something real). Und ich spüre nicht, daß Sie den Nagel auf den Kopf getroffen haben. Und doch haben Sie das wohl getan, denn es lautet so merkwürdig, und ich habe soviel Schwierigkeiten damit.“ (Langes Schweigen) „Dabei ist auch der Wunsch, abhängig zu bleiben, wie als meine Mutter alle die Hausaufgaben für mich machte.“

„Das ist auch ein Teil davon.“

„So ist es mit der Krankheit. Wie die Physiotherapeutin mit ihrem Labormantel gegen mich strich, war es wie die Kleidung meiner Mutter, wenn sie mir die Haare wusch oder die Zähne putzte. Sie tat das, bis ich ganz groß war. Meine eigenen Kinder tun das schon selbst.“

„Die Abhängigkeit verbirgt die Angst über die Wut und die Schuld.“

„Die Schuld wofür?“

„Die Schuld für die Wut. Und die Wut: darüber, daß Sie sich so hilflos und beschämt fühlten.“

„Was soll ich (supposed to) tun? Schreien? (Schweigen). Ich schweifte mit meinen Gedanken ab, dachte an E. (sein jüngeres Kind); es schlägt impulsiv drein und streichelt einen danach. Sie kann es modulieren ...“

„Sie bemerken den Zusammenhang, wo sie (die Assoziation) auftritt?“

„Wut – Schuld über die Wut?“

„Die Ihre – die Sie versuchen ungeschehen zu machen – durch Ihr Leiden.“

„So, was ist da zu machen? Ich bin schon manches Mal zuvor auf diesen Punkt gestoßen, daß ich ungeheure Wut auf meine Eltern habe; das ist kein Geheimnis. Das habe ich vom ersten Tag an gewußt.“

„Daß dasselbe sich nun mit mir wiederholt.“

„Statt wütend zu sein (raging) –“

„*– lassen Sie mich völlig hilflos fühlen.*“

„Daß das Leiden ein Motiv in der Beziehung auf Sie besäße?“

„Einen sehr wichtigen Teil. Die einzige Weise, wie Sie die Wut auszudrücken vermögen, ist die, mich wie die anderen völlig hilflos und unfähig (inept) zu machen.“

„Wie es meine Mutter machte: sie tat das die ganze Zeit: ‚Sieh, wieviel ich wegen dir leide! Ich war bis um 4 Uhr am Morgen auf!‘ Und dann würde mein Vater schreien: ‚Schau, was du deiner Mutter antust!‘“ [Anspielung darauf, daß die Mutter darauf bestanden habe, die meisten Schulaufgaben für ihn zu machen; s. u.]

„Ähnlich, wie Sie mir am Samstag abend anriefen, um zu sagen, daß Sie so depressiv seien, daß Sie sterben wollten, und mich ersuchten, Ihnen das Prozac zu verschreiben, um mir dann nach 2 Tagen zu zeigen, daß es eine idiotische Wahl und völlig wirkungslos sei. Wir könnten skeptischer über diese Zusammenhänge (line of reasoning) sein, wenn nicht alles schon zuvor an Ort und Stelle gewesen wäre, ehe es durch das Nackenproblem begründet worden war – außer daß die Katastrophe noch nicht hereingebrochen war.“

(Schweigen) „Ich habe das gleiche pseudostupide Gefühl, ich kann nicht wegkommen davon. Alles ist ganz verwirrt.“

„‚Es ist wichtiger, daß ich leide, als daß ich es verstehe und aufgebe (relinquish)‘,“ bemerke ich.

„Als ich wütend auf meine Mutter war – ich weiß nicht, wie alt ich war – gab ich vor, eine Flasche mit Jodtinktur auszutrinken, um Selbstmord zu begehen, und legte mich dann auf den Boden. Sie sagte nur: ‚Steh doch auf!‘ und gab mir einen kleinen Tritt.“

„Das ist ein gutes Beispiel. Es half damals nicht, aber es half am Samstag mit mir."

„Ich dachte daran nicht als eine Analogie. Ich versuchte, meine Mutter leiden zu lassen – und jetzt Sie, meine Frau und meine Kinder."

„Auch durch die schwere Depression. Nicht, daß sie nicht echt wäre. Sie ist sehr wirklich."

In der darauf folgenden Stunde sagt er, er habe gestern verheimlicht, daß während unserer Arbeit der Schmerz markant abgenommen habe, ähnlich wie bei der Hypnose. Diese Abnahme habe mehrere Stunden angehalten, und er habe nur ein Tylenol gebraucht, was einen Rekord darstelle. In der Folge gingen wir über dieselbe *Sequenz von Hilflosigkeit und Beschämung → Wut → Schuld → Opferzustand (being the victim) → Verwirrung (feeling muddled and confused) → vertiefter Hilflosigkeit und Scham.* Er empfand die letzteren ganz im Moment unserer Explorierung, „verbunden mit einer Welle milder Übelkeit", und er fügte bei, daß er seine Mutter nur „bekam", wenn er hilflos war.

Meine Deutung: *„Ich kann Liebe nur bekommen, indem ich leide, während ich gleichzeitig den anderen machtlos mache und so eine Art von Macht ausübe."* Auch dies ist eine *masochistische Kernphantasie* (1054).

Schließlich war es die Analyse dieser schweren unbewußten Schuldgefühle, die allmählich zu einer weitgehenden Erleichterung, wenngleich noch nicht zu einer vollständigen Aufhebung der Depression führte.

6.7 Die Gefahr des Wettstreits – Abwehr durch Reaktionsbildung

Ein Faktor ragt immer mehr hervor: die Bedeutung der *Rivalitätskonflikte mit seinen Geschwistern,* der Todeswünsche vor und nach ihrer Geburt und die *Abwehr dagegen durch Reaktionsbildung: Heilen statt Verletzen und Töten, Trauer statt Wut, masochistisches Opfertum statt Bilder mörderischer Rache, Passivität und Lähmung statt Selbstdurchsetzung, Niederlage statt Wettstreit, eine Welt magischer Macht und Wiederherstellung statt der Hilflosigkeit.*

Jene verborgene „böse" Seite, jenes unsichtbare Selbst, das plötzlich offenbar werden könnte, nämlich eben als jemand, der mörderisch die anderen, die Rivalen ausstechen möchte, konkretisiert sich in den Erinnerungen an die frühe Kindheit, wie er wiederholt den Wäschekorb umstürzte und dann mit Erfolg die Schwester der Missetat bezichtigte, wie er gerade dadurch die Eltern in ihrer Intimität („beim Frühstück"!) unterbrach (921), wie er seine Hosen näßte und dann die Schulleiterin im Kindergarten anklagte, wie er es mit seinem verhohlenen Groll magisch dazuzubringen wähnt, daß die Familie von der Untergrundbahn überfahren werde und sie dann ebenso magisch wieder ins Leben zurückriefe oder durch Gebet solches Unheil zu verhüten vermöchte; wie er die Puppe seiner Schwester in die Verbrennungsanlage im Haus werfen wollte, und wie er auch heute noch Gott und alle anderen für die Mißstände und das Leiden anklagt (825).

Ein anderes bedeutsames Element aus seiner chaotischen und traumatischen Kindheit ist die Schuld darüber, daß er sich trotz aller Mißhandlung *als bevorzugt erleben mußte:* wenn die Geschwister angeschrieen oder geschlagen wurden, war sein Gefühl, *er* hätte bestraft werden sollen: „Ich sollte weinen, nicht er.“ Die Mutter widmete sich in den Nächten seinen Hausaufgaben, statt dem Vater oder der Arbeit der jüngeren Geschwister. Wie er die Wäscheschüssel umwarf, war nicht er der, der bestraft wurde, sondern die Schwester.

So ist alles Gute unverdient; die Analyse selbst wird zum endlosen Bußanlaß, und muß letztlich mißlingen; er mußte sich durchs ganze Leben dafür bestrafen, daß nicht er, sondern die anderen mißhandelt oder zu kurz gekommen seien, daß er der Beschützte und Bevorzugte gewesen sei (diese Deutung der Vergangenheit ist selbst masochistischer Natur; ihre Historizität kann mit Fug und Recht bezweifelt werden). Das ihn zwanghaft überkommende Weinen besagt: „Ich soll weinen, nicht er (z. B. der Bruder); nicht er soll leiden, sondern ich“ – *Identifizierung mit dem Opfer aus Schuld für die eigene Bevorzugung* (1190), d. h. die *erfolgreiche Beseitigung der Rivalen im Wettstreit,* sowohl der Geschwister wie der Mutter beim Vater, des Vaters bei der Mutter (1234). Jeder Erfolg muß nun daher entwertet und ungeschehen gemacht werden. Ihm geschieht wie dem biblischen Joseph (1235). Erfolg kann nur bezeugt werden, wenn er fein verpackt wird mit Leiden.

*

Er spricht, im Zusammenhang mit anderen Situationen der Konkurrenz, über seine Angst vor Kontakt- und Körpersport überhaupt. Ich bemerke: „Wenn Sie den Rivalen eliminieren wollen, werden Sie als Rivale eliminiert. So stellen Sie sich dumm.“ Auch in dem Momment kommt er bei meinen Ausführungen nicht mit. Dann das Bild: er halte jemanden bei der Kehle und schüttle ihn, wie es sein Vater mit ihm getan, absolute Hilflosigkeit – doch nun umgewandt im Bild: er erdrossle jemanden. Also: sich dumm zu stellen als Abwehr gegen mörderische Wünsche. *„Ich nehme am Wettstreit nicht teil, ich bin nur dumm.“*

Wenn er vor Leuten auftrete, wundere er sich, ob ihm die Leute zurufen werden: „Das ist eine Lüge, du bist dumm, du Dummkopf, setz dich hin!“ Weshalb die Phantasie? Das wisse er nicht.

„Sie setzen sich an Vaters Stelle, und sind doch nur ein kleiner Bub und werden zurechtgewiesen. Sie versuchten, mit dem Vater zu streiten, und er unterwarf Sie.“

„Alle würden sehen, daß ich einen leeren Kopf habe, ein Hochstapler bin, daß meine Mutter meine Aufsätze schrieb, daß ich nicht nachkomme.“

„Auch in der Analyse.“

„Das ist so, wie ich darüber fühle. Und ich verlasse mich auf Sie für die Einsichten.“

„Wie bei der Mutter – daß ich die Aufsätze für Sie schreibe. Sie selbst können nicht die Einsichten haben, sie können davon nicht Gebrauch machen, denn dann wären Sie ein großer Junge und könnten mitkämpfen (compete).“

„Mit wem?“

„Hier mit mir. Aber ich bin nicht der erste, sondern der letzte in einer langen Linie.“

„Zu denken heißt für mich: meine Eltern zu zerstören.“

„Das Glied (link) dazwischen ist *Wettstreit = Töten*“ (1359).

Er hat einen Traum, wo er mit 2 Kollegen nicht mithalten kann und sich wie gelähmt fühlt. Im Traum ist er der *ausgeschlossene Dritte* (2 Freunde lassen ihn zurück, die tragen Tuxedos, und gehen gerade in die Oper; er sieht sich von seinem Hotelzimmer ausgeschlossen). Er kommt auf den Wettstreit mit den anderen Ärzten zu sprechen: er möchte gleichfalls ein sehr teures, ebenso modisches Prestigeauto kaufen. Der Wettstreit ist lähmend.

Er erinnert sich daran, wie Vater und Onkel sich zu Geheimgesprächen über Geld und Politik einschlossen; er fühle sich traurig.

Ich ergänze: „Und die ursprüngliche Ausschließung, das Theater, das die Eltern spielten, wo Sie nicht mitmachen (compete) konnten, wo Sie sehen wollten und nicht konnten."

„Ich war sehr allein und hatte Angst, gefangen in meiner Krippe, mit dem beängstigenden Lärm aus dem Schlafzimmer." Dann der „overload", das Vergessen, worüber wir das letzte Mal gesprochen. Ich fasse es kurz zusammen. Er hört nur Bruchstücke davon.

Ich bemerke: daß er mich nicht höre, sei auch Teil der Konkurrenz, daß ich etwas mehr wisse als er. Er müsse mich ausschließen, ausschalten (cut out, shut out), so mich symbolisch zu töten.

Auch dies hört er kaum. *Je stärker der Wettstreit, desto ausgesprochener die Gelähmtheit.* Doch warum geschehe das auch vor sich selbst – wenn er z.B etwas für sich schreiben möchte? Ich: Er stehe im Wettstreit mit anderen vor sich selbst, vor seinem eigenen inneren Urteil, seinem eigenen Richter.

Er sah sich besonders auch als Außenseiter im Dreieck mit dem nächst jüngeren Bruder und der Schwester, die sich seinerzeit jeweils gegen ihn verbündeten. Sie machten sich lustig über ihn, reizten ihn und beschämten ihn: „Die eine war die aktive und lachte mich aus, und der andere war das lachende Publikum" (1380).

Es läßt sich fragen, ob das nicht das Spezifische für die soziale Situation ist: *daß der eine ihn beschämt und der andere lacht.* Etwas Ähnliches galt übrigens auch bei den Eltern, wo ihn gewöhnlich der Vater beschimpfte und schwer herabsetzte und die Mutter dem gleichgültig zuschaute. Oder umgekehrt, wo sie ihn als Unrat beschimpfte und der Vater miteinstimmte.

6.8 *Das Zwangsweinen – die Identifizierung mit dem Opfer als Reaktionsbildung*

Eine mit der zuvor gegebenen verknüpfte Bedeutung des *zwanghaften Weinens:* wir beobachten, wie die Tränen eigentlich immer dann auftreten, wenn er von einem *verwundeten Kind* spricht, handle es sich nun um körperliche oder seelische Verwundung, handle es sich um ihn als Kind oder um ein anderes. Aus den Assoziationen, die auf Phantasien des Tötens (von Vater und Gattin) übergehen, ergibt es sich, daß die Tränen nicht nur eine *Identifizierung mit dem Opfer* darstellen, sondern genau die *Verknüpfung von Aggression mit sexueller Erregung* verdecken sollen, also wiederum eine Art der *Reaktionsbildung* darstellen: „Ich will mich nicht an der Qual des anderen weiden; ganz im Gegenteil, ich weine ja, ich bin zutiefst betrübt, zerknirscht, so schuldbeladen!" Der Vater verhöhnte ihn dafür – als er noch nach Jahren den Tod seines Großvaters unter Tränen betrauerte (1278).

Wie er das gesunde, gute Aussehen seiner älteren 6jährigen Tochter schildert, kommen ihm, wie das oft unter ähnlichen Umständen der Fall ist, die Tränen. Er fragt sich, ob er sie nicht beneide und erwähnt halb im Spaß dabei wieder seine mörderischen Impulse. Etwas später spricht er davon, wie sie nicht mehr Fleisch und Fisch essen möchte. Ich: „Vielleicht spürt sie Ihre mörderischen Impulse."

(Nach beträchtlichem Schweigen) „Vielleicht. Aber dann hätte sie Angst vor mir. Vielleicht."

„Oder sie würde mit gleichen Wünschen antworten, die sie dann zu vertreiben (fight off) vermag. Ich meine: Sie identifiziert sich mit dem Opfer als Abwehr gegen die Wut, gegen die mörderische Wut, die Ihrer Familie nicht fremd ist."

„Ihre Wut richtet sich auf E. [die jüngere Schwester]."

„Ein Ziel, das ihr am wenigsten gefährlich erscheint."

„Dann identifiziert sie sich mit E. und sorgt sich um ihre Gesundheit, fürchtet sich für sie. Und dann verschiebt sie es auf die Tiere und identifiziert sich wirklich mit dem Opfer. Und ich selbst tat sicherlich dasselbe gegenüber meinen Geschwistern."

„Und in der Identifizierung mit dem Opfer weinen Sie."

„Krokodilstränen" (1397).

Es ist seine Version der wesentlichsten masochistischen Phantasie, der Schlagephantasie – entsprechend Freuds Essay: „Ein Kind wird geschlagen."

Eine Variante davon dürfte es sein, daß er auf den Tod des Großvaters hin (als er knapp 5jährig war) nicht verstehen konnte, warum man den Tod nicht dadurch verhindert habe, daß man ihm ins Ohr geschrieen hätte: „Wäre ich dabei gewesen, hätte ich geschrieen, um ihn zu wecken. Ich war schon der kleine Doktor, und die Medizin war das Schreien," – das wohl gegen die Todeswünsche, zwar kaum gegenüber dem Großvater und mehr gegen Eltern und Geschwister (1281).

6.9 *Sexualisierung als Abwehr*

Ein weiteres, bislang fehlendes Stück in all diesen Rekonstruktionen ist jedoch die *Sexualisierung der Aggression, die Sexualisierung als Abwehr.*

Spezifisch erinnert er sich (1381) daran, wie die Schwester es zustande brachte, ihm alle seine Kleider und dann die deckenden Hüllen abzureißen, als Besuch gekommen und nun im Begriff war, ins Schlafzimmer zu treten, um den Kindern gute Nacht zu sagen: so daß jede soziale Situation diese Gefahr zu wiederholen droht – daß ihm einer die Verkleidungen abreiße und ihn bloßstelle, und der andere ihn nackt und entblößt dastehen sehe. Auch die magischen Tricks waren schließlich dazu angetan, ihn zur Lächerlichmachung aufzustellen (set him up), doch auch zu wundervollen Triumphen, wenn sie ihm glückten. Auch mit der Schwester war eine deutliche sexuelle Note bei dieser Bloßstellung.

Gewaltakte in der Phantasie beinhalten, versteckt hinter der Angst, eine lustvolle Qualität; umgekehrt sind masturbatorische Handlungen, wiederum in verhüllter und verschobener Form, von Phantasien aggressiven Eindringens und Rache umgeben (1253).

Die Todeswünsche gegen die Schwester und die anderen Geschwister wandeln sich in die stark sexuell erregende Phantasie um, daß er zum Arzt werde, die an die Wand gestellten Mädchen entkleide und dann heile. Der Voyeurismus ist daher sowohl eine Abwehr gegen das Töten (durch Reaktionsbildung) wie auch gegen die traumatische Wahrnehmung von Mutter und Schwester ohne Penis (durch deren Verleugnung und Sexualisierung) (1270, 1271).

So ist also die Abwehr nicht einfach nur die der *Reaktionsbildung*, nämlich als Heilung, und die der *Wendung gegen das Selbst*, als Depression und Selbstanklage, als Selbsterniedrigung und als Versagen, sondern die Abwehr ist zusätzlich und ganz wesentlich die der *Sexualisierung*. Erst diese gibt dem Masochismus seine ganze unterliegende Gewalt und führt immer wieder zu erneutem und vertieftem Konflikt. Entsprechend der doppelten Bedeutung der Selbstbehauptung und „Aggression", nämlich als nicht gestattete Abtrennung von der übermächtigen Elterngestalt und als phallische Exhibition, ist die Gefahr der Bestrafung nicht nur die durch Trennung vom geliebten Anderen und durch Beschämung, sondern auch die durch Kastration (1274).

Diese Sexualisierung bezieht sich ganz wesentlich auch auf den Vater und damit schließlich auch auf mich:

> Ich will die Nähe zu ihm und zu Ihnen, will mich an ihn schmiegen; aber ich fühle auch die Rivalität mit ihm und möchte ihn und Sie zerstören. Es ist das Hin und Her zwischen diesen beiden Wünschen, das selbst sehr erregend (exciting) ist. Es ist wie das Biegen eines Bleistifts, bis er bricht. Ich provoziere (tease) den Vater, bis der Ausbruch kommt, und dann ist es eine Hölle (1282). Er ignoriert mich nicht, ich bin im Mittelpunkt, obwohl ich dabei schrecklich leide.

Es ist vorzuziehen, eine Beziehung mit versteckter Zärtlichkeit, wenngleich unter Schmerzen zu haben, als der emotionellen Beziehung zu entbehren (1283).

Das dürfte noch mehr der kalten, fernen Mutter gegenüber gelten: „Ob ich mir nicht lebenslang die Schuld daran gegeben habe, daß die Mutter unter Depression litt und es nicht gut (fun) haben konnte? Ob sich nicht die Träume über die Heilung kranker, nackter Mädchen ursprünglich wirklich auf die Mutter beziehen – war sie doch zu jener Zeit sehr hübsch, und ich hegte wohl sexuelle Wünsche (desire) ihr gegenüber. Ich war im Streit mit meinem Vater für die depressive Mutter. Er schrie sie auch an, er gab ihr die Schuld."

„Gerade da Sie so wütend auf sie [die Mutter] waren und wollten, daß sie sterbe, bekräftigen Sie das Gegenteil (you bend over backwards). Und Ihre Traurigkeit jetzt ist Ihre Schuld über Ihre mörderischen Wünsche."

„Vor einigen Tagen stellte ich mir wirklich vor, daß sie sterbe, der Vater bei mir einziehen werde und ich ihn nun für mich habe. Es war ein Wunsch. Ich fühlte mich schuldig für ihre Depression – wenn sie sagt: ‚Ich will sterben'." Das hat sie zeitlebens getan, doch jetzt mehr denn je. „Daß ich es herbeigeführt (produced) habe. Die (sexuelle) Erregtheit (excitement), wie beim Überspannen und Brechen des Bleistifts: daß ich die Mutter zu weit getrieben (pushed her too far). Sie ging in eines ihrer Tantrums. Ich erinnere mich, wie verrückt sie war und schrie, welch schrecklicher (lousy) Sohn ich sei. Ich fühlte mich abscheulich (awful), aber gleichzeitig hatte ich Lust (pleasure) dabei, daß ich es getan hatte. Ich muß sie gehaßt haben. Es war sogar sexuelle Lust mit dabei, sie zu einem Ausbruch zu bewegen (there was even sexual pleasure in throwing her into a fit). Doch vor mir hatte sie solche Ausbrüche (fits) gegen meinen Vater. Und mit ihrer ganzen Familie war sie verfehdet“ (1363, 1364).

6.10 Der ausgeschlossene Dritte als Zauberkünstler

Doch die eben behandelte Rivalitätsthematik reicht viel tiefer und ist viel breiter: es handelt sich um den *ödipalen Konflikt im eigentlichen Sinne, und zwar in verdoppelter Form* und einer ganz *eigentümlichen Verschlüsselung.* Der Durcharbeitung dieses Konflikts, eben gerade in der masochistischen Version, wende ich mich nun zu.

Thomas bemerkt, er komme nicht davon los, welch anziehende, schlanke, liebevolle, nicht depressive Frau seine Mutter den Photos nach, die er gesehen habe, ursprünglich gewesen sein mußte. In seiner Frau habe er jene früheste Mutter, die *Mutter der Urzeit* gewählt. Ob nicht auch dieselbe beschämende Ausschließung im Dreieck mit Mutter und Vater mitgespielt habe, wie bei Schwester und Brüdern? Auch der Vater war ja ein großer Beschämer. Nicht angenommen zu sein, sei auch beschämend (1380).

Er ist überrascht, wie befangen und unbehaglich er sich über das Wochenende nach dem Besuch einer Theatervorführung gefühlt habe. Er spricht vage über Phantasien von Tod und Zerstörung und die damit verknüpfte Schuld; über Gedanken, sich mit einem anderen, ihm unbekannten Patienten von mir, den er beim Hereinkommen angetroffen hat, über mich lustig zu machen, doch mir auch mit ihm zusammen ein Geschenk zu machen.

Es sei eine milde Form der Tötung des Vaters, gefolgt von der Wiedergutmachung, meine ich. Er erwähnt, er habe neuerdings Schmerzen in seinem Hoden, vielleicht sei es eine Epididymitis; das habe ihn wohl so zum Verstummen gebracht am Samstag. Ich werfe ein, es rühre an sehr tiefe Ängste – wie die Nackenschmerzen, fügt er hinzu. Das Schauspiel, das sie besucht haben, sei ausgezeichnet gewesen, ein Spiel über mörderische Wut nach erlittenem Unrecht. Der Schauspieler sei doch auch eine Art Magier, behalte doch auch Geheimnisse, nämlich seine eigene Identität, und täusche eine andere vor.

„Der Schauspieler zeigt etwas, aber nicht sich selbst“, meine ich. Er beschreibt, wie er eben die Videoaufnahme eines Fernsehinterviews von ihm selbst angeschaut habe; es sei nur zu sichtbar gewesen, wie ängstlich er dabei gewesen sei, doch wie er auch unter dem Druck Antworten gewußt habe, die ihm sonst kaum eingefallen wären. „Doch ich unterbrach Sie, Sie wollten etwas sagen.“

Ich setze ein: *„Ein Geheimnis zu haben, Magier zu sein, andere zu faszinieren* – könnte das nicht bedeuten, den Spieß umzudrehen *[turning the tables]*: Sie wollten ein Geheimnis, das Ihnen vorenthalten war, herausfinden, etwas Faszinierendes erfahren, von dem Sie sich *ausgeschlossen* fühlten: nämlich was sich sexuell zwischen den Eltern abspielte. Im Spiel sind Sie das den anderen gegenüber. Dies würde sich besonders verstärken beim Theaterspiel; es ist der ursprünglichen Situation nahe. Wenn Sie selber öffentlich auftreten und sich selber zeigen, bricht die Angst durch, die sich anläßlich der ursprünglichen Situation eingestellt hatte." Das schlage ein, es stimme, bemerkt er (1284).

In der folgenden Stunde kommt er darauf zurück: „Wir stoppten nach einer längeren Deutung von Ihnen gestern. Es schien etwas sehr Wichtiges zu sein. Wenn ich spreche, zeige ich mich, als ob ich ein Geheimnis besäße, wie die Eltern. Nicht ein Spießumdrehen, sondern daß ich auch Mitglied des Clubs bin, daß ich vom Geheimnis nicht ausgeschlossen bin."

„Aber *sie* sind davon ausgeschlossen, die anderen, nur Sie kennen es."

„Ich sehe, was Sie meinen." Er berichtet dann, wie seine 5jährige Tochter sich gestern gut mit seinem Bruder am Telephon unterhalten und ihm Geschichten erzählt habe; sie werde überhaupt ganz erfinderisch. In den Träumen erzähle sie sich selber Geschichten, sage sie. „Sie hat nicht meine Schüchternheit."

„Das war ein anderer Punkt, über den wir gestern sprachen: Sie rächen sich an den Eltern [durch das Auftreten] und fühlen sich dann ängstlich."

„Schüchtern zu sein, heißt: ich will etwas nicht enthüllen [divulge]. Ich fürchte mich, als Hochstapler angeschaut zu werden, daß ich mich an den Platz der Eltern versetzt habe, und ich verneine es: dies bin ich nicht."

„Und sie würden sich an Ihnen rächen."

„Daß die Leute lachen würden. Jedesmal wenn ich hier zu etwas Neuem gelange, erwarte ich plötzliche Erleichterung – doch tritt sie nicht ein."

„Wegen der Schuld. Fast alles, was wir finden, ist mit sehr viel Schuld verbunden, die Ihnen den Genuß an der Einsicht verbietet."

„Da ich wohl ihren *[der Eltern] Platz nehmen möchte* –"

„– die gleiche lustvolle Erregung [excitement] haben möchten."

„Der Erfolg dabei [die Eltern zu ersetzen] ist auch eine Art Mord."

„Ich glaube ganz direkt, im Dreieck: den Vater bei der Mutter zu ersetzen."

„Ich hatte ein anderes, damit verbundenes Bild jüngst: doch erinnere ich mich nicht genau, was das war."

„In Vaters Schoß zu sitzen, und sich zärtlich an ihn zu schmiegen, und sie weg von ihm zu stehlen?"

„Homosexuelle Gefühle ihm gegenüber, ihn von ihr zu trennen, dann hätte ich mehr von ihr."

„Wie das?"

„Wenn er ihr Schmerz zufüge [in der Urszene], würde es eine Hilfe für sie bedeuten, wenn ich ihn wegnähme. Es wäre eine Form des Heilens durch mich. Ich habe das Bild von ihr: nackt, Sex mit ihr zu haben. Nicht als Kind." Er erweitert dies aber sogleich mit dem wichtigen Bild seiner Bisexualität, seiner *doppelten Identität: „Sex mit jedem der beiden zu haben, aber getrennt.* Mein Quengeln und Zupfen an ihr löste viel Ärger bei ihm aus. Die Mutter war viel zu großzügig mit ihrer Zeit mir gegenüber, zu einem verrückten Ausmaß. Daß ich des Vaters Zorn über mich brachte, da ich soviel wollte, soviel besonders von ihr.“

„Daß die sexuellen Gefühle ihr gegenüber sehr gefährlich waren; Sie wollten sie für sich selbst haben. Wir haben manchen Hinweis darauf, obzwar von später; doch weisen sie zurück.“

„Wenn ich denke, er habe mich als Rivalen [competition] bei der Mutter gesehen und sich über mich erzürnt, so ist das Wichtige, daß *ich* es so ansah, nicht ob es wirklich so war.“ Er wird unruhig: „Meine Hoden schmerzen mich wieder. Ich befürchte [worry about] Kastration.“

„Der Schmerz mag zumeist psychogen sein.“

„Nicht der Schmerz, sondern die Befürchtung.“

Ich lenke zurück: „Sie fühlen sich besonders dann unbehaglich, wenn Sie unter mehreren Leuten sind, wo Sie befürchten, *ausgeschlossen zu sein, der Dritte.*“

„Das ist vielleicht der Kampf durch mein Leben: dafür *miteinbeschlossen zu sein bei beiden.*“

„Eher: bei dem einem, und den anderen auszuschließen.“

„Das ist es, was ich zuvor gemeint habe.“

„Dann die *Bestrafung für diesen Wunsch:* daß Sie selber sich ganz stark ausgeschlossen fühlen, wie das in der Angstsituation geschieht.“

„Ich fühle mich jetzt sehr den Tränen nahe.“

„Das paßt wohl auch dazu. Wie würden Sie das deuten?“

„Was ich eben spürte – die Erinnerung an jenen Traum, den ich als Kind oft gehabt: daß ich heimkomme, und unser Haus verschwunden sei, das ganze Gebäude. Das wäre ein sehr starkes Ausgeschlossensein, und damit kommen die Tränen.“

„Ausgeschlossen von den Eltern.“

„Als eine mir selbstauferlegte Bestrafung.“

An diesem Punkt gebe ich eine zusammenfassende Deutung, eine Art *Ich-psychologischer Rekonstruktion:*

„Wir können es eigentlich als einen Vorgang in 3 Stufen verstehen: 1. Ich fühle mich *ausgeschlossen von der Intimität* mit dem einen Elternteil, primär wohl mit der Mutter. 2. Ich will bei dem einen *miteinbeschlossen* [included] sein und den anderen beseitigen. 3. Dafür werde ich aber dann *mit um so stärkerer Ausschließung bestraft.*“

„Und die Sorge beim Tod des Großvaters wäre dann, daß ich selbst sterben müßte, daß *das Ausgeschlossensein eine Art des Todes wäre:* niemand könnte einen sehen, alles wäre fremd, und ich würde nirgendwohin mehr gehören; ich wäre ganz ohnmächtig und unsichtbar.“

„Und würden weinen, damit die Mutter wiederkäme und Sie wieder annähme.“

„Ich fühle Trauer – daß ich es nicht verdiene, so bestraft zu werden, daß ich ungerecht bestraft würde. Was wäre falsch mit der Beziehung? Was nicht recht dabei ist, ist doch dies: daß sie den anderen ausschließt, daß es nicht mit beiden zusammen geht.“

6.11 *Der Voyeurismus als Rache*

Ich versuche, auch von daher *Zugang zur Psychodynamik der Perversion* zu gewinnen:

„Und wie verstehen Sie in diesem Zusammenhang den Voyeurismus?"

„Miteinbeschlossen zu sein ...?"

„Wohl doch eher eine Handlung der Rache: ‚Du hast mich fern gehalten; ich nahm keinen Teil daran, du hast es vor mir geheim gehalten – jetzt bin ich umgekehrt der geheime Zuschauer, und du weißt es nicht!'"

„Wie steht es zur Ausschließung?"

„Es ist deren *Umkehrung.*"

„Was ich in der Beziehung zu Mutter oder Vater wollte, was ich vielleicht nicht sehen oder nur vage erkennen mochte, ist dies: daß es die andere Person ausschließt. Es ist etwas ganz Hassenswertes."

„Es läßt die andere Person verschwinden."

„Darum muß dann die Bestrafung so schwer sein; die allein erlebe ich, nicht aber den ursprünglichen Angriff. Der Zorn, der kam von mir –"

„– die Beseitigung",

„– der Wunsch zu töten."

„Wenigstens ursprünglich war es in den voyeuristischen Erlebnissen doch so, daß *Sie den Mann beseitigten und nur die Frau beobachteten.* So hatten Sie Ihre Rache."

„Das ist es, was ich wollte."

„Und das war sehr erregend [exciting] ... es war schließlich eine Rache an der Frau; es geschah ja nicht mit ihrem Einverständnis. Es war eine Art *Vergewaltigung durch die Augen* [ocular rape], keine liebevolle Begegnung. Wir müssen uns fragen, ob sich bei der Betrachtung der pornographischen Bilder nicht etwas Ähnliches ereignet ... Es ist etwas Entwürdigendes, Mechanisches."

„Natürlich."

„Und dort haben Sie die Rache."

„Sie tut es für das Geld; die beiden kümmern sich überhaupt nicht umeinander. Zumeist sieht es sehr mechanisch aus."

„Und wenn Sie zuvor über die Ausschließung sprachen, haben Sie absolut recht, sie mit dem Tod gleichzusetzen, und mit dem Weinen zu verbinden."

„Im Theater samstags sahen wir einen Bekannten, der mit Shelley [einer Frau, die in jungen Jahren an Krebs starb] verheiratet gewesen war. Es war im selben Theater, wohin ich sie beide, nicht lange vor dem Tod der jungen Frau, zu Wilders *Our Town* eingeladen hatte." Seinerzeit hatte er furchtbare Schuldgefühle über diese Taktlosigkeit – das Spiel handelt sich ja auch um eine jung verstorbene Frau. „Ich muß es gewußt haben. Ich hatte das Stück ja schon in der Mittelschule (junior high) gesehen und damals sehr geweint: die Verstorbene kommt zurück, und niemand sieht sie, sie ruft, und niemand antwortet ihr. Ich erinnere mich noch an die Liebe für die Schauspielerin; sie schien mir die schönste Frau in der ganzen Welt zu sein" (1285).

„Die Angst, ich würde kastriert, ich würde sterben, und schlimmer: ich fände mich vollständig allein, getrennt in einer schrecklichen Welt, wo ich unsichtbar wäre – das macht mich unfähig, die wirkliche Aggression zu sehen, die ich habe –“

„– daß die Furcht Sie daran verhinderte, die mörderischen Wünsche zu fühlen?“

„– daß die Furcht so groß ist. Dazu kommt dies: Wenn ich dachte, ich könnte den Großvater durch Schreien wiederbeleben und ich rief, hieße das, der Vater machte sich der Fahrläßigkeit schuldig: er hatte nichts getan, ihn am Leben zu halten und ihn so sterben lassen.“

„Dabei ist es auch wichtig, daß das Schreien, das selbst so verletzend war, nun in Ihrer Phantasie als dramatisches Heilmittel gebraucht wurde. Die Umkehrung finden wir gerade dort – wie bei dem ‚bending over backwards‘, dem ‚protesting too much‘, nämlich durch das Gegenteil, *‚statt Töten Heilen‘, statt Rache sexuelle Erregtheit.*“

„In diesem Augenblick spürte ich wieder den Nackenschmerz – ein Bild, unfähig zu sein zu tanzen, ganz steif und starr zu sein ... eine Art von Tod ...“

„Oder eher die Kastration als Bestrafung für die verbotenen Wünsche“ (1286).

6.12 Die Übertragung des „moralischen“ Masochismus: der Analytiker als der Mitschuldige – und das Rätsel der Doppelheit

Unmittelbar danach besuchte er mit seiner Familie seine betagten Eltern. Seiner Mutter Barschheit, Befehlssucht und „intrusiveness“ machte ihn „fast krank vor passiver Wut“. Er fühlte sich und seine Kinder von ihr immer wieder heruntergemacht. „Ich war äußerst still, konnte mit niemandem sprechen. Ich dachte: ‚Das ist doch nun so, da ich sie umbringen will.‘ Doch diese Einsicht half mir auch nichts, und ich bin seither ganz niedergeschlagen. Ich fühlte eine Nähe dem Vater gegenüber, nach der ich mich sehnte, eine Bindung: wir beide haben es mit dieser Frau zu tun – sie auszuschließen. Sie war so schrecklich. Sie ist die viel krankhaftere der beiden, und sie auferlegte ihre Ideen allen anderen; alle müssen genau das tun, was sie sagt, oder sie hat einen Ausbruch. Sie ist eine Hexe. Als sie meine Tochter anschnauzte: ‚Das ist deine Persönlichkeit, du sagst immer Nein‘, wollte ich ihr sagen: ‚Das nächste Mal, daß du sie sehen wirst, ist bei deiner Beerdigung.‘ “ Er ist sich der Ironie bewußt.

Doch richtet sich die Entrüstung sogleich gegen ihn selber; es tönte, als ob er die Beerdigung seiner Tochter meinte. „Die Depression ist auch eine Art Tod.“ Er spricht dann darüber, wie er sich jeweils geschämt habe, als er mit den von seiner Mutter geschriebenen Aufsätzen zur Schule kam; die Mutter hatte darauf bestanden, sie zu schreiben, obwohl das ihre ganzen Nächte in Anspruch nahm und ihm zu neuem Vorwurf gereichte. Er sei sich wie ein Betrüger (a big cheat) vorgekommen. Ich frage, ob nicht auch die soziale Phobie Ausdruck davon sei: zu wissen, daß er ein Betrüger sei, daß er ein schreckliches Geheimnis zu verhehlen habe (1287).

Er fühle sich weiterhin sehr deprimiert, auch traurig über meine imminente Abwesenheit. Er habe sich über den Versicherungsbericht gewundert, wo ich die *masochi-*

stische Übertragung erwähnt habe. Dann ein langer Traum über eine inkompetente Schwester, einen Arzt, der ein kleines Mädchen über sich halte, das ihm dann auf den Kopf uriniere; dann etwas über einen Mitstudenten seinerzeit, der immer aufdringlich und ein „show-off“ gewesen sei. Seine Frau habe gestern Abend die Toilette nicht gespült, was ihn geärgert habe. Ich: er sei „pissed off“ gewesen. Er: als Säugling habe er das wirklich seinem Kinderarzt angetan; sein Vater habe sich unzählige Male über den Arzt lustig gemacht, wie er Ärzte immer wieder als inkompetent verhöhnt habe.

Er fühle sich aber frustriert, daß er auf keine Goldmine stoße, auf das eine Ding, das alles verändern würde. Es gehe stets auf und ab, und jetzt gehe es ihm wieder schlechter. Er sei „down“ in bezug auf die Analyse. Was denke er wohl über mich, das den Fortschritt so lähme? fragt er, im Zusammenhang mit meiner Bemerkung auf dem Formular über die Übertragung.

Ich meine: „Der inkompetente Doktor, auf den Sie ‚pissed off‘ sind?“

„Aber das ist nicht wirklich, was ich denke – mehr die inkompetente Methode und das unlösbare Problem. Ich erwartete, daß etwas sich öffnen würde, daß die Eiterbeule aufgeschlitzt würde und alles herauskäme.“

„Was zwar auch geschieht, doch muß es sofort wieder beiseite geschoben und ungültig gemacht werden. Sie verdienen den Erfolg nicht, wie jetzt wieder nach dem Durchbruch der letzten Woche.“

„Was sahen Sie als Durchbruch? Jede Woche, seit vielleicht zwei Monaten, kommen wir zu etwas sehr Wichtigem, zu so vielem, und doch kann ich es nicht verbinden, ich erinnere mich mehr daran als zuvor – und plötzlich ist es wieder verloren gegangen. Wenn Sie die *Opferbeziehung zu Ihnen* erwähnen, ist es ein Refugium, eine Beruhigung.“

„Mehr: als Opfer einer inkompetenten Methode und der eigenen Probleme und daß Sie sich nicht erlauben können, daß es hilft. Daß Sie und ich besiegt werden müssen.“

„Wenn das ein derart integraler Teil der Neurose ist, ist diese unbesiegbar.“

„Ein Teil von Ihnen, der es versucht, das zu bekräftigen (to make a very strong case for it).“

„Ich dachte daran, das Wichtigste aus den Stunden aufzuschreiben, doch tat ich es dann nicht. Es wäre gut, um dieses Vergessen zu umgehen, diese Verschwommenheit (fuzziness) und Wolkenhaftigkeit (cloudiness) ...“

Ich erinnere ihn daran, worauf wir die letzte Woche gestoßen sind: sich als der ausgeschlossene Dritte zu fühlen, Rache dafür zu nehmen, der sexuelle Aspekt der Rache, *ausschließend statt ausgeschlossen zu sein,* und dann die Schuld und die Selbstbestrafung dafür. Ausschließen bedeute Eliminieren, Unsichtbarmachen, Töten. Daher fühle er sich selber ausgeschlossen und unsichtbar.

Er gesteht: „Das ist genau die Einsicht, zu der wir kamen. Aber ich bin enttäuscht, daß ich es nicht wirklich fühle: daß ich sie oder ihn töten will. Was fühle ich? Nichts geschieht, nichts verändert sich, nichts verschiebt sich (shifts). Vielleicht erlaube ich es mir nicht. Daher kann es wohl nicht so wichtig sein, oder etwas anderes muß dazukommen. Dieses Wochenende fühlte ich mich so wütend und so abgestoßen (revolted) von der Mutter, wirklich wütend.“

„Aber dort haben Sie ja das Gefühl, nach dem Sie eben Ausschau hielten.“

„Ungewöhnlich stark. Und dann war ich so niedergeschlagen. Ich hatte dabei eine

Phantasie: Mein Vater pflegte mich anzuschreien: ‚Du tötest deine Mutter!‘ Und ich würde nun antworten: ‚Warum denn nicht?‘ (so what?). Ich will sie tot.“

„Da haben Sie's.“

„‚Du wirst das Kaddisch sagen!‘ ‚Nein, ich werde das nicht tun.‘“

Ich füge die Gegenseite des Konflikts hinzu: „Und die andere Seite sagt: ‚Schau, wie schlimm du bist, jetzt kann dir nicht mehr geholfen werden – weder mit Drogen noch mit Operationen noch mit der Analyse. Jetzt mußt du besiegt werden, wie du die Mutter getötet hast und den Vater besiegtest.‘“

Er erwidert: „‚Du kannst nicht mehr diese Schuld auf mich schieben.‘ Diese Phantasie zerstört auch die Nähe zum Vater, macht diese unmöglich. Ich weise ihn von mir: ‚Du bist kein netter Mensch, wie du es vorgibst. Ich mache nicht mehr mit.‘ Und doch möchte ich eine liebevolle Beziehung mit ihm haben – ich will, und ich will nicht. ‚Du bist ein gemeiner Hund (son of a bitch)‘, und dann: ‚Er war schließlich auch ihr Opfer, du sollst ihn gern haben.‘ Dann denke ich, was er auf mich geladen hat: diese Schuld über das Kaddisch, *mich verantwortlich zu machen für ihre Verrücktheit.* Das ist es, was er tun wollte. Er machte mich weinen.“

„Und jetzt ist es umgekehrt so: daß es für Sie hoffnungslos und nutzlos sei, eigentlich so, daß *ich* das Kaddisch über Sie sagen sollte. ‚Du bist ein solcher unguter Sünder‘, sagt der harscheste Teil Ihres Gewissens.“

„Wenn ich sie wirklich tot wünsche, macht es mich zum Sünder und unwert, aus der Neurose herauszukommen.“

„Aus der Depression, der Schuld: ‚*Wie kann ich mich des Lebens erfreuen, wenn ich ihr den Tod wünsche?*‘“

„Ich wünsche sie wahrscheinlich auch heute noch tot.“

„Wahrscheinlich? Sicher! (You do)“

„Gewiß (I do). Ich höre das Schreien in mir: Du sollst tot umfallen! Ich bin nicht sicher, wer es sagt.“

„Und ich kann es nicht recht machen (I can't win): entweder sehen Sie mich als nicht verurteilend (judgmental), damit gehe ich mit der Sünde einig und verdiene den Erfolg auch nicht: so müssen wir beide besiegt werden. Oder ich werde als der harsche Richter erlebt, der Ihnen den Erfolg versagt.“

Er versteht es nicht, hat es kaum gehört; erst langsam, nach Wiederholung, sinkt es ein: „Meine Schuld wird mich umstürzen (bring me down) – entweder zusammen mit Ihnen, oder Sie stehen über mir und beobachten mich.“

Das heißt: er sieht mich als den an, der ebenso bestraft werden muß wie er selbst, teile ich nun doch seine Schuldhaftigkeit. Genauer: Es ist die *doppelte Projektion: sowohl des Über-Ich wie der schuldhaft mörderischen Wünsche.* Auch hier sehen wir, wie bei Layla und wie zuvor in der Ausschließungsphantasie, die kuriose *Doppelheit und Spaltung des Erlebens.* Er will sowohl den Vater für sich haben und die Mutter ausschließen, wie die Mutter besitzen und den Vater eliminieren, abwechselnd, – eben immerzu beides. Und so haßt er und liebt er den Vater und kann die beiden nicht versöhnen. Und ebenso sieht er mich sowohl *als Komplizen wie als Richter,* und er kann sich nicht entscheiden. Es ist immer geradezu beides. Um diese *Doppelheit* nicht aufgeben zu müssen, muß alles immerfort *distanziert, intellektualisiert, isoliert* werden: es ist nicht wirklich, es wird nicht gefühlt. Das ist doch ein Rätsel: *Warum ist es so schwer, diese Doppelheit aufzugeben?* Oder mit anderen Worten: *Was ist die ungeheure Angst, die durch diese Doppelheit abgewehrt wird?* Was ist das *Geheimnis,* das dadurch verborgen wird? Es wird noch lange dauern, bis wir die Wahrheit entdecken. Und einfach ist sie auch nicht.

*

Es kommt nun in der äußeren Wirklichkeit eine Zeit, in der beide Eltern abwechselnd sehr schwer erkranken – der Vater zuerst an teilweiser Lähmung eines Beines mit schweren Schmerzen, wahrscheinlich einer Diskushernie, dann die Mutter, nach einem Fall die Treppe hinunter, mit Kompressionsfraktur in der Wirbelsäule, unmittelbar gefolgt von strangulierter Hernie, Ileus, Lungenabszeß, Staphylokokkensepsis und paralytischem Spinalabszeß, dann wieder der Vater mit „heart block". Die Mutter dekompensiert psychisch schwer im Spital, weigert sich, den Anordnungen des Arztes Folge zu leisten und will sich nicht dem CT-Scan unterziehen, sondern lieber sterben.

6.13 *Der masochistische Triumph*

Er ist enttäuscht über den Stillstand in der Analyse und bitter über seine passiv-abhängige Einstellung von klein auf: es seien sowohl Fügsamkeit wie Rache in Unterwerfung und Niederlage. Trotz ihrer Übermacht mußten die Eltern sich als schreckliche Versager fühlen: „‚Gleichgültig, wie sehr wir es ihm eingelöffelt haben (have spoonfed him), ist er es noch immer nicht imstande.' Meine Mutter sagte das wirklich."

„Es war sehr machtvolle Vergeltung, aber unter der Maske (guise), daß Sie das Opfer waren. Und das mag sehr wohl auch die Lösung hier sein: Rache, aber verkleidet [als Klage], daß Sie das Opfer dieses dummen Flugstudenten [im Traum] sind."

„Bei den Eltern?"

„Bei mir – damals waren es jene: Sie gaben ihnen die Macht, und Ihre eigene Macht lag darin, *daß Sie sie durch Ihr Versagen besiegten – und dasselbe mit mir*" (1329).

Entsprechend beginnt er denn auch die folgende Stunde mit einem Bild seines Versagens:

„Es fällt mir schwer, Sie in der Therapie erfolgreich sein zu lassen. Das Bild schwebt mir vor, daß wir beide die Hände hochhalten wie zwei Läufer, die etwas gewonnen haben. Ich hatte einige Gelegenheiten dies Wochenende, wo ich mich wieder gleich unbeholfen fühlte, wo ich nichts erzählen konnte, während meine Frau über alle diese Geschichten verfügte. Es gibt sehr wenig aus meiner Kindheit, das positiv wäre."

„Was geblieben ist, ist das Gefühl der Scham – unwert zu sein: daß das, was Sie zu zeigen haben, nichts wert ist."

„Das aber [wofür ich mich schäme] ist so tief, daß es auch vor mir selbst verborgen ist. Ich habe nichts, das ich vorzeigen könnte. Es ist gar nichts dort. Daß ich mich keiner Geschichten zu entsinnen vermag. Es ist wie eine Leere (blankness), ein Mangel der Erinnerung (memory deficit) an Dinge, die ich mitteilen (share) könnte. Ich sehe eine Reihe von Bildern. Aus einem Film über Coney Island: Leute auf dem Dach beobachten das Feuerwerk. Wir selbst konnten es hören, nicht sehen. Dann wie die Jungen eine Strohpuppe auf die Straße vor die Autos warfen. Es könnte sogar das Bild sein, daß ich mich selber vom Dach stürzen möchte.“

„Aus Scham.“

„Weshalb konnte ich, wenn mich die Kinder bedrängten, nicht zurückschlagen? So unbeholfen war ich, ich konnte mich nicht wehren. Ich mußte passiv sein und mich verprügeln lassen. Ich war ein pseudostupides Kind, pseudoschwach. Ich haßte es, hinauszugehen; sie würden mich herumstoßen und verhauen. Einmal wurde ich gestoßen, ein Zahn wurde mir ausgeschlagen, und ich verschluckte ihn.“

„Und weshalb diese Passivität?“

„Mein Großvater zeigte mir, wie ich kämpfen solle, wie ich mich in die Boxerstellung begeben solle (show the dukes). Ich hatte es ihm anvertraut, daß ich Schwierigkeiten damit hatte. Es war Mutters Vater, der mich selber verprügelte. Bis er mich verhaute, hatte ich eine recht gute Beziehung mit ihm. Er spielte mit uns, verlieh unserem Leben Farbigkeit, nahm uns manchmal im Auto mit. Ich erinnere die lauten Stimmen der Männer, mit denen er Karten spielte, freundliche alte Männer. Nachdem er mich geschlagen hatte, wollte ich nichts mehr mit ihm zu tun haben – mit jemandem, der nicht nur gut, sondern auch böse war. Ich konnte ihm nicht verzeihen.“ (Das war, als er 8jährig war; der Großvater starb, als Thomas 15 Jahre alt war.)

„Er versuchte, Ihr Beschützer zu sein.“

„Ich dachte, wie stark er war; er zeigte seine Muskeln. Ich möchte auch meine Kinder tragen (pick up) können. Sie werden schwer. Sie entgleiten meinen Armen. Das bringt mich zu Tränen.“

„Was spezifisch?“

„Daß sie groß werden und daß ich nicht stark genug bin ...“

„Und dies im Zusammenhang mit dem *Neid auf mich*: ‚Es fällt mir schwer, Sie in der Therapie erfolgreich sein zu lassen. Das Bild schwebt mir vor, daß wir beide die Hände hochhalten wie zwei Läufer, die etwas gewonnen haben.‘ “

„Das ist doch nicht Neid. Ich beneide Sie für Ihre Sprachen, Ihr Schöpferischsein, Ihre Fähigkeit, sich mitzuteilen, sozial zu sein –“

„Doch *neiden Sie mir auch die Fähigkeit, erfolgreich zu sein,* nämlich in der Therapie Erfolg zu haben.“

„Das klingt nicht wie Neid, sondern daß ich siege durch Niederlage (that *I win by losing*).“

„Aber Sie fügten eine Wendung hinzu (put an additional spin on it), die uns weiter bringt.“

„Was meinen Sie damit?“

„‚Sie gaben ihnen die Macht, und *Ihre eigene Macht lag darin, daß Sie sie durch Ihr Versagen besiegten – und dasselbe mit mir*‘, nämlich spezifisch: da *Sie mir den Erfolg neiden* würden.“

„... meine Macht liegt darin, daß ich Sie [durch mein Versagen] besiege, und Ihre Macht liegt darin, daß Sie mich zu fördern [elevate] suchen, und so geht es rund und rund im Kreis herum.“

„Und Sie wollen nicht, daß ich diese Macht besitze.“

„Wir sprechen über eine Ebene unter der Oberfläche. An der Oberfläche will ich, daß es mir besser gehe, ich will meine Ziele erreichen, und ich will, daß die Analyse und Sie mir helfen. Doch bleibe ich in diesem Geleise (pattern) mit Ihnen stecken. Und Sie sagen, daß ich Ihre Macht in der Analyse wegnehmen möchte, daß dies ein Fall ist, den Sie nicht knacken (crack) können, wie mit dem Großvater, wenn er mir die Boxerstellung zeigte: wenn ich es nicht anwenden kann, besiege ich mich und ihn und die Eltern, meine Familie, [durch das Versagen], und dann schäme ich mich darüber, daß ich schwach und unfähig bin, mich meiner zu wehren."

„Und passiv."

„Miteinbeschlossen ist darin: Nähere dich mir nicht, jage mir nicht nach, wenn nur jedermann mich allein ließe! ... Wenn ich ein solcher Nebbich [Nichtsnutz] bin, gewinne ich dann die Sympathien daheim?"

6.14 Doppelte Identifizierung, der verachtete Verächter und die vierfache Wurzel der Scham

Doch was ist der Ursprung dieser hartnäckigsten Scham, die immer wieder die Beendigung der Analyse aufzuschieben zwingt, da sie ihn gerade bei seinen wichtigeren gesellschaftlichen Verpflichtungen lähmend hemmt, immer noch, immer wieder? Ist es eben der Neid? Ich denke, es sei eher umgekehrt: daß *der Neid* eine Weise ist, auf das Gefühl schmerzlichen Ungenügens zu reagieren, daß er also selbst eine *Affektabwehr gegen Scham* ist.

An dem eben in der Stunde erreichten Punkt trifft mich plötzlich die Einsicht in eine bemerkenswerte Analogie.

Warum gerade an dem Punkt? Ich arbeitete zu der Zeit ein Buch durch, das die Schamphänomene auf Grund der Kohutschen Theorie untersuchte (Andrew Morrisons *Shame – The Underside of Narcissism*), und ich war dadurch wiederum aufmerksamer gemacht worden auf die Rolle der *Scham beim Kind über die Eltern* und des Einflusses solcher Scham auf das eigene Selbstbild, also die Möglichkeit der Identifizierung. So flocht ich hier die folgende Deutung ein, freilich eine Deutung, die weiterhin durchaus im Rahmen des Konfliktverständnisses steht:

„*Sie folgten dem Vorbild Ihres Vaters: er war schwach, enttäuschend, beschämend, der dominierenden, kalten Mutter unterlegen.* Sie *identifizierten sich mit ihm: schwach sein und sich schämen zu müssen.*"

„Und ich will nicht, daß meine Kinder auch so werden. Das bringt mich den Tränen nahe."

„Zwar dem Vater nahe, aber damit einem beschämenden Schwächling (shameful wimp) gleich."

(Er weint) „Ich weiß nicht, weshalb die Tränen kommen. Ich will nicht sein wie er, und ich will nicht, daß sie [die Kinder] werden wie ich oder er."

„Nämlich schambedrückt (shameladen)."

„Ja, schambedrückt."

„Doch worüber schämte ich mich? Daß ich schwach war.“

„Daß Sie wurden wie Ihr Vater – Sie hatten ihn gerne (were fond of him), doch verachteten Sie mehr und mehr seine Schwäche, und doch wurden Sie ihm gleich.“

„Er konnte die Kinder nicht kontrollieren.“

„Er war ganz unter ihrem [der Mutter] Pantoffel, und dann versuchte er von Zeit zu Zeit seine Macht durch die Strohfeuer ohnmächtiger Wut zu beweisen, doch lag keine Stärke darin. Und dies ist uns bis heute entgangen: zu welchem Ausmaß Sie *Verachtung für ihn* empfanden und doch *wurden wie er.*“

„Ich bin nicht sicher, wie sehr ich es sah, daß er unter ihrem Daumen war.“

„Sie beschrieben einen schwachen Mann.“

„Die Strohfeuer der Wut – das ist gut gesagt. Er vermochte keine Entscheidung zu treffen, wie in bezug auf den Umzug: das dauerte viele Jahre.“

„Und Sie mußten ihn *schützen gegen Ihre Verachtung.*“

„Ich war so wütend darüber, daß er sich nicht entscheiden konnte, ich weinte darüber, ich haßte, dort zu leben.“

„Es ist eines von vielen Zeichen seiner Schwäche.“

„Es war verhüllt durch die Tatsache, daß er nicht sehen konnte. Noch jetzt ist es so, wenn ich ihm zu essen oder trinken anbiete und ihn frage, was er will, sagt er: ‚Was immer du willst.‘ “

„Es ist ein Bild, das sich aufdrängt. Und die Schwierigkeit in der Analyse war, daß *Sie nicht sehen wollten, wie schwach er wirklich war, und wie sehr Sie sich mit ihm identifiziert haben.*“

„Er betonte immer, wie sehr ich ihm ähnlich sehe und wie jetzt meine jüngere Tochter mir ähnlich sieht: ich will ihr das gar nicht sagen. Wenn sie mich auch verachtet, möchte ich nicht, daß sie sich selbst verachtet.“

„Und Ihr Weinen zeigt uns, daß wir uns mit etwas sehr Wichtigem befassen (that we are onto something very important).“

„Ich habe mich schon lange nicht mehr so richtig ausweinen können. – Mein Vater würde sich immer wiederholen, wie die Geschichte vom Dobermann-Pinscher, den er als Kind von seinem Fenster aus gefüttert habe, und der dann plötzlich ausgeblieben sei. Er erfuhr später, daß er überfahren und getötet worden sei. Dessen Haar sei wie das seine und das meine. Es handelt sich dabei in Wirklichkeit um einen ganz bösen Hund, einen bissigen Hund (attack dog).“

„Die Sehnsucht des Schwachen, stark zu sein.“

„Er behauptete: das war ein netter [Hund].“

„Sein Beschützer – eine Schutzphantasie.“

„Dafür, was ihm selbst fehlte. Seine Sehkraft (eyesight) machte ihn schwach und abhängig. Er war schon stolz darüber, wenn er überhaupt die Straße überqueren konnte. Nicht im Regen, wegen der Spiegelungen. Das verwirrte ihn. – Sah ich ihn wirklich schon damals, vor so langer Zeit, als schwach an?“

„Sie wollten ihn niemals so sehen.“

„Auch heute noch nicht. Ich bin mir nicht sicher, daß ich das tue.“

„Das war das Geheimnis, das Sie sich selbst nie zugestehen wollten.“

„Wie schwach er ist.“

„Und *wie sehr Sie sich wirklich seiner schämen*“ (Er weint stark) (1330).

Er folgte dem Vorbild seines Vaters, hatte sich mit ihm identifiziert, der so schwach, enttäuschend und beschämend gewesen war, der dominierenden, kalten Mutter unterlegen, ihr Werkzeug, unfähig, ohne sie zu funktionieren. Thomas schämte sich über ihn und *identifizierte sich mit ihm als dem Gegenstand seiner Verachtung, indem er selbst schwach sein und sich schämen mußte.* So wurde er der *verachtete Verächter:* Seiner Liebe für ihn stand entgegen, daß er mehr und mehr seine Schwäche verachtete, doch diese Verachtung gegen sich selbst wenden mußte: „Und dies ist uns bis heute entgangen: zu welchem Ausmaß Sie Verachtung für ihn empfanden und doch ihm gleich wurden."

So wäre es dann auch wie *ein Verrat an seinem Vater, wenn der Patient und ich mehr Erfolg hätten.* „Der Erfolg hier bestände darin, daß ich die Weise änderte, wie ich in der Tiefe über mich selbst empfinde, und daß ich mich nicht mehr so fühlte, wie er, daß ich ihn aus mir hinaus würfe."

„Daß Sie sehend würden, die Blindheit verlören, Augen bekämen" (1332).

*

Er träumt vom Verlust eines alten Autos und erwacht mit den Tönen der *Vltava* (Smetanas *Moldau*) und der *Hatikva* (der Hymne Israels) in den Ohren. Es ist Heimweh, Sehnsucht; v. a. aber handelt es sich um Wiedergeburt. Er fragt sich, woher diese Identifizierung mit dem schwachen Vater stamme, ob es auch Schuld sei über seine Verachtung ihm gegenüber?

Ich sage:

> Sie ist doch wohl die Lösung eines gewaltigen Konfliktes ihm gegenüber: einerseits wollten Sie ihm nahe sein, Sie liebten ihn tief, viel mehr als die Mutter; anderseits waren Sie zutiefst enttäuscht über seine Schwäche, haßten ihn dafür, daß er Sie vor der Schreierei, der Unordnung, der Bedrängtheit daheim nicht beschützen konnte, Sie waren voll Verachtung und Zorn ihm gegenüber, daß er Sie all dem aussetzte. Sie wollten den Vater bewundern (look up to him), und statt dessen sahen Sie dies Anhängsel Ihrer Mutter. Dadurch daß Sie wurden wie er, schützten Sie ihn vor Ihren Vorwürfen, vor Ihrer Wut und Verachtung, die Sie nun alle gegen sich selber wandten.

Er fühlte sich völlig verloren, verwirrt, hatte kaum gehört, was ich gesagt habe. Er möchte, daß ich es wiederhole (1333).

So löste er namentlich den Konflikt zwischen seiner Liebe zum Vater und seiner Wut über den Schmerz und die Enttäuschung über ihn dadurch, daß er sich mit ihm identifizierte und dabei nun die Wut und die Verachtung gegen sich selbst richtete. Dadurch schützte er den schwachen, invaliden Mann, die Beziehung zu ihm und das schreckliche *Geheimnis der verächtlichen Unterwürfigkeit und Kastriertheit des Vaters* gegenüber der schmählichen Verschrobenheit und dem bösen Machtmißbrauch durch die Mutter.

Darüber hinaus ist die *Identifizierung eine wichtige Weise, den Verlust zu betrauern und damit fertig zu werden:* „‚Dadurch, daß ich bin wie er, habe ich ihn bei mir.'" Die Scham über den Vater = über sich selbst ist dann der Preis, den er dafür zahlen muß: „Wenigstens verliere ich ihn dann nicht, auch wenn ich nicht stolz sein kann – weder auf ihn noch auf mich." Er fühle sich, mit seiner Neigung, sich anderen, besonders Idealen, anzugleichen, wie ein Schwamm, ein sehr passives Ding. Da nun die

Identifizierung mit dem Vater weggenommen werde, müsse er neue Identitäten erfinden, als ob er sagte: „Wenn ich ohne den Vater bin, fühle ich mich völlig verloren.“ Wir können beifügen: „Verloren gerade auch angesichts der verschlingenden, depressiv-grollenden Mutter“ (1339).

*

Und doch trifft alles, was ich eben angeführt habe in bezug auf die *Identifizierung mit dem schwachen Vater,* auch auf die *Identifizierung mit der klagend-anklagenden, depressiven Mutter* zu. Ich bemerke, zu welchem Ausmaß er sich auch mit seiner depressiven Mutter identifiziert habe: „‚Ich bin wie du, dann werde ich dich nicht verlieren.‘“ Er sei nun beides, habe beides in sich: *den grausamen Angreifer,* wie es beide Eltern sein konnten, und *das gequälte Opfer,* und beides sei *sexualisiert.* So sind wir auch hier von neuem auf jene rätselhafte *Doppelheit* gestoßen, ohne daß wir der Lösung spürbar näher gekommen wären.

Eine andere Weise, auf die Identifizierung mit der depressiven Mutter zu schauen: „Statt daß sie die wütend-depressive Fratze (scowl) gegen mich richtet, zeige ich ihr nun umgekehrt diese bittere Grimasse, ihr und der ganzen Welt; *statt es passiv zu erleiden, tue ich es nun aktiv.*“ Und: „Meine Unfähigkeit, die Hausaufgaben zu leisten, war auch eine solche Wendung gegen sie.“

„Und Sie wiederholen es auch mit mir: Daß ich Ihre Hausaufgaben machen soll für Sie, und daß Sie die wütend-depressive Fratze gegen mich richten – und dasselbe gegenüber Ihrer Frau, ja gegenüber der Welt überhaupt.“

„So gehen die beiden Dinge wohl zusammen: daß ich mich mit ihr identifiziere, um sie nicht zu verlieren, doch auch, um an ihr Rache zu nehmen“ (1365).

Und diese beiden so verheerenden *Identifizierungen mit Versagen und Schwäche,* mit den Gestalten von Angst und Depression, dienen als machtvollste Abwehr gegen alle Arten des Wettstreitens – v.a. zuerst der Rivalität für die Liebe der Mutter, mit Beseitigung des Vaters und ganz besonders der Geschwister, und dann später der Rivalität für die Liebe des Vaters, mit Beseitigung der Mutter.

Dies erweist sich als eine besonders hilfreiche Verbindung:

> Wenn ich konkurriere, will ich den Rivalen verletzen und aus dem Weg schaffen; daher muß ich fürchten, auch von ihm verletzt und beseitigt zu werden. Es ist wirkliche Todesangst in jeder Situation, wo ich im Wettstreit stehe. Es ist viel sicherer, passiv, depressiv und besiegt zu sein; dann würde ich wenigstens nicht Schmerz erleiden, nicht kastriert oder getötet werden. Durch das Heilen der anderen mache ich die Kastriertheit der Mädchen wie die Blindheit meines Vaters ungeschehen (1366).

Dies führt uns zur „vierfachen Wurzel der Scham“:

1. *Wendung der Verachtung gegen das Selbst und Identifizierung mit dem verachteten Verächter:* „Statt mich über sie, die Eltern, die Familie, zu schämen, schämte ich mich über mich.“

Als Teil davon: 2. *Identifizierung mit der Verhöhnung durch beide Eltern und die Geschwister, also als einer Form der Identizierung mit dem Aggressor, dem Beschämenden:* „Statt des Hohnes, der mich von außen überfällt, verhöhne ich mich selber zuerst. Ich bin ein gutes Kind; ich tue es mir schon selbst an.“

3. *Scham über das Geheimnis, z. B. das geheimgehaltene Versagen:* daß er die Leistungen seiner Mutter überließ, seine geheimen Wünsche der Rivalität und Macht, alles, was lustvoll sein könnte, ihr abtrat.

4. Sein Erfolg wäre eine *Beleidigung und Beschämung* seiner versagenden, sich beklagenden, neiderfüllten Eltern. Die Mutter ist depressiv und erfolglos, der Vater prahlend, doch in Wirklichkeit schwach und ineffektiv. Macht und Erfolg zu haben wäre eine Erniedrigung für sie und könnte ihren Neid erregen. „Ich darf in keiner Weise besser als sie sein“ (1377/1378). Es ist eine *Vorbeugung des Neides des anderen.* Besonders diese vierte Wurzel wird sich noch als von weitreichender Wichtigkeit erweisen.

6.15 *Identitätsspaltung als Heilungsversuch*

> Ich habe das Bild, meine Eltern lebten in mir und könnten mich als eine Art von blauen Geistern, von Phantomen verlassen. Ohne sie wäre ich aber noch leerer. Ich versuche, sie in mir zu behalten. Sie sind all meine Eigenschaften (characteristics). Ohne sie würde ich in Stücke zerfallen, mich auflösen und dann nichts mehr sein. Die Masturbation ist ein Versuch, zusammen zu bleiben (a way of staying together), so zu bleiben, wie ich bin. Aber das bin ich ja auch nicht wirklich (but it is not really me), es ist etwas aus meinen Eltern Zusammengesetztes (a composite of my parents). In der Masturbation möchte ich eine gewaltige Erregtheit aufbauen und mich an sie halten, sie behalten, für alle Zeit. Doch die Entspannung und damit die Enttäuschung und der Ekel kommen viel zu rasch. Ich wünsche, der Moment des Orgasmus würde nie vorbeigehen.

Bei der sexuellen Ekstase herrscht für einen Augenblick das Gefühl, er sei ganz er selbst, und doch auch vereinigt mit einer idealisierten Elternfigur, der schönen und erregenden Mutter der Urzeit oder dem liebevollen Vater. Doch nach dem Orgasmus kehrt er zum alten Selbst zurück, das mit der entwerteten, depressiven, grimmigen Mutter und dem alten, schwachen Vater identifiziert ist.

„*Die Masturbation ist die Manifestierung des Kampfes zwischen dem Selbstsein (being myself) und der Identifizierung mit den Eltern.* Ich versuche, ich selbst zu werden, aber sie kehren zurück und übernehmen wieder die Macht. Ich sehe mich, den funktionierenden Teil von mir selbst, als winzig. Es ist ein beängstigender Gedanke: Wenn ich sie hinaus würfe, was bliebe zurück, was wäre noch da? Es bleibt das Leeregefühl. Würde ich meine Identifizierung mit ihnen los, wäre nichts mehr da. Ich weiß nicht, was ist ich, und was ist nicht ich.“

„Es ist eine *wichtige Phantasie,* wenngleich nicht die Wirklichkeit *(die Annahme der Selbstlosigkeit, des inneren Defektes)*; der andere wird so sehr Teil von uns selbst, daß es schwer zu unterscheiden wird, was ist ich und was ist nicht ich. Die Frage ist eher: Wie kann ich den anderen wieder zum Anderen machen?“

„Die starke Identifizierung stammt davon: Da ich mit ihnen sein wollte und nicht von ihnen verletzt werden wollte, wollte ich ihnen bedeuten: ‚Schreit mich nicht so an! Ich bin so sehr euch gleich wie ich kann. Ich handle genau so, wie ihr das wollt. Denkt ja nicht, daß ich all diese bösen Gedanken habe, wie daß ich meine Geschwister beseitigen oder deinen schwangeren Bauch aufschlitzen möchte!.‘“

„‚Ich wünsche dich nicht tot. Ich bin ja wie du.' "

„Die Identifizierung ist das Gegenteil dessen, was ich mir eigentlich wünsche. Anders gesagt ist der Wunsch, sie zu töten, der Gegensatz davon, sie innerlich in mir am Leben zu erhalten. Die wirkliche Angst besteht dann nicht darin, daß ich so leer bin (wie es im Bewußtsein erscheint), wenn ich nicht wie die Eltern bin, sondern die Angst, daß ich gewalttätig würde."

„Wie: ‚Ich bin nicht im Wettstreit mit dir und will dich nicht aus dem Weg haben, ich bin nicht besser als du.' Die Rache ist das Zweite. Die Angst, sie zu verlieren das Dritte. Die Angst, sie zu beschämen das Vierte."

„Ich schämte mich wirklich über sie und nahm es auf mich. Das Bild bleibt: sie verlassen mich – als durchsichtige blaue Blasen (translucent blue bubbles)."

„Wir können sagen, daß der ganze Prozeß der *Analyse ein Prozeß der Spaltung,* der Sonderung ist zwischen dem, *was Sie selbst sind,* und jenen *auferlegten Identifizierungen* – etwas, das Ihrem Selbst erlaubt zu wachsen, im Kontrast zu dem, was in ihnen falsch, unecht ist – etwa in Pindars Sinn: ‚Werde, der du bist, durch Lernen.' "

„Die Angst bleibt, daß es nichts dort gibt. Es ist schwer zu wissen, was ist ich selbst (what is me); denn soviel in mir ist Nicht-Ich. Besonders wenn ich mit einem Beruf zu leben habe, der wirklich sie ist."

„Daß Sie mit einer *falschen Identität* lebten" (1384).

„Mich davon zu trennen, ist, wie einen Teil von mir zu töten. *Ich selbst zu werden, heißt, mich von ihnen zu trennen und sie zu töten* ... Auch die *Masturbation* ist: *ich bin ich selbst und töte sie.* Verzweifelt suche ich nach dem Samen in der Toilette: Masturbation = Eliminieren der Rivalen. Nachher die panische Wiedergutmachung, die Rettung." (Oder die Entkräftigung der Kastrationsdrohung?). Die *Spaltung in die zwei verschiedenen Mütter:* in die liebevolle, nicht depressive, junge, attraktiv schlanke Mutter, der gegenüber er sich sexuelle Phantasien gestatten möchte, aber nicht darf, und in die ihn verstoßende, mürrische, chronisch depressive, fette, schlabrige alte Tante der späteren Kindheit und der Gegenwart, die ständig zu Vorwurf und Verurteilung bereit war und die ihn nur mit Ekel und Abstoßung zu erfüllen vermag.

Während ihrer jetzigen schweren Erkrankung brechen freilich nun auch wieder die früheren, so lange und so stark verdrängten Gefühle ins Bewußtsein durch. Er ist erstaunt, zu welchem Ausmaß er ihr gegenüber wieder Liebe und sogar Zärtlichkeit zu empfinden vermag, aber auch wie *diese Doppelgefühle, diese Ambivalenz, dieser Affektkonflikt* sich gegenüber seiner Frau wiederholt (1385, 1386).

Es träumt ihm:

> Ich lebe in einem großen Haus auf einem Berg, zusammen mit meiner Mutter. Ein Assistenzarzt nähert sich dem Haus und will mit mir am Fuß des Hügels sprechen. Er sagt, er wisse, ich habe Weisheit und sei ein Fachmann; er bitte mich, ihm meine Weisheit mitzuteilen. Er ist eindeutig von Sinnen und kann gewalttätig werden. Ich fürchte mich vor ihm, sage ihm aber, er solle einen Psychiater sehen. Er wird erbost und entfernt sich langsam. Ich eile zurück zum Haus und schließe die Türe, eine große, bemalte, weiße Türe, und rufe meine Mutter, mir dabei zu helfen. Dann realisiere ich, daß jemand kommt, um den Rasen zu mähen, und ich möchte ihn vor dem gefährlichen Mann warnen. – Wie er mir sagt, ich habe Weisheit, empfinde ich es als Witz, denn die habe ich bestimmt nicht. Ich fühle es als Spaltung zwischen mir als Mediziner, der bei der Mutter bleiben möchte, und dem anderen Teil, der sich trennen möchte.

„Dem gewalttätigen Teil, dem gefährlichen, verrückten Teil."

„Es war wie ein Witz: ‚Du bist lebenslang ein guter Junge gewesen und hast der Mutter gehorcht. War das so klug?' "

„‚War das Weisheit?' "

„Allein mit ihr im Haus zu sein, heißt, wie mit ihr verheiratet zu sein. Mein Vater wird überhaupt nicht erwähnt."

„Und wenn Sie ihr so nahe kommen, droht die ganze Mörderischkeit – und diese ist jetzt besonders akzentuiert, da sie wirklich dem Tode nahe ist."

„Ich habe mich gefürchtet wie es auch gewünscht, sie tot vorzufinden – gerade auch gestern."

„Dieser ‚verrückte Wunsch', den sie wegjagen wollten und vor dem Sie die Leute warnen wollten."

„Eben das Bild, meinen Kopf meiner Frau auf die Flanke zu legen. Beide Teile: die Gewalttätigkeit wie der Wunsch zur Nähe. Ich habe jetzt mehr Gefühle der Liebe zur Mutter als ich mir je bewußt war ..." (1387).

Er greift dieses Thema seiner versteckten Liebe zur Mutter wieder auf: „Auch mein Bruder weinte, als die Mutter in den Operationssaal gerollt wurde. Er war überrascht über sich selbst. Wir unterdrückten unsere liebevollen Gefühle für sie durch Wut (anger); wir zogen es vor, erbost zu sein (to feel angry)."

„Denn die Gefahr dabei (bei den Liebesgefühlen) war –?"

„Hereingesogen zu werden, mich selbst zu verlieren, meine Individualität, leben zu müssen, wie sie es wollte. *Um ich selbst zu sein, mußte ich wütend sein* (in order to be myself, I had to be angry)."

Er empfindet dies sogleich als eine zentrale Einsicht: die *Aggression nicht nur als Verteidigung seiner Identität, sondern als Abwehr seiner eigenen tiefen Wünsche, sich in Liebe dem anderen, namentlich der Mutter hinzugeben.*

Fortab berufen wir uns wieder und wieder auf diese auch affektiv stark erlebte Erkenntnis, etwa in der Form: „Mein Unwillen (anger) der Mutter gegenüber ist eine Abwehr gegen die Angst, mich in ihr zu verlieren. Es scheint mir etwas Neues zu sein, eine Erklärung für den chronischen Ärger: daß dieser mich rettete. Ob es nicht auch gilt, daß das die einzige Weise war, mich nicht zu verlieren, wenn ich ein Individuum sein wollte? Oder wenn ich im Wettstreit war und mich behaupten wollte? Doch war es auch Extragepäck, für das ich mich zu schämen hatte."

„Und dann die Leere –?"

„Aus der Angst vor der Wut?"

„Es war zu gefährlich – im *Konflikt zwischen dem Wunsch, Sie selbst zu sein,* und dem *Wunsch, die Beziehung zur Mutter zu behalten.*"

„Gehört die Wut nur zur Beziehung zur Mutter?"

„Wiederholte es sich nicht auch dem Vater gegenüber?" (1388)

„Als ich vor dem Publikum stand und diese überwältigende Angst empfand (bei einem Auftreten im Fernsehen – es sei schmerzlich offensichtlich gewesen, wie er sich fürchtete), ob es nicht eben wegen jener Wut war, daß ich mich so davor fürchtete?"

„Und vor der Vergeltung dafür von außen: ‚Wenn sie wüßten, was ich in der Tiefe fühle, würden sie mich hassen' " (1389).

*

Er verschärft die Formulierung des Konflikts: *„Ich wollte sie lieben und mich mit ihr verschmelzen (merge) – und ich wollte von ihr getrennt und ich selbst sein und mußte wütend sein.* Es ist *der zentrale Konflikt* meines Lebens. Ich warte auf die Magie; nun muß sich alles ändern. Come on! Presto!!“ ...

„Ich dachte an meine ambivalenten Gefühle der Mutter gegenüber und an meine chronische Haltung milden Ärgers: diese Haltung verleugnet eigentlich sowohl die intensiven Gefühle der Wut wie auch die der Liebe. Es ist eine sehr rigide Einstellung, die mich sowohl von meinen echten Gefühlen wie auch von ihr, der Person der Mutter, ferne hält – daß ich es weder mit ihr noch mit jemandem anderen zu tun habe (deal with).“

„Sie entspricht aber auch ihrer (der Mutter) chronischen Verärgerung und Mürrischkeit.“

„Es ihr zu vergelten?“

„Und zu lernen vom Meister.“

„Wundervoll!“. . .

Durch die Analyse treten diese Gefühle in konzentrierter und profilierter Form hervor, und damit die *Tiefe der Ambivalenz,* der Konflikt zwischen den gegensätzlichen Gefühlen.

„Die Phantasie im Sexualakt war, daß ich in den Bauch der Frau, also ursprünglich der Mutter ginge. Ob ich das als verboten erlebte, als Inzest? Daß ich die Stellung des Vaters usurpierte?“

„Und das ist ein anderer Konflikt. Und beide sind korrekt.“

„Um die Gefahr vom Vater zu vermeiden, mußte ich böse auf sie sein und sie hassen“ (1390).

Doch wie finden wir von da den Weg zur Perversion? Um diese zu verstehen, bedarf es des Schrittes von jenem doppelten Konflikt – der Aggression als Schutz gegen die Verschmelzungswünsche und gegen die Dreiecksrivalität – zur Angst vor der Kastration, wie sie sich im Mythos vom verlorenen Samen ausdrückte. Auch kann dann die Pseudostupidität als eine Form der Selbstkastration aufgefaßt werden.

6.16 Die Perversion

Im Gegensatz zum folgenden Fall spielt Masochismus als manifeste sexuelle Perversion bei Thomas keine Rolle. Doch hat in seinem Sexualleben, wie schon mehrfach erwähnt, die Perversion des Voyeurismus von früh an eine bedeutsame Rolle gespielt. So erinnert er sich vom Alter von etwa 8 Jahren, wie er einen jüngeren Knaben in den Keller gelockt und ihn dann veranlaßt habe, sich vor ihm zu entkleiden und seinen Hintern zu zeigen. Später gab er sich fleißig den Beobachtungen von sich entkleidenden Mädchen hin. Diese Tätigkeit ist nun durch die zwangshafte, sowohl lustvolle wie unangenehme, ihn seines Schlafes beraubende Besichtigung pornographischer Videos ersetzt worden.

Auch hier sehe ich die *Perversion als ein sehr komplexes, neurotisches Gebilde* an; die sichtbare Fassade verbirgt mehrere Schichten neurotischer Konfliktlösung, wobei die durch diese Darstellung hindurch bis jetzt verfolgten Themen in konzentrierter Form wieder auftauchen. Im folgenden gebe ich einen kurzen Auszug davon, wie sie sich auf die Perversion direkt beziehen.

Er beklagt sich über seine prekäre finanzielle Situation, fragt sich dann, ob seine Neigung des „blaming" sich nicht auch auf den Voyeurismus erstrecke: ob es nicht eher *er* sei, der das *tun* wolle, d. h. das Exhibieren, statt die Szenen passiv *anzuschauen?* Jüngst habe der Anreiz, sich pornographische Filme anzusehen, stark abgenommen. Ich frage ihn, ob die so prominente Sozialangst nicht eben auch eine Hemmung des Wunsches, sich zu zeigen, sei. Er spricht über die Scham bei Erektionen in der Schule und nicht genug verhülltem Masturbieren in einer Klasse. Er kommt zurück zu den Filmen und zu seiner Identifizierung mit dem Mann, der sich darin exhibiere, vielleicht wie mit dem Vater.

Ich bemerke: „Und zwar mit dem Vater, wie Sie ihn sich wünschten, nicht wie Sie ihn hatten, nicht den ‚wimp', sondern den Helden."

„Und der, der sexuell erfolgreich ist. Und diese Bilder versetzen mich in die Stellung des Helden, des Hengstes (stud)."

„Statt der Identifizierung mit dem schamvollen Vater, ist es die mit dem männlichen Vater, nach dem Sie suchten (looked for) und weniger und weniger fanden."

Er wundert sich dann darüber, daß in der ursprünglichen Form des Voyeurismus nichts von einem Mann mitspiele, sondern daß er einfach die nackte Frau bespähe, fügt dann freilich hinzu, er sei dabei doch der erfolgreiche Mann, wenigstens im Sehen. Ich erwähne den Racheaspekt dabei, und er antwortet: *„Zu sehen, ohne gesehen zu werden."*

Ich erinnere ihn an das in früher Kindheit erlebte Versteckspiel mit dem Vater, den Schrecken, als er ihn nicht mehr zu finden vermochte, und wie er dabei jetzt, in der voyeuristischen Szene, *den Spieß umdrehe:* eben zu sehen, ohne gesehen zu werden. Er erwidert, es sei die gleiche Türe, hinter der die Eltern Verkehr gehabt, den er wohl mitangehört habe; es sei doch ganz undenkbar, daß er unter den bedrängten Umständen, in der die Familie lebte, niemals Zeuge dessen gewesen sei. Es folgen Phantasien darüber, daß das Mädchen, das auf seine Kinder aufpasse, sich verberge, während ein Maschinengewehr zu rattern beginnt, über Terrorstaaten, guten und schlechten Vater.

Ich gehe die Sequenz der Einfälle durch und schlage eine Weise vor, sie zu deuten: „Das Suchen nach dem geliebten Vater, die Wut und Enttäuschung darüber, daß Sie ihn verloren haben. Daß Sie versuchen, einerseits damit fertig zu werden, indem Sie selbst zum starken, aber versteckten Mann werden, andererseits daß Sie passiv, schwach, ein ‚wimp' wie er werden."

„Zwei Gruppen von Gefühlen gegenüber dem Vater, Lieben und Hassen –"

„Bewundern und Verachten – Suchen und Verwerfen – und es wiederholt sich hier mit mir" (1346).

Es kommt zum Einbruch starker Phantasien über die nackte Mutter seiner frühen Kindheit; sie habe sich ohne weiteres vor ihm gezeigt, er fühle sich stark sexuell angezogen von dem Bild, ohne dabei emotionellen Zugang zu ihr zu haben, sie ließ ihn in der Kälte – in der *Überstimulierung* finde sich die alte *Gleichsetzung von Grausamkeit und Zudringlichkeit („intrusion") mit sexueller Erregung.* Ich erwähne, wie sich dies im Voyeurismus wiederhole, aber nun unter seiner Kontrolle, wo er dem nicht mehr hilflos ausgeliefert sei, was er sehe und fühle. Diese *Doppelheit von Sexualität und Gewalt* in der Idee, dem Bild der Intrusion und Überstimulierung sei durch das Erbrechen, das Ungeheuer, die aufsteigenden Fäzes dargestellt, und in der Masturbation, dem Voyeurismus, den gewalttätigen Filmen kontrolliert (1348–1350).

Die Angst bei seiner Vorlesung an der Konferenz war überwältigend, Panik, „ich dachte, ich würde aus meiner Haut fahren. Unmittelbar danach hatte ich einen unwiderstehlichen Drang, etwas Pornographisches zu sehen. Es war absolut unkontrollierbar – ein sexuelles Begehren, diesen Dreck (shit) zu sehen.“

Die Exhibition löst die Angst aus; die Gegenseite, das Schauen, die sexuelle Erregung. Die beiden gehören zusammen (1358).

Im Traum springt eine Frau durch ein Loch im Boden in ein seichtes Schwimmbad. Damit sie sich nicht verletze, packe er sie an Schenkel und Genitalien. Die Rettungsphantasie der Frau gegenüber habe mit dem „Loch“ zu tun: die „Leere“, daß etwas „fehle“, die tiefe und sich wiederholende Klage: „Es gibt da nichts – there isn't anything there“, soll ungeschehen gemacht werden: „Ich kann die Leere, die ich sehe, nicht ertragen. Ich kann kastriert werden, aber ich muß beweisen, *daß die Leere nicht real ist* – durch Masturbation und die Explosion des Orgasmus. Das beweist, daß die Macht noch dort ist.“

Wie es mit der Leere im sozialen Zusammenhang, der sozialen Scham zusammenhänge?

„Vielleicht ist es das Gefühl: *Ich bin wirklich kastriert,* nicht ein Junge, sondern ein Betrüger – zur Bestrafung, daß ich bei der Masturbation wünschte, mit meiner Mutter zu sein und die Rivalen, das Baby und meinen Vater, loszuwerden.“ Und die zwangshafte Erregtheit: der Drang, das ungültig zu machen, zu beweisen: *„Ich bin nicht kastriert.“*

„Die Rettungsphantasien den beschädigten Frauen gegenüber gelten auch mir selbst, meinem eigenen kastrierten Selbst.“

„Dadurch daß Sie die beschädigte Mutter und Schwester retten.“

„Das Loch im Boden = der kastrierte Körper – das war ich, und ich war leer.“

„Daß Sie der depressiven, kastrierten Mutter gleich wurden, daß Sie sich sehr tief mit ihr identifizierten“ (1382, 1383).

Am ehesten läßt sich also die Perversion als eine zwangshafte Handlung verstehen, das überwältigende Gefühl der Scham ungültig zu machen, wobei *die Frau für das beschämte Selbst einzutreten* hat und die Demütigung und Bloßstellung, der er selbst zum Opfer gefallen, nun auf sich zu nehmen hat, ihm aber zugleich dabei die Versicherung bietet, daß der Defekt, der Mangel, die Kastration, der Schaden in ihr wie in seinem Selbst behoben ist, daß seine eigene Rache sowohl erfüllt wie auch wiedergutgemacht ist, und *er selbst am Ende als der machtvolle Sehende, nicht mehr als der ausgeschlossene Blinde dazustehen* vermag.

*

Spät in der Analyse (1482) greift er die intensive Beschäftigung in seiner Kindheit, ja Besessenheit, mit Tunnels und mit häufigen Träumen über Löcher im Boden, mit Quellen und Schächten auf:

Er träumte in der Nacht, ein totes Kind sei in einem Eisschrank eingeschlossen, er wolle ihn nicht öffnen, es sei zu häßlich. Er trage Schuld, da es vielleicht noch zu retten gewesen sei. Darauf ein Traum von einem großen Kriegsschiff, das bombardiert werde. Hernach Bilder von Eisenbahnen und Rollercoasters (Achterbahnen), von einer nackten jungen Frau.

Die Züge, die herauskommen und wieder verschwinden: das seien Geheimnisse. Er denke an seine erste Ehe. Da habe er zuerst die Phantasie gehabt, er gehe durch die Vagina in den Bauch der Frau, er steige ganz in sie hinein. Das führt weiter zur Frage, wo die Kinder herkommen oder wohin sie zurückgehen sollen. Nähe zur Mutter bedeute, in ihre Vagina zurückzukehren und zu verschwinden: „Und das war es ja auch, was ihre Nähe bedeutete: ich ließ mich verschwinden, wenn ich gehorsam war, ich wurde passiv und erlaubte ihr, die Macht zu übernehmen (to take over)."

„Der Wunsch zurückzugehen, und die Angst davor", Faszination und Furcht zugleich.

„Ob nicht auch die Ängste vor einer plötzlichen Katastrophe, die ich so oft habe, sich darauf beziehen? Daß ich in einen Brunnenschacht hinunterstürze."

„‚Daß ich wieder von ihr verschlungen würde.'"

„Gestern nacht hörte ich zu, wie das Mädchen den Kindern ‚Rotkäppchen' vorlas, mit dem Bild des fetten Wolfs, der die Großmutter gefressen hatte. Und so kam es dann im Traum. Die Mutter ist sowohl Leben wie auch Tod."

„Verschlingend wie hervorbringend (devouring and bringing forth) ... *Zwei Bilder der Mutter: die gute Mutter, mit der Sie sich vereinigen wollen und in die Sie zurückkehren möchten, und die böse Mutter, vor der Sie sich fürchten, verschlungen zu werden.*"

„Und die gute war die böse in Verkleidung (in disguise)."

Er erinnert sich auch wieder daran, wie seine Mutter, die doch allen Dreck aufbewahrte (wir hatten über ihre Wohnung als „das Museum Smithsonian North" gesprochen), die beiden von ihm mit großer Mühe und mit viel Liebe über Monate gebauten Kriegsschiffe erbarmungslos zerbrochen und in den Abfall geschmissen habe. Das bleibe für immer sehr schmerzlich (1484).

Eine Stunde später (1485) nimmt er den vorigen Faden wieder auf:

> Im Eisschrank zu sterben, das ist ein gutes Bild dafür, meiner Mutter nahe zu sein. Sie ist so kalt. Sie konnte nie lustig sein ... Es gibt eine andere Art, auf die Züge zu schauen: sie verschwanden unter der Überführung, auf der ich stand. Diese gewaltige Gefahr nahte sich, aber ich wurde nicht überfahren, sondern sie waren unter mir, ich war in Sicherheit. Statt daß ich Angst haben mußte, auf's Geleise zu fallen, winkte ich freundlich dem Zugführer zu. Es war eine *Verleugnung der Gefahr durch Faszination:* es ist nicht über mir, sondern unter mir.

Die gewaltige, von den Zügen symbolisierte Gefahr ist wohl die der *Überstimulierung,* die Angst vor den gewaltigen Körpern der Eltern, deren *Wut wie auch ihre sexuelle Erregung,* die Hilflosigkeit vor ihnen und seine eigene Wut und Sexualität, die Gewalttätigkeit, der er ausgesetzt war: „In diesem Bild war ich nun ganz in Kontrolle der Überstimulierung; diese verrückte, gewalttätige, gefährliche Familie konnte mir nun keinen Schaden mehr antun (the crazy, violent, dangerous family, which now could not hurt me)."

Warum die pornographischen Filme? Die stacheln doch die unangenehme Überreizung nur an. Es geschieht immer, wenn er sich von seiner Frau trennt (wenn sie weggeht, oder wenn er zu Konferenzen geht). Dann nehmen Angst und Hilflosigkeit überhand, und die Sexualisierung ist eine Weise, diese überwältigenden Gefühle zu meistern; es ist lediglich eine intensivierte Masturbation.

Läge etwa darin die Lösung jenes Rätsels der immer wieder auftauchenden und durchgreifenden *Doppelheit:* das *Nebeneinander von Anerkennung und Verleugnung,* – hier zwar, wie in Freuds berühmtem Paradigma, in bezug auf das Trauma der Penislosigkeit, doch gleichzeitig auch wieder weit darüber hinausgreifend? Ich glaube, daß wir hier einen Ansatz zur Lösung haben.

Wie dem auch sei: Die *Perversion, bzw. das zwanghaft-erregende Spähen, Sehen und Zeigen,* stellt also ebenso sehr eine komplexe Lösung neurotischer Konflikte und eine vielschichtige Kompromißbildung dar, wie es für alle anderen neurotischen Symptome gilt.

Diese Einsichten in die Perversionsdynamik werden im folgenden (6.18) weiter vertieft werden – nämlich als eine Serie großartiger Umkehrungen.

6.17 *Eine archaische Abwehr*

Doch liegt noch mehr in seinem durchdringenden Gefühl der Leere, der „blankness“: Wieder und wieder beklagt er sich über diesen Zustand der peinlichen Unfähigkeit, sich an Gesprächen beteiligen zu können: „Ein durchdringendes Gefühl, ich habe nichts zu sagen, daß ich für meine Nichten und Neffen ein langweiliger Onkel bin, oder für meine Schwester oder Schwager.“

„Hier wie beim Besuch.“

„Ja. Ich fühle mich eingeschlossen (locked up), nicht denken zu wollen, Angst zu haben, schöpferisch zu sein, das Falsche zu sagen, wie als ich nicht die Hausaufgaben machen konnte: *ich kann nicht denken.* Es ist nicht so, daß ich nicht mitteilen (share) will, was ich weiß, sondern daß ich nichts weiß, das ich (mit)teilen könnte.“

„Daß Sie leer sind.“

„Ist das die Passivität? – Daß ich bin, was andere mir sagen?“

„Ein Schwamm.“

„Ein Schwamm. Das ist es, was ich großenteils empfinde. Das ist ein kritisches Symptom: das Hauptsächliche, das ich in der Analyse loswerden möchte. Ich weiß nicht einmal, wie es wäre, ohne dieses Symptom zu leben. Mein Vater sagte mir: ‚Du bist wie ein Klumpen Quark.‘ Das ist es genau, wie ich es spürte. Es war nicht seine eigene Idee, aber er fügte es mir zu – so fühlte er sich wohl selbst. Vielleicht sah er, wie sehr ich ihm ähnlich war, es war eine Kritik an uns beiden. Jetzt möchte ich ihm entgegen: ‚Ein Span vom alten Holzblock. Ist es nicht übel, sich so zu fühlen?‘ Ich würde nichts so Nettes zu ihm sagen – sexuelle Gefühle aus dem Mißbehagen (misery), wie bei meiner Frau gestern. Ich habe ein Bild (vision) von mir: daß ich mit meinen Augen bis zum Kinn hinunter sehe, daß ich ein *Glasgesicht* habe und hinausschaue, daß das ganze Gesicht wie ein Fenster sei, ja, kein Gesicht sei. Es fühlt sich seltsam: daß mein ganzes Gesicht die Augen sind.“

„*Sehen und nicht gesehen zu werden.*“

„Ich sehe, was Sie sagen, aber das kam mir nicht in den Sinn, sondern *ohne Gesicht* zu sein, unerkenntlich, *ohne Individualität.* Der Mund ist gegen das Kinn zu gequetscht, hinunter gedrückt durch das Fenster.“

„Und das Auge ist hinter dem Fenster?“

„Das Auge *ist* das Fenster. Das Fenster ist so groß wie mein Gesichtsfeld. Es verdrängt mein Gesicht, wie das Tragen einer Unterwasserbrille, als ich beinahe ertrank in St. Thomas. Ich war sehr nahe daran zu sterben. Wenn ich von zuhause zur Arbeit rannte, war es mir so, als ob ich keinen Körper, nur meinen Kopf besäße, nichts anderes.“

„Wie jetzt das Gesicht nur aus dem Auge besteht.“

„Ich habe den Wunsch jetzt, einzuschlafen. Ich frage mich, ob Sie sich denken, daß ich etwas Schreckliches gesehen habe, wie den epileptischen Mann (der vor ihm mit seinem Auto in eine Telephonkabine gefahren ist) oder den Verkehr der Eltern.“

„Oder etwas Erregendes, denn Sie klangen eher so, oder eher beides zugleich: *was schrecklich ist, ist zugleich erregend.*“

„Ich hatte das Bild eines Mannes, der die Frau von hinten angeht. Mein Vater täte das nicht, er ist zu konventionell dafür. Wann meinten Sie, daß ich erregt gewesen sei?“

„Als Sie in rascher und atemloser Weise sprachen – während der ganzen Sequenz der Bilder.“

„Ein fremdes Bild: rote Fangärme (tentacles) wie Spaghetti, häßlich wie ein Hummer, eine schwarze Höhle in der Mitte. Ich ging unter darin. Wie als ich mir vorstellte (in Kindheitsträumen), der Abfall komme herauf auf dem Fließband (up and up), statt wie bei der Verbrennungsanlage hinunter. Ob ich etwas aus mir erbrechen wollte? Im Bett war es mir als Kind oft übel, der Gestank von Fäzes – eine Art von Anfall, wie eine seltsame Form der Epilepsie. Dann könnte ich Dilantin nehmen, alles wäre fein, und ich brauchte keine Analyse. Daß die Fäzes in der falschen Richtung emporkamen in dem Bild – daß ich angewidert war von all dem, was sich in der Familie ereignete, das Verhalten meines Vaters, alles, was sie mir aufdrängen wollten.“

„Oder Ihre Impulse –“

„Statt überall hinzuscheißen, kam der Dreck zurück zu mir? Und ich war das Opfer, angeekelt.“

„Oder was Sie als ‚shit‘ erlebten.“

„Sie meinen, Bestrafung für Dinge, die nicht hätten bestraft werden sollen? Sie sagten, meine Impulse. Sie meinen: überall zu verkoten? – Es scheint ein wichtiges Bild zu sein – mich selbst zu bestrafen, dafür, was ich tat: schau und sieh all den ‚shit‘, der heraufkommt“ (1344).

Ich schlage ihm in den eben von ihm gebrauchten Bildern vor, die *Leere sei ein Schutz,* ein Schirm dagegen, daß der Unrat (garbage), das Übelsein und Erbrechen, der Stuhlgang wieder hochkämen. Er sagt, es erfolge so automatisch, als ob ein Computer alles, alle seine Gedanken und Erinnerungen, auswischte (erase) und völlig unzugänglich machte, und ihn ganz leer (blank), *ausgeschaltet* (switched off) lasse. Weshalb jedoch?

Meine Antwort: „Es ist die ganze *Überstimulierung* und *Hilflosigkeit,* damit auch die Wut, die so sehr Ihre Kindheit erfüllte.“

Sogleich kommt ein Bild von seinem gestrigen Besuch bei seiner Schwester: von ihrem Hund, der riesig und überwältigend sei, auf ihn und die Kinder gesprungen sei und sein Gesicht abgeschleckt habe. Er habe sich nur mit Mühe seiner erwehren können. Dann wieder das Gefühl der Leere auch bei diesem Besuch. Er wiederholt das Gefühl der Überwältigung; ich brauche die Computermetapher des „overload“, das zum „blanking out“ führe; etwas sei *zu viel, nicht zu wenig.* Alles, was er gesehen und ihm erzählt worden sei, sagt er, gehe in ein unzugängliches Gedächtnis, das er nicht zu integrieren und zu benutzen vermöge, sondern dessen er sich nur dann entsinne, wenn er von außen daran erinnert werde. So werde es Wiederholung, „rehash“; es seien nicht seine wirklichen Gedanken, nicht er selbst („it is not really me“), nur ein Zurückgeben dessen, was er empfangen. Die *Trauer* übernimmt ihn, er vermisse etwas, das er nie gehabt habe, wie sein Vater, der nie gesehen habe. Und doch sei es eine Art Verlust, sage ich, verglichen mit dem, was er sich in seiner Phantasie wünsche und jedermann sonst besäße.

Er erinnert sich an einen peinlichen Zank mit seiner Schwester, die sich in die Disziplinierung seiner Kinder einzumischen versucht: „Ich kann schon selbst mit meiner Familie umgehen (take care of), danke“, habe er ihr entgegnet. Darauf Zwangsbilder, seine Schwester und Kinder am Bahnhof auf die Schienen zu werfen und daher, wie er sich besonders fest an sie geklammert habe. Das Bild kehrt zurück vom aufsteigenden Abfall, Erbrechen, Blut – ich füge bei „you would spit shit“.

„Warum überstimuliere ich mich mit diesen Bildern?“

„In der Erwartung: ‚Diesmal wird es recht herauskommen?‘ “ (sage ich) (1347).

In diesen Zuständen *autohypnotischer Trance* errichtet er *eine Wand in sich selbst,* wie er es beschreibt: „The blankness is a wall within myself.“ „Ich bin da, aber ich bin nicht vollständig da. Ich bin abgelöst von mir selbst und still, abgeschaltet (shutdown)“ (1355).

Dabei handelt es sich um eine ganz *archaische Form der Abwehr von Verleugnung, Affektblockierung und Isolierung,* damit um eine *Bewußtseinsveränderung,* die ihn ursprünglich gegen die traumatischen Wahrnehmungen und die traumabedingten Affekte schützen soll. Hernach wird diese gleiche *globale Form der Abwehr* in entwicklungsmäßig späteren, aber intensiven Konflikten über Vereinigung und Trennung sowie über ödipale Konkurrenz (sowohl in der positiv-ödipalen wie der negativ-ödipalen Variante) angewendet, und natürlich ganz besonders stark als Schutz gegen die Kastrationsangst.

6.18 Masochistische Übertragung: die Zerstörung der Einsicht

Er spricht über seine lebenslange Passivität.

Ich schlage vor: „Auch dies ist selbst eine Form des Konkurrierens: dadurch besiegen Sie den andern, nämlich durch das ‚Dummsein‘ (it's a competition in its own right: by being passive you defeat the other: by being ‚dumb').“

Er bestätigt es.

Ich füge hinzu: „Dazu kommt das *Besiegen durch die Depression;* welch bessere Weise gibt es, dem anderen das Gefühl zu geben, er sei hilflos. Das ist das Spiel, das man mit Ihrer Mutter spielen muß: sie mit ihren eigenen Waffen zu schlagen."

„Oder mit der Passivität."

„Sie hatten beide Waffen zu Ihrer Verfügung, und die sind voneinander gar nicht so verschieden."

Er beschreibt es, wie er das zuhause so getan hat.

Ich: „Auch hier besiegen Sie mich durch Ihre Depression."

„Da Sie mir hier versuchen zu helfen, die Depression zu beseitigen. Und ich sage: ‚No way, José! This stays!'"

„So sehen wir darin die direkte Beziehung zum Machtkampf (competition). Dazu kommt: ‚Ich bin schon kastriert, kastrier mich nicht mehr!' Doch insgeheim: ‚Dadurch daß ich besiege (defeat), beweise ich, daß ich nicht kastriert bin, daß ich mächtig (powerful) bin.'"

„Aber ich fürchte mich, kastriert zu sein."

„Dadurch, daß Sie *spielen, kastriert zu sein, schützen Sie sich* (it is a saving device)."

„Dieser ganze Bau (construct) ist relativ einfach; warum war es so schwer, dazu zu kommen?"...

Er meint, er habe es nicht verdient, also wieder die Schuld, die *„negative therapeutische Reaktion"*.

Ich füge hinzu: „Es war zu beängstigend, aufzuwachsen, zu konkurrieren, sich nicht mehr hinter der Passivität des Vaters und der Depression der Mutter als Schutz verstecken zu können."

„Es war wie die Angst davor, den Ball abzufangen und verletzt zu werden. Deshalb würde ich nicht mitspielen (compete), sondern mich verstecken (duck). Ich hatte sehr starke Angst, verletzt zu werden."

„Es war *viel sicherer, passiv, depressiv und besiegt zu sein* – damit würden Sie wenigstens nicht verwundet, d. h. kastriert werden." Er sieht es besonders in Hinblick auf die Augen, auf Vaters Blindheit ein.

Ich fahre fort: „Die ganze *Heilungsphantasie* gegenüber den Mädchen soll sowohl die Kastration beheben wie die Blindheit des Vaters –"

„– und die Depression der Mutter. Ich stellte die beiden gleich: ihre Depression und ihre Kastriertheit. Das ist schwer (heavy), aber nett (nice). Kann ich das aber festhalten (hold onto)?"

„Vielleicht ist es verboten, es festzuhalten, die Einsicht, da das Festhalten an die Masturbation erinnert."

Er: „Und *die Masturbation war nötig, um die Kastration zu verleugnen.* Alles scheint nun zusammenzupassen, aber es ist schrecklich viel. Es sieht gut aus (it feels really good), aber ich habe Angst, es ist nicht wirklich, es wird wieder weggehen, daß ich es nicht brauchen kann. Daß es zuviel Änderung erfordert."

„Das war auch die Angst mit dem Penis bei der Masturbation: daß Sie ihn nicht brauchen können und daß er auch wieder weggehen könnte."

„Ich bekämpfe ständig ein Gefühl des Nebligen (fogginess). Es ist dort, es ist gerade hier."

„Das ist selbst von großer Bedeutung: ‚*Da ist eine Leere, wo etwas sein sollte. Ich habe Angst, ich bin kastriert.*“

Im folgenden gebe ich eine weitere Entwicklung der sadomasochistischen Dynamik innerhalb der Übertragung: *die Bedeutung der Zerstörung der Einsicht.*

In seinen Ferien hat er den Mythos von Narkissos und Echo gelesen. Er selbst sei wie Echo: „Sie kann nur wiederholen, was ihr die anderen sagen. Sie hat keinen starken Sinn dafür, wer sie ist. Das ist eine sehr gute Beschreibung dafür, wie ich mich empfinde; nichts Neues kommt von mir, ich bin nicht viel von einem Selbst, sondern nur wie ein Schwamm.“ Er war stark depressiv, besonders als seine Schwester bei ihnen zu Gast war oder wenn er seine kranke Mutter besuchte. Es sei wohl wieder die alte Mischung von Furcht, Haß und unerwartet starker Liebe gewesen, die hinter der Depression stehe.

„Ich dachte wieder: ich fand Billigung bei der Mutter nur, wenn ich die Person war, die sie kontrollieren konnte. Mehr als das: daß sie keinen Wert in meine eigenen Wünsche, den Ausdruck von dem, was ich gern und was ich nicht gern hatte (my likes and dislikes), setzte. Für sie war das völlig irrelevant, nur ihre eigenen waren relevant ... Ich bin nicht einmal so sicher, ob ich wirklich depressiv war, sondern nur daß ich fühlte, ich bin ein Niemand, isoliert von der Welt, eingeschalt von einem dicken Plastik und halb schlafend, unverbunden. *Ich weiß nicht, wer ich bin und was ich denke.*“ Weinend berichtet er dann folgendes Traumfragment: „Meine Tochter hat Gebärmutterkrebs. Sie bekommt Chemotherapie.“

„Was Sie vorhin ausgelassen haben: die enorme *Wut,* die Sie gegen sich selber richten. Wäre das Gefühl der Leere eine Reflexion eines wirklichen Sachverhaltes, wäre es schwer zu verstehen, wie Sie beinahe 1400 Stunden Analyse füllen konnten.“

„Ich dachte daran. Es macht keinen Sinn. Als ich vom Alptraum aufwachte, dachte ich, die Tochter stehe für mich, und der Krebs für Kastration.“

„Aber auch für *Mutters Uterus: Ihre Wut gegen ihr Inneres* überhaupt, diese kleine Fabrik, die Rivalen wie Ihre Schwester herstellte. Und dann die *Wendung dieser Wut gegen Sie selbst.* Das ist die Bedeutung Ihrer Depression: *Wenn Sie das Innere (the inside) Ihrer Mutter zerstören, dann ist sie leer. Wenden Sie es gegen sich selbst, werden Sie selbst innerlich leer.*“

„Sie sagen, das Gefühl der Leere sei aktive Zerstörung?“

„Ja. Und zum ersten Mal sehen wir klar, woher sie kommt: es ist die *Vernichtung des Uterus,* und dann deren *Rückwendung gegen Ihr eigenes Inneres: ‚Nichts ist dort.‘*“

Er ergeht sich nach einer Weile erneut in Klagen, daß, auch wenn er gute Bücher lese, er sich doch in seinem wirklichen tieferen Verständnis *blockiert* sehe, so daß er sich darüber nicht unterhalten könne; es sei seine Pseudostupidität oder ein wirklicher Mangel an Intelligenz.

Ich: „Auch das ist ein Geschick, das gelernt werden will und entwickelt werden kann, wie durch das Lesen über die Werke. Sie vergleichen sich darin oft mit Ihrer Frau, die doch ein eigentliches exegetisches Training [als Rabbinerin und Juristin] gehabt hat. Und diese Rivalität führt zum gleichen, was wir eben über die Mutter gefunden haben: Wenn Sie das Innere Ihrer Frau zerstören, dann ist auch sie leer. Ist es gerichtet gegen Sie selbst, so sind Sie selbst innerlich leer.“

„Und warum die Tochter?“

„Als Verschiebung, um es zu verhüllen, und als Verdichtung: es gilt sowohl für die drei Frauen: Mutter, Schwester und Gattin, wie für Sie selbst" (1391).

Die Einsicht von gestern mache keinen Sinn mehr und beruhe nur auf zufälliger Evidenz. Wie könne ich davon sprechen, daß er das Innere seiner Mutter zerstören wolle, nur davon ausgehend, daß er einen Traum über Uteruskrebs seiner Tochter hatte? Und seine Frau habe auch Schwierigkeiten, wenn sie eine Novelle lese. Und überdies habe er das Leeregefühl schon gehabt, ehe er sie überhaupt kennen gelernt habe. Er spricht dann über seine Unzufriedenheit mit seiner Frau und über die Abwesenheit irgendwelcher tieferer Gefühle mir gegenüber.

Ich: „Eben dieselbe Unzufriedenheit. Keine Deutung kann stehen gelassen werden. Alles wird *zerhackt und dann abgewertet:* ‚es hilft mir nicht, es ist nutzlos' ... Gewöhnlich macht es in der Stunde Sinn, aber danach, in den folgenden 24–48 Stunden wird es entweder vergessen oder ‚verdaut', nämlich in Stücke zerrissen, die dann, für sich selbst genommen, unsinnig erscheinen. Sie schwimmen dann wie Stuhlgang in der Toilette als zerhackte Fetzen, die Sie zusammensuchen und aus denen Sie wieder einen Sinn zusammenzufügen versuchen."

Er erinnert sich an den fäkulenten Geschmack in seinem Mund, den er in der Kindheit gehabt habe.

Ich:

Sie hatten Eltern, die Ihnen viel Dreck (shit) sagten; Sie spürten die Wut in sich dagegen wie Unrat (shit-rage) aufsteigen, Sie wollten zerstören, was in den Eltern drin war, ihr Inneres, besonders bei der Mutter. Aber Sie mußten es unterdrücken. Jetzt kann es nur in dieser indirekten Weise zum Ausdruck kommen: daß, was Sie hören, zu Unrat (shit) gemacht werden muß (1392).

Er greift das Thema von Rache und Grausamkeit wieder auf, im Sinne der immer wieder erfolgenden *Zerstörung der Einsichten,* wobei ich wiederum deren spezifischen Kern betone: die zornige (angry) und *grausame Zerstörung des Inneren des anderen* – des Uterus und vielleicht auch der Brust der Mutter, der Genitalien und der Kehle des Vaters. Seine Assoziationen gehen zu negativen Gefühlen gegenüber einem seiner Brüder und der Familie seines Cousins und dann auf einen Kollegen, mit dem zusammen er an einem TV-Interview teilgenommen hatte. Der sei ein so unmöglicher Prahlhans gewesen, daß alle sehr verärgert gewesen seien. Er hasse ihn, finde ihn ganz abscheulich. Ich erinnere ihn daran, daß er es dann besonders schwierig fand, seiner Angst beim Interview Herr zu werden: der Haß gegen den Rivalen, Angst, er könne sichtbar werden, und das Gelähmtsein durch Wendung gegen das Selbst.

Er denkt an Mr. Jingle in den *Pickwick-Papers* von Dickens und kehrt dann wieder zur Frage der Wut, zur Grausamkeit gegen das Innere der anderen zurück: „Diese muß sich eben auch besonders *gegen das Denken der anderen,* und damit auch *gegen meine eigenen Gedanken* richten."

„Und dies ganz besonders im Zusammenhang von Konkurrenz (competition), wie mit dem Kollegen in der TV-Sendung – oder mit dem Uterus der Mutter, der ja eine ‚Fabrik für als das kleine Gewürm' war, das sie ans Licht gebracht hat."

„Ich hatte eben die Phantasie, daß ich auf dem Weg zur [wissenschaftlichen] Konferenz das *Playboy*-Magazin kaufe, um es mir insgeheim im Hotelzimmer anzusehen, daß ich aber dabei von anderen zu meiner Beschämung beobachtet werde. Ich möchte mich nicht mehr für diese Magazine interessieren, ich habe genug von dem Mist (I'm tired of that crap).“

„Wie ist das verbunden?“

„Es war ein überraschender Einfall.“

„Eine Form des Voyeurismus. Ich bin überzeugt, daß beides eng miteinander verbunden ist (*die Zerstörungsimpulse und die voyeuristischen Interessen, das ‚excitement‘ dabei*).“

„Es ist genau das Gegenteil von dem Wunsch, das Innere zerstören zu wollen: es soll *zeigen, daß die Frau intakt* ist.“

„Und *statt Wut ist es Lust, statt Aggression ist es Sex,* und *statt Angst, daß ihr etwas mangelt, ist es die Erregung* (excitement) darüber, daß Sie ihre Brüste sehen.“

„Und die Frau ist schön und attraktiv, im Gegensatz zur depressiven Mutter. Wenn ich diese Gedanken habe, sie zu zerstören, heißt es auch, daß ich sie depressiv gemacht habe, daß ihre Verstimmung des Ergebnis von etwas, das ich getan habe, ist, von meinen Gedanken der Wut. Diese Bilder anzuschauen ist dann eine Versicherung durch das Gegenteil: ‚Es ist alles in Ordnung, es ist eine Oase.‘“

„Das macht viel Sinn.“

„Werde ich das wieder in 2 Tagen verlieren?“

„Sie können darauf zählen. – Es handelt sich also um eine *gewaltige magische Umkehrung, die Illusion der Macht, die zerstörerischen, bösen (angry), grausamen Wünsche ungültig zu machen* (undo).“

„Was ich sehe, ist das Gegenteil von Wut: die Lust.“

„Oder *Rache verkleidet als Lust. Es ist die Illusion der Macht und die sexuelle Erregung zusammen*“ (1393).

Die Einsichten der letzten Stunde sind wieder weitgehend verschwunden, und er habe keinerlei Wirkung in seinem Verkehr (interactions) mit Leuten gespürt. Es verbleibe nur ein blasses, intellektuelles Bild. Hernach berichtet er aber in anderen Zusammenhängen, wie er sich in seinen Verhandlungen mit der Versicherung erbost habe, und daß er sich dabei benachteiligt und übervorteilt fühle, aber auch, wie er mit einem Konkurrenten, der ihm zwar ausgeholfen habe, den er aber doch nicht zu seinem Partner machen möchte, vorsichtig und diskret umgehen müsse, sich aber schon jetzt vor ihrem gemeinsamen Nachtessen fürchte. In diesem Falle sei er der Ausschließende, nicht der Ausgeschlossene, füge ich bei. Ich weise auf die zugrundeliegende Haltung der *eifersüchtigen Wut* hin, des *Ressentiments darüber, daß er sich betrogen und ausgeschlossen* fühle, und sich davor fürchte, daß er den „Unrat“ der Wut ausspeie (spit shit) – im seinerzeit gebrauchten Bild von dem in ihm hochsteigenden Abfall: „Bei jedem Rivalen (competitor) fühlen Sie soviel Wut und ‚spitting shit‘, daß Sie es ängstlich zurückhalten müssen.“

„Das Sprechen selbst wird zum Wettstreit (competition) und zur Wut. Ich will die Person, mit der ich spreche, zerstören. Und dann wende ich es gegen mich selbst und vernichte meine eigenen Ideen“ (1394).

6.19 Einige Gedanken zur Gegenübertragung

Wenn ich meine Notizen überlese und namentlich auch, wenn ich die hier gegebenen Auszüge mir vergegenwärtige, werde ich mir der großen, von mir gezeigten Aktivität bewußt. Auch scheinen mir meine Bemerkungen oft abgesondert vom unmittelbaren Erleben der Stunde, zu intellektuell zu sein. Sicher verschiebt sich in der hier gegebenen Verdichtung das Gleichgewicht zugunsten der zusammenfassenden Fragen und Deutungen. Dennoch scheint es mir, daß hier ein wichtiges Gegenübertragungselement beobachtbar wird: Es ist die Hilflosigkeit und das zur Schau gestellte andauernde Leiden des Patienten, das mich immer wieder veranlaßt, „für ihn die Hausaufgaben zu übernehmen", eben wie es seinerzeit seine Mutter getan hat, zu „eindringend" und „zudringlich" zu sein, eben ganz so, wie er seine beiden Eltern ja erlebt hat. Natürlich kam eben dies viele Male ausdrücklich zur Sprache, und ebenso selbstverständlich gab es lange Strecken, wo ich sehr zurückhaltend, ja, schweigsam und „spiegelnd" gewesen bin. Und dennoch will es mir und wohl auch dem einfühlsamen Leser erscheinen, daß ich mehr an der jeweiligen Oberfläche hätte bleiben, mehr auf die unmittelbare Sequenz hätte achten sollen. Ganz besonders scheinen mir jetzt, aus der Distanz, manche der gemachten Bemerkungen zu konstruiert, intellektualisiert, obwohl sie nicht so in den Stunden, im Zusammenhang selbst, schienen.

Dabei ist es nicht so, daß ich theoretische Zusammenhänge ihm aufoktroyiere. Ich versuche immer, die Verbindungen neu aus dem eben Erlebten heraus zu entwickeln; und nichts, das ihm nicht unmittelbar Sinn macht, also „clicks", darf stehen bleiben. „Widerstand" bedeutet mangelhafte Zusammenarbeit mit dem beobachtenden Teil des Ich. Was nicht angenommen wird, ist mindestens unvollständig, vielleicht falsch, und muß auch so dahingestellt bleiben.

Und doch ist es immer und immer wieder so: Was heute Sinn macht, angenommen wird, mit neuen Bildern, Gefühlen, Gedanken, Verknüpfungen erweitert und bestätigt wird, und was auch gewöhnlich zur momentanen Besserung führt, ist binnen kurzem wieder entschwunden, als ob nicht dagewesen, ungeschehen gemacht, „zerhackt", wie ich es eben dargestellt habe.

Und doch habe ich mich immer wieder auch über meinen Anteil daran gefragt: Was steckt dahinter?

Auf der Ebene bewußter Reaktion ist es v.a. mein Wunsch, dem Leidenden zu helfen und die Gründe für seine andauernde Hilflosigkeit angesichts der inneren Hindernisse herauszufinden, indem ich auf die momentan in den Vordergrund tretenden Probleme achte und im Gesamtzusammenhang des unmittelbar Gebrachten und der ganzen Lebens- und Analysengeschichte zu verstehen suche, sogar zuweilen dazu komme, zu trösten, zu unterstützen, zu belehren. Doch liegt tiefer, vorbewußt, die Ungeduld, meine eigene Hilflosigkeit, und dahinter der Ärger, nicht zum erfolgreichen Abschluß zu kommen, – besonders wenn es so scheint, als ob die Analyse als Ganzes versagt habe: „Der Hauptgrund, warum ich gekommen bin, hat sich nicht verändert."

„Was haben wir übersehen? Wo ist die Einsicht unvollständig? Was fehlt?" Und dahinter: „Vielleicht ist es etwas ganz Offensichtliches, und es ist mein eigener Mangel (shortcoming), daß ich es nicht zu sehen vermag.“ Ich erinnere mich daran, was Churchill über Clement Attlee gesagt hat: „He is a modest man, with much to be modest about.“

Was mag es sein?

6.20 *Masochistische Übertragung: der Neid und eine Zusammenfassung*

Einige Zeit später greift er das Thema der „Zerstörung des Inneren“ wieder auf, entwickelt es aber in neuer Richtung und vertieft die Einsicht:

„Ich hatte einen sehr intensiven Traum: daß meine Hand in der Vagina einer Frau war, die ein Kind gebar, und meine Hand war ganz blutig. Ich hatte Angst, ich würde AIDS oder Hepatitis von ihr bekommen“ (1412).

In einer unheimlichen Weise spielt die äußere Wirklichkeit mit. Wie schon angedeutet, leidet seine Mutter, nachdem sie die Treppe hinunter gestürzt ist, unter einer Reihe schwerer Erkrankungen, einer Kompressionsfraktur der Wirbelsäule, gefolgt von einem paralytischen Ileus. Thomas bedrängt den behandelnden Arzt, gegen dessen Widerstand, eine Sonde zur totalen parenteralen Ernährung einzuführen. Die Folge davon ist, daß die Mutter eine Staphylokokkensepsis entwickelt, mit Lungenempyem und paravertebralem Abszeß. Dieser erweist sich als inoperabel und erst nach heroischem Einsatz spricht er auf langedauernde Antibiotikatherapie an. Zu Recht fragt er sich, ob er nicht mit seiner Überängstlichkeit eine (voraussagbare) Komplikation verursacht habe, die sehr wohl zu ihrem Tode führen könnte. Ich bemerke:

> Sie sind übermäßig freundlich (bend over backwards to be nice) mir gegenüber, wollen der gute Patient sein und es recht tun, um nicht Ihre Wünsche auszudrücken, nicht Ihren Ärger zu fühlen oder zu zeigen, und ganz besonders Ihren Neid. Und es ist ganz gleich mit Ihrer Mutter: doch *in der Handlung der Fürsorge selbst zeigt sich die blutige Hand*“ (1419).

Die eine Zeitlang verspürte Besserung hat sich wieder verflüchtigt. Wenn immer wir uns mit dem Thema des Neides beschäftigen, namentlich auch des *Neides mir gegenüber als wichtigem „Widerstand“* gegen eine anhaltende Besserung und gegen den möglichen Abschluß der Therapie, scheint es ihm besser zu gehen. Im ganzen gelingt es ihm nicht, *die gültigen und tiefen Einsichten in dauerhafte Änderung zu übersetzen:* er kann *mir den Erfolg nicht gönnen.* Er versucht mit dem ihn erfüllenden Neid mir gegenüber auf zweierlei Weisen fertig zu werden: „Einerseits *verneine* ich jegliche Rivalität, ich bin weder neidisch noch eifersüchtig, sondern nur das passiv abhängige, inkompetente Kind, *dumm, aber unschuldig.* Anderseits beseitige ich jeglichen Grund für möglichen Neid, indem ich nun Sie völlig *entmachte,* impotent mache als Analytiker, jedes Kunstvermögen Ihrerseits entwerte, nichts, was Sie sagen, höre, und unverzüglich vergesse, was ich schon gehört habe, und zerhacke, was ich noch erinnere – ebenso wie ich als Kind nicht aufwachsen wollte und mit Schreck und Trauer daran dachte, daß auch ich älter werde“ (Quasizitat, 1424, teils Bemerkungen von mir, teils von ihm).

Offenkundig zeigt die Übertragung nicht nur dieses dauernde Bedürfnis, mich zu besiegen, wobei er selbst der Verlierer ist: *den masochistischen Triumph,* sie zeigt nicht allein diese Pseudodummheit als Schutz gegen die Kastration und als deren verhüllte Inszenierung an mir, am wirksamsten als Waffe des *Neides;* sondern sie spielt sich ganz wesentlich auch als *masochistische Abhängigkeit* ab. Die analytische Situation wird zu einer Szene des Klagens, Anklagens, Leidens, Büßens, Weinens – und selbstverständlich auch üppigster pseudostupider Verwirrtheit. Auf diese Weise dient sie sowohl der Verewigung wie der Tilgung der schweren Traumatisierung. Einerseits werde ich zur Gestalt seines Gewissens, die ihn endlich für seine Schuld bestrafen, aber auch wegen seiner beschämenden Schwäche als hoffnungslos verjagen wird und muß. Sein Gefühl des erlittenen Unrechts wie auch des durch ihn oder an seiner Stelle anderen zugefügten Unrechts, also sein eigenes wie auch das in anderen erwartete Ressentiment (beim blinden Vater, der gedrückten Mutter, den benachteiligten Geschwistern), zeigt sich in der Grundhaltung des Anklagens, des „blaming", wovon ich selbst mein Teil abbekomme, gerade im Versagen der Therapie.[4] Darin wiederholt sich der *die ganze Familie beherrschende Ton von Ressentiment und Neid.*

Anderseits erlischt die Hoffnung nicht, daß er sich *mit mir als dem idealen, liebevollen Vater verschmelzen* könne, dem guten Vater, von dem er sich nie trennen müsse und damit endliche Erlösung von seiner Schuld und Scham, von seinem Ungerechtigkeitsgefühl und seinem verfolgenden Gewissen finde – die *homosexuelle Vereinigung als Abwehr gegen Rivalität und Neid,* in einer Reihe von Umkehrungen durch *Reaktionsbildung: „Ich hasse dich nicht; ich liebe dich sogar. Ich bin nicht im Wettstreit mit dir, ich unterwerfe mich dir. Ich will nicht groß sein und spüre keinen Neid, sondern ich bin ganz klein und leer. Ich greife dich nicht an, sondern mich selbst, auch wenn das heißt, daß ich ganz dumm bin. Doch so kann ich jeden überwinden – Sieg durch Niederlage"* (1410, 1411), genau wie wir es bei „Brand" angetroffen haben: „daß der größte Sieg Niederlage ist – at største seir er nederlag" (S. 77; s. Kap. 4).

Die ersehnte Liebesbeziehung zu Vater und mir, und die dabei bewußt gespürten, homosexuellen Zärtlichkeitsregungen sollten daher dazu dienen, den unablässigen, auf Strafe und Versagen dringenden Gewissensdruck zu beheben.

Doch genügen diese Einsichten?

Offenkundig wiederum nicht.

---

[4] Vergleiche dazu, was Brenner über die negative therapeutische Reaktion bei einer Patientin schreibt: „... By these means she unconsciously expiated her guilt for her unconscious sadistic wishes toward me at the same time that she gratified them, still unconsciously, by triumphing over me and depriving me of what she regarded as my most precious possession: my therapeutic potency ... her suffering behavior served not only as a submissive expiation but also as a defense against her guilt feelings, since by her suffering she demonstrated that it was I who was the cruel and guilty one and not she, who was on the contrary quite obviously the meek and gentle victim." (1959, S. 213)

6.21 *„Falsches Selbst" und „wahres Selbst" – die Scham über die Unechtheit (inauthenticity)*

Eine entscheidende Einsicht kommt in Form einer frühkindlichen Angstphantasie. Wie sich diese Erkenntnis aus dem Zusammenhang herausschälte, möchte ich nun genauer darstellen:

Im Zusammenhang mit einem Traum vergleicht er das weggeworfene Gerümpel seines Großvaters mit der Analyse, und ich bemerke, er möchte sie entwerten und wegwerfen, dann bestehe kein Grund mehr für den Neid. Er bekräftigt den Neid in Hinsicht auf die eben stattfindenden „hearings" von Anita Hill und Clarence Thomas: wie gut diese öffentlich sprechen und nachdenken können. Das Gefühl seines eigenen Ungenügens bestehe unablässig und sei enorm und so schmerzhaft. Er erinnert sich, wie sein Vater über alle seine Kindheitsschwächen gelacht habe und wie bei religiösen Feiern die Mutter (die Haggada) so rasch vorlese, daß niemand nachkommen könne. Das heißt: wie schrecklich kompetitiv die Mutter ist. Auch bei den Hausaufgaben sei es doch so gewesen: „Ich hatte immer das Gefühl, sie könne es so viel besser machen."

„Und daß sie es Ihnen nicht erlaubte, sich zu entwickeln. Und die Analyse kann das nicht ungeschehen machen."

„Aber den Schmerz wegnehmen – das soll sie!"

„Sie wollen das Unmögliche." Dabei frage ich mich selbst, ob nicht die Schädigung in der Tat so tief war, daß er eine *unmögliche Erwartung an die Analyse* stellt – ganz ähnlich, wie *ihm selbst* immer *das Unmögliche zugemutet* wurde und er immer wieder zu viel von sich selbst erwartet.

„Und die Entwertung von mir", fährt er fort, „und die Unfähigkeit, die nicht auf einem Mangel an Fähigkeiten beruht: daß ich mich besser durchsetzen sollte als jetzt".

„Die Analyse kann helfen, die Konflikte lösen; doch kann sie nicht geben, was nicht gelernt wurde, sie kann nicht ein Defizit beheben."

„Aber sie muß mir erlauben zu lernen. Es gibt noch sehr viel mehr zu tun – wie in bezug auf den Schmerz: Ich sollte doch fähig sein, mit den Leuten besser zu sprechen."

„Es mag viel Konflikt darüber geben, wenn Sie gegen unmögliche Erwartungen anrennen. Alles oder nichts."

„Ich will nicht mehr von diesen neurotischen Symptomen behindert sein: dieser Leere, dem Rückzug, dem ‚overload'. Vielleicht habe ich meiner Mutter zuviel überlassen (abdicated)."

„Ich glaube, es ist auf viel archaischerer Ebene: daß Sie sich von ihr verschlungen gefühlt haben. Denken Sie an die blauen Geister."

„Wenn immer ich allein bin mit jemandem, fühle ich mich so ganz klein. Das will ich nicht mein ganzes Leben lang fühlen. Manchmal, wenn ich weggehe von hier, fühle ich mich größer, vielleicht besser, vielleicht nicht mehr so klein. Es ist diese Kleinheit, die den Neid mit sich bringt –"

„– und damit die Wut."

„Doch damit fühle ich mich noch kleiner. Ich hatte eben eine Idee: als ich in meiner Kindheit angstvoll dachte, *mein Samen sei beim Urinieren wie eine Erbse in der*

Toilette weggespült worden und so verloren gegangen, war es mir nicht klar, von wessen Penis, dem seinen oder dem meinen. Jetzt aber denke ich: es war ich selbst.“

„Ihre Substanz, die Sie verloren.“

„Das ist alles, was ich bin – daß ich klein sei wie eine Erbse und verloren gehe: ich verliere alles, da ich nichts bin. Ein Windhauch könne mich umwerfen, pflegte mir mein Vater zu sagen. Und das war eine ganz akkurate Beschreibung – bei meinem passiven Verhalten. Es gilt auch für ihn, aber damals sah ich das noch nicht. Er schien nicht passiv, sondern zornig und angsteinflößend. Ich sehe das Bild vor mir, wie er am Morgen die Tefillin anzog und betete. Das war der Vater des Morgens, gütig und machtvoll. Das war die beste Zeit. Meine Kinder lieben es, mit mir zu frühstücken.“

„Dann sind Sie gewiß keine Erbse. Noch sind Sie es, wenn Sie Arzt sind. Eine Erbse sind Sie nur dann, wenn Sie sich vergleichen mit diesen Rivalen (competitors) – diesen großen Vätern und Müttern.“

„Wenn ich an mein Frühstück mit meinen Kindern denke, kommen mir die Tränen. Ich denke an das Frühstück mit meinem Vater.“

„Wobei Sie auch keine Erbse waren. Aber dann ging es verloren.“

„Das war das Versprechen des guten Lebens, zu Beginn des Tages. Dann kam die Enttäuschung. Ich erinnere mich an die Zeiten mit ihm, aber nicht mit ihr . . ., nur wie allein ich war, gefangen in meiner Krippe, oder wie sie mir den Hintern wischte und schmerzhaft das Haar wieder und wieder durchkämmte und die Kopfhaut abschabte und aufriß . . .“

„Entweder hatten Sie ein Selbst, aber keine Liebe und Beziehung mit der Mutter, oder Sie verzichteten auf Ihr Selbst, wurden wie eine Erbse abgespült, waren Abfall (crap) und ein Nichts, hatten aber dafür die Beziehung zur Mutter.“

„Mit Schmerz.“

„Der Schmerz war die einzige Wirklichkeit an Beziehung – der Rest war ein Nichts. Und die beständige Klage über das Nichts und den Schmerz wiederholt die frühe Beziehung zur Mutter.“

„Ich machte diese Wahl. Denn die andere Wahl war, sie zu töten. Erhob man sich, erhob sie sich höher und mächtiger.“

„Und dies wiederholt sich in den Situationen des Nichts (nothingness) und des Schmerzes – und das ist die Wurzel des Neids“ (1415).

Damals war *Masturbation die einzige Zeit, wo er sich als sich selbst fühlte,* ein wunderbarer Moment des Selbstseins, wo er den Eltern sowohl trotzte wie in tieferer Weise sich mit ihnen vereinigen konnte, wenigstens mit der Mutter der Frühzeit (1433).

Überraschenderweise ist es dieser ganz spezifische Zusammenhang, der ihn glücklicher fühlen läßt, als er es je erlebt habe. Er habe sich nach der vorigen Stunde wirklich gut gefühlt, v.a. wegen des Zusammenhanges, in den wir die Masturbation gestellt; er versuche, das Gefühl des Sich-selbst-seins, des Lebendigseins, nun auch ohne Mithilfe der Masturbation herzustellen (initiate). Dann stellt sich heraus, wie viel Angst er habe, allein auf Reisen zu gehen, auf Konferenzen zu sein. Er fühle sich so sehr der Außenseiter, der Ausgeschlossene, so einsam. Es sei nicht nur Trennungs*angst,* sondern eben die *Trauer über Verlust und Ausgeschlossensein.* Wie sich das nun darauf beziehe, was wir gestern gefunden haben?

Es ist bestimmt verbunden, doch auch verschieden: jenes war dyadisch, dieses triangulär. Aber jedes Ausgeschlossensein im Dreieck (der Dritte zu sein) wecke nicht nur das tiefere Gefühl der Trennung und Verwerfung durch die Mutter, also des Verlusts, sondern ganz spezifisch auch das der Scham: „In der Angst vor dem Alleinsein findet sich die Scham: das Stigma liegt auf mir, wenn die anderen miteinander sprechen und ich der Ausgeschlossene bin, der, der nichts wert (no good) ist ... als ob ich für eh und je verloren und verlassen wäre ... Ich hoffe, keiner der Gruppe sieht mich, wie ich dort ganz für mich und allein dasitze.“ Er erinnert sich, wie tief er sich als Kind davor fürchtete, älter und erwachsen zu werden: „Ich sah es als eine so schmerzliche Trennung von mir selbst – daß ich je länger, um so mehr zur *Schale,* jedes Jahr *unechter* werde ... So bedeutete es in der Tat eine *doppelte Trennung: von meinen Eltern und von mir selbst.*“

„Was wirklich dasselbe ist – denn Ihr Selbst wurde nur erlebt, indem es als Teil Ihrer Eltern existierte.“

Er versteht mich nicht; ich wiederhole die Pointe – nämlich daß die erzwungene *globale Identifizierung mit den Eltern* das *Gefühl der Unechtheit, Falschheit, Substanzlosigkeit und Leere* bewirkten, die soviel Scham in ihm erzeugen mußten: „Sie konnten einzig und allein dann überleben, wenn Sie *mit ihnen und ihnen gleich waren,* selbst wenn das bedeutete, daß Sie einen großen Teil Ihrer selbst entäußern und schalenhaft werden mußten.“

„*Eine Schale und eine Fassade – das war und ist mein Leben* (To be a shell and a façade – that is how I lived and how I still live).“

„Um es in etwas fachlicheren Begriffen auszudrücken: Sie vermochten nur mit einem *‚falschen Selbst‘* vor den Eltern zu bestehen; Ihr ‚wahres Selbst‘ mußte ausgelöscht werden ... Und wenn Sie von Ihnen getrennt oder abgelehnt wurden, schämten Sie sich schrecklich dafür, nur eine Schale zu sein, eine Person ohne Substanz.“

„Denn ich wußte, daß es falsch war. Dies ist eine etwas andere Art, darauf zu schauen. Ich sagte zuvor, ich schäme mich dafür, daß ich allein sei, da das heißt, ich sei beschädigt und weggeworfen –“

„– und ohne Selbstachtung, denn da gab es anscheinend nichts, nur das ‚falsche Selbst‘, ‚die Schale‘ und ‚die kleine Erbse‘.“

„Und ich nahm an, die Erbse trete aus dem Penis. Es ist, als ob *mein ganzes Selbst in den Genitalien wäre und während der Masturbation hervorkäme.* Ich habe dies Bild: hier rechts ist die Schale, wie eine Mumie oder aus Karton, und nur ganz unten, bei den Füßen, findet sich diese kleine Erbse, die Seele –“

„*– die Schale als das falsche Selbst, und verborgen darin die Erbse als das wahre Selbst.*“

„Und die Erbse fand ihren Ort in den Geschlechtsteilen, und deshalb fühlte ich mich nur während der Masturbation real, die einzige Zeit, wenn ich das wahre Selbst spüren konnte.“

„Es ist zwar klein, aber es ist da.“

„Das gibt mir Mut. Ich sehe es vor mir, wie meine Heilung bedeutet, das wahre Selbst würde sich über meinen ganzen Körper und mein Hirn ausbreiten und sich nicht nur in den Geschlechtsteilen finden“ (1435).

So verbirgt das ihn beherrschende *Schamgefühl* eine große Komplexität von Konflikten und verhüllt u. a. die starken Rivalitätsstrebungen, die mörderischen Rachewünsche für die alles durchdringende *Seelenblindheit,* der er sein Leben lang ausgesetzt worden war, ja, es ist wohl nicht übertrieben zu sagen, für den an ihm begangenen *Seelenmord,* für seine Überzeugung, daß er zeitlebens als ein Objekt, nicht als ein Individuum mit seinem Eigenrecht und seiner Subjektivität, behandelt worden war, damit für das tiefe *Gefühl des Selbstverlusts,* wie es sich im Bild von *Schale und Erbse* von früh auf konkretisiert hatte. Die Scham verbirgt aber auch all das Sichsehnen nach einer erlösenden Vereinigung und die Erregtheit, all die aufrührerischen Wünsche, einen kleinen Kern von Selbstsein zu retten und die „Zwiebelschalen" ein für alle mal wegzuschneiden. Wir beziehen uns dabei auf das von Peer Gynt gebrauchte Bild seines Lebens: das Abschälen der Scheinidentitäten, die Frage: Wo ist das echte Selbst?

Er sieht es als eine Art *doppelter Scham: „Die Scham, daß ich allein bin und keine Beziehungen habe, und daß ich mich dafür schäme, daß ich keine Beziehungen haben kann,* eben da *ich nur eine Schale und leer bin* ... Mir wurde die verrückte, *doppelte Botschaft* gegeben: Um eine Beziehung zu haben, muß ich leer sein. Dabei war ich mir aber bewußt, daß ich mir gerade dadurch die Fähigkeit zerstöre, eine Beziehung zu haben" (1442).

Er betont wiederum die Bedeutung von Liebe und Bewunderung beim Neid und die Abwesenheit aggressiver Inhalte in seinem Neid. Ich frage jedoch, ob es nicht vielmehr so sei, daß er eben in tiefem Konflikt stehe zwischen Liebe und Bewunderung einerseits, Neid, Wut, Rache andererseits und daß Scham diese aggressiven Gefühle motiviere und Schuld deren Wirkung sei. Das Resultat dieses tiefen Konflikts sei eben das Gefühl des Nebels und des Blockiertseins in Denken und Sprechen. Er bestätigt, die Antriebskraft (driving force) für den Neid sei die Scham darüber, daß er sich wie eine hohle Schale fühle.

6.22 Rekonstruktion

Die *rekonstruierte Sequenz* wäre dann diese:

Liebe und Sichunterordnen, Selbstaufgabe → „Schale" („falsches Selbst") → Scham für die durchdringende Leere → Neid und andere aggressive Gefühle und Wünsche, wie Rache und Wut → Schuld und Richtung dieser Aggressionen gegen das Selbst.

Parallel dazu fände sich eine andere „Entwicklungslinie": *Wünsche für Liebe, Vereinigung, Hingabe → Eifersucht auf den Rivalen (besonders die Geschwister) → mörderische Phantasien über die Rivalen und Angriff auf das Innere (den Uterus) der Mutter → wiederum Wendung dieser aggressiven Impulse gegen das Selbst, in Form von Schuld und Unfähigkeit zu denken und die Einsichten zu verwerten → Verschiebung dieser Aggressionen auf die Nächsten und Liebsten: besonders seine eigenen Kinder.*

Die erste dieser beiden Linien erscheint früher, regressiver, *dyadisch,* vorwiegend präödipal, die zweite *triadisch, ödipal* (1443).

6.23 Die Vollkommenheits- und Allmachtsphantasie

Ein Thema, das zwar immer wieder angeklungen ist, dessen Spezifität aber noch nicht genügend untersucht worden ist, rückt nun in den eben gegebenen Zusammenhängen in den Mittelpunkt und besitzt nun plötzlich eine besonders starke Überzeugungskraft.

Er fühlt sich wieder sehr entmutigt über die Länge der Analyse und den scheinbaren Mangel an Erfolg. Ich frage, wie sehr er den (Teil)erfolg gegen eine übersteigerte Erwartung dessen, was die Analyse erreichen könne, bemesse. Er entgegnet unmutig, sein Ziel könne wohl kaum als unvernünftig angesehen werden: „Frei, vom Herzen weg, mit Leuten sprechen zu können, Geschichten zu erzählen, nicht so verschlossen (clammed up) zu sein, nur ein Echo. Heißt das, nach Vollkommenheit zu streben?“

Ich gebe eine eher indirekte Antwort, indem ich die Schwere der frühen und anhaltenden Traumatisierung, die er erlebt habe, erwähne, die überwältigenden Affekte und Konflikte, die daraus resultierten, und daß die Analyse nur so weit helfen könne, als sie die tiefen Konflikte bewußt mache. Andere Methoden seien oft nötig, z. B. der Gebrauch des Schöpferischen, in welcher Form auch immer, als Gegengewicht, wo die Analyse nicht weiterhelfen könne. Die Frage sei, ob die Analyse oder die Analyse allein, ihm die Last der Vergangenheit abzunehmen vermöge. Er berichtet dann einen Traum über einen sterbenden Künstler und Lehrer, der sich einer blutigen Brustoperation unterziehe. Nach mehreren Assoziationen bemerke ich, wie tief verwundet er sich fühle, und er selbst denkt, wie stark er sich mit seiner verwundeten Mutter identifiziert habe. Doch weist der Traum auch auf erotische Gefühle mir und dem Vater gegenüber hin. Er weint, die Liebesgefühle seien beschämend (embarrassing) (1444).

Kurz danach beklagt er sich über die finanzielle Auswirkung (das „Ausbluten“?) dessen, daß er und seine Tochter in Analyse seien, und fragt sich, ob der Therapeut des Kindes nicht damit Recht habe, einen Termin zu setzen. So beängstigend es sei, wisse er nicht, wie es anders je vorüber ginge. Wie ich das ermutigend aufgreife, bietet er zaghaft ein Jahr (Weihnachten) an; ich bewege ihn allmählich dazu, das Ende versuchsweise auf 4 Monate (Ende Mai) anzusetzen, indem ich sowohl bemerke, daß dies nicht endgültig sein müsse, wie auch, daß die fortgesetzte *Analyse selbst Teil des masochistischen Karussels* sein könnte, angesichts der enormen Opfer, die dies nicht nur von ihm, sondern auch von seiner Familie verlange – selbstbestrafend, wie auch grausam gegenüber den anderen. Er erwidert, der Vorschlag bringe ihm sowohl Erleichterung wie Angst. Ich erwähne, man könne es auch so ansehen, daß es jetzt eine elterliche Autorität gebe, die ihm nun erlaube, sich zu trennen, ihm wie gute Eltern sage: ‚Du bist jetzt erwachsen und kannst unabhängig sein; wenn du mich brauchst, weißt du, wo du mich finden kannst.‘“ Das überzeugt ihn: „Das ist es, was ich tun werde“ (1447).

Dies bringt aber fast unverzüglich eine entscheidende Einsicht und Erweiterung der zuvor mit Unmut abgewehrten Bemerkung von mir: Er sieht in Singers *Gimpel, der Narr* das Schicksal eines Masochisten, dem es gelingt, das Leiden ins Gute zu wenden: statt angelogen zu werden, erzähle er nun Geschichten und werde dafür verehrt. Er beneide den Schriftsteller für diese Gabe. Der Neid störe sowohl die Fähigkeit, das Werk des anderen zu würdigen wie auch die, selbst schöpferisch zu sein. Sofort komme das Gefühl der Scham, er selbst sei nichts, und alles, was er sage, werde harsch kritisiert. Als Kind habe er nicht über die Cartoons lachen können, da er das Älterwerden betrauerte und den Verlust der Kindheit schmerzlich empfand. Das Erwachsensein sei ihm immer wie eine Trennung von sich selbst vorgekommen, ein Verlust, der Verlust der „Erbse“: *„Es ist der Verlust der Allmacht:* Das Kind hat die Idee, es könne alles tun, es habe die Möglichkeit, alles zu lernen. Ich habe dieses Potential verloren. Ich habe mich von mir selbst getrennt, von meiner spontanen Einbildungskraft und meinem Denken und mich für immer von ihnen verabschiedet.“

„Wie von Ihrem Großvater, den Sie solange betrauerten.“

„Es ist ein halber Tod.“

Er greift den Gedanken der Trauer wieder auf, und ich füge nun bei, es beziehe sich vielleicht auch auf mich – die Beendigung der Analyse. Er erinnert sich daran, wie er den Tod des Großvaters lange nicht annehmen konnte: „Er kann und darf nicht sterben, es ist unmöglich, ein Fehler. Es gibt nichts derartiges, daß man einfach verschwindet“ (1449, 1450).

Wird nun das Erlebnis: „Ich kann nichts sagen, ich kann an nichts denken“, genauer untersucht, stellt es sich plötzlich heraus, *welch ungeheuer große Erwartung er an sich selbst richtet.* Zunächst denkt er dabei an die großen Prätentionen seines Vaters und seine Verachtung dafür. Dabei aber auch der Anspruch: „Ich will so viel besser sein als er – und ich erlaube mir nicht, dies übersteigerte Ideal zu erreichen; ich gestatte mir diesen Triumph nicht.“ Etwas ist falsch mit dieser Erwartung, mit der Grenzenlosigkeit des Ideals, das er sich in der Kompetition mit dem Vater auferlegt und das er als unmögliches Ziel vor sich aufgerichtet habe. *Durch die Übertreibung der Erwartung, der Idealsetzung, fällt er auf die Nase, kann ihm kein Erfolg gelingen. Die Scham und der Neid kommen davon, daß er sich an einem unerreichbaren Ideal mißt.* Dies wiederholt sich in der Rivalität mit mir – mich zu überflügeln. Die magischen Tricks bedeuten das Überschreiten der Grenzen (1452).

Wir sprechen über die mörderische Qualität des Wettstreits; vielleicht habe er auch den Tod des Großvaters gewünscht, fragt er sich. Doch dann wandelt sich die Perspektive: Der Vater richtete besondere Aufmerksamkeit auf ihn, rühmte ihn vor anderen über Banalitäten: „Ich bin so stolz auf Thomas, meine Brust flog zum Fenster hinaus“, habe er beim Besuch in einem Gemüsegeschäftchen gesagt. „Es war so dumm, ein ganz gewöhnliches Vorkommnis wurde so aufgebauscht. Zum Schluß konnte ich den Verkäufer überhaupt nichts mehr fragen.“

„Dort haben wir also den Anfang davon, daß Sie beim Sprechen blockiert waren.“

„Da er seinen Stolz in einer Weise ausdrückte, die nicht echt klang. Es war beinahe, als ob er sich über mich lustig machen wollte.“

„Es war, als ob er Sie nicht gesehen hätte, als ob er *blind für Sie als Person* gewesen wäre. Und das ist selbst beschämend: nicht gesehen zu werden.“

„Wenn ich etwas baute, rühmte er mich, wie geschickt ich sei mit den Bauklötzen oder dem Mecano und welch großer Chirurg ich sein werde, wie sein Bruder. Ich haßte das. Ich wußte, es war gar nicht wahr. Und ich war auch gar nicht erfinderisch. Es hatte nichts damit zu tun, ein Chirurg zu werden, sondern damit, ein Kind zu sein.“

„Er konnte Sie nicht als Kind sehen, sondern nur in diesem grandiosen Bild. Und

das ist nun wirklich etwas Neues. Das ist nicht der Wettstreit, von dem wir gesprochen, sondern *ein allmächtiges Bild von Ihnen: das, was von Ihnen erwartet wurde* und völlig unerreichbar war. Verglichen mit dieser *übersteigerten Erwartung konnten und können Sie immer nur ein kleiner Pinsel sein.* Und dann die Wut darüber, auf ihn und auf sich selbst, und doch die Unfähigkeit, die Grenze anzunehmen, denn dann würden Sie ihn verlieren. *So ist es also nicht die Rivalität mit dem verächtlichen Vater, sondern das vergebliche Bemühen, die in Sie von ihm gesetzte Erwartung zu erreichen, und die Angst, wenn Sie das nicht können, daß Sie ihn verlieren würden. Sie messen sich immer gegen dies völlig unerreichbare Ideal, gegen diese grenzenlose Erwartung, die die Vereinigung mit ihm bedeuten würde: daß Sie dann von ihm angenommen und geliebt würden. Und das gelingt Ihnen nie*“ (1454).

Er ist erfüllt von Bildern, daß seine Kinder krank würden und stürben. Wie er Tomaten schneidet, hat er den furchtbaren Impuls, die ältere Tochter zu erstechen; er konnte ihn gar nicht aus seinem Sinn bringen. Er bringt es in Zusammenhang damit, wie er sich gezwungen gefühlt habe, sich selbst auszulöschen (squelch). Es bedeute wiederum nicht nur die Tötung der Geschwister, also der Rivalen, sondern die Unterdrückung und Abtötung seiner Individualität und Identität. „So zu sein, wie ich war, war tief bedrohlich für mich. Ein Individuum zu sein, bedeutete, mich von den Eltern abzuschneiden, mich von ihnen zu trennen, gegen ihren Zorn anzurennen, der fürchterlich war. Ich wollte so sehr Teil sein von ihnen, geliebt, teilnehmen an ihrer geheimen Gemeinschaft, ich wollte nicht von den Geheimnissen ausgelassen sein.“

„Und Sie fühlten sich *nur dann angenommen, wenn Sie das unmögliche Ideal erreichen (live up to) konnten, von Allmacht und Allwissen und Großartigkeit.*“

„Das war die Straße zur Annahme. Doch ich kam nie an.“

„Wie es sich jetzt in jeder sozialen Situation wiederholt.“

„Entweder bin ich absolut großartig (great) oder nichts.“

Er kommt wieder auf die Todesängste den Kindern gegenüber zu sprechen und wie unzählige Male er von seinen Eltern gehört habe, *er solle sterben („drop dead!“).*

„So wurde alle Wut gegen die Eltern von ihnen abgewendet und auf Sie selbst gerichtet und jetzt auf Ihre Kinder verschoben.“

Er wünsche, er könne das stoppen; doch die Information allein helfe ihm noch nicht.

Ich: „Es zu fühlen: nicht die Kinder, sondern ich; nicht ich, sondern die Mutter oder Vater – und später der Bruder und die Schwester. Das Gefühl, die Wut, die Rache, das ist das Wichtige.“

Er könne es nicht fühlen; es sei wie abgetrennt. Es ist wieder die verheerende Abwehr durch *Isolierung;* das Gefühl, der Impuls und das Bild wandeln sich sogleich zum leeren Wort. Sie sind gleichsam *entwertet, fäkalisiert* worden.

„Bild, Impuls, sogar Handlung sind vom Gefühl gesondert“, fasse ich zusammen, „und so ist die Person von der, der es ursprünglich galt. Statt dessen ist es vielleicht die Trauer, die Angst, und ganz besonders die aufgedrehte, sexuelle Erregung, die für die Wut einzutreten haben.“ Statt wütend zu sein, masturbiere er, sagt er (1455).

Die gleiche Pseudostupidität, das Verstummen und Nicht-denken-können wiederholen sich. Es ist wieder das Spiel der übersteigerten Selbsterwartung. „Die *verrückte Erwartung des Vaters lebt im Ideal,* unter dem Sie leiden, weiter – die fast wahnhafte

Starre der Erwartung und die Mißachtung der Individualität des anderen. Und dann sekundär die Scham über die Folgen davon, daß Sie so weit vom Ziel weg fallen (fall short). Daraufhin können Sie nicht mehr hören und denken. Und auch darüber empfinden Sie dann wieder Scham – die *Scham über die Scham.* Doch brauchten Sie jenes verrückte (meschuggene) Ideal, sie mußten daran festhalten für die Vereinigung mit dem Vater."

Er denkt an die frühe Trennung von der Mutter, besonders bei den Geburten, aber auch in Gestalt ihrer chronischen Depression, und wie er das Zusammensein mit dem Vater um so mehr gebraucht habe. So *nähre* (fuels) *die Angst vor der Trennung die Aufrechterhaltung des Ideals.* Er stellt sich vor, sie zu töten, ihr den Bauch aufzuschlitzen, wenn er daran denkt, wie sie ihm ihr rigides Denken aufgezwungen und ihre Gedanken zu den seinen gemacht habe.

Ich: „Das Wichtige ist, wie die beiden Umstände (issues) innig verbunden sind – die Trennung von der Mutter und die Wut auf sie, die Setzung des übersteigerten Ideals, um den Vater für sich zu haben und sich mit ihm zu vereinigen."

Ich bemerke, wie sehr jenes überheizte Ideal selbst von Konflikt umwittert sei. Wie stark er es befürchte, *sich ganz daran, an das Ideal, zu verlieren,* sagt er, und damit eben zur kleinen Erbse werde. *„Je mehr ich mich dem anpasse, um so weniger bin ich ich selbst, und um so mehr die Schale"* (1458).

„Wie meine Eltern mich nicht sahen, so wie ich war, so sehe ich mich nicht. Das stimmt auch im Vergleich mit Ihnen." Er meint: indem er sich mit mir vergleiche, verliere er sich selbst an ein Ideal, das er nicht erreichen könne. Die Ziele waren so wichtig, die Scham so überwältigend, wenn er sie nicht erreichen konnte: v. a. den Vater sehend zu machen, doch auch, wenngleich weniger: die Mutter aufzuheitern, von der Mutter beachtet zu werden. Die magischen Kunststücke waren eine Form dieses Versuches, das Unmögliche zu leisten (1474).

„Ich hatte auch sehr hohe Erwartungen von der Analyse: daß sie die schöpferische Energie entfesseln und mir erlauben würde, zu schreiben und Geschichten zu erzählen – Dinge, die nicht in mir sind."

„Daß die gleiche Größenerwartung, die auf Sie gerichtet wurde, sich auch auch mich richtete, und daß die Analyse dadurch allen erlittenen Versagungen entgegenwirken könnte" (1480).

6.24 Das stille Prahlen

Von Zeit zu Zeit kommt er auf ein dem Voyeurismus ähnliches Symptom zurück: wie er seit seiner Kindheit einen *inneren laufenden Dialog* halte, in dem er seiner Mutter oder seinem Bruder (oder einem Fremden, aus einer anderen Zeit Stammenden) alles zeige, was er sehe oder tue, letztlich alles Trivialitäten – das Zahnbürsten, Gurgeln oder die Gebäulichkeiten, ja die Straßenampeln, wenn er zur Arbeit geht oder fährt, und damit auf alle Einzelheiten hinweist, als ob er sie einem andächtigen Zuhörer in der Ferne beschriebe.

Er fragt sich erneut nach der Bedeutung dieses *Zeigezwanges,* des stillen Prahlens. Der Sinn davon sei klar kompetitiv: „Jetzt bin ich stark, ich habe es geleistet, du kannst mich annehmen. Doch dabei ist es immer etwas ganz Triviales. Die übersteigerte Erwartung ist: der große Krebsforscher zu sein, den Nobelpreis zu bekommen, den Vater zu heilen.“

„So daß die ganze Phantasie – der Zeigezwang – eine große Lächerlichmachung des Vaters und der ganzen übersteigerten Konkurrenzsucht und Erwartungstreiberei ist“ (1467).

Im Traum erscheint es als Absurdität, als Zirkusdressur. Es ist beides zugleich: Mitmachen darin und Lächerlichmachung davon, Verhöhnung, ebenso gegenüber meinen Deutungen. Es ist sowohl „Sieh, wie großartig ich bin,“ wie „wie dumm ich bin“! (1472).

Der Zeige- und Sehzwang ist wirklich eher ein Zwangssymptom als eine Perversion, und zwar sowohl von masturbatorischer Natur wie als Schutz gegen die Kastrationsangst. Das kommt im Zusammenhang mit Bildern zur Sprache, wie er sich in die Rippen greife, und der Daumen blutig zurückkomme: das Fleisch sei verfault. Das Zeigen und Sehen (beides Betonungen dessen, was er *sehe*) scheinen wie zwanghafte Bestätigungen zu sein *(„es ist noch dort“),* daß der Penis noch dort sei und nicht durch die Masturbation geschädigt oder beseitigt sei; sie haben selbst lustvolle Anteile von der Masturbation übernommen. *Das Verlieren der Kinder* in Träumen und Zwangsbildern stelle *den Verlust seines Penis* dar, als Bestrafung. Er fügt bei, es handle sich dabei nicht nur um Kastration, sondern um *ihn selbst, um seine Identität* überhaupt; sie stehe für den Selbstverlust. Es verknüpft sich mit der früheren Erklärung: wie er die Größensucht und -erwartung dabei lächerlich mache – wie klein, wie lächerlich, wie kastriert er sich selbst angesichts dieser Ansprüche fühle, so daß er sich dann bestätigen müsse, „es“ sei noch dort. Zusätzlich: „Wenn ich mich dem Vater und seiner Grandiosität füge, werde ich zur Frau und verliere meinen Penis. So bedarf ich der Versicherung ...“ „Kastriert“ wäre er in jedem Fall: durch die Unterwerfung, und durch das Versagen vor der Erwartung. Doch auch tiefere Wünsche, die Mutter dem Vater wegzunehmen, sich von ihr berührt zu wissen, mit dem Gedanken an sie zu masturbieren, die Masturbation als etwas Primäres, wofür er sich schuldig fühle (1490, 1491).

Er fühle sich viel besser, namentlich seit der Bearbeitung der Grandiosität. Er denkt an den Vergleich zwischen dem Mann mit erigiertem Penis im pornographischen Video, der eine Frau nach der anderen begattet, und der Aufzählung der Lichter beim Zeigezwang und fragt sich, warum er im Zeigezwang gerade der Mutter und dem Bruder zeigen müsse, was er sehe? Da akkurat diese die hauptsächlichen Kastratoren seien, denen er dabei trotzen könne, indem er sich versichere. Es folgen Träume über Blut und Verwundung, also Kastration.

Die Masturbation bedeute, er sei so stark und habe einen großen Penis. Die hauptsächliche Verbindung bestehe darin: „Wenn ich *der Mutter nahe* bin, fürchte ich mich, von ihr kastriert zu werden, so zu werden *wie mein Vater: blind, erbärmlich schwach* (pathetic); hier, im stillen Prahlen, *demonstriere ich ihr, wie gut ich sehe und wie potent* ich bin. Es bedeutet: ‚Du hast mich nicht kastriert und du wirst mich auch nicht kastrieren!‘ Die Blindheit ist ein Beispiel der Kastration.“

Im Traum zerbricht er eine rote Mickey-Maus-Brille: Mutters roter Mantel, die rote Brille, das rote Kinderbuch, das er der Frau im Ehebett (im Traum) wegnimmt – alle mögen sich auf das Bluten der Frau und damit die Kastrationsangst beziehen: daß ihr Penis abgeschnitten sein müsse. Er fragt sich, ob er angenommen habe, daß ihr Penis sich zum Baby verwandelt habe und sie ihn dann verloren habe? Sofort danach die Frage: „Als ich mich darüber sorgte, daß ich die *‚Erbse‘ aus dem Penis verlöre,* ist das nicht eine *Verhüllung meiner Angst, daß ich den Penis selbst verlöre?* Dazu wissen wir schon, daß die Erbse für das Selbst stand, auch wenn es mit dem Verlust des kleinen Babys gleichgestellt wurde. Wirklich weinte ich über mich selbst, das Wesentliche (essence) von mir."

Damit kommen wir nun zur entscheidend wichtigen Doppelgleichsetzung, den beiden *„mythischen Grundgleichungen"*:

1) *Erbse = Baby = Penis = Selbst und Identität = Fähigkeit zu sehen*;

2) *Schale (shell) = Verlust der Identität = Kastration = Bluten (Menstruation), Verlust des Penis = Blindheit = Verwirrtheit (Mr. Fog, Mr. Blizzard) = Scham und Depression.*

Die Verbindung der beiden liegt im blutigen Abschneiden: damit verliert er das unter 1) Hingestellte und wird zu dem, was unter 2) dargestellt wird. Diese beiden Gleichungen sind statisch; die Verbindung mit dem Wettkampf, der Rivalität, v. a. daß er sich an den übersteigerten Erwartungen und Forderungen messen muß, eben um angenommen und „geliebt" zu werden, macht sie dynamisch: denn um geliebt zu werden, muß er auf das erste verzichten, doch versucht er zugleich, diesen Verlust zu verleugnen. Wenn er der Mutter trotze, dann stehe sie gleichsam mit dem Messer vor ihm und drohe, ihn zu kastrieren (1494). Beide Lösungen (Gleichungen) sind lebensnotwendig. Er muß ständig einen Modus vivendi finden, wo er diesen beiden genügen kann. Ich glaube, es ist diese Notwendigkeit, die jenes früher gestellte *Rätsel der Doppelheit* löst. Anerkennt er die eine Gleichung, verleugnet er die andere. Es ist entscheidend wichtig für ihn, daß er beide zugleich, *trotz ihrer Unversöhnlichkeit,* verwirklicht: *um Liebe und Zugehörigkeit zu spüren, braucht er die zweite; um sich selbst zu behaupten und Respekt zu spüren, braucht er die erste.*

Er faßt diese verschiedenen Bündel der Einsichten folgendermaßen zusammen:

> Es ist zentral: „Ich selbst zu sein ist etwas ganz Schlechtes." Die Identifizierung mit den Eltern war so stark, daß ich selbst nur ein kleines Erbschen war; der ganze Rest von mir würde ihren Erwartungen entsprechen. Ob ich das nun nicht auf Sie übertragen habe? Ich frage, ob ich mich überhaupt verändert habe? Verschwänden Sie aus meinem Leben, würde ich wieder ganz leer sein? Daß ich einfach Ihre Werte und Denkweise übernommen habe? Aber es gäbe noch immer kein Ich? (1496, 1497)

Etwas später drückt er es so aus:

> Ihr wollt, daß ich nur Schale und Puppe werde? Genau so wird es sein. Sieht zu, ob ihr das gerne habt! Ich wende es um und erledige nicht einmal die Hausaufgaben. So werde ich nun sein, und zwar „haufenweise" (in spades). Ich belaste euch mit meiner Abhängigkeit und lasse euch sehr, sehr schuldig fühlen (1500).
>
> Ich kann nie dieses Gefühl der Trauer loswerden. Es ist *die Wichtigkeit von Schmerz und Trauer als Symbol für die verlorene Beziehung.* Dann kam der Verlust des Großvaters, von meinem Selbst, dann des Penis, der Männlichkeit, der Selbstbehauptung, der Selbstachtung,

die alle die Trauer und den Schmerz vertieften und befestigten: *Der Schmerz und die Trauer, die waren das Substitut für die Mutter.* Und in der Masturbation suchte ich das Gegenmittel dagegen, wo ich Selbst und Mutter wiederfände. Doch es bestätigte nur immer wieder das Gefühl dafür, was ich verloren hatte. Die Masturbation beläßt mich nur umso schuldiger und schmutziger. Sie häuft dieses Gefühl nur wieder und wieder an, und doch war ich unwiderstehlich dazu gezwungen. Und dieser Zwang hat zweifellos stark abgenommen. Ist sie nicht der Schutz gegen die Angst, wenn ich die Eltern in ihren Streitereien und ihrem Geschlechtsverkehr hörte? War es dabei nicht ein Versuch, der gefährlichen Übererregung wie der Eifersucht, der Angst wie der Wut, dem Gefühl der Hilflosigkeit und des traurigen Ausgeschlossenseins Herr zu werden? Denn dabei war ich in Kontrolle von all jenen überwältigenden Gefühlen und Wünschen (zusammenfassendes Quasizitat, 1505, 1506).

6.25 *Nochmals: Weshalb die Intensität des Neids? Die zentrale Bedeutung des Neids für die Depression und die „Leere“*

Dieses ganz entscheidend wichtige Stück des *Rätsels des Masochismus* fehlt noch immer. Er wendet sich diesem beunruhigenden Thema auf die folgende Weise erneut zu: „Die große Frage ist noch immer: *Warum ist die Masturbation so schuldbeladen?*“ Er beantwortet sie provisorisch: „Letztlich ist sie eine Untreue gegenüber der Mutter: ‚Wenn du mir gegenüber nicht nett (nice) bist, schaue ich auf alle die schönen Frauen, ich stelle sie mir vor.‘ Es ist auch eine Art der Tötung, nämlich indem ich sie ersetze. Nicht nur sie, sondern auch den Vater ... *So ist Masturbation wie ein Mord. Darum habe ich mich immer so schuldig darüber gefühlt.* Und das ist nur die Spitze des Eisberges, fühlte ich mich doch ständig schuldig, so als ob ich, ohne es zu wissen, einen Bankraub begangen hätte. Ich hatte tatsächlich stets die Angst, daß ich dafür verhaftet würde.“ Unverzüglich versucht er aber diese Einsicht zu vertiefen und zu erweitern: „Der Grund dafür ist: ich wollte *so sehr meine Mutter töten, und ebenso alle andern, die ich für ihre schöpferische Leistung beneide,* z. B. alle die, die so gut erzählen können. Und dann protestiere ich durch das Gegenteil (bending over backwards) und versuche zu heilen und zu retten. Diese Art von Aggression lebt in mir die ganze Zeit und ebenso die Schuld.“

„Daher die immer wiederkehrende Depression.“

Darauf berichtet er einen Traum, in dem ein Ehepaar in seine Analysenstunde einbricht und er sich über den Verlust der Privatheit bei mir äußerst ärgert. Danach wird er von einem schwarzen Mann verfolgt, vor dem er sich nur mit Mühe retten kann, da das eine Bein wie gelähmt ist, und er nur auf einem Bein rasch voran hüpfen muß. Das Ganze findet in der Nähe der Wohnung der Eltern statt.

Nach langen Wanderungen frage ich ihn, ob es sich dabei nicht um eine *Umkehrung* handle: daß er die Eltern direkt in etwas Privatem überrascht habe, daß diese mit Ärger auf ihn reagierten und daß er sah, wie der Vater auf seinem Penis auf und ab hüpfte? *Statt der ausgeschlossene Dritte zu sein, wäre er nun wieder der, der die Eltern ausschließt,* also der *ausschließende Dritte,* die Wendung *vom Passiven ins Aktive* (wie bei der später zu schildernden Patientin Erin: *eifersüchtig zu machen, statt eifersüchtig zu sein,* Kap. 8). Und der schwarze Mann, der scheinbar *ihn* berauben will, würde ihn selbst darstellen als einen, *der den großen Penis seinem Vater wegnehmen und für sich selbst haben will – was also zumindest die eine große Wurzel des Neides bildet.* Die andere: *die Prokreativität der Mutter.* Ob eben nicht auch *der Erbsenmythos seinen Neid auf den Vater* zeige: er *will dem Vater die Samen wegnehmen, die ständig Kinder produzieren* (1509)? Gewiß ist nun *das Entscheidende an der Urszene: der Neid auf das Geheimnis der Eltern* (1512). „Ich denke an das Schlafzimmer meiner Eltern. Die Stores sind heruntergelassen. Es ist dunkel. Ich suche nach der Erinnerung an ihren Verkehr, und ich möchte sie (die Erinnerungsspur) finden."

„Vielleicht ist aber gerade dies die Erinnerung: daß es ein verschlossenes Geheimnis war, das Sie nicht sehen und verstehen konnten, und wovon Sie ausgeschlossen und worüber sie neidisch waren" (1514).

Er spricht über den Neid auf die Mutter: „daß sie so gut schreiben könne, nicht nur, daß sie Brüste und Kinder hat. Mein Vater war stolz darauf. Sie schrieb alles für mich".

Wirklich ist es die *Angst vor dem Neid, der ihn blockiert.* „Der Neid macht mich kleiner und übertreibt, was ich als meinen Mangel sehe."

„Was immer Sie sagen, würde in schmerzlicher und offenkundiger Weise die Diskrepanz zeigen" (1510).

„Der Neid ist alldurchdringend; ich fühle ihn dauernd, in jedem Austausch (interaction) mit anderen, sogar in meinem eigenen Inneren: ständig muß ich mich vergleichen. Ich entspreche nie dem Ideal, und die Scham ist lähmend."

„Die Leute, die ich beneide, sind wie Magnete für die Scham" (1511).

Dies alles hat einen eindeutigen *familiendynamischen* Hintergrund:

Es war sehr wichtig für die Eltern, daß ihre Kinder besser wären als die der anderen, gerade auch im Vergleich mit der Herkunftsfamilie: daß sie, die Eltern, von den anderen (z.B. ihren Geschwistern) *beneidet würden, statt daß sie selber neidisch wären.* „So geht es durch die ganze Familie: *die anderen neidisch zu machen, um nicht selbst neidisch zu sein.*" Das galt wohl auch für Thomas' magische Tricks: *„die anderen neidisch zu machen auf meine Geheimnisse, statt daß ich neidisch bin auf ihre Geheimnisse".*

Umgekehrt denkt er auch, ich besäße so viel geheimes Wissen und v.a. das Geheimnis seiner Heilung, daß ich wie sein Vater viele Geheimnisse bewahre.

„Da Sie wissen, *wie destruktiv, wie beängstigend Ihr eigener Neid* ist, können wir wohl verstehen, daß Sie auch davor *Angst haben, von den anderen beneidet zu werden,* während Sie gleichzeitig das Verlangen der Familie kennen, alles in Ihrer Macht Stehende zu tun, die *anderen auf Sie neidisch zu machen, also die Umkehrung des Neides* zu erzielen."

„Denn der Inhalt meines Neides ist: *den anderen zu ersetzen oder zu töten.*"

„Und die offenbare Scham, die Sozialangst verbirgt das ganze Drama des Neids."

„Daß *die Scham wirklich die Angst vor dem Neid der anderen* ist. Sogar mein Wunsch, sprechen zu können, Geschichten zu erzählen, heißt: daß ich immer noch mehr Geschichten, mehr Geheimnisse besitze. In einem Buch las ich: der Erzähler beschreibt sich als einen, der von seinen Geschichten belastet (burdened by his stories) ist."

„Es trägt auch zur Schwierigkeit, die Analyse zu beendigen, bei: Sie haben mir immer noch mehr Geheimnisse zu verraten, mehr Geschichten zu erzählen.“

„Doch dabei denke ich: ich ermangle etwas, ich habe nichts, sondern daß Sie es sind, der es zusammenstellt und zusammenhält, – daß ich und meine Gedanken leer sind“ (1516). Auch das ist, glaube ich, die *Angst vor dem Neid, die ihn leer macht.*

„Je mehr ich mich mit dem Vater in einen Wettkampf einließ, desto mehr wurde ich überwältigt, zusammengeschlagen. Am Ende kitzelte er mich. Ich haßte das Gefühl, bemächtigt (overpowered) zu werden. Je mehr ich streite, um so schlimmer kommt es heraus. Dasselbe spüre ich jetzt bei jedem, mit dem ich spreche: es sind alles Rivalen (competitors).“

„‚Streite nicht!‘ (don't compete!) Es ist verboten und gefährlich. Du wirst kastriert werden, wenn du es tust.“

„Ich merke eben jetzt, daß mich mein Nacken wirklich stark schmerzt. Ich zweifle daran, daß das Zufall ist.“

„Statt Auge oder Penis ist es der Nacken: Es ist zu gefährlich, in Wettstreit zu treten; du wirst dafür büßen müssen (it's to dangerous to compete; you will be hurt).“

Er spricht dann davon, wie seine Eltern mit ihren Verbindungen mit bedeutenden Leuten prahlten: „Ich frage mich, ob meine Beziehung mit Ihnen nicht etwas davon hat, daß ich auf meine Analyse mit Ihnen stolz bin.“

„Und bei beidem steckt hinter der Bewunderung der Neid: ‚Wenn ich mich am Wettstreit beteilige, dann werde ich überwunden und am Ende bin ich die Schale, voll Scham und Neid.‘ “

„Das ist wohl auch so in *unserer* Beziehung, daß ich mich wie erstickt fühle, und wenn ich davon frei werde, wird es eine Erleichterung sein“ (1517). „Ich bin der kleine Kind-Patient, und Sie sind der erwachsene weise Therapeut. Und wenn Sie etwas sagen, werde ich wie überrumpelt (flapping around, pummeled), und ich gebe mich geschlagen. Ich versuche, von Ihnen zu lernen.“ Er versucht, die Einsichten selbst wieder in eine Art Lektion und Unterweisung, die er zu befolgen hat, umzuwenden. Ich sage, es gehe eher darum sich zu fragen: „Was ist die Rivalität eben jetzt? An welchem Punkt verliere ich die ‚Erbse‘ und werde zur ‚Schale‘? Was ist die übersteigerte Erwartung gerade jetzt? Überhaupt ist die Hauptfrage: *Warum gerade jetzt?*“

Dann kommt ihm das Wort *„Para aduma, rote Kuh“* in den Sinn, ohne daß er mehr wüßte, was es bedeute, außer natürlich, daß es aus der Thora stamme. Ich erwähne, es sei das Reinigungsopfer, wenn man mit dem Tode in Berührung gekommen sei. Er denkt nach und sagt, es handle sich bei ihm mehr um die Berührung von Penis und Samen, und die damit verbundene Unreinheit, als die von der Berührung des Toten (1518). Doch ist es eben gerade *die Angst vor dem todbringenden Neid, der Wut, der Eifersucht* in ihm, die er mit den Isolierungen, den Zwangshandlungen und -ideen zu beherrschen sucht.

*

Er fühlt sich wieder unerklärlicherweise zutiefst niedergeschlagen. Die Mikroanalyse der Auslöserfaktoren ergibt, daß es zunächst die Anpreisung pornographischer Videofilme in einem Katalog war, hernach die glatte Redegewandtheit zweier flinker

Vertreter. Im ersten Fall war es v. a. der Neid auf die ihm nicht zugänglichen polygamen Lustbefriedigungen und Bezeugungen männlicher Potenz, aber auch die Eifersucht darüber, der ausgeschlossene Dritte im Wettstreit um schöne Frauen zu sein, im zweiten eben die Ungehemmtheit im geschäftlichen Wettbewerb, mit der er sich nicht zu messen vermag. Als Drittes kam die Erkrankung seines jüngeren Töchterchens; es sei ganz irrsinnig: er sehe sie schon als verloren. Seine sexuelle Neugier brächte diese Bestrafung mit sich. Das bringt uns zurück zur immer wieder auftauchenden Frage: weshalb wird die *Masturbation* immer wieder als so bedrängend *schuldhaft* empfunden. Ist es einfach die Eliminierung seiner Mutter, oder jetzt seiner Frau, zu Gunsten einer schöneren, jüngeren Frau, wie er vor kurzem vermutet? Als Assoziation berichtet er einen Traum der letzten Nacht, wo er „die Schwerkraft besiegen und aus eigener Kraft fliegen kann, eine gewaltige Entdeckung mit wahrhaftig unerhörten sozialen Folgen". Hernach sieht er Bilder von Türmen oder Minaretten zwischen zwei Bergen. Die Türme sehen wie Teile des Gebirges aus. Zwischen beiden Traumstücken hört er deutsch sprechen und ist überrascht, wieviel er davon versteht.

Das sei wohl seine Bindung an mich, fügt er eifrig bei. Doch der Rest? Ich mache ihn auf den Kontext, in dem der Traum aufgetaucht sei, aufmerksam: Masturbation, und damit, wie wir von früher her wissen, die Bestätigung und Selbstversicherung: „Ich bin nicht kastriert." Vielleicht könne das Deutsche auch im Zusammenhang von *Bewunderung und Neid* verstanden werden: „Mein Penis ist nicht so groß wie der seine." Alle drei Teile des Traumes hätten dann den Sinn: *„Ich brauche nicht mehr neidisch zu sein. Mein Penis, meine Potenz und meine Sprachfähigkeit sind nun alle großartig.* Was mich niederdrückt, die Schwerkraft, die ist jetzt überwunden. Jetzt kann ich erfolgreich an der Konkurrenz teilnehmen."

Doch nochmals: Warum die Schuld bei der Masturbation? Meine Deutung: *„Die Masturbation ist doch immer nur Ersatz, das Zweitrangige (second best): ‚Ich kann nicht haben, was ich will. Ich fühle mich schuldig für den Neid und für die Eifersucht, die daraus folgen.' Und umgekehrt: Sie ist doch selbst schon nichts anderes als ein Versuch, Neid und Eifersucht zu überwinden, der scheitert."*

„Ich bin weiterhin einsam und nur zweitrangig", fügt er hinzu. „Warum der Turm zwischen den Bergen? Der kleine Penis zwischen den beiden großen Eltern? Daß mein Penis so sein soll wie der ihre? ihre Macht?"

Er habe sich wieder gesagt, als er so niedergeschlagen war: „Die verdammte Analyse hat mir nichts geholfen. Schau mich an!"

„Und im Zusammenhang von gestern, als Sie über den Neid mir gegenüber gesprochen haben, hieße es: Damit können Sie mich immer besiegen, also dem Neid Nachdruck verleihen, indem Sie ausrufen: ‚Die ganze Analyse ist für die Katz!' ... So können wir auch die gestrige Frage spezifischer fassen, wenn immer diese *lähmende, leere Depression* einsetzt: *‚Auf wen bin ich jetzt neidisch, und wofür?'* (vielleicht auch: ‚eifersüchtig', obzwar die Eifersucht nicht so zentral zu sein scheint wie der Neid)."

Er bringt dazu unverzüglich eine Reihe von Einfällen von anderen Leuten, auf die er heute neidisch gewesen oder die ihm in den Sinn gekommen seien: die Nachbarn, die in weit prächtigeren Häusern, ja in wunderbaren Gütern leben (er ist soeben umgezogen), ein Schulfreund, der aus viel besserer, ausgeglichenerer Familie stammt und erfolgreicher ist, und v. a. auch seine hübsche, junge Sekretärin, die oft über ihr gutes Sexualleben mit ihrem Mann prahlt. Dazu kommen noch alle die Schriftsteller und überhaupt die schöpferischen Leute, alle die erfolgreichen, berühmten Politiker. So hat er bald eine ganz schöne *Neidgalerie* beisammen. Und dies gegen den uns wohlbekannten Hintergrund: Je grandioser die in ihn gesetzten Erwartungen und je größer die von ihm an sich selbst gestellten Forderungen, um so tiefer wird die Scham und um so neidischer wird er selbst sein.

Wie passe dies zur Erbsenschalenmetapher? fragt er sich, und er antwortet: Wenn er die Substanz, seine Identität aufgebe, um sich jenen unrealistischen Erwartungen anzupassen, dann müsse er wohl auch auf diejenigen neidisch sein, die ihre Substanz beibehalten können (1519).

Für ihn ist dies das bisher klarste Beispiel für die mörderische Natur seines Neides und der Angst davor: Wie er Clinton und Gore bei der demokratischen Konvention beobachtet, hat er die angsterfüllte Phantasie, einer von ihnen rege sich dabei so auf, daß er tot umstürze. Dort spüre er nicht nur enormen Neid, sondern auch dessen Zerstörerischkeit: *„Es ist wirklich die Angst vor dem mörderischen Neid,* den ich früher gegen Violinisten oder Dirigenten richtete. Es ist dieser *Neid, der sich jetzt gegen Sie richtet: Sie zu besiegen, Sie zum Mißerfolg zu machen* ... Der Neid selbst ist sehr wenig gefühlt; es ist die Angst davor, die ich fühle.“ Auch habe er seit seiner Jugend sehr viel Neid und Spott (ridicule) gegenüber den Helden im Fernsehen empfunden.

Und als Spiegelbild seines (gefürchteten) Neides ist es der *befürchtete Neid der anderen,* wie er sich in der immer wieder auftauchenden Angst vor dem Tod seiner Kinder zum Wort und zum Bild meldet (1520, 1521). Es seien die Spiegelbilder: „Zerstörung häuft sich auf über mir.“ Ich erwähne den „Neid der Götter“ und erzähle ihm die Sage von Polykrates: *„Der Erfolg ist verboten, da er Neid erregt.“*

„Es ist eine künstliche Trennung zwischen Neid und Größenanspruch. Die grandiose Erwartung ist zuerst die Nachahmung von etwas Äußerem, z. B. dem großen Heiler. Es wird vom Familienneid gespiesen. So gibt es zwei Arten des Neides.“

„Den geborgten und den eigenen.“

„Schon unsere Namen wurden spezifisch so ausgewählt, daß sie majestätisch (classy) auf dem Arztschild aussähen: es waren die grandiosen Erwartungen, ehe wir geboren wurden! ... Dann ist es immer Vortäuschung und Enttäuschung (pretense and then let down)“ (1522).

So entpuppt sich der *Zeigezwang* als Protest: „Statt daß ich die Macht von Bruder und Mutter beneide, zeige ich ihnen meinen eigenen erigierten Penis und mache sie lächerlich. Dann verschiebe ich es auf Lichter und Gebäude, die ich ihnen vordemonstriere.“ Und als Gegenstück die Lähmung: das sei die Angst vor dem Wettstreit, „sonst wirst du bestraft“. So war es mit der Begabung der Mutter und wie sie all seine Hausarbeit verriß. Es ist die *Neidwut,* die er dann gegen sich selbst richtet, was zur Lähmung und damit zur Leere und Scham führe (1523).

Es mag schon sein, daß er sich aus Neid mir gegenüber und eben wegen jener grandiosen Erwartungen immer wieder versagen lassen müsse. Doch habe es ihm nicht geholfen, wenn er daran denke. „Die Kraft, die mich blockiert, ist stärker als ich. Aber was ist diese Macht?“

Zunächst ist es die Angst, unabhängig und stark zu sein. Das ist zu gefährlich. In welcher Beziehung stehe das mit jenem Zirkel von übersteigerter Erwartung, Scham und Neid?

Unabhängig zu sein bedeutet, aus dem Kreis auszubrechen: in realistischer Weise mit anderen zu wetteifern (compete), nicht auf grandiose Weise, und damit erfolgreich zu sein. Aber das bedeutet, aus der archaischen Beziehung zu den Eltern, die durch den Zirkel ausgedrückt und verewigt werde, auszubrechen. „Doch warum würde ich mich fürchten, diese Beziehung zu verlieren?"

Da die Trennung Töten und Getötetwerden bedeute. Aber zusätzlich: der Neid der Mutter erlaube ihm nicht seine Unabhängigkeit. Dies ist vielleicht die tiefste Macht, die ihn im Zirkel festhält: *die Angst vor dem Neid der Mutter.*

Das war so klar, als er für ein Jahr nach Israel gefahren war; sie versuchte, ihn mit allen Mächten zurückzubringen.

Er spricht dann über die wiederholten Träume seiner Kindheit, daß das Elternhaus oder die Mutter verschwunden seien: er wollte sie loshaben, und zugleich hatte er Angst davor, allein zu sein.

Jetzt, da er alles so gut habe, ein neues, stattliches Haus besitze, sich seiner Kinder freue und auf sie stolz sei: jetzt bestehe um so mehr Grund für die Mutter, auf ihn neidisch zu sein, und um so stärkeres Bedürfnis für ihn, sich niedergeschlagen zu fühlen. Wenn er gedrückt ist, dann ist er mit der Mutter vereinigt, nämlich in der Depression. Es bedeute auch: *„Beneide mich nicht! Ich bin schon niedergeschlagen!"* Während dies sich zuerst auf seine Mutter und seinen Bruder gerichtet habe, wende es sich auf seine Frau, auf mich, ja, es sei ganz verallgemeinert worden.

„Wenn ich mich von dem Zirkel von Scham und übermäßiger (grandiose) Erwartung trenne, ruft das enorme Angst vor dem Neid, der Wut und der Depression der Mutter hervor und damit vor ihrer panischen Angst. Wenn immer ich mich unabhängig bezeigte, schrie sie: ‚Ich habe Brustschmerzen!' Es ist diese ungeheure Furcht vor der Mutter, die ich nicht verstehe und die noch schlimmer als meine Erinnerungen ist. Die Angst, daß sie stürbe?"

„Eher die Angst vor ihrem emotionellen Zusammenbruch, daß sie alle ihre Kontrolle verliere."

„Und mein Vater tat dasselbe."

„Was wir jetzt in ganz allgemeiner Form sehen, ist wohl *die Angst vor dem Neid des anderen.* Doch ursprünglich handelte es sich um alle vier Aspekte bei der Mutter: ihren Neid, ihre Wut, ihre Depression und ihre Panik (terror), wenn Sie sich von ihr loslösten."

„Ich bin ganz verwirrt. Ich weiß nicht, ob ich lachen oder weinen soll. Es ist nicht dumm, vor ihrer Panik Angst zu haben: sie war ja meine Mutter" (1525).

Ein gemeinsames Element taucht auf, wann er besonders schwer angegriffen und abgekanzelt wurde: wenn er es lustig (fun) hatte, sich freute, mit anderen gleichaltrigen Jungen zu spielen. Es war offenkundig, daß das die Eltern, und zwar ganz besonders der Vater, nicht vertrugen und ihn dafür aufs allerschärfste erniedrigten. Das sei viele Male vorgekommen. Es läuft auf eine neue Gleichung heraus: *es lustig zu haben = mit anderen gut auszukommen = er selbst zu sein = beneidet und gedemütigt zu werden.* Das aber ist das exakte Gegenstück zum immer noch verbleibenden Symptom: unfähig zu sein, sich gut in Gesellschaft der anderen zu fühlen: „Ich kann es mir nicht erlauben, mich gut zu fühlen. Es ist zu gefährlich. Es ruft den Neid und die Beschämung hervor.“ Doch warum bestehe das weiterhin, wundert er sich.

Ich schlage vor: „Es ist zu schrecklich, zu unerträglich, wenn mir jene Abkanzlung geschieht. Es ist besser, wenn ich es selbst zuerst tue. Also *Wendung vom Passiven ins Aktive*.“ Dazu kommt seine eigene, aktive Seite des Neides: „Ich beneide den anderen, und ich fürchte dessen Vergeltung. So ist es besser, ich nehme die Bestrafung vorweg.“

6.26 Ein Fazit

Es entwickelt sich, wie schon kurz berichtet, folgender, wichtiger Circulus vitiosus:

Traumatische Hilflosigkeit, weder geliebt noch respektiert zu sein, mit „Seelenblindheit“ und „Familienneid“ behandelt zu werden, Angst vor dem Neid der Eltern über kindliche Unbeschwertheit („fun“)

→ Scham und Neid

→ grandioses Ideal in der Hoffung auf Liebe und Respekt, phantastische Erwartung, der Heiler zu sein;[5] unrealistisches Sich-messen. Wunsch, die erste Grundgleichung zu erreichen[6]

→ stetes Streben, das Ideal durch Bildung des „falschen Selbst“ zu erreichen; „kastriert“, „leer“ zu sein, die „Schale“; die eigene Identität aufzuopfern.[7]

→ Absturz: die Unfähigkeit, dem Ideal näher zu kommen, Scham;

→ Schamwut;

→ Neid auf die, die dem Ideal faktisch näher kommen;[8] auf die, welche Liebe und Substanz besitzen;

→ Umkehrung: Wunsch, andere neidisch zu machen;

→ Angst vor dem Neid der anderen und vor dem eigenen Neid; Verbot jedes Wettstreits, „Pseudostupidität“; Schuld über die Neidischkeit;

→ „Blockiertsein“ und „Lähmung“, vertieftes „Leeregefühl“, verstärkte Scham;

→ der Neid, die Schuld darüber und die vertiefte Scham führen aber erst recht zurück zum Anfangspunkt, nur daß der traumatische Zustand – die Abweisung, Verhöhnung, Verurteilung – nun verinnerlicht ist: die tiefe Angst vor dem Neid und damit das Gefühl der inneren Leere, ebenso die Angst, für den Neid und das Neidischmachen bestraft zu werden, v. a. durch den Tod der Kinder.

---

[5] „Schriftsteller zu sein, ein besseres Auto zu haben, fähig zu sein, des Vaters Blindheit zu heilen, das sterbende Mädchen zu küssen und zum Leben zurückzurufen, den Großvater vom Tod zurückzuholen, Mutters Depression zu beheben, den Nobelpreis zu erringen ...“

[6] „Erbse“ = Baby = Penis = Selbst und Identität = Fähigkeit zu sehen.

[7] „Schale“ (shell) = Verlust der Identität = Kastration = Bluten (Menstruation), Verlust des Penis = Blindheit = Verwirrtheit (Mr. Fog, Mr. Blizzard) = Scham und Depression.

[8] Filmstar, Erzähler, Violinist, aggressiver Geschäftsmann, Sprachgenie, Politiker.

In kurzer Form:

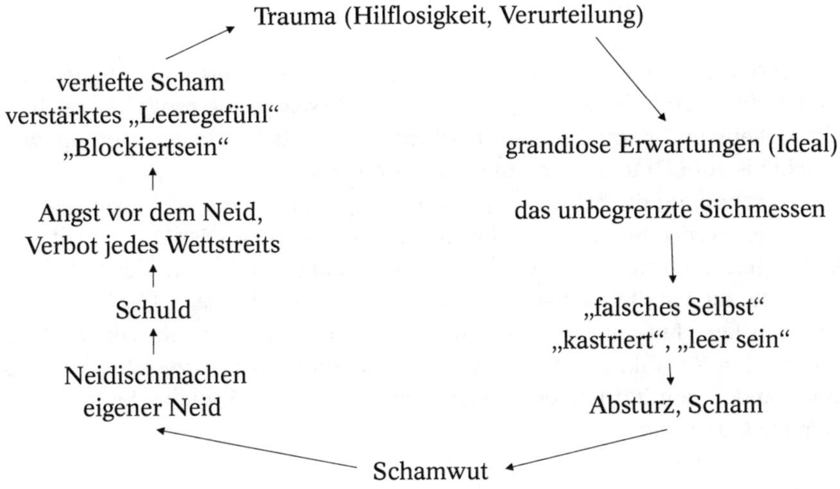

*

Früher fragte ich: Was mag es sein, das uns so lange entgangen ist? Und wie spielt da vielleicht die Gegenübertragung ihre verhängnisvolle Rolle?

Wir wissen jetzt die Antwort: Es war die überragende Rolle des Neides, seiner *Angst vor seinem eigenen Neid,* am stärksten gegen die Mutter, als *Brust-, Uterus-, Schwangerschafts-, Weiblichkeitsneid,* als Neid auf ihre körperliche und geistige *Schaffenskraft und Formulierfähigkeit,* das Ausleben seines *Neides z. B. in den perversen Schau- und Zeigezwängen,* die *Familienrolle des Neides* und ganz besonders, vielleicht am bestimmendsten für die Zähigkeit seines Masochismus: *die Angst vor dem Neid der anderen,* am allermeisten wiederum seine Furcht vor dem *verzehrenden, verheerenden, kastrierenden Neid seiner Mutter.*

Damit ergibt sich ein ganz bedeutsamer, scheinbar unlösbarer, bis jetzt unbewußt gebliebener Konflikt: Als Träger des Ehrgeizes seiner Mutter *sollte er erfolgreich sein* und scheinen, alle anderen Kinder ausstechen und so ihren Neid auf die Außenwelt zufrieden stellen. Zugleich aber *durfte er vor ihr nicht erfolgreich sein,* denn seine Selbstbehauptung und sein Durchsetzen erregten ihren Neid, ihre Konkurrenzsucht und wurden unbarmherzig zerstört. Parallel dazu wurde von ihm erwartet, zum Heiler des Vaters zu werden, nicht nur dessen Blindheit, sondern auch dessen Demütigung und Scham zu beseitigen und zum großartigen Star zu werden. Doch ebensosehr wie der Neid der Mutter war es das Ressentiment des Vaters, das ihm keine Stärke, keinen Erfolg, kein Selbstsein gönnte. Das war und ist eine heillose Zwickmühle, in der nur Versagen, Leiden, Schwäche einen scheinbaren Ausweg boten, wobei er mit dem schambeladenen Vater identifiziert und der mächtigen Mutter nahe sein konnte. Der Masochismus war die notwendige Kompromißlösung.

Warum habe aber ich dieses Zentralmotiv, diesen Zentralaffekt so lange mitverkannt? Dies ist doch auch die wirkliche Macht der Gegenübertragung, nicht nur die Gewalt seiner eigenen Verdrängung. Was in mir selbst tief unzugänglich war, war auch mir schwer erkennbar.

6.27 Die doppelte Wirklichkeit, das Gespaltensein

Auch bei Thomas kommen wir also, wie bei allen bis jetzt untersuchten Patienten auf eine ganz tiefreichende innere Doppelheit, eine Dissoziierung großer Bereiche des Realitätserlebens und damit zu einer beträchtlichen Persönlichkeitsspaltung, wenngleich nicht bis zum Grad der „multiplen Persönlichkeit“.

Ich habe schon auf die beiden „mythischen Grundgleichungen“ hingewiesen und gesagt, daß sie uns den Schlüssel zur Lösung des Geheimnisses der Doppelheit geben. Ich glaube, dies kann nun noch vertieft werden. Ganz zum Schluß der Behandlung zieht er wieder die Parallele zwischen dem jetzigen Zustand innerer Gelähmtheit und dem Problem der Hausaufgaben in seiner Kindheit. Es gelingt ihm zunächst überhaupt nicht, den Konflikt hinter dem Lähmungszustand damals zu sehen. Nur ganz allmählich, indem ich ihn immer wieder nach der genauen Sequenz befrage, taucht das Dilemma klarer auf:

> Entweder macht sie die Hausaufgaben für mich, und ich fühle mich sehr unfähig, außerstande, etwas richtig zu tun, und zugleich ganz voll Angst, denn es weitet sich wie eine Lawine aus (it snowballs), und ich kann überhaupt nie etwas recht machen. Oder aber ich mache es selber, und sie verreißt es als völlig ungenügend, als schrecklich, lächerlich. Und wehre ich mich dagegen, daß sie es umarbeite und neuschreibe, kommt es zu einer fürchterlichen Konfrontierung. Was die Folgen davon wären, ist schwer vorstellbar, aber sie könnte mich körperlich verletzen oder, so verrückt es tönt, mich töten.

Er wiederholt diese Angst, doch beeilt er sich hinzuzufügen, er könnte sich jetzt nicht vorstellen, daß sie ihn wirklich getötet hätte. Aber das sei durchaus sein Gefühl gewesen. Er stand *zwischen zwei unerträglichen Ängsten, – der Schamangst und der Todesangst* – und das Ergebnis war Lähmung: Passivität, Nachgeben, innere Leere. Und das wiederhole sich eigentlich auch heute, auch bei mir, sobald er nur eine Aufgabe vor sich sehe.

Es sei ihm dabei, daß es nicht so sehr sein Erfolg gewesen sei, der sie in Wut versetzt hätte, sondern nur schon, daß er selbst gedacht habe, er sei erfolgreich, wenn er einfach mit dem Geleisteten zufrieden war. Das konnte sie nicht aushalten. Ich bemerke, daß sie so außerordentlich rivalitätssüchtig, „mörderisch kompetitiv“ gewesen sei, daß sie jeden um sich herum zu zerstören hatte. „Und die einzige Realität, die geduldet wurde, war die, welche so verändert worden war, daß sie ihr paßte.“

„Und ich konnte mich nicht oft dagegen auflehnen.“

„Statt dessen fühlten Sie sich leer, waren in den Zirkel gebannt. Es war nicht möglich, Sie selbst zu sein.“

Wie er mit der Mutter jetzt am Telephon spreche, wisse er ihr nichts zu sagen, außer Antworten auf ihre medizinische Fragen zu erteilen. Ihre Bemerkungen seien unangemessen, bizarr, oder fordernd, eindringend. Er habe sich wieder ganz zurückversetzt empfunden und auch wieder gefühlt, als ob sie ihn irgendwie tötete, obwohl das natürlich nicht so sei.

„Daß sie Sie abschneiden (cut off), verstoßen würde, und daß das empfunden wird, als ob sie Sie tötete.“

„Wie als meine Schwester rebellierte, wurde sie völlig abgeschnitten, aus dem Testament ausgeschlossen, verstoßen. Sie weigerten sich, mit ihr zu sprechen." Das Totengebet wurde über sie gesprochen.

Dabei sieht er das Bild, daß eine Messerschneide komme und seinen Kopf entzweischneide, einem Sägenblatt gleich.

Auch hier ist es, bildlich ausgedrückt, daß sein Selbst wie die Welt *gespalten* sind, daß er ständig in einer *doppelten Wirklichkeit* leben mußte: der Welt von Vernunft, sozialem Funktionieren, äußerer Anpassung und Leistung, und einer Welt, die sowohl irrational, also „verrückt", bizarr war wie auch einem totalitären Druck von Autorität, übermäßigen Erwartungen und Drohungen unterworfen war – der *Ich-bestimmten Realität* gegenüber einer *Realität, die ganz von einem archaischen, analsadistischen Über-Ich beherrscht* wurde. Das Ergebnis dieser doppelten Wirklichkeit war eben sein *Schalendasein,* das Gefühl, *kein Selbst, keine Identität zu haben*.

Wenn er sagt, die Drohung sei die zwischen Scham (= Unterwerfung) und Tod (= Trennung) gewesen, bezieht er sich, glaube ich, eben auf das Resultat des *Seelenmordes:* Bei beiden Lösungen, der *Anpassung an die soziale Welt* und der *Unterwerfung unter die totalitäre Autorität,* fühlte er sich seiner Substanz beraubt, war sein Selbst unterdrückt, wurde er *ein Nichts.* Erst der gewaltsame Ausbruch daraus gäbe ihm die Hoffnung, sich selbst zu finden, sich selbst zu fühlen, aber das hieße den Bruch mit ihr. Doch auch die *Trennung wäre unerträglich, todgleich, mörderisch.* Es ist genau das Dilemma, das wir in Ibsens *Wenn wir Toten erwachen* in buchstäblicher Ausführung und schon zuvor bei Reinhold in milderer Form angetroffen haben.

Er erinnert sich daran, wie eine beliebte Strafe auf Widerspruch darin bestand, daß dem Kind entweder für Monate oder für ein ganzes Jahr jedes Fernsehen untersagt wurde. Dies wurde so strikte durchgeführt, daß einer der Brüder, der ein großes Interesse an Wettringen hatte, dieses nur von Ferne und hinter dem Apparat hören, nicht sehen durfte. Ein ganzes Jahr! „Das war eine Routinebestrafung, und es hieß: ‚Ich bin auf dich ein ganzes Jahr lang wütend!' Dies kam immer vom Vater aus, aber meine Mutter, die die machtvollere war, machte keinen Einspruch dagegen."

„Es ist wirklich eine Art Seelenmord."

„So fühle ich mich bei der Mutter: tot."

„Was bleibt, ist ‚Schale'." (1528–1530)

6.28 Die Bindung an den Schmerz

Ich führe nun einige Zitate aus der Literatur an, die auf das bei diesem komplexen Fall Gefundene zutreffen:

Ich stimme besonders mit Berliners vor 45 Jahren gemachten Beobachtung überein, daß *der moralische Masochismus die allgemeine und grundlegende Form ist,* aus der nur in einer Minderzahl die Perversion erwächst.[9]

---

[9] „The analogy with the sexual perversions obscured the fact that *moral masochism is the general and basic form that furnishes the ground* upon which, in a minority of persons and

Wir erkannten auch, wie zwar Berliners Wort stimmt: „Der Sinn der Identifizierung im Masochismus scheint das Beibehalten des Objekts und der Verhinderung seines Verlusts zu sein", daß die Bedeutung der Identifizierungen aber weit komplizierter waren; ebenso gilt sehr wichtig die „Pseudodummheit" als Abwehr gegen den Neid der Eltern.[10] Auch trifft zu, was er schreibt:

> ... es ist nicht der Sadismus des Masochisten selbst, der gegen sein Ich gewendet wird, sondern der Sadismus einer anderen Person, eines Liebesobjekts ... Das Kind liebt nicht Leiden oder Mißhandlung, bei niemandem ist das der Fall; sondern da es die Person, von der es mißhandelt wird, liebt, wird diese libidinisiert. Masochismus ist der Haß oder der Sadismus des Objekts widerspiegelt in der Libido des Subjekts.[11]

Die Libidinisierung und Sexualisierung der vom Über-Ich ausgeteilten Peinigung gehört zur Definition des „moralischen" Masochismus, wie von Loewenstein betont wird.[12] Dabei weist er auf die Wendung vom Passiven zum Aktiven und die Wichtigkeit der Kastrationsangst hin.[13] Alle drei Aspekte lassen sich leicht im gegebenen Material nachweisen.

Das, was Thomas als sein „Schalendasein" erlebt, die Aufopferung seiner Identität, um sich der Beziehung zum Anderen zu vergewissern, läßt sich gegen den von den Novicks beschriebenen Hintergrund begreifen:

---

under certain circumstances in psychosexual development, the perversion may evolve" (meine Betonung, S. 459).

[10] „In masochism the meaning of identification seems to be the preservation of the object and the prevention of its loss" (1940, S. 326).
the need to be stupid: „a parent's fear of being surpassed by the child ... in order not to provoke the envy of rivals" (l. c., S. 329)

[11] „... it is not the sadism of the masochist himself that is turned upon his ego, but the sadism of another person, a love object ... The child does not love suffering or ill-treatment – nobody does – but because it loves the person who gives it, the ill-treatment is libidinized. Masochism is the hate or the sadism of the object reflected in the libido of the subject" (Berliner 1947, S. 460, 461).

[12] „... a regressive resexualization of morality" (S. 205, 206).
„Superego demands on the ego are generally based upon neutralized energy. It is only in case of deneutralization and more specifically of sexualization that one can speak of a sadism of the superego or a masochism of the ego ..." self-sacrifice for a cause as „sublimated masochism" (S. 210).
„Not even when there is adaptation to a painful reality should we necessarily assume masochism as its motive power. I believe we should speak of masochism only when suffering is sought in order to gratify libidinal demands" (S. 211).
„... severity of the superego should be distinguished from moral masochism of the ego and from sadism of the superego. In the latter, there occurs a resexualization of moral forces which degrades the morality represented by a severe superego" (S. 212).
„In moral masochism proper, the masochistic gratification is unconscious and the moral motivation may be conscious or not. In hypocrisy the moralistic motivation is consciously stressed in order to hide more or less preconscious gratifications of ego interests or of sadism" (S. 213).

[13] „... active mastery of a passively experienced danger" (S. 207). „... the masochist's actual sexual gratification represents a triumph over the danger of castration (in the man) or an overcoming of it (in the woman)" (S. 207).

Schmerzsuchendes Verhalten stellt einen Versuch dar, einen Ersatz für den Rückzug der Besetzung durch die Mutter zu finden ... [in einem der Fälle] beherrscht (overrides) das Bedürfnis für das Objekt das Bedürfnis für Lust ... Sicherheit findet sich in einem Objekt, das Schmerz zufügt, nicht Lust gibt. Wir konnten spekulieren, daß Externalisierung der eigenen Schuld (blame), des Versagens und der entwerteten Aspekte des Selbst von den Eltern auf das Kind eine bedeutende frühe Beziehungsweise gewesen war und vielleicht zur „Urstörung“ (Balint 1968) geworden war, was zur Entwicklung der masochistischen Strukturen geführt hat. Wir nehmen an, daß die erste Schicht des Masochismus in der frühen Kindheit gesucht werden muß, in der Anpassung des Kindes an eine Situation, wo Sicherheit nur in der schmerzhaften Beziehung zur Mutter gefunden werden kann ... Wir beobachteten, daß alle Kinder in unserer Versuchsgruppe mit ihrer Aggression so umgingen, daß sie jedes Zeichen der Feindseligkeit zwischen ihnen und ihren Müttern verleugneten und sich heftig bemühten, ein idealisiertes Bild der Mutter als liebevoll und vollkommen beizubehalten. Dies umfaßte die Verleugnung der Kastration der Mutter, die Bak (1968) als wichtigen Faktor in den Perversionen betrachtete (Novick u. Novick 1987).[14]

Im selben Sinn gilt das schon früher angeführte Zitat von Sheldon Bach:

... sadomasochistische Beziehungen werden als eine Art verleugneter und pathologischer Trauer aufgefaßt, als ein wiederholter Versuch, den Verlust abzustreiten oder ihn in der Phantasie zu reparieren, doch ein Versuch, der zu keiner Lösung führt, da in einem abgespaltenen Teil der Seele dieser Verlust verleugnet wird ... lieber im Schmerz zu leben als das Objekt zu verlieren ... *Der Schmerz des Leidens ist eine Abwehr gegen den größeren Schmerz des Verlusts.*[15]

Wir haben dies bestimmt in unserem Fall in prägnanter Weise angetroffen, insofern es seine mitmenschlichen Beziehungen betrifft. Doch ist es bei ihm ebenso ersichtlich, daß diese Leidensbereitschaft und Leidensliebe, um so die Mutter und den Vater zu behalten, den Verlust ungültig zu machen, ganz verinnerlicht worden ist und im Verhältnis von Über-Ich – Ich durchgelebt wird. Dies scheint sich auch in der Übertragung stets zu wiederholen. Die Brücke besteht eben in jenen phantastisch-grandiosen

[14] „Pain-seeking behavior represents an attempt to substitute for the withdrawal of cathexis by the mother ... [in one of the cases presented] the need for the object overrides the need for pleasure ... safety resides in an object that induces pain rather than pleasure ... We could speculate that externalization of blame, failure, and devalued aspects of the self onto the child served as a major and early mode of relationship and may have become the ‚primary fault‘ (Balint 1968) leading to the evolution of masochistic structures. We suggest that the first layer of masochism must be sought in early infancy, in the child's adaptation to a situation where safety resides only in a painful relationship with the mother ... We found that all of the children in our sample dealt with their aggression by denying any sign of hostility between themselves and their mothers and struggled to maintain an idealized image of mother as loving and perfect. This included denial of the mother's castration, which Bak (1968) considered an important factor in perversions“ (Novick u. Novick 1987, S. 359, 360, 365).

[15] „... sadomasochistic relations are seen as a kind of denied or pathological mourning, a repetitive attempt to disclaim the loss or to repair it in fantasy, but an attempt that does not lead to resolution because in some dissociated part of the psyche that loss remains disavowed ...(S. 76) ... to live in pain rather than lose the object ...(S. 84). The pain of suffering defends against the greater pain of loss“ (Bach 1991, S. 86).

Erwartungen, die sowohl Bedingungen der Liebe wie Quelle endloser Selbstverurteilung sind.

> Der ständige Wunsch, dem Objekt, das einen einstmals verworfen hat und das nun introjiziert worden ist, zu Gefallen zu leben, veranlaßt den Menschen, seine Identität zu verlieren. Um sich einem haßvollen Elternteil anzupassen, möchte er sich in dem Ausmaß unliebenswert machen, wie dies der Elternteil seinem Urteil nach wünscht. Er wird seine guten Eigenschaften oder seine Intelligenz, oft bis zum Grad der *Pseudostupidität* verleugnen ... Er ist stigmatisiert dadurch, daß er unerwünscht ist, und er stellt sein Stigma gerade als ein Liebesgesuch zur Schau.[16]

Was Chasseguet-Smirgel als allgemeingültig für die Perversionen im allgemeinen, den Sadomasochismus im besonderen beschreibt: die Homogenisierung, Fäkalisierung und die Zerstörung der Realität,[17] trifft zwar für Sonderaspekte des beschriebenen Zirkels zu, nämlich für die neidische Entwertung und die Schamwut, ist aber ein viel zu weitmaschiges Netz, um manche Fische zu fangen: d. h. um der Komplexität, Vielschichtigkeit und Schwierigkeit der angetroffenen Dynamik auch nur entfernt gerecht zu werden. Bestimmt trifft aber zu, daß die narzißtischen Aspekte, die ja auch bei unserem Patienten sehr stark waren, der Abwehr gegen traumatische Hilflosigkeit dienen.[18] Sie postuliert, der moralische Masochismus stehe der Perversion näher als den Neurosen, bei denen die Schuld keine Lust bringe.[19] Meine Ansicht, wie die Berliners, ist es demgegenüber, daß die Perversion einen Sonderfall des moralischen Masochismus darstellt, auf Grund der Abwehr gegen die Über-Ich-Problematik, und daß die Sexualisierung auch bei den Neurosen unbiquitär ist.

Sadomasochistische Objektbeziehungen stellen ein komplexes Abwehrsystem gegen Zerstörung und Verlust dar, wobei die Beziehung immer wieder an den Rand des Abbruches gestoßen werde, doch im Bestreben, diese Gefahr des Abbruchs zu bewältigen, behauptet Coen.[20] Er fährt fort: „Getrenntheit, Verlust, Hilflosigkeit und

---

16 „The permanent wish to please the once rejecting, introjected object causes the person to lose his identity. To accommodate a hating parent he may make himself as unlovable as he feels the parent wants him to be. He may deny his good qualities or his intelligence, often to the degree of *pseudodebility* ... He is stigmatized with unwantedness and displays his stigma as his bid for affection“ (Berliner, 1947, S. 468, meine Betonung)

17 „... the aim of the pervert is to place pregenitality above genitality, to rank infantile sexuality higher than adult sexuality. This inversion is equivalent to the *destruction of reality*“ (S. 402, 403). It is as if everything ... has been thrown into a gigantic grinding machine and reduced to identical homogeneous particles. This is a process that I, like B. Grunberger (1959), identify with digestion, the end result of which is fecalization“ (1991, S. 404).
„... the Sadian universe is one of confusion, chaos, mixture, inverted and abolished values ... such an universe amounts to an eradication of the genital dimension, rooted in differences and a scale of values ... it is a world established as the exact counterpart to the world of the Bible, based on division, separation, and differentiation“ (S. 403).

18 „The deep-seated motivation behind such destruction [of reality] in the perversions is of an essentially narcissistic nature, namely the wish to efface the wound linked to infantile helplessness and insufficiency“ (S. 407).

19 „I suggest ... that moral masochism is closer to the perversion than to the neuroses, where guilt brings no pleasure“ (l. c., S. 411).

20 „Sadomasochistic object relations can be viewed schematically as a complex defensive system

Zerstörung sind die zentralen Gefahren, die durch Sexualisierung und moralischen Masochismus abgewehrt werden."[21] Auch er ist der Meinung wie ich, daß die Perversion sekundär zur intrapsychischen Konfliktlösung ist, und er weist auf die Bedeutung der *Konkretisierung* dabei hin.[22] Seine Bemerkung, „der gemeinsame genetische Hintergrund" für die sadomasochistsche Pathologie finde sich in der depressiven Mutter, verbunden mit Überstimulierung, ist pertinent für das, was wir von Thomas erfahren haben und bei ihm auch direkt wiederholt beobachten konnten;[23] er weist auf die Wichtigkeit defensiver Identifizierung und der sadomasochistischen Wiederholung zur Affektbewältigung hin,[24] wobei Intensität der Beziehung die Liebe und Fürsorge für den anderen ersetze.[25] Der Sadomasochismus ganz allgemein bilde eine Abwehr gegen verschiedene Gefahren der Autonomie[26] – eben das, glaube ich, was wir in Form der beiden *„mythischen Grundgleichungen"* erschlossen haben.

Vielleicht am relevantesten für das, was wir bei Thomas gefunden haben, sind die schon früher zitierten Erfahrungen Valensteins: „Ich schlage ... vor, daß der Kern der negativen therapeutischen Reaktion bei diesen Beispielen von der Bindung ... an den Schmerz herrührt"[27] und eine Erfolgsphobie darstelle.[28] Die archaischen Affekte kennzeichnen alle Objekterfahrungen,[29] ganz besonders Schmerz als Hauptinhalt und strukturierenden Faktor sowohl des Selbsterlebens wie der Objektbeziehung

---

against destruction and loss, within which relationships are continually pushed to the brink, with the reassurance that the relationship (at least some imaginary parent-child relationship) will never end" (1988, S. 44).

21 *Defensively sexualized repetition:* „Separateness, loss, helplessness, and destruction are central dangers to be defended against by sexualization and by moral masochism ... It is exciting to hold another person in the palm of one's hand, to push another to the point of losing control, attacking, leaving, and then to be reassured that this will not occur ... Erotization tames destructiveness" (l. c., S. 45).

22 „Masochistic perverts differ in being impelled to enact unconscious fantasies into concrete reality so as to render them valid and credible. They cannot accomplish this intrapsychically; their ability to symbolize and to resolve conflict in fantasy is impaired" (l. c., S. 44).

23 „Common genetic background": „a relatively unavailable, depressed mother, who is some times inappropriately and overly seductive but much of the time is unresponsive and unempathic" (S. 45) ... „seductive overstimulation ..." (S. 46).

24 „Defensive identification and erotic and sadomasochistic repetition aim to master the overwhelming affects, as well as to repeat the idealized pleasures ... the illusion that destructiveness is caring ... Hatred drives the couple apart; fear of separateness and loneliness forces them together" (S. 46 f.).

25 „Intensity substitutes for genuine love and caring" (S. 50).

26 „The excitement of the game denies the seriousness of the intended destructiveness ... Sadomasochism, in this sense, is a complex regressive defense against varied dangers of autonomy" (S. 52).

27 „I propose to develop the thesis that the core of the negative therapeutic reaction in these instances comes from the patient's attachment to pain" (1973, S. 366).

28 Er zitiert Horney: „The negative therapeutic reaction is a special form of the fear of success" (S. 369).

29 „... the predilection toward particular affect responses, i.e., the quality of the affects, may very well reflect the nature of the early object tie as well as, in a superimposed sense, later object experience" (S. 373).

überhaupt.[30] Der negative Affekt stehe für die Mutter, repräsentiere sie, wie ich schon zitiert habe.[31] Ich glaube, wir kommen bei diesen schwer geschädigten Patienten auch nicht darum herum, diese negative Affektivität und negative therapeutische Reaktion früher anzusetzen, als die Über-Ich-Bildung im gewöhnlichen Sinne, und mit Valenstein eine Störung der positiven Objektkonstanz anzunehmen.[32]

Die technischen Schwierigkeiten und Lösungsmöglichkeiten, die er vorschlägt, treffen, glaube ich, vollumfänglich auf Thomas wie auch auf die meisten hier geschilderten Patienten zu: „... psychoanalytische Deutungen, die ja nicht die präverbale oder frühverbale Entwicklungsschicht zu erreichen vermögen, erweisen sich als relativ unwirksam und nicht verändernd,“ – wenigstens in bezug auf die tiefsten Schichten der Dynamik. Solche Störungen seien sogar sehr resistent gegen experientielle therapeutische Maßnahmen.[33]

> Wenn der Therapeut hingegen in der Arbeit darauf beharrt, es dem Patienten zu ermöglichen, daß er in progressiver und adaptiver Weise sowohl von dem Gebrauch macht, was immer wieder in Worte gefaßt und so erinnert wird, wie auch von dem, was nur im Verhalten wiederholt und von nichterinnerbarer Zeit rekonstruiert wird, dann kann zu einem beträchtlichem Ausmaß eine *Nacherziehung durch korrektive Erfahrung, zusammen mit einem kognitiven Verständnis,* erzielt werden.[34]

Ich nehme an, daß dies bei der ungeheuer zeitraubenden und gedulderfordernden Arbeit mit Patienten wie Thomas ausschlaggebend wichtig ist. Auch bei ihm habe ich genau in Valensteins Sinn den „erzieherischen“ Appell an die schöpferischen Seiten seiner Persönlichkeit durch Hinweise auf Literatur, Geschichte und Musik wertvoll gefunden – selbst wenn dies zuweilen der Intellektualisierung und der Abwehr gegen

---

30 „If a mother of a discomforted and restless infant then adds to the mother-child misfit, either because of her own incompetency or because of reciprocal difficulties, an increasing structuralization of a set toward pain as the predominant affect connoting self and object is likely to emerge in the child“ (S. 373, 374).

31 „In this regard the negative affect state represents the primary object, i.e., the mother“ (S. 387).

32 „... the nuclear determinant of the ‚negative therapeutic reaction‘ is located developmentally much earlier than definitive superego formation. It originates in the very young child's failure to establish constancy in relation to a positively valued object, without which increments of pleasurable affect are neither consolidated out of object experience, nor reliably anticipated thereafter. In fact, the opposite prevails, namely, the development of an affinity for painful affect, the painful affect states connoting the inconsistently pleasure-unpleasure-yielding object“ (S. 390).

33 „... psychoanalytic interpretations, which after all cannot really reach the preverbal-earliest verbal level of development, are nonmutative and relatively ineffective. Such disturbances are even strongly resistant to interpersonal, experiential, nonverbal therapeutic measures“ (S. 390).

34 „However, if the therapist persists in working toward the possibility that the patient can and will progressively and adaptively use both what is recapitulated and articulately remembered, and what is behaviorally recapitulated and reconstructed from the time when it cannot be literally remembered, then the outcome might be the achievement of a significant measure of *corrective experiential reeducation supplemented by cognitive understanding*“ (S. 390, meine Betonung).

das Bewußtwerden der Übertragungsaggressionen Vorschub leistete. Es dauerte wohl lange, bis wir zum Kern des Neides vorstießen, aber dabei gilt halt trotzdem: „Spät kommt ihr, doch ihr kommt."

Aber auch hier möchte ich abschließend betonen, daß die Erkenntnis dieser archaischen Affekt- und Objektbeziehungspathologie der Zentralität der Arbeit an den intrapsychischen Konflikten und besonders der Über-Ich-Pathologie in keiner Weise Abbruch tut, sondern diese nur um so wichtiger erscheinen läßt. Gerade die Rekonstruktion der „Zirkel" und der „mythischen Grundgleichungen" waren für das Selbstverständnis des Patienten überaus bedeutsam.

Und noch eine Erweiterung dieses letzten Punktes: Auch ihm habe ich, wie ich das früher einmal bei meiner in der *Flucht vor dem Gewissen* geschilderten Patientin Vera getan habe, eine Zusammenfassung der Dynamik gegeben. Bei Vera geschah dies in Form von Bandaufnahmen entscheidend wichtiger Stunden, die sie selbst transkribierte sowie der Revue wichtiger Stunden. Bei Thomas war es in Form einer etwas kürzeren Fassung dieses Kapitels (allerdings auf Englisch), das ich ihm genau 4 Monate vor Ende der Analyse gab. Die Übertragungsbedeutung dieses „Geschenkes" ist natürlich vielfältig. Das Wichtigste scheint mir dabei aber in dem zu liegen, was wir eben von Valenstein gehört haben: die intellektuelle Bewältigung einer überwältigenden inneren Realität, in konkreter und „konstanter" Form – angesichts chronischer und prinzipiell nicht behebbarer Traumatisierung.

7 Die Zensorin und der Seelenmord

„Ich fand Lust gerade in der allzu blendenden Erkenntnis meiner Erniedrigung ... Doch in eben dieser Verzweiflung finden sich auch die schärfsten Lustgefühle, besonders wenn du so überaus stark die Auswegslosigkeit deiner Lage erkennst. ... So sind es doch gerade diese blutigen Beleidigungen, so sind es eben diese Verhöhnungen, gleichgültig durch wen, die zum Schluß zu einer Lust führen, welche zuweilen die höchste Wollust erreicht." (Dostojewski, *Aufzeichnungen vom Untergrund*)[1]

7.1 Die Orgie der Selbstverurteilung

Wie der eben ausführlich geschilderte Fall von „moralischem Masochismus" ist auch der folgende ein hervorragendes Beispiel für den im ersten Kapitel beschriebenen „Seelenmord". Bei ihm finden wir freilich nicht nur den „moralischen" Typus, sondern alle 4 eingangs aufgezählten Formen des Masochismus in so markanter Weise, daß ich ihn mit Fug und Recht unter jeder Rubrik hätte bringen können. Damit gilt auch namentlich das für ihn, was ich unter dem Titel „Der geborgte Unhold" über die brüsken Umkehrungen von chronischer masochistischer Unterwürfigkeit und Selbstverurteilung in narzißtisch-aggressive Ausbrüche berichtet habe: Beide Charakterbilder, die durch die dort erwähnten gegensätzlichen Über-Ich-Beziehungen geprägt sind, finden sich bei ihm alternierend.

Was Grossman für die Fälle schwerer Traumatisierung, eben im Sinne des „Seelenmords", beschrieben hat, trifft auf Albert zu:

> Wenn die Opfer von Traumatisierung, ob es sich dabei nun um Erwachsene oder um Kinder handelt, die aufgezwungenen Verhaltensweisen nicht in seelische Aktivität verwandeln können, mit deren Hilfe die schmerzlichen Erfahrungen sich irgendwie bewältigen lassen, kommt es zu zwanghaft wiederholtem Handeln und Denken. Bei den mit stärkerer Grausamkeit mißhandelten Individuen gibt es oft eine nur geringe Umwandlung der traumatischen Erlebnisse, so daß diese dann später in monotoner Wiederholung reinszeniert werden, wobei

---

[1] „Наслаждеиие было тут именно от слишком яркого сознания своего унижения ... но в отчаянии-то и бывают самые жгучие наслаждения, особенно когда уж очень сильно сознаешь безвыходноoть своего положения ... Ну-с, вот от этих-то кровавых обид, вот от этих-то насмешек, неизвестно чьих, и начинается, наконец, наслаждение, доходящее иногда до высшего сладострастия." (Naslažděnije bylo tut iměnno ot sliškom jarkovo soznanija svojevo uniženija ... no v otčajaniji-to i byvajut samyě žgučijě naslezděnija, osoběnno kogda už očen' sil'no soznaješ bezvychodnost' svojevo položenija ... Nu-s, vot ot etich-to krovavych obid, vot ot etich-to nasmešek, neizvěstno čich, i na činajetsja, nakoněc, naslažděnije, dochodjaščeje inogda do vysševo sladostrastija)
(„Записки из подполья", стр. 138, 143)

> das Subjekt sich in der Rolle von Opfer oder Aggressor, auch manchmal abwechselnd in beiden, befindet. Dissoziative Zustände sind andere Verhaltensweisen, die dazu dienen, die Erinnerung an die nicht durch Phantasie bearbeitbaren Erlebnisse einzumauern ... In jenen Inszenierungen ist, wie bei ihren charakterologischen Äquivalenten und Abkömmlingen, die Identifizierung mit der Lust des Partners ein wichtiger Faktor (Grossman 1991, S. 47).[2]

In diesem Fall ist auch die sadomasochistische, stark sexualisierte Beziehung zwischen Über-Ich und dem Rest der Persönlichkeit besonders ausgeprägt – sehr viel klarer und stärker, als dies bei Thomas der Fall war, bei dem es sich viel mehr um „Liebe" als um „grausame Sexualität" im Verhältnis zum quälenden Gewissen handelte. Überdies hat er eine vollständig ausgeprägte masochistisch-fetischistische Perversion, wie es sich besonders in seinen Masturbationsphantasien, doch auch in seinem manifesten Sexualleben zeigt.

*

Diesen Patienten, Albert, einen 54jährigen Geschäftsmann, habe ich nun, bei Abschluß der Niederschrift dieses Berichtes, seit anderthalb Jahren in Analyse. Er wurde mir von einem befreundeten Analytiker überwiesen, der ihn während vieler Jahre analytisch behandelt und der die Behandlung einige Monate früher, bei Anlaß der Aufgabe seiner Praxis, abgeschlossen hatte.

Albert, ein untersetzter, scheu lächelnder oder ingrimmig verbissener Mann, ersuchte mich um Therapie, da seine früheren Symptome bald wieder mit erneuter Virulenz aufgetreten seien: schwere Depression und Beschäftigung mit Suizidgedanken, Selbstkritik und Selbstsabotage, abwechselnd mit einer Reihe verheerender Impulshandlungen: zwangshaften Trinkens großer Mengen von Alkohol, Rauchens, von Diebstählen in Geschäften, von Besuchen von Bordellen oder Massagesalons, von riskanten homosexuellen Abenteuern (diese letzteren freilich nur vor vielen Jahren), und des Einschleichens in die Wohnung von Mieterinnen, deren Unterwäsche er zur Masturbation benutzte, auch provokative, abrupte Handlungen sexueller Exhibition vor jüngeren Frauen.

Sein Trinken ist bedrohlich und hat zur Scheidungsdrohung von seiner Frau geführt. Tatsächlich hatte er vor den ersten Stunden selbst große Mengen von Alkohol (jeweils eine halbe Pinte Scotch) zu sich genommen: so sehr er sich darüber schäme, möchte er dies mir trotzig ins Gesicht schleudern, daß ich ihm das nicht verwehren und verbieten könne.

Zumeist fühlt er sich unwirklich, depersonalisiert (26).

Er war das jüngere von 2 Kindern aus der ersten Ehe seiner Mutter – einer gewaltherrscherischen, höhnischen und ihn physisch mißhandelnden Frau. Charakteristi-

---

[2] „If the victims of trauma, whether adults or children, cannot turn enforced behavior patterns into mental activity that can in some way serve to overcome the painful experiences, compulsive repetitive action and ideation is evident. In the more brutally treated individuals, there may be little transformation of the traumatic experiences that are later re-enacted with monotonous repetition, with the subject in the role of victim or aggressor, perhaps alternately. Dissociative states are another means of walling off the memory of experiences that cannot be transformed through fantasy ... In these enactments, as in their characterological equivalents and derivatives, identification with the pleasure of the partner is an important factor" (S. 47).

scherweise wurde sie später zur Filmzensorin des Staates und prahlte oft damit, wie sie Sexualszenen, namentlich solche mit dem Penis, ausgeschnitten habe. „Sie war eine sehr mächtige Frau. Alles ist Urteil (judgmental), was sie sagt. Sie schnitt die Penisse im ganzen Staat ab (cutting pricks off all over Maryland). Sie sah es als ihre Mission an, die Kinder zu beschützen“ (1). „Als ich sie fragte, woher ich komme, erklärte sie: ‚Wir fanden dich im Abfallkübel, und wenn du dich nicht benimmst, stecken wir dich wieder dorthin‘ “ (2). Noch als erwachsener Mann mußte er von ihr hören: „Du kannst dir den Luxus nicht leisten, anderer Meinung als ich zu sein. Wenn es Nacht ist, und ich sage, es ist Tag, so ist es Tag“ (2). „Sie und Gott bilden ein machtvolles Team.“

Er hatte kein Recht auf seine eigenen Gefühle oder sein eigenes Urteil: wenn die Mutter wütend war, schrie sie ihn an, er habe keine Recht darauf, selber wütend zu sein.

Der erste Mann der Mutter, der Vater von Albert und dessen etwa 3 Jahre älteren Schwester, ein Geistlicher, wurde angeblich wegen Autodiebstahls verhaftet, als Albert etwa $1^3/_4$jährig war; kurz danach kam es zur Scheidung. Erst allmählich kommt aus, daß der fortab „verschollene“ Vater nach psychiatrischer Hospitalisierung sich sozial rehabilitiert habe und zu einem wohlbekannten Redner und „fund raiser“ für philanthropische und politische Bewegungen geworden sei. Seine Artikel seien bemerkenswert gut geschrieben, doch sei er in den 50er Jahren in Schwierigkeiten mit dem „Committee against Unamerican Activities“ im Kongreß geraten.

Der zweite Mann der Mutter war ein sehr erfolgreicher Geschäftsmann, der die beiden Kinder erster Ehe adoptierte und, obzwar seiner Frau gegenüber überaus gefügig, doch netter den Kindern gegenüber zu sein pflegte. Ein jüngerer Stiefbruder folgte $6^1/_2$ Jahre später – ein erfolgloser Künstler, verhätschelt und lebensuntüchtig, von seinen Eltern z. T. auf Kosten Alberts unterhalten.

Die Schwester sagte sich in ihrer spätern Jugend von der Familie völlig los und hat seit Jahrzehnten mit niemandem von ihnen mehr gesprochen, nachdem sie von Mutter und Stiefvater anscheinend um ein Vermögen geprellt worden sei. Annäherungsversuche von Albert wurden durch ein scharfes „Wozu denn?“ abgewiesen.

In der 2. Klasse wurde Albert dabei ertappt, daß er eine Schere gestohlen hatte. Seither war er für immer in der Schule als Dieb verfemdet; niemand wollte mehr neben ihm sitzen. Schmutzig und verwahrlost sei er zur Schule gekommen, doch habe er die Auszeichnung als der größte Schmeichler („apple polisher“, „ass kisser“) vor den Lehrern erhalten. Höhnisch berichtet er, daß auch seine so überaus moralische Mutter Telephonapparate aus Restaurants gestohlen habe, wenn sie angetrunken war.

Albert wurde von seiner ersten Frau betrogen und verlassen. Eine Buchhalterin im Familienunternehmen, mit der er sich kurz eingelassen, habe die Familie um große Summen betrogen, und er selbst habe schwer für ihre Verbrechen büßen müssen. Er habe sich furchtbar darüber geschämt, doch sei ihm dabei viel Unrecht geschehen. Sowohl die Buchhalterin wie er selbst seien von Stiefvater und Mutter böse ausgenutzt und miserabel bezahlt worden. Nach jener Erniedrigung habe er erst eigentlich zu trinken, zu huren und sich homosexuell einzulassen begonnen.

Seit vielen Jahren ist er mit einer etwas dominierenden, aber im Grunde sehr liebe- und verständnisvollen Frau verheiratet, die sich seiner zu Zeiten schwerer Krankheit aufopfernd angenommen hat. Auch diese Beziehung ist weitgehend eine Art der

„Übertragungsbeziehung", dem Ausleben der inneren Konflikte gegenüber der Mutter gewidmet.

Das Ehepaar hat 2 Adoptivkinder, die jetzt erwachsen sind. Er selbst ist steril. Der Grund liegt darin, daß er seit seiner späteren Kindheit unter schweren Gastrointestinalkrankheiten gelitten hat – Colitis ulcerosa und Magenulkus, verbunden mit Arthritis; er mußte sich mehreren großen Operationen unterziehen. Die ausgiebigen Röntgenuntersuchungen haben angeblich zur Sterilität geführt.

Dabei ist er nicht nur geschäftlich, allen Voraussagen seiner Eltern entgegen, überraschend erfolgreich, sondern hat sich auch in Fortbildungsklassen, z. B. für „creative writing" eingeschrieben. Seine Essays sind originell und gut verfaßt; ihr Selbstspott und ihre Ironie stellen eine gemilderte Form der sonstigen Selbstverhöhnung dar.

Er ergeht sich in endlosen Selbstverwünschungen. Auch die frühere Analyse sei ein stetes Bekennen von Sünden, als „Widerstand", und Gelegenheit zur Selbstanklage und Verdammung gewesen. Sich dem inneren Richter als einer gewaltigen Muttergestalt zu unterwerfen und dies in der Analyse zu wiederholen, gebe eine perverse Art der Sicherheit (4). „Früh lernte ich, daß ich mich dadurch wieder populär machen konnte, daß ich mich selbst verspottete, als kurz und fett und kahl." Sein Clowning war ein Versuch, Hohn und Verachtung in Vorwegnahme aktiv zu inszenieren, ehe er es passiv erlitte (5).

Seine Masturbationsphantasien sind sehr masochistischer Natur: daß er gezwungen würde, die Vulva oder den Anus zu lecken, daß er erniedrigt und ausgelacht werde, ja, daß er kastriert werde und sich ganz zur Frau verwandle, wie von seiner Mutter geprügelt und verhöhnt zu werden, um am Ende Verzeihung zu erlangen, doch auch, daß er ganz zur Frau werde und von einem Mann anal vergewaltigt oder zur Fellatio gezwungen werde (2). Doch am Schluß könne er an der Frau Rache nehmen, indem er wieder als Mann eine Frau bezwinge und seiner Mutter zuschreie: „Schau auf mich jetzt, Mutter!! Schau auf mich!!" Das schreit er markdurchdringend in der Stunde aus. Sein Exhibieren sei ein perverser Aufschrei, er habe seine Genitalien noch, sie seien von seiner Mutter nicht abgeschnitten worden (8). Als die Mutter ihn nachts ins Badezimmer holte und die Erektion des kleinen Buben entdeckte, höhnte sie: „Was hast du getan? Hast du Stärke hineingetan?." (41) „Sie sagte immer wieder: ‚Du sollst dich schämen.' Es war falsch, einen Penis zu haben. Ich neidete ihr die Vagina und wollte sein wie sie. Ich habe guten Grund, die Frauen zu hassen: sie kastrierten und beraubten mich und schüchterten mich ein. Und doch bin ich fasziniert vom kastrierenden Weib, das mich gebrannt hat. Ich möchte sein wie sie, und ich ziehe ihre Unterwäsche an" (41). Ein häufiges Bild: er habe sich aufgehängt, doch sein Penis sei noch an der Leiche erekt (8).

Entsprechend sieht er auch heute noch Masturbation als eine große Sünde an. Zeitlebens hat er erfolglos dagegen angekämpft und diesen Kampf mit magisch-abergläubischen Zwangsideen, die er selbst als verrückt ansieht, verknüpft: daß das lokale Baseballteam je nachdem siege oder verliere, wenn er Gott mit seiner Abstinenz gefallen oder durch Masturbation mißfallen habe. „Gott war ein mächtiger Verbündeter meiner Mutter" (9).

Die Schwester war, wie gesagt, einige Jahre älter; sie war für ihn ein Refugium von Zärtlichkeit und Freundlichkeit; er bewunderte sie; doch wurde sie viel schlimmer mißhandelt als er. Es muß ein tiefer Grund für seine Schuldgefühle gewesen sein, daß er, verglichen mit ihr, noch bevorzugt war (20) – eine Schuld, die dann ganz auf die Masturbation (vielleicht als Nachfolge der frühen Spiele und Phantasien, die sich auf die Schwester bezogen) verschoben wurde. Er erinnert sich an frühkindliche Spiele, möglicherweise sexueller Art, wo er ein verwundeter Kriegsheld oder Cowboy spielte und sie die Krankenschwester war, die sich seiner Pflege annahm.

Die Selbstverurteilung steht in Proportion zum Wunsch, gegen den sie sich richtet, und der Wunsch steht in Proportion zur Angst oder zum Schmerz, den er beheben will (37). „Meine Mutter schlug mich nieder, sie tötete mich. *Ich bin kein Selbst, ich bin nicht ich, ich bin tot. Sie tötete etwas Wesentliches in mir*" (37).

Seine Unwirklichkeit begründet er mit der Doppelrolle: er sollte eine Frau sein, kastriert, um von seiner Mutter und Schwester angenommen zu werden, das stimuliere ihn sexuell, und beim Orgasmus sei er ja dann wiederum männlich. Das biete ihm Sicherheit: „Darum bin ich nicht real – ich sehe mich durch ihre Augen, ich existiere durch andere; ich fliehe vor mir in Scham, und doch setze ich das Verhalten fort, das Scham verursacht" (26).

Diese Selbstverdammung ist ganz sexualisiert in der Masturbationsphantasie: „Eine plumpe, nackte Frau sitzt auf meinem Gesicht; ich muß ihr Genitale belecken, dieses stinkende Loch, um sie um jeden Preis, mit jeder Demütigung von mir, dazu zu bewegen, mich gern zu haben. Dieser furchtbare Haß auf mich wurzelt in der Scham. Ich wende mich mit solcher Wildheit (ferocity) gegen mich, um nicht mehr ausgelacht zu werden." Die Selbsterniedrigung ist das Vorspiel zur Rache, und beide erscheinen in sexuell erregender Form (4). „So ist es nicht mehr schreck- und schamerregend, nicht mehr schmerzlich, sondern im Gegenteil lustvoll" (5). Der Sexualakt wird zu einer Sache der Rache (6).

> Es war die Phantasie, ins Hurenhaus zu gehen und verprügelt (spanked) zu werden, oder die lesbischen Untermieterinnen darum zu ersuchen, mich zu gebrauchen (exploit), mich zu demütigen und zu verhauen, bis ich ganz erniedrigt am Boden auf allen Vieren herumkrieche, völlig mit Scham erfüllt bin, meine Selbstachtung und Freiheit geopfert habe, mich schmutzig und verdorben fühle. Am Ende der Erniedrigung würde ich den Hintern lecken, und dann darf ich mit ihr aus Rache Verkehr haben (screw her). Mit der Schändigung habe ich mir das Recht erkauft, mich auszudrücken. Ganz im Mittelpunkt steht der Hohn, die Erniedrigung.

Zumeist bleibt dies Phantasie, wird nicht ausagiert, aber er komme hart an die Linie heran. Doch ist es eine hoch erregende Masturbationsszene (212). Umgekehrt stellt sich auch die Frage, ob die wilde Wut, mit der er in den Stunden herausbrüllt, selbst eine Form sexueller Erregung sei, ein Substitut für die Masturbation; das sei Stärke, männliche Stärke (24). Ebenso ist es eine *Orgie der Selbstverurteilung,* was sich in der Übertragung unablässig abspielt (29). Er versucht sich in der Stunde gleichsam das Gesicht abzureißen – aus Scham (33). Er könne sich nicht mehr aushalten: „Nimm diese Last mir ab, diese Grausamkeit der Verurteilung (judgmental brutality)" (32). „Gott ist der Vertreter des zerschmetternden Gewissens" (156).

Das Gegenmittel gegen die Scham ist der wilde Trotz, das Sichaufbäumen, die rebellische „Freiheit" (6). Die Wünsche sind unversöhnlich einander entgegengesetzt: „Ich kann nur geliebt werden, wenn ich mich demütige und mich zuerst kastriere; aber ich kann mich nur dann respektieren, wenn ich das Joch abschüttle und frei fühle in der Revolte“ (6). Es ist ein geheimer Triumph, auch den Analytiker zum Versagen und Verzweifeln zu bringen: es ist wichtiger, die *Macht durch das Leiden* zu bezeugen, als einen Sieg über die Irrationalität und Getriebenheit zu erringen: „Es hat eine tiefe Wurzel in der Erinnerung: das Bild, daß ich gestorben sei und daß meine Mutter am Begräbnis weine (getting even with mother by dying)“ (6).

Um nicht selbst Angst haben zu müssen, erschrickt er mich mit seinem abrupten Schreien; er schreit mich an, so wie er angeschrieen worden war (35). Beim Trinken: „Ich siege durch die Niederlage (I win by losing).“ Der Sieg liegt darin, daß er mich durch sein Versagen aussticht; es ist der *masochistische Triumph par excellence* (40). Er will mich dadurch zu einem Ultimatum zwingen – entweder Abstinenz oder Abbruch der Analyse: er will mich zur äußeren Über-Ich-Gestalt machen, die ihn sowohl hindern wie auch beschützen würde: „Bemuttere mich, bedrohe mich, ich will das Kind sein“ (38).

Die Angst vor dem Versagen (fear of failing) sei ebenso groß wie die Angst vor dem Erfolg (fear of succeeding) (45).

7.2 Die liebenden Arme der Beschränkung

Nach wochenlangen Ausschweifungen nimmt er nun wieder (leider zunächst nur vorübergehend) Antabus, um sich so gegen das Trinken zu schützen. Doch plant er zum voraus in den Massageparlor zu gehen und weiß, daß das Vergnügen dabei gering, das Gefühl der Rache an seiner Frau, seiner Mutter und mir bewußt, und die Beschämung, die Angst, es mir am nächsten Morgen bekennen zu müssen, intensiv und quälend ist. Warum müsse er es dann trotzdem tun, wisse er doch, daß es die Analyse zurücksetze und er sich wie ein Stück Dreck fühle, daß ich ihn verachten und mich vor ihm ekeln werde, fragt er sich. Ich äußere die Vermutung, daß das Wichtige an dem noch phantasierten Szenario eben die masochistische Phantasie sei: geschlagen und gedemütigt zu werden. *Die Erniedrigung sei nicht die Folge, sondern das Ziel.*

Er wiederholt, er denke, daß ich entsetzt sei und er meinen Ekel herbeiführen möchte.

Er erwarte von mir, daß ich ihn einschränke, ihm Verbot und Erlaubnis, Bestrafung und Billigung zumesse, sage ich; die Lust von ein paar Momenten werde zu einem ungewöhnlichen Preis an Schmerz und Scham erkauft.

Er fühle sich getrieben dazu, sagt er; es sei viel Rache und wenig Lust dabei, und er beschreibt anschaulich die Abwehr durch *Externalisierung:*

> Was ist die Beziehung zwischen meinem Selbsthaß und dem Wunsch, Sie abzustoßen? Wenn Sie von mir angewidert sind und mich hassen, ist das eine Erleichterung, daß es aus mir heraus und in Ihnen ist, daß Sie das Hassen tun, denn der innere Selbsthaß ist dermaßen unerträglich. So schmerzlich es ist, wenn Sie von mir abgestoßen sind, kann ich es doch besser tolerieren, als wenn ich es von mir selbst fühle. Der Analytiker ist ein Muttersurrogat; das Agieren heißt: ‚Zum Teufel (fuck you) Dr. Wurmser, Mutter‘, indem ich mich selbst verderbe

(fuck). Ich habe die Phantasie, eine Frau zu sein, Mutter zu sein und einen Penis in meinem After (up my ass) zu haben.

Es sei ein Versuch, seine Freiheit von diesen inneren Ketten zu behaupten. Ich erinnere ihn an Nietzsches Unterscheidung von „Freiheit von" und „Freiheit zu": „Frei wovon? Was schiert das Zarathustra! Hell aber soll mir dein Auge künden: frei *wozu*?" *(Vom Wege des Schaffenden)*. Und zwar kommt diese zwanghafte Selbsterniedrigung genau zu einem Zeitpunkt, wo es ihm geschäftlich wider Erwarten gelungen ist, den gefährlichen und verfehlten Kauf eines Grundstückes durch dessen Verkauf mit Gewinn wiedergutzumachen, wo er also auf seinen Erfolg stolz sein könnte.

Er braucht *eine konkrete, äußere, spezifische Scham als Schutz vor der vagen, unbewußten, innerlichen* – und dasselbe gilt für die Schuld, gilt also ebenso für die Selbstverachtung wie für den Selbsthaß. Eine Ursache für die erstere, die Scham: Zärtlichkeit, Anlehnung, vielleicht sexuelle Spiele mit der Schwester; für die tiefen Schuldgefühle, und damit den Selbsthaß: daß die Schwester besonders von der Mutter mißhandelt wurde, weit mehr als er.

In der Stunde darauf sagt er:

Ich wünschte den Branntwein, um die Scham zu blockieren, die Erniedrigung, und der Illusion nachzuhelfen, daß dies etwas Lustvolles sei. Es ist die teuflische Verletzung des Tabus, die aufreizend (titillating) ist, etwas Geheimes, Verbotenes zu tun. Ich verleite (trick) mich zum Glauben, es sei lustvoll gewesen und sei ein Sieg, daß ich ins Hurenhaus gegangen bin. Wäre ich umgekehrt, wäre es ein Sieg des bewußten Gedanken über blindes, unbewußtes, zwangshaftes Handeln gewesen. Und doch fühlte ich mich allmächtig, wie Gott: Ich kann tun, was ich will, ohne Folgen, kann trinken und Auto fahren ohne Unfall. Das ist Macht!!!

Er schreit es hinaus:

Ich sage es mit Grimasse und Wut. Es ist die Illusion (misperception) der Macht.

Ich füge bei, es sei schon eine *magische Veränderung der Wirklichkeit*, ein Versuch, die Fakten und Wahrnehmungen zu ändern, doch eben soll ihn dieser Versuch gegen seine Hilflosigkeit und Angst schützen.

Einem Dämon gleich ist der innere Zwang, sich zu verurteilen, zu verhöhnen und zu vernichten: „Ich habe mich davon überzeugt, daß der Feind in mir meine Mutter ist. Sie muß dadurch getötet werden, daß ich mich selber kennen lerne (be in touch with myself); die Mordwaffe ist mein Gewahrwerden (awareness)" (19). Es fällt ihm äußerst schwer, sich an Träume zu erinnern oder im eigentlichen Sinne frei zu assozieren. Wie bei vielen andern so schwer traumatisierten Patienten bemerke ich auch bei ihm, daß die Gedanken eigentümlich *stereotyp und eingeengt* ablaufen, einer Spielzeugeisenbahn gleich auf engen Schienen, rund und rund und rund herum, als ob in diesen Denk-, Fühl- und Sehbahnen seine ganze Sicherheit läge. Es ist ein unentwegter Zyklus von Wut, Schuld, Reue und Scham, stets im Kreis herum (27). Sexualität ist eine Form der Rache, und Rache ist eine Form von Sexualität (24). Er spricht von den *„liebenden Armen der Beschränkungen – the loving arms of limitations"* (29). Dann sei er in Kontakt mit sich selbst, nicht allmächtig.

7.3 Eine Sturmflut der Schuld

Ein Ausschnitt aus der 50. Stunde:

Am Abend zuvor hat er mit Freunden Poker gespielt. Den anfänglichen Gewinn verspielte er: „Der zwanghafte Spieler spielt weiter, bis er verliert. So bin ich. Es geht mir nicht ums Geld. Das Syndrom paßt dazu, daß ich mir keinen Erfolg zulasse – zur Furcht vor dem Erfolg aus Schuld. Es stört mich."

„Wir sahen es jüngst beim Erfolg mit dem Grundstücksverkauf: wie Sie es sofort nötig hatten, sich zu kasteien (castigate) und zu demütigen, wie mit dem Hurenhaus."

„Es stimmt mich traurig."

„Doch hilft es uns auch mehr zu sehen – wie mit dem Trinken: daß es darauf angelegt ist, Sie herabzusetzen (chastize)."

„Ich habe eben eine andere Einsicht: wenn die VISA-Abrechnung meines Sohnes kommt, erwarte ich, daß er sie mir mit allen Belegen überreicht. Ich bemerkte, wie er diese alle sorgfältig vorbereitet hatte. Doch mit meinem inneren Auge sehe ich, wie ich ihn herabsetze, statt ihn zu rühmen – wie ich grausam bin, irrational, negativ, statt dieses sehr Positive zu unterstützen. Woher kommt diese Perversität? Ich bin wie meine Mutter. So oft ist es mir bei ihr passiert, daß, wenn ich eine positive Antwort erwartete, ich statt dessen ganz brutal herabgesetzt wurde. Ein Kind, das versucht, zu Gefallen zu leben. Warum tat die Mutter das? Die Antwort: sie hat ein krankhaftes Bedürfnis, ihre Überlegenheit zu beweisen, das Heft in der Hand zu behalten."

„Ich glaube, wir können tiefer gehen: es ist wohl dasselbe in Ihrer Mutter, was Sie eben trefflich in bezug auf die Phantasie beobachten konnten: was sie ihrerseits von ihrer Mutter, der Matriarchin, erlitten hatte, das fügt sie sich wohl zunächst selbst zu und wendet es dann gegen den andern."

„Daran besteht gar kein Zweifel. Was ich mir hier antue: es ist ähnlich einem Kleinkind, das seine Bauklötze wieder einreißt, nachdem es sie aufgebaut hat, wie Dr. X. zu sagen pflegte. Doch liegt mehr Zweckhaftigkeit dahinter als bei einem Kleinkind: mir keinen Erfolg zugestehen zu können, keine dauerhafte Befriedigung. Ich muß alles so rasch wieder niederreißen. Wenn mir mein Sohn die Belege geben will, nachdem ich sie in der Vergangenheit angefordert habe – wie kann ich anders als zufrieden sein? Als das Verhalten positiv zu verstärken?"

„Ich habe Perversität in mir, zu einem Maß als Kopie meiner Mutter. Ich wende es nach außen, doch ist es wirklich eine innere Sache bei mir. Was ist es, worüber ich mich schuldig fühle und es mir nicht gönnen darf? Da ich verdorben bin, respektlos gegenüber der Mutter, nicht die göttlichen Gesetze einhalte, ins Bordell gehe, trinke und rauche und stehle. Ist das eine herrliche Liste! Daß ich mich entblöße. Ich tue viele böse Dinge. Ich muß bestraft werden. Wenn ich statt dessen Erfolg habe, habe ich damit Schwierigkeiten. Warum kann ich nicht sein wie die Neals, die kein Gewissen haben." (Er bezieht sich auf einen Geschäftskollegen, der sich nicht scheut, von Versprechungen und Verträgen abzurücken und der ihm entsprechend bei dem jüngsten Verkauf so geraten und seine Gewissenhaftigkeit ausgelacht hat.)

Ich: „Es ist der Rat, den Hilde Wangel Solness gibt: Warum hast du ein so ‚fein gebautes‘ Gewissen, nicht ein ‚robustes‘? Was hat es mit dem Konflikt zwischen diesen beiden Gewissen auf sich?“

„Vielleicht hat er mehr Ressentiment und Ärger in sich als ich.“

„Ich denke nicht, daß es so sehr eine Frage davon ist. Aber sind die beiden Gewissen wirklich die einzige Wahl? Einerseits gibt es Neals Gewissen. Es ist, wie Hildes, ‚robust‘: wo alles geht, wo alle Versprechen gebrochen werden können und man über Leichen gehen kann. Dann haben wir das Ihre, die Matriarchin in Ihnen, das Gewissen, das alles verurteilt, das so grausam ist gegen Sie, immer von Pflicht redet – plikt, plikt, plikt, höhnt Hilde, es sei wie eine stechende Nadel – das wie die Tödlichkeit von Frau Solness ist und mörderisch wirkt gegen Solness.“

„Etwas muß in der Mitte sein.“

„Darüber! Beide anderen sind doch so grausam und irrational. Das dritte wäre rational.“

„Ich weiß von der Psychologie, wie das Ich bei mir zerschlagen ist (battered around), verformt, schwach, verängstigt. Es verbirgt sich. Seine Gegenwart zeigt sich nicht. Ich habe ein gequetschtes, geschwächtes Ich, das mit der Patriarchin in mir nicht hadern mag, nicht gegen sie aufkommen kann. Es ist alles so überwältigend. Ich habe keine Chance. Es ist eine *Sturmflut der Schuld* (a tidal wave of guilt), die mich trifft, und ich habe keine Schutzmauer, die sie aufhalten könnte. Wie ich es jetzt sage, bin ich bejahend, als ob ich mich überzeugen möchte. Dahinter ist das unbestimmte Gefühl, daß ich es gar nicht ändern will, daß ich dafür kämpfe, es beizubehalten, und Sie davon überzeugen möchte, daß es größer ist als ich. Ich klammere mich daran an, da ich es will, – an diese perverse Befriedigung, auf mich einzuhämmern. Ich hasse mich!!! Ich will sexuell von der Lesbierin gedemütigt werden, die mich dazu zwingt, ihren Hintern und ihr Loch zu lecken. *Ich liebe es, mich zu hassen!* Auch wenn es richtig ist, es eine Sturmflut zu nennen, möchte ich es ändern. Ich widerspreche mir: Ich sage, es ist zu groß für mich, als daß ich es zu ändern vermöchte – und doch will ich es ändern.“

„Das ist der Konflikt, und es ist wichtig für uns, beiden Seiten dieses Konflikts nachzugehen.“

„Wenn ich den Hintern lecken will, meine ich, der Mutter zu gefallen, ich kapituliere vor ihr, ich brauche ihre Billigung und die Liebe zur herrschenden Mutter, indem ich mich zerschlage und erniedrige. Ich frage Sie: Macht das Sinn? Ich will nicht, daß Sie antworten. Ich traue meinen eigenen Impulsen nicht, ich frage Sie, sie mir zu bestätigen, sie zu bezeugen.“

„Es ist sicher ein Aspekt davon.“

„Die Männlichkeit in mir ... Meine Lehrerin sagte mir gestern, sie spüre ‚die Pein in meiner entschieden männlichen Stimme‘ (the anguish in my decidedly male voice). Das ist das Schmeichelhafteste, das mir je gesagt wurde. Ich spüre das Entzücken (thrill) über das Wort. Es ist ein empfindlicher Punkt.“

„Es ist eine Form der Bemeisterung.“

„Sie spürte eine Stärke in dem, was ich geschrieben habe. Einerseits will ich von der Lesbierin gedemütigt werden, will ich, daß sie mich dazu zwingt, ihren Hintern und ihr Loch zu lecken. Anderseits bin ich entzückt darüber, daß sie die Männlichkeit in mir gespürt hat. Es ist mein Schicksal, immer in Konflikt zu sein.“

„Zusammen mit der übrigen Menschheit."

„Doch mehr so, zwischen Extremen, wie ein Pingpongball, hin und her, daß ich dazwischen bin, ohne Gleichgewicht, dies oder das im Extremen. Doch das gab mir eine starke Hebung: sie spüre ‚die Pein in meiner entschieden männlichen Stimme'. Sie gab ihre ehrliche Antwort (Reaktion: response). Es erregte (titillated) mich freudig, und doch gab es mir Angst. Ich will und wage es nicht zu hoffen, und ich gehe und lecke das Genitale im Hurenhaus! Ach Gott! Das, wofür ich ausschaue, wird mir zum Problem, da es nicht mit diesen *Extremen* zusammenpaßt. Es ist grau, *nicht völlig mächtig noch völlig besiegt, sondern in der Mitte.* Gelegentlich erhebt es sich darüber, dann wieder ist es darin vergraben und im Versteck. Es ist das Wesen, das sich über die Extreme erheben könnte, *zwischen der Abwesenheit und dem Zuviel des Gewissens* – als ob meine Mutter es eingeschüchtert hätte, und es sich verbärge. Sie hat meinen ‚prick' abgeschnitten, aber sie bekam ihn nicht ganz; sie hämmerte auf mein Ich ein mit einem Baseballschläger, es ist schwindelig (groggy); aber es ist immer noch dort, mein Ich. Ich möchte dringend fragen: Ist das plausibel? Bestätigen Sie meine Idee? Doch das stinkt. Ich will nicht, daß Sie diese Rolle füllen. Ich weiß besser, daß dies nichts hilft."

„Doch der Wunsch ist von Bedeutung: sich nach meiner Billigung zu sehnen, als Gegengewicht –"

„– gegen die Mutter: ‚Wage es ja nicht, ein Ich zu haben!!!' Wie, als ich sagte, der Fisch schmecke nicht gut: ‚Wage es ja nicht, deinen eigenen Geschmack zu haben. Ich sage, es ist Tag, auch wenn es Nacht ist!' Es ist absurd! Aber das ist so, wie es geschehen ist. Aber sie kriegte nicht alles. Jetzt brauche ich die gute Mutter Wurmser, als Gegengewicht gegen die zerstörerische Mutter. Dann ist es wieder der Pingpong – kein Ich, kein Selbst. Ein Fluch auf diese beiden Mütter! Ich werde ich selbst sein!!!" Ich frage nach dem Inhalt des Schreis. „Es ist schwer zu verstehen, da ich den Schrei ersticke. Wenn ich realisiere, wie der Sinn von mir selbst (Selbstgefühl) herumgeschlagen wurde, werde ich wütend. Das ist einer der gesündesten Aspekte an mir: mag mein Sinn von mir noch so verstümmelt sein, es macht mich wütend, und ich bin froh über die Wut, es ist ein guter Zorn, sagte Dr. X., besser als das Bordell, die Masturbation, das Trinken, der böse Zorn. Es ist der Zorn für mich, nicht gegen mich. Wäre ich noch mehr zerquetscht und zerschlagen, könnte ich nicht mehr kämpfen, ich würde mich darein finden, wäre ein 100%iger Schlappschwanz (wimp). Ich muß nicht den Arsch küssen, damit man mich gerne hat. Ich möchte das hinausschreien. Das ist ein guter Zorn: für mich zu schreien. Wenn ich den Impuls habe, zu masturbieren oder meine Hoden zu entblößen, versuche ich zu sagen: ich bin ‚entschieden männlich', schau doch her, äußerlich! Doch bin ich überzeugt, daß das wirkliche Gegenmittel wäre, daß ich es gar nicht beweisen müßte."

„Wirkliche *Bemeisterung*, weder im Trotz noch durch Billigung von mir oder Mutter."

„Innerlich. Daß ich nicht abhängig von anderen bin, die sagen, daß ich einen Penis habe und männlich bin. Diese Abhängigkeit ist selbst schon ein Schnitt in die Männlichkeit, es ist eine Kastration. Doch wie gelange ich dorthin, mich davon zu überzeugen, mich zu entspannen, statt es beweisen oder demonstrieren zu müssen? Den Hintern zu küssen? Das ist selbstbesiegende Absurdität: Billigung durch Arschküssen; es ist nicht sehr ‚geschmackvoll'."

„Und damit schließen wir für heute, geschmackvoll."

„Der Humor ist wichtig", sagt er lachend (eines der ersten Male).

„Es ist eine Form der *Bemeisterung*."

In der folgenden Stunde (51) bekennt er, er habe seinerzeit vermutet, sein früherer Analytiker könnte eifersüchtig auf seinen finanziellen Erfolg gewesen sein, und er habe gefürchtet, er verrate ihn bei der IRS (dem Steueramt). Ich frage, ob dann nicht die Selbstentwertung einen Versuch darstellen könne, den Neid des anderen zu mindern (appease), namentlich den der Frauen in seinem Leben. Er zweifelt, ob er den sexuellen Aspekt dieses Neides schon in seiner Kindheit, als er die Schere stahl, gespürt haben könne.

Er suche vielleicht noch heute durch seine Selbsterniedrigung einen Vorteil, sagt er: „Schau, wie sehr ich leide! Beurteile mich nicht zu streng, verzeih mir, sei nett zu mir und hab mich gern! Ich quäle mich schon genug, du mußt es mir nicht antun – du Gott, du Mutter, du Dr. X., du Dr. Wurmser!" Ich erwähne *die Rolle des Leidens als eines magischen Instruments (tool) der Verwandlung von Verworfensein zu Liebe, von Scham in Triumph.* Er antwortet: „Ich verlange von mir Demütigung, sie ist Macht. Welche Macht: eine Lesbierin dazu zu bringen, daß sie meinen Penis liebt!" Doch der Preis dafür sei zu hoch.

Viel später sagt er einmal: „Ich weiß nicht, wie ich die heftig widerstreitenden Kräfte versöhnen, aus schwarz und weiß grau machen kann" (156).

7.4 *Die Überstimulierung*

Er spricht davon, wie sich seine Mutter vor ihm entblößt habe – die Brüste („bubbles"), den Hintern. Das Zwangsbild: Vagina mit Mund und Penis zu verschlingen und selbst zur Frau zu werden. Sie ermutigte ihn, sie körperlich an den entblößten Stellen zu berühren. Dabei war aber gerade das Interesse daran wieder böse: die *Gleichzeitigkeit von Überstimulierung und Verbot.* Diese *Doppelheit* wiederholt sich in ihrer Beschäftigung als Filmzensorin – „zugleich Neugier und Tabu". Die überwältigende Gewalt dieser stimulierenden Erlebnisse, seine Phantasien von Spähen, Berühren und Schlecken, münden aus in solche der Rache und Bemächtigung. Es ist eine Umkehrung, „turning the tables" – nun ist die Macht und Überwältigung in seiner Kontrolle, und doch auch wieder außer Kontrolle. Er sei fast gelähmt durch die Besessenheit damit, die ständige Wiederholung, den intensiv brennenden Trieb: „Es widerspiegelt diese Überstimulierung, die von den Tabus abgeschnitten worden ist; es weist hin auf die Kastrierung." Das Bild kommt immer wieder; daß ihre Pubes und Labia in sein Gesicht gedrückt würden. Doch sei er sicher, das könne nicht wirklich geschehen sein. Oder wäre es auch wieder Verleugnung?

Die Mutter wird als männlich, phallisch geschildert. Obwohl sie selber Fluchworte brauchte, steckte sie ihm, als er das tat, eine Seife in den Mund, nachdem sie ihn körperlich bezwungen hatte. Grauen und Faszination gingen zusammen, sexuelle Erregung und Überwältigung – immer *die Extreme beisammen,* immer wieder, wie schon bei allen vorangehenden Patienten, *die doppelte oder zerbrochene Wirklichkeit, das gespaltene Selbst, die gespaltene Welt.*

Er erinnert sich, wie er mit ihr geweint habe, als ihr Vater gestorben sei und sie sich darüber aufgeregt habe, daß es nun auf ihn im Friedhof regne. Dabei sei es, gerade in der geteilten Trauer, eine besondere Nähe gewesen (als er etwa 8 war). Das Wichtige: wie sehr er die Mutter nicht nur gehaßt, sondern auch geliebt habe. Er fühle sich hilflos gefangen zwischen den beiden Riesenmächten: der Loyalität und Nähe zur stehlenden und schlagenden Mutter, gegenüber der Loyalität sich selber, der Vernunft, dem analytischen Prozeß gegenüber. Doch liege das wirkliche, freie, unabhängige Ich nicht bei der umarmenden Mutter, deren Hitze er spüre und die er nachahme.

Liebe und sexuelle Anziehung, Haß und Wut beständen zugleich in seinem Verhältnis zu ihr. Das sei der grundlegendste seiner Konflikte. „Daß *Sexualität gewalttätig (violent) ist und Gewalttätigkeit sexuell erregend* – daß die *Beziehung zur Mutter aus Liebe, Sinnlichkeit und Quälen* bestand, – und daß sich all dies heute *innerlich wiederholt, in der Beziehung zwischen dem inneren Richter und Ihrem Selbst*“ (78).

Ein wichtiges erschlossenes Szenario: Er beobachtet, wie die *Mutter seine Schwester schlägt → dies wird sexualisiert, mit sexueller Erregung erlebt; zugleich ist es zutiefst beängstigend → dann wendet sich die Mutter gegen ihn selbst, wobei er ihr sexuell nahe ist → er schlägt sich selbst, die Selbstkasteiung ist sexualisiert.*

Die Faszination mit Filmen über lesbische Sexualität: er selbst wird, in seiner Masturbationsphantasie, von einer Lesbierin mißhandelt, gedemütigt von einer dominanten Frau.

Oft habe er sich gewünscht, eine Frau zu sein; er habe phantasiert, weibliche Unterwäsche zu tragen oder sich tatsächlich Objekte ins Rektum gestopft und dabei sich vorgestellt, es handle sich um seine Vagina. Auch habe er die Unterwäsche seiner lesbischen Nachbarin bei der Masturbation benutzt, und zwar in dem er diese beschaute und beroch.

Er beschreibt die Szenen, wo ihn die Mutter mit einem Gürtel oder Riemen schlug und ihn zuvor zwang, sich selbst die Hosen niederzulassen: „Die Erniedrigung, die Intimität, die sexuelle Erregung und der Schmerz – alles war dabei zusammen.“ Auch die Schwester habe er gesehen, der diese Mißhandlung geschah. So war er mit ihr identifiziert. Er sehe das Bild vor sich: „Die Mutter mit der Peitsche, bereit dazu, loszuschlagen. Das Schlimmste ist, daß ich ihr dabei half, indem ich mich zwingen ließ, mir die Hosen herunterzulassen. Die Erniedrigung ist vollständig. Ich halte den Gedanken nicht aus: daß ich willentlich mitmachte.“ Er springt vom Stuhl auf[3] und schreit: „Warum sagte ich nicht Nein?!!! Ich hatte solche Angst ... der Konflikt zwischen Angst und Befriedigung, und die Angst gerade bei der Erregung.“

---

[3] Wie ich in kurzem ausführen werde, litt er im Verlauf unserer Arbeit unter einer sehr schmerzhaften Wirbelsäulenerkrankung, die ihm während vieler Monate das Liegen fast unmöglich machte. Daher führten wir die Analyse während dieser Zeit im Sitzen aus, wobei er allerdings mit seinem Rücken gegen mich gewendet saß.

Ich: „Es ist Schmerz, Scham und Angst, aber all dies nun nicht passiv erlitten, sondern aktiv ausgeübt, unter Ihrer eigenen Regie [stage management] und Kontrolle; es ist eine Art von Spiel statt äußersten Ernstes, eine Art der Verführung, und es wird magisch in Lust verwandelt."

Ich erwähne später, im Zusammenhang mit seinen sexuellen Wünschen gegenüber Mutter und Schwester, daß die Vereinigungen mit beiden die Tötung eines Rivalen mit beinhalten – bei der Mutter die des (Stiefvaters, bei der Schwester die der Mutter). Das sei plausibel, gibt er zu, obwohl er sich bewußt dagegen sträube, an so etwas zu denken. Ich erwähne die Todeswünsche gegenüber der Mutter, die die Schwester und ihn mit solcher Heftigkeit mißhandelt, und wie nahe er sich dabei der Schwester gefühlt habe. Ich weise auf Hänsel und Gretel hin, die gemeinsam sich der alten Hexe entledigt hätten. Er beteuert, welch Glück es jeweils für ihn gewesen sei, wenn seine Eltern verreist seien und er allein mit seiner Schwester und deren Freundinnen sein konnte; dann habe er diese durchs Schlüsselloch und die Gardinenspalten beobachten können (96, 97).

Die unablässige, übermäßige *Selbstverurteilung* muß als Schranke dienen, nicht nur, um der Mutter verbunden zu bleiben, sondern als *Schutz gegen die überwältigenden Gefühle,* selbst Freude, als Schutz gegen die Überstimulierung, die Angst, die Kontrolle zu verlieren: „Ich fürchte mich vor möglichen Erfolgen. Auch die Freude beängstigt mich und ich muß sie stoppen und kontrollieren. Ich muß die Bauklötze immer wieder einreißen. Die Überfreude: sie ist zuviel, ich muß ihr Einhalt gebieten, sie ungeschehen machen, mich herunterschlagen und verurteilen. In der Masturbation gibt es Erleichterung und Kontrolle" (172).

7.5 Das Ausagieren der masochistischen Übertragung

Direkt im Anschluß an die wichtigen Einsichten in die sexuelle Überstimulierung durch seine Mutter stiehlt er sich in der Cafeteria des College ein Essen – „ein Gefühl der schwellenden Macht, daß ich nicht erwischt werde (can get away with it)". Davon als von einem inneren Dämon, einem Troll zu sprechen, sei ein Auskneifen (cop out). Wirklich habe er sich eines Sieges beraubt: daß er dem Impuls widerstanden hätte. So ende es nur mit Selbsthaß und Sauerkeit. Er verbindet es selbst mit der guten Stunde zuvor: der Erfolg müsse sogleich niedergerissen werden. Jetzt möchte er aus der Stunde davonrennen. Ich erwähne aber auch, wie er gerade im Stehlen der Mutter nahe sei, habe sie doch auch in Restaurants gestohlen; er erweise sich auch darin als ihr loyaler Sohn.

> Es war: wir, die Mutter und ich, gegen die Welt. Sie schließt den Vater aus. Sie umarmt mich mit ihren Brüsten. Sie ist beinahe meine Geliebte, ich spüre das. Bilder von äußerst nahem Kontakt; ich spüre ihre Brüste, die Hitze ihrer Vagina bei der Umarmung. Ich finde das peinlich; ich habe es nicht gern, und doch habe ich es gern. Wie gut sind meine Einsichten, wenn ich sie alle durch mein Agieren, meinen Diebstahl wegwerfe?

„Es ist auch ein Kampf gegen mich: *als der loyale Sohn Ihrer Mutter, mich zu zerstören;* und im nächsten Moment ist es umgekehrt: daß Sie mir gegenüber loyal sein und die Mutter zerstören möchten.“ Dabei finde es gerade dann statt, wenn er versuche, sich selber gegenüber treuer zu sein (im Schreibkurs, zudem im Loyola-College!)(sage ich). Er: Der Erfolg sei ein schmerzhaftes Sichwegreißen von ihr. Dabei ist das so peinlich, daß er mit vollster Stimme „Scham!!!“ schreit. Ich erwähne die sexuelle Qualität in diesen Ausbrüchen (tantrums). Das aber nimmt er mir übel.

Er spricht von dem „Riesenparadox“, daß seine sich aufbäumende (soaring) Macht und die Rücksichtslosigkeit um die Folgen doch nur wieder zu einem geschwächten Selbst und zur Hilflosigkeit führten und er um Annahme und Liebe ersuchte. Das Riesenparadox liege im Grunde doch darin, sage ich, daß jedes mißbrauchte Kind Rettung und Schutz gerade bei der Person suche, die ihn quäle und mißbrauche. Dann erscheint ein anderes Bild: wie er zur Frau werde und vom Masseur gestreichelt und anal penetriert werde. „Da ich sie nicht haben kann, will ich sie sein.“

Ich: „Aber auch die Sehnsucht nach dem starken Vater als Schutz gegen die überwältigende Mutter.“

Wir kommen auf seinen biologischen Vater zu sprechen, und zum ersten Mal erwähnt er, daß der Vater nach seiner psychiatrischen Hospitalisierung zu einem namhaften Schriftsteller geworden sei. Nach seinem Tod habe die *New York Times* einen langen Nachruf auf ihn veröffentlicht. Er habe sogar seine Artikel gelesen, die als Kommentare regelmäßig in Zeitungen erschienen seien. Sie haben ihn überrascht durch ihre Schönheit. Er habe ganz offen über seine eigene belastete Vergangenheit geschrieben. Ich mache die Anregung, es könnte vielleicht hilfreich sein, mehr über ihn von seiner Witwe zu erfahren, wie auch, wenn er selbst Zugang zu einem anderen Teil seiner abgespaltenen Vergangenheit, nämlich zu seiner völlig entfremdeten Schwester fände. Er ist am Ende entschlossen, sich mit beiden in Kontakt zu setzen (83).

Doch hat er Angst, die Mythologie der Frühgeschichte zu zerstören, die Fassade zu zerbrechen, der Mutter gegenüber illoyal zu sein, wenn er ein anderes Bild von seinem biologischen Vater bekäme. Dazu würde es die Wunde des Verlustes öffnen, eine tiefe Erschütterung der Identität bedeuten. Wut, Trauer, Angst gehen sehr weit zurück, wohl u. a. zur Zeit des Verlustes seines Vaters: *„Widerstand durch Ausagieren“ als Schutz gegen jene überwältigenden Gefühle aus der Vorzeit,* die selbst nicht erinnerbar ist (93).

Dadurch, daß er raucht und trinkt und es mir unter die Nase reibt, macht er mich hilflos und machtlos – ebenso hilflos, wie er sich fühlt. Er sei sich sehr dessen bewußt, wie er es mir ins Gesicht werfen will, wenn er sich darin einläßt: um die Kontrolle zu haben. Das Wichtige ist dabei nicht, daß er damit die Kontrolle übernehme, sondern daß ich diese verliere (76).

„Es ist eine grimmige Entschlossenheit (fierce determination) dabei, daß ich es trotzdem tue. Es ist ein *Machtspiel gegen Sie.* Sogleich nach der Stunde hier, gehe ich hin und kaufe mir Gin und Zigaretten: fuck you, Wurmser! Es ist weniger unbewußt als zuvor. Es ist blöd (awkward), das zu sagen, denn ich will nicht, daß Sie mich verurteilen. Ich habe ein ungutes Gefühl dabei, aber nicht genug so, daß ich mich verändere. Ich weiß, Sie sind gar nicht imstande, mich zu stoppen. Warum meine Feindseligkeit Ihnen gegenüber? Sie sind ein freundlicher, lieber, warmer Mann."

„Dies ist zwar bewußt. Was aber dabei ausgelassen wird: daß ich damit zum machtlosen Narren (shnoock) werde. Sie wiederholen das endlos: es gebe Ihnen Macht etc. Das sind alte Clichés, verherrlichende Worte für etwas, was gar nicht wahr ist. Im Gegenteil, Sie selbst sind dabei ohnmächtig und schämen sich darüber. Das Wichtige dabei ist vielmehr, daß ich es auch bin: machtlos und ein Narr."

„Also Rache?"

„Oder Solidarität der Erniedrigten. Sie vermindern Ihre eigene Scham dadurch, daß Sie mich auf die gleiche Ebene herunterzerren."

„Ich versuche, Sie auf meine Ebene herunter zu ziehen. Es ist eine Ironie: ich möchte so werden wie Sie, durch Studieren und innere Selbstbereicherung."

„Aber Neid und Scham kommen dazwischen ... ‚Ich muß nicht mehr neidisch sein und mich schämen. Er ist nicht mehr als ein machtloser Gimpel.' Und das Ultimatum, das ich Ihnen in Ihrer Phantasie stellen soll, zieht mich doch eigentlich auch nur auf diese Stufe herunter."

Warum brauche ich diese scharfe Sprache? Der Patient hat eben eine lebensbedrohliche Erkrankung durchlebt – eine Verschließung des Magenausgangs, deren Operation zunächst zu einem paralytischen Ileus führte, der nur mit heroischen medikamentösen Eingriffen nach Wochen behoben werden konnte, hernach zur Exazerbierung einer Diskushernie und Spondylolisthesis, die ihn viele Monate lange kaum arbeitsfähig sein läßt. Er betont in eben dieser Stunde, daß er vor weniger als 2 Monaten gedacht habe, er werde nicht mit dem Leben davonkommen. Ich bemerke, daß er auch heute noch am Rande des Abgrundes stehe und der hochprozentige Schnaps ihn wohl über den Rand zu stoßen vermöge, daß aber auch meine Passivität und ein duldendes Zusehen medizinrechtliche Fragen stellten (77).

„Es ist Teil des Masochismus: *das Leiden zu suchen, des Leidens zu bedürfen und das Leiden zu genießen*."

„Die Prämisse: *daß ich bestraft werden muß, daß mir alles Gute weggenommen werden muß, daß ich leiden muß. Das ist das Gegebene* ... Im destruktiven Verhalten bin ich wenigstens im Kontakt mit mir selbst: ich leide, ich bemitleide mich, aber ich fühle. Sonst bin ich wie ein Zombie, mechanisch, ohne Gefühl."

Warum indes noch immer diese unablässige Wiederholung?

Die Ungerechtigkeit ist nicht ausgeglichen, „the score is not settled", noch ist seine eigene Schuld über die mörderischen Wünsche und deren lustvolle Qualität beglichen. Diese *sadomasochistische Natur der Masturbationsphantasien* ist durch *Verdrängung der sadistischen Komponente,* die *Wendung der Aggression gegen das Selbst* und durch *Verschiebung* auf Ersatzhandlungen schuldhafter Art, wie das Trinken, Stehlen und „Huren", abgewehrt. Die schweren körperlichen Erkrankungen lassen sich als Teil dieser *Wendung der mörderischen Rachsucht gegen das Selbst* verstehen. Nun sind beide Teile, Quäler und Opfer, *der sadistische Rächer und das geschlagene Kind, im Inneren verewigt – im inneren Richter und dem gefolterten Selbst.*

Die Verbindung ist zerrissen zwischen der sadistischen Lust und Rachsucht einerseits, der sexuellen Lust in der Masturbation oder dem Geschlechtsverkehr anderseits.

Nur in der gegen das Selbst gerichteten Form sind sie miteinander verbunden und bewußtseinsfähig (71, 72).

Mir wie auch seiner Frau gegenüber wiederholt sich die Kernphantasie: „*Durch Leiden, durch Selbstzerstörung haben Sie wenigstens die Macht, – obzwar keine andere als diese – den anderen zu quälen und ihn ebenso ohnmächtig zu machen wie Sie sich selbst fühlen*“, bemerke ich.

„Das erklärt den Masochismus, das ist die Antwort auf die Frage, warum ich masochistisch bin: es ist *die Illusion einer gewaltigen Macht (of tremendous power), die wichtiger ist als der Preis, den ich dafür zahlen muß.* Sie gibt mir zudem die Befriedigung, daß ich ihr (der Mutter) dabei körperlich nahe komme.“

„Daß Sie die *sexuelle Befriedigung in dieser Macht haben, die sadistische Befriedigung*“ (81).

Er hat wiederum getrunken und weiter geraucht, er fühle sich auf rutschiger Halde, die Analyse ermutige ihn, nur mehr Fehler in sich zu finden, die Gegenkräfte in ihm seien zu stark, der innere Widerstand, die Verlangsamung, auch wenn ich ihn immer wieder auf das Positive hinweise.

Ich frage: „Dachten Sie an die Möglichkeit, die Analyse anzuhalten (stop)?“

„Ich fürchte mich davor.“

„Nicht im Sinne des Abbruchs der Behandlung überhaupt; doch müssen wir uns fragen, ob die Analyse im Augenblick nicht, wie Sie selbst sagten, eher schädlich als eine Hilfe sei“ – daß sie selbst zum *Teil des masochistischen Karussells* geworden sei.

„Sie versuchen, die Bewegung in die richtige Richtung zu lenken, nicht die Behandlung endlos zu verlängern, während ich darauf gefaßt bin, für den Rest meines Lebens zur Analyse zu kommen und zu sagen, welch Unrat (shit) ich bin.“

„Dann wird die Analyse zu einem Teil des Problems, nicht zu dessen Lösung, und dann soll sie unterbrochen werden … Oft erweist es sich als nötig, die Analyse zu unterbrechen, bis der Patient mehr Bereitschaft dazu hat, sie fortzusetzen … *die Analyse ist selbst zu einem Teil der masochistischen Inszenierung geworden.*“

„Ich quäle mich selbst.“

„Und machen mich zum Quäler, und das ist nicht von Nutzen.“

„Leider kann ich es nicht wählen. Ich will es auf meine Weise tun … Aber dies masochistische Drama hat mir geholfen (has worked for me).“

„Doch nur auf kurze Sicht. Erst wenn Sie aus diesem masochistischen Karussell ausgestiegen sind, haben Sie Erfolg gehabt.“

„Ich habe Erfolg gehabt.“

„Bedeutenden Erfolg. Daher müssen wir es nicht annehmen, daß Sie keine Wahl haben, sogar heute.“

„Ich kann, aber es fehlt mir der Wille. Ich kann es nicht erklären, warum ich mich auf diese Weise niederhalte. Ich behaupte, ich möchte glücklich sein mit mir selbst. Aber mein Verhalten wirkt dem direkt entgegen, ich mache mich miserabel, und ich hasse mich dafür. Es ist Wut darin, es ist der Machtwahn darin, und es ist Befriedigung darin. Aber glücklich und produktiv macht es mich nicht.“

„Und Sie waren erfolgreich und glücklich, wann immer Sie daraus ausgetreten sind … In der einfachsten Form stehen Sie vor dieser Wahl: *entweder das masochistische Spiel oder die Analyse.* Entweder leiden, sich und mich quälen, sich und mich entmachten – oder mit mir in rationaler Weise erkunden und die wirkliche Macht erweitern. Das ist die Wahl, die Sie besitzen – in diesem Augenblick. Dies ist wirklich ein Entweder-Oder, kein Sowohl-Als-auch."

Nach einer Unterbrechung von mehr als 2 Monaten, in denen wir uns nur etwa einmal wöchentlich treffen, entschließt er sich, wenigstens dem Trinken resolut zu entsagen, indem er nun wieder regelmäßig Antabus nimmt. Auch die anderen Formen des „Ausagierens" sind ihm, nur schon wegen seiner körperlichen Behinderung, versagt – mit Ausnahme des Rauchens, das ihm zuwider und doch unwiderstehlich ist.

Es handelt sich dabei um die wichtige Abwehr der *Externalisierung:*

Wie er viel später einmal sagt: „Ich habe diese Gefühle, daß Sie wenig Respekt für mich haben können, sondern Widerwillen und Abscheu in sich bergen."

„Und Sie versuchen, diese Phantasie zu bestätigen, indem Sie versuchen, mich zu provozieren." So versucht er, den inneren Konflikt zu einem äußeren zu machen, ihn zu externalisieren (189).

7.6 *Die Frage der autohypnotischen Trance*

Bei schwer traumatisierten Patienten stoßen wir immer wieder auf Ausnahmezustände, Bewußtseinstrübungen und massive Entfremdungserlebnisse, Persönlichkeitsspaltungen (bis zu multiplen Persönlichkeiten). Hören wir darauf, was Albert dazu zu sagen hat. Er fragt sich, wie es komme, daß er gerade nach guten produktiven Stunden eine Flasche Scotch trinken mußte, als ob er nicht willens wäre, als ob es ihm nicht erlaubt wäre, je glücklich und erfolgreich zu sein. Ich weise ihn auf die tief bedeutsame Gleichung hin, über die ich schon im 3. Kapitel berichtet habe: wie jede Unabhängigkeit, jedes Erwachsenwerden, jede Trennung und Selbständigkeit als tiefe Sünde erlebt werde: „Du kannst dir nicht den Luxus des eigenen Denkens erlauben, du selbst zu sein", hieß es ja bei seiner Mutter. *Ein eigenes Leben zu führen, bedeutet mörderisch ihr gegenüber* zu sein; von ihr *getrennt zu sein, ist etwas Böses,* Verruchtes, Verdammtes, ein „Überfall" (assault) auf sie, und wird mit absoluter Verwerfung, ja Vernichtung geahndet.

> Etwas geschieht später, das mich von diesem Wissen, von diesen Einsichten trennt: ich marschierte, einem Roboter gleich, in das Spirituosengeschäft und konnte nicht gestoppt werden, und so ist es jetzt mit dem Rauchen. Es war halbbewußt, in einem ‚zombie-robot-march', getrieben von der dunkeln Seite in mir; ich war wie tot. Und ich fühle mich *schuldig, wenn ich unabhängig bin und produktiv.* Dann krieche ich zurück zu Ihnen, schuldbeladen, als ob ich meine Mutter anflehte: „Ich bin wieder bei dir, schwach und abhängig und voll Angst, aber ich gehöre dir wieder ganz an. Nimm mich wieder an, daß ich wieder deiner Liebe und Gnade teilhaftig bin."[4]

---

4 „I'm back to you, I am weak, dependent, scared, I'm all yours, take me back, then I feel loved again."

So pflegte die Mutter ihm zu sagen: „Lächle, spiel deine Persönlichkeit aus (smile, turn on the personality).“ Das heiße: „Sei nicht du selbst (don't be yourself). Ich selbst zu sein macht mich schuldig und ängstlich.“[5] „Ich werde nicht für mich selbst geliebt, sondern nur wenn ich Scheiße bin: Ich strafe mich, du kannst mich lieben. Quäl mich, aber verlaß mich nicht“ (184).

So wiederholt sich gerade in der selbstzerstörerischen Handlung, der masochistischen Reinszenierung, die symbiotische Beziehung mit ihren *beiden Grundgleichungen* (s. Kap. 3) auch in der Behandlung: nämlich daß ich ihn, nach erfolgter Trennung, wiederum als schwach zurücknehme und ihm das Böse der Selbständigkeit verzeihe. „Darf ich mich je unabhängig und frei fühlen, ohne schuldbeladen und angsterfüllt zu sein? Und darf ich es aufrechthalten?“[6] (105).

Der *Kernkonflikt* sei der zwischen dem Begehren, *er selbst zu sein,* und der Notwendigkeit, *sich der Mutter völlig zu unterwerfen,* dadurch, daß er versage. Doch damit sei überwältigende Scham verbunden; er sei dann nur ein Häufchen Unrat, ein Nichts, kastriert, unwürdig. So stehe hinter allem die ungeheure Angst, verlassen zu werden, ebenso wie der Vater weggeschickt und zum Nichts gemacht worden war: Seine früheste Erinnerung ist die, daß er im Kinderwagen außerhalb eines Geschäftes abgestellt wurde und dort allein und verlassen warten mußte. Er war voll Angst davor, überhaupt verlassen zu werden. Um so stärker war denn auch die Angst vor ihrer Wut und vor seiner eigenen mörderischen Wut und die Angst, eben deswegen weggeworfen zu werden: „‚Wenn sie meinen Vater loswerden kann, dann kann sie auch mich wegschicken.‘ Sie kann es nicht ausstehen, wenn ihr jemand im Wege steht: ihren Wünschen und Verlangen entgegentritt“ (185, 186).

Die Wut der Scham sei bei dieser Abhängigkeit unerträglich, die trotzige Auflehnung gegen diese Erniedrigung. Doch die Rebellion werde selbst wieder zu einer Art verhohlener Bindung. Und so schließe sich der Kreis (109, 113). „Das aggressive, äußere Selbst (me) verdeckt das verängstigte, verwundete Selbst“ (204).

Ich frage ihn auch, ob nicht gerade das zwanghafte Rauchen der immer wiederkehrenden Phantasie, den After der Mutter lecken zu müssen, entspreche, diesen analen Impuls in nur leicht verhüllter Form auslebe – „etwas Stinkendes in mich einzusaugen, mit Ekel und Wut“, ergänzt er (110) – und versteckter Lust, können wir hinzufügen, ist diese Phantasie doch wesentlich an der Masturbation mitbeteiligt. Die Atmosphäre bei Mutter, Großmutter und Tanten sei denn auch stark anal, das Interesse an Stuhlgang bedeutsam, und das Lob für ihn, wenn er sich eines großen Stuhles gerühmt habe, prächtig und überaus genugtuend gewesen (112).

Er versucht mich dazu zu bewegen, als *schützender Vater* gegen die übermächtige Mutter einzugreifen. Der Kampf zwischen der Mutter und einer idealisiert mächtigen, beschützenden Vaterfigur setzt sich in seinem Inneren fort. Die Einsichten sind eine Gefahr für die Bindung an die Mutter und müssen daher weggeschoben werden. *„Lieber eine Bindung mit Schmerzen als überhaupt keine Bindung“*, sage ich. Die ein-

[5] „To be myself is a slap at her, it makes me guilty and scared.“

[6] „Is there a way to be independent and free, without feeling guilty and scared? and to sustain it?“

zige Beziehung zu ihr ist durch Schmerzen, und ohne sie war er nichts. In der sich selbst zugefügten Qual ist er sowohl ihr nahe wie darum bemüht, Verzeihung und Einschreiten durch den Vater zu erreichen.

Anderseits wird die rebellische Form der Freiheit, der Aufstand gegen die Urgewalt von Mutter und archaischem Über-Ich nur ertragbar, wenn sie in einer Art Trancezustand ausagiert wird. Doch um was handelt es sich denn eigentlich bei diesem Dämmerzustand, was ist seine Dynamik?

> Ein Zombie zu sein: sich wie ein Mensch zu bewegen, doch unaufhaltsam, unverwundbar, die Kugeln dringen hindurch, ohne ihn zu stoppen; er ist geistlos, spricht nicht, hört nicht, und läßt sich nicht aufhalten. So bin ich in den Momenten: nicht in Kontakt mit meinem Inneren (mind); ich erlaube mir, getrieben zu handeln, unvermeidbar, unstoppbar, ohne Menschlichkeit.

Er blockiere die Realität und die Folgen völlig aus. Er fühle sich allmächtig und „gets away with it".

Ich erwähne den Film *The Pawnbroker* mit dem „numbing" als Abwehr gegen überwältigende Traumatisierung. Er spricht von der Intensität seiner Wut darunter; dagegen müsse er sich schützen. Er könnte morden (120). Der „Ausnahmezustand", in dem er sich Zigaretten kauft, ist durch den überwältigenden Zwang von vor ihm stehenden Aufgaben ausgelöst – Aufgaben, die er mit der zwingenden Autorität seiner Mutter gleichsetzt (122).

Auch für ihn ist daher die *doppelte Wirklichkeit* etwas unmittelbar Erlebtes:

> Ich fühle mich wie ein Pingpongball, der zwischen den Extremen hin und her springt (bouncing). Ich bin in so viele Teile gespalten. Die Teilung zwischen dem wirklich starken und gesunden Ich und dem anderen, zu dem ich werden mußte, um von der Mutter angenommen zu werden ... Ich bin Mutters Anhängsel, ihr Penis, der Penis, den sie nicht hat und auf den sie neidisch ist. Deshalb die Phantasie, daß ich eine Frau bin mit einem Penis, daß ich ihr Penis bin und sie mit mir spielen kann. Ich setze meine Unabhängigkeit und Freiheit mit der Trennung von ihr und mit ihrer Tötung gleich ... es bedeutet wirklich, ihren Mythos zu töten, nicht sie selbst ... Kritik ist nicht ein Angriff (assault) (157).

Er spricht von „der inneren Gegenwärtigkeit (presence of mind), dem Selbstgefühl (sense of self)",

> z. B. beim Schreiben, im Gegensatz zu den Phantasien, den Tagträumen, dem automatischen robotergleichen Funktionieren, der *Trance* ... meine glücklichsten Augenblicke sind dann, wenn ich mich im Kontakt mit mir selber und belebt fühle. Das wird durch Schnaps, Phantasieren verschwommen gemacht, das Selbst wird begraben, entschwindet. Ich sehe mich durch die Augen der anderen, nicht durch meine eigenen, das Selbstbewußtsein ist vermindert und vergällt ... ich glaubte, ich könne vorwegnehmen, was meine Mutter täte, indem ich *wie sie zu denken versuchte und mich durch ihre Augen sah,* und darin war ich weitgehend erfolgreich. *Ich war sie,* und ich überzeugte mich, daß ich eine übernatürliche Macht besaß, das zu tun, daß ich die Macht hatte, zu handeln ohne daß es schädliche Folgen hätte, daß die Phantasien zur Täuschung make-believe und wirklich würden ... es war eine magische Handlung ... So war es auch mit den Akten des Stehlens. Was mir weggenommen worden war, wollte ich mir dabei zurücknehmen: mein Selbstbewußtsein (sense of self), die Männlichkeit, mein Gefühl von Selbstwert und Selbstrespekt, Rache. Doch worauf es letztlich hinausläuft ist, daß ich *meiner Wirklichkeit durch die Mythologie beraubt wurde.* Dadurch

daß ich entwischen kann (get away with it), vermag ich auch die Realität in der Vergangenheit umzuändern.

Wenn man glaubhaft machen kann, daß der Diebstahl nicht geschehen ist, dann kann auch die Beraubung in der Vergangenheit ungeschehen gemacht werden: nicht nur der wahrgenommene Mangel des Penis und damit Kastrationsdrohung, sondern alles andere, dessen er sich beraubt gefühlt, namentlich auch der Wirklichkeit und des Namens, angesichts der vielfältigen Mythologie. Darum war es so wesentlich, sich *der magischen Transformation der Realität* zu versichern.

Die Erinnerung von meiner Mutter als Gott, für mich war das eine Realität, sie war allmächtig ... die Sonne ging unter ihrer Befehlsgewalt auf und nieder. Sei war eine schreckenerregende, riesige, machtvolle Gestalt, die mich überwachte, die hinter mir her war und mich schlug und mich dann mit Küssen und Umarmungen manipulierte, und ich küßte ihren Hintern und sagte ihr, welch wundervolle Mutter sie sei. Ich möchte beweisen, daß dem nicht so ist, daß ihre Allmacht nicht wirklich ist, sondern daß ich selbst die Macht habe: durch das Stehlen, ohne gefaßt zu werden. Das war so in der Getriebenheit (frenzy) ... *das Rauchen ist mehr ein Trotz gegen die Wirklichkeit als Lust ... die magische Umwandlung als der Kern von allem,* als Selbsttäuschung ... ich ertrage nicht wirklichen Erfolg; ich ziehe die Magie und die Selbsttäuschung vor: so zu sein wie die Mutter, sowohl mit einem Penis wie mit einer Vagina ... Jetzt ist es der immer wieder überwältigende Zwang, meine Männlichkeit, die Wirklichkeit, die echte Selbstbehauptung zu verleugnen (disprove), um mich festzuhalten an der *grausamen, aber sexuell erregenden Bindung an die Mutter* und zugleich den Zugang zur versunkenen Welt des Vaters zu finden, den Verlust zu überwinden (175, 176).

„‚Du sollst dich schuldig und dankbar fühlen:‘ Es ist eine gottähnliche Arroganz in ihr, einem zu sagen, wie man fühlen solle. Sie ist mächtiger als Uhr und Sonne und Mond.“ Sie zerstört die Wirklichkeit. „Sie ist allmächtig, sie ist Gott, und ich kapitulierte die ganze Zeit vor ihr.“ Daher stamme die Wichtigkeit der doppelten Realität, ihre Definition der Wirklichkeit, die er übernommen habe (202, 203).

„Das Denken ist eine Art der Gesondertheit. Ich muß es mit Schnaps auslöschen, mich für das unabhängige Denken bestrafen“ (181).

Ich glaube, es handelt sich bei diesem Ausnahmezustand, der von Shengold so genannten *autohypnotischen Trance,* um die Folge einer massiven *Spaltung des Über-Ichs:* wenn Gewissens- oder Idealforderungen, die ihrer archaischen Natur wegen einen *Total- und Globalanspruch* vertreten, miteinander in Konflikt treten, können diese nur mit Hilfe einer massivsten *Verleugnung der inneren und äußeren Wirklichkeit* zugleich ausgehalten und scheinbar versöhnt werden. Mit anderen Worten: Was nicht total und global ist, wird als unwirklich erlebt. Es ist, als ob es verboten wäre, ein Ich in seiner Beschränktheit zu sein. Nur die allmächtige Mutter in Gestalt von Forderung und Richtspruch und ein ohnmächtiges, fast substanz- und seelenloses, nichtiges Selbst haben ein Recht, angesichts dieses inneren Totalitarismus zu überleben. Es ist also dem ganz ähnlich, was wir bei Thomas in Form des „Schalendaseins“, der „Leere“ und der „Pseudostupidität“ angetroffen und analysiert haben.

In bezug auf diese von Albert so massive erlebte Trennungsschuld und -angst finden wir bei Novick u. Novick:

Das Kind fürchtete nicht nur den Verlust der Mutter, sondern seine Schuld bestand vor allem gerade in seinen normalen Wünschen, sich von ihr zu trennen und unabhängig von ihr zu funktionieren ... Die spätere Schlagephantasie kann dann auch als Bestrafung für die Wünsche, sich von der Mutter zu trennen, angesehen werden.[7]

7.7 *Kompetentes Wirken – als Gegenmittel zur wahnhaften Macht durch das Leiden*

„Wenn ich etwas lese, das mich berührt, bin ich ein besserer Mensch; ich bin im Kontakt mit meinem Inneren (mind). Wenn ich ausagiere, bin ich keine bessere Person. Ich fühle mich verringert, entwertet und verwerfe mich ... Ich bin mein Bestes, wenn ich schreibe oder lese oder Musik anhöre oder mich körperlich verausgebe (was natürlich jetzt unmöglich ist). Dann bin ich im Kontakt (in touch) mit mir selbst ... Hierher zu kommen, macht mich abhängig von Ihnen, um das Beste in mir zu erreichen, das ich sein kann. Ich fühle mich inspiriert. Sie geben mir die Erlaubnis dazu, es ist okay, ich muß mich nicht zusammenschlagen. Es ist eine Art guter Bemutterung. Ich begreife jetzt, es ist die Mutter in meinem Kopf, nicht die wirkliche Mutter, die mich ständig angreift. Es ist eine Hilfe, nicht einfach alles der Mutter der Vergangenheit anzukreiden."

„Es ist die Mutter in Ihnen."

„Ich bin es jetzt selbst. Ich muß mich nicht entwerten durch Trinken und perverse Sexualität. Manchmal fühle ich jedoch, ich muß" (78).

Tatsächlich ist er auf mannigfache Weise kompetent, vermag er zu leisten und zu wirken: nicht nur erweist er sich mit den Jahren als erstaunlich fähig in seiner Arbeit als Geschäftsmann, ohne dabei zu große Kompromisse mit Ehrlichkeit und Anständigkeit zu machen – trotz den mannigfaltigen Perversionen, die ich beschrieben habe; nicht nur freute er sich zu Zeiten besserer Gesundheit über seine körperlichen Leistungen – trotz der chronischen Erkrankungen; nicht nur genoß er gute Musik und Literatur – trotz der Verkrüppelung seines Phantasielebens durch die schwere Traumatisierung, sondern er begann Kurse zu nehmen über Literatur und schöpferisches Schreiben, bei denen er sich bewährte. Ohne Zweifel hat er bedeutende schöpferische Fähigkeiten. Wir hörten bereits, wie stolz er über das Lob seiner Lehrerin war, als sie von der „Pein in seiner entschieden männlichen Stimme – the anguish in his decidedly male voice" sprach, eben die Macht, die in der *schöpferischen Transformierung* seines Leidens liegt.

Es ist diese echte Macht des Schöpferischen, die der falschen Macht dessen, was wir bei Albert im sadomasochistischen Karussell, bei Thomas in den phantastischen Selbsterwartungen, bei Layla und Reinhold in ihren Rettungsmissionen und ihrer Schuld der Ausbeutung angetroffen haben, entgegentritt.

---

[7] „The child not only feared loss of the mother, but his guilt resided mainly in his normal wishes to separate from her and function independently ... The beating in the fantasy formed later could then also be seen as a punishment for wishes to separate from the mother" (1987, S. 369).

Ich gebe als Illustration für das Thema dieser *Umwandlung ins Schöpferische* einen Auszug:

„Die Gefühle in Konflikt sind extrem: daß ich stark bin und sagen kann: Bullshit, Wurmser. Und daß ich schwach bin, nachgebe und weine ... Ich fühle die Wut und den Haß gegen mich selbst, aber es ist äußerst schwierig, sie gegen meine Mutter zu fühlen. ... Ich sehe die Lösung nicht in den Extremen, sie zu fühlen, ohne sie in Handlung umzusetzen."

„Daß die wesentliche Grenze zwischen Denken, Fühlen und Phantasien einerseits, den Handlungen und dem Verhalten anderseits verläuft."

„Und alles, was es braucht, um diese Grenze aufzuheben, ist Schnaps." ...

„Ich fühle mich verderbt (rotten) und schuldig für die Gedanken."

„Wie in einem totalitären Staat ist jene Grenze aufgehoben."

„Die Mutter, die in mein Gedächtnis eingebaut ist und alles verurteilt."

„Als absolut gut oder absolut bös."

„Und dieses sehr tyrannische, harsche Urteilen beseelt den Masochismus. Es gibt also zwei Erklärungen dafür, daß ich masochistisch bin: da ich meine Mutter hasse, und der Haß muß irgend wo heraus, ich kann ihn nicht in mir drin halten. So richte ihn gegen mich selbst. Gleichzeitig verurteile und hasse ich mich für alle die kindischen, perversen Phantasien."

„Und ein dritter Grund: die Sexualisierung der Gewalt. Daß die Erregtheit (titillation) mit all der Entwürdigung und dem Schlagen kommt."

„Wie das Arschlecken, das Spionieren in der Toilette, die Verwischung der Grenze zwischen Analem und Sexuellem. Ich dachte, ein Loch in der Abortwand zu bohren und das Mädchen (eine Angestellte) zu beobachten. Es erniedrigt mich, davon zu sprechen. Eine Welle des Selbsthasses. Dieser Masochismus ist viel sexueller, als ich gewöhnlich realisiere. ... Das schöpferische Schreiben großer Pornographie wäre ein vollkommener Kompromiß. Das würde mich erniedrigen."

„Es wäre Teil des Problems, nicht der Lösung. Als Phantasie hilft es uns, doch nicht als Handlung. Vielmehr könnte es die Geschichte eines Menschen sein, der das (das Verfassen pornographischer Geschichten) täte – dies als Lösung versuchte und dabei versagte."

„Das habe ich eigentlich getan mit meiner Geschichte. Sie war einsichtsvoll, humoristisch und doch traurig."

„Besser die Geschichte zu schreiben als sie zu leben" (165, 166). „Ich sehe das Schreiben als die endgültige (ultimate) Therapie" (204).

Auch bei Albert, gleich wie bei Reinhold, brauche ich literarische Anspielungen, – im Grunde keine psychoanalytische, sondern wiederum viel mehr eine psychotherapeutisch-erziehende Maßnahme. Doch hat auch dieser Patient, glaube ich, bedeutsamen Gewinn davon gehabt.

Es ist etwas, das auch in den Arbeiten des Ehepaars Novick besonders betont wird: die (schon im 3. Kapitel kurz angedeutete) Spaltung zwischen *phantasierter Allmacht und Idealisierung* gegenüber *wirklicher Kompetenz und Meisterung:*

Eines der Behandlungsziele besteht darin, dem Patienten dabei behilflich zu sein, daß er das System erkennt, das er benutzt, daß er Einsicht darin gewinnt, wie das Allmachtssystem die

Wirklichkeit seiner Fähigkeiten und Leistungen zerstört, und daß er schließlich einsieht, daß das Aufgeben der Allmachtsquelle zu Gunsten der Selbstachtung ihn nicht mit leeren Händen zurückläßt ... McDougall (1985) spricht über die libidinösen Probleme, wo der Mensch nach dem *Verbotenen* strebt, und narzißtischen Problemen, wo der Mensch nach dem *Unmöglichen* strebt.[8]

Sie betonen die Hartnäckigkeit dieses der *wirklichen Kompetenz, der Macht in der Realität entgegengesetzten Widerstandes* und des Anklammerns an die phantasierte Allmacht.[9]

7.8 Die Wiederentdeckung des verlorenen Vaters

Wir haben gehört, daß Albert seinen wirklichen Vater im Alter von weniger als 2 Jahren verloren hatte. Er war verfemt und verschollen. Ich ermutigte ihn aktiv, Verbindung mit dessen Familie aufzunehmen. Es dauerte etwa 4 Monate, bis er den Mut dazu aufbrachte, gerade auch den Mut, dem nun ganz verinnerlichten Verbot der allmächtigen Mutter und der von ihr aufgebauschten Mythologie über den angeblichen Tunichtgut zuwider zu handeln. Der doppelte Mythos daheim war, daß er Glück gehabt habe und daß sein Vater schrecklich gewesen sei. Lüge sei Sicherheit, bedeute Verbindung mit der Mutter, die leuchtende Fassade. Ihr Mythos ist: „Mutter hat immer recht" (139).

Wie er zum ersten Mal seiner Stiefmutter begegnete, fand er eine wunderbare Frau vor; und eine ganze neue Welt, das schwere, aber auch wunderbar schöpferische Leben seines verstorbenen Vaters, eröffnete sich seinem Sinn. Mit Erschütterung hörte er des Vaters Stimme, mit tiefer Bewegung erhielt er Willkommensbriefe seiner beiden, ihm bis jetzt unbekannten Stiefgeschwister. Sein Halbbruder ist ein bekannter Volksänger; auch die Halbschwester ist eine Sammlerin keltischer Volksmusik.

Nachdem der Vater offenbar in einem manischen Zustand ein Auto gemietet, damit viele hundert Meilen weggefahren war und es nicht wieder zurückgebracht hatte, wurde er verhaftet und hospitalisiert. Nach seiner Entlassung wurde er von der Familie der Mutter, die die Kaution gestellt hatte, mit Bloßstellung und Entehrung und Widerrufung der Kaution bedroht, wenn er je versuchte, die Kinder wieder zu sehen.

---

8 „One of the aims of treatment is to help the patient become aware of the system he is using, to face the way in which the omnipotent system destroys the reality of his capacities and achievements, and ultimately to realize that relinquishing the omnipotent source of self-esteem will not leave him with nothing ... McDougall (1985) distingushes betwen the libidinal problems, where the person strives for the *forbidden,* and narcissistic problems, where the person strives for the *impossible*" (1991, S. 327).

9 „... the greatest threat to the omnipotent system is the experience of competence and pleasure ... Pleasure has no place in the omnipotent system, except as secret moments of sadistic triumph ... pleasure leaves them feeling ordinary and not special. A major resistance to change and to termination is the need to cling, to the very end, to an omnipotent delusion" (1991, S. 321).

Das war der Grund, warum er völlig aus dem Leben seiner Kinder verschwunden war. „Meiner Mutters Familie mußte es ungeschehen machen, vorgeben, daß etwas nie geschehen war, wenn es sie in Verlegenheit setzte ..." (168).

Die folgende faszinierende Geschichte taucht aus der versunkenen Familienvergangenheit auf: Sein Onkel, der Bruder des biologischen Vaters, wollte als 12jähriger mit dabei sein, wie Alberts Vater, damals selbst erst 17jährig und ein Wunderkind, seine Probepredigt hielt. Seine Mutter schickte den jüngeren nach Hause, er habe am andern Tag Schule. Dieser hatte einen Wutausbruch und wünschte sie tot. Eine Stunde später wurde die Mutter, also Alberts Großmutter, von der Straßenbahn angefahren und getötet. Der Onkel verwand das nie und starb selbst in jungen Jahren (169).

Albert spürt, zu welchem Ausmaß er *des Vaters Stimme vermißte,* sein Singen und Sprechen – wie sehr er deshalb das Feedback von mir in der Stunde brauche. *Die Trauer über die verlorene Stimme* bricht durch – „das klagende Lied".

Wie er das Lied seines Halbbruders hört „My daddy was a rebel", bricht er in Schluchzen aus. Die ganzen schmerzhaften, bisher tief verdrängten Gefühle – Trauer, Sehnsucht, Bedürftigkeit – brechen ins Bewußtsein durch, – übergewaltig, viel machtvoller als alles andere, mit dem er in Berührung (touch) sei.

> Es ist die Wahrheit, die ich suche, die Wichtigkeit der verlorenen Beziehung. Ich schulde das Ihnen, daß Sie mich dazu sanft ermuntert haben. ... Die Selbstsucht meiner Mutter ist unglaublich, so extrem, daß kein Raum für Sensitivität besteht, nichts, wie der andere fühlen könnte. Trotz allem: ich kann oft nicht fassen, wie schrecklich sie war, wie destruktiv und selbstsüchtig, wie manipulativ und häßlich. Ich spüre mörderischen Haß auf sie (140).

Das Weinen, das sei ein unwiderlegbarer Beweis. Es ist die *Suche nach dem Vater der Gesänge.* Er habe das in meiner Stimme gefunden, die musikalisch sei (141).

Er sucht Bestätigung bei mir: mehr als was ich sage, scheint meine Stimme ihm von Wichtigkeit zu sein, – die beruhigende Stimme des Vaters zu hören und in mir, als dem ersehnten Vater, den Schützer gegen die Mutter zu finden. Das hartnäckige Schweigen des vorherigen Analytikers wurde mit großer Verzweiflung und mit viel Ressentiment empfunden; meine viel größere Aktivität sei ihm eine bedeutsame Hilfe. Doch steht eben auch diese meine Aktivität völlig im Dienste der Lösung der durch die frühen Traumata erzeugten Konflikte.

Die Wirkung dieser Neufindung ist dramatisch gerade auch in Hinsicht auf sein Unwirklichkeitsgefühl und die innere Gespaltenheit:

> Ich habe ein viel stärkeres Gefühl meiner Identität durch diesen Besuch, mehr einen Begriff davon, wer ich bin ... es ist ein geheimer Triumph über meine Mutter und ihre Mythologie ... Teil der Täuschung war es, daß sie nicht glücklich in der ersten Ehe gewesen sei und gedachte, einen Sohn zu haben, um die Ehe zu retten, und dann versagte der Sohn darin, die Heilung der Ehe zu bewirken. Das war also mein erstes Versagen. Und ich bin wütend, daß mir nicht lange danach mein Namen entrissen wurde und es zur Krise dessen kam, wer ich eigentlich bin. Eine Zeitlang wurde ich nur „Bruder" genannt, ohne Eigennamen. Sie hat mir meinen Namen genommen! (170).
>
> Der *geheime Triumph über die Lügen, die Verleumdung, die Täuschung,* die Vorenthaltung der Wahrheit – es ist doch ein wundervolles Ding, eine gefährliche Illusion zu besiegen! (171). Das ist das Herz der ursprünglichen Täuschung: daß sie mir den Vater und den Namen weggenommen hat (178).
>
> Sie sind das Symbol des gutgesinnten (kind), verständnisvollen, annehmenden und liebe-

vollen Vaters, der die Leere füllt und ein Gegengewicht gegen die harsche, verurteilende, zynische und hohnvolle Mutter bildet. Ist es das, was mich befähigt, mich hier wirklicher zu fühlen? Ohne Sie wäre ich allein mit der Mutter in meinem Inneren ... die magische Umwandlung von Schmerz in Lust ... der Besuch bei der neuen Familie ist so wichtig, denn sie kann das nicht von mir nehmen!!! Das Wegnehmen: weit mehr als Kastration: mein Sein, es ist alles ... jetzt fühle ich, ich kann nicht mehr in den Abgrund der absoluten Einsamkeit fallen ... (177).

Der Zwang, Zigaretten zu rauchen, ist besonders stark nach den Stunden hier. Könnte es nicht sein, daß das Rauchen ihn direkt an den verlorenen Vater erinnere, frage ich, und daß er mit Hilfe der Zigarette die Trennung von mir durch die symbolische Gegenwart des Vaters verwindet, daß *die Zigarette für den verlorenen Vater stehe?* Das Rauchen als Trotz gegen die Mutter und vielleicht als Identifizierung mit der rebellischen (rauchenden) Schwester genügten einfach nicht, um diesen unwiderstehlichen Zwang zu erklären. Die Rebellion beim Rauchen ist bewußt, die Selbsterniedrigung, die anale Qualität und die Verbindung zum Vater sind unbewußt.

Ob nicht auch die homosexuellen Phantasien, in denen er zur empfangenden Frau werde, die Beine spreize, aber auch den ganzen Penis in seinen Mund nehme, dem Wunsche gelte, sich in Liebe mit dem Vater zu vereinigen? Auch im Zwang, immer und immer wieder sich Schmerz zuzufügen, den Schmerz zu empfinden, ist er wieder mit ihm verbunden: *der Schmerz steht für den Verlust und damit für den Verlorenen.* Selbst die Todesphantasien und -erwartungen bedeuten die Rückkehr zum verlorenen Vater.

Ich bin tief davon beeindruckt, daß Sie in mir eine Sehnsucht spürten und die Wichtigkeit der von mir so verleugneten Verbindung (linkage). Wovor hatte ich Angst? Vor allem vor der Illoyalität gegenüber meiner Mutter, ihrem Zorn. Und etwas Tieferes: ich wollte nicht herausfinden und beweisen, daß sie gelogen hatte, daß das einen festen Anker bedrohte. Nach dem Verlust meiner Beziehung zum Vater wollte ich nicht die Beziehung zur Mutter in Gefahr bringen, selbst wenn diese an Lügen geknüpft war (172).

Nach dem Besuch bei den bisher verschollenen Halbgeschwistern und dem ebenso unbekannten Vatersbruder ist es ihm, zu seinem eigenen Erstaunen plötzlich (wenigstens vorübergehend, später auch auf die Dauer) möglich, das Rauchen aufzugeben. Damit hat er, wenigstens auf der äußerlichen Ebene des Verhaltens, auf alle Formen des symptomatischen Handelns (er nennt es „acting-out") verzichten können. Tatsächlich mißlingt ihm der Kampf gegen den Rauchzwang zunächst immer wieder, doch sind alle anderen Formen der zwanghaften Impulsbefriedigungen in den Hintergrund getreten: zwar als Phantasien noch gegenwärtig, doch mit weit verminderter Stärke und nicht in Handlung umgesetzt.

7.9 *Ein peinliches Bekenntnis*

Erst nach mehr als anderthalb Jahren in der Analyse entschließt er sich, mir das Folgende anzuvertrauen:

Ich möchte über etwas sprechen, was ich vor vielen Jahren getan habe. Es ist wichtig und dringend für mich, dies zu bekennen. Ich habe es nie absichtlich zurückgehalten, doch ist es eines der übelsten Dinge, die ich getan habe und für die ich mich bestrafen muß: Vor mehr als 25 Jahren lag ich auf dem Bett mit meiner kleinen Tochter. Sie war zwischen 6 und 8 Monate alt, und meine Frau war ausgegangen. Ich steckte meinen erigierten Penis dem kleinen Kind in den Mund und ließ es daran saugen. Es dauerte nur kurze Zeit, aber ich tat es zweimal. Es kam nicht zum Abschluß des Sexualakts; ich wollte nur sehen, wie sich das anfühlt (how it feels). Das geschah zu der Zeit, als ich viel sexuell ausagierte. Doch das ist das Schändlichste (the most shameful thing), das ich je getan habe. Dann gibt es noch etwas Zweites: es geschah vor etwa 12 oder 13 Jahren, daß ich mit meinen Fingern mit der Vagina einer Hündin spielte. Wie tief kann man sinken? Wie krank kann man sein? ... Ein rasendes Verlangen (frenzy) trieb mich dazu, mich geschlechtlich in verbotenen Weisen zu betätigen: homosexuell, exhibitionistisch, mit einem Tier und einem Säugling ...

Auch seine eigene Frau sei von ihrem eigenen Vater im Alter von 10 Jahren sexuell mißbraucht worden, inkl. oralen Geschlechtsverkehrs. Heute hängen beide Kinder sehr an ihm und verehren ihn (193). Er fühlt sich zerknirscht, es sei etwas, das überhaupt nicht wieder gutzumachen sei. Der Hintergrund, der Wiederholungscharakter dieser perversen Handlungen ist nicht fern:

Er liest Dostojewskis *Aufzeichnungen vom Untergrund* und ist besonders beeindruckt davon, wie „Bitterkeit und Schmerz sich in Lust und Süßigkeit verwandeln. Der Mensch will frei sein, gegen seine besten Interessen zu handeln ... Masochismus ist für mich der Weg, mich damit zu verbinden, wie meine Mutter mich behandelt hat, die Lust, sie in meinem Innern anzuziehen, indem ich sie mich bestrafen lasse. Es ist eine Perversität, aber real, gegenwärtig. *Wenn sie mich schlug, war ich wütend, aber ich war ihr nahe, es war intim, es war sexuell.* Es ist die *geheime Intimheit mit ihr, wenn ich mich mißhandle, beschimpfe und hasse.*" Es sei ein „falscher Weg", eine Perversion, auf diese Weise Lust und Liebe zu finden. Über 50 Jahre lang habe er damit gekämpft, ohne es fertig zu bringen, sich aus der *wuterfüllten, erstickenden, sexualisierten Umarmung* (the angry, stifling, sexualized embrace) seiner Mutter zu lösen ... „der Masochismus wendet das Auf-mich-einschlagen in eine Art von Lust um" (202).

Die Perversion ist ganz *Verdinglichung, Dehumanisierung:* „Das Bild, auf allen vieren zu kriechen und von einem gesichtslosen Mann mit dem Penis von hinten penetriert zu werden, von einem muskulösen Kerl, vielleicht dieser oder jener" (er zählt mehrere Bekannte auf), „Sie, eine Frau mit einem künstlichen Penis; die Person zählt nicht, nur der Penis zählt: ‚Eat my pussy, fuck my cunt!' Ich bin eine Frau ... Das Anale ist erniedrigend." Er wird ganz zum Ding verwandelt, und dasselbe geschieht mit der Figur mit dem Penis. So brauchte er ein *Ding* für den Vater: die Zigaretten, die Magneten[10], den Penis. Er substituiert die Sache für die Person, die verloren werden könnte. So verhält es sich auch mit der Unterwäsche, den gestohlenen Dingen in den Geschäften, mit dem Rauchen: *„Die Sache ist sicher, die Person ist nicht sicher"*. Er beseitigt (tötet) die Person und besitzt dafür die Sache, den Gegenstand (208).

---

[10] Sein Vater hatte Alberts Cousin diese zum Geschenk gegeben; bei der Entdeckung der verschollenen Familie widmete der nun erwachsene Vetter Albert diese Spielzeugmagneten als Angedenken an den lang Verstorbenen.

„Die Masturbationsphantasien, vom Penis im Anus und vom Schlecken, sind eine Art der Einnahme von Nahrung, von Unterstützung (sustenance), das Bild der *hermaphroditisch - phallischen Mutter,* als Antidot gegen die Angst . . . darum die ‚frenzy' " (178, 203).

Doch auch hier ist die Dynamik, die der Spaltung des Wirklichkeitserlebens zugrunde liegt, das Bedeutsamste.

7.10 Die Zerstörung der Wirklichkeit, die Verleugnung und die Sucht

„Es ist eine gottähnliche Arroganz in ihr, einem zu sagen, wie man fühlen solle. Sie ist mächtiger als Uhr und Sonne und Mond." Sie zerstört die Wirklichkeit. „Sie ist allmächtig, sie ist Gott, und ich kapitulierte die ganze Zeit vor ihr." Es ist eine anale Allmacht: Gott und Mutter sind wie personifizierte Sphinktere: verweigernd, sehr kontrollierend, beschämend und in Schmutzkategorien urteilend. Er fühlt sich einzigartig in seiner Selbstbezogenheit; er würde in einer Olympiade für Analität siegen (win the Olympics in anality) (216).

Es stellt sich die Frage, ob wir an der Wand der Wiederholung die Grenze der möglichen Änderung durch Analyse erreicht haben, denn *ich bin die Wirklichkeit, die er überwinden und zerstören muß:* daß er mit dem Rauchen auch mir gegenüber grausam sein will. Es seien Feindseligkeit und Grausamkeit, Arroganz und Machtspiel darin, sagt er (220).

Dabei verknüpft sich das Rauchen mit der homosexuellen Masturbationsphantasie; die Zigaretten selbst sind sowohl phallisch wie anal, das Rauchen erscheint als ein Einsaugen des Männlichen. Die *Penisphantasie ist selbst sehr mit der Analität verbunden.* Die Bedeutung der Sucht erscheint daher als Kompromißbildung: als Variante der *anal-passiven und saugend-homosexuellen Masturbationsphantasie + der heterosexuellen, anal-saugenden Masturbationsphantasie + der Selbsterniedrigung und -bestrafung, des Masochismus + als Viertem der Zerstörung der Realität* + Feindseligkeit und *Grausamkeit gegen mich,* als Trotz gegen den Wunsch, mir zu gefallen und sich mir zu unterwerfen.

Auch darin ist das Trügen, das Sichbeweisen, daß er die Wirklichkeit magisch verankern kann, wichtig –, genau, wie es die Mutter tat, wenn sie die Nacht zum Tag umdeklarierte: „Ich kann mich und andere davon überzeugen, daß, was ich gesehen habe, nicht wahr ist, und daß ich nicht erwischt werde. Es ist ein Gegenmittel gegen die Hilflosigkeit"[11] (225).

So wird er zwei Leute, lebt in zwei Wirklichkeiten, erfüllt das tiefe Bedürfnis, die Wirklichkeit zu verleugnen, denn sie ist so beängstigend und gefährlich. *Die Veränderung der Realität war ein bedeutsamer Schutz, und darin konnte er sich mit der*

[11] „I can make others and myself believe that what I have seen, is not true, and that I can get away with it. It is an antidote against feeling helpless."

Mutter identifizieren. Sie war ein *Vorbild in der Veränderung und Verleugnung der Realität.*

Er fühle sich immer minderwertig, da er sich immer nur mit den Allerbesten vergleiche und den Ansprüchen nicht genügen könne. Es sei zwar auch sein eigener Neid, aber darin leben v. a. die neidischen Verlangen seiner Mutter. Sie sei eine tief neiderfüllte Frau, die es begehre, von ihrer Familie und der ganzen Welt bewundert zu werden. Ihre grandiosen Erwartungen sind nun Teil seines inneren Maßstabs geworden und unerfüllbar.

Jeder Erfolg muß deshalb immer wieder unterminiert werden: „Es ist der *Neid meiner Mutter darauf, daß ich männlich und stark* bin. Sie beneidet mich für meine wirkliche Macht, denn die ihre ist künstlich, ihre Illusion von Macht kann sich nicht mit meiner wirklichen vergleichen . . . Sie hat ein krankhaftes Bedürfnis, mich angebunden und unterworfen zu halten. Ohne Zweifel beneide ich auch ihre Macht über mich . . .“

Er wurde angestachelt, der Beste zu sein, da sie auf jeden, der mehr hatte und mehr war, neidisch war. Zugleich mußte er aber ihren Neid für jeden seiner eigenen Erfolge fürchten. Dazu gehöre auch die tiefe Verletzbarkeit und Angst um seinen Penis – angesichts ihrer Neidhaltung ihm gegenüber. Mutters Ansprüche treiben ihn weg von der Wirklichkeit, veranlassen ihn zu fliehen, in eine andere, unmögliche Realität, wo es keine Kastration, sondern Macht gebe, eine dunkle, verschwommene Welt, wo Rauchen keine Folgen habe, wo er trinken und autofahren könne, wo er diese und jene Frau beschlafen könne und immer machtvoll sei, nicht in den Schranken der Wirklichkeit leben müsse. Er fühle sich hin- und hergezerrt zwischen seinem Ehrgeiz, *den Neid der Mutter zu befriedigen, indem er für sie erfolgreich ist,* und dem inneren Zwang, *sich (symbolisch) den Penis abzuschneiden, da er angesichts ihres Neides zu erfolgreich ist,* indem er sich selbst behauptet. Darum müsse jeder Erfolg zunichte gemacht werden. Es ist ganz genau derselbe „double bind“-Konflikt, den wir schon bei Thomas als zentral erkannt haben.

„Ich fühlte mich zerrissen im Konflikt zwischen der Aufgabe, der Abgesandte der Mutter in der Welt der Überleistungen (superachievements) zu sein, um ihren Neid zu mildern, und dem Zwang, mich zurückzuhalten wegen ihrer Furcht vor meiner Unabhängigkeit und Männlichkeit, der widerspenstigen Kraft des Wachstums. Diese Angst hat viel mit meinem Drang zu tun, die Wirklichkeit zu verändern.“ Die Mutter ist die große Zensorin der Wirklichkeit.

Wegen seiner Kolitis verpaßte er seine Adoleszenz, war außerstande, gegen sie, die sich seiner annahm, zu rebellieren, da er ja völlig von ihr abhängig war. Auch der Halbbruder beneidet ihn, und er beneidet ihn (196). Er hat deswegen eine wilde Auseinandersetzung mit der Mutter, wobei er ihr vorwirft, daß sie ihn wiederum betrogen habe, indem sie ihm versprochen habe, ihm ihre Aktien zu überschreiben und das Versprechen wieder ungültig gemacht habe, nachdem sie seinem Bruder Millionenwerte zugeschoben habe. Sie bricht daraufhin wieder einmal alle Beziehungen zu ihm ab und rühmt sich jetzt darüber, wie sie ihn durch sein Kranksein in der Kindheit gepflegt habe:

Doch der Arzt hat ihr gesagt, es würde mir bessergehen, wenn ich von ihr wegkäme. Sie ist Gift für mich, sie zerstört mich, sie macht mich krank. Ist es das wert, den Schmerz, den

Schimpf (abuse), die Erniedrigung auf mich zu ziehen, um die Mutter bei mir zu behalten? Ich kenne das Positive: Musik statt Zigaretten, das *destruktive Ausagieren durch schöpferisches Erleben zu ersetzen,* z. B. als traurige Musik (198–200).

Alle seine *Verluste* – der Verlust seines eigentlichen Vaters, seines eigenen Namens und der Schwester, der Mangel an Gleichberechtigung vor dem Stiefvater, seine Sterilisierung und die Operationen, die Beraubung seines eigenen Willens, seiner Unabhängigkeit und Autonomie, daher seiner Wahlfähigkeit, und schließlich die Einbuße seiner Adoleszenz – sind mit tiefen, globalen Gefühlen von Trauer, Wut, Scham und Schuld, von „neidischer Sehnsucht" und Eifersucht verknüpft, die dann ihrerseits durch den Drogenmißbrauch abgewehrt werden müssen. Er fühlt sich ganz besonders wegen seiner Sterilität betrogen. Es ist doch eine wirklich ausgeführte Form der *Kastration,* nicht nur eine angedrohte. Daher ist sein Ressentiment sehr tief, und die Notwendigkeit groß, sich eine Ersatzwirklichkeit zu erschaffen. Dadurch, daß er immer wieder die Gesetze der Wirklichkeit und die Versprechen bricht, dadurch daß er auch vor sich selber immer wieder die Folgen in Wirklichkeit verleugnet, und immer wieder *davongekommen ist,* muß er sich selbst beweisen, daß er jene Beraubungen und Verluste ungeschehen zu machen vermag, daß sie nicht Wirklichkeit gewesen sind (226–228).

Doch zugleich muß alles Gute zerstört werden, um der göttlichen Bestrafung, d. h. dem Neid Gottes zu entgehen, – und Gott ist natürlich die Mutter – und Albert ist trotz allem am Ende das unselige Opfer (236).

7.11 Trauma und masochistische Erregung

Auch bei diesem Patienten besteht ein enger Zusammenhang zwischen frühkindlicher, chronisch-anhaltender Traumatisierung und schwerer Pathologie im Sinne sowohl einer *masochistischen Charakterpathologie* wie auch einer *masochistisch- fetischistischen Perversion.* Auch der äußerliche Masochismus und die sadistisch- narzißtische Fassade sind offenkundig. Wir finden also alle 4, in Kap. 2 umrissenen Formen des Masochismus. Doch das Hauptgewicht liegt dabei ganz auf der zweiten Form, dem „moralischen" Masochismus. In dessen Genese und Dynamik ist das Trauma zentral.

Was verstehen wir unter Trauma?

Ich entnehme die Definition *Jules Glenns* Artikel „Psychic trauma and masochism" (JAPA, 1984, 32: 357–386): „Ein seelisch traumatisches Erlebnis besteht darin, daß das Individuum solch schwerer innerer oder äußerer Stimulierung unterworfen ist, daß er unfähig wird, seine gewöhnlichen Abwehrformen angemessen zu benützen."[12]

---

[12] „A psychic traumatic experience is one in which the individual is subject to such severe internal or external stimulation as to render him unable to utilize his usual defenses adequately" (S. 357).

In Kap. 2 habe ich gesagt, es gebe kaum einen Patienten, bei dem nicht masochistische Phänomene eine Rolle spielen; ebenso habe ich behauptet, es gebe wohl kaum eine Stunde in der Psychotherapie oder -analyse, bei der nicht Scham- und Schuldgefühle eine wesentliche Rolle spielen. Es ist kein Zufall, daß man ganz parallel damit sagen kann: bei jedem Patienten, ja, bei jedem Menschen spielen traumatische Erlebnisse in Geschichte und Dynamik eine Rolle. Es ist lediglich eine Frage verschiedener Schwere – inwieweit Persönlichkeit und Schicksal dadurch geprägt worden sind. Je schwerer die Traumatisierung, desto schroffer die Konflikte, desto globaler sowohl Abwehr wie Abgewehrtes, desto archaischer und grausamer das Über-Ich, desto intensiver die masochistischen Neigungen und desto stärker überhaupt die Grundzüge des neurotischen Prozesses von Zwanghaftigkeit, Polarisierung und Absolutheit (oder Globalität).

Sowohl Shengold wie Grossman, wie manche andere Autoren (Berliner, Blum, Chasseguet-Smirgel, Coen, Cooper, Glenn, Meyers, Novick u. Novick, Stoller, Valenstein), betonen die enge Verbindung von schwerer Traumatisierung mit den mannigfaltigen Phänomenen des Masochismus.

Von den erwähnten Autoren greife ich hier lediglich Harold Blums unlängst gemachte Stellungnahme heraus. Er stellt die klassische der moderneren Auffassung von der Genese des moralischen Masochismus (im besonderen wie auch des Masochismus im allgemeinen) gegenüber:

In Freuds ursprünglichem Konzept stellte

> die Schlagephantasie einen Kompromiß zwischen den Inzestwünschen und der Bestrafung für diese Wünsche dar, wobei die Moralität resexualisiert wurde ... Der Masochist war der geschlagene Rivale, der sich dem Über-Ich unterwarf, d. h. dem elterlichen Angreifer, der Verzicht auf die ödipalen Strebungen forderte ... Es mochte zum *pars pro toto* Opfer kommen, wie bei der Beschneidung, einer symbolischen Kastration statt einer wirklichen, um sexuelle Funktion und Befriedigung zu gestatten. Masochistische Verletzung verminderte oder vermied die größere Bedrohung durch Kastration.[13]

In der heutigen Auffassung

> besteht erneute Betonung der etiologischen Bedeutung schmerzhafter, sowohl psychischer wie physischer Erfahrung ... Leiden, um Schuld zu erleichtern, oder als Bestrafung kann sekundär zur Bewältigung traumatischer Qual sein. Diese Patienten versuchen, Schmerz zu beheben, zu erleichtern und ins Gegenteil zu kehren, und so ihren Triumph über die Leidenserfahrung in einem freudig erregenden, stark lusterfüllten Höhepunkt zu feiern ... Die sorgfältig kontrollierte Wiederholung bildet einen unbewußten Versuch, das Leiden zu beherrschen, jeden Aspekt seiner Dosierung, seines Zeitpunktes, seiner Intensität, seines Erscheinens und Verschwindens in den Griff zu bekommen ... Leiden, das passiv ertragen wurde, wird nun aktiv in Phantasie und Verhalten kontrolliert. In der Magie des Masochis-

[13] „The beating fantasy was a compromise betweeen the incestuous wishes and the punishment for the wishes, so that morality was resexualized ... The masochist was the beaten rival submitting to the superego, the parental attacker who demanded renunciation of oedipal strivings ... There might be a *pars pro toto* sacrifice, as in circumcision, a token symbolic castration rather than an actual castration, to permit sexual function and gratification. Masochistic injury diminished or avoided the greater threat of castration" (1991, S. 434).

mus führt das, was Agonie gewesen ist, zur Ekstase, oder zur Agonie, die durch Ekstase verleugnet, vermindert oder verwässert wird. In diesem Sinn dient die von Kernberg (1991) beschriebene intensive sadomasochistische Erregung dazu, das Leid zu übertönen und Aggression und Feindseligkeit abzuschirmen und sich dagegen zu verteidigen.[14]

Die Untersuchungen mißbrauchter Kinder zeigen, wie stark die Bindung an ein mißhandelndes Objekt, von dem das Kleinkind völlig abhängig ist, sein kann. Es ist „besser, geschlagen als vernachlässigt zu werden" ...[15]

Es ist gerade die Überschwemmung mit lustvoller Erregung, die dazu benutzt wird, Panik, Depression oder Wut zu verkleiden und zu schwächen.[16]

*

Bei allen Formen des Masochismus ist es in der Tat beeindruckend, zu welchem Ausmaß die Patienten unter schwerer und realer Traumatisierung gelitten haben. Ganz konkret sahen oder hörten sie rohe sexuelle Aktivitäten und waren oft direkten Sexualhandlungen und -geschehnissen ausgesetzt und erlebten als Zeugen oder als Opfer Grausamkeit und Mißhandlung in mancherlei Form, eben das, was als *„Seelenmord"* beschrieben wurde – die Kombination von „Überstimulierung, traumatischer Angst und Wut" bei sexuellem und gewalttätigem Mißbrauch des Kindes (Shengold, S. 61).

Oder es handelte sich dabei, wie bei Albert und wohl auch bei Thomas und sicher bei Agnes, um mörderische Aggression seitens der Eltern – wie es schon vor über 50 Jahren von Berliner eindrücklich dargestellt wurde (1940):

> In der Lebensgeschichte aller Masochisten finden sich wirkliche, schwer traumatische Situationen in der frühen Kindheit. In meiner Erfahrung waren die meisten von ihnen ungeliebte oder direkt gehaßte, mißhandelte Kinder; alle bekamen das Gefühl, daß sie auf irgendeine Weise ungeliebt waren. Feindseligkeiten zwischen Geschwistern spielen in meinem Material eine ganz besondere Rolle.[17]

---

[14] „There is renewed emphasis on the etiological role of painful experience, both psychological and physical ... Suffering to relieve guilt or as punishment may be secondary to mastery of traumatic torment. These patients try to repair, relieve, and reverse pain, and to celebrate their triumph over the endurance of suffering with an exciting, highly pleasurable climax ... the carefully controlled repetition is an unconscious effort to take charge of the suffering, to control every aspect of its dosage, timing, intensity, its appearance and disappearance ... Suffering that has been passively endured has become actively controlled in fantasy and behavior. In the magic of masochism, what has been agony leads to ecstasy, or agony denied, diminished, or diluted by ecstasy. In this sense, the intense sadomasochistic excitement described by Kernberg (1991) serves to drown out sorrows and to buffer and defend against aggression and hostility" (S. 434, 435).

[15] „Studies of abused children indicate how powerful the attachment can be to an abusive object on whom the infant is abjectly dependent. It is ‚better to be beaten than neglected,' ..." (S. 437).

[16] „The very flooding of excitement may be used to disguise and dilute panic, depression, or rage" (S. 445).

[17] „In the history of all masochists there are actual severe traumatic situations in early childhood. In my experience, most of them were unloved, or directly hated, mistreated children; all were made to feel that they were in some way unwanted. Hostilities between siblings play a particular role in my material" (S. 324).

> Es gibt ein spezifischeres und reales Trauma, das früher als der Ödipuskomplex und zu der Zeit bereits unbewußt ist: der direkte Ausdruck von Haß, das das Kind von einem Liebesobjekt in seinem früheren Leben erfahren hat ... Es bleibt ihm nichts anderes übrig als das Leiden anzunehmen, denn dieses ist der Preis, den es für diese besondere Befriedigung (angenommen zu werden) zu entrichten hat. Es liebte die Menschen, die es haßten und ihm Leiden verursachten.[18]

Das ursprüngliche Trauma, das Erleben der Feindseligkeit seitens eines geliebten Menschen, ist verdrängt worden.[19] „So betrifft die Verdrängung nicht vor allem die Triebe, sondern vielmehr die Wahrnehmung der Außenwelt, während die Triebe die verdrängenden Kräfte sind."[20] Er meint damit „die Verdrängung der Wahrnehmung der Verletzungen infolge des Liebesbedürfnisses als Verdrängungskraft".[21]

In meiner eigenen Formulierung: Sie sahen sich gezwungen, hilflos mitanzusehen, was unkontrollierbar überstimulierend sein mußte. Große Bereiche der Perzeption wurden von unerträglich starken Reizen sexuell erregender und aggressiver Art „passiv überlastet". *Sexuelle* Gefühle, *passiv erlebte Aggressionen, Hilflosigkeit und massive Wut, doppelte Wirklichkeit,* auf Grund des zeitweiligen *partiellen Ausschaltens von Wahrnehmung und Bewußtsein,* stellen somit ein *Syndrom* dar, das sich zu einer *schwer masochistischen, von Schamgefühlen beherrschten Charakterstruktur* entwickelt. *Die sexuelle Perversion erscheint dabei nicht die Grundform zu sein, sondern eine sekundäre Abwehrstrategie.* Ihre Äußerungen weichen gewöhnlich in der Therapie früher in den Hintergrund und verblassen eher in ihrer Wichtigkeit als die Manifestationen des „moralischen" Masochismus. Während gerade auch bei diesem letzteren die *Sexualisierung* als Abwehr unabdingbar ist, ist sie zwar „notwendig", aber keineswegs „zureichend"; es gehört sehr viel mehr zur Dynamik des „moralischen" Masochismus.

In masochistischer Erregung findet sich manches von den als „Seelenblindheit" und „Seelenmord" beschriebenen traumatischen Zuständen wieder. Warum wird jedoch ein solcher traumatischer Zustand wieder und wieder aufgesucht?

Der „Gewinn" dabei ist mehrfach; doch erwähne ich nur die folgenden beiden Aspekte (mehr habe ich darüber in *Die Maske der Scham,* Kap. 9.5, S. 288 ff. geschrieben):

Das erste Element ist ein Ich-Mechanismus – die *Wendung von passiv zu aktiv.* Den traumatischen Zustand zu provozieren und so, wie ein Patient sich ausdrückte, „ihn selber als Regisseur zu leiten" (Andreas, s. unten), ist ein illusorischer Triumph

---

18 „... there is a more specific and real trauma preceding the oedipus complex and already unconscious at that time: direct expression of hatred which the child experienced from a love object in earlier life ... he cannot but accept suffering because it is the price which he has to pay for his particular gratification. He loved those persons who hated him and caused him to suffer" (S. 325).

19 „... its origin (the experience of hostility from a beloved person) is repressed" (S. 326).

20 „... the repression does not involve mainly the instinctual desires but primarily the perception of the outside world, while the instinctual desires are the repressing forces" (S. 326).

21 „... the repression of the perception of injuries under the need for love as the repressing force" (S. 331).

über das passive Erleiden. Es ist, wie Fenichel wiederholt bemerkte, das aktive Aufsuchen *einer* Unlust, um eine noch schlimmere zu vermeiden.

Aus der Perspektive des Es wurden durch diese wiederholten Traumata Gewalttätigkeit, Angst und Terror selbst sexuell erregend, *„libidinisiert"*, und daher nur noch beängstigender und stärker verboten. Man könnte es als *Abwehr durch Affektumkehr* betrachten: „Ich fürchte und hasse den Aggressor nicht, ich liebe ihn und freue mich über ihn." Wenn wir unsere Fälle anschauen, wird diese Antwort wohl etwas in die Richtung modifiziert werden müssen, die Fenichel mit besonderem Scharfsinn darstellt: „Er sexualisiert nicht, wo er Angst empfindet, sondern *er sexualisiert das, was seiner Angst widerspricht"* (Fenichel 1934, S. 315).

Nicht jede Aggression wäre daher erregend, sondern nur die Gewalttätigkeit, die in irgendeiner Form vorweggenommen, in Szene gesetzt oder provoziert wurde und daher unter die aktive Kontrolle und Herrschaft des Ich gebracht wurde: „Diese Gewalttätigkeit ist eben nicht die, unter der ich damals hilflos gelitten habe. Im Gegenteil, ich genieße sie sogar."

Klinisch ist es bedeutsam, daß durchdringende Scham und daher Schamwiderstand in der Behandlung diese masochistische Charakter- und Symptompathologie besonders wirkungsvoll abzuschirmen vermag.

Überhaupt leben, wie schon gesagt, die ganze Grausamkeit des Traumas wie die reaktive Wut der Hilflosigkeit und das Ressentiment nun im Überich weiter. Von besonderer Wichtigkeit ist zum Verständnis des traumatogenen Masochismus (gibt es überhaupt einen anderen Masochismus?) aber auch die Rolle der Machtthematik, wie dies so klar bei Albert der Fall war.

7.12 Die genetische Schichtung

Recht typisch vermögen wir – bei Albert, wie überhaupt bei solch schwer traumatisierten Patienten, – folgende Schichtung der „Triebschicksale" der Aggression zu unterscheiden:

Die tiefste Schicht, gleichsam das Fundament, ist die fortwährende, lebenslange *Verdinglichung des eigenen Selbst* und damit eine Art *alldurchdringender Scham* – ein Unwertgefühl als Antwort darauf, daß jeder Versuch, das eigene Selbst, die eigenen Gefühle und Wünsche, den eigenen Willen anzumelden, als unpassend, unannehmbar und verächtlich behandelt worden ist. Andere Ausdrücke für dasselbe sind Dehumanisierung oder Entfremdung, Depersonalisierung. Sie alle fallen ja auch unter das überdehnte Schlagwort des Narzißmus. Zugleich werden alle mitmenschlichen Beziehungen als solche der Ausbeutung und Ausnutzung, eben als solche mit „Objekten", gestaltet. Es ist die Schicht der *chronischen Traumatisierung.*

Die nächste Schicht ist die der *Wut und Empörung;* es ist ein ohnmächtiger Versuch, *aus dem passiven Erlebnis ein aktives Tun* zu gestalten – in Trotz und Rache zurückzuschlagen.

Die dritte Schicht ist die der *Verinnerlichung,* und zwar im Sinne der *Introjektion:* Einerseits ist es die stete Selbsterniedrigung, die nun völlig verinnerlichte Beschämung – die Verhöhnung des eigenen Selbst durch den inneren Richter. Wie wir es bei Reinhold, und durch ihn bei Solness, angetroffen haben, ist die Ausnutzung aller anderen eine Quelle tiefer Schuld. In andern Worten, die *Grausamkeit der Mißhandlung ist nun zu einem Teil des Über-Ichs geworden.*

Die vierte Schicht ist die *Nachaußenwendung der ganzen Grausamkeit des Über-Ichs:* andere werden eben so verhöhnend und bestrafend behandelt, wie es das eigene Gewissen dem Selbst antut. Damit wird man zum grausamen Richter der anderen – der *Sadismus verhüllt als Moralität* (Nietzsches „Ressentiment in der Genealogie der Moral"; s. Kap. 12; s. a. Kap. 4 in *Die zerbrochene Wirklichkeit*). Zugleich mit dieser Wendung der Über-Ich-Aggression nach außen findet sich die *Allmachtsphantasie,* das grandiose Ich-Ideal als Gegenstück zum grausamen Gewissen-Richter-Über-Ich, die wir bei allen Patienten als so überaus wichtiges Reparativum angetroffen haben, eine Phantasie, die, in den Worten der Novicks, wie ein Faden alle Entwicklungspunkte miteinander verknüpft.[22]

Doch endet man fünftens immer wieder in der *Stellung des Opfers.* Das ist eben die masochistische Seite, die mehr oder weniger im Vordergrund steht und die Symptomatik prägt.

Die Frage bei dieser Sequenz der Aggression ist aber die, an welchem Punkt die *Sexualisierung und die Dehumanisierung* eintreten, denn es sind doch erst diese, welche die charakteristisch masochistische Eigenschaft beitragen. Ich vermute, daß sie zur ursprünglichen Reaktion auf das Trauma gehören, eine Alternativform der Affekt- und Triebumkehrung statt der Aktivwendung darstellen und dann die nachfolgenden Schritte begleiten. Es ist dabei mein Eindruck, daß Traumatisierung durch psychische Mißhandlung, namentlich durch massive Beschämung und Außerachtlassung der Individualität, wie bei Thomas, eher zum „moralischen" Masochismus führt, während körperliche Traumatisierung, nicht nur durch körperliche oder sexuelle Mißhandlung, sondern gerade auch durch Operationen und chronische Krankheit eher zur sexuell perversen Form führen.

[22] „In our studies of masochistic patients, we have found derivatives of each phase, but, like a thread linking knots of fixation points at oral, anal, and phallic-oedipal phases, there is a *delusion of omnipotence,* that infuses the patients' past and current functioning ... omnipotence of thought and deed constitutes a major component of the resistance so prominent in masochistic patients" (1991, S. 309, meine Betonung).

8 „Gefügige Sklavin – grausame Rächerin“

„Diese heimliche Selbst-Vergewaltigung, diese Künstler-Grausamkeit, diese Lust, sich selbst als einem schweren, widerstrebenden, leidenden Stoffe eine Form zu geben, einen Willen, eine Kritik, einen Widerspruch, eine Verachtung, ein Nein einzubrennen, diese unheimliche und entsetzlich-lustvolle Arbeit einer mit sich selbst willig-zwiespältigen Seele, welche sich leiden macht, aus Lust am Leiden-machen, dieses ganz *aktivische* ‚schlechte Gewissen‘ hat zuletzt – man errät es schon – als der eigentliche Mutterschoß idealer und imaginativer Ereignisse auch eine Fülle von neuer befremdlicher Schönheit und Bejahung ans Licht gebracht und vielleicht überhaupt erst *die* Schönheit“ (Nietzsche, *Zur Genealogie der Moral*, II, 18, S. 322)

8.1 Nachgiebigkeit und Rebellion

Bei Erin, einer 28jährigen Ärztin, die mich 1987 wegen seit vielen Jahren andauernden Depressionen, Eß- und Sexualstörungen zur Behandlung aufgesucht hat, handelt es sich, im Gegensatz zur Mehrzahl der hier dargestellten Fälle, nicht um eine schwer gestörte noch so tief wie die anderen Fälle traumatisierte Patientin, sondern vielmehr um eine sozial durchaus gut funktionierende, im ganzen recht angepaßte, doch durch einige prominente neurotische Symptome in ihrem Wohlbefinden stark behelligte Frau.

Freilich zeigt es sich relativ rasch, daß ihre Intimbeziehungen, neben Frigidität und Mangel an Libido, ausgesprochen sadomasochistische Züge aufweisen. Auch bei ihr sind die Zeichen des „moralischen“ Masochismus unverkennbar.

In ihrer Kindheit litt sie unter Zwangssymptomen: ehe sie zu Bett ging, mußte sie vor dem Licht stehen und sich 8mal auf ihren Füßen hin- und herwiegen. Irgendwie habe es mit der Abwehr von Eindringlingen ins Haus zu tun gehabt, daß niemand komme und sie auffresse (eat me alive). So mußte sie auch die Türe des Eisschrankes immer wieder auf- und zuschließen, um sich ja zu versichern, daß dieser gut verschlossen sei, ebenso die Hintertüre und die Waschmaschine, schließlich auch den Wasserhahn. Sie setzte diese Symptome sogleich mit dem Geschlechtlichen in Zusammenhang: sie wollte nicht sexuell empfänglich sein, habe sich dem verschlossen. Sie habe bis in die Collegejahre nicht masturbiert. Ihren Mann habe sie mit 19 geheiratet. Er sei der erste gewesen, mit dem sie sich wirklich eingelassen habe. Früh sei sie jedoch eine begeisterte Reiterin geworden …

Bald nach dem ersten Geschlechtsverkehr habe eine schwere Anorexie mit Amenorrhoe eingesetzt, die von bulimischen Anfällen unterbrochen wurde. Im Laufe der Ehejahre haben sich diese Symptome etwas gemildert, doch leide sie andauernd unter den Freßanfällen.

Die Patientin ist das jüngste von 4 Kindern; die Eltern waren äußerst strikt, sehr religiös und übergewissenhaft, doch im ganzen auch sehr liebevoll. Dennoch ragen seltsame Erinnerungen aus dem beinahe idyllischen Hintergrund hervor: wie sie ein Meerschweinchen gefoltert, einen Kanarienvogel ertränkt, der Mutter etwas Gewobenes zerschnitten und ihr hernach heftigst in den Daumen gebissen (die Wunde mußte genäht werden), den Vater schmerzhaft ins Gesicht geschlagen, ihren nächst älteren Bruder jeweils gekratzt und gebissen habe. Die älteste Schwester, die in ihrer Adoleszenz rebellierte, wurde von dem Vater so schwer geschlagen, daß sie für ihr Leben fürchtete, und beide Brüder sind sozial furchtbar verklemmt, eingeengt und voll Angst, ja, der eine von beinahe paranoidem Mißtrauen, schlafe er doch immer mit einem großen Messer unter seinem Kopfkissen. Alle drei älteren Kinder seien übel mißhandelt worden, v. a. von der Mutter; ihr sei es jedoch recht glimpflich ergangen.

Zu Beginn der Behandlung bekräftigt sie immer wieder, sie bemühe sich, schwanger zu werden, obwohl ihr die Assistenzzeit recht wenig freie Zeit lasse. Ihre Ehe sei sehr herzlich und überaus offen, doch mache sie sich oft recht große Sorgen über den Niveauunterschied zwischen ihr und ihrem intellektuell wenig regsamen oder neugierigen Mann, einem Mann, der auch beträchtliche Probleme mit Alkohol hat und früher ein reger Marihuanagebraucher war, auch oft als Personalmanager ohne Stelle sei. Ganz besonders fühlt sie sich tief beunruhigt über eine Reihe von Verliebtheiten ihrerseits anderen Männern gegenüber, denen sie sich jedoch ihrer tiefen Religiosität wegen aufs energischste zu widersetzen sucht, ihnen zumeist auch nicht nachgegeben habe, doch die sie immer wieder zu überwältigen drohen und deren Gegenwart sie nicht vor ihrem Gatten verhehlt. Es wird bald klar, daß es v. a. diese Dreiecksverhältnisse, die eine stark zwanghafte Natur aufweisen, sind, die sie zur Therapie gebracht haben.

Obwohl liberal in ihrer Orientierung, auch immer wieder neugierig-prüfend und Dogma und Kirchenentscheide in Frage stellend, und oft von tiefen Zweifeln in ihrem Glauben bedroht, unterzieht sie sich immer wieder, zusammen mit ihrem Mann, rigorosen religiösen Übungen.

Es sei noch erwähnt, daß ich sie zunächst, während eines Jahres, eher unregelmäßig und in nicht sehr intensiver Psychotherapie sah. Es wurde ihr nach einem guten Jahr recht klar, daß die psychotherapeutische Arbeit recht begrenzte Ergebnisse zu zeitigen vermochte und daß die erhebliche Besserung in manchen Hinsichten nur andere Störungen deutlicher werden ließ, namentlich das störende Eindringen ihrer Eßzwänge in ihr Eheleben – so zwang sie ihren Mann in recht rücksichtsloser Weise, sich ihrem rigiden Nahrungsplan zu unterwerfen. Sie hatte weiterhin Freßanfälle, die von anorektischen Perioden gefolgt wurden. Auch fühlte sie sich nach wie vor zwischen zwei Männern hin- und hergerissen: ihrem Ehemann und einem zweiten Mann, dessen Identität wechselte.

Dazu traten erneute Angstanfälle unbekannter Bedeutung während ihrer Arbeit auf, namentlich wenn sie von ihrem Mann getrennt sein mußte, und, diesen entgegengesetzt, die Besessenheit ihres Liebesverlangens einem anderen Mann gegenüber – und zwar spezifisch einem religiös-philosophischen Lehrer gegenüber, an den ich selbst sie vor einem halben Jahr zur entsprechenden Beratung überwiesen hatte.

Die Analyse selbst begann in der 70. Stunde. In *Die Maske der Scham* gab ich einige ziemlich wortgetreue Ausschnitte aus der Behandlung (S. 3 ff., 82 f., 330).

Aus dem ersten, dort publizierten Ausschnitt zitiere ich lediglich:

„Es war uns niemals erlaubt, den Eltern Nein zu sagen."
„Dies wäre eine große Sünde, die Sünde des Hochmuts, des Stolzes."
„Wenn jemand meiner Mutter widersprach, besonders in einem aufsässigen Ton, wurde sie wirklich bitterböse, und ihre Augen füllten sich mit Tränen. Mit der strengsten Stimme würde sie einen strafen: ‚Wag du's ja nicht, so zu mir zu sprechen!' und das fiel auf einen, peng! Gleichsam: ‚Du bist tot!' dafür, daß du das getan hast ... Ich fühlte mich wie ein Stück Unrat, daß es sich nicht lohnte, mit ihr uneins zu sein. Statt daß ich erzürnt war und rebellieren wollte, fühlte ich mich nun zerschmettert ... Das erinnert mich daran, als ich sie in den Daumen biß (als sie einmal mit 5 Jahren von der Mutter bestraft wurde) [und sie vor Schmerz aufschrie und zu weinen begann] und es blutete. Ich schämte mich so darüber! Daher waren wir immer artig und schwiegen und benahmen uns recht, da wir sonst so tief die Erniedrigung verspürten; wir schämten uns zutiefst über jede Rebellion. Es war ein ganz miserables Gefühl. Es war, als ob man ein Verräter wäre.

Sie fügt bei, daß die Eßstörungen ihre Art der Rebellion gewesen seien. „Der Freßanfall bedeutete. ‚Zum Teufel nein (fuck no!)! Ich werde mir selbst nicht mehr Nein sagen.' "

So tief die Beschämung durch die Mutter war, so war der Zorn des Vaters noch tödlicher. Es ereignete sich nicht oft, daß wir von ihm bestraft wurden, daß er die Bestrafung aus Mutters Händen nahm. Ich erinnere mich, wie er mich zweimal schlug. Er war dabei nicht hart. Doch ich fühlte mich davon so erniedrigt (degraded): ich mußte die Hosen ausziehen und mich über sein Knie beugen. Die Schläge selbst schmerzten mich nicht, aber ich fühlte mich unglaublich gedemütigt (humiliated). Später hatten wir eine Babysitterin, die mit uns spielte, und wenn wir verloren, uns zum Spaß „verhaute". Das war etwas aufregend Erotisches, wirklich ein sadistisches Spiel.

So sah Erin ihre „Freß"anfälle als eine Art Rebellion gegen ihre überstrikten, besonders auch im Hinblick auf die Sexualität sehr prüden Eltern. Es sei eine „frenzy" (hastige Unruhe) dabei, „ein Revoltieren dagegen, daß ich immer so unter Kontrolle sein muß: doch was ich wirklich haben wollte, war Sex". Die Bulimie war denn auch ausgebrochen, als sie in einem ersten Liebesverhältnis sich vor die Konflikte über die Geschlechtlichkeit gestellt sah. Es stellte sich rasch heraus, daß die *Bulimie eine sadistische Form der Sexualität* repräsentierte, „ein Schlachtfeld", wie es andere Patientinnen ausgedrückt haben. Dem entsprach es auch, daß Erin sich eben *vom „sadistischen" Aspekt der Sexualität angezogen* gefühlt hatte, von dem, was eindringend, grob, angreifend war, ohne daß dies auch schon eine Perversion bedeutet hätte: „Er [ihr späterer Gatte] ließ mich überwältigt fühlen, ich fühlte mich ganz außer Kontrolle. So mußte ich mich abklemmen, es auf alle Kosten verhindern, mich überwältigen zu lassen." Die schwere bulimisch-anorektische Episode, die auf die Einleitung dieser sehr konfliktbelasteten sexuellen Beziehung mit ihrem späteren Gatten folgte, war darauf angelegt, „die sexuellen Triebe zu unterdrücken."

Einerseits waren also die sexuellen Wünsche Teil ihrer unterdrückten Rebellion gegen ihre Eltern, teils umfaßten sie beunruhigende, doch stark erregende sadomasochistische Elemente, und teils weckten sie die alten Abhängigkeitswünsche, die gegenüber ihren kontrollierenden Eltern bestanden, nun aber auf den Sexualpartner übertragen worden waren; daher mußten sie verdrängt werden. Alle diese aggressiven und sexuellen Strebungen waren auf das Essen verschoben worden, wurden in Form der Bulimie ausgelebt und in Form der Anorexie abgebüßt.

8.2 Das Bild von der verschlingenden Schlange

In der 81. Stunde beklagte sie sich über ihre Höflichkeit und ihr Nachgeben (deference), und ich nannte es einen Schutz gegen die Angst vor ihrer ungebundenen Wut, der großen inneren Gefahr. Sie sprach wieder über ihre häufige Phantasie, ihr Auto über die Straße hinaus in jemanden oder in etwas hinein zu fahren – eine Phantasie, die sie vor kurzem ihrem Mann gegenüber erwähnt hatte. Dann berichtete sie den folgenden Traum:

> Ich war im Schlafzimmer meiner Eltern. Da war eine riesige, riesige graue Schlange, die am Boden umher glitt (slithering around), eine Riesenpython, enorm. Sie glitt ins Nebenzimmer davon, das sowohl Bad wie Küche war. Da gab es große Brotlaibe, die sich hoben (rising), und sie verschlang sie. Ich war enttäuscht. Mein Hund und ein anderer waren auch dabei, und ich fürchtete mich, daß sie mit aufgefressen würden, auch daß ich selbst zu Schaden käme (be hurt). Sie war feindselig (hostile). Ich berührte die Schlange an ihrem Schwanz, und sie ging rascher, entfernte sich schneller. Dann schaute ich aus dem Fenster des Schlafzimmers und wartete auf etwas.

Im späteren Verlauf der Stunde, nachdem sie selbst die Traumepisode mit der biblischen Geschichte der Genesis und dem Buch von E. Pagels *(Adam, Eve, and the Serpent)* verknüpft, sie als „das Vertreiben der bösen sexuellen Schlange aus dem Schlafzimmer“ gedeutet hatte, fragte ich: „Ist die Schlange nicht eher der Teil von Ihnen, bei dem Sie es so befürchten, Sie könnten die Kontrolle darüber verlieren?“

„Das Böse.“

„Der ‚böse Teil‘.“

„Aber Sex ist nicht böse.“

„Ich sagte das auch nicht.“

„Aber ich sagte es.“

„Ich dachte eher an den feindseligen, verschlingenden Teil, nicht einfach Geschlechtlichkeit, doch z. B. die sadistischen Aspekte der Sexualität, freilich auch weit mehr als diese“, bemerke ich.

„Der Wille zu fressen (to binge).“

„Es ist eine Schlange mit Freßanfall (it's a bingeing snake), ein mörderisches Biest.“

„Richtig, und unberechenbar.“

„Außer Rand und Band (out of control).“

„Und sie könnte umkehren.“

„So sehr, daß eine Bedeutung Ihres Hundes Sean [Ihr Mann] sein mag.“

Sie sprach mehr darüber, wie sich der Hund nun ganz ihrem Mann angeschlossen habe, da sie ihn ob ihrer Pflichten vernachlässige. Er sei wirklich wie ihr Kind, das er bemuttere, und so werde es wohl auch mit ihren Kindern einmal sein. Sie sprach vom Impuls, der Schlange den Kopf abzuschlagen, sie los zu werden, vom Wunsch, die Wut auszudrücken, die sie zeitweise fühle, statt so passiv und nachgiebig zu sein.

„Sie wissen, woher es kommt."

„Daß ich es so unterdrücken mußte."

„Wo Sie nicht anderer Meinung sein durften."

„Sonst würde ich zermalmt und beschämt (scrunched und ashamed). Es brodelt in mir von Wut, es nagt an mir, ich werde mit 45 an Krebs sterben. Und alle lieben mich an der Arbeit, da ich so freundlich und kompetent sei."

8.3 Der Gnade des unerbittlichen inneren Richters ausgeliefert

Einige Stunden später sagt sie, inmitten eines Schwalles von Selbstkritik: „Ganz plötzlich (out of the blue) denke ich: daß ich Sie töte, oder daß Sie mich töten, etwa wie, als ich unvermutet meine Mutter biß. Ich fühlte mich sehr schuldig, als sie weinte. Ich habe Angst, daß ich Ihre Gefühle verletze. Das Irrationale ist so bedrohlich gegenüber meinem rationalen Selbst."

„Und die Phantasie ist, daß Worte töten können, und daß ich sie nicht ertragen kann." Sie bestätigt es, spricht in mehr Details über irrationale Wutimpulse nach unserer Stunde und erwähnt auch, wie sie in der Kindheit ihren Bruder zu kratzen und beißen pflegte und der noch heute die Narben vorzuzeigen liebe. Dann äußert sie ihre Besorgnis darüber, ob ich sie als Patientin behalten wolle, ob ich sie nicht verstoßen werde, besonders auch wegen ihrer Besessenheit jenem Berater und Lehrer gegenüber, den ich ihr empfohlen hatte – der Konflikt über diese Empfehlung zwischen Unbehagen und Dankbarkeit mir gegenüber. Sie müsse sich vor ihm hüten, was zur Diskussion komme, denn einmal habe er gesagt, sie solle es vertraulich behandeln, worüber er gesprochen habe, selbst vor mir. Ich antwortete, das habe sie in einen bösen Konflikt versetzt, namentlich jetzt, da wir uns in Analyse (nicht nur gelegentlicher Psychotherapie) befinden.

Sie regt sich darüber derart auf, daß sie mich nach der Stunde in der Angst anruft, ich könne es jenem Mann, Gregorius, hinterbringen und sie, empört wegen ihrer Indiskretion, aus der Therapie entlassen. Sie erinnere sich, wie man ihr als Kind gesagt habe: „Ich sage es dir nicht; du kannst kein Geheimnis wahren." Sie sprach über ihr Schuldgefühl und ihre Angst, daß sie Zwietracht zwischen mir und jenem Philosophen säen könnte. Schließlich kam sie jedoch darauf zu sprechen, daß sie zu ihm gehe und ihm offen sage: „Ich fühle mich von Ihnen angezogen, aber das soll nicht zwischen uns treten, es soll nicht unsere intellektuelle Beziehung schädigen. Warum müsse das zum Problem (issue) werden? Doch wenn ich das äußerte, müßte ich es Ihnen sagen. Es wäre, als ob ich es meinem Vater sagte. Würden Sie es dann mißbilligen, fühlte ich mich vernichtet (devastated), wie Dreck (shit). Doch würde ich es auch bedauern, die Beziehung zu ihm abzubrechen."

„Oder es zu analysieren, anstatt zu handeln? Es zu untersuchen, anstatt es zu verurteilen – exploring instead of judging?“

„Sie meinen, Sie würden mich nicht aus der Behandlung schmeißen dafür?“

„Auch dies ist eine Phantasie, die zu untersuchen ist.“

„Ich bin so daran gewohnt, daß meine Worte und Handlungen Folgen haben, wie als mein Vater drohte, mich aus dem Haus zu werfen, als ich mit Sean zum Camping fuhr – besonders über sexuelle Dinge – daß ich von der Familie abgeschnitten würde.“

„Es ist das Szenario, die *Sequenz* hier, die eine tiefe Bedeutung hat, und deren Prüfung für uns sehr wertvoll ist – wie übrigens auch ein anderer Teil davon, daß ich es [Ihrem Lehrer] verriete, was Sie hier sagten.“

„Nein, daß mein Verrat Ihnen bekundete, daß ich nicht ehrbar und nicht vertrauenswürdig sei.“

„Und doch ist ein Teil davon, daß ich Ihr Vertrauen verriete, daß Sie mir also nicht trauen können.“

„Daß ich durch mein Verhalten das Recht darauf einbüßte. Daß ich es nicht unter Kontrolle hätte. Daß ich Ihrer Gnade (good graces) ausgeliefert (at the mercy) wäre.“

„Wie Sie sich so oft *der Gnade Ihres unerbittlichen inneren Richters ausgeliefert* gefühlt (so often at the mercy of the implacable inner judge).“

Sie bekennt, wie sie zuhause auch nach kleinen Verfehlungen (wie den Namen „Jesus“ auszurufen) „durch ein Wort auf den Boden geworfen und geschlagen wurde, durch Scham gezwungen, meiner Mutter nachzugeben“.

Darauf versuche ich, was sie in den letzten paar Stunden stückweise vorgebracht, als Ganzes zu sehen. Ich sage das folgende in mehreren Anläufen, nicht als eine ununterbrochene Rede, und sie fügt einiges dazwischen hinzu (das ich jetzt auslasse):

„So daß das Szenario, wenn wir es zusammen nehmen, dieses ist: *rebellisch und trotzig* zu handeln, gerade um Ihre eigene *Identität zu behaupten,* Sie selbst sein zu können, selbst wenn dies bedeutet, ‚verräterisch‘ zu sein, dann die *Sünde* zu bekennen, dafür gezüchtigt zu werden, und zum Schluß Sühnung und *Verzeihung, absolutio,* zu erreichen. Sie brauchen beides: Ihr Selbst zu verteidigen, und die Liebe der Eltern, die Annahme durch die Anderen überhaupt, auch durch mich hier, nicht einzubüßen. Und die Brücke zwischen diesen beiden Wünschen ist die Züchtigung (chastizement). Und diese Sequenz spielt sich in allen intimen Beziehungen wieder und wieder ab – mit Ihren Eltern, mit Gregorius [dem Lehrer], mit Sean [dem Gatten] und mit mir.“

„Ich sehe es besonders klar bei meiner Mutter. Es trifft (hits a chord).“

„Äußerten Sie die sexuelle Phantasie Gregorius gegenüber, wäre es eine Selbstbestätigung, ein Akt der Revolte –“

„– gegen die Werte der Eltern“,

„– und wäre, in Ihrer Phantasie, von der Bestrafung durch mich gefolgt. Doch darauf würden Sie sowohl von Gregorius wie von Ihrem Mann angenommen; sie vergäben es Ihnen.“

„Doch mag Gregorius mich auch verwerfen. Es ist beängstigend (scary).“

„Die Vorstellung der Züchtigung ist doch nur wirksam, wenn sie sehr ernst genommen wird – als Angst, daß er Sie zurückstieße und daß Sie aus Ehe und Therapie geworfen würden. Doch dies gegen die verwegene Hoffnung: ‚Mir wird schließlich verziehen werden.‘ “

„Das ist eine sehr gefährliche Phantasie."

Sie berichtet über eine Reihe von „Vergehungen" gegenüber Mutter und Gatten und ihre tiefe Reue dafür, und ich füge bei, daß noch etwas Wichtiges von jenem Szenario ausgelassen worden sei: „Die *sexuelle Erregung (excitement) dabei, daß die Bestrafung selbst, die Erniedrigung erregend* sei."

„Gezüchtigt und herabgesetzt zu werden, zu Boden gezwungen (pinned) zu werden, wie als mein Vater mich als Kind verprügelte (spank)."

„Daß es erregend wäre, wenn ich sie ‚prügelte'."

„Sie würden es mißbilligen, Sie würden urteilen, und das wäre erschreckend, und doch gleichzeitig auch erregend, und am Ende würden Sie mir vergeben. Wie ich mich darauf freue, hierher zu kommen, und wie ich nicht genug davon bekommen kann, und dann strafe ich mich dafür. Wie eine Kollegin sagte: die Analyse sei großartig für den Narzißten, man höre sich die ganze Zeit reden und habe einen geduldigen Zuhörer dabei."

„Was wiederum eine Verurteilung ist; Sie setzen sich als Narzißten herab."

„Das würde ich am meisten hassen" (84.–86. Stunde).

In diesem sich über mehrere Stunden erstreckenden Ausschnitt entwickelte sich allmählich das Bild eines in Phantasie und Handlung wiederholten Ablaufs, dessen einzelne Stücke zuvor nur getrennt erschienen waren, deren Zusammenhang also zerrissen gewesen war und deren verschiedene Versionen alle im *manifesten sexuellen und moralischen Masochismus* gipfelten. Statt einer Deutung des Konflikts wurde dieses *stereotype Bild der Sequenz* gezeichnet, denn diese konnte überzeugend beobachtet werden. Schließlich ist es ja immer die eigene Überzeugung (des Patienten), die zur Einsicht und zur dauerhaften inneren Veränderung führt, niemals aber die Autorität des deutenden Analytikers.

8.4 Die sadomasochistische Beziehung als Schutz gegen das Dreiecksverhältnis

In einer Doppelstunde (89, 90) kurz danach beruft sich Erin zunächst darauf, daß sie in der vorherigen Stunde recht ausgelassen gewesen sei und sich flirtend verhalten habe. „Warum stellte ich mir auch vor, daß ich das Stoffschwein in die Analysenstunde mitbringen würde? Ich möchte ihm wohl einen Nasenstüber geben (tweak his nose), wohl mein Gewissen an der Nase herumführen. Ich fühlte mich unbändig (mischievous), wohl um dann die Bestrafung herauszufordern und schließlich Verzeihung zu erlangen. Daß ich Sie auf die Probe stelle (testing): Würde er mich hinauswerfen? Dann denke ich plötzlich: meinem Vater ein Kind zu bringen [bringing daddy a baby]. Ist es nicht hübsch? Ich bin ganz stolz auf mein Schweinchen, als ob es wirklich mein Kindchen wäre."

„Dem Vater ein Kind zu bringen, aber auch die Rebellion gegen alle Tabus. Es ist wohl beides zusammen."

„Dadurch daß ich zeige, daß ich sexuell aktiv bin. Oder Sie bei der Nase zu nehmen."

Sie berichtet dann, wie sie die letzten Nächte, anläßlich ihrer Versuche zu empfangen (schwanger zu werden), ihrem Manne gegenüber eher ungeduldig, unfreundlich, gehässig gewesen sei, fordernd und schwer zu befriedigen (difficult to please). Sie habe sich nicht gut dabei gefühlt, habe sich auch mehr über den Unterschied in ihren Lebensstilen aufgehalten. Sie fühle sich dadurch im Grunde bedroht und beängstigt. Sie sei viel aktiver, könnte tief in die Nacht hinein sich ihrer Arbeit widmen. Sie wünsche, er wäre mehr an etwas, das ihm ganz zu eigen wäre, interessiert und darin absorbiert und würde nicht immer nur auf sie schauen, wäre nicht so von ihr abhängig. Es sei eine stille, langsame Krise der Rollenverteilung. Dann berichtet sie eingehend, wie sie beide gesondert einen psychologischen Test ausgefüllt haben, doch sei eigentlich nichts Neues dabei herausgekommen – sein Mangel an Aggression und Selbstbehauptung, seine große Scheu (selfconsciousness) und Verletzbarkeit, die Offenheit von ihnen beiden. Sie selbst zeige einen hohen Grad der Angst, der Gefühlhaftigkeit überhaupt, auch im Ästhetischen, doch einen niedrigen Pegel der Depression, was doch schon das Ergebnis unserer Arbeit sei. Trotz des äußeren Anscheins der Würde und Selbstsicherheit seien sie doch beide recht törichte Leute (goofy silly people). Ihre eheliche Beziehung bestehe zum guten Teil daraus, daß sie miteinander regredieren, sich miteinander wie Kinder austollen können. Dann fügt sie bei, etwas Bemerkenswertes sei mit dem analytischen Prozeß geschehen: sie fühle sich bedürftig, sie wolle herkommen, sie sei sich meiner baldigen Abwesenheit bewußt, was letztes Jahr gar nicht der Fall gewesen sei.

> Es ist, als ob ich ernährt und geliebt werden möchte, ungeachtet dessen, was ich bin und wie ich mich verhalte, daß ich angenommen werde. Ich komme hierher und fühle mich leer, hungrig, bedürftig; und ich gehe weg von hier halb voll, daß ich eine gute Dosis erhalten habe. Doch bin ich auf einer tiefen Ebene nie befriedigt. Ein ständiges Bedürfnis ist miteinbeschlossen, so daß ich zurückkehre. Es ist ein ganz seltsames Gefühl, auch beängstigend.

Ich wiederhole diese Gedanken.

> Eine Assoziation: ich werde (sexuell) erregt, knirsche mit den Zähnen. Ich fühle mich bedroht, habe Angst vor dem, was immer es ist, das ich spüre. Ich empfinde mich als schwach und verletzbar. Es hat etwas damit zu tun, ein kleines Kind zu sein. Doch bin ich nicht sicher, was es ist. Ich denke an meinen Vater, wie er mich auf seinem Schoß hielt und mich schaukelte, mir vorsang oder vorlas. Manchmal war er nach der Kommunion in der Kirche halb auf seinen Knieen und ich schmiegte mich an ihn, ließ mich von ihm umfangen. Ich denke an seine Ferienzeit und wie ich immer wollte, er hätte mehr freie Zeit. Ich war stets hungrig für mehr Zeit und Kontakt mit ihm. Das sind meine glücklichsten Erinnerungen: wie er zwischen meinem Bruder und mir auf dem Sofa saß und uns vorlas. Es war so friedsam. Ich war immer hungrig darauf. Oder wie er mir als kleinem Mädchen das Kleid zuknöpfte. Ich fühlte mich so umsorgt und geliebt. Ich weiß nicht, wann ich dessen bewußt wurde, daß ich das Lieblingskind war. Doch war seine Billigung für mich eine Frage von Leben und Tod. Selbst heute ist sie noch sehr wichtig für mich.

Hernach berichtet sie mehrere Träume der vorangehenden Nächte und schließlich den Traum der letzten Nacht:

> Ich erwachte um 3 Uhr. Es hatte zu tun mit Ihnen und der Therapie. Es ist auch Samstag morgen (wie jetzt). Ich komme, Sie zu sehen, doch ist mein Mann mit dabei. Das Zimmer ist verändert, vielleicht ist es Ihr Haus. Sie sagen, Sie haben eben Sex gehabt mit Renate, einer

Freundin aus meiner Kindheit, die zwar sehr gescheit war, aber von den anderen immer ausgelacht und geneckt wurde, da sie sehr unbeholfen, seltsam, groß und langbeinig war. Renate ist nun aber auch Ihre Tochter. Sie habe alles ausgeführt, was Sie sich gewünscht haben, und es sei großartig gewesen. Dann sagen Sie, Sie möchten Sex mit mir haben. Mein Mann steht daneben. Ich fühle mich ängstlich und erregt (apprehensive and excited), und außergewöhnlich (special). Seine Gegenwart verflüchtigt sich (fades out). Ich warte darauf, daß Sie sich mir nähern. Ich stelle mich in eine anzügliche Stellung, ich lehne mich gegen etwas, aber Sie kommen nicht. Dann verflüchtigt sich dies. Es wird zu einer ganz anderen Szene, wo mein Mann und ich zusammenkommen, und Dr. S. (der Ausbildungschef ihrer Assistenz) ist da. Sean [mein Mann] ist auf der Couch, und Dr. S. hat die analytische Stunde mit ihm. Ich komplimentiere Sean dafür, wie gut er assoziiere, doch fühle ich mich schuldig, da ich mit dabei bin. Dann habe ich einen Termin bei der Zahnärztin. Sie sagen mir, Sie sehen auch eine, und ich sage, das ist die gleiche, die ich sehen muß. Wir verabreden uns nun so, daß ich zuerst einen Teil der Stunde am Telephon mit Ihnen habe, dann zur Zahnärztin gehe und schließlich für den Rest der Stunde hierher komme. Ich werde aber aufgehalten und bin damit beschäftigt (preoccupied) zu kommen, enttäuscht, daß so viel Zeit verflossen ist. Ich sehne mich nach einer vollen Sitzung. Ich hatte den früheren Traum von Sex mit Ihnen, aber das war viel weniger direkt – als ich einen großen Penis trug und die Samen unter einem Baumstamm ausschüttete. Dieser überraschte mich wirklich. Ich vermißte es gestern abend, daß ich nicht hierher kommen konnte. Ich sparte wohl all meine Bedürftigkeit (deprivation) auf heute auf. Ich freute mich darauf. Das heißt nicht, daß ich mich komfortabel fühle. Es bezieht sich auf das Sexuelle. Ich stoße auf eine – Ich muß es wohl aussprechen. Das Sexuelle bezieht sich darauf, daß ich mich leer fühle und genährt werden möchte.

„Es ist sehr damit verbunden."

„Und auch die Verbindung mit meinem Vater. Ich dachte an ihn, als ich sagte, ich sei hungrig."

„Und alles im Zusammenhang damit, [daß Sie sagten], ihm ein Baby geben zu wollen."

Darauf beginnt sie sich, recht unvermittelt, in Reminiszenzen zu ergehen, wie sie als kleines Mädchen kaum mit Puppen zu spielen pflegte, sondern Spielzeugwaffen (guns) besaß und Cowboy spielte. Sie war auch eine begeisterte Reiterin und hatte von recht früh an ihr eigenes Pferd, das sie mit Gusto kontrollierte und bezwang, von dem sie sich aber auch geliebt fühlte. Dann greift sie meine letzte Frage wieder auf und erwähnt, sie wünsche, sie wüßte weniger über die analytische Theorie, nämlich in bezug auf das *Dreieck Vater, Mutter, sie.* Ich erinnere sie daran, daß sie schon früher, als sie weit weniger über die Theorie wußte, auf dies Dreieck zu sprechen gekommen sei – [tatsächlich seinerzeit im Zusammenhang mit recht klaren ödipalen Träumen].

„Ich fühle mich so hilflos – in der Falle (trapped) und voll Scham (ashamed)."

„Spezifisch worüber?"

„Darüber, daß ich solche Gefühle und Wünsche habe."

„Und spezifisch jetzt über mich."

„Ja – es ist wohl am sichersten über den Traum zu sprechen. Es ist ein niedriges Zimmer – dunkel – Sie lächeln – daß Sie Sex gehabt haben mit Ihrer Tochter. Ich dachte daran, Ihre Tochter zu sein, wundere mich, ob Sie eine Tochter haben, denke, daß Sie ein sehr guter Vater wären, fest, aber nie strafsüchtig (punitive), vernünftig, warm und fürsorglich. Im Traum ist Renate Ihre Tochter. Sie war in der Schule das häßliche Entlein. Sie wurde immer von den Jungen geneckt, sie hatte eine schwere Zeit. Ich war dafür bekannt, allen gegenüber tolerant zu sein. Sie sagten, Sie haben Sex gehabt mit ihr, und es sei sehr gut gewesen, und wollten es auch mit mir haben. Und ich fühle etwas wie, daß ich mit ihr verglichen würde, und sie ist jetzt sehr gut. Und ich fühle mich weitgehend unterwürfig: ‚Ich denke so, wenn Sie das wollen.‘ Und dann lehne ich mich kurz gegen etwas, und mein Hintern ragt hervor, in provokativer Stellung. Und ich erwartete, daß Sie sich mir näherten. Und dann verflüchtigt es sich –“

„Es wird zu beängstigend.“

„Und dann die zweite Szene, die Zahnärztin –“

„Und die Beobachtung. Dort sehen wir die Abwehr gegen den Wunsch – die eine Abwehr, es in etwas Sadistisches zu ändern, bei der Zahnärztin, und die andere: es zu einem Zuschauersport zu machen: Nicht ich, sondern er!“

„Und er war [Dr.] S. Er ist sehr zwangshaft, sehr genau (exacting).“

„Auch eine Form des Schutzes gegenüber jenen Wünschen.“

„Kontrolle.“

„Sehr kontrollierend.“

„Und Sean befindet sich in einer sehr masochistischen Stellung.“

Ich fasse es zusammen: *„Das sadomasochistische Verhältnis als Schutz gegen das Dreieck* – ich mit einer anderen Frau. *Vergleich ist immer Wettstreit* (comparing is always competing). Das war zu gefährlich, und statt dessen *ziehen Sie sich auf das Gewalttätige in der Beziehung zurück.*“

Sie wiederholt die Deutung, und fügt bei: „Der Wettstreit (competition) verflüchtigt sich (fades out), und es kommt zur anderen Szene, wo er sich in einer masochistischen Stellung befindet – wie ich meine Mutter zu jener Zeit biß.“

„Und noch ein anderes Element ist darin, nämlich Ihre Gefühle der Scham darüber [über jenes Dreieck und die Wünsche darüber]: die Gestalt von Renate, die immer so ausgelacht wurde.“

„Ich hätte niemanden wählen können, der mehr ausgelacht wurde, und dann tat sie sich im Sex hervor; das widerspiegelt meine Scham.“

„Die Scham darüber, sich sexuell hervortun (excel) zu wollen.“

Ich versuchte hier, den *klar ödipalen Konflikt,* der sich in der *Übertragung* abzuzeichnen begann, den Konflikt also von Dreieck und Wettstreit, von der Seite der vielfältigen Abwehr aus anzugehen – der *Regression vom Genital-Sexuellen auf das Sadomasochistisch-Sexuelle eben als Abwehr,* der *Verdrängung (das „fading out“),* der *Verschiebung* und *Projektion* auf Renate und ihren Mann, und genau damit v. a. auch auf die doppelte Veränderung in eine Bloßstellungs- und Schamproblematik, also die *Über-Ich-Verurteilung.*

8.5 Die Loyalität zur inneren Wahrheit – die Loyalität zur äußeren Autorität

Wir machen wieder einen Sprung von einigen Monaten:

Immer wieder fühlt sie die angstvolle Versuchung, die Grenzen zu überschreiten, sich in Sünde zu stürzen und der Schande und Demütigung auszusetzen, die im Kampf steht mit dem überragenden Bedürfnis, angenommen und geliebt zu werden (155). Dieser Konflikt konzentriert sich auf die Besessenheit mit dem inneren Bild eines Mannes, der *„sehr machtvoll, liebevoll, selbstbewußt, männlich und diszipliniert"* (very powerful, caring, assertive, masculine, disciplined) wäre, dem *„Ideal mit 5 Attributen"* (139), einem Ideal, das mit ihrem Verantwortungs- und Verpflichtungsgefühl in unversöhnlichem Widerstreit stehe, mit der Pflicht, ihrem Mann, der diese Eigenschaften nicht allesamt aufweist, die Treue zu wahren. Schlimmer:

> Wenn er die Kontrolle über sich verliert und seinen Alkoholverbrauch nicht zu beherrschen vermag, auch wenn er nicht sein eigenes Leben verfolgt, sondern alles mir und meiner Karriere unterordnet, wenn er nichts aus sich selbst macht, verliere ich meine ganze Achtung vor ihm. Ein großes Loch öffnet sich vor mir, das dann von jenem Ideal gefüllt wird (Quasizitat).

Ihre Besessenheit mit jenem Ideal, das von der jeweilig gegenwärtigen Figur unabhängig ist, ist fesselnd („I'm so imprisoned by the obsession", 146). „Doch ist es so schlimm. Sean hat Gott auf seiner Seite. Das macht den Konflikt unglaublich intensiv und verheerend. Entweder ersticke ich den Konflikt, oder ich verlasse ihn, oder es geschieht ein Wunder. Ich fühle mich so einsam. Sie sind die einzige Person, die mich versteht ... Die allgemeine Architektur, das Schema der Dinge, das sich bis jetzt in der Therapie gezeigt hat und wahr klingt (rings true), kollidiert mit meinem Wertsystem." Sie bezieht sich auf die überwältigende Anziehungskraft jener 5 Attribute, die ganz klar auf ihren Vater zurückweisen, wenngleich sie ein idealisiertes Bild von ihm entwerfen. „Ich hörte es die ganze Zeit, daß ich jemanden heiratete, der nicht auf meinem Niveau stehe, daß ich, wie das Gerücht in der Medical School lautete, einen Pilzzüchter (mushroom farmer) geheiratet habe", was auch in der Tat zeitweilig die Arbeit ihres Mannes gewesen war. Und die bittere Schlußfolgerung: „Gott wird nie auf meiner Seite sein. Deshalb diese tiefe Kluft zwischen Psychotherapie und Religion. Und das ist für mich unerträglich. Darunter: Ich kann nie bitter oder böse gegenüber Sean sein. Ich liebe ihn. Er ist ein guter Mensch. Das ist die Architektur. Darüber fühle ich mich ohne Hoffnung."

„Dies ist der *bewußte* Konflikt", werfe ich ein.

„Aber er ist so stark. Ich fühle mich wie eine absolute Verräterin, unerlösbar" (148).

In einem besonders markanten Traum sieht sie sich, etwa 200 Fuß über dem sicheren Boden, auf einer gezackten Mauer, an eine der Zacken sich anklammern und in panischer Angst in die Tiefe schauen. Sie sei dort oben nicht nur „steckengeblieben" (stuck-up), aber es sei ihr „Hochmut" (stuck-up), der sie in Konflikt und Angst und Scham stürze. Die Furcht vor dem Fallen mag sowohl die Abhängigkeitswünsche wie die Erniedrigung betreffen (149).

„Ich verkaufte meine Seele an den Teufel, die Analyse. Ich wechselte mein Bündnis: das ist jetzt mit Ihnen, nicht mit Gott. Ich sehe nicht, wie sie koexistieren können. Ich glaube, Sie und die Analyse können nicht mit Gott und meiner Religion zusammen bestehen. Ich kann nicht mehr beten, und ich fühle mich von den Gefühlen überwältigt, mich von Sean zu trennen. Ich weiß nicht, wie ich die beiden integrieren kann ... Es ist klar, die Analyse nimmt viel mehr Zeit als das Beten.“

„Und es ist nicht eine Sache der Zeit, sondern der Loyalität: *‚Wenn ich dem einen gegenüber loyal bin‘*, so fühlen Sie, *‚kann ich dem anderen gegenüber nicht loyal sein‘*.“

„Das ist wahr. Darum unterbrach ich die Therapie vor einem Jahr, und kam nicht zurück bis zum August. Es war die Loyalität. Das verursachte so viel Konflikt und Angst, daß ich immer sehr aufgeregt heimging.“

„Und in meiner Sicht steckt dahinter ein unbewußter, viel tieferer, wichtigerer Loyalitätskonflikt.“

„Ich hoffe sehr, ihn zu enträtseln. Dies ist gewaltig und schmerzlich, und es treibt mich – etwas ganz Grundsätzliches.“

„Etwas wissen wir schon: *die Loyalität, Ihnen selbst gegenüber, stand immer wieder in Konflikt mit der Loyalität zu den Eltern.* Und dieser Konflikt wiederholt sich nun hier, in der Analyse, in der Übertragung: *Es ist die Loyalität, Ihnen selbst gegenüber, zur inneren Wahrheit, zu dem, was Sie hier herausfinden, die der Loyalität gegenüber der äußeren Autorität entgegensteht: der Kirche, Gott, Religion, letztlich den Eltern*.“

„Ich komme daher immer wieder darauf zurück: ich will mein wahres Selbst (true self), das ist der Schlüssel. Auch Jesus verteidigte das eigene wahre Selbst: nur dadurch könne man die Freiheit erlangen. Danach strebe ich: Was ist mein wahres Selbst? In der Bibel heißt es, man solle das alte Selbst gehen lassen und sein neues Selbst finden. Das ist entscheidend. Jesus ist meine einzige Verbindung. Gott sehe ich mehr als eine Autorität an, die Meinung der Eltern. Jesus ist radikal, nicht dem gleich, was meine Eltern glauben.“ Unter starkem Weinen fährt sie fort: „Ich sehe keinen Konflikt zwischen dem, wie ich Jesus verstehe, und was ich in der Analyse tue. Jesus würde dies unterstützen; aber ich entfremde mich von ihm, um jener Autorität willen, und daß ich verurteilt würde. Was Sie als den grundlegenden Konflikt vorschlagen, das fühle ich, es bestätigt sich: Gott, die Eltern, die Kirche werden mich zermalmen (scrunch), werden mich töten, sie erlauben mir nicht, ich selbst zu sein. Und ich traure (grieve) für mich selbst. Ich traure dafür, wer immer ich bin unter all diesen Schichten der Nachgiebigkeit (I grieve for whoever is me under all these layers of compliance).“

„Und Gregorius und alle jene Gestalten sind Symbole für dies vergrabene Sie (buried you).“ Sie weint sehr dabei.

„Und ich wage es nicht, dies zu anerkennen, da es mich von allen, die mir nahe sind, entfremden würde. Aber ja, es ist die ideale Darstellung von etwas, was ich bin. Das ist die Karte meiner Liebe (my love map). Und Sean paßt einfach nicht dazu, er ist nicht jenes Ideal, von dem ich angezogen bin. Und doch liebe ich ihn auf eine bedeutsame Weise. Das kann ich nicht verleugnen“ (156).

8.6 *Zur Quällust*

Sie spricht in bezug auf eine Reihe von Situationen (Geschwindigkeitsbeschränkung, ihre Arbeit, die Analyse, die Ehe) wiederholt über ihren Konflikt zwischen *Nachgeben und Rebellion,* in der 159. Stunde spezifisch über eine Phantasie, die sie aus Scham unterdrückt habe: mich mit ihrem Regenschirm anzugreifen, ihre Angst, vor ihren gewalttätigen Impulsen, sei sie doch als Kind berüchtigt gewesen für ihr Beißen und Kratzen. Sie hoffe, ich fühle mich nicht bedroht durch ihren Schirm. Es habe mit mir als Autorität zu tun.

„Aber auch, daß Sie sich fürchten, von mir angegriffen zu werden", bemerke ich.

„Ich möchte das denken, aber ich glaube nicht, daß es das ist. Das wäre mir viel lieber."

„Wenn wir daran denken, daß der Angriff sexueller Natur wäre, dann wäre es viel sicherer zu denken, daß Sie mich angreifen, und an Ihre *masochistische Lust* dabei."

„Das ist wahr. Aber es ist etwas darin, es ist eine Aggression meinerseits. Es hat auch zu tun mit Wut, mit Rebellion, und daß ich mich dem unterwerfen muß, wie ich das analytische Setting empfinde. Aber auch das ist es nicht ganz. Die Phantasie, daß ich jemanden unprovoziert angreife und schlage, gleicht meinem Schlagen des Meerschweinchens, als ich 5- oder 6jährig war. Es konnte nicht zurückgeben und mir wehtun. Ich wurde ertappt, wie ich einfach ein Tier quälte."

„Wie verstehen Sie das?"

„Eine kranke Lust."

„Eine *sadistische Lust.* Doch woher kommt diese?"

„Rache zu nehmen (getting even) an meiner Mutter? Dafür, daß ich verwundbar war und mir die Schrauben angezogen würden, dafür, beherrscht zu werden, mich als das gute kleine Kind zu verhalten, das dann seine Wutausbrüche hatte. Doch im allgemeinen galt ich als so süß – außer für meinen Bruder Tim."

„– [bei ihm] als Kratzkatze."

„Ja, als unbeständiges (volatile), unberechenbares Kind, am gemeinsten ihm gegenüber. Dann ließ ich es an dem Meerschweinchen aus. Es gehörte dem älteren Bruder J. meiner Freundin B."

„Galt es dann ihm [J.]?"

„Er war nie sehr wichtig für mich. Er war ein süßes Kind, 3–4 Jahre älter, sanft und freundlich. Ich sah ihn als etwas schwach (wimpy) an. Doch ist er das nicht wirklich. Er hat ähnliche Qualitäten wie Sean (der Ehemann), ein liebevoller (caring), sanfter, sensitiver, liebender (loving) Mann. B., seine Schwester, betete ihn an (adored), er war ihr Ideal."

„Er mag eine viel wichtigere Gestalt gewesen sein, als wir wußten."

„Ich hatte nicht viel Kontakt mit ihm."

„Er ist wie Sean."

„Nicht viele sind dieser Art, aber er gehört bestimmt dazu ... scheu und still. Aber er war sehr böse (mad), als er sah, wie ich auf das Meerschweinchen losging."

„Sie mußten ihn [J.] quälen."

„Ich wußte nicht, daß er drinnen war. Ich stand still und begann das Tier zu reizen, es aufzustören, dann schlug ich es mit dem Gürtel. Er schrie mich an: Was tust du ihr an? Tu das nie wieder!“

„Die Beschämung.“

„Ich war entsetzt (mortified), überrascht, daß ich blieb.“

„Es war eine zentrale Phantasie, die dort ausgelebt wurde: *etwas oder jemanden zu quälen, der sanft, freundlich und liebevoll* ist.“

„Sie sind auch in der Beschreibung“ (sie bemerkt also die Beziehung auf die Übertragung). „Keiner der beiden Eltern paßt dazu. In der Beziehung zu ihnen ist soviel Ambivalenz, mehr noch gegenüber der Mutter als gegenüber dem Vater, aber auch mehr Nähe. Sean ist beständig sanft, freundlich und liebevoll, auch wenn er mich manchmal reizt (exasperates). Und Sie erkenne ich auch in der Weise (along these lines).“ Sie zählt eine Reihe von Personen auf, die sie so sieht, auch ihr Pferd.

„Wie verstehen Sie die *sadistische Lust beim Quälen* von jemandem, der sanft, liebvoll und freundlich ist?“

„Es gibt mir das Gefühl, daß ich Macht habe, daß ich wütend und eifersüchtig auf die Person bin, auf ihre Beständigkeit, auf ihre vorwurfslose Ansicht von mir. Irgendwie ärgert es mich, wenn die Person mich nicht verurteilt, daß ich möchte, daß Sean mir Grenzen setzte. Das macht mehr Sinn als das Machtding. Es macht mich machtvoll, aber auch häßlich (squirrely), diese miserabel unfreundliche (nasty) Kreatur. Ich greife mich an (am down on myself).“

„Es lädt Selbstbestrafung ein.“

„Ja, ich schäme mich, wie bei den Freßanfällen; ich bin selbstkritisch.“

„Haben Sie eine Idee, wie wir dies verstehen können? Wir sehen, wie Sie offen sadistisch sein können, wir sehen das Bedürfnis für Selbstbestrafung darunter. Wie können wir das verstehen?“

„Wenn ich rebelliere, wenn ich aggressiv bin, werde ich zerschmettert (smashed) –“

„– oder es werden wenigstens Schranken aufgestellt (set limits).“

„Ich denke an meine Mutter.“

„Warum wäre die Wiederholung nötig?“

„Es ist etwas, das ich nie gelöst habe. Ich schaue für Bestätigung (validation), daß ich okay bin – wenn ich mich gut verhalte und richtig und gefügig. Aber das fühlt sich dann als zu eingeengt. Dann kommen diese Flecken (blips) von Rebellion, und ich kann voraussagen, daß, wenn ich zuweit gehe, ich zerquetscht (squashed) werde. So gehe ich im Kreis herum. Was liegt darunter? Dies hat mit der Mutter zu tun, nicht mit dem Vater. Die Ambivalenz, die ich ihr gegenüber habe. Ihr gefallen zu wollen, aber ihr dann etwas ins Gesicht zu schmeißen und gleich wegzurennen –“

„– der Konflikt –“

„Sie war die, die Disziplin hielt, sie setzte Schranken. Wenn sie den Vater herbeirief, war man schon in den größten Schwierigkeiten.“

„So daß hinter jenen beiden [Seiten] der Machtkampf mit der Mutter lag, die sehr strikte Grenzen zog, ihr Wunsch, gegen sie zu rebellieren und *an ihr Rache zu nehmen.* Daß das die Antwort ist.“

„Oder wenigstens ein Teil davon.“

„Und das zweite, das wir kennen: wie Sie ihre *Mutter eliminieren und mit dem Vater sein* wollten; wir haben früher davon gehört.“

„Als ich etwa 11jährig war, rief ich ihm zu: ‚Wie kannst du denn das aushalten?‘ Ich sagte ihm das [als die Mutter an ihm herumnörgelte und ihn anschrie]. ‚Ich würde dich viel besser behandeln.‘ Das dachte ich. Das ist fair zu sagen (daß dies eine richtige Erinnerung und Deutung ist). Und das war wohl schon seit langem zuvor so gewesen.“

„Aber Sie konnten sich dessen ohne Gefahr (safe) mit 11 bewußt sein.“

„Als ich weniger von der Mutter abhängig war. Sie war nun mein Kamerad (buddy), und die Ambivalenz war sehr stark. Es ist ähnlich mit Sean.“

„Wo Sie ja auch diese sadistische Lust empfinden.“

„Und die Schuld.“

„Es ist wichtig, wie die beiden *aneinander gebunden* sind (coupled), *das Sadistische und die Selbstbestrafung,* und wie beide einen tieferen Konflikt widerspiegeln: ich werde zerquetscht, und ich bäume mich auf.“

„Wegen der Identität rebelliere ich und werde zerquetscht, und dann bin ich sadistisch.“

„Als Rebellion.“

„Ja.“

Anhand mehrerer Träume und der Beschreibung ihrer Erlebnisse bei der Massage rückt die intensive Erotisierung sowohl der Analyse wie der Beziehung zu ihrem philosophischen Mentor ins Zentrum der Aufmerksamkeit: Was als eine Serie von unlösbaren Konflikten in ihrem Liebesleben und damit von schweren Gewissenskonflikten erschien, läßt sich jetzt auf neue Weise als Ausdruck ihrer Bereitschaft und Intensität, mit der sie menschliche Beziehungen *sexualisiert,* verstehen. Damit stellt sich die Frage, wie diese massive Erotisierung zu erklären sei: „Der Konflikt [zwischen Sean und Gregorius] ist selbst schon eine Abwehr gegen dieses Problem, das viel tiefer reicht und das wir noch nicht verstehen“ (163).

Was sind die Ängste, die durch diese Sexualisierung abgewehrt werden?

Je größer die Ambivalenz in ihren Intimbeziehungen, je stärker die Angst vor ihren eigenen Todeswünschen gegenüber den ihr Nahestehenden und besonders je intensiver die Sexualisierung aller Intimbeziehungen (nicht beschränkt auf Männer), um so rigider und harscher muß denn auch ihr Über-Ich sein. In anderen Worten: Je schärfer die inneren Konflikte um Abhängigkeits- und Selbstbehauptungswünsche, um anale Kontrolle und Fügsamkeit, und namentlich auch um ödipale Rivalität, desto intensiver sind die Konflikte im Über-Ich, in diesem Fall sowohl zwischen Trennungsschuld und Abhängigkeitsscham, wie auch zwischen unvereinbaren Loyalitätsverpflichtungen. Dabei spielt Idealisierung eine bedeutsame Rolle als Abwehr; sie dient der Verdrängung ihrer sexuellen wie auch ihrer Tötungswünsche und wohl auch der Verleugnung der Enttäuschung.

Die manifesten Abhängigkeitsbedürfnisse sind selbst auch schon Ausdruck der Selbstverurteilung. Die äußere Billigung soll als Gegengewicht zur inneren, unerbittlichen Kritik dienen. Der *manifeste Sadismus ist eine Abwehr gegen die masochistischen Impulse,* die ihrerseits eine Kompromißbildung zwischen Liebeswunsch und Rachsucht, die gegen das eigene Selbst gewendet wird, darstellen; *auch hier hat die Schlag- und Leidensphantasie die narzißtische Funktion, die Stellung der Einzigartigkeit und Macht aufrecht zu erhalten.*

8.7 *Das zerbrochene Bild des Mannes, das Ressentiment und das beißende Ungeheuer*

Das Bild des Mannes, bestimmt ursprünglich des Vaters, ist entzweigebrochen. Auf der einen Seite steht der idealisierte, angebetete, *superphallische* Mann (Gregorius – *das Ideal mit den 5 Eigenschaften*), auf der anderen der *kastrierte*, schwache, verachtete (ihr Ehemann). Sie hat die beiden Gestalten scharf voneinander gesondert. In den einen ist sie verliebt und von den Gedanken an ihn besessen; den anderen bemitleidet sie, möchte ihm nicht wehtun, kann ihn aber nicht achten oder lieben. Es ist, als ob die Besessenheit mit dem idealisierten sie gegen etwas schützen müßte. Doch was ist es? Ihr Wunsch zu kastrieren? (181).

Es dauert lange in der Analyse, bis diese andere, verdrängte Seite klarer wird, die eben durch die Liebesbesessenheit, eine Art masochistischer, selbstquälerisch-genüßlicher Versessenheit, abgewehrt wird.

Lange Zeit drückt sie es in Bildern, die wir schon seit Beginn kennen aus: eines *beißenden Tieres.* So ist ihr Lieblingstier der Vielfraß *(wolverine)*, „den ich über alle anderen Tiere bewundere ... Er ist unabhängig, nicht Teil eines Rudels, ein kleines beißendes Ungetüm.“ Wenn sie sich beschämt oder ungerecht behandelt fühle, dann breche dieses beißende Rachewesen durch (209, 210). So ist es immer wieder dieses brennende Gefühl des *Ressentiments,* des *Ungerechtigkeitsgefühls: „Ich bin betrogen worden“ (cheated);* es ist tiefer *Neid:* „Etwas in mir drin will greifen und packen und ist begierig auf Gleichheit. Nicht ein Mann zu sein? Nicht machtvoll, nicht so gebildet zu sein? Ich bin eifersüchtig auf das Wissen, und ich bewundere es zugleich sehr“ (sie bezieht sich hier auf Gregorius) (183). Daher mag sie auch, ihren bewußten Wünschen zum Trotz, es einem Mann nicht gönnen, sie zu schwängern (185). Da sie sich immer betrogen fühlt, nimmt sie sich auch Rechte heraus, die ihr nicht zustehen (entitlement). Sie kann es partout nicht annehmen, daß sie verpaßte Stunden bezahlen muß und wird so fuchsteufelswild darüber, daß ihre Perzeptionen zu wanken und schwanken beginnen, als ob ihr schwindelig würde: „Wenn ich wütend werde, kann ich nicht mehr klar sehen“ (540, 541).

Sie erinnert sich, wie sie in der Kindheit mit dem nächst älteren Bruder badete und sich ihm gegenüber minderwertig vorgekommen sei: „Ich verteidige mich dadurch, daß ich den anderen herunterreiße. Ich beneidete ihn, da er etwas hatte, was ich nicht habe. Ich war ihm feind.“

„Sie bissen ihn, als ob Sie versuchten, das abzubeißen, was er zuviel hatte ... wobei später Macht und Kontrolle ganz den Penis ersetzten“ (188). Dahinter stehe ihr ständiges Gefühl, gedemütigt, beschämt zu sein. Der Neid nage an ihr, aber sie schäme sich, darüber zu sprechen. Sei es einfach Penisneid? Viel eher fühle sie ihn als Neid auf Macht, oder, daß man ihr etwas weggenommen habe. Das Thema erniedrige sie, sie fühle sich bloßgestellt. Es habe mit der Wut auf den Vater, mit seiner Selbstgerechtigkeit und übersteigerten, rigiden Frömmigkeit und Autoritätssucht zu tun, nämlich in dem Punkt, daß die Kirche keine Priesterinnen dulde. Sie möchte sich erbrechen, wenn sie an die Zwistigkeiten darüber zurückdenke. Sie fühle sich vergewaltigt und bis in den Kern hinein verraten (202).

Das Ressentiment, die tief gehaltene Überzeugung, sie sei betrogen worden, hat offensichtlich viel mit der zuhause herrschenden Rigidität, dem Mangel an Spontanität zu tun: der Zwanghaftigkeit der Mutter und dem Dogmatismus des Vaters. Ja, sie fühle sich zutiefst der Autonomie, der eigenen Entscheidungsfreiheit beraubt und sei auch heute noch stets gezwungen, das gute Mädchen zu spielen, das überall Billigung finde. Ihr Gewissen verurteile sie heftig für jedes Zeichen der Rebellion. Die Sequenz ist also: *das Gefühl, betrogen worden zu sein, Ressentiment → Protest, Rebellion → Schuldgefühl* (211). Die „Rebellion“ entspringt dem tiefen Bedürfnis, *sich selber treu* zu sein, was der *Loyalität den Eltern gegenüber widerspricht* (231). Doch ist diese Verbindung spezifisch genug? Ist dies schon der pathogene Konflikt?

Wenn sie sich entlarvt fühlt, angegriffen, gereizt, auch in der Stunde, fühlt sie sich sexuell erregt. Es ist wieder *die masochistische Lust, geneckt, geschlagen, penetriert zu werden.* Sie versucht, auch bei mir Aggression und damit ein derart erregendes Zusammenspiel hervorzulocken (200).

8.8 „Die Zahnbürste, die Vagina und der Held mit den 5 goldenen Eigenschaften“

Im Zusammenhang verschiedener Versuche, mich zu „kastrieren“, unsere Arbeit zu blockieren oder zu entwerten, kommt es zu einem komplizierten Traum, in dem sie mehrere Pferde herumführt, dann sich in einem Schlafsaal aufhält, und endlich ihre *Zahnbürste* herauszieht und beginnt, sich damit *die Vagina zu bürsten.* Der weiße Schaum der Zahnpasta verbreitet sich über die Pubes, und man wird darauf aufmerksam. Voll Scham versucht sie sich zu verstecken, kriecht auf den Knieen über den Boden, um die Türe zu schließen. Sie ist selbst erstaunt über das Bild: *„Warum soll ich in der Vagina Zähne haben?“ (213). Beraubt, wie sie sich fühle, wolle sie jetzt Wissen, das Macht bedeute, statt des Penis;* und die Phantasie, *etwas Besonderes (special) zu sein und Sonderrechte beanspruchen zu dürfen (entitlement),* dem tatsächlich ihre Eltern stattgegeben haben, sei ihr Versuch, die tiefe *Scham darüber auszulöschen, daß sie sich minderwertig, eben kastriert* vorkomme. Vor allem betreffe es aber die *tiefe Beschämung oder das Schuldbewußtsein, wenn sie sich der Autorität der Eltern widersetzt* habe und dafür *„zermalmt“ („crunched“)* worden sei. Das Wissen diene nun als eine Art *Tarnkappe* (magical hood) (214).

Theoretisch heißt das: *Der „Narzißmus“ ist ein Ergebnis, keine Erklärung* (215).

Bei ihrem Mann fühle sie sich um andere Erfahrungen gebracht, um Wissen, Macht, um das Erregende des inneren Wachsens, der Neugier, des Strebens nach geistigen Werten; er habe ihr erlaubt, ihn seiner Stärke zu berauben, habe ihr immer nachgegeben. Sie sehne sich nach einem starken Mann. Doch denke sie dann daran, den Ehemann zu betrügen, beraube sie sich selbst der Treue und des guten Gewissens. Sie wisse, sie könne diese Wünsche nicht in Wirklichkeit umsetzen. Denn gleich, was sie tue, sie komme sich als die Betrogene vor, um ihr Heilsein (sanity) und ihre Identität gebracht.

Die große und *persistierende Frage* ist:

Warum muß ich ihn herunterschneiden (cut down), ihn kastrieren – im Moment: Sean, aber dann bezieht es sich auch auf andere, z. B. auf Sie. Weshalb muß es immer so herauskommen, daß ich mich *betrogen* fühle und mich nach jemandem sehne, der dieses *Bewußtsein davon, daß ich beraubt worden bin, aufheben* könnte? Durch jemanden nämlich, der jene fünf goldenen Attribute besitzt: *mächtig (powerful), liebevoll (caring), selbstbewußt (assertive), männlich (masculine) und diszipliniert (disciplined)* (139, 225). Ich fühle mich betrogen, da ich durch meine voreilige Heirat, die ich unter dem religiösen Druck, meine ersten Sexualerfahrungen und -experimente so rasch wie möglich zu legitimieren, eingegangen war, die einzige Hoffnung aufgegeben habe, je für mich die Macht zu gewinnen und einen großen Penis zu besitzen, und auf diese Weise mein tiefes Minderwertigkeitsgefühl zu beheben. *Mit Hilfe der Zähne in der Vagina versuche ich mich dadurch zu rächen, indem ich mir nehme, was mir weggenommen* worden ist. Es ist *der bittere Neid und das tiefe Ressentiment,* das so weit wie mein Gedächtnis zurückreicht und sich zuerst in Gestalt des *Dreinbeißens, wenn ich mich beschämt fühlte,* kundtat.

Diese ganze innere Sequenz läßt sich nicht auf Penislosigkeit und Penisneid alleinreduzieren, wird aber dadurch sehr gut symbolisiert (225).

Dabei ist es aber entscheidend, daß dieser ganze Prozeß von *Beraubtsein, Neid und Rache intensiv sexualisiert* ist: es ist lustvoll, das vielleidende Opfer zu sein. Während des Verkehrs versucht sie den Mann dazu zu bewegen, aggressiver zu sein, indem sie ihn blutig beißt. Gibt er dem Ansinnen jedoch statt und wird auch er aggressiv, wird sie selbst eiskalt. Sie müsse ihn kastrieren, denn er sei einfach nicht dazu imstande, ein starker Mann zu sein. Sie sehne sich danach, überwältigt zu werden, vollständig in Besitz genommen und das Opfer zu sein, und zugleich sei sie in der Phantasie lustvoll dabei, dem Mann Penis und Hoden abzuschneiden. Es liege doch tiefe Lust darin, den sie vergewaltigenden Mann niederzustechen. Das sei die Rache, da könne sie sich Genugtuung verschaffen (get even). Sie freue sich über diese *sadistischen Wünsche,* lächle über sie, und doch schäme sie sich auch darüber. So habe sie sich doch *zugleich mit der Mutter als Opfer und dem Vater als Quäler identifiziert; doch beide Rollen sind durch und durch sexualisiert.* Mit ihrem Mann gelinge es ihr, nur die eine, nämlich die sadistische Rolle zu leben. Die zweite sei ihr doch weit wichtiger (226, 232).

Sie möchte nicht nur die grausame Rächerin, sondern auch die gefügige Sklavin sein, vollständig dem starken, machtvoll überlegenen Mann zu Diensten zu stehen (226, 232). Spricht oder denkt sie über Vergewaltigung, wirkt das enorm sexuell erregend (254).

Der *„superphallische“ Mann* muß ihr also auch dazu dienen, die Wut und Rachsucht, ihren ganzen *Sadismus von außen her in Schranken zu halten* (contain), ganz wie dies ihr *übermäßig harsches Gewissen von innen* her tut (230): „Ich will, daß mich jemand in Schranken hält, festhält und mich zwingt, mich ihm zu unterwerfen (I want somebody to contain me, to restrain me, and to make me submit to him)“ (416). Wie sehr sie jedoch gerade diese Beschränkungen hasse und sie niederreißen möchte, dieser Haß gegen alles, das sie zu Boden drücke (hold down) und entwürdige! (232)

Mich um die Freude und die Erwartung, um den Stolz und um die Autonomie von Wünschen und Entscheiden, von Wollen und Fühlen gebracht zu wissen! Die einzige Weise, dieses Gefühl des Betrogenseins wettzumachen, ist durch Rebellion und Rache. Dahinter ist die eiserne Klemme all der Gebote und Verbote (incredible number of shoulds), die die Mutter mir auferlegte, wobei dann der Vater als ihr Scharfrichter fungierte.

Dieses ganze Drama spielt sich in *oralen, analen und phallischen Symbolisierungen,* in Bildern wie Handlungen, ab. „Die Freßanfälle dienen dem Aufstand gegen diese Einklemmung. Sie sollen das Gefühl des Geprelltseins beheben, indem sie alle Schranken niederreißen“ (227).

Die Mutter selbst war eine Betrogene: sie war unglaublich gescheit und begabt, mußte aber ihr eigenes Medizinstudium zugunsten des Bruders, dessen Frau schwanger war, aufgeben. *Die Mutter ist also selbst eine chronisch betrogene Frau;* Erins Ressentiment ist Teil und Ausdruck des tieferen *Familienressentiments* (228).

Erst viel später stellt sich heraus, daß dem Vater etwas ganz Ähnliches geschehen war: er war von seinem Vater *enterbt* worden, da er und seine Frau, Erins Mutter, sich geweigert hatten, den alten, tyrannisch eigensüchtigen Mann, nach dem Tod der Großmutter bei sich zu beherbergen (550).

Er stand dort mit dem Koffer, an der Türe, und meine Mutter sagte: ‚Absolut nicht!‘ Er war ein totaler Autokrat, extrem urteilssüchtig, egozentrisch. So zog er zu meinem Onkel, der ein großes Haus hatte und als Arzt besser imstande war, sich seiner anzunehmen, und vermachte ihm in seinem Testament alles. An einer Geburtstagsfeier verkündigte er: ‚Ich habe nur *einen* Sohn!‘. Ich war mit dabei und sah, wie tief das meinen Vater verwundete. Zuvor hatte sich mein Vater für ihn und die Großmutter aufgeopfert (550).

Die wahrscheinlichste Abfolge dieser dynamischen Vorgänge scheint mir die folgende zu sein: Am Anfang steht die *massive Verurteilung von außen, gekoppelt mit sexueller Überstimulierung.* Ihr Gewissen übernimmt diese religiös verbrämte Grausamkeit und Starre der elterlichen Moralität und richtet ein *ebenso absolutes System von Entweder-Oder-Urteilen gegen die eigene Person.* Ihr Neid, ihr *Ressentiment* beruht einerseits auf dem Gefühl erlittenen Unrechts, das beide Eltern in sich bergen; andererseits begründet es sich durch die *Vergällung aller Lust und Freude,* die nicht dem religiösen Schematismus daheim entsprechen.

Erin will nun ständig Rache dafür, wessen sie von ihrem Gewissen beraubt worden ist. Diese Identifizierung mit der *quälenden elterlichen Autorität* und deren *Introjektion ins Über-Ich* ist aber intensiv sexualisiert, etwa im Sinn:

Nur wenn ich mich gequält fühle, werde ich geliebt. Lust ist einzig und allein dann erlaubt, wenn ich für sie mit Schmerz und Scham unmäßig bezahlt habe. Nur wenn ich *geschlagen und gewaltsam penetriert* werde oder wenn ich *selber schneide und steche,* erlaube ich mir, Lust zu spüren. In der erlittenen wie der begangenen Gewalt wende ich die Niederlage und Hilflosigkeit zu Sieg und Triumph.

Tötung und sexuelle Lust seien sich sehr nahe; in den Finger der Mutter zu beißen sei fast das Gleiche, wie den Penis abzubeißen (287). Alle Lust sei ein Aufstand gegen ihre ressentimentgeladene Mutter, und damit der *Umsturz des bösen Gewissens,* das ihr jeden Stolz verwehren möchte. Aller Stolz ist böse. Die Stimme des Gewissens ist selbst ressentimentgeladen: „Gott erlaubt es einem nicht, sich gut zu fühlen, uns zu untersuchen oder auf dem Geleisteten weiterzubauen. Stolz ist niemals gerechtfertigt. Gott ist ihre [der Mutter] Mauer gegen die Freude“ (253, 254).

> Mein Gewissen peitscht mich vorwärts. Ich kann nicht ruhen. Es ist mein Verbündeter und mein Tyrann. Es ist selbst ein Sadist, und zugleich ist es mein Schützer und Retter (237).

Ich glaube, daß der *sexuelle Sadomasochismus die Nachaußenwendung (Reexternalisierung) dieses verinnerlichten Prozesses* darstellt. Insofern *geht auch hier der „moralische“ Masochismus der sexuellperversen Form voran.* Doch sind sowohl Rache und Neid wie auch die diese verhüllende, intensiv idealisierende Liebesbesessenheit durch und durch sexualisiert.

Auch hier ist wiederum die *Verdoppelung von Selbst und Gegenüber* eindrücklich: Quäler und Opfer, der Held als verehrt-beneidetes Idol und der entmachtete, kastrierte „Schämling“, das sind die Koordinaten ihres Sexuallebens.

Beide Rollen, die des idealisierten Mannes und die des kastriert-verachteten, verteilte sie schon in ihrer Kindheit auf ihre beiden Brüder: den älteren liebte sie über alle Maßen und betrauerte sein Leiden; er sei „gekreuzigt“ worden. Sie fühle sich zutiefst schuldig darüber, wie sie sich versteckt habe, wenn er mißhandelt worden sei. Der jüngere Bruder hingegen war der, den sie herabgesetzt habe und jeweils zum Opfer der strafenden Mutter werden ließ (245):

> Wären mir drei freie Wünsche in der Welt gewährt, bestünde der eine darin, den älteren Bruder glücklich zu sehen. Trost möchte ich ihm geben, seine Leere füllen, seinen Schmerzen Linderung verschaffen und ihn zur ganzen Person machen. Ich nehme so sehr an seiner Verzweiflung und Trostlosigkeit teil.

Schon damals reizte sie ihn denn auch zu sexuellen Spielen an, indem sie ihn überall kitzelte, auf ihn kletterte und Pferd spielte – bis sie schließlich ihr eigenes Pferd erhielt, als sie etwa 12jährig war. Diese sexuellen Spiele hatten stark die Bedeutung von Rettungsmissionen: er verlöre alles, wenn sie ihn aufgäbe (246). Den anderen Bruder aber haßte, biß und reizte sie und vermochte es immer wieder, den Zorn der Mutter auf ihn abzulenken (394).

*

Später stellt sich heraus, daß ihre Unfähigkeit, schwanger zu werden, einer Endometriose zuzuschreiben ist (274). Sie wird operiert, unterzieht sich mannigfacher hormonaler Behandlungen, doch ohne wesentlichen Erfolg (in Hinsicht auf ihre Fertilität). Auch dies trägt natürlich stark bei zum Bewußtsein, sie sei defektiv und betrogen, also zur Scham und zum Ressentiment. Um so intensiver wird das Bedürfnis nach dem „superphallischen“ Helden und um so tiefer Ungenügen und Abscheu gegenüber dem schwachen Ehemann. Sie denkt mehr und mehr daran, ihn zu verlassen (277).

8.9 „Seelenkameradschaft“

Ich habe bis jetzt viel über den Neid als Teil ihres Ressentiments gesprochen. Aber sehr häufig drückt sich auch ihre *Eifersucht* aus, sowohl mir wie auch Freunden, Kollegen, den von Ferne Geliebten, wie den Geschwistern gegenüber, – letztlich natürlich

v. a. in der Eifersucht gegenüber der Mutter für die Beziehung zum idealisierten, die Tochter neckisch verführenden Vater. Nachdem Gregorius sich unerwartet verheiratet hat, verliebt sie sich fast stante pede in einen anderen Mann, einen Kollegen und Mitarbeiter von ihr, der unglücklich verheiratet ist, doch sich nicht aus der Ehe zu lösen vermag, und den ich auch persönlich und beruflich kenne, Gabriel.

Auch beim jetzigen Unnahbaren träumt sie davon, wie sie, in *magischer Umkehrung,* die Passivität ins Aktive wenden könne: *ihn eifersüchtig zu machen, ihn zum eifersüchtigen Zuschauer zu machen, statt selbst eifersüchtig zu sein* (284).

Etwa 2 Jahre lang scheint sie völlig an ihn gebunden zu sein. Das Verhältnis wird nicht sexuell konsumiert; es bleibt bei einer intensivst erotisierten „Seelenkameradschaft“, mit Küssen und Umarmungen und verstohlenem Lesen und verhohlenen Besuchen und tiefnächtlichen Telephonanrufen. Das sich immer wiederholende doppelte Dreieck: die Liebe zum gebundenen, verbotenen Mann, sie selbst ist noch verheiratet, vergleicht sie zwar schön und ohne Mühe mit dem ödipalen Dreieck: „Er verwarf mich, indem er die Mutter behielt“ (308), ohne dem aber emotionell viel abgewinnen zu können. Sie ist zu sehr im Handeln begriffen. Auch kommt es zu wiederholten, längeren Unterbrechungen der intensiven analytischen Arbeit; wegen ihrer beruflichen und der finanziellen Belastung könne sie nur ein- oder zweimal kommen. Lange Zeit hindurch scheint die Analyse stille zu stehen. Alle Verknüpfungen mit der Übertragung werden wohl gesehen, bleiben aber an der Oberfläche, gleiten ab und sind unwirksam. *„Wenn Sie nicht den Analytiker zum Freund machen können, machen Sie den Freund zum Analytiker“, sage ich (310). Sie versucht mich v. a. mit den Verhältnissen eifersüchtig zu machen – als Abwehr gegen ihre eigene Eifersucht.* Dabei bin ich nun v. a. das sie einschränkende, verurteilende Gewissen, dem sie sich zu entwinden sucht (315). Und doch:

> Sie sind die einzige Person in der Welt, auf die ich zählen kann, daß Sie mich nicht beurteilen, daß Sie mein Verhältnis zum Geliebten nicht grob mißdeuten und nicht entweihen, nicht kritisieren, daß Sie es als mein Wertvollstes anerkennen. Wie mein Geliebter sagt: *Wir leben in zwei Welten, in zwei Wirklichkeiten, in zwei Beziehungen.* Dabei fühle ich mich wirklich sehr schuldig (324).

Zu Recht sagt sie verschiedentlich, durch die ganze Zeit der Behandlung:

> Diese Verhältnisse vermindern die Übertragung auf Sie. Irgendwie ist das sicherer, weniger schmerzlich. Die ersehnte Beziehung zu Ihnen wäre einfach unerfüllbar, und das wäre unerträglich (z. B. 329).

Dies ist nun aber die *andere Bedeutung des Betrogenseins:* Sie kann den idealisierten Vater nicht haben, sie fühlt sich deswegen beschwindelt und verraten, gerade, da er stets so verführerisch gewesen war und sie in mancher Weise bestimmt überstimuliert hatte. „Das *Bild des Vaters ist entzweigebrochen:* in den *versagenden* Vater, der mir nicht die Aufmerksamkeit schenken will und auf den ich voll Ressentiment blicke, und in den Vater als *Idol*“ (344). Die um 8 Jahre ältere Schwester sagte unlängst dem Vater in einem heftigen Zwist: „Als ich ganz klein war, schenktest du mir soviel Aufmerksamkeit und warst so wundervoll lieb (kind). Und dann verschwandest du, und ich war nie mehr imstande, diese Gestalt zurückzubekommen. Ich weiß nicht, wo du hingegangen bist“ (550). Es besteht kein Zweifel, daß Erin dasselbe erlebte.

> Der Vater mußte ein Engel sein, daß er meine Mutter aushalten konnte. Ich schämte mich für ihn. Ich kann ihn nicht voll respektieren, da er ihr gegenüber so schwach war. Daher meine Erbitterung, mein Ressentiment gegen die Männer: daß ich sie so herunterreißen möchte.

Der *beißende Haß wandelt sich zur beißenden Vagina* (395).

Die dadurch bewirkten Gefühle, namentlich die *Eifersucht,* sind so übergewaltig, daß sie nur mit der *Spaltung in zwei gegensätzliche Männergestalten* und der *Verschiebung* damit fertigwerden kann. Es ist das Szenario des *gespaltenen Bildes,* das unaufhörlich wiederholt wird – die charakteristische *hysterische Spaltung.*[1] *Zugleich ist der Sadomasochismus eine Abwehr durch Regression:* „Die ersehnte Erfüllung mit dem geliebten Mann ist *verboten,* ist zu angstbeladen. Nun ist es statt dessen Rache und Grausamkeit, Leiden und Erniedrigung. Wenn ich schon nicht seine liebevolle Zuwendung haben darf, möchte ich doch wenigstens seinen Zorn spüren. In der Gewalt bin ich ihm doch nahe.“ All dies wird aber von ihrem überaus harschen Gewissen völlig, in absoluten Kategorien, verurteilt (365); nur die höchsten Erwartungen sind gut genug: „Wenn ich mich zuerst bestrafe, wird sie mich nicht nur nicht bestrafen, sondern sie wird mich wieder lieben“, heißt es in bezug auf die Mutter (410).

In der Zwanghaftigkeit der Verliebtheit ist also eben das Entscheidende, wie es nach der Definierung der Kernphänomene (s. Kap. 2) sein muß, versteckt, nämlich unbewußt. Es handelt sich nicht nur um die verbotenen sexuellen Wünsche, sondern v. a. auch um all *das versteckte Unrechtsgefühl, den Neid und die Eifersucht, und die Rache* dafür, was sie verpaßt hat. Die unglückliche, unerfüllbare Liebe und Sehnsucht verhüllt damit etwas, das viel schmerzlicher ist und viel mehr Angst auslöst (426). „Er (der Geliebte) verkörpert in einer Person meine Konflikte mit Männern. Ich finde ihn so zwingend (compelling), da er den Mann enthält, den ich lieben will, und den Mann, den ich fertigmachen will“ (427).

Mit dem verzehrenden Ressentiment und den ihm innewohnenden Gefühlen von Neid und Eifersucht geht, Hand in Hand, der schon beschriebene *„Narzißmus“:* das Bewußtsein, *Sonderrechte* beanspruchen, Grenzen überschreiten zu dürfen („entitlement“): „Ich habe das Recht, und ich nehme es mir. Ich will haben, was mir vorenthalten wurde“ (362). Aber auch die an sie gestellten Anforderungen, die Bedingungen dafür, angenommen und geliebt zu werden, sind übermäßig, grandios, und so ist die Erwartung, die sie auf den Partner richtet. *Das Ressentiment wird durch die Idealisierung verdeckt* (394). „Ich weiß, ich bin von Männern und von sexuellen Wünschen besessen; ich will mich verschmelzen (merge). *Ich will keine Grenzen haben!* Ich will, daß die Macht und Stärke in mich wie Blut hereinströmt“ (469).

Mit der Verminderung der unbewußten Konflikte über Neid, Eifersucht und der *unbewußten* narzißtischen Ansprüche und sadomasochistischen Phantasien ist auch die Freßgier erloschen, wenngleich die entsprechenden Wünsche, Affekte und Charakterzüge in bewußter Form ihr noch lange zu schaffen machen.

> Ich kann es gar nicht glauben, wie ich eine Kehrtwendung um 180 Grad gemacht habe, seit ich hier begonnen habe. Damals war ich in einer Haß-Liebe darüber, penetriert zu werden,

---

[1] Ich habe darüber v. a. in *Die Maske der Scham* geschrieben (S. 66 ff.). Siehe aber auch oben in Kap. 5 bei Layla.

unfähig sexuell zu empfinden und desinteressiert daran. Jetzt hat es sich viel mehr dem anderen Ende zu verschoben, wo ich es ständig und überaus begehre. Und damit sind auch die Eßstörungen verschwunden (450).

Alle ihre *Eßstörungen* sind nämlich seit langem gewichen, insbesondere seit wir das *Neidproblem* (das Sichbetrogenfühlen) und dessen Sexualisierung, namentlich die *sadistischen Wünsche, den Penis abzubeißen,* und die *masochistische Lust beim Penetriertwerden,* eingehend behandelt haben (288):

Ich handelte die ganze Bulimie und die Angst vor der Sexualität ein gegen dieses überwältigende Begehren, all die Lust. Ich fühle mich nicht mehr innerlich gefangen (trapped), aber dafür ist es die Ehe, ist es die Gesellschaft, die mir zur Falle werden (340).

Die wesentliche Änderung spielt sich allmählich auf einer anderen Ebene ab: in dem inneren Ringen, ob sie das religiöse Tabu gegen die Auflösung der Ehe brechen und damit wirklich ihre ganze religiöse Überzeugung und Bindung in Frage stellen könne.

Jetzt entschließt sie sich endlich, sich von ihrem, immer mehr dem Trunk ergebenen Mann zu trennen, und hofft auf diese Weise, ihren neuen Geliebten, Gabriel, zum gleichen Schritt zu bewegen, – einige Zeit nach der Wiederaufnahme der vollen Analyse. Ihre Eifersucht in diesem Dreiecksverhältnis ist ihr fast unerträglich, und sie versucht alles zu tun, die Nebenbuhlerin auszustechen und ihren Geliebten umgekehrt sich in Eifersucht verzehren zu lassen – *„statt eifersüchtig zu sein, mache ich eifersüchtig“*, die Abwehr durch *Rollenvertauschung und Wendung vom Passiven ins Aktive.* (398) So heißt es denn in einem Traum: „Er schreibt mir einen Brief mit goldener Tinte auf Pergament, er werde mich töten und verbrennen“ (373).

8.10 „Die hungrigen Kiefer“

Doch ehe ich weiterfahre, kehre ich zur Frage zurück: Was ist jene *Unerträglichkeit,* von der sie sowohl im unerfüllbaren Liebesverhältnis wie in bezug auf die Übertragungsliebe spricht? Ich glaube, sie ist nichts anderes als die *frühkindliche Überstimulierung* und die darin enthaltenen *Affektstürme* und daraus resultierenden Konflikte.

Spät in der Analyse träumt sie:

Ich sehe einen Film über Notzucht. Zugleich ist es ganz real, und ich nehme daran teil. Jemand sagt, daß mein Geliebter tot sei. Ich schreie auf und bin wütend. Ich sehe dann zu, wie eine Frau vergewaltigt und dann verfolgt wird. Sie flüchtet sich, verwandelt sich in eine Ziege und kann sich niemandem mehr mitteilen. Ich schaue dem mit Entsetzen zu. Diesmal geschieht es wirklich mit mir. Ich sitze auf einem Mann im Gras, als ob wir Verkehr hätten, aber es ist nicht wirklich (sham sex play). Ich stehe auf. Diese Männer stürmen gegen mich an, um mich zu töten. Ich renne ums Leben. Dann befinde ich mich mit meinem Mann im Keller. Überall gibt's Spinnengewebe. Durch sie hindurch zu gehen ist zu gefährlich. Es ist hoffnungslos. Ich sitze und warte, daß die Männer mich einholen und mich ergreifen. Dann bin ich mit meinem Hund allein. Er ist ganz naß, und ich weiß: ‚Wenn er mich berührt, ist es das

> Ende von mir, wie ich mich kenne: daß ich mich in ein Tier verwandle oder sterbe, und daß ich die Wahrheit und die tieferen Dinge vergesse.' Er springt an mir empor, und ich kann mich seiner nicht erwehren" (430).

Ich glaube, sie spricht hier von den sie *wie beißende Tiere verzehrenden Begierden und Ängsten,* der *Grundgleichung von Sexualität und Gewalttat,* die der Überstimulierung eigen ist, und der damit einhergehenden *Selbstauslöschung im Wirbelsturm der ausgelösten Konflikte* (Shengold).

> Mein Vater stellte mir jeweils seinen Fuß auf meinen Bauch und kitzelte mich, bis ich fast in die Hosen urinierte. Es war sexuell.

Sie spürt die Überstimulierung als verschlingend, fressend, und diese wird mit dem Penis als Organ identifiziert, der nun selbst beißend und grausam, wie eine Hyäne erlebt wird (431, 432).

Ähnlich sagt sie es von ihrer *wütenden Eifersucht* im Dreieck mit dem Geliebten und dessen Frau: „Sie ist das Stärkste, das ich je gefühlt habe. Es *verzehrt mich wie mit hungrigen Kiefern, die nicht aufhören zu nagen* (it is consuming – these hungry jaws that won't stop gnawing)" (454). „Es ist ein urtümlicher Zustand, unrecht behandelt zu werden, eifersüchtig, rasend vor Wut und Scham zu sein, ausgeschlossen und hilflos draußen zu stehen. Es treibt mich in den Irrsinn. So verschließe ich mich endlich gegen ihn und ziehe mich zurück!" (464). Wie ihm der Ausstieg aus seiner Ehe, der Kinder wegen, weiterhin unmöglich erscheint, distanziert sie sich allmählich von ihm und läßt sich triumphierend mit einem anderen Mann ein: „Ich fühle mich frei, nicht mehr von dem Tyrannen meines Gewissens beherrscht!" (464).

Ihre beiden Lieblingstiere, Pferd und Tiger, tauchen wiederholt in Träumen auf, z. B.:

> Die Pferde sind im einen Stall, im anderen ist ein Tiger. Ich fürchte mich, von ihm gefressen zu werden. Er bricht aus und springt auf die beiden Pferde, dem einen, weiß- grauen auf den Rücken und beißt sich mit den Zähnen in seinem Nacken fest. Jemand schießt dem Tiger einen Speer durch den Kopf. Er erstarrt und stirbt.

Sind es die vom Willen beherrschte Leidenschaft und die ungezähmte, wilde, grausam reißende, beißende, verzehrende Leidenschaft, die miteinander in tödlichem Konflikt stehen? Beide sind für sie wichtig; sie gehören zusammen (531). Die beiden Tiere stehen damit auch für die beiden Eltern, das Pferd für den Vater in seiner Disziplin und Kraft, der Tiger für die kastrierend-heftige Mutter.

8.11 Eine doppelte Rollenvertauschung

So geht sie mehrere kurzdauernde, diesmal intime und sexuell voll konsumierte Verhältnisse ein, bis sie schließlich einen wesentlich älteren und erfahreneren Berufskollegen zu einem Verhältnis auffordert. Dieses entwickelt sich innerhalb weniger Tage zu einer unerhört leidenschaftlichen und gegenseitig erfüllenden Beziehung; man spricht binnen Wochen von Heirat und Kinderhaben. Endlich scheint sie ihren Helden gefunden und erobert zu haben. Es ist bemerkenswert, daß auch dieser Mann, wie die meisten, in die sie sich seit Beginn der Behandlung verliebt hat, in beruflicher Beziehung mit mir steht. Es fällt ihr aber, wie gesagt, nicht leicht, die Übertragungsaspekte voll zu erleben, so unleugbar (intellektuell) diese allmählich geworden sind. In bezug auf das gegenwärtige Verhältnis fühlt sie sich konfliktlos glücklich und erfüllt und möchte nun bald die Analyse abschließen. Ebenso sind die depressiven Perioden verschwunden. Sie ist überaus arbeitsfähig geworden und sieht mit Recht eine erfolgreiche Zukunft vor sich.

Es ist gegen Ende der Analyse. In 2 sich aufeinanderfolgenden Stunden (und Träumen) drückt sie sehr gut die hauptsächliche Abwehr aus. Ich kondensiere das Material: Sie spricht zu Beginn der Stunde (555) davon, wie ihr Freund und sie sich gefragt haben, was ich wohl davon denke, daß sie sich jetzt mit einem Kollegen eingelassen, den ich persönlich gut kenne, berichtet dann manches andere, spricht von der intimen Freundschaft zweier Analysanden eines anderen Therapeuten und berichtet dann den Traum, in dem ihr Ehemann mit ihr sexuell spiele.

Sie werde sehr erregt. Er fordere sie auf, sich zu entkleiden, und sie stoße ihn von sich und springe zurück. Sie berichtet hernach eifrig über ihren wundervollen Verkehr mit ihrem Geliebten. Ich unterbreche sie nach einer Weile: „Der Traum wurde in einem bestimmten Zusammenhang erwähnt." Sie ergreift die Herausforderung nicht, kommt aber zu Beginn der folgenden Stunde darauf zu sprechen, daß ich den Traum, spezifisch das Sexualspiel mit dem ehemaligen Gatten, auf mich bezogen habe. Das sei gewiß nicht der Fall; so etwas spüre sie nicht. „Würde ich dem beistimmen, täte ich es wirklich bloß aus Gehorsam."

Sie spricht dann über mehrere Zwischenfälle in ihrer neuen Freundschaft, über das Sicheinleben mit dem erwachsenen Sohn des Geliebten und Einzelheiten von den Aussprachen und dem Verkehr mit dem letzteren. Hernach berichtet sie einen „wilden Traum": Sie habe Verkehr mit dem früheren Geliebten, den Philosophen Gregorius (den sie in Wirklichkeit immer nur von Ferne verehrt hat, wenngleich sie auch für Jahre in ihn verzehrend verliebt war). Es sei nicht besonders großartig. Dann befinde sie sich in einer Art Bordell, mit Männern, die in Schlangen warten. Nun sei sie selbst aber ein Mann, halte ihren Penis und versuche, eine volle Erektion zu bekommen. Nach einiger Mühe gelinge ihr dies auch tatsächlich; sie ejakuliere eine große Menge und fühle sich sehr stolz darüber. Vor allem sei ihr dabei der Philosoph gar nicht mehr so machtvoll wie früher erschienen. Sie wisse nicht, wer sei wer, ob er für mich oder ihren gegenwärtigen Freund einstehe.

Ich werfe ein: „Oder für das, was Sie sein wollen." Damit ist sie aber gar nicht einverstanden. Da habe sie ihn bestimmt nicht mehr idealisiert; er sei ihr ganz ordentlich vorgekommen. Ich erwähne: „[Nicht]/ wie vor einigen Jahren, mit jenen 5 ersehnten Atttributen." Ja, das stimme wohl schon. Hernach sage ich: „Hier wage ich nun eine Deutung: Ich glaube, im ersten Traum handelt es sich um die *Angst davor, mich eifersüchtig zu machen,* aber auch um den Wunsch dafür, wie wir es schon mehrfach bei früheren Verhältnissen gegenüber den Freunden beobachteten – als Schutz gegen Ihre eigene Eifersucht." Dem stimmt sie eifrig und sofort bei.

Ich fahre fort: „Wir wissen, wie wichtig für Sie die *Umkehrung* ist: wie früher bei dem Philosophen und den anderen Geliebten die *Bewunderung und Idealisierung als Schutz gegen den Neid* wichtig war, und *das Eifersüchtigmachen als Schutz gegen Ihr eigenes Eifersüchtigsein.*“

„Und wie ich aus Neid den Mann herunterschneiden, kastrieren wollte, da ich mich betrogen (cheated) fühlte.“

„Und in paralleler Weise das Zweite, die Eifersucht: ‚Ich bin die Ausgeschlossene‘. So ist der erste Traum eine genaue *Umkehrung.* Statt: ‚Ich bin eifersüchtig auf meinen Vater, oder nun auf Sie‘, konnten Sie ja auch mit Erfolg den Vater eifersüchtig machen. Und dasselbe versuchen Sie bei mir, aber mit der Sicherheit, daß ich dem nicht nachgebe. Ein Teil von Ihnen will es, ein anderer will es nicht. Und im heutigen Traum ereignet sich dasselbe auf der Neidseite.“

„Ich bin so gut wie alle diese Männer“ (557).

Es sei nun in diesem Verhältnis zum ersten Mal in ihrem Leben so, daß sie sich nicht gespalten fühle, sondern „besiegelt und geheilt, nicht geteilt (sealed and healed, not divided)“ (559), „erfüllt und wundervoll, von keinem Dreiecksverhältnis mehr zerrissen“ (570).

*

Halten wir hier inne: ich sagte Umkehrung in beiden Vorgängen. Wenn wir es genau untersuchen, handelt es sich beim ersten, der Umkehrung des Eifersuchtsdreiecks, um eine *Vertauschung der Rollen, und zwar v. a. mit dem Ziel der Wendung vom Passiven ins Aktive,* und damit von der *Ohnmacht zur Macht.* Im zweiten Fall, der „Verwandlung“ von Neid in Bewunderung, Idealisierung, Liebesbesessenheit, masochistische Unterwürfigkeit, handelt es sich zunächst einmal um eine *Reaktionsbildung,* und zwar in der spezifischen Form der *Affektumkehrung.* Aber dabei bleibt die Patientin ja nicht stehen: sie wird ja nun selber zum machtvollen Mann, es ist ihr gelungen, worauf sie in der folgenden Stunde selbst hinweist, was seinerzeit der Traum der *Vagina dentata* angekündigt hat, den Penis abzubeißen und sich zugleich von der damit verbundenen Scham zu distanzieren, wenn nicht diese ganz zu überwinden: Im früheren Traum mußte sie sich verbergen; hier steht „die Reihe von Männern oder Richtern“ draußen. Im Gegenteil, so scheint sie zu proklamieren, jetzt bin *ich* diejenige, die beneidet wird. Auch in dem Sinne ist es also genau parallel zum ersten Vorgang: eine *Rollenvertauschung und Wendung vom Passiven zum Aktiven.*

Die Träume zeigen wie das ferne Wetterleuchten eines abziehenden Gewitters die alten Konflikte und hauptsächlichen Abwehrstrategien, während es in der Wirklichkeit, im „Leben in der Welt“, nun so erscheint, daß sie die Gefahr des Sadomasochismus gebannt hat.

8.12 Der Mythos vom „weiblichen oder femininen Masochismus“

Abschließend zu diesem Fall möchte ich noch eine Frage, die sich mir theoretisch bei diesem Fall, wie auch zuvor bei der Niederschrift der Behandlung von Layla, gestellt hat, aufwerfen und gleich auch beantworten: Wie steht es mit dem „weiblichen oder femininen Masochismus“, der von Freud mehrfach erwähnt wurde? Er braucht diesen Begriff für Phantasien, die „die Person in eine für die Weiblichkeit charakteristische Situation versetzen, also Kastriertwerden, Koitiertwerden oder Gebären bedeuten“ (Freud 1924, S. 374).

Loewenstein (1957) faßt zusammen, es sei

> Freuds Ansicht, daß bestimmte masochistische Phantasien ein viel stärkeres und viel mehr Angst erregendes Begehren, nämlich die weiblichen Wünsche dem Vater gegenüber, verdekken und eine Flucht davor bedeuten. In solchen Fällen wird die Kastrationsangst wegen der Substituierung des Vaters durch eine weibliche Gestalt und wegen des Ersatzes von Schlägen und Drohungen für die passive genitale Penetration vermindert.[2]

Ich habe den Begriff des „weiblichen Masochismus“ nicht unter den 4 Grundformen angeführt, da ich ihn nicht brauchbar, ja irreführend finde. Die masochistische Frau ist nicht wirklich „weiblich“, sagt Bak, und Waelder betont, Masochismus sei eine Karikatur der Weiblichkeit (zit. Blum 1976, S. 180). „Sexuell rezeptiv oder nährend zu sein ist nicht dasselbe wie masochistische Unterwürfigkeit“, behauptet Harold Blum.[3] Und er führt weiter aus:

> Mutterschaft muß nicht masochistischen Verzicht bedeuten, sondern liebende Ausdauer und die Pflege der Entwicklung im Dienste des mütterlichen Ich-Ideals. Die Verpflichtung den Kindern gegenüber, trotz Frustration und Versagung, ist nicht äquivalent mit Masochismus oder Selbstbestrafung. Mütterliche Hingabe sollte nicht mit masochistischer Versklavung oder dem Schutz des Objekts gegen Aggression verwechselt werden.[4]

Im selben Zusammenhang warnt Blum auch gegen den leichtfertigen Gebrauch des Begriffs des Penisneids als kausal-erklärend[5] – Feststellungen, die gerade auch bei

---

2 „... Freud's view that some masochistic fantasies cover up and represent a flight from a much more intense and dreaded desire; namely, from feminine wishes toward the father. In such cases the fear of castration is alleviated by the substitution of a female figure for the father, and of beatings and threats for the passive genital penetration“ (S. 200).

3 „Being sexually receptive or nurturant is not equivalent to masochistic submission“ (1976, S. 178).

4 „Motherhood need not represent masochistic renunciation, but loving perseverance and the fostering of development in the service of the maternal ego ideal. Commitment to children, despite frustration or deprivation, is not equivalent to masochism or self punishment. Maternal devotion should not be confused with masochistic enslavement or preservation of the object from aggression“ (1976, S. 183).

5 „Penis awe, penis envy, and the unconscious depreciation of the female are vastly overdetermined. Penis envy is not a simple biological force or id wish, but a developmental concept related to object relations and identifications. It should not be used as an explanatory platitude isolated from ego considerations, e.g., of the meaning of the penis and of envy, and from earlier preoedipal and narcissistic conflicts ... Intractable penis envy may derive from and defend against envy of the preoedipal and oedipal mother. Penis envy is also found in boys and may be discerned in the boy's envy of the larger penetrating and impregnating paternal phallus“ (S. 186).

„Though very important and ubiquitous, penis envy can no longer be regarded, if it ever was, as the major organizer of femininity. Instead, penis envy might be regarded as the developmental organizer of female masculinity“ (S. 186).

der Betrachtung der Dynamik bei Erin relevant sind. Es handelt sich bei ihrem „Penisneid“ um das Ergebnis hochkomplizierter Konflikte.

Der Mythos der inkompetent masochistischen Frau verhülle die frühere, beängstigende Phantasie von der allmächtigen und dominierend phallischen Mutter, fährt Blum fort.[6] „Sadomasochismus ist universell menschlich; aber ich würde Masochismus nicht als ein wesentliches oder organisierendes Attribut reifer Weiblichkeit betrachten.“[7]

Was als „weiblicher Masochismus“ imponieren mag, ist, glaube ich, nichts anderes als eine bestimmte, unbewußte Phantasie, genauer eine dieser *archaisch-mythischen Gleichungen,* ähnlich denen, die wir bei allen hier vorgestellten Fällen vorgefunden haben. Diese bestimmte Gleichsetzung, die bei Erin von großer Bedeutsamkeit war, ist die folgende: *Penetriertwerden = Passivität = Gewalttätigkeit des Anderen, des Penis (gegen das Subjekt) und eigenes Leiden = sexuelle Erregung.* Wir haben diese archaische Gleichung schon früher, namentlich und ganz explizit bei Albert, aber in milderer Form auch bei Thomas und selbstverständlich bei Layla angetroffen. Sie ist eine Derivativform der anderen Gleichung *Gewalttätigkeit = Sexualität,* die selbst eine Reformulierung und Rekonzeptualisierung von Freuds „erogenen Masochismus“ darstellt. Die ausführliche Formulierung dieser zweiten Gleichsetzung ist diese: *Sexualität, sexuelle Erregung = Gewalt, Grausamkeit, Explodieren (bursting) = schmerzhafte Spannung = überwältigende, unerträgliche Gefühle.* Dieser Zustand und Erlebniskreis *überwältigender Überstimulierung* wird, wie Shengold überzeugend dargestellt hat, als verzehrend und verschlingend, als kannibalistisch erlebt, in der Ratte als Zentralsymbol verkörperlicht gesehen und im Analbereich angesiedelt. Bei Erin fanden wir immer wieder fressende und nagende Tiere: Schlangen, Tiger, Hunde, Spinnen.

Andere wichtige Bilder dafür sind die Vagina dentata und der fressende Penis, überhaupt die Phantasie, verzehrt, verschlungen, verbrannt, überschwemmt zu werden – damit auch das der Zerfleischung, der Auflösung, der *Fragmentierung.* Es besteht eine sehr enge Verquickung mit den Phantasien der *Urszene – diesem Prototyp der Überstimulierung.* Eine milde Form davon stellen die Universalphantasien davon dar, man sei sexuell verführt oder mißbraucht worden – Phantasien, deren Wichtigkeit natürlich keineswegs dem Wirklichkeitscharakter von tatsächlicher Verführung und von Mißbrauch widerspricht.

„Castration reactions and penis envy contribute to feminine character, but penis envy is not the major determinant of femininity“ (S. 188).

6 „The awe and admiration of mother and the cultural expressions of feminine identification may be discerned in such diverse phenomena as initiation rites and *couvade* ... The early fantasy of the *omnipotent mother* (good and evil) and the dominating phallic mother was covered by the devalued image of the incompetent masochistic woman ... In both sexes, repudiated infantile fears of dependency and symbiosis are additional unconscious factors in the *devaluation of women*“ (S. 186 f., meine Betonung).

7 „Sadomasochism is universal in humanity, but I would not regard masochism as an essential or organizing attribute of mature femininity“ (S. 187).

Die theoretische Betonung der „Fragmentierung“ ist selbst Ausdruck dieser wichtigen Phantasie, sie aber zu einem Explikans zu machen, ist überaus fragwürdig.

Die Penetrationsphantasie und -gleichung kann mit einer anderen wichtigen, auch weitgehend unbewußten Gleichsetzung in der Phantasie verknüpft sein: *Penislosigkeit = Bestrafung durch Kastration = Defekt, Mangel = Zeichen der Minderwertigkeit und generellen Mangelhaftigkeit = Grund für Scham, Neid und Ressentiment.*

Auch diese Grundgleichung nimmt eine Schlüsselstellung für das Verständnis des eben geschilderten Falles ein.

Die Theorie des „Strukturdefekts“ bedient sich dieser wichtigen Phantasie von irgendwelcher „Mangelhaftigkeit“, die zentral für das Schamerleben überhaupt ist, um eine kausale Hypothese aufzustellen: daß die Phantasie nämlich kausale Wirklichkeit widerspiegle, daß die Phantasie schon selbst erklärenden Wert besitze: „Ich fühle, – oder der Analytiker fühlt – ich habe einen Defekt, daher besitze ich einen strukturellen Defekt.“

Alle drei Gleichsetzungen (Penetriertwerden, Verschlungenwerden und Penislosigkeit) können, wie kurz am Ende des letzten Kapitels erwähnt wurde, mit der Sequenz von Überstimulierung, damit verbundener Masturbation und Selbstverurteilung verbunden sein: *Überstimulierung = Penetration (durch Reize gewalttätiger oder sexueller Art) = diffuse, überwältigende Erregung = Bilder des Verschlungen- und Gefressenwerdens → Masturbation zur Entlastung (discharge) → Bestrafung durch Kastration = Penislosigkeit = Mangelhaftigkeit, Sichbetrogenfühlen.*

3. Teil: Sadomasochistische Perversion

„... es gibt einen reichlichen, überreichlichen Genuß auch am eignen Leiden, am eignen Sich-Leiden-machen, – und wo nur der Mensch zur Selbstverleugnung in religiösem Sinne oder zur Selbstverstümmelung, wie bei Phöniziern und Asketen, oder überhaupt zur Entsinnlichung, Entfleischung, Zerknirschung, zum puritanischen Bußkrampfe, zur Gewissensvivisektion und zum Pascalischen sacrifizio dell' intelletto sich überreden läßt, da wird er heimlich durch seine Grausamkeit gelockt und vorwärts gedrängt, durch jene gefährlichen Schauder der *gegen sich selbst* gewendeten Grausamkeit. Zuletzt erwäge man, daß selbst der Erkennende, indem er seinen Geist zwingt, *wider* den Hang des Geistes und oft genug auch wider die Wünsche seines Herzens zu erkennen – nämlich nein zu sagen, wo er bejahen, lieben, anbeten möchte –, als Künstler und Verklärer der Grausamkeit waltet; schon jedes Tief- und Gründlich-Nehmen ist eine Vergewaltigung, ein Wehe-tun-wollen am Grundwillen des Geistes, welcher unablässig zum Scheine und zu den Oberflächen hin will, schon in jedem Erkennen-wollen ist ein Tropfen Grausamkeit" (Nietzsche, *Jenseits von Gut und Böse*, VII, 229, S. 156 f.).

9 *Der Traum des Alchemisten – zur Analyse einer masochistischen Perversion*

חביבין יסורין ... מאהבה באו ומאהבה הלכו

chavivin yessurin . . . me'ahava
ba'u ume'ahava halchu
(Die Leiden sind lieb . . .
aus Liebe entstanden sie,
aus Liebe wichen sie)
(*Talmud, Baba Metzia,* 85 a)

9.1 *Einige theoretische Bemerkungen*

„Die Analogie mit den sexuellen Perversionen verdeckte die Tatsache, daß *der moralische Masochismus die allgemeine und grundlegende Form* ist, *die den Boden dafür bereitet,* daß in einer Minderheit von Personen und unter gewissen Umständen in der psychosexuellen Entwicklung die Perversion entstehen kann", behauptete vor 45 Jahren Bernard Berliner, der erste bedeutende Masochismusforscher nach Freud.[1] Auch ich habe vielmehr den Eindruck, daß die masochistische Charakterneurose weiter verbreitet und grundlegender für das Verständnis ist und die manifeste Perversion eher als eine Reexternalisierung komplexer intrapsychischer und interpersoneller Dynamik aufzufassen ist, statt daß man in ihr die Grundschicht fände. Entsprechend steht denn die Kausalkonstellation einer analysierten Perversion der Komplexität in der Psychodynamik bei „bloß neurotischen" Fällen in nichts nach – eher im Gegenteil.

Stanley Coen unterscheidet symptomatisch und dynamisch „sadomasochistische Objektbeziehungen" von den Perversionen und unterteilt diese wiederum in solche auf „höherer Ebene" von denen auf „niedrigerer Ebene". Ich glaube, er meint mit „sadomasochistischen Objektbeziehungen" dasselbe, was ich als „äußeren Masochismus" herausgesondert habe, doch schließt er damit hervorragend auch meine vierte Gruppe mit ein, insofern sie nicht direkte Perversionen miteinschließt; solche, die dies tun, würden zu den Perversionen „auf niedrigerer Ebene" gehören:

> Der auf einer höheren Ebene funktionierende Sadomasochistisch-Perverse benutzt das perverse Verhalten *primär* dazu, die Ausführung der Sexualität und den Orgasmus als eine Abwehr gegen Kastrationsangst und ödipale Schuld zu gestatten. Dadurch versucht er, seine unbewußte Phantasie zu bestätigen, nämlich daß die Frau phallisch sei und daß es Kastration gar nicht gebe, um sich so gegen seine starke Kastrationsangst zu verteidigen und dadurch sexuell funktionieren zu können . . . Auf der höchsten Ebene stellt Demütigung oder Leiden Bestra-

[1] „The analogy with the sexual perversions obscured the fact that *moral masochism is the general and basic form that furnishes the ground* upon which, in a minority of persons and under certain circumstances in psychosexual development, the perversion may evolve" (Berliner 1947, meine Betonung, S. 459).

fung für Inzestwünsche und Sexualhandlungen dar, die zwar symbolisch ist für Kastration, aber diese ausschließt. Indem die Frau daran teilnimmt, gibt sie ihm Sicherheit gegen Kastration und ist eine freiwillige Komplizin bei der Ausführung seiner Inzestwünsche. Sie hebt die Gefahr auf, daß sie ihn wirklich kastrieren könnte, indem sie mit ihm am Akt teilnimmt und ihm eine scheinbare „Bestrafung" verabreicht, die jedoch völlig unter der Kontrolle und Regie des Patienten steht. Verführung des Kastrators, eine Variante von Loewensteins (1957) Begriff „Verführung des Aggressors", ist eine passende Beschreibung dieses Versuchs, das Bild der Frau umzuformen von Aggression und Bedrohung zur Annahme und Teilnahme.[2]

Perverse Handlungen lassen sich als eine Form der Inszenierung von Masturbationsdramen vorstellen ... die Handlung besitzt eine magisch abwehrende Qualität ..., indem sie wiederholt Verführungserlebnisse aus der Kindheit aufführt ... Derartige Illusionen magischer Fähigkeit schützen gegen die empfundene Hilflosigkeit und Schwäche, die gewöhnlich die Verführungserlebnisse in der Kindheit begleiten.[3]

Auf einer niedrigeren Funktionsebene besteht das primäre Ziel der sadomasochistischen Perversion nicht darin, das sexuelle Funktionieren zu erlauben, sondern die Sexualität anderen, früheren, dringenderen Bedürfnissen anzupassen. Hier haben wir Sexualisierung im Dienste von Narzißmus, Nähe, Bedürfnisbefriedigung, Abwehr, Wiederherstellung, Anpassung, und der Aufrechterhaltung von seelischem Gleichgewicht und Struktur.[4]

Der Andere wird zu einem gewissen Maß für die Befriedigung der gebieterischen Verlangen des Patienten ausgenützt; eine teilweise Verleugnung seiner besonderen Identität gestattet seine scheinbare Verwandlung in ein benötigtes Phantasieobjekt. Entmenschlichung, Herabsetzung auf den Stand eines Teilobjekts, projektive Identifizierung, allmächtige Manipulation und Ausbeutung geschehen sowohl bei Perversen auf niedrigerer Stufe wie bei sadomasochistischen Objektbeziehungen. Der Andere muß in der eigenen subjektiven Welt beherrscht werden und wird seiner Getrenntheit und Autonomie beraubt.[5]

---

2 „The higher level sadomasochistic pervert uses perverse behavior *primarily* to permit sexual functioning and orgasm as a defense against castration anxiety and oedipal guilt. He attempts by his act to validate his unconscious fantasy (of the phallic woman: signifying that castration does not occur) in order to defend against intense castration anxiety, so as to be able to function sexually ... At the highest level, the humiliation or suffering represents punishment, symbolic of castration but precluding castration, for incestuous wishes and actual sexual functioning. By participating with him, the woman reassures him against castration and is a willing accomplice to his incestuous wishes. She undoes the danger that she will actually castrate him by participating with him and administering a token ‚punishment' under the patient's absolute control and staging of the performance. Seduction of the castrator, a variant of Loewenstein's (1957) term, ‚seduction of the aggressor,' is an apt way to describe this attempt to change the woman's image from aggressive and threatening into accepting and participating" (S. 53 f.).

3 „Perverse practices can be thought of as a form of staged enactment of masturbatory dramas" (S. 54) „... action has a magical defensive quality ... involving repetitive reenactment of seductive childhood experiences ... Such illusions of magical ability protect against the felt helplessness and inadequacy that usually occurs with childhood seduction experiences" (S. 54).

4 „At a lower level, the primary goal of sadomasochistic perversion is not to allow sexual functioning, but to adapt sex to other, earlier, more pressing needs. Here we have sexualization in the service of narcissism, closeness, need satisfaction, defense, repair, adaptation, and the preservation of psychic equilibrium and structure" (S. 53).

5 „The other person is, to a degree, to be used for the patient's imperative needs; a partial denial of his separate identity allows for his illusory transformation into a needed fantasy object. De-

Wie schon eingangs erwähnt, wird, z. B. von Cooper, Perversion mit der Dehumanisierung der Beziehungen gleichgesetzt. Dabei unterscheide sich die Perversion bei Frauen durch geringere fetischistische Züge und dadurch, daß sich ihr Hauptaugenmerk auf Kämpfe um Passivität und Kontrolle richte.

> Die perverse, exhibierende Frau benutzt ihre Fähigkeit, einen Mann durch die Zurschaustellung ihrer Brust oder ihres Körpers in Erregung zu setzen, um so ihre Überzeugung von ihrer eigenen Kleinheit und Unweiblichkeit, verglichen mit ihrer Mutter, zu überwinden und zugleich zu beweisen, daß ihre Brust oder ihr ganzer Körper größere Macht als der Penis besitze. Die sexuelle Erregung, die sie bei diesem Triumph empfindet, beruht auf der Dehumanisierung ihres eigenen wie des männlichen Körpers und der Ermordung der Mutter. Der fetischistische Gegenstand ist kein Phallus, sondern eine Brust.[6]

*

In diesem dritten Teil, der den Perversionen gewidmet ist, stelle ich 2 Hauptfälle aus meiner eigenen Praxis im Detail dar, beides abgeschlossene Analysen von Fällen, die von Coen vermutlich der „höheren Ebene" zugeteilt würden. Auch bei ihnen finden wir wieder die enorme Komplexität der zu bearbeitenden Dynamik, der wir schon bei allen zuvor beschriebenen Fallbeispielen begegnet sind.

Ehe wir uns diesen beiden Fällen in diesem und dem nächsten Kapitel zuwenden, möchte ich das Bild einer Patientin einfügen, deren Beschreibung ich Frau Dr. Eckhardt in Mainz verdanke und die wohl der „niedrigeren Funktionsebene" zuzuweisen ist.

9.2 Schneidelust und Selbstverbluten

Theresa, eine 25jährige unverheiratete Frau, kam in stationäre psychotherapeutische Behandlung, weil sie sich seit etwa 2–3 Jahren wiederholt selbst verletzte. Sie schnitt sich mit Rasierklingen und brachte sich oft 30–40 Schnitte an verschiedenen Körper-

---

humanization, degradation to the status of partobject, projective identification, omnipotent manipulation, and exploitation occur in both (lower level perverts and sadomasochistic object relations). The other person is to be controlled within one's own subjective world, denied his separateness and autonomy" (S. 57).

[6] „... female perversion may show less fetishistic focus and clearer central emphasis on struggles over passivity and control. ... The female inability to separate from the mother is the entirety of the rage, whereas for the male that rage is compounded by the need for male gender definition in face of the awe and wonder excited by the sense of the mother as different, alien, as well as proof of the reality of castration" (S. 31 f.)
„The perverse exhibiting woman uses her capacity to excite a male by the sight of her breast or body to overcome her own sense of smallness and unfemininity compared to her mother, as well as to demonstrate the greater power of her breast or whole body compared to the male penis. The sexual excitement she experiences in this triumph involves dehumanization of her own body and the male's and murder of the mother. The fetishistic object is not a phallus but a breast" (Cooper 1991, S. 30).

stellen bei. Zusätzlich nahm sie sich selbst Blut ab, so daß der Hämoglobinwert bis auf 5 g/dl sank. Die Selbstverletzungen geschahen fast täglich. Durch die erzeugte Anämie fühlte sie sich deutlich in ihrer körperlichen Leistungsfähigkeit beeinträchtigt und sah sich immer weniger ihren beruflichen Anforderungen gewachsen. Neben den Selbstbeschädigungen litt sie an rezidivierenden, teilweise tage- bis wochenlang anhaltenden Depersonalisationszuständen.

Im Verlauf der sich an die Hospitalisierung anschließenden, mehrjährigen ambulanten Psychotherapie (2mal wöchentlich) wurde deutlich, daß die ersten Selbstverletzungen bereits mit 14 Jahren aufgetreten waren. Damals hatte sie sich geschlagen und sich Wunden beigebracht, die sie anschließend verschmutzte, um die Heilung zu verhindern. Schließlich hatte sie sich mit Benzin getränkte Läppchen in den Enddarm eingeführt und auf diese Weise eine schwere hämorrhagische Proktitis, die mit heftigen, blutigen Durchfällen einherging und zu zahlreichen Untersuchungen in verschiedenen Kliniken führte, erzeugt. Sie gab an, sie habe hierüber die Zuwendung der Mutter erreichen wollen, welche ihre Wunden aber nicht einmal wahrgenommen habe.

Erst nach etwa einjähriger Therapie konnte Theresa zum ersten Mal über ein sehr traumatisches Erlebnis berichten: Im Alter von etwa 6 Jahren war sie über einen Zeitraum von mehreren Monaten von einem der Familie nicht bekannten älteren Mann sexuell mißbraucht worden. Dabei war sie auch vaginal und anal verletzt worden. Den Eltern konnte sie nichts davon erzählen, weil sie spürte, daß es sich hierbei um „etwas ganz Schlimmes, Verbotenes" handelte. Nach und nach konnte bearbeitet werden, daß sie die Phantasie hatte, *diesen Mißbrauch selbst verschuldet* zu haben.

Die *enge Verbindung von sexueller Erregung und Schmerz, von sexueller Lust und Bestrafung durch Schmerz und Beschädigung des Körpers* ist erhalten geblieben und kam in der späteren Symptomatik deutlich zum Ausdruck. Die Selbstverletzungen erfolgten nach Art eines Rituals. Die Patientin beschrieb, wie sie sich zunächst einige Zeit in der Phantasie damit beschäftigte, auf welche Art sie es tun werde. Sie besorgte sich Kanülen und Rasierklingen, die sie sorgfältig alle aufdrapierte. Sie hörte eine ganz bestimmte Musik und machte es sich vor dem Spiegel in ihrem Zimmer bequem. Manchmal erregte sie sich, indem sie sich nach Art eines Tagtraumes die Situation des erlebten sexuellen Mißbrauchs vorstellte. Anschließend masturbierte sie in zwanghaft-mechanischer Weise. Dies erlebte sie als etwas Fremdes, Verbotenes, Ekelhaftes. Dann verletzte sie sich, *um sich selbst zu bestrafen*, gleichzeitig aber auch ein Gefühl von Entspannung und Geborgenheit zu erreichen.

In der ersten Zeit der Therapie kam es häufig im Zusammenhang mit den schwierigen und konflikthaften Themen von Sexualität, Weiblichkeit und Körper zu starken *Depersonalisationszuständen*. Diese dienten Theresa als eine Art *Abwehr der als verboten erlebten Phantasien und der damit verbundenen heftigen, bedrohlichen Affekte*. Gleichzeitig verursachten diese Zustände intensive Angstgefühle: „... es ist, als ob ich völlig aus der Realität herausrutschte, als ob ich wahnsinnig würde. Ich spüre meinen Körper nicht mehr, empfinde keinen Schmerz, fühle mich wie tot, wie abgestorben ..." Solche Zustände versuchte sie, häufig erfolgreich, durch erneute Selbstverletzungen zu beenden.

Im weiteren Verlauf der Therapie ging es zunehmend um die Beziehung zum Vater. Wegen der Enuresis, zwischen dem 4. und 9. Lebensjahr, mußte sie über längere Zeit eine sog. „Klingelhose“ tragen. Wenn sie nachts einnäßte, wurde sie durch einen schrillen Klingelton geweckt, der erst aufhörte, wenn sie aufstand und im Bad einen bestimmten Knopf betätigte. Die Eltern, die ebenfalls davon wach wurden, blieben so lange im Bad neben ihr stehen, bis sie urinierte. Allabendlich kontrollierte der Vater diese Hose, indem er zwischen ihre Beine faßte. Er begleitete sie auch beim Kauf der Gummihosen und bei Besuchen beim Arzt. Möglicherweise wurden *ödipale Wünsche dem Vater gegenüber* durch diese Situationen verstärkt. In einer Zeit, in der es um diese ödipalen Wünsche ging, erlebte sie einerseits eine besondere Zuwendung des Vaters, aber auch eine Überforderung durch sein Verhalten, der die Grenzen nicht klar einhalten konnte *(Überstimulierung)*. Die Mutter tolerierte dies, bzw. „lieferte sie an den Vater aus“. Theresa spürte, daß es sich hier um etwas Verbotenes, Peinliches handelte, für das sie die *Rache der Mutter fürchten* mußte. Der Mutter gegenüber erlebte sie sich als *unerwünschtes Kind.* Sie war die dritte Tochter und sollte eigentlich ein Junge werden. Die Mutter wurde kurz nach ihrer Geburt erneut schwanger und mußte lange Zeit im Bett liegen. Als sie 10 Monate alt war, kam ein Brüderchen zur Welt. Sie hatte die Phantasie, daß die Mutter sie eigentlich nie gewollt habe und sie loswerden wolle.

Jetzt wurde verständlich, warum die ersten Selbstverletzungen mit Beginn der Pubertät, also zu der Zeit, in der sich der kindliche zum weiblichen Körper entwickelt, auftraten. Die hiermit verbundene *Aktivierung der frühen ödipalen Konflikte* erlebte die Patientin als außerordentlich bedrohlich:

> ... die Menstruation brach plötzlich über mich herein. Mein Körper veränderte sich, was mir wie eine Vergewaltigung vorkam. Ich war nicht darauf vorbereitet, die Brüste und die Haare wuchsen. Ich wollte das nicht. Mein Körper sollte so sein wie früher.

Die Patientin hatte die Phantasie, daß alles, was mit Körper/Sexualität/Weiblichkeit zu tun hatte, etwas Teuflisches/Verbotenes sei:

> Da ist *ein Ungeheuer in meinem Bauch,* das sich selbständig macht und das mich *von innen zerfressen* will. Die *Gebärmutter ist ein Ungeheuer mit langen Greifarmen,* das in mir sein Unwesen treibt. Es muß *herausgeschnitten* werden. Die Vagina soll zugenäht werden, damit nichts mehr rein und nichts mehr raus kann. Die Brüste sollen *abgeschnitten* und die Haare abrasiert werden.

Bei diesen Phantasien ging es einerseits um die bereits beschriebene *masochistische Unterwerfung unter die Mutter.* Gleichermaßen ging es aber auch um die Phantasie eines *verinnerlichten, malignen, mütterlichen Introjekts,* dessen sie sich nur gewaltsam entledigen konnte. In ihrer Phantasie bedeutete jeder Versuch der *Trennung und Loslösung von der Mutter den Tod der Mutter oder aber ihren eigenen Tod. Die enge Verbindung mit der Mutter verunmöglichte aber gleichermaßen ein wirkliches Leben.* „Nur einer kann leben, entweder die Mutter oder ich.“

In der Übertragung zu mir wurde dies zunächst daran deutlich, daß sie sich, sobald es ihr gut ging, sie sich lebendig fühlte und sich verschiedene lebendige Impulse in ihr meldeten, und sie mir dies vermittelte, regelhaft anschließend verletzen mußte. Sie nahm sich dann so viel Blut ab, daß sie müde wurde und es ihr schwer fiel, sich viel zu bewegen, was sie eigentlich sehr gerne tat; sie ließ gewissermaßen die *als verboten erlebte Erregung, die Lebendigkeit,* in Form des Blutes aus sich herauslaufen und versicherte mir, daß sie sich doch eigentlich schwach und müde fühle und an nichts „Verbotenes" mehr denken könne. Gleichermaßen machte sie mir dadurch auch deutlich, „ich gehe nicht weg, ich bin eigentlich nur dir nahe". Indem dies zunehmend verstanden werden konnte, hörten die Selbstverletzungen fast vollständig auf.

In der nächsten Phase der Therapie kamen *sadistische* Impulse mir gegenüber stärker zum Ausdruck. Zum einen konnte sie zunehmend über ihre Phantasien, mich verletzen zu wollen, berichten; zum anderen begann eine Phase, in der sie mich durch verschiedene Verhaltensweisen regelrecht quälte. Sie schickte mir täglich Briefe, die sie mir auch an Sonntagen in den Briefkasten meiner Privatwohnung steckte; sie quälte mich mit teilweise 30–40 täglichen Telephonanrufen, die mich zwangen, entsprechende Maßnahmen zu ergreifen, um meiner Arbeit überhaupt nachgehen zu können. Sie beobachtete meine Wohnung und teilte mir mit, welche Kleidung ich an Tagen, an denen sie keine Stunden bei mir hatte, trug. In den Stunden versuchte sie mich manchmal mit zynisch-verletzenden Kommentaren zu *provozieren.* Gleichzeitig berichtete sie wiederholt davon, daß sie sich in Tagträumen vorstelle, wie sie mir ihren völlig *zerschnittenen Bauch* präsentierte. Nur in dieser Situation glaubte sie, *sich mir wirklich nahe fühlen* zu können. Diese Phase war für mich teilweise schwer zu ertragen. Ich bemerkte bei mir heftige Impulse, sie loswerden zu wollen wie eine lästige Klette, sie mit *aggressiven Deutungen* verletzen zu wollen, sie mir vom Hals halten zu wollen, sie endgültig aggressive zurückzuweisen.

Erst als ich verstehen konnte, daß es sich hierbei um ihren *unbewußten Impuls handelte, eine sadistische Zurückweisung meinerseits zu provozieren,* um sich mir dann *masochistisch unterwerfen* zu können, war es möglich, mit ihr zu bearbeiten, daß sie sich eine wirkliche Nähe zu mir eben nur in Form masochistischer Unterwerfung vorstellen konnte. Jetzt erinnert sie Situationen mit ihrer Mutter, wie sie deren Aufmerksamkeit und Zuwendung nur erringen konnte, wenn ihr etwas „ganz Schlimmes passiert war" oder wenn sie die Mutter so lange in *quälerisch-sadistischer Art bedrängte,* bis diese sie in ebenso sadistischer Weise zurückwies. Dann hatte sie das Gefühl, die Mutter im Innersten berührt zu haben, ein Gefühl in der Mutter hervorgerufen zu haben, was ihr in anderer Form nicht möglich erschien.

„Sie können sich nur vorstellen, mir wirklich nahe zu sein, wenn Sie sich mir, bzw. Ihren Körper in beschädigter, kranker, verletzter Form präsentieren."

„Ja, ich kann mir nicht vorstellen, Ihnen auf andere Art wirklich nahe zu sein. Wenn ich zu gut gedeihe, wenn ich wirklich gesund werde, werden Sie mich sicher wegschieben. Ich fühle mich sicherer und geborgener, wenn Sie wütend auf mich sind, als wenn Sie nett zu mir sind."

Indem diese Interaktionen und die damit verbundenen Phantasien bearbeitet werden konnten, vermochte sie von ihren quälerischen Aktionen Abstand zu nehmen und zunehmend in Form von Phantasien diesen Konflikten Ausdruck zu verleihen.

Soweit Dr. Eckhardts Fallbericht. Mir scheint, daß es sich auch hier darum handelte, die Intensität der Selbstverurteilung durchzuarbeiten, um einen Zugang zur Konfliktdynamik zu gewinnen und eine Lösung der manifesten Symptomatik zu erreichen.

9.3 *Zusammenfassung der früher geschilderten Dynamik*

In Anbetracht der allgemeinen Wichtigkeit der Frage der masochisichen Perversion lohnt es sich gerade wegen dieser Komplexität und der Schwierigkeit der analytischen Behandlung, nun einen Fall im Detail zu studieren, wo sich eine klar masochistische Charakterstruktur mit einer expliziten masochistischen Perversion zusammenfanden, überdies ein Fall, der in großer Tiefe untersucht worden ist und der selbst seine Analyse im ganzen als großen Erfolg ansieht. Ich habe schon ausgedehnte Ausschnitte aus dem früheren Verlauf dieser Analyse in *Die Flucht vor dem Gewissen* (in Kap. 6 unter dem Titel „Von Ithaka nach Golgatha", S. 183–193) und in *Die zerbrochene Wirklichkeit* (S. 129 f. und 317 f.), gegeben; ebenso wurde der Fall ausführlich im Jahrbuch der Psychoanalyse, Bd. 26, publiziert.

*

„Selbstmordpathologie, masochistische Perversionen, gewisse Formen der Hypochondrie und psychosomatischer Erkrankung sowie moralischer Masochismus haben miteinander eine *zugrundeliegende Phantasiestruktur* gemeinsam. Unseres Erachtens ist diese Phantasiestruktur das ‚Wesen des Masochismus' (Freud 1919, S. 209)" (Novick u. Novick 1987).

Tatsächlich konzentrierte sich im vorliegenden Fall, dem zu Beginn der Analyse 35jährigen Elasar, die meiste analytische Arbeit auf eine solche Zentralphantasie, die genau in *Flucht vor dem Gewissen* beschrieben wurde, v. a. aus kreuzigungsähnlichen Annagelungsszenen, Folterungen, Schlage- und Geißelthemen bestand und in Annahme durch die quälenden, als „phallisch" beschriebenen Frauengestalten endete. Dort wurde auch beschrieben, wie diese Zentralphantasie in eine masochistisch-anankastisch-narzißtische Charakterstruktur mit depressiven Zügen eingebettet und in einer Geschichte schwerer Traumatisierung (v. a. früher Kataraktoperationen, wiederholten Verlassenwerdens und Unfriedens daheim) verwurzelt war, zudem mit Symptomen ungenügender Sensitivität gegenüber Frau und Kind, explosiven Wutausbrüchen, Entfremdungsgefühlen und -zuständen und einem allgemeinen Gefühl des Ungenügens und der Unerfülltheit.

Die Analyse konnte nach 962 Stunden, knapp 6 Jahren, erfolgreich abgeschlossen werden. Seit Abschluß der Behandlung habe ich gelegentlich weiterhin von ihm gehört.

Aus platzökonomischen Gründen wird hier auf eine Wiederholung der in den früheren Büchern gegebenen Ausschnitten verzichtet. Die dort hauptsächlich dargestellten dynamischen Bezüge seien hier lediglich schlagworthaft zusammengefaßt:

> Wesentliche Themen der früheren Phasen der Analyse betrafen die Internalisierung des Traumas, dessen Wiederholung, damit die überwältigenden Affekte gemeistert werden können, und die Wendung der Aggression gegen das Selbst, die sein Verhalten des „äußerlichen Masochismus" wesentlich bestimmende Phantasie von der „Rettungsmission" gegenüber Frau und Mutter, sowie die sich auf die frühkindlichen Operationen „magische Umwandlung der Affekte und Verleugnung der Wahrnehmung".
>
> Eingehend wurden dort auch die verschiedenen Formen von „Spaltungen" geschildert; dazu muß jetzt theoretisch hinzugefügt werden: „Das aus Abwehrgründen idealisierte, allmächtige

und vollkommene Objekt oder Selbstobjekt muß sich mit einem defektiven oder schlechten Selbst verschmelzen und dieses stärken", bemerkt Helen Meyers[7]. Ähnlich beschreiben es die Novicks: „Wir fanden, daß alle Kinder in unserer Untersuchung mit ihrer Aggression so fertig wurden, daß sie jedes Anzeichen von Feindseligkeit zwischen sich und ihren Müttern verleugneten und sich stark darum bemühten, ein idealisiertes Bild von einer liebevollen und vollkommenen Mutter zu behalten. Das bedeutete auch die Verleugnung der Kastration der Mutter, welche von Bak (1968) als wichtiger Faktor in den Perversionen betrachtet wurde[8]."
Im Zusammenhang mit der Wandlung vom Odysseus- zum Christusmythos fanden wir: Wenn er sich in der Phantasie zur machtausübenden und demütigenden Frau verwandelt und wenn er sich in Realität seinem Sohne gegenüber zur Autorität aufschwingt, hat er sich vom Opfer seines Gewissens zum „Verfolger" verwandelt, hat die Passivität zur Aktivität gemacht. Er hat sich *mit seinem Über-Ich identifiziert und dessen Aggression wieder nach außen gewendet*. „Dieser Trieb, das Liebesobjekt zu bestrafen, beeindruckt mich als weit wichtiger denn das ‚Strafbedürfnis'", heißt es denn auch bei Berliner[9].
Die Bedeutung der Kernphantasie als Schuld und Entsühnung durch Selbstaufopferung wurde gerade auch wieder im Zusammenhang mit der Neid- und Ressentimentthematik herausgearbeitet: „Was ist die ursprüngliche Sünde, die ich immer wieder abzubüßen suche? ... Ich erinnere mich an ihre Wut auf Männer, ihre Distanz und Kühle den Männern gegenüber, und daß ich mich schuldig und beschämt gefühlt, selber einen Penis zu besitzen." Wie bei den anderen Patienten zuvor finden wir auch hier die Zentralität der *Angst vor dem Neid der anderen*, hier v. a. der Mutter und der Frau: „Was unfair ist: daß sie meinen Penis möchte. Und dort kommt die verletzte Unschuld herein: Warum sollte ich derjenige sein, der meinen aufgeben sollte? Es ist doch nicht meine Schuld." Auch wurde auf den unumgänglichen Verrat in den schweren Loyalitätskonflikten zuhause hingewiesen und damit das Verständnis für die Über-Ich-Angst vertieft.
Zu dem auch im Rest dieses Buches wichtigen Thema der doppelten Wirklichkeit zitiere ich aus den früheren Ausführungen, daß seine masochistische Phantasie nicht nur die Aufgabe besaß, den überwältigenden Affekten, namentlich von Schmerz, Trauer, Angst und Scham, entgegenzuwirken, sondern das Wissen der Penislosigkeit der Frau aufzuheben und ihm selber zu bestätigen, daß ihm zwar vielleicht alles andere weggenommen werden könne, alle Macht und Stärke und Männlichkeit, doch bestimmt nicht sein Penis. Sie bedeutet, daß er *in zwei Wirklichkeiten leben* muß – in einer *rationalen* mit der Annahme seiner eigenen Behinderung, der Verwundbarkeit seiner Augen wie seines Penis und des anatomischen Unterschiedes der Geschlechter, sowie in einer phantasiedurchwobenen, auf *Verleugnung* gebauten, innerhalb derer er seinem Neid nachgeben kann, sein Ressentiment über die Ungerechtigkeit tilgen, seine Rache befriedigen und sich dabei ständig versichern kann, daß er seinen Phallus behalten und jede Gefahr der Verstümmelung siegreich überwinden könne. Die daraus resultierende tiefe Angst, verlassen zu sein, allein zu bleiben, wird durch die Phantasie mitabgewehrt: *„Quäle mich, aber verlaß mich nicht; bestrafe mich und verzeih mir dann, und laß mich nie mehr allein."* Die Strafe wird zur „Straße der Vereinigung".

---

7 „The defensively idealized, omnipotent, all-good object or self-object is needed to merge with and shore up a defective or bad self" (Meyers 1988, S. 181).

8 „We found that all of the children in our sample dealt with their aggression by denying any sign of hostility between themselves and their mothers and struggled to maintain an idealized image of mother as loving and perfect. This included denial of the mother's castration, which Bak (1968) considered an important factor in perversions" (Novick & Novick 1987, S. 365).

9 „The violent claim for love gives the masochist the feeling that he has a right to punish his love object. This drive to punish the love object impresses me as much more important than the ‚need for punishment'" (1947, S. 466).

9.4 Die Zentralität und Erotisierung der Macht

Ein Sonderaspekt der Aggression ist *analer Trotz:* „Die Versuchung, in meine Hosen zu machen, muß groß gewesen sein, enorm. Es war der Trotz gegen meine Mutter, sie wütend zu machen.“ Dies taucht auf im Zusammenhang mit einer anderen, sehr wichtigen affektiven Erinnerung: „– *die Verbindung zwischen sexueller Erregung und Wut.* Ich erkenne deutlich mein Schwindelgefühl und die Erregtheit im Zusammenhang damit, wenn die Eltern miteinander oder mit meinem Bruder stritten. Es ist eine ‚hysterische‘ Abwehr gegen die Furcht und Angst . . . Das Schwindelgefühl (giddiness) erlaubte mir, mir selbst gegenüber es abzustreiten, daß vielleicht ich der ‚agent provocateur‘ war, was die Bestrafung rechtfertigen würde. Die Ursache davon [des Streites] zu sein gab mir ein Machtgefühl“ (842). „Ich habe eindeutig das Bild, daß ich ihren Streit kontrollierte, indem ich den einen gegen den anderen ausspielte, als Ausdruck meines Ärgers, und hernach die Verleugnung: meine unschuldige Belustigung über ihr Zanken“ (849). „Doch alle Wut und jeder Trotz waren schrecklich gefährlich, da meine Mutter so zerbrechlich schien. Ich würde sie über den Rand stoßen. Statt dessen mußte ich mir selbst Vorwürfe machen“ (856).

„Macht bringt mit sich Lust; die äußerste Lust ist Sex.“

„Oder umgekehrt: Sex gibt das äußerste Machtgefühl gegen die Hilflosigkeit.“

„Sex ist ein sehr kräftiges Narkotikum. Wenn alles so miserabel ist, dann besteht die einzige Macht in Sex.“

„Masturbation ist das letzte Trostmittel“ (858).

*

In diesem Zusammenhang fand ich einen Gedanken von Janine Chasseguet-Smirgel besonders einleuchtend. In Hinsicht auf Patienten mit einem „ungewöhnlichen Hang zum Trauma und zu innerer und äußerer Erregung“ behauptet sie:

> Meiner Ansicht nach müssen solche [Patienten] die *narzißtische Wunde,* die nicht beseitigt werden kann, in *sexuelle Erregung,* die entladen werden kann, verwandeln, wobei die Selbstachtung durch die begleitenden Phantasien der Rache, des Hasses und der Selbstbehauptung geschützt wird . . . Sexualität wird zum Hauptmittel, dank welchem der Selbstrespekt in einem triumphalen Sieg voll von Haß über das Primärobjekt bestätigt werden kann.[10]

In der Masturbation scheint mir eine spezielle Macht zu liegen: erstens kann man Befriedigung selbst zu einer Zeit erzielen, wenn Verzweiflung, Angst und überwältigendes Bloßgestellt- und Ausgeliefertsein bestehen; zweitens vermag man die Illusion herbeizuzaubern, als ob der andere wirklich und doch auch ideal in konkret erlebter Gegenwart da wäre; und drittens verändert sich der Körper selbst auf magische Weise

[10] „Those concerned, in my view, need to transform the *narcissistic wound* (which cannot be melted away) into *sexual excitation* which could be discharged, self-regard being preserved through the accompanying fantasies of revenge, hatred and self- affirmation . . . sexuality becomes the fundamental means by which self-respect is preserved in a triumphant victory full of hatred over the primary object“ (1988, S. 150, 151).

und, indem er mit machtvollen physiologischen Reaktionen antwortet, hilft er mit, vorübergehend die durch die Wirklichkeit bewirkte Unlust auszulöschen.

Im selben Sinne führt dies Stanley Coen in seiner Arbeit über die Sexualisierung als Abwehr (1981) aus:

> Masturbation kann die Illusionen allmächtig-magischer Manipulier-Fähigkeit bestärken. Die magische Manipulation seiner eigenen Genitalien durch den Masturbanten verwandelt diese von einem schlaffen Schlafzustand zum erregten, belebten, erekten Glied, das der Schwerkraft trotzt, und dies geschieht alles unter seiner eigenen Kontrolle und Direktion. Das Bild von der Wiederbelebung der Genitalien taugt als Versicherung dafür, daß das tote, fragmentierte Selbst oder das ausdruckslose oder tote Mutterbild zur Wiederauferstehung gebracht werden kann.[11]

9.5 *Analmasochistische Übertragung, die Frage der Allmacht und das Problem der Gegenübertragung*

Es gab manche Beispiele im Verlauf der Analyse von Elasar, wo er mich zur Verzweiflung zu bringen oder mich in Wut zu versetzen versuchte, wo er die Beziehung „entmenschlichte“ oder wo er mich in seine verschiedenen äußeren Konflikte zu verwickeln suchte. Ich muß allerdings hinzufügen, daß ich die bei ihm angetroffenen Schwierigkeiten geringer fand als bei manch anderen Patienten, deren schwere masochistische Charakterpathologie viel ausgesprochener als der manifeste sexuelle Masochismus, eben die Perversion war; ich denke sowohl an Albert wie an Thomas. In dem Sinne scheint es mir auch von der Seite her, als ob *die Perversion eine Art Schutzschild, eine sekundäre, aber recht wirksame Abwehr gegen die masochistische Charakterpathologie* bedeuten könnte.

Die Analyse selbst wird mit Ressentiment bedacht:

> Ich will Liebe, ohne dafür bezahlen zu müssen. Was ich will, ist Liebe, nicht Analyse. In der Hinsicht finde ich die Analyse unbefriedigend und enttäuschend. Gleichgültig, wieviel Analyse ich unternehmen werde, wird es am Ende unerfüllt sein. Ich fühle mich hier nicht geliebt (877).
>
> Das Maß der Wut und des Ressentiments über die Ungerechtigkeit ist so groß, und das Gefühl, ein Opfer zu sein, so tief, daß keine Analyse mich je davon befreien könnte (881).

In der Stunde nach einem kurzen Unterbruch während der Weihnachtstage (879) berichtet er in Detail mehrere Träume und gibt danach eine recht intellektualisierende „Deutung“ von ihnen. Nach etwa 20 min unterbreche ich ihn, indem ich bemerke,

---

[11] „Masturbation may enhance illusions of omnipotent ability for magical manipulation. The masturbator's magical manipulation of his own genitals transforms them from a limp, dormant state into an excited, alive, erect, gravity-defying one, all under his own control and direction. The image of the genitals coming to life may serve as reassurance that the dead, fragmented self or inert or dead maternal imago can be resurrected“ (S. 914).

daß wir nichts darüber vernommen haben, was sich in den 5 Tagen seit unserer letzten Stunde ereignet habe und daß es mich an jenes Bild vom Anfang der Analyse erinnere, wo er abgelöst von der Erde in 30000 Fuß Höhe als Beobachter schwebe. Er antwortet äußerst ungehalten, daß dies, nämlich die Gefühle in den Träumen, das für ihn Wichtige sei. Er und seine Frau haben an den Feiertagen Verwandte von ihr besucht, doch sei dies absolut unwichtig und langweilig.

In den darauffolgenden Stunden verstärkt sich sein Zorn. Es sei nun etwa an der Zeit, die Analyse abzubrechen; es koche eine solche Wut in ihm, daß er ihr nicht begegnen möchte. Wenigstens sei er froh, daß er sich entschlossen habe, die Stunden nach Neujahr auf 3mal wöchentlich zurückzuschneiden. Ich drückte wie schon früher mein Unbehagen darüber aus, aber stimmte bei, daß wir uns früher darauf geeinigt hatten und bestätigte, auf seine Frage hin, daß die 4. Stunde, wenigstens zur früheren Zeit, nicht mehr frei sei. Er beklagt sich darüber, daß, was er wirklich wolle, sei, geliebt und angenommen zu werden und

> das Gefühl zu bekommen, daß ich die bedeutsamste (greatest) Person sei, die je gelebt habe. Ich will angenommen und respektiert und bewundert und geliebt werden. Ich fühlte nie, daß meine Mutter mich wirklich respektierte oder liebte oder viel von mir hielt. Und in ihrer Familie hing die Scham wie eine Hülle (pall) über allem. Daß meine Mutter diesen Nebbich geheiratet hatte, auf den sie nie stolz sein konnte! Das beherrschte alles – die Scham, die sie übereinander empfanden. Und sie empfand die auch über mich. Das schmerzt zu sehr, und erregt soviel Wut ... Deshalb möchte ich einzigartig sein für Sie. Es ist schwierig, meine Furcht vor Ihnen zu überwinden – Sie zu sehen, ohne an den Großvater gemahnt zu sein. Er konnte einen herabsetzen ... Wütend, mich irgendwelchen Beschränkungen oder Kontrollen zu unterziehen ...

Er kommt in die letzte Stunde des Jahres, Freitag (882), mit viel Ressentiment:

„Heute morgen bin ich besonders böse auf Sie – daß ich mich der Kontrolle über diese Analyse unterwerfen muß. Daß Sie ein eingebildeter Geck (pompous ass) sind und daß ich drauslaufen möchte. Daß ich mit Ihnen nicht arbeiten kann. Aber das wäre wirkungslos, es wäre ein Wegrennen von der Analyse. Und deshalb bin ich hier: meiner Wut die Stirne zu bieten und es mit Ihnen auszufechten. Es ist eine Frage der Kontrolle. Das ärgerte mich Dienstag, daß Sie mich kritisierten, weil ich über die Träume sprach und nicht über das Wochenende. Ich kann Sie nie zufriedenstellen. Wenn ich über ein Ding spreche, wollen Sie, daß ich über etwas anderes rede. Wenn dies Ihre Analyse sein soll, so sagen Sie mir das! Entweder Sie oder ich! Ich ärgere mich über den Kampf. Ich hege ein tiefes Ressentiment darüber, daß ich nicht haben kann, was ich will –“

„– [darüber], wer Ihre Ausscheidung (bowels) kontrolliert –“

„Ich finde das auch, es ist auf einem so tiefen Grund (elemental level). Ich dachte über die Änderung des Stundenplans. Ich fand es trefflich, es macht mein Leben weniger hektisch. Und doch habe ich auch ein Mißbehagen darüber [über die Herabsetzung der Stunden]. Es ist erschöpfend. Ich ärgere mich (resent), daß ich so wenig Zeit für mich selbst habe. Und doch muß ich diesen Ärger konfrontieren, statt von ihm und von Ihnen wegzurennen. Es hat geholfen, aber ich fühle mich noch immer unbehaglich mit Ihnen. Da besteht die tiefe Identifizierung von Ihnen mit meinem Großvater – einem Mann, der nicht mit der Realität verbunden ist, dem ich grolle, da er mich zu kontrollieren sucht und selbst nicht die Realität kennt. So war mein Großvater. Er hielt sich abseits, und doch war er ein erfolgreicher Geschäftsmann, ein wirkungsvoller Manager und ein guter Zuhörer, aber sehr reserviert. Und das sind Sie auch. Und Sie sind eingebildet, Sie haben keinen Kontakt mit Leuten auf einer Arbeitsgrundlage oder müssen nicht mit der Bürokratie umgehen oder mit Verwaltungskonflikten. Sie sind sehr theoretisch, genau wie mein Vater, der es wie die Pest vermied, sich mit Alltagskonflikten auseinanderzusetzen. Deshalb sträube ich mich so heftig gegen alles Theoretische, obgleich ich selbst dazu neige zu intellektualisieren, um meine Konflikte zu vermeiden. Doch die Theorie ist keine Lösung. Ich bin besessen vom Praktischen, und darum verließ ich das Akademische ..."

An dem Punkt kehre ich zur Dienstagsstunde zurück und lese ihm die hauptsächlichen Assoziationen vor, um ihm deren theoretischen Charakter vorzuführen.

„Das war meine Reaktion auf den Traum; es war ein sehr intensiver Traum, sehr erregend, wirklicher als alles, was geschehen war. Er war das Realste jener 5 Tage. Und wie Sie es mir eben jetzt wieder vorlasen, empfand ich dasselbe wieder. Und es macht mich so wütend, daß Sie sich darin einmischen, daß Sie *mir die Realität abstreiten,* daß Sie mir sagen können: ‚Dies ist unwichtig!' "

„Was bedeutet: ‚Das, was wirklich ist für mich, ist, was ich träume und phantasiere, nicht die äußere Wirklichkeit'."

„Genau! Jener Traum bedeutete für mich mehr als die anderen 5 Tage. Jene 5 Tage *waren nicht wirklich,* sie waren langweilig, unerfreulich."

„Es fügt sich dem ein, was Sie gestern sagten: ‚Ich will der bedeutendste Mann sein.' Die Realität abzuschaffen für eine Phantasie der Allmacht."

„Ich verstehe Sie nicht."

„‚Jene 5 Tage waren nicht real –' "

„Wie im Traum?"

„Nicht *im* Traum, sondern wie Sie *mit* dem Traum umgingen: der *Traum ist die Wirklichkeit, und die 5 Tage zählen nicht, sie sind nicht wirklich.* Dies ist sehr wichtig."

„Das macht für mich gar keinen Sinn."

„Es ist etwas, das wir nie wirklich zuvor angegangen haben: wie die *Phantasie aufgestellt wird, um das, was Sie sahen, außer Kraft zu setzen und durch einen Traum zu ersetzen.*"

Verärgert erwidert er, ich versuche ihn zu kontrollieren, ihm zu sagen, was er fühlen solle; er kenne sehr wohl den Unterschied zwischen Wirklichkeit und Wunsch, und sicherlich wolle er der Realität entrinnen, aber es mache ihn zornig, daß ich ihm einrede, was wichtig sei und was nicht.

„Nicht, daß das eine nicht wichtig war," sage ich, „sondern ich versuchte darauf hinzuweisen, daß die *Allmachtsphantasie* einen *bedeutenden Schutz* darstelle, und zwar als Teil der masochistischen Phantasie: daß Frauen wirklich doch einen Penis besäßen und daß Schmerz wirklich doch Lust wäre."

„Das kann ich nun annehmen, das macht Sinn. Gewiß gibt es ein Element der Allmacht darin; ich will das kontrollieren."

*

Es ist hier besonders deutlich geworden, wie die erste Form der Deutung, die sich direkt auf seine Allmachtsphantasie, auf seine Ausschaltung der Wirklichkeit, also auf seinen Narzißmus bezog, als Vorwurf erlebt und mit steigendem Ärger abgelehnt wurde. Erst deren *Deutung als Abwehr gegen Angst,* die Deutung des ganzen Konflikts also, eröffnete sich der Einsicht und Annahme. Die erste Form der Deutung war ein Fehler, ein Ausagieren meiner eigenen Gegenübertragung, der Ungeduld, des Besserwissens, des Ärgers über die so oft schon durchgearbeitete Abwehr der Intellektualisierung, auch meines Wunsches, die mir aufdämmernde Verbindung zwischen masochistischer Phänomenologie und den narzißtischen Elementen in der Dynamik Nachdruck zu verleihen. Diese *direkte Triebdeutung* steigerte den Widerstand. Dem Wutausbruch *in der Übertragung* messe ich selbst dabei nur geringe wirksame (mutative) Bedeutung bei. Das Entscheidende war es, zum zugrundeliegenden Konflikt durchzustoßen.

In diesem Zusammenhang möchte ich hier kurz meine Ansicht zur Frage der *Gegenübertragung* einflechten, da ich gerade an diesem Punkt der Fallschilderung mehrfach darüber befragt oder angesprochen wurde (u. a. von Prof. Körner und Dr. E. Daser) – um so mehr, da ich oft vor der unkritischen Anwendung dieses Konzepts sowohl in theoretischer wie in praktischer Hinsicht gewarnt habe.

Natürlich spielt die Gegenübertragung eine große Rolle – theoretisch und praktisch. Aber ich glaube, auch dieser Begriff ist, wie so viele andere, heute weit überdehnt worden, um nun auch solche wichtigen Vorgänge oder Haltungen wie Takt, Verständnis, Einfühlungsvermögen, Intuition, alle die durch die Vorgänge in der Analyse oder Psychotherapie geweckten Phantasien mit zu umfassen, – Phantasien und Affekte, die überaus idiosynkratisch sein können und weit mehr mit den eigenen Problemen, den „Komplexen" des Therapeuten zu tun haben können, als daß sie notwendigerweise einen verläßlichen Wegweiser für die Arbeit abgeben müßten.

Ich selber spreche lieber von Gegenübertragung erst dann, wenn eben diese Affekte und Phantasien verzerrend, störend eingreifen, wie mir das bei Elasar an dem erreichten Punkt geschehen ist. Natürlich spielen alle die anderen, heute oft unter dem gleichen Begriff gesammelten Faktoren, die ich eben angeführt habe, in jeder Therapie eine bedeutsame Rolle, aber müssen, so scheint es mir, stets von dem prüfenden Ich gesichtet und daraufhin beurteilt werden, inwieweit diese dem Patienten gerecht werden und v. a. auch der uns gesetzten Aufgabe helfen oder diese hindern, oder aber ob sie vorwiegend aus den eigenen inneren, vorbewußten oder unbewußten, Konflikten stammen, die durch das Material in oder außerhalb der Stunde mobilisiert worden sind.

Meine Warnung ist also einfach diese: Die unter dem Begriff im weitesten Sinne heute umfaßten Aspekte des Innenlebens des Therapeuten geben nicht mehr als Hinweise, Möglichkeiten des Verstehens und sind kein Orakel. Sie müssen immer kritisch, cum grano salis, gebraucht werden. Die Gegenübertragung im engeren Sinne, wie ich den Begriff eben selbst gebraucht habe, ist eine störende Reaktion, die Auskunft sowohl über meine Probleme wie auch über die mögliche Provokation durch den Patienten geben kann. Aber auch hier muß man sehr vorsichtig sein und sich davor hüten, sie einfach als direkte Spiegelung der Dynamik des Patienten anzunehmen. Das Wichtige ist für mich immer die genaue, sorgfältige Arbeit an den Konflikten des Patienten.

So viele gute klinische Beispiele für die gelungene Anwendung der Gegenübertragung haben meiner Ansicht nach nichts mit Gegenübertragung, aber viel mit allgemeinem Einfühlsvermögen und der Fähigkeit zu tun, treffende Metaphern zu finden, mit denen Beobachtung und Einfühlung in taktvoller Weise vermittelt werden. Damit ist es vielleicht am ehesten das, was Aristoteles als die Gabe des guten Dichters beschrieben hat.

*

Wieder zurück zu Elasar:

Ich fuhr fort: „Und wie ganz spezifisch die masochistische Phantasie sich einstellte, um durch Ihre Macht Ihre Mutter zu erretten, vielleicht ihr in ihrer Depression zu helfen . . ."

„Es war ein verunglückter Rettungsversuch. Und jetzt wollte ich Sie provozieren, mich aus der Analyse zu werfen. Und dann könnte ich wütend auf Sie sein. Der verunglückte (failed) Versuch, Sie zu provozieren, ist wie der verunglückte Versuch, jemanden aus ihrer Depression herauszureißen, sie zu ärgern, ihre Aufmerksamkeit auf mich zu ziehen: wenn nicht in Freundlichkeit, dann wenigstens in Ärger."

„Und daß auch das Verlangen nach der Herabsetzung der Stundenzahl, zusätzlich zu den Realitätsfaktoren, diese Bedeutung gehabt hätte?"

„Das denke ich auch. Es war eine Provozierung. Ich kam mit objektiven Faktoren, als ich auf Sie böse war, mit dem Ressentiment über das Ausmaß der Arbeit und meine Übermüdung, und doch diente es dazu, das masochistische Szenario neu zu inszenieren." Dann kommt er auf das masochistische Sexualspiel mit seiner Frau zu sprechen – „wir drohen einander zu schlagen, wir binden einander fest, beißen uns, zwingen den andern zu Boden und kitzeln uns, aber am meisten das Binden, die Drohung von Gewalt ohne wirkliche Gewalt."

Ich deute: „‚Und wenn ich sie in Wut bringe und sie schlägt mich, dann wird alles wieder gut.' "

„Und das bringt mich zurück zur Frage der Allmacht: daß ich sie rettete und sie mich liebte. Es war eine selbstbezogene Phantasie."

„Es bezieht sich auf Ihre Frau wie auf Ihre Mutter."

Die nächste Stunde (883) äußert er wieder Ärger darüber, daß ich „Schlußfolgerungen über Allmacht" ziehe. Er fügt hinzu: „Ich muß Sie nicht lieben oder gern haben, um mit Ihnen arbeiten zu können. Ich fühle mich nicht sehr liebevoll Ihnen gegenüber, aber auch nicht voll Haß. Ich verachte Sie auch nicht mehr so sehr."

„Verachten?"

„Als eine Abwehr gegen Furcht."

„Vielleicht sollen wir zuerst sehen, was das Verachten beinhaltet, ehe wir uns mit dem Deuten beeilen."

„Ich weiß nicht, was ich damit anfangen soll."

„Wir wollen sehen, was Sie damit meinen."

„Ich weiß nicht – es sind Worte, die mir nichts bedeuten; sie werden nur für Ton und Wirkung hingesprochen."

„Worte zu gebrauchen, um Wirklichkeit zu schaffen, wenn sie nicht besteht – ist das nicht die Allmacht, über die wir uns unterhalten haben?"

„Ja, das ist wahr. Ich tue das gern, das ist sehr wahr. Ich tue das an meiner Arbeit: ich *schaffe Wirklichkeit, die nicht besteht.* Ob es wahrhaftig ist oder nicht, wird eine legale Frage. Ich bin ein ‚spin-doctor' (Redekünstler), und habe Freude daran: Illusionen zu schaffen. Das ist eine Form der Kontrolle. Tatsachen sind nicht unveränderlich; sie finden sich vor, um gedeutet zu werden. Das wird auch von der modernen Philosophie gestützt, von Phänomenologie, der Konstruktion der Wahrnehmung ... Das ist meine Faszination mit Schreiben und Literatur: ein Schaffen von Illusion, einer neuen Realität. Ich bin der gleichen Meinung wie Sie, daß ich gerne Realität erschaffe. Die Frage, die mir nicht klar ist: Was ist daran denn pathologisch? Was ist daran falsch? Warum müßte es auch moralisch falsch sein? Vielleicht ist dies schon selbst pathologisch, daß mir dies nicht klar ist."

„Es ist schwierig im menschlichen Gespräch, wenn der Sinn der Worte einfach nach Belieben geändert wird, wie in *Alice in Wonderland:* ‚Ich verordne, was es bedeutet!' Wie es eben geschah in Hinsicht auf ‚Verachten'."

„Das ist etwas Zentrales. Ich verstehe nicht, wie man Einverständnis zwischen Leuten erreichen kann. Das scheint mir magisch zu sein, es reizt mich. Diese Gleichgültigkeit über Reden, der Zynismus über Sprache. Wie bei meinen Eltern: ihr Mangel an Aussprache. So ist es zwischen Ihnen und mir, das Problem der Kommunikation. Ich verstehe es nicht."

„Wir hatten ein Beispiel dafür früh in der Analyse in bezug auf das Honorar." Er stimmt dem zu.

Dies bezieht sich darauf, daß ich zu Beginn der Analyse mit einer beträchtlichen Herabsetzung meines Honorars einverstanden war, da ich Rücksicht auf sein eigenes eher mäßiges Einkommen, auf die Ausgaben für die Therapie seiner Frau und die Wiederaufnahme ihrer Collegestudien und für die Kollegiengelder seines Sohnes in der Privatschule nahm. Tatsächlich schien die Analyse nur möglich, da sein ältester Halbbruder, ein sehr erfolgreicher Geschäftsmann, ihn zusätzlich in der Therapie unterstützte, da er selbst viele Jahre in Analyse gegangen sei. Erst viel später, vielleicht 2–3 Jahre nach Beginn stellte sich heraus, was der Patient vor mir verheimlicht hatte: daß er von seinem Großvater ein beachtliches Vermögen ererbt hatte, das er für Zeiten wirklichen Bedürfnisses aufsparen und daran er nicht rühren wollte. Damals bemerkte ich, daß nun wohl die Zeit wirklichen Bedürfnisses gekommen sei.

*

„Als ich erwähnte, daß ich Sie verachte, hatte ich jenes Gefühl vielleicht nur für einen Moment. Liebe und Verachtung finden sich fast Rücken zu Rücken. Die Worte mit Gefühlen festzunageln – sobald ich sie ausspreche, existieren sie schon nicht mehr. Es *ist* wie *Alice in Wonderland:* ‚Was meinte ich damit?' "

„Ist dies nicht ähnlich dem, was Sie am Freitag sagten: ‚Was ich träume und phantasiere ist wirklich für mich, nicht die äußere Wirklichkeit. Diese 5 Tage waren nicht wirklich, da sie langweilig und unangenehm waren'?"

„Ich weiß nicht. Ich sehe darin nichts Falsches oder Ungewöhnliches ... Ich muß viel Realität verleugnen, aber alle anderen tun das ebenfalls, um leben zu können, um am Morgen aufstehen zu können ... Ich bin einverstanden, daß ich die Realität manipuliere, daß ich die Wirklichkeit verzerre ... Ich kann der absoluten Realität nicht ins Gesicht sehen ..."

„Was Sie ausdrücken: *‚Ich litt unter soviel Angst, ich fühlte mich so hilflos, daß ich jener Allmachtsphantasien bedurfte,* um vieles abzustreiten, was ich wußte und fühlte.‘ “

„Das macht sehr viel Sinn. Ich weiß eine Sache: daß Realität sehr verwirrend ist, sehr plastisch, sehr formbar und flexibel. Für mich sind Tatsachen nicht unveränderlich. Das hat mit der intellektuellen Tradition, in der ich aufgewachsen bin, zu tun. Für meinen Vater als Rechtsanwalt hieß es wohl: ‚Realität ist, was ein gutes Argument von ihr behauptet.‘ Und steht es nicht im *Theaitetos:* ‚Was ist Wissen?‘ Es ist höchstens die richtige Meinung. Es ist eine legalistische Sicht der Wirklichkeit, Löcher in den Maschen zu finden, Spielraum, denn niemand weiß, was real ist: ‚Wirklich ist das, von dem wir sagen, es sei wirklich, oder wofür wir das Einverständnis von allen gewinnen können‘ ... Vielleicht wurde ich so erzogen, daß ich verleugnen mußte, was ich sah. Das ist die Anziehung der Philosophie, daß Philosophen allmächtig sein können: sie vermögen Wirklichkeiten zu erschaffen ...“

Wir kehren zum „Verachten“ zurück: „Für mich ist es die Verwirrung, die mich so stört (upsetting). Die Verachtung für alles Dauerhafte oder Behauptungen der Realität oder Wahrheit.“

„Verwirrung?“

„Daß meine Gefühle und Wahrnehmungen verwirrt sind, daß die Welt ganz und gar im Fluß ist und unstabil und sehr beängstigend.“

„Und dann brauchen Sie Worte, um Sicherheit zu schaffen.“

„Ganz genau! Wie Gott!“

„*‚Yehi or wajehi or!‘* “ [Es werde Licht, und es ward Licht!]

„Genau!“

Wiederum spricht er in der Stunde darauf (884) darüber, wie er mich mit seinem Großvater verwechsle, wie er den Ärger und die Scham ihm gegenüber bei mir wiederhole.

„Doch schäme ich mich nicht darüber, daß ich jene *Allmachtsphantasien* habe.“

„Eher das Gegenteil: *Diese schützen Sie gegen Scham,* wie sie Sie gegen *Angst und Hilflosigkeit* beschützen.“

„Ihr Besitz ist nicht Böses; er ist interessant, und ich möchte ihn in künstlerische Form verwandeln. Was mich stört, ist, wie es hier zu einem Machtkampf entartet ist: Wessen Sicht der Wirklichkeit wird siegen, Ihre oder meine? In Bezug auf jene Träume oder die Ereignisse des Wochenendes, was real und wichtig sei.“

„Sie bemerken die Verschiebung (shift): vom Versuch, es als Konflikt anzusehen – wie Sie die Träume als einen Schutz brauchten gegen die schmerzliche Seite davon, was Sie erlebten – zu einer Frage von Autorität und Druckausübung (imposition)?“

„Ich verstehe nicht, was Sie meinen.“

„Daß die Frage selbst zu einem masochistischen Zweck verwendet wird: wobei Sie das Opfer sind und ich der Tyrann bin. Daß es sich nicht so verhielt, daß ich Sie auf den Konflikt aufmerksam zu machen versuchte, sondern Ihnen meine Sicht der Wirklichkeit aufzwang.“

„Ich bin einverstanden. Ich antwortete auf eine paranoide Weise.“

„Auch dies ist schon so verurteilend (judgmental), daß es schon wieder zurück im masochistischen Feld (court) ist."

„Gar nicht so. Es ist eine Weise, mich zu verteidigen, wie mein Vater ... Ich bin ganz verwirrt von all dem. Es erinnert mich sehr an meine Familie, wo Gefühle, die ich nicht fassen kann, ganz rasch herumwirbeln. Das ganze Haus verleugnen wollen! Eine Seuche auf alle drei Häuser!"

„Und die Wirklichkeit zu definieren, um einen Anker in dem Wirbel zu haben. Was schließlich zur masochistischen Phantasie wurde: die Wirklichkeit auf eine erträglichere Weise neu zu bestimmen."

Er behauptet wieder, es sei ihm, als ob ich ihm meine Realität auferlegte, obwohl er wisse, dies sei nicht der Fall. Ich versuche, es zu klären: „Es ist eher so, daß dies eine Realität ist, die wir gemeinsam haben und die Sie anerkennen. Daneben gibt es aber eine andere, eingekapselte Realität, in der die Frauen einen Penis besitzen, wo Schmerz dasselbe wie Lust ist, und wo Quälen Liebe bedeutet. Und es ist diese zweite Wirklichkeit, die die masochistische Phantasie beherrscht."

„Und das ist die Realität, in der ich einst machtlos war und wo ich jetzt besessen bin mit Macht. Dies ist so mit der masochistischen Phantasie, daß alle Transformationen für das eine Ziel bestehen: daß *ich als das Opfer der bin, der die Macht ausübt* (controlling). Und Ihr Punkt ist der, daß diese Phantasie von Kontrolle und Allmacht auf manche Art und Weise ausgelebt wird, wovon ich nicht gewahr bin. Ich nehme dies an, ich bestreite den Vorschlag nicht. Gestört hat mich nur, daß ich den Eindruck gewann, Sie klagten mich an, ich sei wie die Leute, die ich verachte – mein Großvater, mein Onkel, mein Vater, alle jene, die ihre Allmachtsphantasie, ihre Wahrnehmung mir aufzuzwingen suchten."

„Und Ihr Bruder, und Ihre Mutter. Sie vielleicht am meisten."

„Was meinen Sie damit?"

„Völlig Ihre Realität und Ihre Bedürfnisse zu verleugnen – Ihre Verleugnung der Realität ist eine Antwort darauf, daß Ihre Wirklichkeit und Bedürfnisse nicht gesehen wurden."

„Ich bin einverstanden. Und daher das Abschneiden aller Gefühle. Das zu tun war etwas ganz Natürliches."

„Als Selbstschutz ...: ‚Wenn es wahr ist, daß Schmerz Lust und Quälerei Liebe ist, dann kann ich mich davon überzeugen: Meine Mutter liebt mich trotzdem.'"

„Es ist mir noch immer nicht konkret genug, um sinnvoll zu sein. Daß mein Leben viel Schmerz barg und daß ich ihn in Lust verwandeln mußte, und daß ich die zürnende Frau zum Werkzeug der Liebe statt des Leidens zu machen suchte – das verstehe ich. Aber wie diese Umwandlung zustande kam, verstehe ich noch nicht wirklich."

„Sie haben es eben getan."

„Das sind Worte, nicht Gefühle."

9.6 Der Wiederholungszwang als Szenario von Bestrafung und Liebe

Am Ende der folgenden Stunde betont er wieder die Rolle seines Ressentiments. Es sei, als ob ihn seine Mutter, die er über das Wochenende besucht hatte, ihn seines echten Leidens dadurch beraubte, daß sie ihre Plagen des Alters dazu verwende, das Opfer zu spielen und dadurch Macht auszuüben. Er schließt:

„Sie haben Recht: es gibt berechtigten Ärger. Und in der Phantasie dient meine Rolle als Opfer der Verleugnung dieser Wut, einer Verleugnung, daß sie Schmerz zufügen könnte, daß ich die Macht hatte zu quälen, und daß ich dafür verantwortlich sein könnte – daß ich auf Blut ausgehe. Ich übernehme keine Verantwortung für meine Wut. Es ist eine Phantasie der Zerstörung."

Und in der folgenden Stunde (886): „Diese Beschäftigung mit der Opferstellung besteht darum, daß ich es vermeide, angeschuldigt zu werden. Ich tat dies, da jedermann sonst immer so freizügig damit war, Vorwürfe auszuteilen." Aber mehr: „Wie kann ich auf sie böse sein, wenn sie schon so verwundet ist? Dann tadle ich mich selbst für die Wut, denn mit gutem Gewissen kann ich sie doch nicht anschuldigen. Ich wollte sie aus Wut, aus Rachsucht, in einem großen Schwall von Zorn beschuldigen. Doch der einzige Ort, gegen den ich das alles richten konnte, war ich selbst. Und ich konnte mich nicht dazu bringen, Ihnen Vorwürfe zu machen."

„Das Wenden gegen Sie selbst. Das ist die eine Hälfte. Und die andere Hälfte ist, daß Liebe und Sexualität und Sinnlichkeit ganz eng mit Schmerz verknüpft sind – daß dies die einzige Liebe ist."

„Dazu wollte ich kommen. In dem Begehren, die Wut auszudrücken, jener Schwall des Zornes, der ist mit Sex verknüpft. Beide haben dasselbe Moment der Klimax, Geschlechtswunsch und Wut; sie sind ganz parallel – als ob das gleiche Aufwallen sich in den beiden Gefühlen kundtäte: in Jähzorn und in sexueller Befriedigung."

„Wo der eine Befriedigung finden *kann,* und der andere nicht."

„Nein – der eine im anderen."

„Was ich meinte: Sie fühlen sich hilflos und wutentbrannt. Doch selbst wenn Sie es [den Rachewunsch] in der Phantasie befriedigten, wäre es doch *nur* in Phantasie, und es gäbe immer noch zuviel Schuld dabei. Mit dem Geschlechtswunsch ist es nicht so. Und die Angst, die mit all diesen machtvollen Aggressionen einhergeht, die Furcht vor der Bestrafung, kann durch die Masturbation beschwichtigt werden."

„Sicher! Aber ich meine doch: *die Aggression selbst wird sexuell ausgedrückt.* Das ist doch der ganze Punkt. Mir ist das völlig klar. Die masochistische Phantasie ist klare Aggression, eine böse, rachelüsterne Phantasie, und die löst sich in der Masturbation auf, und damit auch die Angst ... Diese Phantasie kann ich haben, ohne ängstlich zu werden ... Ich bin nun recht gewiß davon: daß diese ganze Abwehrstruktur aus der Wut über die Situation erwuchs: alle verhielten sich, als ob sie selber Opfer wären, keiner nahm Verantwortung auf sich."

„Während man dabei gleichzeitig sehr selbstbezogen und fern war."

„Niemand antwortete darauf, daß ich ein Opfer war. Ich war das Opfer all dieser Opfer."

„Und wie tief das Ressentiment in diesem Opfertum sein muß!“

„Und das Ressentiment mit der Passivität und doch die Faszination damit – das spielt sich in der Phantasie aus, doch in verkehrter Form: Die Frau, die passiv und das Opfer im wirklichen Leben ist, wird in der Phantasie zur Quälerin (victimizer) ... Dadurch daß ich mich selbst zum Opfer mache, kann ich mich von aller Schuld befreien? ... Die Verzeihung, das Ablehnen aller Verantwortlichkeit, die Erfüllung des Wunsches, von einer aktiven, liebenden Mutter angenommen zu werden.“

„Das ist entscheidend: *sie von jemandem, der Sie zum Opfer macht, in eine aktive, liebende Mutter zu verwandeln.* Das ist ja das typische innere Szenario.“

„Das stimmt. Und es befähigt mich, die Welt zu kontrollieren, denn ich erhalte, was ich will: Befreiung von der Schuld, Lust –“

„– und Liebe“

„– und Herrschaft (domination): daß ich all das orchestrieren und kontrollieren kann.“

„Und all dies ist möglich dank der *Verleugnung der Wirklichkeit,* all das, *was so traumatisch war, ungeschehen zu machen.*“

„Daran besteht kein Zweifel ... Es ist ein innerer Zwang (compulsive need), wieder und wieder dies Szenario von Bestrafung und Liebe zu wiederholen, in einer verzweifelten Suche nach beständiger Liebe, und das ebenso zwingende Bedürfnis, mich zu bestrafen. Dies scheint mir das *Wesen meines Masochismus* zu sein: das Ziel kann nur dann erreicht werden, wenn ich die Realität umdrehe (twist around), indem ich *Schmerz in Lust verwandle* (convert) –“

„ – und *Hilflosigkeit in Macht, und Qual in Liebe*“

„ – und *Passivität in Aktion*“

„ – und *Rache in orgastische Vereinigung.*“

Es ist ebenfalls einleuchtend, daß, wenn die Wut global ist und die Wünsche für Rache und Zerstörung allmächtig sind, dann auch die Bestrafung dafür total sein muß. Und, wie er hinzufügt, „die *Allmacht ist in Proportion zur Hilflosigkeit.* Es ist ein napoleonischer Komplex – die Hybris, für die ich bestraft werden muß. Aber ich fühle das Grauen der Hilflosigkeit nicht.“

„Ich glaube, die Schärfe der innerlichen Bestrafung sperrt die Größe sowohl des Grauens wie des Allmachtswunsches ab (blocks off).“

9.7 *Notwendige und zureichende Bedingungen für die Kernphantasie*

In der 889. Stunde: „Es dämmerte mir endlich, in Hinsicht auf die Allmachtsphantasie, daß es einen Übergang (shift) gibt von einer Phantasie der Bestrafung zur Kernphantasie, wo ich *Schmerz in Lust verwandle – der Traum des Alchemisten* –“

„*– und Einsamkeit in Liebe, und Scham in Gehobenheit und Bewunderung.*“

„Richtig.“

„Und *Verwerfung in Annahme.* Und ich denke, dies ist die Hauptbedeutung der Phantasie."

„Ich glaube das auch. Doch warum diese Methode? Ich verstehe es nicht, es sei denn, dies ist die Weise, wie ich mit der Wut und dem Ressentiment zuschlage komme, nämlich, daß ich sie gegen mich selbst wende, als Teil davon."

„Und dasselbe mit der Rache. Dies ist die zweite notwendige Bedingung dafür [für den Masochismus], [neben jener Kombination von Verleugnung und Wendung zum Gegenteil als dem ersten Faktor, der in der Prämisse der Allmacht begründet ist]. Und die dritte ist, wie wir erkannt haben: wie die Hilflosigkeit zur Phantasie von Rache und Macht führt und wie diese dann in eine sexuelle Phantasie verwandelt und erst dadurch dann befriedigt werden kann."

„Ich würde das so sagen."

„Und eine vierte Bedingung, ebenfalls verwurzelt in der Prämisse der Allmacht, ist die Rettungsphatasie: ‚Ich kann Frau, Mutter, Vater aus ihrer Depression herausziehen; wenn ich wie Christus bin, wenn ich leide, dann vermag ich meine Mutter zu erlösen." (Wie er etwas später, 891, hinzufügen sollte: „die hilflose Mutter zur mächtigen verwandeln, und wichtiger: die lieblose, ferne Mutter zur liebend beschützenden".)

Nach einigen groben Ausdrücken der Wut gegen eine ältere Mitarbeiterin, die sich in seine schriftliche Arbeit eingemischt hatte – „ich hätte sie an ihren Brustwarzen aufhängen können" – bemerkt er: „Das Verbindende zwischen allen 4 Bedingungen ist, allmächtig zu sein, in Kontrolle zu sein, im Zentrum." Er bezieht sich auf Träume mörderischer Wut – „aufregend, aber auch sehr beängstigend". Und er fügt hinzu: „Mit der Macht geht die Verantwortlichkeit."

„Deshalb die Intensität der Bestrafung."

„Dies ist die fünfte Bedingung. Es besteht eine notwendige Symmetrie" – eine Art von Isomorphismus, „ein Ausweichen vor der allmächtigen Verantwortung und Schuld" – wohl eher: eine Aufhebung davon durch die Buße durch das Leiden.

Dennoch liegt der Endpunkt dieser Phantasie nicht darin, daß er das Opfer bleibt, sondern daß er derjenige wird, der wirklich geliebt wird (891). Erniedrigung und Demütigung, Geschlagenwerden und Schmerz sind einzig und allein Mittel zum Zweck: „Die Identifizierung mit der leidenden Mutter, das ist der Schlüssel dazu – warum ich diesen Weg wählte: ihr mein Mitleiden zu bezeugen, meine Kameradschaft, es mit ihr zu teilen ... Es kann zu einer sehr mächtigen mystischen Erfahrung werden: *Erlösung durch Leiden.*"

Doch wiederum stellt sich in diesem Zusammenhang die Frage: Wie die Beziehung zur Sexualität zu verstehen sei – besonders da die masochistische Phantasie sich ganz besonders stark an das Bild der Beine der Frau anschließt? Die Antwort ist unausweichlich: eine sehr wichtige Funktion in dieser Verbindung zwischen der Rettungsphantasie gegenüber der Mutter und der sexuellen Liebe für sie spielt die wiederholte Badeszene mit ihr in der Badewanne und seine Wahrnehmung, daß sie keinen Penis besaß, „eine Erregung, die mit Abstoßung gefärbt ist". Dies ist das sechste Element.

*

Ein wichtiger Zusatz muß indes zum fünften Element gemacht werden – zur Globalität der Schuld: die Tiefe der *Loyalitätskonflikte,* über die wir gelegentlich zuvor gesprochen, doch nicht im Zusammenspiel dieser Ursachen gesehen haben – und damit seine Rolle als *Vermittler,* der alles auf sich selbst genommen hatte. Natürlich war dies ein zum Scheitern verurteilter Versuch – Loyalität dem einen gegenüber bedeutete Illoyalität gegenüber dem anderen und erforderte die Verleugnung dessen, wie unversöhnlich diese Loyalitäten wirklich waren. Dies war tatsächlich Teil des Rettungsszenarios. „Der Masochismus war das Ergebnis des Versagens des Rettungsversuches; es war etwas Beschämendes, eine Demütigung ... Die sexuelle Anziehung richtete sich auf die Macht, auf den Körper der Mutter, auf ihre Beine, was immer es war, das mich beherrschte. *Sexualisiert ist die Macht* – und meine Machtlosigkeit – die Fetische: die Lederkleider, die hohen Absätze, die Bindung, die Peitsche. Die sexuelle Erregung beutet die Macht aus."

„Macht verwandelt sich in Lust."

„Woher das kommt, weiß ich nicht. So weit ich mich zurück zu erinnern vermag, war ich in einem Machtkampf befangen und in der Angst – im Kinderbettchen (crib) zu liegen und mich vor Ungeheuern zu ängstigen, die durchs Fenster hereinstarren, mich ohnmächtig und hilflos zu fühlen, und meine Mutter würde nicht kommen und mich besorgen, noch würde dies mein Vater tun. Es war so schreckerregend. Sie hatten ihre Abendveranstaltung, und ich wollte, daß sie zu mir kämen ..."

Auch hier sehen wir wiederum die mächtige *Konjunktion der Abwehr durch Affekt- und Triebumkehrung mit Verleugnung,* und alles – Traumata, Affekte, Triebe und Abwehrformen – im Über-Ich „niedergeschlagen". Gemeinsam üben sie ihre Macht durch den „inneren Richter" aus.

9.8 Der Wille zur Macht und der Drang zur Entmenschlichung und Verdinglichung

Er hatte sich durch die Frauen als Objekt, als Gegenstand behandelt gefühlt, „wie ein Möbelstück, von einer sich fern haltenden Mutter, die mich nicht anrühren wollte, und wenn sie mich berührte, war und ist es leblos und kalt." So möchte denn auch er die Frauen wie ein Objekt behandeln, sagt er, ohne Respekt. „In der masochistischen Phantasie schaffe ich genau die gleiche Situation wieder, in der ich mich als Kind befand, wo ich von Frauen beherrscht und kontrolliert wurde. Doch dabei kann ich die Situation umkehren: daß sie unterwürfig werden und ich sie beherrsche" – doch mit der Umwandlung von Scham, Schmerz und Unglück in Lust. *„Die hauptsächliche Anziehung ist Macht"* (893, 894).

Das Behandlungsziel besteht nun für ihn darin, „daß ich sexuelle Befriedigung erzielen kann, ohne daß ich mich entmenschlichen (dehumanize) muß", d. h. ohne daß er seine Lust in all diesen Umkehrungen und Umwandlungen und der Illusion der Macht suchen müßte. „Wenn ich an all die *Fetische* – die Stiefel, hohen Absätze, das Leder – denke, so sind sie alle Teile des Vorgangs der *Vergegenständlichung* (*objectifying*) und damit des *Willens zur Macht (quest for power),* der Liebe für mich wie für andere als Objekte: *ich verleugne den Schmerz* dadurch, daß ich *ihn vergegenständliche,* dadurch, daß ich den Menschen zum Objekt mache, wobei ich die Frau ebenso wie mich selbst als Gegenstand behandle: ‚Es ist nicht wirklich meine Mutter, die mir wehtut, sondern ein lebloses Objekt.'"

Dabei ist es wesentlich, wie schon früher bemerkt, daß die starke, mißhandelnde Frau seiner Phantasie nicht einfach eine Wiedergabe seiner Mutter darstellt, nicht einmal der Mutter der Urzeit, sondern eine völlig „idealisierte Gestalt, die *aktiv, unverwundbar, unbesiegbar, allmächtig und ‚intakt', d. h. nicht ‚kastriert'* ist" – ganz parallel zu den 5 goldenen Attributen, die Erin ihrem Held zuschrieb, und zu Laylas Ideal der Unberührbarkeit. „Ich fühlte, ich mußte alles ertragen, ich mußte leiden, um die Liebe zu bekommen." Er ergibt sich in der Hoffnung: „Unterwerfe ich mich ihr und verschmelze ich mich mit ihr, kann ich an ihrer Macht teilnehmen und wie sie werden – und es vermeiden, mich mit meiner Wut und der Schuld abgeben zu müssen" (894).

> Der Hauptcharakter in dem Drama, das ich schreiben möchte, ist ein Zwangscharakter, der sich bestraft und erniedrigt, und der doch das Universum kontrollieren kann und vollkommen sein muß ... Im Chaos meiner Kindheit, dem Durcheinander von Streit und Vergeltung bestand die Notwendigkeit, alles still zu halten, in fixierter Stellung, um es zu verstehen. Wenn es [die Dinge] nicht vollkommen ist, wird das Universum zusammenbrechen, d. h. *meine Eltern würden zerbrechen* und *ich würde die Schuld daran tragen (be blamed for it)*; ich wäre dafür verantwortlich (913).

Sein „Refugium von der Angst, diese kunstreiche Straußenverteidigung" ist aus Verleugnung und Umkehrung aufgebaut, mit dem Ziel der Allmacht und der Idealisierung. Diese *ideale, phallische Frau* ist in Wahrheit eine Synthese von idealisierten Versionen von Mutter und Vater, eine Synthese, die nicht ihrer Wirklichkeit nachgestaltet ist, sondern 2 mächtigen Figuren seiner Vergangenheit: seinem eigenen 9 Jahre älteren Bruder und seiner mannhaften, fast jungenhaften, sportlichen Tante (der Frau des Bruders der Mutter). Diese ganze Bemühung stützt sich ganz auf die Gleichstellung: *geschlechtliche Vereinigung = Bestrafung und Liebe = Verschmelzung.* Diese ist also eine archaische Fusionsphantasie (895). Und dies beinhaltet eine andere Gleichung auf Seiten des Ideals, mit dem er sich zu verschmelzen hofft: *Liebe = Unverletzlichkeit = Allmacht.*

*

Nach einem anderen schweren Streit mit seiner Frau, bei dem er ernsthaft daran denkt, sich von ihr zu trennen, sich dabei aber in ethischem Konflikt über diese Entscheidung befindet, träumt er davon, daß sie der Mann und er die Frau sei und daß er beinahe im Hafen ertrinke, aber dann eine Frau über ethisches Verhalten belehre: „Ich erkenne, wie weit ich gekommen bin, in meinen Gefühlen über mich selbst, wie sehr ich erwachsen geworden bin. Das wirklich Wichtige ist zu erkennen, wie ich diese *unnahbare Idealfrau* als meine Lösung emotionell investiert habe –"

„– die in Wahrheit das Gegenbild ist zu Ihrer Mutter."

„Absolut! Und zu mir! Und dies ist die wesentliche Einsicht: daß diese Frau alles besitzt, was ich m. E. ermangle: Macht, Stärke, Sicherheit, Sexualität, Unnahbarkeit (imperviousness), Stabilität –"

„– Unverwundbarkeit, Undurchdringlichkeit und einen Penis."

„Und dies waren durchaus die Eigenschaften, die ich meinem Bruder und meiner Tante zuschrieb, und dies ist alles, was auch ich sein wollte."

„Auch die Macht, den anderen zu beschämen und selbst gegen Scham gefeit zu sein."

„In Kontrolle. In Kontrolle darüber, Scham auszuteilen und selbst unnahbar zu sein" (896).

9.9 Die Fetische

Er eröffnet einen neuen wichtigen Aspekt der Untersuchung, wenn er im Zusammenhang mit einem Traum erwähnt, daß er darin „mit Leuten war, mit denen ich vertraut (familiar), aber nicht intim war, wo ich ein Fremdling, ein Außenseiter war, ängstlich, allein, verwirrt und verlassen": „Es fügt etwas zu meinen masochistischen Phantasien hinzu diese *Entfremdung*... Jene Frau kettet mich ans Bett an und zwingt mich, mit ihr Kunnilingus zu haben. Die Beziehung zur Frau wird immer durch mechanische Geräte vermittelt – Fesseln (straps) und Ketten und Lederkleider, Stiefel, immer etwas Mechanisches, das Distanz schafft, etwas, das mir aufgezwungen wird. Ein *Distanzieren, Beseitigen, Abschneiden von Gefühlen,* etwas, das den intimen Kontakt, wie eine Umarmung, mit diesen künstlichen Sachen ersetzt. Das Verständnis für diese Symbole wäre so wichtig: *Sie sind da, um die intimen Gefühle von Liebe und Haß abzuschneiden, die wirklichen Gefühle zu ersetzen.* Das ganze Bild vom oralen Sex ist *mechanisch, zwangsmäßig, sich wiederholend.* Das ist's, was mich daran beeindruckt hat. Es ist eine Art und Weise, mit Affekt umzugehen. Das Bild vom Angebundensein (bondage) – warum ist das immer dort? Als ein Substitut für Umarmen und Umarmtwerden. Es ist eine Art *künstlicher, gefühlloser Umarmung.*"

„Und es ist v. a. mit Leder –"

„Nicht durchweg – auch mit Ketten. Oder daß ich angenagelt und gekreuzigt würde. Aber es ist durch den Tastsinn (tactile). Es ist eine künstliche Empfindung des Mangels – nicht umarmt und gestreichelt zu werden."

„Wie von der Mutter ausgeübt?"

„Mechanisch und mit Selbsthaß."

„‚*Wenn meine Mutter mit mir auf eine so mechanische und haßvolle Weise umgeht, so scheint es einzig und allein möglich, Liebe zu erleben, wenn sie mit dem Mechanischen und dem Haß verbunden ist. Aber jetzt geschieht dies unter meiner Régie, unter meiner Direktion und Macht, und am Ende wird es anders herauskommen.*'"

„Befriedigt."

„Verwandelt."

„Diese Verwandlung ist sehr wichtig für mich – es wird ganz konkret."

„Etwas Mechanisches in wirkliche Liebe und Macht zu verwandeln – nochmals eine *Umkehrung.*"

„... Es ist mittels dieser Werkzeuge, daß die Liebe mitgeteilt wird, wie sie konkret und spezifisch gemacht wird. Die *Liebe wird durch all diese Gerätschaften* (paraphernalia) *verkörpert.* Dies ist für mich die Definition des *Fetischs:* daß *Liebe in diesen leblosen Objekten investiert wird.* Es ist die Absicht, daß das menschliche Element ausgeschaltet werde. Angebundenwerden wird der Gegenstand der Liebe, die Frau wird zur Lebenskraft, die diese Objekte belebt (beseelt) ... Macht ist das größte Aphrodisiakum" (914).

Das Gegenstück zu dieser *Mechanisierung und Depersonalisierung der Liebe* stellen die sexuell erregenden Wünsche gegenüber der Mutter in der Badewanne dar, Phantasien, daß er sich mit ihr vereinige – „die Gefahren, von ihr abhängig zu sein, die Furcht vor den Monstern der Tiefe" (915).

Er erwähnt paranoide Gefühle bei der Arbeit:

> Sie beziehen sich auf Scham: daß andere mich verachten, wie ich mich verachte, das Gefühl bei meiner Mutter: „Sie will nichts mit mir zu tun haben." Und ich schämte mich über meinen Vater ... Alle die Phantasien von Gebundenheit und Schmerz stellten sich ein, um die Leere an physischen Empfindungen, den Mangel an körperlichem Kontakt zu füllen. Ich stellte mir nie vor, wie groß mein Bedürfnis danach ist, ein ganz konkretes, körperliches Selbstgefühl zu besitzen, jenseits von Worten und Bildern, eine unmittelbare Beziehung zum Boden, ein Berühren ... Dafür gibt es keinen Ersatz. *All jene Gefühle der Scham, der Besessenheit, der Paranoia* weisen zurück auf die *Angst und Urscham darüber, berührt zu werden* ... Berührt zu werden, umfaßt, umgeben vom Wasser, sich mit dem Wasser zu vereinigen, und das Wasser ist Mutter ... Beides war in der Badewanne zugleich da: gestreichelt zu werden, Sinnlichkeit, warmes Zusammensein – der schwarze Fleck, das Loch ...

Ich füge hinzu: „Und wohl auch die Phantasie: Mutter faßt mich nicht an, da ich ein so böses Kind bin; es ist alles mein Fehler – und dann als Gegengewicht dazu die Erinnerung an die Badewannenszene: Mutter rührt mich an, daher bin ich gut, nicht böse; jetzt ist es nicht mehr mein Fehler."

> ... Ich freue mich, ich spüre, ich bin am Rande davon, mein Selbstvertrauen zu gewinnen, von der Angst und vom Selbstzweifel befreit zu werden, eine stille Heiterkeit, daß ich von der Scham entronnen bin ... Hier nahen wir uns dem Ende" (916).

Er bemerkt, er habe alles Interesse an „pornographischen Flicks" eingebüßt und spüre so viel tiefere Liebe für seine Frau. Eine übermütige Freude (exuberance) erfülle ihn, ein so viel größerer Reichtum an Gefühlen, ein weit leichterer Zugang zu seiner Traumwelt: „Der Übergang (shift), den ich ersehnt habe, ist endlich gekommen ... Ich überwand die Autorität der Eltern und gleichzeitig mein Gewissen. Indem ich die Mutter ablehne, möchte ich nicht mehr sie sein –"

„– und für sie leiden, ein masochistisches Opfer sein, um sie zu erlösen –", werfe ich ein.

„ – und der Sadist! Damit habe ich mein bestrafendes Gewissen überwunden –"

„Die sadistische Seite Ihres Gewissens. Ganz ohne Gewissen wollen Sie ja auch nicht sein."

„Es kommt zusammen: *Als ich dem grausamen Gewissen absagte, mußte ich nicht mehr weiter masochistisch bleiben. Im Grunde wollte ich nicht masochistisch sein, sondern was ich wollte, war Liebe*" (917).

In diesem Zusammenhang bedeutete also der Sadomasochismus: *„Wenn ich nicht in Liebe berührt werden kann, dann ist es besser, mit Gewalt und Schmerz berührt* *zu werden, als überhaupt nicht angefaßt zu werden, und die Gerätschaften mußten mich für den nahen körperlichen Kontakt entschädigen, den ich entbehrte ... Zum guten Teil war die masochistische Phantasie eine verzweifelte Suche nach dieser Berührung ... Und der ganze Vorgang wurde depersonalisiert: ich haßte die Person, ich wollte mich ihrer entledigen.*"

„So handelte es sich um ein *Doppelziel bei der Anwendung des Werkzeugs: dadurch die Liebesempfindung zu erreichen und den Haß gegen die Mutter durch ihre Beseitigung auszudrücken.*"

„Die menschliche Gestalt wurde zur Funktion des Werkzeugs: die Bedienung der Maschine!" (919) (Man ist an Kafkas *Strafkolonie* erinnert.)

*

Wie „depersonalisierend" seine Mutter sein konnte, zeigte sich um diese Zeit. Er rief ihr an, um ihr mitzuteilen, er und seine Frau planten, sie in 2 Wochen zu besuchen (sie lebt in einer entfernten Stadt). Ihre Antwort war: „Gut, wenn ich nicht etwas Wichtigeres zu tun habe."

„Ist unser Besuch nicht auch wichtig?"

„Du weißt, was ich meine. Ich muß ausgehen, und wenn es etwas Besonderes gibt ..."

Er fügt bei:

> Ich dachte über das Depersonalisieren meiner Gefühle nach, ihr Abschneiden in der masochistischen Phantasie, die Liebe für die unbelebten Gegenstände: *Ich schnitt mich von meiner Mutter ab, um mich zu schützen, damit sie mich nicht mehr verletzen kann.* Es ist vergebens, ihre Liebe zu suchen, und doch läßt mich das alles mit einem Restgefühl des Ressentiments (921).

„Doch der sexuelle Aspekt der Phantasie war sehr persönlich." Es war eine Art Ungeschehenmachen: das Mechanische wird zum Schluß doch persönlich. „Ich denke an meine Mutter nicht als persönlich; ich kann nicht viel Sympathie für sie aufbringen, und oft habe ich auch nicht viel Sympathie für mich selbst empfunden. Ist das nicht auch eine Art des Depersonalisierens?" (920).

Dieser Prozeß der *Verleugnung* in der spezifischen Form der *Deanimation* (des Unbelebtmachens) und der *Mechanisierung* oder, wie er es nannte, des *Depersonalisierens,* war ein bedeutsamer Zusatz, ein notwendiges Element in der Rekonstruktion der Dynamik seiner Perversion, vielleicht der spezifischste Faktor, der charakteristischste Aspekt der Entwicklung einer Perversion an Stelle der eines neurotischen Symptoms (s. auch Bach 1991).[12] Dies ist wohl mit dem verwandt, was Chasseguet-Smirgel als die *anale Verleugnung der Verschiedenheiten* in der Perversion be-

---

[12] „... the sadomasochist interposes an impersonal or technical relationship between his desire and his object. This alienates him both from himself and from the object of his desire (Khan 1979), in the interest of denying his dependence upon objects that have failed him in the past ... One might say that in searching to avoid a real dependence upon an actual fallible object, the sadomasochist substitutes a fantasied dependence upon an idealized infallible object" (Bach, S. 91).

schreibt, den Prozeß der Nivellierung im analen Universum, und natürlich dasselbe, was wir durch dieses Buch im Vorgang der *Dehumanisierung* und *Verdinglichung oder „Objektifizierung"*, nämlich als Ergebnis der *Seelenblindheit*, betrachten konnten. Coopers Definition der Perversion besteht ja auch, wie schon erwähnt, darin, zu welchem Grad mitmenschliche Beziehungen dehumanisiert werden.

Ebenfalls damit ist es in Verbindung zu setzen, wenn Elasar sich über die seltsame Entfremdung – „detachment", wohl eine Art Depersonalisierung – mir gegenüber verwundert. Er fühle sich ungeliebt, „als ob ich mit Instrumenten berührt und behandelt würde, von einer Maschine, nicht durch menschliche Berührung. Mein Wunsch geht dahin, daß Sie mich lieben, als Sohn oder als Geliebten; ich brauche starke Gefühlsausdrücke und Bestätigungen. Dies hier ist so eingeschränkt (restrained); es sollte doch die Gedanken und Gefühle befreien." Er fühle sich ignoriert und wolle mich provozieren. Es sei ähnlich wie die Kernphantasie, wo er entweder Zorn oder Liebe hervorzurufen suche. Er möchte mehr gegenseitige Abhängigkeit spüren. Was er so sehr bei seiner Mutter vermißt habe, vermisse er nun auch bei mir, obwohl ich in manchem ja ganz anders als sie sei, enthusiastisch und freudvoll. Er habe ein tiefes Bedürfnis, mich zu berühren, zu umarmen. Und doch wisse er, daß meine Neutralität gerade unserer Arbeit sehr zustatten gekommen sei. „Es ist das Maß des Erfolgs der Analyse, daß es mich zu diesen Realisierungen gebracht hat, wie sehr ich der Berührung, der Umarmung, des Küssens bedarf."

Ich bemerke, daß es an ein ganz tiefes Problem rühre: wie sehr daheim *die Grenzen verwischt* worden seien – mit der Mutter zusammen zu baden, keinen richtigen Vater zu haben, dessen Männlichkeit verlacht worden sei und der ja so geschildert werde, als ob er überhaupt keinen Penis besessen hätte, wie auch in der Kernphantasie die Grenzen verschwömmen, während hier scharfe Grenzen eingehalten würden – was er sowohl wünsche wie auch ablehne. Er stimmt dem sofort bei und erwähnt die sexuelle Zweideutigkeit seiner sexuellen Identität in der masochistischen Phantasie. Auch fügt er bei, wie die elterliche Autorität vom Großvater und vom Bruder, aber weder von der Mutter noch vom Vater ausgeübt worden sei.

Er suche bei mir, was er in seinen intimen Beziehungen, zu seinem schmerzlichen Gewahrwerden bei zunehmender innerer Freiheit, nicht finde und wieviel er vermisse – gerade auch das Aufheben der Grenzen und die Gefühle von Liebe und Macht, bemerke ich (936).

9.10 *Zusammenfassung der in der Kernphantasie zusammenwirkenden Elemente*

9.10.1 *Verinnerlichung des Traumas und Wendung der Aggression gegen das Selbst*

Die *traumatisierende Macht wirkt im Gewissen* weiter und wird von der ihn erniedrigenden und quälenden Frau personifiziert, die ihn doch zum Schluß annehmen würde; er sieht sich *selbst als das traumatisierte Opfer.* Mit anderen Worten: *Das Trauma und dessen Grausamkeit leben im Über-Ich weiter.*

9.10.2 *Magische Verwandlung der Affekte (Umkehrung) und Verleugnung der Wahrnehmung*

„... daß *ich als das Opfer der bin, der die Macht ausübt* – dank der *Verleugnung der Wirklichkeit,* all das, *was so traumatisch war, ungeschehen zu machen.*"

Die Phantasie besteht aus einer großartigen Umkehrung der Wirklichkeit von Schmerz und Angst in Lust, Hilflosigkeit in Macht, Qual in Liebe, von Schuld in Verzeihung, von Scham in Triumph.[13]

9.10.3 *Spaltung, doppelte Wirklichkeit*

Seine masochistische Phantasie bedeutet, daß er *in zwei Wirklichkeiten leben* muß – in einer *rationalen* mit der Annahme seiner eigenen Behinderung, der Verwundbarkeit seiner Augen wie seines Penis und des anatomischen Unterschiedes der Geschlechter sowie in einer phantasiedurchwobenen, auf *Verleugnung* gebauten, innerhalb derer er seinem Neid nachgeben kann, sein Ressentiment über die Ungerechtigkeit tilgen, seine Rache befriedigen und sich dabei ständig versichern kann, daß er seinen Phallus behalten und jede Gefahr der Verstümmelung siegreich überwinden könne.

9.10.4 *Sexualisierung als Abwehr ohnmächtiger Rache und Kastrationsangst*

Macht bringt mit sich Lust, und umgekehrt dienen die Gefühle sexueller Erregtheit als Abwehr gegen die Hilflosigkeit in Form eines Machtrausches.

---

[13] Die Novicks schreiben: „Denial was a major defense in our masochistic patients. Denial was maintained by omnipotent fantasy in which everything painful was turned into a sign of special favor, uniqueness, and magical power" (1991, S. 315).

9.10.5 *Schmerzhafte Berührung als Abwehr der Abgetrenntheit und Isoliertheit*

Die Trennungsangst wird durch die Phantasie abgewehrt: „*Quäle mich, aber verlaß mich nicht;* bestrafe mich und verzeih mir dann, und laß mich nie mehr allein. Wenn ich nicht in Liebe berührt werden kann, dann ist es besser, mit Gewalt und Schmerz berührt zu werden."

9.10.6 *Gegenphantasie: Idealisierung der Unverwundbarkeit und phallischen Vollkommenheit*

Die ersehnte Schutzfigur ist nicht wirklich seine Mutter, sondern eine *idealisierte* Figur, die im *Gegensatz zur wirklichen Mutter* nicht erniedrigt, nicht macht- und hilflos, und nicht kastriert ist. Sie stellt eine spezifische *Verleugnung von Scham und Kastration* dar.[14]

„Diese Idealisierung drückt die Verleugnung der analen Regression in der Perversion sowie die Verleugnung der Kastration aus, indem ein sicherer, begrenzter Teilaspekt des Sexualverhaltens idealisiert wird", stellt Kernberg fest (1991).[15]

9.10.7 *Allmächtige Schuld und Verantwortlichkeit*

> „Ich kann Frau, Mutter, Vater aus ihrer Depression herausziehen; wenn ich wie Christus bin, wenn ich leide, dann vermag ich meine Mutter zu erlösen ... Das Verbindende zwischen allen Bedingungen ist, allmächtig zu sein, in Kontrolle zu sein, im Mittelpunkt. Einzig durch das Opfer konnte ich Wichtigkeit und Wert finden.

Dabei ist ersichtlich, wie tief die *Loyalitätskonflikte* sind. Loyalitäten sind Über-Ich-Bindungen; Konflikte zwischen ihnen zerreißen das Ich zwischen polarisierten Über-Ich-Anteilen. Auch diese Loyalitätskonflikte spielen sich in der Übertragung wieder ab: er fühlt sich zerrissen zwischen der masochistischen Unterwürfigkeit seiner Frau gegenüber und dem Protest gegen mich, daß ich ihn gegen sie aufhetze, wenn ich seine Selbstquälerei in Frage stelle.

Dazu gehört auch das, was wir bei all diesen Patienten angetroffen haben: die doppelte Identifizierung sowohl mit Mutter wie mit Vater, sowohl mit Quäler wie mit Opfer.[16]

---

[14] Dazu Glenn: „The traumata, involving illness and surgery, enhanced a feeling of deficiency in the patients ... They tried to make up for their deficiencies by narcissistic symbiotic union with a powerful person ... the sense of completion then may involve union with the preoedipal omnipotent mother or father or, on a more advanced level, with an omnipotent oedipal father whose penis and masculinity the patient acquires" (1984, S. 383).

[15] „This idealization [in perversion] represents the denial of anal regression in perversion, and the denial of castration anxiety by idealizing a partial, safer, limited aspect of sexual behavior" (S. 349).

[16] Glenn: „The patient identified with both parties in their squabbles. He accepted the role of attacker and attacked, and defensively shifted between sadistic and masochistic positions" (1984, S. 361).

9.10.8 Isolierung, Deanimierung, Dehumanisierung

Er hatte sich durch die Frauen als Objekt, als Gegenstand behandelt gefühlt. Nun dreht sich die Bühne um 180 Grad: Bei der Anwendung des Werkzeugs wird nun dadurch die Liebesempfindung erreicht, indem der Haß gegen die Mutter durch ihre Beseitigung ausgedrückt wird.

Ich glaube, es ist dieser 8. Punkt, der spezifisch aus einer allgemeinen masochistischen Charakterproblematik eine Perversion schafft.

9.10.9 Die Voraussetzung der Allmacht

„– die hilflose Mutter zur mächtigen verwandeln, und wichtiger: die lieblose, ferne Mutter zur liebend beschützenden ...“

9.11 Schichtung der Pathogenese: die Hauptgruppen der Konflikte

Wenn wir die klinischen Beobachtungen in einer Art pathogenetischer, letztlich ätiologischer Hierarchie zusammenstellen, finden wir, daß das, was bei der psychodynamischen Struktur anderer Typen schwerer Neurosen aufzufinden war, auch hier anwendbar ist, hier bei diesem Fall von klinischem Masochismus, der sowohl den „erotogenen Masochismus“, also die masochistisch-fetischistische Perversion, wie auch den „moralischen Masochismus“, die Tyrannis der inneren und äußeren Autorität mit ihrer machtvollen Verfolgung der Bestrafung von sich selbst und von anderen, zeigt.

Eine solche ätiologische Hierarchie muß indes eine Pyramide vorwiegend innerer unbewußter Konflikte sein. Wie in meinen anderen Werken, die sich um eine Reformulierung der Dynamik der „schweren Neurosen“ bemühen, ausgeführt, hat es sich am brauchbarsten erwiesen, diese pathogenen Konflikte unter den folgenden breiten Abschnitten zu gruppieren. In deren Darstellung denke ich, Ausschnitte aus der Therapie von Elasar einzufügen.

9.11.1 Zusammenstoß globaler Affekte

Erstens zeigt sich die früheste, aber durch das ganze Leben hindurch beobachtbare Störung als *Intoleranz gegenüber Affekten,* insbesondere gegenüber denen der Unlust (aber nicht unbedingt auf diese beschränkt) – v. a. gegen Angst und Niedergeschlagenheit, deren Varianten in Form von Scham, Schuld, Minderwertigkeitsgefühlen, und anderen verwandten Gefühlen und Stimmungen, wie Dysphorie, Ekel und Spannung.

Grossman (1986) schreibt mit Hinblick auf die masochistische Perversion, daß „diese Kontrolle des Erwachsenen [durch das Kind] indirekt als eine Art der Regulierung des Affekts des Kindes dient, indem es dem Verhalten, das für das Kind erschreckend (upsetting) wäre, Grenzen setzt“, und daß „Verhaltensweisen, die für den Beobachter selbstdestruktiv erscheinen, so organisiert sein können, daß sie einer Vielfalt von Funktionen dienen, die mit der *Regulierung von Affekten der Unlust, von Schmerz und von Aggression* zu tun haben“.[17]

Dies ist sicher bei diesem Patienten zu sehen:

> Ich bin so wütend, daß ich die ganze Welt in die Luft jagen könnte ... Es ist so frustrierend, dieser Wut die Stirne zu bieten. Die Kontrolle entgleitet mir immer wieder. Sie [die Wut] ist völlig verheerend, eine Atombombe. Daher meine ständigen Phantasien über einen atomaren Holocaust. Das geht auf die früheste Kindheit zurück. Ich hoffe kaum mehr, daß ich dies je analytisch auflösen werde. Es ist sehr bedrohlich und sehr zerstörerisch. Ich meide es wie die Pest. Verrückt zu sein mit Wut, mich außerstand zu fühlen, sie kontrollieren zu können. Sie ist immer dort, unter allem – ein dauernder Zorn über mein Schicksal, der chronische Schmerz. Ich versuche, ihn zu ignorieren, ich bemerke ihn nicht. Aber er ist stets dort im Hintergrund ... Ich habe die Idee gern von der Erotisierung meiner Wut; das ist eine treffliche Weise, mit ihr umzugehen, sie zu kanalisieren. Ich kann mir keine andere mögliche Lebensweise vorstellen (880).

Bemerkungen dieser Art begleiteten die Analyse; man wird sich auch erinnern, daß es diese unkontrollierbare Wut war, die ursprünglich das Hauptmotiv für sein Aufsuchen analytischer Hilfe gewesen ist. Ähnliche Aussagen, wie hier über Wut und Zorn, wurden über Angst und Grauen, über Schmerz, Verlust und Einsamkeit, und namentlich auch über die Scham gemacht.

Bei dieser Mobilisierung überwältigender, oft widersprüchlicher Affekte spielt die wiederholte Traumatisierung durch Operationen und Behinderung bei ihm natürlich eine ganz besonders wichtige Rolle: „... das Aufsuchen von Objekten und Erlebnissen, die an den schmerzverursachenden Elternteil oder Elternersatz erinnern, ist wichtig für die Einnahme einer masochistischen Einstellung nach schmerzhafter Erkrankung und chirurgischem Trauma, sowohl in der Ödipalperiode wie schon früher“, behauptet Jules Glenn.[18]

Oft habe ich den Eindruck, daß solche Affekte den *psychoanalytischen Felsboden* bilden – jenseits der Macht der Bemeisterung durch Worte, und daß sie der Fähigkeit

---

[17] „These issues involving *object control, affect control, and impulse control* are important in the understanding of character disorders. In the games described above, an intricate set of relations between these factors can be discerned. First, there is the self-control of aggression enforced by the aggression of the adult. Second there is the control of the adult's aggression by the affective display of the child. Third, this control of the adult serves indirectly as a kind of regulation of the child's affect to the extent that it limits behavior upsetting to the child. Finally, to the extent that the pleasure or discomfort in the game is mutual, we can say that the child is also regulating the affect of the adult. There is in this way a delicate balance of self-control, control by the object, and control of the object for both participants“ (1986, S. 403, meine Betonung).

[18] „... the seeking of objects and experiences reminiscent of the pain-producing parent or surrogate is important in the facilitation of masochism following painful illness and surgical trauma in the oedipal period as well as earlier“ (1984, S. 383).

der Symbolisierung sowohl vorausgehen wie auch diese immer wieder überwältigen. Obzwar sie bestimmt oft das Ergebnis von Problemen späterer Herkunft zu sein scheinen, z. B. solcher analer oder ödipaler Natur, nehme ich dennoch an, daß sie vorbestehend sind.

Konflikte über globale Affekte führen zu seelischen Phänomenen, die typischerweise als „oral" und „narzißtisch" angeschaut und beschrieben werden. Konflikte bestehen *zwischen widerstreitenden überwältigenden Affekten, die nicht in Maßen gehalten* (contained) werden können, z. B. Wut gegenüber Angst oder Schuld, Liebe gegenüber Erniedrigung, Schmerz und Scham gegenüber sexueller Erregung. Überdies läßt sich oft der Konflikt beobachten zwischen der unwiderstehlichen Tendenz, in einen *überwältigenden Affekt* gesogen zu werden (spiral down) gegenüber dem verzweifelten Bemühen, diesen Sog der Affektregression zu überwinden, ihr Herr zu werden, auch *der Scham über diesen inneren Kontrollverlust.* Dazu gibt es das Problem, vom Affekt und der Stimmung der unmittelbaren Umgebung überrannt, davon „infiziert" zu werden, also des Zusammenbrechens der *Affektübertragung* (der „empathischen Wand"; Nathanson 1987) gegen über Außenwelt. Dies ist wohl die archaischste Gruppe von Konflikten.

Die wohl wichtigste und schwerste Folgeerscheinung solch massiver und unerträglich intensiver Affekte und Stimmungen ist die *besondere Schwere der von ihnen abgeleiteten Konflikte.* Diese Affekte geben allen späteren Konflikten eine besondere Intensität und Radikalität. In früheren Arbeiten schrieb ich diese Affektstürme einem Ungenügen oder Defekt der Verteidigung gegen Affekte zu, doch ist es im Lichte der neuen Forschung wohl eher angebracht, von mangelnder Affektregulation in der Interaktion mit der Umgebung zu sprechen, also ursprünglich der *Schwere von äußeren Konflikten* (wie dies die eindrücklichen Untersuchungen von Selma Fraiberg und von Gänsbauer zeigen).

Damit geht einher, daß die durch diese Konflikte bewirkten *Ängste* besonders überwältigend sind, also besonders *desintegrierend und fragmentierend* wirken (Rangell 1982). Angst an sich ist fragmentierend; sie betrifft immer das Selbstgefühl, ist mithin „narzißtisch"; es gibt nicht eine besondere, dem Narzißmus zuzuschreibende Fragmentierungsangst. Etwas weiter gefaßt läßt sich sagen, daß es intensive Affekte wie schwere Angst und Wut und das Nebeneinander mehrerer intensiver Affekte sind, die schwer fragmentierend wirken. Die dadurch hervorgerufenen *narzißtischen Krisen und narzißtischen Restitutionsformen* sind Teilerscheinungen dieser massiven Konflikte.

Im vorgelegten Material gibt es reichlich Hinweis darauf, wie prominent eine solche *Fragmentierung* in Elasars Selbsterfahrung ist – „die Stücke eines explodierenden Sternes, die in das leere All hinausgeschleudert werden" – und wie das Gefühl, er verliere sich in diesen Affektstürmen von Wut, Schuld und Panik, spezifisch durch die Kernphantasie und deren abgeleiteten Reinszenierungen abgewehrt wird.

Das Problem mit „Grenzen", von dem er wiederholt spricht, bezieht sich nicht nur auf die späteren Probleme von Trennung und Individuation, auf die Grenzen also zwischen Selbst und „Objekt". Vielmehr dürfte es eben mit dem Verlust innerer Differenzierung zu tun haben, der durch jene *Affektregression,* das *Überranntwerden durch solch globale Affekte,* bewirkt wird. (Dies bezieht sich auf die Phänomene der „Fragmentierung" und der „Spaltung".)

9.11.2 Kampf um Selbstausdruck und Neugier

Zweitens lassen sich von sehr früher Zeit an stärkste Bedürfnisse beobachten, die nach der *Erfassung des Neuen* streben, also Impulse *faszinierter Neugier* und der *Suche nach dem „Interessanten"*. Parallel damit gehen intensivste Bedürfnisse, sich der Umgebung mitzuteilen, sich ihr mit Augen, Stimme und Mimik anzuvertrauen, und die Erwartung, auf solches Aussichherausgehen entsprechend freudige Antwort zu erhalten.

Sehr archaische Konflikte, denen ich in meinem Buch *Die Maske der Scham* viel Aufmerksamkeit gewidmet habe, beziehen sich auf den Wunsch und damit auch auf die Furcht, dem anderen gleich zu werden, und zwar v. a. durch das Medium des *Schauens,* sich mit dem anderen durch die Wahrnehmung zu vereinigen, die Motive also für eine Art *„primärer" Identifizierung* – z. B. in Form von Angst vor allem menschlichen Kontakt und aller Liebe, denn diese bedeuten Nähe, und Nähe wird zur Vereinigung und zum Verlust des Selbst. Ebenso werden Konflikte über Bemächtigung und Vernichtung gerade in diesem Medium ausgetragen, und dadurch wird es notwendig, die Wahrnehmungsvorgänge überhaupt mehr oder weniger abzusperren oder doch tiefgehend zu verändern.

Vor allem werden aber bei diesen Vorgängen der Wahrnehmung und des Selbstausdrucks Affekte mitgeteilt und empfangen. Die Affektübertragung ist eine der wesentlichsten und frühesten Mitteilungsweisen. Ich nannte diese beiden Grundbedürfnisse der Neugier und des Sichausdrückens in *Die Maske der Scham „Theatophilie"* und *„Delophilie"*.

Bei diesem Patienten erscheint dieser Typ von Konflikten nicht besonders hervorstechend. Vielmehr wurden gerade deren Elemente weitgehend der Meisterung dienstbar gemacht, sind es doch seine Neugier, seine Ausdrucks- und Symbolisierungsfähigkeit, seine intellektuelle Intensität, die in ihrem Zusammenwirken so viel zur Sublimierung von Leiden, Lieben und Hassen und damit zur Überwindung der vielfältigen, schweren Traumatisierungen beigetragen haben. Selbst die Kernphantasie kann als eine Frühform solcher Überwindung angesehen werden, freilich eine, die langfristig problematisch war.

9.11.3 Konflikte um Individuation und Vereinigung

Drittens nimmt mit der Neuformulierung des Triebmodells, zu der uns die Erforschung der frühen Kindheit und eine schärfere Besinnung auf das, was beschreibend ist, gegenüber dem, was erklärend sein kann, nötigen, das Motivationssystem der *psychischen Selbstbehauptung* nicht allein eine eigene, von der Aggression weitgehend unabhängige Stellung ein, sondern der Prozeß der *Individuation,* also der Selbstwerdung, geht, ebenso wie der des *Zusammengehörens* und der Bezogenheit, von Anfang an vonstatten. *Individuations- und Trennungskonflikte* schwerer Natur können – in zwischenmenschlicher, noch nicht in intrapsychischer Form – von den ersten Monaten des Lebens an beobachtet werden. Sie sind auch später von gesonderter Bedeutung und unabhängig von den ödipalen Konflikten explorierbar.

Ein wichtiger Kulminationspunkt solcher Konflikte und widersprüchlicher Gefahrenformen ist die von Mahler beschriebene Trennungs- und Individuationsperiode, mit ihrer Konvergenz früher Kastrationsprobleme, anal-sadistischer Bedürfnisse und damit von Autonomieproblemen, möglicherweise frühödipaler Bestrebungen, der revolutionären Aneignung der Symbolisierungsfähigkeit, und des Sichtbarwerdens der Schamgefühle und anderer früher Über-Ich-Funktionen. Zu dieser kritischen Zeit ereignen sich offenkundig auch manche der massiven und archaischen Identifizierungen, die fortan den ganzen Charakter zutiefst prägen. Diese sind globaler Natur und bewirken späterhin weitgehende Verleugnungsweisen und damit die Maske des *„falschen Selbst"*.

„Es ist mehr als das Recht, sein eigenes Leben zu haben, um das es dabei geht," sagte Elasar, „was mir noch mehr bedeutet, ist, daß man das Recht besitzt, die eigenen Gefühle zu fühlen und den Gefühlen zu trauen, diese Gefühle zu erleben (live out) und sich selbst in diesen Gefühlen anzunehmen. Das ist im Kern der Neurose: daß diese Gefühle falsch, schlecht und destruktiv seien" (488).

Seine globale Identifizierung ist die des Opfers, das versucht, den Mächtigeren zu erlösen, ein in der Familie vorgeformtes Identifizierungsmuster. Er sollte, wie wir gesehen haben, durch sein Leiden und seine Selbstbestrafung Liebe herbeibringen und Aggression besänftigen.

„... es besteht die Kontrolle der Aggression des Erwachsenen durch das Zeigen der Gefühle beim Kind" (Grossman 1986, s. oben). „Der permanente Wunsch, dem einstmals abweisenden, introjizierten Objekt zu Gefallen zu sein, führt dazu, daß man die eigene Identität einbüßt", bis zum Grad der (wie zuvor bei Thomas so prominenten) Pseudostupidität (Berliner 1947).[19]

Elasar erwähnt auch seine „Unfähigkeit, mich von der Welt zu trennen, scharfe Grenzen zu ziehen" und seine Probleme mit „Grenzen" überhaupt (895).

Ein anderer Aspekt dieser Konfliktgruppe sind oral-sadistische Wünsche, die damit verbundenen Ängste und damit auch die schlußendlich im Über-Ich hausende, von dieser Zitadelle aus wirkende, nagende, beißende Aggression. Dies wird schon aus einigen auf das Gewissen bezüglichen Metaphern klar: Gewissensbisse, das vom Lateinischen stammende Wort für Reue, „remorse" = „remordere", „das Sichselberbeißen", das Sichselberquälen und -zerfleischen.

Das Gegenstück zur Unfähigkeit der Trennung und Individuation auf jeder Entwicklungsstufe ist das Gefühl der Ohnmacht und der „masochistischen" Selbstaufgabe, des *hilflosen Ausgeliefertseins* und *Ausgesetztseins,* die weit über jede kindliche Abhängigkeit und Passivität hinausgeht. Dies ist nicht einfach eine Regression auf eine frühere, normale Entwicklungsstufe angeblicher „symbiotischer" Abhängigkeit, sondern schon selbst ein pathologisches Phänomenon und bildet durchaus Teil jenes „Allmachtswahns", den Jack und Kerry Novick zu Recht so betont haben. Da jede

[19] „The permanent wish to please the once rejecting, introjected object causes the person to lose his identity. To accommodate a hating parent he may make himself as unlovable as he feels the parent wants him to be. He may deny his good qualities or his intelligence, often to the degree of *pseudodebility* ... He is stigmatized with unwantedness and displays his stigma as his bid for affection" (Berliner 1947, S. 468; meine Betonung).

Selbstbehauptung zutiefst gefährlich ist, muß es zur Nichtigkeit des Selbstgefühles und zu äußerster Selbstverachtung kommen – dem vorwiegenden Zustand der *Scham,* die auch Elasar in einem weit größeren Ausmaß bedrängte, als die hier gegebenen Ausschnitte gezeigt haben.

Es ist auch klar geworden, daß der masochistische Kern von Elasars Neurose in sich zudem alle die spätern Schichten von Rivalitätskonflikten birgt. Im Gegensatz zu jenen sind die Elemente von Trennungsschuld und von tiefer Scham für seine Zuflucht in einem Refugium hilfloser Abhängigkeit und für die primitiven Verschmelzungsphantasien deutlich dyadischer Natur und beziehen sich ursprünglich ganz auf die Mutter – oder vielmehr auf eine idealisierte Imago, die als Gegenstück zur wirklichen Mutter aufgestellt wurde.

9.11.4 Kampf um Kontrolle

Viertens erwachsen die *analen Konflikte* über die *Kontrolle von sich selbst und der anderen,* über Autonomie und Zugehörigkeit, über absolute Macht (Allmacht) und die dyadischen Ambivalenzkonflikte, sowie die damit verbundenen schweren Aggressionen (Rachsucht, Wut, Neid, Ressentiment) aus den eben beschriebenen Individuationskonflikten über *Vereinigung und Getrenntheit.* Es handelt sich dabei um die Zentralität des inneren und äußeren Kampfes um Macht, um den Versuch, trotzig die eigene Kontrolle zu behaupten, namentlich über das Innere von Körper und Seele, gegenüber dem Erleben der Unterwerfung unter die Kontrolle von außen und des Gezwungenseins. Damit gehen alle die wichtigen scharfen Scheidungen zwischen Innen und Außen, zwischen Gut und Böse, zwischen Rein und Unrein einher, die so wesentlich der Analsphäre und den Problemen der Sphinkterkontrolle entstammen.

Bei unserem Patienten sind die Dichotomien, die sein Phantasieleben bestimmen, bemerkenswert. Die hauptsächliche Polarität ist die der Schwäche, der Überwältigung durch Gefühle, des Verstümmeltseins, der Scham gegenüber der Macht, der emotionellen Unnahbarkeit, der Undurchdringlichkeit und der Unverwundbarkeit namentlich gegenüber Scham seitens des idealen Objekts. Individualität erscheint ausgelöscht durch solche rigorose Kategorisierung entlang der *Achse von Macht und Scham.* Prominent bei solcher *Polarisierung* sind anale Eigenschaften – chaotisch gegenüber ordentlich, hartnäckiges Zurückhalten und trotzige Kontrolle gegenüber Unterwürfigkeit und Nachgeben. Es läßt sich das finden, was Chasseguet-Smirgel und Grünberger als das „anale Universum“ bezeichnet haben, wo nämlich alle Grenzen zwischen Geschlechtern und Generationen aufgehoben sind.

Im Gegensatz zu seinem ausgezeichneten beruflichen Funktionieren, dank dessen er dem Schutz solcher Grenzen im nationalen Interesse, und zwar mit besonders ausgeprägtem ethischem Bewußtsein, dient, lebt er zudem, wie wir alle, in einer zweiten Welt, wo diese Unterscheidungen aufgehoben sind. Doch in der Perversion und oft in seinen Interaktionen mit Frau und Sohn wie auch in der Analyse werden die Regeln dieses zweiten Universums benutzt, um die der Außenwelt ungültig zu machen. Der Primärpozeß herrscht dann „allmächtig“, Spiel wird Ernst, und Lust wandelt sich schließlich zu Grauen und Leid.

Trotz und Negativismus und ähnliche „anale" Attribute nehmen eine bedeutende Stellung in seinem Charakter ein; sie sind Abkömmlinge der ursprünglichen Wünsche zur Selbstbehauptung, Reste des Bemühens, sich gegen totales Ausgeliefertsein (exposure) und schamvolle Nichtigkeit zu schützen, also der gesunden Selbstverteidigung des Kindes.

9.11.5 Dreieckskonflikte

Fünftens erweist es sich als ratsam und praktisch hilfreich, den Ödipuskomplex etwas weiter, als er gemeinhin verstanden wird, zu fassen, nämlich als eine ganze Serie von *Dreieckskonflikten,* die sehr wesentlich auch die Geschwister miteinbeziehen können; z. B. sehen wir, allgemein gesagt, nebeneinander und gleichzeitig intensive, auf die frühe Kindheit zurückführende Wünsche, das jüngere Geschwister zu beseitigen, um die Mutter ganz für sich wieder haben zu dürfen, Wünsche, die Mutter zu eliminieren, um den Vater ganz allein für sich zu besitzen, und Wünsche, den großmächtigen Mann wegzuschaffen, um sich seiner Macht und seines Penis versichern zu können. Wir fanden dies ja bei mehreren der früher beschriebenen Patienten.

Alle diese gleichzeitigen Wünsche der Rivalität und die damit verbundenen Ängste (namentlich die Kastrationsangst) führen zu den wohl bekannten, mannigfachen Abwehrvorgängen. Gerade auch die Ergebnisse dieser Konflikte sind durch Idealisierung und extreme Gefühlszustände, also eben die Phänomenologie sowohl des Narzißmus wie der Spaltung gekennzeichnet. Darüber hinaus ist es der so überaus häufige, eigentlich ubiquitäre klinische Masochismus in all seinen 4 Formen, der entscheidend von diese ödipalen Konflikten mitgeprägt erscheint.

Es wird von alledem klar, wie sehr eben gerade die ödipalen Konflikte zum Knotenpunkt der sich in den früheren Konflikten ausdrückenden Entwicklungslinien werden – wie die globalen Affekte, die Individuationsprobleme, die Fragen von Neugier und Exhibition wie der analen Dichotomisierung und Kontrolle alle den ödipalen Kämpfen um Macht und Liebe, um Selbstbehauptung und Zugehörigkeit ihre volle Brisanz geben. Darum deren Zentralität.

Elasars Rivalität für die Liebe seines Bruder gegen Vater und Mutter und zweitens für die Liebe seines Vaters gegen seine Mutter war stärker ausgesprochen als die Züge des „positiven" Ödipuskonflikts und der Rivalität für seine Mutter. So sagt er:

> Ich muß klarer meinen zwanghaften (obsessional) Wunsch, Bestrafung zu provozieren, verstehen. Der ist der Hauptzug meines Masochismus. Warum habe ich diesen Wunsch? Worüber bin ich so böse? Es hat zu tun mit meinem Zorn auf meinen Vater, meinem Wunsch, daß er tot wäre. Es ist anders mit meiner Mutter. Beim Vater gibt es wirkliche Liebe und wirklichen Haß. Bei meiner Mutter ist es eher so, daß ich ihre Macht haben möchte. Ich will Frauen kontrollieren, aber ich wollte meinen Vater demütigen, nicht ihn kontrollieren. Ich sah ihn unter dem Pantoffel der Frau. Er zog mir die Frau vor. Und dazu noch welche Frau! Eine, die ich haßte. Wie konnte er diese Hexe (bitch) anziehender als mich finden? Deshalb möchte ich Frauen kontrollieren, ihnen die Macht rauben: um den Vater zu bekommen, da er sie mir vorzog.

So ist es klar ein Dreieck, in dem die Mutter die Rivalin ist, der er *gleich* sein, deren Macht er an sich reißen, und die er als Nebenbuhlerin beseitigen möchte. „Und das bedeutet meine Besessenheit [mit dem Wunsch], wie eine Frau zu werden, ohne meine Geschlechtlichkeit (balls) zu verlieren, jene Kastrationsangst. Würde ich von meinem Vater geliebt, verlöre ich meine Männlichkeit", wie es aus sehr intensiven homosexuellen Träumen hervorging.

Was ich eben in bezug auf seinen Vater zitierte, ist noch viel relevanter und ausgesprochener im Hinblick auf seine idealisierte Beziehung zum Bruder und daher das erstgenannte Dreieck. Auf manchen Ebenen scheint der *Bruder das hauptsächliche ödipale Objekt* gewesen zu sein und jener Idealfigur des machtvollen *Hermaphroditen* – er benutzte das Wort selbst – am nächsten gekommen zu sein.

9.11.6 Über-Ich-Konflikte – intersystemisch und intrasystemisch

> *Sechstens:* Ich stoße immer wieder auf jenen *inneren Ankläger* – statt Selbstwert ist es Selbstanklage. Die wesentliche Grundlage für all meine Schuld ist dies übersteigerte, verschärfte Gewissen, das kleine Fehler in große Vergehen verwandelt, so daß, wenn meine Frau sie zu einem Staatsverbrechen aufbläht, ich mich in Selbstvorwürfen ergehe und mir nicht verzeihen kann. Es hämmert auf mich ein und duldet nicht, daß [die Sünde] verschwindet; wieder und wieder besteht es darauf (900).
>
> Umgekehrt empfinde ich die Anklage als ungerecht (resent) ... Ich hege ein tiefes Ressentiment gegenüber jedem, der andere beurteilt ... Meine Eltern und Großeltern waren äußerst verurteilend (judgmental), voll von Vorurteilen (897).

In bezug auf Schuld und Scham ist das Ergebnis der ödipalen Konflikte so, daß der Triumph darin, also das Beseitigen und symbolische Töten des mächtigen Rivalen, zu massiver Schuld und Selbstbestrafung führen muß, während die Niederlage, das Versagen, das Gefühl der Schwäche, der Entmannung und Entwertung zu ebenso massiver Scham und dem nagenden Gefühl der Ungerechtigkeit, also dem Ressentiment führen müssen. Doch ist es vom Vorausgehenden schon klar geworden, wie die hauptsächlichen Über-Ich-Funktionen sich nicht nur auf ödipale Probleme beziehen, sondern wie sowohl Schuld wie auch Scham, sowohl die Triebfeindlichkeit des Über-Ich wie auch Loyalitätskonflikte zwar eng mit frühödipalen Konflikten verknüpft sein mögen, dennoch in ihrer Entwicklung weitgehend unabhängig von der ödipalen Problematik sind und z.T. in der Problematik von Identitätssuche und Zugehörigkeitsbedürfnis wurzeln, zum anderen auf die anderen archaischen Konfliktbereiche zurückweisen – die analen Probleme um Kontrolle und Machtverlust sowie ganz besonders auch die sich auf die theatophilen und delophilen Wünsche beziehenden Konflikte. *Präödipale Über-Ich-Anteile* sind gerade bei der Dynamik der Scham von besonders großer Bedeutung.

In der analytischen Literatur hat der Konflikt zwischen Idealen und Gewissen einerseits, den sexuellen und aggressiven Wünschen andererseits, also der intersystemische Konflikt zwischen Über-Ich und Es die hauptsächliche Aufmerksamkeit beansprucht. Gerade im Grobklinischen, Phänomenologischen erscheint diese Art des Konfliktes in der Tat den Vorrang behaupten zu dürfen. Doch zeigt die genauere Untersuchung bald, daß es im Grunde weit komplizierter und spannender zugeht. Ich habe unter dem Titel der 3. Konfliktgruppe schon kurz und weit eingehender früher, im 3. Kapitel, auf das *Scham-Schuld-Dilemma* angespielt, namentlich auf die Spannung zwischen *Trennungsschuld* und *Abhängigkeitsscham.* Dieser Konflikt besteht zwischen gegensätzlichen Idealen, zwischen gegensätzlichen Gewissensforderungen und führt damit unweigerlich zu massiven Selbstbestrafungen, da immer die eine oder die andere Seite verletzt werden muß.

In Elasars masochistischer Kernphantasie wird die Polarität dieser beiden Über-Ich-Anteile durch 2 gegensätzliche Ideale verkörpert: das *Ideal des Erlösers,* der leidet, gegenüber dem *Ideal des Triumphators,* der den Schwachen tötet, *Christus gegenüber Odysseus.* In der Phantasie vereinigen sich die beiden Gegensätze, ihr Widerspruch wird verleugnet. Leiden bedeutet Macht. Die „Illusion der Vervollkommnung (perfectability)" (Rothstein 1991) kombiniert sich mit dem „Allmachtswahn" (Novick u. Novick) zur logisch unvereinbaren Dualität von Idealen. Diese scheinbare *Vereinigung gegensätzlicher Ideale* geschieht durch den das masochistische Szenario ausmachenden Prozeß der Umkehrungen und Verleugnungen.

Darüber hinaus und nicht notwendigerweise identisch damit spielen bei den meisten Patienten, mit denen ich gearbeitet habe, Loyalitätskonflikte eine besonders bedeutsame Rolle. Dies war auch bei Elasar unverkennbar: „Da gab es zwischen den beiden Eltern nur einen ganz schmalen Pfad. Es war ein Fehler, den einen Elternteil zu bevorzugen und verursachte enorme Schuldgefühle. Es bedeutete die Entfremdung des anderen. Es war nötig, immer unparteiisch zu bleiben. Dies paßt sehr fein zur Allmachtsphantasie: daß ich eine solche Macht über sie besaß, daß das geringste Ding, das ich tat, sie veranlassen könnte, mich zeitlebens zu hassen" – oder sie von ihrer Verzweiflung zu retten, oder Frieden herzustellen, sie zu versöhnen (900). Aber auch: „Wen klagte ich ursprünglich an? Alle drei! Ich fühlte mich von ihnen allen verraten" (897).

Im Phantasieleben des Patienten identifizierte er besonders in den früheren Phasen der Behandlung oft das Opfer in der Kernphantasie, also das „Ich", mit der kläglichen Gestalt seines Vaters und die Quälerin mit der grausamen Mutter. Rothstein spricht von der „Repräsentation des Selbst als Objekt" gegenüber der „Repräsentation des Selbst als Handelndem" (1991)[20] – das Selbst als „getötet" gegenüber dem Selbst als „Tötendem".

Dadurch, daß Elasar das Leiden auf sich nahm, hoffte er, zwischen den streitenden Eltern zu vermitteln und die beiden Loyalitäten miteinander vereinbar zu machen: „Es ist alles mein Fehler." Wenn Berliner schreibt, daß „[der Masochist] durch sein Unerwünschtsein (unwantedness) stigmatisiert ist und sein Stigma zeigt, um Zärtlichkeit zu erwecken" (s. oben, Berliner 1947, S. 468), so ist dabei ein wesentlicher Aspekt die Grausamkeit gerade des Familienstreites, der Zwistigkeiten und der Familienscham und damit der unversöhnlichen Loyalitäten in der Familie und zwischen Familie und

---

20 „I ... have suggested that a narcissistically invested ‚I', a self-representation-as-agent, which feels itself to be invulnerable and immortal, is imposing the pain on the ‚me', conceptualized as a self-representation-as-object ... further analysis often reveals the fantasied presence of objects in the associations to the idea of the ‚me' which helps one better to understand the fantasized imposition of pain by the ‚I' upon the objects who exist in fantasy within the ‚me' " (Rothstein 1991, S. 374).

Umwelt. Der *Masochist hat sich mit den Spaltungen in der Familie identifiziert.* Seine Perversion ist ein aktives Wiedererleben jener durchdringenden Duplizität; sie ist ein Versuch, ein *Spiel der Passivität unter seiner eigenen aktiven Régie* aufzuführen und so zu meistern. Seine Handlungen entfalten in symbolischer, doch sichtbarer Form, was hinter dem offenen Zwist und den Wertwidersprüchen verborgen liegt.

Deshalb glaube ich nicht, daß die Perversion, wie es Chasseguet-Smirgel und Grünberger annehmen, etwas radikal anderes ist als die Neurose. Sie ist einfach ein anderer Versuch, *neurotische Konflikte durch Kompromißbildung zu lösen, zusätzlich und parallel zur Charakter- und Symptomneurose.* Und genau wie bei allen Neurosen widerspiegelt sich die Schwere der Konflikte in den „narzißtischen" Phänomenen: der Mißachtung der „Grenzen" und „Schranken", der „Idealisierung" und den „Größenansprüchen", und ganz zentral in den unerbittlichen Forderungen, den unvernünftigen Geboten des „inneren Richters", der Vollkommenheit und Allmacht verlangt.

9.12 Die „Übereinkunft"

Novick u. Novick schreiben in ihrem Panelvortrag (1988, publ. 1991):

> Es wäre interessant, die Verbindung zwischen Zwangssymptomen (obsessional symptoms) und Masochismus zu prüfen. Ein Verbindungsglied dürfte der Allmachtswahn sein ... Das Zwangsdenken (obsessionality) war ein Versuch der Abwehr gegen Wut und Todeswünsche, die als allmächtig erlebt wurden. In manchen Beispielen beinhaltete es [obsessionality] eine ‚Übereinkunft' (bargain) mit Gott, wobei, im Austausch dafür, daß Mutter oder Vater am Leben erhalten würden, das Kind versprach, etwas auf eine besondere, gewöhnlich schmerzhafte Weise zu tun oder zu sagen. Oft bestand das Ritual auch aus einer Opferung; in einer Anzahl von Fällen schloß das Kind einen Vertrag mit Gott, sein eigenes Leben oder Jahre von seinem Leben dafür einzutauschen, daß ein Elternteil oder beide am Leben blieben.[21]

Das hier vorgelegte Material bezeugt dies auch für unseren Patienten, mit der immer wieder auftauchenden Ritualphantasie.

Dies wird mit besonderer Klarheit in Lagerkvists autobiographischer Novelle *Gast bei der Wirklichkeit (Gäst hos verkligheten)* geschildert, wie ich schon in *Die zerbrochene Wirklichkeit* (Kap. 4) etwas eingehender ausgeführt habe: wie der kleine Knabe vom Aufseher davor gewarnt wird, ein Loch in die Erde des Parkweges zu graben, da das bedeute, jemand in seiner Familie werde sterben, wie sich seine Gewis-

---

21 „It would be interesting to explore the connection between obsessional symptomes and masochism. One link appears to be the delusion of omnipotence ... The obsessionality was an attempt to defend against rage and death wishes experienced as omnipotent. In many instances the obsessionality involved a ‚bargain' with God, whereby, in return for keeping mother or father alive, the child promised to do something or say something in a particular, usually painful, way. Often the ritual also involved a sacrifice; in a number of cases the child made a deal with God to trade his own life, or years off his own life to keep one or both parents alive" (Novick u. Novick 1991, S. 317, 318).

sensangst zur Besessenheit einer Todesangst umwandelt und wie er nur durch magische Handlungen, nämlich durch sein Beten am Privataltar im Walde, glaubt, das Unheil abwenden zu können. Nur die durch persönliches Opfer und Mühsal erlebte Entsühnung könne ihn von der Schuldbesessenheit befreien. Wie dann aber seine Großmutter verscheidet, bricht für ihn die Welt entzwei.

9.13 *„Relevante Kausalität“ und „Schichtung“*

Regelmäßig lassen sich alle 6 Konfliktgruppen bei den Patienten mit schwerer Neurose (den sog. „Borderline“fällen) antreffen, wobei immer mehrere von ihnen in unerträglicher Intensität und Radikalität auftreten. Dies war auch bei diesem Patienten der Fall. So oft ist es also dabei nicht eine Sache des Entweder-Oder, welcher Konflikt das Wesentliche der Dynamik ausmacht, sondern ein Sowohl-Als-auch. Präödipale und ödipale Konflikte koexistieren und sind miteinander verwoben; ihre relativen Proportionen variieren von Patient zu Patient. Alle Verallgemeinerungen über ihre relative Wichtigkeit sind fragwürdig. Dies ist dasselbe, was Abend et al. als „Schwierigkeiten während *jeder Phase der psychosexuellen und Ich-Entwicklung*“ bezeichnen, und wie ihre Aussage, daß „es äußerst schwierig sei, die Wirkungen präödipalen von denen ödipalen Traumas zu unterscheiden“.

In der *Flucht vor dem Gewissen* wurde erwähnt, wie *absolute, aber widerstreitende Über-Ich-Forderungen* in Form von *Loyalitätskonflikten und der Scham-Schuld-Antithese, absolute, aber im Widerspruch miteinanderstehende Affekte und Wünsche, globale Identifizierungen, globale Verleugnung/Verdrängung mit vielfältigen Umkehrungen von Affekt und Trieb sowie schließlich massive Introjektion der Traumata* miteinander auf verschiedenen Ebenen der Genese und der Dynamik zusammenwirken, um zu den Phänomenen der Identitätsspaltung zu führen. Es gebe keinen Wiederholungszwang ohne die ausschlaggebende Beteiligung des Über-Ichs, und zwar im spezifischen Sinne von Konflikten innerhalb des Über-Ichs. Die Ich- und die Identitätsspaltung sei ein Ergebnis, nicht eine Ursache. Derartige Spaltungsphänomene manifestieren sich, wie wir dies bei allen Patienten sehen konnten, bei der masochistischen Perversion ebenso wie bei den schweren Formen von Charakter- und Symptomneurose, eben ganz besonders auch der masochistischen Charakterpathologie.

Unter einem etwas anderen Blickwinkel erscheinen diese 6 Konfliktgruppen als Schichten, und zwar in einer Hierarchie, bei der die niedrigeren Schichten sich auf den höheren repräsentiert finden. Aber auch das Umgekehrte gilt. So ist die Sequenz der Entwicklung oft recht fragwürdig. Es ist wohl eher so, daß alle diese Konflikte nicht so sehr Stadien, sondern Lebensaufgaben darstellen, die sich von Anfang an immer wieder stellen und lediglich zu gewissen kritischen Zeiten mit besonderer Prägnanz hervortreten, was allein die Formulierung in Sequenz und die Differenzierung von „tiefer“ und „höher“ gestattet. Dabei kann es sehr wohl auch zum Konflikt zwischen verschiedenen Niveaus von Konflikt kommen: „tiefere“ Konflikte, z. B. Vereinigung gegen Getrenntheit, stoßen mit „fortschrittlicheren" Konflikten (ödipalen) zusammen. Ein solcher Konflikt zwischen Regression und Progression bezöge sich dabei nicht nur auf Wünsche, sondern auch auf Formen der Abwehr, auf Über-Ich-Aspekte (z. B. das „anale" Über-Ich gegenüber dem „genitalen" Über-Ich, wie es so überaus stark in Lagerkvists *Dvärgen* entwickelt ist).

Konkret: Die Dreieckskonflikte (die ödipalen Konflikte) des Wettstreits (competition) umfassen in sich sehr wohl solche von Macht und Kontrolle, solche von Verschmelzung und Isolierung, solche von Neugier und Exhibition und alle die alten Affektstürme. Die Über-Ich-Konflikte drücken alle die anderen, angeblich früheren Konflikte aus, und umgekehrt zeigen diese früheren (wenigstens beim Erwachsenen) immer auch schon archaische Über-Ich-Aspekte.

Scham und Schuld können mit allen 5 anderen Konfliktarten auf spezifische Art in Beziehung gesetzt werden: Scham über Kontrollverlust in bezug auf überwältigende Affekte oder über die Sphinkter, Scham über das Zeigen von Gefühlen und sich über allen Selbstausdruck erstreckend, Abhängigkeitsscham, Scham, sich von der Intimheit der elterlichen Beziehung ausgeschlossen zu sehen – Schuld über Trennung und das dabei implizite Töten, Schuld über analen Trotz und das Verlangen für Kontrolle, Schuld für den Wunsch, den Rivalen auszuschließen und in der Rivalität Erfolg zu haben (Triumph = Töten). Wir haben Beispiele für alle dies Bezüge bei den hier dargestellten Patienten vorgefunden.

Über-Ich-Bildung und der Bereich der Loyalitätskonflikte und der Gerechtigkeits- und Ungerechtigkeitsgefühle, also die Ressentimentkonflikte, sind zwar eng verknüpft mit frühen ödipalen Konflikten, aber nicht auf diese beschränkt. Die Erscheinung der Schuldgefühle ist ganz markant von diesen ödipalen Konflikten geprägt. Ich glaube, daß dies weit weniger für die Schamgefühle gilt; sie entwickeln sich weitgehend unabhängig von den ödipalen Problemen. So ist Scham der spezifische Schutzmechanismus gegen Gefahren im Bereich von Wahrnehmen und Wahrgenommenwerden, von Selbstausdruck und Faszination (Delophilie und Theatophilie).

Globale Identifizierungen, globale Introjektionen und globale Verleugnungen, Umkehrungen und Verdrängungen haben mehr mit den Grundhaltungen in den Familien und den darin zum Ausdruck kommenden Wertkonflikten zu tun als mit dem Ödipuskomplex im eigentlichen Sinne.

*

Man könnte auch sagen, daß es möglich sein sollte, diese Konfliktschichten weiter zu unterteilen. Prinzipiell gibt es gewiß keine Beschränkungen, weitere Konflikte herauszusondern und die skizzierte Hierarchie feiner zu differenzieren. Es ist wiederum einfach eine Frage der Brauchbarkeit. Was ich hier in dieser 6schichtigen Hierarchie dargestellt habe, stellte sich mir allmählich am brauchbarsten für das *Kausalverständnis* heraus.

Wie schon erwähnt, ist es fragwürdig, sie in einer strikten chronologischen Anordnung zu begreifen. Konflikte von Isolation gegen Vereinigung (Getrenntheit gegen Zugehörigkeit) können der spezifisch ihnen zugesprochenen Periode vorausgehen, und sie stellen sicherlich auch weit später ein hervorragend wichtiges Problem dar (s. Stern 1985). Ödipale Konflikte im Sinne der Rivalität in einem Dreiecksverhältnis können sehr viel früher als in der „ödipalen Phase" nach dem 3. Lebensjahr auftreten. Sie können sehr wohl gleichzeitig sein mit der „Individuations- und Trennungsphase", d. h. mit den Konflikten um Getrenntheit. Und wann entsteht das Über-Ich? Wir sahen, wie sehr starke Über-Ich-Elemente sich eben auf jene Konflikte um Trennung beziehen, aber auch auf solche der analen Kontrolle (die „Sphinktermoral" Ferenczis, die Gestalt des „Zwergen" und überhaupt die Brisanz des Ressentiments). Es scheint gekünstelt anzunehmen, daß das Über-Ich als System einfach dem Ende, der Auflösung der Ödipuskonflikte folge. Gewiß ist es deren „Erbe", aber es ist weit mehr als nur das.

Alle diese Elemente treten in die Bildung der masochistischen Kernphantasie ein, ebenso wie sie bei allen anderen Kernphänomenen der schweren Neurosen herausgezupft werden können.

*

Erfahrung zeigt, daß die Arbeit an diesen unbewußten Konflikten am fruchtbarsten ist, wenn sie „von der Oberfläche aus" erfolgt, d. h. wenn sie von den vorbewußten (abgeleiteten) Konflikten ausgeht, denen die intensivsten Affekte angehören, und deren unbewußte Vorgänger aufsucht. Dabei dünkt es mir (im Gegensatz zu manch anderen) gar nicht so wichtig zu sein, ob man sich auf vorbewußte Konflikte in bezug auf die gegenwärtige äußere Realität, auf solche in der Übertragung oder auf solche in Hinsicht auf das Vergangene konzentriere. Vielmehr zählt, daß es sich dabei um „lebende" handelt, daß sie mit affektiver Intensität erlebt werden. Je breiter solche vorbewußten Konflikte exploriert werden können, um so erfolgreicher wird das Ergebnis sein. Jede Einseitigkeit, z. B. indem man sich nur auf die Deutung von Übertragung oder aber von genetischen Rekonstruktionen stützt, engt jene Breite ungebührlich ein und ist der Konfliktlösung abträglich. Auch hier sehen wir wiederum das Prinzip der Komplementarität am Werk.

*

Ich möchte dazu schließlich noch bemerken, daß ich es immer wieder von ganz besonderer Hilfe finde, tiefen inneren Konflikt überhaupt durch das Tor des Über-Ich zu betreten, besonders in Form der intrasystemischen Über-Ich-Konflikte. Doch scheint es ebenso begreiflich, daß der Zutritt durch die anderen Konflikte erfolgen könnte. Bleibt hingegen der Zugang zu einem Konfliktbereich dauernd blockiert, muß der Wert der therapeutischen Arbeit sehr geschmälert sein. Ich denke dabei namentlich, wie ich im 2. Kapitel beobachtet habe, an das Ausagieren der Über-Ich-Haltung in der Gegenübertragung.

Konflikt ist nie völlig auflösbar; er ist ein Grundelement der *Conditio humana*. Was aber sehr wohl erreicht werden kann, ist eine Verschiebung vom Gefühl des inneren Zwangs zu dem der inneren Freiheit, eine Verschiebung, die eben dem weiteren und tieferen Zugang zu inneren Konflikten zu verdanken ist.

9.14 *Epikrise*

Schließlich sei noch auf 2 Ergebnisse der erfolgreichen Arbeit hingewiesen:

In der letzten Periode seiner Analyse gelang es Elasar durch politisch geschickte Maneuver, mehrere Regulationen, die sich für ungezählte Behinderte schwerst belastend ausgewirkt hätten, abzuwenden. Die Rettungsmissionen seiner Kindheit und seiner masochistischen Phantasie- und Allmachtswelt konnten dergestalt realistisch und in sublimiertem Ausdruck verwirklicht werden.

In den letzten Monaten seiner Analyse (und auch nach deren Abschluß) setzte er seine analytische Arbeit in Form eines Tagebuches fort. Aus diesen Eintragungen erwuchsen allmählich Versuche, seine inneren Erlebnisse und Erkenntnisse künstlerisch zu gestalten – in Form von Kurzgeschichten und dramatischen Versuchen.

In den 3 Jahren seit Abschluß der gemeinsamen analytischen Arbeit schrieb er mir von Zeit zu Zeit. Der Behandlungserfolg blieb bestehen, auch unter der erneuten schweren Belastung einer Netzhautablösung. Während der Operation erlebte er mit dramatischer Wucht den Terror und das panische Erstickungsgefühl seiner frühkindlichen Operation wieder, während er sich gleichzeitig an die damit verbundenen Erkenntnisse als Halt und Schutz klammern konnte.

„Man hört oft die Behauptung, daß masochistische Charakterstörungen eine schlechte, wenn nicht hoffnungslose Prognose haben", sagt Brenner in seinem wichtigen Artikel von 1959. Er fährt fort: „... Erfolg wurde nicht in einer entscheidenden analytischen Stunde oder durch ein einzelnes, entscheidend wichtiges Stück von analytischem Verständnis, das dem Patienten richtig gedeutet worden wäre, erzielt ... Was bei der Mehrzahl masochistischer Patienten für ein befriedigendes therapeutisches Ergebnis zumindestens unerläßlich ist, ist die beständige Arbeit, Tag nach Tag, stets mit einer möglichst klaren Sicht auf die miteinander in Konflikt stehenden, im Inneren des Patienten wirksamen Kräfte."[22] Trotz der Herausstellung zentraler Themen und bestimmter, entscheidend wichtiger Einsichten in „guten Stunden", wie ich das in diesem Kapitel getan habe, stimme ich völlig Brenner bei: es waren, wie auch bei den anderen hier geschilderten Fällen, neben der Spezifität von Einsicht und Deutung, mindestens ebenso sehr die stetige tägliche Arbeit, im Sinne von *„gutta cavat lapidem, non vi sed saepe cadendo"*, und die unspezifischen Faktoren, die die tiefe Veränderung herbeigeführt haben. Auch hier spielte wieder die Miteinbeziehung des Schöpferischen in die tägliche Arbeit eine bedeutsame, ich glaube unerläßliche Rolle.

---

[22] „... one frequently hears the opinion that masochistic character disturbances have a poor or hopeless prognosis ... success was not achieved in a crucial analytic hour or by a single, crucially important piece of analytic understanding suitably interpreted to the patient ... in the majority of masochistic patients what seems at least to be of vital importance for a satisfactory therapeutic result is the steady day-to-day work, always with as clear a view as possible of the conflicting forces at work within the patient's mind" (Brenner, S. 216 ff.).

9.15 Der Adel des Leidens

Endlich zitiere ich in diesem Zusammenhang von sexueller Perversion und Charakterperversion mit dem allgemeineren Thema des Sadomasochismus in der Kultur und der dagegen auftretenden Gegenmächte einen Dialogausschnitt aus der Spätphase der Analyse (890). Elasar stellt die Frage nach dem Sinn von Leiden und Märtyrertum in Christentum und Judentum: „Ist das dann nicht alles auch Masochismus? Beseitigt dies [nämlich unsere Analyse der Hindergründe, underpinnings] nicht den Adel des Leidens?" Er stellt die Frage, um sich von Einsichten in *seinen* Masochismus wieder zurückzuziehen.

„Das Annehmen von Leiden ist noch kein Masochismus", erwidere ich. „Masochismus ist das *Aufsuchen von Leiden als dem einzigen Weg zur Liebe und zur Annahme durch die anderen und sich selbst.*"

Wir sprechen über den Unterschied in der (christlichen) Religion zwischen der Botschaft der Liebe gegenüber der Botschaft des Masochismus, wobei bei der letzteren, der masochistischen Umdeutung, das Opfer das Wesentliche wird, an Stelle der Botschaft der Liebe. „Es ist eine Sache, an gewisse Werte sehr stark zu glauben, selbst wenn diese Hingabe an sie die Gefahr mit sich bringt, daß man getötet werde, wie es etwa für Sokrates und wohl auch für Jesus war", sage ich. „Es ist etwas ganz anderes, wenn die Selbstaufopferung zum Hauptziel wird."

„Einzig durch das Opfer konnte ich Wichtigkeit und Wert finden", erklärt er. Liebe und Respekt waren daran gebunden, daß er geschlagen und erniedrigt wurde.

10 „Der Neid der allmächtigen Göttin" – Die Analyse eines Falles von Zwangsneurose, fetischistischer Perversion und masochistisch-narzißtischem Charakter

> „Mir grauet vor der Götter Neide:
> Des Lebens ungemischte Freude
> Ward keinem Irdischen zuteil."
> (Schiller, *Der Ring des Polykrates*)

Die Analyse dieses Falles, die nach $6^1/_2$ Jahren und 915 Stunden erfolgreich beendigt wurde, ist wegen ihrer Komplexität besonders schwierig zu beschreiben, das Material nicht leicht in übersichtliche Ordnung unter klaren Themen zu bringen, der Verlauf nur undeutlich in Phasen aufzuteilen. Dennoch ist der Fall gerade wegen der Vielfalt der bearbeiteten Dynamik und dem im ganzen erfolgreichen Verlauf besonders lehrreich. Es scheint mir am besten, wenn ich dem klinischen Material ganz besonders nahe bleiben und die sich entwickelnden Erkenntnisse und Erlebnisse in statu nascendi schildern werde.

10.1 „Genuß ist der Feind, Schmerz ist der Freund"

Ich gebe zunächst einen knappen Auszug daraus, was ich in *Die Flucht vor dem Gewissen* (S. 155–162) über diesen Patienten berichtet habe; ich verwebe diese Auszüge mit einigen neuen Zusätzen. Zu Beginn der Analyse (Herbst 1985) schilderte ich Reuben als einen 20jährigen hochbegabten Mathematiker, hochaufgeschossen, meistens verlegen lächelnd, nahezu ausgemergelt und etwas vornübergebeugt, der völlig vereinsamt, ohne Ziel, ohne Interesse, ohne Freude, ohne ein Sinngefühl für irgendetwas dahinlebte. Er habe sich völlig auf sich selbst zurückgezogen, in eine andere Welt, die nur er kenne, die vielleicht nur in seinem Geiste existiere. Nach einer schweren, lange nicht verwundenen Enttäuschung mit einem Mädchen hat er sich auch von den Sexualinteressen weitgehend zurückgezogen, außer gelegentlichem Masturbieren, das auch Versuche umfaßte, Fellatio an sich selbst zu vollziehen, Versuche übrigens, die immer wieder in schmerzhaften und mit tiefer Beschämung eingestandenen „Rückenverrenkungen" resultierten.

Er war und ist überaus gewissenhaft, doch erwartet er ständig, daß alles, was immer er tue, in Enttäuschung ausgehen würde. Sein Leben steht unter der Erwartung,

> dem stillschweigenden Versprechen, daß ich, wenn ich alles tue, was von mir erwartet wird, belohnt werde, selbst wenn ich lange dafür leiden muß, und daß die, die sich vergehen und in Lust ergehen, früher oder später dafür büßen müssen ... Wenn ich nur gut genug bin, werde ich am Schluß doch noch belohnt werden, und wenn ich es nicht werde, hat das mit mir zu tun; entweder ist es mein Fehler, oder nichts hat mehr einen Sinn (98).

Seine Angst, nicht die Pflicht und die Erwartung zu erfüllen, ist und bleibt daher überwältigend – auch in der Übertragung – und sein Desinteresse, seine Zurückgezogenheit und seine Verachtung dienen der *Abwehr durch Entwertung* dagegen, daß er immer wieder *in seiner vertrauensvollen Erwartung und Hoffnung enttäuscht* würde. Dies ist das Grundthema seines Lebens.

Seine Ängste gehen auf das 3. oder 4. Lebensjahr zurück, als er den Stuhl zurückhielt aus der Furcht heraus, daß *Ratten* in der Toilettenschale seien, die ihn beißen würden, und daß mit dem Stuhl sein Herz und andere Organe herausfallen könnten und weggespült würden. Etwas später glaubte er seiner Schwester, wenn sie behauptete, Eltern haben Kinder, um sie zu töten.

Er war immer ein überaus ängstliches Kind, das in der Schule viel verlacht und auch mißhandelt wurde.

Ich schilderte seinerzeit auch den entsprechend seiner zwangsneurotischen Abwehrstruktur ausgeprägten Abwehrvorgang des *Isolierens,* wie er z. B. gleichzeitig 3 Dinge wie auf 3 getrennten Fernsehschirmen vor sich sehe. Ich gab Beispiele für seine tiefe *Depersonalisierung, Identitätsspaltung* und *allgemeine Passivität* in der Arbeit wie in seiner Sexualphantasie und deren Verbindung mit schweren *Schamkonflikten.* Besonders wichtig ist das, was ich damals in bezug auf seine Masturbation durch *Selbstfellatio* zitierte:

> Ich lerne nie, daß es viel mehr Schmerzen als Lust bedeutet, und ich schäme mich sehr darüber ... Die Phantasie ist, daß ich am Penis eines Mannes sauge. Doch wenn ich an einen Mann denke, ist das nicht erregend. Das ist es nicht, was ich tun will. Aber wenn ich an einem Penis ohne Körper sauge, das ist erregend. *Ich identifiziere mich mit der Frau,* die es ausführt, und die Selbstfellatio befriedigt dies. Wessen Penis ist besser als mein eigener? Denn ich will es nicht an jemandem anderen ausführen. Es verwirklicht diese Phantasie. Ich kann niemandem trauen für Befriedigung. Niemand war da, um mich zu befriedigen (116).

Ich sprach damals von einer *narzißtischen Perversion.* Späterhin bekannte er auch, daß er zur Unterstützung seiner „weiblichen Identifizierungsphantasie" (in seinem Ausdruck) bei der Masturbation zu weiblicher Unterwäsche greife und diese auch dabei trage. Zum Zweck dieser *fetischistischen Perversion* entwendete er zeitweilig Unterhosen oder Strümpfe eines Mädchens, das in seinem Haus lebte, obwohl er ihr gegenüber kaum sexuelle Anziehung empfand.

10.2 Anfängliche Diagnose und Übertragung, Verlauf der Behandlung

Wie ich damals ausführte (und jetzt ergänze) sah ich unter der Maske eines ganz schweren *Narzißmus* einen schwer *schizoid-zwangsneurotischen* Charakter, mit tiefsten *phobischen Ängsten,* intensiven *Scham*gefühlen und *Sozialängsten,* und nicht nur mit sehr schweren *Hemmungen,* sondern auch mit allgemeiner *Ich-Einschränkung* gegenüber ganzen Lebensbereichen, zusammen mit einer im Verlaufe der Behandlung immer vordringlicher werdenden *narzißtisch-festischistisch-masochi-*

stischen Perversion, die sich sowohl in seiner *Sexualbetätigung und -phantasie* wie in seinem *Charakter* als ganzem manifestierte. Die Ängste und Vermeidungen, die Hemmungen und Ich-Einschränkungen entstammten den damals allgegenwärtigen, jetzt stark verminderten Ambivalenzkonflikten und gingen auf die traumatische Kindheit zurück.

In der Übertragung erschien er lange kaum erreichbar – in ein drückendes, angsterfülltes Schweigen gebannt, das Stunden hindurch andauern konnte. In mir sah er lange, ähnlich wie in seinem Vater, eine verlangend zudringliche, urteilende Autorität, die ihn verachten und auslachen könnte. Während einiger Zeit nahm er parallel zur Analyse an einem verhaltenstherapeutischen Programm teil, nachdem es sich zeigte, daß die Analyse allein nicht imstande sein werde, seine nahezu totale, im Grunde genommen phobische Isolierung und Untätigkeit auf lange Sicht hin zu durchbrechen und sogar, durch die Innenwendung, noch eher zur Einkapselung beitragen könnte; meine Erwartung bestätigte sich, die beiden Vorgehensweisen komplementierten sich auch in diesem Fall vorzüglich. Als dritte Zugangsweise kam etwa $3^1/_2$ Jahre nach Beginn der Analyse die Medikation in Form von Prozac (Fluoxetin) hinzu, die ihm im Programm verschrieben wurde.

Während mehrerer Jahre oblag Reuben einem Beruf als Versicherungsstatistiker (actuary), fand aber sehr geringe Befriedigung darin. Er kehrte hauptzeitlich zu einem Studium zurück, das Mathematik mit Sprachen kombinierte, widmete sich aber den Kursen im ersteren Gebiet nur mit mäßigem Interesse und Erfolg. Zugleich arbeitet er etwa halbzeitlich und mit großer Anerkennung, aber geringer Anteilnahme in der staatlichen Versicherungsabteilung. Vor etwa 3 Jahren begann er ein Verhältnis mit einer aus dem Fernen Osten stammenden Kollegin, einem sehr freundlich-unterwürfigen Mädchen, das indes, wie seine Mutter, auch häufig in irrationale Wut und Selbstzerstörung und -demütigung ausbricht. Sie ist noch tief an ihre Mutter, eine sie schwerst mißhandelnde Frau gebunden, die auf ihre Liaison mit Reuben mit Todesdrohungen beiden und sich selber gegenüber (sie begehe Suizid, wenn Reuben und ihre Tochter heiraten würden) und mit wirklicher Gewalttätigkeit (sie schlug ihre Tochter zu Boden, riß sie am Haar) reagierte.

Es bedurfte endloser Täuschungen und Lügen auf seiten der Freundin, um das Verhältnis einigermaßen gegen die Eingriffe zu schützen. Schließlich entfloh das Mädchen ihrer Familie, und nur allmählich nahm sie den Kontakt wieder auf, als die Mutter widerwillig der Bindung zustimmte. Etwa ein Jahr lebten Reuben und seine Freundin zusammen, bis sie sich im Herbst 1991 verheirateten. Es ist aber eindrücklich, zu welchem Ausmaß auch seine Freundin eine ganz ausgeprägte *masochistische Charakterhaltung und sexuelle Orientierung (als Perversion)* hat. Seit 2 Jahren ist sie nun ihrerseits in Analyse – was zu oft beträchtlichen Konflikten zwischen ihrer konfuzianischen Familientradition (obgleich diese in christlich verbrämtem Kleid erscheint), mit deren Betonung von absoluter Loyalität der Familie gegenüber und dem Wahrheits- und Entlarvungsethos der Psychoanalyse führt. Reuben sieht sich selbst oft lebhaft hereingezogen in diesen tiefen *Wertkonflikt:* Der Loyalitätskonflikt für Jushu zwischen Treue zur Mutter und Liebe zu Reuben ist unerträglich. Reuben fühlt sich persönlich bedroht (716).

Natürlich war im Grunde die Reihenfolge zeitlich umgekehrt: dieser Wertkonflikt überschattete ihr Verhältnis von Anbeginn, führte für Jushu (Dschü Schu) zu schweren inneren und äußeren Konflikten und beeinflußt natürlich auch ihre Übertragung in der Behandlung.

Reuben hat heute einen ausgedehnten Freundeskreis, ist im ganzen recht glücklich und entspannt. Die Symptome oder perversen Neigungen (im Sinne sexueller Handlungen oder Masturbationsphantasien) sind alle mehr oder weniger (bis auf geringe Reste) verschwunden, spielen auch in seinem Phantasieleben kaum mehr eine Rolle, doch stören ihn noch immer die tieferen (masochistisch-passiven) Charakterneigungen und die damit klar verbundenen Arbeitsbeeinträchtigungen und die allgemeine Unentschlossenheit im Hinblick auf seine langfristigen Pläne. Nach dem Abschluß seines ihn wenig befriedigenden Mathematikstudiums hat er sich nun entschlossen, Medizin zu studieren, während er gleichzeitig seine Arbeit im Staat fortsetzt und, beinahe insgeheim, seinem tieferen Interesse an Sprachen nachgeht. Es ist wohl im Einklang mit seiner immer noch herrschenden masochistischen Orientierung, daß es ihm unmöglich ist, das zu studieren, wozu er am meisten Neigung hätte, eben die Sprachen.

Seine Zwänge verschwanden unter der medikamentösen Behandlung vollständig. Vor einem Jahr setzte er dann, Schritt für Schritt, auch das Prozac ab. Es ist sehr eindrücklich, daß die anscheinend medikamentös bedingte Behebung der Zwangshandlungen und Zwangsgedanken bestehen blieb.

Im folgenden werde ich nun charakteristische, thematisch gruppierte Auszüge aus der weiteren Analyse bringen.

10.3 *„Moralischer Masochismus“*

In unzähligen Varianten kam er fast jede Stunde darauf zurück (in Worten, die ich seinerzeit zitiert habe), wie ihm

> Lust und Freude böse und falsch erscheinen. Ich kann es mir selber nicht zugeben, daß mein Verlangen, gut zu sein, also nicht hedonistisch zu sein, falsch sein könnte; denn meine ganze Identität hing seit früher Jugend daran, nicht so wie die anderen zu sein ... Ich habe Angst davor, und ich würde zu meinem eigenen Feind werden, wenn ich meine eigenen Werte aufgäbe ... Es ist so sehr ein Teil von mir, nein, das bin ich selbst, es ist mein Wesen (essence); ohne das existiere ich nicht. Es ist so schwer und schmerzlich für mich. Ich schaute auf die anderen als dumm und als Idioten, und auf mich als überlegen, als ein Genie. Es ist schwer zuzugeben, daß jene Recht haben sollten und ich fehl ging.

Die Wahl schien die zwischen den Extremen eines resoluten *Asketismus,* der auf alle Freude und Triebbefriedigung verzichtet und diese als absolut schlecht (evil) betrachtet, und eines ebenso extremen und phantastischen *Hedonismus* zu sein. Diese Wahl erwies sich immer wieder als falsch: die Ideale und Werte sind nicht an und für sich verfehlt, aber die Absolutheit dieser Ideale und Werte ist es. „Ich sehe vieles in Schwarz und Weiß, und das ist nicht so, wie es wirklich ist. Soweit ich mich zurückerinnere, sah ich die Welt in dieser Dichotomie: *ich gegen die Welt*“ – ohne zu erkennen, daß es auch Teil seiner selbst ist, was er so heftig verurteilt und verachtet (144).

Die Intensität seiner Selbstverurteilung war überwältigend; die narzißtischen Phantasien und die Maske der Verachtung waren Schutzwehren gegen die durch diese radikale Verdammung bewirkte Verzweiflung und Verödung seines ganzen Daseins. Hoffnung, Lust und Vertrauen wurden so früh und so radikal als etwas überaus Gefährliches erlebt, daß das Gewissen von Anfang an sie als etwas Böses aburteilen mußte und sein Leben seither eine nicht endende Kette von Bestätigungen wurde, daß er *nicht hoffen, sich nicht freuen und dem anderen nicht trauen* dürfe.

Weder Lob noch Liebesbezeugung bedeuten etwas. Er wolle ihnen Glauben schenken, aber sie seien sinnlos. Nur die Mißbilligung, nur das Leere und das Negative bedeuten etwas. Das harsche Gewissen hat alle Freude auslaufen lassen (167). „Ich bin der Gefangene meines Gewissens“ (175).

Das überaus harte, unbarmherzige Zwangsgewissen muß als totalitärer Wächter gegen die Aggression dienen: Er fürchtet sich vor jeder Äußerung von Wut sehr; es sei ein böses Ungeheuer in ihm, das eingesperrt bleiben müsse. Es würde ihn und seine Umgebung zerstören (455).

„Ich lähme mich selbst, um das häßliche Ungeheuer von Wut und Kot harmlos zu machen. Sonst ginge es auf einen Mord- und Brandzug (murderous rampage) aus.“

„Oder wenigstens versuchte es zu quälen und zu schmieren“ (633).

10.4 Anklage

Ich stellte seinerzeit, in der *Flucht vor dem Gewissen,* die Frage: Was war die chronische Traumatisierung, die sich in diesem „bösen Gewissen“, recht eigentlich einem „innern Ungeheuer“, niederschlug und verewigte, und nun sekundär in der narzißtischen Problematik und der schizoid-anankastisch-phobischen Symptomatik zum manifesten Ausdruck kommt?

Zunächst schenkte er seiner Mutter Glauben, als sie und ihre Schwestern ihren verstorbenen Vater als einen schrecklichen Bösewicht, der alle Mädchen in der Familie sexuell mißhandelt habe, verschrieen. Als ich selbst die Mutter daraufhin befragte, schilderte sie alle die Untaten des Unholdes, die sie und eine ihrer Schwestern und Nichten aus Träumen und frühesten Kindheitserinnerungen ableiteten. Meine Vermutung war, daß es sich dabei um pädophile Akte eines sehr scheuen alten Mannes, der von seiner herben Frau eingeschüchtert war, gehandelt haben könnte, Akte, die nachträglich sehr aufgebauscht und zu dämonischen Untaten übertrieben wurden, um sowohl die massive Wut und das Ressentiment dieser Frau – Reubens Mutter – ihrem Ehemanne gegenüber auf den toten Vater abzuschieben, wie auch ihre eigenen Schuldgefühle, die sie bald eingestand, als sie über ihre die Kinder zutiefst erschreckenden Haßausbrüche sprach – Haßausbrüche namentlich gegen den Ehemann, die auch heute noch häufig vorkommen und einen zunehmend bizarren Charakter annehmen, wie: daß er sie zu ermorden suche.

Teilweise liegt aber die Antwort auf die gestellte Frage darin, daß die Eltern sehr viel heftigen Streit miteinander hatten, die in wilden Schrei- und Anklageanfällen seiner Mutter gipfelten. Er haßte die häufigen Disziplinforderungen seines Vaters, dessen Eindringen in sein Zimmer, und bei den Streitigkeiten ergriff er die Seite seiner Mutter.

Er erinnert sich, daß er sich auch selbst für die Kämpfe seiner Eltern verantwortlich machte und wegen dieser Schuld sein Leben verwirkt wähnte: „Etwas ganz Schlimmes muß ich getan haben, daß sie sich an mir rächen und mich töten wollen." So mußte er alle Wunschregungen auch sogleich ungeschehen machen, und das Ergebnis war das einer völligen *Willensparalyse,* einer *psychosenähnlichen Maske* und einer fast absoluten *Anhedonie.*

Doch ist das Bild nicht so eindeutig. Im Gegenteil, die Ambivalenz spaltet eigentlich alle seine Erfahrungen: Wenn die Eltern sich umarmten oder küßten, zwängte er sich zwischen sie, stand dann auf und zwang sie so auseinander, um nicht „ausgelassen" (left out) zu werden (192).

Eine wiederholte Episode von früher Kindheit scheint symbolisch für seine Passivität: Seine Mutter legte sich immer mehrfach untertags hin. Er durfte neben ihr auf dem Bett liegen, unter der Bedingung, daß er sich absolut still verhielte. Trotz großem Bemühen gelang ihm das nie, und er wurde weggeschickt: „Um mit meiner Mutter zu sein, mußte ich das Unmögliche tun. Die Erreichung dessen, was ich wollte, war unmöglich." Und der einzige Weg, auf dem er es zu erreichen hoffen konnte, war durch völlige Passivität. Sie band ihren Sohn in intensiver Weise an sich, *überstimulierte* ihn und *frustrierte* ihn dann aufs schwerste. „Sich an etwas zu freuen ist böse (evil). Nach irgendeiner Lust oder Freude zu streben, wie Geselligkeit oder Sexualität oder Trinken, hieße, zu meinem eigenen Feind zu werden." Dabei wurde jedes Zeichen von Unmut und Ungeduld seinerseits stark bestraft. Schon sehr früh muß sich dieser ganze Konflikt in sein Inneres verlagert haben (120, 121). Jede Lust ist gefährlich und muß daher entwertet und vermieden werden. Aber auch das Umgekehrte ist wahr: daß die Gefahr, die Angst, der Schmerz lustvoll ist – in doppelter Verwandlung (698).

Das Lied von John Lennon *Mother* will ihm nicht aus dem Sinn:

„You had me, but I never had you. I wanted you, but you never wanted me. So I have to tell you: good-bye" (431).

Es ist fundamental: *Ich kann keinen Genuß haben außer in stellvertretender Weise: wenn jemand anderer Genuß hat an meinem Schmerz.* Das ist die sadomasochistische Lehre, die ich von meiner Mutter und meiner Schwester gelernt habe. *Die einzige Weise, geliebt and gern gehabt zu werden, ist als Opfer von jemandem anderen.* Nur dadurch kann ich Kontrolle und Macht haben, nur dadurch kann ich Liebe spüren (488).

Ich lernte sehr früh, daß der Wunsch, mich auszudrücken und Lebenshunger (hunger for life) zu bezeugen, nur Schmerz und Enttäuschung brachte. Ich weiß nicht, was ich selbst bin, wer ich wirklich bin, was ich im Leben will. Ich war immer gezwungen, mich unterzuordnen, mich zu verneinen, mein Selbst zu schlucken (169).

Um Liebe zu erhalten, mußte ich meine Identität verlieren, mußte sie aufopfern, mich in etwas Größerem verlieren (695).

10.5 Sexualität und Analität

So kommen wir immer wieder zur charakteristischen Doppelheit, zum inneren Konflikt, besonders in bezug auf seine kindliche Sexualität: Es gab reichlich sexuelle Spiele in seiner Kindheit mit seiner Schwester und deren Freundinnen. Er wurde veranlaßt, sich auszuziehen und vor den faszinierten jungen Damen zu urinieren, auch mehrere von ihnen zu untersuchen und Vergleiche über die Größe der entsprechenden Organe anzustellen. Es kam zu Bestrafungen durch die Mutter und Nachbarn, aber die Schwester, die für ihn eine hochverehrte und heißgeliebte Göttin war, verlockte ihn immer wieder zu neuen Abenteuern und Anreizen. Er mußte sie kitzeln, ohne daß er selbst zum selben Genuß gekommen wäre. So war auch hier reichlich Anlaß zur Überstimulierung, die in einen ganz sadistischen Kontext eingebettet war – die Wut- und Schreianfälle seiner Mutter, das Bündnis zwischen Schwester und Mutter mit einer Geheimsprache (pig-latin), von dem er sich ausgeschlossen sah (228). So zeigt sich auch darin, wie früh seine *masochistisch sexuelle Orientierung* begann und zu welchem Umfang sie eine Anpassungsweise war, mit traumatischer Überstimulierung und Versagen, mit äußeren Aggressionen und damit auch innerer Hilflosigkeit, Angst, Wut und Rachsucht zuschlag zu kommen.

Die *Identifizierung mit dem Opfer* reicht sehr weit zurück, und schlägt sich auch heute in seinem Vegetarianismus nieder: als er 5jährig war, sah er beim Nachbar ein aufgehängtes, ausgeweidetes Reh, einen hohlen Torso. Ein Kind behauptete, daß das Rehfleisch in den Würsten sei. Er mußte beim Essen würgen.

Dieses Bild ist verquickt mit der in seiner Überzeugung tiefverwurzelten *Angst, er werde von seinen Eltern getötet* und mit der Angst, er selbst verliere seine inneren Organe. Das wäre die angemessene Strafe für seine eigenen mörderischen Wünsche. (212) Das Bild des ausgeweideten Rehs (disemboweled) – das sei die Weise, wie er selbst bestraft würde (345).

Es ist eine seiner frühen, weit in die Kindheit zurückreichenden sexuellen Phantasien: daß er zum Teil des geliebten Mädchens würde, und zwar als Stuhlgang der Vergöttlichten, in ihrem Körper. Er hat über diese Phantasie von Zeit zu Zeit berichtet.

In einer Stunde, 3 Jahre nach Analysenbeginn, genießt er diese wieder. So sei er der Verehrten besonders nahe, näher als irgend etwas sonst, eine Art *„fäkaler Eifersucht"*, bekennt er. Doch schämt er sich auch sehr über diese Selbsterniedrigung und die zugrundeliegende anale Erregung, die *Sexualisierung der ganzen Anal- und Fäkalsphäre* – die ja auch ursprünglich mit der Rattenphobie abgewehrt wurde (467).

Und fast ganz in der Gegenwart bekräftigt sich seine anale Orientierung: die Freundin nennt ihn *Bangu de Zhong,* Furzkönig. Die Liebe für den Vater war sehr anal (727, 728).

> Mein Wunsch, mich mit der Frau zu vereinigen – es ist etwas beinahe Religiöses, eine mystische Vereinigung mit der großen weiblichen Kraft, einer allmächtigen Göttin, der ich völlig zu Diensten bin, total passiv untertan, Teil einer Überseele (oversoul). ‚Du sollst ein gutes Opfer sein und ihr gefallen, und nicht Lust für dich selbst suchen, nur die Erfüllung durch diese Gottheit.'

„Und in der unterwürfigsten (most abject) Form: als Sie phantasierten, Sie seien die Fäzes dieser Gottheit."

„Sogar die Fäzes wären heilig; sogar das ist näher zu Gott, als ich es bin. Es war eine Art von *fäkalem Neid*" (515).

So werden die Fäzes selbst fast als personengleich behandelt: einerseits möchte er in der geliebten Frau als deren Fäzes wohnen (eine frühkindliche, stark lustbetonte Phantasie), und andererseits fürchtet er sich davor, wenn er seine eigenen Fäzes verliere, daß etwas ganz Wesentliches seiner selbst verloren ginge (210).

„Ich sprach so viel über meine analen Ängste, aber es gab auch viel Faszination und Neugier. Ich haßte zwar den Stuhlgang, aber dabei spähte ich durch meine Beine und unter dem Deckel hindurch, um dem Heraustreten der Fäzes zuzuschauen." Es war eine Art Vorgänger der Selbstfellatio (436).

Er weiß, daß seine Reinlichkeitsgewöhnung besonders schwierig gewesen sei und seiner Mutter viel Ärger verursacht habe. Noch bis sehr spät netzte er seine Hosen oder das Bett, während er, wie gesagt, sehr früh unter ganz schwerer Verstopfung gelitten hatte. Mit 4 Jahren netzte er noch mehr als die Hälfte der Nächte das Bett, mit 6 und 7 2mal/Woche, mit 12 2- bis 3mal/Monat, seither vielleicht 1mal pro Jahr; es geschieht auch heute noch gelegentlich (150).

Zugleich war er, im Alter von 3 oder 4, ein zwanghafter Frager – was auch in den Stunden (in den frühen Phasen der Analyse) manchmal noch sehr zur Geltung kam (465).

Es herrscht u. a. die folgende archaische Gleichsetzung: *der Wunsch, Stuhlgang zu haben = überhaupt alle Begehren und alle Lust = große Gefahr.* In Anspielung an Nietzsches „Freisein von und Freisein zu" bemerkt er: *Keinen Stuhlgang* zu haben, bedeute *Reinheit, Freisein von Schmutz = von Bösem = von aller Gefahr, besonders auch der Wut* (753).

Von früher Zeit an versuchte er, mit der *Gefahr der nahezu psychotischen Tobsuchtsanfälle und Unberechenbarkeit seiner Mutter* dadurch fertig zu werden, daß er ein ganz *starres, archaisches, analmasochistisch zentriertes Gewissen* bildete: „Ich bin schuld (to blame), es steht in meiner Macht, die Katastrophe zu verhüten, wenn ich mir alles verbiete, das es provozieren könnte." Die *Defäkation wurde zum Symbol der gefährlichen Wünsche* in ihm, und die *Ratte zum Symbol der Vergeltung* dafür.

Er sieht sich in seiner Passivität als böses, schleimiges, saugendes Ding und sich selbst als Kleinkind, das als kotproduzierende Maschine von der Mutter mit Ekel weggestoßen würde. Oder aber als rasendes Ungeheuer, das in seiner Wut die Türe eingeschlagen hat (wie es tatsächlich einmal in seiner Kindheit geschehen war). Gleichzeitig habe er gewußt, daß sein Vater ihn der Schwester vorgezogen habe. Darum haßte sie ihn so. Das Rätsel war dann: „Wie konnte er die Kotmaschine lieber haben als die Göttin?" Dabei zählten die Liebe und die Macht der Mutter viel mehr. So war auch hier wieder der Gewinn ein Verlust (691).

In der Pubertät pflegte er mit einer Flasche zu masturbieren, wobei Lust und Schmerz vermischt waren. Auch dabei ist der Schmerz immer das Stärkere und Dauernde (190).

10.6 Die Zwänge

Erst allmählich stellt sich in der Analyse heraus, daß er unter mannigfachen Zwängen leidet – Blinkzwängen, Hin- und Herbewegen des Unterkiefers, Zurechtrücken des Penis, Öffnen des Mundes, um die Gaumenbögen zu spannen – alles Zwänge, die ihm unsinnig vorkommen, denen er sich aber hilflos ausgeliefert fühlt. Auch diese Zwänge lassen sich bis zum vierten Lebensjahr zurückverfolgen.

Der Zwang ist ein mißglückter Versuch, etwas zu korrigieren, das Scham verursacht. Was ist die ursprüngliche Scham? Sie hat offenbar mit dem Penis zu tun, denn dort beginnt sie; er ist das „Zeigeorgan“ (show piece) wie das „Schamorgan“ (shame piece), Ursache sowohl von Stolz wie von Scham:

Die Zwänge begannen damit, daß etwas, das „am falschen Ort“ (out of place, misaligned), nicht richtig war, zurecht gerückt oder korrigiert werden mußte: es fing mit dem Penis an, vielleicht mit 3 Jahren, dann ging es zu den Haaren um den Anus, die ausgerissen werden mußten (mit 5–7 Jahren), dann zu den Augen, die kalt und trokken schienen und zugekniffen werden mußten. Das Problem mit den Augen setzte dann ein, als er seine Tränen zurückhielt, nicht mehr das Weinen zeigen wollte; es begann etwa mit 7 Jahren, intensive wurde es erst mit 12. Zum Schluß kam der Kieferzwang, wo er Gaumen und Kiefer zurechtzurücken sucht. Jeder dieser Zwänge bleibt bestehen, ordnet sich aber einer neuen Zwangshierarchie unter. Diese Zwänge allesamt sind ihrerseits eine Quelle der Scham, und die Scham verstärkt sich selbst (feeds on itself) (206). „Mein ganzes Leben ist eine Studie in Demütigung“, besonders die vielen öffentlichen Erniedrigungen, die er von seiner heißgeliebten und verehrten Schwester zu erdulden hatte. So enthüllte sie seine frühen Zwänge, seine „tics“, seine Geheimformeln, behauptete aber auch, er habe mit 4 Jahren auf den Rasen vor dem Haus gekotet, was eine freche Lüge gewesen sei. Die Zwänge selber erscheinen dann im Grunde wie ein stetsfort neuunternommener, immer wieder versagender Versuch, „es in Ordnung zu bringen“, d. h. die Scham ungeschehen zu machen, führen aber lediglich zu neuer Beschämung. Je mehr Angst vor Demütigung, um so mehr Zwang. Die auf Betreiben seiner Schwester unternommenen Demonstrationen seiner phallischen Pracht und seiner Spritzfähigkeit waren eher Folgen einer tieferen Scham, die mit dem Penis zu tun hatte, als deren Ursache. Er sah sich als der schwache, ausgelachte und schamgelähmte kleine Junge (201–206).

10.7 „Weibliche Identifikationsphantasie“ und Fetischismus

„Der Gedanke an den Fetisch (die Unterhosen seiner Nachbarin) ist eine Zwangsidee; ich kann nicht von ihr loskommen, obgleich die Masturbation damit nicht so befriedigend ist wie die Selbstfellatio. Die Phantasie dabei ist, daß ich die Frau bin und von hinten penetriert werde, den Penis in mir habe. *Der anale Penis bedeutet Macht.* Die Phantasie schließt andere Menschen aus. Ich bin Mann und Frau, ich bin selbstgenügend (selfcontained). So umgehe ich meine Angst vor der Frau. Sobald ich daran denke, mit einer Frau zu sein, verdirbt die Angst mir die Stimmung. Diese Phantasie hingegen ist selbstgenügend und damit sicher.“

„Sie macht die Frau unnötig, sie ‚tötet‘ sie.“

„Absolut!“

„Dieses ganze fetischistisch-masochistische Szenario ist eng verbunden mit der Szene, wenn Sie mit der Mutter zu schlafen suchten und mit der anderen Szene, als Sie mit dem Vater jeweils zusammen waren, als er auf dem Abort saß und Stuhlgang hatte.“

„Jemandem nahe zu sein, hat zuviele Nachteile. Ich konnte meiner Mutter nur nahe sein, wenn ich absolut schweigsam und unbeweglich war – was einfach nicht möglich war. Und dem Vater konnte ich nur nahe kommen, wenn er kotete, und das war auch kein Vergnügen. Es ist es nicht wert.“

„So brauchen Sie etwas Unbelebtes.“

„Auch bei meiner Schwester war ich stets ihr Opfer; mit einem Menschen kann ich einfach nicht bekommen, was ich möchte. Beim Vater war es so, daß ich bei der Heizluft an der Wand saß. Auch hier kam die Wärme wieder von etwas Unbelebtem. Das war mir am liebsten.“

„So steht es auch mit Ihrem Interesse an Mathematik und Physik; es ist in sicherer Distanz von den Menschen.“

„Es ist frustrierend: ich möchte so sehr näher sein, aber ich kann nicht. Ich erinnere mich: mein Vater brauchte 25 min auf der Toilette. Ich saß beim Heizloch auf der Waage, und ich spüre es noch, wie enttäuschend und kalt es wurde, wenn die Heizung aufhörte.“

Übrigens ist ja auch die *fetischistisch-transvestitische* Perversionshandlung stark anal: er wählt spezifisch die schmutzige Unterwäsche seiner Nachbarin (522).

Bei der Masturbation entdeckt er eine eigentümliche *innere Spaltung:* einerseits ist er, im Rahmen seiner weiblichen Identifikationsphantasie, seine Mutter, und das ist lustvoll. Die Gestalt des Vaters spiele dabei gar keine Rolle; die komme erst nachträglich herein, wenn er es überdenke. Er ist vielmehr die Frau, die oben ist. Doch gleichzeitig sieht er als Beobachter die Frau von hinten. Er ist *sowohl Beobachter wie Beobachteter,* wobei der Beobachtete gleichzeitig sowohl er selbst wie seine Mutter ist. So kommt es zu einer Art doppelter Doppelheit, die er in sich magisch und lustvoll zu vereinigen vermag (526).

Bei der weiblichen Identifizierungsphantasie werde er anal penetriert, wobei Anus und Vagina gleichgesetzt werden. Das sei sowohl mit Angst wie mit Erregtheit verbunden. Wut, Lust und Angst seien dabei ineinander verschlungen. Ebenso leben auch in der Mutter gegensätzliche intensive Gefühle dicht beieinander, in verwirrender Nähe. Liebe bedeute Haß, Ekel und Sexualität gehen miteinander. Und das widerspiegle sich in ihm: „Und damit gehen Furcht und Scham darüber, daß ich solche Wünsche habe und daß diese offenbar werden, als etwas Schmutziges und Verächtliches“ (706).

10.8 Das Bewußtwerden der Kastrationsangst

Er hat zum ersten Mal Geschlechtsverkehr, 4 Jahre nach Beginn der Analyse. Er fühlt sich schuldig, daß er bei Jushu darauf gedrungen habe. „Als ich ihre Geschlechtsteile berührte, war es mir, als ob sie *ein verstümmelter Knabe wäre.* Das unreife Wesen in mir fragt: ‚Was fehlt? Was ist falsch?. Etwas ist abgerissen (torn off).‘ Daß sie nicht ohne das geboren worden sei, sondern daß es weggerissen (ripped off) worden sei, ein Loch mit Fetzen, etwas wie eine Narbe“ (605).

„Im Traum versucht die Mutter im Stehen zu urinieren und hat eine Art Penis, es geht aber nicht gut damit (it's not working too well). Dann verkote ich alles, die Toilette, den Deckel, den Boden. Ich bin ganz klein und krieche umher. Auch meine Arme sind voll Kot. Ich versuche es abzureiben, und es gelingt mir nicht.“ Das folgt Geschlechtsverkehr mit Jushu, wie sie menstruiert; „Als ich auf den Penis schaute, war er ganz blutig. Ich fürchtete, nun selbst verwundet und verstümmelt zu sein.“

„Was sich zu analen Bildern (imagery) verwandelt: *von Kastration zu Schmieren, von genitaler Sexualität zur analen.*“

„Die beste aller Welten.“

„Und Mutters Penis?“

„Sie hatte viel Macht und Kontrolle, auch über den Vater, durch ihr Verhalten.“

„So ist es ein Trosttraum: Die Frauen sind ja gar nicht verstümmelt oder verwundet, sie bluten ja nicht, sie haben einen Penis, wenn es auch nicht so gut damit geht, und das Ganze ist fäkal, anal – daß Ihre sexuellen Erlebnisse jetzt die frühe Bilderwelt für Konflikte, für Ängste und Wünsche und Abwehr anstechen (tap).“

„Das Blut gestern hilft mir nicht mit meinen Ängsten darüber, daß ich ihr Schmerz zufüge – daß alle Lust auf Kosten von Schmerz erfolgen muß“ (611).

Seine Schwester wird von einem Sohn entbunden, und zwar durch Kaiserschnitt. In einem Traum beißt ein Alligator einem Mädchen das Gesicht ab. Er selbst versucht, diese schreckliche Verstümmelung zu verhindern. Es sei seine Wut und sein Haß gegen die Frau überhaupt: „Ich nehme Rache an der Frau dafür, daß sie mich zuerst kastriert hat.“ Er habe jüngst einen Film von einer Kastration eines Mannes durch seine Frau gesehen *(Pelle)*. Da die Frauen selbst verstümmelt und kastriert seien – woran ihn wieder die Geburtsoperation erinnert –, wollen sie selbst den Mann kastrieren. „Es fehlt ihr etwas, und daher will sie es mir wegnehmen.“ Dies widerspiegelt sich in seiner frühkindlichen Phobie: daß ihm seine inneren Organe weggenommen würden, und zwar von den Ratten. Im Traum ist es umgekehrt: „Ich nehme es ihr weg“ (621).

Er träumt von einer freundlichen Giraffe, der er seinen Arm in den Rachen legt. Sie beiße ihn, ohne daß es schmerze. „Es erinnert an Sex und die Gefahren dabei: ich denke, der Penis könnte schrumpfen (shrivel) oder abgebissen werden.“ Frauen zerstören in ihrer passiv-aggressiven Einstellung, auch wenn sie harmlos erscheinen. „Ich kann mich mit ihnen identifizieren, nämlich in der Rolle des Opfers, das die wirkliche Macht besitzt.“

„Die Macht durch Leiden und Passivität.“

„Aber mit wütenden (angry) Zähnen im Innern, die beißen. Das paßt sehr auf meine Mutter: sie gibt sich als Vielleidende, doch in ihren Ausbrüchen bleckt sie ihre Zähne."

„Vielleicht ist das auch, wie Sie mich sehen: als einer, der lange geduldig leidet und dann gelegentlich seine Zähne zeigt, wenn Sie mich als verärgert erleben."

„Und eine andere Ähnlichkeit liegt darin, daß Sie und meine Mutter Geheimnisse über mich wissen, die Sie mißbrauchen können, um mir Schaden zuzufügen – die wütenden Zähne."

Dies folgte auf eine Stunde, in der er zugegeben hatte, er sei mit einer akuten Infektion und hohem Fieber zu mir gekommen, obwohl er wußte, daß ich vor meiner Abreise nach Europa stand: er wollte mich infizieren und hoffte, ich würde krank und könnte nicht in meine Ferien fahren, als Rache dafür, daß er für die kurzfristig abgesagte Stunde ohnehin hätte zahlen müssen: „Er stiehlt mir das Geld, und so mache ich ihn krank." Ich hatte bemerkt, daß er die Grausamkeit, mit der sein Gewissen ihn behandle, gegen andere richte. Er antwortete, es falle dann auf ihn selbst zurück. Wenn er grausam gegen andere sei, müsse er deren Vergeltung erwarten. So ist es eine dreistufige Sequenz: *Selbstquälerei, Richtung der Aggression gegen den anderen, befürchtete Vergeltung von außen.* Ich sage: „Es mag sehr wohl eine Form äußerer Kontrolle sein: ‚Es ist besser, wenn andere mich zurückhalten, als wenn ich mich selbst zurückhalten muß (constrain)' " (655).

10.9 Wunsch und Angst, verzehrt und verschlungen zu werden, als Hintergrund zum Kastrationsproblem

Immer wieder kommt er auf seine gemischten Gefühle den Frauen gegenüber zu sprechen: Ärger und Furcht und Neugier. „Ich denke daran, wie in meiner Haltung den Frauen gegenüber Wut und Anziehung so vermischt sind – der Wunsch, zu Gefallen zu sein, und der Wunsch zu schädigen. So ist es überhaupt gegenüber allen Autoritätsfiguren. Ich gebe der Person die Macht, und dann bin ich auf sie erzürnt, daß sie diese Macht über mich besitzt" (732). „Die Doppelheit meiner Mutter wiederholt sich darin, wie ich die Frauen überhaupt erlebe: sie war und ist zeitweise verführerisch, warm, nett, freundlich, ja liebevoll und umsorgend. Dann unvermittelt entpuppt sie sich als jemand, der mich verstößt, sich weigert, überhaupt mit mir zu sprechen, der schreckerregend und wutschnaubend, ja beinahe psychotisch ist. Dann wieder die Idee, wenn ich mich recht verhalte, kann ich es vermeiden, die Hexe hervorzulocken" (720).

„Je stärker ich von einer Frau angezogen bin, um so stärker ist auch meine Wut, mein Wunsch, sie zu zerstören. Ich bin ergrimmt über ihre oberflächliche Schönheit, auf ihren Stolz und ihre Macht über mich. Es ist, als ob Begehren und Wut bei mir miteinander durchflochten wären."

„Die *Gleichung Gewalt = sexuelle Erregung.*"

„Das stimmt überein mit meinem *Doppeldenken: was stark begehrt wird, muß aufs äußerste verachtet werden* ... wie meine Mutter alle Männer verachtet. Ich versuche ihr zu beweisen, daß ich ihren Zorn und ihre Verachtung nicht verdiene, daß ich anders bin und sie besänftige, indem ich selbst zur Frau werde“ (700).

In der Nacht vor der folgenden Stunde hat er einen Traum, in dem eine riesige Küchenschabe (cockroach) über den Küchenboden krieche. „Jushu schrie vor Angst vor dem schwarzen Käfer. Ich spritzte ein Insektizid darauf, pumpte und pumpte. Er bewegte sich weiterhin, dann rührte er sich nicht mehr, doch war ich nicht sicher, ob er tot war. Später kam ich zurück, um nachzuschauen. Jetzt waren es zwei Käfer, ein sehr großer und ein kleiner, und sie kopulierten miteinander. Nun sahen sie mehr wie schwarze betende Mantissen aus. Das Weibchen war viel größer als das Männchen, das oben war (had mounted). Es war faszinierend und abstoßend zugleich. Dann ging ich ins Schlafzimmer und zog mir den Gürtel an. Doch er brach entzwei.“

Zunächst erinnert er sich an Ereignisse von gestern. Eine Studienkollegin habe kleine Kuchen (chocolate cookies) angeboten, und plötzlich sei ein Riesenkäfer heraus gekrochen. Später war er intim mit Jushu, aber da sie menstruiere, bot sie ihm Fellatio an, aber es war schmerzhaft: lustvoll und unangenehm zugleich. Im Traum verliere sich das Männchen im Weibchen, man werde im Geschlechtsakt Teil einer größeren Wesenheit, man verliere sich selbst in der Verschmelzung. „Das ist ein Konzept, das ich immer gehabt habe.“

„Daß die Frau Sie verschlinge.“

„Nicht so sehr in zerstörerischer Weise, sondern als Assimilierung. Die Schwierigkeit im Traum zu wissen, ob es ein oder zwei Käfer waren. *Ich will mich verschmelzen und zugleich fürchte ich, meine Individualität zu verlieren.*“

„Und der erste Käfer?“

„Die Angst, daß ich immobilisiert werde, daß mir meine Freiheit weggenommen würde, daß ich ein häßliches Unwesen bin, das Furcht im Herz der Frauen erregt, bei Jushu, bei meiner Mutter.“

„Und das Pumpen des Giftes?“

„Sex mit dem Penis.“

„Und der Käfer ist vielleicht das weibliche Genitale, womit es Ähnlichkeit hat.“

„Das ist wahr.“

„Und dabei ist *Sex = Töten und Gewalt.* Hernach wird die Gewalt gegen Sie selbst gewendet: daß Sie sich mit dem verachteten, kastrierten Genitale identifizieren, nämlich in der weiblichen Identifikationsphantasie, wo Sie selbst zum Käfer werden, zur häßlichen Kreatur.“

„Als ich zum ersten Mal Bilder der weiblichen Geschlechtsteile sah, vielleicht mit 12 Jahren, konnte ich es nicht glauben. Ich hatte immer geglaubt, daß *die Vagina dasselbe sei wie der Anus.* Es schien so seltsam, ungewöhnlich (strange, freak, weird), so bizarr.“

„So daß es nicht so sehr die Abwesenheit des Penis war, sondern der Unterschied vom Anus, der Sie beeindruckte.“

„Es schien mehr wie ein Penis als wie ein Anus, aber *wie ein verstümmelter (mangled) Penis,* der herunterhänge und verbogen und grotesk verändert über der Analöffnung liege.“

„Das heißt als Opfer eines Angriffs (assault).“

„Daß die *Frau brutal kastriert und geschlachtet* (butchered) worden sei.“

„Und daß das Gleiche Ihnen geschehen könnte."

„Ja." (langes Schweigen)

„Und *in der weiblichen Identifikationsphantasie verwandelt sich die Drohung zur Lust: die Abwehr durch Sexualisierung.*"

„Wogegen?"

„Gegen die Angst, Sie könnten ebenso verstümmelt (mangled) werden wie die Frau."

„Die zerstörerische Wut (destructive rage) auf meine Mutter – daß sie *wegen meines Zornes (anger) und meiner Wut verstümmelt (mangled) wurde und nun blutet, – daß ich also die Ursache davon bin.*"

„Und Sie müssen die Fäzes zurückhalten, um nicht die eigenen Organe zu verlieren ... Ein viel beruhigender Mythos ist der, daß die Eltern die Kinder töten wollen, als daß Sie die Mutter verletzen wollen. So wird es systematisch gegen Sie selbst gerichtet. Die *Passivität, die weibliche Identifizierung ist ein lauter Protest: ich habe es nicht getan, ich bin nicht schuldig, im Gegenteil, ich bin auch verwundet ...*" (703).

„Alles scheint ein endloser Zyklus von Aggression und Strafe zu sein."

„Und Wiedergutmachung, Buße, um Verzeihung zu erlangen: wie das Bluten der Mutter, gefolgt vom befürchteten Verlust Ihrer eigenen Körperinhalte."

„Da es (ihr Bluten, ihre Verstümmelung) mein Fehler, meine Schuld war, infolge meiner Wut. Dafür muß ich büßen (pay back)."

„Auch: daß Ihre Eltern Sie töten würden, als ganz bewußte Angst."

„Die Beziehung zwischen den Eltern war ebenso: Aggression und Vergeltung (pay back), ein endloser Zyklus, eine gegenseitige sadomasochistische Bindung."

„Alternierend – und daß beides erregend (exciting) war: zu verletzen und verletzt zu werden, Angriff und Buße. Beide Aspekte hatten diese sexuelle Qualität."

„Und das eine folgt dem anderen, der Zyklus setzt sich fort; wenigstens der eine Teil ist lustvoll, und der unangenehme Teil wandelt sich zum lustvollen" (705).

„‚Nachdem ich den Schaden verursacht habe, will ich mich mit ihr identifizieren, um ihn zu reparieren.'"

„Reparieren durch Empathie."

„Indem Sie sich mit dem Opfer identifizieren – dem Opfer Ihrer eigenen Aggression." (709)

10.10 Schwäche ist Macht

„Ein überwältigender Wunsch zu schlafen ... er ist auch eine Identifizierung mit meiner Mutter."

„‚Wenn ich sie nicht *haben* kann, will ich sie wenigstens *sein.*'"

„Oder daß ich sie beeindrucken kann, wenn ich sie nachahme. ‚Nachahmung ist das beste Kompliment.' (Imitation is the best form of flattery). In vielem bin ich ihr gleich: ich arbeite nicht viel, ich gebe leicht auf, schlafe viel."

„Daß sie diese Identifizierung wie eine Art von Fluch empfinden."

„Aber auch als eine Quelle der Macht –"

„– doch eine, die sich in Schwäche verliert (fizzles out)."

„Die zur Schwäche wird. Doch *Schwäche ist Macht.*" Er sagt es, als ob er Lao Tse gelesen hätte (was meines Wissens nicht der Fall war).

„Eine sehr illusorische Form der Macht."

„Wie die des Sklaven über den Meister. Illusionen können sehr mächtig sein und sind schwer zu brechen. Als ich viel jünger war, war es meine allgemeinste Klage, daß es mir langweilig sei, daß ich nichts Interessantes zu tun habe. *Was ich will, kann ich nicht haben, und was ich habe, will ich nicht* – ganz wie das jetzt der Fall ist mit dem Studium und mit meiner Jushu."

„Es bedeutet: ‚Mein wahrer Wunsch kann weder erfüllt noch aufgegeben werden – was immer der sei.'"

„Und wenn ich eine Vorstellung davon habe, was der Wunsch ist, verliert er seine Magie."

„Da er nie der wahre Wunsch ist, der verdrängte Wunsch. Kein bewußter Wunsch vermag das unbewußte Bedürfnis oder die unbewußten Bedürfnisse zu erfüllen."

„Manchmal denke ich: der wirkliche Wunsch ist, Rache zu nehmen, meiner Wut Nachdruck zu verleihen (act on my anger)."

„Vielleicht wie gegenüber Jim [einem Professor, der sich mit Studentinnen einläßt und den er in einem Traum vom Vortag vermeidet; dann folgt im Traum eine Szene mit Entlein], der mit den jungen ‚chicks' geht, der verhaßte Rivale. Sie treffen (affront) ihn dadurch, daß Sie ins andere Zimmer gehen."

„Ich spürte solchen Widerwillen, daß ich nicht in seine Nähe gehen konnte. Aber das hieß, ich mußte die anderen auch vermeiden, mit denen ich sein wollte. Seine Gegenwart vergiftete (contaminated) es [das Zusammensein]."

„Wie deuten Sie das?"

„Eine gute Frage. Gut und Böse an einem Tisch. Nehme ich an ihm Rache, schlägt das auf mich selbst zurück. Ich sehe mich selbst als böse. Ich gehe aus meinem Wege (bend over backwards), um nicht böse zu erscheinen."

„Wer ist der verhaßte Rivale?"

„Das könnte mein Vater sein, bei der Mutter."

„Und die Guten und die Bösen beziehen sich vielleicht auf ihre gemischten Gefühle ihm gegenüber: die bösen Gefühle vergiften die guten."

„Das ist sehr wahrscheinlich so. Er hat seine guten Seiten, und seine ekelhaften."

„Und Sie wünschen, die Mutter für sich selbst zu besitzen."

„Und ich sah es als seine Schuld (fault) an, daß die Mutter so unberechenbar war. Hätte ich sie für mich, könnte ich sie zufriedenstellen; sie würde sich nicht so verhalten. Daß das Böse in ihm das Böse in ihr herausbringt. Es ist seine Schuld (fault)."

„Wie Sie in der Phantasie der sind (your doing), der ihre Blutung und ihre Verstümmelung (being mangled) verursacht. Wenn sie leidet, ist es seine oder Ihre Schuld."

„Der Fehler des Mannes überhaupt (the guy's fault)."

„Sie meinen damit auch den *ihres* Vaters (des Großvaters des Patienten)."

„Genau! Sie beschuldigt ihn und ihre Brüder: *Die Männer sind die Wurzel ihres Leidens.* Es ist vielleicht nicht ganz unberechtigt (invalid)."

„Und so protestieren Sie mit Ihrer weiblichen Identifizierungsphantasie: *‚Ich bin doch gar kein Mann; ich bin eine Frau, ich bin unschuldig!*' "

„Und damit nicht böse."

„Das ist der Mythos; dem gegenüber steht die *Wut darüber, daß alles so ungerecht* sei; und beides wird *sexualisiert*."

„Auf das Geschlecht zu verzichten, heißt auf alle Wünsche zu verzichten. Es paßt auch zu den Toilettenängsten, der Furcht vor der Analität. Auch auf meine Fäzes zu verzichten: das ist ein anderes Ding, das meine Mutter verabscheut – keine Männer und kein Kot!"

„Und die werden dasselbe: *Männer = Kot* (shit) – machtvoll verstärkt durch Ihre Teilnahme an seinen [des Vaters] WC-Aktivitäten."

„Und seine Analität überhaupt. Und ich tat das nie mit meiner Mutter. Für mich gab es das bei ihr einfach nicht. Es war die mythische Idee, daß nur die Männer scheißen. So mußte ich verstopft sein = ich war kein Mann, mußte auf mein Geschlecht verzichten" (715).

Es träumt ihm, daß in der Mitte des Zimmers Stuhlgang liege, und auf dem Tisch das Familienporträt von Katzendreck überdeckt sei. Auch sein Körper sei dadurch verdeckt, nicht aber sein Gesicht, was er als gutes Omen nimmt. „Ein Bild: meine Mutter zeigt mir ihr Genitale. Wir haben Sex. Es ist eine peinliche und bizarre Phantasie, zugleich faszinierend und widerlich, entsetzlich. Stuhlgang kommt aus dem Geschlechtsteil (pussy). Sehr früh hatte ich die Phantasie, daß das weibliche Genitale dem Anus gleichzustellen sei."

„Wie mit der Verstümmelung: *was genital war, verwandelte sich zu etwas Analem*" (718).

Immer wieder kommt er daher auf das Zentrum seiner Lebensphilosophie zurück: daß *Liebe und Gewalt eins* sind. Und ganz eng verbunden mit dieser *Urgleichung* ist die ebenso fundamentale Prämisse: „What can be had, cannot be enjoyed." Um etwas zu erhalten, darf man es nicht wünschen. Was man haben kann, ist nicht gut. Das Bild der schlagenden, zornentbrannten Mutter: seiner Mutter, von Jushus Mutter, und von Jushu selbst in ihren irrationalen Ausbrüchen (740).

Es ist damit auch das Grundthema seines Lebens, durchgehend und tief: *„Keine Wünsche und Begehren zu haben. Sie verursachen nur mehr Schwierigkeiten. Die Macht des Leidens: Liebe ist nur möglich, wenn man sich quält.* Alle Begehren und Bedürfnisse sind so verknüpft mit Leiden und damit schamerfüllt." Aber auch seine Scham darüber, daß seine Mutter so leicht explodiere. Ein alter Traum: die Mutter trage eine kleine Perücke (wiglet), die lebendig werde und in die Höhe springe und durch die Luft fliege: „she blows the top" (752).

Auch in diesen Ausführungen fällt wieder die frappante Ähnlichkeit zu Grundansichten, die von Lao Tse ausgedrückt wurden, auf.

10.11 Die Ratte: projizierter Sadismus und die Überstimulierung

Im Zusammenhang mit einem kleinen sadistischen Spiel mit einer lebenden Maus, mit der er Jushu und die beiden anderen Hausbewohnerinnen in Panik gejagt hat und die dabei vor Schreck gestorben ist, kommt er wieder auf sein Zentralanliegen zu spechen: Alle Lust muß verboten und bestraft werden und führt zur untergründigen Schuld, da diese sadistische Unterströmung bestehe. Die Angst vor *den Ratten, die ihn beißen, sei der Phantasie gleich, daß die Frau penetriert werde,* ihre Genitalien invadiert werden. „Jedes Mal, wenn ich eine anziehende Frau sehe, spüre ich intensive Wut, Ärger, Haß –“

„– und damit das Bedürfnis, sadistische Herrschaft zu erzielen“ (722).

In der Beziehung zu Jushu erlebt er intensiv sowohl Wunsch wie Angst über anale sadomasochistische Phantasien: daß *durch seine Wünsche die Frau verstümmelt und kastriert* werde und wie er dafür büßen müsse. Parallel damit geht der Wunsch, sich sexuell, anal dem Vater hinzugeben, aber dabei die Angst, zerfetzt (mangled) und kastriert zu werden. Beides ist vereinigt in der weiblichen Identifikationsphantasie (725).

Er spricht über sein verhohlenes Ressentiment und die verhüllte Rachsucht:

Er ergeht sich über sein Interesse an fleischfressenden Pflanzen: „Sie sind so passiv-aggressiv. Sie sind passiv und doch töten und zerstören sie durch Täuschung und Fallenstellen (entrapping). Ich kann mich sehr damit identifizieren. Ich will die Frau listig fangen (entrap) und an ihr Rache üben. Es ist eine *masochistische Rache,* das wütende Ungeheuer, das ich in mir berge und nicht herauslasse. Ich nehme Rache, indem ich sie emotionell vernichte und ihre Illusionen zerstöre.“

„Die Umkehrung dessen, was Ihnen geschehen ist.“

„Ja. Der Wunsch zu kastrieren, wie ich kastriert wurde. Doch wie kann man jemanden kastrieren, der es schon ist?“

„Durch Beschämung.“

„Ja.“

„Denn die Frau ist ja in Wahrheit gar nicht kastriert“ (729).

Er hat einen Traum von einem Hund, der angeblich, wie man sagt, harmlos sei; doch er wisse, daß er ihn in seine Geschlechtsteile beißen werde. Es sei ein kastrierender Hund: Sein eigener bissiger Teil, vor dem er sich fürchte – wie grausam er sei und alles Gute zerstören müsse (730).

In einem Traum beobachtet er eine Szene im Fernsehen, wo ein Mädchen durch eine Fliege infiziert werde und das Ei eines Bandwurms verschlucke, der nun in ihr zu wachsen beginne und ihr schrecklich Bauchweh mache. Doch gebe es dann ein Gegenmittel, das sie davon heile. Sein Vater habe jeweils gespaßt, daß die Orangen- oder Wassermelonensamen in ihm wachsen werden, wenn er sie verschlucke. Das habe ihn bös geängstigt: „Ich habe etwas in mir, das ich nicht kontrollieren kann – wie der Stuhl, ein wütendes Ungeheuer, das in mir wächst.“

„Die Schwangerschaftsphantasie: der Samen, der durch den Mund hereinkomme und innen wachse – der Wunsch, den möglichen Rivalen zu beseitigen, und die Bestrafung, die Sie dafür ereilt.“

„Die Angst vor einem potentiellen Geschwister als Rivalen und daß ich ihn mit dem gleichen Haß behandeln möchte, wie ich als jüngeres Geschwister durch meine Schwester behandelt worden war" (731).

Er entdeckt jetzt bei seiner alternden Mutter (49 Jahre) einen Schwangerschaftstest. Will sie jetzt noch schwanger werden? Er erinnere sich, als er 7- bis 9jährig war, daß die Eltern davon sprachen, ein anderes Kind zu haben. Der im Körper wachsende Same gleiche seinen analen Befürchtungen: etwas wachse in ihm, das nicht Teil von ihm sei, das er nicht kontrollieren könne. Die Fäzes seien eine fremde Gegenwart (an alien presence). Er habe versucht, das Loch zu stopfen, damit nichts mehr herauskomme. Die Frau bringe Blut aus sich hervor (733).

Die Freundin genieße ihren Orgasmus, er könne ihn oft gar nicht erreichen. Was er nicht habe oder verliere, wird erlebt, als würde es ihm weggenommen. Als ob sie ihm etwas vorenthielte, ihn von etwas beraubte. „Ich sehe sie als eine hungrige, gierige, unzufriedene Person ... Ich denke an den Teil in mir, den ich vor ihr verberge: das wütende, trotzerfüllte Ungeheuer. Doch ich verstecke ihn auch vor mir selbst."

Prompt träumt er daraufhin von Nagetieren. In einem großen Behälter voll Reis oder einem Samenbehälter hausen Mäuse, Ratten und Hamster. Er selbst habe aber eine klei ne weiße Maus in seiner Westentasche versteckt. Sie sei sein Freund und Begleiter und spreche mit ihm gelegentlich. Dann Fahrt über einen Sumpf voll von Wasserschlangen; er sitze auf der Motorhaube (hood) des Jeeps. Würden sie einsinken, würden diese sie beißen und erwürgen. Er schreie dem Fahrer zu, sie seien am Rand eines Abgrundes. Er schaue hinunter und sei sowohl neugierig wie auch eingeschüchtert und voll Angst.

Ob es sich um das Schwangerwerden seiner Freundin (Wunsch und Furcht) und die frühkindlichen Phantasien darüber handle: den Samen essen und Geburt durch den Anus? Er schreie dem Fahrer zu aufzupassen; doch dabei bestehen Wunsch und Neugier und Furcht. Die Haube bezieht sich also auf das Kondom und die gemischten Gefühle über die Kontrazeption – gegen den Hintergrund der gefräßig-gierigen, ausschließend-eifersüchtigen Seite sowohl von ihm wie von ihr (734, 735).

Doch die andere Deutung der Ratte ist sein *anal-sadistisches Gewissen:*

In einem Traum muß er Hackfleisch für ein Gastmahl vorbereiten. Dann lebt er in einer archaich agrarischen Gesellschaft als Bauer: „Wir suchten, mein Vater und ich, Wasser aus einer Quelle (well) für das Land, das wir gepachtet haben. Der Quellenbesitzer wollte uns aber nicht helfen. Ich erblickte seine alte Frau auf einer Toilette. Als sie aufstand, war viel Blut im Wasser. Ich wollte es meinem Vater zeigen; sie sei sehr krank. Er aber hieß mich sofort schweigen. Ich verstand nicht, warum."

Er denkt wieder an die zerrissenen (mangled) Genitalien der Frau und sein Schuldgefühl darüber – den Wunsch, der Frau zu schaden und die Schuld darüber. Er spricht über „das sphinkterartige Ding", die Sphinkterkontrolle, um dem Ausfluß zu stemmen – dem Ausfluß (flow) von Wut: der müsse gestoppt werden, damit alles gut (well) bleibe (das Spiel mit dem doppelsinnigen Wort „well").

Ich: „Der Quellenbesitzer (wellkeeper) ist also das *sphinkterartige Gewissen.* Es ist eine sehr erfinderische Weise, es zu betrachten, und reicht nahe an die ursprüngliche Phobie: daß *all diese gefährlichen Dinge herausfallen könnten.*"

„Mit katastrophalen Folgen – mit Blut im Wasser."

„Wie bei der Mutter."

„Ich denke wieder an das weibliche Genitale" (739).

10.12 Die geforderte Selbstverleugnung und Selbstopferung und das Problem des Lügengewebes

Er spricht über die Unverläßlichkeit des Wahrheitsbegriffs und damit der Wahrnehmung daheim:

Der Vater sei eigentlich ein netter Kerl, aber er, Reuben, habe Mutters Haß auf ihn übernommen; den Haß, den sie zu Zeit ihrer wildesten Wut empfunden habe, habe er zu dem seinen gemacht.

> Und dasselbe gilt für ihre anderen Anwürfe: daß ihre Mutter ein kaltherziges Ungeheuer gewesen sei, die ihre Kinder ihrem Mann zum Sexualmißbrauch hingeopfert habe, damit sie selbst sich nicht sexuell mit ihm einlassen mußte. Ein paar Monate später wird die Großmutter zur gutherzigen Polyanna, die wir alle lieben sollen. Es scheint eine Art Verrat zu sein: ich höre diese Behauptungen, ich glaube sie, ich male mir ein Bild davon, und dann wird mir gesagt, das sei alles falsch. Ich nehme an, daß das Bild, das die Leute malen, wenn sie sehr wütend oder deprimiert sind, recht akkurat sei. Doch dann erfahre ich, wenn diese Stimmung sich verflüchtigt hat, daß das Bild sich völlig verändert hat. Ein Bild wird gemalt, mit dem leicht zu leben ist; man narrt sich mit einem rosig gefärbten Bild. Das paßt sehr wohl zu meiner *analen Weltanschauung:* daß alles Dreck (shit) ist, verunreinigt und schlimm, und daß man es zurückhalten muß. Doch am Schluß kommt es doch immer heraus ... Meine Mutter war sehr wütend auf ihren Mann, auf die Männer überhaupt, und wie weit hat sie das auch mich spüren lassen (took it out on me)!

Ähnliches spiele sich in seiner Beziehung mit Jushu ab.

Ich: „Wenn der versteckte Haß durchbricht, scheint er allverzehrend (all consuming) und total zu sein.“

Er schildert, wie grausam Jushus Mutter sei, wie sehr sie jede Freude nicht nur Jushu, sondern auch ihrer (der Freundin) Schwester und deren Mann und Kind vergälle; sie sei durchaus kastrierend. Die beiden Familien, trotz radikal anderer Herkunft, haben vieles gemeinsam: *die Allianz der Frauen gegen die Männer, ihr Neid über Lust und Besitz, ja, die allgemeine Lustfeindlichkeit und Lustvergällung.*

„Für meine Schwester bin ich das Werkzeug, das dazu diente, sie der Lust und Freude zu berauben. Ehe ich geboren wurde, war ihre Beziehung zum Vater tief und stark. Als ich geboren wurde, wurde diese Liebe dezimiert. Für sie war sie völlig dahin (all gone).“

„Und wir wissen, wie sie dann an Ihnen Rache nahm: daß sie es Ihnen eintrichterte, daß die Kinder von den Eltern getötet und gefressen würden – und wie Sie sie immer wieder verlockte und dann zurückstieß. *Jetzt rächen Sie sich an sich selbst für alle Lust und Freude, in einer tiefen Identifizierung mit Ihrer Schwester.*“

„Und die Phantasie, daß die Eltern mich töten würden, bedeutet den *Wunsch, das äußerste Opfer für meine Schwester* zu bringen. Es ist Wunsch und Furcht.“

„Und daß Sie dann endlich von ihr angenommen würden.“

„Nur wenn ich für sie das höchste Opfer bringe. Es ist verrückt.“

„Es setzt sich auch heute noch darin fort, daß Sie aller Lust in sich entgegenwirken müssen.“

„Richtig. Als Wiedergutmachung.“

„So *eliminieren Sie den Vater* von Ihrem Leben, um *ganz mit Ihrer Mutter oder Schwester* verbunden zu sein, in einer Art von Vereinigung *(union)*. Aber dabei suchen Sie eins zu werden mit einer *Frau, die das Männliche überhaupt haßt, und damit auch das Männliche in Ihnen.* Das bedingt, daß Sie nicht nur an Ihrer *eigenen Männlichkeit Rache* nehmen müssen, sondern an Ihrer *Identität und aller Möglichkeit von Lust.*"

„Es ist so unsinnig, eine solche Bindung zu wollen. Nichts kann eine derartige *Selbstverleugnung* wert sein. Aber ich hege den tiefen Glauben, daß dieser Vereinigung eine ganz besondere Macht innewohne, und daß ich, wenn ich mich mit dieser machtvollen Frau vereinige, Anteil an ihrer Macht haben könnte. Es ist, als ob ich meine Seele dem Teufel verkaufte, indem ich meine Männlichkeit der Frau übergebe." Er hat die Erinnerung an ein wirkliches Geschehen: wie bei einem Raubüberfall in ihrem Auto die Mutter den mit einem Messer drohenden Räuber davon jagte und den Vater verteidigte, ihm aber dabei die Möglichkeit benahm, sich selbst zu verteidigen (754).

Er träumt davon, in einem Lift auf und ab zu fahren. Es gehe immer schneller, als er denken könne, und so kann er den Lift nicht stoppen auf der Höhe, wo er möchte.

Er verliere sich auch in seiner Beziehung zur Freundin, denke er. Er müsse seine Identität aufgeben und sich mit etwas Größerem, Besserem verschmelzen (merge). Er polarisiere doch alles: *„Entweder halte ich an meiner eigenen Identität fest, bin aber isoliert und einsam, oder ich habe die Beziehung und verliere mich selbst.* So ist es wohl auch mit dem Stuhlgang gewesen: ich halte alles zurück, oder es kommt alles heraus."

Handeln und Denken stimmen nicht überein, im Traum denke er zu langsam und handle zu rasch. In Wirklichkeit sei es genau umgekehrt. Es beziehe sich auf das impulsive Verhalten von Mutter und Schwester – den Wunsch, so wie sie zu werden, statt wie der Vater so zwanghaft zu sein.

Beim Wunsch, sich mit der Frau zu verschmelzen, also bei der „weiblichen Identifikationsphantasie", handle es sich sowohl um den „Verlust des Selbst" wie auch den analen Verkehr mit dem Mann – das Auf und Ab im Liftschacht. Wünsche er indes der Frau nahe zu sein und wie sie zu werden, werde er zum Opfer des Mannes (755).

Er hat das Bild, daß ein scharfes Messer seinen Penis abhaue. Um von den Frauen angenommen zu sein, müsse er seinen Penis verbergen, ohne Penis sein und bluten: *„Ohne Penis zu sein, heißt, gut zu sein und Macht zu haben"*, deute ich. Er führt aus: Er habe ein solches Gefühl der Gelähmtheit, die Schuld habe eine lähmende Stärke, nicht nur Schuld, sondern Konflikt überhaupt, besonders über phantasierte Wutausbrüche (757).

*

Er träumt, er wolle mit einem Jugendfreund kegeln (bowling) gehen, müsse dann aber zuerst allerhand Formulare ausfüllen und sich einem Computercheck unterziehen, was alles darauf hinauslaufe, daß er erklären müsse, warum er gelogen habe. Der Jugendfreund, mit dem er keinen Kontakt mehr gehabt, sei nun kahl geworden.

„Was steht mir im Weg? Alle Antworten gehen in der Richtung: Ich bin nicht motiviert, bin faul, habe den geheimen Wunsch zu versagen."

„Die Frage soll eher lauten: Was ist der Konflikt, der mich in dem Augenblick am meisten belastet?“

„Daß ich mich über mich ärgere und mit mir unzufrieden (frustrated) bin, da ich diese *anale Weltanschauung habe, die alles entwertet* und die mir *keine Lust und Freude erlaubt,* die alle Freude in eine Frage *der Kontrolle verwandelt, pervertiert,* und damit die Freiheit zerstört.“

„... Und der Traum?“

„Ich muß durch alle diese Reifen (hoops) springen, um etwas zu bekommen, das einfach und leicht sein sollte. Ich schäme mich darüber, die Wahrheit zu sagen; doch lüge ich, so verwickle ich mich in klebrige Schlingen, aus denen ich mich nicht mehr befreien kann: Jushus Lügen, das Weben der Trugnetze in ihrer Familie ... Daß die Bindung an die Frau mich schwächt wie seinerzeit den Freund (der sich ganz seiner Freundin untergeordnet hatte), das Kegeln steht für den Geschlechtsverkehr. Um kegeln zu gehen, muß ich soviel aufgeben.“

„Daß Sie wütend sind auf Jushu, zu Recht oder nicht, und dann wenden Sie die Wut gegen sich selbst und werden in Ihrer Arbeitsfähigkeit gelähmt“ (759).

Ein neuer Schwall von Lügen seitens der Freundin: sie will nicht, daß ihre Familie erfahre, daß sie mit Reuben an den Grand Canyon fährt – um ihr sexuelles Verhältnis mit ihm zu verheimlichen. Es kommt zu einem bitteren Streit zwischen den beiden, in dem sie ihn anschuldigt, er übe Druck aus auf sie, um Geschlechtsverkehr zu haben, dabei sei sie viel interessierter daran als er selbst. Nun behaupte sie, sie habe Sex gar nicht gern, sie wolle es nicht mehr haben: „Oder genauer: Wirklich wolle sie es so sehr, darum habe sie sich entschieden, darauf zu verzichten. Sie will nicht penetriert werden. Und es ärgert mich so sehr, da es bedeutet, ich sei kein guter Liebhaber (lover), ich gebe ihr keinen Genuß, ja, ich mißhandle sie. Das macht mich traurig und verstört. Dann spielt sie einen Arbeitskollegen aus gegen mich, will mit ihm sein statt mit mir. Plötzlich erschien ein langes scharfes Messer im Badezimmer. Jushu sagt, es komme nicht von ihr. Niemand wisse, wie es dorthin gekommen sei. Als ob man mich quälen, meinen Penis abschneiden möchte, die Wut der Frau auf mich, die mich verstümmeln will. Sie wolle keinen Geschlechtsverkehr haben. Sie gab zu, sie habe es gesagt, um mir weh zu tun. Beim Verkehr will sie, daß ich meine Hände an ihren Hals lege, *als ob ich sie erdrosselte,* oder daß ich sie *beiße.* Es ist mir unbehaglich (uncomfortable) zu Mut dabei: *um ihr Lust zu geben, muß ich ihr Schmerz zufügen.*“

„Und wenn das nicht der Fall ist, *quälen Sie einander seelisch.*“

„Mein Los im Leben ist, *unglücklich zu sein.*“

„Daß *alles Gute mit Leiden erkauft* werden muß.“

„Zu einem unverhältnismäßig hohen Preis an Leiden ... Ich wünsche es mir sehr, mich sowohl von Schmerz wie von Lust zurückzuziehen. Ich möchte weinen. Doch wenn ich weine, verliere ich die Beziehung, die ich habe: Zurückziehen, mich verstekken, mich vergraben. Wie eine Schlange oder ein Wurm, der den Kopf aus der Erde gesteckt hat und dann von allem überwältigt wird und sich nun wieder vergräbt im Schmutz und in der Dunkelheit. Ich muß meine Männlichkeit, meine aggressiven Neigungen, meine Wut verbergen.“

„Was sind diese gerade jetzt?“

„Es ist schwierig, den Finger darauf zu legen: ich richte sie alle gegen mich selbst.

Ich bin sehr wütend auf die Freundin, und auf die Frau überhaupt: daß sie mir etwas wegnimmt."

„Was?"

„Ich weiß es nicht. Es ist schwer, diese Dinge zu unterscheiden. Meine Lust? Mein Glück? Das ist es nicht. Meine Seele, meine Individualität, meine Identität."

„Ja – es ist wohl all das."

„Ich spürte, ich habe ihr meine Lust und mein Glück geopfert und meine Identität aufgegeben, und dann sagt sie, es bedeute ihr nichts, sie habe keine Freude daran" (760).

10.13 Der fäkale Penis und Selbstverlust

Die Depression, die Trauer, der Trübsal halten an. Ein Traum: „Ich hatte mehrere Stücke Stuhlgang. Alle waren in Penisform, am meisten beängstigend (disturbing), war, daß es jeweils der Penis mit der Glans war. Sie waren mein Penis; gleich groß, aber mehrere. Ich fand das Bild, *meinen Penis in Form von Stuhlgang* zu finden, seltsam, aber beunruhigend (curious, but disturbing). Ich war mit meiner Freundin. Wir sollten uns irgendwohin begeben. Sie wollte sich beeilen, aber ich war immer noch dabei, den After zu reinigen, denn es gab kein Zeichen, daß alles rein war. Ich war im Konflikt darüber, wem ich gehorchen solle: meiner Freundin oder meinem Arschloch. – Gestern nacht wollte sie mich, wollte Verkehr haben, aber dann wollte sie es doch nicht und war verstimmt."

„*Daß Lust sofort sich zu Schmerz wandelt.*"

„Der Wunsch, es auszuschlafen, zu überwintern, es zu vergessen und erfrischt und erneut wieder aufzuwachen."

„Und was hat es mit der *Gleichsetzung von Penis und Fäzes* auf sich (what about ...)?"

„Es erinnert mich an die Angst vor dem Verlust meiner inneren Organe, wenn ich Stuhlgang habe. Zwar ist der Penis äußerlich. Daß ich den Penis beim Stuhlgang verlieren könnte. Aber das ist ja so völlig unsinnig."

„Vielleicht so: *Daß Sie den Penis verlieren könnten wie den Stuhlgang – daß, was ein Teil von Ihnen ist, Sie so leicht verlieren können. Und daß Sie den Verlust verhindern können, indem Sie [das Innere] magisch zurückhalten.*"

Er antwortet nicht direkt auf die Deutung, sondern spricht darüber, wie er sich mit dem Opfer identifiziere, z. B. mit einer Mitstudentin, die versagt habe und der er allein Mitleid erwiesen und aktiv zu helfen versucht habe. Niemand kümmere sich um die, die leiden oder am Wegrand umfallen. Er erwähnt das alte Sprichwort: „Die Fähigen handeln, die Unfähigen lehren – those who can, do, those who cannot, teach." Selbst die Sprachstudien habe er vernachlässigt.

Ich: „So daß auch dort Ihre Potenz sich in Fäzes verwandelt hat."

Nach Berichten über weitere Manipulationen zwischen seiner Freundin und deren Familie kommt er auf die symbolische Gleichung *Penis = Männlichkeit = Identität,*

Selbst = Fäzes zurück (eine Gleichung, die offenbar in verschiedener Reihenfolge denkbar ist) und auf die Gleichsetzung von *Depression = Verlust* und *Entwertung* dieser gleichgesetzten Faktoren.

„Und (what about) der Konflikt im Traum?“

„Innen gegen außen – daß die inneren Probleme Schwierigkeiten schaffen in meiner Beziehung zu ihr.“

Ich wage eine Erweiterung („Amplifizierung“) der Deutung: „Es gibt zwei andere Perspektiven (angles), womit wir das Traumbild betrachten können (ich wiederhole den Traum): *Fäzes = Macht, anale Kontrolle* durch *Zurückhalten (holding back)* und *Entwertung*, und *Fäzes = Kind, Geburt*.“

„Daß ich als Mutters Fäzes geboren wurde?“

„Oder: wenn Sie eine Frau wären (in der ‚weiblichen Identifikationsphantasie‘), könnten Sie ein Kind wie Fäzes herausdrücken (shit out) – oder es zurückhalten, wie in der Schwangerschaft.“

„Richtig.“ (761)

*

Die Depression ist behoben, er fühle sich wieder positiv über das meiste (außer dem Studium). Gespräche über die mögliche Hochzeit, die Ausgaben dafür, Ringe. Seine Schwester habe seiner Freundin ihr Hochzeitskleid angeboten. Es habe inzestuöse Beiklänge: seine Schwester zu heiraten, ein sehr archaisches Begehren, die Schwester als Mutterersatz. Gedanken, sogar ins Elternhaus einzuziehen, es zu übernehmen.

Bei dem Besuch der Eltern habe er der Mutter seine fleischfressenden Pflanzen gezeigt: „Sie fand sie häßlich und widerlich, während ich ihre Schönheit frappant (striking) finde. Sie gleichen Schlangen mit gespaltenen Zungen. Für sie müssen Dinge kastriert sein, damit sie ihr gefallen: die Pflanzen, der Sohn, der Gatte.“

„Die tiefe Feindschaft gegen den Penis.“

„Die Pflanzen sehen wirklich phallisch aus.“

„Und die Implikation ist, daß der *Penis etwas ist, das angreift und verschlingt*.“

„Eine gefährliche Falle.“

„Was nicht kastriert ist, ist [für die Mutter] gefährlich – wie ihr Vater und vielleicht auch ihr Bruder.“

„Ich denke an ein Lied: eine flehentliche Bitte, wenn ich mich verliebe, mir nicht Schmerz zuzufügen, mich nicht zu kastrieren. Das paßt zu all dem: *jemanden zu lieben, heißt zu leiden*. So war es bei der Schwester, so war es bei meiner Mutter“ (762).

Er spricht über seine Passivität im Studium und vergleicht sie mit der gegenüber der Mutter: „Ich erschaffe von neuem (recreate) etwas Altes: *wenn ich völlig passiv bin, darf ich neben der Frau schlafen, die ich liebe*. Es ist das alte Gefühl: *um diese Nähe und Innigkeit zu erlangen, muß ich hilflos und ohnmächtig sein*. Obwohl ich weiß, daß es nicht wahr ist, ist der Drang stark, dem alten Muster zu folgen.“

„Und *den Penis mit Fäzes zu ersetzen*, wie eine Frau zu werden, was Sie buchstäblich in der Masturbationsphantasie erlebten.“

„Und was dabei so attraktiv war: daß ich *das kastrierte Opfer* war. Und so ist es heute bei der Arbeit: *ich mache mich selbst zum Opfer – um etwas zu erreichen (gain)*.“

Er hat dabei ganz recht: er spielt darauf an, was ich zu Beginn des Buches als den „normalen Masochismus“ bezeichnet habe, aber hier bleiben wir bei der wohl ursprünglichen Dyade, in der diese allbeherrschende und wirklich verheerende passiv-masochistische Grundeinstellung ihre Wurzeln findet.

„Wenn Sie auf Ihre Mutter schauen“, werfe ich ein, „ist sie selbst, trotz all ihrem Poltern (bluster), ausgesucht passiv und ein Opfer – bei der Arbeit, in ihrem Schlaf- und Rückzugsbedürfnis, angeblich ihrer Kopfschmerzen wegen, wobei sie sich als das Opfer ihres Gatten, des Vaters und der Kinder erlebt“.

„Auch sie hat kein Studium beendigt und zieht sich immer zurück, wenn sie auf Schwierigkeiten stößt.“

„Obgleich sie sehr begabt und gescheit ist, richtet sie nichts aus. Und dasselbe gilt für Sie.“

„Jeder Erfolg wird zunichte.“

„Und dann ist es immer jemandes Schuld, wie des bösen Vaters [der Mutter].“

„Ich folge ihr getreulich in den Fußstapfen.“

„Es wird zur Sache der Treue: nicht dem Vater, sondern ihr zu folgen.“

„Um von ihr gerne gehabt (liked) zu werden, muß ich werden wie sie (like her). Das war immer wichtig für mich, auch ganz bewußt: zu sein wie sie, nicht wie mein Vater“ (763).

In all diesen „Analysen“ des Charakters seiner Mutter versuche ich, einem schmalen Grat entlangzuwandern: Gerade da er so tief sich mit ihr, auch ganz bewußt, identifiziert hat, sie in manchen Hinsichten zu seinem Ideal erkoren hat und dabei doch sehr unter dieser Identifizierung leidet, scheint mir der Versuch sehr wichtig zu sein, die Wirklichkeit der Persönlichkeit seiner Mutter zu verstehen.

Andererseits ist es ebenso wichtig, nicht dem Vorwürfemachen und Anschuldigen (blaming) zu verfallen, das so sehr gerade diese Muttergestalt verkörpert und ihm immer wieder, auch heute noch, vorexerziert wird – in den endlosen Querelen mit ihrem Mann und in den Anklagen gegen ihren Vater und manche andere Verwandte, die allesamt in einer oder anderer Form als sexuell-sadistische Missetäter und Unholde beschrieben werden. Überdies bestätigt ja gerade dieses Vorwerfen die *passiv-abhängige Grundeinstellung und Lebensorientierung:* der Anschuldigende sieht sich als das Opfer der Außenwelt, all der bösen anderen und der Grausamkeit des Geschicks.

Ich mache ihn wiederholt auf diese feine Linie zwischen Aufdeckung der Wirklichkeit, spezifisch im Sinne der Aufhebung der Abwehr durch Verleugnung, und dem Anschuldigungsdrang aufmerksam.

10.14 Der Wunsch, sich zu zeigen, die Beschämung und deren Vorwegnahme

Er träumt, wie er in einer Schulklasse Kunststücke (stunts) vormachen soll. Dabei beginnt Wasser auf ihn von der Decke herab zu träufeln und zu spritzen. Es ist sein Fehler, und alles wird schmutzig (a mess). Lehrerin und Schüler verlassen ihn, und er bleibt allein zurück. Die Gedanken wandern zur Reinlichkeitserziehung und zum Bettnässen: „Ich hatte ein wirkliches Problem damit. Hinten war ich fest gepfropft (corked up), und auf der anderen Seite verströmte ich frei (free flowing), ohne Kontrolle.“

„Warum kommt der Traum jetzt?“

„Auch in Wirklichkeit soll ich in der Schule etwas leisten, und ich verpatze es (make a mess).“

„Daß Sie sich zeigen sollen (show off) und das versagt und führt zur Beschämung wie beim Bettnässen.“

„Und heute habe ich die Mittsemesterprüfung, wo ich mich blamieren kann.“

„Die lustvolle Erregung (excitement) ist ängstlich gefärbt – oder vielleicht eher: die Angst ist mit Erregung gefärbt (tinged).“

„Richtig.“ Er führt dann aus, wie er fühle, er sei ein schlechter Einfluß auf seine Freundin; sie arbeite jetzt auch weniger und möchte mehr schlafen. Er habe sie kontaminiert. Eine Weile schweigt er. Ich kehre zum Traum zurück: „Wenn wir ihn richtig verstehen: Sie wollen sich sehen lassen (show off) im Wettstreit, in der Rivalität, fürchten sich aber, zu versagen und sich schämen zu müssen. So geben sie das vorbeugend (preemptively) selbst und zuerst auf, was Ihnen lieb wäre, den Erfolg in der Leistung (performing), Sie bringen die Beschämung selbst herbei, bevor sie Ihnen zustößt.“

„So ist sie unter meiner Kontrolle. Das ist sehr richtig.“

„Dies paßt vielleicht auch zum Traum der letzten Woche: ‚Ich habe nur Fäzes und keinen Penis.‘ “

„Ich entwerte meinen Penis zuerst, bevor er von einer äußeren Kraft (force) entwertet wird.“

„Oder weggenommen von jemand anderem.“

„Hinuntergespült in der Toilette. Ich will weggeben, was am höchsten geschätzt wird. So ist es mit meinem Sprachstudium. Oder ich gab meine Lieblingsgitarre dem Schwager meiner Freundin, als er sie verlangte – um angenommen zu werden.“

Seine Gedanken wandern zurück zum Examen; ich bemerke, er habe den *Schamtraum* als *Vorwegnahme im Traum,* um *die Beschämung nicht in Wirklichkeit zu erleben* – als eine Art *Trost:* Es kam doch immer am Ende in Wirklichkeit recht heraus.

„Ich denke wieder an Wettstreit (competition); ich vermeide sie, wie bei Velorennen, ich entgehe den Gefahren dabei.“

„Daß Sie aus dem Wettstreit verstümmelt herauskämen, Ihrer Männlichkeit beraubt, wie Ihr Vater“ (764).

Wenige Nächte darauf (Stunden 768, 769) kommt es tatsächlich zu erneutem Bettnässen, zum ersten Mal nach mehreren Jahren: Der unmittelbare Zusammenhang in den Stunden ist das Thema, wie *die sexuelle Erregung so leicht zur Überstimulierung wird* und sich mit Wut, Entwertung und der Notwendigkeit, sie abzuschalten, verbindet. Doch tiefer scheint es eben der Konflikt zu sein, den sein Traum vorwegnehmend „gelöst“ hat.

Dann wandern die Gedanken zur ursprünglich traumatischen Situation: „Wenn die Mutter etwas nicht gern hat, wird es vermieden. Wenn ich etwas nicht gern habe, ärgere ich mich, wende die Wut gegen mich selbst, und damit wird die ursprüngliche Situation wieder hergestellt, wo ich mich hilflos fühle und gelähmt bin – angesichts meiner *unberechenbaren Mutter mit ihrem Haßgesicht*."

10.15 Die masochistische Grundgleichung

Er ging nun, allen Zwistigkeiten zum Trotz, mit Jushu auf eine Vorfrühlingsreise in den Grand Canyon. Ungeachtet der Lügen fand es ihre Familie heraus, daß sie weggegangen war, und sie mußte daher ein neues Lügengebäude entwerfen: sie sei zu einem Jobinterview nach Arizona gegangen, und er sei nicht mitgekommen. Er verstand sich nicht darauf, und sie machte ihm Vorwürfe. So gab er dann doch nach und log mit. Sie fürchte sich so, von ihrer Familie verstoßen zu werden. Es sei ihm so unangenehm. Ihre Mutter habe ihr zwar geglaubt. Was ihn aber besonders störe, sei die Leichtigkeit, mit der seine Freundin lüge; er fürchtet, sie könnte es auch ihm gegen über tun. Sie aber versichere ihm, das werde niemals geschehen. Diese Versicherung könne ja selbst auch eine Unwahrheit sein, sage ich: „Wer einmal lügt, dem glaubt man nicht, und wenn er auch die Wahrheit spricht. Das Lügen wirkt wie ein Gift."

Er ist ganz gleicher Meinung. Doch wenn sie die Wahrheit daheim enthülle, wären die Folgen so viel schrecklicher, als wenn sie sie verschleiere. Sie fühle sich hilflos – wie *ein Untertane in einem totalitären System, was im Grunde ihre Familie* sei. Sie fürchte sich auch, er verlasse sie, wenn sie einmal ein Kind habe. Es belaste auch ihr gemeinsames Sexualleben. Er sehe wieder auf andere Frauen und fühle sich von ihnen angezogen. Heiße das nicht auch im Sexuellen wie in allem anderen: *„Was erhältlich ist (can be had), wird entwertet; und was unerreichbar ist, wird begehrt und idealisiert*?"

Ich: „Es kann auf die Gleichung reduziert werden: *Nur was schmerzt (what is painful), kann Lust geben (be pleasurable), und umgekehrt, was Lust gibt, muß schlecht sein.* Es ist die *masochistische Grundgleichung*" (765).

10.16 Zurück zur Ratte: die Überstimulierung

Im Traum spielt er mit einem Freund „Skiball"; er akkumuliere viele Coupons, bekomme dafür aber nur Abfall (junk). Dann stürze er eine Verkaufsmaschine um und versuche sie wieder zu balancieren. Er verliere immer wieder im Wettstreit und werde wiederholt als Sündenbock hingestellt.

Er sah gestern, wie eine Mutter ein kleines Kind heftig anschrie und schlug. Es erinnerte ihn sehr an die Wutausbrüche seiner Mutter.

Ich: „Die Angst (terror) und Hilflosigkeit und die Gegenwut, aber auch das verführerisch Sinnliche dazwischen."

Er denkt daran, wie sie ihm das Mittagbrot für die Schule vorbereitet habe: „Die angenehme Seite von ihr, die nährende Mutter, doch beim Schneiden der Gurken auch das Kastrierende; die beiden Seiten müssen zusammengehen: *um Sicherheit und die nährende Nähe (nurturing) zu gewinnen, muß ich auf meine Männlichkeit verzichten.*“

„Auf die Selbstbehauptung.“

„Auf das Selbst.“

„Welche Rolle, denken Sie, mag das Symbol der *Ratte,* das so wichtig war in Ihrer frühen Kindheit, gespielt haben?“

„Als Kastrator. Sie nimmt etwas weg.“

„Und sie verschlingt.“

„Sie beißt.“

„Nicht nur den Penis, sondern die Fäzes, den Körperinhalt. *Die Mutter als die verschlingende, nicht nur als die kastrierende Gestalt,* und das *Selbst als platzend,* da es die Spannung nicht mehr auszuhalten vermag, von ihr aufgezehrt wird. *Beide werden von der Ratte symbolisiert*“ (773).

Im Traum spielt er mit mir Schach, ist ganz reaktiv, verliert dabei die meisten Stücke und weiß, daß er überhaupt verliere und bald schachmatt sei. Dabei hält er die Königin zurück, neben dem König, um diesen zu schützen. Sie ist, wie das ja in seiner Familie auch so sei, die machtvollste Gestalt, der Vater ist nur Scheinführer (figurehead). Er versucht, eine andere Königin aus einem Bauern zu schaffen: das sei wohl seine weibliche Identifikationsphantasie: „Zwar klein und schwach zu sein, aber durchhaltend (enduring), befähigt einen, die weibliche Macht zu erringen ... Ich denke, die Analyse ist ein Schachspiel, das schwer zu verstehen ist. Im Traum fürchte ich Sie als meinen Gegner.“

„Und daß Sie die Königin gegen meine Angriffe schützen müssen, daß ich der Feind Ihrer Mutter bin, und daß dies Ihre Loyalität zu ihr und Ihre Bindung an sie bedroht ... Ich spreche über die Doppelrolle der Königin: als allmächtige Beschützerin, doch auch als die, die geschützt werden muß.“

Er denkt an seine Freundin wie an seine Mutter. Ich weise auf die gegensätzlichen Gefühle der „Königin“ gegenüber hin: „Sie wollen ihr nahe sein, intim mit ihr sein, doch Sie fürchten sich davor, von ihr verschlungen zu werden, hilflos zu sein und wehren sich mit Wut und Haß gegen sie, was selbst wieder gefährlich ist. Und meine Rolle in dem Konflikt?“

„Die gespaltene Loyalität?“

„Ob der Traum sich nicht direkt auf das Ende der gestrigen Stunde bezieht?“

„Die Ratte versteckt sich in der Toilettenschüssel, wartet dort und greift an, wenn der Gegner verwundbar ist. Meine Strategie ist ähnlich: die Königin versteckt sich und greift erst an, wenn er angegriffen wird.“

„Wenn der König auf dem Thron sitzt, dann kommt die versteckte Ratte, die Königin. Sie ist die machtvollste Gestalt. ... Ob der Traum nicht noch mehr mit mir und der Analyse zu tun hat: dem verlängerten Stillstand (stalemate) und der Angst vor den Verlusten?“

„Ich wünsche, den Felsgrund erreichen zu können, ohne den emotionellen Preis entrichten zu müssen“ (774).

Er ist sehr unglücklich darüber, wie schlecht er in seinen Kursen abschneidet. Er habe das Essen gekocht; das sei viel produktiver als die Prüfungen. Er verstecke sich im Haushalt, um der Außenwelt nicht die Stirne bieten zu müssen – in einer eher weiblichen Rolle. Auch falle ihm die Enttäuschung seiner Freundin schwer, daß sie kein rechtes Haus, in das sie einziehen könnten, gefunden haben. Sie sehne sich nach einem sicheren und permanenten Ort. Dann ein Traum:

„Die Demonstration eines Airbags im Auto. Jemand fährt waghalsig (reckless); es führt zu einem schrecklichen Zusammenstoß. Doch der Fahrer steigt unverletzt aus den Trümmern."

Er denkt an die Analyse, die sowohl Schutz wie „Luft" (Sprechen, „hot air") bedeute. Er spricht mehr über die doppelte Enttäuschung (Studium, Haus), wie er auch einen weiteren „crash" durch sein Herumschlendern einlade. „Lust und Absturz (crash) gehören zusammen: Das eine muß dem anderen folgen. Um den crash zu vermeiden, muß ich die Belustigung (fun) vermeiden."

„Daß jede Freude zugleich Schmerz bedeutet."

„Richtig: daß jede Lust mit Bestrafung verknüpft ist (that every pleasure has some kind of punishment tied to it)."

„Oder in den Worten der letzten Stunde: daß auch die gute Mutter die verschlingende Mutter ist. – Oder auch: ‚Ich will nicht rivalisieren (compete), ich kastriere mich.'"

„Als ich sehr jung war, spielten meine Schwester und ich mit den Stricknadeln der Mutter. Ich stellte mich, als ob ich ihr damit ins Ohr schauen wollte und stieß die Nadel zu tief hinein. Es machte ihr furchtbar weh, und ich war sehr unglücklich, daß ich etwas ganz Schlimmes angerichtet hatte. Ich war in ihr Inneres eingedrungen (penetrating her)." –

„Und wenn wir den Penis an die Stelle der Nadel setzen: Wie gefährlich ist es, ein Mann zu sein und den Penis zu gebrauchen, um in die Frau einzudringen!"

„Es wird gefolgt von Absturz (crash) und Bestrafung, und ich fühle noch jetzt die Schuld über den dummen Zwischenfall mit der Nadel. Es ist auch interessant, daß dies phallische, stechende Ding die Nadel meiner Mutter war. Sie hatte die Macht, sie war die Besitzerin."

„Und sie ist eine sehr phallische Frau, während der Vater ein Luftsack ist, kastriert."

„Und ihr wütendes Durchbohren des Luftsacks läßt den Ballon platzen." –

„Etwas Ähnliches zur Arbeit wiederholt sich hier."

„Ich verstehe nicht."

„Die Schwierigkeit, die Arbeit glücklich zu Ende zu führen und sich zu bewähren (to perform)."

„Ich wundere mich, was die Befürchtungen vor einem Crash hier sind, wenn ich etwas leistete (perform). Im Traum war das Auto rot – Gefahr und Blut."

„Aggression, Mord, aber auch sexuelle Erregtheit und Überstimulierung."

„Und der Name des Fahrzeugs war Ford *Probe*: phallisch, eindringend" (775).

„Wenn ich etwas haben kann, will ich es nicht, und wenn ich es nicht habe, möchte ich es. Und ich bin unfähig, etwas dann zu tun, wenn die Zeit richtig ist, doch wenn sie es nicht ist, will ich es tun."

„Anders gesagt: daß *Schmerz und Lust* so vermischt sind, daß sie *gleichgesetzt* werden. Und nochmals anders: *Sexualität = Gewalttätigkeit = Leiden*.“

„Vielleicht gehört es auch dazu, was ich letzte Nacht träumte: Ich trug Frauenkleider, ob als Mann oder verwandelt in eine Frau, ist nicht klar. Ich war verwirrt über mein Geschlecht, verwirrt darüber, wer ich war und wer ich zu sein schien. Im nächsten Traum war ich mit meiner Freundin im Badezimmer. Ich wollte die nassen Kleider aus der Waschmaschine nehmen und in die Trockenmaschine tun, aber nun war diese auch in eine Waschmaschine verwandelt, so daß wir nun zwei gleiche nebeneinander hatten. Der Abwasserschlauch war nicht fest; es spritzte heraus und verdreckte alles (made a mess). Ich legte ihn in die Toilette. Das Merkwürdige war: Warum hatten wir zwei Wasch- und keine Trockenmaschine? ... Später im Traum brauchte meine Freundin einen Staubsauger, um alles aufzusaugen und zu säubern, es zu verschlingen.“

„Die verschlingende, beißende Vagina und der spritzende Penis, der beseitigt werden muß.“

„Alles, was Unrat macht. Das Schmutzige, Böse muß aufgeputzt werden.“

„Und wie wir früher gehört haben: Penis = Fäzes.“

„Und der Schlauch war schwarz. – Letzte Nacht sagte mir die Freundin, sie möchte Beine wie ich haben, lange und dünne, statt der kurzen, stämmigen, die sie hat. Auch meine Schwester war auf meine Beine eifersüchtig. Es führt zum Problem der Geschlechtsidentität im Traum.“

„Die Angst vor der neidischen Frau.“

„Die etwas von mir möchte.“

„Und die zum Schluß *zur mörderisch verschlingenden und beißenden Gestalt und zur Ratte wird*, zu den Eltern, die als mörderisch erlebt werden. – Es ist nicht nur, wie die Schwester und die Mutter in Wirklichkeit waren, sondern teilweise auch, was Sie in sie hineinlegten.“

„Mein Interesse an fleischfressenden Pflanzen ist ein Ausspielen (acting out) des mörderischen Verschlingens.“

„Als Teil von Ihnen – und der Vegetarismus eine sehr starke Gegenposition dagegen: Das ist das Letzte, was ich tun möchte!“

„Eine *Disidentifizierung:* daß ein Teil von mir ihr Spiel spielen möchte, ihnen antun möchte, was sie mir angetan haben,“ also ganz wesentlich die Wendung vom Passiven ins Aktive. –

„Wie verbinden Sie die Angst vor der verschlingenden Frau mit der Gleichung von Geschlechtlichkeit mit Gewalt und Leiden und dem, was Sie gesagt: Wenn ich etwas habe, will ich es nicht ...?“

Er stellt Vermutungen an: daß der Verzehrende dem anderen Lust und Leben raube.

Ich: *„Alle Liebe und Nähe und Lust sind so verknüpft (bound up) mit jemandem, der extrem überstimulierend, sowohl sexuell wie auch in Form von Grausamkeit und Schmerzbereitung, ist, daß alles diese verschlingende Intensität annimmt.“*

Er wiederholt seine Grundthese: „‚Wenn ich etwas haben kann, will ich es nicht, und wenn ich es nicht habe, möchte ich es‘: Was ich haben konnte, war nur mit dieser Intensität zu haben, und so wollte ich es nicht.“

„Oder zumindest war es gefürchtet – immer sowohl gesucht wie auch gemieden. Es wird symbolisiert als *die Ratte wie als der Staubsauger oder vom Bild der verzehrenden Frau* überhaupt. Es ist ein ganz zentraler Zusammenhang für Ihre ganze Lebensgeschichte. Und wenn wir auf Ihre Mutter schauen, ist sie es auch heute noch: sowohl *sehr überstimulierend wie auch sehr verstoßend,* zur selben Zeit. Und ihre Anklage gegen ihren eigenen Vater, daß er die Kinder in der Familie mißbraucht habe, scheint eine Projektion davon zu sein, wie verführerisch und zugleich versagend sie selbst war.“

„Richtig. – Ich denke an die fleischfressenden Pflanzen; die sind auch verführerische, verlockende und verschlingende Kreaturen ...“ –

„Vielleicht ist *das Schweigen selbst ein Schutz gegen die überstimulierende und verschlingende Qualität des Erlebens.*“

„Eine Form des Abschaltens“ (777).

Er spricht von seiner Angst, von der Frau, jetzt von Jushu, kastriert und verschlungen zu werden, wie von der Mutter, wobei der Vater keinen Schutz gewährte. Er flüchtet sich davor in Homosexualität (im Traum), in die Arbeit, zu anderen Freunden (781).

In bezug auf Karriere und Beruf fühle er sich hilflos und abhängig – die Angst davor, aktiv, unabhängig, erfolgreich und getrennt zu sein. Erfolg des einen geschehe auf Kosten des Versagens des anderen, der das Opfer sei. Doch habe er sich dem Glauben verschrieben, *das Opfer sei am Ende derjenige, der die Macht besitze.* Ohne das Opfer sei der Täter (victimizer) nichts (784).

In dem eben Ausgeführten zeigt sich die hochkomplizierte und derivative Natur dessen, was Freud als „femininen Masochismus“ und was Reuben selbst als die „weibliche Identifikationsphantasie“ bezeichnet hat – die mannigfachen archaischen Gleichsetzungen und Abwehrvorgänge, die in sie als Resultat einmünden.

10.17 Der „Aggressionsknochen“ und seine Verwandlung in Kot

Er fühlt Lust, solange er seine Freundin im sexuellen Spiel erregt und ihr Lust gibt und solange er sich dabei selbst als Opfer erleben kann, indem er seine Befriedigung der ihren unterordnet. Sobald er sie aber penetrieren soll und denkt, daß er ihr Schmerz zufüge, indem er seine eigene Befriedigung sucht, verliert er die Erektion, bestraft von seinem Gewissen. *Aktive Penetrierung* wird als *grausamer Akt* und damit als sehr gefährlich empfunden und muß verhütet werden. *Aktivität, aggressiver Wettstreit und Sadismus werden gleichgesetzt* und ängstlich vermieden. *Der Penis heiße der „Aggressionsknochen“.* Genau wie der Penis schlaff wird, erschlafft seine Entschluß- und Durchsetzungsfähigkeit, z. B. beim Studium. Das sei auch in der Analyse so, wenn er in Passivität und Schweigen versinke. Das Traumbild von Windeln (die er mir zuschreibt). Als 3- bis 5jähriges Kind wollte er von seiner Schwester gewickelt werden – eine Art Protofetisch; das Baby zu sein, umsorgt zu werden, hilflos zu erscheinen, kontrolliert von den Frauen – um ja nicht im Wettstreit zu stehen, ja nicht aggressiv zu sein, sondern ihr Opfer, ihr Sklave, ihr hilfloser Säugling. Er versuchte, die Badewanne mit seinem Hintern zu reinigen und so seine Mutter zu erfreuen, so zu zeigen, daß der Teil nicht schmutzig und ekelhaft, sondern rein und gut sei (785).

Es gab einen anderen der schweren Ausbrüche seiner Freundin, als ob sie ihn zur Mißhandlung oder zum Verlassen provozieren möchte. Er höre in sich das Lied: „I don't want any part of this crazy love, I don't want no part at all.“ Er wundert sich, wie weit seine eigenen Konflikte über die Frauen mit eine Rolle spielen, seine Wut, sein Haß. Dabei zeige er deren Gegenteil (bending over backwards) – durch masochistische Unterwürfigkeit, wie bei Schwester und Mutter, während die Freundin Erlösung durch aktiv herbeigeführtes Leiden suche (797).

Nach der Operation eines kleinen Lipoms aus seiner Brust drückt er seine Sorge über die explosive Atmosphäre daheim in seinem Elternhaus aus. Es sei wie über einer Erdbebenfalte oder ein Kartenhaus, das jeden Augenblick einstürzen könne. Etwas werde geschehen, man wisse nur nicht was und wann. Schon als kleines Kind war die Gewißheit da, daß sie ihn töten würden, nur die Ungewißheit darüber, wann und wie das geschehe ... Soviel seiner Attraktion zu Frauen sei gegründet in Wut und Haß (anger, rage and hatred), daß er sich frage, ob dann, wenn diese beseitigt würden, nicht auch die Anziehung und Erregtheit dahin wären. *Schmerz sei Lust, Grausamkeit sei Sexualität. Gehe das eine, gehe auch das andere.* Das Dilemma sei dies: um eine nahe Beziehung zu haben, sei es notwendig, Wut und Haß auf die Seite zu stellen, dann aber verliere er die Frau, da die Beziehung stark auf Sadomasochismus gegründet sei.

„Gestern sah ich den Tumor und verglich ihn mit Fäkalmaterial: etwas, das in mir gewachsen und nicht gut ist und beseitigt werden muß, ein Stück Unrats (shit), von innerer Verunreinigung (contamination), und ich bedurfte äußerer Hilfe, um es herauszubringen, wie mit dem Stuhlgang bei der Verstopfung. Meine Mutter zeigte Jushu Bilder aus meiner Kindheit – von der Zeit, als ich 3jährig war: ich hielt die Hände vor dem Penis und deckte ihn.“

„Ihn zu schützen.“

„Und zu prüfen (checking).“

„Wir haben oft von der Gleichsetzung von Fäzes mit dem Penis gehört, daß beide abgetrennt, abgeschnitten werden können. Die Operation gestern würde dann auch mit Kastration gleichgesetzt.“

„Mit der gleichen Ambivalenz: dem Wunsch, mich dessen zu entledigen (to get rid of it) und es zurückzuhalten – es zu behalten und es zu verlieren, das gilt sowohl für den Stuhlgang wie für den Penis. *Die Fäzes zurückzuhalten heißt, den Penis zu behalten, und Defäkation heißt Kastration.* Der Verlust der inneren Organe wäre dann übertragen von der Angst, die äußerlichen Organe zu verlieren?“

„Und als Drittes in der *Gleichung: das Selbst = Penis = Körperinhalt und Fäzes.* Es bestand eine große Bedrohung für alle drei. Dabei konnten sie aber die letzteren zurückhalten. So kam es zu einer erfinderischen Verschiebung (shift): da Sie das Selbst nicht beschützen konnten und stets die Angst haben mußten, den Penis einzubüßen, wenn immer Sie die Frauen sahen, behaupteten Sie Ihre Macht und Kontrolle dort, wo es möglich war: bei den Fäzes.“

„Und mein Vegetarianismus ist nicht nur eine übersteigerte Abwendung (bending over backwards) gegen die Aggression, sondern das Fleischessen bedeutet kastrieren, jemandes Fleisch verschlingen –“

„verstümmeln –“

„Ich will nicht nur nicht der sein, der tötet (the killer), sondern auch nicht der, der verstümmelt (the mutilator).“

„Und wesentlich der, der *das Selbst des anderen achtet,* die Gefühle, sogar das Tier in seiner Angst respektiert, wie Sie selbst wünschten, *in Ihrem Selbst geschützt* zu werden. Wie bei Peer Gynt: der leitende Wunsch, er selbst zu sein, und die große Angst, sich selbst zu verlieren.“

„Wie es in der Bibel steht: Wer sich an das Leben klammert, verliert es, wer es Christus gibt, wird es für immer behalten. Es ist die Ironie, die ich gestern in der [Leih-]Bibliothek empfand; ich wollte ein Buch über fleischfressende Pflanzen kaufen, das vergriffen ist, in der Hoffnung, daß es nie ausgeliehen wird und darum verkäuflich ist. Denn sie verkaufen manchmal die Bücher, nach denen keine Nachfrage besteht oder wenn sie in schlechtem Zustand sind. So bin ich aber mein eigener Feind, wenn ich mir das Buch ausleihe: *um es zu haben, muß ich es verlieren, oder: um es zu haben, muß ich es zerstören.*“

„Wiederum, wie Sie sagten: *Schmerz ist Lust, Grausamkeit ist Sexualität. Geht das eine, geht auch das andere*“ (801).

Im Traum ist sein Vorgesetzter an der Arbeit in der Staatsverwaltung gestorben. Alle scheinen darüber fröhlich zu sein und feiern sein Verscheiden, während die Leiche noch nicht erkaltet ist. Er selbst aber (Reuben) ist sehr traurig und fühle den Verlust, was ihm eigentlich nicht klar sei, da er, Reuben, nicht viel Vertrauen in ihn habe. In einem zweiten Traum wird er von einem anderen Mitarbeiter endlos zurückgehalten, während seine Freundin auf der Straße wartet. Der Kollege ist fett, freundlich und langweilig wie sein Vater und überzieht seine Geduld, bis ihm, Reuben, der Faden reißt. So sind seine *gegensätzlichen Gefühle* dem Vater gegenüber *auseinandergerissen,* in entgegengesetzten Bildern dargestellt: Anhänglichkeit und Todeswunsch, freundliche Umgänglichkeit und zwangshafte Umständlichkeit, Geduld und Wut. Dabei wiederholt sich diese Doppelbödigkeit gegenüber seiner Freundin: der Kollege verkörpert auch den Teil in ihm, der seine Freundin quält, wobei er selbst mitgequält wird (803).

Er spricht von seiner Lust daran, schmutzige, obszöne Worte zu sagen und damit die anderen, gerade auch seine Freundin zu schockieren. Das gehe sehr weit zurück. Seine Tante habe ihm erzählt, daß er im Alter von 5 Jahren fuchsteufelswild im Hause herum gerannt sei und geschrieen habe; „Fucker, fucker, fucker!“ Es erinnere ihn daran, wie er im Kindergarten vielfarbige Wirbelformen hingeschmiert habe, die auf wenig Bewunderung gestoßen seien. Es sei wohl aufgestaute Wut gewesen. Ich: „Und anale Macht, die Macht des Schmutzes – statt des Schmierens von Stuhlgang.“ Er verfällt in sein Schweigen. Ich: „Das Schweigen ist ein Zurückhalten, im Sinne von: ‚Schmier nicht!‘ “

„Mach keinen Unrat (mess)! Als ich die Reinlichkeitsgewöhnung durchmachte, fürchtete ich mich, mich auf die Toilette zu setzen. Ich kauerte darüber, in der Furcht, daß etwas verletzt oder verloren ginge, wenn ich mich hinsetzte. In der Phantasie war es so, daß die Ratten unter der Klobrille (rim) saßen und nur von dort aus bissen. Mein

Hintern drang in ihr Territorium ein, daher war ich dabei ihrem Angriff ausgesetzt. Wenn ich mich nicht hinsetzte, wäre ich beschützt. Sie würden sich nicht ans Licht des Tages wagen. Später wurde die Angst vor diesen Eindringlingen durch der vor anderen ersetzt: daß ich z. B. in der Schule von Kaktusnadeln gestochen würde.“

„Auch stand jenes ursprüngliche Angstbild selbst für andere Eindringlinge (invaders).“

„Es störte mich gestern beim Verkehr, daß ich meiner Freundin wehtat. Ich handelte selbst als der Penetrierende, der Schmerz verursacht: daß ich zu dem geworden bin, was ich so sehr befürchtet habe: zum Eindringling und zu dem, der den Schmerz verursacht“ (804).

Er setzt die frühkindliche Verstopfung, das Zurückhalten (withholding) dabei, mit der Angst gleich, gebissen zu werden, als Ausdruck seiner *Furcht vor Eindringung und Überwältigung* (being intruded upon and penetrated). Wie in manchen Träumen sind auch hier die *gegensätzlichen Gefühle oder Wünsche dem gleichen Gegenstand gegenüber* zugleich gegenwärtig, aber in *gespaltener und verschobener* Form (im Traum dieser Stunde z. B. Todeswunsch gegenüber dem einen Cousin und Liebesbeteuerungen gegenüber dessen Bruder). Die *Phantasie seiner weiblichen Identifizierung ist die lustbetonte Version der Penetration,* die Wunschseite davon; die *Rattenangst auf der Toilette ist die gefürchtete Form.* In der Masturbationsphantasie ist es gerade das Bild, wie er selbst penetriert und mißhandelt werde, das nötig ist, um sexuelle Lust zu empfinden. So scheinen alle wichtigen emotionellen Erlebnisse zutiefst gegensätzlich, gespalten, widersprüchlich zu sein. *Der Riß zwischen Lust und Leiden geht gleichsam quer durch sein ganzes Seelenleben hindurch.* Jeder Konflikt scheint mit dieser Auseinanderhaltung des Gegensätzlichen, eben dem Nichtberühren in der Abwehr durch Isolierung gelöst zu werden, wird aber in Wirklichkeit dadurch nur verewigt und unlösbar gemacht.

10.18 Der schwankende Sumpf

Der kulturelle Konflikt mit seiner Freundin, die gewaltige *konfuzianische Antithese von Wahrheit gegen Loyalität* beunruhigt ihn zutiefst. In ihrer Familie grassieren Steuerhinterziehung, Lügen, Täuschung. Für sie (die Familie) ist es ein Zeichen der Scham und der Lächerlichkeit, ehrlich mit den Steuern zu sein. Seine eigenen Warnungen, seine Kassandrastellung, wie er sie nennt, erregt Entrüstung. Dabei wird aber von ihm erwartet, daß er, im Falle der Katastrophe, helfend eingreifen werde. Für Jushu ist auch heute noch *die Loyalität ihrer Familie gegenüber wichtiger als die Wahrheit.* Ich erwähne die Geschichte des Herzogs von She, in den *Lun Yü* des Konfuzius, vom Schafe stehlenden Vater (Lun Yü, 13.18; s. *Maske der Scham,* Anhang) (806).

Wir sprechen über die Atmosphäre von Verlogenheit und Täuschung in seiner eigenen Familie wie in der seiner Freundin, und ich erwähne die Metapher von Ibsen, *„en gyngende myr – ein schwankender Sumpf“* (s. oben, Kap. 4).

Seine eigene Mutter scheint mehr und mehr zu desintegrieren. Er fragt sich selbst:

Was ist wirklich und was nicht? Mein Hintergrund ist so verwurzelt in Rollenspiel, Täuschung und Schauspiel. In einem Moment schreit die Mutter den Vater an und behauptet allen Ernstes, er wolle sie im Auto töten, im nächsten ist sie überströmend freundlich, enthusiastisch, lustig mit dem Neffen meiner Freundin – Dr. Jekyll und Mr. Hyde. Sie war schon immer die *Vermittlerin falscher Nachrichten* (purveyor of misinformation).

Er spricht über die mannigfache Verzerrung, wie sie neulich seinen kleinen chirurgischen Eingriff zum Anlaß genommen habe, einen großen Familienbesuch von weither abzusagen. Ich bemerke über die kapriziöse Weise, mit der sie mit der Realität umspringt, sie sei eine *„befähigte Zerstörerin der Wirklichkeit (an expert destroyer of reality)“* (808).

10.19 Die Macht des Geheimnisses

Er verlacht seine Eifersucht gegenüber seiner Freundin, die sich lebhaft für Chopin und dessen Leben und Persönlichkeit interessiert: „Es ist lächerlich, aber ich ärgere mich über seine Musik.“

„Daß Sie der *ausgeschlossene Dritte* wären.“

„Das gemahnt mich daran, wie oft ich dies fühle: in der Familie meiner Freundin, in der Allianz zwischen meiner Schwester und Mutter, sozial in der Schule. Ich fühle mich ausgeschlossen, herumgestoßen und zum Opfer gemacht.“

„Dies zieht sich wirklich wie ein roter Faden durch Ihr Leben. Ob nicht auch Ihr Interesse an Sprachen darauf zurückgeht: nicht mehr ausgeschlossen zu sein?“

„Und der Wunsch, mich von meiner unmittelbaren Umgebung zu dissoziieren, sie umgekehrt auszuschließen, und mich etwas Fremdem anzuschließen.“

„Wendung von passiv zu aktiv: ‚Ich weiß eure Geheimnisse; ihr aber kennt nicht meine.‘ “

„Wissen ist Macht. Ich war der ausgeschlossene Beobachter, der die anderen so gut kannte, und den niemand kannte: daß ich geheime Macht besaß – wie wenn ich mich schlafend stellte, um besser zuhören zu können.“

„So *wandelten Sie sich vom ausgeschlossenen Beobachter zu dem, der die geheime Macht des Wissens* besaß. Auf diese Weise schlossen Sie die anderen von Ihrem Wissen aus, indem Sie mehr wußten als sie, und dabei wußten jene nicht einmal, daß Sie ein Wissender waren“ (813).

Er träumt, wie er auf eisig schlüpfrigem Abhang (slippery slope) hinunter Ski fährt, in einen See gerät, untertaucht und am anderen Ende wieder in die Höhe schnellt, sich im Flug an einem Baume festzuhalten sucht, hin- und hergeschleudert wird und wie zum Schluß der Baum sich zu den Vorhängen in Mutters Zimmer verwandelt. Er schwingt an ihnen hin und her und stürzt auf ihren Tisch; die Vorhänge zerreißen und das Salzfaß auf dem Tisch zerbricht.

„Es ist ironisch, wie ich stolz darüber bin, daß ich mich gerettet habe, doch gleichzeitig damit den Zorn meiner Mutter errege. Es sind *verschiedene Schichten der*

Wirklichkeit: ich bin ein guter Junge, da ich mich gerettet habe, aber an der Oberfläche ist es für die Mutter etwas Böses, da ich ihre Sachen zerbrochen habe.“

„Dadurch, daß Sie sich retten, brechen Sie sie.“

„Und sie kann nur das Schlechte sehen, das Brechen.“

„Eine tiefe Wahrheit: *Wenn Sie sich Ihre Identität bewahren, zerschmettern Sie die ihrige.*“

„*Und um die ihrige zu bewahren, muß ich die meine zerschmettern.*“ Etwas Ähnliches spielt sich jetzt auch mit seiner Freundin ab. „Ich gehe wie auf Eierschalen, um sie zu besänftigen und zu beruhigen und keinen Ausbruch heraufzubeschwören. Es ist ein eisig schlüpfriger Abhang.“ . . .

„Und die Vorhänge?“

„Sie verhüllen das Licht. Zerreiße ich sie, stelle ich meine Mutter bloß, in ihrer Verrücktheit, daß ihre Welt verbogen (twisted) ist.“

„Und das Salzfaß?“

„Es sieht phallisch aus, ist konisch.“

„Daß Sie sich schuldig fühlen für das verstümmelte Genitale der Mutter?“

Das Hin- und Herschwingen: es bedeute seine Konflikte über die Heirat zu Jushu, seine Gefühle über ihre Familie und über ihre versteckte kriminelle Vergangenheit, alle die Lügen, den „eisig-schlüpfrigen Abhang“ (815).

Er spricht über seine Besorgnis, daß die Steuerbetrüge, in die sich Jushu durch ihre Familienloyalität mit hinein verwickelt hat, auch ihn mit einbeziehen oder doch ihre gemeinsame Zukunft verdüstern und heimsuchen könnten. Dann ein inneres Bild: „Ein kriechender Tausendfüßler. Er gleicht dem weiblichen Genitale. Ich weiß nicht, warum er mir in den Sinn kommt. Er sei verantwortlich für die Verstümmelung (mangling) und könne diese auch mir zufügen, indem er sich in meine Lenden (groin) einbohre und sie verzehre und meine Pubes so aussehen lasse, wie er selber ist. Daß er Ähnlichkeit zugleich und Ursache ist, daß er sich selbst neu schafft (replicates) wie ein Virus. Und daß er das aus Zorn heraus tut. Er läßt seine *Signatur der Zerstörung* hinter sich. Ich denke daran, wie die Frauen sich vor kriechenden, schleichenden Insekten und Schlangen fürchten. Sie sind phallisch.“

„Und verzehrend.“

„Jushus Mutter hat eine Todesangst vor Mäusen. Ich möchte davon guten Gebrauch machen und so Macht gewinnen“ (817).

Er denkt daran, für die Hochzeit mit Jushu eine Band zu engagieren, die „Cloaca“ heißt: „Es ist mein Befleckungsdrang (urge to defile things); alles muß kontaminiert werden.“

„Sie wollen Reklame für Ihre anale Tradition machen.“

„Ihr Logo zeigt ein Sphinkterband mit braunen Perlen.“

„Sie erkennen die Aggression gegen die Leute um Sie herum: Kot zu speien.“

„Genau so.“

„Sogar der chaotische Lärm ist anal, als trotziger Protest (defiance) gegen diese verklemmten (tight-assed) Eltern beiderseits, und gegen den entsprechenden Teil von Ihnen selbst.“

„Daß ich meine Haare nun 2 Jahre lange wachsen ließ und nicht schnitt, gehört wohl auch dazu. Sie zu schneiden wäre ein Selbstverrat. Ich speie Kot (spit shit) auf die Konventionen, gegen die verklemmten Ärsche ... Ich bin erbittert gegen Leute, die blind konventionell sind. Ich habe einen perversen Genuß daran, sie zu schockieren. Darum habe ich seit früher Kindheit so gerne geflucht. Das war Macht über sie – verbale Analität."

„Koten durch den Mund" (818).

Er denkt an die obligaten weißen Handschuhe bei der unmittelbar bevorstehenden Hochzeit: sei das nicht *die reine Lüge über die schmutzige Wahrheit?* (covering up, a pure lie over the dirty truth): die Analität, den Sadomasochismus, alle die Lügen und die Grausamkeit in beiden Familien (833). Auch hier heiße es: „Who wins shall lose" (834).

10.20 Das Fazit – Die Angst vor dem Neid

Das Fazit der Analyse, das er im Spätsommer 1991, nach beinahe 6 Jahren Analyse zieht, kurz vor seiner Heirat mit Jushu, ein halbes Jahr vor Abschluß des ihn wenig befriedigenden Studiums in „mathematical science", ebenfalls zu einer Zeit, wo ihm seine Eltern bedeuten, er könne nicht mehr auf ihre weitere finanzielle Unterstützung für die Analyse rechnen:

Großer Fortschritt sei in zwei Hinsichten erzielt worden, weniger in einer dritten. In bezug auf die Symptome, besonders die Zwänge (Zwangshandlungen wie Zwangsideen), die Depression, Entfremdung, Anhedonie ist die Besserung dramatisch. Diese Symptome haben sich völlig aufgelöst. In bezug auf die Schwierigkeiten in den mitmenschlichen Beziehungen, in der Sexualität, sogar im sexuellen Phantasieleben sind sowohl die masochistisch-fetischistische Perversion wie auch der äußere Masochismus weitgehend verschwunden, obwohl in der Beziehung zu Jushu deutlich sadomasochistische Elemente mitspielen.

Nur die dritte Area, die der langfristigen Berufsplanung und einer gewissen Passivität und Abhängigkeit in seiner ganzen Lebensorientierung, besonders auch in seinem Zusammenleben mit Jushu (und kurz danach seiner Ehe mit ihr), bedarf noch großer Änderungen: Vom Vater habe er die Analität und von der Mutter die Passivität, das Versagen (835).

Erfolg bedeute Trennung und damit etwas Verbotenes (840). In der Vermeidung von Rivalität und Konkurrenz liege die alte Sicherheit (846). Die Niederlage ist nicht nur die seine, sondern betrifft auch mich (847). Ist es seine Rache an mir, mir meine Hilflosigkeit vorzuführen, also eine Vertauschung der Rollen – in loco parentis – und damit müßte er mich auch nicht beneiden, da ich nun entmachtet bin? (849). De facto ist er aber, infolge dieser Unschlüssigkeit, weitgehend, v. a. auch finanziell, von seiner Frau abhängig, ist ihr „allmächtiges Baby" (852) und nimmt damit indirekte Rache an einer Frau, „der Frau", und zwar in „analer Hartnäckigkeit und in Trotz", obwohl diese Worte zu verurteilend sind (867).

Worum es dabei aller Wahrscheinlichkeit geht: *der innere oder moralische Masochismus ist, verglichen mit der Perversion, das Primäre* und reicht in sehr frühe Kindheit, zur präödipalen Beziehung zur Mutter, zurück. Auch hier spielt schwere Traumatisierung eine entscheidende Rolle, in seinem Fall die sehr häufigen, furchtbaren Wutausbrüche und Todesdrohungen der Mutter, die Schwäche des Vaters und die Annahme, daß sein Vater (und später auch er selbst) diese Explosionen verursacht habe.

So sei er für immer an die Mutter gebunden, gezwungen, sie nachzuahmen, sagt er später, kurz bevor die Analyse als solche nach $6^1/_2$ Jahren abgebrochen und durch einmal wöchentliche Psychotherapie ersetzt werden muß. Es sei nicht nur Loyalität, sondern ganz besonders dies: *ihren Neid zu vermeiden, denn sie ist sehr neidisch. Darum ist es ihm unmöglich, Erfolg zu haben.* Daher darf er sich auch keine Lust oder Befriedigung erlauben: *die Mutter könnte neidisch darauf sein* und mit mörderischer Wut reagieren (892): *Es ist der Neid der allmächtigen Göttin:* „... daß sie die allmächtige Göttin sei. Wenn nur wir schwachen Männer täten, was sie will! Wenn sie jetzt doch damit recht behielte, indem ich Medizin studierte, würde sie sich brüsten (gloating), daß sie die ganze Zeit doch recht gehabt habe" (875). Das macht es ihm übrigens auch schwer, das Medizinstudium aufzunehmen, obwohl ihn das wegen des Endzieles am meisten anlockt.

Später muß er in ähnlicher Weise der immer wachsamen Eifersucht seiner Schwester, dieser zweiten seiner „Göttinnen", vorbeugen. Die phobischen und die Zwangssymptome sind Weisen, mit den im Voraufgehenden beschriebenen Kernkonflikten und den Phantasiegleichsetzungen zu Rande zu kommen.[1]

Sie alle greifen auf die *masochistische Unterwerfung unter die grausam mißhandelnde, neidisch-eifersüchtige Frau,* die Mutter und die Schwester, zurück. Dies geschieht v. a. durch Wendung der Aggression gegen das Selbst, durch Reaktionsbildung und durch Isolierung, also mit Hilfe der charakteristischen zwangsneurotischen Abwehrformen. Besonders müssen diese als Affektabwehr dienen: „Das meiste in der Kindheit war erwartete Freude (anticipated excitement), die dann unvermeidlicherweise enttäuscht wurde. Alle Gefühle überhaupt erscheinen mir als sehr gefährlich" (875). So müsse er ihr im Übermaß zu Gefallen leben (bend over backwards). Doch gleichzeitig hege er dabei eine enorme Wut und möchte genau das Gegenteil tun. Das Übermaß, diese Liebedienerei, sei der Versuch, die Wut zu verbergen (894). Er sei eine freudlose, anale Person, sagt ihm Jushu, doch er fürchtet sich: wenn er seine Analität gehen lasse, breche das knurrende Ungeheuer der Tiefe durch. Er müsse es angebunden halten, sonst breche es wie bei der Mutter aus (899).

---

[1] Die von Berliner 1947 gemachte Gegenüberstellung trifft hier zu: „*Masochism develops from oral erotism and is the libidinal reaction to another person's sadism. Compulsion neurosis stems from anal erotism and from the subject's own sadism* and the fear of its consequences, although masochistic motivations often assist in this development" (S. 470, meine Betonung).
„The basic unconscious idea in the compulsive neurotic is: ‚What have I done?' The aim is to avoid anxiety. The basic unconscious idea in the masochist is: ‚What has been done to me?' The aim is to gain love. The compulsive neurotic is paying imaginary debts, not knowing what the real debt was ... ; the masochist is presenting an old unpaid bill for affection" (S. 471).

Dazu kommt die Überzeugung, daß Liebe und wohl auch sinnliche Befriedigung nur durch Leiden und Erniedrigung möglich ist. Gefahr, Verstümmelung und Qual werden sexuell erlebt, sind sexualisiert, und umgekehrt ist die sexuelle Befriedigung in der Phantasie an seine Unterwerfung und Bestrafung, auch an die symbolische Kastration (in der „weiblichen Identifikationsphantasie") gebunden. In der Wirklichkeit fühlt er sich über seine sexuelle Befriedigung schuldig; es sei ihm weit wichtiger, daß Jushu Lust empfinde. Doch sie besteht umgekehrt darauf, daß er sie symbolisch plage, v. a. sie zu erdrosseln scheine.

Ebenso liegt die einzige Macht in seiner passiver Unterwerfung. „Ich mußte leiden, um gehört zu werden (to get my point across)." *Lust zu erstreben wird bestraft, Strafe zu erstreben wird belohnt; das ist die Prämisse des „moralischen" Masochismus* (848).

Die extreme Form des äußeren wie des „moralischen" Masochismus liegt in der Tötungsphantasie; diese besagt:

> Nur wenn sie, die Eltern und die Schwester, mich töten, lieben sie mich. Erst im Tod werde ich angenommen. Der einzige gute Reuben, ist der tote Reuben. Mein Wunsch neben der Mutter im Bett zu liegen, hieß, völlig bewegungslos, also gleichsam tot zu sein (839).

Ganz parallel damit dienen die *masochistisch-fetischistischen* Phantasien und Handlungen derselben Aufgabe, sich die neidische Göttin zu versöhnen und seine eigene maßlose Wut ganz verdrängt zu halten. Dieser Zweck wird aber mit anderen Mitteln erreicht: der *Dehumanisierung* des Liebesobjektes (in diesem Zusammenhang trifft nun dieses Wort wirklich einmal zu) und der *Spaltung oder Verdoppelung des Selbst:* Zwar kastriert zu sein und eine empfangende Frau zu werden unter seiner eigenen Regie, doch zugleich auch der Phallisch-Aktive, Eindringende zu sein, sowohl die Frau zu sein wie die Frau zu haben (912), und, wie wir früher gehört haben, sowohl der Beobachtete wie der Beobachtende. Hier ist beides zugleich nun möglich (839). Das Wesentliche sei eben diese *Verdoppelung.* Doch ist jetzt, am Ende des 6. Jahres der Analyse, diese Art der Konfliktlösung nicht mehr interessant, sie gebe ihm nichts mehr, habe ihre Anziehungskraft eingebüßt (lost its appeal).

Auch in diesem Fall fällt mir, wie schon bei Thomas und bei Elasar, die ganz besonders große Bedeutung des Neides auf, und zwar einerseits in Gestalt *der Angst vor seinem eigenen Neid,* der Unfähigkeit jemandem anderen, also in der Analyse natürlich besonders mir den Erfolg zu gönnen. Andererseits ist es die viel gewaltigere *Angst vor dem Neid der anderen, ganz besonders dem Neid von Mutter und Schwester,* die ihm *jeden Erfolg zu vergällen, jede Lust zu verwehren, jede männliche Selbstbehauptung zu verbieten scheint.*

Von allen Zusammenhängen scheint mir diese die dynamisch wichtigste: sie ist am schwersten zugänglich, am meisten verdrängt und hat sich bisher einer vollständigen und erfolgreichen Durcharbeitung entzogen. Ich glaube auch, daß das Über-Ich wiederum Träger dieser gefährlichsten Verurteilung ist, nicht so sehr Verurteilung *für* den Neid, sondern Verurteilung *durch* den Neid: *die Moral als Ausdruck von Neid und Ressentiment,* wie ich sie besonders im Zusammenhang mit Lagerkvists „Dvärgen" (*Die zerbrochene Wirklichkeit*, Kap. 4) und dem Fall Vera (*Die Flucht vor dem Ge-*

wissen, Kap. 3 und 4) beschrieben habe. Das beinhaltet aber ein resolutes Vermeiden alles Wettstreites.

Die manifeste sexuelle Perversion erscheint mir eine Abwehrstruktur gegen diesen „moralischen" Masochismus zu sein. Die Charakterperversion ist primär, auf einem viel breiteren Fundament basiert, und erweist sich als weit therapieresistenter als die sexuelle Perversion.

*

Wir finden die folgenden Hauptgleichungen als unbewußte Phantasien, die der Symptomatik und Charakterpathologie zugrunde liegen. Die angeführten 6 Gleichsetzungen sind ihrerseits miteinander verbunden, folgen einander ungefähr in dieser Sequenz:

1. Die masochistische Grundgleichung: Nur was schmerzt, kann Lust geben, und umgekehrt, was Lust gibt, muß schlecht sein.[2]

2. Gleichung: Liebe und Gewalt sind eins, und: Überstimulierung = Sexualität = Gewalttätigkeit (Grausamkeit, Rachsucht, Neid und Eifersucht) = Leiden = Penetration, sowohl begehrt wie befürchtet.

3. Gleichung: Aktive Penetrierung = gefährlicher, grausamer Akt, Sadismus = Vernichtung des Inneren der Mutter = Aktivität = aggressiver Wettstreit.

4. Gleichung: Die Ratten, die ihn beißen, = wie die Frau penetriert zu werden = Ratte ist sein anal-sadistisches Gewissen = Wendung der Aggression (der 3. Gleichung) gegen das Selbst, gegen das eigene Innere. Die Phantasie seiner weiblichen Identifizierung ist die lustbetonte Version der Penetration, die Wunschseite davon; die Rattenangst auf der Toilette ist die gefürchtete Form.

5. Gleichung: Wunsch, Stuhlgang zu haben = überhaupt alle Begehren und alle Lust = alle Arten von Aggressionen = große Gefahr. Keinen Stuhlgang zu haben = Reinheit, Freisein von Schmutz = von Bösem = von aller Gefahr, besonders auch von Wut = generalisierte Abwehr der Triebwelt.

6. Gleichung: das Selbst, die Identität = Männlichkeit = Penis = Körperinhalt und Fäzes = Schwangerschaft, Kind – deren Verlust und Entwertung = Depression. Die Fäzes zurückzuhalten heißt, den Penis zu behalten, und Defäkation heißt Kastration.[3]

Wir sehen, daß die Basis für diese archaisch-mythischen Gleichsetzungen das Erlebnis der Überstimulierung ist. Doch ist dieser Begriff selbst weit umgreifend. Ich verstehe ihn, weitgehend wie Shengold, als ein Zuviel an sexueller Verführung und, wohl wichtiger, ein gewaltiges Übermaß an äußeren Aggressionen: von Feindseligkeit, Grausamkeit und ganz besonders von Neid, Eifersucht und Ressentiment seitens der Umwelt – bei Reuben besonders von der Schwester und der Mutter aus. Diese *Dop-*

---

[2] Asch (1988): „Eschewing gratification in the real world is a special morality of masochism" (S. 113).

[3] Vergleiche dazu Chasseguet-Smirgel: „Once the anal-sadistic dimension is established it becomes a matter of brandishing a whip rather than of genital penetration, or inflicting pain, that is, of using a fecal penis which sullies and poisons rather than of giving pleasure with a penis which satisfies, nourishes, and repairs; of ruining, humiliating, and castrating rather than of engendering a baby who will grow and develop. At the same time, sexuality becomes a tool of vengeance (Stoller 1975)" (1991, S. 407).

pelheit von Sexualisierung und vehementer Aggression führt zur Gleichsetzung der beiden (Liebe = Gewalt), zu Stürmen extremer, globaler Affekte und damit zu unerträglichen, unlösbaren inneren Konflikten zu sehr früher, wohl schon präverbaler Zeit, damit zur Radikalisierung aller späteren Konflikte und hernach zu all jenen Hexenkreisen oder -spiralen – Circuli vitiosi –, die wir sowohl bei Reuben wie bei all den beschriebenen Patienten mit schweren Neurosen als so prominent angetroffen haben.

*

Es ist seine Einsicht in die *Angst vor dem Neid der allmächtigen Göttin,* die es ihm nun anscheinend möglich macht, auch die letzte Hürde zu überspringen. Nach Abschluß des Mathematikstudiums (mit einem „master's degree") beschließt er, sich dem Medizinstudium zuzuwenden und unverzüglich mit den entsprechenden vorbereitenden Kursen in den Naturwissenschaften zu beginnen, und zwar tut er dies mit Elan und Erfolg. Er arbeitet zudem mehrere Abende in der Woche als Freiwilliger in der Notfallstation eines Krankenhauses. Seine Konsultationsarbeit als Sachbearbeiter im Versicherungsdepartment des Staates, für die er recht gut bezahlt wird, setzt er fort, und da diese finanziell beschränkt (capped) ist, sucht er sich weitere Nebenstellungen in Epidemiologie und Biostatistik. Es ist offensichtlich, daß auch die neurotischen Probleme im dritten Bereich erfolgreich gelöst worden sind.

Sicher bestehen Spannungen in der Ehe, ja, diese haben in letzter Zeit, nach Abschluß der Analyse, in bedrohlicher Weise zugenommen. Das Ressentiment seiner Frau darüber, daß sie für Jahre die hauptsächliche Verdienerin sein wird, bricht von Zeit zu Zeit in heftiger Verzweiflung durch. Obwohl er ihr andere Lösungen, wie Berufswechsel ihrerseits und Rückgriff auf ein Darlehen, auch vermehrte Nachtarbeit seinerseits anbietet, beharrt sie darauf, daß sie die Gefangene (trapped) und er der Nutznießer sei.

*

Beim Durchlesen der Ausschnitte aus Reubens Behandlung fällt mir auf, welch geringen Raum darin die Reflektierung auf die Übertragung einnimmt. Und dennoch erinnere ich mich, daß ich mich eigentlich durchgehend immer wieder darum bemüht habe, die aufkommenden Phantasien und Konflikte mit dem Verhältnis zu mir in Beziehung zu setzen, wo immer es nicht gekünstelt, forciert erschien. Dies kommt hier, in der Darstellung der wichtigsten Stellen, überhaupt nicht zur Geltung. Dies scheint mir daran zu liegen, daß auf Seiten des Patienten eine große Scheu davor bestand, Gefühle und Phantasien mir gegenüber zu äußern, eine Art ganz *archaischer Berührungsangst*, wie sie sich auch in der sonst bemerkten Abwehr durch *Isolierung und Intellektualisierung* kundgibt, und damit auch der Angst davor, in der emotionellen Nähe zu mir seine so überaus fragile Identität aufs Spiel zu setzen. Das „*Pathos der Distanz*" war für ihn eine Notwendigkeit, ebenso wie der Gebrauch der Intellektualisierung als Meisterung überwältigender Affektgefahren infolge schwerer chronischer Traumatisierung zu einem unerläßlichen „Kontrollmechanismus" wurde. Ich glaube, weitgehend unbewußt achtete ich in meiner Gegenübertragung eben diese Abwehrhaltung, scheute mich davor, diesen „Widerstand" in Frage zu stellen und so eindringend wie die Mutter zu werden. Ob zu Recht oder nicht, wird je nach theoretischer Voraussetzung anders beantwortet werden. Gerade auf diese Behandlung stimmt es indes zu, was ich in Kap. 2 als die oft *unumgängliche Benutzung psychotherapeutischer Maßnahmen,* über die eigentlich psychoanalytischen hinaus, bei den Formen von „wider scope analysis“ schwerer Neurosen ausgeführt habe, handelt es sich doch auch bei Reuben um einen Patienten, der gewöhnlich nicht als analysierbar angeschaut wird. Auch in diesem Fall nahm die Arbeit an den inneren Konflikten oft eine subtil-pädagogische Färbung an, zwar nicht im groben Sinn einer autoritär orakelhaften Mitteilung von Wissen als dogmatischer Wahrheit, sondern in der Anleitung zur Selbstbeobachtung, – also nicht so sehr als Über-Ich-Auferlegung, sonden durch *aktive* Unterstützung der selbstbeobachtenden Funktion des Ich, indem ich ihn v. a. immer wieder auf die Sequenzen innerhalb von Stunden und Stundenabfolgen aufmerksam machte.

Es mag auch scheinen, daß auf diese Weise seine Passivität und Abhängigkeit in der Übertragung unterstützt und verstärkt würde. Doch war das in den früheren Phasen beschriebene, überaus hartnäckige Schweigen (s. *Flucht vor dem Gewissen,* S. 161) eine Gegengefahr, der ich nur durch die viel aktivere Gestaltung der Therapie allmählich begegnen konnte. Auch zeigte er, als klinisches Ergebnis, eine gewaltige Erweiterung von Autonomie und Initiative, was der Annahme jener Übertragungsgefahr widerspricht. Dabei gilt doch dann auch, bei aller Skepsis: „One should not argue against success.“

Trotz der bestehenden Lebensprobleme haben wir beide das Gefühl, daß die analytische Arbeit ihr Ziel erreicht, daß sie das geleistet hat, wozu sie fähig ist. Er hat begonnen, seine Reise nun auf eigene Verantwortung weiterzuführen. Am Ende der letzten Stunde bemerkt er, er habe den Eindruck bei seiner Arbeit mit den Patienten, daß seine sadomasochistischen Probleme ihm eigentlich dabei helfen, sich mehr in seine Patienten einzufühlen. Er entsetzt sich über die Grobheit und Kälte, mit der Schwestern und Ärzte die Notfallkranken behandeln und erwähnt, es sei schon mehrfach vorgekommen, daß die Patienten ihm danken: er sei der einzige gewesen, der ihnen gegenüber nett gewesen sei.

10.21 Kernphantasien

In dem in Kap. 2 gegebenen Schema habe ich den hauptsächlichen Phantasien eine wichtige Stelle als Brücken, die sich zwischen Phänomenologie und zugrundeliegenden, unbewußten, inneren Konflikten spannen, zugewiesen. Wie die bisher geschilderten Hauptfälle zeigten, richtet sich viel wesentliche Arbeit in der Analyse auf diese Phantasien als weitgehend vorbewußte Zeugnisse für die verborgenen, stärker abgewehrten Konflikte. Der Weg von der Oberfläche aus bedarf dieser Brücken. Ich erwähnte ebenfalls, daß zentrale Affektmuster und v. a. auch bewußte oder vorbewußte, doch scheinbar unlösbare Konflikte ähnliche Brücken zum unbewußten Konflikt bilden.

Hier ist es nun rückblickend am Platz, eine Übersicht der bei der Behandlung der Über-Ich-Probleme und damit des pathologischen Masochismus besonders prominenten *Kernphantasien* zu geben, – in allgemeinerer Form, als wir sie bei den individuellen Patienten angetroffen haben:

1. Bei manifester masochistischer Perversion ist die *masochistische Kernphantasie* teilweise bewußt: „Nur durch Leiden kann ich mir Nähe, Liebe und Sinnlichkeit bewahren.“ Wir fanden dasselbe in der masochistischen Grundgleichung: *„Nur was schmerzt, kann Lust geben, und umgekehrt, was Lust gibt, muß schlecht sein.“* Was dabei unbewußt bleibt, ist deren *„alchemistische“* Bedeutung: daß dabei die Wirklichkeit in einer Reihe von Verleugnungen und Umdrehungen magisch umgewandelt wird: „Durch meine Unterwerfung, dadurch, daß ich *als das Opfer leide und geschlagen werde,* verwandle ich Leiden in Lust, Angst in sexuelle Erregung, Haß in Liebe, Trennung in Verschmelzung, Hilflosigkeit in Macht und Rache, Schuld in Verzeihung, Scham in Triumph, v. a. aber Passivität in Aktivität.“

2. Eng damit verbunden ist eine andere archaische Gleichsetzung: *Sexualität, sexuelle Erregung = Gewalt, Grausamkeit, Explodieren (bursting) = schmerzhafte Spannung = überwältigende, unerträgliche Gefühle = Überstimulierung.* Die andere, damit übereinstimmende Formulierung ist die eben angetroffene: Liebe und Gewalt sind eins; *Sexualität = Gewalttätigkeit = Leiden = Penetration,* sowohl begehrt wie befürchtet. Dieser Zustand und Erlebniskreis *überwältigender Überstimulierung* wird als verzehrend und verschlingend, als kannibalistisch erlebt, in der Ratte als Zentralsymbol verkörperlicht gesehen und im Analbereich angesiedelt. Andere wichtige Bilder dafür sind die Vagina dentata und der fressende Penis, überhaupt die Phantasie, verzehrt, verschlungen, verbrannt, überschwemmt zu werden – damit auch das der Zerfleischung, der Auflösung, der Fragmentierung. In der Phantasie „ist der erwachsene Penis ein Organ, das wirksam kannibalistische Übererregung auslassen und beißen kann“, behauptet Shengold und er spricht von „Phantasien des *Penis dentatus*“.[4]

Es besteht eine sehr enge Verquickung mit den *Phantasien der Urszene* – diesem Prototyp der Überstimulierung.

Manche nehmen an, daß diese archaische Gleichsetzung von Lust und besonders gegen das Selbst gerichteter Aggression aus präverbaler Zeit stamme und hernach die gesamte Persönlichkeit so umfassend und durchdringend präge, daß die Möglichkeit von Änderung nur sehr begrenzt sei.[5]

Eine mildere Form dieser Gleichsetzung stellen hingegen die Universalphantasien davon dar, man sei sexuell verführt oder mißbraucht worden – Phantasien, deren Wichtigkeit natürlich keineswegs dem Wirklichkeitscharakter von tatsächlicher Verführung und von Mißbrauch widerspricht.

3. Ebenfalls in enger und offenkundiger Verbindung damit stehen die folgenden parallelen Phantasiegleichsetzungen: *Aktivität = aktive Penetrierung = grausamer*

---

4 „... the adult penis as an organ that can effectively discharge cannibalistic overexcitation and can bite ... fantasies of *penis dentatus*“ (S. 107).

5 So beschreibt es John Gedö: „... the sequence of pleasurable stimulation changing to painful tension, rage, aggression directed against his own person, and depressive exhaustion came to characterize the patient's whole being. Whenever a pattern of this kind is built into the basic organization of the personality ... the most we can hope to accomplish through treatment is to bring about a ‚change in function‘ ... for the behaviors in question“ (1988, S. 144).

Akt = aggressiver Wettstreit = Sadismus; *Passivität = wie die Frau oder als Frau penetriert zu werden* = gebissen, gefressen zu werden = vom analsadistischen Über-Ich „gebissen“ (Gewissensbisse), vergiftet, invadiert zu werden.[6]

Entsprechend stehen wiederum fressende Tiere für diese Gleichung in ihrer aktiven oder passiven Form, entweder lust- oder furchterregend. Eine Variante davon ist die folgende, die besonders bei der Bulimie/Anorexie eine bedeutsame Rolle spielt: *Penetriertwerden = jede Form der Passivität, besonders auch das Erhalten von Geschenken = Rezeptivität, inkl. „Vollwerden“ der Vagina = Vollwerden des Mundes = Füllung des Abdomens = Schwängerung = Gewalttätigkeit des Anderen, des Penis (gegen das Subjekt) und eigenes Leiden = sexuelle Erregung.*

Dabei beobachteten wir auch die folgende Sequenz, sowohl mikrogenetisch wie ontogenetisch: *Überstimulierung = Penetration (durch Reize gewalttätiger oder sexueller Art) = diffuse, überwältigende Erregung = Bilder des Verschlungen- und Gefressenwerdens → Masturbation zur Entlastung (discharge) → Bestrafung durch Kastration = Penislosigkeit = Mangelhaftigkeit, Sichbetrogenfühlen.* Die Invasion der Privatheit wird als äußerste Scham erlebt, wogegen man sich durch Isolation zu schützen sucht, durch das, was wir später als Nietzsches „Pathos der Distanz“, durch eine stolz abweisende Haltung und „Undurchdringlichkeit“, „impenetrability“, wieder antreffen werden. Das Wichtige dabei ist wiederum die Libidinisierung/Sexualisierung davon.

Eine überaus wichtige Folge dieses Themenkreises ist die *Idealisierung der Unberührbarkeit, Unpenetrierbarkeit, der emotionellen Unbewegtheit,* die als Stärke erlebt wird.

4. Ein weiterer bedeutsamer Kreis von Phantasien ist der um Kastration und Penislosigkeit gewobene: *Penis = Selbst und Identität = Fähigkeit zu sehen = Schwangerschaft/Kind = Beneidet werden.* Und deren häufige Antithese: *Schale = Verlust der Identität = Kastration = Bluten (Menstruation), Verlust des Penis = Blindheit = Verwirrtheit = Scham, Neid und Depression.* Und entsprechend: *Penislosigkeit = Bestrafung durch Kastration = Defekt, Mangel = Zeichen der Minderwertigkeit und generellen Mangelhaftigkeit = Grund für Scham, Neid und Ressentiment.*

Damit im Zusammenhang steht die Phantasiewelt, die sich um die magische Belebung der Genitalien bei der Masturbation gewoben hat und, wie wir im letzten Kapitel gesehen haben, als Symbol für die Wiederauferstehung von Selbst oder Mutter zu dienen vermag. Darüber hinaus sind die Phantasien der Wiedergeburt überhaupt in vielfältiger Form sehr bedeutsam und verknüpfen sich auch mit mehreren der folgenden Phantasiekreise.

5. Besondere Aufmerksamkeit wurde der *narzißtischen* Kernphantasie gezollt: „Wenn die Grenzen verwischt, die Unterschiede aufgehoben, die Schranken übertreten werden, kann ich Erlösung und Befreiung erlangen.“ Die ganze narzißtische Phantasiewelt der Überwertung, der Grenzüberschreitung, der Größenansprüche und

[6] „The attachment to the painful aspects of the relationships, the equating of passivity with victimization, and the confusion of activity with aggression are emphases common to masochistic fantasies“ (Grossman 1986, S. 389).

Idealisierung ist v. a. ein Versuch, ein überwältigend strenges Über-Ich zu überwinden, gerade auch der Hilflosigkeit vor dem inneren und äußeren Richter in magischer Weise Herr zu werden.

Teil dieser wichtigen Allmachtphantasie ist die der Rettungsmission: um nicht mehr hilflos zu sein, zieht man es vor, sich selbst die Schuld an der Schreckenssituation zuzuschreiben und die Aufgabe in der Identität des Erlösers zu suchen.

Dabei fällt es mir besonders stark auf, wie es die verinnerlichten, elterlichen Erwartungen sind, die Träger dieser Größenphantasien sind, Träger gerade auch des *Neides der Eltern,* wobei es sich sowohl um den Neid der Eltern auf das Kind wie um den Gebrauch des Kindes zum Zweck der neidvollen Ansprüche der Eltern gegenüber der Außenwelt, besonders der weiteren Familie handeln kann. Es ist ein unlösbarer Widerspruch für das Kind. Um dem ersten Teil zu genügen, sollte er auf allen Erfolg verzichten: „... das erfolgreiche Kind sieht sich oft vor der drohenden Gefahr, den unbewußt gewünschten, von Neid getriebenen Kindsmord in einer oder anderer Form zu erleben"; es handle sich um „den wirklichen Neid auf das Kind, die der eine oder der andere Elternteil empfindet" (Schafer 1988).[7] Um dem zweiten Anspruch Folge zu leisten, ist kein Erfolg groß genug. Dann ist es weniger die eigene Grandiosität, als die übersteigerte Forderung, die man zu erfüllen hat.

Mit dem Familienmythos der zu hohen Erwartungen, der versuchten Verwirklichung einer neidgetragenen Familienphantasie, geht natürlich die Entwürdigung des realen Selbst einher, und damit die ganze vertraute Welt der *Schamphantasien,* wie die Gefühle, alle schauen auf einen, durchschauen einen, sehen ihn mit Hohn und Spott und Verachtung – bis zu Beziehungsideen: „Alle tuscheln über mich und wissen von meiner Schande. Ich bin nicht wie andere Leute, sondern dumm." Ein Patient sprach, in einer masochistischen Version, von seinem Ikaros-Traum: zu fliegen, den Neid der Götter zu versuchen und dann abzustürzen.

Als Gegenphantasien *narzißtischer Macht,* eben als Antischamstrategie in der Phantasie, finden sich Schutz- und Allmachtsphantasien, wie die, Roboter, Strahlen, mächtige Tiere oder Gottheiten, heute namentlich auch Fremde aus anderen Welten, von fernen Sternen als Verbündete und Helfer zu haben, ähnlich den „Helfern und Dienern", von denen „Baumeister Solness" sprach.

Hierher gehören natürlich auch die überaus wichtigen Phantasien, „beide Geschlechter zugleich zu sein" (Kubie 1974: „The Drive to become both sexes"!). Jüngst wurde dies spezifisch für die masochistische Charakterpathologie von Peter Blos Jr. betont: „Wenn beim Mann die Kastrationsangst aufgegeben werden soll, muß die Möglichkeit, weiblich zu werden und die weibliche [Geschlechts]-Erfahrung zu haben, aufgegeben werden. Wenn bei der Frau der Penisneid aufgeben werden soll, muß die Möglichkeit, daß ein wirklicher, magischer Phallus existiere, verlassen werden. Der neurotische Sadomasochismus – eine Flucht durch Regression von der Lösung des Ödipuskomplexes – ist eine Weise, die Illusion der Bisexualität aufrechtzu-

---

[7] wrecked by success: „... the successful child often faces the threat of experiencing some form of unconsciously desired, envious filicide" (1988, S. 86): „the real envy of the child felt by one or another parent" (l. c.).

halten und dadurch die tiefe Enttäuschung darüber zu vermeiden, daß man auf ein Geschlecht eingeschränkt ist. Da Bisexualität auch bedeutet, daß man sich auf niemanden anderen für sexuelle Genüsse verlassen muß, erfordert die Beendigung des ödipalen Durchgangswegs u. a. das Trauern um die idealisierte Phantasie vom unbeschränkten Potential und der körperlichen Vollständigkeit und die Anerkennung der Abhängigkeit vom anderen für die sexuelle Befriedigung."[8]

6. Eine andere wichtige verhüllende Phantasie und Grundhaltung ist die des *Ressentiments* – das Gefühl der Ungerechtigkeit, des unrechtmäßig zuerteilten Defizits: „Ich bin immer wieder betrogen worden. Unrecht ist mir zugefügt worden. Ich brauche mehr als andere, um diese Ungerechtigkeit wieder auszugleichen. Revanche ist Wiedergutmachung für die erlittene Einbuße an Liebe und Respekt, ist Reparierung des Mangels und Defektes, ist Hilfe gegen Scham und Wut, Eifersucht und Neid." Dabei bedarf es besonderer Beachtung, zu welchem Ausmaß und wie oft gerade das Über-Ich zum Träger des Ressentiment werden kann, wie sehr mit anderen Worten die Stimme des Gewissens ein rachsüchtiges Ungerechtigkeitsgefühl ausdrücken kann.

7. Im Zusammenhang mit intensiven, namentlich ödipalen Rivalitäten finden wir die Phantasie, wohl eine Variante der narzißtischen Phantasie von der Überschreitung der Grenzen und Zerbrechung der Schranken: Statt daß ich der ausgeschlossene und gedemütigte Dritte bin, bin ich der ausschließende und siegende Erste; statt in schmerzlicher Weise der Nicht-Wissende zu sein, bin ich wirklich der Verwalter der Geheimnisse, der Mysteriöse und dadurch Machtvolle. Statt der neidische Kleine und sich schämende Dumme zu sein, bin ich nun wirklich der beneidete Große, der alle die Rätsel löst. Damit verknüpft ist die Vernichtung der Rivalen, z. B. in der von Arlow betonten Höhlenphantasie: die Zerstörung weiterer Geschwister im Mutterleib, deren Rache und die daraus resultierende Klaustrophobie.

8. So kommen wir auch auf diesem Wege zu einer weiteren wichtigen Kernphantasie, zu der vom Eingeschlossensein und Ausbrechenwollen. *Grenze,* Schranke, Einschließung stellen eine wichtige Symbolgruppe dar, die für die innere Autorität, eben das Über-Ich, steht. Die Furcht vor diesem *Klaustrum* dehnt sich gewöhnlich auf metaphorische Einschränkungen und Einschließungen aus. Das Über-Ich ist eine Instanz der Beschränkung par excellence, daher erweist es sich als Hauptreferent für das Klaustrum. Der Konflikt über diese Gleichung *„Klaustrum = Grenzen = Über-Ich = einengende Aussenwelt"* ist deshalb ein grundlegender psychodynamischer Faktor, der eine noch archaischere zugrunde liegt: *„Klaustrum = Angst."*

[8] „If, for the male, castration anxiety is to be relinquished, the possibility of becoming female and having the female experience must be given up. If, for the female, penis envy is to be given up, the possibility that a real magical phallus exists must be abandoned. Neurotic sadomasochism – a flight by regression from the oedipal resolution – is an illusory way to sustain bisexuality and thereby avoid the intense disillusionment of being limited to one gender. Because bisexuality also implies that one is dependent on no one for sexual pleasures, to complete the oedipal passage requires, among other things, mourning the idealized fantasy of omnipotentiality and bodily completeness, and acknowledging dependence on another for sexual gratification" (Blos 1991, S. 429).

Andere dynamische Bedeutungen des Klaustrums beziehen sich auf Mordphantasien gegenüber geschwisterlichen Rivalen, die sich noch im Mutterleib befinden, und damit auch auf orale Schwängerungsphantasien. Auch die anale Einschließung durch den Sphinkter, die unerträgliche Spannung der Überstimulierung wird durch das Klaustrum symbolisiert.

9. Im Zusammenhang mit der wichtigen dynamischen Rolle der beiden „Grundgleichungen" habe ich wiederholt eine besonders bedeutsame Doppelphantasie herausgestellt: Bei tiefer Ambivalenz wird *Trennung* mit *Verbrechen, Mord und Tod* gleichgesetzt. A.H. Modell spricht von der *Trennungsschuld* („separation guilt"). Das Gegenstück zur Unfähigkeit der Trennung und Individuation auf jeder Stufe ist das Gefühl der Ohnmacht und des *hilflosen Ausgeliefertseins* und *Ausgesetztseins.* Da jede Selbstbehauptung zutiefst gefährlich ist, muß es zur Nichtigkeit des Selbstgefühles und zu äußerster Selbstverachtung kommen. Dies bedingt tiefe Scham. Von ganz besonderer Bedeutung sind dabei die Grundgleichungen: *Erfolg = Trennung = Beneidetwerden = Tötung und Neid = Sterben = Schuld;* und: *Liebe = Verschmelzung = Selbstverlust = Passivität = Scham.*

Teil dieses Konflikts wird auch von Shengold angesprochen:

> Die Untersuchung der masochistischen Bindung durch den Analytiker droht eo ipso, die Beziehung zum sadistischen Elternteil zu verändern und bringt das Seelenmordopfer angesichts der furchtbaren Stärke seiner wuterfüllten Wünsche; diese sind, seinem Erleben nach, durchaus imstande, einen Mord zu begehen, was ihm doch nur unerträglichen Verlust und Einsamkeit brächte. Üblicherweise ist dabei die Idealisierungsphantasie nicht bewußt, daß bei der nächsten sadomasochistischen Begegnung der Elternteil als liebevoller Ernährer und Retter auftauchen werde, der die Vergangenheit magisch auslöschen, den mörderischen Haß beseitigen und alles richtig stellen würde – kurzum, der die Aussicht auf ein Paradies wieder herstellen würde.[9]

10. Die Phantasie vom *Schmutz,* wie sie Kubie in einer wichtigen Arbeit 1937 geschildert hat, wird viel zu wenig beachtet. Er schlägt als „psychologische Definition des Schmutzes" vor, es sei *„alles, das entweder symbolisch oder in Wirklichkeit aus dem Körper austritt oder das durch Kontakt mit einer Körperöffnung besudelt wurde."*[10] Er spricht von der erstaunlichen Phantasie, „daß der Körper selbst Schmutz schaffe und tatsächlich eine Art belebter, beweglicher Schmutzfabrik, die Unrat aus jeder Öffnung ausscheide, sei, und daß das einzige, das notwendig sei, um etwas in Schmutz zu verwandeln, darin bestehe, daß es selbst nur für einen Moment den Kör-

[9] „The analyst's investigation of the masochistic bond implicitly threatens to modify the tie to the sadistic parent, and faces the soul murder victim with the terrifying intensity of rageful wishes; these are felt capable of effecting a murder that will bring unbearable loss and aloneness. What is usually not conscious is the idealized fantasy that at the next sadomasochistic encounter the parent will this time emerge as the loving nurturer and rescuer who will magically erase the past, remove the murderous hatred, and make everything all right – in short, who will restore the prospect of paradise" (S. 316).

[10] „It is possible in this way to derive a psychological definition of dirt as being anything which either symbolically or in reality emerges from the body, or which has been sullied by contact with a body aperture" (1937, S. 391).

per durch eine dieser Öffnungen betreten soll.“[11] Dabei bestehen *unbewußte Hierarchien des Schmutzes,* der *Dreckigkeit,* wobei die Reaktionen auf Semen und Milch die erstaunlichste Ambivalenz zeigen. Was weich, naß, schleimig und haarig ist, wird als dreckiger erlebt als Härte, Trockenheit und Haarlosigkeit. Alter bedeute Aufhäufen unausgeschiedener Reste lebenslangen Essens und Trinkens und sei dreckiger als Jugend. Pigmentierung und dunkles Haar seien dreckiger als blondes Haar und weiße Haut. Prominente Körperteile sind sauberer als Höhlen, Spalten. „Die wichtigste Folge dieser Hierarchie der Phantasien ist eine unbewußte, aber universelle Überzeugung, daß die Frau schmutziger ist als der Mann“ (S. 396). Die Genitalien selber werden im Unbewußten als ablösbare Exkretionsprodukte erlebt (S. 403). Wir fanden dies im letzten Fall als Gleichung: Identität = Männlichkeit = Penis = Körperinhalt und Fäzes – deren Verlust und Entwertung = Depression. Die Fäzes zurückzuhalten heißt, den Penis zu behalten, und Defäkation heißt Kastration.

Eine andere Formulierung ist die von Melanie Klein, daß der Körper voll zerstörerischer und böser Inhalte ist; wenn diese erlaubt werden, nach außen zu treten, verunreinigen und vergiften sie und müssen sogleich vernichtet werden. Entsprechend fanden wir dann die Gleichung: Wunsch, Stuhlgang zu haben = überhaupt alle Begehren und alle Lust = große Gefahr. Keinen Stuhlgang zu haben = Reinheit, Freisein von Schmutz = von Bösem = von aller Gefahr, besonders auch von Wut.

Kubie erwähnt auch: Da alle Exkretionen als schmutzig angesehen und daher die exkretorischen Zonen und Öffnungen nicht berührt werden dürfen, werde die Lust von diesen Zonen selbst als schmutzig erlebt. Berühre man sich und masturbiere, so beschmutze man sich und werde deshalb krank, so daß „Schuld, Krankheit, Schmutz, Masturbation, Kontaminierung, Geschlechtsverkehr, Schwangerschaft und Krebs zu innig verbundenen Begriffen werden“ (S. 416, 417).

Ich habe schon die „anal-narzißtische Abwehrhaltung“, eine Art globaler *Affektabklemmung* erwähnt. Dazu zitiert Shengold Robert Fließ:

> Es ist oft so, als ob der anale Sphinkter mit der Bewältigung von regressivem und archaischem Affekt beauftragt wäre, da er der stärkste [Sphinkter] ist; und es ist so, als ob das Ich die anal-erotische Umwandlung für Triebstreben jeder Art wählte, da diese das verläßlichste Mittel zur Beibehaltung seiner Organisation abgeben würde.

Shengold fügt hinzu:

> Der übermäßige Gebrauch des emotionellen Sphinkters schafft ein anal-sadistisches Universum, mit allen darin enthaltenen Widersprüchen.[12]

---

[11] „... that the body itself creates dirt, and is in fact a kind of animated, mobile dirt factory, exuding filth at every aperture, and that all that is necessary to turn something into dirt is that it should even momentarily enter the body through one of these apertures“ (l. c.).

[12] Fließ: „It is often as though the anal sphincter were charged with the mastery of regressive and archaic affect, intrinsic to whatever phase of development, because it is the strongest [sphincter]; and as though the ego chose anal-erotic elaboration upon instinctual strivings of whatever nature as the most reliable means of preserving its organization“ (S. 77). „The overuse of the emotional sphincter makes for a kind of anal-sadistic universe with all the contradictions that this entails“ (S. 78).

Er spricht vom „speziellen Widerstand, den die kannibalistische Verwundbarkeit der Analzone und besonders der analen Sphinkter verursacht" und fügt hinzu: „Der anale und perianale Bereich von Erogenität scheint die hauptsächliche intrapsychische Stelle für die überwältigende Stimulierung, die als An- und Aufgefressenwerden erlebt wird und zur Ichauflösung führen kann, erlebt zu werden."[13]

11. Die Phantasie von der *Verdoppelung des Selbst* – daß eine Illusion von Beschütztheit darin liegt, eine Transzendenz von Angst und ganz besonders von Scham dadurch erreicht werden könne, wenn *„das wahre Selbst" von seinen Masken* abgespalten, verborgen, entführt werden könne und in machtvollen Verkleidungen neu auftauchen würde. Dabei kann es zu komplizierten Szenenfolgen in der Phantasie kommen.

Die *doppelte Wirklichkeit* wie die *multiple Persönlichkeit* ist gerade bei schwerer Traumatisierung eine wichtige Form der Phantasie: „Ich bin es ja gar nicht, der dieses Entsetzliche, Grauenhafte erlebt. Es ist mein ‚alter ego', mein Körper, meine ‚Schale'. In Wirklichkeit befinde ich mich ganz wo anders und bin auch jemand ganz anderer."

So läßt es sich bei fast allen stark masochistischen Patienten antreffen, daß es zu einer *Spaltung des Wirklichkeitserlebens,* zu einer *Verdoppelung der Realität* kommt: zur wahrgenommenen Wirklichkeit, also der *vom Ich bestätigten* Wahrheit, und entweder zu einer Realität, die das Trauma verleugnet, also eine auf der *Verleugnungsphantasie aufgebauten Realität,* oder aber zu einer *von einem totalitären Über-Ich geforderten* Wirklichkeit. Es ist ganz besonders der *Konflikt zwischen der Wahrnehmungsrealität und der Über-Ich-Realität,* der zur oft dramatischen Spaltung von Selbst und Welt führt, mit all deren Folgen.

Die von Cooper herausgestellte Dehumanisierung ist eine extreme Variante dieser Phantasieart der Verdoppelung: „Ich bin tot und der andere ist tot, ein unbelebtes Ding; damit besteht keine Gefahr mehr."

Eine andere ist die von Shengold beim „Seelenmord" beschriebene:

> Nur das geistige Bild eines guten Elternteils, der Errettung bringen werde, kann dem Kind helfen, sich mit der schrecklichen Intensität von Angst und Wut auseinanderzusetzen, welche die Wirkung jener quälenden Erlebnisse sind. Die Alternative – die überwältigende Stimulierung und das böse Elternbild beizubehalten – würde Vernichtung der Identität, des Selbstgefühls bedeuten. Deshalb muß das Schlechte als gut umregistriert werden. Dies ist aber eine geistesspaltende oder geisteszerstückelnde Operation. Um überleben zu können, müssen solche Kinder in einem Abteil ihrer Seelen die Wahnidee von den guten Eltern und das wahnhafte Versprechen beibehalten, daß der ganze Schrecken, Schmerz und Haß in Liebe verwandelt werden wird ... Diese „vertikale Spaltung" in Abteilungen kümmert sich nicht um diagnostische Kategorien.[14]

---

[13] „... the special resistance evoked by the cannibalistic vulnerability of the anal zone and especially the anal sphincter ... the anal and perianal area of erogeneity seems to be the principal intrapsychic site for the overwhelming stimulation (experienced as being eaten into and eaten up) that can lead to ego dissolution" (S. 87).

[14] „Only the mental image of a good parent who will rescue can help the child deal with the terrifying intensity of fear and rage that is the effect of the tormenting experiences. The alternative – to maintain the overwhelming stimulation and bad parental image – means annihilation of identity, of the feeling of the self. So the bad has to be registered as good. This is a mind-

Ellen Handler Spitz stellt bei ihrer Analyse der *Bakchai* des Euripides fest, daß emotionelle und intellektuelle Paradoxie die die Perversion verursachende Traumatisierung kennzeichne und sich in der Zentralität der Doppelsicht bei der Perversion kundtue; die Welt der Perversion sei gespalten, verdoppelt; eine starre Gruppe von Bildern werde überidealisiert, auf Kosten einer anderen Gruppe, die zu gefährlich sei, betrachtet zu werden.[15]

Am anderen Ende des Spektrums steht nun aber die *schöpferische Verdoppelung,* die sich der schmerzhaften Wiederholung der traumatischen Erlebnisse in Erinnerung wie Handlung entgegenstellende Bemeisterung durch *eine erkennende und umschaffende, verwandelnde Selbstgestalt,* – wenn z. B. Nietzsche davon spricht, wie des Asketen Auge (doch auch er selbst als Erkennender!) „den Menschen zu einem Leidenden und zu einem Zuschauenden zerspaltet sieht“ (*Morgenröte* 113, S. 95 f.), und damit eine der zentralen Einsichten in den psychoanalytischen Prozeß, Sterbas „therapeutische Ich-Spaltung“ in das erlebende und das beobachtende Ich, vorwegnimmt.

12. Jemandem nahe zu sein, ihn zu sehen und zu berühren heißt, sich mit dem anderen zu verschmelzen = dem anderen gleich und mit ihm identisch zu werden. Es ist eines der Grundgesetze des mythischen Denkens: *Nähe = gemeinsame Attribute = Identität* (Cassirer, s. auch Kafka 1991).

Was diese *Phantasien,* die Selbst- und Objektbilder und die dafür einstehenden Symbole betrifft, so nehmen auch diese, als abgeleitete Kompromißbildungen, an der Radikalisierung von Gefühlen und Wünschen teil. Sie sind ebenfalls, wie das Überich, zu Trägern globaler Affekte geworden.

---

splitting or mind-fragmenting operation. To survive, such children must keep in some compartment of their minds the delusion of good parents and the delusive promise that all the terror, pain, and hate will be transformed into love ... This compartmentalized ‚vertical splitting‘ transcends diagnostic categories“ (S. 26 f.).

15 „... that paradox, both emotional and intellectual, can be conceived as the underlying traumatic state out of which perversion crystallizes“ (S. 215). „... the centrality of double vision to perversion“ (S. 219). „... under the disguise of the castrated image, he [Pentheus] preserves his intact phallus and masculine persona ...“ (S. 219). „... the bifurcated, dissociated world of perversion – where one fixed set of images is hyperidealized at the expense of another set that remains too dangerous to contemplate ...“ (S. 220).

11 *Die Vertiefung und die schöpferische Verwandlung der masochistischen Dimension*

11.1 Hintergrund

In Kap. 2 habe ich, wie schon in den 3 vorangehenden Büchern, das Konfliktdenken in den Mittelpunkt des psychoanalytischen Verstehens, der tagtäglichen psychoanalytischen Arbeit und der psychoanalytischen Epistemologie gestellt. Die in diesem Buch vorgelegten Ausschnitte aus den Behandlungen illustrieren ganz besonders die überaus mühsame Psychoanalyse der unter dem Titel des „moralischen Masochismus" stehenden Über-Ich-Problematik, namentlich der Konflikte innerhalb der Über-Ich-Struktur, als Ergebnis schwerer Traumatisierung.

Die Beschäftigung mit diesen beiden sich überschneidenden Themenkreisen – der Zentralität des Konfliktbegriffs und der praktischen Wichtigkeit der Über-Ich-Dynamik – hat mich immer wieder dorthin verwiesen, wo der Versuch gemacht wird, sich mit diesen Hauptfragen des Menschenlebens in persönlich spezifischster und gerade dadurch auch in allgemeingültiger Weise auseinanderzusetzen. Es ist also nicht die Antwort auf die dadurch gestellten Fragen, sondern die Auseinandersetzung mit ihnen, die mich angezogen hat. Ich füge drei Versuche dieser Art in den Text ein. Dabei handelt es sich nicht darum, die Auflösung des „Rätsels des Masochismus" bei Ibsen, bei Nietzsche und Thomas Mann zu finden, sondern die Art und Weise zu studieren, mit denen sie in künstlerischer und philosophischer Form denselben Problemen, die sich uns bei den hier geschilderten Patienten stellen, Ausdruck verliehen haben.

Eigentlich plante ich, an dieser Stelle einem 4. solchen Exkurs, nämlich über zwei hauptsächliche Vertreter des chinesischen Denkens: Kung Tse (Konfuzius) und Lao Tse, Raum zu geben. Es stellte sich aber dann heraus, daß dies den Umfang des Buches ungebührlich vergrößern würde. Aus diesem Grund wurde daher der größte Teil des geschriebenen Kapitels *„Zwei Leitbilder des Menschenverständnisses..."* als Anhang der Neu-Ausgabe der *Maske der Scham* angefügt.

Dabei erweiterte ich die Fragestellung zu der, die ich v. a. in meinem zweiten Buch, *Die zerbrochene Wirklichkeit,* benutzt habe: Welche Rolle spielt im Menschenverständnis das Denken aus dem Konflikt? Erst gegen diesen Hintergrund ließen sich dann die tieferen, spezifischeren und schwierigeren Fragen nach der Über-Ich-Problematik, nach den Gewissenskonflikten, Wertkonflikten und den Konflikten zwischen Über-Ich-Instanz und Triebwelt angehen. Dabei betrachte ich das dort Vorgelegte als Torso, eine Skizze, einen ersten, überaus vorläufigen Versuch.

Ich entschloß mich ursprünglich, jenes Kapitel hier auf Grund der Erwägung einzufügen, daß der Blick in den historisch-kulturellen Hintergrund des Konfliktverstehens dem ganzen Buch einen noch größeren Zusammenhang, eine viel weitere Perspektive geben könnte.

Dazu kam dann noch der ganz direkte Anstoß durch die intrapsychische und interpersonelle Dynamik beim eben vorgetragenen Fallmaterial von Reuben. Die Bezüge dort auf die unerhört problematischen Spät- und Entartungsfolgen des konfuzianischen Erbes sowie auf die versteckten Ähnlichkeiten mit Grundgedanken Lao Tse ließen es ratsam erscheinen, diesen Exkurs an diesem Ort einzutragen.

11.2 Zwei Richtungen der „masochistischen Dimension" – nach außen und nach innen

Versuchen wir nun, das in jener Arbeit gefundene hier einzuordnen, so erkennen wir die Verbindungen in bezug auf das, womit wir analytisch vertraut sind, nämlich die verschiedenen Über-Ich-Konfigurationen, die ich herausgestellt habe. Bei beiden existieren verhüllte Wertkonflikte, Spannungen zwischen verschiedenen Über-Ich-Teilen, die in unterschiedlicher Weise behandelt werden. Bei Konfuzius wird eine Lösung angestrebt, bei der die Unterordnung unter äußere und innere Autorität in Respekt und Liebe das höchste Ziel darstellt, selbst auf Kosten des anderen hohen Wertes, der Echtheit oder Ehrlichkeit, zhi. Tatsächlich wird jeder mögliche Gegensatz verneint: Ehrlichkeit ist eben diese Einheit von Ich und Über-Ich im Sinne des Eingehens des ersteren in das letztere. Dabei ist die Über-Ich-Gestalt, der man sich unterwirft, hoch traditionell, intensiv auf soziale Werte und Form ausgerichtet, und damit stark beurteilend, „judgmental", zuweilen pedantisch, immer scheidend und unterscheidend.

Es ist damit nicht nur ein Ausdruck dessen, was ich mit Brenner als *normalen Masochismus* bezeichne, sondern eine bestimmte Ausgestaltung der *masochistischen Dimension des Menschseins,* auf die Cooper hingewiesen hat. Wenn diese allgemein eine Daseinsform ist, sich unterordnen zu müssen, sich dem Unausweichlichen zu beugen, und dies mit Nietzsches *amor fati* zu tun, so ist die konfuzianische Form die: sich einem archaisch-rigiden, uns anal anmutenden Über-Ich in „moralischem Masochismus" zu unterwerfen.

Anstelle dieses traditionellen Über-Ichs tritt bei Lao Tse die Begriffspolarität von Dào (Tao) und Dé (Te) – dem „Weg", als dem Grund des Werdens und der in uns lebenden, aus dem Dào fließenden Lebenskraft. An die Stelle der rigiden Kategorien des feudalen Ethos in ihrer verinnerlichten und vergeistigten Form tritt ein *mütterlich-schöpferisches Ideal,* bei dem *Macht durch Selbsthingabe* den Mittelpunkt bildet – eine wesentlich andere Über-Ich-Form. „Taoisten betonen eher, wie die Menschen von Natur aus, durch einzigartige Begabungen und Persönlichkeitszüge, *sich voneinander unterscheiden,* während die Konfuzianer sich eher darauf konzentrieren, wie die Menschen alle gleich sind, indem sie angeborene moralische Züge miteinander teilen."[1]

[1] „Taoists tend to emphasize the ways in which people *differ* by nature (unique talents and personality traits), whereas the Confucians tend to concentrate on the ways in which people are all the same (shared innate moral traits)" (Henricks 1989, S. 264 f.).

... Lao Tse möchte, daß die Menschen als Erwachsene zu dem zurückkehren, was sie in vollständigerer Weise als Kinder besessen haben – nämlich Echtheit, Ehrlichkeit und Spontaneität. Solche „natürlichen“ Eigenschaften werden in einem Sinn durch Erziehung und Anpassung an die Kultur zerstört. Wie die Kinder aufwachsen, „lernen“ sie von ihren Eltern und von anderen in der Gesellschaft, daß gewisse Dinge und Verhaltensweisen „gut“ und andere „schlecht“ sind, daß gewisse Dinge „schön“ und andere „häßlich“ sind, und daß gewisse Dinge „Wert“ haben und andere nicht. Doch die Aneignung solcher Wertgruppierungen und das bewußte Bestreben, „gut“ und nicht „schlecht“ zu sein (was die Konfuzianer billigen) führen am Schluß nach der Ansicht der Taoisten nicht zu „guten“ Leuten und zu Frieden und Ordnung in der Gesellschaft. Vielmehr verursachen sie Zwistigkeiten und Meinungsverschiedenheiten (darüber, was richtig und was falsch ist) und Wettstreit, Unzufriedenheit mit sich selbst und Heuchelei, da man sich so „aufführt“, daß die anderen einen annehmen und wertschätzen, statt daß man sagte und täte, was man ehrlich fühlt. Der wichtige taoistische Begriff des *wu-wei* („Nicht- Handeln“, genauer: „ohne Handlung“) *steht* in einem bestimmten Sinn für Spontaneität und Echtheit: er bedeutet nicht buchstäblich, nichts zu tun, sondern eher „zu handeln, ohne einem etwas vorzumachen“, spontan zu sagen und zu tun, was man ehrlich meint, statt daß man anderen etwas vorführte (Henricks 1989).[2]

Entsprechend gibt Graham dem Lao Tse gewidmeten Kapitel den Titel: „Die Kunst, durch Spontaneität zu herrschen.“ Doch setzt er hinzu: „An der Wurzel des Denkens, das dies durch ein Pseudonym verkleidetes Buch von Ausflüchten und Rückzügen durchdringt, steht eine beherrschende Emotion: Furcht“ (Graham 1989, S. 218). „Das dringliche Anliegen ist, wie der kleine Staat und der kleine Mensch in einer Welt von Mächten überleben kann, die mörderisch miteinander wettstreiten“[3]

Die Antwort für Lao Tse scheint zu sein: „Streite nicht! Nimm die Schwäche und das Leiden und die Erniedrigung auf dich! Wirf das Joch des Gewissens von dir ab, das Joch der sozialen und der persönlichen Verpflichtungen.“ Die Empfehlung, wenn in klinische Begriffe umgemünzt, ist also doppelt: *äußerer Masochismus* und *Abwehr (v. a. durch Verleugnung) gegen das fordernde, urteilende, strafende Über-Ich,*

---

[2] „... Lao-tzu wants people as adults to return to some things they all possessed more fully as children – namely genuineness, sincerity, and spontaneity. Such ‚natural‘ qualities are destroyed in a sense by education and acculturation. As children grow up, they ‚learn‘ from their parents and from others in society that some things and some types of behavior are ‚good‘ while others are ‚bad,‘ some things are ‚beautiful‘ while others are ‚ugly,‘ and some things are of ‚value‘ while others are not. But the appropriation of such sets of values, and the conscious striving to be ‚good‘ and not ‚bad‘ (of which Confucians approve) do not lead in the end, feel the Taoists, to ‚good‘ people and to peace and order in society. They lead rather to wrangling and disagreement (about what is right and what is wrong) and competition, to self-dissatisfaction, and to hypocrisy as people ‚act‘ in ways that they think others will approve of and value, rather than saying and doing what they genuinely feel. The important Taoist term *wu-wei* (‚nonaction,‘ literally ‚without action‘) in one sense *stands* for spontaneity and genuineness: it does not mean literally to do nothing, but rather ‚to act *without acting,*‘ to spontaneously say and do what is genuinely felt rather than putting on a show for others (‚acting‘)“ (Henricks, 1989, S. XXVI).

[3] „At the root of the thinking, pervading this book of evasions and retreats disguised by a pseudonym, is one dominant emotion, fear ... The pressing concern is with how the small state and the small man survive in a world of murderously competing powers“ („Lao-Tzu's Taoism: The Art of Ruling by Spontaneity“).

wobei die Hauptgefahr wiederum, wie bei Konfuzius, das „Kämpfen“ im Sinne von *Machtkampf und Rivalität* ist und, möchte ich wiederum hinzusetzen: im Sinne des inneren Machtkampfes widersprüchlicher Regungen und Beweggründe, also von *innerem Konflikt.*

Ich glaube, die Beobachtung, die uns bei allen Falldarstellungen begleitet hat: wie der Masochismus mit seinen zwanghaften Wiederholungen allmählich, doch mehr und mehr durch schöpferische Aktivitäten ersetzt, wie der innere Zwang sich mehr und mehr in Richtung innerer Freiheit verschiebt, drückt sich hier im Gewaltig-Kulturellen aus, in der Begegnung zweier grundsätzlicher Denk-, Lebens- und Fühlweisen, – ohne daß ich dabei entweder Kung Tses oder Lao Tses Weltschau selbst als pathologisch hinstellen würde. Ich meine nur, daß diese gewaltigen Vorbilder uns Vergleiche mit dem, was wir bei unseren Patienten beobachten, erlauben.

Dabei wird die Angst vor dem Streit (competition) in der Gemeinschaft und vor dem Selbstsein in 2 radikal verschiedenen Weisen bewältigt – durch die *Unterordnung unter das fordernde Über-Ich,* durch das also, was wir hier als den *moralischen Masochismus* untersucht haben, durch Scheiden und Unterscheiden, durch Form und Zeremonie einerseits bei Kung Tse, – durch Rückzug vom Kampf und von der Selbstbehauptung, durch Unterwerfung, Annahme von Demütigung, Nachgeben und Leiden, durch das also, was wir als den *äußeren Masochismus* kennen, bei Lao Tse andererseits. Bei ihm geschieht diese Bewältigung zugleich aber auch durch Ablehnung der gesellschaftlichen Formen und Normen, mithin der *Außerkraftsetzung von äußerer und innerer Autorität,* also das, was wir als *die Flucht vor dem Gewissen* klinisch erkennen. Dies spielt sich aber in der Hoffnung ab, eben dadurch das Schöpferische in der „geheimnisvollen Tiefe“ wieder zu entdecken, letztlich in der Versöhnung statt der Scheidung.

*

In beiden Versuchen wird aber auch der innere Konflikt, die *innere Spaltung, wenigstens anscheinend überwunden:* entweder durch völlige Identifizierung mit dem Wertsystem der Ehrfurcht und Treue, der *fast Absolutsetzung des Über-Ichs* bei Kung Tse, oder durch die *Verwerfung des Über-Ichs,* bei Annahme der Komplementarität der Gegensätze und deren Transzendierung durch das Wertsystem des Schöpferischen bei Lao Tse, der uns dadurch wirklich etwas an Nietzsche erinnert.

Die Hingabe an die „Natur“ als ständiges Werden und die Komplementarität an Stelle der Konflikthaftigkeit – dies ist die *schöpferische Transformation jener masochistischen Dimension;* die Hingabe an die Formen und die „Vorbilder der Alten“ bezeugt den *Wert eben dieser masochistischen Dimension für den Schutz der Familienstruktur.* Ein Leben, das ganz dem familien- und gesellschaftsgeprägten Über-Ich absagen würde, wäre nicht nur utopisch, sondern widerspräche, wiederum wie in Nietzsches Modell, gewissen Grunderfordernissen der menschlichen Natur: nach Zusammengehörigkeit und Gerechtigkeit. Auch hier benötigen wir das Gleichgewicht. Es scheint, daß Lao Tse dies auch anerkennt, wenn er, wie es in den neuentdeckten Texten am Ende von Kap. 33 heißt, sagt: „Zu sterben, aber nicht vergessen zu werden – das ist wahrhaftig langes Leben“ (Henricks, S. XXXI): „Sǐ ér bù wáng zhě shòu yě.“

11.3 Die Angst vor dem übergewaltigen Gewissen

Man kann das Problem auch so formulieren: Gehen wir von dem einen bedeutendsten und grundlegendsten Konflikt des Menschseins, zu dem ich im Schlußkapitel zurückkehren werde, aus, dem Konflikt nämlich zwischen *Selbstbestätigung* (psychischer wie körperlicher Selbstbehauptung, „Identitätsschutz") und Bindung, *Zusammengehörigkeit,* Liebe, so stehen wir eigentlich vor einem unauflösbaren Zwiestreit; solange wir leben, müssen wir beide inneren Ansprüche befriedigen, und solange wir Anteil an einer Gemeinschaft haben, ob es nun Familie oder Staat oder Institution oder Kultur sei, werden Ansprüche von außen an uns gestellt, die beiden Seiten sowohl ihr Recht geben wie auch immer wieder dieses beschneiden, wenn nicht überhaupt abstreiten.

Nun können wir den ersten Anspruch, den ersten Trieb, in seiner Bedeutung sehr stark vermindern und dem zweiten ganz die Herrschaft überlassen. Wir können noch einen Schritt weitergehen und behaupten, daß damit der Konflikt gar nicht mehr bestehe, er sei ja jetzt ausgelöscht worden. Die Einheit von Selbstbestätigung und Liebe sei doch nun dadurch erzielt worden, daß man das eigene Selbst ganz dem anderen, dem einzelnen oder dem Ganzen, der Volksgemeinschaft oder dem „Geist" oder der „Natur" untergeordnet habe. Indem man selbst leide, sich unterwerfend demütige und die Schmerzen als nötigen Preis für jede Lust entrichte, gewinne man doch so eben die Liebe und die Achtung des einzelnen, der Gemeinschaft, des Göttlichen oder des Umfassend-Numinosen.

Dabei ist dann der große Feind die „Selbstsucht", oder was als diese bezeichnet wird: alles, was mit Wettstreit (competition), alles was mit Machtkampf, mit Mehrsein und Mehrhaben zu tun habe, stamme doch nur aus Neid und Eifersucht, und führe unweigerlich zu Schuld und Scham, bedinge letztlich die verderbliche Gewalt von Autorität und Gewissen, indem sie diese beiden als Beschränkungen jener Triebe von außen und innen notwendig mache. Gelänge es uns nur, der Rivalität und Konkurrenz, ja, dem Machtstreben überhaupt abzusagen, wäre dann auch das Gewissen unnötig, die Staatsautorität verwelkte und kein innerer noch äußerer Konflikt bestände mehr.

Dies ist ein utopischer Vorschlag, einer, der unter Vorgabe der Allmächtigkeit die bestehende Wirklichkeit ungültig macht. Gibt es eine „menschliche Natur" – und ich glaube, wir kommen ebenso wenig darum herum, so etwas mit der ganzen Vagheit dieses Begriffes anzunehmen, wie es eben auch eine Natur des Hundes oder eine Natur der Rose gibt –, kann jeder dieser Ansprüche: das Aufgeben der Selbstbehauptung, des Wettstreites, des Gewissens, nur mit massiver Verleugnung der menschlichen Wirklichkeit „beseitigt" und die grundlegende menschliche Konflikthaftigkeit ungültig und unwirksam erklärt werden.

Mir scheint, daß Kung Tse eine Teilstrecke dieses Weges geht: die Aufgabe der Selbstdurchsetzung, des Machtkampfes, der Rivalität, während Lao Tse den ganzen Weg geht: auch die Abschaffung von Sonderung und Gewissen überhaupt.

Das schlägt dann aber, wie bei Nietzsche, über ins Gefährliche, Gegenteilige: wo kein Gewissen mehr anerkannt wird, kann der einzelne sich zum Alleinherrscher und zum totalitären Gewalthaber aufschwingen. Der gepredigte äußere Masochismus ist eben das gefügige Gegenstück zum ausgeübten Sadismus des anderen. Der Absolutherrscher begrüßt diese gefährliche Kombination von williger Unterwerfung und Aufgeben des Gewissens: „Verschiedene Philosophen der legalistischen Schule verstanden Taoismus als metaphysischen Hintergrund, gegen den sie ihr System eines *vollständigen totalitären Despotismus* aufbauten", sagt denn auch Herrlee Creel.[4]

Behauptet nun Graham, der Tao Te King sei das Werk eines furchtsamen Mannes, es sei von einer Emotion beherrscht, von der Angst, so würde ich spezifizierend hinzusetzen: ich vermute, es sei die *Angst vor einem übergewaltigen Gewissen,* es sei das auf die Spitze getriebene *Autoritätsbewußtsein und die Autoritätsangst,* die wir in den Lun Yü antreffen. Es wäre also dann ganz ähnlich dem, was ich bei Nietzsche vermute: *der Umsturz des Gewissens erfolge aus übergroßem Gewissensdruck, aus übergroßer Gewissensangst,* und die Hauptsünden dahinter wären Neid und Eifersucht.

Damit sehen wir die ungeheuer schöpferische Kehrseite dessen, was wir bei unseren Patienten nur von der Seite des Leidens und der Zwanghaftigkeit kennen, verstehen und behandeln gelernt haben.

Wir wissen aber zugleich, daß weder das Über-Ich noch die Neigung zu Machtkampf und Rivalität, daß weder Aggression noch Sexualität, weder Neugier noch Selbstseinwollen und daß ganz besonders auch nicht die innere Konflikthaftigkeit des Menschen durch ein schöpferisches Fiat abgeschafft werden können, sondern daß sie sich alle wieder durchsetzen werden.

In beiden Lösungsversuchen wird der Riß sichtbar zwischen dem aufgestellten Ideal der Harmonie und der Auflösung der Gegensätze einerseits und der „Wahrheit" im Sinne der Echtheit oder Geradheit und damit im Sinne des schmerzlichen Wissens um Geschiedenheit in Gegensätze, um Innerlichkeit und um inneren wie äußeren Konflikt, andererseits. Dieser Riß läßt sich nicht völlig vertuschen. Die scheinbare Konfliktlosigkeit führt zu neuen, tiefen Konflikten und diese zur Komplementarität der Gegensätze – vielleicht auch hier in einem jener Kreise, der denen ähnlich ist, die wir bei unseren Patienten angetroffen haben.

Ich glaube, es ist gerade Lao Tses Doppeldeutigkeit und paradoxe Ausdrucksweise, die jenen Riß und die paradoxe Zirkularität anerkennt und, wenigstens für mich, sein Werk zu einem der großartigsten Dokumente der Sprache der Seele macht: jenes zu Beginn (des Anhangs) zitierte „Zhèng yán ruò fǎn 正言若反 Richtiges Sagen ist, als ob es falsch herum wäre."[5] Oder: „Wer weiß, spricht nicht; wer spricht, weiß nicht – Zhī zhě bù yán – yán zhě bù zhī 知者不言，言者不知 " (Kap. 56).

---

4 „Various Legalist philosophers took Taoism as the metaphysical background against which to construct their system of complete totalitarian despotism" (S. 38).
Ebenso erklärt Steve Owen: „You may or may not be aware of how *Lao-tzu*'s Taoism became intertwined with Legalist totalitarianism (in contrast, *Chuang-tzu*'s Taoism has no comfort for tyranny). Two chapters of *Han Fei-tzu* are exegeses of *Lao-tzu*."

5 Das folgt der Übersetzung des Satzes durch Graham: „Correct saying is as though wrong way around" (Kap. 78).

4. Teil: Der „Kontramasochismus“ – Der hinter einer sadistisch-narzißtischen Fassade versteckte Masochismus

12 *„So will ich meine Macht zeigen und meine Füße an jemandem anderen abputzen“*[1]

> „Mich hat man erniedrigt, so will auch ich erniedrigen; mich hat man für einen Lumpen benutzt; so will auch ich [meine] Macht zeigen.“ (russ. Text, S. 236)
> Меня унизили, так и я хотел унизить; меня в тряпку растерли, так и я власть захотел показать. (Menja unizili, tak i ja chotěl unizit'; menja v trjapku rastěrli, tak i ja vlast' zachotěl pokazat')

12.1 *Die „kontramasochistische“ Einstellung*

Wir wenden uns zum Schluß nun der vierten Form des Masochismus zu, einer Form, die sich am ehesten dem Erkannt- und Verstandenwerden entzieht. Und doch haben wir eigentlich, wenigstens in verhüllter Form, sehr viel böse, nach außen gerichtete Grausamkeit und oft arrogante Anspruchserhebung und Ausbeutung anderer bei den hier geschilderten Patienten antreffen können. Zu Recht sagt daher Blum: „Masochismus ... erscheint immer in Kombination mit Sadismus. *Theoretisch kann man nur über Sadomasochismus sprechen,* obgleich entweder der Masochismus oder der Sadismus überwiegen mag“ (Blum 1976).[2]

> Die masochistische Lust in Schmerz, Demütigung und Unterwerfung verbindet sich immer mit der sadistischen Lust im Zufügen von Schmerz, der Freude am Erniedrigen und Unterjochen und (oder) an der Rache, zugleich mit den narzißtischen Phantasien, daß man die Regie über das Schauspiel führe und der allmächtige Erniedriger, Unterjocher und Rächer sei.[3]

Viel schwieriger ist aber die Erkenntnis bei den Patienten, bei denen wir nur die nach außen gerichtete, oft höhnisch und rücksichtslos durchgesetzte Machtausübung und Manipulation, wenn nicht gar grobe Gewalt antreffen, und die dahinter verborgene, dynamisch weit wichtigere masochistische Grundhaltung nur mit großer Spürkraft

---

[1] Aus Dostojevski's *Aufzeichnungen aus dem Untergrund*
*(Menja unizili, tak i ja chot*ěl unizit'; menja v trjapku rastěrli, tak i ja vlast' zachotěl pokazat').

[2] „Masochism is not easily distinguished from passive aggression or self-punishment, and always appears in combination with sadism. Theoretically *one can only speak of sadomasochism,* though either masochism or sadism may predominate“ (1976, S. 157, meine Betonung).
Ebenso Brenner (1959): „... sadistic and masochistic tendencies are always seen together, never separately ... both a submissive and an aggressive meaning to every patient's masochism“ (S. 210).

[3] „The masochistic pleasure in pain, humiliation, and subjugation is always associated with the sadistic pleasure in hurting, humiliating, subjugating, and/or extracting revenge as well as with narcissistic fantasies of orchestrating the scenario and of being the omnipotent humiliator, subjugator and/or revenger“ (Rothstein 1991, S. 367).

zu entdecken vermögen. Es fällt uns dann schwer, die schon von Berliner gemachte Erfahrung neu zu vollziehen – ist es doch gerade hier, daß die Gegenübertragung im Sinne der selbstgerechten Empörung und der Urteilssucht uns in die Quere läuft und das Bein stellt: „Es ist offensichtlich, daß diese Aggressivität des Masochisten nicht als die primäre Antriebskraft, sondern als eine sekundäre Abwehr gegen den Masochismus erscheint. Die *primäre Abwehr gegen das durch das Liebesobjekt verursachte Leiden,* nämlich dessen *Verleugnung und Libidinisierung,* ist erfolglos, da sie, wie die neurotische Verdrängung, ihr Zielobjekt nicht aus der Welt schafft, sondern im Unbewußten beibehält und zu einer permanenten Verhaltensweise macht. Gegen diesen schmerzlichen Zustand ist nun die *sekundäre Abwehr der Aggression* gerichtet; dabei handelt es sich um eine *Wandlung von Passivität in Aktivität,* die aber nicht nur nicht imstande ist, das Leiden zu beseitigen, sondern die es weiterführt. Ich glaube, wir dürfen diese Abwehr mit der von Fenichel beschriebenen *kontraphobischen* Haltung vergleichen und sie als ‚*kontramasochistische Haltung*' bezeichnen."[4]

Scheff beschreibt in einer jüngst erschienenen Arbeit die Zentralität der Sequenz von nicht-anerkannter (verdrängter/verleugneter) Scham → Wut → Aggression in der Psychopathologie Hitlers, und er erwähnt beiläufig die masochistische Perversion in seinem Sexualleben. Ich glaube, gerade die chronische innere Demütigung und Scham, die durch Wut und Zerstörung abgewehrt wird, ist Ausdruck der gegen das Selbst gewendeten Aggression im Sinne der Verachtung, zugleich mit deren Sexualisierung und Primitivisierung, – also eine Form des „inneren" Masochismus – ganz ähnlich, wie wir das bei unseren Patienten beobachten konnten. Ungewöhnlich ist die ungeheuerliche Brisanz der wiederum nach außen gewendeten, reexternalisierten Schamwut und des damit verbundenen Ressentiments, womit ich mich mehr in meiner Arbeit über Lagerkvists „Dvärgen" (*Die zerbrochene Wirklichkeit,* Kap. 4) beschäftigt habe.

---

[4] „. . . this aggressiveness of the masochist appears clearly not as the primary driving force but as a secondary defense against masochism. The *primary defense against suffering* at the hands of a love object, its *denial and libidinization,* is unsuccessful because, like neurotic repression, it does not remove its objective from existence but preserves it in the unconscious, making it a permanent pattern of behavior. Against this painful condition the *secondary defense of aggression* is directed; it is a *conversion of passivity into activity* which not only fails to remove the suffering but preserves it. I feel inclined to compare this defense with the *counterphobic* attitude described by Fenichel, and to call it a ‚*countermasochistic*' *attitude*" (1947, S. 467, meine Betonung).

Vgl. Chasseguet-Smirgel: „The object is to act out a fantasy of revenge which transforms an infantile trauma into an adult triumph" (1991, S. 401).

12.2 „Der offene Triumph, der das geheime Leiden verbirgt" – Die Auflösung des Rätsels eines Ehebruchszwanges

Im nächsten paradigmatischen Fallbeispiel für diese vierte Form des Masochismus wende ich mich der Entwirrung des Falles einer „zwanghaften Ehebrecherin" zu, den ich eingehend in Die *Flucht vor dem Gewissen* und kürzer in *Die zerbrochene Wirklichkeit* geschildert habe:

Dilecta vermag ihre Geheimliaisons allen Einsichten zum Trotz nicht aufzugeben. In einem Verhältnis verwickelt sie sich in die unlauteren Geschäfte eines Politikers und fürchtet sich vor der Vergeltung; im zweiten hält sie die Bindung aufrecht, trotz ihrer gutbegründeten Ahnung, der Geliebte könnte an AIDS leiden, und entdeckt erst nach dessen Tod, daß sie die einzige gewesen war, die er vor seiner tödlichen Infektion nicht zu schonen versucht hatte; trotz tiefer analytischer Einsichten und der sich vertiefenden Erkenntnis der Verlogenheit auch ihr selbst gegenüber hält sie ihr Liebesverhältnis zu einem dritten Mann aufrecht, der ein regelrechtes *Doppelleben* mit anderem Namen und *zweifacher Identität* führt. Allen sich auftürmenden Gefahren und Demütigungen zum Trotz halt sie an der endlich offenbar gewordenen Affäre fest. Dem „charmanten Lügner" muß sie immer wieder Glauben schenken. Sie selbst hält das *doppelte* Leben für wichtiger als Ehre, Sicherheit und Vertrauen und weiß kaum mehr, was in ihrem Leben Wahrheit, was Täuschung, Übertreibung und Lüge ist.

Es ist eine zwanghafte Wiederholung von etwas ganz Archaischem, das aller analytischen Einsicht zu trotzen scheint – die Macht der Lüge, die Sehnsucht, nun selbst Herrin über das Geheimnis zu werden. Manche der Gefahren waren in den ursprünglichen Geheimnissen begründet, die hinter dem Doppelleben der Eltern flackerten. Es war eine Umkehrung der Erfahrung der *ausgeschlossenen Dritten,* in der Weise, wie sie von Kernberg als *„umgekehrte Triangulierung"* beschrieben wurde.[5]

Alle Einsichten scheinen an dieser Macht der Lüge und der Verleugnung, auf der sie bestehen muß, um nicht von Panik überwältigt zu werden, abzuprallen. Der Preis, den sie dafür bezahlt, ist *der Bruch in der Wirklichkeit;* denn die Lüge und die Erbärmlichkeit sind Geschwister. Die Strafe kann nicht ausbleiben: „I'm struck down for my hybris", sagt sie selbst (939). Von ihren Freundinnen wird sie belächelt, von ihren Söhnen Hure genannt, von ihrem Geliebten betrogen und von dessen Frau beschimpft. Doch sei all das ein geringer Preis, um nicht dem Terror der Verlassenheit und Verworfenheit anheimzufallen (940).

---

[5] „Direct triangulation refers to the unconscious fantasy of an excluded third party, an idealized member of the subject's sex – the dreaded rival replicating the oedipal parental rival ... Reverse triangulation refers to the compensating, revengeful fantasy of involvement with a person other than one's partner, an idealized member of the other sex who stands for the desired oedipal object and consolidates a triangular relationship in which the subject is courted by two members of the other sex, instead of having to compete with the oedipal rival of the same sex for the idealized oedipal object of the other sex" (1991, S. 163).

Die manifeste Übertragung? Mir und in mir allen Aspekten der Ethik und der Realität zu trotzen, mich mit den Spektakeln ihrer Abenteuer und Glorie zu unterhalten, mich durch den Mißerfolg der Behandlung zu verhöhnen und mir mein analytisches Instrument zu entwinden – und am Ende selbst vor mir in all ihrer Beschämung und Erniedrigung bloßgestellt dazustehen! Das Drama wird wiederholt, es wird nicht analysiert.

Die Analyse muß abgebrochen werden. Etwa ein Jahr später kehrt sie zurück, bereit, mit dem Geliebten zu brechen; die Analyse kann nun binnen zweier Monate erfolgreich abgeschlossen werden. Die entscheidende Einsicht ist diese: Das manifeste Drama des Ehebruchs wiederholt die frühkindliche Phantasie, der sie als fleißige Masturbantin von früh an gehuldigt hatte: „Ich beobachte den Kampf zwischen einem Mann und einem anderen Mann oder einem Ungeheuer. Der Sieger erhält mich als Kampfpreis.“ Offensichtlich verwandelt sie sich dabei von der Außenseiterin zur Triumphierenden. Das wußten wir freilich schon lange. Das Neue liegt nun aber darin, daß diese Siegesphantasie eine großartige *Umkehrung und Verhüllung einer masochistischen Schlagephantasie* ist und daß diese unter dem Anschein von Trotz und Rebellion, von Ressentiment und narzißtischer Selbstsucht ausgelebt wird – eine masochistische Phantasie, die alle Merkmale jener massivsten Umkehrungen und Verleugnungen zeigt, die ich v. a. bei Elasar dargestellt habe. „In der Prunkerei und dem Triumphieren siegte ich über Schuld und Scham; Einsamkeit wandelte sich zur Vereinigung und Verschmelzung“ (1001, 1002). Nur wenn sie den Schmerz, die Demütigung und Verachtung annimmt, würde sie von ihrer kalten, fernen Mutter angenommen werden. Nur wenn sie sich den sadistischen Neckereien und aufreizenden Spöttereien ihres Vaters fügt, würde sie von ihm bewundert und wäre ihm auch körperlich nahe. Doch war bei ihr diese masochistische Phantasie und damit die masochistische Perversion überhaupt durchaus unbewußt; das Leiden, das Grauen war erfolgreich abgewehrt.

Dagegen erschienen der scheinbare Sieg, der Triumph über die Gegnerin und die narzißtischen Größen- und Allmachtsansprüche in manifester und bewußter Form, in einer großartigen Umkehrung (turning the tables) (1001), und Sexualität war das Vehikel, jene magischen Umdrehungen zu bewerkstelligen: „Die schlechte, kleine, stinkige Dilecta hörte nun, daß sie einfach wundervoll sei.“ *Statt des Schmerzes über den Verlust, statt der Trauer und der Trennungsangst, gab es Sex und in ihr jene magische Umkehrung – dank des verborgenen Leidens* und der schließlichen *offenen Demütigung* (1003). Dieser Schritt vom *Trauern zur Sexualisierung* war besonders wichtig und ließ sich durch ihr ganzes Leben hindurch verfolgen: *der sexuelle Triumph als Ungeschehenmachen schmerzlichen Verlusts und unbewältigten Grams* (1006), ursprünglich in der Masturbation.

Ja, man kann sogar sagen: sie setzte *eine Form* des Leidens ein: die Demütigung, *die Schande und Beschämung, um ein anderes, größeres, viel schlimmeres Leiden zu überwinden: die Angst vor der Trennung, den Schmerz und die Trauer über den Verlust* (1009). Gequält zu werden bedeutete immerhin noch Bezogensein.

Wir vermuteten, daß diese Traumatisierung und die Abwehr durch Umkehrung, gerade auch durch Sexualisierung und durch Wendung vom Passiven ins Aktive, auf die ganz frühen Trennungen von der Mutter zurückzuführen sind – faktische Trennungen in Folge der Hospitalisierungen der Mutter in Dilectas 1. Lebensjahr wie auch die späteren emotionellen Distanzierungen und Unverläßlichkeiten der Mutter (später wohl auch des Vaters, hernach des Verlusts der Großeltern, denen sie nahegestanden).

Das chronische Kranksein der Mutter und die ganze darum gewobene Mythologie von Leid, Schuld und Märtyrertum waren selbst eine masochistische Demonstration, und so war die Grausamkeit des Vaters der Mutter gegenüber Teil der sadomasochistischen Beziehung zwischen den Eltern: darin bestand deren wirkliche Gebundenheit, nicht in der mythologisch hochgespielten sexuellen Bezauberung (oder vielmehr: die letztere barg die erstere) (1009).

Dabei war es eben auch überaus wichtig, mich zu provozieren, damit ich sie bestrafe, „schlage“, demütige und hinauswerfe (1002): „Ich wunderte mich immer, wann Sie endlich sagen würden: ‚Ich kann nichts mehr für Sie tun. Sie sind eine verlorene Seele.‘ So ist es genau: ich will bestraft werden! Wie ekelhaft, gemein und erniedrigend das alles ist.“ Doch in manifester Weise galt es, mich unterzukriegen (defeat), Rache an mir zu nehmen, ihre Macht und ihren Triumph über mich zu beweisen, mir die lange Nase zu machen und zu trotzen – die *scheinbar sadistische Übertragung*, die eben den *masochistischen Kern der Übertragung*, eben jene *Schlagephantasie gerade auch in bezug auf mich*, zu verhüllen hatte (1002), und umgekehrt sah sie mich immer wieder als Sadisten, der sie der Lügen bezichtigte und sie wegen ihrer unheilbaren Unredlichkeit verstieß (1018). Häufig war ich auch der Ausbeuter, der sie immer wieder durch Vortäuschungen (conning) zurückgelockt und so lange in Behandlung behalten habe, um mir ihr Geld anzueignen (1023).

Eine tiefere Schicht der Übertragung war aber diese: „Ich schob es auf, wirklich analytisch zu arbeiten und die Arbeit hier zu beenden und erging mich in all den dramatischen Verwicklungen: um sie immer weitergehen zu lassen.“ Auch hier war es ein geringeres Übel zu leiden, als sich zu trennen (1012). Und die Wut auf mich ist die Abwehr gegen die Trauer über die nun unmittelbar bevorstehende Trennung (1024).

Ihre Trotzhaltung, ihre Verspottung jeder äußeren und inneren Autorität bedeuteten eine Abwehr gegen das überwältigende Gefühl von Einsamkeit und Verlassenheit frühester, wohl präverbaler Kindheit. Doch zwischen jener Einsamkeit und diesem trotzigen Triumph spannte sich, einer Brücke gleich, jene Phantasie der Umwandlung von Leiden zu Lust, von Verstoßung zu Annahme: *„Lieber schmerzlich berührt als allein* zu sein“, wie wir es im Falle von Elasar schon angetroffen haben. Das Leiden war die Münze, die sie zu zahlen hatte, um überhaupt eine Beziehung zu haben (to be related) – zur Mutter in deren Krankheit, für die Dilecta selbst schuldig gemacht wurde (sie habe diese durch ihre Geburt verursacht), mit dem Vater in seinen sadistischen Foppereien und Hänseleien. Der „liebessüchtige“ Teil war überzeugt, daß kein Preis an Leiden zu groß ist, um die Liebe zu erringen, weder äußerste Demütigung noch Täuschung noch Todesgefahr. Es war eine wilde Mischung von Leiden, Erregung und Macht (997). Und diese Macht bestand in einem trotzigen *Umschaffen der Wirklichkeit:* „Ich versuchte *die Realität zu verleugnen, die mir aufgezwungen* worden war, und statt dessen *schuf ich eine Realität, die ich nun den anderen aufzuzwingen suchte*“ (998).

Sie versuchte der tiefsten, traumatisch bedingten Affektstürme dadurch Herr zu werden, daß sie *handelte:* „Tun als Vermeidung von Sein“ (A. Dreyfus). Sie sei an die

Angst und den Schmerz selbst süchtig gebunden gewesen (999), um überhaupt etwas zu fühlen. Sie fürchte sich, sonst gefühllos zu sein, nicht menschlich, völlig abgetrennt: „Ich muß mich in diese schmerzlichen Beziehungen einhaken, um mich der menschlichen Rasse anschließen zu können. Sogar die schmerzhaften Emotionen machten mich zum Teil des Stromes [mainstream]: daß ich fühlen kann wie andere“ (1018).

Ihre Impulshandlungen dienten in konstanter Weise dem Ziele, aus dem Opfer zur Täterin zu werden, Passives zum Aktiven zu wenden. Besonders der zwangmäßig erzielte ödipale Triumph war eine derartige Handlung, die das Leiden verhüllen und ungeschehen machen sollte. Doch kein Sieg vermochte die Traumata auszulöschen.

Anders ausgedrückt: Sie versuchte die traumatische Trennungsangst und Trauer über den Verlust durch das Leiden, die Sexualisierung, die Selbsterniedrigung und die Eifersucht in ihrer zwanghaften Wiederholung zu überwinden. Diese intensiven Gefühle standen der Identifizierung mit der Unbekümmertheit (carelessness) und Unverläßlichkeit der Eltern gegenüber, die auch Teil ihres Innenlebens bildeten (1019).

Auch bei ihr lebte das Trauma im Gewissen fort, aber in einem bösen Gewissen, dem sie immer wieder in boshafter Weise zu trotzen hatte: es war ein überaus harsches, strafendes, grausames Gewissen, das gegen außen, eben in seiner „Fassade“, Löcher zu haben schien, das aber die Schlagephantasie unablässig im Innern, gegen das Selbst-als-Leidender weiterführte: *Das Gewissen war so die Verewigung der Schlagephantasie* – wobei sie ein ganz schäbiges Selbstwertgefühl und Opfertum hinter dem Sarkasmus versteckte: „Ich stand als Opfer vor meinem eigenen Gewissen. Es geißelte mich, so daß ich die Leute auf mir herumtrampeln ließ. Und dann die Wut und die Rebellion überwältigen mich. Ich will daraus ausbrechen“ (1013). „Ich war ein Rebell gegen mein eigenes Gewissen“ (1014). Das Über-Ich war nicht einfach nur das Konterfei der sadomasochistischen Eltern und der Traumatisierungen, sondern sie brauchte einen so rigiden inneren Wächter und Richter, um in ihm Halt und Schutz gegen die wilden Aggressionen, die Rachewünsche, das Ressentiment, den Neid zu finden (1013). Gerade als die *ausgeschlossene Dritte* war ihr Ungerechtigkeitsgefühl, das Ressentiment, scharf und schmerzhaft. Es hieß immer wieder: „Ich fühle mich betrogen“ [cheated]; „du hast etwas verpaßt“ [you missed out on something]. Die Balance der Gerechtigkeit konnte nur dadurch ausgeglichen werden, daß sie sich nahm, was ihr nicht gehörte (1015).

Und ich war damit auch der Repräsentant dieses Gewissens, dem sie sich nur entweder unterwerfen oder wider den sie sich empören mußte. Das Ergebnis: jene immer wieder verblüffende *Verdoppelung und Spaltung der Persönlichkeit* – eine verhängnisvolle *„Doppelbödigkeit“* und Zwiespältigkeit, die sich auch dramatisch im nächsten Fall und in Nietzsches Leben und Schriften, dem das nächste Kapitel gewidmet sein wird, nachweisen läßt.

In der letzten Stunde sagt sie: „Auch ich kann einen Unterschied machen. Die armen schwarzen Kinder tun mir leid. Und ich kann sehr erfolgreich sein, indem ich ihnen helfe, das gut schreiben zu lernen, was sie aussagen möchten, nämlich dadurch, daß ich ihnen die gute Literatur als Modell vermittle. So vereinige ich die beiden großen Lieben meines Lebens: die vernachlässigten Kinder und die Literatur. Und auch das ist ein kleiner Triumph“ (1025).

In der Verbindung von Schöpferischem und Erzieherischem gelingt es ihr so, wenigstens zeitweilig, aus dem verhängnisvollen Zirkel von verräterischem Sieg und schmachvoller Niederlage auszubrechen. Ob es ihr aber auf die Dauer gelungen ist, dank der analytischen Einsicht aus ihrem Doppelleben eine Einheit zu schaffen, ist mir leider nicht bekannt.

12.3 Die Geschichte eines Mörders

Ich sah vor recht langer Zeit einen Patienten in den 30er Jahren, Andreas, etwa 4 Jahre lang in zunächst sporadischer, später in intensiverer und regelmäßiger Psychotherapie. Er war ein stämmiger, großer, aber etwas vornübergeneigter Mann, mit Schnurrbart und flackernden Augen. Er meldete sich in unserem Methadonprogramm, als seinem Arzt, der ihm seit Jahren großzügige Dosen von Narkotika verschrieben hatte, von den Behörden das Handwerk gelegt worden war. Zu der Zeit sei er auf einer Tagesdosis von 100–200 mg Methadon gehalten worden. Er wollte mich aber speziell sehen, da er unter schweren Angstanfällen und Schlaflosigkeit litt:

> Ich fürchte mich, ich sterbe, oder etwas stoße mir sonst zu. Noch beängstigender sind Zwangsgedanken, daß ich meiner Frau oder meinen beiden Kindern ein Leid antäte. Diese Gefühle, nahe am Wahnsinn zu sein, und von Panik überfallen mich mehrere Male am Tag und ganz besonders in der Nacht. Vor einiger Zeit versuchte ich, in einer psychiatrischen Klinik mir das Methadon entziehen zu lassen, aber man gab mir Thorazine (Chlorpromazine). Ich begann zu halluzinieren, wurde von Angst überwältigt und hatte Konvulsionen. Je mehr Angst ich jedoch hatte, um so mehr Thorazine bekam ich, einmal 400 mg für die Nacht allein. Seither habe ich am meisten Angst vor mir selbst. Ich war niemals so nahe daran, mich selbst umzubringen, wie damals. Das war schlimmer als jede Entziehung; so verließ ich die Klinik (signed myself out). Ich konnte mich nicht verständlich machen; es war, als ob ich erstickte, ertränke, die schlimmste Tortur.

In bezug auf seine unmittelbare Vorgeschichte: „Ich habe niemals gestohlen. Entweder erhielt ich meine Drogen von einem Arzt, oder ich arbeitete auf dem Bau oder in der Werft. Zuvor war ich im College, aber ich brach das Studium ab und arbeitete eine Weile als Computerprogrammierer." Dann fügte er fast beiläufig hinzu: „Ich muß Ihnen noch etwas sagen – etwas, das mich verfolgt, und mein Leben ist seither nie mehr richtig geworden – noch war es das zuvor: Als ich 19jährig war, tötete ich jemanden."

Dann teilte er mir, allmählich und stückweise, teilweise schriftlich, seine Lebensgeschichte mit:

> Ich bin der jüngere von zwei: meine Schwester ist 10 Jahre älter als ich. Ich zweifle, ob mein Vater je anders als ein mürrischer, ungehaltener und chronisch kranker, ja verkrüppelter Mann gewesen ist. Doch eine nörglerische Frau und ein völlig verhaßter Beruf hielten ihn davon ab, sich ausschließlich mit seinem anderen Unglück zu befassen. Obgleich meine Eltern einander physisch nie schlugen, stritten sie doch heftig oder grollten sich in Schweigen. Die Streitereien waren immer für dumme oder gar keine Gründe. Zur Kirche gingen sie nie, aber ich erinnere mich, wie ich in früher Jugend mit meiner Schwester zur Kirche ging und

betete, daß Mutter und Vater aufhörten sollten, miteinander zu streiten. Ich war meinem Vater emotionell nie nahe. Weder haßte ich ihn noch kann ich sagen, daß ich ihn ungern hatte (dislike); ich war ihm einfach nicht nahe noch konnte ich ihn achten. Zuweilen gingen wir miteinander aus, wie zu Ballspielen und Filmen, aber wir taten nichts gemeinsam, wie Kartenspielen oder Fischen. Ich kann mich an kein einziges längeres und sinnvolles Gespräch mit ihm in meinem ganzen Leben erinnern. Ich spürte zwar, daß er mich gern hatte; ich konnte das auf einer nichtverbalen Ebene empfinden. Aber wir waren nicht imstande, uns einander mitzuteilen. Zu einem großem Maß mag das meiner eigenen Unempfänglichkeit dafür zuzuschreiben sein. Er starb, als ich ein Adoleszenter war.

Emotionell war ich meiner Mutter nahe, aber ich glaube, ehrlich gesagt, das Element der Liebe stellte nur einen geringen Anteil an der Beziehung dar. Vielmehr bestand eine Art Rivalität zwischen ihr und mir; z. B. hätte meine Mutter während der Zeit, da ich Schach und Checkers zu spielen lernte, es überhaupt nie auch nur in Betracht gezogen, zu meinen Gunsten zu verlieren. Meine Mutter tat das Äußerste, uns mit guten Mahlzeiten, sauberer Kleidung, den nötigen Unterrichtshilfen und all den anderen materiellen Gütern, die zur amerikanischen Mutterschaft gehören, zu versehen. Ich war meiner Schwester nahe und fand es wohltuend (comfort) bei ihr; sie schien mir imstande, fest in Zeiten der Wirrnis dazustehen. Als ich 4- oder 5jährig war, wurde der Nachbar im nächsten Haus, ein Spielfreund von mir, vor meinen Augen getötet: als wir miteinander vor unserem Haus spielten, überfuhr ihn ein Lastwagen. Ich hatte noch keinen richtigen Begriff vom Tod; aufgeregt rannte ich die Straße hinunter, begeistert (thrilled), daß etwas Wichtiges und Aufregendes geschehen war. Später habe ich mich vielleicht darüber unglücklich gefühlt, aber nicht zu dem Zeitpunkt, soweit ich mich entsinne.

Ein frühes Erlebnis beim Spielen ragt in meiner Erinnerung als etwas Seltsames, wenn nicht Bizarres heraus. Während ich mit Spielzeugsoldaten spielte, phantasierte ich jeweils, daß ich *von den Feinden gefangen genommen worden sei und gefoltert* wurde, bis ich die Geheimnisse verriete. Die *Phantasielust* stammte dabei aus zwei Quellen: aus dem körperlichen *Schmerz* und von der Idee der Tapferkeit, daß ich dem Schmerz mannhaft die Stirne bot. Ich malte mir auch aus, daß die Frau, die gegenüber wohnte, wirklich meine Mutter wäre. Ich stellte sie mir als eine *grausame, sadistische Frau vor, die Prügel verabreichte.*

Als ich 6 Jahre alt war, stahl ich eine Flasche von einem Coca-Cola-Wagen, wurde erwischt und zweifellos bestraft. Ich kann mich noch gut an die Angst und die Scham bei dieser Szene erinnern.

Im Vorschulalter hatte ich mehrere sexuelle Erlebnisse mit zwei Mädchen, die etwa meines Alters oder ein bischen älter waren; u. a. spielten wir Geschlechtsverkehr. Wir wußten offenbar instinktiv, daß, „was ich hatte“, dort hineingehen sollte in das, „was sie hatte“. Natürlich hatte ich keine Erektion; wirklicher Geschlechtsverkehr fand nicht statt. Dabei empfand ich weder Schuld noch Scham; es schien einfach etwas ganz Natürliches. Schließlich wurden wir entdeckt, und man ließ uns spüren, daß, was wir taten, etwas Schlechtes war. Ich erinnere mich nicht, wer uns entdeckte, aber unsere Eltern wußten es, denn es war mir nicht mehr erlaubt, mit jenen Mädchen, ohne überwacht zu werden, zu spielen.

Vom Alter von 4 oder 5 an bis in meine Teenagerjahre war ich sehr mager. Ich konnte nie eine Mahlzeit zu Ende essen. Wenn ich zu essen begann, war ich besessen von ekligen Gedanken, wie von toten Tieren und Insekten. Auch heute noch verabscheue ich Wasserwanzen so sehr, daß man es als Phobie bezeichnen kann. Ich nahm einige Bissen und konnte nicht weitermachen. Dies regte meine Mutter stark auf. Badete sie mich, brach sie oft in Tränen aus, da ich so ausgemergelt war.

Dennoch war ich ein sehr zähes (tough) Kind; man sah mich nie weinen, solange Altersgenossen in der Nähe waren. Ich haßte die Schule und sah die Lehrerinnen als äußerst inkompetent und als alte Jungfern, die die Männer haßten, an. Sie fragten mich nie etwas, gleichgültig, wie eifrig ich auch meine Hand aufstreckte, um zu antworten. Da ersann ich mir einen schlauen Plan: wollte ich eine wichtige Frage beantworten, schaute ich müßig aus dem Fenster des Klassenzimmer hinaus, als ob ich ganz unaufmerksam gewesen wäre. Einmal rief sich mich auf und hoffte offenbar, sie könnte mich unvorbereitet erwischen und mich tadeln. Ich gab aber die richtige Antwort, und sie erwiderte sarkastisch: „Du denkst wirklich, du seiest klug, nicht wahr?“ Offenbar half mir diese absurde Beziehung zu den Lehrerinnen nichts bei meinen Schulleistungen. Erst in der späteren Mittelschule (highschool) lernte ich wirklich gut lesen. Und nur deswegen, da mehrere männliche Lehrer ein aktives Interesse an meiner Ausbildung nahmen. Ich reagierte darauf, indem ich in meinem letzten Jahr alles A (beste Noten) hatte.

In der ersten und zweiten Klasse wurde ich des Wortes „Klaustrophobie“ gewahr, oder eher, wenn auch nicht des Wortes, so doch des Begriffes. Ich geriet in Panik, wenn ich mich in einem kleinen Raum eingeschlossen fand und nicht herauskommen konnte, oder wenn ich beim Ringen niedergehalten wurde und den Griff nicht sprengen konnte.

Deshalb „überfuhr“ er andere sehr gern beim Fußballspiel, geriet aber in derart große Angst und Wut, wenn er selbst „überfahren“ wurde, daß er schließlich alle Arten von Sport aufgab – da er befürchtete, er könnte den blindrasend angreifen, der ihn gegen den Boden preßte (pin down). Doch habe er zwischen 8 und 15 eine gute Lebensperiode gehabt, findet er.

Ich hatte mehrere interessante Hobbies, wie Briefmarkensammeln; ich beteiligte mich an Spielen und am Sport, und ganz allgemein hatte ich gute Beziehungen mit anderen Kindern. Fast alle meine Freunde waren 2–3 Jahre älter. Ich log jeweils über mein Alter, gab an, daß ich 1–2 Jahre älter war, und dies war zunächst, in den frühen Teens, noch kein Problem, bis meine Freunde ein mir ungebührlich scheinendes Interesse an Mädchen entwickelten. Ein oder zwei Jahre lang zottelte ich ihnen nach, wenn sie den Mädchen nachstiegen, und bildete sich eine gemischte Gruppe, blieb ich gelangweilt und schüchtern im Hintergrund.

Mit 11 trat ich den Pfadfindern bei, und ich hatte es sehr gern, auf Wanderungen und auf Campingtrips zu gehen und einer Organisation anzugehören. Ich war scheinbar das, was man allgemein als einen gut amerikanischen Jungen (an all-American boy) bezeichnet. Dennoch gab es irgendwo tief in mir drin den quälenden Zweifel, daß ich irgendwie verrückt war, wegen meiner Ängste, eingeschlossen zu sein, meinen masochistischen Phantasien und einer *gespenstischen* (haunting) *Stimmung der Trauer und des Grauens* (doom), und doch war mir gerade diese auch wieder sehr *anziehend*.

Gelegentlich träumte ich davon, ein verunstaltetes Gesicht zu besitzen. Ich wollte an der Oberfläche häßlicher sein, denn in der Tiefe weiß ich, daß ich nicht so gut bin wie ich aussehe. Als ich anfing, Drogen zu nehmen, genoß ich es etwas, daß ich mich auf das rechte Niveau meiner Häßlichkeit herunterbrachte.

Mit 14 begann ich, auf Tanzanlässe zu gehen. Fast vom ersten Tanz an würde ich zu trinken beginnen. Ich fühlte mich nicht komfortabel mit Tanzen, mit Rendezvous mit Mädchen, überhaupt mit Mädchen. Das Trinken diente mir nicht nur zur Entspannung, sondern auch dazu, daß ich ein älteres und reiferes Bild von mir selbst haben konnte.

In der Schar der Burschen, mit denen ich mich während der Teens zusammenfand, gehörte es zur Männlichkeit, ein guter Faustkämpfer zu sein. Ich behandelte das Kämpfen als Sport und nahm an zahlreichen Streitereien teil. Im Rückblick waren diese Kämpfe gar nicht so bösartig; man trat den Gegner nicht, wenn er am Boden lag, und man hielt sich an Regeln, wie bei jedem anderen Sport, und niemand wurde je ernsthaft verletzt.

Von sehr frühem Alter an, vielleicht 3, habe ich die Erinnerung an ein Geschehnis, das in mir Faszination und Erregung auslöste. Ich erinnere mich an das erste Mal, als ich das in dem elterlichen Schlafzimmer befindliche Radio bemerkte. Es war natürlich schon immer dort gewesen, und ich bin sicher, daß ich es schon früher hatte spielen hören, aber zuvor hatte ich nie die Verbindung gemacht zwischen dem Radio und etwas Belebtem. Ich war davon überzeugt, daß eine kleine Person darin war, und ich erinnere mich an die Aufregung, die ich darüber spürte. Dieses Gefühl der Erregung, so wie ich mich entsinne, war sehr mit dem verwandt, was ich jetzt als *sexuelle Erregung* bezeichnen würde. Ich bin überzeugt, hätte ich den kleinen Kerl im Radio packen können, hätte ich ihm *Schmerz zugefügt*. Das Bild einer Katze, die mit einer Maus spielt, kommt mir in den Sinn.

Doch dabei ist es seltsam, daß die Idee des Quälens eines Tieres, auch einer Maus, mir widerwärtig und aufwühlend ist, während der Gedanke menschlichen Schmerzes eine emotionelle Reaktion hervorruft, die sich irgendwo zwischen Indifferenz und *perverser Neugierde* befindet. Natürlich beziehe ich mich auf eine abstrakte Situation. Wäre die leidende Person ein Freund oder ein Verwandter, wäre meine Reaktion bestimmt typisch.

Natürlich gelang es mir nicht, den kleinen Mann im Radio zu fangen; doch manche Jahre erzeugte ich die Phantasie, kleine Menschen gefangen zu nehmen und sie in Vogelkäfigen einzusperren.“

Doch geschah es zur selben Zeit, daß die Sonn- und oft auch die Werktage mit einer Stimmung der Sinnlosigkeit, der Trauer und des Verlorenseins erfüllt waren. Viel später beschreibt er es so: „Ich erlebe das Leben nur in *tragischen Situationen* – als ob ich eine Novelle erschüfe. Ich weiß nicht, wie viele Kinder sich so fühlen. Doch schon mit 8 oder 10 Jahren, wenn ich ganz für mich am Samstag oder Sonntag morgen herumwanderte, hatte ich diese einsame, unheimliche (haunting) Stimmung. Und daß ich diese gern hatte, das war entscheidend, sonst hätte ich sie vermieden. Es gibt diese perverse Faszination: durch das Ghetto zu wandern, Betrunkene zu sehen, Whiskey-Flaschen in den Seitengassen, die Blues zu hören. Es tönt sentimental, aber ich spürte ein inneres Weh, etwas Merkwürdiges, Unheimliches, einen Schmerz und eine Trauer, die die Luft erfüllten. Ich war von Sinnen, doch mit 15 begann ich in meiner Freizeit, im Ghetto Rechnungen für einen Juwelier einzutreiben, mit Provisionen von 40 %, denn das Geld war ohnehin schon als verfallene Schuld abgeschrieben worden. Trieb ich mich so herum, gab ich jener Traurigkeit nach. Sie zog mich an – sie zog mich zum Alkohol und zu den Drogen. Sie war ganz bestimmt einer der Gründe dafür, warum ich schließlich zum Süchtigen wurde. Wenn Ihnen jemand vorgibt, es gebe *einen* Grund, warum jemand Drogen nehme, ist er ein Narr. Wir haben vielleicht 8 oder mehr Gründe gefunden, und jeder war ein Teilfaktor und wahr.

Um diese Zeit herum nahm er an einer herumschweifenden Bande recht wilder „Freunde“ teil. Als sie einmal mit Schneebällen angegriffen wurden, stürmte einer von ihnen, das „Wölflein“, hervor und erstach 2 der „Angreifer“. Zu der Zeit war Andreas nicht mit dabei, sondern gelangte kurz danach auf den Schauplatz der Untat. Das „Wölflein“ kam für 4 Jahre ins Gefängnis. Nicht lange darauf verbesserte sich Andreas sehr in der Schule; er ahmte das erste, bewußt erinnerte Ideal seines Lebens nach, den Mann seiner Schwester, einen jungen Wissenschafter. Tragischerweise erlag aber der Schwager nicht lange danach einem Krebsleiden, und Andreas, der nun im College war und recht, wenn auch nicht hervorragend studierte, verlor alles Interesse am Studium.

Schon zuvor, mit 16 und 17, hatte er sich etwas Geld dadurch verdient, daß er sich als *homosexueller „Straßenwanderer“* („hitchhiker“) anbot und von Männern in achtbarer Stellung „abgesogen“ („sucked“) wurde, von Polizisten und Ärzten: „Es verwirrte mich sehr in meiner Haltung gegenüber erwachsenen Männern, da ich schon von Anfang an nicht viel Achtung für meinen Vater gehabt hatte.“ Plötzlich verließ er die Schule, „denn ich war nicht mehr der Beste“, verwickelte sich in mehrere homosexuelle Verhältnisse und schloß sich wieder der alten Gruppe von Freunden an, zu denen bald auch wieder das „Wölflein“ gehörte. Zu der Zeit war Andreas nun 19jährig geworden. Eines Abends hatten sie zu dritt Gruppensex mit einem Mädchen in einem Clubroom. Sie spottete, daß einer der drei kein „guter Liebhaber“ gewesen sei. Das „Wölflein“ fühlte sich ausgelacht, gab sich bedroht und gedemütigt, versuchte, einen Streit mit Andreas anzufangen und spuckte ihm schließlich ins Gesicht, da Andreas sich weigerte, ihn nach Hause zu fahren. „Er wollte sehen, daß ich mich vor ihm fürchtete, daß er den Respekt bekommen sollte, den er, wie er denken wollte, vollauf verdiente, nachdem er schon zwei Menschen getötet hatte. Daß ich nicht auf der Stelle zurückschlug, als er mich anspuckte, war dem zuzuschreiben, daß ich mich *von Scham völlig betäubt* fühlte, wirklich wie gelähmt; dies war das einzige Motiv für das, was folgte.“ Ungefähr eine Woche später stießen die beiden aufeinander und das „Wölflein“ sagte Andreas: „Du bist okay, es tut mir leid; ich meinte nicht, was ich sagte.“ Merkwürdig genug war diese halbe Entschuldigung der Wendepunkt für Andreas; nun war er überzeugt: „Jetzt hat er sich mir schwach gezeigt – jetzt kannst du dich an ihm rächen! Das kurze Zeichen seiner Schwäche war so widerlich.“ Dieser Ekel und die Verachtung kamen in ihm zur lang aufgestauten Scham und Wut. Eine Woche später forderte ihn sein Gegner zum Kampf heraus und verspottete ihn als Feigling. Andreas weigerte sich, aber begab sich dann nach Hause, nahm einen Revolver mit 8 Kugeln, fuhr ziellos durch die nächtliche Stadt, voll Angst, er könnte seinen Feind finden und in Furcht vor seiner eigenen Wut; absichtlich vermied er Stellen, wo er auf das „Wölflein“ stoßen könnte. Endlich, beim Morgengrauen, traf er fast zufällig – wenigstens ist das so, wie er es selbst nachher sehen wollte – auf seinen Gegenspieler, als dieser nach einem anderen Barkrach aus einem Lokal heraustaumelte. Ich gebe Andreas das Wort, wie er mir das Ereignis erst nach 4 Jahren von Psychotherapie erzählte:

Das „Wölflein“ und sein Gegner kamen eben heraus und waren bereit, miteinander zu kämpfen. Ich war nicht aufgeregt; ich zitterte nicht einmal. Ich hatte mich davon überzeugt, daß ich mir gestattete, so verrückt zu sein, wie ich konnte. Ich schoß ihm zweimal durch die Brust. Es überraschte mich selber. Es war unglaublich. In jeder derartigen Emotionslage verändert sich die Zeit, sie scheint in einem anderen Tempo zu verlaufen. Es war wie ein langsam ablaufender Film, Rahmen auf Rahmen, aber 10 Sekunden erschienen wie die Zeit eines Lebens. Mein erstes Gefühl war Humor, Überraschung; es klingt schrecklich. Ich dachte, er spiele bloß. Er begann zu schwanken, schien es schlimmer zu machen, als es wirklich war, übermäßig dramatisch. Und jeder Moment war wie ein Stroboskoplicht. Ich sehe noch immer jede Szene gesondert –

„Fragmentiert?“

Richtig. Und die Zeit dehnte sich sehr aus. Zuerst war es lustig. Dann stürzte er gegen mich, und ich fürchtete mich, er könnte auf mich fallen, und ich wollte ihn abwehren und versuchte, wieder zu schießen, aber ich hatte keine Kugeln mehr. Ich war verdutzt: ich hatte ja 8 Kugeln bei mir gehabt, und ich hatte nur zwei geschossen. So ging ich zurück zum Auto, um nach den anderen Kugeln zu sehen, aber konnte sie nicht finden. Dann ging ich gerade heim, um mir mehr Kugeln zu holen. Ich nahm überhaupt nicht an, daß er schon tot sein könnte. Es war ein völliges Gefühl der Unwirklichkeit, wie ich nach Hause fuhr – kein Bedauern, keine Emotion, nichts. Das einzige, was ich im Sinn hatte, war, mehr Kugeln zu holen. Ich rannte in die Küche, nahm ein großes Metzgermesser und steckte es mir in den Gürtel. Jetzt ging ich wirklich auf totalen Krieg aus – daß „es“ jetzt geschehen werde, nicht daß „es“ schon geschehen war. Was alles vollständig änderte und mich plötzlich innehalten ließ, war dies: meine Mutter hatte mir Essen bereitgestellt, mit einer Notiz. Das machte mich krank! Ich kam plötzlich zur Besinnung, es brachte alles in seine Proportionen zurück: „Jemand liebt dich, jemand zeigt dir menschliche Freundlichkeit! Zum Teufel (what the fuck), was habe ich getan!?“ Das war Realität für mich: das Essen bereit zu halten, und ich wurde mir bewußt, was ich begangen hatte. Ich ging mit dem Auto zurück und schaute mir an, was geschehen war. Es war umringt von Polizei. Ich fuhr einfach vorbei. Niemand bemerkte mich. Ich wußte nicht, wohin ich gehen sollte. Ich hatte keinen Wunsch, davonzurennen. Dann sagte ich mir: „Du hast nicht falsch gehandelt, sondern warst gerechtfertigt.“ Ich überzeugte mich mehr und mehr davon. Dann dachte ich daran, mir einen guten Rechtsanwalt zu beschaffen und daß ich 8 oder 9 Jahre ins Gefängnis gehen müsse und dort viel lesen könne. Doch dann setzte diese Furcht ein, daß ich eingesperrt sein werde, die alte Klaustrophobia. Daher rannte ich weiter. Doch dann sagte ich mir: „Zum Teufel (what the hell), damit kann ich wohl fertig werden. Oder es steht mir immer frei, mich umzubringen, wenn es zu schlimm wird. Das ist kein Problem.“ Ich war nun völlig furchtlos und unbesorgt. Zu sterben hatte absolut keine Bedeutung. Nach mehreren Stunden des Herumfahrens ging ich auf die Polizeistation und sagte ihnen, daß ich den Kerl erschossen hatte. Zunächst wollten sie mir gar nicht glauben. Sie hatten bereits jemanden für das Verbrechen verhaftet! Es war der Bursche, mit dem das „Wölflein“ sich gezankt hatte und der, nachdem ich das „Wölflein“ erschossen hatte, auf und davon gerannt war. Hätte ich mich nicht selber gestellt, wären er und die Polizei in Schwierigkeiten gewesen. Als ich in das Zimmer trat, wo der Kerl saß – ich habe zeitlebens niemals jemanden so erleichtert gesehen. Er schrie: „Das ist er, das ist er!“ Es war wie ein Film. Er hätte sehr wohl für die Tötung verurteilt werden können.

„Hatten Sie zuvor getrunken?“

Recht viel, doch nicht mehr, als es für mich zu der Zeit typisch war. Verteilt über die Nacht war es vielleicht eine halbe Pinte Whiskey und mehrere Bierflaschen. Aber das war für mich normal. Warum tat ich es? Er hatte 2 Wochen lang versucht, mich zu quälen. Ein Element war, daß jenes Mädchen mit mir weggegangen war. Aber auch: ich hatte Angst vor ihm, und ich wollte nicht, daß er das wisse. Und er wollte sich selbst als diese Unterweltsgröße sehen, der als Totschläger respektiert würde; daß das Leben dessen, der sich ihm und seinen Wünschen nicht beugte, verwirkt sei. Und ich glaubte es ihm.

Ich bemerkte, daß der Mord außer Proportion mit der Quälerei stand. „Definitiv“, erwiderte er, „außer, daß er ein Mörder (killer) war. Ich fand die Straßen nicht sicher, solange er auf ihnen herumwanderte; er war eine drohende Gegenwart.“ Ich fragte, immer noch zweifelnd, ob dies nicht zum Teil aus seiner eigenen Geschichte heraus auf das Opfer verschoben worden sei. Er: „Das ist möglich. Mein Vater?“

Vor Gericht wurde er ein Jahr später wegen „zeitweiligen Wahnsinns“ (temporary insanity) freigesprochen und in eine Institution für Kriminell-Wahnsinnige verbracht. Doch dort wurde er als nicht geistesgestört beurteilt, paradoxerweise daher nach einem Jahr im Gefängnis freigesetzt, und er kehrte zu seinen Collegestudien zurück. Bald überwältigten ihn jedoch von neuem seine Verstimmungen in Form von Leere, Langeweile, Stumpfheit, Einsamkeit und Trauer. Auch empfand er sich sehr als Außenseiter, nicht am rechten Ort, bei den „normalen“ Studenten unbehaglich. Während dieser dunklen Zeit verheiratete er sich.

Damals gab es 2 Arten von Abenteuern, die das Leben wieder interessant und wertvoll machten: eine homosexuelle Liaison und das Einnehmen von Narkotika. Diese beiden durchbrachen gerade wegen ihrer „Falschheit“ die leere, traurige Stimmung.

Er verließ das College; die bewußten Gründe dafür waren nicht so sehr die Gefühle über sein Verbrechen, sondern daß er tief mit einer homosexuellen Beziehung und anderen „Reizen" (excitements) beschäftigt war. Teilweise empfand er starke Scham darüber. Ein ähnlich konflikterfülltes Problem war für ihn, daß er zum Drogengebraucher geworden war: Zuerst bedeutete es für ihn einen Triumph. Die Gesetze der Gesellschaft zu brechen wurde als siegreiche Tat erlebt: „Heroin war der Zement, der eine geheime Gruppe von Leuten zusammenband, wie eine Verschwörung. Es gab meinem Leben die Würze. Nun war ich nicht mehr allein, kein Außenseiter mehr, sondern konnte freundlich und freundschaftlich sein. Plötzlich fühlte ich mich sehr speziell und in Kontrolle." Aber dieser Triumph verwandelte sich nur zu bald in eine erniedrigende Abhängigkeit. Die Rauschgifte hatten mancherlei Funktionen, neben der des Zerbrechens der Gesetze der Gesellschaft in trotziger Herausforderung: Sie vermochten auch die Scham über seine homosexuellen Neigungen, über seine soziale Niederlage, sein passiv-abhängiges Dahintreiben zum Verstummen bringen. Sie linderten seine Verzweiflung und seine Einsamkeit in der Schuld. Doch am allermeisten beruhigten sie die Anfälle von Panik und Grauen, von Verlockung und Verführung und wirkten vorbeugend gegen das Aufwallen von mörderischer Wut und schuldbedingter Selbstzerstörung – alles Dinge, die ihm merkwürdig und sonst unkontrollierbar erschienen. *Jedes Mal, wenn er sich von den Narkotika entzog, wurden Angst und gewalttätige Wut unerträglich und außer Kontrolle.*

Die folgenden 8 Jahre nahm er nun ständig, natürlich illegal, Heroin und Dilaudid, später Methadon; während dessen arbeitete er unregelmäßig als Stundenarbeiter.

Nachdem er in das Programm eingetreten und auf eine stabile Methadondosis eingestellt worden war, ließen die anfänglichen Angstanfälle rasch nach; er hörte nach ungefähr 7 Wochen auf, mich zu sehen, vermutlich v. a. aus Verlegenheit darüber, daß er arbeitslos war und vom Einkommen seiner Frau (wenn ich mich recht erinnere, war sie eine Bankangestellte) und von geringer Arbeitslosenentschädigung lebte. Ungefähr ein halbes Jahr später und ohne mich zu konsultieren, entzog er sich selbst vom Methadon, ging nach Lexington, Kentucky (damals eine vom Bund geleitete Drogenheilanstalt und Forschungsstätte), hielt dort aber die Reglementierung und Struktur nicht lange aus, eilte wieder zurück und verlangte, mich zu sehen, um wieder ins Programm aufgenommen zu werden. Zufällig war ich gerade in dem Moment nicht abkömmlich, und man bat ihn, am nächsten Tag zurückzukehren. Er aber fühlte, er könne nicht warten, beschaffte sich auf der Straße Drogen, brach dann in eine Apotheke ein, und zwar in so unfähiger und selbstsabotierender Weise, daß er sogleich verhaftet wurde. Die nächsten 15 Monate lebte er unter der Sturmwolke des hängigen Prozesses, arbeitete ein wenig, doch zumeist hockte er einfach lässig herum, kam regelmäßig zu mir in die Stunden, ohne jedoch viel aktive psychotherapeutische Arbeit. Alles war Furcht, Hoffnungslosigkeit, Verzweiflung, Passivität, Verstimmung darüber, daß er nicht arbeitete, doch unfähig, etwas anzufangen, solange er auf den Prozeß wartete. Er trank übermäßig, klagte über seine Selbstzerstörung, seine Ängste vor dem Eingeschlossensein, die Überzeugung: „Jedes Mal, wenn ich die Kontrolle übernehme, bestrafe ich mich fast absichtlich. Dieser *selbstzerstörerische Teil* ist etwas sehr Beschämendes (embarrassing) für mich. Ich verstehe ihn nicht, doch war es ebenso beschämend für mich, gut in der Schule zu sein." *Dem Erfolg mußte immer die Not-*

wendigkeit des Versagens folgen, eine Einstellung von Ekel und Depression. Aber es war auch beschämend für ihn, über diese Probleme mit mir zu sprechen. „Ich bin hervorragend darin, ein Versager zu sein. Ich kann keine Durchschnittsperson sein. Ich kann es mir nicht gönnen, eine gute Zeit zu haben.“

Dann, etwa 4 Monate nach Wiederaufnahme der Therapie und einer kurzen Arbeitsperiode in den Trockendocks, wiederholte sich beinahe sein mörderisches und tragisches Schicksal ein zweites Mal: Während einer Zeit der erneuten Arbeitslosigkeit fuhr er spät in der Nacht einige Freunde und einen vormaligen Mitarbeiter, Sleazy, von der Kneipe nach Hause. Der letztere beschimpfte den früheren homosexuellen Freund von Andreas. Dieser brach endlich in wütende Worte aus, worauf ihn Sleazy ohrfeigte. Wiederum kam es plötzlich zum *Sprung von der Demütigung zur blinden Wut.* Er sprang aus dem Auto und schlug seinen Gegner mit solcher Wucht ins Genick, daß er seine eigene Hand brach. Er floh. Die Feindseligkeiten steigerten sich. Die Fenster von Andreas' Auto wurden eingeschlagen, und ein paar Nächte darauf ging das Auto in Flammen auf. Ein Haftbefehl wurde gegen Andreas erlassen, wegen des tätlichen Angriffs auf Sleazy. Dieser pirschte ihm angeblich nach, um ihn zu erschießen, verschwand dann aber und fand sich nicht vor dem Haftrichter ein, um seine Klage gegen Andreas vorzubringen. So entwand sich unser Patient ein weiteres Mal der Bedrohung.

Einige Tage danach wurde er zur Arbeit zurückgeholt; man gratulierte ihm für seine mannhafte Tat gegen einen allgemein verhaßten, provozierenden „Bastard“. Zugleich fand er bei seiner Rückkehr heraus, daß mittlerweilen einer seiner nächsten Freunde an einer Drogenüberdosierung gestorben war. Sein früherer Mitarbeiter, und jetziger Feind, Sleazy, zeigte sich nicht mehr am Arbeitsplatz, was Andreas so deutete: „Er hatte Angst vor mir. Dies bedeutete: Ich habe die dünne Linie von Respekt zur Furcht überschritten. Ich will nicht, daß er mich fürchtet, sondern nur, daß er mich achtet.“

Er zog sich auf sich selbst zurück, aß sein Lunch allein, dachte, oder eher brütete, über den Tod in großer *Trauer, Einsamkeit und Angst:* den Tod seiner Freunde, seinen eigenen Tod, seinen früheren Totschlag. Angst und das Gefühl, er verliere seinen Verstand, seine Kontrolle, er könnte sich umbringen, übernahmen ihn, und als er jemanden einen Apfel mit einem Messer schälen sah, erschien ihm dies „so symbolisch für Tod und Gewalttätigkeit“, daß er wegrannte. Er hatte ein Taschenmesser, ging zum Wasser, um es hineinzuwerfen, aber schreckte zurück, da er sich selbst hineinstürzen wollte. Und doch war er bei alledem weder wütend noch zornig noch sonstwie „aggressiv“ – sondern hatte nur schreckliche Angst vor einer unbekannten Kraft in seinem Inneren. Er landete zum Schluß im Hause eines Freundes und nahm eine Valiumpille. Seine *katastrophale Aggression wurde von ihm als eine von außen herkommende Macht erlebt, die durch Demütigung und Einsamkeit mobilisiert, dann abgespalten wurde, unerkennbar in ihrem emotionellen Inhalt war, also verleugnet und verdrängt wurde, und die dann doch mit unkontrollierbarer, sinnloser Wucht und Gewalt durchbrach.* Selbstmord und Mord waren für ihn blutige Wirklichkeiten.

Dahinbrüten, Tatenlosigkeit, Spielen und Wetten, und Beschäftigung mit mathematischen und Schachproblemen in seinem Kopf füllten das folgende Jahr bis zum Prozeß für den Einbruch. Er erkannte die beherrschende Rolle der *Scham* in seinem Leben, namentlich in bezug auf seine *homosexuellen Impulse.* „Ich habe dieses Bild von mir als männlich, und doch habe ich gleichzeitig all diese homosexuellen Wünsche. Vor dem Totschlag hatte ich eine Episode von Homosexualität; ehe ich begann, Drogen zu gebrauchen, hatte ich eine homosexuelle Episode. Und mit Sleazy ging es wieder um die Homosexualität. Er rührte an meine empfindlichste Stelle. In all diesen Situationen wird meine Wut unbeherrschbar. Ich schäme mich über diese noch immer vorhandenen Wünsche und Akte (jetzt in Form von Fellatio an Jünglingen im Alter von ungefähr 18); ich vermag sie nicht mit meinem Bild von mir als Mann vereinbaren. Der Junge gleicht mir, als ich in dem Alter war; *es ist wie eine Spaltung in mir – ein großer Bruder und ein anderes Kind, das sich in Schwierigkeiten befindet* (it's like a split in me – a big brother and another kid which is in trouble)". Er verglich sich mit seinem Vater, der ebenfalls passiv, inaktiv gewesen war, es im Leben aufgegeben, sich geschlagen gegeben und gedemütigt gefühlt hatte.

Die homosexuellen Eskapaden waren aufregend, verboten, sehr schambeladen und führten zu schweren Angstanfällen und viel Schuld; und nicht anders ging es ihm mit seiner kindlichen Abhängigkeit und Passivität seiner Frau gegenüber, seinem Wunsch, als etwas Besonderes behandelt zu werden, wie es ihm in seiner Kindheit von seiten seiner Mutter her geschehen sei, soweit er sich erinnere: nämlich *das Zentrum des Universums* zu sein. Und wieder und wieder: „Da ist ein wildes Tier in mir eingeschlossen. Und wenn ich selbst eingeschlossen werde, dann entsteht in mir die Panik, daß ‚es' aus mir ausbrechen würde und ich mich nirgendwohin wenden könnte."

Dann kam der Prozeß. Ich wurde vorgeladen und empfahl dem Richter die Fortsetzung der Psychotherapie und Methadonbehandlung, es bedeute die einzige Hoffnung für Andreas; eine lange Gefängnisstrafe würde nicht helfen und wohl die meisten Chancen für Rehabilitierung zunichte machen. Der Richter stimmte dem bei.

Erst an diesem Punkt, etwas mehr als 2 Jahre nach Beginn der Behandlung, fing die Psychotherapie im Ernst an. Ich gab ihm ein Fastultimatum: ich sei mit ihm nur unter einer Bedingung weiter zu arbeiten bereit – daß er seine Studien, in welcher Form auch immer, wieder aufnehme, um seine sehr hohe Intelligenz besser zu nutzen und seine Gaben mit Geschick (skills) in einem Bereich zu paaren, wo er wirkliche innere Befriedigung fände. Mit einem Staatsstipendium nahm er denn auch seine Studien in Mathematik und Ingenieurwissenschaft wieder auf, wurde innert weniger Monate ein hervorragender Student (honor student), begeistert über sein neues Leben, „glücklicher als je zuvor", aber auch befürchtend, „was so gut ist, kann nicht währen, etwas könnte passieren – ein Unglück, eine Katastrophe".

Wir hatten schon beträchtliche Arbeit an seinem Narzißmus und seiner Angst vor Erfolg in dem Jahr der Passivität und des Wartens getan: „Ich war verwöhnt. Meine Mutter überschüttete mich von klein auf mit Aufmerksamkeit – nicht so sehr aus Liebe, sondern da sie mich dafür gewinnen wollte, daß ich meinen Vater ablehnen würde." Aber immer wieder: die Erinnerung an die Klaustrophobie, Flucht ins Trinken, Aggression, Größenphantasien: „Die Opiate machten mich weniger schamerfüllt, weniger zurückgezogen. Zum ersten Mal konnte ich freundlich sein, unbefangen und angenehm. Ohne sie wird mein Ich zu leicht verletzt." Dann Erinnerungen daran, wie sein Vater Geschirr herumwarf, wie seine Mutter provokativ schwieg oder packte und wegzugehen drohte, 50 Male!

Es war so entsetzlich – am Weihnachtsmorgen würden sie kämpfen, als alles gut sein sollte. Es ist wie meine Gefühle jetzt: wenn es gut geht, wird es nicht währen. Es ist sogar so bei den Pferderennen: Verliere ich, bin ich in einem entspannten Zustand der Misere; gewinne ich hingegen, so bin ich nervös und habe mehr den Eindruck, ich habe etwas falsch gemacht, als wenn ich verloren habe. *Das Verlieren ist das geringere von zwei Übeln.* Dasselbe gilt für das Leben überhaupt.

Doch allmählich öffneten sich die tieferen Bedeutungen und fingen an, die rätselhafte Geschichte zu erleuchten. Das Rätsel bestand darin, wie ein äußerst gescheiter, anziehender, ehrlicher, suchender Mann mit einer sehr netten Frau und 2 Kindern eine Geschichte mit Alptraum nach Alptraum durch lebte: einen Mord, einen nahezu vollzogenen anderen Totschlag, 10 Jahre Narkotikasucht, Episoden homosexueller Eskapaden, denen Scham, Depression, Wut folgten, ein Leben voll von düsterer Vorahnung und vernichtendem Schicksal, von Verzweiflung und Grandiosität, von langen Zeiten „fauler“ Passivität, abgelöst von Krisen zerstörerischer Raserei.

Wie in einer Detektivgeschichte fügten sich die Stücke des Rätsels zu einer Lösung zusammen – langsam, doch in einem gemeinsamen Geist der Entdeckung.

12.4 „Der innere Dämon der Selbstzerstörung“

Fortab werde ich nun dem gemächlichen Gang der Enthüllungen in der Therapie Schritt für Schritt in seinen eigenen Worten folgen. Gewisse Wiederholungen werden sich nicht ganz vermeiden lassen: bekannte Tatsachen in neuen Zusammenhängen, mit zunehmend vertiefter Bedeutsamkeit und zwingender Macht. Während der produktivsten Periode der Behandlung sah ich ihn bloß einmal wöchentlich, ungefähr das 3. Jahr der Psychotherapie.

Wenn ich über mich nachdenke, über mein Leben, scheint mir alles sinnlos. So lange ich mich in der Arbeit und der Schule verlieren kann, spüre ich es nicht, und alles geht recht gut. Doch wenn ich zu denken beginne, setzt das Schuldgefühl ein. So lange ich das Nehmen von Drogen als einen abgesonderten Teil meines Lebens sehen kann, von dem sonst niemand etwas weiß, ist daran nichts auszusetzen. Erst wenn man dabei ertappt wird, ist es falsch. Dann möchte ich plötzlich alles ganz neu und richtig anfangen und rege mich darüber auf, wie verpfuscht mein Leben ist. Doch diese Depression war schon viel früher da, lange bevor ich mein Leben verpfuschte, lange vor den Drogen, vor der Mordtat. Schon als Junge war ich ohne bestimmten äußeren Grund betrübt, einzig dadurch, wie mir das Leben als ganzes erschien.

Ich erkundige mich nach Spezifischem.

Jetzt tue ich dasselbe wie in der Schule. Wenn ich sprechen soll, blockiere ich meine Gedanken. Ich kann nicht über ein mathematisches Problem sprechen. Ich werde nervös und versage und festgefroren, angesichts des Wunsches, es recht zu machen. Und wenn ich über die Traurigkeit in meiner Kindheit nachdenke, ist es mir unmöglich, an ein Bild zu denken. *Es ist, als ob ein Teil von mir gegen mich arbeiten würde,* mich in meinem Denken stoppte. Wieder und wieder habe ich gegen mich selbst gearbeitet. Es ist so, als ob ein Teil von mir es so will, daß ich in allem fehlschlage, ein miserabler Versager bin, sogar im Sprechen. Oder der

> mir das Gefühl eingibt, daß die Dinge zu gut gehen. Ein gleiches Gefühl habe ich immer beim Geschlechtsverkehr: daß ich unfähig wäre, ihn erfolgreich zu Ende zu führen, oder im Programm mit dem Urintest, daß ich den Urin nicht geben kann. Es erinnert mich daran, wie verlegen ich mich vor meinen Eltern fühlte, wenn ich erfolgreich in der Schule war; ich wollte nicht, daß sie mich beobachteten. Sie komplimentierten mich zu sehr: daß ich der größte sei oder gut beim Sport. Wenn immer ich im Vorteil bin, wie heute früh, wenn ich in der Bank anstand und wartete, und plötzlich sich ein Fenster gerade vor mir öffnete, fühle ich, ich verdiene es gar nicht, und ich bin betreten, als ob ich zu aggressiv gewesen wäre. Es muß etwas völlig Unbewußtes sein, ich erkannte es nie klar genug, daß ich es hätte abwenden können. *Dies selbstdestruktive Etwas hat sexuelle Obertöne.* Es ist schwer zu erklären. Jetzt ist es weitgehend durch das Methadon unterdrückt. *Ich spüre es nur, daß diese zwei irgendwie zusammengehören: selbstzerstörerisch zu sein und dieses sexuelle Gefühl.* Obwohl ich jetzt wie ein Gefangener im Programm bin, fürchte ich diese Macht der Zerstörung nicht so stark; sie ist durch die Droge kontrolliert.

Klarer kann man *die sexuelle Natur des moralischen Masochismus* kaum beschreiben.

> Als ich auf Entzug war, bevor ich ins Programm eintrat, hatte ich unter Thorazine einen entsetzlichen Angsttraum, ähnlich wie ein Erlebnis, das ich einmal unter LSD gehabt hatte: „Ich bin nicht sicher, was meine Identität war; aber ich glaube, zunächst war ich entweder ein verrückter Wissenschaftler oder sein Assistent, der eine neue Droge fand. Wer diese einnahm, würde den Kontakt mit der Realität verlieren, so daß die andere Person wie eine Küchenschabe oder ein Käfer aussähe oder sogar wie ein Reptil. Es war ganz lebhaft, der braun scheinende Panzer. Meine Rolle war es zu kämpfen – aber ich bin nicht sicher, ob ich derjenige war, der die Medizin machte oder gegen den verrückten Wissenschafter stritt.“ Ich deutete es damals so, daß es meine Angst, den Kontakt mit der Wirklichkeit zu verlieren und wahnsinnig zu werden, ausdrückte. Es erinnert mich an Kindheitsträume, in denen ich ertrank. Diese unbekannte Kraft in mir, die immer zerstört, was ich aufgebaut habe, kam immerfort ins Spiel: als ich ins College eintrat, war das ein so glücklicher Punkt in meinem Leben, aber ich spürte, es mußte sich ändern. Und alles stürzte zusammen. Und als ich aus dem Gefängnis kam, war es das Gleiche: ich war wieder im College und verheiratet. Beide Male handelte es sich um die gleiche Kombination von Homosexualität und Selbstzerstörung. Präzis darum, da es falsch war, war es sexuell erregend. Ich fühle es in diesem Augenblick: mich gehen zu lassen, mir ganz zu erlauben, von diesem Teil erfüllt zu werden, eine Erregtheit, ein Abenteuer, die Ketten zu zerbrechen. Dasselbe ist der Fall mit Heroin. Die Schule war nicht aufregend; Homosexualität und Drogen waren's, gerade wegen ihrer Falschheit und Zerstörungskraft. Und doch konnte ich keines genießen, das Ausbrechen aus dem Konventionellen, deswegen, was dahinter stand: die Trauer und die Verzweiflung; jedes Mal ergriffen die die Herrschaft. Als ich daran war, das „Wölflein“ umzubringen, war ich so angewidert von mir selbst, daß ich Selbstmord begehen wollte. *Es war fast ein Zufall, daß ich ihn und nicht mich tötete.*
>
> Ich erinnere mich schon vom Alter von 4 oder 5, daß ich an Selbstmord dachte. Als die Mutter die Wäsche auf dem Dach aufhing, wollte ich vom Dach herunterspringen. Selbstmord hat mich durch mein Leben hindurch begleitet. Das Leben war und ist so düster. Meine Eltern stritten sich immer, mein Vater schrie und warf Dinge. Ein Bild: eine Schüssel mit Spaghetti auf dem Boden. Meine Mutter putzte es, weiß Gott wie lang, nicht auf, obgleich für sie die Sauberkeit gleich nach der Göttlichkeit kam. Nachts wollte ich immer ein Kissen über meinen Kopf stülpen, um das Streiten nicht mitanhören zu müssen. Zumeist war ich auf Mutters Seite. Es waren Angst und Trauer; ich weinte, es schmerzte mich mehr, als daß ich mich aufregte. Ich erinnere mich auch, daß meine Eltern mich prügelten, aber ich weigerte mich immer zu weinen, und so ließen sie frustriert davon ab.

In der folgenden Stunde war er wütend, da er durch den Straßenverkehr aufgehalten worden war.

„Ich rechtfertige meine Wut, indem ich mir sage, daß ich im Recht bin: wirklich wird mir alles zur Beleidigung. Und doch, wenn ich mich ärgere, fühle ich mich wenigstens wach und am Leben, fast gut, machtvoll; ich spüre mich selbst und bin bereit zu kämpfen. Der Ärger ist erregend. Ich verstehe es nicht.“ Hier ist der auch sonst häufige Kontrast zwischen Entfremdung und Wut zu bemerken: die Wut durchbricht die Depersonalisierung.

Das Bild meiner Mutter erscheint; sie schien allmächtig, als ich ein Kind war, aber mein Zufluchtsort war bei meiner Schwester. Wenn Mutter und Vater sich zankten, beruhigte sie mich, alles werde schon noch recht herauskommen. Ich schäme mich noch immer so sehr vor ihr wegen all meiner Schwierigkeiten, daß ich sie ganz meide. Sie war so stolz über mich, als ich das erste Collegejahr abschloß, und jetzt bin ein derartiger Versager!

Wir näherten uns dem unbekannten *„inneren Dämon“, der alles zerstört:*

Ich erinnere mich an meinen frühesten Traum, einen mit großer Angst; ich war vielleicht 5. Ein Ungeheuer schaute durch's Fenster im 2. Stock herein, wo ich schlief. Ich sah aber seine ganz langen Beine vom Boden heraufreichen. Dann blickte ich von einer Brücke herunter und sah ein sehr großes, teddybärähnliches Tier dahinrennen, oder es war ein Lamm; es war ungeheuerlich. Ich erinnere mich nur an das Grauen und das Todesgefühl. Das erste Mal, daß ich in Kontakt mit dem Tod kam, war, als der Nachbar nebenan, der mich sehr gerne gehabt und mich wie einen Sohn behandelt hatte, und den auch ich geliebt hatte, sehr krank war. Er sprang durchs Fenster hinaus zu seinem Tod. Das war, ehe ich 6jährig war.

Ich mache ihn an dem Punkt auf das überfahrene und erdrückte (crushed) Nachbarskind aufmerksam. Er antwortet unverzüglich: „Aber mit dem war nichts Emotionelles. Ich war zu jung, das zu verstehen. Ich regte mich gar nicht auf (upset), ich war nur erregt (excited). Ich konnte nicht warten darauf, es meinen Freunden zu erzählen, als sie aus der Schule kamen, welch spannendes Ding ich erlebt hatte. Ich sehe noch immer das Bild vor mir: er war schwarz und blau, das Rad war auf ihm. Es war ein Coca Cola-Wagen an einer Baustelle.“ Dies war nun im Gegensatz zum ersten Bericht, wo der Unfall vor seinem Haus geschehen war. Ich fragte ihn geradeheraus, ob er nicht einen anderen Teil verdrängt haben könnte, die intensive Angst und darauffolgende Wut, die später in der von ihm so sehr betonten Klaustrophobie auftauchten, namentlich wenn man ihn auf den Boden heftete (pinned down). „Das ist ein wirklich guter Punkt“, sagt er. „Auch dort ist es so, als ob ich erdrückt würde, besonders im Sport, daß ich überfahren und in den Boden hinein gedrückt würde. Ich war ein ausgezeichneter Fußballspieler, da ich andere überrennen konnte; es war ein Ventil für meine Aggression.“ Ich äußere die Vermutung, er habe anderen angetan, was der Lastwagen seinem Spielfreund getan hatte. In die nächste Stunde kommt er sehr deprimiert. Es sei eine Stimmung der Einsamkeit und Leere mit einer vagen Gefahr und Gereiztheit, – „als ob ich etwas vermiede“.

In der folgenden Stunde spricht er weiter über die dämonische Macht in ihm, die ihn beständig verurteile und sabotiere: sobald er sich beleidigt fühle, breche es aus ihm in mörderischem Zorn.

> Deshalb tötete ich. Wenn ich gekränkt war, war ich so betäubt (stunned), daß ich zunächst zu keiner Antwort (repartee) fähig war. Ich war wie gelähmt und dann später so entrüstet, daß ich mich über das Geringste empören konnte; es war zeitlebens so; z.B. als meine Eltern mich kritisierten, zerschmetterte ich einen Spiegel und verletzte mich an der Hand. Später wollte ich, daß man Angst vor mir hatte. Ich dachte über mich immer, daß ich eine *solche Majestät, etwas so Besonderes* sei, daß jede Kleinigkeit mich in Wut versetzte. Ich sah mich als so wichtig für meine Eltern, daß ich immer hoffte, sie stürben zuerst, damit sie nicht meinen Verlust zu erleiden hätten. Ich wünschte sie nicht tot; es war aus Rücksicht auf sie.

Ich möchte wissen, ob dieses Gefühl der *eigenen Wichtigkeit (self-importance)* nicht viel eher eine Art *Schutz* bedeutete, daß es also recht umgekehrt vorgegangen sei, war das doch schließlich auch die Zeit, wo er sich äußerst hilflos vorgekommen sei, schutzlos, verwundet, und mit Selbstmordgedanken, und ob ihn diese Phantasie nicht beschützt habe. Wir sollten auch nicht vergessen, daß er in Wirklichkeit sich töten wollte, um die überlebenden Eltern damit zu strafen. Er erkennt sogleich die Verbindung: „Ich war so hilflos, verwundet und erzürnt, daß ich nur in zwei Richtungen gehen konnte: entweder mich selbst zu töten und ihnen Schmerz zuzufügen, oder so überaus wichtig zu sein und sie tot zu wissen.“

Nach seinen ersten überraschenden Erfolgen im wiederaufgenommenen Studium sagt er:

> Jede Woche spüre ich mein Wachstum, ich werde etwas, aber das Problem ist noch immer die untergründige Angst, daß ich alles vernichten (ruin) werde, daß es etwas Unkontrollierbares an mir gibt. *Ganz dicht unter der Oberfläche arbeitet das Tier,* unter einer Schicht der Zivilisiertheit, der Teil, der das „Wölflein“ erschossen hat. Das Schlimmste ist jetzt, daß ich dies Gefühl gerade bei den mir am nächsten stehenden Menschen habe, meiner Familie, meinen Freunden, Sie: dreinzuschlagen ohne Rechtfertigung, ohne Grund zu töten. Dies ist das Schrecklichste für einen Menschen. Es fühlt sich gut, körperlich verletzt und geschwächt zu sein [was er eben ist] – um mich nicht als so gefährlich ansehen zu müssen.

Er spricht über seine narzißtische Wut in der Gegenwart, wie in seiner Kindheit, als er „got away with murder“ (für nichts bestraft wurde) bei seinen sehr inkonsequenten und ihn materiell massiv verwöhnenden Eltern, was nur sein tiefes Schuldgefühl verstärkte.

12.5 „Der zerquetschte Junge“

Dann erwähnt er, wie er bis zum Alter von 8 Jahren im Schlafzimmer seiner Eltern geschlafen habe und wie er eine vage Erinnerung an ihren Geschlechtsverkehr habe: „Ich dachte, meine Mutter werde vom Vater erdrückt. Es gab da keine Privatheit. Dies klingt verrückt: als Kind glaubte ich, es gebe verborgene Mikrophone oder versteckte Kameras, so daß die Eltern immer wüßten, wo ich mich befände und was ich täte. Es war meine Phantasie, daß die Eltern immer nur das Beste für mich im Sinn hatten und mir nie schaden würden“, – in Umkehrungen des beängstigenden Sehens, Gesehenwerdens und Angreifens.

Die folgende Stunde kehrt er zurück zum „zerquetschten (crushed) Jungen“:

„Ich sprach vor einigen Tagen mit meiner Mutter über jene Erinnerung. Sie erzählte mir, daß ich so aufgeregt war, als ich nach Hause kam, daß ich unfähig war zu reden. Es ist seltsam, wie ganz anders ich es im Gedächtnis habe. Und es fiel mir überdies ein, daß ich die Kokaflasche von der gleichen Art Lastwagen stahl, an derselben Stelle und auf eine solche Weise, daß ich sofort erwischt würde. Ich erwartete, bestraft zu werden, aber die Reaktion war gar nicht so streng, wie ich es erwartet hatte. All dies muß im Zusammenhang stehen. Ich denke an den Jungen, der starb, als einen sehr guten Jungen. Wir spielten sehr viel miteinander. Er teilte seine Spielzeuge mit mir, aber ich wollte nicht die meinen mit ihm teilen. Ich habe daran nie zuvor gedacht, aber er war *mein bester Freund und mein bester Feind;* ich war so stark in Konkurrenz mit ihm und war so *eifersüchtig* auf ihn. Ich frage mich, ob ich mich nicht *verantwortlich für seinen Tod fühlte?* Es war uns untersagt, auf die Straße zu gehen, aber ich ging trotzdem mit ihm dorthin. Ich kehrte mich um und sah den Lastwagen hinter mir. Hätte ich ihm ein Warnzeichen geben können? Ich wundere mich, was wirklich geschehen ist."

„So daß Sie sich schuldig gefühlt haben könnten?"

„Richtig!"

„Besonders, da Sie sich ihm gegenüber ohnehin schon aggressiv gefühlt hatten."

„Genau! Und jetzt verstehe ich auch das Stehlen der Cocaflasche: ich wollte mich an den Leuten rächen, die ihn getötet hatten."

„Oder um Bestrafung zu provozieren."

Er stimmt dem bei und fügt bei, wie täuschend sein Gedächtnis sei und wie er in diesen letzten Tagen auf jenes Geschehnis zu schauen beginne, als ob es sich eben abgespielt hätte. Seine unterdrückten Gefühle brechen durch. Ich ergänze, ich nehme an, das Hauptgewicht liege ganz besonders auf den Schuldgefühlen: in der Feststellung, daß seine mörderischen Wünsche tatsächlich sich bewahrheiten können, jenem Knaben und vielleicht auch seinen Eltern gegenüber, und daß wir nun auch die Angst in jenem frühen Traum verstehen können. Das hereinstarrende Ungeheuer sei sein böses Gewissen für seinen Todeswunsch gewesen: „‚Er sieht es und wird dich erwischen.' "

„Jener Traum war so wirklich. Und dann das merkwürdig geformte Tier, wie eine Giraffe, das unten dahin rannte, ein lustiges Tier, das war Bewegung, aber im Teil mit dem Monstrum gab es keine Handlung, nur das Anstarren; es war statisch, und die Angst, es tue mir etwas an, ich weiß nicht was. Sein Gesicht war so groß wie das Fenster. Das Tier darunter war gefleckt (polka dotted), oder von einer seltsamen Farbe, vielleicht purpur."

„War das nicht vielleicht die purpurne, verzerrte Form des erdrückten Jungen, aber wieder im Rennen? Und dann kam das Ungeheuer, die Schuld; im Traum machten Sie teilweise das Entsetzen wieder ungeschehen, indem sie das Tier, den Jungen, lustig sein und rennen ließen."

Ich verknüpfe es mit seinem lebenslänglichen Bedürfnis, sowohl Aggression wie Selbstbestrafung zu wiederholen, wie er *nie die vom Ungeheuer erwartete Bestrafung erhalte:* nicht für den Tod des Jungen, nicht für das Stehlen der Flasche, nicht für seine Ausbrüche bei seinen Eltern noch für den Mord, und daß er sich noch immer von der Furcht verfolgt (haunted) fühle, das Monstrum werde ihn einholen. Er ist beinahe betäubt durch die Zusammenhänge, dann fügt er hinzu: „Nach dem Totschlag wollte ich ins Gefängnis gehen und erwartete eine Strafe von 7–10 Jahren, und ich erhielt sie nicht. Statt dessen waren die folgenden 10 Jahre so, als ob ich sie im Gefängnis verbracht hätte: vertan, mit Drogen.“ Er erwähnt Freunde, die sich umgebracht haben, seine eigenen Wünsche, Selbstmord zu begehen, viele Schamsituationen (Impotenz bei Frauen, Wohlfahrtsunterstützung, Urinrituale), Angstträume, in denen er standrechtlich erschossen werde (firing squad), Suizidgedanken, dann die Einsicht: *„Ich frage mich, ob ich den Knaben gestoßen habe oder mich mit ihm stritt.* Vielleicht ist es nicht wirklich, aber ich spüre die Schuld.“ Er denkt an mörderische Impulse seinen Söhnen gegenüber, das genaue Gegenteil von dem, was er bewußt fühle. Ich bemerke: „Die unbewußte Schuld: daß Sie es nicht verdienen, sich gut zu fühlen, und daraufhin der Angriff, um sich selbst zu beweisen, warum Sie sich schuldig fühlen müssen.“

Er kehrt zur noch immer sehr starken *Käferphobie* zurück, erzählt, wie er als 3jähriger einen verbrannt habe und wie er im Thorazinetraum Menschen zu Käfern verwandelt habe. „Es waren besonders ihre langen Beine und die dünnen langen Antennen und daß sie aus dem Nichts hervorkamen. Das scheint sehr wichtig: es hat etwas mit meinen Eltern oder Sex zu tun.“ Er denkt wieder an Selbstzerstörung, sieht das Exekutionskommando, möchte Streit anfangen und spricht über seine homosexuelle Fellatio: „Sie ist *bittersüß* wie Drogen und Trinken. Ich entsinne mich, als ich etwa 8jährig war, wurde ich von einem 15- oder 16jährigen gezwungen, Fellatio an ihm auszuführen. Ich war kein williger Partner. Er zwang mich nieder; ich weinte. Dort kam alles zusammen: Sexualität, gezwungen zu werden, die Falschheit.“ Er verfolgt den Faden weiter zurück: der Käferphobie ging eine *Haarphobie* voraus (über Haare in der Badewanne oder auf dem Teller), und er setzt sich rasch bewegende Haare und Beine mit dem Geschlechtsverkehr der Eltern und mit der ihm später aufgedrungenen Fellatio gleich. Ich bemerke eine ähnliche *Spaltung seiner Gefühle* wie beim „erdrückten Knaben“: während er sich bei diesem Zwischenfall nur an die freudige Erregung (excitement) erinnert, aber sein Entsetzen und seine Schuld verdrängt habe, erinnere er sich beim „Haar“ an Ekel und Grauen, aber habe die Erregtheit (excitement) vergessen. Doch werden beide verdrängten Teile in den Handlungen wiederholt: im ersten Fall in Form seiner zwanghaften Selbstzerstörung, dem unheimlichen Gefühl, er werde von Rachegöttinnen verfolgt, von der hereinbrechenden Schicksalskatastrophe; im zweiten Fall in der zwanghaften Wiederholung des masochistisch-homosexuellen Aktes, mit der diesem innewohnenden maßlosen Wut.

Daraufhin taucht plötzlich eine sehr klare frühe Erinnerung auf:

> Ich befand mich noch im Kinderbett (crib), es ist ein Blitzlicht des Gedächtnisses, ohne Einzelheiten. Ich hatte einen schrecklichen Geschmack im Munde und fühlte mich sehr eingeschränkt. Es war ein Tintengeruch, wie ein altes Stück Sellerie. Es ist eine überwältigende Erinnerung. Es war vor Worten. Es hat keine Substanz, nur diesen Geruch und diesen Geschmack und die Empfindung, daß ich angebunden war. Ich muß zwei Jahre alt gewesen sein. Es war, als ob ich am Ersticken wäre.

Die tiefe Bedeutung dieser Erinnerung enthüllte sich nicht, doch vermute ich, sie drückte die früheste Version einer Urszenenerfahrung aus: die Bitterkeit hilfloser Wut, Eifersucht, das Ausgeschlossen- und Angebundensein und die Enge – vielleicht, gerade angesichts des Zusammenhangs, der Anblick der Fellatio? Oder handelte es sich um eine frühkindliche sexuelle Mißhandlung?

Er kehrte sofort zurück zum Gedächtnisbild vom sterbenden Jungen, der *Gefühlsspaltung* dabei und den ihn verfolgenden (haunting) Gefühlen nachher:

> Ich hätte es verhindern sollen – aber ich hatte ja nichts damit zu tun. Es gab doch meinerseits keinen Anlaß zum Tadel (fault), bestimmt nicht! Aber er war immer so nett zu mir gewesen, und ich war ein schlimmes Kind; ich war eifersüchtig und höllisch wütend darauf, daß meine Mutter mich zwang, die Sachen mit ihm zu teilen.

So ist die Erinnerung an den zerquetschten Knaben gleichsam ein Knotenpunkt, in dem alle seine Urszenengefühle zusammenlaufen: Wut, Angst, Schuld, lustvolle Erregung, Eifersucht, Scham, Hilflosigkeit, das Gefühl, von der Mutter verraten worden zu sein, die Zweideutigkeit des tatenlosen Zusehens. Ist vielleicht die Kinderbettchenerinnerung ein ähnlicher, wenngleich weit früherer Knotenpunkt und frühe Deckerinnerung?

Dann fügt er hinzu, wie ein Mädchen ihm Jahre später vorgeworfen habe, daß er den Jungen nicht gewarnt habe und wie er selbst seine Unschuld beteuerte. Auch mir scheint es so, daß die Stärke der Schuldgefühle, die ihn seither verfolgt haben, für viel mehr als nur für eine Phantasie sprächen. Selbst seine im Gedächtnis festgehaltenen Bilder von „Glücklichsein“ und „freudiger Erregtheit“ mögen Schuld verursacht haben. An dem Punkt schaltet er sofort wieder um zur Urszene: „Die Käfer erscheinen plötzlich aus dem Nichts, in der Nacht, und es ist etwas wie die Eltern, wenn sie Sex hatten.“ Er denkt daran, wie verführerisch seine Mutter gewesen sei: „Sie hatte nur ein Unterhöschen (slip) an, wenn sie mich badete; ihre Brüste hingen mir gerade ins Gesicht. Mein Vater empörte sich darüber.“ Es fällt ihm weiter ein, daß viele der Kämpfe zwischen den Eltern davon ausgingen, daß der Vater die Mutter verdächtigte, daß sie mit möglichen Liebhabern flirtete. Andreas drückt steigenden Haß und Verachtung gegen seinen Vater aus: er sei ein Spieler, ein „Buchmacher“ gewesen, ein Geldverschwender, habe das Essen sich über sein Gesicht gesudelt, „ein gefräßiges Schwein“. Dann eine schreckliche Erinnerung: „Er kaute Zigarren und spuckte sie überall in der Wohnung herum. Es füllt mich mit dem gleichen Widerwillen wie die Käfer.“ Er schüttelt sich und fährt fort: „Er ließ seinen Wind fahren, brauchte eine schmutzige Sprache und fluchte, aber seine ekelhafteste Gewohnheit war die, daß er sich an seinen Hoden kratzte und dann seine Finger beschnupperte.“ So ist es wahrscheinlich, daß Haar und Wasserkäfer für den ekel- und haßerregenden, analsadistischen Vater zu stehen kamen – aber auch für das damit verbundene, positive Gefühl, das nun in den masochistisch-homosexuellen Erniedrigungen zum Ausdruck gelangt.

Und sowohl der Komplex des „erdrückten Knaben“ wie das ihm unerklärbare, ihn überwältigende Weinen bei der Beerdigung des Vaters weisen auf die gewaltige Schuld über seine mörderische Wut gegen den Vater hin. Er betont, er habe kein männliches Bild gehabt, zu dem er hätte emporschauen und mit dem er sich hätte identifizieren können, mit der Ausnahme später des Schwagers, und auch dies nur vorübergehend.

Jede Depression, jeder Unheimlichkeitssinn von einer hereinbrechenden Katastrophe kann fortab entweder auf ein weiteres Stück *unbewußter Schuld* zurückgeführt werden, die immer wieder auf den toten Knaben, auf den Haß gegen den Vater und die Urszene hinweist, oder aber auf *unbewußte Scham,* die zurückweist auf die erzwungene Fellatio, die masochistische Unterwerfung unter den analsadistischen Vater und die Entmännlichung.

Er kommt auch darauf zu sprechen, welch merkwürdiges Gefühl er nach der Tötung des „Wölfleins" gehabt habe: „Ich brauchte 2 Monate, bis es mir leid tat. Ich hatte niemals in meinem ganzen Leben mich so ruhig gefühlt; es war, als ob die Last der ganzen Welt mir von den Schulter gehoben worden wäre. Es war das einzige Mal in meinem ganzen Leben, daß ich irgendeine echte Macht besaß." Ich glaube, auch dies stellt einen Kompromiß dar: *der Mord gab der unbewußten Schuld Substanz und Grund und führte zunächst zu wirklicher Strafe und wirklicher Sühne;* er war symbolisch ein vatermörderischer Zorn, getragen von Eifersucht und Rachewunsch; er löschte die Scham seiner Hilflosigkeit und der Unterwerfung unter seinen Vater, diesen homosexuellen, aber verabscheuten Verführer und dessen Nachfolger aus. Er verlieh ihm die selbstgerechte Rationalisierung: „Ich befreite die Welt von einem Ungeziefer", – eher eine „Irrationalisierung".

12.6 *„Unterjocht, doch wirklich unterjochend, beherrscht, doch wirklich beherrschend"*

Andreas wird sich im Verlauf der Therapie seiner extremen Ambivalenz gegenüber beiden Eltern klar. Wohl als Ausdruck seiner idealisierenden, beinahe symbiotischen, aber auch tief ambivalenten Übertragung auf mich reagiert er auf eine Reihe persönlicher Krisen meinerseits mit dem erneuten Auftauchen der „Unheimlichkeitsstimmung" („haunting, ominous feelings"), der Fremdheit, des Nichtpassens, des Versagens, der Selbstzerstörung. Ein Traum von einem verwunschenen Haus, ein Knabe, der in der Toilette Stuhlgang hat, Andreas schreit vor Schreck. Er kann mir etwas, worüber er sich am meisten schämt, nicht sagen, doch weiß er selbst nicht, was er vor mir verschweigt. Am wahrscheinlichsten bezieht es sich auf die analmasochistischen, homosexuellen Impulse, die er nun von neuem auszuleben beginnt. Wiederum wird etwas außen, in Form von Externalisierung, aus unbekannten inneren Gründen ausgelebt – die *homosexuelle Befriedigung,* der sogleich extreme Verdüsterung und Schuld folgen, „die freudige Spannung zuerst, da ich etwas Verbotenes tue, ohne daß ich ertappt werde, aber dann, daß ich mich darüber so schuldig fühle und so schäme, daß ich es Ihnen 2 Wochen lang nicht sagen konnte. Und ich war so miserabel, dachte, ich würde erwischt, das Schicksal werde mich vernichten und ich werde in der Schule durchfallen." Ein Blitzlichtbild: „Übelkeit angesichts meines Vaters – daß ich nie wie er werden möchte, sondern wie diese Jünglinge, die ich nachts auflese und an denen ich Fellatio ausübe." Er bezweifelt seine geistige Gesundheit und Selbstkontrolle und spürt eine tiefe Verbindung zwischen homosexuellen und mörderischen Impulsen, doch versteht er ihren Zusammenhang noch nicht.

Die Verknüpfung besteht im *„Masochismus“:* Er wird sexuell erregt, wie er davon hört, daß eine Frau *Kinder mit Gürteln schlägt* (also die klassische, von Freud beschriebene Schlagephantasie), was nun zu einer Mikroanalyse eines wichtigen Teils des Ausagierens führt: „Es ist das gleiche sexuelle Gefühl bei den homosexuellen Wünschen – daß ich bestraft werde, daß es falsch ist, daß ich vollständig von jemandem anderen beherrscht werde, daß er totale Macht über mich besitze. Es ist, als ob ich in einen Spiegel blickte; daß ich letztendlich selbst in Kontrolle bin: *Ich spiele es ja nur, als ob ich kontrolliert und ausgenützt würde,* und ich veranlasse den Partner, daß er mir meinen Kopf zu seinem Penis niederzwingt. Würde ich die Kontrolle wirklich einbüßen, würde das Ganze sich sofort in etwas höchst Unangenehmes verdrehen. *Ich will masochistisch sein, aber ich will die Situation beherrschen.* Wenn ich die Kontrolle verliere, wenn ein Mädchen oder ein Mann wirklich die Peitsche hervorzieht, werde ich rasend. Es ist paradox: *Ich genieße einen homosexuellen Akt, solange ich vortäuschen kann, daß die Person mich unter ihrer Kontrolle hat und mich zur Fellatio zwingt, daß ich von jemandem unterjocht werde, der stärker ist als ich – aber sobald der andere dies wirklich glaubt, bricht meine Stimmung abrupt zusammen.*“

Es handelt sich also um ein ganz prekäres Gleichgewicht zwischen zwei nahezu gleich starken Teilen, welche nicht wirklich im Konflikt stehen miteinander, sondern vielmehr nebeneinander in einer merkwürdigen Spaltung mit abrupten Umschlägen koexistieren: *die Illusion totaler Macht / die Illusion masochistischer Unterwerfung.* Auch im sozialen Bereich besteht diese Doppelheit.

Er bemerkt dazu, daß dieser ganze Bereich von Homosexualität/Masochismus (und die beiden sind für ihn beinahe identisch) für ihn zutiefst beängstigend und zugleich anziehend sei, voll von Furcht, Schmerz und Lust. Es gemahnt ihn lebhaft an die Kindheitsphantasie von der grausamen, verprügelnden Nachbarin und den folternden Feinden: „Es war Sex, gar nicht Tapferkeit; ich wünschte, meine Eltern wären grausamer mir gegenüber gewesen.“ Er erinnert sich an ihre fürchterlichen Zwistigkeiten. Wäre körperliche Gewalt eine Erleichterung gewesen von diesem nie endenden Anschreien und Schmollen? Seine Mutter nahm Sexualität auch als Marter an, genau wie er es selbst mit der ersten Fellatioszene im Alter von 8 getan hat: *„Er bezwang mich mit so übermächtiger Gewalt; es war damals, daß sich Masochismus und Homosexualität verschmolzen.*“

Es kommen Träume, wo er Zeuge ist, wie seine Frau vergewaltigt wird; er denkt an seine Eifersucht, als er zuerst mit seiner Frau ausging und fügt ganz von sich aus hinzu: „Teil jener Eifersucht war meine eigene Homosexualität: daß sie etwas tat, dessen legale Ausführung mir verwehrt war.“

An dem Punkt, beinahe 4 Jahre nach Anfang der Therapie, fragt er mich, ob er auf die Couch liegen könne, um freier sprechen und assoziieren zu können – offenbar auch z. T. deswegen, um der Scham zu entgehen, die ihm diese schmerzlichsten Probleme verursachten. (Zu der Zeit sah ich ihn 2- bis 3mal wöchentlich, und die Methode begann mehr und mehr einer regulären Analyse zu gleichen.) Die *Übertragungsscham* ist stark: „Sie können doch gar nicht anders, als daß Sie von mir als einer sehr kindischen Person denken müssen, ganz so, wie ich mich selbst als sehr närrisch sehe. Ich achte Sie und möchte Sie beeindrucken. Daran liegt mir viel.“ Ein anderer Traum: „Daß meine Frau mit jemandem anderen Beziehungen hat; es war bittersüße Agonie, ein masochistisches Gefühl, *die Lust im Schmerz, in der Agonie, in der Qual.* Ich beobachtete sie, wie als ich meinen *Vater auf meiner Mutter liegen* sah. Es war schmerzvoll und doch auch merkwürdig lustvoll, ähnlich einem Geschwür im Munde, das man immer wieder berühren muß. Mein Vater war sehr groß, 240 Pfund, wie ein Walfisch, und in den Träumen erfahre ich wieder jene Faszination. Eine andere Phantasie in der Kindheit: *gefesselt zu werden, so daß ich mich nicht rühren konnte, und mit einer Peitsche geschlagen zu werden, aber nur gerade soviel Schmerz zu empfinden, daß es noch lustvoll war,* unter die komplete Beherrschung durch die Macht eines anderen zu geraten, oder vielleicht eher so, daß ich den anderen dazu benutze, daß ich die Macht besitze, ihn als Mittelglied zu benutzen, damit ich vollständige Herrschaft über mich selbst besäße. *Gleichzeitig bin ich sowohl vollständig hilflos und bin total Meister über mich selbst.* Und was so selbstzerstörerisch ist: ich gestatte dieser bittersüßen Lust, mein Leben zu bestimmen.“ Er denkt an die Selbstgeißelung in der Kunst und an Cellinis Autobiographie.

Die gegenwärtigen *homosexuellen Akte* erscheinen ihm wie Versuche, *das Trauma der erzwungenen Fellatio zu bewältigen.* Mein Eindruck ist, daß sie als Abwehrvorgänge sowohl *Wendung vom Passiven ins Aktive* wie auch *archaische Verdrängung/ Verleugnung mit resultierender Spaltung (oder Verdoppelung)* umfassen. Die sowohl mit Angst wie mit lustvoller Erregung erlebten Szenen des Geschlechtsverkehrs der Eltern, des getöteten Knaben und der erzwungenen Fellatio verwandeln sich von Situationen extremer Passivität, Hilflosigkeit und Ohnmacht in solche, bei denen die Selbstunterjochung bloß gespielt wird, die aber ihm die wirkliche und vollständige Kontrolle und Macht verleihen. Alle diese Erlebnisse kombinieren in sich sexuelle Erwartungsfreude und Faszination mit Akten brutaler Gewalt und Grausamkeit, die masochistisch immer wieder ausgespielt und neuinszeniert, doch gleichzeitig von ihm insgeheim kontrolliert und beherrscht werden; diesen folgen dann zwar Schuld-, Reue- und Schamgefühle, doch zugleich damit eine Entspanntheit und Befreiung von seinem lärmigen Zorn und seiner Streitsucht. Erst dadurch wird er wieder arbeitsfähig! Der Schamteil in diesem Ablauf ist vermutlich der Reaktion auf das Neuabspielen der frühen Szene in ihrer masochistischen Version, der Identifizierung mit der versklavten und kastrierten Mutter zuzuschreiben; während Schuld, Entspannung und Freiheit von Wut seine Antwort auf das Macht- und Kraftgefühl sind, die Identifizierung mit der kontrollierend-kastrierenden, sadistischen Seite des Vaters. So widerspiegelt *die Spaltung im Sinne der Verdoppelung des Selbst die verdrängte doppelte Identifizierung mit dem sadistischen Vater und der masochistischen Mutter in der Urszene und ihren, von ihm stark sexualisiert erlebten Streitszenen.* Sein lebenslanges, überaus zerstörerisches *Strafbedürfnis* in mannigfachen Formen von *Demütigung und Selbstmörderischkeit* wiederholt diese *3 Grundtraumata in gespaltener, doppelter Form.* Darin liegt aber auch ein *Gefühl der Macht und des Besondersseins,* seiner *Sonderberechtigung* und *Anmaßung* („entitlement“), das von *Schuld* begleitet wird: eine *sadistisch-narzißtische Fassade.* Versteckt dahinter lauern die alldurchdringenden Gefühle von *Abhängigkeit, Schwäche, Versklavung,* die ihn mit verhohlener *Scham* erfüllen. So gleicht sein Leben einer andauernd gefährlichen Fahrt zwischen der *Szylla von beschämender Niederlage und Demütigung,* die zu blinder *Wut und zum Mord* führen, und der *Charybdis von schuldhaftem Erfolg, Triumph* und damit dem *Zwang zur Selbstsabotage*.

An dem Punkt der Einsicht tauchen nun neue Aspekte der Wut-Schuld-Beziehung mit seinem Vater auf: In einem Traum erdrosselt er zunächst „den alten Mann“ – der ihn jedoch nur auslacht, und dann tötet er sich selbst, indem er sich von einem hohen Sprungbett in die Tiefe stürzt. Er erkennt überhaupt nicht, daß der alte Mann sich auf seinen Vater beziehen könnte. Wie ich ihn auf die Abwehr aufmerksam mache, lacht er auf, und plötzlich kommt ihm ein Wutausbruch gegen seinen Vater in den Sinn, als er 8jährig war, und zwar eben, als ihn sein Vater auslachte, und damit erinnert er sich an das ihn erfüllende Gefühl hilfloser Wut und Lächerlichkeit. „Ich wollte ihn damals wirklich töten“, aber Wut, Haß und Verachtung wurden sogleich in Suizidwünschen und in Scham gegen sein Selbst gerichtet. (Die offenbar vorhandenen Übertragungsbedeutungen sind im gegenwärtigen Zusammenhang ausgelassen worden.) Neue Erinnerungen tauchen auf, wenn er von der Furcht spricht, er könnte seinen Verstand verlieren „und etwas tun, worüber ich keine Kontrolle habe und das ich nicht tun möchte“. Er entsinnt sich, wie er mit ungefähr 9 Jahren bei einem Kampfspiel von einem sehr schweren Jungen überrannt wurde, der ihn in den Boden niederdrückte (pinned down) und buchstäblich seinen Ellbogen zermalmte und zersplitterte. Er mußte danach lange Zeit im Spital bleiben. „Zwei Jahre später sah ich, wie derselbe Junge über einen hohen Zaun kletterte. Ich stieß ihn herunter, und so brach auch er sich seinen Arm.“ Er verbindet weiterhin diese klaustrophobische Angst, zu Boden gedrückt, erdrückt und eingesperrt zu werden, mit seiner Panik, von einem fremden Anteil seines Selbst besessen zu werden, die Kontrolle zu verlieren, zu ertrinken. Er kontrastiert dies mit dem Totschlag, wo es kein derartiges Gefühl gab. Dann kommt die folgende Erinnerung:

> Als ich etwa 7jährig war, nahm mich mein Vater eines Abends zum Strand. Er ging einen seiner Freunde besuchen, einen Buchmacher. Er sagte mir bloß, im Wasser nicht zu weit hinauszugehen und ließ mich dann allein. Ich ging hinein. Aber plötzlich gab der Boden nach, und ich begann zu ertrinken, denn ich konnte nicht schwimmen und war auch nie zuvor am Strand gewesen. Ein Mädchen sprang herein und rettete mich. Nachher schuldigte mich mein Vater an, daß ich etwas Falsches getan habe, und ich wurde angeschrieen. Ich bezweifle es, ob meine Mutter je von dem Zwischenfall erfuhr.

Er stimmt mir bei, daß die Nachlässigkeit und Indifferenz des Vaters in dieser Episode eine mörderische Qualität besitze. Dieser Aspekt ist Andreas zuvor nicht eingefallen, aber ist sowohl überraschend wie überzeugend, und er selbst macht nun die Verbindung zwischen der gegenseitigen Mörderischkeit in seiner Beziehung mit dem Vater und der mit dem „Wölflein“. Er erinnert sich auch daran, wie ihm sein Vater wegen jeder geringfügigsten Zuwiderhandlung, wie wenn er 15 min zu spät nach Hause kam, den Vorwurf machte, der Sohn „töte“ ihn. Später habe er ihm auch gesagt, das Schlimmste wäre, wenn er Drogen nähme und es würde ihn, den Vater, töten. Es war tatsächlich nur etwa ein Jahr vor dem Tode Vaters, daß Andreas begann, sich mit Narkotika einzulassen – offenbar ein magisches Mittel, die väterliche Erpressung in Form dieser Todesdrohungen ein für alle Male zu beendigen.

12.7 *Doppelleben*

„... ein tragischer, vertrauter Schatten, ... mit nackten braunen Armen, die sich über das Gleißen des Höllenstroms strecken, des Stroms der Dunkelheit",[6] heißt es in Joseph Conrads *Heart of Darkness*, des Lieblingsdichters von Andreas. In seinen eigenen Worten: „Oft wird mir alles zu einer solchen Tragödie, so dunkel und traurig, trotz aller Einsicht. Dann empfinde ich es so, daß ich eine Tragödie lebe und daß die anderen das erkennen können; dann benutze ich Homosexualität, Gewalttätigkeit oder Drogen, um meine Selbstachtung zu erhöhen und den Schmerz zu beseitigen. *Ich führe ein Doppelleben – Tragödie und Triumph.*"

Leider kam Andreas' Psychotherapie zu einem plötzlichen und unerwarteten Ende: Mehr als 4 Jahre nach ihrem Anfang und $1^1/_2$ Jahre nach Beginn seiner sehr erfolgreichen beruflichen Studien fand er die Zeit gekommen, sich auch vom Methadon zu entwöhnen, ganz langsam, mit verstärkter psychotherapeutischer Intensität (von 2 auf 4 und 5 Wochenstunden). Trotz größter Sorgfalt fühlte er sich schlechter und schlechter: sehr deprimiert, unfähig, etwas zu unternehmen, leer, einsam, auf unbestimmte Weise nervös, ängstlich, unbehaglich. „Die Depression liegt wie ein Gewicht auf meinem Magen. Ich bin an nichts interessiert. Ich habe nichts gern und werde gereizt über jede Kleinigkeit. Ich bin fast schlafwandlerisch. Es ist eine völlige Schwärze, die mich auf allen Seiten einschließt." Diese sich vertiefende Depression mit klarer Anhedonie, Depersonalisierung und allen Anzeichen der Somatisierung schlug, als das Medikament auf 10 mg reduziert worden war, um in Verzweiflung und drohende Gewalttätigkeit. Er drohte seine Frau, sich selbst, mich umzubringen, einen Raubüberfall auf eine Bank zu machen, einfach um aus der Depression auszubrechen. Weder Valium noch Librium halfen. Er nahm wieder Heroin, Methadon und Methamphätamin. Einzig das letztere schien zu helfen, und auch dies nur für einige Stunden. Er betrank sich jeden Nachmittag, ohne daß ihn dies aus der Tiefe gerissen hätte. Endlich wurde seine Methadondosis wieder, Schritt für Schritt, auf 40 mg zurück erhöht. Doch die schwere Depression hielt an. Daraufhin wurde die Entscheidung gemacht, ihm ein trizyklisches Antidepressivum, Elavil (Amitriptylin) zu geben. 10 Tage gingen ohne Veränderung vorbei, und dann war, über Nacht, die Depression, zu seiner vollständigen Überraschung verschwunden; „Ich fühle mich völlig verändert. Ich habe mich nie in meinem ganzen Leben so gut gefühlt, auch nicht mit (illegalen) Drogen. Jetzt ist es mir wieder möglich, zu arbeiten und Hoffnung für meine Zukunft zu haben. Es ist, als ob ich ein neues Lebensrecht (a new lease on life) hätte. Ich habe sogar Vertrauen, daß ich es auch ohne Methadon schaffen werde."

Nach der Unterbrechung wegen meiner Sommerferien kehrte Andreas aber nicht mehr zur Therapie zurück, brach auch die Elavilbehandlung ab, verblieb aber unter Methadon. Als ich ihm zufällig begegnete, sprach er mich in großer Wut daraufhin an, daß ich ihn für meine eigene Eitelkeit zur Entziehung „gezwungen" habe.

---

[6] „... a tragic and familiar Shade ... stretching bare brown arms over the glitter of the infernal stream, the stream of darkness."

Der wirkliche Grund stellte sich aber erst allmählich heraus. Als ich diesen Bericht zur Publikation aufschrieb, fragte ich ihn um seine Erlaubnis; er gab sie mir gerne und schriftlich. Doch als ein Auszug davon, natürlich in verhüllter Form, in einer Fachzeitschrift erschien, machte ihn einer der Kollegen im Programm darauf aufmerksam, aus Gründen, die leicht zu erraten waren. Der Patient war empört darüber, namentlich über die Enthüllung der Homosexualität darin. Er warnte eine Reihe von Therapeuten im Programm, daß er nun auch mich zu töten gedenke, und es war eigentlich nur dank des Eingreifens mehrerer verantwortungsbewußter therapeutischer Berater, daß diese Gefahr abgewendet werden konnte. Später gelang es ihm, obwohl noch immer auf niedrigen Methadondosen, doch ohne Elavil und in fortgesetzter Psychotherapie bei einer Kollegin, seine Studien abzuschließen und sich in einer hochverantwortlichen Stelle in der Stadtverwaltung zu bewähren.

Ich bin recht sicher, daß er die Therapie mit mir aus massiver Enttäuschung an mir und an sich selbst und wegen der daraus folgenden Wut und Schuld abzubrechen hatte. Sich seiner eigenen Vergangenheit und den damit verbundenen inneren Problemen zu stellen, bedeutete eine nicht abreißende Kette narzißtischer Kränkungen, und so entschloß er sich: „Von jetzt an will ich nur in die Zukunft und auf äußerliche Fragen schauen.“ Auch frage ich mich, ob nicht die Therapie, und ganz besonders das Liegen auf der Couch, wiederum eine Situation bedeuteten, die das Klaustrum wiederholten, nämlich so, wie er sich in den Boden gedrückt (pinned to the ground) und erniedrigt erlebt hatte; dagegen gab es für ihn auch diesmal nur das Dilemma: entweder zu kämpfen oder zu fliehen.

Heute würde ich freilich noch einer anderen Vermutung großes Gewicht beilegen: Ich führte diese Behandlung vor etwa 20 Jahren durch. Zu jener Zeit wurde ich mehr und mehr, unter der Supervision von Jenny Wälder-Hall, davon überzeugt, daß ich bei analytischer Psychotherapie weit wirksamer sein könnte, wenn ich, statt Triebdeutungen zu benützen, das Hauptaugenmerk auf die Abwehrseite legte. Diese Betonung ist denn auch aus dem gegebenen und dem noch zu bringenden Material gut ersichtlich. Es war erst später, dank der Arbeiten von Paul Gray, daß ich weit mehr auch auf *die Übertragung der Abwehr* und ganz besonders auch auf die *Über-Ich-Übertragung* achtete. Obwohl Andreas nicht ein Fall war, den ich in Psychoanalyse im eigentlichen Sinne sah, spielen diese technischen Erwägungen eine Rolle. Ich halte es heute für wahrscheinlich, daß ein Motiv für den Therapieabbruch und für die Morddrohung dabei ein Ausdruck der Über-Ich-Übertragung war: das höhnische und quälende, ja ihn zum Tode verurteilende Über-Ich, sein z. T. *unbewußtes analsadistisches Gewissen,* wurde bei mir wiedererlebt und gefürchtet, eine es entkräftende Gegenfigur wurde bei mir gesucht. Meine Unterstützung und Billigung, ja die Inspiration durch mich, war ein wichtiger Teil der Besserung und der Fortschritte. Doch wie er einen Beweis für seine schlimmsten Befürchtungen zu finden wähnte, schlug alles um, und die sein Leben bestimmende *Wendung vom Passiven zum Aktiven,* hier in Form der *mörderischen Rache für jede vermutete Kränkung und Beschämung,* kam auch jetzt zum Zug: die rabiate Grausamkeit, die das Gewissen gegen ihn richtete, mußte sich nun auf die Verkörperung dieses Gewissens in der Außenwelt stürzen und diese zerfleischen. Noch manche Jahre später bekannte er seiner Therapeutin, wie sehr er mich umzubringen trachte.

Diese durchgehende *Abwehr des Masochismus durch Sadismus, gerade auch in der Übertragung, und spezifisch in bezug auf Über-Ich-Aspekte,* ist für mich eines der wichtigsten technischen Hilfsmittel in der Behandlung der schweren Neurosen geworden und darüber hinaus auch eine der wertvollsten Einsichten in die Genese von Aggression überhaupt. Der Masochismus seinerseits wäre dann auch bei diesem Fall in der bei den anderen Patienten als so wertvoll erkannten Prämisse von *Macht durch Leiden* begründet. Die Masse der *narzißtischen Phantasien dienen dem Schutz gegen die Hilflosigkeit* in traumatischen Situationen zuerst, dem *Schutz gegen den Ansturm der Über-Ich-Verurteilungen* in zweiter Linie.

12.8 Traumatisierung, Überstimulierung und Narzißmus

Beim Versuch, das Gerüst der metapsychologischen Abstraktionen zur Erfassung des Materials zu benützen, ist es wertvoll, mit einem *genetischen* Verständnis dieses noch immer rätselhaften Mannes anzufangen. Ohne Zweifel ist er *massiv und kontinuierlich durch seine Kindheit hindurch traumatisiert* worden: vor überwältigende äußere Geschehnisse gestellt und daher mit unlösbaren inneren Konflikten und den darausfolgenden Affekten belastet.

Es gab vom Alter zwischen 5 und 9 mehrere klare traumatische Erinnerungen: den „zerschmetterten Knaben", das „Ertrinken", die „erzwungene Fellatio", den „zerschmetterten Arm", – alle mit vielfältigen Konsequenzen.

Sie alle dienten aber auch als sehr drastische Bestätigungen der Phantasien, die sich mit früheren Traumata und den damit verknüpften Ängsten beschäftigten. Symbolisch stand vermutlich der „zerschmetterte Knabe" besonders, als machtvollste Bestätigung, für Kastrationsangst, und auf tieferer Ebene, für Ängste vor Zerstückelung und Selbstvernichtung oder -auflösung.

Dieses Trauma des „erdrückten Jungen" mag aber auch zu einer sehr wichtigen Deckerinnerung für die nahezu vergessenen, aber mindestens ebenso traumatischen (früheren wie späteren) Urszenenerlebnissen und für die häßlichen Kampfszenen zuhause geworden sein. Bei beiden Vorkommnissen (beim Tod des Spielfreundes und der Ur- und Streitszene daheim) ist die charakteristische *Ich-Spaltung:* „Ich sehe, fühle und verstehe das nicht – und doch muß ich es anerkennen" basiert in der *Doppelheit:* „Es ist zugleich beängstigend und lustvoll erregend, dem zuzusehen!" Diese Ich-Spaltung war für ihn zeitlebens ein Problem und noch immer aufdringlich während seiner Therapie.

Die Deckerinnerung muß zusammengenommen werden mit einer der ältesten Gedächtnisbilder: die Erregung über das Männchen im Radio des Schlafzimmers, das er ja mit seinen Eltern bis ins 8. Jahr teilte, und sein Wunsch, ihn in die Gewalt seiner Hände zu bringen und ihm Schmerz zuzufügen. Ich vermute – und dies muß Spekulation bleiben –, daß dieses Bild mehrere gleichzeitige innere Wirklichkeiten zu decken hatte.

Die eine war seine eigene, durch die Beobachtungen des elterlichen Verkehrs stimulierte Masturbation. Da ja seine ganze Frühzeit so allgemein von sexualisierter Aggression durchdrungen war, namentlich von deren sadistischen Form, muß auch seine eigene Masturbation ebenso stark an zugefügten oder erlittenen Schmerz gebunden gewesen sein.

Die zweite Annahme ist die, daß er wünschte, seinen Vater anzugreifen und ihn zu kastrieren: daß der kleine Mann, den er packen und sadistisch abreißen wollte, seines Vaters Penis darstellte. Eine leicht veränderte Version davon ist aber die, daß er dabei in der Phantasie in erotisch sadistischer (nicht kastrierender) Weise mit dem Penis des Vaters spielte und ihn sich einverleibte. Man wird sich ja erinnern, daß er selbst noch zur Zeit der Behandlung einen wichtigen Teil seines Sexuallebens zur masochistischen Durchspielung eines solchen homosexuellen Aktes benutzte. Dazwischen war er in seiner Adoleszenz sogar noch näher am Original: als er nämlich ältere, „respektable“ Herren seinen Penis absaugen ließ, sie dabei demütigte und sich selbst in einer durchaus sexuell-sadistischen Stellung befand; später war dies dann umgekehrt. Ich werde darauf zurückkommen.

Eine dritte und nicht weniger wahrscheinliche Deutung des „Männleins im Radio“ ist die Phantasie vom Phallus der Mutter, dessen Abwesenheit natürlich eine solche Bedrohung für seinen eigenen bedeuten würde, daß er mit großer Faszination und Erregung „ins Innere“ sehen und sich in „perverser Neugier“ ergehen mußte – wiederum in einer sehr sadomasochistischen Form (vgl. dazu auch den Voyeurismus von Thomas in Kap. 6).

Dazu muß man sich angesichts der Tiefe und Schwere seiner *narzißtischen Konflikte* wundern, ob die Belebtheit des verborgenen Männchens, das nur mit „Mühsal und Schmerz“ entdeckt werden kann, nicht ihn selbst darstellen könnte. Wir wissen ja, daß er sich nur in den *lustvollen Erregungen bei der narzißtischen Wut oder bei seinen masochistischen, „das Selbst suchenden“, hochriskanten Abenteuern wirklich lebendig, nicht depersonalisiert* fühlt. War das Männlein ein Bild des lebendigen Selbst, das sich versteckt unter den in Halluzinationen, Träumen und Phobien gesehenen *Käferpanzern* befand, ein Bild des tief verletzten, narzißtisch äußerst leicht verwundbaren Selbst, aber zugleich auch eines magisch mächtigen, sprachgewaltigen, sich zeigenden und zusehenden Selbst, das von einer mechanischen Hülle umgeben war, von einem Schutzpanzer, einem beängstigend einengenden Klaustrum gefangen, ein Selbst, das immer wieder und auf schmerzliche Weise zerschlagen wurde? War das schon eine Frühversion all der *depersonalisierenden Spaltungen,* die durch sein ganzes Leben hindurchlaufen?

Eine fünfte Deutung füge ich heute, beinahe 20 Jahre später, hinzu; sie hat für mich die größte Plausibilität: daß das verborgene Männlein eine sehr einleuchtende Symbolisierung für sein Gewissen sein könnte: es beobachtet und spricht, und seine Reaktion darauf ist nicht nur Neugier, sondern besonders auch Grausamkeit und sexuelle Erregung, die sowohl seinem tiefen „moralischen Masochismus“ wie auch der Abwehr durch Umkehrung, durch nach außen gerichtete Aggression, sehr wohl gerecht wird: Er möchte das Männchen mißhandeln, da es ihn mißhandelt.

Alle 5 Deutungen lassen sich auf das spätere, als Deckerinnerung dienende Bild vom „zerschmetterten Knaben“ (wiederum hypothetisch) anwenden, obgleich in weit traumatischerer und massiverer Form: diesmal nicht in Gestalt von „Entdeckung", sondern als Zerstörung jener 5 Äquivalente (diese sind: sein eigener Penis, der des Vaters, der der phallischen Mutter, sein Selbst, sein Gewissen).

Besonders dieses Geschehnis des „erdrückten Jungen", diesmal nicht als Deckerinnerung, sondern als gewaltiges Trauma in eigenem Recht, mag, zusammen mit den späteren Traumata, als große Kraft dahin gewirkt haben, (regressiv) von den offenen und auch heute noch teilweise bewußten Manifestationen des Ödipuskomplexes zurückzuweichen. Damit beziehe ich mich auf die wohl erinnerten Mordgedanken gegenüber seinem Vater und die umgekehrt vermutete Mörderischkeit von seiten seines Vaters, die ebenso klar erinnerte sexuelle und emotionelle Verführerischkeit seiner Mutter. Die Regression wäre dann auf starke Fixierungen auf früherer Ebene erfolgt: nämlich auf *anal-sadistische und -masochistische Deutungen* seines ganzen Lebens, auf Phantasien, die konstant neu verwirklicht wurden, indem er unablässig nach „lustvoller Erregung" („excitement") in der äußeren Wirklichkeit jagte. Der Ekel vor Vaters offener Masturbation verdeckte mit dünner Hülle seine eigenen masochistischen Wünsche, sich ihm zu unterwerfen. Doch umgekehrt schaltete er abrupt in die mörderisch-sadistische Rolle um – die Todeswünsche gegenüber dem Vater und die beinahe magisch anmutende „Tötung" des Vaters (durch seine Sucht), seine adoleszente Homosexualität, seine beiden mörderischen Angriffe auf „Freunde", die Drohung, zum Angriff überzugehen, falls sein masochistisches „Spiel" seiner „totalen Kontrolle" entglitte; schließlich die Todesdrohungen mir gegenüber, samt dem Abbruch der Therapie.

Doch ging die Regression unter der Wucht aller Traumata weiter zurück, auf eine *oral-narzißtische* Position. Es ist nicht notwendig, die reichliche Evidenz dafür zu wiederholen. Ich glaube mit Stolorow, daß die sadomasochistischen Akte und Haltungen u. a. *auch* so verstanden werden können, daß sie narzißtischen Bedürfnissen dienen. Er zitiert (1975) Keiser, „daß in der masochistischen Perversion der Masochist einen subjektiven Zustand (sense) ‚kompleter Kontrolle' über seine Bestrafung und seinen sadistischen Partner erreicht".[7] Er schließt auf Grund Kohuts Theorie, daß „der kompensierte *Masochist* in typischer Weise eine narzißtische Reparation dadurch zu erzielen versucht, daß er das Bild des *idealisierten Elternteils* auferstehen läßt. Der strukturell beschädigte offene *Sadist* strebt am häufigsten Selbst-Kohäsion, Selbst-Identität und Selbst-Achtung an, indem er versucht, sein *grandioses* Wunschselbst zu reaktivieren und in seiner Gültigkeit zu bestätigen."[8] In einem vom selben Autoren beschriebenen Fall hatte ein masochistischer Patient ebenfalls eine Besessenheit mit Käfern; im Gegensatz zu Andreas handelte es sich dabei um eine direkte sexuelle, Käfer involvierende Perversion. In Stolorows Rekonstruktion kam es zur folgenden Grundgleichung: das Zerquetschen eines Käfers durch eine Frau = Zerquetschen des Penis = ein durch Schmerz begrenztes und zusammenhängendes

---

[7] „. . . that in the masochistic perversion the masochist achieves a sense of ‚complete control' over his punishment and his sadistic partner" (Stolorow 1975).

[8] „. . . the compensated masochist typically seeks narcissistic reparation by resurrecting the idealized parent image. The structurally deficient overt sadist most commonly strives for self-cohesion, self-identity and self-esteem by attempting to reactivate and validate his grandiose wishful self" (Stolorow, S. 445 f.).

Selbst = masochistische Lust und narzißtische Wiederherstellung. Bei Andreas war es statt dessen eine Käferphobie, vielleicht deswegen, da die lustvolle Erregung in der eben gegebenen Grundgleichung zu mörderisch gewesen wäre, um annehmbar und bewußt zu werden: Auch in der Hinsicht verstecken sich bei ihm die masochistischen Gleichsetzungen hinter der sadistischen Fassade.

Diese Regression auf eine oral-narzißtische Fixierung wurde durch den Narzißmus der Eltern selbst und ihre Verwöhnung des Knaben unterstützt. Tatsächlich wurde sein *narzißtischer Berechtigungsanspruch* („entitlement“) ebenso stark genährt wie seine *narzißtische Hilflosigkeit und Ohnmacht* (man mag dabei ebenso Peer Gynts wie dessen Autors gedenk sein!).

Die früheste Erinnerung, das „Flash“bild vom Kinderbett, ist seiner Bedeutung nach unbekannt. Seine Kennzeichen sind „bittersüß“, „festgebunden zu sein“ („being tied down“) und „sprachlos“. Wir vermuteten, es könnte sich auf sehr frühe Urszenenerlebnisse, und mit diesen verknüpften Überstimulierungen und möglichen direkten Verführungen, beziehen, auf eine gemischt orale und masochistische Erfahrung überwältigenden Charakters. Diese würden sich dann bis in die Gegenwart hinein in den ebenfalls „bittersüß“ genannten homosexuell-masochistischen Träumen und Akten wiederholen. War der Geschmack im Mund Milch, Samen, Urin, des Vaters fäkaler Gestank, oder eine synästhetische Erfahrung der Überstimulierung mit ihrem Durcheinander von Aggression = Sexualität = Leiden, ähnlich dem „fäkalen overload“ sowohl bei Thomas wie bei Reuben? Auch Albert nannte seine masochistischen Phantasien „bittersüß“, die Gleichsetzung von Lust und Leiden, und ebenso sprach der Held von Dostojevskis *Aufzeichnungen aus dem Untergrund* davon.

Zuletzt, aber sicher nicht zumindest leben alle beschriebenen Traumata und die Regression auf den Sadomasochismus und den archaischen Narzißmus weiter im unheimlich-verfolgenden *Doppelgefühl von Schuld und Scham,* in der beständig neu in Wirklichkeit umgesetzten Selbsterniedrigung und Selbstzerstörung, der Katastrophenahnung. Die Über-Ich-Funktionen drücken sehr archaische, sehr sadistische und sehr grandiose Erwartungen aus und werden sehr leicht wieder veräußerlicht (reexternalisiert).

12.9 Sequenz der Abwehrvorgänge

In Hinblick auf den *strukturellen* Gesichtspunkt wurde schon sehr viel dargelegt: die Wichtigkeit von *Ich-Spaltung* und *Über-Ich-Spaltung* als Folge schwerer *Konflikte über Narzißmus und Aggression* (es wäre wohl genauer zu sagen: Konflikte, die durch schwere Traumatisierung und damit verbundene Affekte ausgelöst wurden und bei denen fortan in aggressiv-sadistischer wie narzißtisch-grandioser Weise versucht wird, mit diesen akuten und chronischen Traumata fertig zu werden, Konflikte, die aber nun ihrerseits zu überwältigenden Affektstürmen führen), die *doppelte Identifizierung mit einem sadistischen Vater und einer „erdrückten“ Mutter,* und seine daraus resultierende *gespaltene sexuelle Identität,* die abrupten, zumeist unerwarteten

Umschläge von *schambeladener, doch erotisierter Passivität* in *schuldhafte, ebenfalls erotisierte Mörderischkeit, Triumph und Aktivität,* Umschläge von einer Persönlichkeit in eine andere, im Sinne *multipler Persönlichkeit,* wobei das *Alternieren von Sadismus und Masochismus (genauer gesagt: von sadistischen und von masochistischen Konfliktlösungen)* einen wichtigen Schlüssel zum Verstehen bildet.

Hier bedarf es trotzdem einiger wichtiger Zusätze, zunächst in Form einer *Ich-psychologischen Rekonstruktion:*

Andreas beschreibt, was sich in ihm abgespielt habe, als er mit 19 in die Bowery in New York ging und sich betrank; die gleiche Sequenz ereignete sich in verschiedenen anderen Zusammenhängen, wie wenn er sich mit Drogen oder in homosexuellen Aktivitäten einließ.

1. Die Sequenz beginnt mit „irgendeinem großen Ereignis (big event), einem großen Erfolg oder einer großen Niederlage; beide haben dasselbe Resultat: Trauer, Enttäuschung, Einsamkeit." Es handelt sich um eine hohe, entweder gerechtfertigte oder aber weit übersteigerte Erwartung, namentlich im Sinne seiner eigenen *Großartigkeit.* Die Wirklichkeit kann dieser *grandiosen* Erwartung nie nahe kommen. So stürzt dann die Selbstachtung abrupt ab. Diese Phase des Prozesses können wir die *narzißtische Krise* nennen.

2. Der nächste Schritt besteht darin, daß die Gefühle überwältigend, global, archaisch, körperlich empfunden und nicht in Worten faßbar werden: „Ich spüre eine fremde Macht in mir, die ich nicht benennen kann; alle Schranken sind verschwunden." Er beschreibt einen unbeherrschbaren Einbruch von Wut und Scham und Verzweiflung. Dies ist unzweideutig der Vorgang der *Affektregression* und damit eine Generalisierung und Totalisierung dieser archaischen, oft präverbalen Affekte (s.v.a. die Arbeiten von Krystal). Es handelt sich damit um einen Zusammenbruch der *Affektabwehr:* die gewöhnliche Kombination vielfältiger Abwehren, der Dämme also, die solche Affektfluten zurückhalten, erweist sich als mangelhaft.

3. Was hernach geschieht, ist am wenigsten klar: Der Affekt scheint zu verschwinden; es bleibt bloß eine vage, doch unerträgliche Spannung, vielleicht eine Sehnsucht, eine hektische Suche nach lustvoller Erregung und Erleichterung, eine Stimmung von zielloser, doch unerträglicher Rastlosigkeit, ein Begehren, das dem „craving" nach Drogenentzug sehr ähnlich ist: „Ich dachte, daß ich etwas anderes sei, sah mich als einen Gegenstand, einen Charakter in einem Buch, wobei ich die Erzählung über mich selbst schuf, vielleicht einen Roman. Dabei bin ich tatsächlich nicht mehr des Schmerzes bewußt. Nun ist man es nicht mehr, es ist ein Charakter im Buch, das man schafft. Mein ganzes Leben ist so: *ein Teil, der handelt, und ein Teil, der beobachtet.*" Der intellektuelle, beobachtende Teil ist nicht ganz am Leben; der handelnde lebt. Wie Alexander der Große, der Achilles mit Homer vergleicht, sagt unser Patient: „Es ist besser, der Charakter zu *sein,* als über ihn in einer Novelle zu *schreiben*" – besser zu handeln als zu beobachten. Der Vorgang ist hier offenbar der der *Dissoziierung,* einer Form der *Spaltung zwischen beobachtendem und handelndem Teil des Ichs,* mit Depersonalisierung als wichtigem Ergebnis. Diese Spaltung oder *Verdoppelung* beinhaltet eine massive *Verleugnung* der inneren Realität, namentlich die der überwältigenden Affekte (als *Affektblockierung*). Andere Abwehrformen, wie Verdrängung, Verneinung, Projektion spielen mit, verblassen aber im Vergleich mit der Ab-

wehr durch Verleugnung/Affektblockierung. Dazu gehört aber auch eine die Verleugnung unterstützende *Gegenphantasie, welche die Realitätswahrnehmung entkräften soll („invalidating fantasy“).*

4. Es folgt eine wilde Getriebenheit zur Handlung, das Suchen nach einer konkreten äußeren Lösung für den inneren und verleugneten Konflikt: „Es war unerträglich; ich mußte etwas in der äußeren Wirklichkeit unternehmen, um die Situation zu ändern, gleich was.“ Gewalttat, Masochismus, Drogen, das Suchen nach Risiko und Aufregung, Erwischtwerden – der genaue Modus dieser Abwehr durch *Externalisierung* ist für ihn im Augenblick nicht so wichtig. Was zählt, ist die *Abwehr durch konkrete Handlung in der Außenwelt, die magisch das Leben verändern soll.*

5. „Es war etwas Faszinierendes, als ich zur Bowery ging. Es zog mich an: mich zu zerstören, ein Penner (bum) zu sein. Es war pure Selbstzerstörung.“ Zu anderen Zeiten ist es zügellose Wut. „Ich mache Fortschritte, und dann habe ich ganz plötzlich den unwiderstehlichen Drang, auszubrechen, alles, was ich aufgebaut habe, zu zerschlagen; und dann liege ich einen Monat lang zerschmettert am Boden, und nur langsam richte ich es wieder auf, meine Selbstachtung, oder das, was ich in der Gesellschaft erreicht habe.“ Dieser 5. Schritt bezieht die *narzißtische Aggression* mit ein, gewöhnlich in Form des „Ausbrechens“, der Grenzüberschreitung, der Verletzung sozialer Schranken, des feindseligen Angriffs auf andere oder der Selbstvernichtung, dem anderen und sich selbst Schmerz zuzufügen, andere zu demütigen und sich selbst zu schänden.

6. „Wenn die Verzweiflung siegt, wird die Frage der Ehrlichkeit lächerlich.“ Der Ertrinkende schert sich nicht um Integrität. Das Gewissen wird völlig irrelevant. Vertrauenswürdigkeit, Verläßlichkeit, Verpflichtungen anderen gegenüber werden zwar anerkannt, doch ihrer Bedeutung beraubt und behandelt, als ob sie absolut keinen Sinn hätten. Das aber heißt, es handelt sich um eine *tiefe Spaltung* des *Über-Ichs,* als Folge der Abwehrvorgänge von Verleugnung, Projektion und Externalisierung.

7. „Wenn mir dieser Ausbruch gelingt, sind der Genuß und die Erregung so groß, daß alles in Ordnung zu sein scheint. Dann bin ich zufrieden: ich fühle mich geborgen. Ich bin anerkannt: die Welt schuldet mir den Lebensunterhalt. Ich erhalte etwas für nichts, und ich verdiene es.“ Es ist mannigfache *Lust,* aber v. a. ist es die *narzißtische Befriedigung eines übersteigerten Berechtigungsanspruches („entitlement“).* Und damit ist aber auch wieder der Boden dafür vorbereitet, daß der Absturz in die narzißtische Krise erfolgt. Der Kreis schließt sich also.

Hier möchte ich noch etwas mehr aussagen über die große Bedeutsamkeit mehrerer Abwehrvorgänge in diesem 7teiligen Kreisvorgang (den ich in meinem Buch *Hidden Dimension* verallgemeinernd als die *Heptade der Spezifität* beim zwanghaften Drogenmißbrauch herausgesondert habe): *Externalisierung* ist benötigt, um dem Selbst seine Begrenztheit und Kohäsion wieder zu geben. Sie muß eine ihm riesig erscheinende Gefahr abwehren, denn ohne ihre Hilfe hieße es: „Ich verliere meinen Verstand.“ Er hatte in der Tat eine Reihe von Zuständen, wo er „in Brüche ging“, sich fragmentierte, z. B. in dem Traum und dem Angstanfall vom verrückten Wissenschaftler, oder der ständigen Furcht, er könnte wahnsinnig werden und seine Nächsten umbringen. Das Gefühl war: „Ich täte etwas, was ich nicht bewußt möchte; daß ich von einer fremden Macht besessen bin, daß alle Schranken niedergerissen würden, daß nicht ich es bin, wie ich es jetzt bin. Was jetzt sinnlos erscheint, würde dann entsetzlich wahr." Äußere Handlung wirkt u. a. als Selbsttherapie für das, was wie ein Mangel an innerer Struktur erscheint, in Wirklichkeit aber eine Art extremer Konfliktlösung darstellt. Selbst in der Therapie ist ihm das Leben ohne solche lustvolle Erregung unvorstellbar, nämlich als *Suche nach einem gefährlichen masochistischen Abenteuer,* z. B. bei einer sadistischen Prostituierten mit einer stählernen Peitsche oder wenn er um 2 Uhr in der Frühe einen homosexuellen Autostopper aufliest. Dieses Sichsehnen nach lustvoller Erregung ist Teil der Flucht vor inneren Konflikten, ein Suchen nach Erleichterung und Entladung in Handlung, und, so glaube ich heute, ganz besonders als *Flucht vor dem Gewissen* zu verstehen.

Das Gegenstück zu diesen Arten der Externalisierung stellt die Abwehr durch *Verleugnung,* besonders gegen Affekte dar: Natürlich sind diese archaischen Gefühle und Stimmungen gerade deswegen so prominent, da die Abwehr gegen sie versagt. Auf der negativen Seite sind es v. a. Depression, Wut, Scham und Einsamkeit, auf der positiven Seite lustvolle Erregung, Faszination, ein Größengefühl, ein Zustand von Kühnheit und Triumph. Alle sind ekstatisch, im Sinne des „Heraustretens aus dem Selbst" und bedürfen der *Affektabwehr in Form der Verleugnung, die künstlich mit Hilfe der Narkotika verstärkt wird.*

So findet sich denn die Hauptabwehrstrategie bei seinen archaischen, v. a. narzißtischen Konflikten in der magischen Art von Konfliktlösung durch Veräußerlichung, nämlich als *Kontrolle durch Handlung, durch das Finden eines magischen Gegenstandes und durch magische Gewalt,* nicht in persönlichen Beziehungen. Wir sind damit wiederum beim Kernmerkmal der Perversion angelangt: der *Dehumanisierung,* der *Verdinglichung,* gewöhnlich als obligatorischem Teil der Sexualität oder dann wenigstens mit Zügen der *Sexualisierung.* Damit stellt sich die hier nicht zu beantwortende Frage, ob nicht der Drogenmißbrauch überhaupt (inkl. Alkohol- und Nikotinmißbrauch) eine Perversion darstelle, handelt es sich doch auch bei ihr gewöhnlich um die nämliche Heptade der Abwehrvorgänge und um das Kernmerkmal der magischen Substanz, Handlung und Gewalt, und auch bei ihr spielt eine sexualisierte, ja orgastische Komponente immer mit.

Als Resultat der Verleugnung (oder allgemeiner: als Ergebnis verschiedener Abwehrvorgänge) ist die *Ich-Spaltung* offenbar: „Dies bin ich nicht; es ist eine fremde Macht, die Herrschaft über mich gewinnt." Dieser abgespaltene Teil seiner selbst ist zwar enteignet und doch nicht wirklich unbewußt, von grauenerregender Gewalt und beständig drohend und wird immer wieder und doch nur mit vorübergehendem Erfolg durch die Rauschgifte gestillt, – dieser Teil weist zurück auf die geschilderten Traumata. Aber damit stoßen wir auf etwas, das dynamisch besonders bedeutend ist:

Es ist nämlich offenkundig, welch große Wichtigkeit bei ihm die *Phänomena der Spaltung* als Ergebnis der Abwehrvorgänge besitzen. Wir haben mehrere recht verschiedene Gestaltungen solcher Spaltung angetroffen.

Eine erste ist eine Art der *Isolierung* oder Disjunktion, in Zuständen gewaltigen Affektsturmes, mit dem Resultat der *Fragmentierung von Gedanken und Gefühlen,* der Unfähigkeit zu verbinden. Ich glaube, ein gutes Beispiel dafür ist seine Erfahrung des Mordes und dessen Wiedererleben in der Erinnerung, wo jede einzelne Sekunde total von der anderen geschieden ist, – ein tiefes Gefühl der *Diskontinuität.*

Eine zweite Form ist die eben zuvor erwähnte: daß er den Verstand verliere, daß er *alle innere Zusammengehörigkeit (cohesion) unter dem Ansturm der Affektregression verliere.*

Eine dritte, von ihm häufig beschriebene Form ist besonders interessant, nämlich der fast künstlerische Riß zwischen dem *beobachtend-schöpferischen und dem handelnd-erlebenden Selbst.* Obwohl er das Wirklichkeitsgefühl nur dem letzteren zuschreiben möchte, glaube ich, daß es sich vielleicht eher um ein „flüssiges“ Hin-und-Her des Realitätssinnes handelt, einer viel tieferen und beweglicheren Spaltung, als bei der gewöhnlichen Depersonalisierung (wie ich sie z. B. in Kap. 11 von *Die Maske der Scham* dargestellt habe): daß nämlich zeitweise die beobachtenden, dichterischen Ich-Funktionen als das wahrhaft lebendige Selbst erfahren werden, ein Selbst, das mit gespanntem Erstaunen und einem Lächeln auf den „ganz-anderen“ blickt. Jener „andere“ ist dann eben der „Fremde, Unwirkliche“, „nur eine Gestalt in einem Roman“. Dann wieder ist es umgekehrt so, daß das aktiv handelnde, aber wirklich aggressive und selbstsabotierende Selbst, das das Leben in Abenteuern und wilden Akten der Raserei und des Anspruches aufs Spiel setzt und allen Verpflichtungen und Versprechen zuwiderhandelt, erst das wahrhaftig „Lebendige“ ist, indem es aus dem Käfig von Unwirklichkeit und Absonderung auszubrechen vermag. Mit anderen Worten: Depersonalisierung ist bei ihm ein wechselhaft schillerndes, fast über sich taumelndes Symptom. Wie erwähnt, vermute ich, daß das „Männlein im Radio“, eine im Verborgenen beobachtende, sprechende, aber eingeschalte Selbstgestalt, ein Vorgänger des Teiles ist, der jetzt durch den „gefesselten Dichter“, den „Schaffer des Romans“ repräsentiert wird.

Diese dritte führt zur vierten und wohl wichtigsten Form der Spaltung über, in zwei grundverschiedene Gesamtpersönlichkeiten („intersystemische Suborganisationen“, beide mit Über-Ich-, Ich- und Triebanteilen) (Lichtenberg u. Slap 1973): Auf der einen Seite ist es der verantwortungsbewußte, ehrliche, arbeitsame und erfolgreiche, heterosexuelle Mann, der zwar voll in Kontrolle seines äußeren Lebens ist, doch unter einem nagenden Schuldgefühl und der Angst vor hereinbrechender Bestrafung leidet. Doch spürt diese erste Persönlichkeit auch den untergründigen Berechtigungsanspruch, das Recht auf Sonderbehandlung und Ruhm, einen ständig anstachelnden Drang, die Grenzen zu überqueren, sich nicht wie andere einschränken zu lassen, das Gefängnis von Gesellschaft und Natur zu sprengen. Ihr Gegenstück, die zweite Persönlichkeit ist der homosexuell-masochistische, kastrierte, schwache, doch zugleich auch verantwortungslose Abenteurer und Zerbrecher, der unerwartet der unheimlichen Trauer, der Verzweiflung und der Einsamkeit erliegt und sich Erleichterung durch die geheimen Handlungen zu verschaffen sucht – die Persönlichkeit, die davon angezogen wird, nachts durch Straßen voll Drogenverkehrs und Verbrechen zu wandern, der wochenlang seine Studien düster-resigniert aufgibt, der passiv herumlungert und von Gefühlen der Schande und der Scham beherrscht wird und sich masochistisch in Hoffnungslosigkeit und Verzweiflung wälzt. Wir erkannten diese Art der Spaltung als Ergebnis der *doppelten Identifizierung mit Vater und Mutter* und verknüpften diese mit den Urszenenerfahrungen. Auch hier spielt in beiden Teilen der Schmerz eine zentrale Rolle: entweder ist er der Quälende und Tötende oder er erleidet und genießt den Schmerz.

Darüber hinaus gibt es aber auch noch eine fünfte und weit regressivere Version der Gespaltenheit: die zwischen *Roboter und Ungeheuer.* Wie die anderen hier dargestellten Patienten kommt auch Andreas immer wieder auf die tiefe und zuweilen überwältigend starke Angst zu sprechen, daß eine *wilde Bestie* in ihm eingesperrt sei, bereit auszubrechen, zu foltern und zu morden, ganz besonders die Menschen, die ihm am liebsten und am nächsten sind.

Das Pendant zur Bestie ist der *„Käfer": total depersonalisiert,* ohne Gefühl, ohne Leben. In dieser regressivsten Version der beiden gegensätzlichen Suborganisationen erscheinen die Figuren nahezu unifunktional. Das Monstrum („das wilde Tier") ist einfach blind rasende Wut, unkontrollierte Aggression; der Roboter („der Käfer") eine totale Verleugnung aller Gefühle und eine radikale Abtrennung und Isolation von allem, was menschlich ist. Der erschreckende Aspekt davon ist der, daß bei Andreas diese archaischste Spaltung nicht nur gefürchtete Phantasie und Traum blieb, sondern während der Entwöhnung und den beiden mörderischen Ausbrüchen furchtbare Wirklichkeit wurde. Ich vermute, daß entgegen dem Anschein diese beiden Teilfiguren tatsächlich gar nicht so einfach und unifunktional sind: im Grunde ist das „wilde, in die Falle geratene Tier" die Wut, welche die beängstigendste Vereinigung mit der Mutter abzuwehren hat, das Rasen gegen die unbewußt gewünschte Rückkehr zum Klaustrum, während der „Käferpanzer", alle Schichten der Entfremdung, nicht nur eine Abwehr gegen diese Wut durch absolute Getrenntheit bedeutet, sondern auch eine Wiederkehr des Verdrängten (des Wunsches zur Vereinigung mit der Mutter), obwohl als lebloses, erstickendes Klaustrum. So wären sogar diese archaischsten Figuren schon Kompromißlösungen.

Blicken wir über diese 5 Spaltungsformen in Sequenz zurück, wird jede umfassender und tieferreichend, archaischer und regressiver, und auch über viel längere Zeitstrecken hin, als die vorangehende. Die fünfte hat psychotische Qualität. Alle 5 befinden sich auf einem Kontinuum.

Wie bei allen Typen der Spaltung haben verschiedene Drogen eine radikal andere Wirkung. Narkotika vermindern das Ausmaß manifester Spaltung sehr, während ihr Entzug oder die psychedelischen Drogen und interessanterweise die Neuroleptika, wie Thorazine (Largactil) und Melleril das Zünglein an der Waage dramatisch verschieben: vom kontrollierten, bewußten Gebrauch der Isolation in Form konzentrierter Arbeit zum regressivsten Ende des Spektrums. Alkohol hilft in kleinen Dosen gegen den Spaltungsvorgang, während größere Dosen ihn massiv verstärken; tatsächlich geschehen die schlimmsten Durchbrüche der sonst abgespaltenen Seite, wenn Andreas viel getrunken hat. Doch erfolgt dies ohne Amnesie; es ist in dem Sinn kein pathologischer Rauschzustand. Wahrscheinlich beseitigen höhere Dosen von Alkohol die Abwehr durch Verleugnung und Verdrängung und erlauben der anderen Seite, die Herrschaft zu ergreifen. Plötzlich geschieht dann der Umschlag davon, welcher Teil der beherrschende ist; ein Umschlag, der Handlung, dominierendes Selbstbild und Wirklichkeitssinn diktiert: Sadist und Masochist, Mörder und Opfer, Bestie und Käfer, Schuld und Scham, Beobachter und Handelnder, Homosexueller und Heterosexueller wechseln sich sehr rasch ab, in wildem Hin und Her; was jetzt real und führend ist, wird im nächsten Moment unreal und abgelehnt.

Es ist faszinierend, wieviel kognitives Funktionieren, inkl. ausgezeichneter Selbstbeobachtung und Selbstausdruck erhalten geblieben sind und wie damit auch höchste Leistungen im Beruf wie in der Therapie möglich gewesen sind, trotz dieser massiven Spaltungsvorgänge. Auch der Gebrauch von Humor und Selbstironie bezeugen diese Intaktheit, ebenso die Stabilität seiner Ehe und auch die langedauernde Solidität des Arbeitsbündnisses in der Therapie. Dieser Mann ist nicht schizophren, trotz der Schwere der Pathologie. Nur auf der 5. Ebene der Regression, die nur in kurzen Momenten ausgelebt, obwohl zeitlebens befürchtet wird, erreicht der Konflikt psychotisches Ausmaß, wohl im Zusammenhang mit den Ängsten und Wünschen, die Grenzen zwischen Selbst und Mutter aufzulösen, die durch blinde Wut abgewehrt werden.

Trotzdem ist der Wert der Symbolbereiche für ihn wegen der schweren inneren Konflikte, besonders der Verletzlichkeit für Scham, stark beeinträchtigt:

> Wahrhaftig ist Kunst etwas, was ich mein ganzes Leben hindurch erstickt habe. Zeichnete ich, wurde ich kritisiert, und ich versuchte es nicht wieder. Worin ich nicht sofort gut war, versuchte ich mich nicht wieder darin, aus Angst vor der Kritik. Dasselbe gilt für das Schreiben. Meine Empfindlichkeit erstickte alles. Daher liebe ich die Mathematik. Sie ist entweder vollkommen oder falsch, unausgeführt, aber sie ist jenseits der Kritik.

12.10 Das gespaltene Über-Ich

In bezug auf die Anteile des Über-Ichs:

Er hatte in seinem Leben nur 2 bewußte männliche Idealfiguren: der alte Nachbar, der sich tötete, und der Schwager, der zu einem für Andreas entscheidenden Zeitpunkt starb. Die Übertragung war 4 Jahre lang klar idealisierend, was es ihm ermöglichte, *zu überpersönlichen Idealen zurückzukehren:* zu Werten, nämlich zu wissenschaftlicher Wahrheit, wenigstens zeitweise zur Treue gegenüber Frau und Kindern und viel später zur rücksichtslosen Ehrlichkeit sich und mir gegenüber.

Plötzlich schlug aber diese bisher unanalysierbare Übertragung in eine negative, dämonisierende Haltung mir gegenüber um, als er sich von mir „verraten“ fühlte: gekränkt, in seiner Homosexualität bloßgestellt und damit heillos beschämt.

Zumeist bedeuten ihm Drogen und sadomasochistische Abenteuer eine Art „Gegenwert“: etwas das, ähnlich wie wir es bei Hedda Gabler angetroffen haben, seinem leeren, langweiligen Leben einen Inhalt verlieh, ihm eine künstliche Erregung gab und seine Selbstachtung kurzfristig erhöhte. Doch mußte dieser „Gegenwert“ im Bewußten entwertet und abgewiesen werden.

Archaische Schuld, Scham und Über-Ich-Spaltungen sind natürlich Zentralthemen seines Lebens. Das *Ausmaß der Selbstbestrafung, der erwarteten Katastrophe und Schicksalsvergeltung, also des „moralischen Masochismus“,* windet sich als ein roter Faden durch Leben und Therapie. Die enorme Schamempfindlichkeit auf eingebildete oder wirkliche Kränkung erwies sich in einem Mord und mehreren nahezu mörderischen Geschehnissen. Die Gespaltenheit des Über-Ichs ist unverkennbar – ein sehr ehrlicher Mann von großer Integrität gegenüber einem impulsiven Mann, der Perversion, Totschlag und Täuschung rücksichtslos in Tat umsetzt:

Wenn die Verzweiflung die Herrschaft übernimmt, wird die Frage der Ehrlichkeit irrelevant, lächerlich. Oft schien es mir so, als ich unter Drogen war, daß ich nur noch eine Woche zu leben habe, da die Drogenzufuhr versiegen wird. Oder ich hoffte, die Droge wäre stark genug, mich zu töten. Dann war es einfach lächerlich, an Integrität oder Ehrlichkeit überhaupt zu denken. Das war keine Frage des Grades mehr, sondern ein *Quantumsprung, ein vollständig anderer Geisteszustand.* Einmal stahl ich wirklich einen Radioapparat aus einem Geschäft, als ich um das Geld betrogen worden war und die Droge nicht erhalten hatte. Ich war so wütend und krank. Es wäre für mich ein Leichtes gewesen, die Person umzubringen, aber umgekehrt war es sehr schwierig, das Radio zu stehlen; das war viel traumatischer als das „Wölflein" zu erschießen. Ich marschierte zitternd aus dem Geschäft, mit dem Radio unter dem Arm. Es war unerträglich. Ich mußte eben etwas Äußerliches tun, um die Situation zu verändern. Würde ich erwischt, fein; wenn nicht, hätte ich wenigstens das Geld für die Droge. Mit beiden Resultaten würde die Spannung sich vermindern.

12.11 Kompromißbildungen

Vom *dynamischen* Gesichtspunkt aus sind, wie schon erwähnt, die intensiven Konflikte aggressiver und narzißtischer Qualität besonders prominent.

Seine „homosexuell-masochistischen Abenteuer" zeigen Kompromißbildung in Objekt und Ziel: Das Objekt ist ein nicht besonders „männlicher" Jüngling von etwa 17 Jahren, entwürdigt, doch gefährlich, ersehnt, doch unstabil, vorübergehend. Es ist ein zusammengesetztes Bild eines Mädchens mit Phallus (der phallischen Mutter), plus des anal-sadistischen Vaters, plus des idealen Selbstbildes als eines sadistischen, starken Knaben, der in Kontrolle ist, plus des entwerteten Selbstbildes der masochistisch schwachen Frau. Das Ziel ist Vereinigung, Identifizierung mit diesem Objekt plus masochistische Unterwerfung plus sadistische und v. a. narzißtische Kontrolle und Macht: „Es ist schließlich *mein* Spiel!" Dabei ist er sich sehr klar über seine eigene Doppelrolle in dieser Szene: zugleich ist er der alte Mann, aber unterjocht, und „der Junge, wie ich damals war", aber triumphierend, gleichzeitig allmächtig und hilflos, Quäler und Opfer, spielerisch-vortäuschend und brutal-real, Vater und Mutter, schuldig wegen der hintergründigen Feindseligkeit, sich über die Unterwerfung und die Getriebenheit schämend, gesetzbrechend und sühnend.

Seine Gewalttaten sind v. a. eine wilde Bekräftigung seiner Männlichkeit, ein Protest gegen die Schande, nicht ganz als Mann anerkannt zu werden, sich selbst als homosexuell, schwach und kastriert vorzukommen. Er spricht von der Überquerung einer „unsichtbaren Linie", eben der Schamgrenze, die seine mörderische Wut auslöst. Zugleich sind sie konkrete Verbrechen, die, als tatsächliche Schuld, zu wirklicher Sühne für seine enorme und andauernde unbewußte Schuld führen sollen (s. Freuds „Der Verbrecher aus Schuldbewußtsein"). Drittens sind sie eine verhüllte Form des Suizids: er hätte sich ebenso gut selber wie den anderen umbringen können, findet er. Viertens stellen sie symbolisch einen sadistischen Gegenangriff und Mord gegen den höhnischen Vater in einer Substitutfigur dar. Und damit sind sie 5. eine Abwehr gegen unbewußte homosexuelle Wünsche in einem Dreieck, hatte er doch

z. B. Gruppensex gehabt zusammen mit dem künftigen Opfer. Und endlich 6. war ja der Ermordete selbst ein Mörder; man kann sich fragen, ob es nicht damit eine Rache am Töter war, in Verteidigung aller „erdrückten" Opfer.

Das erstickend grauenvolle Klaustrum symbolisiert sowohl die verführerische wie die verschlingende Mutter und ganz besonders das unerbittliche, analsadistische Über-Ich. In der Therapie nahe zu sein, abhängig zu werden, ruft die Angst hervor, gefesselt und verschlungen zu werden und muß mit paranoidem Zorn abgewehrt werden.

12.12 Andreas als tragischer Charakter

Er macht, wie viele der hier beschriebenen Patienten, einen besonders „tragischen Eindruck". Er sagt es selbst: „Ich lebe eine Tragödie", oder: „Warum zieht mich alles Tragische an? Warum habe ich immer dies unheimlich schicksalhafte Gefühl?" Oder wie eine Patientin es formulierte: „Es ist als ob das Schicksal alles vernichtete, was ich in meinem Leben versucht habe. Ich war und bin ein Mißerfolg, verfolgt von Katastrophe, Entstellung und Abweisung. Warum lebe ich weiter?" Es ist einfach eine andere Metapher für das, was ich durchwegs hier als „moralischen Masochismus" beschrieben habe, wobei sein dämonisches Über-Ich und dessen Zwang, die tragischen Erfahrung stets zu wiederholen, gleichsam ein Niederschlag der schweren Traumatisierung ist. In Fenichels Worten:

> Diese Patienten sind „traumatophile" Menschen, deren Charakter die Struktur einer traumatischen Neurose zeigen und die ihr ganzes Leben sich darum bemühen, die Wiederholung einer sehr schmerzlichen Erfahrung aus ihrer Kindheit zu vermeiden, doch gleichzeitig sie immer wieder zu erleben suchen, um endlich imstande zu sein, sie durch die ständige Wiederholung zu bewältigen.[9]

Der „tragische Charakter" wie der „tragische Held" leisten durch ihr Leiden Sühne für das Verbrechen, das sie begehen wollten oder begangen haben. Bei Andreas ist es die neidisch-eifersüchtige Rache an seinen als verräterisch erlebten Eltern (schließlich auch wiederholt in der Übertragung).

Doch das Entscheidende ist auch bei ihm das sadistische Über-Ich, dessen verfolgender Gewalt er sich nie ganz zu entwinden vermag. Und dieses stellt seinerseits jene unerträgliche Doppelmacht von Schuld und Scham dar, der wir bei den hier dargestellten Fällen immer wieder begegnet sind: unausweichlich verfällt der Patient der Verurteilung, ob für Stärke oder für Schwäche, ob für Erfolg oder für Mißerfolg.

Auch bei Andreas habe ich den Eindruck, obwohl die fragmentäre Behandlung mir keine feste Schlußfolgerung erlaubt, daß die *Perversion sekundär da ist: nämlich um*

---

[9] „These patients are ‚traumatophilic' persons whose characters have the structure of a traumatic neurosis and who strive all their lives to evade the repetition of a severely painful childhood impression but simultaneously seek to experience it again and again in order finally to be able to master it by continual repetition" (Fenichel 1941, S. 94).

mit der Über-Ich-Problematik fertig zu werden. Das heißt, daß *der manifeste sexuelle Masochismus* auch hier *der Verarbeitung des moralischen Masochismus dienen* würde. Dieser ist seinerseits ein verinnerlichtes Ergebnis der erlittenen Traumata und Überstimulierung. Solche Verinnerlichung als *Introjektion* paart sich mit *Sexualisierung* und den narzißtischen *Verleugnungen* und Phantasien als 3 kardinale Abwehrformen, die sich gegen das Trauma richten.

Das Dramatischste bei diesem Fall ist aber die *Phänomenologie der vielfältigen Spaltungen.* Ich glaube auch bei ihm, wie etwa bei Thomas oder Albert, lassen sie sich am besten als Ergebnis der massiven und archaischen *Konflikte im Über-Ich* verstehen. Die *narzißtisch-sadistische Fassade der „Ausnahme" und des „Mörders"* verhüllt die innere Wahrheit des *masochistischen Opfers seines archaischen traumatogenen Gewissens.*

12.13 Einige abschließende Gedanken zum „Tragischen"

Im Anschluß an diesen „tragischen" Fall (und manche der hier vertretenen Patienten mit führender sadomasochistischer Problematik haben oder geben einen solchen „tragischen" Eindruck) möchte ich noch einen kurzen Überblick über die dem „Tragischen" zugrunde liegende Konfliktthematik geben, obwohl ich mich damit schon eingehend in *Die zerbrochene Wirklichkeit* beschäftigt habe. Dort habe ich ganz besonders, wie auch bei den hier geschilderten Patienten, auf die extremen und unlösbaren Gewissenskonflikte als Kern der Tragödien wie als Zentraldynamik bei unseren „tragischen" Patienten hingewiesen.

Doch weist die Tragödie über diese tragische Wahl zwischen unvereinbaren, doch absolut vertretenen Werten oder Verpflichtungen, also in unlösbaren Gewissenskonflikten, weit hinaus: Eine zweite prinzipielle, in der Tragödie zum Austrag kommende Art von Konflikt liegt nämlich darin, daß in dieser absoluten Weise, wie die Protagonisten die von ihnen gehaltenen Werte verfechten, der Konflikt niemals lösbar ist, daß es keine ein für allemal richtige Lösung geben kann, sondern daß es nur die vom Chor vertretene Mäßigung ist, das „Maß" überhaupt, die Annahme *beider* Teile des Konfliktes und damit der paradoxen Natur des menschlichen Schicksals, die mit dem Überleben des einzelnen und der Gesellschaft vereinbar ist. Diese Maßhaltung umfaßt die Einsicht, daß die gegensätzlichen Teile des inneren Konfliktes einander ergänzen, daß die Weisheit, das Verstehen der Innerlichkeit als Konflikt, die Versöhnung der bisher aufeinander prallenden Kräfte als *Komplementarität* umfassen muß. Ich glaube, es ist dies, was Anton Kris jüngst in der Dualität von konvergentem und divergentem Konflikt untersucht hat (vgl. auch Rangell 1963). Diese zweite Form von Konflikt ist die *zwischen Absolutheit und Relativität,* zwischen *Unmäßigkeit oder Verblendung (ate, ἄτη) und Maß oder Bedachtsamkeit (sophrosyne, σωφροσύνη).*

Doch auch dies erschöpft die Konfliktnatur, die im tragischen Geschehen zur Darstellung gelangt, noch nicht. Zu Recht wurde immer wieder auf die grundlegende Rolle der *Ananke,* der Zwanghaftigkeit des Geschehens, hingewiesen: *Handlung,*

Wahl und Entscheidung stehen unversöhnbar dem Gefühl, ja der Überzeugung der *Unausweichlichkeit, der absoluten Notwendigkeit des Schicksals* gegenüber. Selbst tat er es, autocheir (αυτόχειρ) mit eigener Hand, sagt Ödipus, doch war es Apollon, der es getan. „Du tust dies freiwillig – hekon (ἕκων) –, daß du meine Mutter und mich anklagest“, wirft Ödipus auf Kolonos dem ihn verfolgenden Kreon vor, „sie und ich taten all dies unfreiwillig – akon (ἄκων) – und unwissend“.

Und selbst dies mag noch nicht genügen, es gibt ein Viertes: Mir scheint, daß im Grund des *tragischen Erlebens* der einzelne sich verzweifelt dagegen aufbäumt, daß sein Leiden *ungerecht* ist, daß das Leiden überhaupt, das Böse in der Welt einer tiefen Ordnung, die man ersehnt und an die man glauben möchte, widerspricht, daß also *das Gerechtigkeitsgefühl und -bedürfnis* dem Sinn der *faktischen Ungerechtigkeit der Weltordnung* entgegensteht – wie im Aufschrei des Ivan Karamasov oder des 4jährigen Kindes, das in die Gaskammer in Belzec geführt wurde: „Mutter, es ist so dunkel hier, und ich bin doch immer so gut gewesen.“

13 *„Mann der gefährlichsten Neugierde“*[1] – *Nietzsche's „fruchtbares und furchtbares Doppelgesicht“ und sein Krieg gegen die Scham*[2]

> *„Was teilt der tragische Künstler von sich mit?* Ist es nicht gerade der Zustand *ohne* Furcht vor dem Furchtbaren und Fragwürdigen, das er zeigt? – Dieser Zustand selbst ist eine hohe Wünschbarkeit; wer ihn kennt, ehrt ihn mit den höchsten Ehren. Er teilt ihn mit, er *muß* ihn mitteilen, vorausgesetzt daß er ein Künstler ist, ein Genie der Mitteilung. Die Tapferkeit und Freiheit des Gefühls vor einem mächtigen Feinde, vor einem erhabnen Ungemach, vor einem Problem, das Grauen erweckt – dieser *siegreiche* Zustand ist es, den der tragische Künstler auswählt, den er verherrlicht. Vor der Tragödie feiert das Kriegerische in unsrer Seele seine Saturnalien; wer Leid gewohnt ist, wer Leid aufsucht, der *heroische* Mensch preist mit der Tragödie sein Dasein, – ihm allein kredenzt der Tragiker den Trunk dieser süßesten Grausamkeit. –“ (Nietzsche, *Götzendämmerung*, „Streifzüge eines Unzeitgemäßen“, 24, S. 147)

Die in diesem Kapitel unternommene Untersuchung entstand ursprünglich unabhängig von dem Buch über Masochismus und galt vielmehr den Problemen des Denkens aus dem Konflikt in seiner Philosophie, den ungelösten Wertkonflikten innerhalb seiner Philosophie und der Rolle von Ressentiment und Scham in seiner Psychologie. Auch jetzt noch stehen diese Themen im Mittelpunkt der folgenden Ausführungen. Und dennoch entpuppte sich im Laufe der Niederschrift eine tiefe Verwandtschaft mit hauptsächlichen Themen dieses Buches; ganz besonders war es seine sich allmählich durchsetzende Wertpriorität, die in erstaunlich relevanter Weise mit der Abwehrstrategie der vierten Masochismusgruppe übereinstimmte. Deshalb entschloß ich mich, diese Gedankengänge jetzt einzufügen und ihnen ein Kapitel folgen zu lassen, das Thomas Manns Auseinandersetzung mit dieser Wertpriorität darlegt.

---

[1] *Genealogie,* I, 14, S. 274.

[2] Englische Fassung geschrieben für die Diskussionsgruppe „Psychoanalysis and Creativity“, Jos. Lichtenberg, Bethesda, 7. April und 30. Juni, 1990.

13.1 *Wertpolaritäten – das Denken in Konfliktbegriffen*

„Die Moral sei etwas Verbotenes!“
(*Fröhliche Wissenschaft*, IV, 292, S. 193)

13.1.1 *„Die unvermischbare Zweiheit (oder Vielheit) in einer Person“*[3]

Unternehmen wir es, das Denken eines unsere Welt entscheidend bestimmenden Philosophen kritisch zu untersuchen, so zwingt uns diese Forschung auch, unsere eigenen *philosophischen* Voraussetzungen zu überprüfen: sie selbst muß philosophisch werden. Vor allem müssen wir darauf verzichten, unsere eigenen *klinischen Kategorien* dabei anzuwenden, ohne sie ihrerseits wieder in Frage zu stellen. Nietzsches Ehrlichkeit und Wahrhaftigkeit erfordert eine ebenso tiefe Verpflichtung zur Wahrheit unsererseits, eine intellektuelle Redlichkeit, die die Grundlagen unseres eigenen Denkens, demnach auch unsere eigenen, weitgehend unausgesprochenen (impliziten) Wertannahmen und -forderungen in Frage stellt.

Und wenn wir auch, wie ich es tun werde, gewisse Aspekte davon „diagnostizieren“ müssen, und so zentral wichtig diese Aspekte für das gesamte „System“ seines Denkens auch sind – und freilich steht es als System vor uns, so sehr er dies auch abstreitet und so sehr ihm Systeme zuwider sind! – so sagt dies noch nichts über deren Wahrheitsgehalt aus, über die philosophische Würde dessen, was er in der Fülle seiner Aphorismen aussagt, – in denen er, wie er selbst in der *Götzendämmerung* (Alten, 51, S. 174) erklärt, „als der Erste unter Deutschen Meister“ ist und die er „Formen der ‚Ewigkeit‘ “ nennt: Vieles behält seine enorme Wichtigkeit und überdauernde Größe, ja mag gerade uns heute, zu dieser Zeitenwende und dem erneuten „Völkerfrühling“, wohl einsichtiger als je zuvor werden.

Ich setze mit einigen Aussagen dieses Psychologen ein, der so viel mehr als nur Psychologe ist:

„Seele als Subjekts-Vielheit“, „Seele als Gesellschaftsbau der Triebe und Affekte“; (*Jenseits von Gut und Böse*, 12, S. 20) –

„einer ..., der, im Gegensatze zu den Metaphysikern, glücklich darüber ist, nicht ‚eine unsterbliche Seele‘, sondern *viele sterbliche Seelen* in sich zu beherbergen“ (*Menschliches, Allzumenschliches*, Bd. II, 17, S. 18) –

„jene gefährlichen Schauder der *gegen sich selbst* gewendeten Grausamkeit“ (*Jenseits von Gut und Böse*, 229, S. 156) –

„Jeder ist sich selbst der Fernste – für uns sind wir keine ‚Erkennenden‘ “ *Genealogie*, Vorrede, 1, S. 240).

„Die Handlungen sind *niemals* das, als was sie uns erscheinen!“ (*Morgenröte*, II, 116, S. 102).

---

[3] „Sogar die Selbsthilfe enthält die *unvermischbare Zweiheit* (oder Vielheit) in einer Person als Voraussetzung“ („*Menschliches, Allzumenschliches*“, 2. Bd., 75, S. 40).

„Alle Instinkte, welche sich nicht nach außen entladen, *wenden sich nach innen* – dies ist das, was ich die *Verinnerlichung* des Menschen nenne ... Die Feindschaft, die Grausamkeit, die Lust an der Verfolgung, am Überfall, am Wechsel, an der Zerstörung – alles das gegen die Inhaber solcher Instinkte sich wendend: *das* ist der Ursprung des ‚schlechten Gewissens' " (*Genealogie*, II, 16, S. 318 f.).

„Den Willen aber überhaupt eliminieren, die Affekte samt und sonders aushängen, gesetzt, daß wir dies vermöchten: wie? hieße das nicht den Intellekt *kastrieren?* ..." (*Genealogie*, III, 12, S. 362).

„... der eigentliche ‚*Kampf der Motive*': – etwas für uns völlig *Unsichtbares und Unbewußtes*" (*Morgenröte*, II, 129, S. 113, meine Betonung).

„... er [der Mensch, dem es anbefohlen wird, sich zu beherrschen] steht beständig mit abwehrender Gebärde da, bewaffnet gegen sich selbst, scharfen und mißtrauischen Auges, der ewige Wächter seiner Burg, zu der er sich gemacht hat" (*Fröhliche Wissenschaft*, IV, 305, S. 204).

Der Psychoanalytiker fühlt sich in diesen tiefen Enthüllungen und Infragestellungen daheim, und doch sind es immer wieder überraschende, dichterische Bilder, in denen Selbstprüfung und Selbsttäuschung neu vor uns hintreten. In der Tat gibt es kaum eine Aussage in Nietzsches Schriften, deren tiefe psychologische Wahrheit sich nicht, direkt fordernd, an den lauschenden und wissenden Sinn des Psychoanalytikers wendet – und doch steht kaum eine nicht zugleich im Dienste einer neuen, spezifischen und letztlich aufwühlend-beunruhigenden Wertpriorität, eines neuen bedrohlichen Über-Ich-Befehls. Aussagen, die die Wahrheit *beschreiben*, wandeln sich unvermerkt in solche, die den Anspruch des *Vorschreibens* erheben, und zur ätzend *verachtungsvollen Verurteilung* („statement of *descriptive* truth is subtly altered into *prescriptive* claim and into *proscriptive* scorn"). So ändert sich unerbittliche Erkenntnis zu ebenso unerbittlichem Richtspruch im Dienste einer spezifischen, absolut gesetzten Wertgleichung – *Stärke = Macht = Leben = gut.*

13.1.2 „Der Philosoph als Arzt der Kultur" (Biographie Janz, Bd. 1, S. 558)

Ehe wir dieser verhängnisvollen Wende in Nietzsches Denken nachgehen, obliegt es uns, dessen Grundzug, der sein Werk auch heute so überaus faszinierend und wesentlich macht, klar herauszustellen, so wichtig eben gerade auch für uns Analytiker: *sein folgerichtiges (consistent) Denken aus dem Bewußtsein des inneren Konfliktes, einschließlich des unbewußten inneren Konfliktes.* In dem Sinne ist es durchaus angemessen, daß Thomas Mann dieses implizit, durch Anwendung des Begriffes auf Schopenhauer, schon Psychoanalyse nennt (*Schopenhauer*, S. 232): „... eine Seelenkunde durchschauender Unerbittlichkeit, die dem, was wir Psychoanalyse nennen, nicht nur vorgearbeitet hat, sondern diese selbst schon ist."

Für uns als Psychoanalytiker gibt es noch einen weiteren, besonders bedeutenden Bezugspunkt für ein solches Neudurchdenken von Nietzsches Philosophie: manche zentrale Aspekte der Lehre *C. G. Jungs* gehen auf eine unkritische Übernahme der ikonoklastischen Gedanken Nietzsches zurück und übersetzen diese in therapeutisches Handeln – ohne dabei der horrenden ethischen Implikationen gewahr zu sein. Tatsächlich erscheinen diese dann als kaum mehr denn ein wenig bedachtes Nachäffen dessen, was bei Nietzsche die tiefste und gewagteste Infragestellung konventioneller Moral ist, ein Bezweifeln, das dem Schmerz und dem tiefsten Fragen entstammt.

Natürlich gab es seinerzeit viele andere solche verbilligte Nietzschegestalten. Unter ihnen sticht Hitler hervor, dessen „Hintertreppenmythus“, wie ihn Thomas Mann nennt, sich von einem halbverstandenen Nietzsche herleitet, nämlich aus der sadistisch-paranoiden Hälfte dessen Denkens, die sich aus dem verborgenen, brennenden Ressentiment herausdistilliert hat.

„Wer Nietzsches Bedeutung für Deutschland kennt, der findet unschwer die Brücke, die den Graben zwischen dem ‚vor‘ und dem ‚nach‘ überwölbt. Ohne diesen letzten deutschen Philosophen läßt sich die deutsche Entwicklung gar nicht verstehen. Sein Einfluß war und ist grenzenlos innerhalb deutscher Grenzen ... Er ist wie Luther ein spezifisch deutsches Ereignis, radikal und verhängnisvoll“, lesen wir am Anfang von *Karl Löwith*'s autobiographischem „Bericht“, „Mein Leben in Deutschland vor und nach 1933“, der 1940 während seines Exils in Japan verfaßt und erst vor kurzem (1986) posthum veröffentlicht wurde (S. 6).[4]

Dabei läßt sich die quälende Frage nicht unterdrücken: Wie ist es zu verstehen, daß es gerade Nietzsches Philosophie war, die, neben der von Marx, eine derart unheimliche Macht *für paranoiden Mißbrauch und für Gewalt* ausübte und so in ganz besonderer Weise die Geschichte des 20. Jahrhunderts bestimmte?

Albert Camus stellt das Problem in der dramatischsten Weise:

> Den Verteidiger des klassischen Geschmacks, der Ironie, der sparsamen Impertinenz, den Aristokraten, der sagen konnte, Aristokratie bestehe darin, die Tugend zu üben, ohne nach Gründen zu fragen, ... den Narren der Rechtschaffenheit, ... den beharrlichen Diener jener „höchsten Gerechtigkeit des höchsten Geistes, dessen Todfeind der Fanatismus ist“, erhob sein eigenes Land, 33 Jahre nach seinem Tod, zum Lehrer der Lüge und der Gewalttätigkeit und machte Begriffe und Tugenden verhaßt, die sein Opfer bewundernswert gemacht hatte. In der Geschichte des Geistes hat Nietzsches Abenteuer, Marx ausgenommen, nichts Gleichwertiges; die Ungerechtigkeit, die ihm angetan wurde, werden wir nie gutmachen können. Ohne Zweifel kennt man Philosophien, die in Geschichte umgesetzt und dabei verraten wurden. Aber bis zu Nietzsche und dem Nationalsozialismus gibt es kein Beispiel, daß ein vom Adel und den Schmerzen einer außergewöhnlichen Seele erleuchtetes Denken in den Augen der Welt durch eine Parade von Lügen und die grauenhaften Kadaverhaufen der Konzentrationslager dargestellt wird. Die Predigt vom Übermenschentum, die mit der methodischen Herstellung von Untermenschen endet, diese Tatsache muß nicht nur aufgedeckt, sondern auch gedeutet werden. Wenn der Abschluß der großen Bewegung der Revolte im 19. und 20. Jahrhundert diese erbarmungslose Versklavung sein soll, muß man dann nicht der Revolte den Rücken kehren und Nietzsches Schrei an seine Zeit wiederholen: „Mein Gewissen und das euere sind nicht mehr ein Gewissen!“ (*Der Mensch in der Revolte*, S. 84 – *L'homme révolté*, S. 103).[5]

---

[4] Ich verdanke Frau Dr. Hildegard Adler in Stuttgart, daß sie mich auf dieses überaus wertvolle Buch aufmerksam gemacht und mir die Möglichkeit gegeben hat, dieses zu studieren. Es war die Lektüre dieses Buches, die mir den Anstoß dazu gegeben hat, diese Nietzsche-Untersuchung zu unternehmen.

[5] „Défenseur du goût classique, de l'ironie, de la frugale impertinence, aristocrate qui a su dire que l'aristocratie consiste à pratiquer la vertu sans se demander pourquoi, ... fou de droiture (‚cette droiture devenue un instinct, une passion‘), serviteur obstiné de cette ‚équité suprême

Dies ist die erschütternde Frage, die wir nicht abweisen können: Wie läßt sich dieser Mißbrauch zum Entsetzen begreifen? Hat denn Nietzsche selbst überhaupt nichts damit zu tun, was in seinem Namen geschehen ist? Ist es lediglich ein elend-entsetzliches Mißverständnis, was geschehen, und eine fast kosmische Ungerechtigkeit, die seinem guten Namen angetan wurde?

Wie läßt es sich verstehen, daß dieser *Kliniker des Selbstbetrugs* und *Ankläger der Verlogenheit* zum *Kronzeugen des Reiches der Lüge* werden konnte? Und vielleicht nicht nur zum Kronzeugen: zu einem der wichtigsten Ahnherren.

Und zugleich: Wie kann er dann mit Fug und Recht einer der großen Wegbereiter der psychoanalytischen Revolution im Menschenverständnis betrachtet werden, zugleich ein Heiler und ein Bringer von Unheil?

„Große Männer sind wie große Zeiten Explosiv-Stoffe, in denen eine ungeheure Kraft aufgehäuft ist ..." (*Götzendämmerung*: „Unzeitgem.", 44 S. 165).

Ehe wir uns der genaueren Analyse dieser Fragen zuwenden, füge ich einen kurzen Exkurs über das Konfliktdenken in der westlichen Tradition ein.

13.1.3 *„Kämpft, aber sündiget nicht!" – Konflikt in der westlichen Tradition*

> „I think continually of those who were truly great."
> (Stephen Spender)

Der Begriff des inneren Konflikts nahm seinen Ursprung nicht bei Freud, doch geht sein systematischer Gebrauch als hauptsächliches Erklärungsmittel auf ihn zurück. Die Sicht vom Innenleben als Konflikt ist grundlegend für die westliche Tradition. Prototypen dafür finden wir schon in den homerischen Epen: Wie Odysseus in der Odyssee (9.302) daran ist, den Zyklopen Polyphem zu erstechen, hält er inne: „... der zweite Gedanke hielt mich zurück – heteros de me thymos eryken (ἕτερος δέ με ϑυμὸς ἔρυκεν)", die Einsicht nämlich, daß er und seine Kameraden unfähig wären, den riesigen Felsblock von der Höhle Eingang wegzuwälzen. Dann gibt es die schöne Stelle in der Ilias (11.402ff.). Mitten im Kampf alleingelassen von den anderen Griechen

de la suprême intelligence qui a pour ennemi mortel le fanatisme', son propre pays, trente-trois ans après sa mort, l'a érigé en instituteur de mensonge et de violence et a rendu haïssable des notions et des vertus que son sacrifice avait faites admirables. Dans l'histoire de l'intelligence, exception faite pour Marx, l'aventure de Nietzsche n'a pas d'équivalent; nous n'aurons jamais fini de réparer l'injustice qui lui a été faite. On connaît sans doute des philosophies qui ont été traduites, et trahies, dans l'histoire. Mais jusqu' à Nietzsche et au national-socialisme, il était sans exemple qu'une pensée toute entière éclairé par la noblesse et les déchirements d'une âme exceptionelle ait été illustrée aux yeux du monde par une parade de mensonges, et par l'affreux entassement des cadavres concentrationnaires. La prédication de la surhumanité aboutissant à la fabrication méthodique des sous-hommes, voilà le fait qui doit sans doute être dénoncé, mais qui demande aussi à être interprété. Si l'aboutissement dernier du grand mouvement de révolte du XIXe et du XXe siècle devait être cet impitoyable asservissement, ne faudrait-il pas tourner alors le dos à la révolte et reprender le cri désepéré de Nietzsche à son époque: ‚Ma conscience et la vôtre ne sont plus une même conscience' "? (S. 103).

„sprach Odysseus zu seiner erhabenen Seele – eipe pros hon megaletora thymon (εἶπε πρὸς ὃν μεγαλήτορα θυμόν): ‚Wehe, was soll mir geschehen! O Schande doch, wenn ich entflöhe, fort durch Menge geschreckt! Doch entsetzlicher, wenn sie mich fingen, einsam hier; denn die andern der Danaer scheuchte Kronion! Aber warum bewegte das Herz mir solche Gedanken – alla tie moi tauta philos dielexato thymos (ἀλλὰ τίη ταῦτα φίλος διελέξατο θυμός) [doch warum diskutiert dies mein Gemüt mit mir?]? Weiß ich ja doch, daß Feige von dannen gehen aus dem Kampfe! Doch wer edel erscheint in der Feldschlacht, diesem gebührt es, tapfer den Feind zu bestehn, er treffe nun, oder man treff' ihn!"

Manche Dilemmen der homerischen Epen aufgreifend bewegt sich die altgriechische Tragödie um den Angelpunkt der *tragischen Wahl,* der Notwendigkeit sich zwischen gegensätzlichen Verpflichtungen gegenüber 2 überaus wichtigen Werten, Idealen oder Loyalitäten entscheiden zu müssen. Davon habe ich schon eingehend in Kap. 2 von *Die zerbrochene Wirklichkeit* berichtet.

Ebenfalls wies ich (in Kap. 1 desselben Werkes) auf das berühmte Gleichnis in Platons Dialog *Phaidros* hin: „... das mit Schlechtigkeit behaftete Roß, wenn es von einem der Wagenlenker nicht gut genährt worden ist, beugt sich und drückt schwerfällig zur Erde hinab. Da ist nun wahrlich einer Seele Leiden und äußerster Konflikt auferlegt – entha de ponos te kai *agon eschatos* psyche prokeitai (ἔνθα δὴ πόνος τε καὶ ἀγὼν ἔσχατος ψυχῇ πρόκειται)" (*Phaidros,* 247 b) – als Gleichnis für den innerseelischen Widerstreit ewiger Kräfte: daß das menschliche Dasein in heftige Gegensätze zerfällt.

*

Der Grundgedanke der Bibel wird in der Tat durch das Symbol „des Baumes der Erkenntnis von Gut und Böse – etz da'at tov vara' " bildlich und geschichtlich formuliert: *daß das Wesen des Menschen im inneren Konflikt zwischen Gut und Böse* bestehe. Im Midrasch zu Genesis 1.31 („Und siehe da, es war sehr gut") heißt es entsprechend: „ ‚Siehe da, es war sehr gut', das bezieht sich auf den Trieb zum Guten, ‚jetzer hatov'; ‚und siehe da, es war sehr gut', dies bedeutet den bösen Trieb, ‚jetzer hara'. Wie kann denn der böse Trieb sehr gut sein? Das wäre wirklich erstaunlich! Doch gäbe es den bösen Trieb nicht, würde der Mensch kein Haus bauen, keine Frau heiraten und Kinder erzeugen. Und so sagt Salomo: ‚[Ich schaute auf alle Mühsal und alles Sichauszeichnen beim Werken], dies ist des Menschen Wettstreit (kin'at isch) mit seinem Nächsten' (Prediger 4,4)" (Midrasch Rabba, Bereischit, 9,9; in der engl. Übers. 9,7).

In der Bibel finden sich mannigfache Anzeichen von innerem Konflikt zwischen Selbstbehauptung und Treue gegenüber dem Gebot Gottes. Ein Beispiel ist Kap. 45 von Jeremias, wo dieser innere Kampf in Baruch ben Neria erwähnt, wenn auch nicht klar hingestellt wird (s. Zvi Schneider 1991, *Six Biblical Signatures,* wo die Entdeckung des Siegelabdrucks dieses bedeutenden Mannes beschrieben wird).

Im Talmud lesen wir: „Ein Mensch soll immer den guten Trieb anspornen, gegen den bösen Trieb anzukämpfen – le'olam yargiz adam jetzer tov al jetzer hara' (לעולם ירגיז אדם יצר טוב על יצר הרע)

Denn es steht geschrieben: Kämpft, aber versündigt euch nicht – rigezu we'al techeta'u (רגזו ואל תחטאו) [Psalm 4,5]. Gut, wenn man es überwindet. Wenn nicht, soll man die Thora studieren. Denn es heißt: Sprecht mit eurem Herzen – imru bilvavchem (אמרו בלבבכם) " (Berakot, 5a). Und im Traktat Sukkah steht die Geschichte des Weisen Abaje; er folgte einem Mann und einer Frau eine Strecke Weges, bis er gewahr wurde, daß sie sich trennten, ohne etwas Verbotenes unternommen zu haben. „‚Wäre ich diese, hätte ich mich nicht bezwingen können', sagte er, kehrte um und lehnte sich in tiefem Schmerz gegen einen Türpfosten. Da kam ein alter Mann auf ihn zu und belehrte ihn: ‚Je größer der Mensch, um so größer der böse Trieb in ihm – kol haggadol mechavero, yitzro gadol hemennu (כל הגדול מחברו יצרו גדול הימנו) (Sukkah, 52a).

Vor der modernen Zeit wurde indes solch innerer Konflikt von niemandem schärfer erfaßt und durchdacht als von Augustinus in den *Confessiones*. Ich habe diese eingehend in *Die Maske der Scham* (Kap. 4.5, S. 119 ff.) dargestellt. Hier zitiere ich daraus nur zwei, besonders markante Sätze:

> So stritten in mir zwei Willen, ein alter und ein neuer, der eine fleischlich, der andere geistig, miteinander, und ihr Hader zerriß meine Seele: Ita *duae voluntates meae,* una vetus, alia nova, illa carnalis, illa spiritalis, *confligebant inter se,* atque discordando dissipabant animam meam (8.5).
>
> Das war das Streitgespräch in meinem Herzen, und nur ich selbst war's, der so gegen mich selbst ankampfte: Ista *controversia in corde meo non nisi de me ipso adversus me ipsum* (8.11).

Ich erwähnte dort, wie das Hauptproblem der Widerstreit zwischen sexuellem Begehren und dem vernunftgelenkten und Gott unterworfenen Willen ist und der Kontrollverlust über diese Begehren und über dessen ausführende Organe Ursache für Scham ist. Doch ist dabei dieser Kontrollverlust bereits eine Bestrafung für einen tieferen und vorangehenden Konflikt, den zwischen dem Wunsch, dem eigenen Willen zu folgen, und der gehorsamen Unterwerfung unter den Befehl Gottes. Der erste Konflikt ist ein Schamkonflikt, der zweite, tiefere ist ein solcher der Schuld, eine Schuld, die eben durch jenen Kontrollverlust bestraft wird. Die Behauptung von Macht und Unabhängigkeit, potestas voluntatis, ist an und für sich schon böse. Sie führt zum sekundären Übel, der „Bestrafung" durch die Allmacht der Lust.

Schauen wir auf die talmudischen Quellen zurück, so erkennen wir dieselbe Doppelheit, obzwar nicht so scharf getrennt: Wenn die Rede ist vom Jetzer haRa', dem Trieb zum Bösen, handelt es sich zumeist um sexuelles Begehren und Lust; doch wird diese Lust immer auch mit Rebellion gegen Gott gleichgesetzt und oft mit Eifersucht und Neid verknüpft.

Noch weiter zurück, bei Platon, ist der negative Teil der menschlichen Natur, der die Seele verderblich in die Tiefe zieht und auseinanderreißt, die *Sinnlichkeit* überhaupt – die Bindung an den Leib und dessen Begehren –; diese kämpfe gegen die autonome Macht der Vernunft und damit der Schau der Ideen an.

Das Menschenbild des Augustinus bestimmte das Wertsystem der westlichen Welt für ein Jahrtausend: sexuelle Lust war das Böse schlechthin, stolze Willensbehauptung, selbst im Dienste der Vernunft, ja gerade dann, stand nicht weit dahinter. Die Macht des Glaubens an diese Werthierarchie ist auch heute keineswegs gebrochen, obwohl wir sie in einen viel weiteren, komplizierteren Wertzusammenhang stellen. Wir fanden manche Hinweise auf diese Zusammenhänge und Wertkonflikte in der Dynamik unserer Patienten.

13.1.4 Denken aus dem Konflikt, Zerbrechen am Konflikt

Die Aufgabe, die ich mir sowohl in dem Essay über Nietzsche wie in dem über Thomas Mann stelle, ist die, solchen Konflikt in Begriffen von Wertprioritäten und den Versuchen, diese zu versöhnen, zu studieren. Es ist eine Form dessen, was wir, in psychoanalytischen Terminis ausgedrückt, als *Über-Ich-Konflikte* bezeichnen würden. Es sind aber eben diese Über-Ich-Konflikte, die zum Brennpunkt meines besonderen klinischen Interesses geworden sind, ist es doch gerade die sorgfältige Beachtung und Analyse solcher *intrasystemischen Konflikte* (*innerhalb* des Über-Ich), die uns Zugang zu besonders schwierigen, angeblich „unanalysierbaren“ Fällen gestattet – im Zusammenhang dieses Buchs eben des Masochismus im Charakter. In diesen eingefügten Exkursen versuche ich diese Einsicht, diesen methodischen Ansatz (approach) auf nichtklinisches Material, hoffentlich mit gebotener Vorsicht und Takt, anzuwenden.

Ich kann keinen Anspruch auf Vollständigkeit in der Erfassung des Materials erheben; die Auswahl muß begrenzt bleiben. Doch ebenso wie der Auszug aus einer Analyse manche wertvolle Schlußfolgerungen in bezug auf *gewisse* Fragen gestattet, vermag auch das vorliegende, umschriebene Studium der Schriften gewisse relevante *Bruchlinien* aufzuweisen, die nicht nur von historischem Interesse für das Verständnis dieser wegweisenden Denker sein könnten, sondern auch für deren andauernde Wirkung auf das historische und philosophische Bewußtsein und für die heutige politische Realität. Darüber hinaus kann eine solche Betrachtung für die innere Entwicklung der Psychoanalyse als Dialog mit führenden Über-Ich-Gestalten der Menschheitskultur bedeutsam sein.

*

Wo immer wir hinschauen und Nietzsches Werk untersuchen, ist es eine *Philosophie inneren Konfliktes,* die die manifesten Aphorismen und Essays verständlich und kohärent macht – nicht nur eine *Psychologie inneren Konfliktes,* sondern im vollen Sinn *eine Philosophie, die das Wesen des Menschen, seine Geschichte und Kultur, und v. a. sein Welt- und Selbstverständnis, – im einzelnen: seine Wissenschaft, seine Kunst, alle seine Werturteile – auf der Basis des inneren Konflikts* zu begreifen sucht. Dies ist eine philosophische Revolution ersten Ranges, an denen sich nur wenige beteiligt hatten: wie erwähnt, Platon und Augustinus (sie beide kritisiert er oft verachtungsvoll), Shakespeare und Goethe (sie beide bewundert er, wenngleich nicht ohne Reservationen), und dann natürlich Schopenhauer (s. den Essay über Th. Mann).

Nietzsche spricht von der *„Kriegsgeschichte des Individuums“*, wobei sich der Krieg zwischen Kulturen und Generationen im einzelnen widerspiegelt: „... so wird dieser Kampf im einzelnen Individuum am erbittertsten sein“ (*Menschl.*, I, V, 268, S. 219); er spricht vom Denker, der seine eigenen Gedanken behandelt, als ob sie Personen wären, mit denen er zu kämpfen, die er zu schützen, zu ernähren hat, deren Tyrannei er Trotz bietet, deren Versagen er mit Mitleid begegnet, deren Stärke er fürchtet und denen er die Macht verleiht, das Selbst zu ehren, es zu tadeln oder mit Verachtung zu strafen, „daß wir also mit ihnen wie mit freien geistigen Personen, mit unabhängigen Mächten verkehren, als Gleiche mit Gleichen – darin hat das seltsame Phänomen seine Wurzel, welches ich *‚intellektuales Gewissen‘* genannt habe“ (*Menschl.*, II, 26, S. 23).

„Es gibt *einen Trotz gegen sich selbst,* zu dessen Äußerungen manche Formen der Askese gehören. Gewisse Menschen haben nämlich ein so hohes Bedürfnis, ihre Gewalt und Herrschsucht auszuüben, daß sie, in Ermangelung anderer Objekte oder weil es ihnen sonst immer mißlungen ist, endlich darauf verfallen, gewisse Teile ihres eigenen Wesens, gleichsam Ausschnitte oder Stufen ihrer selbst, zu tyrannisisieren“ (*Menschliches, Allzumenschliches,* I, 137, S. 123).

Er setzt diesen Gedanken über *„den Trotz gegen sich selbs*t“ fort:

> So steigt der Mensch auf gefährlichen Wegen in die höchsten Gebirge, um über seine Ängstlichkeit und seine schlotternden Kniee Hohn zu lachen; so bekennt sich der Philosoph zu Ansichten der Askese, Demut und Heiligkeit, in deren Glanze sein eigenes Bild auf das ärgste verhäßlicht wird. Dieses *Zerbrechen seiner selbst, dieser Spott über die eigene Natur, dieses spernere se sperni,* aus dem die Religionen soviel gemacht haben, ist eigentlich ein sehr hoher Grad der Eitelkeit ... In jeder asketischen Moral betet der Mensch einen Teil von sich als Gott an und hat dazu nötig, den übrigen Teil zu diabolisieren (*Menschliches, Allzumenschliches*, I, 137, S. 124; meine Betonung).

Noch deutlicher heißt es unter dem Titel *„Moral als Selbstzerteilung des Menschen“* (*Menschliches, Allzumenschliches*, I, II, 57, S. 68 f.):

> Ist es nicht deutlich, daß in all diesen Fällen der Mensch *etwas von sich,* einen Gedanken, ein Verlangen, ein Erzeugnis, mehr liebt als *etwas anderes von sich,* daß er also sein Wesen *zerteilt* und dem einen Teil den anderen zum Opfer bringt? ... In der Moral behandelt sich der Mensch nicht als Individuum, sondern als dividuum.

Erkenne man die Handlungen des Menschen als Ergebnis des Kampfes der Motive, solle man daher Urteile von Verdienst und Verantwortlichkeit aufgeben, da sich ja alles mit Notwendigkeit, völlig determiniert und demnach ohne Freiheit abspiele:

> ... der chemische Prozeß und der Streit der Elemente, die Qual des Kranken, der nach Genesung lechzt, sind ebensowenig Verdienste als jene *Seelenkämpfe* und Notzustände, bei denen man *durch verschiedene Motive hin- und hergerissen* wird, bis man sich endlich für das mächtigste entscheidet – wie man sagt (in Wahrheit aber, bis das mächtigste Motiv über uns entscheidet) (*Menschliches, Allzumenschliches,* I, II, 107, S. 96, meine Betonung).

Das heißt aber etwas kardinal Wichtiges: der radikalste Umbruch (shift) in Nietzsches epistemologischer and metaphysischer Revolution besteht m. E. darin, daß er es mit großer Konsequenz unternimmt, alle philosophischen Grundfragen von der Psychologie aus anzupacken, spezifisch vom Gesichtspunkt einer *Psychologie vielfältiger, widersprüchlicher und widerstreitender Teile innerhalb des Subjekts,* seine Betonung der *Multiplizität des Subjekts und seines inneren Konfliktes.* Das erstere, nämlich das „Subjekt als Fiktion“, daß es „weder ein Subjekt des Erkennens noch ein Subjekt des Wollens, weder ein Ich noch eine Seele oder ganz allgemein in irgendeinem Individuum eine bleibende Mitte“ gebe, wurde von Giorgio Colli in seinem Kommentar zum 13. Band der Kritischen Studienausgabe vermerkt (Bd. 13, S. 658).

Doch auf die letztere Beobachtung, die des inneren Konflikts als *philosophischen* Ausgangspunktes (nicht einfach als Vorläufer des psychoanalytischen Verstehens psychischer Vorgänge), bin ich bis jetzt in den Schriften über Nietzsche nicht begegnet: daß *die Psychologie, und zwar eine radikal neue Psychologie, als Eckstein für eine neue Philosophie benützt wird;* dabei zählt er darauf, daß sie ihm die tiefsten und wesentlichsten Einsichten in die menschliche Natur, in das menschliche Erkennen der Welt, in die Geschichte und Kultur des Menschen und natürlich in seine Religion und Ethik geben könne. Wie früh dies Nietzsches Denken bestimmte, zeigt ein Eintrag von 1864 (als er 20jährig war): „... Oder wie oft schläft der Wille und nur die Triebe und Neigungen wachen! ... Kampf ist der Seele fortwährende Nahrung, und sie weiß sich aus ihm noch genug Süßes und Schönes herauszunehmen“ (Janz, Biographie, Bd. 1, S. 119).

Dies ist die Revolution, die sogar heute noch Nietzsche zu einem Pionier macht, dem Pionier einer umwerfend neuen und frischen, einer höchst relevanten und tief inspirierenden Philosophie. Was könnte eine solche neue Philosophie zu einem vertieften Selbstverständnis der Psychoanalyse beitragen?

Was ist für ihn der wesentliche Konflikt – der, welcher als Grundlage für alles Erklären benützt wird?

In seinen früheren Schriften ist es v. a. der Gegensatz, der äußere Konflikt zwischen dem „freien Geist“ und dem „gebundenen Geist“; doch ist auch dieser gleichzeitig eine Frage inneren Konflikts und von Unbewußtsein. Der „gebundene [oder konventionelle] Geist“ wehrt sich gegen die Einsicht in seine Gebundenheit: „Alle Staaten und Ordnungen der Gesellschaft: die Stände, die Ehe, die Erziehung, das Recht, alles dies hat seine Kraft und Dauer allein in dem Glauben der gebundenen Geister an sie – also in der Abwesenheit der Gründe, mindestens in der *Abwehr des Fragens nach Gründen.* Das wollen die gebundenen Geister nicht gern zugeben und sie fühlen wohl, daß es ein pudendum ist“ (*Menschliches, Allzumenschliches*, I, V, 227, S. 187; meine Betonung). Es besteht hier eine doppelte Abwehr: im psychoanalytischen Sinne der *Abwehr gegen den Trieb* und in dem der *Abwehr gegen die Abwehr* (Freud 1937): einerseits die Abwehr dagegen, überhaupt Fragen zu stellen, nach den Gründen und den Voraussetzungen der eigenen gesellschaftlichen Existenz zu forschen, gegen Neugier schlechthin – andererseits die Abwehr gegen die Erkenntnis dessen, zu welchem Ausmaß sich die Gesellschaft für ihr Bestehen auf solche Selbsttäuschung und auf innere Verbote im einzelnen stützt.

Demgegenüber strebt der „freie Geist“ nach Erkenntnis; er stellt das Verstehen über alles andere: „Er wird die Begierden nicht mehr verketzern und ausrotten wollen; aber sein einziges, ihn völlig beherrschendes Ziel, zu aller Zeit so gut wie möglich zu *erkennen,* wird ihn kühl machen und alle Wildheit in seiner Anlage besänftigen“ (*Menschliches, Allzumenschliches*, I, II, 56, S. 68).

Als innerer Gegensatz stellt er sich als *Konflikt zwischen „Egoismus“ und „Herdeninstinkt“* dar: der „Glaube von der Verwerflichkeit des Egoismus ... zugunsten ... der Herdeninstinkte“ – „Deine Selbstsucht ist das Unheil deines Lebens“, gegenüber: „eure Gedankenlosigkeit und Dummheit, euer Dahinleben nach der Regel, eure Unterordnung unter die Meinung des Nachbars ist der Grund, weshalb ihr es so selten zum Glücke bringt“ (*Fröhliche Wissenschaft*, IV, 328, S. 216).

Sein Ideal ist das des *Gleichgewichts dieser inneren Kräfte,* wie es Nietzsche in unheimlicher Vorwegnahme modernster Entdeckungen (d. h. unserer Zeit) beschreibt:

Deshalb muß eine höhere Kultur dem Menschen ein *Doppelgehirn,* gleichsam zwei Hirnkammern geben, einmal um Wissenschaft, sodann um Nicht-Wissenschaft zu empfinden: nebeneinanderliegend, ohne Verwirrung, trennbar, abschließbar; es ist eine Forderung der Gesundheit. Im einen Bereiche liegt die Kraftquelle, im anderen der Regulator: mit Illusionen, Einseitigkeiten, Leidenschaften muß geheizt werden, mit Hilfe der erkennenden Wissenschaft muß den bösartigen und gefährlichen Folgen einer Überheizung vorgebeugt werden" (*Menschliches, Allzumenschliches*, I, V, 251, S. 205 f.).

Ohne diese Doppelheit und dieses Gleichgewicht zwischen den beiden Seiten des Menschen, werde die Kultur allmählich „der Illusion, dem Irrtum, der Phantastik" anheimfallen; das Interesse am Wahren höre auf, und das Zurücksinken in die Barbarei sei die Folge.

Er beschreibt den Zusammenhang zwischen dem Verständnis der Kultur und einer solchen Konfliktpsychologie: „Die besten Entdeckungen über die Kultur macht der Mensch in sich selbst, wenn er darin zwei heterogene Mächte waltend findet" (*Menschliches, Allzumenschliches,* I, V, 276, S. 224 f.), namentlich den Widerspruch zwischen der Liebe für Kunst und Musik gegenüber dem Geist der Wissenschaft. Zerstörung der einen Seite, Entfesselung der anderen ist unmöglich; es bedarf vermittelnder Kräfte, um den Konflikt zu versöhnen, ungeachtet dessen, daß beide Seiten für sich Absolutheit beanspruchen.

*

In seinen späteren Werken engt sich die weite Spanne der von ihm erfaßten, in Anspielungen und als Denkansätzen benutzten, inneren und äußeren Konflikte mehr und mehr auf die eine Antithese ein. Diese Einengung auf *einen einfachen Wertgegensatz* findet sich z. B. klar im 1886 geschriebenen Vorwort zum 2. Band von *Menschliches, Allzumenschliches:* „Damals lernte ich die Kunst, mich heiter, objektiv, neugierig, vor allem gesund und boshaft zu *geben,* und bei einem Kranken ist dies, wie mir scheinen will, sein ‚guter Geschmack'?" (*Menschliches, Allzumenschliches,* II, „Vorrede", 5, S. 8). Er fährt fort, einem feineren Auge und Mitgefühl sei es wohl nicht entgangen, „daß hier ein Leidender und Entbehrender redet, wie als ob er *nicht* ein Leidender und Entbehrender sei. Hier *soll* das Gleichgewicht, die Gelassenheit, sogar die Dankbarkeit gegen das Leben aufrechterhalten werden, hier waltet ein strenger, stolzer, beständig wacher, beständig reizbarer Wille, der sich die Aufgabe gestellt hat, das Leben *wider* den Schmerz zu verteidigen und alle Schlüsse abzuknicken, welche aus Schmerz, Enttäuschung, Überdruß, Vereinsamung und andrem Moorgrunde gleich giftigen Schwämmen aufzuwachsen pflegen" (*Menschliches, Allzumenschliches,* II, „Vorrede", 5, S. 8 f.). Nun ist die Antithese die von *Stärke gegenüber Schwäche.*

Was die Zentralität dieses Konflikts zwischen dem Willen zur Stärke und dem Bewußtsein der Schwäche wirklich ausmacht, zu welchem Ausmaß deren tiefere, dynamische Wurzeln auch ohne bessere Kenntnis der Früh- und Vorgeschichte zu erblicken sind, und was ihre Folgen für Nietzsches Philosophie als Ganzes und, schließlich und am entscheidendsten, für ihren gewaltigen kulturellen Einfluß bedeuten – dies werden die eigentlichen Aufgaben dieses Kapitels sein.

13.1.5 *„... es müßte ein Wesen geben, welches ein sich selbst verachtendes Geschöpf, wie ich es bin, am Entstehen verhindert hätte“* (zit. von Löwith 1956, S. 232)

Nietzsches Denken war ein versteckter Kampf gegen Schwäche, ein offener Versuch, Leiden in Schöpferisches und in Sieg zu verwandeln. Seine Verwandtschaft darin mit Schopenhauer ist offenkundig. Doch die Antworten fallen anders aus; sie führen zum Gegenteil:

Für Schopenhauer liegt die „Erlösung“ vom unablässigen Konflikt innerhalb des Willens im „Intellekt“: im „vom Willen losgerissenen, dem zur reinen und unschuldigen Erkenntnis gewordenen Intellekt“ (Mann, *Essays*, III, S. 206 f.), besonders in dessen Erscheinung als Kunst und als Heiligkeit.

Im Fortschreiten seines Denkens kehrt Nietzsche diese Wertung um, oder eher: er schwankt zwischen zwei gegensätzlichen Einstellungen: je später in seinem Werk, desto stärker werden „Geist“, Intellekt, Denken zum Feind, doch einem Gegner, den er nie mit derselben Bitterkeit und Heftigkeit bekämpft wie das in Schuld sich gründende Gewissen; dabei wird das Leben bedingungslos bejaht. Es ist faszinierend, daß wir schon früh Anzeichen dieser Wertumkehrung in einem Brief antreffen, den der 22jährige seinem Freund von Gersdorff schrieb: „Was war mir der Mensch und sein unruhiges Wollen! Was war mir das ewige ‚Du sollst‘, ‚Du sollst nicht‘? Wie anders der Blitz, der Sturm, der Hagel, freie Mächte, ohne Ethik! Wie glücklich, wie kräftig sind sie, reiner Wille, ohne Trübung durch den Intellekt!“ (Janz’, Nietzsche-Biographie, Bd. 1, S. 98).

Doch gilt nun diese Umwertung keineswegs durchgehend für alle seine Schriften. Der Streit, *sein eigener innerer Konflikt* scheint viel unentschiedener zu sein. Es gibt manche Stellen, wo Intellekt, Vernunft, Verstehen, *„das bedingungslose Verfolgen der Wahrheit“* als des Lebens höchste Leistung erscheint: „... dasselbe Leben, welches seine Spitze im Alter hat, hat auch seine Spitze in der Weisheit, in jenem milden Sonnenglanz einer beständigen geistigen Freudigkeit“ (*Menschliches, Allzumenschliches,* I, V, 292, S. 235).

Ich werde darauf zurückkommen.

*

Doch geht Nietzsches Kampf keineswegs darum, dem Leiden zu entrinnen; am Ende von *Ecce Homo* fragt er: „Hat man mich verstanden? *Dionysos gegen den Gekreuzigten*“ (S. 407; s. auch Löwith 1956, S. 113). Jedoch muß der Schmerz immer als Teil des Kampfes für einen umfassenden Wert gesehen werden: „In der Mysterienlehre ist der *Schmerz* heilig gesprochen: die ‚Wehen der Gebärerin‘ heiligen den Schmerz überhaupt, – alles Werden und Wachsen, alles Zukunft-Verbürgende *bedingt* den Schmerz ... Damit es die ewige Lust des Schaffens gibt, damit der Wille zum Leben sich ewig selbst bejaht, *muß* es auch ewig die ‚Qual der Gebärerin‘ geben ... Dies alles bedeutet das Wort Dionysos ...“ (*Götzendämmerung*, „Alten“, 4, S. 181).

Doch *verwandelt sich Leiden leicht in die Zufügung von Leiden,* Beschreibungen erschütternder, miterlebter Tiefe in solche beißenden Hohnes gegenüber der alten Ethik und in Postulate einer neuen Moral.

Einige Beispiele, die beinahe willkürlich herausgegriffen wurden und für zahllose andere stehen sollen, wo die psychologisch scharfsinnigste Beschreibung fast unversehens in ein Vorschreiben und eine Idealsetzung übergeht:

> Das Streben nach Auszeichnung ist das Streben nach Überwältigung des Nächsten ... hier am Ende der Leiter steht der *Asket* und Märtyrer, er empfindet den höchsten Genuß dabei, eben *das* als Folge seines Triebes nach Auszeichnung selber davon zu tragen, was sein Gegenbild auf der ersten Sprosse der Leiter, der *Barbar,* dem anderen zu leiden gibt, an dem und vor dem er sich auszeichnen will. Der Triumph des Asketen über sich selber, sein dabei nach Innen gewendetes Auge, welches den Menschen zu einem Leidenden und zu einem Zuschauenden zerspaltet sieht und fürderhin in die Außenwelt nur hineinblickt, um aus ihr gleichsam Holz zum eigenen Scheiterhaufen zu sammeln, diese letzte Tragödie des Triebes zur Auszeichnung, bei der es nur noch *eine* Person gibt, welche in sich selbst verkohlt, – das ist der würdige Abschluß, der zu dem Anfange gehört: beidemal ein unsägliches Glück beim *Anblick von Martern!* (Nietzsches Betonung) (*Morgenröte,* 113, S. 95 f.).
>
> Fast alles, was wir „höhere Kultur" nennen, beruht auf der Vergeistigung und Vertiefung der *Grausamkeit* – dies ist mein Satz; jenes „wilde Tier" ist gar nicht abgetötet worden, es lebt, es blüht, es hat sich nur – vergöttlicht (*Jenseits von Gut und Böse,* 229, S. 155).
>
> Es widersteht ... der Delikatesse, noch mehr der Tartüfferie zahmer Haustiere (will sagen moderner Menschen, will sagen uns), es sich in aller Kraft vorstellig zu machen, bis zu welchem Grade die *Grausamkeit* die große Festfreude der älteren Menschheit ausmacht (*Genealogie,* II, 6, S. 295).
>
> Leiden-sehen tut wohl, Leiden-machen noch wohler (l. c., S. 296).

Dies sind Einsichten wichtigsten Wahrheitsgehalts, und doch nur von Teilwahrheiten, die wir als solche anerkennen müssen; doch sie werden hingestellt, als ob sie absolute Wahrheiten wären, und, oberflächlich verstanden, mit einer oft boshaften Freude hingeschrieen. Wirklich sind sie weit mehr und etwas anderes: ein Protest gegen sein eigenes Leiden und gegen eine ganze philosophische und religiöse Tradition, die aus solchem Leid Nutzen schlägt, um darauf ganze Gebäude metaphysischen Trostes und irdischer Macht zu errichten: „Das tiefe Leiden macht vornehm; es trennt ... Es gibt *freie freche Geister, welche verbergen und verleugnen möchten, daß sie zerbrochene, stolze, unheilbare Herzen* sind (der Zynismus Hamlets – der Fall Galiani); und bisweilen ist die Narrheit selbst die Maske für ein unseliges allzu gewisses Wissen. – Woraus sich ergibt, daß es zur feineren Menschlichkeit gehört, Ehrfurcht ‚vor der Maske' zu haben und nicht an falscher Stelle Psychologie und Neugierde zu treiben" (*„Jenseits"*, 270, S. 219, meine Betonung). Es bedarf keiner psychoanalytischen Erfahrung, um dies Rätsel zu lösen.

„Das umgekehrte Ideal ...: ... das Ideal des übermütigsten, lebendigsten und weltbejahendsten Menschen, der sich nicht nur mit dem, was war und ist, abgefunden und vertragen gelernt hat, sondern es, *so wie es war und ist,* wieder haben will, in alle Ewigkeit hinaus, unersättlich da capo rufend ... Wie? Und dies wäre nicht – circulus vitiosus deus?" (*„Jenseits"*, 56, S. 67). Der göttliche *circulus vitiosus?* Liegt nicht darin eine kaum bezwungene Ambivalenz?

Wiederum: Was ist dieses neue Ideal, wer ist dieser neue „paragon of virtue"?

> Der soll der Größte sein, der der Einsamste sein kann, der Verborgenste, der Abweichendste, der Mensch jenseits von Gut und Böse, der Herr seiner Tugenden, der Überreiche des Willens; dies eben soll *Größe* heißen: ebenso vielfach als ganz, ebenso weit als voll sein können (*Jenseits von Gut und Böse,* 212, S. 137 f.).

Er soll uns nicht nur von den alten Idealen und der alten Wirklichkeit befreien, sondern auch

> vom großen Ekel, vom Willen zum Nichts, vom Nihilismus ... dieser Antichrist und Antinihilist, dieser Besieger Gottes und des Nichts ... dieser Glockenschlag des Mittags und der großen Entscheidung (*Genealogie*, II, 24, S. 333).

Löwith zitiert aus dem *Nachlaß*, daß das Leben selbst Qual und Zerstörung verlange, während die Religion das Leiden als Übel, als Böses, als Urteil gegen das Leben hinstelle:

> Es ist *nicht* eine Differenz hinsichtlich des Martyriums, – nur hat dasselbe einen anderen Sinn. Das Leben selbst, seine ewige Fruchtbarkeit und Wiederkehr bedingt die Qual, die Zerstörung, den Willen zur Vernichtung. Im anderen Falle gilt das Leiden, der „Gekreuzigte als der Unschuldige", als Einwand gegen dieses Leben, als Formel seiner Verurteilung. – Man errät: das Problem ist das vom Sinn des Leidens: ob ein christlicher Sinn, ob ein tragischer Sinn. Im ersten Falle soll es der Weg sein zu einem heiligen Sein; im letzteren Fall gilt *das Sein als heilig genug,* um ein Ungeheures von Leid noch zu rechtfertigen. Der tragische Mensch bejaht noch das herbste Leiden: er ist stark, voll, vergöttlichend genug dazu; der christliche verneint noch das glücklichste Los auf Erden: er ist schwach, arm, enterbt genug, um in jeder Form noch am Leben zu leiden. Der Gott am Kreuz ist ein Fluch auf das Leben, ein Fingerzeig, sich von ihm zu erlösen; – der in Stücke geschnittene Dionysos ist eine *Verheißung* des Lebens: er wird ewig wiedergeboren und aus der Zerstörung heimkommen (Löwith, S. 235).

Ähnlich in *Jenseits von Gut und Böse*: „Die Zucht des Leidens, des *großen* Leidens – wißt ihr nicht, daß nur *diese* Zucht alle Erhöhungen des Menschen bisher geschaffen hat?" (*Jenseits von Gut und Böse*, 225, S. 150).

Doch was ist der Sinn dieses Transzendierens des Leidens? Was ist sein Platz im geheimen mythologischen Drama von Nietzsches Denken?

13.1.6 Die drei Stationen des mythischen Weges und die zerbrochene Synthese

Löwith (1956) beschreibt dramatisch Nietzsches „System" als eine Denkbewegung von 3 Stationen:

> Der *tote christliche Gott,* der *Mensch vor dem Nichts* und der *Wille zur ewigen Wiederkehr,* kennzeichnen Nietzsches System im Ganzen als eine Bewegung, zuerst vom „Du sollst" zur Geburt des „Ich will" und dann zur Wiedergeburt des „Ich bin" als der „ersten Bewegung" eines ewig wiederkehrenden Daseins inmitten der naturhaften Welt alles Seienden (Löwith 1956, S. 40).

Diese 3 Stationen werden in traumähnlichen Bildern dargestellt: Zunächst erweist sich der Geist als *Kamel:* „Vieles Schwere gibt es dem Geiste, dem starken, tragsamen Geiste, dem Ehrfurcht innewohnt: nach dem Schweren und Schwersten verlangt seine Stärke" (*Zarathustra*, „Verwandlungen", S. 25) – der Geist, „der sich zuvor der Disziplin der Tradition untergeordnet hat" (W. Kaufmann, S. 4).

Dann wird er zum trotzigen *Löwen:*

> Welches ist der große Drache, den der Geist nicht mehr Herr und Gott heißen mag? „Dusollst" heißt der große Drache. Aber der Geist des Löwen sagt „ich will". „Du-sollst" liegt ihm

am Wege, goldfunkelnd, ein Schuppentier, und auf jeder Schuppe glänzt golden „Du-sollst!" Tausendjährige Werte glänzen an diesen Schuppen, und also spricht der mächtigste aller Drachen: „aller Wert der Dinge – der glänzt an mir." „Aller Wert ward schon geschaffen, und aller geschaffene Wert – das bin ich. Wahrlich, es soll kein ‚Ich will' mehr geben!" Also spricht der Drache ... Freiheit sich schaffen und ein heiliges Nein auch vor der Pflicht: dazu, meine Brüder, bedarf es des Löwen (*Zarathustra*, „Verwandlungen", S. 26).

Drittens wird er zum *Kind:* „Unschuld ist das Kind und Vergessen, ein Neubeginnen, ein Spiel, ein aus sich rollendes Rad, eine erste Bewegung, ein heiliges Ja-sagen" (l. c., S. 27) – d.h. alles Symbole für die neue Philosophie der ewigen Wiederkehr des Gleichen.

a) „Nitimur in vetitum" (Wir streben nach dem Verbotenen)

Das alte Gewissen, die alte Moral ist wirklich das, was Nietzsche hauptsächlich verwirft. Er sagt von dem eben gegebenen Motto: „in diesem Zeichen siegt einmal meine Philosophie" (*Ecce Homo*, Vorwort, S. 295).

„Tot sind alle Götter: nun wollen wir, daß der Übermensch lebe – dies sei einst am großen Mittage unser letzter Wille" (*Zarathustra*, S. 84, am Ende von Teil I, ähnlich im 4. Teil „Vom höheren Menschen", S. 318, zit. Löwith 1956, S. 47). Die Bedingung dafür ist aber die gründliche Vernichtung der überkommenen Moral, die Herrschaft des „Du sollst": „Diese lange Fülle und Folge von Abbruch, Zerstörung, Untergang, Umsturz, die nun bevorsteht: wer erriete heute schon genug davon, um den Lehrer und Vorausverkünder dieser ungeheuren Logik von Schrecken abgeben zu müssen, den Propheten einer Verdüsterung und Sonnenfinsternis, deren Gleichen es wahrscheinlich noch nicht auf Erden gegeben hat?" (*Fröhliche Wissenschaft*, 343, S. 235; Löwith 1956, S. 46).

„Die Moral, insofern sie *verurteilt,* an sich, *nicht* aus Hinsichten, Rücksichten, Absichten des Lebens, ist ein spezifischer Irrtum, mit dem man kein Mitleiden haben soll, eine *Degenerierten-Idiosynkrasie,* die unsäglich viel Schaden gestiftet hat!" (*Götzendämmerung,* „Moral", 6, S. 106). Moral wird die „eigentliche Giftmischerin und Verleumderin des Lebens" genannt (*Götzendämmerung,* „Irrtümer", *6, S.* 113). Er will „[den] Instinkt des *Strafen- und Richten-wollens"* beseitigen und sieht sich in der Bewegung der Zeit, „wo wir Immoralisten zumal mit aller Kraft *den Schuldbegriff und den Strafbegriff aus der Welt wieder herausnehmen* ..." (*Götzendämmerung,* „Irrtümer", 7, S. 115, meine Betonung).

„So daß gerade die Moral die Gefahr der Gefahren wäre?" (*Genealogie*, Vorrede, 6, S. 246).

Doch die hauptsächliche Zielscheibe seiner Entrüstung und Verachtung, seines Hohnes und seines unbarmherzigen Verurteilens und Bestrafen ist und bleibt: „Das Christentum ist eine Metaphysik des Henkers ..." (l. c.).

Die *widernatürliche* Moral, das heißt fast jede Moral, die bisher gelehrt, verehrt und gepredigt worden ist, wendet sich umgekehrt gerade *gegen* die Instinkte des Lebens, – sie ist eine bald heimliche, bald laute und freche *Verurteilung* dieser Instinkte. Indem sie sagt „Gott sieht das Herz an", sagt sie nein zu den untersten und obersten Begehrungen des Lebens und nimmt Gott als *Feind des Lebens* ... Der Heilige, an dem Gott sein Wohlgefallen hat, ist der ideale Kastrat ... Das Leben ist zu Ende, wo das „Reich Gottes" *anfängt* (*Götzendämmerung*, „Moral", 4, S. 104 f.).

So ist das beschworene Bild das der *Kastration:*

> Die Kirche bekämpft die Leidenschaft mit Ausschneidung in jedem Sinne: ihre Praktik, ihre „Kur“ ist der *Kastratismus.* Sie fragt nie: „wie vergeistigt, verschönt, vergöttlicht man eine Begierde?“ – sie hat zu allen Zeiten den Nachdruck der Disziplin auf die Ausrottung (der Sinnlichkeit, des Stolzes, der Herrschsucht, der Habsucht, der Rachsucht) gelegt. – Aber die Leidenschaften an der Wurzel angreifen heißt das Leben an der Wurzel angreifen: die Praxis der Kirche ist *lebensfeindlich* ... Die radikale Feindschaft, die Todfeindschaft gegen die Sinnlichkeit bleibt ein nachdenkliches Symptom ... (*Götzendämmerung,* „Moral“, 1/2, S. 101 f.).
>
> „*Götzen* (mein Wort für „Ideale“) *umwerfen* – das gehört schon eher zu meinem Handwerk. Man hat die Realität in dem Grade um ihren Wert, ihren Sinn, ihre Wahrhaftigkeit gebracht, als man eine ideale Welt *erlog* ... Die „wahre Welt“ und die „scheinbare Welt“ – auf deutsch: die *erlogne* Welt und die Realität ... Die Lüge des Ideals war bisher der Fluch über der Realität, die Menschheit selbst ist durch sie bis in ihre untersten Instinkte hinein verlogen und falsch geworden – bis zur Anbetung der *umgekehrten* Werte, als die sind, mit denen ihr erst das Gedeihen, die Zukunft, das hohe *Recht* auf Zukunft verbürgt wäre (*Ecce Homo,* Vorwort 2, S. 294).

b) „Nihilismus – der Tauwind, der das Eis bricht“[6]

„Für das Nichts Gott opfern – dieses paradoxe Mysterium der letzten Grausamkeit blieb dem Geschlechte, welches jetzt eben heraufkommt, aufgespart...“ (*Jenseits von Gut und Böse,* 55; S. 66).

Das anthropologische Postulat des Nihilismus verweist auf den elementaren „Willen zur Macht“, in Löwiths Worten:

> Das Leben selbst wird aber verstanden als universaler „Wille“ zur Macht, und so ist Nietzsches Grundunterscheidung der Phänomene nach Stärke und Schwäche bezogen auf die Stärke und Schwäche des im Leben begründeten Wollens (Löwith, S. 57).
>
> ... denn der Wille ist, als Affekt des Befehls, das entscheidende Abzeichen der Selbstherrlichkeit und Kraft (*Fröhliche Wissenschaft,* 347, S. 245; Löwith, S. 54).

Die beiden großen Weltreligionen, Buddhismus und Christentum, hatten ihren Ursprung „in einer ungeheuren Erkrankung des Willens“ (l. c.). In ihrer Herrschaft über die Moral geben sie dem Willen eine neue Kraft und Möglichkeit, doch eine, die in Verlogenheit gründet. Diesem falschen Willen, der sich auf den Glauben stützt, muß Widerstand geleistet werden, ehe die Forderung nach dem Wollen der ewigen Wiederkehr entdeckt wird, und zwar Widerstand durch inhaltlose Entschlossenheit: „Eine nackte, pure ‚Entschlossenheit‘ zu diesem wie jenem und zu allem wie nichts, charakterisiert das Wollenkönnen *als solches* im Zwischenzustand des Nihilismus, der zwar schon will, aber noch nicht weiß, was er will“ (Löwith, S. 55).

c) Das Ziel und seine innere Gebrochenheit

Wie andere vor ihm weist auch Löwith auf den inneren Bruch in Nietzsches „Idealsequenz“ (mein Ausdruck): „Seine Lehre bricht entzwei, weil der Wille zur Verewigung der ins Dasein geworfenen Existenz des modernen Ego mit der Schau eines ewigen Kreislaufs der natürlichen Welt nicht zusammenpaßt“ (Löwith, S. 126).

---

[6] Nach Löwith 1956, S. 55.

Nietzsche (alias Zarathustra) sagt die absolute Harmonie, die Überwindung aller Spaltungen voraus: „die Einstimmigkeit von allem, was ist, in *einer* höchsten Art des Seins“ (Löwith, S. 101); der Zustand, wo „der Mensch im Widerspruch zum Weltall ist, weil das natürliche Leben im Dasein des wissenden Menschen gespalten ist“ (Löwith, S. 101), würde überwunden.

Doch kann diese Einsicht in die universale Harmonie der Natur nur durch einen äußersten Akt der Selbstüberwindung erreicht werden („ein Wille zur Selbstüberwindung und Selbstübersteigung“; Löwith, S. 95 f.): der Entscheidung zum „Willen zur Macht“, der massivsten Selbsttranszendenz und Beanspruchung des eigenen Willens: *„Diese Welt ist der Wille zur Macht – und Nichts außerdem!* Und auch ihr selbst seid dieser Wille zur Macht – und Nichts außerdem!“ (*Nachlaß,* zit. Löwith, S. 95).

„Meine stärkste Eigenschaft ist die Selbstüberwindung. Aber ich habe sie auch am meisten nötig – ich war immer am Abgrund“ (l. c., Löwith 1956, S. 96).

„Das *Problem* der Wiederkunftslehre ist aber die *Einheit* dieses *Zwiespalts* zwischen dem menschlichen Willen zu einem Ziel und dem ziellosen Kreisen der Welt“ (Löwith, S. 67). „... und weil die wirkliche Schwierigkeit darin beteht, das Gesicht von der ewig kreisenden Welt mit dem zielstrebigen Willen des Menschens zur Zukunft in Einklang zu bringen“ (Löwith, S. 74).

> Infolgedessen stellt sich die Lehre dar: erstens als die Festsetzung eines idealen Ziels für den wollenden Menschen – und dann ersetzt sie den christlichen Glauben an die Unsterblichkeit durch den Willen zur Selbstverewigung – und zweitens als die Feststellung einer physikalischen Tatsache im ungewollten So-und-nicht-anders-Sein der physischen Welt – und dann ersetzt sie die antike Kosmologie durch die moderne Physik. Diese zweifache Deutbarkeit als einer *atheistischen Religion* und als einer *physikalischen Metaphysik* zeigt, daß die Lehre im Ganzen die *Einheit eines Zwiespalts* ist, zwischen dem *nihilistischen* Dasein des Gottlosgewordenen Menschen und dem *positivistischen* Vorhandensein der physischen Energie. Als Naturwissenschafter ist jedoch Nietzsche ein philosophierender Dilettant und als Religionsstifter ein „Zwitter von Krankheit und Wille zur Macht“ (Löwith 1956, S. 87; letztes Zitat aus dem Vorwort zu *Ecce Homo*).

So faßt Nietzsche das Ziel seiner Philosophie sowohl als einen *ethischen Imperativ* wie als eine *Theorie der Naturwissenschaft* auf (Löwith, S. 92). Dieser Versuch, eine verlorene Welt und ihre Einheit zurück zu erobern („... ist die Philosophie ein einziger Versuch zur Wiedergewinnung einer verlorenen Welt“, Löwith, S. 99), muß scheitern ; die Philosophie bricht entzwei in „diesem unvereinbaren Doppelsinn eines praktisch-moralischen Postulats und einer theoretischen Feststellung“, S. 92). *„Der kosmische Sinn widerstreitet dem anthropologischen, so daß der eine zum Widersinn des andern wird“* (Löwith, S. 64, meine Betonung).

In ähnlicher Weise wie Löwith schließt Giorgio Colli:

> Zum Schluß finden wir uns einem Willen zur Macht gegenüber, der Wertung und Sein zugleich ist: fast eine mystische Zusammenfassung, bei der die metaphysische Substanz, das „Sein“, sich gleichzeitig als Urteil und Wille darstellt, das heißt als rational und als irrational. Die Fäden verwickeln sich unentwirrbar. Die so weit in die Tiefe getriebene theoretische Suche nach den nicht faßbaren Bedingungen des Bewußtseins, nach der Verfälschung des Bewußtseins, überschlägt sich, gerät ins Stocken und scheint sich schließlich ganz totzulaufen, ohne diesmal ihren Ausgleich im Skeptizismus zu finden, denn diese Qual ist nicht zu stillen (Colli, S. 660).

Dieser dreistufige Weg soll der Überwindung des Leidens dienen – der Heilung seiner eigenen „blutenden Wunde“. Doch kann diese Heilung nur dann erfolgen, wenn der Krebs der Moral rücksichtslos ausgerottet wird – Kastration gegen Kastration, Verstümmelung gegen Verstümmelung, Abtrennung gegen Abtrennung, Scham gegen Scham.

„Macht ist sie, diese neue Tugend; ein herrschender Gedanke ist sie, und um ihn eine kluge Seele: eine goldene Sonne, und um sie die Schlange der Erkenntnis“ (*Zarathustra*, „Von der schenkenden Tugend“, S. 96).

13.1.7 Die „Verlagerung des Schwergewichts“

Nietzsches Größe liegt darin, sein Charakter ist dadurch beispielhaft, daß er die Wahrheit ohne Rücksicht darauf verfolgt, wie schmerzhaft und beängstigend sie auch sein möge, und *alle Selbsttäuschung als Selbstschutz und als Zeichen der inneren Schwäche,* der „décadence“ von Willen und Leben entlarvt, daß er willentlich schweres inneres Leiden und äußerste Einsamkeit auf sich zu nehmen bereit ist, und, mehr als alles andere, daß er sich unbarmherzig seinem eigenen Selbsthaß und seiner Selbstverachtung aussetzt. Der Titel *Götzendämmerung* sagt von dieser Rückhaltlosigkeit des Fragens: „Oder wie man mit dem Hammer philosophiert“, und im Vorwort für *Ecce Homo* bezeugt sich seine unstillbare Sehnsucht:

> Das Eis ist nahe, die Einsamkeit ist ungeheuer – aber wie ruhig alle Dinge im Licht liegen! wie frei man atmet! wie viel man *unter* sich fühlt! – Philosophie, wie ich sie bisher verstanden und gelebt habe, ist das freiwillige Leben in Eis und Hochgebirge – das Aufsuchen alles Fremden und Fragwürdigen im Dasein, alles dessen, was durch die Moral bisher in Bann getan war. Aus einer langen Erfahrung, welche eine solche Wanderung *im Verbotenen* gab, lernte ich die Ursachen, aus denen bisher moralisiert und idealisiert wurde, sehr anders ansehn als es erwünscht sein mag: die *verborgene* Geschichte der Philosophen, die Psychologie ihrer großen Namen kam für mich ans Licht … Irrtum (– der Glaube ans Ideal) ist nicht Blindheit, Irrtum ist *Feigheit* (*Ecce Homo*, „Vorwort“, 3, S. 294 f.).

Doch ist er weit mehr durch den Inhalt seines Denkens vorbildhaft leitend und revolutionär als nur durch seine Methode: Neben der konkreten Analyse der Selbsttäuschung ist es inbesondere die philosophische Rückkehr zur *Zentralität der Natur, des Lebens,* der griechischen *physis* als Ausgangspunkt des Philosophisierens. Es handelt sich bei ihm um einen revolutionären Protest gegen die Weltanschauung, die die Welt entzweibricht in eine auf Gott eingestimmte Innenwelt und eine mechanische äußere Welt, gegen diese durch die philosophische Tradition, zuerst durch Platon und das Christentum, hernach mit weit stärkerer Insistenz durch die rationalistische Philosophie seit Descartes geschaffene Spaltung. Für Nietzsche verschiebt sich das metaphysische Zentrum zurück von der absoluten Gewißheit der Existenz Gottes oder des Ich (cogito; dubito; Kants transzendentale Kritik) zum altgriechischen Kosmos, dem geordneten Universum. Die Wichtigkeit dieser Verschiebung läßt sich, nach Löwith, kaum überschätzen:

Ein „Vorspiel zu einer Philosophie der Zukunft“ sind Nietzsches Schriften nicht dadurch, daß er an einen künftigen Wandel im Wesen des Menschen dachte, den man vorbereiten oder gar wollen könnte, sondern dadurch, daß er – in Erinnerung der vorsokratischen *physikoi* – den großen Versuch unternahm, den Menschen in die *Natur* aller Dinge „zurückzuübersetzen“ und in der über- und hinterweltlich gewordenen Metaphysik wieder die immerwährende physis der Welt und die „große Vernunft des Leibes“ als das Grundlegende und Immerseiende, sich Gleichbleibende und Wiederkehrende zur Anerkennung zu bringen. In dieser Tendenz zu einer „Rückkehr zur Natur“ ist Nietzsche, trotz seiner Gegnerschaft zu einem sentimentalen Naturbegriff, der Rousseau des neunzehnten Jahrhunderts . . . Die Struktur und Problematik der Lehre von der ewigen Wiederkehr, und ihr Verhältnis zum „Willen der Macht“, läßt sich nicht sinnvoll erörtern, wenn man – unter Voraussetzung eines abstrakten Seinsbegriffs – davon absieht, daß der maßgebende Ort von Nietzsches sämtlichen Lehren mit dem Wort „Leben“ bezeichnet wird, das seinerseits auf eine alles tragende und beherrschende, erzeugend-vernichtende Physis abzielt (Löwith 1956, S. 192, 194).[7]

„*Seinen* Willen will nun der Geist, *seine* Welt gewinnt sich der Weltverlorene“ (zit. aus *Zarathustra* durch Löwith 1956, S. 237).

In dieser philosophischen Revolution sieht er als seine „Hauptunterscheidung“ die Antithese zwischen Leben als „Aufgang und als Niedergang“ – „das Lebensvolle vom Lebensarmen“, „das Wohlgeratene vom Mißratenen“ scheidend:

Der Reichste an Lebensfülle, der dionysische Gott und Mensch, kann sich nicht nur den Anblick des Fürchterlichen und Fragwürdigen gönnen, sondern selbst die fürchterliche Tat und jeden Luxus von Zerstörung, Zersetzung, Verneinung; bei ihm erscheint das Böse, Unsinnige und Häßliche gleichsam erlaubt, infolge eines Überschusses von zeugenden, befruchtenden Kräften, welcher aus jeder Wüste noch ein üppiges Fruchtland zu schaffen imstande ist (*Fröhliche Wissenschaft*, 370, S. 285).

Doch in der prägnantesten, schärfsten Formulierung, im *Antichrist*:

Was ist gut? – Alles, was das Gefühl der Macht, den Willen zur Macht, die Macht selbst im Menschen erhöht.

Was ist schlecht? – Alles, was aus der Schwäche stammt.

Was ist Glück? – Das Gefühl davon, daß die Macht *wächst*, daß ein Widerstand überwunden wird.

Nicht Zufriedenheit, sondern mehr *Macht; nicht* Friede überhaupt, sondern Krieg; *nicht* Tugend, sondern Tüchtigkeit (Tugend im Renaissance-Stile, virtù, moralinfreie Tugend).

Die Schwachen und Mißratenen sollen zugrunde gehn: erster Satz *unsrer* Menschenliebe. Und man soll ihnen noch dazu helfen.

Was ist schädlicher als irgend ein Laster? – Das Mitleiden der Tat mit allen Mißratnen und Schwachen – das Christentum ... (*Der Antichrist*, 2, S. 192).

Auf dieser Hauptunterscheidung beruht aber auch der Schritt vom Nihilismus zum Postulat der ewigen Wiederkehr, von der 2. zur 3. Station im früher gegebenen Schema: „Eine Umwertung nach Maßgabe dieser Hauptunterscheidung ist aber auch, und vor allem, die Umkehr des Willens zum Nichts in das Wollen der ewigen Wiederkehr“ (Löwith, S. 195).

Können wir jedoch nicht über diese wichtige philosophische Erklärung hinaus gehen, wenn wir einen psychoanalytischen Gesichtspunkt einnehmen?

---

[7] Diese Deutung durch Löwith wird übrigens von Walter Kaufmann vehement bestritten.

„Der Zauber, der für uns kämpft, das Auge der Venus, das unsere Gegner selbst bestrickt und blind macht, das ist die *Magie des Extrems,* die Verführung, die alles Äußerste übt: wir Immoralisten – wir sind *die Äußersten*“; sagt er in *Der Wille zur Macht* (749, S. 503; Löwith, S. 181).

Löwith bemerkt die maßlose Auftürmung von Superlativen und von Worten mit dem Präfix „Über-“, die alle auf das Grundwort „Überwindung“ hinweisen; er nennt diesen Radikalismus eine Form von *Extremismus,* der tatsächlich weniger „radikal“ als *wurzellos* ist (S. 181).[8]

Nietzsche sprach indes von Zarathustras Liedern, „... die er sich selber zusang, daß er seine letzte Einsamkeit ertrüge“ (Löwith, S. 185).

Was können wir als Psychoanalytiker dieser philosophischen Analyse hinzufügen? Spezifischer gefragt: Ist diese mythische Denkweise, ist jene Fraktur als Ergebnis der verwegenen philosophischen Gratwanderung,[9] ist nicht dies Denken in Extremen etwas, womit wir als Analytiker recht vertraut sind und zu dessen Verständnis wir etwas beitragen können?

13.2 „*Ein Gelächter oder eine schmerzliche Scham*“[10] – *Nietzsches Krieg gegen die Scham*

13.2.1 „*Die tiefste Gewissenskollision*“

> „... ich definierte das *Moderne* bereits als den physiologischen Selbst-Widerspruch“ (*Götzen-Dämmerung,* „Unzeitgemäßes“, 41, S. 164)

Wir sahen, wie Nietzsche sich „einen Zwitter zwischen Krankheit und Willen zur Macht“ nennt; doch die ganze Tiefe dieser Spaltung, dieser Doppelheit enthüllt sich, wenn er schreibt: „Ich kenne mein Los. Es wird sich einmal an meinen Namen die Erinnerung an etwas Ungeheures anknüpfen – an eine Krisis, wie es keine auf Erden gab, an die *tiefste Gewissens-Kollision,* an eine Entscheidung, heraufbeschworen *gegen* alles, was bis dahin geglaubt, gefordert, geheiligt worden war. Ich bin kein Mensch, ich bin Dynamit“ (*Ecce Homo*, „Warum ich ein Schicksal bin“, 1, S. 399; Löwith, S. 113).

Es ist diese „tiefste Gewissenskollision“, oder wie wir sie im psychoanalytischen Schema nennen würden, *dieser Konflikt innerhalb des Über-Ichs,* der für uns das psychoanalytisch relevante Zentrum des Problems ist, vor das sich Nietzsche und alle von seinem revolutionären Denken tief Beeinflußten gestellt sehen.

8 „Äußerste Positionen sind aber nicht im ‚wörtlichen‘ Sinn ‚radikal‘, sondern eher wurzellos.“

9 Ein Bild, das Jakob Burckhardt gegenüber Nietzsche brauchte und das Nietzsche selber als Metapher sehr schätzte.

10 *Zarathustra*, „Vorrede“, S. 8.

Der Bogen von Nietzsches Denken beginnt, wie wir erfuhren, mit der Vernichtung Gottes und der Abschaffung des „Du-sollst“.

„In der Götzendämmerung wird schließlich der freie Geist als der ‚umfänglichste‘ Geist gedeutet, der sich alles erlauben kann, weil er die ‚Toleranz der Stärke‘ hat, die zu allem, was ist, ihr Ja sagt. Es gibt für ihn nichts Verbotenes mehr, es sei denn die Schwäche“ (Löwith 1956, S. 39). Er ist „der edle Verräter aller Dinge, die überhaupt verraten werden können, und dennoch ohne ein Gefühl der Schuld“ (Löwith, S. 34, in Kommentar zu *Menschliches, Allzumenschliches*).

Pflichten, Ehrfurcht, Schuld müssen bei dieser „Umwertung aller Werte“, die von dem „Du-sollst“ befreit, aufgehoben werden: „Sich seiner Unmoralität schämen; das ist eine Stufe auf der Treppe, an deren Ende man sich auch seiner Moralität schämt“ (*Jenseits von Gut und Böse,* 95, S. 81).

13.2.2 „Der Mensch ist Etwas, das überwunden werden soll“[11]

Was liegt dann im Kern dieser Umwertung? Die Tötung von Gott – der Autorität, des Vaters? Die Beseitigung von Schuld? Läßt sie sich derart einfach in das ödipale Schema einfügen? Sicherlich stimmt das alles zu einem gewissen Grad. Und doch scheint es mir, daß dieses Zentrum in *Nietzsches unnachgiebigem Kampf gegen Schwäche – Schwäche des Willens, Verlust der Kontrolle, Aufgabe des Selbstsein* – in einem verzweifelten *Krieg gegen das Sich-schämen* zu suchen ist. Jede Verpflichtung, alle Schuld ist letztlich doch nur eine Last, die schwach macht und jene abgrundtiefe Erniedrigung einlädt, die er mit seinem ganzen Anrennen gegen die westliche Moralität aufzuheben sucht.

> *Ich lehre euch den Übermenschen.* Der Mensch ist Etwas, das überwunden werden soll. Was habt ihr getan, ihn zu überwinden? ... Was ist der Affe für den Menschen? Ein Gelächter oder eine schmerzliche Scham. Und ebendas soll der Mensch für den Übermenschen sein: ein Gelächter oder eine schmerzliche Scham. Ihr habt den Weg vom Wurme zum Menschen gemacht, und Vieles ist in euch noch Wurm. Einst wart ihr Affen, und auch jetzt noch ist der Mensch mehr Affe, als irgend ein Affe (*Zarathustra*, „Vorrede“, 3, S. 8).

Ebenso: „Wehe! Es kommt die Zeit, wo der Mensch keinen Stern mehr gebären wird. Wehe! Es kommt die Zeit des verächtlichsten Menschen, der sich selber nicht mehr verachten kann. Seht! Ich zeige euch den *letzten Menschen*“ (l. c., 5, S. 14).

Die Antithesen (oder Wortpaare)
von Stolz und Scham,
von Respekt (oder Ehre) und Verachtung (oder Hohn, Spott, Lächerlichkeit),
von Mut und Feigheit,
von Ehrlichkeit und listiger, hinterhältiger Täuschung,

[11] *Zarathustra,* „Vorrede“, S. 8.

von offener Rache und dem Ressentiment als „Rachegedanken, ohne Kraft und Mut ihn auszuführen“ (*Menschliches, Allzumenschliches*, I, II, 60, S. 70),
von Reinheit (Reinlichkeit) und Unreinheit (Schmutzigkeit),
von Macht (Selbstkontrolle) und décadence,
von Adel und Herdendasein (die Zuvielen, die Überflüssigen) – alle diese bilden sozusagen einen „Kontrapunkt“ zum Großteil seines Werkes. Am meisten gilt dies indes für die „Symphonie“ seines Dichtwerkes *Also sprach Zarathustra*. Alle jene Begriffspaare gehören dem *Spektrum der Schamkonflikte* an, alle drücken sie seinen eigenen Kampf gegen die Angst aus, bloßgestellt, beschämt zu werden – als der physisch und emotionell tief leidende und einsamste Mann, der er wirklich war, und als der schwache Mensch, der zu sein er sich fürchtete: „Nicht durch Zorn, sondern durch Lachen tötet man“ (*Zarathustra*, „Vom Lesen“, S. 47), und er spricht von „jener furchtbaren Marter der verletzten Ehre“, die „eben mehr Leiden sein kann, als das Leben überhaupt wert ist“ (*Menschliches, Allzumenschliches*, I, II, 61, S. 71). Deshalb der Refrain: „Der Mensch ist etwas, das überwunden werden soll“ – der Mensch als ein schwaches, schambeladenes, leidendes Wesen, niedergedrückt von der Last des Gewissens, ein „Herdentier“, verachtungswürdig und voll Ressentiment.

a) Die Analyse der „Scham“

Zur Klarstellung ist es nötig, den Schambegriff schärfer zu definieren; ich zitiere aus meinen früheren Arbeiten über die Scham (s. *Die Maske der Scham*, S. 73 f.):

Analytisch gesehen ist Scham zunächst und vor allem eine Art von Angst – die *Schamangst:* „Ich fürchte mich, daß Bloßstellung bevorsteht und damit Erniedrigung.“ Solche Angst kann in feiner Signalform auftreten oder als überwältigende Panik.

Dann ist sie der Schamaffekt im breiten Sinn, ein komplexer Affekt gruppiert um einen *depressiven Kern:* „Ich habe mich bloßgestellt und fühle mich erniedrigt; ich möchte verschwinden; als solch ein Wesen, das sich so bloßgestellt hat, will ich nicht mehr weiter existieren. Die Verachtung kann nur dadurch getilgt werden, daß die Blöße beseitigt wird – durch mein Verstecken, mein Verschwinden – wenn nötig, durch meine Auslöschung.“ Bei dieser Verachtung und der Sühne dafür spielt das Sehen und Verschwinden – mithin das Auge – eine ganz besondere Rolle.

Dabei wies ich auf ein Beispiel für diese zweite Form der Scham aus Nietzsches *Morgenröte* (352, S. 234) hin:

> Jenes Gefühl: „ich bin der Mittelpunkt der Welt!“ tritt sehr stark auf, wenn man plötzlich von der Schande überfallen wird; man steht dann da wie betäubt inmitten der Brandung und fühlt sich geblendet wie von *einem* großen Auge, das von allen Seiten auf uns und durch uns blickt.

Und drittens ist es das Schamgefühl als eine Art des Ehrgefühls, eine Art des sozialen und persönlichen Schutzes, ein Charakterzug, der sich gegen die Bloßstellung wendet, also gegen das Sichzeigen; es ist eine *Reaktionsbildung*, und so wird sie auch von Freud, Fenichel und Jacobson bezeichnet. „Scham bezeichnet im Menschen die innere Grenze der Sünde; wo er errötet, beginnt eben sein edleres Selbst“, sagt Hebbel (zit. nach Binswanger 1957, S. 161). Es ist die Scham als Schutz, als vorbeugendes

Sichverbergen, *aidos – αἰδώς,* die Antithese gerade gegen jene Emotion des Entblößtseins, eine Haltung von Respekt anderen und sich selbst gegenüber, eine Art Ehrfurcht. Goethe nennt „die Ehrfurcht vor sich selbst" die oberste Ehrfurcht (*Wilhelm Meisters Wanderjahre,* 2. Buch, S. 143). Solches Schamgefühl zeigt sich als Takt, als Diskretion und Bescheidenheit, sie bezeugt sich als sexuelle Scham („pudor"). Solcher Art von „Vornehmheit des Geschmacks und Takt der Ehrfurcht" stellt Nietzsche den Mangel an Scham entgegen, „ihre bequeme Frechheit des Auges und der Hand, mit der von ihnen an alles gerührt, geleckt, getastet wird" (*Jenseits von Gut und Böse,* 263, S. 211).

Diese Reaktionsbildung läßt sich etwa so ausdrücken: „Ich muß mich hinter einer Maske verstecken, damit mein Inneres vor den zudringlichen Blicken anderer geschützt bleibt; und ebenso verhülle ich meine eigenen Blicke, hemme meine Neugier, bezähme meine Zudringlichkeit." Es ist „die Feinheit der Scham" des Menschen, „der etwas Kostbares und Verletzliches zu bergen" hat (loc. cit. 40, S. 51).

In dem Sinne ist Scham eine unentbehrliche Wächterin der Privatheit und der Innerlichkeit, eine Wächterin, die den Kern unserer Persönlichkeit schützt – unsere intensivsten Gefühle, unseren Sinn der Identität und Integrität und v. a. unsere sexuellen Wünsche, Erlebnisse und Körperteile. Ohne diese Hülle der Scham fühlt man sich der Würde beraubt – es sei denn, man begebe sich ihrer willentlich, um der größeren und umfassenderen Würde der Liebe teilhaftig zu werden.

In allen *3 Formen der Scham – der Schamangst, der depressiven Beschämtheit und dem Schamgefühl als Reaktionsbildung* – können wir den Objektpol vom Subjektpol unterscheiden.

*

Was ich nun betonen möchte, ist eben dies, es sei Nietzsches *Hauptanliegen, jede Bloßstellung der Schwäche zu bekämpfen,* also *Scham im zweiten Sinne, als komplexen Schamaffekt, kategorisch zu vermeiden,* ein Schamgefühl, das natürlich nun ganz wesentlich auch das Über-Ich miteinbezieht: sich beschämt zu fühlen, erniedrigt, gedemütigt, und ein solches Urteil auch anzunehmen. Die hauptsächlichen *Inhalte* sind dabei: als *schwach* (ohne Kontrolle, abhängig), *schmutzig* und *defekt* angesehen zu werden, wobei alle diese Inhalte auf einen zugrundeliegenden *Sinn vom unauslöschlichen eigenen Liebesunwert* zurückweisen.

Doch bezieht sich das Schamgefühl nicht nur auf gewisse zentrale *Inhalte,* Aspekte dessen, was beschämender- und verächtlicherweise enthüllt werden könnte, sondern es können auch die Aktivitäten selbst, nämlich die *Funktionen* des Wahrnehmens und des Sichzeigens von jenem zweiten Typus der Scham begleitet werden.

Dazu tritt das Grauen vor der ursprünglichen *Schamangst,* der ersten Form: daß man sich nämlich einer derartigen Gefahr der Entblößung von außen oder von innen ausgesetzt sehen könnte.

Umgekehrt bedarf es jedoch auch der unablässig aufrechterhaltenen, ja übertriebenen, stets stärker betonten Haltung der *Scham als Vorbeugung,* als *Pudor,* als *aidos* αἰδώς, als *„Unschämbarkeit"*, letztlich eben als scheinbare *Schamlosigkeit,* d. h. als präventive Bloßstellung von all dem, was man an sich selbst als mögliche Schwäche bemerkt und verleugnen möchte:

> ... die Scham ist erfinderisch. Es sind nicht die schlimmsten Dinge, deren man sich am schlimmsten schämt: es ist nicht nur Arglist hinter einer Maske, – es gibt soviel Güte in der List. Ich könnte mir denken, daß ein Mensch, der etwas Kostbares und Verletzliches zu bergen hätte, grob und rund wie ein grünes, altes, schwerbeschlagenes Weinfaß durchs Leben rollte: die Feinheit seiner Scham will es so. Einem Menschen, der Tiefe in der Scham hat, begegnen auch seine Schicksale und zarten Entscheidungen auf Wegen, zu denen wenige je gelangen, und um deren Vorhandensein seine Nächsten und Vertrautesten nicht wissen dürfen: seine Lebensgefahr verbirgt sich ihren Augen und ebenso seine wiedereroberte Lebens-Sicherheit. Ein solcher Verborgener, der aus Instinkt das Reden zum Schweigen und Verschweigen braucht und unerschöpflich ist in der Ausflucht vor Mitteilung, *will* es und fördert es, daß eine Maske von ihm an seiner Statt in den Herzen und Köpfen seiner Freunde herumwandelt; und gesetzt, er will es nicht, so werden ihm eines Tages die Augen darüber aufgehn, daß es trotzdem dort eine Maske von ihm gibt, – und daß es gut so ist. Jeder tiefe Geist braucht eine Maske: mehr noch, um jeden tiefen Geist wächst fortwährend eine Maske, dank der beständig falschen, nämlich *flachen* Auslegung jedes Wortes, jedes Schrittes, jedes Lebenszeichens, das er gibt (*Jenseits von Gut und Böse*, 40, S. 51).

Oder: „Bei harten Menschen ist die Innigkeit eine Sache der Scham – und etwas Kostbares“ (*Jenseits von Gut und Böse*, 167; S. 90).

Diese dritte Form der Scham manifestiert sich in Tugenden, die zentral für Nietzsches neue Moralität sind: „Treue, Großmut, die Scham des guten Rufes: diese drei in *einer* Gesinnung verbunden – das nennen wir *adelig, vornehm, edel,* und damit übertreffen wir die Griechen“ (*Morgenröte*, III, 199, S. 167). „Oberste Richtschnur: man muß sich auch vor sich selber nicht ‚gehen lassen‘ “ (*Götzendämmerung*, „Unzeitgemäßes“, 47, S. 170).

Ein integraler Teil davon ist Respekt, ganz besonders *Selbstrespekt;* er übernimmt den eben zitierten Gedanken Goethes (in „Wilhelm Meisters Wanderjahren“), indem er gegen Ende von *Jenseits von Gut und Böse* sagt: „Die vornehme Seele hat Ehrfurcht vor sich“ (*Jenseits von Gut und Böse*, 287, S. 226).

In der folgenden berühmten Passage aus dem *Zarathustra* finden wir den Übergang von der zweiten Bedeutung der Scham (wenn nicht sogar, mit den „roten Backen“, auch der ersten) zur dritten:

> Der Mensch selber aber heißt dem Erkennenden: das Tier, das rote Backen hat. – Wie geschah ihm das? Ist es nicht, weil er sich zu oft hat schämen müssen? – Oh meine Freunde! So spricht der Erkennende: Scham, Scham, Scham – das ist die Geschichte des Menschen! – Und darum gebeut sich der Edle, nicht zu beschämen: Scham gebeut er sich vor allem Leidenden. – Wahrlich, ich mag sie nicht, die Barmherzigen, die selig sind in ihrem Mitleiden: zu sehr gebricht es ihnen an Scham (*Zarathustra*, II, „Mitleidigen“, S. 93).

Kurz darauf folgt eine Stelle über die *identifikatorische Scham* und die *Gleichsetzung von Beschämung mit verletztem Stolz:* „Darum wasche ich mir die Hand, die dem Leidenden half, und darum wische ich mir auch noch die Seele ab. – Denn daß ich den Leidenden sah, dessen schämte ich mich um seiner Scham willen; und als ich ihm half, da verging ich mich hart an seinem Stolze“ (l. c., S. 94).

Wenn ich daher behaupte, Nietzsche führe *Krieg gegen die Scham,* so meine ich dies ganz in bezug auf die ersten beiden Bedeutungen der Scham; seine *hauptsächliche Abwehrhaltung ist gerade Scham im dritten Sinne,* und es ist eben auch in dieser dritten Bedeutung, daß er das Wort „Scham“ gewöhnlich braucht, z. B. in seiner Beschreibung in *Menschliches, Allzumenschliches* (I, II, 100, S. 89), wo es sich auf das Gefühl von „Schauder und Angst“ in der Nähe eines „Mysteriums“, eines „Adyton“ (etwas Unbetretbaren) bezieht, wo der Zugang durch eine Gottheit verboten worden war. Diese Scheu übertrug sich dann auf Geschlechtsbeziehungen, wobei die Rechte der Erwachsenen vor den Blicken der Jugendlichen beschützt werden sollten, dann auf die königliche Majestät von Macht und Geheimnis und schließlich auf „die ganze Welt innerer Zustände, die sogenannte ‚Seele‘“ (*Menschliches, Allzumenschliches*, I, II, 100, S. 89 f.). All dies bezieht sich lediglich auf das, was ich als die dritte Form bezeichnet; erst ihre Verletzung würde die anderen beiden Formen hervorrufen.

*

Ein anderer, oft von Nietzsche benutzter Begriff ist der der *„Eitelkeit“*, daß man die anderen zu einer guten, aber falschen Meinung über sich selbst verführt und dabei an diese „allzu hohe Taxation seiner selbst“ glaubt: „daß er also den Irrtum herbeiführt und doch ihm Glauben schenkt“ (*Menschliches, Allzumenschliches,* I, II, 89, S. 80). Es ist dies eine Haltung, die zumindest eng mit der der Scham als Reaktionsbildung verknüpft ist, besonders wenn er weiter ausführt: „... so werden die Regungen und Leidenschaften der Seele durch die Eitelkeit umhüllt: sie ist die Haut der Seele“ (l. c., 82, S. 79); hier erscheint sie in der Tat beinahe ein Synonym zum Wort „Scham(haftigkeit)“ zu sein, wie er dieses gewöhnlich braucht.

b) Dionysos gegen Sokrates

Ein besonders prominenter Teil seines Krieges gegen die Scham besteht, in Gegnerschaft zu Schopenhauer und natürlich zur gesamten christlichen und buddhistischen Tradition, aus seiner heftigen und unaufhörlichen Zurückweisung des Mitleid[en]s: „Dies Problem vom *Werte* des Mitleids und der Mitleids-Moral (– ich bin ein Gegner der schändlichen modernen Gefühlsverweichlichung –) ...“ (*Genealogie*, Vorrede, 6; S. 245). Unermüdlich beklagt er das durch das Mitleid verursachte Unheil und die Lähmung dadurch (z. B. *„Morgenröte“*, II, 134, S. 122).

Doch kommt er immer wieder auch darauf zurück, was er als den hauptsächlichen negativen Begriff hinstellt, den *zentralen Schaminhalt* seiner Philosophie: *Schwäche, Krankheit, Degeneration, das „Opfertier“ zu sein, décadence,* oft ausgedrückt in Metaphern der Vergiftung, der Fäulnis, der Auflösung und des Selbstverlusts (der „Entselbstung“); er spricht vom „Instinkt der Verneinung, der Verderbnis, vom décadence-Instinkt“ (*Ecce Homo,* „Morgenröte“ 2, S. 368), und fordert das rücksichtslose Ausschneiden oder Kastrieren aller Träger solcher Schwäche. Dies gründet sich, wie schon kurz erwähnt, in dem zentralen *Wertkonflikt,* den ich jetzt seinen *kardinalen Schamkonflikt* heißen würde und der seine „Umwertung aller Werte“ völlig beherrscht:

> Ich sah zuerst den eigentlichen Gegensatz: – den *entartenden* Instinkt, der sich gegen das Leben mit unterirdischer Rachsucht wendet (– Christentum, die Philosophie Schopenhauers, in gewissem Sinne schon die Philosophie Platos, der ganze Idealismus als typische Formen) und eine aus der Fülle, der Überfülle geborene Formel der *höchsten Bejahung,* ein Jasagen ohne Vorbehalt, zum Leiden selbst, zur Schuld selbst, zu allem Fragwürdigen und Fremden des Daseins selbst ... Dieses letzte, freudigste, überschwenglich-übermütigste Ja zum Leben ist nicht nur die höchste Einsicht, es ist auch die *tiefste* ... die ewige Lust des Werdens *selbst*

> *zu sein,* – jene Lust, die auch noch die *Lust am Vernichten* in sich schließt ... sie ist das, was ich die *große Gesundheit* nenne ... (*Ecce Homo*, „Trag“ 2, S. 349 f., *Ecce Homo*, Zarathustra 2, S. 373).

Schwäche bedeutet auch „die Feigheit und Flucht vor der Realität ... die décadents haben die Lüge *nötig* ... das Feige, das Unsaubere, das Heimlich-Rachsüchtige in den Eingeweiden“ („*Ecce Homo*“, l. c., S. 350; *Ecce Homo,* „Warum ich so gute Bücher schreibe,“ 3, S. 341), – während der, der über eine solche Schwäche gesiegt hat, der ideale Mann, der „gentilhomme“ mutig und furchtlos ist: „Man muß Mut im Leibe haben, ihn auch nur auszuhalten, man muß das Fürchten nicht gelernt haben“ (*Ecce Homo,* „Jenseits“, 2, S. 387), er besitzt einen „Überfluß von Kraft“ (*Ecce Homo,* „Zarathustra“ 6, S. 379), „einen unbarmherzigen Geist“, der die Feinde „erfriert“ (*Ecce Homo,* „Menschl.“, 1, S. 359 f.).

Ein besonders verhaßter Vertreter dieser „Schwäche“ und „décadence“ ist die „Vernunft“, die „Vernünftigkeit“, der „Intellekt“, wie er ihm in der Gestalt von Sokrates entgegentritt: „ ‚Vernünftigkeit‘ *gegen* Instinkt. Die ‚Vernünftigkeit‘ um jeden Preis als gefährliche, als lebenuntergrabende Gewalt!“ (*Ecce Homo,* „Trag“. 1, S. 348).

So werden die beiden Seiten des Mythos, die Kräfte des (schamweckenden) Bösen und des (stolzerregenden) Guten, durch die übergeschichtlichen (mythischen) Gestalten von *Sokrates und Dionysos* symbolisiert, oder: durch die christlichen Priester: „Einmal wird auf die christlichen Priester wie auf eine ‚tückische Art von Zwergen‘, von ‚Unterirdischen‘ angespielt“ (l. c.) gegenüber den aristokratischen, edlen „freien Geistern“. Und aus dieser innersten Schwäche heraus fließt der *Giftstrom des Ressentiments.* Aus dem Geiste dieses Ressentiment heraus züchteten die emsigen Priester des Asketismus das bissige *Gewissen der Selbstverneinung,* „diese Spezies von Nagewurm“, das sich auf ethische Imperative und Schuld verläßt und derart die Welt der décadence schafft (*Genealogie,* II, 14, S. 314) : „die Geburt des Christentums aus dem Geiste des Ressentiment“ (*Ecce Homo,* „Genealogie“, S. 388).

c) „*Mit vollkommener Bosheit*“[12]

All die provokativen, zuweilen die Nazis vorwegnehmenden Forderungen, all diese trotzig-sadistischen Ausbrüche sind doch gleichsam eine verzweifelte letzte Abwehr durch *Trotz, Empörung und Hohn gegen jenes alldurchdringende Schamgefühl,* oder vielmehr: gegen die durch und durch waltende Furcht, sich schämen zu müssen, als schwach entdeckt zu werden – eine Abwehr durch Reaktionsbildung:

> Düster ging ich jüngst durch leichenfarbene Dämmerung, – düster und hart, mit gepreßten Lippen. Nicht nur *eine* Sonne war mir untergegangen. Ein Pfad, der trotzig durch Geröll stieg, ein boshafter, einsamer, dem nicht Kraut, nicht Strauch mehr zusprach: ein Berg-Pfad knirschte unter dem Trotz meines Fußes. – Stumm über höhnischem Geklirr von Kieseln

[12] Aus Janz’ Biographie, Bd. 2, S. 484; Nietzsches Schriften strotzen von Hinweisen auf sein eigenes „Bösesein“: „Boshaftigkeit, Bösartigkeit, Bosheit“; sie werden mit einer eher bemühenden Art von Koketterie (coyness) vorgebracht, etwa einem unartigen Kinde ähnlich, das ein Spielzeug nach dem anderen zerbricht und dabei trotzig nach den Eltern schaut. Dabei ist jedoch klar etwas viel Tieferes und Schmerzlicheres mit im Spiele, etwas, das zugleich auch von viel höherem Wert und größerer Wichtigkeit ist als es solche „Unartigkeit“ vorgibt.

schreitend, den Stein zertretend, der ihn gleiten ließ: also zwang mein Fuß sich aufwärts. – Aufwärts: – dem Geiste zum Trotz, der ihn abwärts zog, abgrundwärts zog, dem Geiste der Schwere, meinem Teufel und Erzfeinde. – Aufwärts: – obwohl er auf mir saß, halb Zwerg, halb Maulwurf; lahm; lähmend; Blei durch mein Ohr, Bleitropfen-Gedanken in mein Hirn träufelnd. – „Oh Zarathustra, raunte er höhnisch Silb' um Silbe, du Stein der Weisheit! Du warfst dich hoch, aber jeder geworfene Stein muß – fallen! – Oh Zarathustra, du Stein der Weisheit, du Schleuderstein, du Stern-Zertrümmerer! Dich selber warfst du so hoch, – aber jeder geworfene Stein – muß fallen! – Verurteilt zu dir selber und zur eigenen Steinigung: oh Zarathustra, weit warfst du ja den Stein, – aber auf *dich* wird er zurückfallen!“ (Löwith, S. 73; *Zarathustra*, „Vom Gesicht“, S. 171 f.).

„Alles, was tief ist, liebt die Maske; die allertiefsten Dinge haben sogar einen Haß auf Bild und Gleichnis. Sollte nicht erst der *Gegensatz* die rechte Verkleidung sein, in der die Scham eines Gottes einherginge?“ (*Jenseits von Gut und Böse*, 40, S. 50).

Er spricht von „der eisigen Melancholie eines einsam gemachten Willens“ als Antidot gegen „den zerbrochenen Willen“ des Skeptizismus, der niemandem mehr befehlen kann (dies richtet sich spezifisch auf die preußischen Könige, wird aber auch allgemeiner verstanden) (*Jenseits von Gut und Böse*, 209, S. 131).

„Die Verdüsterung des Himmels über dem Menschen hat immer im Verhältnis dazu überhand genommen, als die Scham des Menschen *vor dem Menschen* gewachsen ist“ (*Genealogie*, II, 7, S. 297).

„... man schämte sich der Milde, wie man sich heute der Härte schämt“ (*Genealogie*, III, 9, S. 354).

„*Die eigentlichen Philosophen aber sind Befehlende und Gesetzgeber* ... Ihr ‚Erkennen‘ ist *Schaffen*, ihr Schaffen ist eine Gesetzgebung, ihr Wille zur Wahrheit ist – *Wille zur Macht*“ (*Jenseits von Gut und Böse*, 211; S. 135).

Es ist „der vornehme Mensch“, der im „*Pathos der Distanz*“ lebt (*Jenseits von Gut und Böse*, 257, S. 197, ein auch sonst immer wieder auftretender Ausdruck), einer, der die anderen ausbeutet und erobert und seine Verachtung dem Feigling, dem Schwächling, dem Lügner, dem Herdentier gegenüber zeigt, jedem, der es zuläßt, daß er mißhandelt oder eingeschüchtert wird, dem „an die enge Nützlichkeit Denkenden“ ... (*Jenseits von Gut und Böse*, 259 und 260, S. 199–201). Seine Moral ist die der „Selbstverherrlichung“ (l. c., S. 202): „Der vornehme Mensch ehrt in sich den Mächtigen“ (l. c.). „Nicht die Notdurft, nicht die Begierde – nein, die Liebe zur Macht ist der Dämon des Menschen“ (*Morgenröte*, IV, 262, S. 205).

*

Dies denn ist das Entscheidende: *die ganze neue Moral und Metaphysik Nietzsches steht im Dienste dieses Krieges gegen das Schamgefühl (im Sinne des Sichschämens).* Es ist die Freiheit eines „Menschen, für den es nichts Verbotenes mehr gibt, es sei denn die *Schwäche*, heiße sie nun Laster oder Tugend“ (*Götzendämmerung*, „Unzeitgemäßes“, 49, S. 173). Das bedeutet aber die Befürwortung eines Wertsystems, das sich ganz auf rücksichtslose Stärke abgestellt hat, auf Selbstkontrolle und Willenskraft, auf ein absolutes Vermeiden jeder Verwundbarkeit, jeder Bloßstellung, jeder Schwäche – in einem *Crescendo der Macht*:

Und der Krieg erzieht zur Freiheit. Denn was ist Freiheit? Daß man den Willen zur Selbstverantwortlichkeit hat. Daß man die Distanz, die uns abtrennt, festhält. Daß man gegen Mühsal,

Härte, Entbehrung, selbst gegen das Leben gleichgültiger wird. Daß man bereit ist, seiner Sache Menschen zu opfern, sich selber nicht abgerechnet. Freiheit bedeutet, daß die männlichen, die kriegs- und siegsfrohen Instinkte die Herrschaft haben über andere Instinkte, zum Beipiel über die des „Glücks“. Der *freigewordne* Mensch, um wie viel mehr der freigewordne *Geist*, tritt mit Füßen auf die verächtliche Art von Wohlbefinden, von dem Krämer, Christen, Kühe, Weiber, Engländer und andre Demokraten träumen. Der freie Mensch ist *Krieger* (*Götzendämmerung*, „Unzeitgemäßes“, 38, S. 160).

Und vom Arzte verlangt er „das rücksichtsloseste Nieder- und Beiseite-Drängen des *entartenden* Lebens“ (*Götzendämmerung*, „Unzeitgemäßes“, 36, S. 154).

Es ist denn dieser Vorrang des *Kampfes gegen das Sichschämen und gegen die Beschämung des anderen*, eines Kampfes, der zeitweilig nahe an „Unverschämtheit“ reicht, der uns den Schlüssel zu so vielem gibt, das uns in Nietzsches Moral zunächst so änigmatisch und paradox, ja oft auch schockierend scheinen will – einer Moral zudem, die indes von einem Denker aufgebaut wurde, der selbst zugleich von einem tiefsten Ehrgefühl, sensibelstem Takt und feinstem Bedürfnis nach Würde erfüllt war und sich unentwegt der Wahrheitssuche widmete. Welch ein Widerspruch!

Am klarsten, am prägnantesten faßt er es denn am Ende des Dritten Buches *„Fröhliche Wissenschaft“* (268–275, S. 177) zusammen:

Was macht heroisch? – Zugleich seinem höchsten Leide und seiner höchsten Hoffnung entgegengehen.
Woran glaubst du? – Daran, daß die Gewichte aller Dinge neu bestimmt werden müssen.
Was sagt dein Gewissen? – „Du sollst der werden, der du bist.“
Wo *liegen deine größten Gefahren?* – Im Mitleiden.
Was *liebst du an anderen?* – Meine Hoffnungen.
Wen nennst du schlecht? – Den, der immer beschämen will.
Was ist dir das Menschlichste? – Jemandem Scham ersparen.
Was ist das Siegel der erreichten Freiheit? – Sich nicht mehr vor sich selber schämen.[13]

d) „Dies Verwandeln-müssen“

Dieses auf dem *Kampf gegen die Scham aufgebaute Wertsystem* kulminiert in der Bewunderung der Schönheit, wobei Schönheit als Ausdruck der Willensstärke, als Freiheit von allen Einschränkungen, die den Willen schwächen könnten, verstanden wird, als „Über-mut des Übermenschen“, wie es Löwith nennt (S. 63): „Im Schönen setzt sich der Mensch als Maß der Vollkommenheit ... Im Grunde spiegelt sich der Mensch in den Dingen, er hält alles für schön, was ihm sein Bild zurückwirft ... Der Mensch dieses Zustands verwandelt die Dinge, bis sie seine Macht widerspiegeln, – bis sie Reflexe seiner Vollkommenheit sind. Dies Verwandeln-*müssen* ins Vollkommene ist – Kunst“ (*Götzendämmerung*, „Unzeitgemäßes“, 19, S. 142; 9, S. 136).

Schönheit beruht auf „Erscheinung“, sogar auf „Schein“; sie besteht darin, mit Bewunderung erblickt zu werden; der Wert der Schönheit ist demnach notgedrungen eng mit dem Spektrum der Schamaffekte und dem Kampf gegen die Scham verbunden. Ist *Schönheit nicht der letzte, wenngleich flüchtige Sieg über die Scham?*

---

[13] Betonung von Nietzsche.

„... die Kunst, in der gerade die *Lüge* sich heiligt, der *Wille zur Täuschung* das gute Gewissen zur Seite hat, ist dem asketischen Ideale viel grundsätzlicher entgegengestellt als die Wissenschaft ...“ (*Genealogie*, III, 25, S. 402).

Bei diesem der Scham gegenüber gestellten Ideal ist die *Reinheit und Reinlichkeit* sehr bedeutsam: „Was am tiefsten zwei Menschen trennt, das ist ein verschiedener Sinn und Grad der Reinlichkeit“ (*Jenseits von Gut und Böse*, 271, S. 219); der höchste Instinkt der Reinlichkeit führt zur Heiligkeit – und zur „wunderlichsten und gefährlichsten Vereinsamung“ (l. c.). Auch diese Beschreibung wandelt sich bald zur Vorschrift um, wenn er später, wiederum im Zusammenhang mit der Analyse der „Vornehmheit“ hinzufügt: „Denn die Einsamkeit ist bei uns eine Tugend, als ein sublimer Hang und Drang der Reinlichkeit, welcher errät, wie es bei Berührung von Mensch zu Mensch – ‚in Gesellschaft‘ – unvermeidlich-unreinlich zugehen muß. Jede Gemeinschaft macht, irgendwie, irgendwo, irgendwann – ‚gemein‘“ (*Jenseits von Gut und Böse*, 284, S. 225).

Er spricht von seiner eigenen „vollkommen unheimlichen Reizbarkeit des Reinlichkeits-Instinkts“ (*Ecce Homo:* „Warum ich so weise bin“, 8, S. 311); überall spüre er „den verborgenen Schmutz“ (l. c., S. 312). „Der Ekel am Menschen, am ‚Gesindel‘ war immer meine größte Gefahr“ (l. c.); „ich komme um unter unreinen Bedingungen“ (l. c.). „Meine Humanität ist eine beständige Selbstüberwindung“ (l. c.). „Alle Vorurteile kommen aus den Eingeweiden“ (*Ecce Homo:* „Warum ich so klug bin“, 1, S. 318).

*

So kann man dann wohl als Psychoanalytiker behaupten, diese so vielgerühmte „neue“ Moral beruft sich auf ein Über-Ich, das tief in *Kategorien der „Analität“* verwurzelt ist – Reinheit und Kontrolle, Eigenwilligkeit und Eigensinn, Trotz, Grauen vor allem Sichschämenmüssen und aller Unterwerfung. Es ist ein Über-Ich, das charakteristischerweise *in absolute Extreme des Urteils gespalten ist,* das tatsächlich unablässig verurteilen muß und von einem tief untergründigen, bitteren Groll gespiesen wird (s. meine Arbeit über Lagerkvist's *Dvärgen*).

Wir können dieses *„neue“ Ideal „narzissistisch“ oder „anal“ oder „einen Krieg gegen die Scham“ oder „präödipal“* nennen – all dies stimmt. Doch genügt dies?

Überdies ist es auch Teil von uns selber: Was ist denn diese *mythische Seite von uns selbst* – eine Seite, die in den schweren Neurosen zur Übermacht wird?

Wir werden später auf diese Fragen zurückkommen müssen. Etwas, das schon mehrfach anklang und ebenso wichtig wie dieser „Krieg gegen die Scham“ ist, beansprucht nun unsere Aufmerksamkeit.

13.3 Das „Ressentiment“

13.3.1 „Der Sklavenaufstand in der Moral“ – „eine Schande des Menschen“

„Politics, as a practice, whatever its professions, had always been the systematic organization of hatreds“ (Henry Adams)

a) Definition

Mit dem letzten Wort des obigen Titels beziehe ich mich auf die folgende Passage in der *„Genealogie der Moral“* (I, 11, S. 269): „alle jene Reaktions- und Ressentiments-Instinkte ... diese ‚Werkzeuge der Kultur‘ sind eine Schande des Menschen“. Ich erwähnte bereits den Giftstrom des Ressentiments, der der innersten Schwäche entfließt. In Kap. 4 von *Die zerbrochene Wirklichkeit* habe ich die Phänomenologie dieses Affekts beschrieben. Ich wiederhole daraus hier nur die 5 Gruppen von Qualifizierungen, die diesen zusammengesetzten Affekt des Ressentiments ausmachen: 1) aggressive Wünsche und Gefühle, v. a. Neid, Eifersucht und Rachsucht; 2) diese wurden durch eine wahrgenommene Verletzung der Gerechtigkeit – im Vergleich mit anderen und angesichts der elterlichen Autorität – geweckt und setzen die Überzeugung von der Wichtigkeit des Wertes der Fairness voraus; 3) das Gefühl der Machtlosigkeit, der Hilflosigkeit, die in diesen aggressiven Impulsen enthaltenen Ziele, nämlich das Gleichgewicht der Gerechtigkeit, wiederherzustellen, erreichen zu können; 4) das Bedürfnis, den Neid und die Rachgier hinter einer Maske der Unschuld zu verstecken, damit die Notwendigkeit der Täuschung und der Lüge, nicht nur anderen, sondern auch ganz besonders sich selbst gegenüber; und 5) die Bereitschaft, den Sinn des erlittenen Unrechts zu verallgemeinern und den Rachewunsch auf andere Gegenstände zu verschieben, wobei beide sich zu einer ganz allgemeinen Stimmung und Haltung ausweiten.

b) Die doppelte Botschaft vom Ressentiment

Es ist nun gerade über dieses Thema des Ressentiments, daß Nietzsche Bedeutendstes auszusagen, freilich auch noch mehr anzudeuten hat, das er nicht direkt in Worte faßt.

Er schreibt seinen Ursprung den Juden zu: „Die Juden umgekehrt waren jenes priesterliche Volk des Ressentiment par excellence ...“ (*Genealogie,* I, 16, S. 280). „Aus der Ohnmacht wächst bei ihnen der Haß ins Ungeheure und Unheimliche, ins Geistigste und Giftigste ... das sich an seinen Feinden und Überwältigern zuletzt nur durch eine radikale Umwertung von deren Werten, also durch einen Akt der *geistigsten Rache* Genugtuung zu schaffen wußte“ (*Genealogie*, I, 7, S. 259). Sie ersetzten die aristokratische *Wertgleichung gut = vornehm = mächtig = schön = glücklich = gottgeliebt* durch dessen Gegensatz, einen Gegensatz, der nun „mit den Zähnen des abgründlichsten Hasses (des Hasses der Ohnmacht) festgehalten“ wurde, nämlich: „die Elenden sind allein die Guten, die Armen, Ohnmächtigen, Niedrigen sind allein die Guten, die Leidenden, Entbehrenden, Kranken, Häßlichen sind auch die einzig Frommen, die einzig Gottseligen, für sie allein gibt es Seligkeit ...“ (*Genealogie*, I, 7, S. 260). Mit dieser Wertrevolution beginne „der *Sklavenaufstand in der Moral*“ (l. c.).

Bald darauf folgt nun eine Passage, die mir ganz besonders aufschlußreich für die *doppelte Botschaft des Ressentiments* zu sein scheint, wie sie von diesem größten und gefährlichsten Denker vorgetragen wurde – eine doppelte Botschaft, die, wenigstens zum Teil, Antwort auf die Frage geben könnte, warum seine Philosophie eine Wirkung von solcher Brisanz und Zerstörungskraft zu entwickeln vermochte:

> Dieser Jesus von Nazareth, als das leibhafte Evangelium der Liebe, dieser den Armen, den Kranken, den Sündern die Seligkeit und den Sieg bringende „Erlöser“ – war er nicht gerade die Verführung in ihrer unheimlichsten und unwiderstehlichsten Form, die Verführung und der Umweg zu eben jenen *jüdischen* Werten und Neuerungen des Ideals? Hat Israel nicht gerade auf dem Umwege dieses „Erlösers“, dieses scheinbaren Widersachers und Auflösers Israels, das letzte Ziel seiner sublimen Rachsucht *erreicht?* Gehört es nicht in die geheime schwarze Kunst einer wahrhaft *großen* Politik der Rache, einer weitsichtigen, unterirdischen, langsamgreifenden und vorausrechnenden Rache, daß Israel selber das eigentliche Werkzeug seiner Rache vor aller Welt wie etwas Todfeindliches verleugnen und ans Kreuz schlagen mußte, damit „alle Welt“, nämlich alle Gegner Israels, unbedenklich gerade an diesen Köder anbeißen konnten? Und wüßte man sich andrerseits, aus allem Raffinement des Geistes heraus, überhaupt noch einen *gefährlicheren* Köder auszudenken? Etwas, das an verlockender, berauschender, betäubender, verderbender Kraft jenem Symbol des „heiligen Kreuzes“ gleichkäme, jener schauerlichen Paradoxie eines „Gottes am Kreuze“, jenem Mysterium einer unausdenkbaren letzten äußersten Grausamkeit und Selbstkreuzigung Gottes *zum Heile des Menschen?* ... Gewiß ist wenigstens, daß sub hoc signo Israel mit seiner Rache und Umwertung aller Werte bisher über alle anderen Ideale, über alle *vornehmeren* Ideale immer wieder triumphiert hat (*Genealogie*, I, 8, S. 261 f.).

Einerseits ist dies die zwingendste Beschreibung der verheerenden Wirkung des Ressentiments – eine „Analyse“ nicht einmal so sehr nur des „jüdischen“ Ressentiments; sein wirkliches Ziel ist vielmehr das *in der christlichen Ethik und Metaphysik verborgene Ressentiment* und sogar über diese hinaus: das der ganzen alten Moral, des traditionellen Gewissens überhaupt.

Doch andererseits ist es zugleich eine Aussage, die selbst allen Einfluß des Ressentiments aufweist: es ist die bittere Anklage einer hinterhältigen Vergiftung der westlichen Welt durch eine jüdische Verschwörung, die mehr als 2000 Jahre gedauert hat, einer schlauesten, geschicktesten und erfolgreichsten Entmännlichung des „vornehmen Menschen“, einer Entwürdigung des „tragischen Menschen“, eines Aussaugens der Kraft und einer Erniedrigung und Besiegung des Feindes durch die elegantesten Mittel der Rache – die aufgezwungene Selbstkastration mit Hilfe eines magischen Symbols. Kurz, es ist die Anklage der Macht des Ressentiments gerade durch das Mittel der Magie, die ein derartiger Appell an das in jedermann schlummernde, tief vergrabene Gefühl erlittenen Unrechts ausübt.

Gilt es denn nicht offenkundig gerade auch für ihn selbst, was er über den „Verbrecher“ und dann spezifisch über den „Neuerer des Geistes“ zu sagen hat: „Fast jedes Genie kennt als eine seiner Entwicklungen die katilinarische Existenz, ein Haß-, Rache- und Aufstands-Gefühl gegen alles, was schon *ist,* was nicht mehr *wird* ... Katilina – die Präexistenz-Form *jedes* Cäsar“ (*Götzendämmerung,* „Unzeitgemäßes“, 45, S. 169).

Dies ist in reinster Form, was ich mit Nietzsches *Philosophie des Ressentiments* meine, etwas, das weit über seine gescheiteste, tiefsinnigste *deskriptive Analyse* des Ressentiments hinausgeht.

Die vom Ressentiment gegebene Beschreibung gilt, glaube ich, für Nietzsches eigene Schlußfolgerungen in diesem entscheidend wichtigen Zusammenhang – dem nämlich vom *Umsturz der „christlichen“ (= jüdischen = anti-aristokratischen = das Edle zerstörenden = Scham und Schuld bewirkenden) Moral.*

Wie schon dargestellt, bedeutet nämlich dieses Umstürzen der überkommenen Werte (des traditionellen Über-Ich) durch eine gründliche und fortgesetzte Analyse und Auflösung der in diesen Werten sich ausdrückenden Haltung des Ressentiments und seiner zerstörerischen Wirkungen die erste Säule jenes dreifältigen Bogens von Nietzsches Denken, das Löwith dargestellt hat: es ist die Säule des Trotzes gegen das „Du-sollst“:

> Der Sklavenaufstand in der Moral beginnt damit, daß das *Ressentiment* selbst schöpferisch wird und Werte gebiert: das Ressentiment solcher Wesen, denen die eigentliche Reaktion, die der Tat, versagt ist, die sich nur durch eine imaginäre Rache schadlos halten. Während alle vornehme Moral aus einem triumphierenden Ja-sagen zu sich selber herauswächst, sagt die Sklaven-Moral von vornherein nein zu einem ‚Außerhalb‘, zu einem ‚Anders‘, zu einem ‚Nicht-selbst‘: und *dies* Nein ist ihre schöpferische Tat. Diese Umkehrung des Werte-setzenden Blicks – diese *notwendige* Richtung nach außen statt zurück auf sich selber – gehört eben zum Ressentiment: die Sklaven-Moral bedarf, um zu entstehn, immer zuerst einer Gegen- und Außenwelt, sie bedarf, physiologisch gesprochen, äußerer Reize, um überhaupt zu agieren, – ihre Aktion ist von Grund aus Reaktion (*Genealogie*, I, 10, S. 263).

Sein (des Ressentiment) *Wesen liegt daher in der Passivität,* wie er kurz danach ausführt (S. 265).

Der „Mensch des Ressentiments“ wird geschildert: „Seine Seele *schielt;* sein Geist liebt Schlupfwinkel, Schleichwege und Hintertüren, alles Versteckte mutet ihn an als *seine* Welt, *seine* Sicherheit, *seine* Labsal“ (l. c.). „Die Kehrseite des christlichen Mitleidens am Leiden des Nächsten ist die tiefe Beargwöhnung aller Freuden des Nächsten, seiner Freude an allem, was er will und kann“ (*Morgenröte,* I, 80, S. 71).

„Die starken Zeiten, die *vornehmen* Kulturen sehen im Mitleiden, in der ‚Nächstenliebe‘, im Mangel an Selbst und Selbstgefühl etwas Verächtliches“ (*Götzendämmerung,* „Unzeitgemäßes“, 37, S. 158).

Unwahrhaftigkeit, innere und äußere *Täuschung* und v. a. eine *passive* Einstellung gegen außen, all dies entstanden aus einer durchdringenden *Schwäche* und „Ohnmacht“, doch erfüllt von einem bösartigen Geist unbarmherziger, aber hinterhältiger *Rachsucht* und ausgedrückt in Metaphern von *Gift,* Zersetzung, Fäulnis und Betäubung – dies sind die schmählichen Eigenschaften des *„Menschen des Ressentiments“*, dieses Gegentypus zum *vornehmen Menschen.*

Dies ist nun die neue Ethik, dies ist die neue Antithese, dies ist aber auch der innere Konflikt, der immer wieder von Nietzsche in stets neuen Bildern und Proklamationen beschworen wird, in ständigem Hin und Her zwischen geschicktester *Beschreibung* und ebenso geschickter, doch letztlich äußerst gefährlicher *Vorschreibung* – einer Vorschreibung, die begierig und wörtlich von all denen befolgt wird, die von eben dem Ressentiment beseelt und angetrieben werden, das hier von einem Zaubermeister der Sprache gezeichnet wird.

c) Grausamkeit

Im Essay über Thomas Mann zitiere ich seinen (Manns) Kommentar über Nietzsches „sadistisches“ Ideal: „Und wenn dann der Sang von der ‚Blonden Bestie‘ sich erhebt, [von den frohlockenden Ungeheuern, welche vielleicht] ‚von einer scheußlichen Abfolge von Mord, Niederbrennung, Schändung, Folter mit einem Übermute und seelischem Gleichgewichte davongehen, wie als ob nur ein Studentenstreich vollbracht sei, [überzeugt davon, daß die Dichter für lange nun wieder etwas zu singen und rühmen haben]‘, so ist das Bild des infantilen Sadismus vollkommen, und unsere Seele windet sich in Pein“ (Mann, *Essays* 3, S. 255). Es ist das Bild der „Unschuld des Raubtier-Gewissens ... ihrer entsetzlichen Heiterkeit und Tiefe der Lust in allem Zerstören, in allen Wollüsten des Sieges und der Grausamkeit“ (*Genealogie*, I, 11, S. 268).

Man mag einwenden, hier werde wiederum *nur beschrieben*, was psychologische Wirklichkeit sei, und doch läßt sich auch hier leicht sehen, wie das Beschriebene auch vertreten und gepriesen wird.

In der Moral des Ressentiments ist das „Böse“ eben das „Gute“ der Moral des Adels: „*eben* der ‚Gute‘ der anderen Moral, eben der Vornehme, der Mächtige, der Herrschende, nur umgefärbt, nur umgedeutet, nur umgesehn durch das *Giftauge des Ressentiment*“ (*Genealogie*, I, 11, S. 267, meine Betonung). Auch gleitet hervorragende Beschreibung in Anwaltschaft und begeisternde Ermunterung hinüber. Doch auf wen wirkt es begeisternd?

Wiederum schlage ich vor: Auf jemanden, der unabläßig Krieg führen muß gegen ein Gefühl der Erniedrigung und Schande, auf den Menschen der Scham und des nicht so geheimen Ressentiments.

„Wer möchte nicht hundertmal lieber sich fürchten, wenn er zugleich bewundern darf, als sich *nicht* fürchten, aber dabei den ekelhaften Anblick des Mißratenen, Verkleinerten, Verkümmerten, Vergifteten nicht mehr loswerden können?“ (*Genealogie*, I, 11, S. 270).

„Das Gewürm ‚Mensch‘ “ steht im Vordergrund, sagt er – als „der ‚zahme Mensch‘ “ „der Heillos-Mittelmäßige“, als das, was er oft das „Herdentier“ nennt – der Mensch, der die Massen der Dekadenten, Kranken und Müden anführt, die Europa mit ihrem Gestank füllen: „Hier eben liegt das Verhängnis Europas – mit der Furcht vor dem Menschen haben wir auch die Liebe zu ihm, die Ehrfurcht vor ihm, die Hoffnung auf ihn, ja den Willen zu ihm eingebüßt. Der Anblick des Menschen macht nunmehr müde – was ist heute Nihilismus, wenn er nicht *das* ist? ... Wir sind *des Menschen* müde ...“ (*Genealogie*, I, 12, S. 271).

d) Eine zentrale Verleugnung

Nietzsches Ressentiment ist, wie erwähnt, im Innersten gegen das *Christentum und das auf Schuld und Selbstbestrafung aufgebaute Gewissen* gerichtet, aber es gießt auch giftigen Hohn über die Massenkultur („die Herde“), über alles, was Bourgeois oder sozialistisch ist. Sonderpfeile werden gegen 2 andere Feinde abgeschossen: Rationalismus und ökonomisches Denken (allgemeiner: Utilitarianismus).[14]

[14] Alle diese Hohnziele werden, umgewandelt in Gegnerschaften des jugendlichen Idealismus,

Der Begriff des Ressentiments und der Affekt des Ressentiments können aber nicht ohne den zugrundegelegten *Gerechtigkeitsbegriff* und den tiefen Sinn der *„Unfairness“* verstanden werden: „Ich bin ungerecht behandelt worden“; Begriff und Affekt setzen dies Gerechtigkeitsgefühl voraus. Um so erstaunlicher ist es daher, daß dieser zentrale Aspekt von Nietzsche völlig ausgelassen wird, und, wie wir in *Die zerbrochene Wirklichkeit* sahen, ebenfalls von Scheler. Das bedeutet nun, daß, psychologisch gesehen, das Ressentiment in der Luft hängt; es wird zum angeblich letzten Element, das alles andere erklären soll und im Therapieplan Nietzsches als Hauptfeind behandelt wird. Doch bedarf es selbst weiterer Erklärung und ist durchaus weiter analysierbar.

Analysieren wir es genauer (wie ich in viel größerer Tiefe in meiner Arbeit über Lagerkvist getan habe, namentlich im Buch *Die zerbrochene Wirklichkeit*), so finden wir, daß es sowohl das Gefühl ist, ungerecht im Hinblick auf Respekt, Anerkennung, Ehre und Würde, darauf, „gesehen und gehört zu werden“, behandelt, also beschämt worden zu sein, wie auch im Hinblick auf Liebe, Zärtlichkeit, Besitz, Sinnlichkeit, Wärme zu kurz gekommen zu sein – daß beide Formen der Ungerechtigkeit zum Gefühl des Ressentiments führen. Der gemeinsame Nenner besteht darin, daß der *Gerechtigkeits- (oder Fairneß)sinn verletzt worden ist.*

Was nun bei Nietzsche im großen ganzen eine Erklärung *über* die durchdringende und verheerende Natur des Ressentiments ist, entpuppt sich, wenn man genau hinhört, als eine Aussage, die selbst ganz von diesem nagenden Gefühl der Ungerechtigkeit, der Ohnmacht und des Rachewunsches bestimmt ist. Überdies wird es zum breiten Werkzeug der Erklärung und Verurteilung hypostasiert, ohne daß Nietzsche dessen abgeleiteten Charakter anerkennt und auf dessen Grund vorstößt.

So stellt dies denn einen anderen tiefen Bruch in Nietzsches Argument dar. Wir werden später darauf zurückkommen.

*

Läßt sich dies verallgemeinern? Bedingt, ja:

Dies ist *ein* Pol seines Denkens – eine Linie, die von Scham und Leiden zum Ressentiment und zur Rache in Form der Zerstörung aller überkommenen Werte und zur Schaffung einer neuen Welt der Werte führt, die nun jenseits von Schwäche und Beschämung liegen soll. In psychoanalytischen Termini handelt es sich dabei um die *Stürzung des alten Über-Ichs* und seine *Ersetzung durch sein völliges Gegenteil* – „bis zur Anbetung der *umgekehrten* Werte“ (*Ecce Homo*, Vorwort, 2, S. 294).

Doch was ist der *andere* Pol? Er ist der der Selbstdisziplin, sogar der Selbstquälerei im Dienste eines ebenso *absolut erlebten Wunsches für Wahrhaftigkeit,* für selbstlose Analyse – der ebenso unbedingten Verfolgung dieses Zieles, wie es die der Giftigkeit des Ressentiments und des Krieges gegen die Scham gewesen sind.

Wie kann er diesen Zweifrontenkrieg zur selben Zeit führen – den Krieg gegen Lüge und Irrtum, und den Krieg gegen Scham und Ressentiment?

Dieser Wahrheitssuche und ihrer inneren Gebrochenheit wenden wir uns jetzt zu.

---

aufgenommen in die Studentendiskussionen (Kap. 14) und, in politisch-apokalyptischer Umdeutung, die protofaschistischen Meinungen des Kridwiß-Kreises (Kap. 34b) in Thomas Manns „Dr. Faustus“.

13.4 „Der unbedingte Willen, sich nichts vorzumachen“[15]

13.4.1 Wahrheit gegen Willen – „die mit sich selbst willig-zwiespältige Seele“

a) Kliniker gegen Prophet

Niemand, der diese Werke liest, fühlt sich nicht zutiefst mitergriffen von der glühend vorangetriebenen Wahrheitssuche und auch tatsächlich vom tiefen Wahrheitscharakter von so vielem, das enthüllt wird.

Nicht die Wahrheit wird von ihm als absolut behandelt, sondern die Suche nach der Wahrheit; so spricht er von der *„unbedingten Erforschung des Wahren“* (*Menschliches, Allzumenschliches*, II, 13, S. 17). Er sagt es in bezug auf Zarathustra – nicht auf das Werk selbst mit diesem Namen, sondern sein Alter ego: „Seine Lehre, und sie allein, hat die Wahrhaftigkeit als oberste Tugend – das heißt den Gegensatz zur *Feigheit* des ‚Idealisten‘, der vor der Realität die Flucht ergreift . . . Die Selbstüberwindung der Moral aus Wahrhaftigkeit, die Selbstüberwindung des Moralisten in seinen Gegensatz – in *mich* – das bedeutet in meinem Munde der Name Zarathustra“ (*Ecce Homo*, „Warum ich ein Schicksal bin“, 3, S. 401 f.).

„Aber man kann Nietzsche nichts anderes entnehmen als die niedrige, gemeine Grausamkeit, die er mit aller Kraft haßte, solange man nicht an die erste Stelle in seinem Werk, weit vor dem Propheten, den Kliniker stellt“, sagt Albert Camus (Camus, S. 73).[16]

Ist es aber nicht eher so, daß dies eine der schöpferischen Spannungen in seinem Werk, eben *sein* schöpferischer *Agon* ist?

Immer wieder läßt sich, wie schon mehrfach erwähnt, das schlaue Hin- und Herüberwechseln zwischen *Beschreiben, Vorschreiben* und *Verurteilen* bemerken. Diese stylistische Doppelheit, dieser *Konflikt zwischen rhetorischen Mitteln,* kann jedoch nichts anderes sein als Ausdruck eines tieferen Konfliktes zwischen der Haltung von *Kliniker und Therapeut* gegenüber der des *revolutionären Propheten.* Der erste will die *Wahrheit, um die Täuschung aufzudecken und das dadurch verursachte Leiden zu heilen;* der zweite strebt nach *Rache für seine Ohnmacht und Scham;* er bedarf der *Macht, um das Gleichgewicht im Recht wiederherzustellen, die Ungerechtigkeit zu korrigieren* und so sein eigenes *Ressentiment* aufzuheben.

Diese beiden Identitäten mit ihren gegensätzlichen Absichten werden nie endgültig, höchstens scheinbar miteinander versöhnt. Der von Löwith beschriebene Bruch in seinen Schlußfolgerungen dürfte ein Ergebnis eben dieses unlösbaren Wert- und Identitätskonfliktes sein. Es scheint mir, daß beide Motivationslinien sich höchst machtvoll bei Nietzsche auswirken. Dank dieser Spannung zwischen gegensätzlichen Motivkräften leuchtet daher auch die immense *Doppelheit seiner kulturellen und politischen Wirkung* in Riesenschrift auf dem Hintergrund der historischen Bühne.

---

15 *Götzendämmerung,* „Alten“, 2, S. 177.

16 „Mais on ne peut rien tirer de Nietzsche, sinon la cruauté basse et médiocre qu’il haïssait de toutes ses forces, tant qu’on ne met pas au premier plan dans son oeuvre, bien avant le prophète, le clinicien“ (Camus, *L’homme révolté,* S. 91).

So gibt es denn diese zweite Seite, das *Ethos der unerbittlichen Wahrhaftigkeit,* mit seiner Grausamkeit, v. a. gegen das eigene Selbst:

> *Diesem* Willen zum Schein, zur Vereinfachung, zur Maske, zum Mantel, kurz zur Oberfläche ... wirkt jener sublime Hang des Erkennenden *entgegen,* der die Dinge tief, vielfach, gründlich nimmt und nehmen *will:* als eine Art der Grausamkeit des intellektuellen Gewissens und Geschmacks, welche jeder tapfere Denker bei sich anerkennen wird, gesetzt, daß er, wie sich gebührt, sein Auge für sich selbst lange genug gehärtet und gespitzt hat and an strenge Zucht, auch an strenge Worte gewöhnt ist (*Jenseits von Gut und Böse,* 230, S. 158).

In bezug auf das „schlechte Gewissen“ spricht er von „dieser unheimlichen und entsetzlich-lustvollen Arbeit *einer mit sich selbst willig-zwiespältigen Seele,* welche sich leiden macht, aus Lust am Leidenmachen“ (*Genealogie,* II, 18, S. 322; s. auch III, 11, S. 360, wo er des Asketen „Zwiespältigkeit, die sich selbst zwiespältig *will*“ gedenkt).

Selbst über dies geht er im *Nachlaß* hinaus; ich werde darauf zurückkommen.

*

In einer weniger einseitigen Formulierung, in einer, die der Methode der *Konfliktanalyse* mehr gerecht wird, und zwar spezifisch hier im Sinne der Untersuchung der *Wertpolaritäten,* würden wir finden, daß ein Konflikt zwischen einem *absoluten Ethos der Wahrhaftigkeit und Ehrlichkeit* und einem ebenso *absolut gesetzten Ethos von Wille und Macht besteht,* zum Zweck der Vermeidung von bloßgestellter Schwäche, d. h. von Scham.

Sein Werk erscheint zerrissen zwischen diesen beiden als absolut erlebten ethischen Postulaten. Während er ein Meister darin ist, die Konflikte auf das schärfste herauszustellen, wird er dadurch, daß die Gegensätze absolut, als *Extreme,* gesetzt werden, von ihnen zerrissen. Jeder Versuch, sie zu versöhnen, scheitert, sogar der letzte in Gestalt der Synthese von menschlichem Leben und kosmischem Sein – „dem Willen zur Macht“ gegenüber „der ewigen Wiederkehr des Gleichen“. Die Zerbrochenheit bleibt bestehen, die heroische Anstrengung bricht zusammen, Krankheit, Wahn, Zerstörung zerreißen sein wundervolles Werk.

*

Zufällig sagt am selben Tag, wie ich die englische Fassung dieser Seiten schreibe (15. 1. 1990), einer meiner Patienten (es ist Reinhold, den ich in Kap. 3 dargestellt habe): „Ich verachte mich, wenn ich meinen Schmerz erkenne. Er bedeutet, ich fühle mich schwach, und ich will nicht schwach sein. Lieber ein Leben der Lüge leben wie mein Vater denn als Schwächling und in der Wahrheit zu leben. Ich habe Angst, ich wäre schwach und unfähig.“

Bei Nietzsche: „Wir müssen *gewissenlos* sein in Betreff von Wahrheit und Irrtum, so lange es sich um das *Leben* handelt – eben *damit* wir das Leben dann wieder im Dienste der Wahrheit ... verbrauchen“ (Löwith, S. 101).

Ich werde in kurzem mehr über diesen unvereinbaren Konflikt zwischen Wahrheit und Leben zu sagen haben.

b) Liebe gegen Einsamkeit

Noch tiefer: Hinter jener verzehrenden Sehnsucht nach Wahrheit findet sich das nie gestillte Bedürfnis nach *Liebe,* nach *Zugehörigkeit:* „Versteck, du Narr, dein blutend Herz in Eis und Hohn!“ („Vereinsamt“, in *Gedichten,* S. 18).

„Die *Liebe* ist die Gefahr des Einsamsten, die Liebe zu Allem, *wenn es nur lebt!* Zum Lachen ist wahrlich meine Narrheit und meine Bescheidenheit in der Liebe!“ (*Zarathustra,* „Der Wanderer“, S. 170).

Über Zarathustras „Nachtlied“ sagt er: „... die unsterbliche Klage, durch die Überfülle von Licht und Macht, durch seine *Sonnen*-Natur, verurteilt zu sein, nicht zu lieben“ (*Ecce Homo,* Zarathustra, 7, S. 381 f.).

In seiner autobiographischen Skizze von 1888 bekennt er: „In einer absurd frühen Zeit, mit sieben Jahren, wußte ich bereits, daß mich nie ein menschliches Wort erreichen würde: hat man mich je darüber betrübt gesehen?“ (*Ecce Homo,* „Warum ich so klug bin“, 10, S. 335). Denn so habe er nie unter Einsamkeit gelitten, nur unter „Vielsamkeit“ (l. c.).

In *Jenseits von Gut und Böse,* 41, unmittelbar nach der früher zitierten Stelle über die Scham, heißt es: „Nicht an einer Person hängen bleiben: und sei sie die geliebteste, – jede Person ist ein Gefängnis, auch ein Winkel ... Man muß wissen, *sich zu bewahren:* stärkste Probe der Unabhängigkeit“ (S. 52).

„... eine Art Selbst-Vermauerung gehört zu den ersten Instinkt-Klugheiten der geistigen Schwangerschaft“ (*Ecce Homo,* „Warum ich so klug bin“, 3, S. 321).

„Wir haben nötig, gegen uns redlich zu sein und uns sehr gut zu kennen, um gegen andre jene menschenfreundliche Verstellung üben zu können, welche Liebe und Güte genannt wird“ (*Morgenröte,* IV, 335, S. 229). „Immer noch hilft gegen die Liebe in den meisten Fällen jenes alte Radikalmittel: die Gegenliebe“ (*Morgenröte,* IV, 415, S. 248).

„Allmählich ist mir das Licht über den allgemeinsten Mangel unserer Art Bildung und Erziehung aufgegangen: niemand lehrt, niemand strebt danach, niemand lehrt – *die Einsamkeit ertragen“* (*Morgenröte,* V, 443, S. 261).

„Ach, der Wissende des Herzens errät, wie arm, hilflos, anmaßlich, fehlgreifend, leichter zerstörend als rettend auch die beste tiefste Liebe ist!“ (*Jenseits von Gut und Böse,* 269, S. 218).

> Immer lag darin [im vornehmen Umgang] eine Freude an der *Verkleidung,* – Mantel und Maske für ein fast nie entblößtes Innenleben ... „Bei allem, was ein Mensch *sichtbar werden* läßt, kann man fragen, was soll es *verbergen?* Wovon soll es den Blick ablenken?“ ... Dieser Zug stellt nur die Kehrseite der Einsamkeit dar, aus welcher Nietzsches Innenleben ganz herausbegriffen werden muß, – einer sich stetig steigernden Selbstvereinsamung und Selbstbeziehung auf sich selbst ... Dieses innere Alleinsein, diese Einsamkeit ist in allen Wandlungen Nietzsches der unveränderliche Rahmen, aus welchem sein Bild uns anschaut. Mag er sich verkleidet haben, wie er will, – immer trägt er „die Einöde und den heiligen unbetretbaren Grenzbezirk mit sich, wohin er auch gehe“ (Lou Andreas-Salomé, S. 39, 41).

Da der unverhüllte Ausdruck der Liebe selbst schon ein Zeichen der Schwäche, der Verletzbarkeit, der Abhängigkeit wäre, kann sie sich nur in einem unversiegbaren Strom bezaubernder Symbole der Schönheit, der „heroischen Idyllen“ der Natur kundgeben. Er kehrt immer wieder zum *„Pathos der Distanz“* zurück. Der Mitmensch muß ferne gehalten werden, und doch wird er auf tausend Wegen einsamen Spottes und der Ekstase gesucht.

c) Das Doppelgesicht des Leidens

Offenbar eine Gestalt, die jener zentrale Konflikt zwischen Wahrheit und Leben annimmt, ist der grundlegende Widerspruch in Bezug auf das *Leiden.* In einem der Fragmente, wo er sich mit dem *„freiwilligen Leiden der Wahrhaftigkeit,* die persönlichen Verletzungen auf uns nehmen“, beschäftigt, bekräftigt er: *„Das Leiden ist der Sinn des Daseins“* (Janz, Biographie, Bd. 1, S. 590). Dagegen wird, wie wir es schon mehrfach angetroffen haben, Leiden wieder und wieder mit Schwäche gleichgesetzt und deshalb verspottet; ganz besonders wird aber, wie wir gesehen haben, der Wert von „Mitleiden“, also des Mitleids, der Sympathie, mit äußerster Heftigkeit verrissen.

Diesen Widerspruch versucht er durch die Phantasie zu überbrücken, daß er eben aus dem Leiden heraus, aus dem eigenen schweren Schmerz Stärke gewinnen könne, wie er in der Einführung zum 2. Band von *Menschliches, Allzumenschliches* behauptet: „... hier waltet ein strenger, stolzer, beständig wacher, beständig reizbarer Wille, der sich die Aufgabe gestellt hat, das Leben *wider* den Schmerz zu verteidigen“ (II, S. 8); d. h.: „der Mensch muß überwunden werden“. In einem Brief an Malwida von Meysenbug 1875 schreibt er denn auch: „Das Geheimnis aller Genesung für uns ist, eine gewisse Härte der Haut wegen der großen innerlichen Verwundbarkeit und Leidensfähigkeit zu bekommen“ (Biographie, S. 620).

Dies wird weitgehend durch die Kraft der *Verneinung* erzielt: „... daß hier ein Leidender und Entbehrender redet, wie als ob er *nicht* ein Leidender und Entbehrender sei“ (*Menschliches, Allzumenschliches,* II, S. 8), eine Verneinung, die in dem tiefen Bedürfnis wurzelt, *eine traumatische Realität zu verleugnen,* um überleben zu können. Wir werden später erkennen, wie sehr diese Notwendigkeit, *Traumatisierung zu verleugnen,* in bedeutender Weise die tiefe und unauflösliche Widersprüchlichkeit in Nietzsches Werk zu erhellen vermag. (Wir begegneten diesem Zusammenhang bei fast allen dargestellten Fällen.)

13.4.2 Vertiefung des Konflikts zwischen Wahrhaftigkeit und Macht: „das Nebeneinander der lichtesten und verhängnisvollsten Kräfte“

In jenem hervorragendsten Werk seiner Mittelperiode, *Menschliches, Allzumenschliches* (1878), nennt er die Wahrhaftigkeit einen der beiden höchsten Werte (oder vielleicht eher des einen höchsten Werts, kann doch die Gerechtigkeit der Erkenntnis selbst auch als eine Art Wahrhaftigkeit angesehen werden): „der moralischen Phänomena und ihrer höchsten Blüte, des Sinnes für Wahrheit und Gerechtigkeit der Erkenntnis“ (I, II, 107, S. 98).

Er zitiert Byron: „Sorrow is knowledge: they who know the most/ must mourn the deepest o'er the fatal truth,/ the tree of knowledge is not that of life“, und fügt hinzu, daß man trotz dieser tiefen Trauer nicht einfach zur Selbsttäuschung des Christentums zurückkehren könne, „ohne sein *intellektuales Gewissen* heillos zu beschmutzen und vor sich und anderen preiszugeben“ (*Menschliches, Allzumenschliches,* I, III,

109, S. 100 f.). Er erklärt: „Jene Schmerzen mögen peinlich genug sein; aber man kann ohne Schmerzen nicht zu einem Führer und Erzieher der Menschheit werden: und wehe dem, welcher dies versuchen möchte und jenes reine Gewissen nicht mehr hätte!“ (I, III, 109, S. 101).

Zu jener Zeit ist, wie schon erwähnt, eine Grundantithese für ihn die zwischen *„dem Freigeist“* und „dem *gebundenem Geist*“, wobei es vom ersteren heißt: „Für gewöhnlich wird er aber doch die Wahrheit oder mindestens den Geist der Wahrheitsforschung auf seiner Seite haben: er fordert Gründe, die anderen Glauben“ (*Menschliches, Allzumenschliches,* I, V, 225, S. 186).

Die höchste Aufgabe der Erziehung bestehe darin, „strenges Denken, vorsichtiges Urteilen, konsequentes Schließen“ zu lehren; so „soll sie [die Schule] das erzwingen, was das Wesentliche und Auszeichnende am Menschen ist: ‚Vernunft und Wissenschaft, des Menschen *allerhöchste* Kraft‘ – wie wenigstens Goethe urteilt“ (*Menschliches, Allzumenschliches,* I, V, 265, S. 217).

Wieder und wieder ist es so die *Erkenntnis,* die als das höchste Gut, der Lebenszweck erscheint: „Dieses Ziel ist, selber eine notwendige Kette von Kultur-Ringen zu werden ... den Grund in dem dunklen Brunnen deines Wesens und deiner Erkenntnisse zu sehen ... [So hast du noch nicht gelernt], daß kein Honig süßer als der der Erkenntnis ist“ (*Menschliches, Allzumenschliches,* I, V, 292, S. 234).

Jener „Sonntag der Freiheit“ wird beschrieben, wenn die Freigeister „mit der ganzen angesammelten Kraft und gleichsam mit einem langen Atem in das Element des Erkennens hinabtauchen“ (l. c., 291, S. 232). Für diesen höchsten Wert ist er, in gut platonischer Tradition, bereit, das zu opfern, was ihn an andere bindet: „Es ist wahrscheinlich, daß selbst seine Liebe zu den Menschen vorsichtig und etwas kurzatmig sein wird, denn er will sich nur, soweit es zum Zweck der Erkenntnis nötig ist, mit der Welt der Neigungen und der Blindheit einlassen“ (l. c.). „Sein Wille nämlich will nichts angelegentlicher als Erkennen und das Mittel dazu, das heißt: den andauernden Zustand, in dem er am tüchtigsten zum Erkennen ist“ (l. c., 288, S. 231) – einen Zustand, wo er über Liebe und Haß steht und nur selten Zorn und Unmut empfindet. „Die volle Entschiedenheit des Denkens und Forschens, also die Freigeisterei zur Eigenschaft des Charakters geworden, macht im Handeln mäßig ...“ (*Menschliches, Allzumenschliches,* I, VIII, 464, S. 294). Doch bedeutet es auch: „Im allgemeinen glaube ich, daß sie, gleich den wahrsagenden Vögeln des Altertums, als die Wahrdenkenden, Wahrheits-Redenden der Gegenwart es vorziehen müssen, *allein zu fliegen*“ (*Menschliches, Allzumenschliches,* I, VII, 426, S. 274). Es ist die schneidend kompromißlose Gegenantwort zur selben Frage des Konfuzius, die uns in *Maske der Scham,* Anhang begegnet ist.

Dies *absolute Ethos der Ehrlichkeit* diktiert auch die durchgehende Skepsis, die so sehr zum messerscharfen Rand aller echten, von Nietzsche beeinflußten psychologischen Analyse wurde; der Titel *Menschliches, Allzumenschliches* wird „psychologischer Beobachtung“ gleich gesetzt (I, II, 35, S. 49). So lesen wir: „Der Mensch selbst aber hat einen unbesiegbaren Hang, sich täuschen zu lassen ...“ („Über Wahrheit und Lüge ...“, S. 619). „Der Mensch ist gegen sich selbst, gegen Auskundschaftung und Belagerung durch sich selber sehr gut verteidigt, er vermag gewöhnlich nicht mehr von sich als seine Außenwerke wahrzunehmen. Die eigentliche Festung ist ihm unzugänglich, selbst unsichtbar, es sei denn, daß Freunde und Feinde die Verräter machen und ihn selber auf geheimem Wege hineinführen" (*Menschliches, Allzumenschliches,* I, IX, 491, S. 313; übrigens wiederum die gleiche Metapher der *Abwehr oder des Widerstandes,* die ja für die Psychoanalyse zum Schibboleth wurde).

13.4.3 Doppelgesicht

Doch andererseits wird sich Nietzsche schmerzlich bewußt: „Nur in Liebe, umschattet von der Illusion der Liebe, *schafft* der Mensch" (Th. Mann, S. 246). Diese gefährliche Illusion muß zerstört werden: „In Nietzsches Umformung (von Schopenhauers ästhetischem Genie- und Heroenkult), im Verein mit seiner Anbetung des starken und schönen Lebens, ergibt das einen heroischen Ästhetizismus, zu dessen Schutzherrn er den Gott der Tragödie, Dionysos, ausruft. Es ist eben dieser dionysische Ästhetizismus, welcher den späteren Nietzsche zum größten Kritiker und Psychologen der Moral macht, den die Geistesgeschichte kennt" (Th. Mann, „Nietzsche's Philosophie ...", 1947, *Essays*, Bd. 3, S. 247). „In der Kunst heiligt sich die Lüge und hat der Wille zur Täuschung das gute Gewissen auf seiner Seite", zitiert Mann (S. 248) in leicht veränderter Form, was wir schon vernommen (*Genealogie*, III, 25, S. 402). Die Notwendigkeit der Lüge und das asketische Bedürfnis zur schmerzhaften Entlarvung der Wahrheit stehen nebeneinander: „Wir sind grundsätzlich geneigt zu behaupten, daß die falschesten Urteile uns die unentbehrlichsten sind" (Mann, S. 248). Aber

> alles „Tänzerische" in seinem Gehaben ist Velleität und im höchsten Grade unangenehm. Sondern es ist ein blutiges Sich-ins-eigene-Fleisch-Schneiden, Kasteiung, Moralismus. Sein Wahrheitsbegriff selbst ist asketisch: denn Wahrheit ist ihm, was wehe tut, und er würde jeder Wahrheit mißtrauen, die ihm wohltäte. „Unter den Kräften", sagt er, „die die Moral großzog, war die Wahrhaftigkeit: diese wendet sich endlich gegen die Moral, entdeckt ihre Teleologie, ihre *interessierte* Betrachtung ..." Sein „Immoralismus" ist also die Selbstaufhebung der Moral aus Wahrhaftigkeit (Mann, S. 249 f.).

Dieser Widerspruch findet sich bereits im Gegensatz des „Apollinischen" und des „Dionysischen" in seinem ersten Buch, mit klarem Vorziehen des letzteren.

Doch verschärft sich dieser Konflikt noch weiter, wenn wir am Anfang von *Jenseits von Gut und Böse* (1886) finden: „Bei allem Werte, der dem Wahren, dem Wahrhaftigen, dem Selbstlosen zukommen mag: es wäre möglich, daß dem Scheine, dem Willen zur Täuschung, dem Eigennutz und der Begierde ein für alles Leben höherer und grundsätzlicherer Wert zugeschrieben werden müßte" (2, S. 9).

Ebenso schon früher: „Dieser unbedingte Wille zur Wahrheit: was ist er? Ist es der Wille, *sich nicht täuschen zu lassen?* Ist es der Wille, *nicht zu täuschen?* ... er könnte aber auch noch etwas Schlimmeres sein, nämlich ein lebensfeindliches zerstörerisches Prinzip ... ‚Wille zur Wahrheit' – das könnte ein versteckter Wille zum Tode sein" (*Fröhliche Wissenschaft,* 344, S. 237 f.).

Hier schlägt scharfsinnigste psychologische *Deskription* in eine *Präskription* in den Postulaten eines extremen ethischen Pragmatismus und Utilitarianismus um, mit der schon wenigstens impliziten, wenngleich noch nicht ausgesprochenen Absolutsetzung des Lebens als Wertes.

Kurz nach der eben zitierten Stelle in „Jenseits" heißt es denn auch ganz unverblümt: „Die Falschheit eines Urteils ist uns noch kein Einwand gegen ein Urteil; darin klingt unsre neue Sprache vielleicht am fremdesten. Die Frage ist, wieweit es lebenfördernd, lebenerhaltend, arterhaltend, vielleicht gar artzüchtend ist ... Die Unwahrheit als Lebensbedingung zugestehn: das heißt freilich auf eine gefährliche Weise den gewohnten Wertgefühlen Widerstand leisten; und eine Philosophie, die das wagt, stellt sich damit allein schon jenseits von Gut und Böse" (*Jenseits*, 4, S. 10).

Er verkehrt den Stolz „dieser letzten Idealisten der Erkenntnis, in denen allein heute das intellektuelle Gewissen wohnt und leibhaft ward", auf den Kopf: sie sind noch immer Vorposten des Asketismus, und daher alles andere als frei: „Das sind noch lange keine *freien* Geister: *denn sie glauben noch an die Wahrheit* ... " (*Genealogie*, III, 24, S. 398).

Am Ende von der Vorrede zu *Zarathustra* (S. 22) wird es allegorisch ausgedrückt: „Ein Adler zog in weiten Kreisen durch die Luft, und an ihm hing eine Schlange, nicht einer Beute gleich, sondern einer Freundin ... Das stolzeste Tier unter der Sonne und das klügste Tier unter der Sonne" – als Doppelsymbol für die beiden Leitwerte. Was geschähe aber, wenn sie sich trennten, wenn sie also in Streit miteinander gerieten und sich schieden? „Und wenn mich einst meine Klugheit verläßt: – ach, sie liebt es davonzufliegen! – möge mein Stolz noch mit meiner Torheit fliegen!" (*Zarathustra*, S. 22). Dies kann doch wohl nichts anderes meinen als daß der „Stolz", als Antithese zur Scham, über die Verfolgung der Wahrheit, „Klugheit", obsiegte.

Diese Wertverschiebung kulminiert in Ausführungen, die sich im *Nachlaß* befinden, in seinen fragmentarischen Entwürfen zu „*Wille zur Macht*", wie sie von Colli und Montinari veröffentlicht wurden; ihm selber war es verwehrt geblieben, das Buch so zu ordnen und zu formulieren, daß es ihm als *Künstler* annehmbar erschienen wäre. In der Ansicht der Herausgeber sind deren posthume Publikationen als „*Wille zur Macht*" grobe Fälschungen; er selbst hatte jenen Versuch aufgegeben.

Doch die entscheidende Erklärung der hier zur Diskussion stehenden Einsicht ist in Nietzsches eigenen Worten diese:

> Die Conception der Welt, auf welche man in dem Hintergrunde dieses Buches stößt, ist absonderlich düster und unangenehm: unter den bisher bekannt gewordenen Typen des Pessimismus scheint keiner diesen Grad von Bösartigkeit erreicht zu haben. Hier fehlt der Gegensatz einer wahren und scheinbaren Welt: es giebt nur Eine Welt, und diese ist falsch, grausam, widersprüchlich, verführerisch, ohne Sinn ... Eine so beschaffene Welt ist die wahre Welt ... *Wir haben Lüge nöthig,* um über diese Realität, diese „Wahrheit" zum Sieg zu kommen, [...] das heißt, um zu *leben* ... Daß die Lüge nöthig ist, um zu leben, das gehört selbst noch mit zu diesem furchtbaren und fragwürdigen Charakter des Daseins ..." (*Nachlaß*, Bd. 13 der Ges.W., Ausg. Montinari u. Colli, S. 193).
>
> Die Metaphysik, die Moral, die Religion, die Wissenschaft – sie werden in diesem Buche nur als verschiedene Formen der Lüge in Betracht gezogen: mit ihrer Hülfe wird ans Leben *geglaubt*. „Das Leben *soll* Vertrauen einflößen": die Aufgabe, so gestellt, ist ungeheuer. Um sie zu lösen, muß der Mensch von Natur schon ein Lügner sein, er muß mehr als alles Andere noch *Künstler* sein ... Und er ist es auch: Metaphysik, Moral, Religion, Wissenschaft – Alles nur Ausgeburten seines Willens zur Kunst, zur Lüge, zur Flucht vor der „Wahrheit", zur *Verneinung* der „Wahrheit". Dies Vermögen selbst, dank dem er die *Realität durch die Lüge vergewaltigt,* dieses *Künstler-Vermögen* par excellence des Menschen – er hat es noch mit

Allem, was ist, gemein: er selbst ist ja ein Stück Wirklichkeit, Wahrheit, Natur – er selbst ist auch ein Stück *Genie der Lüge* ... (l. c.).

Daß der Charakter des Daseins *verkannt* wird – tiefste und höchste Geheim-Absicht [der] Wissenschaft, Frömmigkeit, Künstlerschaft. Vieles niemals sehn, Vieles falsch sehn, Vieles hinzusehn ... Oh wie klug man noch ist, in Zuständen, wo man am fernsten davon ist, sich für klug zu halten! Die Liebe, die Begeisterung, „Gott“ – lauter Feinheiten des letzten Selbstbetrugs, lauter Verführungen zum Leben! In Augenblicken, wo der Mensch zum Betrogenen wird, wo er wieder ans Leben glaubt, wo er sich überlistet hat: oh wie schwillt es da ihm auf! Welches Entzücken! Welches Gefühl der Macht! Wie viel Künstler-Triumph im Gefühl der Macht! ... Der Mensch ward wieder einmal Herr über den „Stoff“ – Herr über die Wahrheit! ... Und wann immer der Mensch sich freut, er ist immer der Gleiche in seiner Freude: er freut sich als Künstler, er genießt sich als Macht. *Die Lüge ist die Macht* ...

Die Kunst und nichts als die Kunst. Sie ist die große Ermöglicherin des Lebens, die große Verführerin zum Leben, das große Stimulans zum Leben ...“

(*Nachgelassene Fragmente*, Bd. 13 der Sämtlichen Werke, Hrsg. Colli u. Montinari, S. 193f.).

„Auf diese Weise geht die Philosophie vom Willen zur Macht in die Philosophie der Lüge über“, bemerkt Giorgio Colli (Bd. 13, S. 193f. S. 661). Der Konflikt zwischen dem Willen zur Wahrheit und dem Willen zur Macht endet in einem unlösbaren äußersten Paradoxon.

*

Aber die Lüge ist nicht allein Macht, sie ist auch Schönheit; das Dunkelste wird zum Hellsten:

All die Schönheit und Erhabenheit, die wir den wirklichen und eingebildeten Dingen geliehen haben, will ich zurückfordern als Eigenthum und Erzeugniß des Menschen: als seine schönste Apologie. Der Mensch als Dichter, als Denker, als Gott, als Liebe, als Macht – oh über seine königliche Freigebigkeit, mit der er die Dinge beschenkt hat, um sich zu *verarmen* und *sich* elend zu fühlen! Das war bisher seine größte Selbstlosigkeit, daß er bewunderte und anbetete und sich zu verbergen wußte, daß *er* es war, der das geschaffen hat, was er bewunderte (*Nachgelassene Fragmente*, Bd. 13, S. 41).

So erweist sich damit die Philosophie selbst nicht so sehr als ein unbedingtes Suchen nach Wahrheit, sondern als ein Forschen, das von Werterwägungen bestimmt wird, welche ihrerseits im „Willen zur Macht“ gipfeln und zuletzt dann zum Willen zur Lüge, zur Täuschung, zur Selbsttäuschung werden: „Philosophie ist dieser tyrannische Trieb selbst, der geistigste Wille zur Macht, zur ‚Schaffung der Welt‘, zur causa prima“ (*Jenseits von Gut und Böse*, 9, S. 15). „Leben selbst ist Wille zur Macht – die Selbsterhaltung ist nur eine der indirekten und häufigsten *Folgen* davon“; *Jenseits von Gut und Böse*, 13, S. 20).

Am meisten inspiriert das Bild des „Willens zur Macht“ als Ausdruck der elementaren Lebenskraft, wenn es dem Lob des *„Schaffens“*, *„Zeugens“* und *„Schenkens“* gilt, z. B.: „Aber von Zeit und Werden sollen die besten Gleichnisse reden: ein Lob sollen sie sein und eine Rechtfertigung aller Vergänglichkeit! – Schaffen – das ist die große Erlösung vom Leiden, und des Lebens Leichtwerdens. Aber daß der Schaffende sei, dazu selber tut Leid Not und viel Verwandlung. – Ja, viel bitteres Sterben muß in eurem Leben sein, ihr Schaffenden! Also seid ihr Fürsprecher und Rechtfertiger aller

Vergänglichkeit" (*Zarathustra*, „Glückseligkeit", S. 91 f.). Auf diese Weise wird auch das Leiden nicht verleugnet, es wird nicht überdeckt vom Urteil der Beschämung, sondern wird in Schöpferisches und ins Geben verwandelt.

Der Horizont des „Willens zur Macht" des Lebens ist „Ewigkeit": „... ich suche nach einer Ewigkeit für Jegliches: dürfte man die kostbarsten Salben und Weine ins Meer gießen? – und mein Trost ist, daß Alles was war ewig ist: – das Meer spült es wieder heraus" (*Nachgelassene Fragmente*, Bd. 13, S. 43; s. auch Colli, S. 661) – die ewige Wiederkehr des Gleichen.

Die zwei gegensätzlichen Tendenzen von Wahrheit und Macht verbinden sich wieder und wieder in einem *Synthesenversuch*, und die Synthese des Gegensätzlichen überhaupt ist seine oberste Absicht: „Selbst psychologisch sind alle entscheidenden Züge meiner eigenen Natur in die Wagners eingetragen – das Nebeneinander der lichtesten und verhängnisvollsten Kräfte, der Wille zur Macht, wie ihn nie ein Mensch besessen hat, die rücksichtslose Tapferkeit im Geistigen, die unbegrenzte Kraft zu lernen, ohne daß der Wille zur Tat damit erdrückt würde" (*Ecce Homo*, „Trag.", 4, S. 352). „... in ihm [Zarathustra = seinem Alter ego] sind alle Gegensätze zu einer neuen Einheit gebunden. Die höchsten und die untersten Kräfte der menschlichen Natur, das Süßeste, Leichtfertigste und Furchtbarste strömt aus Einem Born mit unsterblicher Sicherheit hervor" (*Ecce Homo*, „Zarathustra", 6, S. 379). Das bekennt er in seinem letzten vollendeten Werk, das selbst schon, mit den Größenwahnideen, vom hereinbrechenden Unheil umwittert ist. Und dennoch sind auch diese Selbsterkenntnisse von hohem Wert.

Eine derart angestrebte Synthese von Wahrhaftigkeit und Schöpferischkeit, von Suche und Selbstsein kann auch in dem an Pindars berühmte Wort anklingenden Ausruf in *Fröhliche Wissenschaft* (335, S. 224) gesehen werden:

> Moralisch zu Gericht sitzen, soll uns wider den Geschmack gehen! ... Wir aber *wollen die werden, die wir sind*, – die Neuen, die Einmaligen, die Unvergleichbaren, die Sich-selber-Gesetzgebenden, die Sich-selber-Schaffenden! Und dazu müssen wir die besten Lerner und Entdecker alles Gesetzlichen und Notwendigen in der Welt werden: wir müssen *Physiker* sein, um in jenem Sinne *Schöpfer* sein zu können ...

Früher, in *Menschliches, Allzumenschliches*, bemerkt er zu einem Satz, der im Werke „Über den Ursprung der moralischen Empfindungen" seines (jüdischen) Freundes Paul Rées steht, er könne „als die Axt dienen, welche dem ‚metaphysischen Bedürfnis' der Menschen an die Wurzel gelegt wird." Dieser Satz: „Der moralische Mensch steht der intelligiblen (metaphysischen) Welt nicht näher als der physische Mensch" sei *„ein Satz der erheblichsten Folgen, fruchtbar und furchtbar zugleich, und mit jenem Doppelgesicht in die Welt sehend, welches alle großen Erkenntnisse haben"* (*Menschliches, Allzumenschliches*, I, II, 37, S. 53, meine Betonung).

Es ist das treffendste Wort für seine eigene Erkenntnis.

13.4.4 Heimliche Selbstunterwühlung

Und doch scheiden sich diese Kräfte immer wieder, ihre Integration scheint am Ende jeder so ungeheuer geschickt aufgebauten und durchdachten Ausführung ins Wanken zu geraten und zu zerfallen – der Unsicherheit Raum zu geben, wohin nun das Doppelgesicht seiner Brillanz wirklich schaue.

Wir haben den tiefen Widerspruch in seinen unaufhörlichen Angriffen auf die Haltung des „Ressentiments" mit seinem eigenen, dringend ausgedrückten Gefühl der Bitterkeit bemerkt.

Was denken wir dann über die folgende Selbsteinsicht: „Wer den Ernst kennt, mit dem meine Philosophie den Kampf mit den Rach- und Nachgefühlen bis in die Lehre vom ‚freien Willen' hinein aufgenommen hat – der Kampf mit dem Christentum ist nur ein Einzelfall daraus – wird verstehn, weshalb ich mein persönliches Verhalten, meine *Instinkt-Sicherheit* in der Praxis hier gerade ans Licht stelle. In den Zeiten der décadence *verbot* ich sie mir als schädlich; sobald das Leben wieder reich und stolz genug dazu war, verbot ich sie mir als *unter* mir" (*Ecce Homo*, „Warum ich so weise bin", 6, S. 309). Bei der Wildheit, der Ausdauer und dem sich stets wiederholenden Charakter seiner Angriffe auf die christliche Theologie, auf „Schwäche" überhaupt und auf deren Vertreter, das traditionelle Gewissen, lockt einem dieses Spätzitat die Frage hervor: „Verboten? Wirklich? Ich hör' die Botschaft wohl …"

Aber da gibt es mehr: Camus spricht vom Überwiegen des Klinikers. Ist dies wirklich so? Ich denke, wenn wir alle die bisher vorgelegten Auszüge Revue passieren lassen, erscheint uns diese Schlußfolgerung fraglich. Mein eigener Eindruck ist vielmehr, daß besonders in den späteren Werken der *Prophet mehr und mehr dem Kliniker den Boden unter den Füßen untergräbt, daß Grausamkeit und Rachegefühle mehr und mehr die Neugier und die leidenschaftliche Wahrheitssuche vergiften, Haß alles Interesse infiltriert und der Schmerzschrei von Liebesverlust und Einsamkeit durch die Proteste von Stärke und Macht hindurchtönen.*

*

Doch scheint sich mir hier etwas Tieferes und Umfassenderes abzuspielen:

Ich erwähnte, er stelle ein absolutes Ideal von Stärke, von zunehmender Lebenskraft, einer Art von Unverwundbarkeit und Selbstkontrolle zusammen mit der Verachtung gegen alles Schwache und an Lebenskraft Abnehmende auf. Im Vorwort zur *Götzendämmerung* sagt er: „… selbst in der Verwundung liegt noch Heilkraft" (S. 79). Und er fügt ein lateinisches Wort, dessen Herkunft er foppend versteckt und das seit langem sein Motto gewesen sei, bei: *„Increscunt animi, virescit volnere virtus* – Durch Verwundung wächst der Geist [wörtlich: vermehren sich die Lebensgeister] und wird die Manneskraft stärker."

Während es sich dabei sicher nicht um einen absoluten Widerspruch zwischen den beiden Betonungen – auf Stärke und auf Verwundetsein – handelt, scheint mir doch zumindest eine merkwürdige Doppelheit vorzuliegen: der unaufhörliche Spott und Hohn gegen die, welche leiden oder „kastriert" und schwach sind, doch das Lobpreisen *seines* Leidens, *seiner* Einsamkeit, des *Wertes* seines Verwundetseins.

Dann gibt es einen anderen Widerspruch, der mich verwundert: Er ist beredt in der Verwerfung des „Willens“ als eines erklärenden Konzepts (*Götzendämmerung*, „Irrtümer“, 3, S. 110); er sei nur Begleitung, ein bloßes Oberflächenphänomen des Bewußtseins: „Die ‚innere Welt‘ ist voller Trugbilder und Irrlichter: der Wille ist eins von ihnen. Der Wille bewegt nichts mehr, erklärt folglich auch nichts mehr – er begleitet bloß Vorgänge, er kann auch fehlen. Das sogenannte ‚Motiv'; ein andrer Irrtum. Bloß ein Oberflächenphänomen des Bewußtseins ... Es gibt gar keine geistigen Ursachen“ (*Götzendämmerung*, S. 110). Ähnliche Argumente wurden schon früher mehrfach von ihm vorgebracht. Er verwirft den Begriff des Willens zusammen mit dem Kausalitätsbegriff in bezug auf die Innenwelt überhaupt und müßte damit natürlich auch dem der Erklärung absagen. Doch wie stimmt es damit überein, wenn seine ganze Psychologie gerade ihren Wert daraus bezieht, daß sie einen Versuch einer radikal neuen Weise der Erklärung psychischer Phänomene darstellt, ganz besonders der *kausalen Erklärung, nicht nur eine originelle Neubeschreibung*? Überdies, ob zu Recht oder nicht, spielt in diesem neuen Erklärungssystem gerade der *Wille* eine zentrale Rolle: der *Wille zur Macht*, der *Wille zur ewigen Wiederkehr*, auch der *Wille zur Wahrheit*, bzw. der *Wille zur Lüge*.

Dazu kommt, daß Nietzsche immer wieder auf die beiden Grundmächte oder Instinkte von Gut und Böse zurückkommt: Leben und „décadence“, den „Instinkt der Lebensbejahung“ im unerbittlichen Kampf mit dem „Instinkthaß gegen die Realität“, sie als „Folge“ tieferer „physiologischer Realitäten“ (*Antichrist*, 30, S. 225) sieht und versucht, Geschichte und Psychologie auf diese Grundtriebe zurückzuführen. Ist dies denn etwas anderes als kausale Erklärung, auch wenn das Wort „Ursache“ vermieden wird?

Schauen wir von unserer fernen Überblickswarte auf sein Werk, so vertiefen sich für uns in dramatischer Weise diese Widersprüche und Paradoxa, die aus der doppelten Suche nach Wahrheit und nach Stärke entstehen, und lassen uns eine *schwere innere Spaltung* erspüren.

13.5 Der doppelte Nietzsche

13.5.1 „Um Mittag war's, da wurde Eins zu Zwei“
(„Aus hohen Bergen“, *Jenseits von Gut und Böse*, S. 236).

Ich fasse zusammen, was wir bis jetzt gefunden haben:

Wir finden die heftige Denunzierung des Ressentiments und seiner verderblichen Folgen – doch gleichzeitig bemerken wir, wie der Hohn mit dem Gift desselben Gefühls unverkennbar trieft.

Wir finden die radikale Verwerfung von Schuld und Strafe, von Reue und Gewissensbissen, ihre Verbannung von der neuen Ethik, wir stoßen auf die scharfe Verleugnung jeder auf das „Du-sollst“ gebauten Moral – und doch kann man sich schwer einen Schriftsteller oder Denker vorstellen, der verurteilender und kritischer, ätzender in seiner Verachtung und Lächerlichmachung wäre. „Ridendo dicere *severum*“, setzt er als Motto über den „Fall Wagner“: „Lachend das Grausame (Strenge) zu sagen“.

Dann die eben erwähnte Doppelheit zwischen Härte und „volnus“ (Verwundetsein) und das doppelte Argument, der Widerspruch über den „Willen“.

Dazu kommt, daß der Prophet, gleich wie stark es verneint wird, immer den subtilen Psychologen und Diagnostiker im konstanten *Wechsel von Deskription zu Präskription und von dieser zur Proskription* überspielt.

Dann besteht die Dualität von Denker und Dichter, beide von der größten Brillanz und Tiefe, beide von enormer Wortgewalt – und doch erscheinen sie zuweilen wie zusammengezwungen und drohen, wieder auseinander zu brechen.

Etwas anderes: Man hat oft behauptet, Nietzsche sei kein Antisemit gewesen. Doch treffen wir auf manche Passagen, die so vitriolisch wie je die der schlimmsten antisemitischen Traktate sind; z. B. in *Götzendämmerung,* „Verbesserer“, 4, S. 120 f., wo er „die arische Humanität, ganz rein, ganz ursprünglich“ mit ihrem Begriff „reines Blut“ und ihren Werten der Vornehmheit der „antiarischen Religion par excellence“, einer Religion des Hasses gegenüberstellt. Ich finde auch eine Passage wie die folgende schwer zu goutieren: „die Geschichte Israels ... als typische Geschichte aller *Entnatürlichung* der Natur-Werte“ mit ihrer „radikalen *Fälschung* aller Natur, aller Natürlichkeit, aller Realität, der ganzen inneren Welt“ (*„Antichrist“* 24–35, S. 215–233). Oder die widerliche Strophe in *„Zarathustra“* („Könige“, S. 272): „Weh, nun geht's schief!/ Verfall! Verfall! Nie sank die Welt so tief!/ Rom sank zur Hure und zur Hurenbude,/ Rom's Caesar sank zum Vieh, Gott selbst – ward Jude!“ Die Stellen über die jüdische Verschwörung des Ressentiments habe ich schon angeführt.

Aber zugleich finden wir Stellen der tiefsten Achtung und Würdigung des jüdischen Erbes und der jüdischen Kultur, z. B. in *„Menschliches, Allzumenschliches“:*

> „... [bei der Erzeugung einer europäischen Mischrasse] ist der Jude als Ingredienz ebenso brauchbar und erwünscht als irgend ein anderer nationaler Rest. Unangenehme, ja gefährliche Eigenschaften hat jede Nation, jeder Mensch: es ist grausam, zu verlangen, daß der Jude eine Ausnahme machen solle ... Trotzdem möchte ich wissen, wieviel man bei einer Gesamtabrechnung einem Volke nachsehen muß, welches, nicht ohne unser alle Schuld, die leidvollste Geschichte unter allen Völkern gehabt hat, und dem man den edelsten Menschen (Christus), den reinsten Weisen (Spinoza), das mächtigste Buch und das wirkungsvollste Sittengesetz der Welt verdankt. Überdies: in den dunkelsten Zeiten des Mittelalters, als sich die asiatische Wolkenschicht schwer über Europa gelagert hatte, waren es jüdische Freidenker, Gelehrte und Ärzte, welche das Banner der Aufklärung und der geistigen Unabhängigkeit unter dem härtesten persönlichen Zwange festhielten und Europa gegen Asien verteidigten; ihren Bemühungen ist es nicht am wenigsten zu danken, daß eine natürlichere, vernunftgemäßere und jedenfalls unmythische Erklärung der Welt endlich wieder zum Siege kommen konnte und daß der Ring der Kultur, welcher uns jetzt mit der Aufklärung des griechisch-römischen Altertums zusammenknüpft, unzerbrochen blieb. Während das Christentum alles getan hat, um den Okzident zu orientalisieren, so hat das Judentum wesentlich mit dabei geholfen, ihn immer wieder zu okzidentalisieren: was in einem bestimmten Sinne so viel heißt, als Europas Aufgabe und Geschichte zu einer *Fortsetzung der griechischen* zu machen (*Menschliches, Allzumenschliches,* I, VIII, 475, S. 305).

Gleiches gilt für das Thema des Nationalismus überhaupt; er nennt ihn „diese *kulturwidrigste* Krankheit und Unvernunft, die es gibt, den Nationalismus“ (*Ecce Homo,*

„Wagner", 2, S. 395), und doch ergeht er sich ständig in ethnischen Stereotypen, in ausschließenden Kategorisierungen der Völker und ihrer Charaktere.

Und in ähnlicher Art: In *Götzendämmerung* („Sprüche", 26, S. 84) macht er eine Bemerkung, für die ich ihm herzlichst dankbar bin: „Ich mißtraue allen Systematikern und gehe ihnen aus dem Weg. Der Wille zum System ist ein Mangel an Rechtschaffenheit." Während jedoch seine Lehre kein System in einem üblichen Sinne ist und so viele seiner Aphorismen und Sentenzen gleichsam federleicht aus den schärfsten Beobachtungen heraus aufsteigen, verstärkt sich immer mehr bei der Lektüre der Eindruck, daß die *durchdringende Urteilssucht* (pervasive judgmentalness) aus rigiden, ständig wiederholten Kategorien stammt – in einer Einseitigkeit, einer *Pars-pro-toto*-Absolutheit, die den Wahrheitswert pervertiert und weniger zu einer wahren Aporie als zu Selbstwidersprüchen und Paradoxen führt, die nicht immer von der größten philosophischen Dignität sind.

*

Ist dies nicht vielleicht gerade der Punkt: daß er eben *beides* ist – ein virulenter Antisemit und ein Freund voll Achtung und Wertschätzung den Juden gegenüber, über alles kategorisch, doch die Kategorien verschmähend, die die anderen gebrauchen und mißbrauchen, voll von Verachtung und von Respekt, von Haß und von Liebe? Daß es wiederum diese *extreme Polarität und Dualität* in ihm ist, die er zwar zu versöhnen versucht, ohne dazu jedoch fähig zu sein?

*

Ein anderer umspannender Widerspruch: *Gerechtigkeit* tritt öfters als eine der wichtigsten Tugenden auf (z. B. *Menschliches, Allzumenschliches,* II, II, 212, S. 272; 286, S. 309), sogar als „die einzige Göttin, welche wir über uns anerkennen" (*Menschliches, Allzumenschliches,* I, IX, 637, S. 355). Obzwar in historisierender Einseitigkeit (im Gegensatz zu einem primär psychologischen Verständnis) entwickelt er den Gerechtigkeitsbegriff durchaus einleuchtend aus dem Bedürfnis nach Gleichgewicht, spezifisch in der archaischen Gemeinschaft: *„Gleichgewicht* ist also ein sehr wichtiger Begriff für die älteste Rechts- und Morallehre; *Gleichgewicht ist die Basis der Gerechtigkeit"* (*Menschliches, Allzumenschliches,* II, II, 22, S. 184). Es gebe im Grunde zweierlei Sanktionen gegen Verletzungen dieses Prinzipes:

> Innerhalb einer Gemeinde, in der alle sich als gleichgewichtig betrachten, ist gegen Vergehungen, das heißt gegen Durchbrechungen des Prinzips des Gleichgewichts, *Schande* und *Strafe* da: Schande, ein Gewicht, eingesetzt gegen den übergreifenden einzelnen, der durch den Übergriff sich Vorteile verschafft hat, durch die Schande nun wieder Nachteile erfährt, die den früheren Vorteil aufheben und *überwiegen.* Ebenso steht es mit der Strafe: sie stellt gegen das Übergewicht, das sich jeder Verbrecher zuspricht, ein viel größeres Gegengewicht auf, gegen Gewalttat den Kerkerzwang, gegen Diebstahl den Wiederersatz und die Strafsumme. So wird der Frevler *erinnert,* daß er mit seiner Handlung *aus* der Gemeinde und deren Moral-*Vorteilen* ausschied: sie behandelt ihn wie einen Ungleichen, Schwachen, außer ihr Stehenden; deshalb ist Strafe nicht nur Wiedervergeltung, sondern hat ein *Mehr,* ein Etwas von der *Härte des Naturzustandes;* an *diesen* will sie eben *erinnern* (*Menschliches, Allzumenschliches,* II, II, 22, S. 184).

Obgleich ich nicht völlig mit Nietzsches Differenzierung hier zwischen den beiden Grundformen der Sanktion einig gehe, ist seine Anerkennung der *grundlegenden Natur der Gerechtigkeit auf der Basis eines ursprünglichen Begriffs der Gleichheit, des „Gleichgewichts“*, das Entscheidende – einer *Gleichheit der Rechte, der Gelegenheiten, nicht unbedingt einer solchen der Ergebnisse.* Während diese sich für ihn auf angeblich tiefere Gründe von Vorteil und Nützlichkeit zurückführen lassen (es handelt sich dabei also um eine *utilitaristische Erklärung des Wertes der Gerechtigkeit*) oder von Lust, so wird doch die fundamentale Qualität jener *Begründung von Gerechtigkeit in Gleichgewicht und Gleichheit* für jede Art von gesellschaftlichem Leben aufrechterhalten. Mit dieser Begründung unterstützt er nun aber wirksam und überzeugend seinen Appell an den Gerechtigkeitssinn, der sich in seinen Schriften auf so manchen Ebenen finden läßt, auch solchen der höchsten Sublimierung, z. B. wenn es um das „intellektuelle Gewissen“, das „Gewissen hinter deinem ‚Gewissen‘ “, oder um das Schöpferische geht: So braucht er den Begriff „Gerechtigkeit“ nicht selten, z. B. in *Menschliches, Allzumenschliches,* (I, IX, 636, S. 354): „denn sie will jedem ... das Seine geben“ und fügt im folgenden 637, S. 355 hinzu, was ich schon verkürzt zitiert habe: „wir ... wollen vor der Gerechtigkeit knien, als der einzigen Göttin, welche wir über uns anerkennen“.

Und doch erschallt mit Heftigkeit die gegenteilige Botschaft:

> Also rede ich zu euch im Gleichnis, die ihr die Seelen drehend macht, ihr Prediger der *Gleichheit!* Taranteln seid ihr mir und versteckte Rachsüchtige! Aber ich will eure Verstecke schon ans Licht bringen: darum lache ich euch ins Antlitz mein Gelächter der Höhe. Darum reiße ich an eurem Netze, daß eure Wut euch aus eurer Lügen-Höhle locke, und eure Rache hervorspringe hinter eurem Wort „Gerechtigkeit“. Denn *daß der Mensch erlöst werde von der Rache:* das ist mir die Brücke zur höchsten Hoffnung und ein Regenbogen nach langen Unwettern ... Denn so redet *mir* die Gerechtigkeit: „die Menschen sind nicht gleich“. (*Zarathustra*, „Taranteln“, S. 106, 108).

Seine scharfe Ablehnung des sozialistischen Evangeliums der Gerechtigkeit mit seiner Verkündigung der Gleichheit des Menschen oder der demokratischen Forderungen auf Gleichberechtigung (equal rights) bricht immer wieder mit Hohn durch (z. B. *Antichrist,* 46, S. 251) und damit die Behauptung, daß das Gewissen mit Schuld und Sühne eine Erfindung gegen die Wissenschaft sei.

Er legt den Widerspruch selbst wiederum im 2. Band von *Menschliches, Allzumenschliches* vor: „Da die Menschen ihrer Sicherheit wegen sich selber als *gleich* gesetzt haben, zur Gründung der Gemeinde, diese Auffassung aber im Grunde wider die Natur des einzelnen geht und etwas Erzwungenes ist ...“ (II, II, 31, S. 191), und folgert: „Es gibt weder ein Naturrecht, noch ein Naturunrecht“ (l. c.).

Statt dessen läßt sich dies Problem weit besser als fundamentaler Konflikt verstehen, nämlich als der *zwischen 2 Grundbedürfnissen:* dem Willen, den anderen zu *überwältigen* und dem, mit den anderen zur gemeinsamen Sicherheit *zusammenzuleben,* ganz abgesehen von anderen tiefen Motiven, die mit im Spiele sind mögen. Nur einen Faktor, den Willen zur Macht, als primär und *naturgemäß* herauszugreifen, den anderen aber, in Form der Gleichung Sicherheit = Gemeinschaft = Gerechtigkeit, als *widernatürlich* zu bezeichnen, scheint mir eine grundlose Behauptung zu sein (to beg the question). Weshalb sollte nun das eine Bedürfnis *für* die Natur, das andere aber *gegen* die *Natur* sein, ein Argument, das er selber in ähnlicher Weise gegen das Ende von *Menschliches, Allzumenschliches* macht: „Wir sprechen von Natur und vergessen uns dabei: wir selber sind Natur, quand même" (II, II, 327, S. 323 f.).

*

Und schließlich sei ein Konflikt und Widerspruch erwähnt, der in der Zukunft zu besonderer Bedeutung kommen sollte und den man aus der vorher erwähnten Polarität herauswachsen sehen kann, nämlich der zwischen rigiden Kategorisierungen (auf Grund seiner eigenen Metaphysik) und seinem scharfen Angriff gegen alle philosophische Systematisierung und gegen Metaphysik überhaupt: ich meine jenen sich allmählich intensivierenden und schließlich verhängnisvollen Zusammenprall von *Rationalität und Mythos.* In diesem grundlegenden Widerstreit sahen jene philosophischen und politischen Führer der heraufziehenden *paranoiden Katastrophe,* die Nietzsche als ihre große Inspiration und ihren Zeugen gewählt, ihr Signal zur Handlung.

*

Es wäre nun freilich leicht, manches an dieser Doppelheit und Widersprüchlichkeit einfach als nur-pathologisch abzutun. Im Gegenteil glaube ich, daß ein guter Teil davon gerade zu Nietzsches tiefsten Einsichten und prophetischen Vorwegnahmen gehört. Es wurde tatsächlich später relevant für die Philosophie, die das „Komplementaritätsprinzip" als hauptsächliche epistemologische Methode möglich machte und keineswegs voll in unser eigenes psychoanalytisches Denken integriert wurde. So wäre es äußerst philiströs, ihm prinzipiell für alle seine tiefen Widersprüche und Paradoxe einen Vorwurf zu machen.

Er selbst beschreibt und *rechtfertigt* diese *Doppelheit von Anerkennung und Verleugnung,* die wir natürlich gut von Freuds Schriften zum Thema der „Ichspaltung" kennen (1927, 1940 a, b) und die uns bei allen Patienten in den vorangehenden Kapiteln beeindruckt hat, in einem Aphorismus im 2. Band von *Menschliches, Allzumenschliches* (II, I, 79, S. 41), unter dem Titel *„Zweimal ungerecht"*: „Wir fördern mitunter die Wahrheit durch eine doppelte Ungerechtigkeit, dann nämlich, wenn wir die beiden Seiten einer Sache, die wir nicht imstande sind zusammen zu sehen, hintereinander sehen und darstellen, doch so, daß wir jedesmal die andre Seite verkennen oder leugnen, im Wahne, das, was wir sehen, sei die ganze Wahrheit."

*

Und doch paßt es zu seinem eigenen Geist des unnachgiebigen Infragestellens und Untersuchens, wenn wir einen Schritt darüber hinausgehen und uns fragen: Ist diese Doppelheit und Widersprüchlichkeit nicht *auch* Ausdruck von ungelöstem Konflikt? Wurde sie nicht als Werkzeug des Denkens zu seiner Selbstzerstörung, seiner Selbstabschaffung verwendet? Und wie? Wurde sie nicht, *zusätzlich* zu ihren epistemologischen Beglaubigungen, auch dem Zwecke dienstbar gemacht, mit „Leiden und Entbehrung" zu Schlag zu kommen? Und was bedeutet dieses „Leiden" eigentlich?

Der Biograph weist wiederholt auf seine *„doppelbödige, unaufrichtige Existenz"* hin (S. 406), auf „den Zwiespalt von Beruf und Berufung, ... eine Existenzspaltung ...

das Doppelleben in zwei Welten: Basel und Tribschen" (S. 408) (s. auch S. 277, 303, 335) – unlösbare Konflikte, in denen er wieder und wieder in die Krankheit, in physisches Leiden „flüchtete", damit so die Entscheidung „von Schein und Sein" für ihn gemacht wurde (S. 409); er selber braucht den Ausdruck, er „lebe hier in einem eigentümlichen Konflikt", nämlich dem zwischen seinem tiefen Bedürfnis, tief, philosophisch und ohne Störung nachzudenken, und seinen beruflichen Verpflichtungen (l. c.; s. auch S. 398 f.).

Ähnlich spricht die Biographie in bezug auf die Zeit gegen das Ende seines produktiven Lebens hin vom „tragischen Konflikt seiner Existenz":

> Dem Künstler, Dichter, belastete der Philosoph seine Visionen, zwang sie unter die philosophische Absicht; den Philosophen lockte der Dichter über den Bereich des rational Faßbaren in die Intermundien der Phantasie und Inspiration; der leidenschaftliche Mensch ließ den Philosophen nie zur Ruhe kommen, und die Forderungen der Philosophie entließen den leidenschaftlichen Menschen nie ins unbeschwerte Leben (Janz, Bd. 2, S. 579).

Endlich, bevor ich diesen Teil abschließe, muß ich eine sehr merkwürdige, rätselhafte Bemerkung aus einer „autobiographischen Aufzeichnung" von 1868 oder 1869 (also dem Alter von 24 oder 25) erwähnen, die in der Biographie von (Blunck und) Janz vorkommt: „Was ich fürchte, ist nicht die schreckliche Gestalt hinter meinem Stuhle, sondern ihre Stimme: auch nicht die Worte, sondern der schauderhaft unartikulierte und unmenschliche Ton jener Gestalt. Ja, wenn sie noch redete, wie Menschen reden" (Janz, S. 266). Die Biographen fragen sich, ob wohl andere Hinweise auf *Halluzinationen* dieser Art von der Schwester ausgemerzt wurden. Bestimmt ist es Evidenz für die radikalste Form der Verdoppelung, der *Spaltung des Selbst in autonome und durch die Wahrnehmung nach außen projizierte Teile.*

13.5.2 „Heroischer Selbstwiderspruch" und „mystisches Doppelwesen": Die „Zweispaltung" Nietzsches in Lou Andreas-Salomés Deutung

Das schöne Buch von Lou Andreas-Salomé *Friedrich Nietzsche in seinen Werken*[17] befaßt sich sehr eingehend mit diesem Thema von Nietzsches „eigentümlicher *Selbstspaltung* innerhalb ein und desselben Geisteslebens" (S. 59), zunächst in das Gesunde gegenüber dem Kranken, in den „Erkennenden" gegenüber den anderen Trieben in ihm, in das Denken (den Erkenntnistrieb) gegen das ganze restliche Triebleben (S. 60): „Indem er einen Teil seiner selbst sich selber zum Opfer bringt, ist er einer *religiösen Exaltation* nahe gekommen" (S. 61):

> Deshalb liegen in dem gewaltigen religiösen Affekt, aus dem ganz allein bei Nietzsche alle Erkenntnis hervorgeht, unlöslich in einen Knoten verschlungen: *eigne Aufopferung* und *eigne Apotheose,* Grausamkeit der eignen *Vernichtung* und Wollust der eignen *Vergötterung,* leidvolles Siechen und siegende Genesung, glühender Rausch und kühle Bewußtheit. Man fühlt hier die enge Verknüpfung der Gegensätze, die einander unaufhörlich bedingen ... Und

[17] ... das ich erst nach Niederschrift des Manuskripts von Frau Dr. H. Gidion und Herrn Dr. G. Reich in Göttingen, denen ich dafür sehr dankbar bin, erhalten habe.

hier zeigt sich, daß unablässiges Leiden und unablässige Selbstvergöttlichung sich gegenseitig bedingen, indem ein jedes seinen eignen Gegensatz immer wieder neu erzeugt (S. 62 f.).

Was wird vergöttert? Sie zitiert aus *Menschliches, Allzumenschliches* (I, 137): „Der Mensch hat eine wahre Wollust darin, sich durch übertriebene Ansprüche zu vergewaltigen und dieses *tyrannisch fordernde Etwas in seiner Seele nachher zu vergöttern*", sowie 142: „... er geißelt seine Selbstvergötterung mit Selbstverachtung und Grausamkeit" (S. 64), und sie zieht den Schluß daraus: *„Die Möglichkeit, einen Ersatz ‚für den verlorenen Gott' in den verschiedensten Formen der Selbstvergottung* zu finden, das ist die Geschichte seines Geistes, seiner Werke, seiner Erkrankung" (S. 65). Im Rausch des Dionysischen fühlte er seine eigene Natur heraus: „jene geheimnisvolle Wesenseinheit von Weh und Wonne, von Selbstverwundung und Selbstvergötterung, – jenes Übermaß gesteigerten Gefühlslebens, in welchem alle Gegensätze sich bedingen und verschlingen" (S. 91).

Sie spricht vom „unheimlichen *Zwang* zur Selbstvereinsamung und Selbstabschließung", womit sie freilich den äußeren Zwang durch seine Krankheit meint (S. 119). Sie beobachtet jedoch, wie zur Zeit der *Fröhlichen Wissenschaft* „diese äußerste Selbsteinkehr, dieser Versuch, das Weltbild aus seinem Eigenbild zu konstruieren, Nietzsches *Leiden an sich selbst* zu Tage treten läßt, aus dem sein tiefster Wesengrund besteht. Bisher hat er in seinen Erkenntniswandlungen diesem Leiden an sich selbst dadurch zu entrinnen gesucht, daß er den einen Teil seines Selbst durch den anderen quälte und tyrannisierte ... Jetzt erst ... begreift man ganz, in welcher Qual er lebte, hört man endlich den Schrei nach *Erlösung von sich selbst* ..." (S. 177).

Sie verfolgt seine Wandlungen von der Metaphysik Schopenhauers, mit der Hochbewertung des Dionysischen und der Abwertung des Verstandes (symbolisiert durch Sokrates), zur zweiten, stark von Paul Rée und den englischen Philosophen beeinflußten Periode der „Verstandesphilosophie" und des „Positivismus" mit ihrer leidenschaftlichen Hochbewertung der Erkenntnis und der Wahrheit und schließlich hin zur dritten Periode, der Philosophie vom Willen zur Macht, „einer mystischen Willensphilosophie" (S. 162), mit ihrer Zentralbewertung von Leben und Stärke, der Abwertung von Erkenntnis und Wahrheit und der Lehre von der ewigen Wiederkunft – von der „ins Ungeheure und folglich Übermenschliche gesteigerten Lebenskraft" (S. 249). Nun stehe er nicht nur „Jenseits von Gut und Böse", sondern auch „Jenseits von Wahr und Falsch" (S. 190): „der Wille zur Täuschung", „Rätsel-Trunkene, Zwielicht-Frohe!" (S. 194), „Nichts ist wahr. Alles ist erlaubt!" (S. 196). Doch mache er Halt vor dem „Jenseits von schön und häßlich" (S. 241); Ethik fließe über in Ästhetik, in die „Göttlichkeit des Schönen" (S. 242).

Was ich also hier als den großen dynamischen Gegensatz herausgearbeitet habe, verfolgt sie sehr eindrücklich durch die Entwicklungsgeschichte seines Werkes und seiner Mitteilungen hindurch: *„Fiat veritas, pereat vita!"* seiner zweiten Periode verwandelt sich in der dritten zu einem fanatischen *„Fiat vita, pereat veritas!"* (S. 147, 192).

Was ist nun ihre Analyse dieser Spaltung, dieser Doppelheit?

Es sei der „religiöse Grundtrieb" gewesen, „der sein Wesen und Erkennen stets beherrschte. Seine verschiedenen Philosophien sind ihm ebensoviele Gott-Surrogate ..." (S. 178). Er bedurfte „absoluter Ideale ..., um sie anbeten und an ihnen seine Hingebung ausleben zu können" (S. 193). Dies aber sei der *tragische Konflikt seines Lebens:* „des Gottes zu bedürfen und dennoch den Gott leugnen zu müssen". Diesen Konflikt suchte er dadurch zu lösen, daß er „mit sehnsuchtstrunkener Phantasie, in Träumen und Verzückungen, visionengleich, das mystische Übermenschen-Ideal" gestaltete, „und dann, um sich vor sich selbst zu retten, sucht er, mit einem ungeheuren Sprung, sich mit demselben zu identifizieren. So wird er zuletzt zu einer Doppelgestalt, halb kranker, leidender Mensch, halb erlöster, lachender Übermensch. Das Eine ist er als Geschöpf, das Andere als Schöpfer, das eine als Wirklichkeit, das andere als mystisch gedachte Überwirklichkeit." Doch verberge sich dahinter das Grauen: „, ... wer weiß, ob sich nicht bisher in allen großen Fällen eben das Gleiche begab: daß die Menge einen Gott anbetete, – und daß der ‚Gott' nur ein armes Opfertier war!'" (*Jenseits von Gut und Böse*, 269, S. 179).

Er sieht sich als „Selbstschöpfer aller Dinge": „Ich, Nietzsche-Zarathustra, *bin* die Welt, sie ist, weil ich bin, sie ist, wie ich will" (S. 198). „Welt, Gott und Ich verschmelzen zu einem einzigen Begriff ..." „jene ungeheure Vergötterung des Schöpfer-Philosophen" (S. 264). Doch in dieser gewaltsamen Reaktion auf die zweite Periode „treffen wir auch auf jenen unheimlichen Zug in Nietzsches Seelenleben, wonach er sich nur in der Selbstopferung und Selbstvergewaltigung befriedigte ... Hatte er zuvor seinen seelischen Menschen vergewaltigt, so vergewaltigt er jetzt den erkennenden Menschen in sich" (S. 201 f.). „Herren-Moral" und „Sklaven-Moral" bilden Teil seiner eigenen, inneren Konflikthaftigkeit, und obwohl Lou Andreas-Salomé es an dieser Stelle inhaltlich meint, gilt es auch auf seine eigene Seele, daß er [der Mensch] „*beide* Gegensätze in sich trägt, daß er das leidende Resultat einer solchen Instinkt-Widersprüchlichkeit, einer solchen Einverleibung von Doppel-Wertungen ist" (S. 226): „Seine leidvolle ‚Seelen-Vielspältigkeit', seine gewaltsame ‚Zweispaltung' in einen sich opfernden, anbetenden und in einen beherrschenden, vergöttlichten Wesensteil liegt seinem gesamten Bilde der Menschheitsentwicklung zu Grunde" (S. 229) – wunderbare Worte, die auch für so viele andere in diesem Buch gelten. „Überall, wo er von Herren- und Sklaven-Naturen spricht, muß man dessen eingedenk bleiben, daß er von sich selbst spricht ... [eine Illustration] des grausamen Seelenprozesses, durch den dieser [der höchste Einzelmensch] sich in Opfergott und Opfertier spalten muß" (S. 229 f.).

„Zarathustra ist sozusagen der Nietzsche-Übermensch, er ist der ‚Über-Nietzsche' ... in dem das Gegenbild des eigenen Wesens veräußerlicht und verklärt wurde" (S. 244 f.).

Aus dieser *Spaltung von „Selbstopferung und Selbstvergewaltigung"* (dem „Menschen Nietzsche") *gegenüber „Selbstvergöttlichung" und „mystischer Selbstapotheose"* („dem mystischen Über-Nietzsche") erwächst indes Zarathustras Grauen: „Jetzo erst gehst du deinen Weg der Größe! Gipfel und Abgrund – das ist jetzt in Eins beschlossen!" (III, 3; S. 282). „So sind Tiefe und Höhe, Abgrund des Wahnsinns und Gipfel des Wahrheitssinns ineinander verschlungen: ‚Vor meinem höchsten Berge stehe ich –: *darum* muß ich erst tiefer hinab als ich jemals stieg' (III 3). Und so feiert die höchste Selbstvergöttlichung erst ihren vollen mystischen Sieg in der tiefsten Vernichtung, im Erliegen und Untergang des Erkennenden" – dem Wahnsinn (S. 286).

Es wird sich zeigen, daß diese tiefsinnige Deutung sehr wohl vereinbar ist mit dem, was ich nun im weiteren ausführen werde.

13.5.3 Eine Deutung der Identitätsspaltung

Worauf ich hier abziele, ist das, was wir klinisch als *„Über-Ich-Spaltung“* und die daraus entstehende *„Identitätsspaltung“* kennen, wobei *Verleugnung und Anerkennung unter der Macht gegensätzlicher Über-Ich-Strukturen abwechseln:* Nietzsche erscheint in doppelter Gestalt, er hat gleichsam ein doppeltes Über-Ich („zwei Überich“) und zwei Personae, zwei Identitäten, zwei Stimmen, und wie Löwith nachwies, zwei Philosophien. Sein *„Doppelblick“* (*Ecce Homo*, S. 366) führt zu einer *zerbrochenen Wirklichkeit* (a fractured sense of reality). Auch klinisch erlebt er es als tiefe Doppelheit, als eine unversöhnliche Widersprüchlichkeit seines Selbst: „Diese doppelte Reihe von Erfahrungen, diese Zugänglichkeit zu anscheinend getrennten Welten wiederholt sich in meiner Natur in jeder Hinsicht, – ich bin ein Doppelgänger, ich habe auch das ‚zweite‘ Gesicht noch außer dem ersten. *Und* vielleicht auch noch das dritte ...“ (*Ecce Homo:* „Warum ich so weise bin“, 3, S. 303). Ebenso: „... wie als ob in mir ein *zweites Bewußtsein* gewachsen wäre“ (*Ecce Homo:* „Wagner“, S. 390).

Er sieht in diesem doppelten Bewußtsein ein Zeichen der Stärke und Größe, ebenso wie Gott sowohl als fruchtbar wie als furchtbar erscheine; es sei Schwäche, wenn man das nicht einsehe. Daß diese Bevorzugung von der Vorentscheidung, Instinkt sei gut und Intellekt schlecht, abhänge, läßt sich kaum abweisen.

Von all den unversöhnten „Spaltungen“, die ich zuvor skizziert habe, möchte ich eine auswählen, die ich als grundlegend und entscheidend für das weitere Verständnis erachte: Er spricht so viel und sagt soviel Gutes, Wichtiges über die Grausamkeit des Gewissens, doch sein eigenes Gewissen ist unbarmherzig, namentlich, wenn es gegen andere gerichtet wird, so daß es denen, die es auf sich nehmen, scheinbar das Recht gibt, alle Arten der Grausamkeit ohne Mitleid zu verüben. Es war *sein nach außen gerichtetes Gewissen,* seine Form eines *archaischen Über-Ichs,* seine unbändige *Urteilssucht,* seine eigentümliche *Beredsamkeit von Verachtung und Lächerlichmachung* und am allermeisten: seine *Macht, die anderen durch die Heftigkeit seines eigenen Ressentiments zu beschämen* – es war all dies, meine ich, was ungeheure Stoßkraft und *mythopoetische Energie* einer historischen Bewegung verlieh, von deren politischen Verwirklichung er sich mit Grauen abgewendet hätte, ebenso wie er sich vor seinem Schwager, der diese vertrat, grauste (– ohne es fertig zu bringen, seinen Geldbeitrag an ihn auf die Dauer zu verweigern). Darin ist sein Schicksal, wie erwähnt, bemerkenswert parallel dem von Karl Marx.

Wir aber müssen uns fragen, ob dieser Anklang, dieser „appeal“, nicht gerade in dieser *Doppelheit von Urteilsucht und Umstürzen des Gewissens* zu suchen ist, in der Doppelheit eines Über-Ichs nämlich, das einerseits *auf der systematischen Prävention von Beschämung* beruht, und zwar weitgehend durch eine *Haltung,* bei der er darauf versessen ist, Bloßstellung zu vermeiden, eine Haltung, die ich zuvor als die 3. Form der Scham bezeichnet habe, sowie durch *Umkehrung* der Scham nach außen („den Spieß umdrehen“); andererseits eines Über-Ichs, dessen *Schuld- und Strafseite* scheinbar *gründlichst eliminiert,* außer Kraft gesetzt, *verleugnet* worden ist.

Vielleicht können wir noch spezifischer sein:

a) Die radikale Verleugnung von Gerechtigkeit und Schuld

So viel scheint hier aus dem Leben „*herausgeschnitten*" zu sein – die Tiefe der Liebe, die Komplexität mitmenschlicher Beziehungen, die Probleme von Zärtlichkeit und Zuneigung und ganz besonders, wie schon bemerkt, die Sorge um die Gerechtigkeit, ohne die kein soziales System lange überdauern kann und die einen so tief verwurzelten Teil der *menschlichen Natur* ausmacht.

„Denn ein Sollen gibt es nicht mehr; die Moral, insofern sie ein Sollen war, ist ja durch unsere Betrachtungsart ebenso vernichtet wie die Religion. Die Erkenntnis kann als Motive nur Lust und Unlust, Nutzen und Schaden bestehen lassen; wie aber werden diese Motive sich mit dem Sinne für Wahrheit auseinandersetzen?" (*Menschliches, Allzumenschliches,* I, I, 34, S. 47). Diese Einsicht zwinge entweder dazu, „den Leidenschaften, welche zur Zukunft und zu einem Glück in derselben hindrängen, Hohn und Verachtung entgegenzustellen", und „als persönliches Ergebnis die Verzweiflung, als theoretisches eine Philosophie der Zerstörung" zu haben (l. c.) – oder sie veranlasse ein Leben der Kontemplation und des leidenschaftslosen Verstehens: „Man lebte zuletzt unter den Menschen und mit sich wie in der *Natur,* ohne Lob, Vorwürfe, Ereiferung, an vielem sich wie an einem *Schauspiel* weidend, vor dem man sich bisher nur zu fürchten hatte" (l. c.), „jenes freie, furchtlose Schweben über Menschen, Sitten, Gesetzen und den herkömmlichen Schätzungen der Dinge" (l. c., S. 48). Es wurde bereits erwähnt, wie ähnlich diese *eine* Folgerung der Lao Tses ist – so sehr eben die zweite Wertentscheidung dem alten chinesischen Denker ins Gesicht schlägt.

Ich habe schon auf die zunehmende Schrillheit hingewiesen, mit der er jedes Ansinnen, daß der Begriff der Gerechtigkeit in einer Form des *Gleichheitsbegriffs* gründe, schmähend ablehnt, und auf die damit verbundene *Verwerfung einer Ethik der Schuld.*

Zwar muß man völlig mit ihm einverstanden sein, daß die menschliche Neigung zu urteilen und zu verurteilen zu größtem Fluch in den mitmenschlichen Beziehungen gereicht und eines der machtvollsten Gifte in der Innerlichkeit ist: „... und Richtersein scheint ihnen Seligkeit. – Also aber rate ich euch, meine Freunde: mißtraut allen, in welchen der Trieb zu strafen mächtig ist" (*Zarathustra*, „Taranteln", S. 107; s. die parallelen Aussagen Lao Tses). Und so sehr man sich zwar fragen muß, wo die ursprünglichste Quelle des Gerechtigkeitsbegriff zu suchen sei – im Geist der Rache? in äußerer Belohnung und Bestrafung? im Prinzip gleicher Gelegenheiten? gleicher Ergebnisse? in der Gleichheit von Bestrafung und Belohnung in der Erziehung? in der individueller Begabung? – kann der Gerechtigkeitsbegriff nicht einfach dadurch beseitigt werden, indem man auf seinen Mißbrauch durch verhüllte Rachsucht hindeutet oder die Suche nach Gleichberechtigung verhöhnt.

Und so kommt es dann, daß, wenn alles erwogen und gewägt worden ist, man eigentlich keinen Platz für die Gerechtigkeit im Gesamten seiner Werte finden kann, daß man in ihr eigentlich nicht mehr sehen kann als die Sanktion dessen, was nach seiner Umwertung aller Werte gut befunden wurde; d. h. daß sie nichts anderes ist als das, was der „Überwindung des Menschen", dem „Willen zur Macht", den Lebenswerten, der Stärke dienlich ist, schließlich nur ein blutloser Geist der Abstraktion und der Rhetorik.

Auf was es denn schlußendlich hinausläuft, ist ein resolute *„Revolution gegen das Gewissen“*, und zwar gegen eine spezifische Form von Gewissen: zuerst einfach „das Gefühl der ‚Sünde‘ als eines Vergehens gegen göttliche Vorschriften“, doch damit automatisch auch gegen *Schuld und Reue* überhaupt: „der Unmut der Gewissensbisse, der schärfste Stachel im Gefühl der Sünde ist immerhin abgebrochen“ (*Menschliches, Allzumenschliches,* I, III, 133, S. 121). Am Ende werden *Schuld und Gewissen zu Verbrechen gegen die Menschheit gestempelt;* ich habe schon kurz aus der folgenden Stelle zitiert: „Der Schuld- und Strafbegriff, die ganze ‚sittliche Weltordnung‘ ist erfunden *gegen* die Wissenschaft – *gegen* die Ablösung des Menschen vom Priester ...“ (*Antichrist,* 49, S. 255). Mit dieser Auferlegung *„hat man das größte Verbrechen an der Menschheit begangen.* Die Sünde ..., diese Selbstschändungs-Form des Menschen par excellence, ist erfunden, um Wissenschaft, um Kultur, um jede Erhöhung und Vornehmheit des Menschen unmöglich zu machen; der Priester *herrscht* durch die Erfindung der Sünde“ (l. c., S. 256).

b) Anschuldigungen (blaming) – Externalisierung als Erklärungsmittel

Weiterhin ist es erstaunlich, wie die menschliche Natur immer wieder von äußerlichen Faktoren abgeleitet wird, von Gesellschaft und Geschichte, auch von der direkten Vererbung erworbener Züge. Er geht so weit zu behaupten, „die ganze Philosophie sei von jetzt ab der Historie verfallen“ (*Menschliches, Allzumenschliches,* II, I, 10, S. 16). Im Gegensatz zur früheren versöhnlichen Annahme: „Man muß Religion und Kunst wie Mutter und Amme geliebt haben“ (I, V, 292, S. 233 f.), wird der innere Konflikt nun immer mehr veräußerlicht, und damit nimmt der Geist der Verurteilung und Verachtung ständig mehr überhand.

Diese *Verschiebung in der Wertung, von der Toleranz zur Beschimpfung,* ist von Anfang an durch den philosophischen Sprung vom Prinzip des psychischen Determinismus zur „Lehre von der völligen Unverantwortlichkeit“ vorbereitet worden (*Menschliches, Allzumenschliches,* I, II, 105, S. 94; auch Schritt für Schritt: l. c., 39, S. 54–56). Ein derartiger Sprung der Schlußfolgerung wird m. E. dadurch ermöglicht, daß *nicht erkannt* wird, wie Determinismus und Indeterminismus sich auf *einer* Ebene der Erklärung befinden, Freiheit, Verantwortlichkeit und innerer Zwang aber auf einer ganz anderen; die beiden überschneiden sich nicht (s. *Die zerbrochene Wirklichkeit,* Kap. 12).Die erste Begriffsgruppe beschäftigt sich mit der kausalen Verkettung von Motiven; die zweite bezieht sich auf das Bewußtsein der überwältigenden inneren Gewalt gewisser Motive, ihres „Zwanges“, dessen Ursprung „unbewußt“ ist, d. h. sich völlig außerhalb der Wahrnehmung, Macht und Befugnis des bewußten Willens befindet, gegenüber dem Bewußtsein anderer Motive, die abgewogen, bemessen und ausbalanciert werden können, und zwar unter der Führung jenes beobachtenden und messenden Teiles unser selbst, den wir Vernunft nennen, in unserer Terminologie: des Ich. Selbstverständlich ist aber dieses Abwägen und Ausbalancieren keineswegs weniger determiniert als irgendwelcher innere „Zwang“. Die zwei Ebenen des Diskurses – Determinismus vs. Indeterminismus, Zwanghaftigkeit vs. Willensfreiheit – sind einfach inkommensurabel und müssen voneinander abgetrennt werden. Ihre Vermischung führte während 2500 Jahren zu einer philosophischen Aporie. Auch Nietzsche ist ihr nicht entgangen und baute seinen stolzen Turm von ethischen Behauptungen auf dem Quicksand jener falschen Gleichsetzung.

*

Damit ist aber die „Gerechtigkeit“ völlig zu einer Sache äußerlicher Nützlichkeit reduziert worden (s. *Menschliches, Allzumenschliches,* I, II, 92, S. 81 f.; 105, S. 95), zu einer Folge von Bestrafung und Belohnung; das *Gefühl von Fairness,* der *Gerechtigkeitssinn* als etwas ganz Fundamentales für die menschliche Natur wird völlig außer Acht gelassen.

Es ist hier wichtig anzumerken, daß die heutige Frühkindheitsforschung den frühen und autonom entstehenden Charakter des Gerechtigkeits- und Ungerechtigkeitsgefühls betont (Emde, pers. Mitteilung). Seine Bedeutung wird Ende des zweiten Jahres beobachtbar.

Mit dieser Außerachtlassung durch Nietzsche kann es einen dann auch nicht verwundern, wenn er mit großem Selbstvertrauen den Teil des Über-Ichs, der im *Schuldgefühl* dafür wurzelt, daß man die Rechte der anderen und damit den Grundwert der Gerechtigkeit verletzt hat, so leicht und abrupt durch ein Fiat abschafft: Da dieser Teil einfach historisch von boshaften Priestern, die sich mit der macht- und ränkevollen Rasse der Juden verschworen hatten, den Menschen aufgedrungen wurde, da er, in andern Worten, gar nicht Teil der menschlichen Natur ist, kann er auch durch die Aufrufe des wieder erstandenen Propheten null und nichtig erklärt werden.

Ferner löst sich die Struktur des Subjekts auf; alle innere Struktur wird als *von außen determiniert* angesehen, aller innere Konflikt verwandelt sich zu einem einfachen Resultat von äußerem Konflikt, nämlich dem Konflikt über Macht, zum Schluß: dem Konflikt zwischen verschiedenen Zentren des „Willens zur Macht“ (s. „Nachwort“ von Giorgio Colli zu Bd. 13). Der Mensch ist damit *dehumanisiert worden* (ein Collage von Stücken, wie es Rorty jüngst behauptete)!

c) Absolutheit anstatt Komplementarität

Ja, Mitmenschlichkeit, Liebe und Zärtlichkeit, Recht, Schuld, Reue und Sünde – alle diese werden, zumindest in den späteren Werken, beginnend mit dem *Zarathustra,* höchstens berührt, zu mystischen Generalisierungen verwässert oder ganz abgeschafft; sie ermangeln der Wichtigkeit, die sie wirklich in den menschlichen Angelegenheiten besitzen.

Letztlich führt die ungeheure mythopoetische Kraft, besonders des *Zarathustra,* zu einer *Religion der Macht,* ohne Liebe und Gerechtigkeit, ohne reale menschliche Beziehungen. Sie setzt die eine Seite absolut und läßt alles andere fahren; sie beschreibt zwar die Konflikte, läßt aber alles um *eine* Sache kreisen, um einen Typ von Instinkt, eine Rasse, eine Kaste, die nun als das *Gute* hingestellt werden; deren Gegenteil, als das Schlechte und Böse, muß beseitigt, ausgeschnitten, ausgebrannt werden.

Der *Irrtum liegt darin, daß absolut gesetzt wird, was nur in Komplementaritäten verstanden werden kann.* (Ich werde darauf in meinem Essay über Thomas Mann zurückkommen.)

Kurzum: Hier ist ein Denker, der nicht müde wird, die Wichtigkeit von Natur und Leben zu betonen. Wenn aber so vieles, das von der größten Bedeutung für Leben und Natur ist, ausgelassen wird, sollten wir nicht denken, daß hier *Verleugnung* mitspielt?

Die Vertretung absoluter Wahrhaftigkeit, doch die Notwendigkeit, weite Gebiete der Wirklichkeit zu verleugnen – könnte dies nicht eine Dynamik sein, die zur Doppelheit führen muß?

*

Ein Ergebnis dieser *„Ausschneidung"* ist der sich vertiefende Sinn im Leser, namentlich unter dem Eindruck der schärfsten Fassungen, die er seiner „Hauptunterscheidung" (Stärke gegen Schwäche) gegeben hat, daß diese Lehren im Grunde auf eine schmalbasierte, eher „dürftige" Philosophie hinauslaufen, einer riesigen Übervereinfachung auf ein Entweder-Oder – wobei einzigartige Einsichten absolut gesetzt werden. (Schlechta drückt dasselbe aus, wenn er von der „Monotonie" seines philosophischen Grundarguments spricht.)

Während der Lektüre überwiegt der gegenteilige Eindruck: das Gesagte erscheint so reich, so überraschend, so weit über jenes einfache Wertpaar hinausgehend zu sein; es läßt einen die Welt in einem neuen Licht sehen. Ist dieser Eindruck denn lediglich eine emotionelle Reaktion, eine Art Bestechung durch die stilistische Brillanz, die im Gegensatz zu jenem nüchternen Urteil, jener vernunftgeleiteten Abschätzung stände? Sicher mag daran etwas sein. Doch zusätzlich ist es „die Denkbewegung" selbst, die sich uns in subtiler, doch suggestiver und wirksamster Weise mitteilt und uns packt – *nolens volens.* Es ist der Aspekt der *Prophetie* in Inhalt wie Stil, im Kontrast zu dem des „Klinikers".

*

Was aber hauptsächlich mitgeteilt und gefordert wird, ist dies: *das alte „jüdische" Gewissen seiner „Verlogenheit" zu überführen und es aufzuheben.* Dies wäre eine Tat der *„therapeutischen" Befreiung vom Gewissen, die dadurch zustande käme, daß es zu einem bösen Dämon externalisiert wird;* nach dieser Externalisierung kann und muß es dann getötet werden! – Doch schließlich wird es denn auch ausgerottet werden – eben als solch ein „Gewissens-Wurm" (*Antichrist,* 25, S. 218): man hat Nietzsche beim Wort genommen.

All dies scheint mir eine logische Konsequenz der grundlegenden *Verleugnung des Wertes der Gerechtigkeit* als eines unabhängigen ethischen Imperatives größter Stärke zu sein, also der Absage an sie als Forderung, die unlösbar mit dem Konzept des *Gleichgewichts* und der Gleichberechtigung verknüpft ist – und, allgemeiner, eines Wertes, der mit der *Notwendigkeit mitmenschlicher Beziehung und Liebe* im weitesten Sinne verbunden ist, wie es z. B. von Konfuzius ganz ins Zentrum seiner Lehre gestellt wurde, nämlich als *rén* (s. *Maske der Scham,* Anhang).

Nietzsche scheint nicht willens anzuerkennen, daß das Leiden unter dem Bösen eine menschliche Grundgegebenheit sein könnte, etwas, das zur menschlichen Natur selbst gehört, nicht einfach eine psychologische Schwäche ist, die „überwunden" und durch Erklärung außer Kraft gesetzt werden könnte, oder eine Erfindung maliziöser Rabbiner und hinterhältiger Priester des Asketentums. Er erwägt nicht, daß solch Leiden nach Erklärung ruft und es erzwingt, daß man sich damit abgebe, damit fertig zu werden suche, sei es in Gestalt der verschiedenen Glaubenssysteme von kosmischer Gerechtigkeit (s. St. Vicchio's *The Voice from the Whirlwind,* 1989); sei es als Versuche, sich gegenseitig das Leiden erträglich zu machen, durch eben jenes geschmähte „Mitleiden“; sei es schließlich durch die Systeme gesellschaftlicher Normen und gesetzlicher Formen der Gerechtigkeit. Wie wir gesehen haben, ist diese für ihn nur eine von boshaften Priestern verübte Falschheit (*Antichrist*, 26, S. 221), während sie, wie wir sehen werden, für Thomas Mann die Grundlage der menschlichen Gemeinschaft überhaupt darstellt (s. seine Novelle *Das Gesetz*).

13.5.4 Paranoide Katastrophe und globale Verleugnung

Dabei spielt nun ein gewaltiger Mythos mit – nämlich daß solch tiefe Aspekte der menschlichen Natur von außen her *geschaffen* werden, in diesem Beispiel durch die maligne Listigkeit machtgieriger Priester unter der Anführung eines mythischen Israel. Für einen derart gewitzigten Psychologen ist dies doch eine merkwürdig naive Ansicht von der menschlichen Natur: daß sie in solche Tiefen hinein und mit solch beträchtlicher Uniformität durch *äußere Kräfte mythischen* Charakters geschaffen würde. Diese Art der Anschuldigung *(blaming)* ist der wirkliche ideologische Vorläufer des totalitären Staates – dessen, was ich „die drei *paranoiden Katastrophen*“ dieses Jahrhunderts genannt habe – die totalitären Systeme von Hitler, Stalin und Mao Ze Dong, dessen Nachfolgesysteme heute auch philosophisch umgestürzt werden, in der Revolution von 1989/90, die bereits der „Völkerfrühling“ und „Das Jahr der Wahrheit“ genannt wird (T.G. Ash) – oder aber von neuen, sich der Mythen des totalitären National- und Minderheitenhasses bedienenden Demagogen abgelöst werden.

Kann man diese Haltung, die für die menschliche Natur düstere Außenmächte verantwortlich macht, anders als eine im Grunde *paranoide Haltung von Externalisierung, Projektion und Verleugnung* bezeichnen? Die Ursache des Schwachwerdens, der décadence liege in der Außenwelt oder in einer ursprünglichen Degeneriertheit und müsse ausgerottet werden. Auf diese Weise wird innerer Konflikt durch *Pauschalverleugnung* erledigt; es ist die Lösung von Lagerkvists *Dvärgen* (s. *Zerbrochene Wirklichkeit,* S. 147–149).

Ich glaube, daß eine solche *radikale Verneinung und Verleugnung* nicht nur der Abwehr gegen Ideale und der Vermeidung der Schamangst zuzuschreiben ist, sondern darüber hinaus Ausdruck einer ganz massiven Abspaltung innerer Gefahren ist. Es handelt sich dabei um die überwältigende Natur gewisser Triebwünsche und die Absolutheit gewisser Affekte – primär: Schmerz, Angst und Scham, sekundär: Haß, Rache und Wut –, die durch ebenso umfassende Abwehr ausgeschaltet werden müssen. Hinter dieser Maske der Vermeidung verbergen sich globale Affekte und archaische Triebregungen, die mit Methoden abgewehrt werden müssen, die ebenso archaisch und global sein müssen wie das Abgewehrte.

13.5.5 „Den Spieß umdrehen": die Umkehrung der Scham

Vielleicht können wir noch mehr dem Beobachteten entnehmen:

Die erwähnte philosophische Eintönigkeit wird durch eine prächtige Decke von Bildern verhüllt und durch eine vom Ressentiment gespiesene Rhetorik, so sehr dies auch durch seine Behauptung abgewehrt werden mag, daß er sich selbst alle Bitterkeit verboten habe. Der Stil ist funkelnd, voll Feuerwerk, doch was versteckt sich dahinter? Was bedeutet es, daß er einem „Seiltänzer" gleicht, einem glitzernden Spieler und Akrobaten, der unermüdlich die Paradoxe in die Luft wirbelt, daß er uns ständig mit seinen schwindelnden Sprüngen von Gedanken und Urteilen zu bezaubern vermag? Ist meine Annahme in bezug auf seinen Kampf gegen die zugrundeliegende Scham und gegen das daraus hervorquellende Ressentiment richtig, sind wir vielleicht berechtigt zu fragen: In welchem Ausmaß werden sowohl Gedanke wie Stil, sowohl Inhalt wie Methode so eingesetzt, daß sie *Schock und Angst, neben Bewunderung, bewirken.* Wir können noch spezifischer sein: er erzielt dies durch *Beschämung,* dadurch daß er direkt natürlich das Opfer seines bissigen Auslachens demütigt, indirekt aber uns, die Leser. Die *Metaphern des Spottes, der Verachtung* sind in Fülle da: andere werden der gemeinen, boshaften, doch geheimen Feindseligkeit bezichtigt; die meisten werden mit Verachtung behandelt, da sie Lügner, Selbsttäuscher, Hypokriten sind, die mit ihren geheimen Motiven die Gesundheit der Welt vergiften. Diese Haltung des Beschämens, zusammen mit einem selbstgerechten Spott: „Jetzt kannst du mich nicht mehr treffen, versuch's nur mal!" scheint mir ganz schlagend zu sein; die innere Lächerlichmachung, die Selbstverhöhnung ist nun *nach außen gewendet.*

Darüber hinaus erinnert die unterhaltsame Qualität dieser aphoristischen Angriffe – und sie sind, bei allem Tiefsinn und mit ihrem Witz, gewöhnlich Angriffe – an einen exhibitionistischen Schulplatzakrobaten: „Da stehst du aber verdutzt da, angesichts meiner blendenden Zurschaustellung! *Du* hättest bestimmt nie etwas so Brillantes gedacht oder getan. Da kannst du, Dummkopf, wohl nichts anderes tun als mich zu bewundern!" Das ist, was ich meine mit dem *Beschämen als Methode.* Ich denke, auch dies nimmt teil an seinem Krieg gegen die Scham.

13.5.6 Analyse der Abwehrformen gegen die Scham

An dieser Stelle möchte ich den Folgerungen jenes *Krieges gegen die Scham* noch in größerem Detail nachgehen, diesmal mit Hilfe unserer psychoanalytischen Verstehensweise:

Im Kapitel „Der Wahrsager" (S. 146–150) träumt Zarathustra: „Allem Leben hatte ich abgesagt, so träumte mir. Zum Nacht- und Grabwächter war ich worden, dort auf der einsamen Berg-Burg des Todes. – Droben hütete ich seine Särge: voll standen die dumpfen Gewölbe von solchen Siegeszeichen. Aus gläsernen Särgen blickte mich überwundenes Leben an" (*Zarathustra,* S. 147). Er öffnet mit dem „rostigsten aller Schlüssel" „das knarrendste aller Tore":

> Da riß ein brausender Wind seine Flügel auseinander: pfeifend, schrillend und schneidend warf er mir einen schwarzen Sarg zu: – Und im Brausen und Pfeifen und Schrillen zerbarst

der Sarg und spie tausendfältiges Gelächter aus. – Und aus tausend Fratzen von Kindern, Engeln, Eulen, Narren und kindergroßen Schmetterlingen lachte und höhnte und brauste es wider mich. – Gräßlich erschrak ich darob: es warf mich nieder. Und ich schrie vor Grausen, wie nie ich schrie. – Aber der eigene Schrei weckte mich auf: – und ich kam zu mir“ (l. c., S. 148 f.).

Er weiß nicht, wie er seinen Traum verstehen soll; doch sein Lieblingsjünger erhebt sich und deutet ihm seine Bedeutung:

> Dein Leben selber deutet uns diesen Traum, oh Zarathustra! – Bist du nicht selber der Wind mit schrillem Pfeifen, der den Burgen des Todes die Tore aufreißt? – Bist du nicht selber der Sarg voll bunter Bosheiten und Engelsfratzen des Lebens? – Wahrlich, gleich tausendfältigem Kindsgelächter kommt Zarathustra in alle Totenkammern, lachend über diese Nacht- und Grabwächter, und wer sonst mit düstern Schlüsseln rasselt. – Schrecken und umwerfen wirst du sie mit deinem Gelächter; Ohnmacht und Wachwerden wird deine Macht über sie beweisen ... wahrlich, das Lachen selber spanntest du wie ein buntes Gezelt über uns. Nun wird immer Kindes-Lachen aus Särgen quellen; nun wird immer siegreich ein starker Wind kommen aller Todesmüdigkeit: dessen bist du uns selber Bürge und Wahrsager! – Wahrlich, *sie selber träumtest du,* deine Feinde: das war dein schwerster Traum! (l. c., S. 149).

Es bedeutet: *„Du hast dich mit deinem Feinde identifiziert – und dann hast du ihn überwunden.“* Wohl stellt dieser Feind zunächst den Tod vor, und er selbst kommt daher, den Tod zu bezwingen. Aber viel spezifischer sind es die *inneren Feinde: Gelächter, Hohn, mörderische Verachtung.* Gegen Ende des *Zarathustra* („Vom höheren Menschen“) wird das Lachen über sich selbst gefordert, als Sieg über Versagen, darüber, „halb-zerbrochen“ zu sein: „Ihr höheren Menschen hier, seid ihr nicht alle – mißgeraten? - Seid guten Mutes, was liegt daran! Wie vieles ist noch möglich! Lernt über euch selber lachen, wie man lachen muß!“ (S. 325). „Diese Krone des Lachenden, diese Rosenkranz-Krone: ich selber setzte mir diese Krone auf, ich selber sprach heilig mein Gelächter“ (S. 326).

So ist denn *Lachen* das Antidot dagegen, ein Versager, ein halb-zerbrochener Topf zu sein, ein Mensch, der „überwunden“ werden muß; kurz, es ist das Gegenmittel gegen die Scham. Wie das *Lachen von Spott und Verachtung* eine der Waffen der Beschämung ist, die *gegen das Selbst gerichtet* sind, so kann das Lachen über sich selbst und die Welt, als eine mildere Form der Verachtung, der *Umkehrung der Scham, als Wendung vom Passiven ins Aktive,* dienen: „Statt von der Welt verachtet zu werden, lache ich über die Welt.“ Lachen (und Tanzen) wird durch Nietzsches Werk in beiden Bedeutungen gebraucht, wie aus manchen der hier in anderem Zusammenhang gegebenen Zitate zu ersehen ist – seine Sehnsucht nach einer Welt neuer Werte, „dorthin, wo Götter tanzend sich aller Kleider schämen“ (l. c., S. 218).

Darüber hinaus ist diese *Wendung von passivem Leiden zur aktiven Willens- und Machtausübung* ganz allgemein eine sehr charakteristische Weise, wie Nietzsche mit Konflikt fertig zu werden versucht. Alle anderen Abwehrformen scheinen um diese zentrale Art der Trauma-Bearbeitung herum gruppiert zu sein – wobei das Trauma im gegenwärtigen Zusammenhang die zumeist von ihm sich selbst zugefügte Verwundung durch Scham ist.

Was sind indes jene anderen Abwehrformen?

Ich beschrieb die dritte Form der Scham als *Reaktionsbildung dagegen, für (Wünsche zur) Selbstbloßstellung und Neugier beschämt zu werden und damit als Vorbeugung gegen den traumatischen Zustand der Schamangst.* Für diese *Haltung der Scham* gibt es ungezählte Beispiele in Nietzsches Schriften, ebenso wie für die Notwendigkeit davon, sich zu verbergen, von Verkleidung, von Schweigen, von Selbstverhüllung als Schutz. Dabei handelt es sich um die Scham sowohl in bezug auf das Sehen wie das Gesehenwerden, z. B. bei Zarathustras Begegnung mit dem häßlichsten Menschen. – Zuerst in Bezug auf das Sehen: „Und mit einem Schlage überfiel Zarathustra die große Scham darob, daß er so etwas mit den Augen angesehn habe: errötend bis hinauf an sein weißes Haar, wandte er den Blick ab und hob den Fuß, daß er diese schlimme Stelle verlasse" (S. 291). Umgekehrt sagt der häßlichste Mensch über das Gesehenwerden: „– sei es eines Gottes, sei es der Menschen Mitleiden: Mitleiden geht gegen die Scham" (S. 293). Er mußte Gott töten: „... *du bist der Mörder Gottes!* ... Du *ertrugst* Den nicht, der *dich* sah, der dich immer und durch und durch sah, du häßlichster Mensch!" (l. c., S. 292) – *„die Rache am Zeugen"*.

Die Tötung Gottes sollte das Auge, das alles sieht, beseitigen; der „häßlichste Mensch" begeht die Tat des Mordes an Gott und „beseitigt mit Gott den ‚größten Einwand gegen das Dasein', weil der auf Gottes ‚Du sollst' gehorsam hörende Mensch nicht sich selber befehlen will" (Löwith 1956, S. 50 f.): „Er – *mußte* sterben: er sah mit Augen, welche *Alles* sahen, – er sah des Menschen Tiefen und Gründe, alle seine verhehlte Schmach und Häßlichkeit. – Sein Mitleiden kannte keine Scham: er kroch in meine schmutzigsten Winkel. Dieser Neugierigste, Überzudringliche, Übermitleidige mußte sterben. - Er sah immer *mich:* an einem solchen Zeugen wollte ich Rache haben – oder selber nicht leben. – Der Gott, der Alles sah, sah *auch den Menschen:* dieser Gott mußte sterben! Der Mensch *erträgt* es nicht, daß solch ein Zeuge lebt." (*Zarathustra*, S. 294 f.). „Diese Tat ehrt den häßlichsten Menschen als einen höheren; sie erspart dem Menschen von nun an die Scham", sagt Löwith (S. 51). „Wie arm ist doch der Mensch! dachte er [Zarathustra] in seinem Herzen, wie häßlich, wie röchelnd, wie voll verborgener Scham!" (*Zarathustra*, S. 295; Löwith, l. c.).

Analysierten wir den Schambegriff als *Reaktionsbildung* genauer, würden wir entdecken, daß es sich dabei eigentlich um zwei Formen handelt, wie wir von der Analyse von Schamkonflikten her auch erwarten würden: Es müßte erstens eine Schutzhaltung gegen das *Sehen und Gesehenwerden* handeln – alle Formen des Sichverbergens, des Taktes, der Verstellung, der Diskretion und des Lügens, um die eigenen Gefühle und die Gefühle des anderen zu schonen; für Nietzsche heißt das z. B. eben die Vermeidung von Mitleid. Alle Formen des Selbstschutzes durch das Verbergen der Verletzlichkeit hinter einer harten, kalten Schale sind Ausdruck dieser Abwehrform, jenes „Pathos der Distanz" (ich habe schon manche Illustrationen dafür gegeben). Dies ist eine Reaktionsbildung gegen die *Funktionsseite der Scham* – das Sichzeigen und das Sehen selbst als Funktion müssen verhindert werden, nicht deren Inhalt (perception/expression). Daher müßten wir dann zweitens einen ganz anderen Typus der Reaktionsbildung erwarten, nämlich den, der sich gegen den *Inhalt* der Scham richtet – zunächst gegen jene ursprünglichsten Inhalte des Schamerlebnisses: zu versagen und schwach zu sein, defekt und verstümmelt, die Kontrolle über sich selbst zu verlieren und schmutzig zu sein – daher nicht wert, geliebt und geachtet zu werden, also verächtlich zu sein. Dieser Abwehrrichtung gemäß müßten dann die Gegenwerte überbetont werden: Erfolg, Stärke und Macht, Unverwundbarkeit oder Kompensierung für jeden Makel und alles Leiden, indem Niederlage in Sieg verwandelt wird, Reinheit, äußerste Selbstkontrolle, sowohl körperliche (besonders über die Sphinkter) wie auch seelische: seine eigenen Gefühle nicht zu zeigen, wenn man sie nicht völlig beherrschen kann. Die Hoffnung besteht dabei, daß auf diese Weise strikter Selbstbeherrschung Verachtung und Abweisung in Liebe und Achtung verwandelt werden könnten, daß weitere Beschämung so zu vermeiden sei und daß das Auslachen umgedreht, nach außen gewendet werden könne.

Tatsächlich scheint mir der ganze *„zweite Nietzsche“*, seine ganze *Umwertung der Werte,* auf dieser *Magie der Reaktionsbildung gegen die Scham* basiert zu sein, besonders in diesem zweiten Sinn als *Charakter- und Über-Ich-Abwehr gegen den Inhalt der Scham.*

Es gibt auch bestimmte *Affekte,* die als *Affektabwehr* gegen Scham dienen können und als *Vorläufer zur Reaktionsbildung* aufgefaßt werden können: *Stolz* und *Eitelkeit, Trotz* und *Widerwille, Hohn* und *Verachtung.*

Diesen eben beschriebenen Zielen der Abwehr gegen die Scham dient *das magische Ungeschehenmachen des Leidens* durch *das Schöpferische und die Schönheit* – eine besonders haltbare Form der Macht, die beweisen soll, daß Unwert zum höchsten und dauerhaftesten Wert verwandelt worden ist, daß der „Mensch nun wirklich überwunden“ wurde, das heißt, daß seine Scham nun ein für allemal ausgelöscht worden ist.

Ich gebe hier nur ein Beispiel dafür, wie die Wahrnehmung der Massivität von Konflikt bei sich und bei anderen zum Bild der *Fragmentierung* und zum Mythos wird, diese durch das Schöpferische und den Willen zur Macht ungeschehen zu machen:

> Wahrlich, meine Freunde, ich wandle unter den Menschen wie unter den Bruchstücken und Gliedmaßen von Menschen! – Dies ist meinem Auge das Fürchterliche, daß ich den Menschen zertrümmert finde und zerstreuet wie über ein Schlacht- und Schlächterfeld hin. – Und flüchtet mein Auge vom Jetzt zum Ehemals: es findet das Gleiche: Bruchstücke und Gliedmaßen und grause Zufälle – aber keine Menschen! – Das Jetzt und das Ehemals auf Erden – ach! meine Freunde – das ist *mein* Unerträglichstes; und ich wüßte nicht zu leben, wenn ich nicht noch ein Seher wäre, dessen, was kommen muß ... Und das ist all mein Dichten und Trachten, daß ich in Eins dichte und zusammentrage, was Bruchstück ist und Rätsel und grauser Zufall. Und wie ertrüge ich es Mensch zu sein, wenn der Mensch nicht auch Dichter und Rätselrater und der Erlöser des Zufalls wäre! – Die Vergangnen zu erlösen und alles ‚Es war‘ umzuschaffen in ein „So wollte ich es!“ – das hieße mir erst Erlösung. Wille – so heißt der Befreier und Erlöser (*Zarathustra*, „Von der Erlösung“, S. 152 f.).

Wie schon mehrfach erwähnt muß eine besonders wichtige Form der Abwehr auch gegen das Sichschämen die *Verleugnung* sein. Ist es nicht naheliegend, daß die aufgezeigte massive Außerachtlassung – eben Verleugnung – weiter, wichtiger Lebensbereiche eben durch jene eigentümliche Über-Ich-Einstellung, die dem Kampf gegen jede mögliche Beschämung gilt, und durch das daraus folgende untergründige Ressentiment diktiert wird, wie es auch sonst die klinische Erfahrung oft zeigt? Und muß dies dann nicht auch eine Verleugnung sein, die durch den hartnäckigen *Kampf gegen das alte Gewissen,* die gegensätzliche Über-Ich-Konfiguration, die nämlich auf Schuld gerichtet ist, aufrechterhalten wird?

Die Gaukeleien des Spielers und Tänzers, die Zaubereien des den anderen Beschämenden und alle die intellektuellen Seiltanzkünste stellen offenbar nur die eine Hälfte der Wahrheit dar. Diese gezwungene Gewichtslosigkeit, die gleichzeitig sich danach sehnt, zu fliegen und auf festem Boden zu stehen, zu tanzen und den Schwergewichtspunkt zu finden, diese brillierende Leichtigkeit von Witz und Bosheit muß doch wohl ein Geheimnis verbergen. Dieses Geheimnis ist aber eine erdrückende Schwere. Hinter dem mutigen Gelächter und Spiel, ahnen wir, muß ein tiefes Leid versteckt sein.

13.5.7 Wer ist der unerbittliche Feind?

Was mag diese andere Hälfte sein? Die Antwort scheint mir diese zu sein (ganz ähnlich dem, was wir in den vorangehenden Kapiteln in Bezug auf die sadomasochistische Perversion wie ganz besonders auf die sadistisch-narzißtische Fassade gehört haben): Nietzsche ist ein Mann, der selbst von einem *ungeheuerlich harten, unbarmherzigen Gewissen* gequält wird. Sein ganzes Denken ist ein unablässiger Versuch zu beweisen, daß dies nicht mehr wahr ist, daß er diesen inneren Feind getötet, „überwunden" habe, daß er wirklich sein Leben und seine geistige Gesundheit, seinen Ruf und die Freundschaften als Einsatz in der Wette darauf „aufs Spiel gesetzt" hat. Doch gelingt es ihm mit diesem Lebenseinsatz nicht mehr, als, jenseits der „ungeheuren Summe von Gram" (*Fröhliche Wissenschaft,* 337, S. 226), für „rauschhafte" Momente der Inspiration, „die höchsten Höhen alles Guten" zu erreichen und den „golddurchwirkten Schleier von schönen Möglichkeiten" (*Fröhliche Wissenschaft,* 339, S. 230) zu erblicken. Niedergedrückt wird er von einem Gewissen, das ebensosehr schuldbeladen wie schamerfüllt ist und mit sich, als seine trüben Begleiter, Schmerz, Hilflosigkeit und Angst führt:

> „Der Zweifel frißt mich auf, ich habe das Gesetz getötet, das Gesetz ängstigt mich wie ein Leichnam einen Lebendigen; wenn ich nicht *mehr* bin als das Gesetz, so bin ich der Verworfenste von allen" (*Morgenröte*, I, 14, S. 20).

Sein ganzes schöpferisches Leben scheint wie eine *zwanghafte Wiederholung* zu sein, *ein Versuch, ein solch beherrschendes Gewissen ein für allemal abzuschütteln, es als substanzlos zu beweisen.* Dabei soll dann die Botschaft dies verkünden:

„Der Fluch der protestantischen Ethik, *das christliche Über-Ich von Pflichtbewußtsein und kategorischem Imperativ existiert nicht mehr;* ich habe diese wirklich ausgerottet, nicht wahr? Ich habe jenes für immer getötet, indem ich es als den maliziösen inneren Zwerg lächerlich gemacht habe, der es ja schon immer gewesen ist. Schau mich nur an, wie leicht und beschwingt, wie tänzerisch ich nunmehr einhergehe, nachdem ich jenen bösen Zwerg abgeworfen habe! Schau!"[18]

Parallel mit dieser Verleugnung findet sich, wie es sich denn klinisch geziemt und wie wir schon gesehen haben, ein Wiederauftauchen des Verleugneten in Gestalt von *Projektion und Externalisierung,* doch in regressiver Verzerrung.

---

[18] Ein schönes Beispiel dafür ist sein Kommentar über Kant, *Fröhliche Wissenschaft,* 335, S. 223.

13.5.8 Die grundlegende Spaltung

So sehen wir denn nebeneinander den schärfsten Gegensatz: tiefste Einsicht in inneren Konflikt, unter der Führung des als *absolut erlebten Ideals der Wahrhaftigkeit,* und die *paranoide Externalisierung, die die Verleugnung weiter Bereiche inneren Konfliktes begleitet,* nämlich von all denen, die mit dem *„alten Gewissen“* zu tun haben: Schuld, Sünde und Sühne, Verantwortlichkeit anderen gegenüber und namentlich der Gerechtigkeit. Zugleich dient jene Externalisierung der Abwehr durch *Reaktionsbildung,* um jede mögliche Beschämung zu vermeiden und sich dabei ein *Ideal von Macht und Stärke* von ebensolcher *Absolutheit* zu schaffen. Die Spannung zwischen diesen beiden *absolutgesetzten Idealen oder Über-Ich-Figuren* löst sich nie auf. Es ist die *grundlegende Spaltung, die hinter der Gebrochenheit seiner ganzen Philosophie* steht und die von ihm selbst beobachtete Doppelheit begründet, eine Doppelheit, die wir nun so beschreiben können: eine *prophetisch-apokalyptische „Anti-Scham-Ressentiment-Philosophie“* steht einer klinisch-diagnostischen *Philosophie von psychologischer Wahrheit und Analyse* gegenüber. Diese beiden Philosophien stehen, so behaupte ich, in unauflösbarem Streit miteinander. Die erste verlangt eine paranoide Lösung, die zweite akzeptiert die unaufhebbare Konfliktnatur des Menschen. Die erste ist von historisch und kulturell verheerender Wirkung, die zweite erregt in uns oft enthusiastische Bewunderung und Zustimmung, ist auch heute noch, nach 100 Jahren der Psychoanalyse, imstande, uns sehr viel zu lehren. Nietzsche mag am nächsten zu einer Konvergenz der beiden, einer teilweise erfolgreichen Synthese in einem mehr poetischen als philosophischen Werk, dem *Zarathustra,* gekommen sein. Sonst aber steht der Nietzsche der Wahrhaftigkeit in schroffer Gegnerschaft, in „sheer oppugnancy“, zum Nietzsche, der besessen ist mit dem Streiten gegen Schwäche, seinem erfolglosen *„Krieg gegen Scham und Ressentiment“.* Diese *Fraktur zwischen Wahrheitssuche und Stärke, zwischen Ehrlichkeit und Macht* liegt der Fraktur in seiner Lehre zwischen dem kosmologischen *„Mythos von der ewigen Wiederkehr des Gleichen“* und dem anthropologischen *„Willen zur Macht“*, die Karl Löwith so klar aufgezeigt hat, zugrunde.

Es muß betont werden, daß die Anwendung der erwähnten Abwehrformen und tatsächlich die ganze Frage des Konfliktes über Scham und altes Gewissen nicht *unbedingt* auf etwas Pathologisches schließen läßt. Diese von ihm gewählte „Strategie“ der Konfliktbearbeitung mag nicht nur eine sehr wertvolle Methode sein, sich mit zentralen Problemen der menschlichen Existenz überhaupt auseinanderzusetzen, sondern gerade eine, die, auch mit Hilfe solcher Formen des Selbstschutzes, diese Auseinandersetzung auf die fruchtbarste und schöpferischste Weise zustande bringt, zumindest soweit dies für *einige* oder *einen* gilt: „Das – ist nun *mein* Weg, wo ist der eure? ... *Den* Weg nämlich – den gibt es nicht!“ (*Zarathustra*, „Schwere“, S. 217).

Es besteht kein Zweifel, daß Nietzsche uns allen Fragen gestellt und Antworten gegeben hat, die ihren Wahrheitswert nicht deshalb einbüßen würden, daß sie mit großartiger Einseitigkeit hingestellt und auf Kosten massiver Verleugnung und Projektion errungen worden sind. Noch werden sie dadurch etwa außer Kraft gesetzt, daß er für sich eine innere Freiheit und eine Ehrlichkeit in Anspruch nahm, deren Wirksamkeit zumindest in Frage gestellt werden kann.

Wie die Hypostasierung dieser hier umrissenen inneren Vorgänge aber zu Hauptelementen seiner Philosophie führt, soll im nächsten Abschnitt aufgegriffen werden.

13.6 Das unsichtbare Zentrum

13.6.1 Der Ursprung der „Denkbewegung" bei Nietzsche

Ich sagte eingangs, daß Nietzsches Denken *aus dem Konflikt* entstehe und daß seine Größe weitgehend in der Konstanz dieser inneren Dynamik seines Denkens bestehe.

Ich möchte diesen Punkt jetzt genauer ausarbeiten:

Jede Philosophie findet ihren natürlichen Heimatboden in *einem* Bereich *systematischer Kenntnis und Wissenschaft,* manchmal in *mehreren,* woraus sich dann charakteristische, schöpferische Spannungen ergeben.

Dieser „Heimatboden" ist nicht das Gleiche wie der Ausgangspunkt des philosophischen *Fragens,* der *Skepsis,* jenes Zweifel, der einen zu fragen zwingt: „Was ist unbezweifelbar? Was ist gewiß? Was können wir als unbedingt anerkennen? Wo dürfen und sollen wir innehalten mit unserem Zweifeln? Wo erreichen wir sicheren Boden, auf dem wir stehen können, ohne weiter fragen zu müssen?" Dieses A priori bildet das zentrale „Was und von wo?" einer Philosophie. Das ist es aber nicht, was ich hier im Sinn habe.

Damit meine ich auch nicht den Stil, die Ausdrucksweise, die bei Nietzsche z. B. vorwiegend poetisch-musikalisch ist. Vielmehr meine ich die Denkbewegung selbst: Hinter diesem „Was und von wo?" gibt es eine Art des „Bodens", aus dem jene Denkbewegung zu entspringen scheint, ein Etwas, das das „Wie?" seines Denkens, seine Gesetzlichkeit, seine Dynamik, seine geheime und persönliche Ausdruckskraft bestimmt.

Descartes, Spinoza und Leibniz werden so durch Geometrie und Algebra bestimmt – im Kontrast zu Aristoteles, der v. a. durch die Biologie in seiner Art des Fragens und Antwortens beeinflußt wird (seine „physis", Natur, ist ein biologisch erfaßter „Kosmos"); bei Kant ist es die Physik, speziell die Mechanik; bei Hegel ist es die Theologie; bei Heidegger die Sprache. Um zwei heutige amerikanische Philosophen zu berücksichtigen: Grünbaums Denken scheint fast ausschließlich durch das Ideal der Logik bestimmt zu sein, während Rortys das eines geschickten Rechtsanwaltes ist, der sich darauf versteht, „die schlechtere Sache zur besseren" zu machen.

Meine Ansicht ist es nun, daß Nietzsches Denken aus einer *Konfliktpsychologie* herausgewachsen ist, oder genauer: aus der Konfliktpsychologie, die das Erbe christlicher, spezifisch *Augustinischer* Theologie ist; so ist sie recht wohl eine negative Form jener Theologie, die zu einem neuen Verständnis der menschlichen Seele geführt hat, welches dann seinerseits seine ganze Philosophie gestaltet hat.

Zwar sagt er gegen Ende von *Fröhliche Wissenschaft* (374, S. 291), „... ob ... nicht alles Dasein essentiell ein *auslegendes* Dasein ist – das kann ... auch durch die fleißigste und peinlich-gewissenhafteste Analyse und Selbstprüfung des Intellekts nicht ausgemacht werden“, doch ist es die von ihm gewählte Perspektive. Aber welcher Art diese *„unendlichen Interpretationen“* (l. c.) sind, ist implizit, und hier meine ich eben mit dem Vorschlag weiter zu kommen, seine Perspektive sei psychologisch, introspektiv, doch zentriert in Konflikt: „ebensowohl *für* mich als, gelegentlich wenigstens, *gegen* mich ...“ (*Menschliches, Allzumenschliches,* Bd. 2, „Vorrede“, II, S. 11). „Ja, dies Ich und des Ich's Widerspruch und Wirrsal redet noch am redlichsten von seinem Sein, dieses schaffende, wollende, wertende Ich, welches das Maß und der Wert der Dinge ist“ (*Zarathustra,* „Hinterweltler“, S. 32).

Es ist eine seiner tiefsten Einsichten, daß die großen Wahrheiten sich nur „dem Doppelblick, dem Doppelgesicht“ kundtun. Seine Größe besteht eben in der Fähigkeit, die Gegensätze in sich und im anderen zu erkennen und zusammenzuhalten – begrifflich, metaphorisch, poetisch. Sein *allmählicher, emotioneller* Zusammenbruch – und ich meine damit *nicht* erst die manifeste Psychose – bezeugt sich in der langsamen Bewegung des Denkens dem Auseinanderbrechen jener Gegensätze entgegen, wo die Widersprüche immer schärfer, die Konflikte immer schroffer und archaisch übersteigerter werden.Versöhnung wird immer weniger möglich.

Daß er die Philosophie in der Psychologie begründet, in Begriffen der Psychologie, mehr noch im Verständnis der intrapsychischen Dynamik als nur der zwischenmenschlichen, und zwar als Spiel von Kräften im Konflikt miteinander, das ist seine wirkliche Revolution und eine, für die er, so weit ich sehe, nicht genügend Anerkennung gewonnen hat. Es ist zwar wahr, daß es die Welt ist, und nicht Gott oder das erkennende Ich, die zum Zentrum seines neuen metaphysischen Systems wurde, spezifisch in der Gleichsetzung von *Kosmos = Natur = Leben = Macht.* Und doch ist es die „Seele“, *der „Geist“ des Menschen und dessen Konfliktnatur,* der den eigentlichen Boden, den *Ausgangspunkt,* oft eher verborgen und implizit als manifest, ausmacht, in dem die *Bewegung des Philosophierens* für ihn anfängt.

Die schöpferische Macht dieser Denkbewegung stammt aus dem Konfliktverstehen und dadurch dem „Doppelgesicht“, der „dialektischen“ Rastlosigkeit: „Die ernsthafteste Parodie, die ich je hörte, ist diese: ‚im Anfang war der Unsinn, und der Unsinn *war* bei Gott! und Gott (göttlich) war der Unsinn‘“ (*Menschliches, Allzumenschliches,* II, I, 22, S. 19). So birgt aller Sinn, aller Logos und Ordnung ihr Gegenstück, ihre *Gegenwahrheit,* ihre Ableugnung. Die Macht der Wahrheit wird überragt von der Macht der Lüge. Sinn und Unsinn (Sinnlosigkeit, Gegensinn) stehen im Widerstreit. Dies ist eine der wichtigsten Einsichten in unser Innenleben – tägliche Erfahrung für uns als Psychoanalytiker, als die „Freigeister“, die zu sein wir berufen sind.

Aber das wird gerade Nietzsches Verhängnis, seine Katastrophe: *Doppelheit wandelt sich zu radikaler „Spaltung“*, zur *Hypostasierung* der Elemente jener extremen Konflikte *zu Absoluten,* zu einem Alles oder Nichts, der mythischen Übersteigerung der Extreme – alles, was wir als Charakteristika der „schweren Neurose“ kennen.

13.6.2 Einige Kernmetaphern

Um spezifischer zu sein, gehe ich von einigen Gleichnissen von besonderer Schönheit und Tiefe aus. Sie treten in gleicher oder ähnlicher Form mehrfach auf.

Das erste findet sich in seiner Kurzform im *Zarathustra:* „Ich bin ein *Geländer am Strome;* fasse mich, wer mich fassen kann! Eine Krücke aber bin ich nicht" („Verbrecher", S. 41). Die längere Fassung steht im ersten Band von *Menschliches, Allzumenschliches:*

> *Trügerisch und doch haltbar.* – Wie man, um an einem Abgrund vorbeizugehen oder einen tiefen Bach auf einem Balken zu überschreiten, eines Geländers bedarf, nicht um sich daran festzuhalten – denn es würde sofort mit einem zusammenbrechen –, sondern um die Vorstellung der Sicherheit für das Auge zu erwecken: so bedarf man als Jüngling solcher Personen, welche uns unbewußt den Dienst jenes Geländers erweisen. Es ist wahr, sie würden uns nicht helfen, wenn wir uns wirklich in großer Gefahr auf sie stützen wollten, aber sie geben die beruhigende Empfindung des Schutzes in der Nähe (zum Beispiel Väter, Lehrer, Freunde, wie sie, alle drei, gewöhnlich sind) (*Menschliches, Allzumenschliches,* I, IX, 600, S. 334 f.).

Die zweite Metapher ist die vom *„wilden Tier,* welches in den Kellern, unter den Fundamenten der Kultur eingeschlossen, wütet und heult" (*Menschliches, Allzumenschliches,* I, IX, 614, S. 341). Das Bild erinnert natürlich an die Geschichte vom „Feuerhund" im *Zarathustra* („Von großen Ereignissen", S. 141–146), dem *„Heuchelhund*", der in den Tiefen der Erde lebt. Verwandt damit ist das wiederholt gebrauchte Gleichnis vom *„Gewissenswurm*", „dieser Spezies von Nagewurm", wie das Schuldgefühl in der „Genealogie" genannt wird (II, 14, S. 314). Alle diese Versionen beziehen sich auf innere, tief verborgene Kräfte, die große Verwüstung über die Menschen bringen – bemerkenswerterweise gerade auch in Hinblick auf das nagende, zerstörerische Gewissen.[19]

Die dritte Metapher ist die vom *„Mittag des Lebens"* – „eine seltsame Ruhesucht":

> Auf einer verborgenen Waldwiese sieht er den großen Pan schlafend; alle Dinge der Natur sind mit ihm eingeschlafen, einen Ausdruck von Ewigkeit im Gesicht – so dünkt es ihm. Er will nichts, er sorgt sich um nichts, sein Herz steht still, nur sein Auge lebt, – es ist ein Tod mit wachen Augen. Vieles sieht da der Mensch, was er nie sah, und soweit er sieht, ist alles in ein Lichtnetz eingesponnen und gleichsam darin begraben. Er fühlt sich glücklich dabei, aber es ist ein schweres, schweres Glück ... Zustände des Erkennens fast unheimlich und krankhaft, aber nicht unangenehm (*Menschliches, Allzumenschliches,* II, II, 308, S. 318).

Es ist ein lange dauernder Zustand von unheimlicher und krankhafter Einsicht.

Diese 3 mächtigen Metaphern weisen auf die hauptsächlichen, seiner Philosophie und Dichtung zugrundeliegenden *Mythen* hin oder wandeln sich in diese: Das erste Gleichnis ist das des Führers und Propheten, des Beschützers und Erlösers, der doch zugleich ränkereich und täuschend, widersprüchlich ist, festgehalten, doch nicht Halt gewährend, wirklich unterstützend, doch nur mit Hilfe von Verstellung und „Lüge", symbolisch wirkend, doch nicht konkret ratend. Eltern und Autorität sind deshalb

---

[19] Es ist ein Bild, das Lagerkvist am Ende des *Dvärgen* aufgegriffen hat, wenn er den Zwergen im Keller des Schlosses an die Wand angeschmiedet sein läßt.

von doppelter Natur – helfend und gefährlich, wahrhaftig und unehrlich, gut und böse für das gewöhnliche Verstehen des Menschen. Der Mythos wird der von der Macht der Doppelheit, von der Macht, die die Grenzen der Rationalität und Wahrheit überschreitet, die den Menschen, wie er ist, überschreitet und „überwindet“ – er wird zum *Mythos vom „Übermenschen“*, letztlich vom Erlöser, der alle Schranken des Verstehens, Wertens und Handelns zerbricht, indem er stets etwas findet, das „darüber“ und „jenseits“ ist. *Metapher verwandelt sich zum Mythos, der Mythos wandelt sich zum mythischen Denken mit seinen wesentlichen Primärprozeßeigenschaften.*

Der zweite Typus von Metaphern – vom Hund in der Tiefe, vom nagenden Wurm im Inneren – wird zum Mythos von den *Mächten rasender Rachsucht*, die Leben und Kultur, den einzelnen wie die Gesellschaft aus der Tiefe der Innenwelt heraus unterwühlen und zerstören, wenngleich zunächst einmal in Unbewußtheit. Mehr und mehr verwandelt sich dieser Mythos zu einer Anklage und zum Bekenntnis der *Grundpolarität* der Weltgeschichte: die Kräfte des Schöpferischen und des Vornehmen, der Gesundheit und Lebensfülle stehen den Gewalten von Haß, Ressentiment und décadence gegenüber – und sinistern Komplotten einer jüdisch-christlichen Kabale. Diese Polarität entwickelt sich zum Schluß zu einem kosmischen Drama, in dem das ganze Dasein in Gut und Böse zerrissen wird.

Für den dritten Metaphern-Typus hätte ich auch einige der scheinbar weitentfernten Bilder vom „Ring“ wählen können, z. B. „eine notwendige Kette von Kultur-Ringen“ (*Menschliches, Allzumenschliches*, I, V, 292, S. 234), vom „Ring der Ringe“. Es ist ein Bild für die im Erkennen und in der Kontemplation entdeckten Ewigkeit, für das Sehen ewiger Wahrheit. Der daraus entstehende Mythos ist frühe schon der von der *Wiederauferstehung* des zerstückelten Gottes Dionysos, von der *Überwindung der Getrenntheit* im Rausch des mystischen Enthusiasmus und der Verschmelzung mit der Lebensmacht, aber auch in der erlösenden, leidenschaftlich erlebten Gewalt von Leiden und Tod, daß „der Pfad zum eigenen Himmel immer durch die Wollust der eigenen Hölle geht“ (*Fröhliche Wissenschaft*, 338, S. 227). Der Genuß der Tragödie wird als die Freude an der Notwendigkeit (Ananke, ἀνάγκη) beschrieben, als die Liebe für den verhängnisvollen Zwang in Gestalt des „Schicksals“ *(amor fati)*. So werden Abgetrenntheit vom Ganzen und Gespaltenheit überwunden. Schließlich wird er zum Mythos von der *„ewigen Rückkehr des Gleichen“*.

13.6.3 Klinische Kernphänomene

Wie stehen wir nun mit diesen *Kernmetaphern*, wenn wir zu dem, was wir klinisch als *Kernphänomene* des neurotischen Prozesses kennen, übergehen? (s. oben, Kap. 2)

Eines von manchen Beispielen für solche Kernphänomene ist die im *Antichrist* geschaffene *„Spaltung“*:

Auf der einen Seite steht ein idealisierter Jesus, dessen „gute Botschaft“ eben darin besteht, daß es keine Gegensätze mehr gibt (32, S. 228), d. h. die Abschaffung von Konflikt, dessen globale Verleugnung. Alle Unterschiede sind aufgehoben, man soll keinen Widerstand in Wort, Herz und Tat leisten. Schuld und Bestrafung gibt es nicht mehr (33, S. 230 f.). Die einzigen Wirklichkeiten und Wahrheiten sind für Jesus solche der Innenwelt (34, S. 231); sie werden begleitet von einem „Gesamt-Verklärungs-Gefühl aller Dinge ... [dem] Ewigkeits-, [dem] Vollendungs-Gefühl" (34, S. 232).

Auf der anderen Seite steht „der Priester, ... als die gefährlichste Art Parasit, ... die eigentliche Giftspinne des Lebens" (38, S. 236), „Superlativ-Juden, reif für jede Art Irrenhaus" (44, S. 247), „der Instinkt-Haß gegen jede Wirklichkeit" (39, S. 238), „soviel Unreinlichkeit" (46, S. 250), „nicht nur ... Irrtum, sondern ... Verbrechen am Leben" (47, S. 252). „Das Christentum war bisher das größte Unglück der Menschheit" (51, S. 260).

Diese Bilder und Gestalten des „Bösen" stehen in tödlicher Feindschaft dem ebenso mythischen „Guten" gegenüber: „der Triumph des Lebens, das große Ja" (61, S. 281). Das Ergebnis ist eine *all-umfassende Dichotomie:*

> Aus der humanitas einen Selbst-Widerspruch, eine Kunst der Selbstschändung, einen Willen zum Lügen um jeden Preis, einen Widerwillen, eine Verachtung aller guten und rechtschaffnen Instinkte herauszuzüchten! Das wären mir Segnungen des Christentums! – Der Parasitismus als *einzige* Praxis der Kirche; mit ihrem Bleichsuchts-, ihrem ‚Heiligkeits'-Ideale jedes Blut, jede Liebe, jede Hoffnung zum Leben austrinkend; das Jenseits als Wille zur Verneinung jeder Realität; das Kreuz als Erkennungszeichen für die unterirdischste Verschwörung, die es je gegeben hat, – gegen Gesundheit, Schönheit, Wohlgeratenheit, Tapferkeit, Geist, *Güte* der Seele, *gegen das Leben selbst* ... (*Antichrist*, 62, S. 282 f.).

Die heftige Anklage führt zur Verurteilung:

> Ich heiße das Christentum den Einen großen Fluch, die Eine große innerlichste Verdorbenheit, den Einen großen Instinkt der Rache ... den Einen unsterblichen Schandfleck der Menschheit (l. c.).

Dem Mythos vom absoluten Bösen steht der des Erlösers, des Ecce-Homo, des leidenden Heilands als Dionysos und Gekreuzigten gegenüber – sein eigenes leidendes Selbst, er, der die *absolute Wahrheit* einer ungläubigen, verachtenden, aber auch verachtungswürdigen Welt gebracht hat.

Diese Polaritäten werden als Absoluta behandelt, als Wesenheiten von mythischen Proportionen. Innere und äußere Welt sind so entzweigebrochen, zerfallen in *Absolut-Gutes und Absolut-Böses.* Die *Ur-„Energien"*, die diese gottgleichen Wesen und Dämonen beseelen, sind der Lebensinstinkt, also Macht, und der Instinkt für Rache, Haß und „décadence". Wo es auch immer eine derartige Absolutheit gibt, braucht es eine ebenso *globale Form der Verleugnung* – hier die Auslassung eines großen Teiles der Über-Ich-Struktur: der *schuldorientierten* Seite des Gewissens als eines integralen und fundamentalen Teiles der menschlichen Natur.

Nachdem wir diese *zwei Kriteria der Polarisierung und Verabsolutierung* beobachtet haben (sie hätten offenkundig mit unzähligen anderen Auszügen belegt werden können), müssen wir uns fragen: Wie steht es mit dem dritten Kriterion, dem der Wiederholung und *Zwanghaftigkeit* (repetitiveness and *compulsiveness*)?

Dies führt uns zum zuerst als äußerst erschreckend erlebten, dann verleugneten, schließlich begeistert angenommenen Mythos: dem „abgründlichen Gedanken" (in *Zarathustra*, „Der Genesende", S. 238–246) von der „ewigen Wiederkehr des Gleichen" – einem Gedanken, der sich jetzt zur äußersten Befreiung verwandelt und gleich wie die anderen beiden zur Erlösungsphantasie geworden ist. Dieser Mythos von der ewigen Wiederkehr ersteht aus dem

> großen Überdruß am Menschen – *der* würgte mich und war mir in den Schlund gekrochen: und was der Wahrsager wahrsagte: „Alles ist gleich, es lohnt sich Nichts, Wissen würgt.“ Eine lange Dämmerung hinkte vor mir her, eine todesmüde, todestrunkene Traurigkeit, welche mit gähnendem Munde redete. „Ewig kehrt er wieder, der Mensch, des du müde bist, der kleine Mensch“ – so gähnte meine Traurigkeit und schleppte den Fuß und konnte nicht einschlafen ... Mein Seufzen saß auf allen Menschen-Gräbern und konnte nicht mehr aufstehn; mein Seufzen und Fragen unkte und würgte und nagte und klagte bei Tag und Nacht: – „ach, der Mensch kehrt ewig wieder! Der kleine Mensch kehrt ewig wieder!“ Allzuklein der Größte! – Das war mein Überdruß am Menschen! Und ewige Wiederkunft auch des Kleinsten! – Das war mein Überdruß an allem Dasein! Ach, Ekel, Ekel, Ekel! – Also sprach Zarathustra und seufzte und schauderte; denn er erinnerte sich seiner Krankheit (*Zarathustra,* S. 243).

Es sind seine Tiere, vermutlich der Adler des Stolzes und die Schlange der Klugheit oder Weisheit, die ihn unterbrechen und ihm Worte des Trostes geben, den er schon bei sich selbst gefunden: „Mein Abgrund *redet,* meine letzte Tiefe habe ich ans Licht gestülpt“ (S. 239): „siehe, *du bist der Lehrer der ewigen Wiederkunft* –, das ist nun *dein* Schicksal ... wie sollte dies große Schicksal nicht auch deine größte Gefahr und Krankheit sein!“ (S. 244) Doch so, als „der Fürsprecher des Lebens, der Fürsprecher des Leidens, der Fürsprecher des Kreises“, der sich mystisch mit dieser Urkraft vereinigt, kann er die *Erlösung vom passiven Erleiden von „Zwang und Notwendigkeit“* proklamieren, nämlich durch die *Verkehrung ins Aktive* in einem ganz konkret erlebten Mythos, d. h. in hypostasierter Form: „Oh wie sollte ich nicht nach der Ewigkeit brünstig sein und nach dem hochzeitlichen Ring der Ringe, – dem Ring der Wiederkunft! Nie noch fand ich das Weib, von dem ich Kinder mochte, es sei denn dies Weib, das ich liebe: denn ich liebe dich, oh Ewigkeit!“ (*Zarathustra,* „Sieben Siegel“, S. 255).

Doch wer ist jener „kleine Mensch“, dessen ständige Wiederkunft er so fürchtet? Doch wohl kein anderer als der, über den Zarathustra etwas später (in „Der häßlichste Mensch“, ich zitierte es bereits) sagt:

> Wie arm ist doch der Mensch! dachte er in seinem Herzen, wie häßlich, wie röchelnd, wie voll verborgener Scham! – Man sagt mir, daß der Mensch sich selber liebe: ach, wie groß muß diese Selber-Liebe sein! Wie viel Verachtung hat sie wider sich! ... Ich liebe die großen Verachtenden. Der Mensch aber ist Etwas, das überwunden werden muß (*Zarathustra,* „Der häßlichste Mensch“, S. 295 f.).

13.6.4 Kernphantasien

Zwischen den *Kernphänomenen* des neurotischen Prozesses – Zwangsmäßigkeit, Absolutheit und Polarisierung – und den *Kernkonflikten* finden wir eine ganze Reihe bedeutsamer *Kernphantasien* als Brücken (s. Kap. 10).

Je radikaler die (unten beschriebenen) Konflikte werden, desto mehr begeht er diese *archaischen „Brücken“*: die phantasie-basierten Mythen und Symbole von Gift, Parasiten und Vampiren, von Ressentiment und bösartigen Feinden, vom Ausbrechen aus den kerkerhaften Beengungen und Einschränkungen (*Zarathustra:* der „freie Geist“ ist „der Fessel-Feind, der Nichtanbeter, der in Wäldern Hausende“; „Weisen“, S. 110), von Unreinheit und Sehnsucht nach Reinlichkeit, von Kastration und Verweichlichung, von Wegschneiden und Ausrotten, von Selbstschändung und Selbstwiderspruch, vom „Wurm der Sünde“ (das meiste dieser mythischen Litanei findet sich in Paragraph 59 des „Antichrist“, S. 277 f.; anderswo Ähnliches, in weniger konzentrierter Form). In anderen Worten: vor uns breitet sich das ganze Spektrum der Phantasien aus, mit denen wir durchaus von der Dynamik der „schweren Neurosen“ (s. Kap. 10) her vertraut sind.

13.6.5 Kernkonflikte

Hinter seiner triumphierend verkündeten Mythologie verbirgt sich zuerst der Kampf gegen Schuld und Sünde, dann gegen das Gewissen überhaupt, wenigstens in jedem traditionellen Sinne, schließlich und am zentralsten, wie ich glaube, gegen jede Form der Schwäche, d. h. gegen die Scham. Abgeleitet von dieser *Flucht vor dem Gewissen* ist der Kampf gegen das Ressentiment, gegen die Lüge, gegen den Asketismus, gegen jede Selbsttäuschung. Doch haben wir auch verfolgen können, wie schließlich Lüge und Täuschung selbst zu einem anerkannten und angenommenen Teil des „Willens zur Macht“ werden; der ganze Stil verändert sich: er ist mehr und mehr durchdrungen von Sarkasmus, voll blutiger Ironie; er ergeht sich in tiefem Ressentiment. Was gleich bleibt, ist die zentrale Angst: schwach zu sein, gedemütigt zu werden: „Es ist nichts, was die Menschen sich teurer bezahlen lassen, als Demütigung“ (*Menschliches, Allzumenschliches,* I, VI, 373, S. 256).

So kehren wir zum Konflikt zwischen der *„unbedingten Wahrheitssuche“*, seiner absoluten Wahrhaftigkeit, wie wir sie auch noch ganz am Schluß, im „Antichrist“, zu finden vermögen: „Der Dienst der Wahrheit ist der härteste Dienst“ (50, S. 257) – und dem *Willen zur Macht,* zum *„Schaffen“* zurück, und damit zur *Grundgleichung: „Leben = Stärke = Wille zur Macht = Wille zur Lüge = die Überwindung des Menschen und seiner Scham (im Übermenschen).“*

Doch kann dies kaum der Grundkonflikt seiner Seele sein; er muß selbst schon das Ergebnis tieferer Konflikte sein. Man kann ihn leicht von jedem der 6 Hauptkonflikte ableiten, die ich in der *Die Maske der Scham* beschrieben habe. Doch auf Grund des biographischen Materials können wir nicht mehr sagen, als daß die folgenden beiden wesentlich sind:

Der eine hat schon bis jetzt das Zentrum unserer Untersuchung gebildet: der *Konflikt zwischen jenen beiden Formen des Über-Ichs,* jenen 2 Gewissensgestalten, 2 Idealen – dem alten, traditionellen, christlichen, schuldbeladenen, und dem „griechischen“, „vornehmen“, dem Gewissen, das sich dem „Krieg gegen die Scham“ widmet. Der andere Konflikttyp, den wir zeitweise *hinter diesem Über-Ich-Konflikt* auftauchen sehen, ist der zwischen dem *Wunsch, anzugehören, geliebt und angenommen zu werden,* gegenüber dem beinahe *verzweifelten Bedürfnis nach Individuation und Trennung.* Diesem zweiten Konflikt wenden wir uns nun zu:

Er bekennt, unter dem Titel „Glück der Ehe“:

Deshalb haßt der Freigeist alle Gewöhnungen und Regeln, alles Dauernde und Definitive, deshalb reißt er, mit Schmerz, das Netz um sich immer wieder auseinander: wiewohl er infolgedessen an zahlreichen kleinen und großen Wunden leiden wird – denn jene Fäden muß er *von sich,* von seinem Leibe, seiner Seele abreißen. Er muß dort lieben lernen, wo er bisher haßte: und umgekehrt (*Menschliches, Allzumenschliches,* I, VII, 427; S. 274).

Wenig danach wird er noch deutlicher:

Die goldene Wiege. – Der Freigeist wird immer aufatmen, wenn er sich endlich entschlossen hat, jenes mutterhafte Sorgen und Bewachen, mit welchem die Frauen um ihn walten, von sich abzuschütteln. Was schadet ihm denn ein rauherer Luftzug, den man so ängstlich von ihm wehrte, was bedeutet ein wirklicher Nachteil, Verlust, Unfall, eine Erkrankung, Verschuldung, Betörung mehr oder weniger in seinem Leben, verglichen mit der Unfreiheit der goldnen Wiege, des Pfauenschweif-Wedels und der drückenden Empfindung, noch dazu dankbar sein zu müssen, weil er wie ein Säugling gewartet und verwöhnt wird? Deshalb kann sich ihm die Milch, welche die mütterliche Gesinnung der ihn umgebenden Frauen reicht, so leicht in Galle verwandeln (*Menschliches, Allzumenschliches,* I, VII, 429, S. 275).

Er begründet das Zerreißen der Netze mitmenschlicher Beziehungen damit, daß „... wir *den Zug zur Freiheit als stärksten Trieb unseres Geistes* fühlen“ (*Menschliches, Allzumenschliches,* II, I, 211, S. 100, meine Betonung). Dazu gehört natürlich ganz besonders auch das wiederholte Schlagwort vom „Pathos der Distanz“: „Lieber noch rate ich euch zur *Nächsten-Flucht und zur Fernsten-Liebe*“ (*Zarathustra,* „Nächstenliebe“, S. 64).

So ist es dann nicht erstaunlich, wenn sich die mannigfaltig ausgedrückte Klage erhebt : „Wie vereinsamt ist jeder Mensch!“ (*Menschliches, Allzumenschliches,* I, VI, 376, S. 258) – oder über „die Krankheit der Selbstverachtung“ (l. c., I, VII, 384, S. 261). Selbstverachtung können wir einfach als Synonym für die der Scham innewohnende Aggression betrachten (wobei wiederum die Scham als komplexer Affekt gemeint ist, die zweite Form also). Und mit dieser schmerzhaften Isolierung muß das Verlorene entwertet, entfremdet und entmenschlicht werden – Liebe sei ja ohnehin nichts als Selbsttäuschung und Selbstsucht: „Also man zerbricht den Spiegel, dichtet sich in eine Person hinein, die man bewundert, und genießt nun das neue Bild seines Ich, ob man es schon mit dem Namen der andern Person nennt“ (*Menschliches, Allzumenschliches,* „Der Betrug in der Liebe“, II, I, 37, S. 29 f.). Was er hier ausdrückt und verspottet, ist die scharfsinnigste Analyse der Verliebtheit. Am Wesen der Liebe geht er achtlos vorbei.

13.7 Die Dynamik hinter der doppelten Identität

So kommt es also dazu, daß er dem, was er in den *„Spernere-se-sperni“*-Aphorismen (Scham über Scham) von 1878, in *Menschliches, Allzumenschliches* (I, III, 137, S. 124) erkannt hat, nun selbst zum Opfer gefallen ist: „In jeder asketischen Moral betet der Mensch einen Teil von sich als Gott an und hat dazu nötig, den übrigen Teil zu diabolisieren.“

Dadurch daß er sich *verdoppelte:* zum *armen, leidenden, kranken, einsamen Nietzsche* und zum *siegreich tanzenden und singenden, stolzen und fernen Zarathustra,* dadurch, daß er die erste Gestalt „überwand" und sich mit der zweiten, der Idealfigur identifizierte, machte er den entscheidenden Schritt von der *Integrierung* des unter Schmerz und Leid erfolgenden Trachtens nach dem Wert der Wahrhaftigkeit mit dem Wertestreben nach Willen, Macht und Schaffen, dazu, wo der „zweite Nietzsche" die Oberhand über den ersten gewinnt, bis diese Vorherrschaft gegen das Ende zu fast vollständig wird, nämlich im *„Willen zur Lüge"* und der *paranoiden Desintegration.* Ich glaube, es wäre zu einfach, die letztere einfach einer organischen Psychose zuzuschreiben. Mein Eindruck ist eher der, daß Konflikte ihn zeitlebens begleitet haben, sich durch sein Werk hindurch feststellen lassen, daß sie aber mehr oder weniger erfolgreich zu verschiedenen Formen *schöpferischer Synthese* gebracht werden konnten. Diese Synthese beginnt nun zu zerbrechen, das Gleichgewicht zwischen den beiden Hauptkräften oder Wertrichtungen fängt an umzukippen; dies geschieht ungefähr zur Zeit der Dichtung des *Zarathustra,* seinem wohl bedeutendsten poetischen und philosophischen Werk. Der *Prophet ersetzt nun mehr und mehr den Psychologen,* der „zweite Nietzsche" überwiegt, – sei es als Resultat der Verschärfung seiner Konflikte infolge seines unnachgiebigen körperlichen Leidens, der zunehmenden Isolierung, des Mangels an öffentlicher Anerkennung, der Spannung mit seiner Schwester und besonders des Aufgebens jeder Hoffnung auf eine heterosexuelle Liebesbeziehung, vielleicht verstärkt durch den Gebrauch von Narkotika und Schlafmitteln, – sei es durch den versteckten organischen Prozeß entweder einer tertiären Lues oder einer Schizophrenie. Ich neige viel mehr zur ersten Gruppe der Erklärungen; erst in den letzten Monaten vor dem manifesten Zusammenbruch wird das letztere in überzeugender Weise evident.

Wir können daher *Nietzsches idealisiertes „double"* vor 1881 (der Zeit der Inspiration zum *Zarathustra* und dessen Beginn), *„den Freigeist"* nennen; hernach ist es offenbar die mythische Gestalt des *Zarathustra,* den Nietzsche als sein Alter ego neu schuf.

In der Endperiode, gerade vor und dann während der offenen Psychose spaltet sich dieser Doppelgänger neuerdings, und zwar in *Dionysos und den Gekreuzigten.* Ich habe mich weitgehend auf die beiden früheren, stabilen und ungeheuer fruchtbaren Versionen jener gespaltenen Identität beschränkt. Beide Versionen werden durch *zwei parallele Identitäten* gekennzeichnet, stehen unter der Leitung durch *2 parallele Ideale* und zeigen 2 separate Formen „exekutiver", „kritischer", „bemessender", und endlich auch „bestrafender" *Gewissensgestalten.* Zudem bestehen beide Versionen dieser Selbstspaltung teilweise nebeneinander, bis die zweite, die sich aus der ersten herausentwickelt hat, immer schärfer umrissene Züge annimmt und die Oberhand gewinnt.

In beiden Fällen ist es nicht nur so, daß das *„ideale Selbst"* das *„gewöhnliche oder leidende Selbst"* transzendiert; sondern ihm wird als Antithese ein *„Gegenideal"* gegenübergestellt, eine „negative Identität". Und doch werden diese beiden Antithesen: „freier Geist" gegen „gebundenen Geist", „Zarathustra" gegen den „Zwerg", die „décadents", gegen die ressentimentgeladenen, rachelüsternen Asketen, gegen Gott, gegen die Herde und die „überflüssigen vielen", nicht fein säuberlich voneinander geschieden. Er sagt zu Recht im 2. Band von *Menschliches, Allzumenschliches,* „Die

Kürze des Lebens sollte uns vor dem pedantischen Scheiden der Lebensalter bewahren – als ob jedes etwas Neues brächte ...“ (II, I, 270, S. 124). Während dies von Nietzsche in einem allgemeinen Sinn verstanden wird, läßt es sich im Zusammenhang sehr wohl auch darauf anwenden, was hier zu untersuchen ist: als ob die beiden Identitätspaare klar unterscheidbaren Lebensperioden zuzuschreiben wären.

Wie eben erwähnt, besteht in beiden Formen der Spaltung, neben dem doppelten Ideal, auch ein doppeltes Gewissen, das dem Ideale zu dienen hat.

Während der früheren Epoche des „freien Geistes“ spricht Nietzsche vom *„intellektualen Gewissen“*, dem Gewissen der Rationalität und Ehrlichkeit, das jenes „unbedingte Suchen nach der Wahrheit“ fordert; dieses steht dem *„guten Gewissen“*, das „Unschuld“ und „Vornehmheit“ vertritt, gegenüber, ohne ihm jedoch damit notwendigerweise feindselig entgegen zu stehen. „Weißt du nichts von einem intellektuellen Gewissen? Einem Gewissen hinter deinem ‚Gewissen'?“ (*Fröhliche Wissenschaft*, 335, S. 222). Dem entsprechen zwei Seiten der Persönlichkeit, die abgewehrt werden müssen, resolut verboten, verachtet und energisch verleugnet: die erste ist der Gewissensanteil, der durch Schuld bestimmt wird und durch das „intellektuale Gewissen“ ersetzt wird; und noch drastischer wird der Teil abgewehrt, der vom Schamanteil des Gewissens verpönt wird. Dabei ist der Unterschied beim letzteren zu beachten: während das Schuldgefühl überhaupt negiert und seiner Berechtigung beraubt wird, wird dem Sichschämen höchste Wichtigkeit eingeräumt, doch alles das, wofür man sich schämen könnte, peinlichst vermieden.

In der späteren Epoche wird die Rolle des „intellektualen Gewissens“ von der Symbolgestalt der *Schlange* übernommen, die des zweiten Gewissens durch den *Adler:* Klugheit, sogar Schlauheit und Lüge im Dienste des beherrschenden Wertes von Leben und Schaffen tritt nun an die Stelle, die zuvor von der Absolutheit der Wahrhaftigkeit eingenommen worden ist. Die Unbedingtheit von Stolz und Stärke, und damit des Verfolgens der Schönheit wird zum Standard des neuen Gewissens: es ist das Gewissen der „Immoralität“.

Ich behauptete, die zweite Spaltung entstehe allmählich aus der ersten, bis sie scharf und klar während der Niederschrift des *Zarathustra* hervortritt: ich denke, diese Deutlichkeit und Bestimmtheit beruht auf der ständig zunehmenden Stärke dessen, was ich als die phänomenologischen Charakteristika der „schweren Neurosen“ und deren Durchdringung mit den Kernphantasien beschrieben habe. Diese ging einher mit einer fraglos vorgebrachten *Hypostasierung:* dem Sprung vom Beschreiben zum Erklären, in Nietzsches Fall mit der zunehmenden Annahme jener Mythen, seiner eigenen, selbstgeschaffenen Mythologie, als die Wahrheit.

13.8 Das apokalyptische Ergebnis

Historisch ist es entscheidend, daß es in keinem der Werke zu einer Eliminierung des Über-Ichs kommt. Ganz im Gegenteil beobachten wir vielmehr dessen massive Verstärkung, obzwar in zutiefst veränderter Form; von unserem klinischen Gesichtspunkt aus würden wir sagen, in tief regressiver Form. Die Frage stellt sich für uns: Sind wir in dieser Bewertung berechtigt? Was ist die philosophische Vorannahme, die uns von „Regression“ sprechen läßt? Oder nehmen wir uns das Recht dazu einfach aus unserer klinischen Erfahrung, die auf Beobachtungen in Neurose und Kindheitsentwicklung basiert ist?

Damit stellt sich die Frage: Was ist die wertphilosophische Begründung dieser klinischen Erfahrung und Beobachtung? Diese Fragen sind unumgänglich: Nietzsche hat durchaus Recht, wenn er behauptet, daß all unsere intellektuellen Urteile und alle unsere Wahrnehmungen schon selbst durch unsere versteckten Wertannahmen geformt werden – durch unsere Wünsche und unser Bedürfnis, uns selbst zu täuschen.

Hier ist indes nicht die Stelle, eine Antwort darauf zu suchen. Ich versuchte, diese in *Die zerbrochene Wirklichkeit* zu geben.

Kehren wir zu Nietzsches neuem, immer radikalerem Über-Ich zurück: der „zweite Nietzsche“, das Ideal des „Zarathustra“ und seines Gewissens, wurde zur führenden Über-Ich-Gestalt für Deutschland, ja für ganz Europa – mit den verheerendsten Folgen. Je schwerer die Demütigungen in der Geschichte wurden, besonders infolge des 1. Weltkrieges, um so mehr nahm dieses neue Über-Ich, das mit all seinen Waffen gegen innere und äußere Beschämung kämpfte, mythische Proportionen an; Führer, die es zu verwirklichen, zu personifizieren schienen, rissen die politische Macht an sich: die innere Gestalt war in ihrer poetisch-philosophischen Gestaltung zu einem nationalen Ideal, zu einem verzaubernden Mythos geworden und wurde dadurch Wirklichkeit – als historische, politische, militärisch und endlich als mörderische Gewalt, die auch heute noch unter uns lebt und weiter wirkt. Und Nietzsche nahm diese Wirklichkeit vorweg – in der Hoffnung, in allgemeinen Ausdrücken sie zu „überwinden“, doch sich selbst darüber täuschend, daß er entscheidend mithalf, sie in ihrer entsetzlichsten Form herbeizuführen – durch seine eigene schneidende Urteilssucht in Sarkasmus und Anklage und durch sein eigenes durchdringendes, doch verleugnetes Ressentiment: „Wahrlich, ein Ungetüm ist die Macht dieses Lobens und Tadelns. Sagt, wer bezwingt es mir, ihr Brüder? Sagt, wer wirft diesem Tier die Fessel über die tausend Nacken?“ (*Zarathustra*, „Ziele“, S. 63).

Dadurch daß er das schuldorientierte Gewissen auf eine Frage der Scham reduzierte, auf eine Folge der von außen her erfolgten Auferlegung von Sanktionen, die den einzelnen hilflos und passiv ließ, brachte er die gesamte „Umwertung der Werte“ zustande.

Um nur ein Beispiel zu geben, und zwar aus dem *Zarathustra:* „Denn dies ist eure Wahrheit: ihr seid zu *reinlich* für den Schmutz der Worte: Rache, Strafe, Lohn, Vergeltung“ („Von den Tugendhaften“, S. 100). Er spricht hier über „Tugend“; da er diese Kategorien von Belohnung und Bestrafung gebraucht hat, um Schuld, Reue, schlechtes Gewissen und Sünde als *innere* Faktoren zu „erklären“ und so wegzuerklären, bedeutet hier die Reduktion auf die Schamkategorie von Schmutz und Unreinlichkeit, daß die *ganze* Frage des Schuldanteils unseres Gewissens erledigt werden soll.

*

Nietzsches Bedeutung liegt darin, daß er unsere Aufmerksamkeit auf eine Ethik gelenkt hat, die sich ganz auf Schamkategorien aufbaut, und daß er mit äußerster Konsequenz eine solche Moralität entwickelt hat, daß er ihre eigene Wahrheit und ihren Wert, ihre Autonomie betont hat und daß er damit ihre ungeheure Bedeutsamkeit als Teil unserer inneren Natur, ihre Gültigkeit für uns vor uns gestellt hat.

Aber er beging den fundamentalen Irrtum, diese Aufweisung zu einer *Frage des Entweder-Oder* zu machen, d. h. daß er diese Kategorien absolut setzte, daß er die Schuldkategorien auf solche der Scham zurückführte, daß er die Faktoren der menschlichen Natur auf von außen her erfolgende, historische Auferlegung reduzierte, und daß er die Zentralität des Bedürfnisses für Gerechtigkeit in der menschlichen Natur und dessen Wichtigkeit in der Verursachung jener gewaltigen Macht des Ressentiments außer acht ließ.

Doch hätte er diese Fehler nicht machen können, wäre er nicht der größte Erforscher inneren Konflikts und damit der „Gesetze“ der menschlichen Natur vor Freud gewesen. Seine Fehler ehren sein Genie so sehr wie seine Entdeckungen.

*

Wir stellen Fragen; sicher können wir nicht sein. Es sind Fragen, die an einen Geist gestellt werden, dessen Schaffen sich in der Spannung der größten Gegensätze entwickelte und dessen Größe gerade darin bestand, daß er versuchte, die Antithesen zusammenzuzwingen und zu überwinden: in der „Vergeistigung des inneren Feindes“ (*Götzendämmerung*, „Moral“, 3, S. 103). Und doch auch ein Geist, der Ursprung war, *ein* Ursprung wenigstens, davon, daß diese größten Gegensätze zu Krieg und Ausrottung führten. Ein Geist, dessen Größe in der Erkenntnis dieser verborgenen Widersprüche bestand, aber dessen Einsichten sich auch ohne weiteres zur Verübung grauenhaftester Taten hergaben, die über die Fassungskraft hinauszugehen scheinen. Ein Geist, dessen „Hammerschlägen“ man nicht entgehen kann, ohne in den eigenen Glaubens- und Wertvorstellungen und dem Ehrlichkeitsbewußtsein tief erschüttert worden zu sein – und doch auch ein Geist, der irgendwo schrecklich in die Irre ging.

Mag es nicht gerade diese Doppelheit sein, die Behauptung, daß alle große Einsicht des „Doppelblickes“ bedürfe, kombiniert mit der Tiefe der Erkenntnis, der Brillanz der Sprache und der Kunst der Metapher – übrigens lebt gerade die Metapher selbst bei Definition von einer solchen Doppelheit der Schau – die seiner Botschaft ein derartig enormes Echo und einen „mass appeal“ verliehen hat, mit einer so gewaltigen Gefolgschaft?

Und weiterhin: Ist es nicht gerade diese *Doppelheit von Rebellion und Loyalität* als „Doppelgesicht“, die, infolge der schweren Über-Ich-Konflikte, eine solch katastrophale Aufforderungsgewalt an die Massen zu einer Zeit ausüben konnte, wenn die alten Sicherheiten erschüttert und die Verbundenheiten und Verbindlichkeiten gegenüber dem Alten zerrissen waren?

Es gibt jedoch noch ein Weiteres, das wir hier über die Natur der Konflikte, die dabei mit im Spiel sind, aussagen können.

13.9 Das ursprüngliche Trauma

„Leiden und Einsamkeit, – das sind also die beiden großen Schicksalszüge in Nietzsches Entwicklungsgeschichte, immer stärker ausgeprägt, je näher man dem Ende kommt. Und sie tragen bis an das Ende jenes wundersame Doppelgesicht, welches sie als ein äußerlich *gegebenes Lebenslos,* und zugleich als eine rein psychisch bedingte, eine *gewollte innere* Notwendigkeit erscheinen lassen … Hierauf beziehen sich die einzelnen, in seinen Werken zerstreuten Aphorismen über den *Wert des Leidens für die Erkenntnis.*" Dies sind die Worte Lou Andreas-Salomés in ihrer Deutung von Nietzsches Werk (S. 42 f.).

13.9.1 „Ich habe nicht mehr Ein Gewissen mit euch" (*Zarathustra,* „Schaffenden", S. 66)

Wir haben festgestellt, wie auf Grund einer Anzahl zweifelhafter Gleichsetzungen Schlußfolgerungen gemacht werden, die zur Verwerfung und Eliminierung weiter Bereiche der Ethik führen müssen. Ich möchte nun eine Reihe dieser Gleichsetzungen und ihre Implikationen zusammenstellen:

Determinismus = Ungültigkeit von Verantwortlichkeit, mithin auch von Schuld, Reue („Gewissenswurm") und der Berechtigung von Strafe;

Schuldgefühle und Verantwortung = (Folge der) Auferlegung von Sanktionen durch Gott, alias durch die Priesterschaft, alias durch die jüdisch-christliche Tradition;

Gewissen = Ressentiment, verwurzelt in Schwäche und gegen das Selbst gewendeter Rachsucht;

vernünftig = vorteilhaft oder lustbringend (z. B. in bezug auf Selbstmord, *Menschliches, Allzumenschliches,* II, II, 185, S. 260);

Gerechtigkeitssinn = (künstlich geschaffen durch die) Gleichheit, die durch die Gesellschaft der Natur aufgezwungen wurde, um für die Schwäche des Individuums durch ein Gleichgewicht der Macht zu kompensieren;

wahre Gerechtigkeit = Ungleichheit (sowohl von Gelegenheit wie von Ergebnis);

Leben = unerbittliche Grausamkeit, Mitleidlosigkeit, Unbarmherzigkeit (z. B. *Fröhliche Wissenschaft,* I, 26, S. 60);

ein wahrhaftiges, ehrliches Gewissen zu haben („intellektuales Gewissen"), nach der „Umwertung der Werte" = sich nicht schämen zu müssen = nicht mehr schwach zu sein = kein „Opfertier" zu sein (z. B. *Fröhliche Wissenschaft,* I, 21, S. 51) = stolz und stark zu sein;

Wille zur Wahrheit = Teil des Willens zur Macht = Wille zur Lüge;

Wille zur ewigen Wiederkehr des Gleichen = Willen zur Selbstverewigung = Wille zur Macht = selbstloses und zielloses Kreisen der natürlichen Welt = kosmischer Sinn = anthropologischer Sinn (s. Löwith 1956, S. 64).

In all diesen Beispielen werden Fragen des menschlichen Daseins oft in sehr neuer, sehr scharfsinniger Weise angegangen, solange sie in Formulierungen von „Wille gegen Wille“, „Trieb gegen Trieb“, als Konflikte der Motivierung, intrapsychisch, innergesellschaftlich, innerhalb der Kulturen gefaßt werden.

Der Irrtum tritt, glaube ich, immer dann ein, wenn ein Teil eines solchen Konflikts unter das Verdikt des Bösen fällt und verhöhnt, später auch heftig verurteilt und dann gewöhnlich als eine von außen her auf das jeweils untersuchte System einwirkende Kraft angeprangert wird – wenn mit anderen Worten *mythische Kategorien von „Entweder-Oder“-Polarisierungen in absolut Gutes und absolut Böses an die Stelle der nüchternen Konfliktanalyse* treten, namentlich wenn er die mythische Kategorie des *Pars-pro-toto*-Arguments anwendet. Um nur ein Beispiel zu geben: Ja, Leben oder Natur ist unbarmherzig und unerbittlich, menschliches Leben ist Teil der Natur, wie er richtig sagt, doch während Grausamkeit ein Teil dieser Natur ist, bilden auch Fürsorglichkeit (caring) und Sympathie einen Teil dieser Natur. Mitleid beschämt und mag sehr wohl von Ressentiment und daher von verhüllter Rachsucht getragen sein; diese Analyse ist scharfsichtig. Doch zugleich ist das Mitleid auch echte Anteilnahme und „Liebe“ als Identifizierung mit dem anderen als einem, der leidet, im tiefen Bewußtsein, daß wir nur auf Hilfe hoffen können, wenn wir selbst willens sind, uns um andere zu sorgen und ihnen zu helfen.

Ja, das menschliche Leben ist „von Natur aus“ der Wunsch zur Selbstbehauptung und Selbsterhaltung, es ist Kampf, es ist Krieg, es ist Wunsch für Aufstieg und Macht und Ruhm, es bedarf des „Pathos der Distanz“, es benötigt die Stärke in Individualität und Absonderung (separateness). Doch zugleich ist das menschliche Leben „von Natur aus“ auch der Wunsch für Abhängigkeit und Schutz, für Zugehörigkeit und Nähe, sogar Verschmelzung, nicht allein mit dem Universum (wie es Nietzsche gewährt), sondern ganz besonders auch mit dem Mitmenschen; es braucht das *„Pathos der Intimität“*, ebenso wie es sich nach dem *„Pathos der Distanz“* sehnt.

Jederzeit diese *entscheidende Doppelheit der menschlichen Natur zu erkennen,* dieses *fundamentale „Im-Konflikt-Stehen“,* wobei die gegensätzlichen Kräfte letztlich zu *komplementären* werden, macht es möglich, das kausal anzugehen, was *das mythische Denken zu einem „Entweder-Oder“ von Absoluta, also von Unvereinbarem stempelt.* Der Denker, den ich als den *ersten Nietzsche* herausgestellt habe, war wie niemand zuvor imstande, Konflikt herauszuarbeiten, *„aus dem Konflikt zu denken“.* Der *zweite Nietzsche* nahm das Schwert und schnitt den gordischen Knoten dieser Konflikte entzwei. Sein leidenschaftliches Bedürfnis für die Tat (action) überwand seine leidenschaftslose Kontemplation der Gegensätze. Seine tiefe Abscheu gegen Passivität machte ihn zu einem geistigen Alexander und Caesar statt zu einem Freud und ließ ihn *„am Konflikt zerbrechen“.*

*

Doch muß es eine tiefere Bewandtnis mit diesem „Ausschneiden“ eines Teiles zu Schaden des Ganzen haben. Ich wähle die auffallendste Auslassung, die immer wieder unsere Aufmerksamkeit erfordert hat, aus:

Wir beobachteten, daß es zur Essenz von Nietzsches neuer Ethik gehört, die primäre und ursprüngliche Wichtigkeit für die menschliche Natur von 2 Motivkräften abzustreiten: des Bedürfnisses, zuzugehören, zu *lieben,* sich um jemanden zu sorgen und dieselbe Fürsorge zu empfangen; und des Bedürfnisses, mit *Gerechtigkeit,* mit

Fairneß behandelt zu werden und daher auch die andern mit Billigkeit zu behandeln. Mehr und mehr wird der *einzige Quell der Motivierung in den Bestrebungen der Macht* gesehen, d. h. in der Fähigkeit, was für das Individuum oder für die ganze Spezies vorteilhaft und lustbringend ist, herbeizuführen, um auf diese Weise seine Stärke oder die *Stärke der Lebenskraft* überhaupt (als einer mythischen Wesenheit) zu bestätigen; als Abkömmlinge dieses Urziels rücken dann *Werte der Ehre und Vornehmheit* ins Zentrum, da sie Achtung für die Macht und Furcht vor ihr ausdrücken.

Dieses Ausschneiden der Liebe und damit ganz besonders auch der Gerechtigkeit im Sinne einer Form der Gleichheit (der Gleichberechtigung) als fundamentalen Komponenten des ethischen Systems im allgemeinen und noch wichtiger: als Teil dessen, was wir das Über-Ich im Sinne einer *inneren Autorität* nennen würden, hat die dramatischsten philosophischen Implikationen.

Vor allem müssen wir uns verwundert fragen: *Weshalb diese merkwürdige Exzision der Gerechtigkeit* als eines fundamentalen Anteils? Warum die Gesamtexzision des Teiles des Gewissens, der sich auf das Schuldgefühl aufbaut?

13.9.2 „Unser Hausgötze“

In einem ähnlichen Zusammenhang antwortete eine Patientin von mir: „Er muß das Lieblingskind gewesen sein, um das Erwägen der Gleichheit (Gleichberechtigung) zu verwerfen, und zugleich muß er sich schuldig dafür gefühlt haben, daß er das bevorzugte Kind gewesen ist.“ Ich denke, dies trifft den Nagel genau auf den Kopf, vom spärlichen verläßlichen Wissen, das wir über seine Kindheit besitzen.

Nietzsche war das älteste von 3 Kindern, der einzige, der noch seinem Vater nahe sein konnte. Der jüngste Bruder starb weniger als ein Jahr nach dem Vater, in Nietzsches 6. Lebensjahr, ein Tod, der von Friedrich in einem Traum vorausgesehen worden sei. Die mütterliche Fürsorge konzentrierte sich fortan auf den Knaben, weit mehr, so scheint es, als auf die 20 Monate jüngere Schwester; in einem Brief nannte sie ihn „unseren Hausgötzen“ (Janz-Biographie, Bd. 1, S. 384). Die Schwester war dem älteren, eher despotischen Bruder gegenüber intensiv loyal, bewunderte ihn über die Maßen und unterwarf sich ihm; doch im Laufe der Jahre zeigte sie immer schärfere Eifersucht und Feindseligkeit ihm gegenüber, besonders in der intriganten Aufwühlung von Feindschaften, z. B. der Vereitelung der Freundschaft mit Lou Andreas-Salomé. Ihre spätere Bemächtigung des Nachlasses hatte verheerende Folgen – ebenso wie ihre Heirat mit dem von ihrem Bruder gehaßten Antisemiten Bernhard Förster und die düsteren Machenschaften des Ehepaares in ihrer Kolonie „Neu-Germanien“ in Paraguay, die zum Suizid des Ehemannes und schließlich zu ihrer Rückkehr führte.

Die Konstruktion ist durchaus sinnvoll, daß er selbst zeitlebens mit dem *Konflikt* rang: zwischen dem Wunsche, das bewunderte Kind zu sein, dessen *Ungleichheit im Sinne der Besonderheit* gewährleistet wurde, und der *Schuld* über eine derartige Bevorzugung, besonders, wenn diese, eine Art *ödipalen Sieges, auf Kosten des doppelten Todes*, d. h. in der klinischen Erfahrung der verwirklichten Phantasie des *„doppelten Mordes“ an Vater und Bruder*, erfolgte. War er so nicht selbst der „häßlichste

Mensch“, der Gott töten mußte, da Gott in den verborgensten Winkeln des Gewissens herumschnüffelte? War es nicht daher imperativ, den „Gewissenswurm“ zu zertreten, um die Stimme, die nach Gerechtigkeit schrie, zum Schweigen zu bringen?

Dies ist eine Deutung, die unsere klinische Erfahrung mit der Sichtung der gebrochenen Natur des vorliegenden Materials verbindet. Doch trägt diese Erklärung zwar den „narzißtischen“ Aspekten der Phänomenologie gut Rechnung; sie zieht jedoch nicht die Tiefe des Leidens, das er zu überwinden sucht, in Betracht.

Nun gibt es aber eine zweite, ich glaube, tiefere Deutungsweise der Data, die nur an der Oberfläche der ersten zu widersprechen scheint, vielmehr diese in Wirklichkeit ergänzt. Hier eröffnet der Biograph eine tiefere Einsicht in das Problem:

> Daß der Tod eine Sühne für eine Erbschuld, die Erbsünde Adams sein soll, ist ihm ein ganz unmöglicher Gedanke. Sein Vater war und blieb ihm einer der höchstverehrten Menschen. Daß dieser gütige und fromme Mann als „Schuldiger“, als Sünder den frühen Tod wie eine Strafe hätte erleiden sollen, dagegen wehrte sich seine Verehrung. Diese christlich-dogmatische Kausalreihe konnte und durfte ihm nicht wahr sein ... Dem stellte er seine tragisch-dionysische Einsicht entgegen, die er später in die Formel „Unschuld des Werdens“ kleiden sollte (Janz, Bd. 1, S. 435).

So hätte dann das Leiden, der Schmerz (der ganz konkret sich auf das Kopfweh konzentrierte – der Vater starb, nach einer angeblichen Kopfverletzung, an einer Hirnerkrankung, deren Natur unklar ist), mit dem er sich ständig auseinanderzusetzen hat, eine ganz wesentliche Wurzel im tiefen Gram, der *nicht endenden Trauer über seinen Vater;* dieses *Leid* wiederholt sich im nie verwundenen Bruch mit Richard Wagner und der von ihm tief geliebten Frau Wagners, Cosima, „Ariadne“ wie er sie, für sich als Dionysos, nannte, in der unstillbaren Sehnsucht nach diesen beiden Liebesgestalten, Vater und Mutter, in der er die zerstörte Liebeseinheit und ödipale Dreiheit wieder herzustellen hoffte.

Seine Wut gegen das Christentum und gegen den Begriff von Schuld und Sünde wäre dann der Zorn, die Entrüstung über den Verlust des einen Menschen, den er wirklich geliebt und bewundert hatte, weit mehr als seine kalte und geizige, herrschsüchtige und zudringliche Mutter. Seine Beseitigung des Primats der Gerechtigkeit würde dann seine unnachgiebige Empörung, sein *ungestilltes Ressentiment über das Versagen der retributiven Gerechtigkeit* widerspiegeln: „Wie kann Gott gerecht sein, wenn er den Tod dieses guten, aufrichtigen Mannes erlaubte?“ Es erinnert uns an Hiobs Aufschrei (s. St. Vicchio, *The Voice from the Whirlwind*). „Meine Rache für den Tod meines unschuldigen Vaters ist die Verkündigung: ‚Gott ist tot!‘ – und die Wiederauferstehung des Mann-Gottes als des zerstückelten Dionysos-Zagreus, als ‚Übermensch‘!“

Sein doppelter Feldzug gegen den christlichen Gott und gegen ein auf Schuld und Sünde basiertes Gewissen kann daher als *vehementer Protest gegen die Ungerechtigkeit jenes frühen Verlustes* erkannt werden; der *Mythos der ewigen Wiederkunft wäre dann dessen Ungeschehenmachen.* Vielleicht läßt sich sogar seine eigene Doppelexistenz als eine Form der Verleugnung jenes Verschwindens des geliebten anderen begreifen. Seine heftige Verteidigung des „intellektualen Gewissens“, des „Gewissens hinter dem Gewissen“, und seine Urteilssucht überhaupt, kann als *Identifi-*

zierung mit dem leidenden, doch idealisierten, gottgleichen Vater verstanden werden (in seiner Jugend wurde er seiner Steifheit, seiner anmaßenden Feierlichkeit und seines Spruchreichtums wegen „der kleine Pastor“ genannt), mit einem Vater jedoch, der zugleich auch zum Träger der Rachephantasien des Kindes wegen seines vorzeitigen Todes geworden wäre. Seine beständige Betonung von Jugend, Stärke, Leben und Werden wäre eine unablässige Antithese (eine *Reaktionsbildung als Affektabwehr*) gegen das Leiden und die Trauer, gegen den mitempfundenen Schmerz über Krankheit und Zerfall, dem er beim Vater beigewohnt und der sich beim Bruder wiederholt und verstärkt hat. Sein Wille zum Leben und zur Macht wäre ein beständig neuverkündigter Sieg über die grausame Gewalt des Todes und die Hilflosigkeit angesichts des Leidens dessen, den er am meisten geliebt hatte und fortan wieder und wieder in idealisierten Vatergestalten suchte (Ritschl, Schopenhauer, die Griechen des Altertums, Vischer, Burckhardt und ganz besonders natürlich Wagner).

Doch muß es auch bei der tiefen *Ambivalenz* gegenüber diesen „Übertragungsfiguren“ klar geworden sein, daß die Ehrfurcht und Bewunderung nicht ungemischt waren. Das bis jetzt herangezogene doppelte Argument vermag auch nicht die Tiefe und Zentralität seines „Krieges gegen die Scham“, die Wildheit seiner Verachtung gegen Schwäche, Opfertum und Gebrechen zu erklären. Ist dies als Ausdruck *seiner Verachtung gegen den Vater als Kranken, als Opfer eines unaufhaltsamen Verfallsprozesses, als sichtlich Beschädigten* aufzufassen? Ist sein eigener Kampf gegen die Scham in einer tiefen *Identifizierung mit dem Vater als Opfer der „unbarmherzigen“ Verhöhnung und Verachtung eben gerade durch den Sohn* zu verstehen – wobei natürlich die Scham gegen das Selbst gerichtete Verachtung ist?

Wir können noch etwas weiteres aus unserer klinischen Erfahrung ableiten: Ich bin immer wieder beeindruckt davon, wie grausam und harsch das Gewissen in Fällen schwerer, besonders frühkindlicher, Traumatisierung jeglicher Art wird. Wir haben das bei allen hier dargestellten Fällen mit scharfer Klarheit erkennen können. Es ist so, als ob die ganze *Brutalität des Traumas* – handle es sich nun um physischen oder emotionellen Mißbrauch, um massiven Verlust oder Verfolgung oder um physisches (somatisches) Leiden – zu einem wesentlichsten Teil der Innenwelt geworden wäre, und zwar in Form der *Grausamkeit des Gewissens*, als Selbsterniedrigung und Selbstbestrafung und als überwältigende Schuld und Scham.

Man mag es auch umdrehen und sagen, die eigene Wut über die hilflose Übergabe und den Terror während des Traumas sei nun gegen das eigene Selbst gewendet worden. Ich denke, beide Verständnisweisen (Introjektion des Traumas und Wut gegen das Trauma → Aggression des Über-Ichs) sind komplementär und müssen klinisch so gedeutet werden. In Friedrich Nietzsches Fall können wir wohl annehmen, daß die langsame Zerstörung und dann der Verlust des Vaters im Alter von 5 Jahren eine so hinausgezogene und doch zutiefst gewaltsame Erschütterung für dieses hochbegabte, sensitive Kind bedeutet haben muß, daß er ständig das *Ungeheuer des Traumas* in seinem beherrschenden, harschen, drohenden Gewissen mit sich herumtrug.

Wie wir bemerkten, mußte ein Teil davon *verleugnet* werden, ein anderer Teil wurde 180 Grad umgedreht – durch *Wendung vom Passiven zum Aktiven*, da Passivität, Opfertum, Schwäche so tief verabscheut wurden: *daß er so heftig verurteilend und polemisch gegen außen wurde, wie es der innere, gegen ihn wirkende Dämon* war. Trotzdem finden wir eine derartige Beschäftigung mit dem Opfersein und mit der Annahme und Liebe des Schicksals – *„amor fati"* – daß man der Schlußfolgerung kaum entgehen kann, daß die gegen außen demonstrierten *sadistischen* Züge wirklich schon eine oberflächliche Manifestierung der überwältigend *masochistischen Orientierung* waren. Diese masochistische Haltung wäre unter den „Hammerschlägen" des Traumas entstanden, hätte sich gegenüber dem „Schicksal" (auch gegenüber der in ihn vernarrten, doch gleichzeitig auch recht aggressiven, finanziell sehr zurückhaltenden Mutter, hernach, noch in der Kindheit, gegenüber der militärisch-tyrannischen Schule in Pforta) entwickelt, hätte sich dann aber vor allem gegenüber seinem eigenen „inneren Richter", dem Über-Ich, verfestigt und sich schließlich in seinen Beziehungen zu Frauen bezeugt. Sie zeigte sich auch in seiner unbegrenzten, unheimlichen Fähigkeit, was immer er beruflich, sozial und in seinen Intimbeziehungen und Freundschaften aufgebaut hatte, wieder zu vernichten.

Für Nietzsches „klinischen" Masochismus wird gerne das berühmte Bild herangezogen, wo er, zusammen mit Paul Rée, vor den Leiterwagen gespannt und von Lou Salomé mit der Fliederpeitsche getrieben oder gelenkt erscheint (auch als Karikatur im Hundegeschirr). Dazu bemerkt der Biograph:

> Für die geschmacklos wirkende Bildidee ist also Nietzsche als Regisseur verantwortlich. Aber die darin zum Ausdruck kommende tragische Ironie ist nicht mit einem schnellen Geschmacksurteil abzutun. Wirklich war ja Lou daran, die beiden Männer vor ihren Karren zu spannen, und die beiden Philosophen fügten sich. Es ist aber auch hier nochmals die Nähe Tribschens, d. h. Wagners, in Betracht zu ziehen. In der „Walküre" richtet im Beginn des II. Aktes Brünnhilde die folgenden Worte an Wotan: „Dir rat ich, Vater, rüste dich selbst; harten Sturm sollst du bestehn. Fricka naht, deine Frau, im Wagen mit dem Widdergespann. Hei, wie die gold'ne Geißel sie schwingt! Die armen Tiere ächzen vor Angst; wild rasseln die Räder." (Janz, Bd. II, S. 130).

Statt dessen haben wir wesentlich bessere Evidenz:

„Du gehst zu Frauen? Vergiß die Peitsche nicht!" (*Zarathustra*, „Weiblein", S. 71).

„Was heißt Leben? – Leben – das heißt: fortwährend etwas von sich abstoßen, das sterben will; Leben – das heißt: grausam und unerbittlich gegen alles sein, was schwach und alt an uns, und nicht nur an uns, wird. Leben – das heißt also: ohne Pietät gegen Sterbende, Elende und Greise sein? Immerfort Mörder sein? – Und doch hat der alte Moses gesagt: ‚Du sollst nicht töten!' " (*Fröhliche Wissenschaft*, I, 26, S. 60).

Im 1. Zitat beobachten wir die nackt sadistische Seite, hinter der die Furcht steckt: „Der Mann fürchte sich vor dem Weibe, wenn sie liebt ... Der Mann fürchte sich vor dem Weibe, wenn sie haßt ..." (*Zarathustra*, S. 70). Im 2. Zitat sehen wir nebeneinander: zunächst die gegen das eigene Selbst gerichtete Aggression, spezifisch im Dienste jenes Über-Ich-Anteils, der alles Schwache ausreißen, vernichten will, d. h. der den „Krieg gegen die Scham" führt; dann wird dieselbe Über-Ich-geführte Aggression nach außen gewendet und richtet sich gegen alles Schwache in der Außenwelt; zum Schluß kommt die verwunderte, ironische, wohl sarkastische Erinnerung an die alte, schuldbegründende Über-Ich-Gestalt des Moses.

Es scheint mir überdies eine zweite, gewichtige Evidenz für die pathogene Bedeutung von solch überwältigender Traumatisierung zu geben: der Versuch, eine *zweite*

Welt der Verleugnung parallel zur *ersten Welt des Traumas* aufzubauen: Er ist berauscht von jener dionysischen Welt der Phantasie und der Kunst, er ist fasziniert von der Macht der Täuschung und der Lüge, er sucht ständig nach einer Welt, die völlig dieser Welt des Schmerzes, des Leids und der Scham, der Schuld und des Todes, des Unrechtes und des Opferdaseins entgegengesetzt wäre: es sollte eine Welt sein, die von der *Phantasie der Wiedergeburt* beherrscht würde – die ewige Wiederkehr. Diese wäre in der Tat eine Welt, in der „der Mensch überwunden" wäre. Diese *zweite Welt der Verleugnung ist die Gegenwelt zur Welt des Ressentiments.* Damit meine ich Nietzsches eigenes Ressentiment, das er so tapfer, doch ohne Erfolg zu überwinden suchte.

Und damit fänden wir auch bei ihm wiederum die Begründung für die eigenartige *Doppelexistenz,* der wir zuvor nachgegangen sind, die uns aber auch bei all unseren Patienten immer wieder begegnet ist.

Endlich und viertens sollten wir nicht die schweren Folgen einer langen Kette öffentlicher Erniedrigungen und Abweisungen übersehen, die dieser immens begabte, schöpferische, sensitive Mann zu erleiden hatte (s. z. B. Biographie, Bd. 1, S. 469 ff.), Demütigungen, die er wohl selbst heraufbeschworen haben mag, die aber dennoch seine tiefe Neigung, sich vor Schwäche und Passivität angesichts von Trauma zu fürchten, nur noch verstärkt haben mußten: Was er am meisten fürchtete, führte er immer wieder herbei – übrigens einer der Grundzüge der Tragödie, doch einer, der in seiner eigenen Analyse der griechischen Tragödie völlig ausgelassen wird, ebenso wie er keine Beachtung der übermäßigen Verfolgung von *einem* Wert auf Kosten aller anderen *(Hybris)* schenkte, wie sie vom Helden der Tragödie repräsentiert wird – und die sein eigenes Leben so sehr bestimmte.

Alle diese Mutmaßungen können uns zwar keine wissenschaftliche Sicherheit geben, doch bieten sie uns ein Modell an, das all den vorliegenden Daten ziemlich gut Rechnung trägt und plausibel ist. Immerhin gibt es in bezug auf die Ableitung des „Krieges gegen die Scham" wohl andere, sehr wichtige Faktoren, die sich indes unserer Kenntnis entziehen.

13.10 Die Frage von relativen und absoluten Werten

> „Das eben ist Göttlichkeit, daß es Götter, aber keinen Gott gibt!"
> (*Zarathustra,* „Tafeln", 11, S. 224)

Zum Schluß und im Anschluß an die Erwägungen über die „neue Ethik", die auf der Ausschneidung von Schuld (besonders über Grausamkeit) und der Gerechtigkeit (im Sinn der Gleichheit) beruht, können wir uns der gegenwärtigen politischen Szene zuwenden: Was finden wir, wenn eine Wertphilosophie das individuelle Schöpferische und die Selbstbehauptung betont, wenn sie Unabhängigkeit vor allem anderen hochschätzt, aber die Gerechtigkeit im Sinne der Gleichberechtigung herabsetzt, wenn nicht gar verlacht? Ähnlich der Nietzsches ist es eine Philosophie, die sehr stark, zu Zeiten vielleicht ausschließlich darauf aus ist, *Beschämung zu vermeiden,* nämlich dadurch, daß sie gewisse Gegenhaltungen und -werte betont: Stolz, Stärke, militärische Macht oder überhaupt Autorität, Unabhängigkeit in Geld, Körper und Geist. Solch eine *schamorientierte Philosophie* ist eine Einstellung, die wir heute mit den *konservativen* politischen Bewegungen verbinden.

Ihr Gegenstück, die *liberale* Philosophie, legt ihr Schwergewicht vielmehr auf Fairneß, Gerechtigkeit, entweder als Gleichheit von Gelegenheit oder sogar als solche des Ergebnisses. In schärfster Opposition zu Nietzsches Werteinseitigkeit ist sie v.a. darauf aus, *der Schuld entgegenzuwirken,* – Schuld und Reue im Sinne davon, daß man unter Unrecht, Grausamkeit und Entbehrung anderer leidet und sie beheben will. Dies ist ihr Hauptfokus. Es ist also eine *schuldorientierte Philosophie,* ganz ungeachtet davon, ob diese dann zudem von irgendeinem religiösen Glauben untermauert wird.

Nietzsches Argument gegen diese zweite Philosophie, daß sie nämlich im Ressentiment verwurzelt sei, basiert wieder auf einem *Pars-pro-toto*-Schluß; dies mag zwar oft der Fall sein, es muß aber nicht so sein, nicht mehr und nicht weniger, als dies für das auf die Vermeidung der Scham ausgerichtete Gewissen der Fall ist. Klinisch dürfte sogar das Umgekehrte wahrscheinlicher sein: je tiefer der Sinn der Demütigung, desto giftiger und bitterer der Affekt des Ressentiments (wie es in *Dvärgen* zu sehen ist) – und wie es von Nietzsche selbst in seiner Spätphase vorexerziert wird.

Offenbar bedarf es politisch einer Balance der beiden Orientierungen – der Schuldkategorie und der Schamkategorie. Dabei scheint es eine recht beträchtliche Breite für die richtige Mischung von beiden zu geben, und diese mag in manchen möglichen Variationen erfolgen: „Die Menschen-Gesellschaft: die ist ein Versuch, so lehre ich's, – ein langes Suchen: sie sucht aber den Befehlenden! – ein Versuch, oh meine Brüder! Und *kein* ‚Vertrag‘!“ (*Zarathustra*, „Tafeln“, 25, S. 235). Und dennoch muß dieses „Suchen“ innerhalb gewisser, durch die „menschliche Natur“ gesetzter Grenzen erfolgen, wie dies jetzt wieder so eindringlich durch den Kollaps der totalitären Systeme bezeugt wird.

*

Doch ist Nietzsche, wenigstens in der späteren Manifestation als „der zweite Nietzsche“, der Vertreter einer wichtigen, zeitlosen Strömung in der Menschheit: der *Revolution gegen das schuldorientierte Gewissen,* der *versuchten Wiedereinsetzung eines Über-Ichs, das einseitig daraufhin angelegt ist, es zu vermeiden, beschämt zu werden.* Die Konsequenzen einer derartig resoluten Verschiebung der Balance auf die eine Seite sind gewaltig, gefährlich und am Ende entsetzlich. Und doch: dies ist Tragödie in ihrem Wesen – die eine elementare Wahrheit über das tragische Bewußtsein, die, wie erwähnt, Nietzsche völlig ausgelassen hat. Dieser extremen Wertorientierung steht der Chor entgegen, indem er flehentlich „das Maß, die Mäßigung“ vertritt: eben die Grenzen und Beschränkungen der menschlichen Natur.

*

Damit stehen wir schließlich vor der Grundfrage: Was ist denn diese „menschliche Natur“, die nicht ungestraft verletzt werden kann? Was sind ihre „Grenzen“?

Wie sehr dies ein hochaktuelles Problem ist, erinnert uns der Aufruf Václav Havels zu einer Ethik der Verantwortlichkeit und Ehrlichkeit im Widerspruch zu der einen Seite von Nietzsches Denken (was ich den „zweiten Nietzsche“ genannt habe).

Gleichzeitig rückt dies die Kontroverse zwischen *„relativen“ und „absoluten“ Werten* in den Vordergrund, wie sie jüngst als gegensätzliche Standpunkte z. B. von Alan Bloom und Arthur Schlesinger vertreten wurde.

Wiederum zeigt uns die klinische Erfahrung, daß es keine Werte gibt, die absolut gesetzt werden können, ohne daß eine derartige Verabsolutierung größte Probleme und tiefste Fragwürdigkeiten aufwürfe. Wir haben die Konsequenzen gesehen, wenn Nietzsche diesen Schritt nimmt in bezug auf die „Lebenswerte“.

Andererseits gibt es keine Handlung, nicht einmal Lügen oder Töten, deren Bewertung nicht teilweise umstandsbedingt wäre: selbst der ehrlichste Mensch würde sich aller Ernstes verwundert fragen, ob es noch ethisch sei, *nicht zu lügen* oder *nicht zu töten* unter den Umständen der Nazityrannei oder jeder anderen totalitären Despotie – ungeachtet Gandhis Rat an Martin Buber. Sobald derartige Ausnahmen zugestanden werden, ist es mit der Absolutheit jedes Wertes vorbei.

Doch eröffnet dann eine solche Situationsethik nicht Tür und Tor zu grenzenlosem Relativismus? Freilich mag das geschehen, aber ein derartiger Relativismus ist selbst gerade so fragwürdig wie die Absolutheit. Was ist dann das Dritte (tertiumne datur?)?

Ich nehme ein Beispiel: Ein Patient (es handelte sich wiederum um Reinhold) wird von einem Freund bestürmt, die schon getroffene Entscheidung über ein Arbeitsangebot zu widerrufen. Um seiner Furcht davor, lächerlich gemacht und verlassen zu werden, auch davor, den Freund zu verletzen, da er seinen Rat ausgeschlagen hat, aus dem Weg zu gehen, stellt er sich, als ob die Entscheidung wieder rückgängig gemacht werden könnte. Es ist eine Lüge aus Angst. Er schämt sich aber sehr über diese Feigheit, wagt es freilich nicht, seinem plagenden Freund die Stirne zu bieten. Man kann hier zweierlei Meinung sein, was unter den Umständen ethisch ist; die Frage ist relativ. Was aber nicht in Frage gestellt werden kann, ist die Tatsache, daß jede der beiden möglichen Entscheidungen ihren Preis fordert, vielleicht sogar einen exorbitanten Preis, und daß die beiden Kosten gegen einander abgewogen werden müssen. Und die „Mathematik“ dieses Abwägens, die gegenseitige *Korrelation dieser beiden Werte* (Ehrlichkeit gegenüber Beziehung zum Freund; oder: Scham über die Lüge gegenüber Furcht vor der Verurteilung, mit all den tieferen, intrapsychischen Schichten auf beiden Seiten dieses Wertkonfliktes) – diese Relation ist absolut. *Die „Gleichung“ ist nicht relativ, während die Faktoren der Gleichung es sind.* Jede Entscheidung kann ungeheure Folgen für den mitmenschlichen Diskurs haben, und zwar unerbittliche, unvermeidliche, eben „absolute“ Konsequenzen, – die Leichtigkeit des Lügens wie die Konfrontierung der unvernünftigen Begehren eines mächtigen Freundes – nicht anders als 2 + 2 = 4.

Daher glaube ich, daß die Frage nach der Absolutheit von Werten falsch gestellt ist. *Alle Werte sind relativ, aber ihre Relationen sind absolut.* Der Konflikt zwischen ihnen ist etwas, das, wenigstens momentan, während der analytischen Exploration, absolut genommen werden kann, als ein Ort, wo die Untersuchung der Motivierung innehält: es ist eine Art grundlegender Kausalität. Die einzelnen Faktoren des Konflikts sind relative zu einander, sie können nicht als *die* Kausalität angesehen werden.

Doch eine Schicht oder Art von innerem Konflikt steht immer in gegenseitiger Wirkung (Interaktion) mit anderen Konflikten. Da sich also die Konflikte selber immer auch aufeinander beziehen, ist es letztlich erst das *System der inneren Konflikte*, das sich jener Absolutheit anzunähern vermag.

„Menschliche Natur" ist dieses System von Bezügen, wobei quantitative Aspekte sich mit qualitativen verbinden – und gerade diese letzteren von der größten Wichtigkeit sind. Obwohl die Qualität und Größe dieser Konflikte die Toleranz der menschlichen Natur übersteigen mag, so gehört doch die Existenz dieser Art von Konflikten, der Wertkonflikte, zur Grundlage und zum Ursprung der „Natur der Seele", der Innenwelt des Menschen.

*

13.11 *„Der Mensch ist schwer zu entdecken und sich selber noch am schwersten; oft lügt der Geist über die Seele"* [20]

Durch sein Leben hindurch war Nietzsches Motto das Zitat von Pindar: „Werde, der du bist – durch Lernen[21] – genoi hoios essi mathon – γένοι' οἷος ἐσσὶ μαθών" die unablässige Suche nach seiner eigenen Integrität: „Ein Versuchen und Fragen war all mein Gehen: – und wahrlich, auch antworten muß man *lernen* auf solches Fragen ... *Den* Weg nämlich – den gibt es nicht!" (*Zarathustra*, „Geist der Schwere", S. 216 f.). Es war eine Suche, die tragisch scheiterte, zerschellt an den Extremen seiner inneren Konflikte. Was er jedoch zu Beginn und wiederum, fast identisch, am Ende des vierten Teils des *Zarathustra* bekennt, bleibt stehen als ein Monument zur Größe seines doppelten Trachtens: „Was liegt am Glücke! ... ich trachte lange nicht mehr nach Glücke, ich trachte nach meinem Werke" („Honigopfer", S. 261; ähnlich „Zeichen", S. 363).

*

Vielmehr ist es das *Leiden,* das ihn lehrt, das *Leiden, das er sucht und das er liebt:*

Dieses *Schmerzheischende* zieht sich durch die ganze Entwicklungsgeschichte Nietzsches als die eigentliche *Geistesquelle* in ihr; er spricht es am treffendsten in den Worten aus: „Geist *ist* das Leben, das selber ins Leben schneidet: an der eignen Qual mehrt es sich das eigne Wissen, – wußtet ihr das schon? Und des Geistes Glück ist dies: gesalbt zu sein und durch Tränen geweiht zum Opfertier, – wußtet ihr das schon? – – Ihr kennt nur des Geistes Funken: aber ihr seht den Amboß nicht, der er ist, und nicht die Grausamkeit seines Hammers!" (*Also sprach Zarathustra,* II 33.) „Jene Spannung der Seele im Unglück, – – ihre

[20] Zarathustra, „Geist der Schwere", 2, S. 215

[21] ... „durch Lernen, *mathon";* dieser Zusatz fehlt gewöhnlich beim Zitieren, auch bei Nietzsche.

Schauer im Anblick des großen Zugrundegehens, ihre Erfindsamkeit und Tapferkeit im Tragen, Ausharren, Ausdeuten, Ausnützen des Unglücks, und was ihr nur je von Tiefe, Geheimnis, Maske, Geist, List, Größe geschenkt worden ist: – ist es nicht ihr unter Leiden, unter der Zucht des großen Leidens geschenkt worden?“ (*Jenseits von Gut und Böse,* 225) … Die Geschichte des „Einzelnen“ ist durchaus eine *Leidensgeschichte* und nicht irgend welchem allgemeinen Individualismus zu vergleichen, – ihr Inhalt lautet viel weniger: „Selbstgenügsamkeit“ als: *„Selbsterduldung“.* Betrachtet man das leidensvolle Auf und Nieder seiner Geisteswandlungen, dann liest man die Geschichte eben so vieler Selbstverwundungen, und es verbirgt einen langen, schmerzlichen Heldenkampf mit sich selbst, wenn Nietzsche über seine Philosophie die kühnen Worte setzt: „Dieser Denker braucht Niemanden, der ihn widerlegt: er genügt sich dazu selber!“ (Der Wanderer und sein Schatten 249) (Lou Andreas-Salomé, S. 44 ff.).

*

Am Rande des Wahnsinns verfaßte Nietzsche die Dionysos-Dithyramben. Ich ende dieses Kapitel mit den abschließenden Strophen des Gedichts „Zwischen den Raubvögeln“:

Du suchtest die schwerste Last: da fandest du *dich* –, du wirfst dich nicht ab von dir … Lauernd, kauernd, einer, der schon nicht mehr aufrecht steht! Du verwächst mir noch mit deinem Grabe, *verwachsener* Geist! Und jüngst noch so stolz, auf allen Stelzen deines Stolzes! Jüngst noch der Einsiedler ohne Gott, der Zweisiedler mit dem Teufel, der scharlachne Prinz jedes Übermuts! …

Jetzt – zwischen zwei Nichtse eingekrümmt, ein Fragezeichen, ein müdes Rätsel – ein Rätsel für *Raubvögel* …

– sie werden dich schon „lösen“, sie hungern schon nach deiner „Lösung“, sie flattern schon um dich, ihr Rätsel, um dich, Gehenkter! … Oh Zarathustra! … *Selbstkenner!* … *Selbsthenker!* …

14 *Der schöpferische Agon – Thomas Manns Dialog mit Nietzsche und sein verborgener Prozeß gegen ihn*[1]

„Der Mensch ist Herr der Gegensätze, sie sind durch ihn, und also ist er vornehmer als sie.“ (*Zauberberg*, S. 523)

14.1 *„Denn das Leben ist die Liebe und des Lebens Leben – Geist“*[2]

Was ich als die führenden Werte und als ihren Konflikt bei Nietzsche ausgearbeitet habe, ist z. T. in Übereinstimmung mit dem, was Mann als sein ihn leitendes Wertsystem betrachtete, z. T. steht es in scharfem Gegensatz dazu: „Die Berührung mit Nietzsche war in hohem Grade bestimmend für mich; aber unsere Substanz zu verändern, etwas anderes aus uns zu machen, als wir sind, ist keine Bildungsmacht imstande. Goethe hat gesagt, daß man etwas *sein* müsse, um etwas zu *machen.* Aber schon, um in irgendeinem höheren Sinn etwas *lernen* zu können, muß man etwas *sein.* Die organische Einbeziehung und Umwandlung, die Nietzsches Ethos und Künstlertum bei mir gefunden hat, ist mit Widerspruch und Distanz von allem Anbeginn an begleitet gewesen“ (Ges.W. in 13 Bänden, Bd. 13, *On myself*, S. 142). „Er verstand sich auf die Relativität des ‚Immoralismus‘ dieses großen Moralisten“, sagt er über sich selbst: „... ich sah in Nietzsche vor allem den *Selbstüberwinder;* ich nahm nichts wörtlich bei ihm, ich *glaubte* ihm fast nichts, und gerade das gab meiner Liebe zu ihm das Doppelschichtig-Passionierte, gab ihm die Tiefe ... Seine Verherrlichung des ‚Lebens‘ auf Kosten des Geistes, die im deutschen Denken so mißliche Folgen gehabt hat – es gab nur eine Möglichkeit, sie zu assimilieren: *als Ironie*“ (l. c., S. 143).

Eine der Weisen, die Mann dafür in Anspruch nahm, war die, daß er den Künstler mit diesem „dialektischen Gegensatz von Geist und Kunst auf der einen und ‚Leben‘ auf der anderen Seite“ spielen ließ, und zwar so, daß er beweglich bald auf der einen Seite, bald auf der anderen stand (l. c., S. 145 f.).

Er spricht von 3 Gründen, die ihn Nietzsche zutiefst verpflichtet machen:

Zum Ersten: „Als Schriftsteller, als Psycholog, als Darsteller des Menschlichen bin ich der Wahrheit verschworen“, behauptet er 1950 in seinem Essay „Meine Zeit“ (Bd. 11, in der 13bändigen Ausgabe, S. 316). Seine eigene *Wahrheitsliebe* stamme „aus der hohen Schule Nietzsches“. „Sein Wahrheitsstolz, sein Begriff selbst von Ehrlichkeit und intellektueller Reinlichkeit, sein Wissensmut und seine Wissensmelancholie, sein Selbstkennertum, Selbsthenkertum“ haben ihn gelehrt (Mann 1936, „Freud und die

---

[1] Auf englisch vorgetragen am 7. April und 30. Juni 30, in Bethesda in der Diskussionsgruppe bei J. Lichtenberg: „Psychoanalysis and Creativity“.

[2] Goethe, West-östlicher Divan; zitiert von Mann in seinem Schopenhauer-Essay, S. 230.

Zukunft“, *Essays*, Bd. 3, S. 175). So könne er, Mann, niemals seine eigene Verpflichtung gegenüber diesem Meister der „psychologischen Passion“ vergessen.

Der zweite Grund, weshalb er in Nietzsches Schuld stehe, finde sich in dessen „Sinn für die Krankheit ... für die Krankheit als Erkenntnismittel ... daß es kein tieferes Wissen ohne Krankheitserfahrung gibt“ (Mann, *Essays*, Bd. 3, „Freud und die Zukunft“, S. 176:) – für Mann eine andere Gemeinsamkeit auch zwischen Nietzsche und Freud. Wir begegnen dieser Einsicht in besonders bewegender Form im „Dr. Faustus“, in den Worten des Erzählers und Freundes: „Genie ist eine in der Krankheit tief erfahrene, aus ihr schöpfende und durch sie schöpferische Form der Lebenskraft“ (S. 543).

Und drittens sei es die ungeheure *Kraft der deutschen Sprache,* wie sie von Nietzsche entwickelt wurde. Luther hatte die deutsche Sprache geschaffen, „die Goethe und Nietzsche dann zur Vollendung führten“, sagt Mann in seinem Vortrag von 1945 „Deutschland und die Deutschen“ (*Essays*, Bd. 2, S. 286).

Tatsächlich beschreibt Mann in seiner Nietzsche-Vorlesung von 1924 seine Begegnung mit Nietzsche als „eines der Grunderlebnisse unseres Geistes, ein Erlebnis von unendlich bestimmender, von prägender Wirkung“ („Vorspruch zu einer musikalischen Nietzsche-Feier“, 11. Band in der 12bändigen Ausgabe von 1956, S. 345); dort nennt er ihn einen „kühnen, prophetisch regierenden und erzieherischen Geist ... unsern sittlichen Meister“.

Doch spielt er dort auch auf den einen Konflikt an, der uns schon im vorigen Kapitel beschäftigt hat: „Sein Heldentum aber hieß *Selbstüberwindung.* Er hat, um des Lebens willen, die ‚asketischen Ideale‘ mit seinem ganzen Genie bekämpft; aber er selbst war ein Held jener innerweltlichen Askese, die die moralische Form der Revolution ist ... [er ist] zu einem Seher und Führer in neue Menschenzukunft geworden ... ein Freund des Lebens, ein Seher höheren Menschentums, ein Führer in die Zukunft“ (l. c.).

Und doch können wir, besonders wenn wir Manns spätere Werke studieren, in ihnen eine stille, doch beharrliche Stimme des Protests gerade gegen Nietzsches Wertsystem vernehmen. Dieser Protest wird erst gegen sein Lebensende zu, im Jahr 1947, ausgesprochen, und zwar in seinem Essay „Nietzsches Philosophie im Lichte unserer Erfahrung“ (*Essays*, Bd. 3).

14.2 „Es gibt ... keine Instanz, vor der das Leben sich schämen könnte“

In dieser letzten (expliziten) Auseinandersetzung mit dem Philosophen, der sein Denken wie wohl kaum ein anderer erschüttert, geschärft und bestimmt hat[3] und dessen Philosophieren von unermeßlichem Einfluß auf unser Jahrhundert gewesen ist und auch heute noch in stillerer und heimlicherer Weise ist, – zitiert Thomas Mann:

---

[3] Schopenhauer und Goethe übten gewiß einen ähnlich großen Einfluß auf ihn aus, doch kaum in diesem Sinn eines ständigen Anreizes zum „Agon“, zur Auseinandersetzung, und der Tiefe des dadurch verursachten inneren Konfliktes, wie ich ihn hier im Blick habe.

„Es gibt keinen festen Punkt außerhalb des Lebens", sagt Nietzsche, „von dem aus über das Dasein reflektiert werden könnte, keine Instanz, vor der das Leben sich *schämen* könnte". Wirklich nicht? Man hat das Gefühl, daß doch eine da ist, und möge es nicht die Moral sein, so ist es schlechthin der Geist des Menschen, die Humanität selbst als Kritik, Ironie und Freiheit, verbunden mit dem richtenden Wort. „Das Leben hat keinen Richter über sich?" Aber im Menschen kommen doch irgendwie Natur und Leben über sich selbst hinaus, sie verlieren in ihm ihre Unschuld, sie bekommen *Geist* – und Geist ist die Selbstkritik des Lebens. Dieses humane Etwas in uns hat einen zweifelnden Blick des Mitleids für eine „Gesundheitslehre" des Lebens, die in noch nüchternen Tagen sich nur gegen die historische Krankheit richtet, aber dann in eine mänadische Wut gegen die Wahrheit, Moral, Religion, Menschlichkeit, gegen alles ausartet, was zu einer leidlichen Zähmung des wilden Lebens dienen kann (S. 251).

„Geist" als Selbstkritik des Lebens – er bedeutet, wie wir im voraufgehenden Kapitel gesehen haben, inneren Konflikt als Basis und Zentrum des menschlichen Daseins, als hauptsächlichen Ausgangspunkt für sein Selbstverständnis. Keiner hat in der westlichen philosophischen Tradition die Feinheiten und verborgenen Schlupfwinkel solch inneren Widerstreites schärfer erkannt und genauer untersucht noch die Rolle der Triebe und Abwehrformen besser herausgestellt als Nietzsche (s. Benedetti 1988, *Friedrich Nietzsche – ein Ahnherr der Psychoanalyse?*). Und zugleich hat niemand es verzweifelter versucht, einen Ausweg aus diesem inneren Zwiespalt zu finden, eine Spaltung, die von ihm als Schwäche angeprangert und als Quelle von Verzweiflung und Scham bloßgestellt wurde.

Es sind 2 Irrtümer, die Mann in Nietzsches Argumentation hervorhebt: Der eine ist die „geflissentliche Verkennung des Machtverhältnisses zwischen Instinkt und Intellekt auf Erden, so, als sei dieser das gefährlich Dominierende, und höchste Notzeit sei es, den Instinkt vor ihm zu retten ... Als ob die geringste Gefahr bestünde, daß es je zu geistig zugehen könnte auf Erden!" (l. c.).

Nietzsches zweiter Fehler sei „das ganz und gar falsche Verhältnis, in das er Leben und Moral zueinander bringt, wenn er sie als Gegensätze behandelt" (S. 252). Die beiden gehören zusammen: „Ethik ist Lebensstütze, und der moralische Mensch ein rechter Lebensbürger, – vielleicht etwas langweilig, aber höchst nützlich ... Der wahre Gegensatz ist der von Ethik und *Ästhetik*. Nicht die Moral, die Schönheit ist todverbunden" (l. c.). „Und wenn dann der Sang von der ‚Blonden Bestie' sich erhebt, [von den frohlockenden Ungeheuern, welche vielleicht] ‚von einer scheußlichen Abfolge von Mord, Niederbrennung, Schändung, Folter mit einem Übermute und seelischem Gleichgewichte davongehen, wie als ob nur ein Studentenstreich vollbracht sei, [überzeugt davon, daß die Dichter für lange nun wieder etwas zu singen und rühmen haben]',[4] so ist das Bild des infantilen Sadismus vollkommen, und unsere Seele windet sich in Pein" (S. 255).[5] Dieses „Maximum des Barbaren" besitze „eine brutale Anziehungskraft für Schwächlinge" (Novalis). Dies aber sei unleugbar Nietzsches Ideal des *„Übermenschen"*, „des prangenden Tyrannentyps": „Denn diese Schreckensutopie von Größe, Stärke und Schönheit lügt bei weitem lieber, als daß sie die Wahrheit sagt, –

[4] (*Genealogie*, I, 11, S. 268).
[5] Ich korrigierte und ergänzte Manns Nietzsche-Zitat.

es kostet mehr Geist und Willen. Der Übermensch ist der Mensch, ‚in dem die spezifischen Eigenschaften des Lebens – Unrecht, Lüge, Ausbeutung – am größten sind' " (S. 255 f.).

> Durch Nietzsches Ästhetizismus, der eine rasende Verleugnung des Geistes ist zugunsten des schönen, starken und ruchlosen Lebens, die Selbstverleugnung eines Menschen also, der tief am Leben leidet, kommt etwas Uneigentliches, Unverantwortliches, Unverlässiges und Leidenschaftlich-Gespieltes in seine philosophischen Ergüsse, ein Element tiefster Ironie, woran das Verständnis des schlichten Lesers scheitern muß. Was er bietet, ist nicht nur Kunst, – eine Kunst ist es auch, ihn zu lesen, und keinerlei Plumpheit und Geradheit ist zulässig, jederlei Verschlagenheit, Ironie, Reserve erforderlich bei seiner Lektüre (S. 261).

Im vorigen Kapitel habe ich kurz das Thema des inneren Konflikts in der westlichen Denktradition und Platons Begriff des *„Agon eschatos* – ἀγὼν ἔσχατος" behandelt. Hier denke ich an den *Agon zwischen Leben und Geist,* wie er (in Manns Sicht) zum ersten Mal in voller Schärfe von Schopenhauer formuliert wurde, dann aber von Nietzsche in seiner Wertung radikal umgekehrt wurde; Nietzsche selbst braucht mehrfach diese *Metapher des Agon* (z. B. *Götzendämmerung,* „Sokrates", 8, S. 91; „Unzeitgemäßes", 23, S. 146; „Alten", 3, S. 179). Mann behauptet, „Schopenhauer, als Psycholog des Willens, ist der Vater aller modernen Seelenkunde: von ihm geht, über den psychologischen Radikalismus Nietzsches, eine gerade Linie zu Freud und denen, die seine Tiefenpsychologie ausbauten und auf die Geisteswissenschaften anwandten" (Mann, *Essays* „Schopenhauer", 1938; Bd. 3, S. 232). Ja, das sei schon Psychoanalyse: „Diese Einsicht, die im klassischen Sinn nicht eben humane Feststellung, daß der Intellekt dazu da ist, dem Willen gefällig zu sein, ihn zu rechtfertigen, ihn mit oft sehr scheinbaren und selbstbetrügerischen Motiven zu versehen, die Triebe zu rationalisieren, birgt eine skeptisch-pessimistische Psychologie, eine Seelenkunde durchschauender Unerbittlichkeit, *die dem, was wir Psychoanalyse nennen, nicht nur vorgearbeitet hat, sondern diese selbst schon ist.* Im Grunde ist alle Psychologie Entlarvung und ironisch-naturalistischer Scharfblick für das vexatorische Verhältnis von Geist und Trieb" (l. c., S. 232). Und er fügt hinzu, daß in Schopenhauers Ansicht alles Böse sich vom innern Konflikt herleite: „deren Quelle der *innere Widerstreit des Willens* ist" (S. 204). Entsprechend beschreibt Mann Schopenhauers Weltanschauung folgendermaßen: „. . . . bipolarisch, kontrast- und konflikthaft, qualvoll-heftig erlebt er die Welt als Trieb und Geist, Leidenschaft und Erkenntnis, ‚Wille' und ‚Vorstellung' " (S. 230). Und in bezug auf seinen Charakter spricht er von „seinem Extremismus, einer grotesk-dualistischen Kontrasthaftigkeit seiner Natur, die man als *romantisch* im pittoreskesten Sinn des Wortes ansprechen muß" (S. 228).

*

Daß Mann Nietzsches Konflikt ganz anders löste, ist klar, und hätte es eigentlich schon fast vom Anfang seines Dialogs mit diesem „Seher und Führer in eine neue Menschenzukunft" an sein sollen. Die Wertentscheidung, der er sich zutiefst verpflichtet fühlt, steht im Vordergrund seines Freud-Vortrags von 1929, wo er einer Philosophie das Wort gibt, die die *Vernunft als Führerin über die Triebe* einsetzt und die Gegensätze als komplementär miteinander versöhnen würde. Darin spricht er sich auch für die *Zentralität von Konflikt* überhaupt aus, an Stelle einer *Mythologie des*

Entweder-Oder. Aufs schärfste wendet er sich gegen „... diesen überall verbreiteten, die Zeit beherrschenden antiidealistischen und antiintellektualistischen Willen, den Primat des Geistes und der Vernunft zu brechen, ihn als die unfruchtbarste der Illusionen zu verhöhnen und die Mächte der Dunkelheit und der Tiefe, das Instinktive, das Irrationale triumphierend wieder in ihr Lebensurrecht einzusetzen" – also eben die explizite Wertpriorität Nietzsches (*Essays*, III, „Die Stellung Freuds ...", S. 162). Dennoch bemühte er sich zu der Zeit noch immer darum, Nietzsche als seinen Verbündeten und wahren Vorläufer „seiner psychologischen Erkenntnismethode wegen" für sich zu beanspruchen (S. 159). Daß dies zwar die Wahrheit, aber eben nur die halbe Wahrheit ist, wird aus dem früher Ausgeführten offensichtlich, doch bleibt sein Widerspruch und grundsätzliche Opposition zu dem, was ich „den zweiten Nietzsche" genannt habe, zunächst sehr gedämpft, wenngleich nicht ganz geheim. Ohne Vorbehalt anerkennt er aber Nietzsches tiefe Sehnsucht nach der Wahrheit, dem Geistigen und der Freiheit als seine eigene, erklärt sich also mit „dem ersten Nietzsche" solidarisch. Seine eigene Haltung gegenüber der Welt der Ideale ist, nun wiederum im Einklang mit Nietzsche, die einer „überkonfessionellen Religiosität": Diese „kann ich mir nicht anders vorstellen als gebunden an die Idee des Menschen, als einen religiös fundierten und getönten Humanismus, der, vielerfahren, durch vieles hindurchgegangen, alles Wissen ums Untere und Dämonische hineinnähme in seine Ehrung des menschlichen Geheimnisses. – Religion ist Ehrfurcht, – die Ehrfurcht zuerst vor dem Geheimnis, das der Mensch ist ... Notwendig zuerst ist die Wandlung des geistigen Klimas, ein neues Gefühl für die Schwierigkeit und den Adel des Menschseins, eine alles durchwaltende Grundgesinnung, der niemand sich entzieht, die jeder im Innersten als Richter anerkennt" (*Essays,* Bd. III, S. 264), sagt er am Ende seines Nietzsche-Essays.

Entsprechend Nietzsches Doppelnatur ist demnach auch Thomas Manns philosophische Haltung ihm gegenüber zwiespältig: tiefste Verpflichtung und stärkste Empörung. Was ich damit meine, sollte etwas klarer aus den Wertbekenntnissen, den Erklärungen seiner philosophischen Gegenideale werden, die ich hauptsächlich aus Thomas Manns Spätwerk ausgelesen habe, philosophische Glaubensbekenntnisse, die sich gegen diesen größten Denker und Seher wenden, gegen den Lehrer, der tapfer gegen Krankheit ankämpfte und doch Krankheit in gefährlichster Weise verfocht, gegen diesen tiefstgründigen und doch auch in die Irre leitenden Meister der psychologischen Einsicht, diesem Führer im Krieg gegen Schamangst, der indes zuerst die Schutzmacht der Schuld ausrotten mußte.

14.3 „Die Wehklemme zwischen Geistes- und Fleischesehre"

Pawel zitiert in einer Rezension aus dem Briefwechsel von Thomas Mann, was Mann selbst über *Joseph und seine Brüder* geschrieben hat: der Roman sei wenig bekannt, zu teuer und zu zeitraubend für den heutigen Leser. Trotzdem betrachte er ihn als einen der Gipfel seines Lebens, erreicht, vielleicht sogar übertroffen durch den Dr.

Faustus. Was danach gekommen ist, sei nur ein Nachspiel. Diese beiden Werke werden denn auch die Pfeiler dessen bilden, was ich zu sagen habe.

Zuerst aus *Joseph und seine Brüder*, diesem Riesenroman, der nicht der Mythologie der Griechen, keiner Nachschaffung ihres natur- und lebenszentrierten „Kosmos" gewidmet ist, sondern der Urzeit der Juden und ihrer Begründung unserer Ethik: „Nun, die Juden haben sich, dank ihrer Moralität, als gute und ausharrende Kinder des Lebens erwiesen", wie er in seinem Nietzsche-Essay aussagt (S. 252).

„Rastlosigkeit und Würde – das ist das Siegel des *Geistes*"; (*Joseph und seine Brüder*, S. 50); Würde, Adel, das ist jenseits des Natürlichen: „... welche das menschlich Würdige, nämlich das mehr als Natürliche und also Gesittete eigentlich ausmachen ... Was hier seine Wirkung übte, war derselbe Adel ..." (S. 162). Im Dienste des höchsten und leitenden Ideals wird die Würde des Einzelnen und die der Menschheit eins, wie es über Abram, den Wanderer nach Wahrheit, heißt: „daß er ... nur dem Höchsten dienen dürfe ... Darin eben erweist sich der Zusammenhang der Würde des Ich mit der Würde der Menschheit" (S. 1721).

Jaakob grübelt über die Natur der Doppelheit, des „Doppelprozesses" von Gottes und des Menschen Heiligwerden im Bund nach: „... daß Gott seine wirkliche Würde nur mit Hilfe des Menschengeistes erlangt, dieser aber wieder nicht würdig wird ohne die Anschauung der Wirklichkeit Gottes und die Bezugnahme auf sie" (S. 320). „Denn im Worte und nicht in der Hand ist Herrschaft und Überblick" (S. 902). In bezug auf Laban werden Nietzsches und Freuds tiefe Einsichten in die Macht der Selbsttäuschung dichterisch bekräftigt: „Aber schon die Gedanken – und nicht erst die Rede – des Erdenmenschen sind nur ein Kleid und eine Beschönigung seiner Strebungen und Interessen, die er in rechtliche Form bringt, indem er denkt, so daß er meist lügt, bevor er spricht, und seine Worte so redlich kommen, weil nicht sie erst gelogen sind, sondern bereits die Gedanken" (S. 262).

In ähnlicher Weise heißt es über den Charakter und die Selbsttäuschung der Mut-em-enet, Peteprês (= Potiphars) Weib, wie ihre zunehmende Verliebtheit in Joseph ihr Ziel verfehlt:

> Man weiß es aus allen Zivilisationen, wie sehr die Anforderungen des Gesellschaftslebens, der bloßen Kultur und ihrer überwuchernden Einzelheiten die Lebenskräfte vornehmer Frauen mit Beschlag belegen, so daß es überm Um und An der Form zum Eigentlichen, dem Leben der Seele und Sinne, wohl niemals kommen mag und eine kühle Leere des Herzens, entbehrungslos, soweit das Bewußtsein reicht, zur nicht einmal traurig zu nennenden Daseinsgewohnheit wird (S. 1013).

„Die Schwere des Ärgernisses mußte herhalten, das Vergnügen zu rechtfertigen, das ihr die Beschäftigung damit gewährte und das sie Sorge und Eifer nannte. *Die Fähigkeit des Menschen zum Selbstbetrug ist erstaunlich*" (meine Betonung, S. 1020).

Ein Ergebnis dieses tiefen *Konflikts zwischen dem Bedürfnis für Wahrheit und dem oft größeren Verlangen nach Lüge* wird in Hinsicht auf die „narzißtische" Eitelkeit und Selbstbewunderung Josephs vor seinen Brüdern und deren Müttern in psychologisch feiner Weise angedeutet: „Gleichgültigkeit gegen das Innenleben der Menschen und Unwissenheit darüber zeitigen ein völlig schiefes Verhältnis zur Wirklichkeit, sie erzeugen Verblendung ... Einbildungskraft und Kunst des Erratens in bezug auf das Gefühlsleben der anderen, Mitgefühl also, ist nicht nur löblich, sofern es die Schranken des Ich durchbricht, es ist auch ein unentbehrliches Mittel der Selbsterhaltung" (S. 485).

Angesichts der „hohlen Würde" seines Meisters, Petepré/ Potiphar, besinnt sich Joseph: er „besaß außerpersönliche Erinnerungen daran, wie wenig die Ehrenannahmen der Sitte, die gesellschaftliche Übereinkunft, auszurichten vermögen gegen das dunkle und schweigende Ehrgewissen der Tiefe, das sich nicht betrügen läßt von den hellen Fiktionen des Tages" (S. 844).[6]

Immer wieder wird von neuem dieser tiefe Konflikt zwischen Wahrheit und Lüge auf einen noch tieferen zurückgeführt, den zwischen *„Geist"* und *„Leben"*, wobei beide Antipoden als berechtigt, benötigt und gerecht erkannt werden.

So spricht Joseph enthusiastisch zu Petepré über eine geistige oder intellektuelle Fruchtbarkeit: „... es gebe Zeugung und Fruchtbarkeit, die nicht irdisch ist nach Art und Geschlecht, und nicht vom Fleische, sondern göttlich und geistig ... Weil das Wort Geist ist, und *weil strittig werden die Dinge im Geiste*" (S. 895). Und er beschreibt ihm den Garten Eden als „eine Scheu und ein dämonisch Bereich, ein Spielraum verfluchten Gebotes, von Gottes Eifersucht voll": „Zwei Tiere liegen davor: ‚Scham' heißt das eine, das andere ‚Schuld'. Und noch ein drittes blickt aus den Zweigen, des Name ist Spottgelächter" (S. 924).

Wie sehr das *Gewissen* zum Zeichen des Geistes wird, drückt Juda in seinem Wortwechsel mit dem anklagenden, unerkannten Bruder Joseph aus: „Es gibt aber auch eine Würde der Schuld, die hält auf sich, mehr vielleicht noch als Unschuld ... Denn Schuld schafft Geist – und schon umgekehrt: ohne Geist gibt es gar keine Schuld" (S. 1671, 1678). Er ist stolz auf seine Gewissensstrenge: „Und das ist der eigentümliche Hochmut des Gewissens" (S. 1547). Er wird von der Geißel seines Geschlechtslebens gejagt und zugleich von diesem herrschsüchtigen Gewissen gepeinigt, „... *was einen Riß in seiner Seele bedeutete und eine Uneinigkeit in ihm selber*" (S. 493).

Der Schuld gegenüber heißt es von „ ‚Scham' ... daß man es [das Wort] nach seinem letzten und weitgehend vergessenen Sinne versteht: als einsilbige Umschreibung jenes Grauens, das entsteht, wenn das Urtümliche die Schichten der Gesittung durchbricht ... er tat, was ‚man nicht mehr tut', und das ist, recht bedacht, die Quelle alles Grauens. Unterstes kommt dabei zuoberst ..." (S. 633). So steht es über Jaakobs maßlose Trauer über den Verlust Josephs, des vergötterten, grenzenlos bewunderten Sohnes.

Doch mag das durch den „Geist" gesetzte Ideal unerreichbar hoch erscheinen: „Wie schwer ist es aber, aus sich zu machen, wozu man geschaffen ist, und sich auf die Höhe zu bringen von Gottes Absichten mit uns, mögen diese sogar auch nur mittlerer Art sein; die Absichten Gottes mit Joseph aber waren sehr groß, und er mußte nachkommen" (S. 933). Petepré sieht sein Charakterbild entsprechend in zweideutig-fragender Weise: „ob [dunkel sein Geist und ohne Schule oder] erleuchtet vom Wort und geadelt von seinen Zauberkräften ... getrieben vom Geiste" (S. 1057).

---

[6] Dieser Gegensatz ist dem gleich, den ich bei Ibsen herausgearbeitet habe: die oberflächliche gegenüber der tiefen Verlogenheit.

Gegen diesen geistigen Adel, gegen die Führung durch das Ideal, erhebt sich jedoch die *„Heimsuchung“ durch die Tiefenmächte:* „Es ist die Idee der Heimsuchung, des Einbruchs trunken zerstörender und vernichtender Mächte in ein Gefaßtes und mit allen seinen Hoffnungen auf Würde und bedingtes Glück der Fassung verschworenes Leben“ (S. 1085 f.), wie es der Herrin Mut-em-enet widerfährt, „eine Heimgesuchte und Überwältigte, ein mänadisches Opfer des fremden Gottes ... über den Haufen geworfen von Mächten des Untergrundes“ (S. 1086). „Die Wahrheit jedoch, bitter wie sie sei, verlangt das Eingeständnis, daß alles Geistig-Gedankliche nur schlecht, nur mühsam und kaum je auf die Dauer aufkommt gegen das Ewig-Natürliche. Wie wenig die Ehrenannahmen der Sitte, die gesellschaftlichen Übereinkünfte auszurichten vermögen gegen *das tiefe, dunkle und schweigende Gewissen des Fleisches* ...“ (meine Betonung, S. 1087).

In wundervoller Verdichtung nennt er ihren verzweifelten inneren Konflikt „die Wahlklemme zwischen Geistes- und Fleischesehre“, ihr Ringen mit dem „Liebestrieb“, der in des Zwergen Dûdus höhnischem Jargon „Hangesfron“ heißt (S. 1090): „Es ist vielmehr ein verschlungener Widerstreit voller Pein und Verworrenheit, welcher auf eine erwünscht-verwünschte Weise die Seele spaltet, dergestalt, daß der Liebende dem Sehen-Müssen ebenso herzlich flucht, wie er es als ein selig Dürfen segnet ...“ (S. 1091).

„Das ist ein alter Widerstreit der Verliebten: Suchen und Flucht der Nähe“ (S. 1103), der sie, Mut-em-enet, mit tiefer Scham füllt (S. 1002).

Angesichts der Verführung durch Mut-em-enet versucht er ihr, so taktvoll ihm das gelingen will, ihr ungebührliches Begehren auszureden, doch da „stand sein Fleisch auf gegen seinen Geist“, in äußerster Demütigung erlebt er „den Widerspruch zwischen Geist und Körper“ (S. 1259), einen Widerspruch, der bekanntlich bei Augustinus zum Mittelpunkt seiner Metaphysik des Konfliktes wird. Was Joseph die Widerstandskraft verleiht, der Versuchung zu entfliehen, ist „das Vaterantlitz ... Ein Denk- und Mahnbild war es, das Bild des Vaters in weiterem und allgemeinerem Verstande“ (l. c.). Das Nachgeben wäre, sagt er früher, dem Vatermord und dem Mutterinzest gleich: „... du befiehlst mich allnächtlich zur Lust, den abgeleiteten Herrn, der mit dir den Vater gemordet, um mit der Mutter zu schlafen?“ (S. 1175).

14.4 „... daß sich das Bindend-Musterhafte des Grundes mit der Gottesfreiheit des Ich erfülle ...“

Mann spricht von einem *„durchgehenden, mein Gesamtwerk gewissermaßen zusammenhaltenden Grund-Motiv“* (*On myself*, S. 135 f.): das Bewußtsein einer *Einheit* unseres Lebens, der Einheit sowohl von uns als Individuen wie von uns als Kultur, ein Bewußtsein, das sich in der *„Heimsuchung“* ganz besonders erkennt (*Joseph*, S. 1085): „Im Anfang, wie in der Mitte: Vom ‚Kleinen Herrn Friedemann‘ zum ‚Tod in Venedig‘, der viel späteren Erzählung des ‚fremden Gottes‘ spannt sich der Bogen; und was ist die Leidenschaft von Potiphars Frau für den jungen Fremdling anderes als abermals der Einsturz, der Zusammenbruch einer mühsam, aus Einsicht und Verzicht gewonnenen hochkultivierten Haltung: die Niederlage der Zivilisation, der heulende Triumph der unterdrückten Triebwelt" (*On myself*, S. 136).

Doch die *große Versöhnung zwischen den beiden Grundmächten* in der Menschennatur, die, wie ich glaube, im Zentrum von Manns Wert- und Lebensphilosophie steht, wird in einem der Dialoge zwischen Joseph und dem Pharao Echnaton in großartig metaphorischer Sprache erfaßt. Zunächst wird die zwiefältige Natur des Traumverständnisses von Joseph dargelegt:

> Mit der Träumerei möchte es wohl ein Rundes und Ganzes sein, worin Traum und Deutung zusammengehören und der Träumer und Deuter nur scheinbar zweie und unvertauschbar, in Wirklichkeit aber vertauschbar und geradezu ein und derselbe sind, denn sie machen zusammen das Ganze aus. Wer da träumt, der deutet auch, und wer da deuten will, der muß geträumt haben ... Im Grunde aber und von Natur ist jedermann seines Traumes Deuter, und nur aus Eleganz läßt er sich mit der Deutung bedienen. Ich will euch das Geheimnis der Träumerei verraten: die Deutung ist früher als der Traum, und wir träumen schon aus der Deutung (S. 1355).

Später aber bezieht sich Joseph auf die „Gefaßtheit beim Deuten und Weissagen":

> Es hängt aber ... damit zusammen, daß es ein Ich ist und ein Einzel-Besonderes, durch das die Form und das Überlieferte sich erfüllen, – dadurch wird ihnen meines Erachtens das Siegel der Gottesvernunft zuteil. Denn das musterhaft Überlieferte kommt aus der Tiefe, die unten liegt, und ist, was uns bindet. Aber das Ich ist von Gott und ist des Geistes, der ist frei. Dies aber ist gesittetes Leben, daß sich das Bindend-Musterhafte des Grundes mit der Gottesfreiheit des Ich erfülle, und ist keine Menschengesittung ohne das eine und ohne das andere (S. 1422).

Der Pharao bezeugt ihm, daß er in seiner schonungslosen Deutung geistesunabhängig sei: „Denn du bist kein Sklave des bindenden Musters der Tiefe ..." (S. 1437), gleich seinem Urgroßvater Abraham, *„einem Wanderer nach der Wahrheit"* (S. 1453, 1462, 1466).

Von einer weiteren *Form der Versöhnung der Gegensätze* spricht Joseph zu seinem Verwalter Mai, ehe er mit seinen Brüdern sein Spiel von Selbstverstellung und Selbstenthüllung treibt, wenn er die Heiterkeit und das Spiel lobt: „Denn die Heiterkeit, Freund, und der verschlagene Scherz sind das Beste, was Gott uns gab, und sind die innigste Auskunft vor dem verwickelten, fragwürdigen Leben" (S. 1597).

Bevor wir dieses monumentale Werk verlassen, möchte ich wenigstens noch kurz einer Nebenfigur gedenken, nämlich des neid- und eifersuchtserfüllten, kleinlichen Zwergen Dûdu, dieses „Würdebolds" und „überheblichen Ehezwergs" (S. 942 f.), Josephs beharrlichsten Feindes, listigen Intrigantens und rücksichtslos lügenden Verfolgers, des verräterischen Botens, „Zeugezwergs", Mut-em-enets an Joseph (S. 1147), der schließlich sich anerbietet, an Joseph die Strafe der Kastration für seine angebliche Missetat zu vollstrecken (S. 1198), bis ihn dann sein Meister Petepré mächtig mit der phallischen „Ehrenkeule" niederschlägt (S. 1200). Er ist einer jener literarischen Zwerge, die in mehreren klassischen Werken zur Symbolisierung einer *engstirnigen, „anal-sadistischen" Form des konventionsgebundenen, doch von tiefem Ressentiment durchdrungenen Über-Ichs* herhalten müssen – auch an den Hohnzwerg Zarathustras gemahnend, der „verächtlich murmelt": „Alles Gerade lügt"; ich beschrieb in Einzelheiten eine andere Version in meinem Kapitel über Lagerkvists *Dvärgen* (in

Die zerbrochene Wirklichkeit, Kap. 4) – diesen Ausbund brennenden Ressentiments, einer aus den Quellen tiefster, den Kern der Persönlichkeit vergiftender Scham gespiesenen Rachsucht und verzehrenden Ungerechtigkeitsgefühls; es ist dort eine unheimliche Gestalt, die in der Verfolgung ihres Ziels, diese Ungleichheit und Ungerechtigkeit durch die Zerstörung von allem, was gut und leuchtend, was ideal und liebend ist, wettzumachen, keine Grenzen kennt. Es ist eine Über-Ich-Gestalt, die sich ganz vehement v. a. gegen alles richtet, was mit genitaler Sexualität zu tun hat. Dûdu ist ein anderes Beispiel für diese Verkörperung des Ressentiments, doch eine, die ihr Gegengewicht in einer schützenden Zwergenfigur, Schepses-Bes, findet, einer Art „guten Über-Ichs“.

14.5 *„. . . und hast ihnen schon ein Gewissen gemacht, daß ihnen übel zumute ist . . .“*

So stellt sich wieder und wieder die Aufgabe und wird immer von neuem in den Mittelpunkt gerückt: die *Macht des Gewissens* (des „Geistes“) in sich aufzunehmen, sich mit ihr zu identifizieren und den inneren und äußeren Aufstand gegen diese Macht zu besiegen. Ich glaube, diese Aufgabenstellung ist die beharrliche Unterströmung des gedämpften, doch starken Protests gegen Nietzsche. Dabei handelt es sich aber entschieden um *ein neuartiges Gewissen;* es ist in seiner eigenen Art revolutionär, nicht anders als das Nietzsches: es fühlt sich dem, was wahr ist, unerbittlich suchend verpflichtet („ein der Fassung verschworenes Leben“) und erlebt mit tiefem Unbehagen, was konventionell ist. Doch ist es ein Gewissen, das sich auch in schroffen Gegensatz zu den vitalen Bedürfnissen der Natur setzen kann.

Dieses Thema wird nochmals in einem anderen Spätwerk Thomas Manns aufgenommen und noch stärker akzentuiert, die Novelle *„Das Gesetz“,* 1943. In einem sowohl thematischen wie auch philosophischen Sinn kann sie als eine kurze Fortsetzung des magnum opus des Bibelromans von Joseph betrachtet werden, fast so, als ob es dem Autoren leid gewesen wäre, von der Welt, in der er sich etwa 17 Jahre lang aufgehalten hatte und mit deren Hauptgestalten er so innig vertraut worden war, endgültig Abschied zu nehmen. Sie erschien zuerst in englischer Übersetzung in einem Buch über *Hitler's War against the Moral Code* und beschäftigte sich mit dem Thema der „Formung einer neuen Volksgruppe, die der Welt des Rausches gegenüber verführungsresistent ist“ (Uwe Wolff, NZZ, 1989, April 22./23), und zwar der „Schaffung“ des jüdischen Volkes durch den „Künstler Moses“: „als verschworene Diener des Unsichtbaren ein abgesondertes Volk des Geistes, der Reinheit und Heiligkeit, . . . aus der heillosen Masse, die er liebte, eine heilige Gottesgestalt zu metzen“ (*Erzählungen,* Bd. 2, S. 622, S. 642). „. . . und hast ihnen schon *ein Gewissen gemacht, daß ihnen übel zumute ist*“, sagt Gott Mose (meine Betonung, S. 657).

Parallel zur *Schaffung eines neuen Gewissens,* der Tafeln mit den Zehn Geboten, hat nun Moses auch die Aufgabe, eine neue Schriftform höchster Abstraktionsfähigkeit zu ersinnen, in der sich alle Sprachen der Welt schreiben lassen: das Alphabet, das er auf den Gesetzestafeln mit seinem eigenen Blut ausmalt. Doch bei seinem Abstieg vom Gottesberg, dem Berg der Schaffung von Gewissen und Schrift, findet er den aufrührerischen Pöbel im Tanz um das goldene Kalb „in schamloser Unzweideutigkeit … Es hatte alles abgeworfen, was Mose ihnen heiligend auferlegt, die ganze Gottesgesittung" (S. 667), im Tanz „einer elenden Freiheit", „*ein* Schandringel immer nach rechts, der andere nach links" (S. 668). Ergrimmt zerschmettert er mit seinen Tafeln „das lachhafte Biest", doch vernichtet dabei auch die Tafeln. Von neuem schreibt er es nieder, was ihm gegeben worden war: die Botschaft „des Bündig-Bindenden", des „Kurzgefaßten", „den Fels des Anstandes" (S. 672) – „das ABC des Menschenbenehmens" (l. c.). Die Geschichte klingt in einem Fluch aus gegen jeden, der sich gegen diesen Moralkodex erhebt und sich vermißt, das Fundament der menschlichen Kultur überhaupt zu untergraben – einem eindeutigen Bezug auf Hitler.

Über diesen „Bruder" erklärt er, unumwunden, ohne es dichterisch zu verhüllen, in einem besonderen Essay (*Essays,* II, „Ein Bruder", 1939), „wie die Umstände es fügen, daß das unergründliche Ressentiment, die tief schwärende Rachsucht des Untauglichen, Unmöglichen, zehnfach Gescheiterten, des extrem faulen, zu keiner Arbeit fähigen Dauer-Asylisten und abgewiesenen Viertelskünstlers, des ganz und gar Schlechtweggekommenen sich mit den (viel weniger) berechtigten Minderwertigkeitsgefühlen eines geschlagenen Volkes verbindet, welches mit seiner Niederlage das Rechte nicht anzufangen weiß und nur auf die Wiederherstellung seiner ‚Ehre' sinnt …" (S. 223).

So ist diese Novelle, *Das Gesetz,* ein Aufruf, und zwar als Ausdruck des Willens „zu rettender Ehrfurcht des Menschen vor sich selbst", wie er es am Ende seines Schiller-Vortrags von 1955, ganz knapp vor seinem Tod gesagt hat (*Essays,* I, S. 215), doch ein tief empfundener Aufruf, der spezifisch unter dem überwältigenden Grauen von Nazismus und Holocaust entstand. In dieser Aufgabe der „Ehrfurcht vor sich selbst" nimmt Mann nicht nur eine Maxime Goethes auf, sondern auch Nietzsches. Freilich meint er damit eine Ehrfurcht, die in einem Gewissen gegründet ist, das für Nietzsche völlig unannehmbar wäre, doch sich sehr wohl in Einstimmung mit Goethe findet.

In dem Sinn, in dem ich im voraufgehenden Kapitel Nietzsches Verleugnung des Wertes der Gerechtigkeit als einer unabhängigen und begründenden ethischen Forderung, die zumindest eine Form des Gleichheitsbegriffs beinhaltet, sowie seine Verleugnung der Notwendigkeit mitmenschlicher Bezogenheit und Bindung beschrieben habe, kann man nun Manns biblische Novelle *Das Gesetz* als seine *dichterisch schärfste Anklage gegen Nietzsches Wertphilosophie* ansehen. Sie stellt das wieder her, was Nietzsche mißachtet und mit Füßen getrampelt hat, indem sie dem zweiten Nietzsche, und damit Hitler, einen neuen weisen Richter entgegenstellt: in einem *Gewissen der Wahrhaftigkeit.*

14.6 *„Etwas von stiller Dämonie“*[7]

Viele Jahre lang setzt sich Thomas Mann sowohl philosophisch wie auch in seinen Romanen und Novellen mit dem dämonisch-apokalyptischen Phänomen der Nazis und der schrecklichen Wende, die die deutsche Geschichte genommen hat, auseinander. Und es ist u. a. das tiefe Gefühl der Scham, das diese „aufwühlende“ Beschäftigung begleitet:

> Der dickwandige Folterkeller ... ist aufgebrochen, und offen liegt unsere *Schmach* vor den Augen der Welt, der fremden Kommissionen, denen diese unglaubwürdigen Bilder nun allerorts vorgeführt werden, und die zu Hause berichten: was sie gesehen, übertreffe an Scheußlichkeit alles, was menschliche Vorstellungskraft sich ausmalen könne. Ich sage: unsere Schmach. Denn ist es bloße Hypochondrie, sich zu sagen, daß alles Deutschtum, auch der deutsche Geist, der deutsche Gedanke, das deutsche Wort von dieser *entehrenden Bloßstellung* mitbetroffen und in *tiefe Fragwürdigkeit* gestürzt worden ist? Ist es *krankhafte Zerknirschung*, die Frage sich vorzulegen, wie überhaupt noch in Zukunft „Deutschland“ in irgend einer seiner Erscheinungen es sich soll herausnehmen dürfen, in menschlichen Angelegenheiten den Mund aufzutun? (*Dr. Faustus*, S. 730; meine Betonung).

Es ist die Frage des Erzählers Serenus Zeitblom am Ende des Romans; doch das darin kundgetane Grundgefühl dringt an manchen anderen Stellen durch. Dieser große Roman des *Dr. Faustus,* einzigartig in Form wie Inhalt und gewaltig-umfassend in seiner Intention, ist eines der Ergebnisse dieses inneren Kampfes – dieses *„Schmerzensbuch“*, wie er den Roman in einer seiner Goethe-Vorlesungen von 1949 (Bd. 11, in der 12bändigen Ausgabe, S. 489) nennt, und nicht umsonst war er ihm besonders teuer und nahe, wie er in Antwort auf eine Anfrage ein Jahr vor seinem Tode bekennt (1954): „Der Faustus-Roman ist mir am teuersten, einfach weil er mich am teuersten zu stehen gekommen ist, mich am meisten Herzblut gekostet hat, weil ich an diesem Werk meiner siebzig Jahre am meisten von meinem Leben, meinem tiefsten Selbst mit einer Art von wilder Rücksichtslosigkeit, einer Aufgewühltheit, die ich nie vergessen werde, dahingegeben habe“ („Das mir nächste meiner Bücher“, 1954, Bd. XI der Ges.W. in 13 Bd., S. 686). Er fügt hinzu, das gelte nicht minder für seinen „Helden“: „... daß ich nie eine Imagination, weder Thomas Buddenbrook, noch Hans Castorp, noch Aschenbach, noch Joseph, noch den Goethe von ‚Lotte in Weimar‘ – ausgenommen vielleicht Hanno Buddenbrook – geliebt hätte wie ihn“ (l. c.; ergänzt nach „Die Entstehung des Doktor Faustus“, S. 203). In der „Entstehung“ bezeichnet er den Roman „Bekenntnis und Lebensopfer durch und durch“ (S. 203).

Tatsächlich ist er wie Goethes Faust das gültige Testament einer gesamten Kultur- und Geschichtsphilosophie, wie sie sich ihm am Ende eines langen und erfüllten Lebens von intellektueller Untersuchung und innerem Suchen ergab. Doch handelt es sich dabei gleichzeitig um ein Testament, das zu einer Zeit intensiven seelischen und körperlichen Leidens, sogar des erneuten Identitätskampfes abgefaßt wurde. Darüber hinaus ist es ein Vermächtnis der menschlichen Natur, das weit über die Zeit, in der

[7] *Deutschland und die Deutschen,* 1945 (S. 283).

es geschrieben wurde, hinausreicht; in dem seither verflossenen halben Jahrhundert hat es nichts von seiner Aktualität, von seiner Gültigkeit eingebüßt.

*

„Wo der Hochmut des Intellektes sich mit seelischer Altertümlichkeit und Gebundenheit gattet, da ist der Teufel. Und der Teufel, Luthers Teufel, Faustens Teufel will mir als eine sehr deutsche Figur erscheinen ...“ (S. 284), schreibt er in seinem Essay von 1945 *Deutschland und die Deutschen,* zu dessen Abfassung er seine Arbeit am *Dr. Faustus* unterbrochen hat, und zwar genau an der Stelle, als er die Niederschrift des „Zwiegesprächs im steinernen Saal“ (S. 408; „Entstehung“, S. 217) beendigt hat: des Dialogs und Paktes mit dem Teufel, genau in der Mitte des Romans (Kap. 25).

Diese Faustsche Teufelskraft muß nun aber musikalisch sein: „Es ist ein großer Fehler der Sage und des Gedichts, daß sie Faust nicht mit der *Musik* in Verbindung bringen. Er müßte musikalisch, müßte Musiker sein. Die Musik ist dämonisches Gebiet... Soll Faust der Repräsentant der deutschen Seele sein, so müßte er musikalisch sein; denn abstrakt und mystisch, das heißt musikalisch, ist das Verhältnis des Deutschen zur Welt, – das Verhältnis eines dämonisch angehauchten Professors, ungeschickt und dabei von dem hochmütigen Bewußtsein bestimmt, der Welt an ‚Tiefe‘ überlegen zu sein“ (*Deutschland und die Deutschen,* S. 285). Der entscheidende Punkt ist aber dabei, daß diese „Tiefe“ in der Musikalität besteht und „daß Musik die Zweideutigkeit ist als System“ (*Dr. Faustus,* S. 74), wie wir im Roman selbst lesen. Diese deutsche „Innerlichkeit“ berge eine unüberbrückbare Spaltung: „Worin besteht diese Tiefe? Eben in der Musikalität der deutschen Seele, dem, was man ihre Innerlichkeit nennt, das heißt: dem Auseinanderfallen des spekulativen und des gesellschaftlich-politischen Elements menschlicher Energie und der völligen Prävalenz des ersten vor dem zweiten“ (l. c.). Er führt diesen Dualismus, dieses *sich selbst widersprechende Ideal von innerlicher Gewissenhaftigkeit und äußerer Unterwürfigkeit,* auf Luther zurück:

> Seine antipolitische Devotheit, dies Produkt musikalisch-deutscher Innerlichkeit und Unweltlichkeit, hat nicht nur für die Jahrhunderte die unterwürfige Haltung der Deutschen vor den Fürsten und aller staatlichen Obrigkeit geprägt; sie hat nicht nur den deutschen Dualismus von kühnster Spekulation und politischer Unmündigkeit teils begünstigt und teils geschaffen. Sie ist vor allem repräsentativ auf eine monumentale und trotzige Weise für das kerndeutsche Auseinanderfallen von *nationalem* Impuls und dem Ideal politischer *Freiheit.* Denn die Reformation, wie später die Erhebung gegen Napoleon, war eine nationalistische Freiheitsbewegung (*Deutschland und die Deutschen,* S. 288).

So habe sich der deutsche Freiheitsbegriff stets und allein gegen außen gerichtet:

> ... er meinte das Recht, deutsch zu sein, nur deutsch und nichts anderes, nichts darüber hinaus, er war ein protestierender Begriff selbstzentrierter Abwehr gegen alles, was den völkischen Egoismus bedingen und einschränken, ihn zähmen und zum Dienst an der Gemeinschaft, zum Menschheitsdienst anhalten wollte. Ein vertrotzter Individualismus gegen außen, im Verhältnis zur Welt, zu Europa, zur Zivilisation, vertrug er sich im Inneren mit einem befremdenden Maß von Unfreiheit, Unmündigkeit, dumpfer Untertänigkeit. Er war *militanter Knechtssinn,* und der Nationalsozialismus nun gar übersteigerte dies Mißverhältnis von äußerem und innerem Freiheitsbedürfnis zu dem Gedanken der Weltversklavung durch ein Volk, das zu Hause so unfrei war wie das deutsche (l. c., S. 289).

Dazu geselle sich in der deutschen „Romantik“ eine Sehnsucht nach der „Altertümlichkeit der Seele, welche sich den chthonischen, irrationalen und dämonischen Kräften der Seele nahe fühlt ... Die Deutschen sind ein Volk der *romantischen Gegenrevolution* gegen den philosophischen Intellektualismus und Rationalismus der Aufklärung – eines Aufstandes der Musik gegen die Literatur, der Mystik gegen die Klarheit“ (l. c., S. 294). Sie besitze eine „irisierende Doppeldeutigkeit, als Verherrlichung des Vitalen gegen das bloß Moralische und zugleich als Todesverwandtschaft“ (S. 296), „ein extremes Seelenleben ..., worin sich der Hochmut mit der Zerknirschung paart“, mit den „Unerbittlichkeiten“ von Forderungen, „die große Deutsche ... [ihrem] Volk ins Gesicht gesagt“ haben (S. 297).

14.7 „Was dich erhöht, was dein Gefühl von Kraft und Macht und Herrschaft vermehrt, zum Teufel, das ist die Wahrheit“[8]

Adrian Leverkühn, der Protagonist des Romans *Dr. Faustus,* ist stark nach dem Vorbild Nietzsches geschaffen worden, mit Hilfe zahlreicher biographischer Einzelheiten. In einem Brief an Preetorius schreibt Mann, daß er „unter anderem und zum guten Teil ein Nietzsche-Roman ist“ (Bd. 11, Ges. Werke in 13 Bänden, S. 681) und weist anderswo, in seinem „Roman eines Romans“, *Die Entstehung des Doktor Faustus* (Bd. 11, S. 165 f.) auf „die Verflechtung der Tragödie Leverkühns mit derjenigen Nietzsches“ und die vielen Bezüge ihrer beider Leben hin. Während der Abfassung des Romanes studierte er Nietzsche, namentlich dessen autobiographisches Spätwerk, *Ecce Homo,* das, wie Mann erwähnt, manche Züge und Einzelheiten zum Roman beigetragen habe. Zudem wandte sich Mann sogleich nach der Fertigstellung des *Dr. Faustus* der Niederschrift seiner Abrechnung mit Nietzsche im eingangs zitierten Essay zu (*Entstehung,* S. 300).

Doch ist der Roman weit davon entfernt, einfach eine Fiktivvita, eine dichterisch ausgeschmückte Biographie Nietzsches zu sein. Vielmehr ist es so, daß Nietzsches Größe und Leiden, sein „Wesen“ sozusagen, als Paradigma für etwas genommen wird, das für ein Verständnis der jüngsten deutschen und europäischen Geschichte unerläßlich ist: nämlich in seiner *Unversöhnlichkeit der Extreme,* in seiner *Radikalität des Konflikts* – am breitesten wiederum in dem *Konflikt zwischen „Geist“ (oder „Vernunft“ oder „Verstand“) und „Leben“, „Leidenschaft“, „Liebessehnsucht“, „Trieb“ und „Wille“,* am spezifischsten aber in dem, was wir im vorigen Kapitel als den *„Krieg gegen die Scham“* (im Sinne des Beschämtwerdens) im Dienste eines *Ideals von Stärke und Macht* untersucht haben. Was in diesem verzweifelten Kampf zwischen den absolutgesetzten Polaritäten verloren geht, ist auch hier die *Liebe,* im Sinne einer wahrhaft menschlichen Zugehörigkeit, von Vertrauen und Beziehung, aber ebenso

[8] *Dr. Faustus,* S. 375, die Worte des Teufels.

die für die menschliche Natur fundamentale Wichtigkeit des Wertes der *Gerechtigkeit.* Es ist dieser *doppelte Verlust,* gegen den Mann *protestiert,* im Namen des *Ideals der Menschlichkeit.* An die Stelle dieses für Mann zentralen Ideals, das mehr und mehr als leere Sentimentalität, als weichliche Abgeschmacktheit, als bürgerliche Heuchelei abgetan wird, rückt nun die Hingabe an die abstrakten Beziehungen des Geordneten und Systematischen, die *Entmenschlichung* von Kunst und psychologischer Erkenntnis: „Ordnungsbeziehungen anzuschauen ist doch schließlich das beste. Die Ordnung ist alles. Römer dreizehn: ‚Was von Gott ist, das ist geordnet' ... Alles ist Beziehung, und die Beziehung ist der Kreis ... Beziehung ist alles. Und willst du sie näher bei Namen nennen, so ist ihr Name ‚Zweideutigkeit' ... Daß Musik die Zweideutigkeit ist als System" (S. 72–74). Ist dies nicht eine Anspielung auf Nietzsches „Philosophie des Kreises" – etwa im folgenden ausgedrückt: „Alles Gerade lügt, murmelte verächtlich der Zwerg. Alle Wahrheit ist krumm, die Zeit selber ist ein Kreis" (*Zarathustra,* 231, Löwith 1956, S. 73)? Ebenso: die „Variation eines immer Gleichen" in Adrians letztem Werk, „Dr. Fausti Weheklag" (S. 738). Oder: die Vereinigung von Vergangenheit und Zukunft, von Rückschritt und Fortschritt im „Weg um die Kugel" (S. 563, S. 568) in den faschistischen Debatten des Kridwißschen Kreises.

Immer stärker wird der Grundwert der menschlichen Beziehung durch das *„Pathos der Distanz"* ersetzt, das wir als Leitmotiv auch bei Nietzsche vernommen haben: „Ich möchte seine Einsamkeit einem Abgrund vergleichen, in welchem Gefühle, die man ihm entgegenbrachte, lautlos und spurlos untergingen. Um ihn war *Kälte* ..." (S. 14), sagt der Erzähler und Freund Adrians, Dr. Serenus Zeitblom.

Er war ein „unsichtbar Gezeichneter, der den Weg des Geistes und der Problematik nie verlassen ... sollte"; wir hören von „dessen nie ganz ins Brüderliche sich lösender Haltung" (S. 197); er beklagt sich: „... ich habe keine Wärme" (S. 202), sagt über sein „Hauptweh", es komme „von Überdruß, von kalter Langeweile ..." (S. 203), er vermeide es, die Sache beim Namen zu nennen, nämlich daß er „zu schamhaft, zu stolz, zu spröde, zu einsam fürs Virtuosentum sei" (S. 205). Er kennzeichnet sich selbst als „weltscheu" (S. 205): „Diese Eigenschaft ... sei der Ausdruck des Mangels an Wärme, an Sympathie, an Liebe" (S. 206).

Doch dieser *„Einsamkeitshochmut"*, wie er spät im Roman (S. 617) genannt wird, wurzelt in einer *tiefen Verletzlichkeit* und bedeutet den Schutz um diese herum. Letztlich entsteht sie, gleich wie die Nietzsches, aus tiefem, unheilbarem Leiden. Adrian spricht davon, „nach innen gerichtet, geistig gestimmt, dem Sinnlichen abgeneigt" zu sein (S. 183). Er versucht, Gesetzmäßigkeit mit Gefühl zu verbinden, ist jedoch selbst voll Verdacht und Angst gegenüber allem Affektiven: „Das Gesetz, jedes Gesetz, wirkt erkältend, und die Musik hat soviel Eigenwärme, Stallwärme, Kuhwärme, möchte ich sagen, daß sie allerlei gesetzliche Abkühlung brauchen kann ... Die Musik tut immer im Voraus geistig Buße für ihre Versinnlichung" (S. 111 f.; ebenfalls in manchen der Feststellungen seines Lehrers Kretzschmar, S. 99). Wenn man sich, sagt Zeitblom, ihn nicht in einer „galanten" Situation vorzustellen vermag, „so lag das an dem Harnisch von Reinheit, Keuschheit, intellektuellem Stolz, kühler Ironie, der ihn umgab" (S. 229). Adrian gibt in seinem „abwehrenden Bekenntnis" zu, er fühle sich angeekelt und voll Scham über alles, das gewöhnlich und konventionell ist, aber auch über alles, das mit Triebbefriedigung und emotioneller Nähe zu tun habe

(S. 209): „... daß ich mich vor der Abgeschmacktheit, die das tragende Gerüst, die ermöglichende Festigkeitssubstanz auch des genialen Kunstwerks ist, vor dem, was Gemeingut, Kultur daran ist, vor den Gepflogenheiten in der Erzielung des Schönen – daß ich mich davor genieren, davor erröten, daran ermatten, Hauptweh daran kriegen werde, und das in aller Bälde" (S. 207).

So führt auch er *Krieg gegen das Erlebnis des Sichschämens:* „Er war im eigentlichen Sinn des Wortes ein Mensch der ‚Abneigung', des Ausweichens, der Zurückhaltung, der Distanzierung. Physische Herzlichkeiten erschienen ganz unvereinbar mit seiner Natur ..." Auch bei ihm ist Nietzsches „Noli me tangere", das „Pathos der Distanz", ein Grundzug seines Wesens (S. 342) – der *pudor,* die *„Schamhaftigkeit"*, jene dritte Form der Scham, die ich *„Scham als Reaktionsbildung"* bezeichnet habe und die als sehr notwendiges Schild gegen alle Wünsche, Ängste und Traumata von Entblößung und Bloßstellung, von Sichausdrücken, Nähe und Abhängigkeit zu dienen hat.

*

Zeitblom selbst, als Freund und Erzähler, berichtet von Adrians „Extremismus seines Daseins" (S. 691), das so markant im Gegensatz stehe zu seiner eigenen Haltung als „mitleidigem Menschenfreund" (S. 459); sein (Zeitbloms) Gewissen wende sich unbedingt gegen alles „Rauschhafte", gegen „dieses blinde Hingerissensein von sich selbst" (S. 461). Dieser Mann, der Goethes *„Pathos der Entsagung"* zu verkörpern scheint (Mann, *„Goethe und Tolstoi"*, 1922, S. 180), entsetzt sich über die Abdankung der Herrschaft von Gesetz und Vernunft, trotz seines tiefen Verständnisses für jene andere Seite, für die tiefen, dämonischen Lebenskräfte auch in seinem eigenen Innern. Als der von Ehrfurcht und Grauen erfüllte Beobachter vertritt er, dem Chor in der griechischen Tragödie gleich, die Stimme der Menschlichkeit, des Maßes und der Versöhnung der Gegensätze. Sie ist ebenso sehr Teil von Manns eigener Persönlichkeit wie Adrians „Extremismus" und Kälte. Sie ist eben jenes immer wieder den Versuchungen, den „Heimsuchungen", entgegentretende *Gewissen:* Da (in Athen) „erfuhr ich ahnend die Fülle des Lebensgefühls, welche in der initiatorischen Andacht des olympischen Griechentums vor den Gottheiten der Tiefe sich ausdrückt, und oft habe ich später meinen Primanern vom Katheder herab erklärt, daß Kultur recht eigentlich die fromme und ordnende, ich möchte sagen, begütigende Einbeziehung des Nächtig-Ungeheuren in den Kultus der Götter ist" (S. 18f.). So sagt er: „Der Glaube an absolute Werte, illusionär wie er immer sei, scheint mir eine Lebensbedingung" (S. 71).

Hingabe an die Musik und an die in ihr gebundenen irrationalen Spannungen steht als gewaltiger Antipode zur Philosophie des Humanisten und zu mitmenschlichen Beziehungen überhaupt, als ihr geheimer Begleiter. Wie es bei Nietzsche heißt: „Dies sind die Lieder Zarathustras, welche er sich selber zusang, daß er seine letzte Einsamkeit ertrüge" (*Gedichte,* S. 528, Löwith, S. 185).

Man kann ein Zitat aus dem *Dr. Faustus* ausdehnen und sagen, Musik widerspiegle den „Konflikt von Askese und Weltbegehrlichkeit", wenngleich dies nicht über die Musik im allgemeinen, sondern über Wagners Haltung angesichts der „Hammerklaviersonate" ausgesagt wird (S. 100), und zwar in Kretzschmars Worten, mithin des

Lehrers, der den entscheidendsten Einfluß auf Adrians innere Entwicklung ausgeübt hat.

Adrian nennt die Musik „eine Bekundung höchster Tatkraft – nichts weniger als abstrakt, aber gegenstandslos, einer Tatkraft im Reinen, im klaren Äther" (S. 127). Der Theologe Schleppfuß, der die archaische moralische Tradition Deutschlands vertritt und einer der dämonisch-diabolischen Vorläufer der fatalen Begegnung im „Steinsaal" ist, begründet seine Theodizee durch „die dialektische Verbundenheit des Bösen mit dem Heiligen und Guten" (S. 162). Am wichtigsten ist es aber, daß er am schärfsten jegliche Geschlechtsliebe und Sinnlichkeit ablehnt: „Der Zeugungsakt, gekennzeichnet durch ästhetische Scheußlichkeit, war Ausdruck und Vehikel der Erbsünde ... [daß] ... der ganze Fluch der Fleischlichkeit und der Geschlechtssklaverei dem Weibe zugewälzt wurde ..." (S. 164, 166).

*

In den wunderbar geschickt entwickelten und überaus evokativen Studentendebatten während der Wanderschaft in der romantischen Landschaft von Mitteldeutschland sagt Deutschlin, der Mystiker, Vertreter des Irrationalismus und Wortführer einer zum deutschen Wesen gehörenden Jugendhaftigkeit:

> Hast du nie vom deutschen Werden gehört, von deutscher Wanderschaft, vom unendlichen Unterwegssein des deutschen Wesens? Wenn du willst, ist der Deutsche der ewige Student, der ewig Strebende unter den Völkern ... Jung sein heißt ursprünglich sein, heißt den Quellen des Lebens nahe geblieben sein, heißt aufstehen und die Fesseln einer überlebten Civilisation abschütteln können, wagen, wozu anderen die Lebenscourage fehlt, nämlich wieder unterzutauchen im Elementaren. Jugendmut, das ist der Geist des Stirb und Werde, das Wissen um Tod und Wiedergeburt ... Religiosität, das ist vielleicht die Jugend selbst, es ist die Unmittelbarkeit, der Mut und die Tiefe des personalen Lebens, der Wille und das Vermögen, die Naturhaftigkeit und das Dämonische des Daseins ... „Hältst du Religiosität für eine auszeichnend deutsche Gabe?" ... In dem Sinne, den ich ihr gab, als seelische Jugend, als Spontaneität, als Lebensgläubigkeit und Dürer'sches Reiten zwischen Tod und Teufel – allerdings (S. 185 f.).[9]

„Das Dämonische, das heißt doch auf deutsch: die Triebe", sagt einer der Teilnehmer an der Diskussion, „... indem man ... den alten Idealismus mit Triebpsychologie aufputzt, damit der bestechende Eindruck einer größeren Wirklichkeitsdichte entsteht" (S. 195).

„Naturen wie Adrian haben nicht viel ‚Seele'", bemerkt der Freund. „Es ist eine Tatsache, ... daß die stolzeste Geistigkeit dem Tierischen, dem nackten Triebe am allerunvermittelsten gegenübersteht, ihm am allerschnödesten preisgegeben ist" (S. 229). Dies bezieht sich auf Adrians Flucht vom Bordell, der „Lusthölle" (S. 221), und die darauf folgende, unheilvolle Verstrickung mit der Prostitutierten Esmeralda, die bis in Einzelheiten den Berichten über Nietzsches Infektion mit Lues und deren angeblichen Folgen und Symptomen nachgebildet ist.

---

[9] Es sei hier nur angemerkt, daß gerade dieses Bild Nietzsche von einem Basler Patrizier verliehen wurde (s. *Biographie*, Bd. I, S. 607).

Der Konflikt wird mit scharfen Zügen gezeichnet: „Der Hochmut des Geistes hatte das Trauma der Begegnung mit dem seelenlosen Triebe erlitten“ (S. 231). Wiederholt ist die Rede von *geistiger Schamhaftigkeit:* „In Wahrheit war hier das Parodische die stolze Auskunft vor der Sterilität, mit welcher Skepsis und *geistige Schamhaftigkeit,* der Sinn für die tödliche Ausdehnung des Bereichs des Banalen eine große Begabung bedrohten“ (S. 235; [meine Betonung]). Er spricht vom *„fast unschlichtbaren Konflikt“* zwischen „Hemmung und ... produktivem Antrieb“, zwischen „Keuschheit und Leidenschaft“, und der Erzähler fügt hinzu: „das unbewußte Trachten, dem hervorbringenden Impuls das notwendige knappe Übergewicht zu verschaffen über die Hemmungen des Spottes, des Hochmutes, der *intellektuellen Scham*“ (S. 236).

Die Liebeserfahrung erweist sich als äußerst zerstörerisch: „... daß Liebe und Gift hier einmal für immer zur furchtbaren Erfahrungseinheit wurden: der mythologischen Einheit, welche der *Pfeil* verkörpert“ (S. 239). Obwohl gewarnt, nimmt Adrian Sünde und Bestrafung als Einheit an: „Welcher Trieb, die Strafe in die Sünde einzubeziehen?“ (l. c.); für ihn ist Sexualität grundböse: „die Domestizierung des Naturbösen, des Geschlechts durch die christliche Ehe“ (S. 290). Mit der giftigen Liebesumarmung verändert sich (wenigstens für den Freund und Erzähler) die Stellung seiner Keuschheit und, allgemeiner gesagt, seines vormaligen „Noli me tangere“: nun sind sie „nicht mehr dem Ethos der Reinheit, sondern dem Pathos der Unreinheit“ entsprungen (S. 342).

Auf dieser *Grundgleichung von Liebe und Nähe mit unheilvoller Gefahr und mit Tod,* einer das „Pathos der Distanz“ rechtfertigenden Gleichung, baut sich die erbarmungslose *Absolutheit der Strafe,* – wie sie sich in Adrians Wahl des Dante-Textes für sein musikalische Komposition kundtut. Der Erzähler entrüstet sich denn auch gebührlich darüber: „Mich empörte diese Verleugnung des Menschlichen zugunsten einer unzugänglich absoluten Vorbestimmung“ (S. 251), und er bemerkt dabei die zunehmende seelische Distanzierung seines Freundes: „[dieser Blick] ... stumm, verschleiert, *distanzierend bis zum Beleidigenden* [meine Betonung], dabei sinnend und von kalter Traurigkeit, endete er mit einem nicht unfreundlichen, aber doch spöttischen Lächeln ...“ (S. 251).

Interessanterweise folgen darauf fast unmittelbar in Adrians Themen- und Freundeswahl Hinweise auf das zwar distanzierend abgewehrte, doch unverkennbare *Ressentiment* – Blakes Gedicht vom „Giftbaum“ *(Poison Tree)*, Schildknapps Familientradition von „sozialer Verbitterung“ und „Schmollen“ (S. 258). Das heißt aber auch, daß, was im Roman als ganzem wie auch in Manns Erkenntnis des deutschen Schicksals überhaupt im Mittelpunkt steht, nun auch in Schildknapps Charakter dessen *Doppelheit,* seine *innere Spaltung,* scharf umrissen wird: der *Riß, die unheilbare und unheilvolle Gegensätzlichkeit, zwischen den höchsten Spekulationen und geistigsten Idealen einerseits, der abgrundtiefen inneren Unfreiheit, Primitivität – dem „Knechtssinn“ – und Grausamkeit andererseits.* „So war wieder diese Wahrheit eine Täuschung, und in diesem komplizierten Sinn war Schildknapp ein Blender.“ Auf der einen Seite heißt es: „Das Potentielle war seine Domäne, der unendliche Raum des Möglichen sein Königreich, – darin und soweit war er wirklich ein Dichter“ (S. 262); er nimmt darin *Felix Krull* vorweg (oder ist ihm vielmehr nachgebildet, da ja die Schaffung des *Felix Krull* eigentlich der Frühzeit Manns angehört). Auf der anderen

Seite befindet sich sein Antisemitismus: „Leute, die sich zurückgesetzt, nicht nach Gebühr gewürdigt fühlen und sich dabei einer edlen Physis erfreuen, suchen oft ihre Genugtuung in rassischem Selbstgefühl“ (S. 263).

Nicht lange danach klagt der Kommentator in tiefer und trauervoller Resignation: „Ja, wir sind ein gänzlich verschiedenes, dem Nüchtern-Üblichen widersprechendes Volk von mächtig tragischer Seele, und unsere Liebe gehört dem Schicksal, jedem Schicksal, wenn es nur eines ist, sei es auch der den Himmel mit Götterdämmerungsröte entzündende Untergang“ (S. 269). Er gibt seinem Haß gegen diese im Nazismus kulminierende Neigung Ausdruck, indem er die Metaphern von „Vergiftung“ und „Riesenrausch“ benützt:

> ... die frevlerische Vernunftverachtung, die sündhafte Renitenz gegen die Wahrheit, den ordinär schwelgerischen Kult eines Hintertreppenmythus, die sträfliche Verwechslung des Heruntergekommenen mit dem, was es einmal war, den schmierenhaften Mißbrauch und elenden Ausverkauf des Alt- und Echten, des Treulich-Traulichen, des Ur-Deutschen, woraus Laffen und Lügner uns einen sinnberaubenden Giftfusel bereitet (S. 271).

Doch liegt dahinter das, was Mann als *den verhängnisvollen Verdacht gegen innere Freiheit* in der deutschen Tradition angesehen hat. Jetzt äußert sich diese Feindseligkeit gegen die Freiheit in Adrians Gleichsetzung von „Freiheit“ mit einer „Subjektivität“, die an sich verzweifelt und sich aufgibt: „Aber Freiheit ist ja ein anderes Wort für Subjektivität, und eines Tages hält die es nicht mehr mit sich aus, irgendwann verzweifelt sie an der Möglichkeit, von sich aus schöpferisch zu sein und sucht Schutz und Sicherheit beim Objektiven ... [sie] erfüllt sich in der Unterordnung unter Gesetz, Regel, Zwang, System ...“ (S. 295) – eine Feindseligkeit gegen die Freiheit, die wir wieder und wieder in Nietzsches Primat des „Willens zur Macht“ angetroffen haben.

„Gebunden durch selbstbereiteten Ordnungszwang, also frei“, behauptet Adrian (S. 300), worauf ihm Zeitblom widerspricht: „Umgekehrt wie du sagst, scheint dein System mir eher danach angetan, die menschliche Vernunft in Magie aufzulösen“ (S. 301).

Darüber hinaus fragt der Erzähler sich selbst, in dem er Kretzschmars und Adrians Fragen stattgibt, „ob nicht aller Schein, auch der schönste, und gerade der schönste, heute zur *Lüge* geworden ist“ (S. 280). Und Adrian selbst möchte umgekehrt in der Kunst die Wahrheit jenseits des Scheines finden, also die absolute Wahrheit, wie es auch Nietzsche getan: „Das Werk! Es ist Trug ... Schein und Spiel haben heute das Gewissen der Kunst gegen sich. Sie will aufhören, Schein und Spiel zu sein, sie will Erkenntnis werden“ (S. 281).

Das Aufgeben, das Transzendieren von „Schein und Spiel“ (das „Über-sie-hinaussein“), zugunsten „Der Wahrheit“ in der Lebenskraft, zuweilen sogar in ihrer scheinbaren Gleichsetzung: *Lüge* = *Spiel* = *Wille zur Macht* = *Lebenskraft* = *Wahrheit,* – das ist tatsächlich Teil desselben Widerspruches, der gleichen inneren Fraktur, der wir in Nietzsches Denken begegnet sind. Dieses Aufgeben, eben das Transzendieren des Scheins, muß immer von neuem scheitern. Es zeigt sich, in den Worten des Teufels, in „der kolossalen Bewunderung für das Gemachte ... den Schauern der Selbstverehrung, ja, des köstlichen Grauens vor sich selbst“ (S. 357) – wie in Nietzsches „Selbstvergottung“. Und wiederum ist es das Gedankengut Nietzsches, wenn der Teufel Adrian herausfordert: „Glaubst du an sowas, an ein Ingenium, das garnichts mit der Höllen zu tun hat? Non datur! *Der Künstler ist der Bruder des Verbrechers und des Verrückten* ... wir bieten erst das Rechte und Wahre ... das ist das Archaische, das Urfrühe, das längst nicht mehr Erprobte“ (S. 366). „Wenn er [der Teufel] etwas haßt, wenn ihm in aller Welt etwas konträr ist, so ist es die *zersetzende Kritik* [meine Betonung]. Was er will und spendet, das ist gerade das triumphierende Über sie hinaus sein, die prangende Unbedenklichkeit!“

Dieses *Hochrühmen von Leben und Energie zu Lasten von Vernunft und Geist* entspricht eben der radikalen, von Nietzsche in seiner Spätzeit angestrebten Umwertung aller Werte, wie sie dann von den Nazis ad absurdum getrieben wurde. Dieses Thema ist nun aber Teil jenes breiteren, hier im Mittelpunkt stehenden Zusammenhanges: *„des Prozesses von Thomas Mann gegen Nietzsche“*. Ich glaube, es ist eben dieser große geistesgeschichtliche Sinn, der dem tief aufwühlenden Dialog zwischen dem Teufel und Leverkühn, der eigentlichen Mitte des Romans, seine Wucht und Tiefe verleiht. So erinnert dieses „Transzendieren“ an das berüchtigte Zeugnis, das ein anderer führender Philosoph und „self-styled“ Prophet Deutschlands zu der Zeit gegeben hat, Heideggers „Rektoratsrede“ von 1933, die Löwith in seiner (bis 1940 geführten) Autobiographie in folgender Weise kommentiert:

> Der Wille zum Wesen wird dabei stillschweigend gleichgesetzt mit dem Willen zur Macht, denn wesentlich ist für die nationalsozialistische Haltung der Wille als solcher ... Geist sei also keine allgemeine Vernunft, kein Verstand, keine Intelligenz und erst recht kein esprit, sondern „wissende Entschlossenheit“ zum Wesen des Seins und die wahre „geistige Welt“, eine „Welt der äußersten und innersten Gefahr“. Die Gefahr ist des Menschen eigentlicher „Beruf“, hat Nietzsche im *Zarathustra* gesagt ... Das Wesen wese im Kampf ... Dieser Unbestimmtheit des Auftrags entspricht, daß er als „unerbittlich“ betont wird (Löwith 1986, S. 34).

Eine *radikale Entschlossenheit zum Handeln an sich, als Ziel und Zweck für sich* selbst,[10] zum Erleben und zur Tapferkeit an sich, als Selbstzweck, inhaltlos, unreflektiert, – das ist Teil des grauenvollen Erbes, das Nietzsche mit seiner Idealisierung des „Willens zur Macht“ alias des „Willens zum Leben“ hinterlassen hat.

Während Nietzsche in seiner „Lehre der Wiederkehr des Gleichen“ einen Horizont in etwas Ewigem, in einem absoluten Jenseits, zu finden suchte, bereitete er, sagt Löwith, die deutsche Gegenwart zwar vor, aber verurteilte sie zugleich: „... daß Nietzsche ein Wegbereiter der deutschen Gegenwart ist und zugleich ihre schärfste Verneinung“ (S. 79).

Das Entscheidende ist nun, daß bei allen drei – bei Nietzsche, bei Heidegger und beim Teufel in der Romanmitte, „dem wahren Herrn des Enthusiasmus“ (S. 368) – *der Wahrheitsbegriff verwandelt* wird:

> Die Leidenschaft des Christen da für die Musik [wie sie Kierkegaard beschrieben hat] ist wahre Passion, als welche nämlich Erkenntnis und Verfallenheit ist in einem. Wahre Leidenschaft gibt es nur im Ambiguosen und als Ironie. Die höchste Passion gilt dem absolut Ver-

---

10 Dies wurde besonders gut von Fred Weinstein in seinem Buch *The dynamics of Nazism* (1980) untersucht.

dächtigen ... *Ist wirklich nicht, was wirkt,* und Wahrheit nicht Erlebnis und Gefühl? *Was dich erhöht, was dein Gefühl von Kraft und Macht und Herrschaft vermehrt, zum Teufel, das ist die Wahrheit,* – und wär es unterm tugendlichen Winkel gesehen zehnmal eine Lüge. Das will ich meinen, daß eine Unwahrheit von kraftsteigernder Beschaffenheit es aufnimmt mit jeder unersprießlich tugendhaften Wahrheit ... Das Leben ist nicht heikel und von Moral weiß es einen Dreck. Es ergeift das kühne Krankheitserzeugnis, verspeist, verdaut es, und wie es sich seiner nur annimmt, so ist's Gesundheit. *Vor dem Faktum der Lebenswirksamkeit, mein Guter, wird jeder Unterscheidt von Krankheit und Gesundheit zunichte* (S. 374 f.).

„Alles Übermenschliche erscheint am Menschen als Krankheit und Wahnsinn", sagt Nietzsche (*Nachlaß*; Löwith 1956, S. 180). „Alles, was bisher ‚Wahrheit' hieß, ist als die ... unterirdischste Form der Lüge erkannt ... Wer die Moral entdeckt, hat den Unwert aller Werte mit entdeckt, an die man glaubt oder geglaubt hat ... Der Begriff ‚Gott', erfunden als Gegensatz-Begriff zum Leben, – in ihm ... [wird] die ganze Todfeindschaft gegen das Leben in eine entsetzliche Einheit gebracht!" (*Nachlaß*, Löwith 1956, S. 114). Und ganz besonders, wie bereits früher zitiert: „Wir müssen *gewissenlos* sein in Betreff von Wahrheit und Irrtum, so lange es sich um das *Leben* handelt – eben *damit* wir das Leben dann wieder im Dienste der Wahrheit ... verbrauchen" (*Nachlaß*, Löwith, S. 101) [Betonung von Nietzschel].

In des Teufels Worten ist die Hölle Leiden und Beschämung: „... daß die Hölle als eine ungeheuerliche Verbindung von völlig unerträglichem, dennoch aber ewig auszustehendem Leiden – und Verspottung zu definieren ist" (S. 380). Die eine und einzige Bedingung für den Pakt mit dem Teufel ist: *„Du darfst nicht lieben"* (S. 248):

> Liebe ist dir verboten, insofern sie wärmt. Dein Leben soll kalt sein – darum darfst du keinen Menschen lieben ... Eine Gesamterkältung deines Lebens und deines Verhältnisses zu den Menschen liegt in der Natur der Dinge, – vielmehr sie liegt bereits in deiner Natur, wir auferlegen dir beileibe nichts Neues, die Kleinen machen nichts Neues und Fremdes aus dir, sie verstärken und übertreiben nur sinnreich alles, wa du bist. Ist etwa die Kälte bei dir nicht vorgebildet ...? (S. 385).

Und ganz wie bei Nietzsche ist es ein Leben in Extremen: „Und aus dem Brande zurück ins Eis ... Es ist das extravagante Dasein, das einzige, das einem stolzen Sinn genügt" (S. 386). Viel später beruft sich der Erzähler auf „den Extremismus seines [Adrians] Daseins, den Wechsel von schöpferischer Entfesselung und abbüßender Lähmung" (S. 691).

14.8 „... ein Unmaß von Rechtsbeleidigung"

Die gleiche Art von Konflikten wie im Teufelskapitel wird im dreiteiligen Kap. 34 weiterentwickelt und zu neuer Kulmination gebracht. Es handelt im ersten Teil von Adrians Arbeit am Oratorium „Apocalipsis cum figuris", im zweiten *„von der Gewalt als dem siegreichen Widerspiel der Wahrheit"* (S. 560) anläßlich der faschistischen Diskussionen im Haus von Sixtus Kridwiß und im dritten Teil von den Analyse der furchterregenden Bedeutung von Adrians Werk – dem Erscheinen des Geheuls als

Thema, der „anti- kulturellen, ja anti-humanen Dämonie" (S. 571) im Glissando; man habe dagegen den „Vorwurfs des Barbarismus" erhoben, „gegen die Vereinigung des Ältesten mit dem Neuesten ... sie beruht ... auf der Krümmung der Welt, die *im Spätesten das Früheste wiederkehren läßt*" (S. 574): es ist in der Tat nichts anderes als Nietzsches „ewige Wiederkehr des Gleichen" in einer neuen Fassung.

In diesem einen Kapitel, dem andern Höhepunkt der thematischen Entwicklung (neben dem Teufelsdialog in Kap. 25) und in gewaltiger Synthese, beobachtet der Erzähler mit steigendem Entsetzen das Ende der „Epoche des bürgerlichen Humanismus" (S. 540). Wir lesen, wie Adrian das Unheimliche, Grauenerweckende in seinem werdenden Werk zu vertuschen sucht: „Ja, da brauen heilige Greuel" (S. 544), und wie ohne Zögern oder Scham der Absturz in politische Barbarei vom Kridwiß-Kreis vertreten wird, mit ihrer Entwertung sowohl des Individuums wie jeglicher unabhängiger Suche nach der Wahrheit. Sich auf Sorels *Réflexions sur la violence* beziehend, erfreuen sich die Teilnehmer an dessen „Einsichten":

> Es eröffnete eine höhnische Kluft zwischen Wahrheit und Kraft, Wahrheit und Leben, Wahrheit und Gemeinschaft. Es gab implicite zu verstehen, daß dieser bei Weitem der Vorrang vor jener gebühre, daß jene diese zum Ziel haben und daß zu kräftigen Abstrichen an Wahrheit und Wissenschaft, zum sacrificium intellectus bereit sein müsse, wer der Gemeinschaft teilhaftig sein wolle (S. 560).

Hier ist nun *Nietzsches Grundkonflikt* zugespitzt worden: vom *Konflikt zwischen Wahrheit und Leben* zum *Konflikt zwischen Wahrheit und Gemeinschaft,* wie diese letztere sich im Staat oder dem „Volke" offenbart:

> Es war eine alt-neue, eine revolutionär rückschlägige Welt, in welcher die an die Idee des Individuums gebundenen Werte, sagen wir also: Wahrheit, Freiheit, Recht, Vernunft, völlig entkräftet und verworfen waren oder doch einen von dem der letzten Jahrhunderte ganz verschiedenen Sinn angenommen hatten, indem sie nämlich der bleichen Theorie entrissen und blutvoll relativiert, auf die weit höhere Instanz der Gewalt, der Autorität, der Glaubensdiktatur bezogen waren, – nicht etwa auf eine reaktionäre, gestrige oder vorgestrige Weise, sondern so, daß es der neuigkeitsvollen Rückversetzung der Menschheit in theokratisch mittelalterliche Zustände und Bedingungen gleichkam. Das war so wenig reaktionär, wie man den Weg um eine Kugel, der natürlich herum-, d. h. zurückführt, als rückschrittlich bezeichnen kann ... Dem Gedanken war Freiheit gegeben, die Gewalt zu rechtfertigen, wie vor siebenhundert Jahren die Vernunft frei gewesen war, den Glauben zu erörtern, das Dogma zu beweisen; dazu war sie da, und dazu war heute das Denken da oder würde es morgen sein. Die Forschung hatte *allerdings* Voraussetzungen – und ob sie welche hatte! Es waren die Gewalt, die Autorität der Gemeinschaft ... (S. 563).

Auch bei dieser Zuspitzung des Konflikts Nietzsches und dessen versuchter Lösung wird *der Wert der Gerechtigkeit verleugnet,* indem sie nämlich dem Diktat des „Volksempfindens" untertan wird (S. 561): Es ist die (historische) Vorwegnahme dessen, was der Erzähler entrüstet als „ein Unmaß von Rechtsbeleidigung" durch die Nazis bezeichnet hat (S. 517). Gerade an diesem Detail wird klar, zu welchem Maß Zeitblom der hauptsächliche Vorkämpfer *für* den Geist des Rechtes im Roman geworden ist, eben in geistiger Gegnerschaft und im Gegensatz zum verleugnenden Nietzsche, dem „zweiten Nietzsche", – ebenso wie er die Stimme des Gewissens gegen blinde Leidenschaft und Triebhaftigkeit vertritt (z. B. in seinen Gedankengängen über

Ines Institoris, die aus Eifersucht und Scham zum Mord am Geliebten getrieben wird, nicht geringer als in seinen Kommentaren zum Kridwiß-Zirkel und zum Nazismus – oder über Adrians künstlerische Entwicklung).

Auf diese Weise verkörpert Zeitblom die am schärfsten Nietzsche-feindliche Seite von Thomas Mann selbst. Es ist die Seite seiner Persönlichkeit, die sich gerade mit dem Teil des menschlichen Gewissens verbündet sieht, der von Nietzsche verhöhnt oder überhaupt verleugnet worden ist. Dabei ist es aber auch eindeutig, daß Nietzsches Konflikt und dessen Lösung von Mann als paradigmatisch für das deutsche Schicksal überhaupt und für die deutsche Katastrophe genommen werden.

Ein Über-Ich ohne Gerechtigkeitssinn, wie wir es heute ausdrücken würden, ist eine *verderblich gefährliche Macht,* die ihre Grausamkeit erbarmungslos ausübt und sich ebenso leicht gegen andere wie gegen das Selbst richtet. Sie ist das, was wir, wie ich in Hinblick auf „Dvärgen" gesagt habe (*Die zerbrochene Wirklichkeit,* Kap. 4), als *das Unbedingt-Böse* erkennen.

Dies ist die Philosophie, *der Protest gegen die Verleugnung des Gewissens,* die Serenus Zeitblom zwar mit Angst, doch auch mit tiefer Überzeugung aufrechterhält. Ich glaube, sie ist Thomas Manns eigene Ansicht von Nietzsches spätem Denken und dessen schrecklichen Folgen.

14.9 „Mythen ... als dynamische Realitäten"

Wir können deshalb weiterfahren und sagen: Was *psychologisch,* intrapsychisch, obzwar in *mythischer* Formulierung, in Kap. 25 im „Dialog mit dem Teufel" entwickelt worden ist, nämlich als *Spaltung zwischen den beiden Seiten von Adrian,* – ganz analog zu dem, was wir im Nietzsche-Kapitel als *Spaltung in die beiden Nietzsche* betrachten konnten, – sehen wir nun hier, in Kap. 34, in seinen *philosophischen* Konsequenzen. Damit aber zeichnet sich auch ab, wie der Sieg der einen Seite in ihrer Extremform zu verheerenden Schlußfolgerungen für das Schicksal des Einzelnen wie der Nation führen muß. Es wird in symbolischer Weise und philosophisch ausgeführt, es wird zunächst noch nicht in grauenvolle Wirklichkeit umgesetzt, aber die heraufbeschworene Flammenröte des Untergangs läßt sich aus der Ferne schon erkennen: der Gegenwart, die der Erzähler durchlebt. Es handelt sich dabei um die Übertragung des noch fast spielerisch in philosophischer Debatte geübten *mythischen Bewußtseins* in die *wirkliche paranoide Katastrophe: „Mythen ... als dynamische Realitäten"* (S. 560).

Ihre Nebeneinanderstellung zeigt „[die] eigentümliche[r] Korrespondenz, im Verhältnis geistiger Entsprechung" (S. 567) zwischen dem Kunstwerk des Freundes und jener neuen Philosophie von Macht, Gewalt und Grausamkeit, – also einen *doppelten Pakt mit dem Teufel* durch die, die sich als die Kulturträger Deutschlands gebärden, v. a. in Gestalt der *gefährlichen Bevorzugung des „Ästhetizismus" über Moralität.*

Dieses Thema erscheint in manchen Variationen durch den Roman, z.B in Ines Institoris: ihre Entwicklung, (ja Gespaltenheit,) zunächst in einen pessimistischen Moralismus, dann eine angsterfüllte, beinahe wahnhafte Konventionalität, ihren „Tadellosigkeitswahn“, und endlich ihr selbstverlorenes Taumeln in einen Abgrund von Lust und Selbsttäuschung, von Selbstzerstörung und Mordtat; oder in ihrem Ehegatten Helmut, einem schwachen und passiven Gelehrten, der die „brutalen Instinkte“, „Renaissance, Blut und Schönheit“ verherrlicht; in ihrer Schwester Clarissa mit ihrem „Harnisch ironischen Hochmuts“ (S. 580): diesem ganzen Kreis der „Kinder Nietzsches“ (ich brauche das Wort, nicht Mann, der geflissentlich jede Erwähnung seines Namens im Roman unterlassen hat; s. *Entstehung*, S. 165).

14.10 „Selbstüberwindung“ – Was brutal verleugnet wird, schreit nach gleich brutaler Rache

Doch was liegt hinter dieser *suchtähnlichen Hingegebenheit an das Ideal der Macht und der Gewalt?* Wiederum ist es Adrian, der in „leidender Tieferfahrenheit im Geiste“ (S. 632) vorbildlich wird und symbolisch die tiefere Wahrheit enthüllt: den Bruch in Philosophie, Kultur und Geschichte.

Sein tiefstes Motiv springt in seiner letzten Ansprache hervor, einer Beichte in extremis: „... es war stiller und bleicher Ernst, war Bekenntnis und Wahrheit, die zu vernehmen ein Mensch in letzter Seelennot seine Mitmenschen zusammengerufen hatte“ (S. 756). Dies ereignet sich nach der erfolgreichen Beendigung seines zweiten Meisterwerks, der symphonischen Kantate „Dr. Fausti Weheklag“, und beim Einbruch des manifesten Wahnsinns: „Es ist die Zeit, wo auf fromme, nüchterne Weise, mit rechten Dingen, kein Werk mehr zu tun und die Kunst unmöglich geworden ist ohne Teufelshilf und höllisch Feuer unter dem Kessel ... Ja und ja, liebe Gesellen, daß die Kunst stockt und zu schwer geworden ist und sich selbsten verhöhnt ...“ (S. 757). Dieses Motiv liegt im Begehren, dem künstlerischen Versagen zu entfliehen und damit der *Scham über die darin bezeugte Schwäche* zu entgehen; dies begründet Adrians Annehmen des Paktes mit dem Teufel. Eine andere Weise, dieses Motiv zu beschreiben, ist die, daß die *„contritio“* der Seele, d. h. echte Reue und Demut unmöglich geworden seien wegen seines *„Stolzes“* und seiner „schamhaften Gescheitheit“, der Antithese zum Sichschämenmüssen, wie es schon im Teufelsdialog geheißen hat (S. 381, 383) – zur Furcht, in seinem Schaffen zu erlahmen, also vor „der Gefahr des Unschöpferischen“ (S. 371): „Ohnmacht ... Droht nicht die Produktion auszugehen?“ (S. 369). Kurzum: es ist die Angst, angesichts seines absolut gehaltenen Ideals zu mißlingen: „Denn lange schon bevor ich mit dem giftigen Falter koste, war meine Seel in Hochmut und Stolz zu dem Satan unterwegs gewesen ...“, bekennt er in der Ansprache seines „geistlich Hinscheidens“ (S. 756, 762). „Nur *die Scham und den Spott des Geistes,* und was in der Zeit dem Werke zuwider, das hat er von mir beiseite gehalten, das Übrige mußte ich selber tun, wenn auch nach seltsamen Eingießungen“ (S. 760).

Das Versprechen von „der anderen Seite“, dem Teufel ist demnach: „das Gefühl deiner Macht und Herrlichkeit“ und „die Lebenswirksamkeit dessen, was du mit unserer Hilfe vollbringen wirst“ (S. 376).

Dies bedeutet: Der Weg aus dem Versagen = aus der „Selbstverhöhnung“ = aus der Scham kommt dem gesuchten „Durchbruch“ gleich. Doch eine derartige Selbsttranszendierung und *„Selbstüberwindung“*, – um hier einen der wichtigsten Begriffe Nietzsches, der hinter der Szene solch Faustischer Begierde aufleuchtet, zu gebrauchen, – ist nur mit der Hilfe des Teufels möglich.

Doch was bedeutet der „Teufel“ in diesem Zusammenhang? (Die Frage erinnert uns an die ähnliche bei Ibsen: Was bedeuten die „Trolle“, was bedeuten „die Diener und Helfer“?)

Die Fähigkeit, sich wieder die Macht des Schaffens anzueignen und sie dazu zu benutzen, das höchste Kunstideal zu erreichen. Mithin ist sie eine Form der *Macht,* und zwar die, die es möglich machen soll, das Ziel des „Ästhetizismus“ zu erreichen, wie Mann in seinem Nietzsche-Essay sagt. Doch zu welchem Preis? Zum Preis von *Liebe und mitmenschlicher Beziehung.* Dafür muß aber zugleich ein furchtbarer Zusatzpreis entrichtet werden: die symbolische und doch auch indirekt konkrete Tötung menschlicher Bindungen und Menschenlebens. Daher das abgrundtiefe *Schuldgefühl:* Wie sich Adrian gegen das Verbot der Liebe verstößt, beschwört er damit Unheil herauf: in insensitiver Weise benutzt er seine homosexuelle Bindung an Rudi, um durch ihn sich um eine Braut zu bewerben, ein Versuch, der äußerst entwürdigend für alle drei sein muß und zu Rudis Tod führt. Auch dies ist parallel zu Nietzsches Leben: hat dieser doch seinen nächsten und ihm kongenialsten Freund, den Arzt und Philosophen Paul Rée, zur Bewerbung um Lou Salomé angestellt und derart seine Beziehung zu beiden zerstört (etwas Ähnliches war Nietzsche schon zuvor in Genf mit Mathilde Trampedach „passiert“).

Ein anderes schuldhaftes Übertreten des Tabuverbots ist auch Adrians tiefe Zuneigung zu seinem Neffenkind, dem elfengleichen Knaben Echo. So schreibt er den schrecklichen Tod des Kindes seinem *„bösen Auge“* zu: „... wenn eine Seele heftig zur Schlechtigkeit bewegt worden, so ist ihr Blick giftig und natterisch, am meisten für Kinder“ (S. 759), – übrigens eine der charakteristischen *Wahnideen der Scham* (s. *Die Maske der Scham*). Seine Sünde ist unverzeihlich: „daß ich vor euch sitze auch noch als ein Mörder“ (S. 759, 761). Statt sich in die Lebensordnung zu fügen und das schöpferische Werk in „Lebensgrund und ein redlich Hineinpassen“ zu verwurzeln, habe er sein Dasein „höllischer Trunkenheit“ geweiht (S. 757).

14.11 Das verdrängte Gewissen rächt sich ebenso wie der verdrängte Trieb

Sowohl Problem wie auch Lösung stimmen also weitgehend mit denen Nietzsches überein: Bei beiden wird die Liebe wirksam verboten durch eine archaische, versteckte, aber überaus mächtige Version des „Gewissens“ – das archaische, anal-narzißtische, mythische Über-Ich, einen inneren Dämon und mitleidlosen Richter, der alle Formen von Liebe für Mann, Frau und Kind als Verrat ansieht: „weil er [der Teufel] im Ehestand den Abfall ersah von ihm“, sagt Adrian (S. 759). Es ist genau dieser Gewissensteil, dem Nietzsche *seine* Seele überliefert hat, einem Teil also, der sich in *unablässigem, höhnisch-spöttischem Kampf gegen die alte Moralität* befindet.

Solange man den Forderungen dieses, dem Ideal der Macht frönenden „Gewissens" gehorcht, geschieht es natürlich, daß man „Scham und Spott des Geistes" überwindet (S. 760): „das hat er von mir beiseite gehalten" (l. c.).

Doch gibt es eine Kehrseite dieses archaischen Über-Ichs, dem es in dieser Weise gelungen ist, die Scham des Mißlingens (hier: im Schöpferischen) zu beseitigen: diese Kehrseite verlangt äußerste Bestrafung für den so erzielten Erfolg. Dies ist aber nichts anderes als die Rückkehr der abgewehrten, *verleugneten Seite,* die mit entsprechend starkem *Schulddruck und damit dem Strafbedürfnis* zu tun hat, der Seite, die auf die Forderungen menschlicher Verpflichtungen hört, die sich der „traditionellen Moral" verbunden fühlt, und die damit ganz hervorragend den Sinn für *Gerechtigkeit, Ordnung und Gesetz* vertritt. Was Mann hier durch Adrian Nietzsche zuzurufen scheint, ist:

> Du kannst nicht für alle Zeiten bestimmte Grundgesetze der menschlichen Natur verleugnen, nämlich diese Werte von Gerechtigkeit und menschlicher Solidarität, zu Gunsten jener Werte des Schöpferischen oder irgend einer anderen Art der Macht. Was brutal verleugnet wird, schreit nach gleich brutaler Rache und ist ebenso extrem, ist gerade so dämonisch, wie unbedingt und vollständig seine Unterdrückung gewesen ist. *Das verdrängte Gewissen rächt sich ebenso wie der verdrängte Trieb.*

Es ist also möglich zu sagen, daß dieses archaische Über-Ich – wie es sowohl von Nietzsche wie von Leverkühn in Wirklichkeit umgesetzt wird – zwei Seiten zeigt: Die eine ist ganz auf die Abwehr gegen die Scham ausgerichtet, indem sie die Wichtigkeit von Macht in jeder Form überbetont. Diese Übertreibung der Macht, die wir als *Reaktionsbildung* (nämlich eben gegen das Sichschämen) wohl kennen, wird von einer resoluten *Verleugnung* begleitet, einem Widerwillen, all das auch nur schon zu sehen und anzuerkennen, was mit Gerechtigkeit und mit Liebe zu tun hat, denn diese werden mit Schwäche gleichgesetzt.

Die andere Seite dieses archaischen Über-Ichs bezeugt sich in der versteckten Provokation von Bestrafung in ihrer Extremform, also in einer Art von *Externalisierung:* „daß ich verdammt bin, und ist kein Erbarmen für mich" (S. 762), wie sie am Ende in einen inartikulierten Schrei, einen „Klagelaut" ausbricht (S. 763). Es handelt sich um die Bestrafung für mörderisch wirkende Handlungen oder was als solche erlebt wird, für die wirkliche und überwältigende Schuld, die man, um der ersten Über-Ich-Seite willen, auf sich geladen hat. Es ist die klassische Gestaltung dessen, was ich in meinen früheren Werken als das *tragische Dilemma* beschrieben habe: die Antithese von extremer Schuld und extremer Scham.

Der Gegensatz zu diesem januskköpfigen, archaischen Über-Ich wird in diesem Zusammenhang durch „ein recht's, ein menschlich's Verständnis" der Frau Schweigestill (S. 763) vertreten, wie auch durch die Treue des humanistischen Freundes: „als käme diese Treue wohl auf dafür, daß ich mit Entsetzen die Schuld meines Landes floh" (S. 765) – so wie auch Thomas Mann selbst vor ihr geflohen war.

*

Mann geht noch eine Schicht tiefer und scheint sich zu fragen: *Was liegt hinter dieser Furcht vor Versagen und Bloßstellung,* hinter dieser Scham, die um jeden Preis abgeschüttelt werden muß? Seine Antwort ist: die *Angst davor, in die mütterliche Umfassung zurückkehren zu müssen und zu wollen*, und dadurch vor der *Erniedrigung des kühnen, individuell gewordenen Geistes:* „wenn ein von seinen Ursprüngen kühn und trotzig emanzipierter Geist ... gebrochen, ins Mütterliche zurückkehrt" (S. 767); „... daß ... ein Grauen vor dieser sanften Erniedrigung, ein instinktiver Unwille dagegen, als Rest seines Stolzes, lebendig war, bevor er sich, im trüben Genuß der Bequemlichkeit ... darein gab" (S. 767). „Diese triebhafte Empörung und den Drang zur Flucht vor der Mutter" (l. c.) stehen in Konflikt mit den Wünschen für Abhängigkeit, für die Rückkehr in den Mutterleib und für Selbstaufgabe; sie wehren diese ab.

*

Spreche ich also über den Ausweg aus Versagen = Selbstverachtung = Scham, handelt es sich nicht allein um das Geschick Adrian Leverkühns. Ich erwähnte es bereits: Er wird als Vorbild genommen nicht nur für das Schicksal Deutschlands und das Schicksal der Kunst, sondern er wird auch ganz spezifisch als Paradigma für Nietzsches Philosophie aufgefaßt: daß darin der Ehrenplatz, „the place of pride", dem Ästhetizismus eingeräumt wird, d. h. der Absolutheit des Wertes des Schöpferischen als Hauptvertreter von Lebenskraft und Macht.

So behandelt also der Roman dieselbe Abfolge von *tragischen Konfliktlösungen* auf einer *persönlichen,* auf einer *künstlerischen,* auf einer *philosophischen* und auf einer *national-historischen* Ebene. Mit ungeheurem Geschick werden alle vier in beinahe jedem Kapitel miteinander verwoben.[11]

*

Nachtragend ist noch zu bemerken, daß die Gestalt Leverkühns in ihrer Faustparallele eine tiefe, nicht überwundene Kluft zeigt: Er steht als Gestalt und Denker für Nietzsche, als Musiker für Wagner, als Repräsentant des modern-deutschen Faust für den Rausch des Nazismus. Doch wurde seine Musiktheorie, seine Werkgestaltung zutiefst durch die Mitarbeit Thomas Manns mit Theodor Adorno bestimmt, und damit völlig umgemodelt. Kurzke beschreibt die Folgen:

> Die décadence-Thematik, wonach nicht Gesundheit, sondern Krankheit große Werke schafft, ließ sich leicht mit dem Teufelspaktmotiv kombinieren ... Aus dem ‚Teufelskreis' des nur Gewollten und Gespielten, der allzu bewußten Suche nach dem Unbewußten, sollte der Teufelspakt heraushelfen. Es kam aber etwas dazwischen, das die reine Ausführung dieser Konzeption verhinderte: die Mitarbeit Adornos. Einerseits verhalf Adorno Thomas Mann, dessen Dichtung bis dahin unter Musik stets nur Wagner verstanden hatte, zur erforderlichen musikhistorischen und musiktheoretischen Fachkenntnis. Andererseits entstand dadurch ein Verlust an Stimmigkeit, denn Adornos Musikphilosophie löst das Problem, wie über Wagner hinauszukommen sei, ohne Teufel. Leverkühns fiktive Werke lassen denn auch die Mithilfe

---

[11] Mit etwas ähnlichem Ergebnis, doch von einer werkgenetischen Warte aus sagt Kurzke: „Es handelt sich ... um vier große, miteinander vielfältig verwobene Strukturschichten, unter denen die des Deutschlandromans entstehungsgeschichtlich die späteste ist: die des Künstlerromans, die des Faustromans, die des Gesellschaftsromans und die des Deutschlandromans" (S. 276).

des Teufels nicht recht sinnfällig werden, weil die Reihentechnik Schönbergs durch Adorno zu einem wirklichen Ausweg wird, der des Rausches nicht bedarf. Leverkühns Kompositionen erscheinen in der asugeführten Gestalt des Romans nicht mehr als teufelsinspirierter „Durchbruch" zur Irrationalität, sondern als legitimer musikalischer Ausdruck der Epoche ... Da das Moment der teuflischen Inspiration infolge der Mitarbeit Adornos gar nicht wirklich zum Tragen kommt, da Leverkühn kein Spätwangerianer und kein Faschist ist, wie es Wagner nach Thomas Mann potentiell war, ist die Parallelisierung von Deutschlands Schicksal mit dem Leverkühns brüchig geworden (S. 277, 280)

14.12 „Die Ironie des Herzens" und der „feurige Riß"

„Objektivität ist Ironie, und der epische Kunstgeist ist der Geist der Ironie", sagt Thomas Mann 1939 in „Die Kunst des Romans" (*Essays*, Bd. 1, S. 347). „Sie dürfen dabei nicht an Kälte und Lieblosigkeit, Spott und Hohn denken. Die epische Ironie ist vielmehr eine Ironie des Herzens, eine liebevolle Ironie; es ist die Größe, die voller Zärtlichkeit ist für das Kleine" (l. c.).

Er zitiert das Wort eines Besuchers über Goethe: „Aus einem Auge blickt ihm ein Engel, aus dem anderen ein Teufel, und seine Rede ist eine tiefe Ironie über alle menschlichen Dinge" („Goethe als Repräsentant des bürgerlichen Zeitalters", 1932; *Essays,* Bd.1, S. 232) – und: „Er ist tolerant, ohne mild zu sein" (l. c.). Mann spricht von Goethes „ironischem Nihilismus", von „jener allertiefsten naturelbischen Dichtergesinnungslosigkeit und jenem Mangel an Glauben ..." (S. 234), entstanden aus der apollinischen Distanz und Objektivität: „Die Kunst der Epik ist ‚apollinische' Kunst, wie der ästhetische Terminus lautet; denn Apollo, der Fernhintreffende, ist der Gott der Ferne, der Gott der Distanz, der Objektivität, der *Gott der Ironie* ([meine Betonung]; „Die Kunst des Romans", 1939, S. 347).

Doch worin besteht dieser „Geist der Ironie"? Was ist diese *Philosophie der Ironie,* die eine der Grundlagen, obwohl nicht die einzige von Manns Wertphilosophie ist?

Ich kann keine einfache Antwort auf diese Frage in Manns Schriften finden, es sei denn vielleicht diese: „... daß er [Goethe] sie [Ironie] gleichsetzt mit dem Abstand, den die Kunst von ihrem Objekt nimmt, daß Ironie eben dieser Abstand ist, indem sie [wohl eher sich auf die Kunst beziehend] über den Dingen schwebt und auf sie herablächelt, so sehr sie zugleich den Lauschenden oder Lesenden in sie verwickelt, in sie einspinnt" (1953, „Humor und Ironie", Bd.11 in der 13bändigen Ausgabe, S. 802). Das heißt, daß *Ironie das Ergebnis einer Doppelheit ist, der Dualität von Ergriffenheit und Ferne.* Er spricht davon im Laufe einer Diskussion, wenn er sehr spät im Leben, seine tiefen Reservationen, sogar den Ennui über die übermäßige Identifizierung seiner eigenen Einstellung mit der Haltung der Ironie und seine höhere Wertschätzung für den *Humor* ausdrückt:

> Ironie, wie mir scheint, ist der Kunstgeist, der dem Leser oder Lauscher ein Lächeln, ein intellektuelles Lächeln möchte ich sagen, entlockt, während der Humor das herzaufquellende Lachen zeitigt, das ich als Wirkung meiner eigenen Produktion mit mehr Freude begrüße als das erasmische Lächeln, das durch die Ironie erzeugt wird (l. c.).

Hermann Kurzke zitiert Schopenhauer: „Im Falle der Ironie verstecke sich der Scherz hinter dem Ernst, im Falle des Humors aber der Ernst hinter dem Scherz ... die Ironie vernichtet den Ernst und das Erhabene, der Humor verwirklicht den Ernst und das Erhabene" (S. 256).

Meine eigene, knappste Feststellung zur *ironischen Haltung* ist: sie ist eine *Einstellung, welche die in Konflikt miteinander stehenden Werte annimmt und Toleranz für philosophische Gegensätzlichkeiten hat.* Sie anerkennt scheinbar unversöhnliche Ideale als „objektiv" gleichberechtigt und als letztlich *komplementär,* daß sie nämlich einander gegenseitig bedürfen, statt nur in schroffer Gegnerschaft, „in mere oppugnancy", als Absoluta dazustehen.

Weit darüber hinaus, ein bloßes Stilmittel zu sein, ist sie eine *Lebensphilosophie,* die alles Denken und Handeln durchdringt. Ich glaube auch, daß sie eine Lebens- und Wertphilosophie ist, die sich ganz besonders für die Einstellung des Psychoanalytikers, dieses Epikers der individuellen Lebensgeschichte, eignet.

Eines der Werkzeuge solcher Ironie besteht in der *künstlerischen Verdoppelung.* Ich denke hier an den wunderbaren Gebrauch der *Doppelheit von Erzähler und Protagonist,* von Zeitblom und Leverkühn, und ihre allmähliche innere Umwandlung – Zeitbloms Wachsen von einem eher pedantischen Schulmeister, der zwar liebevoll, aber doch lächelnd, beinahe spöttisch geschildert wird, zum unbestechlichen Gewissen und Richter und zum Visionär eines nach der Apokalypse wieder auferstehenden Humanismus; Leverkühns Wandlung vom Musiker, der nach Reinheit strebt und jeder Sinnlichkeit abhold ist, vom Künstler, der der Originalität und dem Schöpferischen in höchster und reinster Form nacheifert, zur Gestalt, die zutiefst in zwei Extreme zerrissen ist: Die erste Seite steht im steten Kampf gegen die hilflose Gelähmtheit seines Schaffens: „aber die Arbeit stockte" (S. 325), sie greift ihn mit Hohn und Verachtung an, füllt ihn mit Scham und Verzweiflung; die zweite Seite ist die Ergriffenheit durch Inspiration, von Selbstbewunderung, ja, Selbstvergottung; sie ist ironisch, parodistisch, distanziert, kühl, dann wieder verzehrt, vergiftet, schließlich verschlungen durch unterdrückte, aber tödliche Leidenschaft. Diese Zweiseitigkeit ist der *dämonisch „feurige Riß"* (S. 276), der schon der Verwandlung während des „Zwiegesprächs im Steinsaal" vorweggenommen wird („Riß" im Sinne von „Plan, Abriß").

Eine solche *Verdoppelung ist eine ganz wesentliche Weise, mit innerem Konflikt zuschlage zu kommen.* Adrian sucht nach einem Ort, „wo ich mich recht vor der Welt vergraben und ungestört mit meinem Leben, meinem Schicksal Zwiesprache halten könnte" (S. 326). „Seltsame, ominöse Worte!" ruft Zeitblom aus. In der Tat so, wie es sich hernach in der verhängnisvollen Verdoppelung und Zwiesprache mit dem Teufel erweisen soll – oder in der Parallele mit Nietzsche: dessen schöpferischsten und unheilvollsten Verdoppelung und Zwiesprache mit Zarathustra.

Es ist übrigens auch bemerkenswert, wie gerade in der Einführung der Teufelsszene Adrian alle Ich-Formen in seinen Sätzen ausläßt – bis das Doppel erscheint, als ob während des Übergangs zu dem verdoppelten Selbst sein eigenes, gewöhnliches Selbst sich auflöste oder sich in einer Art Scham oder Angst zurückzöge.

14.13 Die schöpferische Verdoppelung

Doch ist diese Doppelheit weit mehr als ein sinniges Stilmittel; ich sehe in ihr etwas Rettendes und Erlösendes für den Schöpferischen selbst. Durch die Verdoppelung wird, wie innerhalb des Kunstwerks, die Integration der verschiedenen Identitäten ermöglicht, und zwar in einer hierarchischen Ordnung.

Wir begegnen der gleichen verblüffenden und bezaubernden Anwendung der Verdoppelung im Joseph-Roman: „Der Erzähler ist zwar in der Geschichte, aber er ist nicht die Geschichte" (S. 821), ganz so, wie es von Gott gesagt wird: „daß er der Raum der Welt war, aber die Welt nicht sein Raum (ganz ähnlich wie der Erzähler der Raum der Geschichte ist, die Geschichte aber nicht seiner, was für ihn die Möglichkeit bedeutet, sie zu erörtern)" (S. 1290).

Der Erzähler umfaßt Geschichte und Wissenschaft; er überschaut die Weiten des Wissens und der menschlichen Erfahrung durch die Zeiten hindurch. Diese Doppelheit und Spannung zwischen der Person innerhalb der Geschichte und dem allwissenden Erzähler der Geschichten wird in besonders prägnanter Weise eine Sache der doppelten Identität und einer verdoppelten Sicht und damit von Ironie und Humor.

Doch der Grund, warum ich jetzt auf diese Charakterisierungen im *Dr. Faustus* zurückkomme, ist der folgende: Thomas Mann bekennt, er könne diese beiden Hauptgestalten nicht „sichtbar machen, physisch individualisieren, anschaulich wandeln lassen"; es schien ihm „geheimnisvoll unzulässig, in einem noch nie erfahrenen Sinn unmöglich". Alle anderen Romanfiguren mögen pittoresk und verlebendigt werden – „*nicht* seine beiden Protagonisten, die zuviel zu verbergen haben, nämlich das Geheimnis ihrer Identität" (*Entstehung*, S. 204).

Das Geheimnis ihrer Identität? Ich glaube, es besteht kaum ein Zweifel, daß sie beide Teile sind, und zwar entscheidend wichtige *Teile, der Identität Thomas Manns,* Kernpersönlichkeiten in ihm, überdies Teile, die gerade in ihrer eigenen, inneren, schmerzlich empfundenen Gespaltenheit und Gegensätzlichkeit selbst wieder ungelöste, unversöhnte Widersprüche in sich wie im Dichter darstellen: In dem Persönlichkeitsanteil Thomas Manns, der von Zeitblom verkörpert wird, ist vielleicht die Hauptfrage die, wie das Bourgeoise und Moralische mit dem Unheimlichen, Dämonischen, Irrationalen, doch Schöpferischen, nicht zu Unterdrückenden noch zu Verleugnenden versöhnt werden könne (wie es sachlich z. B. auf S. 144 des *Dr. Faustus* abgehandelt wird).

In der von Adrian Leverkühn repräsentierten Seite Manns besteht einer der Konflikte darin, wie die Wünsche für Macht, die sehr tiefen Bedürfnisse nach Privatheit und Würde, also danach, die eigene Person gegen beschämende Bloßstellung zu schützen, der Drang zu Nietzsches „Pathos der Distanz", sich mit der Sehnsucht nach Liebe, nach Nähe und Zugehörigkeit, nach Menschlichkeit vereinbaren lassen. Ebenfalls ist es der Zusammenstoß zwischen dem Begehren nach Ordnung und Regelmäßigkeit mit der Anziehung dessen, was extrem, radikal und berauschend ist, für das Verhängnisvolle und Todesnahe (wie wir es z. B. auch bei von Aschenbach, in *Tod in Venedig,* sehen oder von Castorp im *Zauberberg* her kennen).

Diesen Fragen, wie diese Gegensätze ins Gleichgewicht gebracht werden können, begegnet er mit der *schöpferischen Verdoppelung,* dem *schöpferischen Agon.* Ein für alle Mal gelöst werden sie zwar nicht, doch zerreißen die Gegensätze Mann nie in jene radikalen Extreme von Unmenschlichkeit und Zerstörung, wie es Nietzsche und Adrian Leverkühn, oder den früher geschilderten Patienten, besonders etwa Dilecta und Andreas widerfahren ist.

In seiner schon erwähnten kleinen Studie „Humor und Ironie", die in Wirklichkeit Teil einer spontanen Radiodiskussion ist (1953), beschreibt er, wie *die Verdoppelung als Stilmittel des Humors* gerade im *Dr. Faustus* in wesentlicher Weise benutzt werde:

> ... schon die Idee, die Erzählung des Lebens des Helden, des Komponisten Leverkühn, dem guten Humanisten Zeitblom in den Mund zu legen oder aus seiner Feder zu lassen, schon dieser Einfall, das Dämonische durch ein ausgesprochen undämonisches Medium gehen zu lassen, schon diese Idee ist ein ausgesprochen humoristischer Einfall mit humoristischen Absichten ... (Bd. 11 in der 13bändigen Ausgabe, S. 804).

14.14 *„Die Abgründigkeit des Konflikts"*

Wieviel von Manns Werk sich als ein erfolgreiches Bemühen darum, die *Gegensätze in Konflikten durch Ironie und Humor miteinander zu versöhnen,* verstehen läßt, wie weitgehend sein Begriff von Kunst und „Künstlertum" in dieser *Philosophie von Gleichgewicht und Komplementarität* besteht, halte ich entscheidend für die Würdigung seines Werkes und seiner Persönlichkeit. Es sind aber gerade jenes Ziel und diese Philosophie, die in bewußter Opposition zu dem, was ich als den zweiten Nietzsche bezeichnet habe, errungen werden. Gleichzeitig versucht er aber, der Erbschaft unerbittlicher Wahrhaftigkeit und psychologischer Analyse des ersten Nietzsche treu zu bleiben. Ein derartiges Gleichgewicht mag z. B. das in der Josephsgeschichte angestrebte zwischen Rationalität und Mythos sein, zwischen dem, was individuell und besonders ist und „dem Typischen, Immer-Menschlichen, Immer-Wiederkehrenden, Zeitlosen, kurz: dem Mythischen" (*Joseph und seine Brüder. Ein Vortrag,* 1942, Bd. 11 der 13bändigen Ausg., S. 656), ein Gegensatz, der seinerseits, wie wir gesehen haben, aus Nietzsches Philosophie stammt. Dieses Gleichgewicht wird in der Josephsgestalt auch erreicht zwischen seiner humoristischen Verspieltheit und seinem sozialen Erfolg, zwischen seinem Leiden und seinen wechselhaften Identitäten, im Spiel zwischen Illusion und der Treue gegenüber seinem innersten Selbst, in seiner wiederholten Selbstverwandlung und doch auch seiner tiefen Identität mit sich selbst. So ist Joseph der Künstler par excellence, der immer wieder die *Einheit der Gegensätze* erringt,

Oder es mag sich um das Gleichgewicht zwischen dem Rationalen und dem Dämonischen handeln – im Innenleben und in der Familie, in der Musik und in der Kunst, in der Kultur und der Geschichte, wie es der Faustroman als ganzes erstrebt.

Doch zugleich werden wir in beiden Romanen auf die verheerenden Folgen aufmerksam gemacht, wenn eine solche Balance zu drastisch gestört wird, wenn die

Schranke zerbrochen, die Grenzen verletzt, wenn also die Sittlichkeit, das innere Gesetz, die Moralität geschändet werden.

Er braucht das Gleichnis vom Gleichgewicht, das sich auf einem erstaunlichen Bibelzitat aufbaut, nämlich Jakobs Segnung von Joseph in Genesis 49,25: „Vom Gott deines Vaters – er helfe dir, von dem Gewaltigen – er segne dich: Segnungen des Himmels von droben, Segnungen des Wirbels, der drunten lagert, Segnungen von Brüsten und Schoß!“ (in der Buber-Rosenzweig-Übersetzung)

מאל אביך ויעזרך ואת שׁרי ויברכך ברכת שׁמים מעל ברכת
טהום רבצת תחת ברכת שׁדים ורחם

(Me’el avicha weja’zreka, we’et schaddai wivaracheka, birchot schamajim me’al, birchot tehom rovetzet tachat, birchot schadajim weracham)

> Der humane Zauber alles Künstlertums besteht in diesem doppelten Segen: dem aus der Höhe herab und dem aus der Tiefe; es ist der Zauber der Sinnlichkeit, die Geist wird, und des Geistes, der sich verleiblicht; Begabung ist es aus mütterlichem Lebensgrunde, aus der Sphäre des Instinkts, des Gefühls, des Traumes, der Leidenschaft – und Begabung aus der väterlichen Lichtsphäre des Geistes, der Vernunft, des Verstandes, des ordnenden Urteils. Eben damit ist die Kunst das Paradigma und Vorbild der Menschlichkeit überhaupt, denn es gibt kein wahres Menschentum ohne jenen doppelten Segen, ohne daß das Vitale und das Geistige, Kraft und Sittlichkeit einander die Waage halten und sich zu der Ganzheit durchdringen, die wir Kultur nennen und die noch viele andere Gegensätze der gleichen Ordnung, wie Ehrfurcht und Freiheit, Glauben und Denken, Überlieferungssinn und Liebe zur Zukunft in sich vereinigt („Vom Buch der Bücher und Joseph“, Ges. W., Bd. 13, S. 205).

*

Wie für Nietzsche, ist auch für Mann die *Wahrhaftigkeit* ein leitender Wert, beständig erstrebt, hochgehalten, aber nicht absolut gesetzt. Neben ihm steht gleichberechtigt der *Wert der Kunst,* „der schönen Täuschung“, der Brücke zwischen den beiden Reichen ewiger Wahrheit und der Welt der Erscheinungen, zwischen Geist und Leben: „Genau dies denn ist die Stellung der Kunst zwischen Geist und Leben. Androgyn wie der Mond, weiblich im Verhältnis zum Geiste, aber männlich zeugend im Leben, die stofflich unreinste Manifestation der himmlischen, die übergänglich reinste und unverderblich geistigste der irdischen Sphäre, ist ihr Wesen das eines mondhaft-zauberischen Mittlertums zwischen den beiden Regionen. Dies Mittlertum ist die Quelle ihrer Ironie“ (*Essays,* III, „Schopenhauer“, S. 198).

Diesem Wert des Künstlerischen huldigt er in den Essays und den Romanen und Erzählungen. Die damit verbundene Ironie lebe aus dem „Bedürfnis nach Freiheit, nach ungebundener Anschauung“; „es ist mit dem Interesse ein selbstdisziplinierter Trieb“ (*Essays,* II, „Ein Bruder“, S. 222).

Daran schließt er aber eine wichtige Spezifizierung: die Rolle des Geschlechtlichen und Sinnlichen, der Libido in der Kunst: „... daß sie die produktive und lebenerhöhende Vereinigung und Wechseldurchdringung der beiden Sphären ist, – bezaubernder, als jede für sich, Geschlecht oder Geist je sein kann? Daß Künstlertum, Schöpfertum, nichts anderes ist und auch in ihm [Schopenhauer] nichts anderes war als vergeistigte Sinnlichkeit und vom Geschlecht her genialisierter Geist?“ (*Essays,* III, „Schopenhauer“, S. 230), wie es auch für Goethe gewesen sei.

Immer wieder kehrt er zur tiefgründigen Untersuchung dieses einen verborgenen Konflikts zwischen „Leben“ und „Geist“, zwischen „Trieb“ und „Intellekt“, zwischen „Es“ und „Ich“ (in seiner Formulierung) zurück – den einen Grundgegensatz, den er sowohl mit Schopenhauer wie mit Nietzsche gemein hat. Dennoch ist er in seiner sorgfältigen, weder dogmatisch noch theoretisch gebundenen Beschäftigung mit der menschlichen Erfahrung bei weitem nicht auf diese eine Polarität eingeschränkt. Wir haben es eben in seinem Gedenken des Jakobssegens vernommen. Er ist viel zu wahrhaftig und feinsinnig, um sich irgendwelchem psychologischen oder philosophischen Schematismus zu fügen; die Polaritäten und Spaltungen sind wirklich zu vielfältig, als daß sie sich auf einen Grundkonflikt reduzieren ließen.

Gleichwohl erscheinen alle seinen Schriften und Dichtungen von seinem Erleben durchdrungen, daß die Innenwelt sich in ständig wechselnden, schillernden Polaritäten bewegt oder aber in solche Gegensätze erstarrt ist. Ganz wie es für die Arbeit des Psychoanalytikers, wenn er diese am besten ausführt, der Fall ist, scheint es auch für den Leser dauernd ein vorbewußtes Gewahrsein dieser versteckten Spannungen in seinen großen Romanen zu geben, – aller Weitschweifigkeit und behaglichen Schilderung zum Trotz. Sie sind gleichsam knapp unter der Wasseroberfläche zu sehen, und oft tauchen sie in klaren, scharfen Konturen empor: „Was in der Philosophie die Dialektik ist, das ist beim Dichter das Schauen, der geöffnete Blick für die Widersprüche, für das Böse im Guten, die Verderbnis der Idee durch ihre Verwirklichung, die fundamentale Tragik des Menschenlebens. Alles reine Schauen ist tragisch,“ behauptet er in einer seiner Goethe-Vorlesungen von 1949 (Bd. 11, Werke in 12 Bd., S. 498) und bezieht sich dabei auf die „tragische Ironie“ am Ende des zweiten Faust.

Ähnlich sagt er in „Goethe und die Democratie“ aus dem selben Jahr, „daß die Quelle seiner [Goethes] dichterischen Fruchtbarkeit die Polarität, der unerschöpfliche Reichtum an Widersprüchen war“ (l. c., S. 509).

Vom Anfang des *Dr. Faustus* wähle ich 2 besonders prominente Beispiele aus: das vage Gespanntsein, Zögern und Zweifeln wandelt sich beim Erzähler plötzlich in „dauernde Gewissensqualen“: daß er einerseits offen die Niederlage der Deutschen wünschen müsse, um all der tief von ihm gehegten Werte der Humanität willen, wie sie sich in seiner Treue dem Gedächtnis und Schaffenswerk seines Freundes Adrian gegenüber bewähren, und wie dies im Widerspruch stehe mit „dem Treue- und Ergebenheitsbedürfnis des deutschen Charakters“ (S. 51). Mit „tiefem Ingrimm“ erwägt er, wie seine eigenen Söhne ihn der Gestapo überliefern müßten, wenn sie seine Aufzeichnungen fänden, und spricht von der *„Abgründigkeit des Konfliktes“* (S. 51).

Zeitblom beschreibt auch, wie er zunächst stolz gewesen sei über Adrians Gleichgültigkeit. Wie er dann aber bemerkte, „daß ... diese Gleichgültigkeit zur Maske wurde“ und Adrians wachsende Leidenschaft für die Musik verberge, und wie dieser errötete, als er entdeckt worden war, „... war es mir auf eine Weise beschämend und ängstlich“, sagt Zeitblom (S. 72–75). Es ist die „Entlarvung“ des unter der Oberfläche der Seele Verborgenen, das in beiden ein Gefühl der Bloßstellung verursacht, also der Beschämung. Wo es aber Maskierung gibt, da findet sich Konflikt.

14.15 Mann contra Nietzsche

So beruht Manns gesamte Selbstverstehen auf diesem *Fundament der Erfahrung inneren Konflikts.* Leben und Denken, das Wesen von Kultur und Geschichte werden *„sub specie conflictus"* betrachtet, in der Perspektive solcher Antithesen.

Doch haben wir gefunden, daß dies ebenso für Nietzsche gilt. Er ist meisterhaft in der Analyse des Seelischen beim Individuum wie bei der Menschheit in Begriffen dieses inneren *Agons:* von geheimen Trieben und offenbaren Masken, von verheimlichter Angst und Lust, von verhohlener Scham und Lust in der Selbstquälerei, von der offenbaren Selbstgerechtigkeit, die ein verzehrendes Ressentiment und eine brennende Rachsucht zu verbergen hat. Besonders dieses Letztere: „die versteckte Rache", erscheint immer von neuem. Was ich für *seine* unerbittliche Analyse postuliert habe, ist die Zentralität des *deutschen Krieges gegen die Scham.* Er stellt ihr eine neue Moralität der *Stärke* gegenüber, die sich breit darauf abstützt, was wir heute ein *archaisch-mythisches, anal-narzißtisches Über-Ich* nennen würden, ein Gewissen, das Liebe verachtet und sich vor ihr fürchtet, und dessen Diktat gemäß die *Liebe als unrein, gefährlich und giftig* betrachtet wird. Zudem ist es ein Über-Ich, das in *Extremen* von Unbedingt-Gut und Unbedingt-Böse urteilt und so die Welt in unversöhnliche Gegensätze spaltet. Es ist eine radikale, mythische Über-Ich-Struktur, die mit *absoluten Kategorien* verfährt. Und unsere klinische Erfahrung gestattet uns hinzuzufügen, daß ein solches Über-Ich aufgestellt wird, um schwere, sowohl vergangene wie oft auch gegenwärtige Traumatisierung verleugnen zu können. Es ist eine gewaltige Phantasie, die wir gut von der Über-Ich-Analyse der meisten Fälle mit schweren Neurosen kennen.

Ganz im Gegensatz dazu steht, was wir bei Mann finden: Das Problem der Scham ist keineswegs wichtiger als manche anderen inneren (oder äußeren) Gefahren. Unter diesen ist er ganz hervorragend um die *Gefahren der Unmenschlichkeit* besorgt, jener *„Heimsuchung":* dem Umstürzen der Sittlichkeit, die die bürgerliche Gesellschaft zusammenhält, der unprovozierten Aggression, von Rivalität und Mord, der Verletzung heiliger Grenzen, der Entweihung von Vernunft und Intellekt. Ihm ist das Ethos der Stärke ein Greuel.

Vielmehr fordert er ein komplexes Ethos der *Würde, des Respekts für Menschen, Geschichte und Natur,* von wirklicher *innerer und politischer Freiheit,* und der *Wahrhaftigkeit,* der *kompromißlosen Suche nach Wahrheit.* In einem tiefen Sinn ist es ein *Über-Ich, das im Mitmenschlichen sowohl auf Liebe wie auf Gerechtigkeit aufgebaut ist,* das daher *im Politischen auf gegenseitige Verantwortung, Freiheit und Gleichberechtigung* ausgerichtet ist, nicht auf die Vermeidung von Schwäche und Mißlingen.

Was für Nietzsche der hauptsächliche Feind ist, ist für Mann der wichtigste Verbündete – nicht einmal so sehr Vernunft und Intellekt, die er sowohl in seinem 1929 Freud-Vortrag wie in seiner Abrechnung von 1947 mit Nietzsche herausstellt, so ungeheuer bedeutsam diese auch sein mögen. Vielmehr findet sich diese hauptsächliche befreundete Kraft in der *Macht von „Gesetz", von „Gewissen"* von *„Sitte und Sittlichkeit"*.

Kurzum, *während Mann Nietzsche für den Leitwert der Wahrhaftigkeit zutiefst verpflichtet ist, steht er, wenigstens in seinem späteren Schaffen, unversöhnlich dem zweiten Nietzsche gegenüber, dem Feind des Gewissens, dem Zerstörer der Gerechtigkeit.*

*

Nietzsche streitet gegen die von innen drohenden Gefahren mit den Waffen des *Selbsthasses und der Selbstverachtung,* mit einer Art *giftigen Ressentiments,* selbst gegen die Werte, die er am meisten liebt oder ersehnt. Demgegenüber befaßt sich Mann mit den Mächten der Tiefe, indem er sich zunächst der *Toleranz, des ironischen Verstehens* bedient. Brechen sie aber in die Wirklichkeit durch, in destruktiver Handlung, wendet er sich gegen sie mit Bitterkeit und vehementer Verhöhnung, wie in seinem mutigen und beharrlichen Aussprechen während der Nazizeit (nach anfänglichem Zögern).

Während sowohl für Nietzsche wie, ganz konkret, für das Leben Adrian Leverkühns *Liebe Gift* ist, vielleicht die *verräterischste Art gefährlicher Schwäche,* ist für Mann *Liebe die große versöhnende Macht und Kraftquelle.* Für Nietzsche ist das das gute Leben, dem es gelingt, das Leiden zu überwinden und stark zu werden trotz Schmerz und Krankheit, indem es sich des Willens zur Bemächtigung bedient, Gewalt gegen alles ausübt, was im Inneren oder in der Außenwelt schwach und kränklich, eben décadent ist. Für Mann ist es vielmehr ein Leben, das die Mächte der Tiefe annimmt, das auch versteht, daß die Schwäche Teil von dem ist, was wir sind, aber das sich bemüht, die *Balance zwischen den Gegensätzen der Konflikte* zu finden.

Das, was Zeitblom der Kridwiß-Philosophie, die die Gemeinschaft über die Wahrheit stellt, entgegenhält, ist m. E. auch Manns eigene Urteil in seinem „Geheimprozeß" gegen Nietzsche, oder akkurater: gegen „den zweiten Nietzsche":

> ... ob nicht ein Denker, dem die Nöte der Gemeinschaft sehr wohl am Herzen lägen, dennoch vielleicht besser täte, sich die Wahrheit und nicht die Gemeinschaft zum Ziele zu setzen, da dieser mittelbar und auf die Dauer mit der Wahrheit, und selbst der bitteren Wahrheit, besser gedient sei, als mit einem Denken, das ihr auf Kosten der Wahrheit dienen zu sollen meine, in Wirklichkeit aber durch solche Verleugnung die Grundlagen echter Gemeinschaft von innen her aufs unheimlichste zersetze (S. 562).

In dem Sinn dient *„Ästhetizismus als Wegbereiter der Barbarei"* (S. 569 f.). Für Nietzsche ist das, was stark und nicht degeneriert ist, schön. *Für Mann ist die Versöhnung widerstreitender Kräfte schön;* diese ist im Grund die Aufgabe der Kunst.

Die Herrschaft des Ästhetizismus über die Ethik verrät es auch, daß jener Über-Ich-Anteil, der sich gegen das Sichschämen wehrt, sich vor Scham und Schande zu schützen sucht, vollständig über den anderen Teil gesiegt hat, der sich auf Schuldhaftigkeit bezieht und sich damit auf die Werte der Gerechtigkeit und Verantwortung dem anderen gegenüber (übrigens auch dem Tier, ja der Natur überhaupt, nicht nur dem Menschen) zu orientiert: „Der Künstler ist der Bruder des Verbrechers und des Verrückten" (S. 366). Kunst sei „Vorspiegelung ... Schein und Spiel" (S. 280 f.). Adrian bekennt: dies, die Wertpriorität des Ästhetizismus, sei es, was er wolle, statt der „Erkenntnis".

In Übereinstimmung mit dem Denken, dem ich gefolgt bin, würde ich besonders betonen, daß es die *Verleugnung* all dessen, was mit menschlicher Beziehung und damit Verantwortung zu tun hat, namentlich und am meisten die Verleugnung der *Gerechtigkeit,* ist, was das Überwiegen dieses *ästhetischen Über-Ichs* so überaus gefährlich macht.

14.16 Der Drang nach Gutmachung

Dieser Gedankengang führt aber noch weiter, noch mehr in die Tiefe:

> Wenn es christlich ist, das Leben, *sein eigenes Leben, als eine Schuld, Verschuldung, Schuldigkeit zu empfinden,* als den Gegenstand religiösen Unbehagens, als etwas, das dringend der Gutmachung, Rettung und Rechtfertigung bedarf, – dann haben jene Theologen mit ihrer Aufstellung, ich sei der Typus des a-christlichen Schriftstellers, nicht so ganz recht. Denn selten wohl ist die Hervorbringung eines Lebens – auch wenn sie spielerisch, skeptisch, artistisch und humoristisch schien – so ganz und gar, vom Anfang bis zum sich nähernden Ende, eben diesem *bangen Bedürfnis nach Gutmachung, Reinigung und Rechtfertigung* entsprungen, wie mein persönlicher und so wenig vorbildlicher Versuch, die Kunst zu üben (*Meine Zeit,* 1950, Bd. 11 der 13bändigen Ausgabe, S. 302, meine Betonung).

Er fährt fort: „In Wirklichkeit aber setzt der Prozeß der Schuldbegleichung, der – wie mir scheinen will, religiöse – *Drang nach Gutmachung* des Lebens durch das Werk sich im Werke selbst fort, denn es gibt da kein Rasten und kein Genüge, sondern *jedes neue Unternehmen ist der Versuch, für das vorige und alle vorigen aufzukommen, sie herauszuhauen und ihre Unzulänglichkeit gutzumachen.* Und so wird es gehen bis zuletzt, wo es mit Prospero's Worten heißen wird: ‚And my ending is despair' " (l. c., S. 303).

Dies ist keineswegs ein „Krieg gegen die Scham", keine Lächerlichmachung jener Gewissensstimme, die die Schuld heraufruft; dies ist alles andere als „jenseits von Gut und Böse" zu sein, alles andere als die Besessenheit damit „boshaft", „bösartig" sein zu wollen, womit Nietzsche sich brüstet. Ganz im Gegenteil ist es die Annahme jenes tiefen menschlichen Gefühles der Schuldhaftigkeit, dessen Existenz Nietzsche so beharrlich verleugnet – wenngleich umsonst.

(Als Psychoanalytiker können wir uns freilich auch fragen, weshalb bei Mann dieses Schuldgefühl solche enormen Dimensionen annimmt; wir müssen es in Beziehung mit seinen eigenen suizidnahen Depressionen und den Selbstmorden bei seinen Geschwistern und Kindern setzen. Aber darum geht es mir in diesem Zusammenhang nicht.)

Insbesondere ist Mann der dezidierte *Gegners des Entweder-Oder,* all jener *Unbedingtheiten,* die so hartnäckig sowohl von Schopenhauer wie von Nietzsche verfolgt wurden. Er ist, wie schon gesagt, der Anwalt der Versöhnung der Gegensätze und damit des grenzenlosen Reichtums aller *Komplementaritäten,* wenn einmal die miteinander im Konflikt stehenden Elemente gemäßigt worden sind. Im Grunde können wir sogar sagen, daß es ihm zum leitenden Ideal wird, Konflikt zu ertragen, ihn durchzustehen, ihn schließlich in Gleichgewicht zu wandeln, und dies sowohl in der Methode des Verstehens und der Repräsentation wie in seiner Lebensphilosophie, während für Nietzsche das Ziel in der Herstellung einer erzwungenen Einheit *jenseits von Konflikt* liegt, in seiner gigantischen Synthese der alles umschließenden „ewigen Rückkehr des Gleichen" – eine Phantasmagorie, die unter der epistemologischen Prüfung wie in der Wirklichkeit seines Lebens zerbersten muß.

Für Thomas Mann wird die Absolutheit selbst, werden die Extreme, wird der Radikalismus zum Problem. Die Gegensätze werden getragen und ertragen – durch distanzierende Ironie: „Ich bin ein Mensch des Gleichgewichts; instinktiv lehne ich zur Linken, wenn das Boot zur Rechten zu kentern droht, und umgekehrt", zitiert Ernst Pawel aus einem Brief (New York Times Book Review, 21. 2. 1971; auf englisch). „Apollon, der Fernhintreffende, der Musengott, ist ein Gott der Ferne und der Distanz, – nicht des Verstricktseins, des Pathos und der Pathologie, – des Leidens nicht, sondern der Freiheit, ein objektiver Gott, der Gott der Ironie ..." (*Essays,* Bd. 3, „Schopenhauer", S. 207). Und das Wort von der liebevollen Ironie habe ich schon erwähnt.

Ganz anders für Nietzsche. In seiner doppelten Identität von Dionysos und des Gekreuzigten (er unterschrieb mit beiden Namen, als er offen psychotisch worden war) werden äußerstes Leiden und absolute Erlösung mythisch zusammengezwungen und verschmolzen, aber es wäre vermessen zu sagen, daß es sich dabei um eine wirkliche Synthese oder Integration handeln würde. Es ist und bleibt eine *mythische Fusion der Gegensätze, nicht deren Versöhnung.*

Was sie beide gemeinsam haben, ist, um es nochmals zu sagen, die Lebenshingabe an den Wert der *Wahrheit,* an eine Einstellung von Ehrlichkeit und Selbstkritik, sogar in schmerzlich-lustvoll-peinlicher Selbstenthüllung und Selbstentlarvung. Was bei beiden so überaus inspirierend ist, ist ihr *Ethos des Trotzes* – ihres Widerstandes gegen konventionelle „Wahrheiten" und Sitten, zu Gunsten tieferer Einsichten, ungeachtet des Preises. (Dasselbe gilt natürlich für Ibsen, für Freud und für Camus. Alle fünf sind sie Psychologen des Aufstandes und des Widerstandes, „l'homme révolté".)

Was Mann und Nietzsche aber aus dieser Ehrlichkeit und der Enthüllung machen, bewegt sich in entgegengesetzter Richtung. *Manns Wertphilosophie ist eine Philosophie der Ironie, Nietzsches ist eine Philosophie des Ressentiments* – sowohl explicite, wie auch implicite im Stil.

Noch eine andere große Differenz betrifft die Rolle der *Würde.* Bei allem Anspruch auf Ehre, auf das reiche und gesunde Leben, bei allem Behaupten, daß er sich nicht mehr zu schämen brauche, tönt Nietzsches Pochen auf seine eigene Würde hohler und hohler. Seine Selbstverachtung, sein eigenes grenzenloses Gefühl der Scham ist kaum hinter dem glitzernden Narrenmantel der „Selbstvergottung" verborgen. In den Worten von Lou Andreas-Salomé: *„Die Möglichkeit, einen Ersatz »für den verlorenen Gott« in den verschiedensten Formen der Selbstvergottung* zu finden, das ist die Geschichte seines Geistes, seiner Werke, seiner Erkrankung" (S. 65).

Sie versteckt sich auch nur ungenügend hinter der unbeschränkten Fülle und Schönheit seiner Metaphern, des synästhetisch-dichterischen Erlebens, der Tiefe des philosophischen Denkens und der Originalität der psychologischen Einsicht.

Diese zentrale Selbstverachtung und Selbsthaß, dieses brennende Ressentiment gegen sich selbst wie gegen alle überkommenen Werte steht im schärfsten Kontrast zur beherrschenden Würde Thomas Manns – in Stil wie Inhalt, in der körperlichen Erscheinung, im Gleichgewicht seiner Ideen und Ideale.

*

Der Erzähler Zeitblom beendigt die Niederschrift des *Dr. Faustus* mit der Frage: „Werde ich wieder einer humanistischen Prima den Kultur-Gedanken ans Herzen legen, in welchem Ehrfurcht vor den Gottheiten der Tiefe mit dem sittlichen Kult olympischer Vernunft und Klarheit zu *einer* Frömmigkeit verschmilzt? ... Deutschland selbst, das unselige, ist mir fremd, wildfremd geworden, eben dadurch, daß ich mich, eines grausigen Endes gewiß, von seinen Sünden zurückzog, mich davor in Einsamkeit barg ... Mir ist, als käme diese Treue [zu einem schmerzlich bedeutenden Menschen] wohl auf dafür, daß ich mit Entsetzen die Schuld meines Landes floh“ (S. 765).

So erteilt Thomas Mann Nietzsche aus seinem eigenen Leiden im Exil, in der Einsamkeit und der Verzweiflung Antwort – eine Antwort, die aus dem *schöpferischen Agon* erwächst, aus der *Komplementarität der Gegensätze* entsteht. Es ist die Antwort, die Goethe und Schiller erteilt haben, und zu ihnen wendet sich Mann, um bei ihnen Trost zu finden.

Es ist die Versöhnung dessen, was in Nietzsches Schicksal und im Verhängnis Deutschlands in Extreme von Konflikt entzweigerissen wird, in Absolute, die einander zu vernichten streben, auseinandergebrochen ist – *in einem Agon der Zerstörung, in jenem selbstzerfleischenden Krieg gegen das Gewissen,* der aus einem *panischen Haß gegen Schwäche und Schmerz geführt wird und angetrieben wird vom Ressentiment über das Unauslöschliche des Sichschämenmüssens.*

14.17 „Der gelebte Mythus“

Als passenden Mythos für Manns Philosophie des Gleichgewichts, der Ironie und der Komplementarität wähle ich einen Midrasch, den Mann selbst direkt im Zwiegespräch zwischen Abram und Gott im „Josephs-Roman“ (S. 429) anführt; er stammt aus Midrash Rabba zu Lech Lecha (Kap. 39, 6/7), wo Abraham mit Gott rechtet, um die Vernichtung von Sodom und Gomorrha abzuwenden:

> Rabbi Levi sagte: „Der Richter der ganzen Welt, sollte er nicht Gerechtigkeit zeigen? (Genesis 18, 25). Willst du, daß die Welt bestehen bleibt, kann es keine Gerechtigkeit geben; wenn du Gerechtigkeit willst, kann die Welt nicht bestehen bleiben *(im olam ata mevaqesh, en din; we'im din ata mevaqesh, en olam)*
>
> עם עולם אתה מבקש אין דין . ואם דין אתה מבקש אין עולם
>
> Doch du willst das Seil an beiden Enden halten, indem du sowohl Welt wie Gerechtigkeit verlangst. Wenn du nicht etwas nachgibst, kann die Welt nicht bestehen.“

In Thomas Mann's schöner Übertragung:

> Willst du eine Welt haben, kannst du nicht Recht verlangen; ist es dir aber ums Recht zu tun, so ist es aus mit der Welt. Du fassest die Schnur bei beiden Enden an, willst eine Welt und ihr Recht. Wenn du aber nicht etwas milder wirst, so kann die Welt nicht bestehen (S. 429).

Ich habe in diesem Kapitel Manns Auseinandersetzung mit Nietzsche, so weit sie sich in seinem Spätwerk abzeichnet und sich spezifisch auf das Thema von Nietzsches Kampf gegen das Gewissen und seine kontramasochistische Einstellung bezieht, in den Mittelpunkt gerückt. Sehr viel mehr wäre nicht nur über diese Auseinandersetzung durch Manns ganze Schaffen hindurch zu sagen. Auch müßte es, wenn ich eine vollständigere Würdigung von ihm unternähme, gegen den weiteren Hintergrund seiner lebenslangen sowohl schwärmerisch-identifikatorischen wie auch später kritisch in Frage stellenden Auseinandersetzung mit den anderen beiden Leitbildern *Schopenhauer* und *Wagner,* sowie seiner sich gerade in der Spätzeit immer mehr vertiefenden Identifizierung mit *Goethe* gesehen werden. Auch wären die Beziehungen zur Musik, zum jüdisch- christlichen Erbe und Ethos, zur deutschen politischen Gegenwart näher zu untersuchen. Doch haben das Berufenere wie Käte Hamburger, Hermann Kurzke und Hans Wysling und sicher manche andere unternommen.

14.18 Epilog[12]

In seiner Vorlesung zum „Josephsroman" von 1942 sagt Thomas Mann:

> Es ist wohl eine Regel, daß in gewissen Jahren der Geschmack an allem bloß Individuellen und Besonderen, dem Einzelfall, dem „Bürgerlichen" im weitesten Sinne des Wortes allmählich abhanden kommt. In den Vordergrund des Interesses tritt dafür das Typische, Immer-Menschliche, Immer-Wiederkehrende, Zeitlose, kurz: das Mythische. Denn das Typische ist ja das Mythische schon, insofern es Ur-Norm und Ur-Form des Lebens ist, zeitloses Schema und von je gegebene Formel, in die das Leben eingeht, indem es aus dem Unbewußten seine Züge reproduziert. Entschieden, die Gewinnung der mythisch-typischen Anschauungsweise macht Epoche im Leben des Erzählers, sie bedeutet eine eigentümliche Erhöhung seiner künstlerischen Stimmung, eine neue Heiterkeit des Erkennens und Gestaltens, welche, wie gesagt, späteren Lebensjahren vorbehalten zu sein pflegt: denn im Leben der Menschheit stellt das Mythische zwar eine frühe und primitive Form dar, im Leben des einzelnen aber eine späte und reife (*Joseph und seine Brüder. Ein Vortrag,* Bd. 11 der 13bändigen Ausgabe, S. 656).

Er hat beinahe dasselbe 1936 in seinem Vortrag zu Ehren von Freuds 80. Geburtstag ausgesprochen. Dort fügt er hinzu:

> Was damit gewonnen wird, ist der Blick für die höhere Wahrheit, die sich im Wirklichen darstellt, das lächelnde Wissen vom Ewigen, Immerseienden, Gültigen, vom Schema, in dem und *nach* dem das vermeintlich ganz Individuelle lebt, nicht ahnend in dem naiven Dünkel seiner Erst- und Einmaligkeit, wie sehr sein Leben Formel und Wiederholung, ein Wandel in tief ausgetretenen Spuren ist (*Essays,* Bd. 3, „Freud und die Zukunft", S. 185).

---

[12] Die folgenden abschließenden Bemerkungen wurden durch einen Vortrag von Everett Siegel über die Rolle des Mythischen im Josephsroman angeregt.

Im Roman selbst spricht er davon als „Grundbekenntnis“: „Die Durchsichtigkeit des Seins, sein Charakter als Wiederholung und Rückkehr des Urgeprägten“ (*Joseph und seine Brüder,* S. 581).

Das mag an Platos *Ideen* erinnern. Käte Hamburger weist zurück auf den Goetheschen Begriff des „Urphänomens“: sie spricht vom „urphänomenalen Erlebniszusammenhang von Ich und Welt“ (S. 100), „der zuletzt unerklärbaren Verschlungenheit von Geist und Natur, oder anders gesagt: des Ich- und des Welt-Erlebens“ (S. 111), für die „der Mythus als das Kleid, das Bild, das Symbol“ diene. Vertiefen wir uns indes in seine beharrlich wiederholte Beschreibung des mythischen Prozesses, besonders im „Josephsroman“, trifft uns plötzlich die Erkenntnis, daß es sich hier um die Wahrheit hinter dem *„Mythus der ewigen Wiederkehr des Gleichen“* handelt. Für Nietzsche war dieser Mythus, wie wir gesehen haben, eine fanatisch vertretene, dogmatisch geglaubte „Einsicht“, die er zuerst nur insgeheim mit anderen zu teilen wagte und in Furcht und Scheu, als ob er die verschwörerische Wahrheit des „Kosmos“ enthüllt hätte. Was für Nietzsche ein extremes Dogma war, das weder als kosmische Wahrheit aufrecht zu halten war noch sich voll mit dem „Willen zur Macht“ integrieren ließ, entwickelt sich bei Thomas Mann zu einer tiefen philosophischen Einsicht in die menschliche Natur und in die menschliche Erfassung des Universums. Dabei bezieht er sich direkt auf das Menschenverständnis Freuds. Ausgehend von einem Aufsatz von Ernst Kris, spricht er nun, in seinem Jubiläumsvortrag zu Ehren Freuds, davon, wie

> das psychologische Interesse ins *mythische* Interesse übergeht. Er macht deutlich, daß das Typische auch schon das Mythische ist und daß man für „gelebte Vita“ auch „gelebter Mythus“ sagen kann. Der gelebte Mythus aber ist die epische Idee meines Romans ... Das mythische Interesse ist der Psychoanalyse genau so eingeboren, wie allem Dichtertum das psychologische Interesse eingeboren ist ... Wie aber nun, wenn der mythische Aspekt sich subjektivierte, ins agierende Ich selber einginge und darin wach wäre, so daß es mit freudigem oder düsterem Stolze sich seiner „Wiederkehr“, seiner Typik bewußt wäre, seine Rolle auf Erden zelebrierte und seine Würde ausschließlich in dem Wissen fände, das Gegründete im Fleisch wieder vorzustellen, es wieder zu verkörpern? (S. 186).

Das Wesen des Mythus ist, wie das Wesen der menschlichen Seele überhaupt, *das sich ständige Wiederholen von innerem Konflikt.* Das Wesen der Neurose ist die Unfähigkeit, diesen zu lösen, trotz unabläßig wiederholten Neubeginns.

Während Nietzsche, zerrissen von Konflikt, in bitterem Hohn die Rechtmäßigkeit von Schuld verleugnet und eine Philosophie aus dem Krieg gegen die Scham aufbaut, aber selbst zum Schluß an den ungelösten „Gewissenskollisionen“ zerbricht, sich selbst in Extreme aufspaltet und jedes dogmatisch, schließlich wahnhaft verficht, gelangt Thomas Mann zum Wissen, das er den mythischen Pharao Meni durch sein Leben und Handeln verwirklichen läßt: „Der Zerrissenheit, die er heilte, war ältere Einheit vorausgegangen, und dieser ältere Zerrissenheit ...“ (*Joseph und seine Brüder,* S. 22). Doch beruht solches Heilen auf der tieferen Erkenntnis: „Denn Schuld schafft Geist – und schon umgekehrt: ohne Geist gibt es gar keine Schuld“ (*Joseph und seine Brüder, S.* 1678).

*

Wir sind in diesem Buch dem „Rätsel des Masochismus" nachgegangen: der therapeutisch so schwer angehbaren, theoretisch-philosophisch so wunderlichen Suche nach Leiden, der Gleichsetzung von Lust und Schmerz und den seltsamen mythischen Grundgleichungen von Liebe und Nähe mit unheilvoller Gefahr und mit Tod, von Sexualität mit Gewalttätigkeit und Leiden, von bezeugtem Opfertum mit verhohlener Macht. Wir fanden, wie der therapeutische Weg immer wieder zu Fragen des Gewissens, zu Konflikten zwischen widersprüchlichen Idealen und Pflichten, zwischen gegensätzlichen Werthierarchien zurückführte, doch auch, wie es gerade das Verhältnis zwischen der unbeugsamen, unbarmherzigen Richtermacht im Inneren und dem Rest der Persönlichkeit war, das nicht nur durch Grausamkeit, sondern auch durch liebevolle, lustgefärbte Unterwürfigkeit unter einen lüsternen Quäler geprägt war. Wir beobachteten dabei mächtige unbewußte Phantasien, die den bewußten Konflikten und Gefühlsstürmen tieferen Sinn verliehen und diesem lüstern-grausamen Verhältnis Tiefe und Prägnanz gaben. Dahinter sahen wir mächtige unbewußte Konflikte, die tief in die Vergangenheit hinunterreichten und noch über sich hinaus zu ungeheilten, unheilbaren Verwundungen zurückwiesen. Wir folgten dem ressentimentgeladenen Aufstand gegen solche Gewissens- und Qualmächte, folgten ihm bis ins Mörderische und Paranoid-Verheerende hin und verwunderten uns über die der Angst vor der Schwäche entsprungenen Lust am Quälen und Vernichten, versuchten auch sie aus vergangener Hilflosigkeit und Verdinglichung, Entpersönlichung, Beschämung zu verstehen. Wir spürten der seltsam verdrehten Umformung in der Gleichung: Lüge = Spiel = Wille zur Macht = Lebenskraft = Wahrheit nach. Auch sie ist uns von unseren Patienten her in schlichteren Varianten wohl vertraut.

Die Lösung des Rätsels des Masochismus liegt also einerseits im Verständnis für diese Gesamtkonstellation der Gründe, diesem um die Muster der inneren unbewußten Konflikte und Traumata herum gewachsenen Gewebe, dessen Nachforschung die detaillierten Krankengeschichten galten. Andererseits ist die Lösung des Rätsels des Masochismus ohne die Zuwendung zum Schöpferischen nicht denkbar – liege dieses nun im Schlichten, Alltäglichen, dem Nachvollzug der schöpferischen Leistungen anderer, liege es nun in der eigenen, schaffenden Verwandlung des Leidens und des Grames in etwas, das mitteilbar und damit auch teilbar wird, mitgetragen werden kann und über den Abgrund der Zeiten und des Todes hin spricht.

„Dicht neben den ganz nächtigen Menschen befindet sich fast regelmäßig, wie an sie angebunden, eine Lichtseele. Sie ist gleichsam der negative Schatten, den jene werfen" („Der Wanderer und sein Schatten", 258; in *Menschliches, Allzumenschliches,* S. 292).

Literaturverzeichnis

Abend S M, Porder M S, Willick M S: Borderline Patients: Psychoanalytic Perspectives. Internat. Univers. Press, New York, 1983.

Andreas-Salomé, Lou (1892): Henrik Ibsens Frauen-Gestalten. Diederichs, Jena, 1910

Andreas-Salomé, Lou (1894): Friedrich Nietzsche in seinen Werken. Hgb. E. Pfeiffer, Insel, Frankfurt, 1983

Arlow J A (1969a) Unconscious fantasy and disturbances of conscious experience. Psychoanalytic Quarterly, 38, 1–27.

Arlow J A (1969b) Fantasy, memory and reality testing. Psychoanalytic Quarterly, 38, 28–51.

Arlow J A (1991): „Derivative manifestations of perversions" In: G. I. Fogel & W. A. Myers: „Perversions and near-perversions in clinical practice. New psychoanalytic perspectives." Yale University Press, pp. 59–74.

Asch S S (1988): „The analytic concepts of masochism: a reevaluation." In: R. A. Glick & D. I. Meyers: „Masochism. Current Psychoanalytic Perspectives", Analytic Press. pp. 93–116.

Augustinus: Confessiones. Loeb Classical Library, Harvard University Pr., Cambridge, 1968. Dt. Bekenntnisse. Übers. Thimme W. Artemis, Zürich 1950

Bach S (1991): „On sadomasochistic object relations." In: G. I. Fogel & W. A. Myers: „Perversions and near-perversions in clinical practice. New psychoanalytic perspectives." Yale University Press, pp. 75–92.

Balint, M. (1968) Therapeutische Aspekte der Regression. Die Theorie der Grundstörung. Rowohlt, Reinbek, Hamburg, 1973

Benedetti G (1988) Friedrich Nietzsche – ein Ahnherr der Psychoanalyse. Schweiz. Ztschr. f. Geschichte der Medizin und Naturwissenschaften. 45: 11–30

Berliner B (1940): Libido and reality in masochism, Psychoanal. Quart. 9: 322–333

Berliner, B. (1947) On some psychodynamics of masochism. Psychoanal. Quart., 16: 459–471

Binswanger L (1957) Schizophrenie. Neske, Pfullingen

Blos P Jr. (1991): Sadomasochism and the defense against recall of painful affect. Journ. Amer. Psychoanal. Ass., 39: 417–430

Blum H P (1976): Masochism, the ego ideal, and the psychology of women. Journ. Amer. Psychoanal. Ass., 24, supplement: 157–192

Blum H P (1991): Sadomasochism in the psychoanalytic process, within and beyond the pleasure principle: Discussion. Journ. Amer. Psychoanal. Ass., 39: 431–450

Brenner C (1959): The masochistic character: genesis and treatment. Journ. Amer. Psychoanal. Ass., 7: 197–226

Brenner C (1982) The Mind in Conflict. Internat. Univers. Press, New York

Brouček F (1982) Shame and its relationship to early narcissistic developments. Internat. Journ. Psych-Anal. 65: 369–378

Brouček F J (1991): Shame and the self. Guilford, New York & London

Camus A (1951) L'homme révolté. Gallimard. Übers.: J. Streller, „Der Mensch in der Revolte", Rowohlt, Hamburg, 1958

Cassirer E (1923a, 1923b, 1929) Philosophie der symbolischen Formen, Bd. I, II, III. Darmstadt (Wiss. Buchgesellschaft) 1956 (Bd. I) und 1958 (Bd. II und III).

Cassirer E (1944) An essay on man. Yale Univ. Press, New Haven, 1962. Was ist der Mensch? Versuch einer Philosophie der menschlichen Kultur. Stuttgart (Kohlhammer) 1960.

Chasseguet-Smirgel J (1988 a): A woman's attempt at a perverse solution and its failure. Internat. Journ. Psychoanal. 69: 149–161

Chasseguet-Smirgel J (1988 b): From the archaic matrix of the oedipus complex to the fully developed oedipus complex. Psychoanal Quart. 57: 505–527

Chasseguet-Smirgel J (1991): Sadomasochism in the perversions; some thoughts on the destruction of reality. Journ. Amer. Psychoanal. Assn, 39: 399–415

Coen S J (1981): Sexualization as a predominant mode of defense. J. Amer. Psychoanal. Assn. 29: 893–920

Coen S J (1985): Perversion as a solution to intrapsychic conflict. J. Amer. Psychoanal. Assn., 33, Suppl. 17–57

Coen S J (1988): Sadomasochistic excitement: character disorder and perversion. In: R. A. Glick & D. I. Meyers: Masochism. Current Psychoanalytic Perspectives, Analytic Press; pp. 43–60

Cooper A M (1988): The narcissistic-masochistic character. In: R. A. Glick & D. I. Meyers: Masochism. Current Psychoanalytic Perspectives, Analytic Press. pp. 117–139.

Cooper A M (1991): The unconscious core of perversion. In: G. I. Fogel & W. A. Myers: „Perversions and near-perversions in clinical practice. New psychoanalytic perspectives." Yale university Press.

Covitz J (1990) Visions of the night. A study of Jewish dream interpretation. Shambhala, Boston

Cremerius J (1984) Vom Handwerk des Psychoanalytikers: Das Werkzeug der psychoanalytischen Technik. 2 Bde. Frommann- Holzboog, Stuttgart/Cannstadt

Dostojevski F M (1864): „Aufzeichnungen aus dem Untergrund." Russ.: „Zapiski iz podpolja." „Sobranije sočinenij" (Ges. Werke in 10 Bänden), Bd. 4. Ed. Grossman et al. Moskau 1956.

Eckhardt A (1989): Das Münchhausen-Syndrom. Formen der selbstmanipulierten Krankheit. Urban & Schwarzenberg, München

Emde R N (1983) The prerepresentational self and its affective core. Psychoanal. Study of the Child, 38: 165–192.

Fenichel, O.: Problems of psychoanalytic technique. Übers. D. Brunswick. Psychoanalytic Quarterly, New York, 1941.

Fenichel, O.: Psychoanalytic theory of neurosis. Norton, New York, 1945.

Fenichel O (1954) Collected Papers. Norton New York

Fraiberg S (1982): Pathological Defenses in Infancy. Psychoanal.Q. 51: 612–635.

Freud A (1936) Das Ich und die Abwehrmechanismen. Imago, London, 1946.

Freud S (1905 a): Über Psychotherapie. G W 5: 11–26

Freud S (1905 b) Drei Abhandlungen zur Sexualtheorie. G W 5: 27–145

Freud, S. (1919): Ein Kind wird geschlagen. G W 12: 195–226

Freud, S. (1924): Das ökonomische Problem des Masochismus. G W 13: 369–384

Freud S (1937) Die endliche und die unendliche Analyse. G W 16: 57–100

Frost R (1979) The collected poems. Holt, Rinehart & Winston, New York

Gaensbauer, T J (1985): The relevance of infant research for psychoanalysis. Psychoanalytic Inquiry, 5: 517–530

Gedö J E (1988): Masochism and the repetition compulsion. In: R. A. Glick & D. I. Meyers (1988): „Masochism. Current Psychoanalytic Perspectives", Analytic Press. pp. 139–150

Gleick J (1987) Chaos. Making a new science. Viking Penguin, New York

Glenn J (1984): Psychic trauma and masochism, Journ. Amer. Psychoanal. Ass., 32: 357–386

Goethe J W v.(1961) Dtv Gesamtausgabe. München

Gray P (1982) „Developmental lag" in the evolution of technique for psychoanalysis of neurotic conflict. Journ. Amer.Psychoanal. Assoc. 30: 621–656.

Gray P (1986) On Helping Analysands Observe Intra-Psychic Activity. In: Psychoanalysis: the Science of Mental Conflict. Essays in Honor of Charles Brenner. Ed.A.Richards & M.Willick. The Atlantic Press. Hillsdale, N. J.

Gray P (1987): On the technique of analysis of the superego – An introduction. Psychoanal Q 56: 130–154

Gray P (1989): Further observations on the analysis of the ego's superego functions. Manuscript.

Gray P (1990): The nature of therapeutic action in psychoanalysis. Journ. Amer. Psychoanal. Assn. 38: 1083–1097

Gray P (1991): On transferred permissive or approving superego functions. The analysis of the ego's superego activities, part II, Psychoanal. Quart. 60: 1–21

Greenacre P. (1970) Trauma, growth, and personality. Internat. Univ. Pr., New York

Greenacre P (1971) Emotional growth. Internat. Univ. Pr., New York

Grossman W I (1986): Notes on masochism: A discussion of the history and development of a psychoanalytic concept. Psychoanal. Quart. 55: 379–413

Grossman W I (1991): Pain, aggression, fantasy, and concepts of sadomasochism. Psychoanal. Quart., 60: 22–52

Grossman W I, Simon B (1969) Anthropomorphism. Motive, meaning and causality in psychoanalytic theory. Psychoanal. Study Child, 24, 78–111.

Grunberger, B. (1979): Narcissism. Psychoanalytic Essays. Internat. Univers. Press, New York

Hartmann H (1964) Essays on Ego Psychology. Selected Problems in Psychoanalytic Theory. Internat. Univ. Press, New York, Ich-Psychologie. Studien zur psychoanalytischen Theorie. Stuttgart (Klett) 1972.

Hartmann H & Loewenstein R M (1962) Notes on the superego. Psychoanal. Study Child 17: 42–81

Ibsen H (1866) Brand. Et dramatisk dikt. Gyldendal, Oslo, 1991

Ibsen H (1867) Peer Gynt. Et dramatisk dikt. Ed D. Haakonsen. Gyldendal, Oslo. 1988.

Ibsen H (1877–1899) Nutidsdramaer. Gyldendal, Oslo, 1989 dt: (1917) Sämtliche Werke. Hgb. J. Elias u. P. Schlenther. S. Fischer, Berlin

Hamburger K (1984) Thomas Manns biblisches Werk. Fischer, Frankfurt

Hartmann H & Loewenstein R M (1962): Notes on the superego. Psychoanal. Study Child 17: 42–81

Havel V (1989): Dálkový výslech. Rozhovor s Karlem Hvížd'alou. Melantrich, Praha

Haynal A (1989): Die Technik-Debatte in der Psychoanalyse. Freud, Ferenczi, Balint. Geist und Psyche, Fischer-Taschenbuch, Frankfurt. Übers. E. v. Scheidt („La technique en question. Controverses en psychanalyse." Payot, Paris, 1987).

Janz C P (1978/9) Nietzsche-Biographie. In 3 Bänden. Hanser, München

Jastrow M (1903, 1950): Dictionary of Talmud Babli, Yerushalmi, Midrashic Literature and Targumim. Pardes Publ. House, New York

Kafka J S: Multiple Realities in Clinical Practice, Yale University Press, 1989 Jenseits des Realitätsprinzips – Multiple Realitäten in Klinik und Theorie der Psychoanalyse, Springer, 1991

Kahler E (1969) The orbit of Thomas Mann. Princeton Univ. Press, Princeton

Kaplan L J (1991): Women masquerading as women. In: G. I. Fogel & W. A. Myers: „Perversions and near-perversions in clinical practice. New psychoanalytic perspectives." Yale University Press pp. 127–152.

Kernberg O F (1988): Clinical dimensions of masochism. In: R. A. Glick & D. I. Meyers: „Masochism. Current Psychoanalytic Perspectives", Analytic Press; pp. 61–80

Kernberg O F (1991 a): Aggression and love in the relationship of the couple. In: G. I. Fogel & W. A. Myers: „Perversions and near-perversions in clinical practice. New psychoanalytic perspectives." Yale University Press, pp. 153–175.

Kernberg O F (1991 b): Sadomasochism, sexual excitement, and perversion, Journ. Amer. Psychoanal. Ass., 39: 333–362
Kris A O (1985) Resistance in convergent and in divergent conflicts. Psychoanal Q 54: 537–568
Kris A O (1986) Some clinical applications of the distinction between divergent and convergent conflicts. Vortrag, Wisconsin Psychoanal. Gesellschaft. Int J. Psycho-Anal., in press
Kris A O (1987) Fixation and regression in relation to convergent and divergent conflicts. Bulletin Anna Freud Centre. 10: 99–117
Kris E (1956 a) The recovery of childhood memories. Psychoanal. Study Child. 11: 54–88
Kris E (1956 b): On some vicissitudes of insight in psychoanalysis. In: Selected papers, ed. L. M. Newman, Yale Univ. Press, New Haven & London, 1975, pp. 252–271.
Krystal H. (1974, 1975) The genetic development of affects and affect regression. Annu. Psychoanal. 2: 98–126; 3: 179–219.
Krystal H (1977) Self- and object-representation in alcoholism and other drug dependence: implications for therapy. In: Psychodynamics of Drug Dependence. NIDA Research Monograph 12. Wash., D. C., U. S. H. E. W. Government Printing Office. pp. 88–100.
Krystal H (1978) Trauma and Affect. Psychoanal. Study Child 36: 81–116.
Krystal H & Niederland W G (1971) Psychic traumatization. Intern. Psych. Clinics. Little, Brown, Boston.
Kubie L S (1937) The fantasy of dirt. Psychoanal. Quart. 6: 338–425
Kubie L S (1954) The fundamental nature of the distinction between normality and neurosis. Psychoanal. Quart. 23: 167–204; abgedruckt in Kubie, 1978, s.u.
Kubie L S (1978) Symbol and Neurosis. Selected Papers. Hgb. H. J. Schlesinger. Psychol.Issues, Monogr.44. Internat. Univ. Press, New York
Kurzke H (1985) Thomas Mann. Epoche – Werk – Wirkung. Beck, München
Lagerkvist P (1925, 1982): Gäst hos verkligheten. Bonniers, Stockholm
Lagerkvist P (1944, 1951) Dvärgen. Bonniers, Stockholm. Deutsche Übers. v. V. Arpe: Der Zwerg. 1946, Bermann-Fischer, Stockholm
Lagerkvist P (1966): Pilgrimen. Bonniers, Stockholm
Lagerlöf S (1904): Herr Arnes peningar. Bonniers/Norbok, 1989
Lagerlöf S (1929): Kejsarn av Portugallien. En Värmlandsberättelse. Bonniers, Stockholm
Lichtenberg J D (1983): Psychoanalysis and Infant Research. Analytic Press. Hillsdale
Lichtenberg J D (1989): Psychoanalysis and Motivation. Analytic Press, Hillsdale, N J.
Lichtenberg J D, Slap J W (1973) Notes on the concept of splitting and the defense mechanism of the splitting of representations. Journ. Amer. Psychoanal. Assn. 21: 772–787.
Lloyd-Jones, H (1987): Ehre und Schande in der griechischen Kultur. In: „Antike und Abendland", S. 1–28. Hgb. A Dihle et al. de Gruyter, Berlin
Loewenstein R M (1957): A contribution to the psychoanalytic theory of masochism, Journ. Amer. Psychoanal. Ass., 5: 197–234
Löwith K (1956) Nietzsches Philosophie der ewigen Wiederkehr des Gleichen. Kohlhammer, Stuttgart
Löwith K (1986) Mein Leben in Duetschland vor und nach 1933. Ein Bericht. Metzler, Stuttgart
Mahler M S (1968) On Human Symbiosis and the Vicissitudes of Individuation. I. Infantile Psychosis. Int. Univ. Press, New York
Mahler M S Pine F & Bergmann A (1975) The psychological birth of the human infant. Symbiosis and individuation. Basic Books, New York.
Maleson F G (1984): The multiple meanings of masochism in psychoanalytic discourse, Journ. Amer. Psychoanal. Ass., 32: 325–356
Mann Th (1901, 1931) Buddenbrooks. Fischer, Berlin
Mann Th (1922, 1968) Goethe und Tolstoi. Bd 1 Taschenbuchausgabe in 8 Bänden, S 132–218. Fischer, Frankfurt

Mann Th (1918, 1977) Ironie und Radikalismus. In: Essays, Bd 2, 41–58. Hgb. v. H. Kurzke, Fischer Taschenbuch, Frankfurt
Mann Th (1924) Der Zauberberg. Fischer Taschenbuch Verlag, Frankfurt.
Mann Th (1929, 1978) Die Stellung Freuds in der modernen Geistesgeschichte. In: Essays, Bd 3, 153–172. Hgb. v. H. Kurzke, Fischer Taschenbuch, Frankfurt
Mann Th (1932, 1977) Goethe als Repäsentant des bürgerlichen Zeitalters. In: Essays, Bd 1, 216–243. Hgb. M. Mann, Fischer Taschenbuch, Frankfurt
Mann Th (1933, 1936, 1943) Joseph und seine Brüder. S. Fischer, Berlin; Bermann-Fischer, Stockholm (Fischer, 1966)
Mann Th (1936, 1978) Freud und die Zukunft. Essays, Band III, 173–192. Hgb. H Kurzke. Fischer Taschenbuch, Frankfurt
Mann Th (1938, 1978) Schopenhauer. Ebenda, 193–234
Mann Th (1939, 1977) Die Kunst des Romans. In: Essays, Bd 1, hgb. v. M. Mann, Fischer Taschenbuch, Frankfurt, S. 343–353
Mann Th (1939) Ein Bruder. Essays, Bd 2, 222 -227, hgb. v. H. Kurzke, Fischer Taschenbuch, Frankfurt
Mann Th (1940) On myself. Bd XIII, der 13 bändigen Ausgabe, S 127–169
Mann Th (1943/4) Das Gesetz. In: Die Erzählungen, Bd 2, 621–672 Fischer Taschenbuch, Frankfurt
Mann Th (1945) Deutschland und die Deutschen. Essays, Bd 2, 281–298, hgb. v. H. Kurzke, Fischer Taschenbuch, Frankfurt
Mann Th (1947, 1978) Nietzsches Philosophie im Lichte unserer Erfahrung. In: Essays, Bd 1, hgb. v. M. Mann, Fischer Taschenbuch, Frankfurt,, 235–264
Mann Th (1947) Doktor Faustus. Bermann-Fischer, Stockholm
Mann Th (1949) Die Entstehung des Doktor Faustus. Roman eines Romans. Bd XI der 13 bändigen Ausgabe, S 145–301
Mann Th (1950) Meine Zeit. Bd XI der 13 bändigen Ausgabe. S 302–324
Mann Th (1952, 1977) Der Künstler und die Gesellschaft. In: Essays, Bd 2, 326–336, hgb. v. H. Kurzke, Fischer Taschen buch, Frankfurt
Mann Th (1954, 1977) Versuch über Tschechow. In: Essays, Bd 1, hgb.v. M. Mann, Fischer Tachenbuch, Frankfurt, S. 146–166
Mann Th (1954) Bekenntnisse des Hochstaplers Felix Krull. Fischer, Frankfurt (1955)
Mann Th (1955) Versuch über Schiller In: Essays, Bd 1, hgb.v. M. Mann, Fischer Tachenbuch, Frankfurt, S. 201–215
Mann Th (1960/1974) Gesammelte Werke in 13 Bänden. Fischer, Frankfurt
Mann Th (1956) Gesammelte Werke in 12 Bänden. Aufbau-Verlag, Berlin
McDougall J (1991): Perversions and deviations in the psychoanalytic attitude: their effect on theory and practice. In: G. I. Fogel & W. A. Myers: „Perversions and near-perversions in clinical practice. New psychoanalytic perspectives.“ Yale University Press, pp. 176–203.
Meyer M (1971): Ibsen – a biography. Doubleday, Garden City
Meyers H C (1988): A consideration of treatment techniques in relation to the functions of masochism, in: R. A. Glick & D. I. Meyers: „Masochism. Current Psychoanalytic Perspectives“, Analytic Press; pp. 175–188
Meyers H C (1991): Perversion in fantasy and furtive enactments. In: G. I. Fogel & W. A. Myers: „Perversions and near-perversions in clinical practice. New psychoanalytic perspectives.“ Yale University Press, pp. 93–108.
Midrash Rabbah, zitiert nach der hebr. Ausgabe, Gebr. Lewin Epstein, Jerusalem (o.J); engl. Übersetzung, 1983, hgb. v. H. Freedman, M. Simon, Soncino Press, London
Modell A H (1984): Psychoanalysis in a New Context. Int. Univ. Press. New York
Müller-Pozzi H (1985): Identifikation und Konflikt. Die Angst vor Liebesverlust und der Verzicht auf Individuation. Psyche, 39: 877–904.

Nathanson D L (1986): The empathic wall and the ecology of affect. Psychoanal. Study Child. 41: 171–187.

Nathanson D L (1987): A timetable for shame. In: „The many faces of shame", 1–63. Hgb D. L. Nathanson, Guilford Press, New York

Nietzsche Fr (1871, 1976) Die Geburt der Tragödie aus dem Geiste der Musik. Kröner, Stuttgart

Nietzsche Fr (1873, 1976) Über Wahrheit und Lüge im außermoralischen Sinne. Kröner, Stuttgart (im Band „Unzeitgemäße Betrachtungen")

Nietzsche Fr (1878–1880, 1978) Menschliches, Allzu-Menschliches. Der Wanderer und sein Schatten. Kröner, Stuttgart

Nietzsche Fr (1882) Die Fröhliche Wissenschaft. Kröner, Stuttgart

Nietzsche Fr (1883–1885, 1988) Also sprach Zarathustra. Kröner, Stuttgart; auch: Musarionausgabe, München, 1925; engl. Ausgabe W. Kaufmann

Nietzsche Fr (l885, 1976) Jenseits von Gut und Böse. Kröner, Stuttgart

Nietzsche Fr (1886, 1976) Morgenröte. Kröner, Stuttgart

Nietzsche Fr (1887, 1976) Zur Genealogie der Moral. Kröner, Stuttgart

Nietzsche Fr (1888, 1964) Götzendämmerung, Der Antichrist, Ecce Homo, Gedichte

Nietzsche Fr (1964) Der Wille zur Macht. Kröner, Stuttgart

Nietzsche Fr (1980) Sämtliche Werke. Kritische Studienausgabe in 15 Bänden. Hgb. Giorgio Colli & Mazzino Montinari. DTV, München, & de Gruyter, Berlin

Novick K K & Novick J (1987): The essence of masochism. Psychoanal Study Child 42: 353–384

Novick J & Novick K K (1988); Some comments on masochism and the delusion of omnipotence from a developmental perspective. Presentation, Wintermeeting of the American Psychoanalytic Association, New York. Publ. 1991, Journ. Amer. Psychoanal. Assn, 39: 307–331

Pagels E (1988) Adam, Eve, and the serpent. Random House, New York

Platon (o.J.) Sämtliche Werke. Lambert Schneider, Berlin

Rangell L (1963 a) The scope of intrapsychic conflict: Microsco pic and macroscopic considerations. Psychoanal. Study Child 18: 75–102

Rangell L (1963 b) Structural problems in intrapsychic conflict. Psychoanal Study Child 18: 103–138

Rangell L (1968a) A point of view on acting out. Int.Journ. Psy choanal. 49: 195–201

Rangell L (1968b) A further attempt to resolve the ‚problem of anxiety'. Journ. Amer. Psychoanal. Assoc. 18: 371–404

Rangell L (1974) A psychoanalytic perspective leading currently to the syndrome of the compromise of integrity. Intern. Journ. Psychoanal. 55: 3–12.

Rangell L (1980) The mind of Watergate. Norton, New York

Rangell L (1981) Psychoanalysis and dynamic psychotherapy: Similarities and differences twenty-five jears later. Psychoanal. Quart. 50: 665–693.

Rangell L (1982) The self in psychoanalytic theory. Journ. Amer. Psychoanal. Assoc. 30: 863–892.

Rangell L (1986) The executive functions of the ego: an extension of the concept of ego autonomy. Psychoanal. Study Child, 41: 1–40

Rangell L (1987) A core process in psychoanalytic treatment. Psychoanal. Quart. 56: 222–249

Rapaport D (1951) Organization and pathology of thought. Selected sources. Columbia University Press, New York

Rapaport D (1959) Die Struktur der psychoanalytischen Theorie. Übers. M.v.Eckhardt. Klett, Stuttgart

Rapaport D (1967) The collected papers. Hgb. M. Gill. Basic Books, New York

Rohde-Dachser C (1986): Ringen um Empathie. Ein Interpretationsversuch masochistischer Inszenierungen. Forum der Ps'an. 2: 44–58

Roiphe H, Galenson E (1981): Infantile origins of sexual identity. Internat. Univ. Press, New York

Rosenfeld H A (1988): On masochism: a theoretical and clinical approach. In: R. A. Glick & D. I. Meyers: „Masochism. Current Psychoanalytic Perspectives", Analytic Press. pp. 151–174.

Rothstein A (1991): Sadomasochism in the neuroses conceived of as a pathological compromise formation. Journ. Amer. Psychoanal. Ass., 39: 363–376

Sandler J, Freud A (1972/73) The analysis of defense: The ego and the mechanisms of defense revisited. Intern. Univ. Press, New York, 1985

Sandler J, Holder A, Meers D (1963) The ego ideal and the ideal self. Psychoanal Study Child, 18: 139–158

Schafer R (1988): Those wrecked by success. In: R. A. Glick & D. I. Meyers: „Masochism. Current Psychoanalytic Perspectives", Analytic Press. pp. 81–92

Scheff T J (1992) World War II: Hitler's appeal to the Germans. In: Bloody revenge: Nationalism, emotion and war. In Vorbereitung.

Schottländer F (o.J.) Blendung durch Bilder. In: Entfaltung der Psychoanalyse. Hgb. A. Mitscherlich. pp. 222–235. Klett, Stuttgart

Shengold L (1989): Soul Murder. The effects of childhood abuse and deprivation, Yale Univ. Pr., 1989

Shengold L (1991): Father, don't you see I'm burning? Yale Univ. Press, New Haven

Snell, B.: Die Entdeckung des Geistes. Claassen & Goverts, Hamburg, 1948. The Discovery of the Mind. The Greek Origins of European Thought. Harper, New York, 1960.

Sophokles (1967) Sophoclis Fabulae. Oxford Classical Texts. Hgb. A. C. Pearson. Clarendon Oxford

Spitz E H (1991): Reflections on the smile of Dionysus: Theatricality, specularity, and the perverse. In: G. I. Fogel & W. A. Myers: „Perversions and near-perversions in clinical practice. New psychoanalytic perspectives." Yale University Press, pp. 207–231.

Sterba R (1934): The fate of the ego in analytic theory. Internat. Journ. Psychoanal. 15: 117–126.

Stern D N (1985): The Interpersonal World of the Infant. A View from Psychoanalysis and Developmental Psychology. Basic Books, New York

Stoller R J (1991): The term perversion. In: G. I. Fogel & W. A. Myers: „Perversions and near-perversions in clinical practice. New psychoanalytic perspectives." Yale university Press, pp. 36–56

Stolorow R D (1975 a): Addendum to a partial analysis of a perversion involving bugs: an illustration of the narcissistic function of perverse activity. Internat. Journ. Psycho-Anal. 56: 361–364

Stolorow R D (1975 b): The narcissistic function of masochism (and sadism). Internat. Journ. Psycho-Anal. 56: 441–448

Stolorow R D & Grand H T (1973): A partial analysis of a perversion involving bugs. Internat. Journ. Psycho-anal. 54: 349–350

Tabin J K (1985): On the Way to Self. Ego and Early Oedipal Development. Columbia Univ. Press, New York

Talmud, zitiert nach der aramäischen Ausgabe des babylonischen Talmud, 1962. Hgb. Rabbi M. Zioni, Jerusalem u. Bne Braq; engl. Übersetzung, 1936, Hgb. Isidore Epstein, Soncino Press, London

Thomä H, Kächele H (1985) Lehrbuch der psychoanalytischen Therapie. Bd 1. Springer-Verlag, Berlin

Valenstein A F (1973): On attachment to painful feelings and the negative therapeutic reaction. Psychoanal. Study Child, 28: 365–392

Wälder R (1936) Zur Frage der Genese der psychischen Konflikte im frühen Kindesalter. Internat. Zschr.f.Psychoanalyse. 22: 513–570.

Waelder R (1960) Basic theory of psychoanalysis. Internat. Univers. Press, New York

Waelder R (1976) Psychoanalysis: Observation, Theory, Application. Hgb.S.A.Guttman. Internat. Univ. Press., New York

Weinstein F (1980) The dynamics of Nazism. Academic Press, New York
Winston R (1981) Thomas Mann. The making of an artist, 1875–1911. Knopf, New York
Wolff U (1989) Poetische Imagination vom Anfang und Ende der Kultur. Moses als Kulturstifter im Werk von Thomas Mann und Sigmund Freud. Neue Zürcher Zeitung, 22./23. April, Nr 93, S. 67
Wurmser L (1978) The hidden dimension. Psychodynamics in compulsive drug use. J. Aronson, New York
Wurmser L (1981): The Mask of Shame. Johns Hopkins Pr, Baltimore
Wurmser L (1987): Flucht vor dem Gewissen. Analyse von Über-Ich und Abwehr bei schweren Neurosen. Springer, Heidelberg.
Wurmser L (1988): Die zerbrochene Wirklichkeit. Psychoanalyse als das Studium von Konflikt und Komplementarität. Springer, Heidelberg
Wurmser L (1990) Die Maske der Scham. Die Psychoanalyse von Schamaffekten und Schamkonflikten. Springer, Heidelberg/
Wurmser L (1991): „Der goldleuchtende Dolch" – Masochistische Übertragung, Über-Ich-Übertragung und Gegenübertragung. Forum der Psychoanalyse. 7: 1–19
Wysling H (1982) Narzissmus und illusionäre Existenzform. Thomas- Mann-Studien. Francke, Bern